ठक्कन से नागार्जुन

एक जीवन यात्रा

शोभाकान्त

ठक्कन से नागार्जुन

एक जीवन यात्रा

राजकमल प्रकाशन

ISBN : 978-93-93768-43-8

मूल्य : ₹1495

पहला संस्करण : 2022

प्रकाशक : राजकमल प्रकाशन प्रा. लि.
1-बी, नेताजी सुभाष मार्ग, दरियागंज
नई दिल्ली-110 002
शाखाएँ : अशोक राजपथ, साइंस कॉलेज के सामने, पटना-800 006
पहली मंजिल, दरबारी बिल्डिंग, महात्मा गांधी मार्ग, प्रयागराज-211 001
36 ए, शेक्सपियर सरणी, कोलकाता-700 017
वेबसाइट : www.rajkamalprakashan.com
ई-मेल : info@rajkamalprakashan.com

मुद्रक : बी.के. ऑफसेट
नवीन शाहदरा, दिल्ली-110 032

THAKKAN SE NAGARJUN : EK JEEVAN YATRA
A Biography of Nagarjun by Shobhakant

क्रम

दो शब्द

किसी भी रचनाकार के कृतित्व को तब तक पूर्णता में नहीं समझा जा सकता, जब तक कि उसके व्यक्तित्व को न समझा जाए। रचनाकार का सामाजिक दायरा, उसकी पारिवारिक पृष्ठभूमि, आर्थिक स्रोत जैसे तमाम पहलुओं को जान-समझकर ही हम उसके व्यक्तिगत जीवन का खाका खींच सकते हैं। यह तब और भी जरूरी हो जाता है, जब रचनाकार नागार्जुन जैसा विशाल व्यक्तित्व हो।

नागार्जुन की निजी जिन्दगी को शब्दों में उकेरना आसान नहीं था। यह खासतौर से मेरे लिए कहीं ज्यादा कष्टकर रहा, क्योंकि उनके जीवन को मैंने साथ-संग रहकर देखा है। लिखते समय पुराने दिन आँखों के सामने चले आते, और भीतर से टूटने-सा लगता था मैं। नागार्जुन यदि मेरे पिता न होते, तो उन पर लिखना सम्भवत: मेरे लिए इतना कठिन न होता।

इस काम में लम्बे समय से लगा था। बड़ा समय लिया है इसके लिए मैंने। फिर भी, नागार्जुन के पूरे व्यक्तित्व को मैं यहाँ समेट पाया—यह दावा नहीं कर सकता। नागार्जुन के वैविध्यपूर्ण व्यक्तित्व को चन्द पन्नों में समेट पाना मेरे सामर्थ्य से बाहर की बात है। यह किताब तो जितना मैं उन्हें देख और समझ सका, मात्र उसी का नतीजा है।

देश भर में फैले नागार्जुन के शुभेच्छुओं और शुभचिन्तकों के साथ मैं अपने सभी मित्रों का आभारी हूँ, क्योंकि उन सबका प्रत्यक्ष या परोक्ष साथ न होता, तो यह काम शायद ही हो पाता।

—शोभाकान्त

नेह-छोह

दिन भर की प्रचंड गर्मी, देर रात की ठिठकी हवा और उसके बाद निशा-शेष में जब दक्षिण पवन ग्रीष्म-ऋतु की श्रान्त और शिथिल अलस प्रकृति नटी के सिमटे हुए आँचल को फहराने लगता, तो 'घिवही' आम के विशाल वृक्ष की निस्पन्द टहनियाँ उच्छवासित हो उठतीं...टप-टप-टप करके आम गिरने लगते। ठीक उसी वक्त आसमान के पूर्वी छोर पर शुक्रतारा अपने उज्ज्वल प्रकाश से दिग्वधुओं को ललचाता हुआ प्रकट हो जाता। कहीं से कोयल के मधुर स्वर दूर-दूर तक फैल जाते और यही क्षण होता, जब ठक्कन की आँखें खुल जातीं। मातृहीन को दुलार से जगानेवाला तो कोई था नहीं। उसे स्वयं ही सोना और जागना पड़ता। रोज ही वह आँखें मलते-मलते आँगन के पुबरिया घर के पिछवाड़े तालाब के कछेर से सटे घिवही के पेड़ के पास लघुशंका के लिए जा बैठता।

नौ-दस वर्ष का ठक्कन आम के मौसम में उस पेड़ के नीचे वाली जमीन को पूरी चौकसी से देखा करता। वृक्ष को बहुत ही ममता से देखता-निहारता। यह घिवही आम आकार में गोल और छोटा-छोटा हुआ करता। पकने पर डंठल के चारों ओर पीला और शेष भाग लाल हो जाता। स्वाद में कड़काए हुए घी की हल्की खुशबू... लोग कहा करते कि ठक्कन की दादी ने इस अठिया (बीजू) आम का नाम घिवही रखा था। इस पेड़ को किसी ने लगाया नहीं था। जाने कब किसने कहीं से आए आम चूसकर गुठली फेंकी और उससे जन्मे पौधे को उखाड़कर किसी ने फेंका नहीं। लाल-लाल पत्तों वाला यह पौधा तालाब के जल से शायद बित्ता-दो बित्ता दूर रहा हो। बरसात के दिनों में इस वृक्ष का दो-तीन हाथ तना पोखर के पानी में रहता। फलता भी खूब। हजारों दाने तो पकने पर तोड़े जाते। आँधी और तेज हवा से हजारों कच्ची अंबियाँ गिरतीं, सो अलग। न जाने कितने दाने पानी के अन्दर समा जाते। पका घिवही आम का रस गाढ़ा और गुठली छोटी होती। पेड़ की आधी डालें पानी के ऊपर छाता की तरह फैली थीं। तरौनी गाँव में कौन ऐसा होगा, जिसने घिवही आम के दस-बीस दाने न चूसे हों। इसकी अमावट तो ठक्कन के घर में साल-दो साल तक खाई जाती। जब आम पकने लगता, तो यह पेड़ उसे कल्पवृक्ष-सा लगता।

उस दिन अहल भोर ठक्कन ने देखा कि पचासों कच्चे आम गिरे पड़े हैं। उसका

रोम-रोम पुलकित हो उठा। बालसुलभ चंचलता से वह तय नहीं कर पा रहा था कि पहले किधर से आम चुना जाए। बीस-पच्चीस आम चुनने के बाद झुकते समय अचानक पीठ दर्द सुई की तरह असह्य हो उठा। वह कराह उठा और बैठ गया। दाहिने हाथ को बाईं ओर से पीछे ले जाना चाहा, ताकि किसी तरह पीठ को सहला सके। उसे रात में पिता द्वारा की गई पिटाई याद हो आई...

पिछली शाम पिता की नजर बचाकर उसने थोड़ी-सी भाँग पी ली थी। कोठी पर लोटा में रखे दूध-बादाम-इलायची वाली भाँग की मोहक खुशबू के कारण दो-तीन घूँट चख लिया था। उसके बाद वह मित्रों के साथ 'बाबा जी पोखर' की ओर खेलने निकल गया। पोखर गाँव के उत्तरी छोर पर था। उसके एक भींडा को बच्चों ने अपने खेल का मैदान बना रखा था। खेलने के बाद संगी सुरेंद्र के दालान पर गिरी, उपेंद्र, नागेंद्र, बच्चा आदि के साथ न जाने क्या-क्या बतियाता रहा। उस समय बतियाने से मन कहाँ भर रहा था! जब भूख महसूस हुई, तो वह भी अपने आँगन की ओर लौट आया।

आकर देखा, पिता बीच आँगन में चटाई पर लेटे पड़े थे। चाची वहीं पास ही पीढ़ा पर बैठी तकली काट रही थी। साथ ही उसके पिता से हँस-हँसकर बतिया भी रही थी। खिली चाँदनी में सब कुछ साफ-साफ झलक रहा था। ठक्कन को देखकर पिता बैठ गए और बोले—कहाँ चला गया था? भात-दाल और आलू का चोखा बना रखा है।

ठक्कन घड़ा से एक लोटा पानी ढालकर आँगन के दक्षिणी-पूर्वी कोने में जाकर हाथ-मुँह धो आया। फिर एक लोटा पानी से मुँह पर जमकर छींटे मारा। ओसारे पर खम्भेली से लगी तीन पीढ़ा में से दो लाकर आँगन में बिछाया। दो लोटा पानी वहाँ रखा और इस बीच पिता फूलही थाली में खाना निकाल लाए। बड़ी थाली अपने लिए और छोटी थाली पुत्र के लिए। पिता-पुत्र भोजन के लिए बैठे। चाची अपने पुबरिया घर जाकर आम की चटनी ले आई और दोनों की थाली में डाल दी। दो-चार कौर खाने के बाद पिता ने पूछा—"नमक तो ठीक-ठाक है न?"

ठक्कन ने सिर झुकाए, मुँह चलाते हुए स्वीकारात्मक ढंग से गरदन हिलाई। पिता उसकी ओर गरदन घुमाए हुए थे। देखा, लड़का दाल-भात का कौर मुँह के बजाय कान में डालने की कोशिश कर रहा था। अन्न के दाने कन्धों से होते हुए नीचे जमीन पर गिरते जा रहे थे। भाँग के पुराने पियक्कड़ और अनुभवी भंगेड़ी गोकुल बाबू समझ गए कि बेटे ने निश्चय ही भाँग पी रखी है। फिर क्या था, उनका क्रोध धधक उठा—"गदहा, तूने भाँग पी है?" तेजी से गोकुल बाबू पीढ़ा छोड़कर उठे और दो ही धाप में ओसारे पर जा पहुँचे। चूल्हे से बुझी हुई चैली (जलावन वाली लकड़ी) बाएँ हाथ से उठाई और तेजी से मुड़कर पुत्र के पास पहुँच उसकी पीठ पर कसके प्रहार किया।

पहले ही प्रहार में ठक्कन ऐंचकर आँगन में लोटने लगा। उसकी चीख सुनकर चाची पुबरिया ओसारे पर से दौड़ी। अपने देवर के हाथ से जब तक चैली छीन पाती, तब तक दोबारा वह पीठ पर चल चुकी थी। रात के सन्नाटे में ठक्कन की चीख टोले भर में गूँज गई। गुस्साए पिता ने आँगन में लोटते-चिल्लाते ठक्कन को एक लात लगाई और लोटा उठाकर एक तरफ जाकर हाथ पर पानी उड़ेला, फिर दो-तीन बार कुल्ला किया। पीढ़ा के पास आकर दाँत पीसकर लगे बोलने—"गाँव भर में टंडेली करता फिरता है। बित्ता भर का हुआ नहीं कि भाँग पीना सीख लिया... पाजी कहीं का। नम्बरी खच्चर हो गया है।"

उन्होंने क्रोध से काँपते हुए थाली को ठोकर मारी, आधे आँगन में भात फैल गए। गोबर से लिपे-पुते आँगन में भात के सफेद दाने चाँदनी में चमक उठे।

चीख सुनकर पड़ोस के आँगनों से तीन-चार महिलाएँ दौड़ी आईं। पूरे टोल में एक ही खानदान के परिवार थे, तो टुगर ठक्कन को सब का स्नेह-दुलार मिला करता। अक्सर ठक्कन के बचाव में अड़ोस-पड़ोस की महिलाएँ गोकुल बाबू से जमकर लोहा लेती रहतीं। जब तक वे सब आकर मामला समझतीं, तब तक चाची ठक्कन को हाथ-मुँह धुलवाकर चटाई पर लिटा चुकी थी। गोकुल बाबू अपने ओसारे पर बैठकर तिनके से दाँत खोदने लगे थे। सामने फैले-छितराये भात पर निगाह पड़ी, तो क्रोध फिर भड़क उठा—"गदहा, फिर कभी तूने भाँग पी, तो कुल्हाड़ी से गरदन काट दूँगा।"

एक महिला ने आँगन में पैर रखते ही गोकुल को फटकारा—"खुद जो पीते हो भर-भर लोटा?"

अब गोकुल बाबू को लगा कि आँगन में रहना ठीक नहीं है। टोले की रिश्ते में भाभी और चाची के सामने उनकी बकार बन्द हो जाती है। घर के भीतर जाकर चादर और तकिया लेकर बड़बड़ाते हुए वह आँगन से बाहर हो गए—"मैं तो अभिमंत्रित करके पीता हूँ, ताकि नशा कम हो..."

चाची अपने घर से पथरौटी वाली कटोरी में सरसों का तेल ले आई। ठक्कन को पेट के बल लिटाकर लगी पीठ मलने। एक ने बालों में तेल डाला और ठक्कन के सिर को धीरे से रगड़ने लगी। महिलाएँ घेरकर बैठ गईं। कोई पाँव दबाने लगी, तो कोई बाँह की मालिश करने लगी।

पीठ पर तेल मलती हुई चाची बोली—"सोन-से बच्चे को रुई की तरह धुन दिया।"

एक ने कहा—"बिना माँ के बच्चे को जिन्दा ही नहीं रहना चाहिए। कहावत है, माँ मरी तो बाप गोतिया।"

तीसरी भला क्यों चुप रहे—"एक तो टुगर, ऊपर से कमजोर। ऐसे में भला ऐसी पिटाई! राम-राम!"

चाची बोली—"बाप नहीं, राक्षस है!" यह सुनकर एक अन्य ने कहा—"ऐसी

गउ-सी सन्तान पाकर भी बाप नहीं सुधरा, तो क्या कहा जाए! फिर अपना कपार ठोकती हुई बोली—"बेचारी सतलखावाली की आत्मा कहीं न कहीं तो इस समय रो ही रही होगी...देखना तुम सब, यही ठक्कन अपने बाप को ठीक करेगा और मोक्ष भी दिलाएगा। कहा भी जाता है, अपनी सन्तानों से ही लोग ठीक होते हैं।"

तभी एक अन्य महिला बोली—"नहीं बहना! वह मर्द अब क्या सुधरेगा! छछुन्दर की तरह छुछुआता रहता है। बीवी यह सब जानने लगी, तो पीट-पीटकर उसे मार ही डाला...अब सन्तान को पीटने लगा है...बाप रे ऐसी पिटाई! मैं यदि उस वक्त यहाँ होती, तो उसी चैली से उलटा देती।" यह कहकर वह चाची की ओर देखने लगी।

चाची को यह समझने में देर न लगी कि बातों की दिशा अब उसकी ओर मुड़ने वाली है, तो वह बोल उठी—"मर्द का गुस्सा क्या किसी से छिपा है...वह भी ठक्कन के बाप का। भला मैं कर भी क्या सकती? बेटा भी तो उसी का है न! मैं कैसे सँभालू इन दोनों बाप-पूत को... " इतने में सौराठ वाली एक गिलास गरम दूध लेती हुई आई। यह प्रौढ़ महिला रिश्ते में ठक्कन की भाभी लगती थी। वह उसे मानती भी खूब थी। उसने ठक्कन को एक माँ की तरह अपने में समेटने की कोशिश की। अपने हाथों से गिलास उसके मुँह में लगाया। भैंस का हल्का गरम गाढ़ा दूध पीने के बाद ठक्कन को थोड़ी राहत महसूस हुई। वह भाभी की गोद में सिर रखकर लेटा रहा। वह महिला उसके सिर को स्नेह से सहलाती रही। माँ की प्रतिछाया वाली महिलाओं के मुलायम, चिकने हाथों के स्नेह-पूर्ण स्पर्श से ठक्कन को सन्तोष के साथ ऊर्जा मिल रही थी।

चाची की बातों को पकड़ते हुए एक ने कहा—"अरे, सुनो तो भला इसकी बात! ठीक है बेटा 'गुरु बऊआ' का है, पर तुम तो शायद माटी की मूरत हो इस आँगन में! सब जानते हैं कि तुम स्त्री हो और वह भी विधवा, और वह मर्द है विधुर...तुम्हें जो सब नहीं बतियाना चाहिए, वह सब तो खुसुर-फुसुर खूब करती हो उससे! सारा गाँव इस बात को जानता है कि ठक्कन का पिता तुम्हारे इशारों पर नाचता है। तुम यदि चाहो, तो 'गुरु' की भला क्या मजाल कि ठक्कन पर उँगली रखे। सोचो तो, बेटा और भतीजा में क्या अन्तर होता है भला?"

अब चाची को काटो तो खून नहीं। यह सब सुन-सुनकर सच ही वह माटी की मूरत हो चली थी! सोचा, न जाने सवेरे-सवेरे आज किसका मुँह देखा कि टोले भर की औरतें एक साथ-एक ही बात के लिए मिल बैठ गईं। उस दिन देवर से कुछ कहा भी तो नहीं था। पिता किस बात के लिए पुत्र से नाराज था, कौन भला बताए? फिर चाची ने मन ही मन कहा, काश तुम सब अलग-अलग होतीं और ठक्कन न होता इस वक्त, तो बता देती कि अपने-अपने देवरों से कौन-कौन, क्या-क्या खुसुर-फुसुर करती रहती है। यों चाची ठक्कन के पिता को लेकर कुछ भी बोलने से परहेज करती। तकली काटने वाली चाची जानती थी कि औरतें बात को तकली

की सूत की तरह खींचती चलती है। वह इस घेराव से बचने की सोच रही थी।

यह प्रसंग न जाने कब तक चलता, भला हो टोल के उन दो कुत्तों का, जो भात के बिखरे दानों को लेकर झाऊँ-झाऊँ करने लगे। चाची ने राहत की साँस ली, तात्कालिक मुक्ति सामने ही थी। वह 'हाँ-हाँ' कर बगल में पड़ी लकड़ी वाली चैली लेकर उठी। फिर सब उठने लगीं। ठक्कन की आँखें झपकने लगीं। उसने इतना अवश्य सुना कि "इस बच्चे को जरा भी कष्ट होता है, तो सारा दोष गाँव के लोग तुम्हें ही देंगे...इस आँगन में तुम आँगनवाली हो और ठक्कन का बाप आँगनवाला..."

सुबह जब ठक्कन की नींद खुली, तो उसने देखा कि उसके बदन पर एक पतली चादर पड़ी थी। चाची स्वयं अपने पुबरिया ओसारे पर चटाई बिछाकर सोई पड़ी थी। शायद चाची ही उसकी देह पर चादर डाल गई थी रात में।

यों पिता से पिटकर अक्सर ठक्कन पुबरिया घर के पिछवाड़े उसी घिवही आम के पेड़ के नीचे बैठकर आँसू बहाया करता। वह तब तक पेड़ से पीठ सटाकर पूरब मुँह होकर तालाब के पानी को एकटक देखता रहता, जब तक कोई उसे आवाज न देता। घंटों वहीं बैठा रहता खोया-खोया और कभी-कभी अचानक एक ही झटके में उठता, और पूरी ताकत लगाकर मिट्टी का एक छोटा ढेला तालाब के जल में फेंकता...मानो विपरीत परिस्थिति को दूर फेंक रहा हो! वहीं बैठकर ठक्कन देर तक अपनी माँ की छवि को याद किया करता। माँ की याद आते ही पिता के प्रति वितृष्णा और गुस्से से भर उठता वह। उस क्षण उसकी मुट्ठी बँध जाती। माँ की तो वह कल्पना ही कर सकता है...यादगारी के रूप में जो कुछ था उसके पास, वह कसैला-सा था! उसको चाहकर भी किसी से कह नहीं पाता। मगर एकमात्र दृश्य के अलावे और कुछ उभरता भी नहीं...माँ को दमा का रोग था। ज्यादा समय वह लेटी ही रहना पसन्द करती। गौर-श्याम रंगवाली, कपार छोटा और आँखें न बड़ी-न छोटी। नाक-नक्श आकर्षक। उसकी बगल में लेटकर ठक्कन कहानी सुन-सुनकर न जाने कहाँ खो जाया करता। कभी-कभी वह भोला बाबा के गीत गाती और रोती रहती...

उस सुबह वह माँ की याद में रो पड़ा। उसके कानों में गूँजने लगा, 'बिना माँ के बच्चे को जिन्दा ही नहीं रहना चाहिए...' सोचने लगा कि वह भला क्यों जिन्दा है? पिता की पिटाई से वह मर क्यों नहीं जाता? मरकर वह भी माँ के पास 'सरगौली हाट' जाना चाहता। वहाँ उसे कोई कुछ नहीं कहेगा। माँ होती, तो शायद ही पिता एक थप्पड़ लगा पाते। इतनी छोटी उम्र में ही वह समझने लगा कि माँ से लिपट जाने के बाद कोई कुछ नहीं कर सकता। दुलार तो टोले भर की चाची, बुआ और बहनें करती ही रहतीं, पर पिता की मार से बचाने के लिए कोई बाँहें कहाँ फैलातीं! माँ से लिपटने का सुख अब उसके भाग्य में नहीं है। दुलार के साथ चोट

सहलाने वाले हाथ न जाने क्यों अलग हो गए? रात की चोट के साथ माँ के प्रति पिता की उपेक्षा ठक्कन के मन को भारी बनाने लगी...पिता से तिरष्कृत, उपेक्षित एवं अपमानित होकर ही माँ मरी थी...

जब भी माँ की याद आती, एक डरावना दृश्य आँखों के सामने नाचने लगता। ठक्कन नहीं चाहता कि वह दृश्य स्मृति पटल पर उभरे। मगर आँखें मूँद लेने से और भी साफ तथा सजीव होकर वह सब उसके सामने साकार हो उठता। आँखें खुली हों या बन्द, पिता से पिटने के बाद उन यादों का उभर आना उसके लिए स्वाभाविक है। उससे जितना दूर होना चाहता, वे यादें उतना ही पीछा करतीं। उस दिन भी दर्द उठते ही याद हो आया...बीमार माँ बिस्तर पर उतान लेटी पड़ी थी। पिता रौद्र रूप धारण करके बेचारी की छाती पर बैठे थे। एक हाथ में कुल्हाड़ी और दूसरे से उसका गला दबाने की कोशिश कर रहे थे। बीमार व शक्तिहीन माँ घिघिया रही थी। उस समय आँगन में उस नरमेध को रोकने वाला कोई नहीं था। चाची अपने घर में दरवाजा सटाकर शायद सो रही थी। दोपहर का समय, साढ़े चार साल का अबोध ठक्कन यह देखकर दम साधे आतंकित-सा घर के कोने में कोठारों के पीछे था। पिता कड़ी नजरों से उसे देख लिया करते। उससे नहीं रहा गया, तो चीख उठा। पिता ने लपककर ताबड़तोड़ उसे चार-पाँच थप्पड़ लगा दिए। माँ उस हालत में भी फुर्ती से उठी और उसे गोद में समेटकर ढाल बन गई...माँ की चर्चा जब भी कहीं सुनता, तो वही दृश्य स्मृति-पटल पर उभर आते। फिर तो मन में पिता के प्रति गुस्से की आग और भड़क उठती। अक्सर वह तनी भौहें और कड़ी नजरों से पिता को घूरता रहता। अब तो उसे यह देखकर आश्चर्य ही होता कि उसके पिता आँगनवाली चाची और गाँव की अन्य चार-पाँच औरतों से हमेशा मुस्करा-मुस्कराकर बातें किया करते, मगर ठक्कन की माँ के साथ उनकी उन्मुक्तता न जाने कहाँ चली गई थी!

ठक्कन अपने पिता से खूब डरता। छोटी-छोटी बातों पर पिता उसे मार बैठते। पीटते वक्त यह नहीं देखते कि बच्चा है, नौ-दस वर्ष का। कोमल शरीर पर चोट ज्यादा असर करती। छड़ी, करची, पैना, लाठी, कलछुल, बेलन, लोढ़ा या लोटा जो भी हाथ लगता, उसी से मार बैठते। उसका अपराध क्या होता, ठक्कन खुद नहीं समझ पाता। जिन छोटी-मोटी बातों के कारण वह पिटता, वैसी बातें तो उसके सभी मित्र हमेशा किया करते। मसलन, खाना खाते समय कौर-दो कौर भात थाली में रह जाना, कभी-कभी हाट पर अधन्नी का कुछ खा लेना, नहाते वक्त तैरना, पेड़ पर चढ़कर अमरूद तोड़ना। वह मित्रों के साथ किसी दालान पर ताश या शतरंज का खेल भी पिता के डर से नहीं देख पाता। बालोचित चीखना-चिल्लाना तो दूर की बात, खिलखिलाकर हँस भी नहीं पाता अपने आँगन में। लोग ठक्कन को चुप्पा समझते। चाची तो उसे यदा-कदा 'गुम्मा बाघ' कहा करती थी।

तो उस दिन सुबह-सुबह आम के टिकोले चुनने के बाद लगा कि टिकोला रखने के लिए आँगन से चंगेरी ले आना चाहिए। आँगन की ओर मुड़ा ही था कि चाची आँगन से निकलती दिख पड़ी। न चाहते हुए भी ठक्कन के चेहरे पर मुस्कान का भाव आ गया। प्रौढ़ चाची उसकी मुस्कान के भीतर की दशा को समझ गई। वह कुछ दिनों से उससे डरने लगी थी। उसे इस बात की आशंका हमेशा रहती कि रोते हुए ठक्कन के मुँह से कोई ऐसी-वैसी बात न निकल जाए, जो गाँव भर में चर्चा का विषय बने। पिता से मार खाकर जब ठक्कन आँगन से बाहर निकलता, तो चाची का कलेजा धुक्-धुक् करने लगता। दिन भर इस शंका में वह सशंकित रहती कि कोई ऐसी-वैसी बात करने न आ जाए।

"क्या कर रहे हो ठक्कन?"—पास आती चाची के स्नेहिल स्वर थे।

"आम चुन रहा था। देखिए न, कितने सारे टिकोले गिरे पड़े हैं। जरा आँगन से बाँसवाली चंगेरी ले आऊँ।"—कहता हुआ ठक्कन आँगन में जा घुसा।

उसकी आवाज से चाची को यह भाँपते देर न लगी कि रात की मार का असर शरीर और मन, दोनों पर है। वह गम्भीर हो गई। अपनी देवरानी सतलखावाली अर्थात ठक्कन की माँ की मासूम मुखाकृति कौंध गई नजरों में। उसे यादकर वह डर-सी जाती। मृत्यु के तीन-चार वर्ष पूर्व से ही सतलखावाली से नजर मिलने पर चाची की नजर झुक जाती। देवर-भाभी का विशेष अनुराग उस बीमार महिला से कहाँ छिप सका था!

ठक्कन आँगन से वापस आया, तो चाची लपककर पास आ गई। अपनी छाती से चिपकाकर कुछ क्षण उसके बालों को सूँघती रही। सोचती रही कि ठक्कन-सा संजीदा बच्चा टोले भर में कहाँ कोई है! उसका अपना पुत्र तो ठक्कन से आठ वर्ष बड़ा ही है, पर तेजी में उससे उन्नीस क्या, दस-बारह भी नहीं है। इसके पिता इस बालक पर हाथ उठाकर भला कौन-सी बहादुरी का काम करते हैं! खुद तो कुछ करते नहीं, सारा गुस्सा अबोध ठक्कन पर ही उतारते रहते हैं। बदन को सहलाती हुई चाची बोली—"बड़ी चोट लगी न रात में?" एक हाथ से छाती से लगाए दूसरे से उसकी पीठ सहलाने लगी। पीठ पर जहाँ चोट लगी थी, वहाँ चाची के हाथ का दबाव पड़ते ही ठक्कन धीरे से कराह उठा। वह चाची के बदन से और अधिक चिपक गया। चाची उसकी ठुड्डी उठाकर बोली—"मैं सब समझती हूँ बेटा, मेरी विवशता या मजबूरी तू अभी नहीं समझेगा..." चाची की आवाज पर मानो पानी पड़ गया था। लगा कि शायद सवेरे-सवेरे वह झूठ नहीं बोल पाएगी। अपने को सँभालने में कुछ समय लगा, फिर धीरे-धीरे बोली—"बाप के प्रति तुम्हारे मन में थोड़ी-सी भी जगह नहीं बची होगी। पर यह तो सत्य है कि उनकी गति और सद्गति के साथ मोक्ष भी तुम्हारे हाथों होना है। हम जैसे उनके सगे-सम्बन्धी या गाँव के लोग उन्हें खिला-पिला सकते हैं और हँसाने-रुलाने के साथ उनकी दुर्गति भी कर

सकते हैं, पर अन्त में मोक्ष तो तुम्हें ही दिलाना होगा। मैं तो अभागी ठहरी...लोग क्या-क्या कहते हैं!"

उनके भीतर का अवसाद 'अमैया हवा' की सिहकी पाकर धीरे-धीरे पिघलने लगा, तो आँखों के कोर भींगने लगे। ठक्कन को उनकी यह दशा देख अपनी माँ की याद आने लगी। चाची ने आँचल से पहले उसके मुँह को दुलार से पोंछा और अपनी आँखें पोंछती हुई बोली—"आज मैं तेरे बाप को डाँटूँगी। मेरा विश्वास कर बेटा, अब वह तुम्हें कभी नहीं मारेंगे।"

चाची के क्षणिक दुलार और पीठ पर उसके हाथों का स्पर्श ठक्कन को अच्छा लग रहा था। उसे विश्वास नहीं हो रहा था कि चाची कभी उसका भी पक्ष लेकर पिता से कुछ कहेगी। उसके सामने भले कुछ और बोले, पर मौका मिलते ही ठक्कन की शिकायत ही करेगी। ठक्कन के चेहरे की उदासी और उसकी छोटी-छोटी आँखों में सन्देह के साथ तिरस्कार का भाव नजर आ रहा था चाची को। उसके गालों को हल्के से थपथपाती हुई बोली—"दुत् पगले! चल मुँह धो, दिशा-फराकत से निश्चिन्त हो! आज स्कूल बन्द है न?"

ठक्कन टिकोला लेकर आँगन की ओर चला, तो चाची एकटक उसे देखती रही। अपने साथ ठक्कन और उसके पिता को परिस्थिति और नियति का शिकार मानती है वह। लगा कि पाप और पुण्य भी लोग काल के वश में आकर किया करते हैं। दरिद्रता और अभावग्रस्त जीवन बहुत ही क्रूर होता है। अभाव में पलता ठक्कन उनके सामने चुप्पा और शान्त बच्चा बन गया। उसके पिता सम्बन्धियों के घर और वहाँ मिलने वाले भोजन पर निगाहें रखते हैं। चाची को साफ-साफ दिखता कि मूर्खता और गरीबी से यह आँगन अभिशप्त है। ठक्कन की माँ उपेक्षा के साथ गरीबी से लड़ते-लड़ते मरी। चाची ने लम्बी साँस ली और बुदबुदा उठी—"ठक्कन बेटा! अपने पिता पर तरस खाओ। समय पर सब कुछ समझ जाओगे।"

ठक्कन ने आँगन आकर देखा कि खानदानी खबासिन ओसारा बुहारकर आँगन में झाड़ू लगा रही है। चाची भी उसके पीछे-पीछे आँगन आई और खबासिन को गोबर से आँगन लिपने को कहा। खबासिन को पड़ोस के आँगन से रातवाली घटना की जानकारी मिल गई थी। प्रौढ़ नौकरानी ने चाची की ओर सीधी नजर से क्षण भर देखा, पर बोली कुछ नहीं। चाची को लगा कि वह कुछ कहना चाहती है, लेकिन झाड़ू की आवाज में तेजी आ गई और चाची अपने ओसारे पर बैठकर जमा किए जा रहे कूड़े को देखती रही...

उदास मन से ठक्कन प्रात:कालीन क्रिया-कर्म से निवृत्त होकर अपने ओसारे पर 'सतघरा' खेलने लगा। वह तब तक अकेले में खेलता रहा, जब तक चाची ने पड़ोस के आँगन से आग लाकर अपने चूल्हे में फूँक न मारी। वह भी मन मारकर उठा। ओसारे के पश्चिमी छोर पर लिपा-पुता चूल्हा था। पास ही खबासिन कुछ

लकड़ी रख गई थी। जाते-जाते वह बोल गई थी कि आकर मसाला और चटनी पीस जाएगी। चाची से ही गोइठा पर आग लाकर उसने भी चूल्हा जलाया। इसी उम्र में चूल्हे के पास बैठना ठक्कन की मजबूरी थी। साल भर से सुबह में उसे ही चूल्हा फूँकना पड़ता। शुरू में तो कभी-कभार लकड़ी घिसका दिया करता था या यदा-कदा कड़ाही में छोलनी चला देता। वह भी उस समय, जब पिता चूल्हे पर कुछ चढ़ाकर किसी अन्य काम में उलझ जाते।

यों ठक्कन सवेरे-सवेरे भोजन पकाने के खटराग से निबटकर स्कूल जाने की तैयारी में लग जाता। जब सुबह का स्कूल होता, तो यह काम गोकुल बाबू को स्वयं करना पड़ता। उस दिन स्कूल बन्द था, तो ठक्कन को ही चूल्हा सुलगाना था। स्कूल गाँव के बीचो-बीच 'कृष्णघर' में था। पिता ने तो कभी उसे पढ़ने के लिए कहा नहीं। उसे तो याद नहीं है कि पिता ने पास बैठाकर कोई श्लोक या पहाड़ा याद करवाया हो। टोल के चाचाओं ने कुछ श्लोक अवश्य ही रटा डाले थे। गाँव के हमउम्र बच्चों को स्कूल जाते देख वह भी स्कूल जाने लगा था। स्कूल जाने से लगभग साल भर पहले से ही वह पछबरिया टोल के अपने खानदानी कुम्हार से मिट्टी वाली गाबिश लाया करता और गोबर व मिट्टी से लिपे-पुते आँगन-ओसारे पर बड़े-बड़े अक्षर लिखा करता। अक्षरारम्भ तो न जाने कब बड़े मामा ने करा दिया था। टोल के बड़े भाइयों ने मात्रा लगाना सिखाया था। स्कूल जाने लगा, तो बगल के गाँव फरदाहा के अपने कमार (बढ़ई) से पाटी बनवा लाया। बाद में पिता से छिपाकर एक स्लेट भी खरीदा, पैसे मामा ने दिए थे। स्कूल में संगी-साथी उसे फुर्ती से सुन्दर-सुन्दर अक्षर लिखते देख खूब खुश होते। स्कूल के दोनों मास्टरों का प्रिय छात्र बन गया था वह। हर शनिवार को एक पाव चावल और एक पैसा वाला सिक्का 'शनिचरी' देना पड़ता। छात्रों द्वारा दिए गए एक पाव चावल और एक पैसा ही पढ़ाई के लिए फीस-सी थी। इकट्ठा किए चावल में से लगभग आधे में गुड़ मिलाकर छुट्टी के समय छात्रों में बाँटा जाता। यह केवल शनिवार को ही होता। भिगोये चावल में गुड़ सत्यनारायण पूजा के प्रसाद 'चौरठ' जैसा स्वादिष्ट लगता।

शुरू में ठक्कन पिता की नजर बचाकर 'शनिचरी' ले जाया करता। पैसा वह दे नहीं पाता, तो दो-एक मुट्ठी चावल ही ज्यादा दे देता। पिता को पता चला, तो कुछ कहा नहीं। शायद उन्होंने समझ लिया कि एक न एक दिन यह तो करना ही पड़ता। क्या बुरा है कि बेटे ने खुद ही यह सब कर लिया? गाँव के प्राइमरी स्कूल की इस परम्परा को वे जानते थे।

उस दिन भात पक गया और दाल भी चूल्हे पर से उतार ली गई थी। आलू और सहजन की सब्जी बनाने के लिए ठक्कन ने कड़ाही को चूल्हे पर चढ़ाया, तो पिता आँगन आ गए। रात में टोल-पड़ोस की महिलाओं के सवालों का जवाब दिए बिना ही आँगन से निकले थे। उसके बाद अब नहा-धोकर ही आँगन में नजर

आए। एक हाथ में अछिंजल भरा लोटा, तो कन्धे पर गीली धोती थी। कमर में भींगा गमछा लपेट रखा था। लोटा को ओसारे पर रख धोती को छप्पर की बाँसवाली पतली बाती से बाँधकर फैला दिया। आधे से अधिक ओसारा पर धोती की छाँह हो जाने से प्रकाश जरा मटमैला हो गया। घर के भीतर से सूखी धोती लेकर पहना और गमछे को कन्धे पर रखा। इस बीच ठक्कन एक लोटा पानी लाकर वहाँ रख गया, जहाँ बैठकर गोकुल बाबू पूजा करते। हल्के हाथ से उन्होंने उस जगह को सिक्त कर लिया और आँगन जाकर हाथ-पैर धो आए।

कुलीन ब्राह्मणों के सामान्य जीवन में कर्मकांडी उपासना की जितनी अनिवार्यताएँ होतीं, वे सब गोकुल मिसर किसी भी तरह कर ही लेते। यों वे पढ़े-लिखे कहने भर के लिए ही थे। शुद्ध-शुद्ध लिखना उनके लिए कष्टकर था, परन्तु प्रात:-स्मरण, सन्धयातर्पण, पंचदेवतापूजन, चंडीपाठ वे जैसे-तैसे कर लेते। न जाने यह सब सीखने-जानने में कितना समय लगाना पड़ा उन्हें। अपने ब्राह्मणत्व पर बड़ा अभिमान था उन्हें। यह सब करना उनके लिए अनिवार्य था—स्व धर्मे निधनं श्रेय: पर धर्मो भयावह:—परम सत्य लगता उनको। अपने गाँव से बाहर जब भी मेहमानदारी में होते, तो घंटों पूजा पर बैठे रहते। धूप-दीप, नैवेद्य, बेलपत्र, दूर्वादल, अलग-अलग देवताओं के लिए अलग-अलग किस्म और रंग के फूल। अलग-अलग सराइयाँ देवताओं के लिए। पर अपने घर में देवताओं से बुझारत करने में उन्हें मुश्किल से आधा घंटा का ही समय लगता। यहाँ तो तीन-चार सराइयाँ और केले के पत्ते से ही काम चलाया करते। ताँबे की सराई काले शालिग्राम के लिए और पीतल की सराई सफेद नर्मदेश्वर के लिए। एक अन्य पीतल वाली सराई पंचदेवता के पूजन के लिए। पहले चन्दन घिसते, फिर अच्छत वाले चावल भिंगोए जाते। जौ-तिल में जरा-सा जल मिलाते। जनेऊ से ताँबे वाली 'पवित्री' खोलकर अनामिका में डालते...तीन बार गायत्री मंत्र का जाप कर भगवान भास्कर को नमस्कार करते। 'ॐ सहस्त्रशीर्षा:...' आदि मंत्र पढ़-पढ़कर शंख से शालिग्राम पर पहले जल गिराते। तत्पश्चात नर्मदेश्वर पर। चन्दन, फूल, तुलसीदल, दुर्वादल, बेलपत्र, अच्छत आदि से देवताओं को ढक दिया जाता। फिर घंटी बजाते हुए देवताओं को धूप-दीप दिखाया जाता। कुछ क्षण तक मौन हो जाते, आँखें प्राय: आधी मुँद जातीं, अव्यक्त स्वर में कुछ बुदबुदाया करते। अन्त में महादेव की पूजा। ठक्कन मिट्टी का महादेव बनाकर घर के अन्दर भगवती के 'चिनमार' पर प्रतिदिन रख दिया करता। पूजा पर बैठने के पूर्व गोकुल बाबू माटी के महादेव को उठा लाते। महादेव के ऊपर धथूर का फूल डाल गाल बजाकर 'बम्-बम्' का स्वर निकालकर पूजा के आसन से उठते। घर के भीतर जाकर कुल देवता स्वरूप छिन्नमस्ता की पूजा करते। मिट्टी की पिंडी के रूप में स्थापित कुल-देवता की पूजा घर की महिला ही करती, पर पत्नी की मृत्यु के बाद यह दायित्व भी गृहपति को निभाना पड़ा। पुरुष जब भी भगवती की पिंडी को

पूजता, तो अच्छत और सिन्दूर नहीं अर्पित करता। अच्छत और सिन्दूर अर्पण का अधिकार नारी को ही है इस कुल में। अत: जल-फूल से ही गोकुल बाबू के घर की भगवती को सन्तुष्ट होना पड़ता।

उस दिन गोकुल बाबू का मन पूजा में लग नहीं रहा था। हाथ जोड़कर प्रणाम की मुद्रा में जब सामने सराइयों पर नजर डालते, तो पुत्र का मासूम चेहरा आँखों के सामने नाच उठता। ओसारे के पूर्वी छोर पर पूर्वाभिमुख होकर वे देवताओं से उलझ रहे थे, तो पश्चिम छोर पर ठक्कन पश्चिमाभिमुख हो चूल्हे पर चढ़ी कड़ाही में छोलनी के साथ उलझा था। कड़ाही में छोलनी की टनटनाहट घंटी की मधुर ध्वनि-सी लग रही थी उन्हें।

अपने एकमात्र नौ-दस वर्षीय पुत्र की सहनशीलता और कार्यक्षमता को देखने का यह पहला मौका तो था नहीं। पुत्र की कोई शिकायत किसी से कभी कहाँ मिली उन्हें। फिर वह यह तय नहीं कर पाते कि ठक्कन के बचपना पर उनका हाथ क्यों उठ जाता है? रातवाली घटना के कारण वे उससे आँख मिलाने का साहस नहीं कर पा रहे थे।

विधुर होने के बाद गाँववालों ने गोकुल बाबू को राय दी कि वह दूसरी शादी कर लें। दो बच्चे थे। दोनों ननिहाल में पल रहे थे। खुद कभी तरौनी रहते, तो कभी अपने ननिहाल महिषी में। इन दोनों जगहों से मन ऊबता, तो अपनी चचेरी बहन के पास चले जाते। वहाँ बहन की जेठानी उन्हें कई तरह से चाहती-मानती। काशी के राँड, साँड़, सीढ़ी, संन्यासी से उलझना भी उन्हें अच्छा लगता। हाँ, इतना खयाल अवश्य रखते कि दो-तीन महीनों पर ससुराल सतलखा जाकर बच्चों को देख आते। पत्नी की मृत्यु के छह माह बीतते-बीतते जब ससुर ने पुनर्विवाह की बात उठाई, तो गोकुल बाबू ने ससुर से जानना चाहा कि दोनों बच्चों को सँभालने वाली है कौन? बच्चों के नाना ने जिस लड़की के सम्बन्ध में बताया, उसे वह जानते थे। मन्द बुद्धि की वह 'अलबतही' उनके ससुर के ससुराल की लड़की थी। क्रोधी स्वभाव वाले गोकुल मिश्र का गुस्सा भड़क उठा। ससुर से झगड़ बैठे और दोनों अबोध पुत्रों को तरौनी ले आए। एक कन्धे पर छाती के सहारे चिपका रहता और दूसरा उँगली पकड़े। दिन भर बच्चों की परिचर्या में लगे रहते गोकुल बाबू। आँगन में विधवा भाभी थी, पर चूल्हा और गृहस्थी अलग। तरौनी आने के तीन माह बाद छोटा बच्चा पहले सर्दी-जुकाम और फिर निमोनिया का शिकार हो गया। उधार-पैंच लेकर भी इलाज में कोताही नहीं की। मगर मातृहीन बीमार बच्चा स्त्रियोचित परिचर्या के अभाव में पिता की गोद में ज्यादा दिन नहीं रह सका। कई दिनों तक गोकुल बाबू रोते रहे। ठक्कन को बगल के आँगन की महिलाओं ने आठ-दस दिनों तक अपने पास रखा। जब वह उस नन्हे बालक को खोजता, तो लोग कहते कि ननिहाल में है।

ठक्कन को गोकुल बाबू बाबा बैद्यनाथ की ही कृपा का फल मानते थे। गोकुल बाबू ने छह कुलदीप पैदा किए, मगर ठक्कन को छोड़ कोई बचा नहीं। चार पुत्र के बाद जब ठक्कन धरा-धाम पर आया, तो गोकुल बाबू की चचेरी बहन बोल उठीं—क्या पता, चार की तरह यह भी ठग कर न चला जाए, यह तो ठगना है। ठक्कन कहीं का! और इसके बाद का बालक तो चल बसा, पर ठक्कन नहीं ठग पाया। गोकुल बाबू इसको तरौनी में या कहीं अकेले नहीं छोड़ते। यों अब वह अकेला रह लेगा—यह विश्वास उन्हें हो चला था। सातवें वर्ष की उम्र में जनेऊ करवा दिया। सोचा कि इस शरीर का क्या भरोसा, पुत्र मुँह में ऊक तो देगा...तो पुत्र को ब्रह्मणोचित संस्कार में ढालने की पूरी कोशिश रहती उनकी। पिता-पुत्र के अलावा कहाँ कोई था उनके घर में! आँगनवाली विधवा भाभी अपने देवर के मन की थाह पाने के लिए कभी-कभी कहती कि शादी कर लें, तो ठक्कन के लिए ठीक रहेगा। पर एकरुखा पुरुष गोकुल बाबू बोल उठते—"नहीं-नहीं!" फिर, जीभ निकालकर अपने दोनों कान पकड़कर कहते—"राम! राम! इतना हल्का समझ रखा है मुझे। भगवती की कृपा होगी, तो दस वर्षों में ठक्कन ही इस लायक हो जाएगा। मुझसे घरवाली अब नहीं सँभलेगी..." सब कुछ याद आ रहा था उन्हें सराइयों में रखे भगवान को देखते हुए।

रात में ठक्कन को पीटने के बाद जब आँगन में महिलाओं ने मोर्चा सँभाला, तो गोकुल बाबू के पास वहाँ से निकल भागने के अलावा कोई चारा नहीं था। उन महिलाओं के सामने अपने असली चेहरे को देखने से वे स्वयं भी कतराते हैं। दालान चले गए थे। वह खाली पड़ा था। वहाँ सोने वाले उन दिनों आमों की रखवाली के लिए गाछी-कलम बागों में पड़ाव डाले हुए थे। दालान की अँगनई में एक किनारे अपनी चारपाई डाल ली...चाँदनी रात में आकाश स्वच्छ और निर्मल दिख रहा था। सामने पोखर के कारण मौसमी ताप का असर कम था। यों उस दिन शाम में थोड़ी हवा चली थी। पोखर के पूर्वी और उत्तरी कोने वाले बाँसों के झुरमुट के बीच कई पेड़ थे। उधर से कठफोड़वा की ठक्-ठक् की आवाज लगातार आ रही थी। लेटे-लेटे गोकुल बाबू की आँखों के सामने ठक्कन का आँगन में लोटता-पोटता शरीर नाच गया था। उन्हें लगा कि वे हद पार करते जा रहे थे। वे समझ नहीं पा रहे थे कि क्यों ठक्कन उनसे भर मुँह बात नहीं कर पाता। उन्हें लगने लगा कि उनके एकमात्र पुत्र का उनके ऊपर अब विश्वास नहीं रहा है शायद...

सामने शालिग्राम की काली अंडाकृति पत्थर पर नजर टिकी थी और मन रात की घटनाओं में उलझा था...रात के एकान्त में उन्हें लगा था कि पत्नी उमा उनके सामने सफेद दब्-दब् साड़ी में सामने खड़ी है और उलाहना के स्वर कानों में आ रहे हैं—"मुझे तो तिल-तिल गलाकर मार डाला। दो बच्चे सौंप आई थी। एक तो उचित दवा और परिचर्या के बिना न जाने कहाँ चला गया! दूसरे पर तो तरस

खाओ। मैं पाँव पड़ती हूँ...ठक्कन पर हाथ मत उठाओ। कहीं ठाम-कुठाम में चोट लग गई, तो हाथ मलते रह जाओगे। क्यों अपना वंश और मेरे कोखजना का नाश करने पर तुले हो..."

लगा था कि वह शुभ्रवसना उनके पाँव पर गिर पड़ी थी। वह हड़बड़ाकर उठ बैठे थे और पत्नी की एक-एक खूबी को याद करते रहे और काफी रात गए न जाने कब खाट पर लुढ़क गए थे...

पुत्र की ओर पीछे मुड़कर देखा और देवताओं की जमात को समेटकर पीतल की छोटी पेटी में बन्द किया। उस पेटी को घर के भीतर भगवती की पिंडी के बगल में रख आए और चूल्हे के पास आकर पुत्र की ओर एकटक देखने लगे। ठक्कन चुपचाप निर्विकार भाव से कड़ाही में उबल रही सब्जी पर आँखें गड़ाए था। गोकुल बाबू पुत्र की मनोदशा भाँपकर विकल हो गए थे। अपना अपराध तो रात में ही कबूल कर लिया था मन ही मन। पुत्र के प्रति ममता उमड़ रही थी। लगने लगा कि फुर्तीले और संजीदे पुत्र को वे ढंग से सँभाल नहीं पा रहे हैं—यह उनका अपना ही दुर्भाग्य कहा जाएगा न!

उम्र के अनुसार लम्बा कद, गम्भीर चेहरा, छोटी-छोटी आँखें और गेहुँए सूरत वाले पुत्र के पिता ने सोचा कि सीधे-सीधे क्षमा माँग लें। उन्होंने ठक्कन को हाथ पकड़कर उठाया और अपनी छाती से चिपका लिया। ठक्कन भी पिता की छाती से अपना चेहरा निर्विकार भाव से सटाए खड़ा रहा। भावावेश के कारण पिता की साँसों की गति बढ़ गई थी। ठक्कन ने अपने सिर पर दो गरम बूँदों का गिरना महसूस किया। कई मिनटों तक पिता-पुत्र इसी तरह खड़े रहे।

विद्यारम्भे गुरु श्रेष्ठः

वैद्यनाथ ने अपने पिता को सिर से पैर तक देखा। दोपहर ढलने के आसपास पिता गाँव के किसी दालान पर से शतरंज की बिसात छोड़ भाँग घोटने के लिए अपने आँगन आ ही जाते थे। वैद्यनाथ चटाई पर लेटा बिजनी के सहारे गर्मी की दुपहरी काट रहा था। पिता को देख उठ खड़ा हुआ और घेलची तक जाकर एक लोटा पानी उनके सामने ला रखा। वे तब तक पीढ़ा बिछाकर बैठ चुके थे। गोकुल बाबू ने पानी पीकर अपनी कमर से सुपारी और तम्बाकू वाला बटुआ निकाला, तम्बाकू चुनाया। एक डबल जूम होंठों के नीचे रख सुपारी की एक टुकड़ी मुँह के हवाले की। फिर गमछे में बँधी पुस्तक खोली और पुत्र को थमाया। पुस्तक फटा-पुराना 'अमरकोष' था। पुत्र की ओर देखकर पूछा, "आज कौन-सा दिन है?"

"शनिचर," वैद्यनाथ ने उत्तर दिया।

गोकुल बाबू ने उँगली पर हिसाब लगाया—शनि एक, रवि दो, सोम तीन, मंगल चार, बुध पाँच और बृहस्पति छह। फिर बोले—"छठे दिन तुम पाठशाला चलना और जय गणेश-जय गणेश करके 'अमरकोष' आरम्भ करना।"

वैद्यनाथ चुपचाप सुनता रहा। भीतर ही भीतर उसे रुलाई आ गई थी। वह पिता से बहुत डरता था। चाह रहा था कि मिडिल स्कूल की अंग्रेजी-हिन्दी वाली पढ़ाई पढ़े। किताब-कॉपियों का अभाव, समय पर परीक्षा-फीस न दे पाने के बाद भी स्कूल में अन्य छात्रों से बीस रहता रहा वह। उसके पिता पढ़ाई पर कुछ भी खर्च करने से मुकरते रहे।

गाँव से अपर प्राइमरी पास करने के बाद वैद्यनाथ के प्राय: सभी संगी-साथियों ने 'राघोपुर ड्योढ़ी' के मिडिल स्कूल में नाम लिखवाना शुरू किया, तो वह भी चाहने लगा कि वहीं नाम लिखवाए। पिता से उसने कहा भी था। गोकुल बाबू ने हामी भी भरी थी। पिता द्वारा पढ़ाई के खर्च को टालने की आदत वह जानता था। फिर भी आगे की पढ़ाई का सपना देखने लगा था। तीन महीने के बाद वजीफा वाली परीक्षा होने वाली थी। प्राइमरी स्कूल के मास्टर ने कहा था कि उसे वजीफा जरूर मिलेगा। फिर तो पढ़ना आसान रहेगा उसके लिए। ऐसी स्थिति में गोकुल मिश्र ने न जाने कहाँ से फटा-पुराना 'अमरकोष' लाकर उसे थमा दिया संस्कृत की रटंत पढ़ाई के लिए और कहा—"दो पन्ने इसमें नहीं हैं, सो पाठशाला में किसी से लिखवा दूँगा। एक-दो पैसा लगेगा और दरभंगा-मधुबनी जाने वाले किसी से जिल्द बँधवा कर मँगा दूँगा। और हाँ, विद्यारम्भे गुरु: श्रेष्ठ:। मतलब समझे न?"

पुत्र को खामोश देख पिता बोले—"मतलब यह कि बृहस्पतिवार को विद्या आरम्भ करना अच्छा होता है।"

अब वैद्यनाथ ने समझा कि पिता ने क्यों दिन के बारे में पूछा था। वह उनकी ओर देखता ही रह गया। पीढ़ा पर से उठकर गोकुल बाबू घर के भीतर गए और पुराने घड़े में रखी भाँग की सूखी पत्ती अँगोछे के एक खूट में बाँधी। फिर गिनकर ग्यारह दाने काली मिर्च, चुटकी भर सौंफ और बादाम के दो दाने अलग से। भाँग की कड़ी पत्ती इस्तेमाल करने वाले गोकुल मिश्र चीनी या गुड़ डालकर भाँग पीना पसन्द नहीं करते। उस दिन किसी अन्य दालान पर भाँग घोटने-छानने की बात थी, सो आँगन से निकल गए।

पिता के आँगन से निकलने के बाद वैद्यनाथ की नजर सामने चटाई पर पड़ी फटी-पुरानी पुस्तक पर गई। शुरू से अनुक्रम वाले पन्ने नहीं थे। जो पन्ना सामने था, उसकी पहली पंक्ति थी—'यस्य ज्ञानदयासिन्धोरगाधस्य नधा गुणा...।' पड़ोस के चचेरे चाचा ने जाने कब रटा दिया था यह। अर्थ नहीं बताया था। आँखें अक्षरों पर टिकी थीं, पर याद आ रहे थे अपर प्राइमरी स्कूल वाले मास्टर रामचंचल झा...

भव्य चेहरा...गोल मुखमंडल...कपार पर सिन्दूर का बड़ा-सा टीका और आँखों में स्नेहयुक्त अनुशासन की झलक। विद्यार्थियों को जितना डराते, उससे जरा भी कम दुलार कहाँ करते। किताब को घर के भीतर कोठी पर रख पाँव उचकाकर किवाड़ की साँकल चढ़ाई और चल पड़ा दालान की ओर।

दालान भी तो अपना नहीं था, दो आँगन का सामूहिक। तीन टाँगों वाली बड़ी-सी चौकी वहाँ हमेशा पड़ी रहती। चौथी टाँग की जगह मजबूत हरौत बाँस का खूँटा लगा दिया गया था। उसी चौकी पर दीवार से पीठ सटाकर बैठ गया वैद्यनाथ। सामने पुश्तैनी पोखर के अथाह जल को देखते हुए सोचने लगा कि अपने संगी-साथी से अब कैसे बात करेगा? पिता के प्रति जो भी थोड़ा-बहुत मोह बचा था, वह भी तालाब के पानी की लहर की तरह टूटने लगा। आँखें भर आईं। कुछ ही क्षण बीते थे कि सतीश अपने आँगन से निकला। टोल भर के लोग उसे बऊआ कहा करते थे। वैद्यनाथ और बऊआ एक-दूसरे को 'यार' कहते।

सतीश करची के धनुष और खरही के तीर से खलिहान में एक किनारे गाय-बैल वाले नाद पर निशाना लगाते हुए बोला—"क्यों चुपचाप बैठे हो यार?"

कोई उत्तर नहीं। वैद्यनाथ ने नजर उठाकर देखा तक नहीं। आँखें तालाब के उस पार बरगद की ओर टिकी रहीं। सतीश को आश्चर्य हुआ, क्योंकि मिलने पर पहले टोकने वाला यार आज चुप क्यों है? तनिक भी माथा नहीं हिलाया-डुलाया। धनुष से तीर छोड़ने के बाद सतीश वैद्यनाथ की ओर गौर से देखने लगा।

सतीश का टोकना वैद्यनाथ को अच्छा नहीं लगा। मन ही मन बोला—यार! मेरी भी माँ होती और बाप बाप की तरह होता, तो मैं भी करची का तीर-कमान लेकर रामलीला के रावण को मारने जाता...माँ की याद आने पर उसका कलेजा टीसने लगा। माथा को उसने दोनों घुटनों के बीच डाल दिया। करीब आकर सतीश ने उसके सिर को उठाया, तो वैद्यनाथ की आँखों में आँसू देखकर सन्न हो गया। यार की पीठ पर हाथ रखकर भरी आवाज में बोला—"मत रोओ मेरे भाई! तुम्हें मेरी कसम।"

वैद्यनाथ ने धोती की खूँट से अपने आँसू पोंछे। उसे देखता हुआ सतीश चौकी पर चढ़ा और तीर-धनुष को छप्पर में खोंसा। फिर अपने यार की बाँह पकड़कर उठाते हुए कहा—"उठ भी तो यार! चल मेरे घर। वहीं कोठरी में खेलेंगे। थोड़ी देर के बाद माँ उठेगी, कल शाम से ही तुम्हें खोज रही है..."

वैद्यनाथ सतीश के पीछे-पीछे हो लिया। दोनों यार आहिस्ते-आहिस्ते पैर दबाकर आँगन के पीछे दक्षिणबरिया घर की पछबरिया कोठरी में नेवले की तरह चौकन्ने होकर घुसे। सतीश की माँ अपनी कोठरी में फोंफ काट रही थी। खाना खाने के बाद दोपहर में भरपूर सोती वह, प्रलय हो या वज्र गिरे, उसका दिन का सोना खंडित नहीं होता।

सतीश के साथ कुछ देर रहकर वैद्यनाथ का मन हल्का हुआ। यार उस दिन न जाने क्या-क्या पूछता रहा और अनमने भाव से वैद्यनाथ ने क्या-क्या कहा, सो बाद में कहाँ याद रहा! हँसनेवाली बात पर भी वह गम्भीर ही बना रहा, तो सतीश ने कहा था—"मुस्काओ भी तो एक बार मेरे यार! अपने लिए न सही, मेरे लिए ही...।" वैद्यनाथ को कभी-कभी अपने यार-मित्र के घर जाने के बाद लगने लगता कि काश, उसका घर भी ऐसा ही होता!

गोकुल मिश्र की भीतरी इच्छा तो थी कि एकमात्र पुत्र पढ़-लिखकर कुछ लायक बन जाए। प्राइमरी स्कूल के मास्टर भी वैद्यनाथ की प्रशंसा किया करते। जब अपर प्राइमरी का रिजल्ट आ गया, तो गोकुल बाबू ने गाँव में इधर-उधर से टोह लेकर पता लगाया कि मिडिल स्कूल में पढ़ाने में कितना खर्च पड़ेगा। उन्हें बताया गया कि वहाँ शनिचरी से काम चलनेवाला नहीं है। नाम लिखवाने के खर्च के बाद प्रतिमास स्कूल फीस। साथ ही सात-आठ पुस्तकों की जरूरत और फिर कॉपी-पेंसिल-स्याही-होल्डर-निब आदि में बराबर कुछ न कुछ खर्च लगेंगे ही। उनके जितने भी हित-मीत थे, उनमें से दो-तीन को छोड़ सब ने राय दी कि 'ठक्कन' जैसे होनहार को मिडिल स्कूल में ही पढ़ाया जाए। आँगनवाली भाभी से भी बात की। गोकुल बाबू सबके सामने 'हाँ-हूँ' करते रहे। मन ही मन सोचते रहे। गुन-धुन में पड़े रहे। तरौनी तो पढ़ा-लिखा गाँव ठहरा। ज्यों-ज्यों शिक्षा में नयापन प्रवेश करता, त्यों-त्यों गाँव के पढ़ने-लिखने के माहौल में परिवर्तन आता। पर गोकुल मिश्र जैसों के लिए इस बदलाव को समझना मुश्किल था।

तरौनी में उन दिनों संस्कृत-शिक्षा के लिए दो टोल-पाठशाला और एक सरकारी अपर-प्राइमरी स्कूल था। अपर-प्राइमरी के रिजल्ट निकलने के चार-पाँच दिन बाद संस्कृत पाठशाला के एक गुरुजी से गोकुल बाबू की भेंट 'बुढ़वा महादेव मन्दिर' में हो गई। वैद्यनाथ की चर्चा छिड़ने पर गुरुजी ने कहा था—"गुरुभाई, आप हिन्दी-अंग्रेजी वाली पढ़ाई के बखेड़ा में पड़कर बिक जाइएगा। जो भी थोड़ी-सी खेती-बाड़ी बची है, सब साफ हो जाएगा। एक ही बेटा है न! कहावत है, एक टाका की आ एक बेटा की? (एक रुपया क्या और एक बेटा क्या?) अकेला बेटा को सँभालकर रखिए भाईजी। मिडिल स्कूल में पढ़कर बेटा हाथ से बेहाथ हो जाएगा। क्या अकर-बकर पढ़ेगा, आपकी समझ से बाहर की बात होगी।"

दोनों जन मन्दिर के अँगनई वाले चबूतरे पर बैठे थे। पंडा आकर दोनों को भभूत का टीका लगा संग बैठ गया। गुरुजी पंडा की ओर नजर मारकर बोले—"अंग्रेजी अपनी बोली-बानी नहीं है। मलेच्छों की बोली है और आप जैसे लोग भी उसी भाषा में बेटा को पढ़ाने के लिए तैयार बैठे हैं...।"

बस इतना काफी था गोकुल बाबू के लिए। उठ खड़े हुए, तो गुरुजी भी संग हो लिए। ठठवे पोखर तक बाँध पर चलते हुए दोनों चुप रहे। फिर तिराहे पर खड़े

होकर तम्बाकू ठोंकते हुए गुरुजी ने कहा—"एक बात बताऊँ भाई जी! संस्कृत पढ़कर लड़का मास-दो मास के भीतर सत्यनारायण-कथा तो बाँचने लगेगा ही। उपनयन हो ही चुका है। दान-दक्षिणा घर लाने लगेगा। बड़ी ही अर्थकारी विद्या है संस्कृत। मैं कहीं से 'अमरकोष' और 'लघु सिद्धान्त कौमुदी' दिलवा दूँगा। कई घरों में यों ही पड़ी होंगी। किताब से निश्चिन्त। साल में एक बार मामूली-सी फीस...उसमें अभी आठ-दस मास की देरी है। तब तक आपका बेटा कमाऊ पूत हो चुका रहेगा...।"

इतना कहकर गुरुजी ने एक जूम तम्बाकू गोकुल बाबू की हथेली पर रखी। तम्बाकू मुँह के हवाले कर वहाँ से अपने पोखर के पुबरिया भींड तक एकपैरिया मेड़ पर चलते हुए गोकुल बाबू ने मन ही मन तय कर लिया कि चाहे कुछ भी हो, उनका बेटा अंग्रेजी पढ़ाई के झमेले में नहीं पड़ेगा। ठीक अगले दिन 'अमरकोष' उनको मिल गया था।

पाठशाला जाने से दो दिन पहले शाम गहराने पर गोकुल बाबू आँगन आए। वैद्यनाथ बीच आँगन में चटाई बिछाकर लालटेन की रोशनी में 'अमरकोष' उलट-पलट रहा था। पिता को देखकर उसने किताब एक तरफ खिसका दी और लालटेन दूसरी ओर, ताकि चटाई पर पिता के लिए पर्याप्त जगह बन सके।

बैठकर अँगोछे से हवा करते हुए पिता बोले—"आज बड़ी गर्मी है। आद्रा नक्षत्र बीत चला और पानी नहीं ही बरसा। पता नहीं क्या होगा अबकी?"

वैद्यनाथ उठा और ओसारे के छप्पर में खोंसकर रखी बाँस वाली बिजनी ले आया। पुत्र पर नजर गड़ाए गोकुल बाबू धीरे-धीरे बिजनी डुलाने लगे। लालटेन की रोशनी में वैद्यनाथ का चेहरा उदास और मुर्झाया-सा लगा उन्हें। खाने-खेलने की उम्र में इस तरह की मुखाकृति कम ही दिखती है किसी पिता को अपने पुत्र की। पर गोकुल बाबू के दिमाग में तो मलेच्छों वाली पढ़ाई घुरघुरा रही थी। भाँग ने उनकी सोच को और भी धारदार बना रखा था। बिजनी को रोककर बोले—"बेटा! प्रात: स्मरणीय वाचस्पति मिश्र का वंशज भला मलेच्छों की भाषा पढ़ेगा? वकील-वालिस्टर होकर लहसून-प्याज और मुर्गी का अंडा खाएगा भला! राम-राम! यदि ऐसा हुआ, तो इस पोखर का पानी खौलने लगेगा। आसमान से अंगारे बरसने लगेंगे। उस दिन अनर्थ हो जाएगा, जिस दिन तुम कोट-पैंट पहनकर खड़े-खड़े मूतोगे, तो मूत सीधे पुरखों के मुँह में जाएगा...माँ भगवती से मनाता हूँ कि वह दिन मुझे न देखना पड़े। तुम्हें तो पूर्वजों की कीर्ति की रक्षा करनी है बेटा!"

वैद्यनाथ बकर-बकर पिता का मुँह देखता रहा। समझ में नहीं आ रहा था कि वह क्या बोल रहे हैं और क्यों बोल रहे हैं? गोकुल बाबू पुत्र के नजदीक खिसक आए और पुत्र की पीठ पर हाथ रखकर बोले—"क्या समझते हो? मैंने क्या पढ़ा है—कुछ नहीं! थोड़ा-मोड़ा 'अमरकोष' और जरा-सा 'सिद्धान्त कौमुदी'। फिर भी गाँव के लोग मुझे गुरु कहते हैं।"

कुछ क्षण मौन रहे और जोर से मुँह का तम्बाकू आँगन में पश्चिम की ओर फेंका। अंगोछा से होंठ पोंछकर पुन: बोले—"जिस दिन 'अमरकोष' कंठस्थ हो जाएगा, उस दिन तीनों लोक तुम्हारे लिए हस्तामलक हो जाएगा..." जाने-अनजाने उनका हाथ वैद्यनाथ के सिर को सहलाने लगा था। पिता का हाथ सिर पर महसूस करते हुए वैद्यनाथ सोचने लगा कि गाँव के सभी बच्चे मिडिल स्कूल में जा रहे हैं। अपने टोल में जिसने भी अपर प्राइमरी पास की, वे सब राघोपुर ही जाने को तैयार हैं। अन्नी काका हो या रघुनाथ काका, अपने यहाँ के बच्चों को टोल-पाठशाला में नहीं जाने दे रहे हैं। उसे याद आया कि शाम में यार ने कहा था, "चल, बाबूजी से कहकर तुम्हें मिडिल स्कूल ले चलता हूँ", पर पिता के डर से उसने मना कर दिया था। वह समझ नहीं पा रहा था कि मिडिल स्कूल की पढ़ाई से क्यों नफरत है उन्हें। मन में आया कि पूछ लें, 'सिद्धान्त कौमुदी' छूकर भी देखा है कभी! उसे पिता के पास बैठा न गया। उठकर आँगन से निकल पोखर के भींड की ओर पेशाब के बहाने निकल भागा।

वैद्यनाथ के उठ जाने पर गोकुल बाबू उतान होकर पड़े रहे। आसमान की ओर टकटकी लगी थी। तारों से भरा आकाश, मेघ का नामो-निशान नहीं। खाली बदन पर डाँस ने सूँड़ गड़ाना शुरू किया, तो गमछा से बदन को झाड़ने लगे। नजर आसमान की ओर, और दिमाग कई बातों में उलझने लगा...सोचने और होने में भारी अन्तर है। उन्हें अपने आप पर गुस्सा भी आ रहा था। एक ही पुत्र है और उसके मन मुताबिक कुछ भी नहीं कर पा रहे हैं। समय पर सिलेट-पेंसिल भी नहीं दे पाए। जब भी कुछ कहता, तो अपने को असमर्थ ही पाते। पैसा-कौड़ी पास रहा ही कब? उनके जैसे और लोग भी तो गरीब हैं, पर उन सब के पास हिम्मत है और कुछ ऐसी-वैसी आदत के शिकार भी तो वे सब नहीं थे, जिनके चलते उन्हें शर्माना पड़े। वैद्यनाथ अब सब समझने लगा था धीरे-धीरे। खेती वे खुद करते नहीं, पर निर्वाह लायक अन्न तो बटाईदार दे ही देता। फिर भी खेत के ऊपर कर्ज ले आते। वह कैसे खर्च हो जाता, बताने में हिचक होती उन्हें।

यह सब सोचकर मन थकने लगा, तो उठ बैठे और हथेली पर तम्बाकू निकाला मलने के लिए। आँखें मुड़ीं सामने पुबरिया ओसारे के उत्तरबरिया कोने पर, जहाँ भाभी चूल्हे पर कुछ पका रही थी। पत्नी सतलखावाली को मरे कई वर्ष हो गए थे। अकेले का जीवन उन्हें तभी अबूह लगता, जब पुत्र कुछ माँग बैठता। अन्यथा वे उन्मुक्त जीवन जीने के आदी रहे हैं। कहने के लिए भाँग छानना और शतरंज पर जमे रहना मात्र कमजोरी थी। एक-दो और व्यसन के कारण थोड़ी बदनामी थी। सामने कोई कुछ बोलता नहीं। सतलखा में ससुराल के लोगों ने कुछ कहा, तो वहाँ जाना ही छोड़ दिया।

कुछ देर के बाद वैद्यनाथ वापस आया, तो उसको परेशान देख पिता के वात्सल्य

ने जोर मारा। गोकुल बाबू यह तो जान ही रहे थे कि पुत्र के सभी संगी-साथी के पिता शिक्षित और व्यावहारिक हैं। वैद्यनाथ पिता की ओर देखता हुआ बोला—"अब संस्कृत-पाठशाला में कहाँ कोई पढ़ता है?"

इतना कह वह डर-सा गया और नीचे देखने लगा। पिता ने इशारे से अपने पास बैठाया। उसकी पीठ को सहलाते हुए बोले—"बेटा, हम कहाँ से तेरे लिए व्यवस्था करें? तुम्हें मूर्ख भी नहीं देख सकता मैं। न जाने क्यों मेरा मन कहता है कि तेरी यही पढ़ाई एक दिन रंग लाएगी। महामहोपाध्याय से कोई ज्यादा पढ़ा-लिखा है सौ-पचास कोस में! उनकी पढ़ाई भी तो संस्कृत में ही हुई थी। और विद्या भले बदल जाए, पर संस्कृत वाली विद्या नहीं बदलेगी। तुम क्यों परेशान हो!"

पुत्र को लगा कि अपनी बेबसी पर पिता का गला भर आया है शायद, क्योंकि उनकी आवाज में थरथराहट आ गई थी। यह सोलह आने सच है कि तरौनी महामहोपाध्याय परमेश्वर झा के कारण जाना-पहचाना जाने लगा था। उनके घर 'परमेश्वर पुस्तकालय' में जाने कहाँ-कहाँ से पढ़े-लिखे लोगों का आना-जाना लगा रहता। उसे लगा कि मूर्ख नहीं रहना है, तो संस्कृत ही पढ़ना पड़ेगा। पिता ने जो सोच लिया, वैसा ही होगा। अगर वह ऐसा नहीं करेगा, तो आँगन के अपने भाइयों की तरह ही कहीं कोई काम करना पड़ेगा...

सच में गोकुल बाबू का गला भर आया था—"देखो बेटा, मैं बाप होकर भी पुबरिया घाट के पत्थर जैसा हो गया हूँ। तेरी माँ रहती, तो हालात कुछ और होते। तुम्हें अब तक मालूम ही हो गया है कि मैंने उसे खूब सताया। पर थी तो घर के दो खम्भों में से एक न! अब एक ही खम्भा है, तो घर के छप्पर लटकेंगे ही..."

माँ की चर्चा पिता के मुख से सुनकर वैद्यनाथ ने तनी नजरों से उनकी ओर देखा। वह उठा और मन को इधर-उधर करने के लिए ओसारे पर जाकर खाना खाने के लिए पीढ़ा बिछाने लगा। दिन में ही पिता ने कह रखा था कि रात का भोजन आम-चूरा और अचार होगा।

बृहस्पतिवार को गोकुल बाबू और दिनों की अपेक्षा जरा जल्दी पूजा-ध्यान से निश्चिन्त हुए और भात-दाल व कद्दू-आलू की सब्जी पकाई। वैद्यनाथ भी उस दिन अपने पोखर में बिना उछले-कूदे-तैरे ही चुपचाप स्नान कर आया। पिछली रात आधा लोटा दूध लेकर दही जमाया था गोकुल बाबू ने। 'जिस भोजन का आदि घी और अन्त दही से न हो, उसे क्या भोजन कहा जाएगा' खाने के अन्तिम कौर को उठाते हुए पिता ने पुत्र से कहा—"दही खाकर और मछली देखकर ही यात्रा बनती है। आज तुम्हारी असली जीवन यात्रा शुरू हो रही है।"

यार के घर के बगल वाली गोराबाड़ी होते हुए पाठशाला जा पहुँचे दोनों पिता-पुत्र। तरौनी के संस्कृत टोल पाठशाला को आसपास के गाँववाले सम्मान की दृष्टि से देखा करते। कई गाँवों के छात्र यहाँ संस्कृत पढ़ने आते। जिस पाठशाला में

वैद्यनाथ को लाया गया, वहाँ सरस्वती की एक बड़ी-सी प्रतिमा स्थायी रूप से रहा करती। वसन्त पंचमी के दिन जो मूर्ति पूजा के लिए लाई जाती, वह साल भर रहा करती। वसन्त पंचमी से एक दिन पूर्व पुरानी प्रतिमा को तालाब में विसर्जित कर दिया जाता। गुरुजी स्वयं ही प्रतिदिन सरस्वती पूजा किया करते। सभी छात्र गुरुजी के पाँव छूने से पहले सरस्वती को प्रणाम किया करते। पाठशाला गुरुजी के दालान पर चलती। सम्मान से उन्हें इलाके के लोग पंडित जी कहा करते।

पाठशाला पहुँचकर सरस्वती को प्रणाम करने के बाद गोकुल बाबू ने पंडित जी के पाँव छुए, तो सिर पर हाथ रखने के साथ आशीर्वाद मिला—"सत्यश्रमाभ्यां सकलार्थ सिद्धः।" फिर गोकुल बाबू ने एडवर्ड छाप का एक रुपया पुत्र को देते हुए कहा—"गिरो पंडितजी के पैरों पर, मन से प्रणाम करो।"

वैद्यनाथ रुपया पंडित जी के पाँव पर रख साष्टांग हो गया। पंडित जी उसके सिर पर हाथ रखते हुए बोल उठे—"आयुष्मान भवः, विद्यावान भवः।" फिर उसके पिता से कहा—"गुरु, तेरा बेटा बड़ा ही भाग्यशाली है। इसकी आँखों की चमक तो देख, सीखने की जिज्ञासा भरी है। बड़ा ही ज्ञानी और विद्यावान होगा..." आशीर्वाद समझने की उम्र वैद्यनाथ की नहीं थी। उसके कानों में सस्वर पाठ किए जा रहे श्लोक ही जा रहे थे।

वैद्यनाथ ने कुछ ही दिनों में पाठशाला के अपने दोनों गुरुओं के साथ सभी विद्यार्थियों का ध्यान अपनी ओर आकृष्ट कर लिया। अपने पाठ को खूब मन लगाकर याद किया करता वह। अक्षर तो उसके गोल-गोल और सुन्दर होते ही थे। महीना बीतते-बीतते अपने वर्ग के छात्रों में वह प्रमुख हो गया। पाठशाला में नियमित रूप से पढ़ने वालों की संख्या ज्यादा नहीं थी। दस-बारह विद्यार्थी 'प्रथमा' के प्रथम वर्ष में, तो आठ-दस द्वितीय वर्ष में। उसी तरह 'मध्यमा' के दोनों वर्षों के छात्रों को मिलाकर पन्द्रह-सोलह रहे होंगे...पाठशाला का वातावरण प्राइमरी स्कूल की अपेक्षा बहुत अधिक खुला-खुला था। स्कूल के एक-एक वर्ग में बीस-बीस पच्चीस-पच्चीस छात्र रहते थे। पाँच वर्ग और पाँच शिक्षक और ऊपर से हेडमास्टर साहब बाँस की बड़ी लम्बी करची लेकर निगरानी किया करते। वहाँ तो टस से मस नहीं हुआ जा सकता था। पाठशाला का शिथिल अनुशासन वैद्यनाथ की अन्तर्चेतना के लिए स्फुर्तीदायक साबित होने लगा। पंडित जी कड़ाई से पेश नहीं आते। बहुत हुआ, तो हल्की उँगलियों से कान मल दिया करते...गदहा, उल्लू, पाजी आदि कह देते बस। पढ़ाई के साथ खूब उछल-कूद, उठा-पटक और हँसी-ठट्ठा चलता रहता। वैद्यनाथ भी इन सबमें जमकर हिस्सा लेने लगा।

उन दिनों तरौनी के सभी ब्राह्मण परिवारों के पास कमोबेश खेती-बाड़ी के साथ-साथ अमराई, बँसबाड़ी और किसी न किसी तालाब में कुछ न कुछ हिस्सा बतौर पुश्तैनी सम्पत्ति रहती ही थी। अधिकांश ब्राह्मण यह सब होते हुए भी छोटी

हैसियत वाले थे, क्योंकि वे खुद खेती नहीं करते और बटाई पर उनकी जमीन लगी रहती। बटाईदार जो दे देता, उसी पर सन्तोष करना पड़ता। जिन लोगों के पास कम जमीन होती और कोई अन्य तरह से कमाने वाला न होता, तो उन सबकी जिन्दगी गरीबी में गुजरती। कर्ज-पैंच से वे सब जिन्दगी भर छुटकारा न पाते। पंडित जी पाठशाला के एक तरह से सर्वेसर्वा थे। वे तरौनी के खूब सम्पन्न तो नहीं, पर भरे-पूरे लोगों में से थे। परिवार बड़ा था और विद्या का कमाई में जमकर उपयोग करते। पंडित जी थे बड़े ही चतुर। पन्द्रह रुपये महीना डिस्ट्रिक्ट बोर्ड से इस पाठशाला के लिए मिलता, उसमें से नौ रुपया खुद ले लेते और छह रुपये दूसरे गुरुजी को देते। उसी तरह, राघोपुर-ड्योढ़ी के बाबू साहेब से आठ रुपये प्रतिमाह आता, तो खुद पाँच रखते और शेष में दो दूसरे गुरुजी और एक रुपया स्कूल खर्च के लिए रखा जाता। पतिया-प्रायश्चित, दिन उचारना, सगुन देखना, कुँडली बनाना, ग्रह शान्त करने के साथ ही आस-पास के गाँव में जजमानी में जाया करते। बाबू साहेब की ड्योढ़ी में रोज सवेरे चंडीपाठ के साथ ही संक्रान्ति पर सत्यनारायण कथा पाठ उनके लिए स्थायी धन्धा था। त्योहारों के दिन वहीं उनका भोजन हुआ करता। खुद खा आते और अँगोछा में बाँधकर ले भी आते। दालान पर दो गाय और एक बैल बँधा रहता। भैंस तो ब्राह्मण पालता नहीं, क्योंकि भैंस को यमराज की सवारी माना जाता है। माल-जाल की सेवा के लिए एक चरवाहा था, जो घर का टहल-टिकोरा भी किया करता।

एक मात्र 'अमरकोष' के सहारे भला कब तक वैद्यनाथ की पढ़ाई चलती! शब्द और धातु रूपावली किताब की जरूरत रोज पड़ने लगी थी। पिता से कई बार कहा उसने, तो किताब की चर्चा सुनकर वह झिड़क दिया करते। अपने वर्ग में तेज विद्यार्थी बन गया, तो अन्य छात्र ईर्ष्यावश अपनी पुस्तक देने में बहाना करने लगे थे। माँग-चांगकर काम नहीं चल रहा था। कॉपियाँ जो शुरू में ला दी गई थीं, उनके खत्म हो जाने के बाद गाँव की दुकान से धान के बदले एक जिस्ता कागज लेकर दो कॉपियाँ बना ली थी। पाठशाला जाने के बाद सोचा था—'चलो, संस्कृत की पढ़ाई के लिए पिता तैयार तो हुए।' मगर पीछे लगने लगा कि पिता से यह भी सम्भव नहीं हो पाएगा। पंडित जी जब रोज-रोज उसे किताब के लिए टोकने लगे, तो वह भीतर ही भीतर उफनने लगा। वैद्यनाथ ने तय किया कि पिता से कुछ न कुछ बात तो करनी ही पड़ेगी।

एक दिन पाठशाला से आने के बाद वैद्यनाथ ने देखा कि पिता ओसारे पर बैठे भाँग घोंट रहे थे। चुनार के पत्थर की बनी भाँग घोटने की वह कुँडी गोकुल बाबू विंध्याचल से ले आए थे। लाल पत्थर की वह कुँडी तीन सेर भारी रही होगी। सोंटा अमरूद की पतली डाल काटकर बनाया गया था। कोठी पर किताब रखने के बाद वैद्यनाथ ने पिता से कहा, "मुझे किताब ला दीजिए...गुरुजी बहुत डाँटते

हैं।" ओसारे की खम्भेली पकड़कर खड़ा हो गया था वह। पिता ने नजर उठाकर देख भर लिया और निर्विकार भाव से कुँडी में सोंटा रगड़ते रहे।

"कब ला देंगे किताब?" वैद्यनाथ के फिर पूछने पर भाँग रगड़ना छोड़कर दीवार में टेक लगा पल्थी मारकर बैठ गए गोकुल बाबू। बगल में सुपारी-तम्बाकू वाला बटुआ पड़ा था। पुत्र की ओर नजर उठाकर सुपारी कतरकर मुँह में रखा। सुपारी के कतरे जीभ को कसैला जायका महसूस कराने लगे। झिड़की भरे स्वर में पुत्र से कहा—"अभी 'अमरकोष' तो खत्म हुआ ही नहीं और दूसरी किताब की माँग...पता नहीं, पंडितवा क्या पढ़ाता है? किताबें आ जाएँगी। अभी वही पढ़ो। पंडित से मिलकर बात कर लूँगा।"

वैद्यनाथ का गुस्सा भीतर ही भीतर बढ़ता जा रहा था। उधर आँगन के पुबरिया ओसारे पर चाची तकली काट रही थी। नजर उनकी सूत और पुनी पर थी, तो कान पिता-पुत्र की बातों पर। "अमरकोष में जिल्द भी नहीं बँधवा दिया?" वैद्यनाथ के स्वर में रोष था।

पिता इस पर फट पड़े—"अरे जिल्द नहीं बँधी, तो क्या हुआ? क्या हाथ से तेल टपकता है कि किताब के पन्ने गंदे हो जाएँगे? जो पुस्तक है, अभी वही पढ़ो। न पढ़ना है, तो मत पढ़ो।" और कुँडी में सोंटा तेजी से रगड़ने लगे। वैद्यनाथ का खड़ा रहना गोकुल बाबू के क्रोध को भीतर ही भीतर बढ़ाने लगा। वह चाहते थे कि बेटा अभी सामने से हट जाए और बेटे ने सोच लिया था कि पिता से साफ-साफ कुछ कहलवा ले...

अपने ओसारे पर से चाची वैद्यनाथ के हठ और गोकुल बाबू के गुस्से को समझ रही थी। हाथ की तकली जिस गति से चल रही थी, उससे बीस गुना ज्यादा गति से माथे के भीतर शंका नाच रही थी किर्र र्र र्र र्र र्र...और वैद्यनाथ चिल्लाने के स्वर में बोला, "चाहे जैसे हो, मुझे सवेरे तक पुस्तक चाहिए।"

क्षण भर के लिए गोकुल बाबू का हाथ रुका। पुत्र की ओर देखा और सोंटा कुँडी से निकाल उस पर निशाना साधा ही था कि बिल्ली की फुर्ती से चाची लपकी और वैद्यनाथ को खींच अपने ओसारे तक ले आई। उसे अपने में समेटकर जोर से बोली—"किताब ही तो माँग रहा है। कोई कपड़ा या जूता-मौजा तो नहीं माँग रहा। ला देंगे, तो क्या हो जाएगा?"

"कहा तो, पैसा होगा, तो ला दूँगा।"—कह पिता फिर से भाँग घोटने में लग गए।

"अपने शौक-मौज से कभी कुछ बचे तब न बेटा पर ध्यान जाएगा"—कह चाची वैद्यनाथ के सिर पर हाथ फेरते हुई बोली—"हाथ-मुँह धो आ। कुछ खा-पी ले। मैं ही कुछ इन्तजाम करती हूँ। पर मुझे थोड़ा समय लगेगा बेटा!" चाची ने देखा कि वैद्यनाथ की आँखें छलछला रही थीं।

इस घटना के सात-आठ दिन बाद एक दोपहर पाठशाला से वैद्यनाथ वापस

आया, तो चाची ने बताया कि उसके पिता महिषी चले गए हैं और चार-पाँच दिनों के बाद लौटेंगे। वैद्यनाथ जब अकेला होता, तो प्राय: खाना नहीं पकाता। दिन में टोल के इस आँगन-उस आँगन में चाची या भाभी खिला दिया करती। रात को आँगनवाली चाची को चावल दे दिया करता। पिता को बाहर गया जानकर घड़े से पानी लेकर हाथ-मुँह धोया, फिर पूरा लोटा पानी पाँव पर उड़ेल लिया। और दिन यह सब पोखर जाकर किया करता, पर पिता के न रहने से कुछ भी करने की छूट थी। फिर एक लोटा पानी लेकर खम्भेली से पीठ सटाकर पीढ़ा पर बैठ गया। पहले भर पेट पानी पिएगा, फिर चूरा भिंगोकर नमक-अचार के साथ खा लेगा। लोटा उठाया ही था कि चाची थाली में भात और आलू-रामझुमनी की तरकारी लेकर सामने आ गई—"आज दाल नहीं बना, अब तुम इस वक्त क्यों चूल्हा जलाओगे!"

सामने भात देखकर भूख ने जोर मारी। हबड़-हबड़ चार कौर खाकर पूरा लोटा पानी पी गया, फिर अचार माँगकर स्वाद ले-लेकर खाता रहा।

खाना खाने के बाद दालान पर जाकर लेट गया। हल्की झपकी आई। गर्म हवा के थपेड़ों ने ज्यादा देर तक वैद्यनाथ को सोने नहीं दिया। नींद खुली, तो आस-पास कोई नजर नहीं आ रहा था। उठ खड़ा हुआ और भरी दोपहरी में तेजी से चलकर पाठशाला जा पहुँचा। कुछ छात्रों को पंडित जी ने उस दिन दोपहर के बाद बुलाया था। उन सब के आने में अभी देरी थी। उस अकाल-बेला में जिस गोराबाड़ी होकर वह आया था, वह एकदम निर्जन था। कहीं कोई नजर नहीं आ रहा था। पंडित जी का खलिहान सूना-सूना था। पाठशाला के लम्बे-चौड़े दालान के एक छोर पर सरस्वती की प्रतिमा, तो दूसरी तरफ एक बन्द आलमारी थी। पंडित जी पोथी-पतरा उसी में रखा करते। आलमारी का एक पल्ला नीचे लगभग एक बित्ता टूटा हुआ था। उसके निचले खाने से हाथ डालकर कुछ भी निकाला या रखा जा सकता था बिना आलमारी खोले। टिफिन के समय इस आलमारी का उपयोग छात्र भी किया करते टूटे होने के कारण।

पंडित जी भोजनोपरान्त दुपहरिया के वक्त पहर-आध पहर जरूर सोते। उनकी नींद गहरी हुआ करती। नींद में वृषभ स्वर में उनकी नाक बजा करती—ठर्र र्र र्र र्र...ठोंोंोंों...ठर्र र्र र्र र्र र्र...बड़ी पुष्ट और लयबद्ध ध्वनि होती। दूर से ही समझ में आ जाता कि पंडित जी नींद में हैं। पंडित जी की इस आदत से सभी छात्र अच्छी तरह परिचित थे। वैद्यनाथ इधर-उधर नजर फेरता, दबे पाँव अत्यंत सावधानीपूर्वक आलमारी के पास पहुँचा। कुछ क्षण तक ठिठका खड़ा रहा। सरस्वती की आँख उसे अपने ऊपर गड़ी-सी लगी। मूर्ति के सुमुखी मुखमंडल को देखकर मन ही मन बोला, 'क्या करूँ माँ?' उसे लगा कि मूर्ति मुस्करा रही है। आलमारी में हाथ घुसाकर कुछ पुस्तकें निकालीं। अपने काम लायक दो पुस्तकें छाँट लीं। कागज का एक पुराना बदरंग पन्ना आलमारी के भीतर पड़ा था। उसमें दोनों पुस्तकें लपेट

लीं। मूर्ति को प्रणाम करते हुए बुदबुदाया, 'यही उपाय था माँ!' दबे पाँव पाठशाला से निकला। बगलवाले चार-पाँच खेत के बाद डेढ़-दो कट्ठा में बाँस के कई बीट फैले थे। उसके बीच में तीन पुआल के टाल थे। एक टाल ऐसा लगा, जिससे पुआल नहीं निकाला जाता था। उसी टाल के नीचे उसने पुस्तकें छिपाकर रख दीं। सोचा, शाम में खूब अँधेरा होने पर या अहल भोर ले जाएगा। फिर डरा-डरा बार-बार इधर-उधर देखता हुआ घर की ओर भागा। डर रहा था कि कहीं कोई देख न ले।

उस दिन जिन-जिन छात्रों को दोपहर के बाद पंडित जी ने बुलाया था, वैद्यनाथ भी उनमें था। वह कुछ विलम्ब से पाठशाला पहुँचा। जब वह पहुँचा, तो उसके पहले वहाँ पहुँचे उसके दोस्तों ने उसे घेर लिया। लगा कि उसकी चोरी पकड़ी गई। पर नहीं! सभी ऊपरा-ऊपरी होकर कहने लगे—"देख तो, किसी ने हमारी किताबें चुरा लीं..."

वैद्यनाथ की धड़कन बढ़ गई। उसने कभी कोई चोरी नहीं की थी। यूँ कभी-कभार घर में खाने-पीने की कोई चीज चुपचाप मुँह में डाल लेता था। उसे लगा कि कान में कोई कह रहा है, 'धिक्कार है, देख तो तेरे मित्रों को तुम पर तनिक भी शक नहीं है...तूने यह क्या किया?' वह सहमा-सहमा सबको देखता रहा। कुछ भी बोलना कठिन लग रहा था उसे। उदास स्वर में वह बोला—"चोरी नहीं हुई होगी। शायद किसी ने देखने के लिए उठा ली होगी।"

इस पर उसका प्रिय मित्र नागेंद्र बोला—"हमारी किताबों की जरूरत भला किसे पड़ी होगी?"

उधर सुरेंद्र बोल उठा—"आँगन गया, तो पता लगा कि गुरुजी कहीं गए हैं। शाम से पहले नहीं लौटेंगे। आलमारी तो सात-आठ दिनों से खुली ही नहीं है। गुरुआइन काकी आलमारी खोलकर सब देख गई हैं।"

कृष्णकांत ने कहा—"माँ सरस्वती ने तो सब देखा ही होगा। कल सवेरे गुरुजी से कहकर ड्योढ़ी के भगत से चावल पढ़वा लाएँगे और सभी को उस चावल के आठ-आठ दाने खाने पड़ेंगे। जिसने चुराई होगी, वह खून की उल्टी करने लगेगा। सवेरे सभी को आना है और जो नहीं आएगा, वह चोर माना जाएगा।"

गुरुजी थे नहीं, तो सब चोर को भला-बुरा कहते हुए पाठशाला से निकले।

वैद्यनाथ का चेहरा भयभीत-सा होने लगा। बड़ी मुश्किल से वह अपने को सँभाले रहा। शौच जाने के बहाने अपने दोस्तों से अलग हुआ। गोराबाड़ी के पूर्वी और उत्तरी छोर के बाद कलम-बाग में एक किनारे जा बैठा। उसे समझ में नहीं आ रहा था कि अब क्या करे? पिता को पता चलेगा, तो उसे कच्चा ही चबा जाएँगे। उसकी आँखों से आँसू निकल पड़े। डर के साथ लज्जा से। उसे लगा कि दोस्तों का विश्वास कल से उठ जाएगा उस पर से। कल सवेरे उसे खून की उल्टी तो होगी ही मंत्राया चावल खाने के बाद। गाँव में सब उसे दुलार करते और मानते थे।

अब वह किस मुँह से सबके सामने जाएगा...हे भगवान, उसने यह क्या कर डाला! मन में आया कि जोर-जोर से रो-रोकर चिल्लाए...उसके होंठ कुछ हिले भी, और वह उठ खड़ा हुआ। फुर्ती से अपने पोखर के पुबरिया घाट पर आकर घुटने भर पानी में जा घुसा। आँख-मुँह पर जमकर पानी के छींटे मारे, फिर अंजुली भर जल लेकर धीरे-धीरे बुदबुदाया, 'चावल मत पढ़वाओ...यह मौका आने ही नहीं दूँगा। कल सवेरे तक पुस्तकें अपनी जगह पर पहुँच जाएँगी।'

उस दिन वैद्यनाथ लालटेन जलाकर देर रात तक जगता रहा। मानो नींद नहीं आ रही थी। एक बार आँगन से निकला और कुछ देर बाद वापस आकर ओसारे पर ही सो गया।

अगले दिन पाठशाला तो जाना ही था, क्योंकि मंत्राया हुआ चावल खाने की बात थी। पाठशाला में गुरुजी को घेरकर सभी खड़े थे। गुरुजी को सारी बातों की जानकारी दी गई। आँगन से चाभी लाकर आलमारी खोली गई, तो सभी दंग रह गए कि किताबें मौजूद थीं। हाँ, अन्तर इतना भर था कि पुस्तकें एक बदरंग कागज में लिपटी हुई थीं। इतनी आसानी से किताबें मिल जाने की खुशी में माँ सरस्वती को अगले दिन लड्डू का प्रसाद चढ़ाने की बात तय हुई। वैद्यनाथ उस प्रसन्न मुख देवी को निहारता रहा और मन ही मन गुनगुनाया, 'गतिस्त्वं गतिस्त्वं त्वमेका भवानि!'

गुरु दिऔ बताए

सुबह-सुबह अन्नी बाबू लोटा लेकर दिशा-फराकत के लिए दालान से निकलने को हुए कि आँगन के कोनटा के पास आकर गृहिणी ने कहा—"आज एक ब्राह्मण को भोजन कराना है, सो किसी को निमंत्रित कर दीजिएगा..."

पंडित अनिरुद्ध मिश्र को गाँव के लोग 'अन्नी' नाम से सम्बोधित किया करते थे। अन्नी बाबू ने पत्नी की ओर स्वीकारात्मक मुद्रा में सिर हिलाया और गोराबाड़ी की ओर बढ़ गए। गोराबाड़ी गाँव के पुबरिया टोल को दक्षिणबरिया टोल से जोड़नेवाला जंगली क्षेत्र था। बाँस, साहोर, महुआ, शीशम, गम्भार, जीमर आदि के वृक्षों से भरे भूखंड में एक-दो बीजू आम और तीन-चार कटहल के पेड़ भी थे। वृक्षों की सघनता के बीच पनपे झाड़ों से पक्षियों के मधुर स्वर सवेरे-शाम लोगों का ध्यान बरबस उस वनस्थली की ओर खींच लेते। दिशा-फराकत के लिए भी कुछ लोग उसमें घुसते नजर आते। दिन में बाँस या लकड़ी काटने की ठक-ठक आवाज उससे आती रहती।

अन्नी बाबू उसमें पश्चिम-उत्तर कोने से घुसकर थोड़ी देर बाद पूरब-दक्षिण कोने से निकलकर जोतखी पोखर के पुबरिया घाट पर आ गए। ब्राह्मण बहुल तरौनी गाँव में दस-बारह पोखर थे। कुछ गाँव के किनारे-किनारे, तो कुछ गाँव के अन्दर। आस-पास कोई नदी नहीं। कमला की एक उप-धारा गाँव के दक्षिण-पश्चिम में एक मील दूर बहती थी, जो बरसात के मौसम के बाद धूल उड़ाती रहती। गाँव के पूर्वी-दक्षिण कोने पर था जोतखी पोखर। गाँव के बूढ़े-बुजुर्ग उसी पोखर में नहाया करते। अधिकांश लोगों ने उसी तालाब में तैरना सीखा था। साफ-स्वच्छ जल और जलीय वनस्पति न के बराबर। उसके भींडे पर स्थायी रूप से बसे पोखर के हिस्सेदार सजग रहते कि गाय-बैल-भैंस आदि तालाब में घुसकर पानी न पिए। उसका पानी भोजन पकाने के लिए भी उपयोग में लाया जाता। मछली भी अन्य तालाबों से ज्यादा स्वादिष्ट थी।

दाएँ कान पर जनेऊ चढ़ाए अन्नी बाबू लकड़ी वाले घाट पर आकर बैठे, तो देखा कि दाहिनी ओर वाली पथराही घाट पर गोकुल बाबू एड़ी रगड़ रहे थे। वह घाट एक काले पत्थर का दो हाथ लम्बा, डेढ़ हाथ चौड़ा और डेढ़ हाथ मुटाई वाला टुकड़ा था, तो लकड़ी वाला घाट किसी मोटे पेड़ का तीन हाथ लम्बा एक मोटा धड़ था। बाँस के छोटे-छोटे खूँटों के सहारे इसे अचल-अडिग कर दिया गया था। भीगे कपड़ों की चोट खा-खाकर घाट सपाट और चिकना हो गया था। अन्नी बाबू भींडे पर से ही थोड़ी-सी मिट्टी लेकर आए थे। हाथ को तीन बार मिट्टी से मलकर धोया, फिर सिलवर के बनारसी लोटे को मिट्टी से रगड़-रगड़कर माँजा। घुटने भर पानी में जाकर ताबड़तोड़ इक्कीस बार कुलियाँ कीं। पानी से गर्दन पोंछते समय बाईं ओर गर्दन घुमाई, तो देखा गोकुल बाबू भींडे पर बरगद के नीचे गमछे से हाथ-मुँह पोंछ रहे थे। पास ही साहोर की हरी-ताजा छरहरी टहनी पड़ी थी। लोटा में पानी भरते हुए आवाज लगाई—"भाई, एक दतवन मेरे लिए भी!"

पानी से निकल ऊपर मोहार पर आकर गोकुल बाबू के पास मुलायम घास पर चुक्की माली होकर बैठे अन्नी बाबू। गोकुल बाबू ने कमर में धोती से खोंसकर रखा चाकू निकाला। नफासत और तेज धार के लिए परोपट्टा में प्रसिद्ध बेनीपुर हाट का मशहूर छोटा-सा चमचम करता रेजी चाकू। पहले उसकी फली खोलकर धोती की खूँट से पोंछा, फिर दतवन बनाने लगे। पहला दतवन अन्नी को ही दिया, उम्र में गोकुल बाबू से छोटे थे न! फिर अपने लिए बनाया। दोनों उत्तर की ओर मुँह करके दाँत पर दतवन घिसते रहे। अन्नी बाबू की दृष्टि गोकुल बाबू पर ही जमी थी...शान्त सपाट मुखमंडल, गेहुँआ खाल से मढ़े हाड़ों की मजबूत काया, न छोटी-न बड़ी चमकती आँखें, पतली मूँछ, चिकने गाल...मामूली धोती और कन्धे पर चरखाना गमछा। गर्दन घुमाकर जरा उचककर जोर से थूकने के बाद बोले—"भाई, ठक्कन ने पूरे गाँव की इज्जत रख ली।"

गोकुल बाबू की आँखें अन्नी बाबू की ओर मुड़ गईं। महामहोपाध्याय परमेश्वर झा के प्रिय शिष्य और इलाके के अतिसम्मानित विद्वान अनिरुद्ध मिश्र के सामने अल्पज्ञ गोकुल मिश्र शायद ही कभी मुँह खोल पाते। भीतर ही भीतर वह एक महापंडित के साथ बैठकर उद्वेलित हो रहे थे। गोकुल बाबू को एकटक देखते देख पंडित जी ने कहा—"आप गाँव में रहते हैं और मैं यहाँ से बहुत दूर सुलतानगंज में। विद्यालय में जब भी किसी पर्व-त्योहार की छुट्टी होती है, तो अपने गाँव भाग आता हूँ। यहाँ की मिट्टी, मौसमानुकूल व्रत-त्योहार, अन्न-फल और विद्या-अध्ययन के लिए महामहोपाध्याय का दालान वहाँ रहने नहीं देता। देखिए न भाई, इस गाँव की महिमा। आठ विद्यार्थी प्रथमा की परीक्षा में बैठे और उनमें से एक ही पास हुआ... मेरा अपना भतीजा भी पास नहीं कर पाया और आपका पुत्र गाँव की नाक कटने न दी। सरस्वती भी लक्ष्मी की तरह जगह बदलती रहती है न भाई! पंडित का पुत्र पंडित हो, यह जरूरी नहीं है, और आप जैसों का बेटा पंडित हो सकता—यह तो असम्भव नहीं है न!"

अन्नी बाबू की बात कुछ-कुछ समझ रहे थे गोकुल बाबू। इतना तो वह समझ रहे थे कि पुत्र के साथ जो उपेक्षा वह करते हैं, सब पंडित जी जानते होंगे। कहा जाता है कि यह सब विद्या जानते और समझते हैं। पुत्र को कितना कुछ झेलना पड़ता है...भीतर ही भीतर वह पसीजने लगे। भाव विह्वल होकर बोले—"मेरे जैसा बाप उसको कोई सुविधा नहीं दे पाया। यह तो आप जैसों का आशीर्वाद और स्नेह का फल मिला मेरे ठक्कन को। प्राइमरी स्कूल के बाद मिडिल स्कूल में नाम न लिखवाकर उसकी तेजी में गरम माँड़ डालने का काम मैंने ही तो किया न अन्नी!"—गला भर आया था। मन में आ रहा था कि अपना सब कुछ उगल डालें। मानसिक उलझनों के कारण दातुन के एक सिरे से जमीन पर लकीर खींचने लगे। हिम्मत नहीं हो रही थी उनसे आँख मिलाने की।

"धत्त! आपको तो प्रसन्नता से फट पड़ना चाहिए। आपके बेटे ने गाँव से भाग रही विद्या की धार को रोक लिया। आपको तो देवघर वाले बाबा बैद्यनाथ के आशीर्वाद के रूप में यह पुत्र मिला था। अयाची मिश्र को भी बैद्यनाथ के आशीर्वाद के रूप में शंकर-सा पुत्र मिला था न! वह भी अकिंचन थे। हाँ, आपके पास विद्या नहीं है और उनके पास सरस्वती थी। उनको कोई व्यसन नहीं था..." अन्नी बाबू ने अपने को रोका। उन्हें गोकुल बाबू का गुस्सा मालूम था। गोकुल बाबू बिना तनाव के सब सुनते रहे, मानो वह सम्मोहित हो गए थे। उनके कानों में अन्नी के स्वर फिर आने लगे—"जब कभी वैद्यनाथ को देखता, तो आप सबकी तरह मैं उसे ठक्कन ही कहता, पर अब सच में वैद्यनाथ हो गया वह। जब उसे देखता, तो कई बातों पर सोचता..." रुके और दातुन को चीरकर जीभ साफ किया, फिर दस-बारह बार कुल्ला। अंगोछे से मुँह पोंछते हुए बोले—"हाँ, एक ग्रह है..." कहकर लगे

पूरे गाँव के 'गुरु' गोकुल मिश्र को देखने। ग्रह की बात पर गोकुल बाबू अन्नी की ओर भयभीत नजरों से देखने लगे।

"हाँ, एक ग्रह है"—अन्नी बाबू ने बात स्पष्ट की—"वह यह कि कहीं आप उसकी पढ़ाई रोककर जजमानी में न लगा दें। ठक्कन का अवरोध केवल आप ही हो सकते हैं, और कोई नहीं।"—कह अपनी तेज आँखों से गोकुल मिश्र को देखने लगे। सोच रहे थे कि गोकुल बाबू अपना उजड्डपन वाला रोब न उन पर झाड़ने लग जाएँ?

गोकुल बाबू ने आँखें झुका लीं। सामने खड़े एक ज्ञानी पुरुष से कुछ भी कहने की हिम्मत नहीं हो पा रही थी। उन्हें लग रहा था कि मात्र पुत्र के प्रति दुर्व्यवहार से कोई भी उनसे नाराज हो जाता है। पढ़े-लिखे लोगों के बीच उनका उठना-बैठना था नहीं। उनकी अपनी मित्र-मंडली जैसा कहती और जितना वह समझ पाते, उतना ही करते। हाँ, ठक्कन ने जब से प्रथमा पास किया है, कुछ लोगों की नजर बदलने लगी थी। पर अन्नी बाबू ही उनके मुँह पर कुछ कह पाए...मन की धुंध फटने लगी—"अन्नी, ठक्कन का इस तरह पढ़ना मेरे लिए शायद वैसी बात है, जिसे सपने में भी नहीं सोच पाता।"—कहकर लगा कि वह रो देंगे।

अनिरुद्ध बाबू ने अँगोछा को यों ही झाड़ते हुए आत्मीय स्वर में कहा—"भाई, कौन-सा ऐसा घाव या दुख है, जिसे समय या परिस्थिति भरती नहीं! यों कहें, लोग भूल जाते हैं। जिसको नहीं भूलते, वह है कृति...प्राचीन समय की बात छोड़ दीजिए, तो भी रोहणीदत्त गोसाईं, रघुवर गोसाईं और अभी के महामहोपाध्याय परमेश्वर झा के कारण ही अपना गाँव जाना जाता है न..."

"हाँ, तरौनी उन्हीं सबके कारण जाना जाता है"—गोकुल बाबू ने स्वीकार किया।

"मैं कोई ज्योतिषी नहीं हूँ, पर आपके पुत्र को देखकर मेरी दूरदृष्टि मुझे धोखा नहीं दे सकती। देखिए, इस पुश्तैनी जल के समक्ष आपको वचन देना होगा कि भले उसके लिए कुछ न करें, पर अब उसे पढ़ने से रोकेंगे नहीं आप।"—अन्नी बाबू ने गम्भीर स्वर में कहा और गोकुल बाबू के कन्धे पर हाथ रख दिया।

गोकुल बाबू को कुछ सूझ नहीं रहा था कि क्या बोलें। उनके पुत्र में कुछ न कुछ बात है, तभी तो पंडित अनिरुद्ध मिश्र ऐसी बात कर रहे हैं। शान्त स्वर में बोले—"मैं जनेऊ छूकर वचनबद्ध होता हूँ कि बेटे की पढ़ाई में यदि सहायक नहीं हुआ, तो कोशिश करूँगा कि बाधक भी नहीं बनूँ..." कहकर दोनों हाथों में जनेऊ लपेट लिया।

अन्नी बाबू गोकुल बाबू के करबद्ध हाथों को अपने हाथ में लेकर उठ खड़े हुए और कहा—"दोपहर के बाद ठक्कन को मेरे पास भेज दीजिएगा। आप निश्चिन्त रहें, कुछ न कुछ रास्ता निकल ही जाएगा। कोइलख के पंडित जयनाथ मिश्र से बात हो गई है मेरी। किसी न किसी पाठशाला की व्यवस्था होगी ही..."

ग्लानिबोध से ज्यादा अनुनय-विनय के स्वर में पुनः हाथ जोड़कर गोकुल बाबू ने कहा—"यदि तुम्हारा हाथ उसके माथे पर आशीर्वाद के रूप में पड़ेगा, तो ठक्कन का कल्याण हो जाएगा..."

अन्नी बाबू नपे-सुलझे कदमों से घर की ओर चल दिए। गोकुल मिश्र तब तक उन्हें देखते रहे, जब तक वह पीपल से आगे बसबिट्टी पार न हो गए।

आँगन आकर गोकुल बाबू ने पानी भरा लोटा ओसारे पर रखा। अपना घर बन्द था। साँकल चढ़ी थी किवाड़ में। वैद्यनाथ गाँव की ओर निकला था शायद। देखा, भाभी और तेल बेचने वाली तेलिन आपस में खुसुर-फुसुर बतिया रही थीं। तेलिन बिना नागा रोज आती और देर तक भाभी वाले ओसारे की ओलती में बैठा करती। गोकुल बाबू से भी गप्पें लड़ातीं। अपने ओसारे पर पीढ़ा बिछा खम्भेली में पीठ सटाकर बैठ गए गोकुल बाबू। तम्बाकू वाला बटुआ टेंट से निकाला और बाईं हाथ पर तम्बाकू, चूना रख दाहिने हाथ के अँगूठे से मलने लगे और दृष्टि महिलाओं पर डाली। अक्सर होता यह कि इसी तरह बैठकर वह खूब हँसी-ठिठौली किया करते। मन भी लगता उनका। मगर उस दिन दिमाग में अन्नी बाबू की बातें और ठक्कन का चेहरा छाया हुआ था। उन महिलाओं को देखकर वर्षों पहले मरी पत्नी सतलखावाली याद आने लगी। सोचा, यदि वह होती, तो ठक्कन की यह सफलता उसके रोग-जर्जर शरीर के लिए अमृत हो जाती। न जाने कैसा अभिशाप था कि पत्नी को सताने में उन्हें सुख मिलता। कभी-कभी सपने में आकर वह लड़ जाती और सवेरे नींद खुलने पर आँखों से कनपटी तक आँसू के टघार की लकीर वह महसूस करते...मानो सपने के बाद खूब रोए हों...अस्पष्ट स्वर में बुदबुदा उठे—"देवी, क्षमा मत करना मुझे!" उनसे बैठा नहीं गया और उठकर आँगन से बाहर निकल गए।

दालान पर आकर तिनटंगा चौकी पर जा बैठे। खानदानी बहिया पढ़ुआ भाई के गाय-बैल के बथान से रातभर का कूड़ा-कचरा और घास-निंघेस निकाल रहा था। गोकुल बाबू ने पूछा—"तुम्हारा बाप कहाँ गया रे?" नौकर-खबास के सामने उनकी आवाज गजब की कड़क हो जाती थी।

"फरदाहा गया है हल का फाल पिटवाने"—धीमी आवाज में बहिया ने जवाब दिया, और अपना काम भी करता रहा। बैठे-बैठे गोकुल बाबू सामने तालाब और उसके पार दूर-दूर तक फैले खेतों की ओर नजर गड़ाए रहे। खेतों के बाद 'रजोखर' पोखर का ऊँचा भींडा और भींडा पर निलहा कोठी का आभास मात्र दिख रहा था। वहाँ तक का रास्ता कच्ची सड़क है, जो खेतों के बीच पतले बाँध की तरह थी। दालान पर कोई था नहीं। दालान का एक कोना गोबर और चिकनी मिट्टी से लिपकर पूजा के लिए तैयार था। पूजा के आसन पर बैठनेवाले पढ़ुआ भाई पुबरिया घाट पर जल में खड़े-खड़े दैनिक तर्पण कर रहे थे। वह जब तक

पानी में रहेंगे, तब तक कोई गैर-ब्राह्मण पानी छू नहीं सकता। उम्र में गोकुल बाबू के पितृतुल्य...

तब तक बहिया का बाप आ गया और फाल पटककर भुनभुनाने लगा—"खेत में आटी लेने देंगे नहीं। समय पर सालाना कमाई भी नहीं और काम तुरन्त चाहिए। ठीके न कहता था, बाजार जाकर पीटवा लो..."

गोकुल बाबू के कानों में भुनभुनाहट आई, तो बोल उठे—"क्या बात है रे?"

"बात का रहेगा, आप मालिक सबको लगता है कि सब पबनी-पसारिन भी हमारे टहलुआ हैं। मुफ्त में सब कुछ हो जाए। कोई कुछ कहे, तो मारने के लिए उठेंगे।"—गुस्सा में वह उबलने लगा। गोकुल बाबू को लगा कि कहता तो ठीक ही है, पर हम लोग आखिर मालिक हैं न! भले अब कुछ भी पास में न हो। चुप रहे और खानदानी टहलुआ की ओर देखते रहे। वह गमछा मोड़-माड़कर बैठन बना दालान के कोने में चौकी के पास बैठ गया और लगा खैनी बनाने। उम्र में गोकुल बाबू से बड़ा था। लम्बा कद, रंग गेहुँआ और मेहनत-मजूरी वाला मजबूत शरीर के साथ शुद्ध पंडिताऊ बोली-बानी। अपने जिला-जवार से बाहर उसका असली परिचय न दिया जाए, तो वह ब्राह्मण ही लगता। एक बार अपने बेटे के साथ बैद्यनाथधाम से वापस आते समय रास्ते में कहीं उसका सामान चोरी चला गया। अपने को खानदानी गरीब ब्राह्मण कह रास्ते के आठ गाँवों में पुत्र के जनेऊ के लिए सहायता माँगने लगा, तो काफी अनाज और नकदी बटोर ली। गाँव में न जाने कैसे यह बात फैल गई, तो गोकुल बाबू ने दाँत पीसते हुए कहा—"मार खराम पीठ की चमड़ी उधेड़ दूँगा..." पर वह हँसता रहा—"मालिक, मैं भी हूँ, तो आप सबका खानदानी खबास न! गायत्री, संध्या वंदन, पंचदेवता पूजन, क्या नहीं आता! श्रीमद्भागवत और गीता के पाँच-दस श्लोक सुना दूँ..." और गोकुल बाबू ने डपटा था—"चुप पाजी कहीं का!"

वही टहलुआ अपने गुस्से को काबू में कर चुपचाप खैनी मल रहा था। गोकुल बाबू को कल ही पता चला था कि उसकी पत्नी ठक्कन के पास होने की खुशी में ब्रह्म बाबा को लड्डू चढ़ा आई और ठक्कन को छाली-गुड़ खिला गई थी। वह बहिकिरनी ठक्कन की माँ से खूब हिली-मिली थी। हर दुख-सुख में साथ रहती। सतलखावाली जब मरी, तो वह कई दिनों तक कुछ भी खाई नहीं और श्राद्धकर्म के बाद काफी दिनों तक लोगों के सामने उनसे लड़ती रही।

सूर्य का तपना शुरू हो चुका था। नजरें सामने तालाब के स्वच्छ और शान्त जल पर गड़ी थीं। मन लेकिन भीतर ही भीतर चंचल और उद्विग्न था...बेटा को लेकर सोचने को मजबूर थे। ठक्कन कुछ बोल नहीं रहा था। गाँव में लोग-बाग पूछा करते कि ठक्कन अब कहाँ पढ़ेगा...काशी क्यों न...गनौली या पंचगछिया, लगमा या नवानी भी तो जा सकता है...अपना गाँव क्या कम है...लोगों की बातें

भीतर ही भीतर नाच रही थीं। मानसिक ऊहापोह से अपने को अलग करने के लिए गोकुल बाबू ने बटुआ से सुपारी और सरौता निकाला और लगे सुपारी कतरने।

"मालिक एक टूक मुझे भी"—टहलुआ की आवाज से नजरें सरौता से उठीं, तो देखा ठक्कन अपने मित्र कृष्णकांत के साथ आँगन की ओर जा रहा था। उन्होंने जोर से आवाज लगाई—"ठक्कन, तुम्हें आज दोपहर के बाद अन्नी बाबू ने बुलाया है। खुद कह गए हैं सवेरे-सवेरे घाट पर..." ठक्कन क्षण भर के लिए रुका और आँगन की ओर बढ़ चला। इतना भर भी नहीं पूछा कि क्यों भला! मगर मन में जिज्ञासा अवश्य हुई कि अन्नी काका को क्या काम हो सकता है, क्या उसकी परीक्षा लेंगे?

दोपहर में ठक्कन ने भात-दाल और करैले की भूजिया बनाई। पड़ोस के आँगन में चचेरी बुआ आई थी, उनकी बेटी भी साथ थी। उम्र होगी दस-ग्यारह वर्ष। अक्सर गोकुल बाबू के खाली आँगन में टिक-टिक खेलने आ जाती। कभी-कभी ठक्कन से हिन्दी और संस्कृत पढ़ जाया करती। पाँचवें वर्ग में पढ़ती थी। चूल्हे के पास दो कच्चे आम देखकर बोली थी—"भाईजी, चटनी पीस दूँ?..." ठक्कन के हाँ कहने पर जीरा, धनिया, मेथी और मंगरैल की माँग उसने की। सब कुछ था, पर मंगरैल नहीं मिलने पर वह दौड़कर अपने आँगन से चुटकी भर ले आई। इन मसालों को कलछुल में भूनने की खुशबू से चाची अपने ओसारे से बोली—"चटनी पीसोगी?..." उसने स्वीकारात्मक ढंग से माथा हिलाया। आम के छिलके उतारकर वह चटनी पीसने लगी और ठक्कन चटाई पर बैठकर उसे देखता रहा। चटनी पिस जाने पर चूल्हे के पास पड़ी सरसों तेल वाली शीशी से जरा-सा कच्चा तेल मिलाकर थोड़ी चटनी अपनी जीभ पर लेकर स्वाद लिया, और फिर थोड़ी-सी चटनी लेकर चाची के पास गई—"मामी, देखिए तो कैसी बनी है?"

गोकुल बाबू कहीं से पच्चीस बंबइया आम ले आए थे। अच्छा दाना था। कल शाम खबासीन एक लोटा दूध दे गई थी। थोड़ा-थोड़ा भात के साथ खाने के बाद शेष का दही जमा दिया गया था, तो दिन का खाना बबुआनी था। भोजन के समय गोकुल बाबू तनाव मुक्त थे। भीतरी उधेड़बुन से मानो छुटकारा पा गए थे। भोजनोपरान्त आँगन में हाथ धोते समय चाची ने अपने देवर को कुछ कहा, पर गोकुल बाबू ने अनमने भाव से उनकी ओर देखा और एक लोटा पानी घड़ा से लेकर दालान पर चले गए। ठक्कन खुद घर के भीतर चौकी पर जा लेटा था। किवाड़ ड्योढ़ कर लिया। इधर-उधर की सोचते-सोचते नींद आ गई। लगभग डेढ़-दो घंटे के बाद करवट बदलने के साथ अर्द्धनिद्रा में याद आया कि अन्नी काका से मिलने जाना है। वह उठ खड़ा हुआ। किवाड़ को पूरी तरह खोला, तो जेठ की दोपहरी का गरम झोंका भीतर तेजी से आया। आँगन सूना पड़ा था। चाची के घर का दरवाजा उढ़काया हुआ दिख रहा था। घड़े के पानी से मुँह धोने के बाद लोटा भर पानी गटागट पी गया। बदन पर हाफ कुर्ता डाल साँकल लगा आँगन से निकल पड़ा।

गाँव के उत्तरी और पूर्वी सीमा वाले कोने में आमों के सघन बाग फैले हुए थे। इन्हीं बगीचों के बीच से कच्ची सड़क गुजरती थी। वह सड़क चौधरी स्थान के बगल से होकर राघोपुर और नारायणपुर के बीचोबीच होते हुए सकरी तक जाती थी। रबी की फसल खूब हुई थी और आम भी अच्छे फले थे। जेठ पूर्णिमा में पाँच-सात दिन बाकी थे। बंबइया और रोहणिया आम पकने लगे थे। लगता था कि समूचा गाँव कलमबागों और अमराइयों में सिमट गया है...गीत, खिलखिलाहट, शोर, नाना प्रकार की बातचीत, बन्दरों को खदड़ने की ललकारें और हवा की हल्की सिहरन के बीच पके-अधपके आमों का टपकना...इन विलक्षण ध्वनियों की पृष्ठभूमि के तौर पर झिंगुरों की झनकार अविराम...।

अन्नी बाबू की अमराई नई नहीं, खानदानी थी। मोटे-पतले पचास के लगभग कलमी और बीजू आम के पेड़ थे। किनारे-किनारे जामुन, शीशम और महुआ की कतार थी। बाहर कड़ी धूप थी, मगर अमराई के अन्दर तो मानो समूचे संसार की तड़ावट सिमटकर एक हो गई थी। सम्भवत: सवेरे में आम तोड़े गए थे। आमों के साथ टूटकर गिरे हुए पत्तों के चिकने स्पर्श तलवों को गुदगुदा रहे थे। मगर ठक्कन के दिल में गुदगुदी नहीं, धड़कन थी। अमराई की हद में उसने जब पाँव रखा, तो उद्विग्न-सा था। भीतर ही भीतर वह डर रहा था कि कहीं इतने बड़े पंडित उसकी परीक्षा न लेने लगें! 'प्रथमा' में वह पास क्या कर गया—जो भी चाहता, कुछ न कुछ 'अमरकोष' या 'सिद्धान्त कौमुदी' से पूछ बैठता। दो अमराई के बाद पंडित जी की अमराई थी। उनकी अमराई के बीचोबीच कृष्णभोग आम के दो छतनार पेड़ थे, जिन्होंने घनी टहनियों और चौड़े-चौड़े पत्तों से धूप को ऊपर ही ऊपर सँभाल रखा था। वहीं आमों की रखवाली के लिए एक अस्थायी एकचारी वाली झोंपड़ी बना दी गई थी। मचान की जगह एक चौकी, उस पर सतरंजी और चरखाना चादर... सिराहने में गेड़ुआ, चौकी के बगल में जमीन पर पानी भरा एक घड़ा और एक लोटा...अन्य गृहस्थों की तरह पंडित अनिरुद्ध मिश्र भी आमों की रखवाली के लिए तत्पर रहा करते। गर्मी की छुट्टियों का भी यही मौसम होता है। सुबह में दैनिक नित्य-क्रियाकर्म और पूजा-पाठ से निपट हल्का जलपान करके पंडित जी कलमबाग आ जाते। सूर्य जब ठीक सिर के ऊपर आ जाता, तो आँगन जाकर भोजन कर आते। फिर शाम जब झिलमिलाने लगती, तो अमराई छोड़ते। जब वह स्वयं अमराई में नहीं होते, तो हरवाहा या उसके बच्चे वहाँ नजर आते। रात को हरवाहा स्वयं वहाँ सोता। पंडित जी अपने मिलने-जुलने वालों को वहीं बुलाया करते।

पंडित जी वाली अमराई के बीच में पहुँचकर ठक्कन ने देखा कि छरहरे बदन, गौर वर्णी, आकर्षक व्यक्तित्व वाले अन्नी काका चौकी पर पल्थी मारे तनकर बैठे हैं। खुले बदन पर पीला बारीक जनेऊ बाएँ कन्धे से लटककर वक्षस्थल होते हुए दाहिनी ओर पेट से कमर तक गिर रहा था। पहनावे में साफ धोती। सामने एक

मोटी पुस्तक खुली पड़ी थी। पाठ्य-पुस्तक में पढ़े और गुरुजी के मुख से वर्णित गुरुकुल के ऋषियों की याद ठक्कन को हो आई। परिवेश भी शान्त-सचेतन लग रहा था। दबे पाँव वह पंडित जी तक जा पहुँचा।

गरदन उठाकर पंडित जी ने उसकी ओर देखा। उसे लगा कि अन्नी काका की आँखों से स्नेह की फुहार निकल रही है। काका ने खड़े होने का उपक्रम किया, तो वह लपककर आगे बढ़ा और उनके चरणों में अपना माथा रखकर बुदबुदा उठा—"गुरुर ब्रह्मा गुरुर विष्णु गुरुर देव: महेश्वर:, गुरु साक्षात परम ब्रह्म तस्मै श्री गुरुवे: नम:"। ठक्कन के माथे पर पंडित अनिरुद्ध मिश्र के हाथ आए और उनके मुँह से निकला—"आयुरानन्दयौ बुद्धिरस्तु।" ठक्कन उठकर खड़ा हुआ। उसका तनकर खड़ा होना और नजर से नजर मिलाना अन्नी काका को अच्छा लगा। देखा तो पहले भी था, पर इतने करीब से देखा, तो लगा कि निश्चय ही गोकुल ने पूर्वजन्म में शुभ कर्म किए होंगे। मन में कौंध गया कि मिश्र उपाधिधारी भारत विख्यात अनेक लोग मिथिला में हुए हैं, तो क्या यह उस पंक्ति में शामिल नहीं होगा? ठक्कन को स्नेह से बगल में बिठाया। उसकी पीठ को सहलाते रहे। ये सब ठक्कन के लिए सुखद अनुभूति थी। अन्नी काका के हाथों के स्नेहिल स्पर्श से ठक्कन अपने भीतर अद्‌भुत ताजगी अनुभव कर रहा था। ऐसा स्नेह सम्भवत: वह पहली बार पा रहा था। कानों को स्वर मिले—"नाहक मन छोटा करता है। अभी तेरी उम्र ही क्या है? हमारे जैसे बूढ़े-प्रौढ़ तुम्हारे लिए कितने मददगार हो सकते हैं, यह तो मैं नहीं जानता! परन्तु मैं तो केवल अपने सुख के लिए वह सब बताऊँगा, जो जानता हूँ। देख ही रहे हो कि आम के पेड़ से फल भी मिलते हैं और छाया भी...तुम्हें कुछ सिखा पाऊँगा, तो सन्तोष और यश मिलेगा न!"

ठक्कन के लिए यह ऐसी आवाज थी, मानो मधु टपक रहा हो। काका उसकी दिनचर्या के बारे में कई बातें पूछते रहे। ठक्कन से बात करने के बाद पंडित जी को लगा कि यह बालक जहाँ भी रहेगा, सभी उसकी क्षमता से प्रसन्न रहेंगे। फिर बोले—"बेटा, यह उम्र खेलने और खाने की है, और सम्भव हो, तो कुछ विद्या ग्रहण कर लो...कहना नहीं चाहिए कि यदि मौका मिले, तो विद्यादान की भी कला सीख लो!"

ठक्कन की समझ में कुछ नहीं आ रहा था। वह मुँह बाए जिज्ञासु की तरह उन्हें देखता रहा। पंडित जी को भी यह अन्दाज हो गया कि एकदम नया शिष्य जीवन-दर्शन की प्रारम्भिक बात नहीं समझ पाएगा। फिर बोले—"मेरी बात पाँच-दस वर्ष बाद याद आएगी। इस बूढ़े के साथ ही यह कलमबाग, गाँव, यहाँ के लोग—सभी याद आएँगे...अभी तुम वही करो, जो भला लगे और लोगों की समझ में आ जाए!"

अब ठक्कन ने अपना मुँह खोला—"पिता के फटी भीतों और उजड़े फूसों वाले घर में संसार देखने के लिए ही आँखें खुलीं। पिता का दुलार नहीं जानता।

उनसे कुछ कह नहीं पाता। डर-सा बना रहता है। यह नहीं जान पाया कि बाप क्या होता है?..." ठक्कन का गला भर आया।

"तुम्हारे पिता क्या हैं, क्या मैं नहीं जानता? पर वैसे ही पिता के पुत्र होकर तुम्हें बहुत कुछ करना है!"—कह पंडित जी ने ठक्कन के सिर पर हाथ रखा, तो देखा, उसकी आँखें गीली हो आई हैं। समझाने के स्वर में काका ने कहा—"देखो, आदमी धन से नहीं, कर्म से पूज्य होता है। तुम्हें अपने लिए न सही, अपने पिता के लिए और हो सके, तो हम सबके लिए कुछ बनना है। तुम जिस परिवेश में पैदा हुए हो, उसमें यह बड़ी बात है। परिवेश को बदलना कष्टकर तो होता ही है...कुछ करने के लिए मैं अपनी विद्या ही तो दे सकता हूँ!"

अन्नी काका कुछ क्षण चुप रहे। देखा, ठक्कन चुपचाप उनकी ओर देख रहा है। पंडित जी ने फिर कहना शुरू किया—"मेरे लिए सौभाग्य की बात होगी कि तुम्हें कुछ पढ़ा सकूँ..." ठक्कन के दोनों हाथ स्वत: जुड़ गए।

"वैयाकरण और न्यायिकी के लिए यह इलाका प्रसिद्ध ही है, तो मेरी इच्छा है कि कोई साहित्य में महारत हासिल करे। साहित्य का मर्म छन्द शास्त्र की थोड़ी बहुत शिक्षा मैं दे ही सकता हूँ!"—पंडित जी की इस बात पर विधिवत शिष्य बनने को आतुर वैद्यनाथ ने कहा—"हाँ, काका आप मुझे छन्द शास्त्र पढ़ा दें। श्लोक रचना के नियम और तरीका बता दें। लोग सब फकरा जोड़ते रहते हैं, तो मेरा भी मन फकरा जोड़ने को करने लगता है।"

"व्याकरण का ज्ञान और शब्द-सामर्थ्य अगर है, तो यह काम बहुत आसान है।"—पंडित जी ने सहज ढंग से कहा।

"क्या मैं आँगन से कॉपी-कगजिया ले आऊँ!"

"अरे हड़बड़ी क्या है! अभी तो मैं हूँ ही। मेरी जितनी जानकारी है, उसके अनुसार तुम अपने हम उम्रों में अलग से पहचाने जाते हो।"

पंडित जी की इस बात पर ठक्कन बोला—"पता नहीं, किसने आपको क्या-क्या कह दिया है...हाँ, यदि आपका आशीर्वाद मिले, तो शायद कुछ ज्ञान हो जाएगा। आप छन्द शास्त्र मुझे पढ़ा देंगे?..." वैद्यनाथ के स्वर में आत्म-विश्वास झलक उठा।

"देखो बेटा, छन्द विधान तो मैं तुम्हें बता दूँगा। कुछ छन्दों का अभ्यास भी हो जाएगा, पर डर है कि उसमें तुम रम न जाओ कहीं! जितना बड़ा विद्वान, उतना ही दरिद्र। न जाने वह दिन कब आएगा कि विद्वान विद्या की तरह धन से भी समृद्धशाली हो पाएगा..." कहकर पंडित जी बहुत गम्भीर हो गए। उनके मानस पटल पर गुस्सैल और उज्जड़ गोकुल मिश्र आ गए थे। वैद्यनाथ श्लोक और कविता बनाने में रम गया, तो न जाने गुरु भाई (गोकुल मिश्र) क्या-क्या कहेंगे...अभी तो लिहाज करते हैं, लड़का ढंग से पढ़-लिख ले और कमाने लगे, तो फिर प्रशंसा ही प्रशंसा।

मगर, कुछ तय सा करके पंडित जी बोले—"बेटा, मेरे सामने यह प्रतिज्ञा लेनी ही होगी कि काव्य-कला और छन्द शास्त्र पढ़कर उसका दुरुपयोग नहीं करोगे। या यों समझो कि इसके प्रयोग से कुछ उलटा-पुलटा प्रभाव न पड़े।"

"काका, माँ नहीं है। छोटा हूँ आपके सामने। पर ऐसा कुछ नहीं करूँगा कि आपकी शिक्षा अथवा प्रतिष्ठा का अपयश हो या गाँव कलंकित हो..." कहकर ठक्कन ने पंडित जी के पाँव छू लिए।

इतने में किसी पेड़ से आम गिरे। धप्प...धप्प...। दोनों की गरदन उस तरफ मुड़ गई। ठक्कन उठ खड़ा हुआ। पूरब की तरफ चला। उस ओर बम्बई आम के दो पेड़ थे। पेड़ों की सघन छाँव में उड़ते-भनभनाते दो-चार छोटे-बड़े कीड़े-फतिंगों ने उसके नाक-कान पर बैठने की कोशिश की। वैद्यनाथ के अंग-अंग फड़क उठे। पन्द्रह-बीस कदमों के बाद नजर नीचे गई। दो बड़े-बड़े आम एक-डेढ़ हाथ के फासले पर पड़े थे। दिखने में दोनों आम खूबसूरत लगे। दोपहर में खाया हुआ बम्बई आम याद आ गया। उससे यह आम बीस था। वैद्यनाथ ने दोनों आम उठाए। एक आम अनायास नाक तक चला गया। नथुने फड़क उठे। गछपके आम की ताजा खूशबू बहुत दिनों के बाद ली थी। कुछ क्षणों तक आम को नाक से सटाए भीतर-भीतर वह तृप्त होता रहा।

वापस मुड़कर उसने आम पंडित जी के सामने चौकी पर रख दिया। पंडित जी मानो कुछ मनन कर रहे हों। आम पर निगाह डालकर बोल उठे—"जयवांछित दायिनी सिद्धिवरे!" प्रकृति की ओर से माँ भगवती ने तुम्हें दोगुना आशीर्वाद दिया है। मैं कोई तांत्रिक या भविष्यवक्ता नहीं हूँ, पर एक सच्चरित्र ब्राह्मण होने का गर्व तो मुझे है ही। तुम्हें कुछ न कुछ तो बना ही सकता हूँ! तुम क्या-क्या बन सकते हो, उसकी कल्पना कर उस राह तक पहुँचाने में सहायक तो हो ही सकता हूँ..." ठक्कन पंडित जी की ओर टकटकी लगाए रहा। वह समझ नहीं पा रहा था कि काका क्या कहना चाह रहे हैं। अपने ग्रामीण महापंडित के इतने करीब हो जाना उसे एक सपना लग रहा था। उनके स्वर कानों में गूँजे—"प्रत्येक काम यह मानकर करो कि वह तुम्हारी दिनचर्या है। तत्परता और स्वविवेक ही तुम्हें शक्ति देगा..." पंडित जी उठ खड़े हुए। उन्हें लगा कि इतना काफी है। कहा—"अभी जाओ! कल से इसी समय आना। छन्द शास्त्र सम्बन्धित कुछ आरम्भिक पुस्तकें और कॉपी की व्यवस्था हो जाएगी। हाँ, कृष्णकांत से कहना कि अपने मामा को मुझसे मिल जाने का संवाद दे। समय बड़ा प्रबल होता है। वह सब कुछ स्वत: व्यवस्थित करता चलता है...सब ठीक होगा, तुम्हारे साथ भी..." इतना कह अन्नी बाबू ने घड़े से पानी निकाला। ठक्कन ने पुन: उनके पाँव छू लिए।

दोनों आम की ओर इशारा करके पंडित जी ने कहा—"इसे ले जाओ। यह प्रसाद तुम्हारे निमित्त स्वत: ही टपका है।"

ठक्कन क्षण भर के लिए ठिठका और झपट्टा मारकर दोनों आम उठा लिए, मानो कोई और लपक न ले। गुरु और उनके द्वारा दिए गए प्रसाद पर वह और किसी का अधिकार नहीं चाहता था।

कलमबाग से वापसी में पेड़ों की घनी स्याह हरियाली में पंडित जी के आमों की अद्भुत खुशबू के साथ चिड़ियों का चहचहाना उसे प्रिय लगने लगा। सोचा, इस हरियाली के बीच मन ही मन बातें करते समय शायद पेड़ भी बातचीत में शामिल हो जाते होंगे, इसीलिए अन्नी काका दिन भर यहाँ रहते हैं और पेड़ों से बातें करने के कारण ही इतनी अच्छी-अच्छी बातें करते हैं। लगा कि अमराई की इस एकबटिया खुरबट्टी के सहारे नई राह मिलेगी उसे। खुरबट्टी के बाद अपनी राह वह ढूँढ़ ही लेगा...

भवसागर में वैद्यनाथ

सन् 1929 के मध्य में काशी के गवर्नमेंट क्वींस संस्कृत कॉलेज (अब वाराणसेय संस्कृत विश्वविद्यालय) की शास्त्री कक्षा में वैद्यनाथ मिश्र ने साहित्य विषय लेकर नाम लिखवाया। काशी में उसके बड़े मामा किसी स्कूल में पढ़ौनी के साथ पुरोहिताई किया करते थे। उन्हीं के कहने पर वह यहाँ आया। मामा का पारिवारिक डेरा उनके ग्रामीणों और कुटुंब सम्बन्धियों का काशी आने पर पहला और तात्कालिक ठौर-ठिकाना होता। कभी-कभी दो-दो, तीन-तीन लोगों के आ जाने पर रात्रि विश्राम के लिए किसी न किसी मन्दिर के बरामदे में जाकर दरी-चादर बिछानी पड़ती। पन्द्रह-बीस दिन मामा के यहाँ रहने के बाद एक दिन रात में भोजन के समय वैद्यनाथ ने मामी से कहा—"रहने की व्यवस्था अन्यत्र हो, तभी तो पढ़ाई होगी न!"

मामी उसे एकटक देखती रह गई। वह कुछ कहती, उससे पहले ही वह बोला—"हाँ मामी! आपके हाथों का दाना-पानी ज्यादा दिन नहीं चलेगा। यों भी भगिनमान को अधिक तरजीह नहीं देना चाहिए..." कहकर वैद्यनाथ हँसने लगा। स्वर्गीया ननद की एक मात्र सन्तान से उस नारी को अत्यधिक लगाव था। मामी के बदले मामा बोले—"यहाँ दिक्कत तो है, पर रहना तो यहीं है तुम्हें..." वैद्यनाथ चुप रहा। उसने सोच लिया था कि क्या करना है?

उसने अपनी आवासीय समस्या की चर्चा कॉलेज के एक शिक्षक पंडित मधुसूदन शास्त्री से की। पढ़ाई के प्रति ललक, संस्कारी भाषा और साहित्य के प्रति अनुराग के साथ सुन्दर-सुडौल अक्षरों ने शास्त्री जी के भीतर वैद्यनाथ के लिए एक खास लगाव पैदा कर दिया था। उसकी समस्या जानकर उसे पंडित बलदेव

मिश्र से मिलने को कहा। दो-तीन दिनों के बाद वैद्यनाथ अपने मामा के साथ मिश्र जी से मिला। वे काशी विद्यापीठ में पढ़ाते थे। उनसे मिलने के बाद वैद्यनाथ को लगा कि शास्त्री जी ने अपने छात्र की जमकर पैरवी की होगी। मामा साथ थे, तो वनगाँव महिषी वाला सम्बन्ध भी पंडित बलदेव मिश्र के सामने फैला दिया। पंडित जी वनगाँव के थे और वैद्यनाथ के पिता का ननिहाल महिषी था। पंडित जी ने उसे रायबहादुर श्रीनाथ मिश्र के पास भेजा। श्रीनाथ जी दरभंगा राज के सम्बन्ध में आते थे और काशी रहकर राज सम्बन्धी काम-काज देखा करते थे। महारानी लक्ष्मीवती (दरभंगा राज) अक्सर काशी आकर रहा करतीं, तो श्रीनाथ मिश्र की व्यस्तता बढ़ जाती। दरभंगा राज की धर्मशाला में कुछ कमरे मैथिल छात्रों के लिए आरक्षित थे। वैद्यनाथ को उसी धर्मशाला में अध्ययन काल तक रहने की सुविधा मिल गई। काशी में ही बनैली राज ने भगवती तारा का एक मन्दिर बनवाया था। भोग-राग के लिए भगवती के नाम ट्रस्ट बना था। गरीब विद्यार्थी और काशीवास की इच्छा से आने वाले पचासों की तादाद में लोग वहाँ भोजन पाते। यह सुविधा केवल मैथिल ब्राह्मणों के लिए थी। मन्दिर और अन्न क्षेत्र की देखरेख की जिम्मेदारी पंडित गिरिजादत्त झा के जिम्मे थी। वे भी महिषी गाँव के ही थे। सम्बन्ध की डोर खींचने पर कहीं से कहीं किसी भी कोने पहुँचा जा सकता है। उसी डोर के सहारे गिरिजादत्त झा के पास पहुँचा वैद्यनाथ। तारा मन्दिर से भोजन कर धर्मशाला के कमरे में आकर सोचा करता कि बुद्धि और विद्या देने का काम तो माँ सरस्वती का है। माँ जगदंबा सहाय बनी, तभी तो पंडित मधुसूदन शास्त्री जैसे सरस्वती के उपासक से सम्पर्क हुआ और उनके ही चलते दूसरे पंडितों से भी परिचय हो पाया।

वैद्यनाथ निश्चिन्त हो गया कि आगे की पढ़ाई काशी में हो ही जाएगी। 'प्रथमा' के बाद गनौली और पंचगछिया में रहना पड़ा था उसे। काशी आया, तो लगा कि दुनिया बड़ी है और अपने सामर्थ्य व रुचि के अनुसार कुछ न कुछ तो प्राप्त हो ही सकता है। मिथिला के अनेक गाँवों के दाना-पानी के साथ धूल-मिट्टी पाँव में लग चुकी थी और चाहता, तो उधर ही कुछ कर लेता। मिथिला में भी देखा था कि विद्यादान कुछ लोगों के लिए शौक नहीं, आदत है। काशी में इस रोग से ग्रसित लोगों की संख्या देखकर चौंक गया था वह। अपने मिथिला की 'वर्षवृत्ति' परम्परा से काशी की विद्यादान परम्परा ज्यादा ठीक लगी। न जाने कहाँ-कहाँ से आकर अच्छे-अच्छे पंडित दो-दो, पाँच-पाँच, सात-सात रुपये की मामूली रकम पाकर परम सन्तुष्ट हो रात-दिन विद्यार्थियों के बीच रहकर विद्यादान जैसे महायज्ञ में समिधा बना करते। निर्धन से निर्धन छात्र भी काशी में आसानी से अच्छे गुरु के पास पहुँच जाता।

काशी में वैद्यनाथ के सामने पढ़ाई-लिखाई की एक अलग दुनिया के साथ कई अन्य क्रियाकलाप भी होते थे। तुकबन्दी और श्लोक बनाने वाले कई छात्र मित्र

बन गए। कुछ मित्र गंगा के घाटों पर चक्कर लगाने में साथ देने लगे। इसी नगर में राष्ट्रीय स्वतंत्रता आन्दोलन और सामाजिक विचार-विमर्श की पहली झलक उसने देखी, तो आँखें फाड़कर देखने-समझने की कोशिश करने लगा। खेलकूद के मैदान से गाँव में ही नाता टूट गया था। देह-दशा कमजोर होने के कारण हमेशा डरता रहता कि चोट-वोट लगने पर दवा-दारू और पथ्य-परिचर्या तो दूर की बात, उल्टे पिता से डाँट-फटकार मिलेगी। किस्सा-कहानी सुनने और पढ़ने में बचपन से ही मन लगने लगा था। उस पर अन्नी काका ने समस्या पूर्ति सिखा दी, तो गनौली, पंचगछिया, सतलखा, महिषी और तरौनी में कुछ लोग जानने लगे थे। मैथिली में भी फकड़ा की तरह तुकबन्दी करने लगा था। मैथिली और संस्कृत में इसी गुण के कारण क्वींस कॉलेज के छात्र और अध्यापक उसे स्नेह से देखते।

एक दिन मामा संन्यासी कॉलेज के प्रतिष्ठित प्रध्यापक और मैथिली-हिन्दी के प्रख्यात कवि पंडित सीताराम झा से मिलवाने ले गए। मामा कविवर से पूर्व परिचित थे। वैद्यनाथ ने जब उन्हें पाँव छूकर प्रणाम किया, तो मामा ने कहा—"यह है वैद्यनाथ मिश्र, तरौनी निवासी। मेरा भागिन। श्लोक बनाता रहता है और मैथिली में तुकबन्दी कर लेता है...आपका आशीर्वाद मिलेगा, तो जीवन सफल होगा।..." सीताराम झा की नजर वैद्यनाथ पर गड़ी थी। कविवर की आँखों में निश्छल स्नेह की झलक देखी वैद्यनाथ ने। जिस तरह स्नेह भरी नजरों से 'प्रथमा' के बाद गाँव में अन्नी काका ने देखा था, वैसी ही स्नेहिल आँख काशी में पहली बार देखने को मिली थी। उस दिन झा जी ने साहित्य और काव्य के सन्दर्भ में एक शब्द भी नहीं कहा। गाँव-घर और सम्बन्धियों के बारे में पूछते रहे। वहाँ बैठा-बैठा वैद्यनाथ सोचता रहा कि कोई खास बात तो दिखती नहीं, फिर कैसे कविता लिख लेते होंगे! जब वापस आने लगा, तो पंडित जी ने मिलते रहने को कहा।

हफ्ते भर के भीतर ही वैद्यनाथ जा पहुँचा उनके डेरे पर। उन्होंने बड़े स्नेह से पास बिठाया। देश-दशा और साहित्य पर काफी कुछ सुनाते रहे। बीच-बीच में अपनी कविताओं की पंक्तियाँ भी। उस दिन वैद्यनाथ ने उनसे खुलकर बातें कीं। एक श्लोक भी सुनाया। फिर मैथिली की एक रचना की पंक्तियाँ 'घास लगाय गुदानब स्वर्गहूँ कें/न सुमेरहुँ कें झिटुकी भरि/ज गिरजापति देथि खसाय/विभूति खुसी भए कें चुटकी भरि' (तिनका-भर भी मैं न समझता स्वर्ग/न तो सुमेरू को ही कंकड़-भर/यदि गिरा दें गिरिजापति/हो प्रसन्न, अपना भभूत चुटकी-भर)। सुनकर कवि जी ने कहा—"काशी में हो न, गिरिजापति का भभूत मिलेगा ही...।"

वैद्यनाथ जब काशी आया, तो उससे कुछ वर्ष पूर्व वहाँ के प्रबुद्ध मैथिलों ने बनारस में पढ़ रहे तरुण मैथिल छात्रों के लिए एक योजना बनाई थी, ताकि छात्र हर क्षेत्र में तेज-तर्रार दिखें। महारानी लक्ष्मीवती जब-जब काशी वास करतीं, तो मैथिलों के सामाजिक और वैचारिक क्रिया-कलापों में रुचि लेतीं। उन्हीं के संरक्षण

और पंडित बलदेव मिश्र की निगरानी में काशी आकर पढ़ने वाले मैथिल छात्रों की सांस्कृतिक और कलात्मक गतिविधियों के लिए 'बाल प्रबोधनी सभा' बनाई गई। वाद-विवाद, व्याख्यान, काव्य लेखन, निबन्ध लेखन आदि के लिए प्रति माह प्रतियोगिता आयोजित की जाती। सफल छात्रों को दो रुपये का पहला, डेढ़ रुपये का दूसरा और एक रुपये का तीसरा इनाम मिलता। मामा ने वैद्यनाथ से उस प्रतियोगिता में भाग लेने के लिए कहा था। लेकिन जब सीताराम झा ने भी कहा, तो वैद्यनाथ अपनी कविता लेकर वहाँ गया और उसे प्रथम पुरस्कार मिला। पहली बार लगा कि कविता से पैसा भी मिलता है। कॉलेज में पंडित मधुसूदन शास्त्री ने कहा—"वैद्यनाथ, तुम्हारे लिए यह शुभ संकेत है।" संयोग ऐसा कि उस समय उनके पास 'आज' के सम्पादकीय विभाग के पंडित दिनेशदत्त झा भी बैठे थे। उन्होंने उससे पूरा परिचय पूछा और 'आज' कार्यालय में आकर मिलने के लिए कहा।

'बाल प्रबोधनी सभा' द्वारा कभी कविता के लिए, तो कभी निबन्ध के लिए कोई न कोई इनाम वैद्यनाथ को मिलता ही रहता। भोजन और आवास की व्यवस्था के बाद बाकी खर्च के लिए इनाम वाली रकम से निश्चिन्तता आ गई। उसका परिचय-क्षेत्र सहज ही बढ़ने लगा। नागरी प्रचारिणी सभा और सनातन धर्मसभा के सार्वजनिक वाचनालयों में जाकर वह बैठने लगा। 'आज' और 'जागरण' को नियमित रूप से देखने की लत लग गई। उसे लगने लगा कि अपने अगल-बगल और देश-दुनिया को जानना आवश्यक है। उन्हीं दिनों काशी के जाने-माने मैथिलों ने 'मैथिल संघ' बनाने की योजना बनाई, तो छात्रों के बीच इस योजना के लिए वैद्यनाथ सक्रिय हुआ। कविता, उपन्यास, कहानी के अलावा और कुछ पढ़ने की प्रवृत्ति बढ़ने लगी। अपने गाँव से लेकर काशी तक की पढ़ाई यात्रा में वैद्यनाथ समझ रहा था कि संस्कृत के पंडितों के बीच व्याकरण ही सर्वश्रेष्ठ विद्या है। साहित्य उसके आगे कुछ नहीं। व्याकरण बनाम साहित्य संस्कृत पंडितों के बीच विवाद का विषय हमेशा बना रहा है। अपने गाँव में सुनता रहा कि विद्वान तो केवल वैयाकरणाचार्य ही होते हैं। उसके लिए आश्चर्य का विषय था कि गूढ़ और गम्भीर, जो भी संस्कृत में है, वह सब काव्य की कसौटी पर कसा-बँधा श्लोक के रूप में आदि काल से लिखा जा रहा है। काशी में कुछ लोग ऐसे भी थे, जिन्हें वैद्यनाथ का श्लोक गढ़ना या फिर मैथिली कविता लिखना पसन्द नहीं था। तरौनी में उसके पिता तक संवाद गया कि 'रजनी-सजनी' के चक्कर में फँस गया है वैद्यनाथ। रजनी-सजनी अर्थात कविता।

जहाँ बनारस हिन्दू विश्वविद्यालय, काशी विद्यापीठ, नागरी प्रचारिणी सभा, आज, जागरण आदि नए तरह की वैचारिक सोच फैलाने में लगे थे, वहीं परम्परागत रूढ़िवादियों के लिए 'आज' और 'जागरण' का पाठक होने का अर्थ था विधर्मी होना। वैद्यनाथ के परिचितों में बीस से पचास आयु-वर्ग तक के लोग थे। शास्त्री कक्षा के हमउम्र के साथ दो-दो, तीन-तीन विषयों के आचार्य अर्थात् थके-पके बुजुर्ग भी...

अपने आप को तौलने-परखने की इच्छा जगी। धर्मशाला में रहने वाले दो साथियों के साथ तय किया, प्रयाग तक पैदल यात्रा करेंगे और एक भी पैसा साथ नहीं रहेगा। अर्थात बिना पैसे की यात्रा। तीनों चले। एक तीन-चार कोस के बाद ही वापस लौट आया। दूसरे ने हिम्मत दिखाई और दस-बारह कोस के बाद थककर बैठ गया। वैद्यनाथ अकेले आगे बढ़ता रहा...रास्ते में एक जगह प्यास लगी। गाँव नजर आया। गाँव के शुरू में एक झोपड़ी थी और उस झोपड़ी के आगे एक बूढ़ा मोची जूता बना रहा था। वैद्यनाथ ने पीने के लिए पानी माँगा। खादी का पहनावा और चेहरा-मोहरा ठीक-ठाक देखकर मोची ने आँखें फाड़ दीं—"हमारा पानी आप कैसे पीएँगे?"

"कैसे क्या? जैसे सब पानी पीते हैं, वैसे ही न!—वैद्यनाथ ने सहज-सा उत्तर दिया। इसी बीच मोची की पत्नी झोपड़ी के भीतर से बाहर निकली। वैद्यनाथ की उम्र और वेश-भूषा देखकर सोचा, सोराजी लड़का है, सब जगह खाता-पीता होगा, तभी तो पानी माँग रहा है। वह अन्दर गई और एक कटोरी में थोड़ा गुड़ और साफ-सुथरे लोटे में पानी लाकर सामने रख दिया। उसे गुड़ खाते और पानी पीते वहाँ से गुजर रहे ऊँटों के एक काफिले के लोग देख रहे थे। वैद्यनाथ जब वहाँ से आगे बढ़ा, तो काफिले में से एक ने कहा—"यह ठीक नहीं किया आपने।"

एक-डेढ़ कोस के बाद सड़क किनारे एक छायादार पेड़ के नीचे वैद्यनाथ सुस्ताने लगा, तो काफिला आगे निकल गया। रास्ते में जहाँ-तहाँ कहता गया, "सच में कलयुग आ गया है। अच्छे कुल-शील का लड़का न जाने किस-किस के हाथ का पानी पीकर इधर ही आ रहा है।"

अब तो वैद्यनाथ का मुख्य रास्ते से चलना मुश्किल हो गया। लोग तरह-तरह के सवाल पूछते और सशंकित नजरों से देखते। वैद्यनाथ के परेशान मन ने निर्णय लिया कि मुख्य सड़क से न जाकर खेतों की मेड़ से होकर अनजान रास्ता पकड़ा जाए और पूछ-पूछकर आगे बढ़ा जाए। कच्ची राह में लोग इधर से चलने का कारण पूछते, तो कहता, "काशी से प्रयाग गाँव-गाँव होते पैदल यात्रा करनी है। मालवीय जी का आदेश है...।" मालवीय जी को उधर लोग देवता की तरह मानते। गाँव-गाँव में लोग खूब खातिरदारी करने लगे। अति सामान्य लोगों का निश्छल स्नेह देख वैद्यनाथ भीतर ही भीतर 'तौं पुनि देखि दशा निज देशक/जानयि ईश्वर कौंढ़ फटै अछि (तो फिर से देख दशा निज देश की, जानता है ईश्वर दिल फटने लगता है)। पाँच-छह दिन चलने के बाद पहली बार प्रयाग पहुँचा। संगम स्नान तो करना था नहीं। इतना ज्ञान हो ही गया था कि किसी भी तीर्थ स्थान में मन्दिर के साथ धर्मशाला भी होती है। ढूँढ़-ढाँढ़कर वहीं जा पहुँचा। वहाँ उसे लोगों ने इलाहाबाद के एक प्रतिष्ठित व्यक्ति पंडित गंगा प्रसाद उपाध्याय के पास पहुँचा दिया। नाश्ता-पानी के बाद पूछा गया कि कैसे आए हो?

वैद्यनाथ ने अपने मित्रों के संग प्रयाग तक पैदल यात्रा का निर्णय और रास्ते की घटना सविस्तार सुना दी। उपाध्याय जी ने समझाते हुए कहा, "अभी तुम्हारी उम्र ही क्या हुई है? किन बातों में भटक गए?" फिर कहा, "पहले अपनी पढ़ाई पूरी करो काशी जाकर। शास्त्री करने के बाद आओ, तो तुम्हें मनचाहा रास्ता बता देंगे।" फिर बनारस जाने का खर्च और एक आदमी को साथ लगा दिया स्टेशन तक छोड़ आने के लिए। बनारस से इलाहाबाद की यात्रा ने वैद्यनाथ में एक अलग तरह का आत्मविश्वास जगाया। वह अतिरिक्त उत्साह में रहने लगा था। धीरे-धीरे ब्राह्मणीय कर्मकांड के प्रति वितृष्णा होने लगी थी। छूआछूत का कोई मतलब नजर नहीं आता था। मन में यह बात बैठने लगी कि समाज के लिए कुछ किया जा सकता है और वह कुछ भी करने में सक्षम है।

काशी के परम्परावादी मैथिलों की दृष्टि वैद्यनाथ के प्रति बदलने लगी। प्रयाग यात्रा के बाद जब 'बाल प्रबोधनी सभा' की प्रतियोगिता के लिए कविता जमा करने गया, तो रायबहादुर पंडित श्रीनाथ मिश्र ने कहा, "हर महीने हमारी दीदी महारानी को चिकनी-चुपड़ी कविता लिखकर देते हो और पहला इनाम झटक लेते हो। यह ठीक नहीं है, औरों को भी तो इनाम मिलना चाहिए। अब किसी को छह बार से ज्यादा इनाम नहीं मिल सकता। तुम्हारा कोटा खत्म। समझ गए न!" वैद्यनाथ निरीह-सा उनकी ओर देखता रहा क्षण भर और चुपचाप वापस लौट गया। दूसरे दिन दो पंक्तियों का एक दोहा सुन्दर अक्षरों में लिखकर फिर पहुँचा रायबहादुर के पास और बोला, "मेरी ये पंक्तियाँ आप स्वयं रानी जी को सुना दीजिएगा...अब मैं आपकी किसी प्रतियोगिता में भाग नहीं लूँगा।" उस दिन वह मामा के पास मिलने के लिए चला गया। मामा को सब कुछ बताकर दो पंक्तियों की अपनी रचना सुना दी—"लक्ष्मी ओ लक्ष्मीवती, दुहू सम बूझथि धीर/किन्तु कने ओ चंचल, हिनक प्रकृति छन्हि धीर (लक्ष्मी और लक्ष्मीवती दोनों को समान समझते धीर/पर वह जरा चंचल और इनकी प्रकृति है स्थिर)।" मामा थे काव्य रसिक। इन पंक्तियों को सुनकर मुस्कराने लगे। दो दिनों के बाद पं. बलदेव मिश्र के यहाँ से बुलावा आया। वैद्यनाथ ने सोचा, निश्चय ही उससे गलती हुई है...डाँट तो पड़नी ही है। पहुँचने पर पास बिठाकर मिश्र जी ने कहा—"दोहा सुनकर महारानी पहले मौन रहीं और स्वयं कागज का टुकड़ा हाथ में लिया और पढ़कर भभाकर हँस पड़ी। रायबहादुर से बोलीं, 'इनाम तो नहीं, पर जब भी इस विद्यार्थी को जरूरत पड़े, मदद स्वरूप पचटकही दे देंगे और इस दोहे के लिए भी पचटकही उसे भिजवा दें..."

छुट्टी वाले दिन थे। पाँच-छह विद्यार्थी अँगनई में सवेरे के आठ बजे के आसपास बातों में उलझे थे। निश्चिन्त भाव से सत्कर्म और दुष्कर्म पर बहस चल रही थी। कभी-कभी हवा में एक हल्की गंध का झोंका आ जाया करता, पर दुष्कर्म और सत्कर्म की विवेचना में जमे-रमे होने के कारण नाक-भौं सिकोड़ने के सिवा

उस ओर ध्यान नहीं जा पा रहा था। वैद्यनाथ भी चुपचाप उन सबकी बातें सुन रहा था। जब-जब गंध वाला झोंका आता, तो वह चौकस नजरों से धर्मशाला के आँगन और बरामदे की ओर देख लेता। अधिकांश कमरे बन्द पड़े थे। कुछ में बाहर से मात्र जंजीर लगी थी, तो कुछ में ताले लटक रहे थे। ग्रहण स्नान के कारण चार-पाँच दिन बड़ी भीड़ थी। मिथिला के विभिन्न गाँवों के तीर्थयात्रियों से धर्मशाला भरी पड़ी थी। हास-परिहास, हँसी-ठिठोली, व्यंग्य-विनोद, डाँट-फटकार, अनुनय-विनय आदि के स्वरों से धर्मशाला जीवंत हो उठी थी। उस माहौल को देख वैद्यनाथ को अपने गाँव-घर की याद हो आई थी। भीड़ घटने के बाद गंदगी के कारण एक अलग तरह की बदबू फैली थी। तीर्थयात्री अब कुछ ही बचे थे, बाकी धर्मशाला के स्थायी निवासी थे। सफाईकर्मी भी आराम के मूड में आकर गायब हो गए थे। वे सब भीड़-भाड़ के समय खूब सजग रहते, क्योंकि अतिरिक्त आमदनी होती रहती...

वैद्यनाथ की आँखें बार-बार धर्मशाला के बरामदे पर जाती रहतीं। बरामदे में बँधी रस्सी पर कुछ कपड़े लटके थे। दो-तीन कमरों से आवाजें भी आ रही थीं। सत्कर्म और दुष्कर्म की चर्चा को विराम दे कुछ विद्यार्थी गंगा किनारे, तो कुछ बाबा विश्वनाथ मंदिर की ओर चले गए। वैद्यनाथ कुछ दूर तक साथ रहा और सड़क किनारे चाय-नाश्ते की एक दुकान के सामने रखी बेंच पर जा बैठा। यहाँ वह कभी-कभी जलपान भी किया करता था। भीतर से अखबार मँगवा लिया। सवेरे-सवेरे अखबार सरसरी निगाहों से देख लेने की आदत हो चली थी, दोपहर में निश्चिन्त होकर पढ़ता। पेपर पढ़ते समय अक्सर वह व्यक्ति-समाज, धर्म-कर्म पर सोचने लगता। मगर उस दिन दिमाग में आपसी बातचीत, सत्कर्म और दुष्कर्म चक्कर काट रहे थे। अपने बुद्धि-विवेक और शारीरिक क्षमता के सामने सत्कर्म और दुष्कर्म का तथाकथित मतलब तार्किक नहीं लगता उसे। मन्दिरों और मठों के सिद्ध पुरुषों के आशीर्वाद को निष्फल होते रोज ही देख रहा था। याद आ गया—थोड़हि सौं अगुताइल छी, कहिया तक सृष्टिक नाटक देखब/धर्मक सागर मे हम पापक, पाथर कें कहिया पुनि ठेलब/पांखुर टूटल बीचहिमे, भगवसागरमे कहिया तक हेलब/जों पुनि आँखिक कोनहुँ सौं जगदम्ब! अहाँ हमरा नहि हेरब...' (थोड़े से ही हूँ व्याकुल, सृष्टि का नाटक देखूँ कब तक/धर्म-सागर में पाप का पत्थर मैं कब फिर फेंकूँगा/टूट गया कन्धा बीच ही में, भवसागर में तैरूँ कब तक/जगदंबे! आप एक नजर नहीं देखेंगी मुझको जब तक...)

लगता कि 'पांखुर टूटल भवसागर मे कहिया तक हेलब' मात्र यथार्थ है। तैरना तो पड़ेगा, डूबने के लिए किनारे का एक चुल्लू पानी पर्याप्त है। मन नहीं रमा अखबार में, तो उठकर चले धर्मशाला की ओर। दुर्गन्ध नाक में फिर घुसी। धर्मशाला पूरी तरह खाली। मैनेजर आत्माराम खत्री का कमरा भी बन्द। कमरे के बाहर चौकी पर अमूमन दरी-जाजिम बिछे रहते। जब मैनेजर देर तक के लिए

निकलते, तो उसे मोड़कर वहीं छोड़ जाते। उस दिन भी ऐसा ही हुआ था। जब वे खुद न हों, तो उनके दोनों सहायक भला क्यों रहते...

वैद्यनाथ ने सोचा, क्यों न इस बदबू का कारण खोजा जाए। वह ऊपर अपने कमरे में आया। पिछवाड़े की खिड़की खोल उधर देखता हुआ कुछ देर खड़ा रहा। फिर खयाल आया कि गंध का कारण खोजना है, तो कन्धे पर चरखाना वाला गमछा लेकर कमरे से बाहर निकला। एक-एक कमरे को देखने का मन बनाया। सोचा, शायद किसी कमरे में चूहा या बिल्ली मरी पड़ी हो। नीचे बरामदे के आखिरी छोर तक बढ़ा, तो विकट दुर्गन्ध से मन विचलित हो गया। लगा, भीतर से आँत उलटकर निकल आएगी। अन्तिम कमरे के करीब आया, तो किवाड़ के नीचे से निकले पीले से गाढ़े चिपचिपे पानी की लकीर पर नजर पड़ी। गमछा से नाक-मुँह को कसकर बाँधा। गंध वहीं अर्थात् उसी कमरे से आ रही थी। दरवाजे पर बाहर से साँकल चढ़ी थी।

मन मारकर और साँस रोककर कमरे में घुसा। पिछवाड़े की खिड़की खोली। प्रकाश से कमरा भर गया। बाहर से हवा आने पर दुर्गन्ध जरा-सी कम हुई। पीछे मुड़े तो देखा कि चौकी पर एक वृद्ध की अर्धनग्न अकड़ी लाश पड़ी थी पेट के बल, और मुँह चौकी से नीचे लटक रहा था। फर्श पर पित्त का वमन फैला पड़ा था। चौकी के नीचे लुढ़का पड़ा लोटा और गिलास। देखकर काँपने लगा वैद्यनाथ। भागा अपने कमरे की ओर! घबराहट के कारण जोर-जोर से साँस लेने लगा। नारी का अकड़ा शव आँखों के सामने साकार होने लगा...सोचने लगा, कौन थी? किस गाँव की थी? साथ के लोग क्यों छोड़कर चले गए? न जाने कितने प्रश्न मन में नाचने लगे। ग्रहण स्नान के दो दिन बाद तक काफी लोग थे धर्मशाला में, तो वह महिला मरी कब? किसी को क्यों पता नहीं चला? भीड़ के दिनों में एक-एक कमरे में छह-छह, आठ-आठ तीर्थयात्री भरे रहते थे, तो संज्ञाशून्य होती उस नारी को किसी ने देखा क्यों नहीं? यह भी सम्भव है कि कमरे में वह अकेली ही रही हो। शायद उसके कमरे से अन्य तीर्थयात्री एक-एक करके निकले हों और उस महिला की तबीयत खराब होने के कारण आराम करने को कह गए हों...उसे बेहोश या निद्रा में जानकर किसी ने बाहर से साँकल लगा दी हो और खोलना भूल गया हो? क्या उसके गाँव का और कोई नहीं था? वैद्यनाथ के दिमाग में लावा की तरह प्रश्न भड़भड़ाने लगे। उसे धर्मशाला के मैनेजर और अन्य कर्मचारियों पर भी गुस्सा आ रहा था।

बैठना मुश्किल हो गया, तो कुछ सोचता हुआ उठा। वृद्धा तो भवबँधन से छुटकारा पा गई, पर वह अभागी काया क्या गँधाती रहेगी? वह चाहता था कि इस गंध से छुटकारा तो मिले। उस दिन धर्मशाला के छात्र न जाने कहाँ चले गए थे? वैद्यनाथ अपने बिस्तर पर से चादर उठा लाया और वृद्ध की लाश पर डाल दी। धर्मशाला से बाहर निकला। तीन-चार मकान के बाद एक नेपाली मित्र रहता था।

शरीर से खूब मजबूत और विश्वस्त। उसे तैयार किया लावारिस शव के अन्तिम संस्कार के लिए। लाश को चादर में बाँधकर गठरी को नेपाली मित्र की पीठ पर रख श्मशानघाट पहुँचे, तो यथार्थ से सामना हुआ...अन्तिम संस्कार के लिए लकड़ी चाहिए और दोनों का टेंट खाली। अपने मित्र को श्मशान में छोड़ खुद दौड़ा महारानी के दरबार। असहाय या लावारिस शवों के अन्तिम संस्कार के लिए वहाँ से व्यवस्था की जाती थी। वहाँ रायबहादुर श्रीनाथ मिश्र उसके आने का कारण सुनकर चौंक पड़े।

कई तरह के सवाल उससे होने लगे...कौन थी...कैसे मरी...वैद्यनाथ क्यों परेशान है...? उसे गुस्सा आने लगा कि किस झंझट में फँस गया वह! पर अपने को किसी तरह शान्त रखकर सब कुछ सुनता और सहता रहा। उसका पूरा हुलिया, अता-पता लेने के बाद दो लोगों को उसके साथ भेजा गया कि जाकर अन्तिम संस्कार की पूरी व्यवस्था कर दें। फिर समस्या उठी मुखाग्नि देने की, तो वैद्यनाथ ने स्वयं यह दायित्व लिया। न जाने कैसे वैद्यनाथ के भीतर यह बात बैठ गई कि यह वृद्धा किसी कुल-शील वाले परिवार की ही होगी। उसने सोचा, त्रिरात्रि कर्म के बाद छह-सात दिनों का समय मिलता है द्वादश श्राद्ध कर्म शुरू करने के लिए। यदि तत्परता दिखाई जाए, तो वृद्धा के परिजन को ढूँढ़ा जा सकता है।

लकड़ी पर लाश रखने के बाद प्रदक्षिणा और मुखाग्नि के समय अपने को रोक नहीं पाया वैद्यनाथ। भीतर के द्रवित मन ने आँखों का रास्ता पकड़ा। धुआँ उठने लगा, तो वह एक तरफ खड़ा होकर सुलगती चिता देखता रहा भरे मन और डबडबाई आँखों से...धुआँ सीधे ऊपर जा रहा था। उसने सोचा, क्या इसी धुएँ के साथ आत्मा अनंत आकाश में खो जाती है? गीता का श्लोक याद हो आया—'नैनं छिंदंति शास्त्राणि नैनं दहति पावक:/न चैनं क्लेदयंत्यापो न शोष्यति मारुत:'...अपनी माँ के अन्तिम संस्कार की याद तो धुंधली-सी थी मानस पटल पर। लेकिन यहाँ वह अकड़े हुए नारी शरीर को सुलगते-जलते देख रहा था...

सफेद कोरी धोती और गले में उत्तरीय डाले अपने नेपाली मित्र के साथ श्मशान से धर्मशाला आया, तो मैनेजर साहेब को गम्भीर होकर चुपचाप बैठा पाया। सविस्तार सारी बातें लगे पूछने। रजिस्टर उलट-पुलट कर देखा। उस वृद्धा का कोई सूत्र हाथ नहीं लग रहा था, तो वैद्यनाथ से बोले, "न जाने कौन थी? अब तो तुम्हें कहीं पतिया-प्रायश्चित न लगे। दरभंगा राज के लोगों की देखरेख में संस्कार सम्पन्न हुआ, नहीं तो थाना-कचहरी भी करना पड़ता!"

"अब जो होना होगा, सो देखा जाएगा" कहकर वैद्यनाथ अपने कमरे की ओर बढ़ चला। मैनेजर से इतना और बोला, "उस कमरे को साफ करवा कर धूप-गुगुल जलवा दीजिएगा..."

उस दिन देर रात तक काफी लोग आते रहे। कुछ उनके हमउम्र मित्र और कुछ वैसे लोग थे, जिनको वैद्यनाथ से स्नेह था। सम्भवत: रायबहादुर श्रीनाथ मिश्र ने इस

घटना को प्रचारित कर दिया था। सबसे पहले मामा आकर डाँट गए थे, "तुम्हें क्या हो गया है? क्या-क्या सूझता रहता है? वह तुम्हारी कौन थी?" पं. मधुसूदन शास्त्री ने आकर शाबाशी देते हुए कहा, "हम तुम्हारे साथ हैं। त्रिरात्रि के दिन आर्यसमाज मन्दिर में हवन-प्रार्थना होगी। जरा भी मत घबराना...।" तारा मन्दिर के गिरजादत्त जी काफी देर बैठे रहे। बता रहे थे, "पंडों और धर्मशालाओं से पूछ-पाछकर जिन-जिन गाँवों के लोग आए, उन गाँवों के एक तीर्थयात्री को कल ही पत्र भेजा जाएगा कि यदि उनके स्वजन-परिजन और ग्रामीण काशी से वापस न लौटे हों या उनकी कोई सूचना नहीं है, तो आकर पता करें...।" पं. बलदेव मिश्र ने संवाद भिजवाया, "परेशान होने की बात नहीं है। जो होगा, सब में तुम्हारी पीठ पर रहेंगे...।"

त्रिरात्रि के दिन तक कहीं से कोई नहीं आया, तो वैद्यनाथ ने पारम्परिक क्रिया-कर्म कर कर्तव्य की इतिश्री की। इसके बाद से वह जिधर जाता, उधर ही तरह-तरह की बातें सुनने को मिलतीं। कोई कहता कि गया जाकर प्रायश्चित करना पड़ेगा, तो कहीं से पता चला कि उस वृद्धा के गले में सोने की हँसुली थी। एक और बात यह भी फैली कि कोई सम्बन्धी रही होगी वह, फोकट में सब हो गया अन्यथा किसी को कोई भला क्यों मुखाग्नि देगा...। एक दिन दोपहर के भोजनोपरान्त वह लेटा पड़ा था। इन दिनों वह लगातार इसी घटना पर सोचता रहता। थोड़ी भी घबराहट या भय अथवा हीन भावना से पीड़ित नहीं था। परोपकार और सामाजिकता सभी धर्मग्रंथों का मूल मंत्र है, इतना तो उसे समझ में आ ही गया था। दो दिन पहले मामी ने पीठ सहलाते हुए कहा था—"तुम्हारे मामा ने जब सब कुछ बताया, तो लगा मेरी स्वर्गीया ननद को अब जाकर मोक्ष मिली...।" इस बात को सुनकर उस दिन वैद्यनाथ की आँखों से आँसू छलक आए थे...अचानक कमरे में कुछ लोगों के आ जाने से ध्यान टूटा। गिरजादत्त जी के साथ दो पुरुष और एक महिला को देखकर वह उठ खड़ा हुआ। आगंतुकों में से एक प्रौढ़ ने उसे अपनी छाती से चिपका लिया और रोने लगे। साथ की महिला भी हिचक-हिचक कर रो रही थी। वैद्यनाथ को इस स्थिति का तनिक भी अन्दाजा नहीं था। गिरजादत्त जी ने उससे कहा, "ये हैं विद्यानन्द आचार्य। समस्तीपुर के पास करिअन गाँव के निवासी। वह वृद्धा इनकी माँ थीं। ये लोग अपने को प्रख्यात दार्शनिक उदयनाचार्य का वंशज बताते हैं।"

वैद्यनाथ की जान में जान आई कि आखिर वृद्धा का उत्तराधिकारी मिल गया। विद्यानन्द और उनकी पत्नी वैद्यनाथ को पकड़कर लगातार रोए जा रहे थे। वह स्वयं भी अपना धैर्य खोता जा रहा था। गिरजादत्त जी ने किसी तरह विद्यानन्द को चुप कराया और कहा—"जो होना था, सो हो गया। होनी को भला कौन टाल सकता है? तरौनी के कुल-शील वाले ब्राह्मण ने मुखाग्नि दी है और सब कुछ विधि-विधान से सम्पन्न हुआ...।"

वैद्यनाथ इन लोगों के लिए पानी लाने के लिए उठना चाहा, पर विद्यानन्द पति-

पत्नी उसकी छाती में मुँह रगड़ने लगे। उसे छोड़ने को तैयार नहीं। बड़ी मुश्किल से महिला की गर्दन को सीधा किया उसने। वह कन्धों पर सिर रखकर रोए जा रही थी। "गिरजा बाबू और रायबहादुर ने सब कुछ बताया। हो तो उम्र में मुझसे बहुत छोटे। जो कर्म मुझे करने चाहिए, वह तुमने किए। न जाने किस जन्म में तुम मेरे बड़े भाई थे, उसी जन्म के अधिकार ने सब कुछ करवा लिया। सुना है, तेज विद्यार्थी हो और अब तो उदयनाचार्य के वंश में आ मिले। मुझे एक सहोदर मिल गया..."

वैद्यनाथ के भी मन में आ रहा था कि विद्यानन्द को भाई कहकर रो पड़े। कान में नारी स्वर आया—"सच में माँ दो-तीन दिनों तक यूँ ही पड़ी रहीं प्राणांत के बाद? घर से निकली थी सिमरिया में गंगा स्नान के लिए और आ गई काशी। गाँव के लोग स्नान के बाद बाबा विश्वनाथ के दर्शन कर वापस हो गए। न जाने यहाँ तक किस के साथ आई? दो साड़ी और पन्द्रह रुपये ही थे पास में..." कहकर फिर जोर से रोने लगी। बड़ी मुश्किल से उसे चुप कराया गया।

धर्मशाला में दो कोठरी उन लोगों ने ली। संग में गाँव का एक और आदमी आया था। वह गाँव लौटा, ताकि वहाँ से कुछ लोगों को और अपने खानदानी महापात्र को ले आए। क्रिया-कर्म के लिए पैसों का प्रबन्ध भी गाँव से होना था न! विद्यानन्द द्वारा अपनी माँ के निमित्त पिंडदान शुरू करने और द्वादशगात्र श्राद्ध की घोषणा होते ही दान-दक्षिणा और भोज-भात की बात चल पड़ी। वैद्यनाथ को आश्चर्य लग रहा था कि वही लोग आगे आए, जिन्होंने उसे चांडाल तक कहा था। कर्मकांडी लोगों को अपनी बात से पलटते हुए वह अच्छी तरह देख रहा था। अन्तिम ब्राह्मण भोजन में वैसे लोगों को खाते और प्रशंसा करते देख उसने विद्यानन्द की पत्नी से कहा—"भौजी, इनमें से अधिकांश ने मेरा बहिष्कार किया था। कहावत है न, जिधर देखी खीर, ओहि दिश फीर..."

यह घटना 1931 के फाल्गुन-चैत की है।

पुरजन परिजन सब छोड़ छाड़...

एक कहावत है—'जो रोगी को भावे, सो बैदा फरमावे'। भिक्खु नागार्जुन के साथ भी ऐसा ही कुछ हुआ। राहुल सांकृत्यायन के नेतृत्व में बिहार से कुछ लोगों के एक दल को तिब्बत जाकर बौद्ध साहित्य तलाशना था। भिक्खु नागार्जुन भी उनमें से एक थे। उन्हें मई, 1938 के प्रथम सप्ताह के मध्य तक राहुल जी के पास कलिम्पोंग (भारत) पहुँचना था। इस बात की सूचना विद्यालंकार परिवेण (लंका) में आ गई थी। वहाँ भिक्खु नागार्जुन इस कारण चर्चा में थे।

वैद्यनाथ मिश्र नामक 'दम्बदिउ ब्राह्मण पंडितुमा' (जम्बूद्वीप का ब्राह्मण पंडित) को बौद्ध बने ज्यादा समय नहीं हुआ था। मुश्किल से सोलह माह हुए होंगे काषाय वस्त्र धारण किए हुए और अब वापस लौटने की बात चल निकली। भिक्खु बनने से पूर्व कुछ माह वह सफेद लुंगी और हाफ कमीज वाली दक्षिण भारतीय वेश-भूषा में थे यहाँ। परिवेण के सभी छात्र और प्राध्यापक प्राय: भिक्खु ही थे। जिनका वस्त्र काषाय न रहा हो, वे उँगली पर गिनने लायक ही होंगे। पर थे सब बौद्ध।

भिक्खु नागार्जुन ने यह सोचा नहीं था कि इतनी जल्दी यहाँ से भी जाना पड़ेगा। 'यात्री' नाम अपना अर्थ तो सार्थक करता रहेगा न! लगभग दो वर्षों तक चलने के बाद यहाँ एक ठहराव आया था। दरभंगा के तरौनी गाँव से, जो भारत की उत्तरी सीमा के करीब है, हजारों कोस दूर समुद्र पार करके लंका आ गए थे। 1934 ई. के विजया दशमी के दिन गाँव छोड़ा था और सितम्बर 1936 ई. में यहाँ पहुँचे। अपने देश का लम्बा भूभाग लांघ आए थे समुद्र-प्रवेश से पहले। संस्कृत, प्राकृत, हिन्दी, बांग्ला और मैथिली के साथ कामचलाऊ अंग्रेजी का ज्ञान लेकर वैद्यनाथ मिश्र 'यात्री' बने थे।

रूढ़िवादी ब्राह्मणीय संस्कार के रंग को उखड़ने में बहुत ज्यादा समय नहीं लगा। कुछ रंग मिथिला के कई गाँवों में रहने के कारण धुला, तो कुछ काशी की गलियों के चक्कर में...। जो शेष बचा था, वह कलकत्ता, सहारनपुर, पटियाला, लाहौर, अबोहर आदि में धूल फाँकते हुए झड़ता गया। विभिन्न जगहें, अलग-अलग माहौल और हर परिस्थिति में गुजर-बसर करने की बाध्यता ने नई शक्ति दी। विद्यालंकार परिवेण में जब व्यवस्थित हुए, तो याद आया—'मानव होकर मानव के ही चरणों में मैं रोया/दिन बागों में बिता रात को पटरी पर मैं सोया/कभी घुमक्कड़ यार दोस्त से मिलकर कभी अकेले/एक-एक दाने की खातिर सौ-सौ पापड़ बेले...' लंका में कोई चिन्ता-फिकिर नहीं। लगा, पढ़ाई-लिखाई के लिए गरीबी कोई समस्या नहीं होती। वह तार बार-बार याद आता, जो काशी प्रसाद जायसवाल ने विद्यालंकार परिवेण के मैनेजिंग कमिटी के सर जयतिलके के नाम भेजा था—'प्लीज एडमिट संस्कृत पंडित फ्रॉम मिथिला नेम वैद्यनाथ मिश्रा...' इस तार के पहुँचने तक क्या-क्या पापड़ बेलने पड़े उन्हें...

संस्कृत का ज्ञान यहाँ भी काम आया। मामा ने बनारस में शास्त्री के बाद कहा था—"चलो कलकत्ता। वहाँ कुछ कमाई होगी, तो पिता को भी भेज सकोगे और खुद भी आराम से रह सकोगे।" कलकत्ता जा पहुँचे मामा के परिवार के साथ। वहाँ के गवर्नमेण्ट संस्कृत कॉलेज में 'काव्य-तीर्थ' के लिए नाम लिखवाया। इस पर मामा ने कहा भी था कि 'व्याकरण-तीर्थ' ठीक रहता, क्योंकि 'व्याकरण' को तो पंडित-पछाड़ विद्या कहा जाता है। कॉलेज में छात्रवृत्तियों के लिए चयन होना था, तो वैद्यनाथ को 'बाघा प्रिंसिपल' से सीधे-सीधे परिचय की जरूरत महसूस हुई।

एक अर्जी लिखी संस्कृत के छन्द-बद्ध अनुरोध उपजाति छन्द में। बाघा प्रिंसिपल सुरेंद्रनाथ दास गुप्त के पुरबिया (भोजपुरिया) दरबान को चार आना दिया कि अर्जी सीधे उनके हाथ में ही दे। अर्जी पढ़कर प्रिंसिपल इतने चमत्कृत हुए कि वर्ग में जाकर एक-एक छात्र की कॉपी देखने लगे, ताकि लिखने वाले को अक्षर से पहचान सकें। अर्जी में वैद्यनाथ ने अपना नाम नहीं लिखा था। उसके पास आकर उसकी कॉपी उलटते-पुलटते वे जोर से बोल पड़े—'ऐइ धोरा गेलो!' छात्रवृत्ति मिली और उन्हें बेल्जियम के एक साहेब व उसकी मेम को संस्कृत पढ़ाने के काम पर हफ्ता भर के भीतर लगवा भी दिया गया। पाँच रुपये प्रति माह वह गाँव भेजने लगे। पत्नी अपराजिता तरौनी में थी उन दिनों। 'का चिन्ता मम् जीवने...' के प्रतीक पिता गोकुल बाबू के लिए तरौनी रहना-न रहना बराबर था। अपराजिता के पिता सम्पन्न गृहस्थ थे, तो दामाद को उसकी चिन्ता न करने को कह रखा था। फिर भी अपनी जिम्मेदारी वैद्यनाथ महसूस करते। किसी तरह गाड़ी पटरी पर चल रही थी। बेल्जियम वाले साहेब और मेम साहेब को अंग्रेजी के सहारे संस्कृत पढ़ाना पड़ता था, तो अंग्रेजी ज्ञान बढ़ाने लगे थे। छात्र असन्तुष्ट तो नहीं ही थे।

काव्य-तीर्थ की परीक्षा समाप्त होने को थी कि 'अमृत बाजार पत्रिका' में एक विज्ञापन पर नजर पड़ी। विज्ञापन के अनुसार, सहारनपुर के एक इंटर कॉलेज के प्रिंसिपल को प्राकृत और संस्कृत जानने वाले एक आदमी की जरूरत थी। अच्छे मासिक वेतन के साथ आवासीय सुविधा भी मिलने की बात उसमें थी।

'प्रथमा' के बाद से ही एक गाँव से दूसरे गाँव, और एक जगह से दूसरी जगह चक्कर लगाते-लगाते काशी में वैद्यनाथ मिश्र कवि हुए, तो उनके नाम के साथ 'विद्यार्थी' लगा। किन्तु कुछ दिनों के बाद एहसास हुआ कि क्यों जिन्दगी भर 'विद्यार्थी' बने रहें, तो 'विद्यार्थी' की जगह 'वैदेह' लग गया। उन्हीं दिनों रवीन्द्रनाथ ठाकुर की 'जन गण मन अधिनायक जय हे' की पंक्तियाँ 'अभ्युदय बन्धुर पंथा, युग युग धावति यात्री/तुमि चिर सारथि, तव रथ चक्रे मुखरित पथ दिन रात्रि...' पढ़ा था, तो 'यात्री' दिलो-दिमाग के भीतर बैठ गया और हो गए वैद्यनाथ मिश्र 'यात्री'...सहारनपुर वाला विज्ञापन देखते समय यह सब याद आ गया था और अपना आवेदन-पत्र भेज दिया। वहाँ से शीघ्र ही मार्ग-व्यय के लिए मनीऑर्डर आ गया। उधर बेल्जियम वाले दम्पती इन्हें अपने देश ले जाने की योजना बना रहे थे। लेकिन शायद उस समय तक तरौनी के कुलीन ब्राह्मण का मौलिक संस्कार शेष था। मामा और मामी भी गोरी मेमिन को लेकर काफी कुछ कहा करती। नतीजतन, वैद्यनाथ का 'यात्री' गया-मुगलसराय-इलाहाबाद-लखनऊ होते हुए सहारनपुर पहुँच गया।

'यात्री' ने एक झोला और दरी-चादर स्टेशन के करीब धर्मशाला के एक कमरे में रखा। यात्रा की थकान को पीछे धकेल जा पहुँचे विज्ञापन में दिए गए पते पर। एक छोटे मकान के बरामदे पर अन्दर से एक बंगालिन निकली, तो वैद्यनाथ ने

आने का कारण बतलाया। उन्हें गौर से देखते हुए वह महिला बांग्ला मिश्रित हिन्दी में लगी जोर से बोलने—"तुम भी मेरे पति के पागलपन में आ फँसे...सारा पैसा पढ़ाई के चक्कर में फूँक डाला। भागो, यहाँ नहीं रहने दूँगी..." जाने क्या-क्या कहने लगी। स्तब्ध रह गए वैद्यनाथ। धर्मशाला वापस आ गए। सोचा, वापस लौटने से पहले कन्हैया लाल मिश्र प्रभाकर से मिल लिया जाए। बड़े आत्मीय होकर मिले मिश्र जी और उस बंगाली के पास जाने से मना करते हुए कहा—"जब कलकत्ता से इतनी दूर आ ही गए हो, तो पाँच-दस दिन इधर घूम-घाम लो...वापसी की हड़बड़ी क्यों?" यह बात 'यात्री' मन को अच्छी लगी थी!

अपरिचित जगहों पर परिचय और मित्रता करने में वैद्यनाथ को महारत हासिल रही है। राय बनी—'अब कलकत्ता क्या लौटोगे?' स्वयं भी लगा था कि कलकत्ता लौटना उचित नहीं होगा। उनकी तो नियति ही रही है कि कोई जगह छोड़ी, तो दोबारा उसी काम के लिए वापस नहीं गए। सहारनपुर में समवयस्कों के साथ साहित्य और समकालीन परिस्थितियों पर बातचीत के क्रम में वहाँ के 'भूतेश्वर आश्रम' के संचालक जगन्नाथ शास्त्री का जिक्र आया। उड़ीसा के मूल निवासी शास्त्री जी बड़े विद्वान व्यक्ति थे। मैथिल पंडितों को खूब मानते। पारम्परिक विद्या और साहित्य के साथ दर्शन के इस गम्भीर अध्येता को वैद्यनाथ का संस्कृत ज्ञान प्रभावित कर गया और भूतेश्वर में ही उनके लिए तात्कालिक व्यवस्था कर दी गई। काम था, कुछ छात्रों को संस्कृत पढ़ाना, ताकि वे 'शास्त्री' स्तर की परीक्षा में बैठ सकें। शास्त्री जी ने एक दिन पटियाला स्टेट के द्वार-पंडित महामहोपाध्याय मुकुंद झा बक्शी की चर्चा की। वैद्यनाथ की ससुराल हरिपुर बक्शी टोल (मधुबनी जिला) के प्रख्यात पंडित मुकुंद झा बक्शी अपने गाँववासी कृष्णकांत झा उर्फ कंटीरबू बाबू के इस दामाद को खूब मानते थे। ससुराल में उनसे मिलने के पूर्व ही वैद्यनाथ ने उनके बारे में काशी में काफी कुछ सुन रखा था। जब शादी हुई, तो पंडित जी ने किसी ग्रामीण से सुना कि कंटीरबू बाबू को बड़ा सुयोग्य दामाद मिला है। काफी पढ़ा-लिखा और तेज। महामहोपाध्याय के मन में आया कि दामाद को जाँचा-परखा जाए। यों भी वे जब गाँव जाते, तो गाँव के नए-नए दामादों को खोजते। जो भी ससुराल में मौजूद रहा, वह पंडित जी का आशीर्वाद लेता और आशीर्वाद के रूप में दूटकही (दो रुपये का नोट) पाता, भले ही किसी भी जाति का हो...

वैद्यनाथ को याद आए मुकुंद झा बक्शी, तो वह दृश्य आँखों के सामने उभर आया,जब पहली बार उनके पाँव छूने वह गए थे...एक दिन सवेरे चचेरा साला, वैद्यनाथ को पंडित जी की दालान पर ले गया। पंडित जी पूजा के लिए आसन पर जमे थे। पूजा बीच में ही रोककर आशीर्वाद के लिए हाथ उठाया, तो दामाद ने पाँव छू लिए। उसे गौर से देखकर कहा—"आप अपने स्वजन हैं।" फिर उसकी पढ़ाई को लेकर कुछ बातें कीं। वैद्यनाथ पंडित जी को ज्यादा सुनते रहे, बोले कम। पंडित

जी पूछ बैठे—"अमरकोष तो पढ़ा ही होगा? जो पूछूँगा, उसका जवाब उसी में है। अष्टाक्षरी समाधान! अनुष्टुप का एक चरण मात्र..." वैद्यनाथ साकांक्ष हो उठे थे। पंडित जी पर नजर गड़ाए रहे। मुस्कराते हुए पंडित जी ने पूछा—"अन्न और फल में क्या भेद? वह भी फलता है, यह भी फलता है। तब धान-गेहूँ फल क्यों नहीं, आम-जामुन अन्न क्यों नहीं..." वैद्यनाथ चकरा गए थे। अन्न और फल में इतर व्यावर्तक परिभाषा को कहाँ किसी ने समझाया था। पसीना छूट गया। प्रश्न पूछकर गोमुखी से हाथ निकालकर पंडित जी एकटक उन्हें देखे जा रहे थे। दामाद की चुप्पी देख समझ गए कि 'सुयोग्य दामाद' की हालत क्या है? फिर समझाते हुए कहा—"उत्पादित फल के पकने के बाद भी उसका वृक्ष या पौधा पकता-सूखता नहीं, किन्तु अन्न के पकने के बाद उसका वृक्ष या पौधा भी पक जाता है। अर्थात धान पकता है, तो पौधा पुआल बन जाता है। गेहूँ पकता है, तो पौधा भूसा। औषधि फल पाकान्त..." वैद्यनाथ को अचानक कुछ याद आया—"ठीक है! पर मेरे नाना के दालान पर एक कुआँ है और उसके किनारे दो-चार अरहर के झाड़ हैं, कई वर्षों से वह फलता जा रहा है...वह तो धान नहीं है, द्विदल है...फल भी नहीं, दलहन है..." पंडित जी ने उनकी ओर गौर से देखा और गोमुखी के भीतर हाथ ले जाकर उँगलियों की रफ्तार तेज कर ली। कपार पर लकीर सिकुड़ती-मिटती रही। कुछ देर बाद बोले—"दृष्टि बहुत तेज है! प्रकृति में ढेर सारी विडम्बनाएँ हैं। पर उस अरहर की पहली फसल की जो फलियाँ रही होंगी, बड़ी-बड़ी और पुष्ट रही होंगी और बाद में छोटी हो गई होंगी..." वैद्यनाथ ने उस अरहर के पौधे को देख रखा था, उसके दाने साल-दर-साल छोटे होने लगे थे। पाँव छूकर 'दूटकही' लेकर वापस आया। साथ जो गया था, वह खुश था कि चलो, कोई तो पंडित जी को चुप करा पाया! बाद में उसके ससुर से पंडित जी ने कहा था—"अपने तर्क से दामाद ने मुझे चुप करा दिया..." तो पंडित जगन्नाथ शास्त्री ने जब उनकी चर्चा की, तो पटियाला जाकर उनसे मिलने का मन करने लगा। पटियाला गए और कई दिनों तक खाँटी मैथिल माहौल में रमे रहे। एक दिन महामहोपाध्याय के पुत्र पटियाला के राजपंडित जयकृष्ण झा बक्शी ने कहा—"जब इधर ही रहना है, तो सहारनपुर क्यों?" और वैद्यनाथ को लाहौर ले जाकर एक आर्य समाजी विद्यालय में संस्कृत पढ़ाने के काम पर लगवा आए। हरिकृष्ण प्रेमी, उदयशंकर भट्ट, माधव जी और न जाने किस-किस से उनका परिचय करवाकर बक्शी जी पटियाला वापस आ गए थे।

मिथिला के परिवेश से बहुत दूर शुद्ध खड़ी बोली की पंजाबी, उर्दू, हिन्दी मिश्रित भूमि में उनका मन रमने लगा था। अपराजिता के पत्र आने पर मन तरौनी की ओर उड़ने लगता। कभी-कभी सोचते कि उसे भी साथ ले आएँ। पर वह कुलदेवता भगवती छिन्नमस्ता को छोड़ना नहीं चाहती। सम्बन्धियों में मात्र अपने मौसेरे भाई दीनबन्धु से ही पत्राचार था, जो मुँगेर में रहने लगा था। हिन्दी के विस्तृत क्षेत्र से सघन

परिचय से पहले ही मैथिली के ऊपर खड़ी बोली हिन्दी का रंग चढ़ने लगा था। उन दिनों उस इलाके में आर्य समाजी विद्वानों का दबदबा था। लाहौर के 'विश्वबन्धु' कार्यालय में एक दिन अबोहर के 'साहित्य सदन' के कर्ता-धर्ता स्वामी केशवानन्द से परिचय हो गया। इस अखबार में उनकी (वैद्यनाथ) कविताएँ पहले छप चुकी थीं। प्रथम परिचय में वैद्यनाथ को स्वामी जी अत्यंत भद्र और सज्जन पुरुष लगे। परिचय होते ही उन्होंने उनकी ओर देखकर कहा था—"घर-बार छोड़कर फकीर हो जाने वालों की कमी न तुलसीदास के जमाने में थी और न आज के जमाने में है..." चौंके वैद्यनाथ, यह वाक्य तो उनके ही एक निबन्ध की पहली पंक्ति है। 'साहित्य सदन' की पत्रिका 'दीपक' में (जनवरी 1934 ई.) वह लेख छपा था। लाहौर में जब-जब स्वामी जी से भेंट होती, तो तात्कालिक राजनीति और समाज पर देर तक एक-दूसरे से उलझते रहते। यदा-कदा 'दीपक' की भी चर्चा होती।

स्वामी जी उस इलाके में हिन्दी के प्रचार-प्रसार का काम किया करते। हिन्दी साहित्य सम्मेलन और दक्षिण भारत हिन्दी प्रचार सभा के लिए पूरा समय लगाते। नई-नई पुस्तकें 'साहित्य सदन' के लिए खरीदते और लोगों से भी पुस्तक पढ़ने व खरीदने के लिए कहा करते। हिन्दी प्रचार के लिए एकाध बार वैद्यनाथ को भी साथ ले गए। एक दिन 'साहित्य सदन' का पुस्तकालय देखकर वैद्यनाथ प्रसन्न हो गए। स्वामी केशवानन्द के काम करने के ढंग से वह प्रभावित थे। बातचीत के क्रम में स्वामी जी अक्सर कहा करते कि 'दीपक' के सम्पादन का दायित्व कोई ढंग से सँभाल लेता, तो अच्छा रहता और न जाने क्या सोच, लाहौर के आर्य समाजी स्कूल से वैद्यनाथ को अबोहर खींच लाए। 'दीपक' की जिम्मेदारी देते हुए स्वामी जी ने कहा था—"निहायत छोटे पैमाने पर यह शुरू किया गया, समझो तो शुद्ध रूप से व्यक्तिगत स्तर पर। शक्ति और साधन सीमित रहने के कारण हम उतना नहीं कर पाते, जितना होना चाहिए।"

मैथिली में चार-छह कविताएँ छपी थीं और हिन्दी में दो-चार। शास्त्री और काव्यतीर्थ की योग्यता लेकर 'दीपक' का सम्पादक बन गए वैद्यनाथ। 'दीपक' में 'सम्पादक : आचार्य वैद्यनाथ मिश्र' देखकर गुदगुदी हुई थी। स्वामी जी ने कहा था—"तुम किसी आचार्य से रत्ती भर भी कम तो हो नहीं।" उनके पितृवत दुलार और मित्रवत नेह-छोह से अभिभूत थे, दायित्व-बोध भी अच्छी तरह समझने लगे। 'साहित्य सदन' एक तरह से आश्रम ही था। उन्हें एक कमरा मिल गया और समय-समय पर कुछ पैसा स्वामी जी दे दिया करते। वहाँ से भी तरौनी कुछ न कुछ पैसा भेज दिया करते। 'दीपक' के लिए कई तरह की सामग्री लिखनी पड़ती। कुछ उनके रहते छपी, तो कुछ बाद में—जब वह लंका आ गए। 'दीपक' के सम्पादक की हैसियत से उन्होंने गुरुदेव रवींद्रनाथ ठाकुर को बांग्ला में पत्र लिखा, तो गुरुदेव ने स्नेहपूर्वक पत्रोत्तर दिया, जो 'दीपक' में छपा भी।

अबोहर में मन रमने लगा था। स्वामी केशवानन्द गम्भीर व्यक्तित्व के साथ-साथ जनसामान्य में खूब घुले-मिले थे। वैद्यनाथ को खूब किस्से सुनाते। इससे उन्हें जीवन के सामाजिक सरोकार और सामाजिक दायित्व पर सोचने के लिए एक नई दृष्टि मिली। 'दीपक' में समीक्षा के लिए पुस्तकें तो आतीं, पर लाहौर के बाजार से नई-नई पुस्तकें स्वामी जी लाया करते। वहाँ पढ़ने की पूरी सुविधा मिली। साहित्य के अलावा कई और रचनात्मक काम उनसे करवाना चाहते थे स्वामी जी।

उन दिनों राहुल सांकृत्यायन भारतीय बौद्धिकता के प्रतीक बन रहे थे। वैद्यनाथ ने उन्हें काशी और कलकत्ता में देखा भर था। अबोहर में ही पहली बार राहुल की कुछ पुस्तकें पढ़ने को मिलीं—'मज्झिम निकाय' और वहाँ हिन्दी में उपलब्ध बौद्ध धर्म व दर्शन की तमाम पुस्तकें। स्वामी जी से भी विस्तार से राहुल के बारे में बातें होती रहतीं। फिर एक निबन्ध लिखा—'बुद्ध युग की आर्थिक अवस्था'। मन में विचार उठने लगा कि क्यों न बौद्ध दर्शन के मूल ग्रंथ पढ़े जाएँ। अबोहर में ऐसा सम्भव नहीं लग रहा था। याद आया कि इस काम में सारनाथ का बौद्ध मठ कुछ न कुछ उपाय जरूर बताएगा। काशी रहते हुए एक-दो बार सारनाथ गए भर थे। पत्र लिखने पर जवाब आया कि बौद्ध दर्शन और साहित्य को विस्तार से जानने के लिए लंका का 'विद्यालंकार परिवेण' ही एकमात्र जगह है। पता लगाया, तो मालूम चला कि वहाँ प्रवेश बहुत कष्टकर नहीं है।

सारनाथ से पत्राचार के बाद वे सोचने लगे कि 'प्रथमा' की परीक्षा पास करने के बाद से एक अनिश्चितता और मानसिक ऊहापोह के बीच भी उन्हें ठौर-ठिकाना मिलता ही गया। शायद भविष्य की अनिश्चितता भीतर-भीतर शक्ति भरती रहती... मन ही मन अगले पड़ाव के बारे में सोचते रहते। आगे की कठिनाइयाँ और जीने के लिए छोटी-छोटी जरूरतें भी अवचेतन में नाचती रहतीं...वैद्यनाथ ने बचपन में अपने पिता को शतरंज खेलते देखा है। उसके पिता गाँव के अच्छे शतरंजबाजों में रहे हैं। पर वह भी आगे की दो-तीन चाल ही सोच पाते। फिर भला जिन्दगी भर के लिए कैसे कोई एक बार में ही सोच सकता है!

वैद्यनाथ को 'साहित्य सदन' में आने और 'दीपक' के सम्पादन का मौका अनायास ही तो मिला था! लेकिन 'दीपक' के सम्पादन ने दायित्व-बोध का प्रशिक्षण दिया। यह समझा कि अभाव भूख ही नहीं, संस्कार को भी मारता है...स्वामी जी के साथ अबोहर और आसपास के परिवेश को ध्यान से देखा। छोटी-बड़ी बातों पर खूब सोचते वहाँ। अपने समाज और समय के प्रति कुछ न कुछ दायित्व है—इस दायित्व-बोध को समझने का अवसर अबोहर में ही मिला था वैद्यनाथ को। लेकिन बौद्ध दर्शन से सीधे साक्षात्कार के लिए विद्यालंकार परिवेण पहुँचने की लालसा ने

स्वामी केशवानन्द की स्नेहिल छाया छोड़ने के लिए सोचने पर मजबूर करना शुरू किया...एक ओर स्वामी जी का जीवनानुभव और उनके जीवन जीने की दृष्टि से कुछ सीखने की इच्छा थी, तो दूसरी ओर उनके विपरीत जीवन जीने की ललक। स्वामी जी तो वैद्यनाथ को पंजाब और सिन्ध के भीतर हिन्दी प्रचार-प्रसार में लगाना चाहते थे। मगर उनके भीतर बौद्ध धर्म दर्शन और बुद्धकालीन परिवेश को समझने-जानने की भूख बढ़ने लगी थी। अपनी उम्रोचित बुद्धि से वैद्यनाथ स्वामी जी को समझाने लगे, ताकि आसानी से वह लंका जा सकें।

स्वामी जी विद्वान थे और विद्वानों से उनका अच्छा सम्पर्क रहता था। उन्होंने भी वैद्यनाथ को अपने ढंग से समझाने का भरपूर प्रयास किया। बौद्ध धर्म दर्शन और सनातन धर्म पर अपने-अपने ढंग से एक-दूसरे को समझाते-समझते रहे। स्वामी जी ने देश-सेवा की बात उठाई, तो वैद्यनाथ ने कहा कि उसका अध्ययन भी तो देश-सेवा के लिए ही है। आजादी के लिए चल रहे आन्दोलन का जो नेतृत्व कर रहे हैं, उनका एक अच्छा-खासा हिस्सा देश से बाहर रहकर अपनी शिक्षा पूरी कर चुका है...स्वामी जी समझ गए कि यह युवक रहेगा नहीं, तो क्यों न उसको खुशी-खुशी विदा किया जाए। फिर उन्होंने उसकी यात्रा के लिए कपड़े, जूते और पर्याप्त पैसों की व्यवस्था की। कहा—"दो-ढाई सौ रुपये लंका पहुँचने तक खर्च होंगे ही और वहाँ साल भर रहने के लिए छह सौ पर्याप्त हैं...देश लौटकर 'दीपक' तुम्हें ही सँभालना है।"

वहाँ से वैद्यनाथ चले, तो स्वामी जी काफी विचलित लग रहे थे। पाँव छूने के लिए वे झुके, तो स्वामी जी झटके से पीछे हट गए। आँखों से आँसू छलक आए। वैद्यनाथ ने आश्वस्त किया कि वह शीघ्र ही उनके पास वापस लौट आएँगे। स्वामी जी मुस्करा पड़े थे। उस मुस्कान में सन्देह के पुट भी मिले थे।

अबोहर से सीधे सारनाथ गए वह। 'विद्यालंकार परिवेण' के बारे में विस्तृत जानकारी वहीं से लेनी थी। पता चला कि राहुल, भदंत आनन्द कौसल्यायन, जगदीश कश्यप आदि ने वहीं से बौद्ध दर्शन का अध्ययन किया है और वहीं बौद्ध धर्म की दीक्षा भी ली है। यों वैद्यनाथ चाहते, तो सारनाथ रहकर पालि और बौद्ध धर्म दर्शन का अध्ययन कर सकते थे। पर उनसे कहा गया कि विद्यालंकार परिवेण की बात ही कुछ और है। यह भी पता लगा कि वहाँ प्रवेश सीधे मिलता है। हाँ, कभी-कभी किसी भारतीय विद्वान की अनुशंसा भी माँगी जाती है।

सारनाथ के बाद मित्रों से मिलने काशी चले गए। स्टेशन से बाहर निकले ही थे कि अपने ग्रामीण संगी सुरेंद्र से भेंट हो गई। उसी के कमरे में जा टिके और दो-तीन दिनों तक दोनों मित्र बनारस की गलियों में चक्कर काटते रहे। वह चाहता था कि

ठक्कन पहले गाँव चले, फिर जहाँ जाना हो, चले जाए। यों भी ठक्कन को गाँव से निकले काफी लम्बा समय हो गया था। अपराजिता के लगभग साल भर पहले मायके चले जाने के बाद तरौनी से सम्पर्क टूट-सा चला था। अबोहर से निकलते समय अपराजिता को एक लम्बा पत्र लिखा था...मायके में रहने की सलाह देते हुए लिखा कि वापसी में देरी होगी।

अपने लक्ष्य के प्रति संकल्पित 'यात्री' ने मैथिली में एक कविता लिखी—दुःखोदधिसं सन्तरण हेतु/चिरविस्मृत वस्तुक स्मरण हेतु/सूतल सृष्टिक जागरण हेतु/हम छोड़ि रहल छी अपन गाम/माँ मिथिले, ई अन्तिम प्रणाम। (दुःखोदधि से सन्तरण हेतु/चिर विस्मृति वस्तु स्मरण हेतु/सुप्त सृष्टि-जागरण हेतु/छोड़ रहा अपना गाम / माँ मिथिले, यह अन्तिम प्रणाम)। इतना ही नहीं, आगे लिखा—'अहिबातक पातिल फोड़ि-फाड़ि/पहिलुक परिचयकें तोड़ि-ताड़ि/पुरजन-परिजन सब छोड़ि-छाड़ि' (वैवाहिक शुभ घट फोड़-फाड़/पहले के परिचय को तोड़-ताड़/पुरजन परिजन सब छोड़-छाड़)। फिर, पूर्ववर्ती पीढ़ी से अपने को पूरी तरह अलग करते हुए छब्बीस वर्षीय कवि ने लिखा—कर्मक फल भोगथु बूढ़ बाप/हमटा सन्तति से हुनक पाप/ई जानि ह्वैन्हि जनु मनस्ताप/अनको बिसरक थिक हमर नाम (कर्मों का फल भोगें वृद्ध बाप/मैं ही मात्र सन्तति, यह उनका पाप/यह जानकर हो न अब मनस्ताप/दूसरों को भी भूलना होगा मेरा नाम)...इस रचना को बनारस से निकलते समय 'मिथिला मोद' (उस समय की प्रसिद्ध मैथिली मासिक) के दफ्तर में दे आए थे। 'मोद' के माघ (1937) के अंक में यह छपी। सम्पादक ने रचनाकार 'यात्री' को तारांकित कर नीचे लिखा—'पंडित वैद्यनाथ मिश्र 'वैदेह', सम्पादक 'दीपक', तरौनीवासी।' शायद 'मोद' के सम्पादक को यह पता नहीं था कि वैद्यनाथ मिश्र 'वैदेह' 'यात्री' के बाद 'बौद्ध भिक्खु' नागार्जुन हो गया है...स्वामी केशवानन्द अबोहर से उसके नाम आई डाक भेज दिया करते। 'मोद' का अंक भी लंका आ गया था।

सुरेंद्र को बिना कुछ कहे उसकी गैरमौजूदगी में बनारस से निकले वैद्यनाथ। सामान के नाम पर एक बड़ा थैला था, जिसमें हल्का बिस्तर, दो-चार पुस्तकें, एक-दो कॉपी, एक डायरी के साथ दो-तीन जोड़ी कपड़े थे। कन्धे से लटकती एक छोटी थैली भी थी, जिसमें रास्ते के लिए कुछ सामान था। पहले मद्रास के लिए विदा हुए। वहाँ दो-चार दिन रुककर कोलम्बो यात्रा की जानकारी लेनी थी। दक्षिण भारत की ओर पहली बार जा रहे थे। मद्रास पहुँचने के कुछ घंटे पूर्व ट्रेन में उनके करीब दो युवक आ बैठे। वे दोनों उनके साथ खड़ी बोली में खूब बतियाने लगे। इलाहाबाद के आसपास के थे। किसी अन्य डिब्बे से उस डिब्बे में आए थे। वैद्यनाथ को लगा था कि वे मद्रास को ठीक से जानते हैं। ट्रेन मद्रास रात के करीब दो बजे पहुँची।

वैद्यनाथ उन दोनों के साथ ही मुसाफिरखाना में एक तरफ खाली जगह तलाश कर बैठ गए। कुछ देर के बाद तीनों अपनी-अपनी चादर बिछाकर लेटे। उन दोनों के बारे में सोचते-सोचते वैद्यनाथ को नींद आ गई। दो घंटे के बाद आँखें खुलीं। उठकर सबसे पहले थैला खोलकर एक पुस्तक निकाली और उलट-पुलट कर देखने के बाद उसे थैले में फिर से रख दिया। दोनों सहयात्रियों से अपना सामान देखते रहने को कह शौचालय की ओर गए। सात-आठ मिनट के बाद वापस आए, तो देखते हैं कि दोनों फुर्ती से अपना-अपना सामान समेटते हुए 'राम-राम भाई' कहकर सामने प्लेटफॉर्म से चल पड़ने वाली एक ट्रेन में चढ़ने वालों की भीड़ में जा मिले। वैद्यनाथ पल्थी मारकर निश्चिन्त होकर मद्रास स्टेशन की भीड़ देखते रहे!

न जाने क्या सोचकर उन्होंने थैले के सभी सामान निकाल फिर से सँभालकर रखना शुरू किया। एक खास पुस्तक को न पाकर मन 'धक' से रह गया। पूरी यात्रा उस पुस्तक को सँभालते आए थे! उत्तेजित होकर जल्दी-जल्दी सामान निकालते और रखते। याद किया कि दोनों ने वैद्यनाथ को पुस्तक उलटते-पलटते देखा था। अब वे ट्रेन में चढ़कर दूर जा चुके थे और वैद्यनाथ के दिमाग में सातों के सातों नंबरी नोट नाचने लगे...जीवन में पहली बार अपनी भूमि से हजारों कोस दूर विकट परिस्थिति में फँस गए थे वह। रोना आ रहा था। चारों ओर नजर दौड़ाई। एक प्रौढ़ अंगोछा बिछाकर उनकी बगल में आ बैठा था। चेहरे-मोहरे से उत्तर भारतीय लग रहा था। तम्बाकू मलते हुए गौर से वैद्यनाथ की गतिविधि देख रहा था वह। वैद्यनाथ ने उससे सब कुछ कह डाला। स्थिति को जानकर उसने राय दी—"लोग रुपया-पैसा कमर में या जेब में रखते हैं, यह किताब में नोट रखने की बुद्धि किससे सीखी..."

पुस्तक गायब होते ही उनके दिमाग में भी यही बात आई थी। याद आया था—गाँव में एकनाथ काका विद्वान होने के साथ भगवती के उपासक भी थे। अड़हुली रंग की लाल धोती पहनते और वैसी ही चादर बदन पर रखते। 'दुर्गासप्तशती' तो कंठस्थ था ही, 'श्रीमद्‌देवीभागवत' के कई अंश भी धाराप्रवाह सुना दिया करते। अपना पैसा-कौड़ी वे 'देवीभागवत' के पन्नों के बीच रखा करते। एक दिन काकी को पैसे की जरूरत पड़ी और काका ने नहीं दिया। काका जब स्नान करने पोखर गए, तो काकी ने लाल कपड़े में लिपटी 'देवीभागवत' से कुछ नोट निकाल लिए। काका को पता लगा, तो खूब चिल्लाए। काकी कान छूते हुए बोली—"राम! राम! भागवत को भला कोई स्नान और पूजा पाठ किए बिना कैसे छुए..." काका को पूरा विश्वास था कि घर की देवी ने ही पैसे गुम किए हैं। बाद में भी काका पैसे उसी में रखते, पर लाल कपड़े में लिपटी वह पुस्तक उनकी कांख में हमेशा दबी रहती। वैद्यनाथ ने काका का अनुसरण कर अपना गला खुद ही काट लिया था। गनीमत थी कि कमीज की जेब में चालीस रुपये थे।

वह लगभग दो-ढाई घंटे मुसाफिरखाने में दीवार से पीठ टिकाये बैठे रहे। मन

में खयाल आया कि अबोहर वापस लौट जाएँ...पर स्वामी जी क्या सोचेंगे! यह बात भी मन में आती कि चुपचाप ससुराल या गाँव चले जाएँ, उधर ही कोई काम का जुगाड़ कर लेंगे! अवसाद से भरा मन, आँसू भरी आँखें और दीवार का सहारा लिए रीढ़ ने हल्की मदहोशी ला दी थी...लगा कि कान में कोई कह रहा हो—'जब चल पड़े, तो पीछे मत लौटो...यही न होगा कि लंका पहुँचने में थोड़ा बिलम्ब होगा... कलकत्ता से जब सहारनपुर गए थे, तो वहाँ भी गिरे थे। साहस ने सहारा दिया न! सब कुछ समय पर छोड़ दो...अपराजिता को कुछ मत लिखना, वह तो यों भी इन दिनों बेचारी है...मद्रास से ही रास्ता खोजो!...' खर्र-खर्र की आवाज से तंद्रा टूटी। झाड़ू लगाने वाला इशारे से उठने को कह रहा था। उठ खड़े हुए और सामने कॉफी वाला दिखा, तो एक कप गरम कॉफी ली। कॉफी की चुस्की के साथ लगा कि तंद्रा वाली बातें ठीक हैं। तय किया कि किसी धर्मशाला में जाकर दिन भर विश्राम करेंगे और फिर सोचेंगे कि आगे क्या करना है। अचानक याद आई दक्षिण भारत हिन्दी प्रचार सभा। अबोहर में स्वामी जी ने कहा था कि मद्रास में प्रचार सभा वाले काम आएँगे। जाने क्यों यह बात दिमाग से उतर गई थी। स्टेशन के बुक स्टॉल से सभा के कार्यालय का पता लगा लिया। थोड़ी परेशानी तो हुई, पर वहाँ पहुँच ही गए। वैद्यनाथ को आश्चर्य हुआ कि सभा के कुछ लोग कई दिनों से 'दीपक' के सम्पादक की प्रतीक्षा कर रहे थे। स्वामी जी वैद्यनाथ के सम्बन्ध में लिखकर बता चुके थे।

भिक्खु नागार्जुन को याद है कि दो-तीन दिनों तक वह मद्रास नगर को घूम-घूमकर देखते रहे। प्रचार सभा का एक न एक व्यक्ति साथ रहता था। फिर एक दिन सहज भाव से बनारस से मद्रास पहुँचने और पैसे गायब होने की बात लोगों से कही। लोग दंग रह गए थे कि इतना होने के बाद भी वैद्यनाथ सहज कैसे हैं? राय बनी कि मद्रास में ही कुछ काम करें, फिर साल-छह मास के भीतर लंका जाने की व्यवस्था हो जाएगी। किसी ने बताया कि रामेश्वरम् पहुँचने के बाद थोड़ी सुविधा मिल सकती है। दिक्कत होने पर मद्रास वापस तो लौट ही सकते हैं। वैद्यनाथ रामेश्वरम् पहुँचे और एक धर्मशाला में टिक गए। इसमें चारों ओर कमरे बने थे और बीच में एक बड़ा सा आँगन था। कोने में एक कुआँ। चारों ओर बरामदे की दीवारों पर देवी-देवताओं की तस्वीरें टँगी थीं। अधिसंख्य फोटो राम के समुद्र पूजन वाले थे। नहा-धोकर धर्मशाला से निकले वैद्यनाथ। नजदीक ही भोजन-जलपान की एक अच्छी दुकान थी। भात और मट्ठा के साथ सब्जी सामने आई। मट्ठा को सरसों से छौंका गया था। मैथिल जीभ को वह स्वाद अच्छा लगा। शाम तक नगर परिक्रमा करते रहे।

दूसरे दिन सवेरे-सवेरे निकले। पहनावे में धोती और धारीदार हाफ कमीज थी। एक चक्कर लगाया घंटे-डेढ़ घंटे का और फिर एक बड़े अहाते में जा घुसे। वहाँ

पर्याप्त खुली जगह के बाद एक बड़ा पुराना मकान था। देखा, सामने बरामदे में देह-दशा से हट्ठा-कट्ठा और गेहुँआ गोराई वाला एक पैंतीस-छत्तीस वर्ष का इनसान पत्थर वाली 'पंचसेरी' लेकर धान तौलने में लगा है। उसके सामने मजदूरनुमा दो लोग बैठे थे। तौल को याद रखने के लिए 'रामे जी राम एके राम' और धान बोरा में। फिर 'रामेजी राम, दुऊए राम...' गिनती कर रहा था वह। वैद्यनाथ ने सोचा कि वह या तो बिहार का होगा अथवा पूर्वी संयुक्त प्रदेश का। अनाज तौलते समय इस तरह गिनती का रिवाज उधर ही है। कुछ क्षण तक अनाज तौलना देखते रहे वह और फिर कुछ सोचकर 'राम राम गुरु भाई!' कहते हुए बरामदे तक बढ़ गए, और दीवार से सटा कर रखे तख्त पर जा बैठे। तौलने वाला एक नजर उन्हें देख अपने काम में लगा रहा। वैद्यनाथ चारों तरफ नजर घुमाते हुए इस मठ को समझने की कोशिश करते रहे। भीतर के कमरों से बातचीत की आवाज आ रही थी। दो बोरा धान तौलने के बाद भी कुछ धान बच गया था। तौलने वाला उठा और 'उत्तरहिया' अन्दाज से हाथ से हाथ झाड़ने के बाद कन्धे से गमछा लेकर देह-हाथ झाड़ता-पोंछता हुआ बोरा बाँध रहे एक मजदूरनुमा व्यक्ति से बोला—"ई ले जाऽ आऊर बोरा के भीतरे रख द...सन्तू होइहें भीतरे त कह दीह, बारह पसेरी गेल बारन बाकी इ रखे के कहलन...आ देखइ कुइंआ से एक डोर पानी निकास के बरामदा पर रखह, देखत न जे के आइल बाड़न..." वैद्यनाथ की ओर देखता रहा और जोर से बोला—"रे भरता तनि शरबत-उरबत त बना के ले आ..." और वह भी तख्त पर आ बैठा। गौर से निहारकर पूछा—"कहाँ से आना हो रहा है भाई?"

भरपूर नजर से देखते हुए वैद्यनाथ ने कहा—"अभी तो धर्मशाला में टिका हूँ, लेकिन आप जिधर के रहने वाले हैं, उधर से ही आया हूँ..." इतने में एक लोटा शरबत आ गया था, चमचमाता हुआ फूल का गिलास भी। वैद्यनाथ गटागट दो गिलास शरबत पी गए। उस अवधीभाषी को मिथिला के पंडित से परिचय प्राप्त कर बड़ी प्रसन्नता हुई थी। अवधी मठ वाले ने अपना नाम गणेश स्वामी बतलाया था।

गणेश स्वामी गृहस्थ साधु था। फौज की नौकरी छोड़कर रामायणी साधु बना था। बीवी नहीं थी, दो बेटे गोरखपुर की तरफ घर-गृहस्थी सँभालते थे। कभी-कभी वह खुद भी अपने इलाके की ओर जाता। पुत्रों और चचेरे भाइयों को भी मठ के महंत से कान फूँकवा रखा था। एक चचेरा भाई साथ रहता। मठ जनकपुर और अयोध्या के एक बड़े मन्दिर के नियंत्रण में था। बड़े महंत रामशरण दास इस अन्दाज से जनकपुर से निकलते कि विभिन्न तीर्थ घूमते-घामते रामनवमी के दिन रामेश्वरम् पहुँच ही जाते। साथ में एक सधुआइन रहती। महंत ने उस सधुआइन को कुछ भी करने की पूरी छूट दे रखी थी। उसने गणेश स्वामी को भी मोहने की कोशिश की थी। गणेश के चचेरे भाई ने बड़े महंत के सामने खूब फटकार लगाई। दूर की रिश्तेदारी के कारण बड़े महंत ने गणेश स्वामी को रामेश्वरम् के साथ लंका

के भी एक मठ की देखरेख का जिम्मा दे रखा था। इन मठों की अच्छी आमदनी और सम्पत्ति थी।

पहले दिन से ही गणेश स्वामी ने अपनेपन के साथ वैद्यनाथ की आवभगत शुरू की। वैद्यनाथ के साथ धर्मशाला गया था उसका सामान लाने, तो वहाँ का मैनेजर चौंका था। गणेश स्वामी का रुतबा देख वैद्यनाथ हैरत में थे। वहाँ रहते दो दिन हुए, तो गणेश स्वामी ने कहा—"भाई मेरे! दोहा, चौपाई और गीत जोड़ना मुझे सिखा दो..." और एक दिन उसने जोड़ा—'विवाद का क्या है काम/त्रिकाल जय जय श्रीराम...' वैद्यनाथ इसे ठीक करके गुरु की तरह हो गया। गणेश स्वामी ने कहा था—"यहीं रहो न गुरु भाई! हफ्ते में एक-दो दिन थोड़ा प्रवचन दे देना। मुझे भी पढ़ा दिया करना। जब भी इच्छा हो, मिथिला जाकर अपनी सिया से मिल आना। सारी व्यवस्था हम करेंगे...असली मजा तो सधुक्कड़ी में ही है। चाहने पर दास-दासिन भी मिलेंगे...देह जातने-पिचने वाले भी और चाहो तो देह जतवाने-पिचवाने वाली भी...हमारी मठ वाली सधुआइन तुम्हें देखेगी, तो बद्री-केदार तक घुमा लाएगी अपने साथ..." वैद्यनाथ को हँसी आ गई थी।

मठ के भीतर मन्दिर में राम-जानकी की एक सुन्दर प्रतिमा थी। उसमें लक्ष्मण, भरत और शत्रुघ्न भी एक ओर खड़े थे, तो दूसरी ओर गदा और पहाड़ उठाए हनुमान। प्रतिमाओं के पाँवों पर चन्दन-सिन्दूर का जाने कब से लेप पड़ता आया था कि पैरों का आकार ही बेढंगा हो गया था। मूर्ति के सामने बड़ा-सा दीप हमेशा जलता रहता। पास ही पीतल के कमंडल में गंगा और सरजू का जल...धूप की पवित्र सुगंध से भर उठती सुबह-शाम। चार-छह भगत-भगतिनें जमे ही रहते। घंटे-दो घंटे बैठ कमर सीधी कर वापस होने वालों की भी संख्या कम नहीं थी। श्रद्धा-भक्ति, आचार-विचार, धर्म-कर्म आदि पर कुटाई-पिटाई की बातों से वैद्यनाथ कभी हँसते, तो कभी खीझ जाते...गणेश स्वामी ने बताया कि रामनवमी, जानकी नवमी और विवाह पंचमी का मेला, भोज-भंडारा से पर्याप्त दान-दक्षिणा बटोरा जाता है। उसकी इच्छा थी कि वैद्यनाथ वहीं रह जाए, मठ के खूँटे से बँधकर...ढाई-तीन मास वहाँ रहने के बाद एक दिन वैद्यनाथ ने उससे कहा—"भाई! यहीं से भगवान राम ने समुद्र से लंका जाने के लिए रास्ता माँगा और रास्ता बनाने के लिए अभिमंत्रित बाण साधा। समुद्र घबराकर सामने आया, तो राम ने कहा था कि अभिमंत्रित बाण अब लौट नहीं सकता! मैं भी लौटूँगा नहीं। लंका तो जाऊँगा ही।"

संयोग से एक दिन लंका जाने का मौका मिल ही गया। दक्षिण भारत के साधुओं का एक दल वहाँ जाने के लिए आ धमका था। गणेश को भी साथ जाना था। वैद्यनाथ ने यह मौका गँवाना उचित नहीं समझा। धनुषकोडी से स्टीमर द्वारा समुद्र पार कर लंका पहुँचना था ढाई-तीन घंटे में। जीवन में पहली बार साधुओं के साथ यात्रा कर रहे थे। शाम में अँधेरा होने पर स्टीमर पर सवार हुए। कम्बल

बिछाकर सभी बैठे थे। वैद्यनाथ ने देखा कि स्टीमर के अधिकारी साधुओं से उस तरह पूछताछ या जाँच-पड़ताल नहीं करते, जैसा सामान्य यात्रियों से करते हैं। हाँ, यात्रियों के दलपति से कुछ ज्यादा ही कानाफूसी करते। उस यात्रा में उन्होंने यह भी देखा था कि एक ही सम्प्रदाय या मठ के साधुगण जब मिल बैठते, तो अभाव, अभियोग और व्यक्तिगत कुंठा निकालने लगते। स्टीमर खुलने का जब भोंपा बजा, तो लगा कि सच में देश छूट रहा है!

रात के अँधेरे में स्टीमर से उतरे थे। घोड़ा गाड़ी में सवार होकर जंगली रास्ते से गुजरते हुए कल्याणपुरी के मठ में पहुँचना था। हवा सांय-सांय चल रही थी। रास्ते में कहीं-कहीं सियार की आवाज सुनाई पड़ती। कभी कुत्तों के भौंकने की आवाज भी आती। लगता गाँव-घर ही होगा। किधर-किधर होकर कहाँ पहुँचे थे, कुछ भी अन्दाजा नहीं हो पा रहा था।

कल्याणपुरी के मठ में बरामदे के एक किनारे उनके लिए तख्त लगाया गया। धुनी जला दी गई थी, फिर भी मच्छर इस कदर थे, मानो खींचकर ले जाएँगे। नई धरती, अनजान जगह और नए लोगों के बीच वह ठीक से सो नहीं पाए। न जाने कैसे-कैसे लोगों से टकराना पड़ेगा—यही सोचते-सोचते रात के अन्तिम पहर में नींद आई, पर सवेरा होने से काफी पहले उठ बैठे। अपने बिछावन पर बैठकर उस दिन उन्होंने भी अपने कौलिक मंत्र का जाप किया। गौना के बाद एकनाथ चाचा से उन्होंने यह मंत्र लिया था। वंश में अपने कुल के लोगों से ही कुलदेवता छिन्नमस्ता का उन्नीस अक्षर वाला मंत्र लेने की परम्परा है। वह यदा-कदा गायत्री और अपना कौलिक मंत्र उँगलियों के पोर पर जप लिया करते। गाँव से जब अन्तिम बार निकलने लगे थे, तो अपराजिता ने कहा था—"कुलदेवता को प्रणाम कर उसकी पिंडी पर से अड़हुल का फूल उठाकर पास में रख लीजिए...यह सर्वसिद्ध कवच है वंश के लिए..." और उस दिन बाबा कल्याणपुरी के मठ में सवेरे जब वह मंत्र जपने लगे, तो अचानक अपराजिता का चेहरा सामने उभर आया। बार-बार 'ह्रीं श्रृंग क्लीं' के सहारे छिन्नमस्ता पर मन को एकाग्रचित करना चाह रहे थे, पर अपराजिता की आकृति—रंगीन साड़ी पहने आलता से रँगे उसके पाँवों को सामने जमीन पर महसूस करते रहे।

सुबह-सुबह पहली बार देखा बाबा कल्याणपुरी को। भव्य आकृति, दाढ़ी नहीं, बड़े-बड़े बाल...लुंगी और सफेद बनियान के ऊपर सफेद चादर। गले में तुलसी की माला। उस समय बाबा कल्याणपुरी चहल-कदमी के साथ परिसर की सफाई भी करते चल रहे थे। गणेश स्वामी ने उनसे परिचय करवाया, तो इस तरह मिले, जैसे वैद्यनाथ को वर्षों से जान रहे हों। वे अवध क्षेत्र के थे। दस वर्ष की उम्र में ही पिता ने साधु की वेष-भूषा में डाल दिया था। बनारस और हरिद्वार में कर्मकांड की शिक्षा मिली और उस मठ के कर्ता-धर्ता बने, जो लंका के तमिल हिन्दुओं का आराध्य

स्थल था। गणेश स्वामी और बाबा कल्याणपुरी एक-दूसरे को सगे की तरह मानते। वैद्यनाथ उनके व्यक्तित्व से प्रभावित होकर ज्ञान-चर्चा में उनका साथ देने लगे। वे भी अन्य लोगों की तरह वैद्यनाथ को वहीं रहने के लिए कहने लगे थे। वैद्यनाथ से लंका आने का कारण जानकर कल्याणपुरी ने कहा था—"राम जी ने चाहा, तो किसी न किसी दिन कुछ न कुछ होगा ही...होइहें वही जो राम रचि राखा...।" एक दिन खाते समय उन्होंने कहा था—"मुझे तुझसे बचना चाहिए, क्योंकि तुम्हारे प्रति मोह हो रहा है।" वैद्यनाथ उनकी ओर देखते हुए बोल पड़े—"मोह के कारण ही मनुष्य से मनुष्य जुड़ता है न!"

अपने देश की मिट्टी-पानी में वैद्यनाथ शरीर से स्वस्थ रहते थे, पर समुद्र किनारे की जलवायु उन्हें शुरू में तकलीफ देने लगी...समुद्र के किनारे का वह जंगली इलाका उन पर असरंदाज होने लगा। मच्छरों का ऐसा प्रकोप उन्होंने कहीं नहीं देखा था। रात में तो मसहरी तान दी जाती, परन्तु दिन के समय बड़े-बड़े मच्छर सूँड़ गड़ाते रहते। शाम और अहल भोर बैठने की जगहों के आसपास धुनी जला दी जाती, फिर भी मच्छर आ ही जाते। वैद्यनाथ को पेट की शिकायत शुरू हो गई, कमजोरी बढ़ी और लगातार सिरदर्द रहने लगा। बाबा कल्याणपुरी ने कहा—"आबोहवा और स्थान परिवर्तन के कारण ऐसा होता ही है..."

वैद्यनाथ बुखार और मलेरिया से पीड़ित हो गए। खूब कुनैन खिलाया गया। पानी मिलाया हुआ दूध...बुखार कम होने में समय लगा। शरीर काला पड़ने लगा। बदन तो हड्डियों का ठठरी-सा हो गया था। मच्छर के काटने पर पाँव खुजलाते-खुजलाते एक बड़ा-सा घाव भी हो गया था। लेटे-लेटे मसहरी के भीतर निराशा की हवा में डोलने लगे वैद्यनाथ। अर्धचेतन अवस्था में गाँव, परिवार, पिता, पत्नी सब दिमाग पर छाने लगते। सोचते कि सब जोड़-तोड़ कहीं बेकार न हो जाए! सपनों के साथ इच्छाएँ पीले पत्तों की तरह वृक्ष से गिरने लगी थीं। उन्हीं दिनों एक कविता लिखी थी, उसकी दो पंक्तियाँ लेटे-लेटे गुनगुनाया करते—'जो नहीं हो सके पूर्ण काम/मैं उनको करता प्रणाम...' योग और प्राकृतिक उपचार के साथ आध्यात्मिक रूप से उनके मन को सहलाने की कोशिश की जाने लगी। सूखे मेवे के साथ उबली हुई सब्जियाँ उनका आहार था। मन के भटकाव को मोड़ने के लिए चन्दन की एक माला देते हुए कल्याणपुरी ने कहा था—"अपना कौलिक मंत्र जपते रहो...देखना कितनी शान्ति मिलती है।" शुद्ध असली चन्दन, आले दर्जे का, गजब की सुगंध थी। गणेश स्वामी ने कहा था—"दम्बदिउ ब्राह्मण पंडित तुमा बौद्ध बने, सो माँ जानकी नहीं चाहती..." लगभग मास-सवा मास लग गए वैद्यनाथ को स्वस्थ होने में। फिर वह विद्यालंकार परिवेण के बारे में सोचने लगे। "सनातनी मठ में, वह भी जंगलों के बीच में, मैं कभी स्वस्थ रह ही नहीं सकता—" ऐसा उन्होंने कहा था बाबा कल्याणपुरी से।

मठ के लोग इतना तो समझ ही रहे थे कि मिथिला से लंका तक की यात्रा के बाद वैद्यनाथ 'विद्यालंकार परिवेण' गए बिना मानेगा नहीं। बाबा कल्याणपुरी ने सोचा, क्यों भला इसकी इच्छा को खत्म किया जाए! वह उसे सही जगह तक भिजवाने की व्यवस्था में लग गए। निकट के कस्बे तक के लिए सवारी की व्यवस्था की गई, जहाँ ट्रेन से कोलम्बो तक जाना था। सवारी पर जब वैद्यनाथ बैठे, तो एक बोरी सिक्का रखा गया। उस मठ में सिक्के खूब चढ़ते थे, पाई, पैसा, दू पैसाही, इकन्नी, चौवन्नी आदि। उन्हें अलग-अलग छाँटकर बोरियों में रखा जाता। सिक्कों के अनुसार वजन करके कस्बे के खास-खास बनिये नोटों में बदल दिया करते थे। सवारी के मालिक को समझा दिया गया कि सिक्कों को नोटों में बदलकर वैद्यनाथ को देने के बाद उन्हें कोलम्बो की ट्रेन में बैठा दिया जाए। वैद्यनाथ को अच्छी तरह याद है कि सवारी पर बैठाकर उसका एक हाथ बाबा कल्याणपुरी ने थाम रखा था। शान्त और गम्भीर स्वर था उनका—"कोई भी दिक्कत हो, तो सीधे वापस आ जाना...जिस बनिये को बोरी दिया जाएगा, वहीं आ जाना, वह सारी व्यवस्था कर देगा...तुमने तो गुरु भाई कहा है मुझे...।"

थैला और बिस्तर वाली गठरी के साथ वैद्यनाथ कोलम्बो स्टेशन से बाहर निकले। यहाँ भी उन्हें किसी उत्तर भारतीय चेहरे की तलाश थी। जानकारी मिली कि करीब ही खादी भंडार है। सोचा कि परिवेण तक जाने का अन्तिम दिशा-निर्देश शायद वहीं से मिले। इतनी भर जानकारी थी कि कोलम्बो के करीब ही है केलानिया का विद्यालंकार परिवेण। खादी भंडार के व्यवस्थापक सत्यनारायण शर्मा 'विद्यालंकार' ने गरमजोशी से उनका स्वागत किया था। पानी-वानी पीने के बाद आने का कारण जाना, तो उन्हें अच्छा नहीं लगा। वैद्यनाथ को अपने देश लौट जाने की सलाह देते रहे। उन्हें बौद्धों से चिढ़ थी। कहा—"यहीं भंडार में दो-एक मास रहकर परिवेण की गतिविधियों और पढ़ाई आदि की जानकारी ले लें, फिर वहाँ जाएँ...मात्र पाँच-छह मील की दूरी है!" शर्मा जी वैद्यनाथ को चतुर और तेज लगे। बातचीत के क्रम में इतना तो शर्मा जी जान ही गए थे कि वैद्यनाथ के पास पर्याप्त पैसे हैं। उनकी कमीज के नीचे गोलकट गंजी की जेब में सात सौ पच्चीस रुपये थे, जो कल्याणपुरी द्वारा दिए गए सिक्कों के बदले महाराम कस्बे के व्यापारी ने उनका नाम, पता आदि अपने खाता में लिखने के बाद दिया था। रात में वैद्यनाथ शर्मा जी के पास ही रुके। यह भी उन्हें कहा गया कि खादी के धंधे में मुनाफा खूब है और वह शर्मा जी का पार्टनर बन जाएँ...वह चुपचाप सुनते रहे। दूसरे दिन सवेरे-सवेरे तैयार होकर उन्होंने अपना सामान उठाया, तो अन्ततः शर्मा जी ने परिवेण तक के लिए सवारी तय कर दी।

1857 ई. में 'विद्यालंकार परिवेण' की स्थापना हुई थी। वहाँ बौद्ध भिक्खु और गृहस्थ—दोनों को संस्कृत, पालि और सिंहली के माध्यम से बौद्ध धर्म दर्शन की शिक्षा देने की व्यवस्था थी। हरे-भरे नारियल के वृक्षों से घिरी थी यह भूमि। पानी भरे खेतों की हरियाली के बीच परिवेण एक सुन्दर टापू लगता। प्राकृतिक परिवेश के बीच बौद्धिक वातावरण दुनिया भर के बौद्धों और बौद्ध दर्शन के जिज्ञासुओं को अपनी ओर खींचता। स्टेशन से पक्की सड़क आती—इतने सहज रास्ते का अन्दाजा वैद्यनाथ को नहीं था।

उत्तर भारतीय वेश-भूषा में वैद्यनाथ जब विद्यालंकर परिवेण पहुँचे, तो नए प्रवेशार्थी होने के कारण उन्हें उस जगह तक पहुँचा दिया गया, जहाँ उन जैसों के ठहरने की व्यवस्था रहती थी। पहले ही दिन यह महसूस हुआ कि बौद्धों के इस आधुनिक अध्ययन केन्द्र में प्रवेश पाना उतना आसान नहीं है, जितना उन्हें बताया गया था। पूरी प्रक्रिया समझा दी गई। यह भी पूछा गया कि यहीं क्यों पढ़ना चाहते हो? कहा यह भी गया कि यहाँ अध्येता के बारे में पूरी तरह सन्तुष्ट होने के बाद ही प्रवेश मिलता है। हाँ, पहले आसानी से प्रवेश मिल जाता था, मगर हाल के वर्षों में कई बार भारतीय पुलिस किसी न किसी की तलाश में परिवेण आ चुकी थी। गरम मिजाजी स्वतंत्रता सेनानी परिवेण में प्रवेश न पा जाएँ—यह शंका तो बनी ही रहती। कई लोग यहाँ से निकाले भी गए थे। भारत की छोटी-बड़ी राजनीतिक घटनाओं के बाद परिवेण की गतिविधियों पर पुलिस की खास नजर होती। प्रवेश के लिए वैसे विद्वानों की अनुशंसा अनिवार्य कर दी गई, जिन्हें विद्यालंकार परिवेण की 'गवर्निंग बॉडी' के लोग जानते हों...बिहार से राहुल सांकृत्यायन और काशी प्रसाद जायसवाल की ही अनुशंसा मानी जाती थी। दोनों में से किसी से वैद्यनाथ का व्यक्तिगत परिचय नहीं था। राहुल जैसे प्रसिद्ध यायावर का अता-पता तो उनके निकटतम ही बता सकते थे। पता लगा कि वे मॉस्को में हैं। जायसवाल जी पटना में रहते थे। उनके नाम संस्कृत में एक पत्र लिखा, जिसमें अपनी शिक्षा, रुचि के साथ साहित्यिक गतिविधियों की जानकारी दी और अपने गाँव तरौनी की विद्वत परम्परा की भी चर्चा की। पत्र भेजने से पहले गवर्निंग बॉडी के चेयरमैन सर जयतिलके को दिखा दिया। जयतिलके से मिलना आसान नहीं था, क्योंकि वे लंका सरकार के प्रधान थे। परिवेण के काम से जाने पर मिलना हो जाता था। जायसवाल का पत्रोत्तर आने तक परिवेण के भीतर रहने में दिक्कत नहीं हुई। सर जयतिलके की देश-विदेश के विद्वानों से मित्रता थी। रुचि-सम्पन्न थे। मिलने पर सीधे काम की बात पर आ जाते। वैद्यनाथ की संस्कृत रचनाएँ देखकर उन्होंने कहा था—"प्रवेश मिलने पर सब हो जाएगा। यहाँ के भिक्खुओं को संस्कृत पढ़ाना पड़ेगा और बौद्ध धर्म दर्शन के लिए तुम्हें पालि और सिंहली सीखनी होगी..."

काशी प्रसाद जायसवाल का तार समय से आ गया जयतिलके के नाम। वैद्यनाथ के नाम एक पत्र अलग से आया था। नामांकन हो गया। रहने की व्यवस्था भी हो गई। एक दिन एक वयस्क भिक्खु ने कहा था—"सही उम्र में आए हो। दम्बदिउ ब्राह्मण पंडित तुमा हो...पर पत्नी को छोड़ आए, यह बात कुछ जँचती नहीं।" फिर उन पर नजर गड़ाते हुए बोला—"भारतीय ब्राह्मण ने जब भी घर छोड़ा है, तो उसके सामने कोई बड़ी बात रहती है, बड़ा लक्ष्य रहता है...धर्म तक छूट जाता है।" वैद्यनाथ ने इतना कुछ सोचा भी नहीं था। उनके मन में धर्म की बात कहाँ कभी उठी थी...

परिवेण का जीवन वैद्यनाथ को अच्छा लगने लगा था। छात्र बनते ही पालि का प्रारम्भिक पाठ शुरू हो गया एक संस्कृत जानने वाले भिक्खु के माध्यम से। पर एक बात उनकी समझ में शुरू-शुरू में नहीं आई...जिन भिक्खुओं को वह संस्कृत पढ़ाया करते, वे सब ऊँचे आसन पर बैठते। अब तक वह देखते आए थे कि गुरु का आसन शिष्य से ऊँचा रहता है। एक हमउम्र भिक्खु ने बताया कि कैसा भी भिक्खु क्यों न हो, वह गृहस्थ से श्रेष्ठ ही समझा जाता है। अत: उसका आसन गृहस्थ से ऊँचा रहेगा। वैद्यनाथ के पढ़ाने के तरीके से परिवेण के भिक्खु छात्र प्रसन्न थे। शिष्यों की इच्छा रहती कि वैद्यनाथ भी एक गुरु की तरह अच्छे आसन पर बैठें, पर यह यहाँ के नियमों के प्रतिकूल था। भोजन के लिए भी वह उन सबके साथ पंगत में नहीं बैठते।

यहाँ आए ज्यादा दिन नहीं हुए थे कि परिवेण के प्रमुख महास्थाविर नायक पाद धम्मानन्द की बुलाहट हुई। पहली बार उनके सामने वह गए, तो देखा कि धम्मानन्द मचियानुमा छोटी कुर्सी पर विराजमान थे। मुँडितकेश, काषाय वस्त्र में उनका व्यक्तित्व आकर्षक लग रहा था। आँखों में स्नेह-मिश्रित चमक थी। स्वर मधुर था। उनके प्रौढ़ नाक-नक्श पर तरुणाई वाली कोमलता झलक रही थी। संस्कृत के सहारे बातें हुईं। एक सूत्र वाक्य कहा—'प्रज्ञाया ज्ञायते सर्वम्...!' फिर बोले—"योग्यता और समता मात्र को पहचानना ही उद्‌देश्य है हमारा...नए सिरे से पगडंडी बनानी होगी!" और इसके दूसरे या तीसरे दिन की बात है,भोजन के बाद अपने छात्रावास वाले कक्ष में वापसी के समय एक भंते ने धीरे से कहा—सूखा 'बीफ' आज अच्छा बना था। यह सुनते ही वैद्यनाथ के मत्स्य-मांसभक्षी मैथिल ब्राह्मण का दिमाग भी घूमने लगा। मितली आने लगी। लगा कि कोढ़-करेज उलट जाएगा...कमरे में आने के बजाय नाली के किनारे ओऽ ओऽ करके बैठ गए थे। उस दिन बार-बार नाली के किनारे बैठना पड़ा था। चैन नहीं मिल रहा था उन्हें। नियमानुसार रात का भोजन वर्जित था, शाम में हल्का फलाहार मिला करता। उस दिन उन्होंने वह भी नहीं लिया। रात में देर तक नींद नहीं आई। ब्राह्मणीय संस्कार भीतर से उफनने लगा था। लगा कि अब देव-पितर को चुल्लू भर पानी देने का

अधिकार भी नहीं रहा। गाँव-घर में किसी को पता नहीं कि वह कहाँ रहकर क्या-क्या कर रहा है? किसी भी कौलिक कर्मकांड के समय भीतर से आवाज आएगी ही—'अभक्ष भक्ष किया है तूने...' आँखों के सामने पिता का रौद्र रूप नाचने लगा। लगा, केलानिया आकर कुछ गलती तो नहीं हुई? कोलम्बो के खादी भंडार वाले शर्मा जी याद आने लगे—'बौद्ध भी भला कोई सम्प्रदाय है...सब कुछ खाते हैं वे!' उनकी आवाज भीतर गूँज गई थी। मिथिला के ब्राह्मण अपने-अपने कुल देवता, जो अधिसंख्य परिवारों में दस महाविद्या में से कोई न कोई होते हैं, को छागल का बलि प्रदान दिया करते और प्रसाद स्वरूप मांस खाते। मछली तो रुचिपूर्वक खाते। कबूतर का मांस जाड़ों में खाते। काश्यप गौत्रिय ब्राह्मण को छोड़ अन्य ब्राह्मण कछुआ भी तलाशते रहते...रात के अन्तिम पहर में नींद आई, तो सपने में देखा कि एक हट्ठा-कट्ठा सांड उन्हें अपनी सींग पर उठाए आसमान में उड़ा जा रहा था... डर के मारे नींद खुली, तो वह पसीने से तरबतर थे!

लंका के बौद्ध विहार आते-आते वैद्यनाथ का भौतिक और दैविक शक्ति के प्रति आकर्षण खत्म हो गया था। वह समझने लगे थे कि मनुष्य चाहे, तो भाग्यरेखा को बदल सकता है। उस दिन सोचा, जो होना था, वह तो हो चुका। अपने गाँव का वह शायद पहला व्यक्ति है, जिसने अभक्ष ग्रहण किया होगा...शायद आगे कुछ और अनर्थकारी हो! एक संकल्प लिया—सपना आए तो आए, क्योंकि सपने पूरे होंगे या फिर टूट जाएँगे। यों वह कई सपने देख चुके हैं और पाल रखे हैं...उपनयन की तरह यह भी शायद उनके लिए नया संस्कार हो! फिर मिथिला और मिथिला पुत्री अपराजिता मानस पटल पर आ गई—'स्मरणो जकर करै अछि छन भरि/सभ शोकक अपनोद...(जिसके क्षण भर स्मरण मात्र से होता/सब दुख का अपनोद...)।

सपने में कई दिनों तक तरुण वृषभ की सींग पर आसमान में झूलते रहे वह... मजा आने लगा और प्रतीक्षा रहती नींद की। साथ ही स्वाद लेने लगे अभक्ष का भी। आठ-दस दिनों के बाद आसमानी सैर वाला सपना गायब हो गया और बिगड़ते स्वास्थ्य को देखकर अभक्ष भक्ष से दूर हो गए।

विद्यालंकार परिवेण में जो भिक्खु अध्ययन में लगे रहते, उन्हें एक संरक्षक मिलता। वह भिक्खु की तमाम सुविधा-असुविधाओं का खयाल रखता। वैद्यनाथ को कई समवयस्क और प्रौढ़ भिक्खुओं ने सलाह दी कि बौद्ध धर्म में दीक्षित हो लें। एक बार गवर्निंग बॉडी की मीटिंग के बाद सर तिलके ने भी यह राय दी थी कि गम्भीर अध्येता बनना चाहते हो, तो परिवेण के किसी प्रतिष्ठित भिक्खु से दीक्षा ले लो। उसी बीच राहुल जी भी कुछ दिनों के लिए विद्यालंकार परिवेण आए। पहली बार उनसे परिचय हुआ। एक मैथिली भाषी, दूसरा भोजपुरिया। दोनों ज्ञान की भूख के कारण अपने-अपने घर-परिवार से दूर होते गए थे। वैद्यनाथ ने देखा कि राहुल को खूब आदर-सम्मान परिवेण में दिया जाता। उनकी अध्ययनशीलता, विचारों में

नएपन की खोजी दृष्टि से कोई भी प्रभावित हो जाता। उस बार के संग-सुख के कारण वह उन्हें अपना बड़ा भाई-सा मानने लगे। राहुल ने वैद्यनाथ का परिचय कुछ ऐसे लोगों से करवा दिया, जो नई दुनिया और नए समाज को विकसित करने के लिए प्रतिबद्ध थे।

ढाई-तीन माह बाद वैद्यनाथ ने बौद्ध धर्म में दीक्षित हो जाने का मन बना लिया। हजारों मील चलकर समुद्र लांघ आए, अभक्षभोजी भी बने और पत्नी को लेकर परेशानी भी नहीं रहती उन्हें। हाँ, वह रोज किसी न किसी बहाने याद अवश्य आ जाती...। और फिर, 1937 ई. के मार्च में उन्होंने नायकपाद धम्मानन्द से बौद्ध धर्म की दीक्षा ले ही ली। धम्मानन्द के कई भारतीय शिष्य थे। राहुल के भी वे गुरु थे। दीक्षा के बाद धम्मानन्द ने कहा था—'गुणवान शिष्य ही गुरु के जीवन की सार्थकता है...' तरौनी का कुलीन मैथिल ब्राह्मण मुँडित सिर और काषाय वस्त्र के संग बौद्ध भिक्खु हो गया। पहले अपने लोग छूटे, फिर अपनी भूमि और अब अपना धर्म-सम्प्रदाय भी छूट गया। नाम भी छोड़ना पड़ा। दीक्षा के बाद नामकरण के लिए यह सोचना पड़ता कि क्या उद्देश्य है। वैद्यनाथ के मन में बौद्ध धर्म दर्शन की पुनर्व्याख्या की बात थी...फिर 'माध्यमिक' की व्याख्या पर सोचा। 'माध्यमिक' के रचयिता शून्यवाद के प्रवर्तक नागार्जुन का नाम सामने आया। प्राचीनकाल में कई नागार्जुन हो चुके हैं। शब्दकोश देखा, तो नागार्जुन नामक वृक्ष का भी पता चला। दूधिया घास का एक प्रकार नागार्जुनी घास कहलाता है। घास, वृक्ष और मनुष्य में एक साथ समाहित 'नागार्जुन' नाम पसन्द आया उन्हें, तो हो गए भिक्खु नागार्जुन और छूट गया वैद्यनाथ मिश्र...दीक्षा के समय सर जयतिलके के मित्र बैरिस्टर निशंक वहीं थे और उन्होंने भिक्खु नागार्जुन के संरक्षण का दायित्व लिया। निशंक से पहले भी दो-एक बार परिवेण में भेंट हो चुकी थे। बढ़िया संस्कृत पढ़ते और काव्यप्रेमी व्यक्ति थे। वे वैद्यनाथ की रचनाएँ रुचिपूर्वक सुना करते थे और अपनी घोड़ा-गाड़ी पर साथ-साथ घुमाते। भिक्खु नागार्जुन ने सिंहली सीखी। उनकी संस्कृत रचना 'कृषक दशक' का सिंहली लिप्यांतर और अनुवाद छपा, तो परिवेण में उन्हें लोग आदर से देखने लगे।

लंका में पहली बार गम्भीरता के साथ सामाजिक और राजनीतिक दर्शन को पढ़ना शुरू किया नागार्जुन ने। परिवेण के पुस्तकालय और बैरिस्टर निशंक के व्यवस्थित अध्ययन कक्ष के कारण ढेरों पुस्तकों को उलटने-पलटने और पढ़ने का मौका मिला। राहुल जी सोवियत रूस के सम्बन्ध में काफी कुछ बातें बता गए थे। फिर उत्सुकता जगी, तो रूस और समाजवाद एवं साम्यवाद सम्बन्धित काफी कुछ पढ़ गए। इसी क्रम में मार्क्स और लेनिन को समझा। भगवान बुद्ध का मध्य मार्ग और विश्व के नक्शे पर तेजी से पसरते समाजवादी जीवन-दर्शन, दोनों को बड़े मनोयोग से समझने का प्रयास करने लगे। इतना तो समझ ही चुके थे कि

दिन-प्रतिदिन बिगड़ते जा रहे सामाजिक वातावरण में धर्म ने अच्छी खासी भूमिका अदा की है। सिंहल के 'लंका सम समाज' के नेताओं से सम्पर्क बनने लगा था। इसका असर यह हुआ कि उनके अपने पारिवारिक परिवेश की रूढ़ियों का रंग धुल-धुलकर छूटने लगा। मिथिला की पांडित्य परम्परा के अनुसार वैद्यनाथ मिश्र उस वेदांत वंश से कहीं न कहीं जुड़ते हैं, जो पूर्व मीमांसा और उत्तर मीमांसा को सम्यक रूप से जानता और व्याख्या करता था...इन्हीं दोनों मीमांसाओं को जानने वाले 'मिश्र' कहलाए होंगे कभी।

अपने गाँव-समाज के कर्मकांडी जीवन और यात्राओं (बीच में स्वामी केशवानन्द की आर्य समाजी परम्परा) के बाद बौद्ध दर्शन से नागार्जुन नई ऊर्जा महसूस करने लगे। वे अब किसी बात पर व्यावहारिक और तार्किक ढंग से सोचा करते। अपने गाँव और काशी में लोगों को सवेरे से दोपहर तक पूजा करते देखा था उन्होंने। उनके लिए अब यह समझना मुश्किल था कि शालिग्राम या नर्मदेश्वर या फिर महादेव या भगवती की पिंडी के सामने घंटों कोई क्यों भला बैठे! पूरा का पूरा 'दुर्गा सप्तशती' या 'श्रीमद्भागवतगीता' रोज जिस हड़बड़ी में लोग बाँचते हैं, उसे समझना मनुष्य के वश की बात नहीं, देवता भले ही समझते हों। उन्हीं लोगों के बीच उनके अपठित पिता ने शायद सीखा होगा—'का चिन्ता मम् जीवने यदि हरि विश्वम्भर गीयते...' उन्हें अब जीवन किसी नदी की धारा की तरह प्रवाहमान, गतिशील लगने लगा। गनौली, पंचगछिया, काशी और कलकत्ता अध्ययन के लिए गए, फिर यात्रा ही यात्रा।

कलकत्ता का हिन्दी और दक्षिण भारत का अंग्रेजी अखबार परिवेण में आता। बड़े मनोयोग से भिक्खु नागार्जुन अखबार पढ़ा करते। भारतीय भिक्खुओं से भारतीय घटना और राजनीति पर जमकर चर्चा होती रहती। बिहार और संयुक्त प्रान्त या फिर अबोहर आदि से आए पत्रों में कुछ सूचनाएँ रहतीं। कलकत्ता के हिन्दी दैनिक में स्वामी सहजानन्द सरस्वती का 'लट्ठ हमारा जिन्दाबाद' शीर्षक से छपा लेख बड़ा उत्तेजक लगा। आर्य समाजी होते हुए भी स्वामी जी वैचारिक रूप से समाजवादी थे। उन्होंने बिहार को अपनी कर्मभूमि बनाकर किसान और खेत-मजदूरों की समस्याओं पर अपने को केन्द्रित कर रखा था। उस आलेख के बाद से भिक्खु नागार्जुन भारत, खासकर बिहार और संयुक्त प्रान्त की जमीन से सीधे जुड़ी समस्याओं पर अधिक सोचने लगे...किसान-मजदूरों के साथ छात्र-नौजवान भी अपने-अपने वर्गीय हितों के लिए स्वतंत्रता आन्दोलन से जुड़ने लगे थे। नहीं रहा गया, तो भिक्खु नागार्जुन ने स्वामी सहजानन्द सरस्वती को पत्र लिखा। पत्राचार बढ़ने लगा। स्वामी जी ने उन्हें राय दी कि वह बिहार पहुँचे। अपनी धरती को देखे, तो सही! लिखा—'अतीत के बिल में घुसकर बैठे हो, वर्तमान संघर्ष के खुले मैदान में आओ...' ठीक उन्हीं दिनों राहुल जी ने उन्हें बौद्ध साहित्य की खोज में अपने साथ तिब्बत चलने के

लिए बुलाया। तन पर बौद्ध परिधान, किन्तु मन-मिजाज में सामाजवादी-साम्यवादी दर्शन के बीज अंकुरित होने लगे। यात्री की यात्रा फिर शुरू होगी...हिमालय होकर तिब्बत जाना सम्मोहित कर रहा था और देश में चल रहे संघर्ष उन्हें अपनी ओर बुला रहे थे।

भिक्खु नागार्जुन ने मन ही मन राहुल और स्वामी सहजानन्द सरस्वती को प्रणाम किया—राह बताने वाले जो हों/उन्हें प्रणाम किए जा...

एहिपस्सिक सत्य

मन एक अजीब स्थिति में उलझा पड़ा था। बैठे-बैठे कमर सीधी कर आसन की मुद्रा में पल्थी लगाई। दोनों हथेली एक-दूसरे से उलझकर सीधी हो गई पल्थी पर। नजर हथेलियों की रेखाओं पर जा टिकी। सोचा, इन्हीं रेखाओं के बीच भाग्य रेखा भी है शायद! मिथिला के अशिक्षित ब्राह्मण-परिवार का होकर और काशी में पढ़कर भी कभी हाथ नहीं दिखाया। हथेली पर से नजर और गर्दन उठाई, तो देखा, नील-निर्मल आकाश में मध्याह्न का सूरज पश्चिम की तरफ भाग रहा था। दरअसल, दोपहर के विश्राम के बाद नींद खुली, तो अजीबो-गरीब खयालों से माथे का रग-रग सुस्त होने लगा था। सामने खिड़की की चौखट के कैनवास पर आसमान फैला पड़ा था। खिड़की के पार किनारे-किनारे छोटी-छोटी कोठरियों की कतारें...बीच में फैली जमीन पर पीपल, बरगद और नीम के छायादार वृक्ष...पेड़ों के नीचे चबूतरे। हर वक्त कुछ न कुछ राजनीतिक बन्दी वहाँ जमे ही रहते। जेल अधिकारियों की मेहरबानी या स्वीकृति से आपसी मिलना-जुलना खूब होता। यहाँ तो कई ऐसे थे, जो घर-बार छोड़ स्वराजी आश्रमों में रहते हुए बारम्बार जेल की चारदीवारियों में आते-जाते रहते। भिक्खु नागार्जुन की तो यह पहली जेल यात्रा थी—सीवान, छपरा होते हुए हजारीबाग सेंट्रल जेल...सीवान और छपरा की जेलों में फरवरी, 1939 के अन्तिम सप्ताह से जून के अन्त तक रहना हुआ और तय सजा की अवधि का शेष समय गुजार रहे थे केन्द्रीय कारा, हजारीबाग में। यहाँ वह देख रहे थे कि राजनीतिक विवादों में चरम ऊष्मा का परिचय देने वाले युवक भी कैसे उथले प्रमाणित होते रहते हैं। भिक्खु नागार्जुन को राजनीति की सड़क पर निकले साल भर ही हुए थे। इतना तो जान ही गए थे कि राजनीति के अधिकांश बाबू-भैया टाइप के लोग अति सम्पन्न घरों से आते हैं, न कि उनकी तरह महादरिद्र वर्ग से। उन्हें आश्चर्य होता कि उनके जैसा संकोची स्वभाव वाला साम्यवादी-समाजवादी राजनीति में कैसे आ गया? लगता कि भीतर कोई तत्त्व है, जो तुरन्त ही पुरानी और दूषित व्यवस्था से

लड़ने के लिए तैयार हो जाता है। राहुल के कहने और समझाने पर वह यहाँ तक आ गए...राहुल ने ही लंका से बुलाया था तिब्बत चलने के लिए...

'अहा! जागल आइ कहु स्मृति कोन?/जाहि सँ भ' गेल व्याकुल मोन...' (अहा! जगी आज कौन-सी स्मृति?/जिससे हो गया मन व्याकुल अति)। अपने से बात करने की इच्छा होने लगी थी। घुटे माथे पर दाहिनी हथेली फेरते हुए सोचा, पचास झमेलों में फँसकर मन का किसी द्वंद्व में पड़ना ठीक नहीं! अपने इलाके के कई प्रतिष्ठित गाँवों के दालानों को देखा था, जहाँ मात्र श्रद्धा-भक्ति, धर्म-कर्म और लोक-परलोक से सम्बन्धित बतकही करके महीन सूत काता जाता दिन भर...काशी के परिवेश को देखकर पहुँचे थे कलकत्ता की काली मइया के करीब। हुगली के किनारे लाल जीभ निकाले काली की प्रतिमा के सामने एकटंगा बनी भीड़ से 'रोक्खो करो माँ' सुनते रहे। कलकत्ते वाली काली की मूर्ति पर अपनी कुल देवी 'छिन्नमस्ता' की आकृति साकार हो उठी थी...अपने वंश में उपनयन और मुंडन के अवसर पर भगवती छिन्नमस्ता को प्रसन्न करने के लिए चार-छह माह के छागल की बलि प्रदान की जाती। छागल को नहला-धुलाकर घर में स्थापित भगवती की पिंडी के पास लाया जाता। उसकी पूजा होती। माथे पर मंत्रसिक्त जल डाला जाता—'यज्ञ के निमित्त पशुओं की सृष्टि की विधाता ने/यज्ञ के निमित्त उन्हें मार गिराया जाता/इसी कारण तुम्हें मरवाऊँगा/यज्ञ की हिंसा हिंसा नहीं हुआ करती'...जल उसके माथे से नीचे ढलकता हुआ कान की जड़ को स्पन्दित करता, तो छागल कान पटपटाने लगता। अराधना हेतु जमी भीड़ को निहारता और 'मेऽ मेऽ' की आवाज निकलती। यही कान पटपटाना और 'मेऽ मेऽ' की आवाज छागल की सहमति समझी जाती। छागल काटने वाला अपने पैरों से उसके सामने के दोनों पैरों को दबाए रखता और गला पकड़कर फूहड़ लुहार की बनाई हुई अनगढ़ हँसिया से गला रेतता मिनटों तक। छागल की आँखें पथरा जातीं और लाल जीभ बाहर निकल आती। काला छागल तो काली की तरह लगता...मचलते-तड़पते कटे शरीर के खून से भगवती की पिंडी सुर्ख हो जाती। कटा धड़ उठा लिया जाता 'भगवती' का प्रसाद मान स्वादिष्ट खाद्य बनाने के लिए। सिर अगले दिन तक पड़ा रहता, तो पूरा घर अजीब दुर्गन्ध से भर उठता। इसी तरह से तरौनी के बगल वाले गाँव राघोपुर में स्थापित ब्रह्म (चौधरी स्थान) की पिंडी पर भी बलि दी जाती...

मन में सड़े मांस का दुर्गन्ध भर गया, तो अपने बैरक से बाहर निकले भिक्खु नागार्जुन। शाम धरती पर उतरने को उताहुल थी। ऊपर की ओर गर्दन उठाई, तो एक तारा नजर आया। गर्दन घुमा-घुमाकर दूर-दूर तक नजर ले गए। दूसरा तारा न दिखा। याद आया बचपन में चाची से सुना करते कि दूसरा तारा न देखने पर दोष लगेगा...ऐसे समय एक श्लोक पढ़ा करती वह—'एक तारा मया दृष्टि द्वितीया नैव दृश्यते/तद्दोष परिहाराय नारदाय नमोऽस्तुते...।' कुछ क्षण आसमान की ओर देखते

रहे, तो याद आया कि धम्मानन्द कहा करते—'मन को बाँधो। सब्र से काम लो। भगवान बुद्ध मनोरथ पूरा करेंगे...' अब तक जाने क्या और कहाँ और कौन-सा मनोरथ पूरा हुआ भगवान बुद्ध ही जानें...अपना कौलिक धर्म छोड़ा, अभक्ष भोजी हुए, बौद्ध हुए और अब जेल में हैं। निश्चित ही उन्हीं जैसों को लेकर कहावत कही गई होगी—जे पूत परदेश गेल, देव-पीतर सँ दूर भेल। देव-पीतर का खयाल मन में आया, तो लगा कि उनकी ब्राह्मणीय परम्परा में श्रद्धा की ही नहीं, श्रुति की उपासना भी बताई जाती है! लंका गए थे, तो लगा था कि एहिपस्सिक (एहिपश्यिक, यानी इस लोक में दिखाई पड़ने वाला) सत्य से साक्षात्कार का उपाय बताया जाएगा। पर वहाँ से आने के बाद ही सहज ढंग से एहिपस्सिक सत्य से सामना होता जा रहा था।

एक उत्साह के साथ लंका से भारत आए थे, क्योंकि तिब्बत जाकर बौद्ध साहित्य की खोज में जुट जाना था राहुल के साथ। तिब्बत जा नहीं पाए, क्योंकि हिमालय की चढ़ाई और उतराई वाली यात्रा में सात-आठ दिनों के बाद ही स्वास्थ्य ने ऐसा पेच मारा कि अब सोच-सोचकर हँसी आती है उन्हें। स्वास्थ्य ने साथ दिया होता, तो भिक्खु नागार्जुन कहीं और होते। तिब्बत तो नहीं जा पाए, पर हिमालय की अच्छी यात्रा हो गई। पूरी टीम राहुल के साथ तिब्बत की ओर गई और नागार्जुन को एक खच्चर वाले के साथ वापस जाने के लिए छोड़ दिया गया...'प्रतिकूल परिस्थिति ने जिनके/कर दिए मनोरथ चूर-चूर...' अस्वस्थ नागार्जुन हिमालय के कन्धे पर ही ठीक होने लगे। नीचे आकर एक कविता तैयार की 'बादल को घिरते देखा है'। इलाहाबाद की 'सरस्वती' में दे आए थे छपने के लिए। इलाहाबाद से सारनाथ और फिर काशी चले गए थे। हिमालय-यात्रा के समय राहुल से देश-दशा पर जमकर बातें होती रहती थीं। क्रियात्मक राजनीति की अनिवार्यता वे समझ चुके थे। काशी में सोचा कि राहुल को तिब्बत से आने में देरी है, तो क्यों न पटना के करीब बिहटा जाकर स्वामी सहजानन्द सरस्वती से मिला जाए। लंका रहते हुए स्वामी जी से पत्र-सम्पर्क बन ही चुका था। वे बार-बार भिक्खु नागार्जुन को लिखा करते कि क्या उपयोग है पुरालेख का वर्तमान समय में! आकर नए लेखों को बाँचो, जो देश की जनता लिख रही है।

अँधेरा गहराने लगा था। कुछ देर की चहलकदमी के बाद नागार्जुन बैरक के भीतर चले गए। न जाने क्यों अपने पिछले दिन तेजी से याद आने लगे थे। यहाँ जेल में राजनीतिक सहबन्दियों से बातचीत में वक्त बीत जाता। पर उस दिन स्मृतियों के जंगल में भटकने लगे थे वे। लगा कोई यह न पूछ बैठे—'कोन आकस्मिक विषादक हेतु/भ' रहल अछि मुँह एहन उदास?...(किस आकस्मिक विषाद हेतु/हो रहा है मुँह ऐसा उदास)। काशी से पटना, फिर बिहटा के सीताराम आश्रम...स्वामी सहजानन्द

सरस्वती मुँगेर की ओर गए थे। बताया गया, तीन-चार दिनों के बाद लौटेंगे। काषाय वस्त्रधारी भिक्खु नागार्जुन के लिए वहाँ पूरी व्यवस्था की गई। स्वामी जी के अध्ययन कक्ष की पुस्तकों को तीन-चार दिनों तक उलटते-पलटते रहे। स्वामी जी ने लौटने के बाद नागार्जुन को आश्रम में देखा, तो खूब प्रसन्न हुए। वे स्वतंत्रता की लड़ाई में वैसे किसानों और खेत-मजदूरों को संगठित कर रहे थे, जो आर्थिक बोझ तले दबे-कुचले विपन्नावस्था की अन्तिम छोर पर जी रहे थे। नागार्जुन भी तो उसी वर्ग से आते हैं। उन्होंने उसी समय सोचा कि राजनीतिक और आर्थिक सोच में इस वर्ग को भला अनदेखा कैसे किया जा सकता है! उस क्षण मार्क्स की उक्ति याद आती रही—'हरेक वर्ग-संघर्ष राजनीतिक लड़ाई है। वर्ग-संघर्ष के कारण ही पुराना समाज छूटता है और नए का निर्माण होता है।' वहीं नागार्जुन को जून, 1938 के 'समर स्कूल ऑफ पॉलिटिक्स' में भाग लेने सोनपुर चलने को कहा गया।

काशी के पंडिताऊ परिवेश में पहली बार प्रगतिशील शब्दों के बारे में जाना। वहाँ छात्र जीवन के समय में पराड़कर जी द्वारा सम्पादित दैनिक 'आज' का पारायण भी सनातनी पंडितों की निगाहों में भारी अपराध था। वर्ग-चेतना और वर्ग-संघर्ष जैसे शब्दों से उन दिनों दूर तक मतलब नहीं था। वह राष्ट्रीय चेतना का दौर था, तो वर्ग-चेतना भला कैसे मुखर हो पाती! कविवर सीताराम झा और पंडित बलदेव मिश्र की निकटता से तत्कालीन राष्ट्रीय आन्दोलन का स्पर्श मात्र हो पाया था। फिर कलकतिया वातावरण में मछली-भात और चा-मुड़ी के सहारे गरम राजनीति की गर्मी...अबोहर के केशवानन्द और विद्यालंकार परिवेण में समाजवादी दर्शन से प्रभावित अध्यापक और बौद्ध भंते से घनिष्ठता...और फिर मार्क्स, लेनिन, स्टालिन आदि के सम्बन्ध में जानना...लंका में ही थे, तो देश के भीतर कई प्रान्तों में कांग्रेस का मंत्रिमंडल बना था। नेतृत्व की डोर मध्य और उच्चवर्ग के हाथों में थी, जो आन्दोलन और संघर्ष की दिशा समझौते द्वारा अपने वर्गीय मुनाफे की तरफ मोड़ने में माहिर थे। स्वराज के बाद दही-माछ को आपस में ही बाँटने की योजना बना चुके थे वे सब। तरमाल नेता के लिए और सिट्ठी गरीब जनता को देना था। तो सिट्ठी पाने वाले से निकटता जोड़ने के लिए लंका से आने के मास दिन के भीतर ही पकड़ा स्वामी सहजानन्द सरस्वती को।

'समर स्कूल ऑफ पॉलिटिक्स' में समूचे भारत के तपे-तपाए और सिद्धान्तवादी सोशलिस्ट, कम्युनिस्ट और कांग्रेसी टाइप के प्रखर नेताओं ने क्लास ली थी। आचार्य नरेंद्र देव, डॉ. राम मनोहर लोहिया, सज्जाद जहीर, हाजरा बेगम, मीनू मसानी, सहजानन्द सरस्वती, योगेन्द्र शुक्ल, केदारमणि शुक्ल, किशोरी प्रसन्न सिंह और अनेक जाने-माने लोगों ने प्रशिक्षण देने का काम किया था। लगभग दो सौ राजनीतिक कार्यकर्ता प्रशिक्षणार्थी के रूप में लगातार महीने भर डटे रहे। जयप्रकाश नारायण उस शिविर के प्राचार्य थे। वहाँ भी एक घटना के कारण लोगों का ध्यान भिक्खु

नागार्जुन पर चला गया। दरभंगा का एक गरीब युवक अछूतोद्धार का काम करने के कारण घर-परिवार से निष्कासित होकर उस शिविर में कुछ सीखने के लिए आया था। शिविर में भाग लेने के लिए शुल्क भी नहीं दे पाया। उसे इस शर्त पर प्रवेश दिया गया कि खाने-पीने के बाद जूठे की सफाई के साथ-साथ वह शिविर क्षेत्र को भी सुबह-शाम साफ करेगा। भिक्खु नागार्जुन ने दूसरे दिन से ही उस युवक से अपनी घनिष्ठता बढ़ा ली। अगले दो-तीन दिनों में उस युवक ने अपने बारे में सब कुछ बता दिया। नागार्जुन को पसन्द नहीं था कि वही सभी का जूठा-कचरा फेंके। काफी कुछ सोचकर नागार्जुन लगे उसके साथ पत्तल उठाने। जयप्रकाश की नजर पड़ी, दौड़े आए—"भिक्खु नागार्जुन आप क्या कर रहे हैं?"

"किसी न किसी को इस युवक के साथ तो लगना ही पड़ेगा न? यही अकेला सबका जूठन-कचरा क्यों भला साफ करे..." भिक्खु को सफाई में लगा देख आचार्य नरेंद्र देव और लोहिया ने पत्तल उठाने शुरू किए। फिर उसी दिन से बिना किसी निर्णय के सभी अपना-अपना जूठा पत्ता स्वयं उठाने लगे और सवेरे-शाम सभी लग जाते सफाई में! लंका से आने के बाद समाज पर ऊँच-नीच के खयालात का जहरीला असर कुछ ज्यादा ही दिखने लगा था नागार्जुन को। गरीबों के स्वराज और धनिकों के स्वराज में आकाश-पाताल का अन्तर होगा—यह बात वे समझने लगे थे। भारत लौटने के छह महीने के भीतर ही चंपारण, गोरखपुर, छपरा आदि के इलाके देखकर यह उम्मीद जगी थी कि किसान संगठित होते जा रहे हैं और उनका नारा हो चला है—'कमाने वाला खाएगा, इसके चलते जो कुछ हो...।' वे देख रहे थे कि महात्मा गांधी की अहिंसा ने आन्दोलन के जन उभार की जो सीमाएँ तय कीं, वे गाँव-गाँव में टूटने लगी हैं। जमींदारी प्रथा खत्म करने की माँग उठी, तो परम्परा की दुहाई देकर कांग्रेसी मंत्रियों को जमीन वालों ने धमकी दी—'आपकी खादी को पहले हम अपने खून से तर कर देंगे, उसके बाद जमींदारी प्रथा उठा दीजिएगा...।' बदलती जा रही परिस्थिति में कछुए की भाँति दुबके जमींदार वर्ग ने अपना रंग बदला और मंत्रिमंडल के लोगों से सांठ-गाँठ कर ली। फिर तो मंत्रियों ने अपनी पीठ कर दी किसानों की ओर और मुँह जमींदारों की तरफ।

नागार्जुन ने अपना मुँह बैरक के फाटक की ओर घुमाया। बाहर अँधेरा छा गया था। दिन में जहाँ चहल-पहल दिखती, वहाँ अभी सन्नाटा था। उठ खड़े हुए और फाटक तक आ गए। बड़ी-बड़ी मूँछों वाले तीन सिपाही चबूतरे पर बैठे दिखे। उनमें से एक की नजर नागार्जुन पर थी। अट्ठाइस वर्षीय इस बौद्ध भिक्खु के लिए जेल यात्रा उस तरह कष्टादायक नहीं थी, जैसा तरौनी में सुना करते थे। खान-पान ठीक-ठाक ही रहता। अधिकांश राजनीतिक कैदी की तरह वे भी 'बी' क्लास के कैदी थे।

बाहर सामने जवान पीपल का पेड़ था, जिसके कारण 'शीतल समीर का हल्का झोंका आता/सारे अभाव अभियोग भूल जाता हूँ...' पर यह न भूल पाते कि आम जन का पूरा का पूरा दिन कोल्हू में जुते बैल की तरह चक्कर-घिन्नी-सा नाचते बीतता है। सोनपुर वाले शिविर में मन की कई उलझनों और द्वंद्व को राजनीति समझने-बूझने वालों के सामने रखा और फिर नई दिशा की ओर कदम बढ़ाने की ललक जगी। मार्क्सवाद-समाजवाद और वर्ग-संघर्ष की व्यावहारिक बातों से एहिपस्सिक सत्य बिल्कुल नए ढंग से मूर्तिमान होने लगा। लगा कि ग्रामीण क्षेत्र में जमींदारों के अत्याचार के विरुद्ध छोटे-बड़े आन्दोलनों का अंग बनना आवश्यक है। सोनपुर के बाद स्वामी जी की राय से चंपारण जैसे पिछड़े इलाके में किसान और खेत-मजदूर के संघर्ष को निकट से जानने-समझने के लिए वे बेतिया चले गए। चंपारण राजनीति के लिए जाना-पहचाना नाम था, जहाँ निलहे साहबों के अत्याचार के विरुद्ध आन्दोलन छेड़कर महात्मा गांधी ने स्वतंत्रता आन्दोलन का पहला संघर्ष आरम्भ किया था।

चंपारण की पश्चिमी सीमा नारायणी नदी और उसके पार संयुक्त प्रान्त को छूती। यहाँ की पहली यात्रा में भिक्खु नागार्जुन के साथ किसान सभा के दो वॉलंटियर साथ रहते। लोग समझते कि भिक्खु बिहार से बाहर के हैं और स्वामी जी के प्रियजन हैं। उस यात्रा में नारायणी नदी के किनारे वाले इलाके में ज्यादा समय गुजरा। नदी के इस-उस पार मीलों तक दोनों प्रान्तों के पिछड़े इलाके फैले पड़े थे। फसलों से हरी-भरी भूमि। बीच-बीच में कहीं पतले, तो कहीं घने जंगल...फूस के छप्पर वाले मड़ैयानुमा घरों के बीच कहीं-कहीं खपरैल के घर भी नजर आते। पालतू पशुओं के गले की घंटी की टुनटुनाहट सुनाई देती रहती। नदी के कछेर में जंगली जानवरों के पैरों की छाप भी दिख जाती। वर्षा और बाढ़ के समय नदी की तेज धार के प्रवाह में बहते-भसियाते साखू आदि के तने दिख जाते। उस दृश्य को देखकर अक्सर नागार्जुन को अपना बचपन याद आ जाता...आठ-नौ वर्ष की उम्र रही होगी और पिता के साथ धेमुड़ा-कोशी के कछेर में 'महिषी' गाँव जाते। बाढ़ के समय में भी जाना होता। एक-दो बार ऐसा होता कि सुबह-सुबह सोकर उठने पर दालान की अँगनई में गाय बँधी पाते। पिता कहते 'बाढ़ में यह गाय बेचारी बहती-भसियाती किनारे लगी, तो ले आया...चलो जब तक इसका मालिक न आ जाए, तब तक दूध पी लिया जाए।' चार-पाँच दिनों के बाद उस मवेशी का मालिक आ ही जाता।

लगभग चार वर्षों के बाद 1938 में उत्तर बिहार की भूमि पर पैर रखा था। घर से निकलने के पूर्व गाँव में गरीबी से जूझते खेत-मजदूरों को देखा था। अब तो वह अच्छी तरह समझ रहे थे कि सर्वसाधारण को भाग्य के नाम पर नचाने वाला वर्ग

जमीन को घेरकर रखे हुए है। उस वर्ग को अंग्रेजी शासक का सहयोगी रहना जरूरी है, क्योंकि गरीबों को दबाने के साथ लूट-पाट मचाने की पूरी छूट उसे मिलती है। किसी जमींदार का आस-पास के पच्चीसों गाँव में सूद पर पैसा फलता-फूलता। तरौनी के बगल में एक गाँव में बाबू-भैया रहते। सूदखोरी उस गाँव का प्रमुख व्यवसाय रहा था। वहाँ के बारे में एक कहानी सुन रखी थी—एक दिन भयंकर आंधी के साथ मूसलाधार बारिश हो रही थी। एक बड़े महाजन ने अपने मुँशी से पूछा, "अभी तो सब कुछ बन्द होगा न? चिड़ियों का उड़ना, जानवरों का दौड़ना और मनुष्यों का काम धन्धा...?"

मुंशी ने कहा—"हाँ सरकार! इस विकाल समय में सूर्य भी नहीं निकला है। सब कुछ रुक-सा गया है..."

जमींदार जोर से हँसा और बोला—"लेकिन मेरा सूद अभी भी चल रहा है..."

स्वतंत्रता आन्दोलन के क्रम में किसान कांग्रेस के राजनीतिक खेल को थोड़ा-बहुत समझने लगे थे। 1936 ई. में अखिल भारतीय किसान सभा की स्थापना के साथ किसान आन्दोलन का नया दौर शुरू हो चुका था। गरीब जनता चाहे गाँवों की रही हो या शहरों की—उसे कांग्रेस ने कभी अपने संगठन का हिस्सा नहीं बनाया...। किसी गाँव में किसान सभा की चर्चा के क्रम में एक किसान ने पूछा था कि सोराज होने पर क्या होगा, तो नागार्जुन को यही कहना पड़ा कि सोराज के बाद सबके दिन लौटेंगे...

"लेकिन माफ करना स्वामी जी, सौ सोराजी बाबुओं में नब्बे ऐसे मिलते हैं, जिनको 'जी सरकार' 'जी मालिक' बड़ा ही निम्मन बुझाता है। जिनगी भर जिनके कान मालिक-मालिक, सरकार-सरकार, हजूर-हजूर सुनते आए हैं, उनके लिए इन शब्दों का बड़ा महातम है। बिना छौंक वाली दाल की तरह, बिना जी हजूरी की बात उन जैसों को कहाँ पसन्द..."

बिना छौंक वाली दाल की उपमा क्या याद आई कि पेट कुलबुलाने लगा। नागार्जुन ने देखा कि रसोइया लगातार उनकी ओर देखे जा रहा है। रसोइया कैदी को रात के नौ बजे तक अपने वार्ड में जाना ही पड़ता। सारे साधारण कैदी सात बजे शाम तक बैरकों में चले जाते। राजनीतिक वर्ग के कैदियों को और जिन्हें 'बी' क्लास या 'ए' क्लास मिले होते, उन्हें रसोई या अन्य कामों के लिए साधारण कैदियों में से एक सेवक दिया जाता। किसान आन्दोलन के बन्दियों को सिपाहियों की भी सहानुभूति खूब मिलती। आखिर उनका परिवार भी तो जमींदारों के शोषण का शिकार हुआ करता।

रसोई बनाने वाले कैदी ने सामने थाली रखी—आलू-परवल की सब्जी, भिंडी की भुजिया के साथ पतली मुलायम चपाती। प्याज के टुकड़े, हरी मिर्च और नींबू

भी। खाना खाते वक्त प्राय: जेल-जीवन के पहले दिन का भोजन याद आ जाता। 24 फरवरी,1939 ई. की शाम में अमवारी से कैंप मजिस्ट्रेट ने सीवान जेल भेजा था। रात में कुछ भी खाना नहीं मिला। दूसरे दिन सवेरे बिना दाल की खिचड़ी नाश्ते में, जिसमें कुछ स्वाद था ही नहीं। दिन में चावल और दाल की जगह पीला पानी। झोल में तैरते सब्जी के कुछ टुकड़े। रात में साढ़े तीन छटाँक की रोटी और सब्जी। दो दिनों के बाद छपरा जेल भेज दिया गया। जेल के भीतर आन्दोलन किया, तो मार्च के अन्तिम सप्ताह में स्पेशल क्लास 'दो' की सुविधा मिलनी शुरू हो गई। किसान आन्दोलन के बन्दियों को शुरू में राजनीतिक कैदी नहीं माना गया, इसके लिए राहुल जी लगातार जेल के भीतर आन्दोलन करते रहे।

खाना खाने के बाद मच्छर से बचने के लिए मसहरी के भीतर चले गए। नींद का पहला झोंका पहरेदारों के बूटों की आवाज से टूटा। हाल ही में वार्डों के गलियारों में बजरी बिछाई गई थी। बूटों की हल्की आहट भी रात में कई गुना अधिक हो उठती। दूर होती आहट में कान खो जाते और स्मृति पटल पर कई चित्र तेजी से बनते और मिटते। सामने के मजबूत फाटक से टॉर्च की रोशनी पड़ी, तो भिक्खु नागार्जुन उठ बैठे। एक सिपाही बाहर से ही पूछ बैठा—"देर से नींद आती है? आप सन्त-महात्मा लोग सारी रात सोकर थोड़े ही बिताते हैं?" ठीक कहा था उसने। दिन में घंटा भर विश्राम काफी है और रात में तीन-साढ़े तीन घंटे से ज्यादा कहाँ सो पाते हैं! बाहर से हवा का झोंका आया और भीनी-भीनी खूशबू 'यह जेल और यह सेल नियंत्रित प्राणी/इस आँगन में उस ओर तुम्हारा खिलना/यह भीनी-भीनी सारी रात महकना/ दिन हुआ कि बस हो गई मौन तुम सजनी...।'

चंपारण में किसान सभा का विस्तार हो रहा था। साथ ही नारायणी नदी के उस पार गोरखपुर-देवरिया आदि में भी फैलता जा रहा था। दूसरी ओर सम्पन्न किसानों की ओर से विरोध भी हो रहा था। स्वामी जी ने 'भितहरवा' जाकर नूर मोहम्मद से मिल लेने को कहा था नागार्जुन से। वजह बताते हुए उन्होंने कहा था—जमींदार के डर से भितहरवा में जब किसी ने उन्हें जगह नहीं दी थी, तो अधेड़ उम्र के नूर मोहम्मद ने ही मीटिंग के लिए मटर की फली लगी अपनी पाँच कट्ठे जमीन दी। दस मिनट में पचासों कार्यकर्ताओं ने मटर उखाड़कर मीटिंग के लिए जगह बना दी। मीटिंग के बाद स्वामी जी ने मात्र डेढ़ बीघा खेत वाले इस कर्मठ किसान को गले लगा लिया था...किसान आन्दोलन के लिए यह उत्साह और उमंग जानकर भिक्खु नागार्जुन को लगा कि कहीं स्वप्न की बात तो नहीं है यह सब।

बेतिया के जाने-माने चेहरे प्रजापति मिश्र को स्वामी सहजानन्द सरस्वती ने भिक्खु नागार्जुन के बारे में पटना में ही बता दिया था। एक सामान्य गोष्ठी में उनसे परिचय हुआ, तो मिश्र जी ने अगले दिन भिक्खु को अपने यहाँ आने के लिए कहा। जाने पर काफी लम्बी बातचीत होती रही और भिक्खु से भोजन के लिए आग्रह किया गया। पूछा गया कि बौद्ध तो सब कुछ खाते हैं। नागार्जुन ने स्वीकार की मुद्रा में सिर हिलाया। खाने को बैठे, तो मछली-भात सामने आया। साथ में एक सब्जी और पापड़ भी। थाली में आधा 'जम्बीरी' नींबू देख भीतर ही भीतर भिक्खु का मैथिल मन उछल पड़ा। मुद्दतों बाद मछली के साथ जम्बीरी नींबू देखा था। खाँटी मैथिल ने कटोरे में नींबू निचोड़ा, तो मिश्र जी ने और नीबू मँगवाया। खाते-खाते मिश्र जी ने सोचा कि अवश्य ही बौद्ध भिक्खु मैथिल होगा, क्योंकि मछली को जम्बीरी नींबू से सिक्त कर खाना दूसरी जगह कहाँ है...बाद में मिश्र जी ने अपने एक विश्वस्त कर्मचारी इन्द्रमोहन को भिक्खु के पीछे लगाया। इन्द्रमोहन शातिर दिमाग का था। उसने जान ही लिया कि भिक्खु तरौनी का वैद्यनाथ मिश्र है। वह जानकारी प्राप्त करने में उसे पन्द्रह-सत्तरह दिन लग गए। फिर क्या था, इन्द्रमोहन ने किसी तरह तरौनी तक उनके बेतिया में होने की सूचना भिजवा दी।

अपराजिता के पिता को जब दामाद के बेतिया में होने की सूचना मिली, तो अपने चचेरे भाई को वैद्यनाथ के चचेरे भाई के साथ उन्हें लिवाने भेजा। उन दोनों को बेतिया के ठिकाने पर पहुँचने के बाद पता चला कि भिक्खु कहीं जाने के लिए स्टेशन पर होगा। स्टेशन पर चचेरे भाई शीलानाथ ने अपने अनुज को बाँहों में भर लिया। चचिया ससुर ने हाथ जोड़कर समझाने और मनाने की कोशिश की... नौबत डाँट-डपट तक भी आ गई। स्टेशन पर उन सबकी बातें सुनकर कई लोग जमा हो गए। कुछ भिक्खु को पहचान भी रहे थे। इंजन की सीटी के साथ सरकती गाड़ी की ओर देखकर चचिया ससुर से नागार्जुन बोले—"बेटी यदि भार हो गई है, तो लेते आइएगा। किसी मठ में सधुआइन बनवा कर रखवा देंगे..." और स्पीड पकड़ती ट्रेन के दरवाजे का हैडिंल पकड़ जा लटके। वे दोनों और अन्य आँखें फाड़-फाड़कर देखते रह गए थे...

बेतिया से निकले और बरहज में बाबा राघवदास के पास जा पहुँचे। राघवदास सुभाषचन्द्र बोस को अपना राजनीतिक गुरु मानते थे। राहुल और सहजानन्द उनके प्रिय लोगों में से थे। नागार्जुन जैसे युवकों को खूब मानते। उनकी इच्छा थी कि नागार्जुन बुलहवा के आसपास कुछ करें। वहाँ सिंचाई के लिए कुछ करना था। बुलहवा के मठ से कुछ उम्मीद की जा सकती थी, पर मठ और उसके महंत के सम्बन्ध में उस इलाके में कोई खुलकर बात नहीं करना चाहता था। इतना ही पता चला कि वह कोई परम्परागत प्रामाणिक मठ नहीं था। इलाके के दो-तीन बड़े भूस्वामी ज्यादा से ज्यादा जमीन अपने पास बेनामी रखने की गरज से नारायणी

नदी के किनारे वर्षों से सूने पड़े गैर मजरुआ श्मशान पर कब्जा जमाकर एक जटाधारी औघड़ को लिवा लाए थे। सारा ताम-झाम उस औघड़ के शैतानी दिमाग की उपज थी, जो वास्तव में अपराधी था और पुलिस से बचने के लिए भागा फिरता था। धर्म और रूढ़ि की आड़ लेकर वहाँ इतना नाच नाचा गया कि बुलहवा मठ और तथाकथित बाबा की सिद्धई का आसपास के इलाके में नाम हो गया। अपार सम्पत्ति जमा हो गई मठ में।

एक गाँव में एक बुजुर्ग किसान के यहाँ नागार्जुन का रात में रहना हुआ। दिन में खूब पदयात्रा की थी, सो जल्दी नींद आ गई। सवेरे साढ़े तीन के करीब नींद खुली, तो देखा कि घर का मालिक अपनी खाट पर पल्थी मारे बैठा है। उसकी बगल की चौकी पर नागार्जुन के संग वाले दो कार्यकर्ता थे। नागार्जुन को जगते देख किसान बोला—"अभी कुछ देर और सो जाइए।" स्वर में स्नेह था। फिर उनकी ओर गौर से देखकर बोला—"आपकी उम्र संन्यासी बनने की तो है नहीं। स्वामी जी ने दीक्षा दी है क्या?"

आसमान में असंख्य तारों को निहारते हुए नागार्जुन ने कहा—"मैं स्वामी का शिष्य नहीं हूँ। मैं बौद्ध हूँ। स्वामी जी के आग्रह पर इधर आया हूँ..."

"तब तो काफी कुछ जान गए होंगे हम लोगों के बारे में!"—कह वह किसान कुछ क्षण मौन रहा और फिर बोला—"एक बात कहूँ, संन्यासी या साधु हो जाने के बाद आदमी इनसान नहीं रह पाता। यह इसलिए कह रहा हूँ कि बुलहवा का बाबा इनसान नहीं है। हैवान है, हैवान।"

नागार्जुन ने तपाक से पूछा—"यह बाबा कौन है? मठ के बारे में भी काफी सुना है इधर-उधर।"

किसान धीरे से बोला—"एक बात बताऊँ, ऊँची जातियों, खासकर पढ़े-लिखों द्वारा साधुओं का मखौल उड़ाने पर भी अपढ़-गरीबों को बुलहवा के बाबा खूब अच्छे लगते, क्योंकि लोग त्राटक और नाटक देखकर प्रभावित होते हैं। चमत्कारनुमा कारनामे देखने के लिए कुछ भी करने को वे तैयार रहते। कौन-सा कर्म-कुकर्म है, जो ऐसे मठों में नहीं होता...एक बार एक दासिन ने बच्चे को जन्म दिया, तो उसके सामने ही बच्चे की बलि दे दी गई।..."

बौद्ध भिक्खु चौंक उठे—"नरबलि"।

सिद्धई और शोहरत बढ़े, ताकि आमदनी चौगुनी हो जाए। मठ के कर्ता-धर्ताओं ने पूरी योजना बनाकर नरबलि को अंजाम दिया था। महाष्टमी की रात देवी प्रतिमा के सामने छह महीने के एक शिशु के दोनों हाथ पकड़कर बाबा बैठा था। शिशु की कमर में रेशमी वस्त्र का लाल टुकड़ा, गले में अड़हुल की माला और माथे पर सिन्दूर का टीका। एक जल्लाद किस्म के लाल वस्त्रधारी ने बकरी के बच्चे की तरह तलवार से एक ही वार में सिर धड़ से अलग कर दिया। खून के फव्वारे देवी

की तरफ छोड़े गए। फिर तलवार में उँगली छुआकर जल्लाद ने बाबा के ललाट पर रक्त का टीका लगाया, जलते हुए मांस की दुर्गन्ध को दबाने के लिए आधा मन धूमन वाली लकड़ी के साथ गुगुल, जौ-तिल, गुड़-कपूर, अरवा चावल के साथ दस सेर घी डाल दिया गया।

नरबलि का वृत्तांत याद आया, तो जेल में भी रोंगटे खड़े हो गए। नागार्जुन तनकर बैठ गए। उस किसान की बात याद आने लगी। घटना की पूरी खबर थाने तक पहुँचाई गई, तो मठ के प्रबन्धक एक कमसिन सधुआइन को आठ-दस तोले सोने के साथ थानेदार की सेवा में पहुँचा आए और रिकॉर्ड में सब कुछ ठीक-ठाक हो गया था।

बुलहवा प्रकरण ने नींद को एकदम से दूर धकेल दिया। वह बिस्तर से उठ खड़े हुए। दोनों हाथों की उँगलियाँ एक-दूसरे से उलझाकर ताना, तो उँगलियों की गाँठे कट-कट कर उठीं और पूरा बदन स्वत: तन गया। सोचा कि पुरानी यादें यदि रात में इसी तरह छाई रहेंगी, तो नींद भला कहाँ टिकेगी।

भीतर से ही बाहर आसमान की ओर निगाह फेरा। आषाढ़ का आसमान... बरसाती बादल का एक बड़ा खंड धीरे-धीरे फैलने लगा था। लघु शंका से वापस आकर घड़े से पानी निकाल लोटा भर गटागट पी गए। जा लेटे बिस्तर पर। चाहकर भी बुलहवा के मठ को अपनी सोच से हटा नहीं पा रहे थे।

उस रात बुलहवा के बाबा की लाल-लाल आँखें अँधेरे में बार-बार कौंध गईं। पचास वर्षीय वह बाबा देखने में चालीस का लगता। काले बदन पर अड़हुली लाल टुह-टुह धोती और उसी रंग की रेशमी चादर, कपार पर सिन्दूर का टीका, खूब लम्बी जटा और गले में हाथी दाँत को तराशकर बनाए गए दाने के साथ स्फटिक की माला...किसान की बात सुनने के बाद उन्होंने तय किया था कि बुलहवा के मठ के बाबा को ऐसा सबक सिखाएँगे कि पूरी जिन्दगी भागता फिरेगा और अगले ही दिन जा पहुँचे थे मठ के भीतर...

दोनों वॉलंटियरों को मठ के बाहर ही रहने को कहा। काषाय वस्त्र के कारण किसी ने रोका नहीं। सिंह दरवाजे के बाद पक्के फर्शवाली बड़ी अँगनई के एक बड़े मंडप में आसन पर बाबा का सिंहासन था। देखा, बाबा की लम्बी जटा को कई सधुआइनें तेल लगा-लगाकर चिकना रही थीं। दृश्य किसी जालिम जमींदार के दरबार-सा लगा। उनको देख वहाँ सभी चौंके। उनके नमस्कार के जबाव में बाबा का न माथा हिला और न ही मुँह खुला। वह चुपचाप उनकी ओर देखता रहा। पास ही एक हट्ठा-कट्ठा जवान साधु बैठा था। शक्ल सूरत उसकी ठीक-ठाक थी, कड़क आवाज में वह बोला—"बोल बुलहवा दरबार की जय! और साष्टांग लेट

जा बाबा के सामने!" नागार्जुन खड़े ही रहे। फिर डाँटकर कहा गया—"अबे बहरा है क्या? जय बोल और जाकर बाबा के चरणों में लेट जा।"

नागार्जुन ने देखा कि वहाँ सभी की नजरें उनकी ओर थीं। जय बोलने को जो कह रहा था, वह मंडप के सामने वाले कमरे से एक बेंत ले आया। पाँच बार उनकी पीठ पर हल्के से फटकार दी। चोट लगी, तो नागार्जुन को गुस्सा आया—"यहाँ तो सबकी खोपड़ी औंधी लगती है। मैं कहाँ आ गया हूँ..."

इतना सुनते ही बेंत फटकारने वाला लपककर करीब आया और बेंत भाँजते हुए बोला—"ले अब समझा देता हूँ बुलहवा दरबार की सच्चाई। मिनटों में ऐसा समझेगा कि जीवन भर याद रहेगा..." और उनकी पीठ पर सात-आठ बेंत जोर से जमा दिए। नागार्जुन ऐंठकर गिर पड़े। आँखों के सामने अँधेरा छा गया। कानों में मात्र इतनी आवाज आई—"इस मूर्ख को बाहर बरामदे पर डाल आओ..."

भिक्खु नागार्जुन को जब होश आया, तो एक कमरे में कुछ लोगों से अपने को घिरा पाया। उठ बैठने पर पीठ दर्द करने लगा। गमछा बाँध दिया गया था। खून रिस रहा था। बताया गया कि उन्हें घसीटकर मठ के बाहरी बरामदे पर डाल गए कुछ साधुनुमा लोग...दोनों वॉलेटियर किसी तरह टमटम पर लाद बरहज के आश्रम ले आए थे।

चिकित्सा की व्यवस्था की गई और दूसरे दिन गोरखपुर के अखबार में पूरी घटना और घायल पीठ की तस्वीर छपी। इलाके का कैंप मजिस्ट्रेट पारसी नौजवान था और बाबा राघवदास और राहुल के बारे में जानता था, साथ ही उसने स्वामी सहजानन्द सरस्वती को भी सुना था। जब पूरी घटना उसे पता चली, तो उसने अपने स्तर से जाँच करवाई, जो सूचना उसे मिली, वह चौंकाने वाली थी—'असम्भव चमत्कारों का जाल बिछाकर दूर-दूर के ग्रामीणों को फँसाने के साथ पिछड़ों और गरीबों की बहू-बेटियों को मठ के साधुनुमा गुंडे हवस का शिकार बनाया करते। चीनी मिलों के मजदूर नेताओं की पिटाई मठ के लोग करते रहते। तस्करी के कारण मठ में अपार अवैध सम्पत्ति संचित है...इतना पर्याप्त था कार्रवाई के लिए। नागार्जुन की पिटाई का आधार बनाकर पुलिस मठ में पहुँची, तो उसके कर्ता-धर्ताओं की साँसें फूलने लगीं। पूरे मठ की तलाशी हुई। भीतरी तहखाने में कई अवैध सामग्रियों के साथ अनेक खोपड़ियाँ भी मिलीं। बाबा के साथ दो साधु और एक सधुआइन को पकड़कर हाजत लाया गया। बाबा की जटा काटी गई। बाबा की गिरफ्तारी और मठ पर पुलिस का कब्जा हुआ, तो भिक्खु नागार्जुन को लगा कि पाँच-सात बेंत की पिटाई ने कुछ किया तो सही। जीवन में पहली बार किसी जालिम को खुले आम सजा दिलवाई थी।

चेतना पट पर थकान छाने लगी। दिमागी चिन्तन बदन की एक-एक नस को तोड़ने लगा था और बाबा की गुस्साई लाल आँखों को याद करते हुए नींद में चले गए भिक्खु नागार्जुन।

आँखें खुलीं, तो देखा कि सवेरे का सूरज फैल चुका था। ताजगी नहीं महसूस कर पा रहे थे। रात के आखिरी पहर में पलकें झपकी थीं, तो उठने में देर हो गई। पानी पीकर दिशा-फराकत से लौटे, और देर तक नीम की ताजी हरी टहनी को कूँची बना दाँतों पर फिराते रहे। सवेरे वाली चाय में एक बैरक के प्रायः सभी राजनीतिक बन्दी साथ हो जाते। भिक्खु नागार्जुन को जिस बैरक में रखा गया था, उसमें चार कमरे थे। उनके कमरे के चारों जने (जमील, मजहर, वासुदेव नारायण और वे खुद) अमवारी सत्याग्रह के बन्दी थे। दूसरे कमरे में कार्यानन्द और कुछ लोग। रविवार होने के कारण सवेरे के समय अधिक सफाई के चलते जहाँ-तहाँ ब्लीचिंग पाउडर और फिनायल की महक फैली थी। बड़ा साहब अपने दल-बल के साथ जेल का कोना-कोना विजिट करता।

बगल के वार्ड में एक नया कैदी कुछ दिन पूर्व ही आया और अपनी गरम मिजाजी बातचीत के कारण इन लोगों के साथ उठने-बैठने लगा था। उसने अपनी पाँच कट्ठा जमीन के लिए गाँव के जमींदार से जमकर संघर्ष किया था। अपनी मेहनत से ऊसर पाँच कट्ठा खेत को चौफसला बनाया, तो बाबू साहेब के मुँह से लार टपकने लगी और मारपीट हो गई। लठैत को गँड़ासे का ऐसा घाव लगा कि अस्पताल में रहकर दुनिया से चल बसा। युवक को पाँच वर्ष की सज़ा हुई। यह तीसरा वर्ष चल रहा था। उसे देखकर नागार्जुन को लगा कि जरूरत पड़ने पर यह युवक फिर से गँड़ासा उठा सकता है...चाय के बाद जमील के साथ बैरक वाले अपने कमरे में आ गए नागार्जुन। अमवारी और उसके आस-पास के हिन्दू अपने आँगन-दरवाजे पर मुसलमान के संग बैठने और खाने-पीने से परहेज करते, तो राहुल ने जमील को प्रताप सिंह बना दिया था। अमवारी की घटना के संग राहुल की याद आ गई...

बुलहवा के बाबा की गिरफ्तारी के बाद नागार्जुन बरहज को केन्द्र बनाकर कुछ दिनों तक रहे, क्योंकि पीठ के घाव को ठीक होने में समय लगा था। उसी बीच चंपारण के हरिनगर चीनी मिल के मजदूरों ने हड़ताल कर दी। राहुल भी वहाँ आ गए थे, तो नागार्जुन उनसे मिलने गए। कांग्रेस की सरकार बनी और उसी के बल पर मिल मालिक गरीब-मजदूरों और जनता पर अत्याचार करते रहते, जबकि इन्हीं जनता के बल पर आजादी की लड़ाई लड़नी थी। वहीं से राहुल के साथ वह बिहार हिन्दी साहित्य सम्मेलन के रांची अधिवेशन में गए। रास्ते में राहुल ने छपरा-सीवान के किसान आन्दोलनों की चर्चा की और कहा—"यदि चाहो तो वहाँ चलो।"

नागार्जुन ने अपने गुरुभाई से हुलसकर कहा था—"आपके साथ रहना मेरे लिए खुशकिस्मती होगी और तिब्बत-यात्रा की तरह अब निराश होने का मौका नहीं दूँगा!" राहुल ने उन्हें गौर से देखा था, और 1938 ई. के अन्तिम चार दिनों तक रांची में ही रहकर 1939 ई. का पहला दिन पटना में गुजारकर 2 जनवरी को छपरा पहुँचे। तबसे गिरफ्तारी होने तक अर्थात 24 फरवरी 1939 ई. तक छपरा-सीवान के पचासों गाँवों को देखा। चंपारण-बेतिया और छपरा-सीवान में अन्तर यह था कि यहाँ के लोग सीधी लड़ाई लड़ना चाहते थे। छपरा में जिले भर के किसान-मजदूर कार्यकर्ता आ जुटे थे। इससे इतना तो हुआ कि किसान और खेत-मजदूरों की परिस्थिति और उनके दर्द को समझना आसान हो गया। मुसीबत के मारे दैनिक जरूरतों से टूटे छोटे किसान और जन-बनिहार को चार-चार, छह-छह, आठ-आठ, दस-दस रुपये कर्ज देकर ऐसे नाथा जाता था कि मरने के बाद भी बेचारे को छुटकारा नहीं मिलता। कर्ज लेने वालों की सन्तानों पर कर्ज की रकम स्वत: चढ़ बैठती। नागार्जुन का छोटे किसान और खेत-मजदूरों से तो पुराना परिचय रहा है। गरीबों के पास बहुत हुआ, तो दो-चार धूर का डीह, पाँच-दस धूर उपजाऊ जमीन, दो-एक टूटी-फूटी मड़ैया, एकाध बकरी-बाछी। मगर कसाई-जालिम जमींदारों के चलते उनका वह सब कुछ कब नीलाम हो जाए, कहा नहीं जा सकता! इसी तरह खेत में एक दाना पैदा नहीं हो, लेकिन मालगुजारी-जुर्माना सब पहुँचना चाहिए समय से। कर्ज लेकर कितने दिन मालगुजारी देते रहेंगे? असमर्थ होते, तो खेत नीलाम हो जाता। अदालत और हाकिमों के साथ थाना-पुलिस भी सम्पन्न लोगों के साथ ही होती। जिसकी लाठी उसकी भैंस वाली कहावत चरितार्थ होते स्पष्ट रूप से देखा बेतिया से लेकर अमबारी तक।

राहुल के साथ छपरा जाकर एसडीओ को किसानों की व्यथा-कथा सुना आए। जाँच करने का आश्वासन मिला। नागार्जुन यह भी जान ही रहे थे कि इस तरह के आश्वासन से कुछ होता-जाता नहीं है, क्योंकि सरकारी तंत्र के लिए जमींदार और पैसे वालों की सूचना प्रामाणिक मानी जाती है। अमबारी और हथुआ के आस-पास घूमते हुए नागार्जुन को बचपन में देखा अपना गाँव याद आ जाता। गोंसाई पोखर का कल्हुआड़ खूब याद आता उन दिनों...उधर भी गाँवों में गन्ना पेरकर रस निकालकर गुड़ बनाने का कल्हुआड़ नजर आता। जाड़े की रात तो गरीब किसान-मजदूर के लिए प्रलय की डुगडुगी बजाती हुई आती। समय काटना मुश्किल होता। नागार्जुन ने देखा कि जगह-जगह बच्चे और सयाने कल्हुआड़ भट्ठी की आँच की गरमाहट में सोया करते। सर्दी के मौसम में डेढ़-दो महीने यही नजारा होता...नागार्जुन ने स्वयं खूब गरीबी झेली है, पर किसान सभा का काम करते समय जो कुछ देखा, वह उनके लिए कल्पना से बाहर की बात थी।

अमबारी सत्याग्रह से पहले छपरा से भोजपुरी भाषा में एक साप्ताहिक पत्र

निकालने की योजना राहुल ने बनाई। नागार्जुन को भी संग देना था। बेतिया, गोरखपुर, देवरिया, छपरा, सीवान आदि भोजपुरी भाषा-भाषी क्षेत्रों की सघन यात्रा से नागार्जुन की जुबान पर भोजपुरी चढ़ बैठी थी। इस साप्ताहिक को निकालने का कारण था कि पटना से निकलने वाला दैनिक गाँव-घर में एकाध ही पहुँच पाता। 'हुँकार' और 'जनता' की एक-दो प्रतियाँ पहुँचने लगी थीं। इन्हीं दोनों पत्रों से प्रान्त और देश के सभी हिस्सों के मजदूर-किसानों के बारे में जानकारी मिलती। हिन्दी में छपी खबरों को सभी ठीक से समझ नहीं पाते। यदि खबरें पाठकों की अपनी भाषा में रहें, तो आसानी से समझेंगे—ऐसा ही वे लोग सोचते। 'किसान-मजदूर' नाम से जो साप्ताहिक निकलना था, उसका मूल्य सिर्फ एक पैसा तय किया गया। काफी दौड़-धूप के बाद भी उस साप्ताहिक की अनुमति नहीं मिली। मन थोड़ा दुखी जरूर हुआ, पर किसानों की दिन-प्रतिदिन की समस्याएँ देखकर सीधे मैदान में उतरना जरूरी लगा। किसानों-मजदूरों के हक की लड़ाई के लिए हथुआ के आस-पास का इलाका तय किया गया।

जिस इलाके में काम करना था, वहाँ के मढ़ौरा में अंग्रेज मालिक की चीनी, चॉकलेट, शराब आदि की कई फैक्ट्रियाँ थीं। मजदूरों को हर रोज चार आना की मजदूरी दी जाती, जबकि उसी मालिक के ब्रिटेन वाले कारखानों में चार रुपये मजदूरी तय थी। यहाँ के मजदूरों का दुख-दर्द सुनने वाला कोई नहीं था। फैक्ट्री के मालिक-मैनेजर ने कांग्रेस सरकार में शामिल लोगों से अच्छे सम्बन्ध बना लिए थे और मजदूरों को ऊपरी तौर पर खुश करने के लिए एक संगठन बनवा दिया था। संगठन के कर्ता-धर्ता भीतर-भीतर मालिकों की उन्नति की ही सोचते। शीघ्र ही मजदूरों को यह पता लग गया, तो उन्होंने किसान सभा के नेताओं से सम्पर्क जोड़ा और हथुआ में 'संघर्ष भवन' नाम से एक मड़ैया तैयार हो गई। मगर जो मजदूर किसान-सभा की ओर रुख करने लगे, उन्हें धमकी दी गई। गिरफ्तार तक करवाया गया।

राहुल और अन्य सत्याग्रहियों का, जो अमबारी में किसान सभा की ओर से सत्याग्रह करने वाले थे, उस गाँव में प्रवेश-निषेध कर दिया गया। सत्याग्रह से एक दिन पूर्व सत्याग्रही बगल वाले गाँव जा पहुँचे, क्योंकि प्रवेश-निषेध का विरोध वहीं से करना था। अफवाह तो यहाँ तक थी कि यदि सत्याग्रह हुआ, तो राहुल को हाथी से कुचलवा दिया जाएगा...अमबारी के एक किसान की ईख की अच्छी फसल देखकर जमींदार अपना हक जमाने की बात कर रहा था, तो उसी खेत में किसान के पक्ष में ईख काटने का निश्चय किया गया। सुबह-सुबह खेत के पास जमा हुए सैकड़ों किसानों के साथ सत्याग्रही जब खड़े थे, तो देखा कि जमींदार की लट्ठधारी सेना भी मौजूद है और कुछ हटकर बाग में पचासों सशस्त्र पुलिस भी। ठीक दस बजे सत्याग्रहियों में से राहुल, नागार्जुन, मजहर, जमील, वासुदेव, महाराज पाण्डेय

सहित ग्यारह जने किसानों की जमात से निकलकर खेत में जा घुसे। हाथों में हँसिया था। दोनों गुरुभाई काषाय वस्त्र में थे, तो किसी ने हाथ नहीं उठाया। साधु-सन्तों और महात्माओं पर हाथ उठाने में सामान्य लोग हिचकते हैं। उन लोगों ने दो-दो ईख काटा ही था कि दारोगा ने आकर गिरफ्तार कर लिया। दारोगा के साथ खेत से निकलते समय राहुल ने पीछे मुड़कर अपने अन्य साथियों की ओर देखा ही था कि सिर पर लाठी आ लगी। खून निकला। लाठी चलाने वाले को लोगों ने पकड़ा, पर जमींदार के कहने पर उसे छोड़ दिया गया और कुल चौबीस आदमी अमबारी के उस सत्याग्रह में पहले दिन गिरफ्तार किए गए। वहाँ से सीवान और तीन दिनों के बाद छपरा जिला जेल भेजा दिया गया उन लोगों को...

भिक्खु नागार्जुन को याद आया कि 1936 के बाद वह अपने देश में पहली बार होली मना रहे थे, वह भी बन्दी होकर। जेल-जीवन का वह ग्यारहवाँ दिन था यानी 6 मार्च, 1939। पूआ-पूड़ी और खीर मिली खाने को। मार्च की 22 तारीख से उन्हें स्पेशल क्लास 'दो' के कैदी वाली सुविधा दी जाने लगी। इस सुविधा के लिए अनशन की धमकी दी थी सभी सत्याग्रहियों ने। पर राहुल ने सभी को मना कर दिया और स्वयं 18 मार्च से अनशन पर बैठ गए थे। नागार्जुन ने देखा कि राहुल जी जेल यात्रा का उपयोग लिखाई-पढ़ाई में करते हैं। अनशन में ही 'तुम्हारी क्षय' नामक पुस्तिका कुछ स्वयं लिखी और कुछ बोलकर लिखवाई। फिर एक दिन उन्होंने कहा—"नागार्जुन, तुम मेरे साथ काम करो। अक्षर अच्छे होते हैं और अशुद्ध तुम लिखते नहीं!" नागार्जुन को राहुल का यह प्रस्ताव अच्छा लगा। राहुल ने 'जीने के लिए' नाम से उपन्यास लिखवाना शुरू किया। वे बोलते जाते और नागार्जुन लिखते जाते। उस उपन्यास की कथावस्तु पर दोनों गुरुभाई जमकर बातें किया करते।

छपरा जेल में ही राहुल को रूस से पत्र आया कि वे बेटे के बाप बन गए, साथ ही बच्चे और माँ की तस्वीर भी थी। राहुल की रूसी पत्नी लोला की तस्वीर नागार्जुन काफी देर तक देखते रहे और पाँच वर्ष पूर्व का अपराजिता का प्रफुल्ल सिन्दूर-तिलकित चेहरा बार-बार आँखों के सामने उभरने लगा...अपराजिता को भूल पाना सहज नहीं था। भरे-पूरे परिवार से जब वह उनकी टूटी-फूटी गृहस्थी में आई, तो कभी भी उसके चेहरे पर शिकन नहीं दिखी। उस दिन जेल में पहली बार उनके अन्तर्मन को वह छेड़ गई, तो लगा कि शायद अपराजिता भी उनके बारे में ही सोच रही हो। लंका से आने के बाद अपने मौसेरे भाई दीनबन्धु से भी सम्पर्क तोड़-सा रखा था उन्होंने। अब वह जेल में हैं, तो यह सूचना अपराजिता तक नहीं ही गई होगी...'जनता' और 'हुँकार' तो सब पढ़ते भी नहीं कि उसे अमबारी सत्याग्रह की जानकारी मिले।

नागार्जुन को यह सब देखकर आश्चर्य हुआ था कि कैसे अप्रैल (1939) के मध्य सीवान ले जाकर जेल के भीतर ही मुकदमे की कार्रवाई पूरी की गई। इन लोगों

के खिलाफ पाँच गवाहियाँ दिलवाई गईं। ये लोग विरोध के तौर पर उस खानापूरी वाली अदालती कार्रवाई में मूकदर्शक बने रहे। दो दफा लगाए गए—गैरकानूनी मजमा का हिस्सा बनना और ईख की चोरी करना...दोनों में छह-छह मास की सजा और बीस रुपये का जुर्माना। जुर्माना नहीं देने पर तीन माह की और जेल। किसान आन्दोलन के कैदियों को राजनीतिक बन्दी का दर्जा नहीं दिया गया था। छपरा में ही राहुल ने धमकी दी कि राजनीतिक बन्दी बनाओ, अन्यथा अनशन किया जाएगा...दस दिनों तक लगातार अनशन करने पर राहुल के स्वास्थ्य की गिरती दशा देख उन्हें कारामुक्त किया गया और नागार्जुन, वासुदेव, मजहर और जमील को हजारीबाग लाया गया जून के अन्तिम सप्ताह में...

सूरज की गर्मी बढ़ने लगी थी। पसीने से बदन चिप-चिप सा करने लगा। स्नान का समय हो चला था। उठते-उठते भिक्खु नागार्जुन बोल पड़े—"स्वामी सहजानन्द ने उँगली के इशारे से एक रास्ता दिखाया, और राहुल ने मेरी बाँह पकड़ी और आगे खींच लिया। अब चाहे उजड़ जाना पड़े, चाहे जेहल-दामुल हो, मगर कभी भी जालिमों के सामने सिर नहीं झुकाऊँगा..."

घरमुँहा

नागार्जुन की यह दूसरी जेल यात्रा थी। भागलपुर के केन्द्रीय कारा में रखे गए थे। यहाँ उनके कई अन्य राजनीतिक मित्र भी आ पहुँचे थे। कारागार में उन दिनों राजनीतिक दिग्गजों की आवाजाही लगी रहती थी। ज्यादा वक्त राजनीतिक बहसों में ही गुजरता। पिछले दो वर्षों से नागार्जुन राजनीति में सक्रिय हो गए थे।

उन दिनों उसी जेल में प्रख्यात क्रान्तिकारी और भगतसिंह के साथी केदारमणि शुक्ल भी थे। शुक्ल जी से उनका परिचय 'समर स्कूल ऑफ पॉलिटिक्स' में ही हुआ था। उनको यह भार दिया गया था कि राजनीतिक बन्दियों से मिलने-जुलने वालों पर वह नजर रखें। साथ ही यह भी कहा गया था कि किसी को भेंट-मुलाकात में दिक्कत न हो। भिक्खु नागार्जुन से उनकी अच्छी मित्रता थी।

एक दिन सवेरे नौ-दस बजे के आसपास शुक्ल जी ने भिक्खु से कहा—"एक वृद्ध दो-तीन दिनों से एक कैदी के सम्बन्ध में पूछताछ कर रहे हैं, मुझे लगता है वह कैदी आप ही हैं।"

भिक्खु चौंक उठे। जिज्ञासापूर्वक शुक्ल जी की ओर देखने लगे, मानो पूछना चाह रहे हों कि वह कौन है? भिक्खु मन ही मन कुछ सशंकित भी हो उठे थे। राजनीति से जुड़ा कोई होता, तो शुक्ल जी निश्चित रूप से जानते होते। फिर जेल के

फाटक पर साहित्यिक या कोई बौद्ध भला क्यों आएगा? रिकॉर्ड के अनुसार, उस समय भिक्खु नागार्जुन का कोई सगा-सम्बन्धी नहीं था। भिक्खु का अर्थ ही होता है त्यागी। उस काल के नागार्जुन ने अपने रक्त के सम्बन्धों तक को त्याग दिया था। लंका के विद्यालंकार परिवेण से वापस आने के बाद किसी भी परिजन से कोई नाता नहीं रहा था। किसान आन्दोलन के सिलसिले में इस नगर-उस नगर घूमना होता था। यदि कोई सम्बन्धी दिख भी जाता, तो भिक्खु शीघ्र ही वहाँ से खिसक जाते। अभी इस कारागार तक कौन और कैसे आ पाया, इसका अन्दाज वह नहीं लगा पा रहे थे। विधिवत दीक्षा ग्रहण करने के बाद अपने को दरभंगा-मधुबनी वाले इलाके से भरसक दूर ही रखा था। एक बार बेतिया में कुछ सम्बन्धियों ने घेरने की कोशिश की थी, पर वे बच निकले।

शुक्ल जी से पूछ बैठे—"आप को कैसे पता चला कि मुझसे ही मिलने के लिए वह वृद्ध बाहर दो-तीन दिनों से चक्कर काट रहे हैं?"

शुक्ल जी ने भिक्खु के कन्धे पर हाथ रखते हुए कहा—"बाहर गेट पर जिस वृद्ध से मैं बात करके आ रहा हूँ, वह या तो आपके पिता हैं या मामा!"

अब नागार्जुन भीतर ही भीतर और भी परेशान हो उठे। शुक्ल जी की ओर टकटकी लगाए रहे, वे जानना चाह रहे थे कि वह यह सब किस आधार पर कह रहे हैं।

शुक्ल जी ने भिक्खु की आँखों में अपनी आँखें डालकर कहा—"भाई मेरे, उस वृद्ध की मुखाकृति आप से बिल्कुल मिल रही है। आप जब वृद्ध होंगे, तो हू-ब-हू उसकी तरह ही दिखेंगे। फिर बाहर गेट के सिपाहियों से वह जो कुछ कह-सुन रहे हैं, उससे मुझे लगता है कि वह आप के अतिरिक्त किसी और को नहीं तलाश रहे हैं।"

इसके बाद शुक्ल जी लगभग खींचते हुए भिक्खु को जेल के फाटक तक ले आए।

वृद्ध ने फाटक के उस पार से भिक्खु को जेल के भीतरी भाग में लगभग छह वर्षों के अन्तराल पर देखा। उसका यह रूप-रंग देख वृद्ध के आँसू फूट पड़े। खड़े रहने के लिए फाटक का सहारा लेना पड़ा, क्योंकि लगा कि इतने लम्बे समय बाद उसे इस हाल में देखकर कहीं वह मूर्छित न हो जाएँ। पुत्र पर ही टकटकी लगाए रहे। मन में खयाल आया कि यह आखिर ठक्कन ही निकला। अन्य सन्तानें तो अपनी शिशु लीला तक ही ठगती रहीं, पर यह बाबा बैद्यनाथ की कृपा के बावजूद उन्हें बुढ़ापे तक सन्तापित कर रहा है। वह रो पड़े।

भिक्खु नागार्जुन भी तो एकमात्र पुत्र ही थे उस वृद्ध के। फाटक के उस पार पिता की यह स्थिति देखकर वह भी अपने आँसू सँभाल नहीं पाए। विकल पिता और भगोड़ा पुत्र। दोनों के बीच जेल का बड़ा फाटक। भीतरी भाग में पाँच-सात राजनीतिक बन्दी आ जुटे। बाहरी भाग में तीन-चार सिपाही खड़े-खड़े इस दृश्य को देखते रहे।

शुक्ल जी ने जेल अधिकारियों से कहकर भिक्खु के पिता को मिलने-जुलने वाले विशेष कमरे में बैठाने की व्यवस्था की। पिता-पुत्र वर्षों बाद साथ-साथ बैठे।

पिता ने न जाने कितनी बार अपनी गमछी से आँसू पोंछे। गला बार-बार भर आता था। पुत्र की आँखों से भी न जाने कितने दिन के बाद आँसू निकले थे।

एक सिपाही पानी रख गया। पिता ने पानी पीकर अपने को यथास्थिति में लाने की चेष्टा की। आँसुओं का वेग थमा, तो दुनियादारी सामने आई। पिता की नजर से वृद्ध ने पुत्र को जाँचा-परखा। आश्वस्त हुए कि बेटा शारीरिक रूप से स्वस्थ है।

भिक्खु भी अपने जनक को गहरी दृष्टि से कुछ देर देखते रहे। अपनी एक मैथिली कविता की कुछ पंक्तियाँ भीतर गूँज उठी—'कर्मक फल भोगथु बूढ़ बाप...।' घर से नाता-रिश्ता, माया-मोह छोड़ने का खयाल जिस समय संकल्प के रूप में परिवर्तित हुआ था, ये पंक्तियाँ तभी उपजी थीं काशी में।

एकमात्र पुत्र के पिता होने के कारण गोकुल मिश्र के मन में न जाने कितने प्रश्न उपज रहे थे। नाना प्रकार की शंकाएँ हो रही थीं। स्वभाव से क्रोधी होने के बावजूद उस समय उन्हें स्वयं को परम संयमित रखना पड़ा। बड़ी मुश्किल से पुत्र के इस अते-पते की जानकारी उन्हें मिली थी। अपने ग्रामीण पंडित अनिरुद्ध मिश्र के वह हमेशा कृतज्ञ रहेंगे, जिन्होंने इस ठिकाने की जानकारी दी थी। पंडित जी भागलपुर के नजदीक सुलतानगंज की संस्कृत पाठशाला में शिक्षक थे। कलकत्ते वाला दैनिक 'विश्वमित्र' पूरा का पूरा चाट जाया करते। उसी में एक दिन उन्होंने पढ़ा था कि भागलपुर जेल में राजनीतिक बन्दियों के साथ एक बौद्ध भिक्खु भी बन्द है। उस पर अनेक अपराध की चर्चा भी थी। पंडित जी को यह पता तो था ही कि गोकुल मिश्र के एकमात्र पुत्र ने घर से नाता तोड़ रखा है। तेज छात्र था अपने समय में। कविता भी लिखने लगा था। पंडित जी ने ही तो उसे काव्य कला की प्रारम्भिक शिक्षा दी थी। बनारस में पढ़ते-पढ़ते न जाने कहाँ छिटक गया! बाद में किसी ने बताया था कि उसने लंका जाकर बौद्ध धर्म में दीक्षा ली है। पंडित जी को अपने उस शिष्य के लिए बड़ा स्नेह था। उनके मन में न जाने यह बात कैसे जम गई कि यह राजनीतिक बन्दी बौद्ध भिक्खु अपना वैद्यनाथ ही होगा। संयोग ऐसा कि पंडित जी को अनंत चतुर्दशी के अवसर पर गाँव आना पड़ा। गाँव पहुँचते ही उन्होंने गोकुल बाबू को शीघ्र ही भागलपुर जाकर वहाँ जेल में बन्द अपने पुत्र की खोज करने को कहा। गोकुल बाबू सूचना के आधार पर यहाँ आए थे। यों भागलपुर के निकट कलराचक और तेलडीहा में उनकी चचेरी बहनों की ससुराल थी। साथ ही महिषी के रिश्ते से ममेरे भाई भी भागलपुर में ही किसी स्कूल में शिक्षक थे। पर गोकुल बाबू से कहीं और जाया ही न गया। सीधे जेल फाटक पर आ पहुँचे।

जेल फाटक पर अपने पुत्र 'तरौनी निवासी वैद्यनाथ' की खोजबीन करने पर

उन्हें इस नाम के किसी भी कैदी का अता-पता नहीं लगा। लेकिन अपने ग्रामीण पंडित जी की बातों पर उन्हें पूरा विश्वास था। अत: जेल फाटक के सामने वाले मैदान के एक पेड़ के नीचे अपना आसन जमाया। उन दिनों लोगों को अपने सम्बन्धी कैदियों से भेंट-मुलाकात में कई-कई दिन लग जाया करते थे। इसीलिए जेल के आसपास दस-बीस लोग जमे ही रहते। सवेरे-शाम दो-चार चूल्हे भी जलते। गोकुल बाबू भी वहीं स्वयंपाकी बन गए। रोटी सेंकते और जेल फाटक के सिपाहियों से अपने पुत्र के बारे में बातें किया करते। उनकी वेश-भूषा और रंग-ढंग से किसी सिपाही को यह विश्वास नहीं हो पाता था कि किसी राजनीतिक बन्दी के ये पिता हो सकते हैं। अपनी अल्पज्ञता के कारण यहाँ आने-जाने वाले किसी ठिकाने के व्यक्ति से बातें करने में झिझक होती थी। बोलने में थोड़ी तुतलाहट तो थी ही। खास करके 'स' पर उनके होंठ चिपके ही रह जाते। जेल गेट पर न जाने कितनी झिड़की खाई। गाँव में लोग उन्हें 'गुरु' कहते, पर यहाँ तो कोई तरजीह देने को तैयार ही नहीं था। गेट के भीतर से शुक्ल जी ने लगातार दो दिनों तक उन्हें देखा। फाटक के पास बुलाकर कई दफे बात की। बातों से अन्दाजा लगाया, और संयोग ऐसा कि अन्दाज सही निकला।

अभी पुत्र सामने बैठा था। उसके मन में पिता के प्रति बहुत ही आक्रोश और असन्तोष भरा पड़ा है। यों कहने के लिए पिता ने पुत्र के प्रति अपने सभी कर्तव्य, जितना समझ पाए, निभाए ही। मातृहीन बालक को पालना-पोसना कितना कठिन है—यह पुत्र कहाँ समझ पाता! यज्ञोपवीत संस्कार करवाया। समय पर शादी कर दी। फिर भी आक्रोश कहाँ कम हुआ?

यज्ञोपवीत संस्कार की बात मन में आते ही पिता पूछ बैठे—"सुना है समुद्र लांघ आए! जनेऊ पहन रखा है या उसे भी बीच समुद्र में डुबा आए!"

इस बात पर वहाँ उपस्थित आन्दोलनधर्मियों को हँसी आ गई। भिक्खु अपने पिता से कुछ कहते, इससे पूर्व पिताश्री ने मंत्रसिक्त पीला जनेऊ पुत्र की ओर बढ़ाया और कहा—"जनेऊ ही ब्राह्मणों की पहचान है। इसे मामूली धागा कभी मत समझो। इसको धारण करने वाला ब्रह्मरूपी मनुष्य न जाने कितने जन्मों के बाद जन्म ले पाता है! ओह! कितना तरद्दुत उठाना पड़ता है उपनयन संस्कार के लिए।"

भिक्खु ने पिता की ओर देखा और जनेऊ को चुपचाप कुर्ते की जेब में डाल लिया। गोकुल मिश्र मूल रूप से कर्मकांडी ब्राह्मण थे। ब्राह्मण पंथ के अलावा किसी और पंथ को वे पसन्द भी नहीं करते थे। पुत्र का गाँव-घर-बीवी को छोड़कर संन्यासी हो जाना उन्हें भीतर ही भीतर कचोटता था। आखिर वे थे तो एकमात्र पुत्र के पिता ही न! जब से वैद्यनाथ के मौसेरे भाई पौना गाँव निवासी दीनबन्धु ने भिक्खु होने की बात की पुष्टि कर दी, तब से गोकुल बाबू की बेचैनी बढ़ गई थी। इसके पूर्व वह यही समझते कि ठक्कन कहाँ जाएगा, चार-छह मास में घूम-घामकर

वापस आ जाएगा। कोई बच्चा तो रहा नहीं, शादीशुदा है, घर और बीवी से कब तक अलग रहेगा!

शादीशुदा पुत्र के घर छोड़ने और भिक्खु हो जाने के कारण गोकुल बाबू को गाँव का समाज और सम्बन्धी वर्ग खूब प्रताड़ित किया करता। खास करके पुत्रवधू के पिता तो अपने दामाद की इस स्थिति के लिए सारा दोष उन्हीं को देते। संयोग ऐसा कि पुत्र के ससुराल में उनकी एक साली ब्याही गई थी और दूसरी पौना गाँव में, जहाँ पुत्र के ससुर की सुसराल थी। इन दोनों साढ़ुओं को जितना कुछ सुनना पड़ता, उससे ज्यादा ये लोग गोकुल बाबू को सुनाते। साथ ही पुत्रवधू की स्थिति पर जब सोचते, तो भीतर से काँप भी जाते।

जेल के उस मिलन-कक्ष में उपस्थित भिक्खु के बन्दी मित्रों और जेल के अधिकारियों से रो-रोकर गोकुल बाबू अपनी व्यथा-कथा से ज्यादा वैद्यनाथ की पत्नी की व्यथा-वेदना का वर्णन करते रहे। पिता ने कहा—"मुझे छोड़ दिया, घर छोड़ा, इस की परवाह मुझे नहीं है। इस भगोड़े के सहारे मेरी जिन्दगी क्या चलेगी? मैं तो एकमात्र पुत्र का पिता होने का सन्ताप झेल ही रहा हूँ और बाकी जिन्दगी भी झेलता ही रहूँगा। पर इसके साथ बछिया जैसी निरीह ब्राह्मणी का जीवन बँधा है, उसका क्या होगा? उसको तो यही भवसागर पार करवाएगा। वह क्या आजीवन इसका नाम ले-लेकर रोती रहेगी! मुझसे तो उस बेचारी का दुख-दर्द नहीं देखा जाता अब।"

गोकुल बाबू मन में यह सोचकर आए थे कि पुत्र को वापस घर ले जाएँगे। उन्हें यह ज्ञान तो था नहीं कि जेल से निकालना आसान नहीं है।

जेल के अधिकारियों और वहाँ मौजूद भिक्खु के मित्रों को इस तथागत की उस यशोधरा के मानवीय संवेदनशील पक्ष पर ध्यान देना पड़ा। पुत्र से अलग होते-होते गोकुल मिश्र ने वादा करवा ही लिया कि पुत्र इस जेल यात्रा के बाद अवश्य घर आएगा। पर उन्हें विश्वास नहीं हुआ पुत्र पर। तो निदान यह तय किया गया कि 'रिहाई' का आदेश आते ही जेल से गोकुल बाबू को पत्र जाएगा, ताकि वह स्वयं आकर पुत्र को ले जाएँ। यदि उनको यहाँ तक आने में कुछ दिन का विलम्ब भी होगा, तो भिक्खु एक जेल-अधिकारी के घर नजरबन्द की तरह रहेंगे। हर हालत में भिक्खु को अपनी अ-भिक्खुणी के पास जाना ही पड़ेगा।

पिता-पुत्र मिलन के उपरान्त उस दिन दोपहर के बाद इस जेल अध्याय में पहली बार भिक्खु नागार्जुन के माथे में दर्द उठा। चिन्तन के क्रम ने अचानक अपनी दिशा बदल ली। स्वयं वे उस खानदान में पैदा हुए थे, जिसे ब्राह्मण के अलावा और कुछ कहा भी तो नहीं जा सकता। उचित निगरानी और गरीबी के कारण युगानुकूल शिक्षा नहीं प्राप्त कर पाए। लगभग चौदह वर्ष की उम्र में ही पिता की गिरफ्त से मुक्त होकर आजाद जीवन जीने के अभ्यस्त होने लगे। बचपन में ही सारी दुनिया को अपने से छोटा समझने वाला ब्राह्मणत्व वाला संस्कार कूट-कूटकर पिलाया

गया था। इस संस्कार को भीतर से निकाल बाहर करने में उन्हें बहुत कड़ी मेहनत करनी पड़ी थी, साथ ही न जाने किन-किन गलियारों की धूल भी फाँकनी पड़ी। दुनिया को देखने की लालसा-उमंग ने वैद्यनाथ को अपने समाज और सम्प्रदाय से बाहर खींच लिया।

उच्च शिक्षा की लालसा थी, पर साधन नहीं था। संस्कृत की पढ़ाई के सहारे काशी तक आ तो पहुँचे। मन में यह बात घर कर गई कि इसी संस्कृत शिक्षा के सहारे अपना विकास करना पड़ेगा। बनारस वाले माहौल ने आर्य समाज की ओर आकृष्ट किया, पर जमा नहीं। फिर सनातनी ब्राह्मणपंथी मठों को काशी में निकट से देखा। उधर जाने की इच्छा नहीं जगी। वहाँ उन्हें ज्ञान तत्त्व से ज्यादा आडम्बरी जीवन दिखा था। लगा कि हिन्दुओं जैसी लचकीली तबीयत दूसरी किसी जाति को नसीब नहीं। नेक, रहमदिल, सहनशील, समझदार हिन्दू समाज बरगद का वह बूढ़ा झुरमुट पेड़ है, जिसकी टहनियों में न जाने कितने चमगादड़ लटके पड़े हैं। इसकी छाया में हाथी, ऊँट, बैल साथ-साथ जुगाली करते हैं। कुत्ते, गधे, कछुए सबकी गुंजाइश यहाँ रहती है। हाँ, इनसे अलग न रहो, फिर देखो कैसे निछावर करते हैं सर्वस्व...

काशी के बाद कलकत्ता, सहारनपुर, पटियाला, लाहौर, अबोहर...कई तरह की परेशानियों को झेलते हुए लंका पहुँचना...बौद्ध धर्म की दीक्षा...वहाँ पढ़ने-लिखने की पूरी सुविधा मिली, तो लगा गाड़ी ने लीक पकड़ ली...स्वामी सहजानन्द से पत्राचार...देश वापस आना...फिर अपने गुरु भाइयों के बीच वापस जाने के बजाय किसान आन्दोलन में शामिल होना...राहुल और अमबारी...अमबारी की याद ने माथे के दर्द को और तेज कर दिया। पिछले पाँच-सात वर्ष की पूरी जिन्दगी तेजी से घूमती हुई मानस पटल से गुजर गई।

आश्विन के शुरुआती दिन थे। धूप की गरमाहट समाप्त होने लगी थी, पर धूप में बैठना मुश्किल था। भिक्खु लेटे पड़े थे। उठकर घड़े से ठंडा पानी लिया। आँख-मुँह पर जमकर छींटे मारे। दो गिलास पानी पी गए। फिर भी बेचैनी कम नहीं हुई, तो जेल के भीतर वाले बगीचे में अकेले आ गए। कुछ घंटे एकान्त में समय बिताना चाह रहे थे। इधर जेल-यात्राओं में दोपहर के भोजनोपरान्त कुछ देर तक सोने की आदत लग गई थी। यहाँ रात का समय सोकर बिताने के बजाय अध्ययन में लगाना उन्हें अच्छा लगता था। उन्होंने यह महसूस किया कि जेल-चर्या के समय को पढ़ने-लिखने में लगाया जाए, तो अच्छी पुस्तक तैयार की जा सकती है। राहुल, नेहरू और अनेक लोगों ने इस चारदीवारी के भीतर महत्त्वपूर्ण काम किए हैं। वह भी कुछ गम्भीर किस्म के काम में अपने को लगाना चाहते थे। इधर राजनीति में पूरी तरह सक्रिय होने के कारण गद्य और काव्य के कुछ विषय भीतर ही भीतर उबल रहे थे। सम्भवत: विधा और परिस्थिति की तलाश थी।

लेकिन अभी ऐसा वह महसूस कर रहे हैं कि उनके चेहरे से फक्कड़पन वाला भाव गायब हो गया है। एकाएक भिक्खु को लगने लगा कि वह अरसे से भीतर ही भीतर बीमार हैं। कोशिश करके भी चेहरे का मौलिक भाव नहीं बना पा रहे हैं। होंठ बराबर सूख-सूख जाते। वह नारी, जो उनसे मात्र छह वर्ष ही छोटी है, आज बारम्बार मानस पटल पर कब्जा जमाए बैठी है। यह मानसिक स्थिति लंका से वापसी के बाद एक बार और हुई थी बेतिया में। तब तैश में आकर भिक्खु ने यह जरूर कह दिया था कि उस नारी को किसी मठ में सधुआइन के रूप में रखवा देंगे, पर वह लगातार कई महीनों तक उन्हें भीतर ही भीतर विचलित करती रही थी।

भिक्खु जब अठारह-उन्नीस वर्ष के थे और बनारस में संस्कृत के अच्छे छात्रों में गिने जाते थे, तब ही उनकी शादी पिता के आदेश से हो गई थी। पत्नी उस समय बारह-तेरह वर्ष की रही होगी। आज वह इक्कीस-बाईस की होगी। खूब गोरा-चिट्टा रंग तो उसका नहीं कहा जा सकता, गेहुँआ गोराई। नाक-नक्श आकर्षक। नाम अपराजिता। सम्पन्न परिवार की लाडली बेटी। उसने कभी कोई शिकायत का मौका नहीं दिया। उस समय भी वैद्यनाथ दुबले-पतले ही थे। पत्नी खाते-पीते घर की थी। दोनों की शारीरिक बनावट में अन्तर स्वाभाविक था। उनके दुबलेपन को लेकर ससुराल के टोले-मोहल्ले की महिलाएँ यदि कभी कुछ कहतीं, तो अपराजिता की दादी बोलतीं, "दामाद को खिला-पिलाकर बेटी योग्य बनाना अपने हाथ में है!" अपराजिता की माँ शादी के एक साल बाद साँप के काटने से मरीं। सौतेली माँ और दादी ने अपराजिता को जी जान से ज्यादा माना। अपनी सगी माँ की तरह स्नेह-प्यार इन दोनों से भरपूर मिला दामाद को भी। पर्याप्त सुख-सुविधा देने की चेष्टा की गई थी ससुराल में।

यहाँ जेल में भी राजनीतिक बन्दी होने के कारण पर्याप्त सुविधा मिली हुई है। यों तो सभी राजनीतिक बन्दी नेता गोत्र के ही थे। पर भिक्खु नागार्जुन के साथ कुछ खासियत थी। वह कई भाषाओं के जानकार, संस्कृत के पंडित और लंका के विद्यालंकार परिवेण से सम्बद्ध होने के साथ-साथ राहुल और सहजानन्द सरस्वती के प्रियजनों में भी थे। इन सब कारणों से भिक्खु को अधिक सम्मान प्राप्त था जेल में। पर नागार्जुन को यह बात काफी परेशानी में डालती थी कि अधिकांश लोग साधु-सन्तों से सामान्योचित व्यवहार क्यों नहीं करते? उससे उपदेश अवश्य लेंगे, पर काम नहीं। हाँ, साधु-सन्त महात्मा भी अपने को महाज्ञानी समझने के मुगालते में रहते हैं और सद्‌गृहस्थ को ज्ञानहीन।

जेल में भिक्खु भीतर ही भीतर घुटते रहते। कभी-कभी तो लगता कि कहीं कोई बड़ा रोग न हो जाए। खाना और साथियों के साथ भावी कार्यक्रमों पर बातचीत करना या विगत कार्यों पर कथन-मंथन अथवा चादर तानकर सोना—यही दिनचर्या थी। जिस तरह भी हो, यह सजा तो भुगतनी ही है। यह उम्मीद भी बँधी है कि शीघ्र ही

सामूहिक रिहाई होने वाली है। पर यह शीघ्र भी तो दो-ढाई माह का समय ले ही लेगा।

नीम की छाया के नीचे उस दिन देर तक बैठे रहे। यूँ इस पेड़ के नीचे बराबर बैठना होता था। पर उस दिन लगा कि ऐसी प्यारी छाँह मुद्दत के बाद मिली है। इस विशाल चारदीवारी के भीतर दस-बीस पेड़ अमरूद के हैं। चार-छह झाड़ नींबू के। कुछ वृक्ष दूसरे फल-फूल के। आम, जामुन, आंवला, इमली और न जाने किस-किस के दरख्त लगे हैं यहाँ। अच्छा-भला बाग-बगीचा लगा हुआ है।

ढेर सारे विषयों पर गम्भीर और हल्के-फुल्के स्तर पर बातचीत करने वालों की कमी नहीं थी यहाँ। देश और समाज को बदलने की जिम्मेदारी जिन-जिन लोगों के कन्धों पर होती है, उनमें से कुछ यहाँ भी थे, तो कुछ आते-जाते रहते। जीवन जीने के लिए जो मूलभूत आवश्यकताएँ हैं, उनकी पूर्ति जैसे-तैसे यहाँ होती ही रहती। पर मनोनुकूल परिस्थिति और अपनी संगत के लायक लोग तो शायद ही मिलते। जेल तो जेल ही ठहरी न!

आज अचानक नितान्त व्यक्तिगत संकट भिक्खु नागार्जुन पर आ गया, उसमें सहभागी बनने का अधिकार भी तो किसी और को था नहीं। हाँ, मित्रों में सम्भवत: एक रसभरी स्फुर्ती का संचार अवश्य हो गया। यहाँ यह कहाँ पता था किसी को कि इस तथागत ने अपनी यशोधरा को छोड़ रखा है। यहाँ लोग उसके गृहत्याग की मजबूरी को नहीं समझेंगे। कई तरह की अनाप-शनाप बातें सोचने लगेंगे। कहाँ-कहाँ, किस-किस को सफाई देंगे? फिर भिक्खु की बातें लोग मान ही लें, यह भी जरूरी नहीं है। शादी के दो वर्ष के बाद द्विरागमन (गौना) करवाकर अपराजिता को तरौनी लाए थे। उस समय घर के नाम पर कच्ची मिट्‌टी की दीवार और ऊपर फूस के छप्पर वाली दो कोठरी थी।

उन्हें याद आया द्विरागमन के समय का दृश्य...आँगन की मुहानी पर महफा (पालकी) रखा गया था और चारों कहार थककर दालान में जा बैठे थे। आँगन में उस समय चाची और चचेरे भाई की पत्नी के अलावा एक चचेरी बहन मात्र थी। चाची-भाभी और पड़ोस की महिलाओं ने नव-दम्पती को कछुए के खप्पर में तेल-बाती डालकर बनाए दीप से परिछन किया था। माथे पर दूब-धान छींट, कपाल, बाँह, छाती और घुटनों में दही-चावल छुआकर चुमावन किया था। देर रात तक टोल-पड़ोस की महिलाएँ गीत गाती रहीं। उमंग और उत्साह का वातावरण उससे पूर्व इस आँगन में कहाँ दिखा था! बड़ी मिन्नत के बाद तो गोकुल बाबू का पुत्र इस उम्र तक आया कि उसकी पत्नी आँगन आ सकी। पूरे टोले में उल्लास था। लगभग चौदह-पन्द्रह वर्षों के बाद नव-गृहिणी घर की कुल देवी के पास पान-फूल-सुपारी लेकर आशीष के लिए गई थी। इतने दिनों तक उस 'मिट्‌टी की पिंडी' को पुरुष-हाथ से जल-फूल ग्रहण करना पड़ा था।

भिक्खु को अच्छी तरह मालूम है कि उनकी पत्नी को मायके वाले कभी भी

अन्न-वस्त्र का कष्ट नहीं होने देंगे। पर उस नारी को कौन महत्त्व देगा, जिसका पति शादी के चार वर्षों के बाद ही घर छोड़कर निकल भागा हो, भले ही वह सम्पन्न घर की क्यों न हो! सहेलियों, रिश्ते की भाभियों के कटाक्षपूर्ण ताने उसे झेलने ही पड़ते होंगे। घर के लोग उसके लिए सब कुछ कर सकते हैं, लेकिन उसके भीतर की झंझा को कैसे महसूस करेंगे? यदि महसूस करते ही होंगे, तो ममता मिश्रित बेबसी की नजरों के अलावा उसकी ओर देख भी तो नहीं पाते होंगे।

अब भिक्खु नागार्जुन को यह तो तय करना ही पड़ेगा कि वह पुन: अपने बौद्ध गुरु भाइयों के बीच लंका चले जाए या फिर देश में रहे और विधिवत गृहस्थ बन जाए। गाँव-घर के लोग अब उनके उपनामों से परिचित हो चले हैं। देश का कौन-सा ऐसा भाग है, जहाँ मैथिल न हों? उस बार बेतिया में चचेरे भाई और चचिया ससुर ने घेरा था, आज पिता आ पहुँचे, कल ससुर-सास आ जाएँगे। यह भी तो सम्भव है कि अचानक जेल फाटक पर अपराजिता आ धमके। वह किस-किस से मिलने से इंकार करेंगे! कहाँ-कहाँ भागते रहेंगे! 'एकाकी और अंकिचन हो/जो भू-परिक्रमा को निकले/हो गए पंगु प्रतिपद इतने/अदृश्य के दाँव चले...'

सोचते-सोचते भिक्खु का माथा और भी भरिया उठा। पद्मासन लगाकर बैठ गए। रीढ़ सीधी कर ली। साँसों को देर तक साधे रहे। प्राणायाम की पूरक रेचक और कुम्भक विधियों का अभ्यास पर्याप्त किया था। इस समय थोड़ी राहत महसूस हुई। पर दिमागी उलझनें उचक-उचककर झाँकती रहीं। उन्हें लगा कि जेल की दुनिया बाहर वाली दुनिया से मिल गई है। सम्बन्धियों और मित्रों से वे घिरे पड़े हैं। बार-बार अपने को स्थिरचित्त करने की कोशिश की, पर अन्दर की बेचैनी दूर होने के बजाय बढ़ती गई। मित्रों से मिलने-जुलने की इच्छा भी भीतर से खत्म हो रही थी। अपराध भाव नहीं, संकोच भाव प्रबल हो उठा।

शाम होने को आई। आज रात भिक्खु कुछ भी नहीं पढ़ पाएँगे। शायद नींद भी नहीं आ पाएगी। लेटे-लेटे मन न जाने किस-किस जंगल में भटकता रहेगा। इनसान जब शारीरिक रूप से थक जाता है, अस्वस्थ रहता है, अथवा बुढ़ापा आ जाता है, तो बिस्तर पर लेटते ही वह नींद में झूलने लगता है। लेकिन भिक्खु के साथ ऐसा कुछ नहीं है। लगता है, आज रात दिलो-दिमाग पर अपराजिता ही छाई रहेगी।

सचमुच रात में देर तक नींद नहीं आई। यों भी मित्रों और जेल कर्मचारियों के बीच यह बात कही जाती है कि नागार्जुन योगी ठहरे! योगी चार घंटे से ज्यादा नहीं सोते!

भिक्खु बिस्तर पर लेटे-लेटे देर तक अपना त्रिकाल-विवेचन करते रहे। पिता हैं तो मात्र कहने भर के लिए...अन्नी काका, जिन्होंने कविता रचना सिखाया... काशी में सीताराम झा...कलकत्ता के संस्कृत कॉलेज के बाघा प्रिसिंपल दासगुप्त... सहारनपुर के भूतेश्वर ब्रह्मचर्य आश्रम के जगन्नाथ शास्त्री...अबोहर के स्वामी

केशवानन्द...भारत के दक्षिण छोर रामेश्वरम में गुरु भाई कह सम्बोधित करने वाला वह सीधा-सादा व्यक्ति, जिसकी सहायता से वह लंका पहुँचे...दीक्षा गुरु नायकपाद धम्मानन्द...लंका के संरक्षक बैरिस्टर निशंक...राहुल...स्वामी सहजानन्द सरस्वती, जिन्होंने चाहा कि बिहटा आश्रम का भार भिक्खु सँभालें...और न जाने कितने-कितने लोग भिक्खु के मानस पटल पर एक साथ आ जुटे। इन सबके बावजूद हर चेहरे के बाद अपराजिता स्वत: झाँकने लगती, मानो पूछ रही हो—"मेरा क्या दोष?" उसके स्वर न जाने कैसे कानों में आते रहे।

काफी देर बाद उन्हें करवट बदलने की आवश्यकता महसूस हुई। बदन के साथ विचार-क्रम ने भी पासा पलटा। अपने और अपराजिता के बारे में नए सिरे से सोचना शुरू किया। संकल्पों का उदय हुआ, तो विकल्प डूबने लगे। भिक्खु उठ बैठे। जप की अव्यक्त उच्चारण वाली शैली में अपने आपसे कहने लगे—अपू, भविष्य में कभी मैं तुम्हें छोड़कर नहीं जाऊँगा...तुम्हारी इच्छाओं की अवहेलना नहीं करूँगा...आजीवन साथ निभाऊँगा...पिता को भले ही पुत्र का सुख न दे सका, पर तुम्हें पत्नी के तमाम अधिकार दूँगा...तुम असहाय नहीं...अपू...।

पुनरागमन

माघ का महीना। धान की कटाई लगभग पूरी हो गई थी। छोटे-बड़े किसानों के खलिहान बिना दौनी किए धान और पुआल के बोझ से भरे थे। अपनी-अपनी सुविधा और सामर्थ्य के अनुसार गाँव के किनारे वाले कलम-बागों और खेतों में खूँटा गाड़कर लोगों ने खलिहान बना रखा था। तैयार धान और पुआल से लदी बैलगाड़ियों की गाँव के भीतर आवाजाही लगी रहती...वहीं खेतों में कटी फसलों की खूँटियाँ सूखने पर भी हरेपन का सबूत दे रही थीं। रबी और दलहन के छोटे-बड़े पौधे खुले में प्रसन्नचित्त होकर झूम रहे थे। इन हरे-भरे मैदानों के बीच-बीच में यहाँ-वहाँ सरसों के पीले-पीले फूल अद्‌भुत दृश्य बना रहे थे। अन्नपूर्णा का भव्य शृंगारित रूप दिख रहा था। यह ऐसा ग्रामांचल था, जिसे जीवछ नदी की एक शाखा ने धनुषाकार बना रखा था। उत्तर की ओर निकट ही नेपाल का तराइयों वाला मैदानी इलाका फैला पड़ा था। धान की पैदावार के लिए यह इलाका बहुत प्रसिद्ध रहा है। इधर की जमीन अपनी भरपूर दोहरी फसल के लिए मशहूर रही है...

नेपाल से लगे जयनगर को जोड़ने वाले मुख्यमार्ग पर मधुबनी शहर से लगभग चार कोस उत्तर सड़क के दोनों तरफ 'ढंगा हरिपुर' नाम का एक बड़ा-सा गाँव बसा हुआ है। 'ढंगा हरिपुर चौदह टोल, बाट-बटोही करे किलोल' जैसी लोकोक्ति

इस गाँव को न जाने कब से बड़े गाँव के रूप स्थापित करती है। मधुबनी से जाने पर कलुआही से पहले सड़क के दाएँ हाथ एक टोल को 'बक्शी टोल' कहा जाता है। संस्कृत और मैथिली के प्रख्यात विद्वान महामहोपाध्याय मुकुन्द झा बक्शी इसी टोल के थे। उनका घराना कभी अपना सामाजिक प्रभुत्व रखता हो, शायद इसीलिए ढंगा हरिपुर का यह टोल बक्शी टोल हो गया।

इसी टोल में एक सम्पन्न गृहस्थ थे कृष्णाकांत झा। गाँव-समाज में लोग उन्हें 'कंटिरबू' के नाम से सम्बोधित करते। उनके जैसा सुभ्यस्त और सम्पन्न गृहस्थ बक्शी टोल में चार-पाँच ही थे। चौघरा आँगन...चारों घर पक्की ईंट के और ऊपर खपड़ा। एक घर का बाहर वाला बरामदा बड़े-से दालान के रूप में परिवर्तित कर दिया गया था। दालान के सामने गृहस्थी के अनुकूल खलिहान...खलिहान में अनाज रखने के लिए कई बखार...फिर गाय, बैल और भैंस के लिए बना फूस और मिट्टी का बैरकनुमा घर। उससे सटी हुई एक बाड़ी, जिसमें एक ओर घेरकर महिलाओं के लिए निकास की व्यवस्था...केला-अमरूद के अलावे मौसमी सब्जी और फूलों के पौधे...उस बाड़ी का एक रास्ता आँगन से भी था।

सात-आठ दिनों के बाद मकर संक्रान्ति का त्योहार आने वाला था। दोपहर का खाना-पीना हो चुका था। कृष्णकांत बाबू के यहाँ उस दिन दौनी बन्द थी। वह स्वयं किसी आवश्यक काम से मधुबनी गए थे। बखार में धान रखने से पहले धूप में खूब सुखाया जाता, सो आँगन से लेकर दालान तक धान फैलाए गए थे। खलिहान में एक ओर पुआल की ढेर पर अपराजिता अधलेटी बैठी थी। उसके बगल में कसीदा काढ़ने के फ्रेम से कसा कपड़ा और कुछ धागे एक चंगेरी में पड़े थे। भरी-पूरी देह...चेहरे में लम्बाई-गोलाई के अपेक्षा हल्का-सा फैलाव...आँखें न बड़ी, न छोटी...आकर्षक नाक...बाल खूब काले...कपार न छोटा, न बड़ा...बाल करीने से सँवरे हुए। गौर से देखने पर इतना तो लगता ही था कि उम्र से पहले ही वह तेजी से प्रौढ़ावस्था की ओर खिसकती जा रही है। सामने एक पेड़ की फुनगी पर वह नजर टिकाए थी...

माघ की मुलायम धूप उसे अच्छी लग रही थी। पेड़ पर नजर गड़ाए अचानक सिर को झटका देती हुई, वह धीरे से बोल उठी—"ऊँह! किसी बात के लिए पहले से मंसूबा नहीं बाँधना चाहिए! भगवान-भगवती ने सभी मनोरथ अब तक तोड़ा ही है न!" और एक लम्बी साँस ली। फिर लाल धागे का एक छल्ला उठाकर उसे गौर से देखने लगी...इलाके का कोई भी मन्दिर ऐसा कहाँ है, जहाँ वह न गई हो? सब जगह आँचल फैला-फैलाकर सिर झुकाया है। प्राय: सारे व्रत-उपवास किए हैं। महादेव पर दूध और गंगाजल की धार डालते-डालते अपनी धार न जाने कहाँ चली गई! गाँव-घर में जितने योगी-फकीर आते, सब के सामने उसे बिठाया जाता। उसके भाग्य-सौभाग्य के साथ हाथ की रेखाएँ जाँची-परखी जातीं। सब कहते—अखंड

सौभाग्यवती है वह, उसके जैसा भाग्य गाँव की किसी लड़की के हाथ में कहाँ है! आँखें फैला-फैलाकर अपनी हथेली खुद देखती...सुहाग का प्रतीक ही गायब है, तो माँग का सिन्दूर और कलाई की चूड़ियाँ कहाँ से सौभाग्य लाएँगे! अब हँसना-बोलना खुद ही अखरने लगा है उसे...

छह-सात दिन पहले आँगन में एक हलचल हुई थी—"मिसर जी, इस बार आ ही जाएँगे। 'बल्ली कका' गए हैं मिसर जी के पिता को साथ लेकर भागलपुर तक..." यों किसी न किसी कोने में एक शंका भी थी कि कहीं इस बार भी दामाद हाथ आकर मुंगरी मछली की तरह फिसल न जाएँ! लगभग तीन वर्ष पूर्व भी दामाद को पकड़ कर लाने के लिए अपराजिता के पिता ने अपने चचेरे भाई को दामाद के चचेरे भाई के साथ बेतिया भेजा था। इस बार भी दामाद भागलपुर जेल से निकलकर दरभंगा-मधुबनी की ओर रुख कर लेंगे—ऐसा कैसे कहा जाए!

इन दिनों अपराजिता रात में कोई न कोई डरावना सपना देखकर उठ बैठती है। नींद पतली हो गई है। अक्सर रात में दादी डाँटती—"सोती क्यों नहीं!" जब अपराजिता किसी के मुँह से सुनती कि तारे गिनकर सवेरा किया, तो खूब हँसती थी। अब वह इस मुहावरे का मर्म समझने लगी है।

"मलकाइन"—ध्यान टूटा। सामने एक भिखारिन खड़ी अपनी बड़ी-बड़ी आँखों से एकटक उसे देख रही थी। यह 'मलकाइन' सम्बोधन कानों को बुरा नहीं लगना चाहिए था, लेकिन उसे बुरा लगा। उठकर पास पड़ी सूप में लगभग सेर भर धान लेकर उसकी झोली में डाल दिया। बदले में दुआ मिली—"बिटिया, तुम्हारी गोद भरे!" यह दुआ उसके भीतर टीस भर गई। भौंह में बल पड़ गए। सोचा, क्या इस भिखारिन को कमाकर खिलाने वाला कोई नहीं है? शायद उसका आदमी भी उसे छोड़ निकल भागा हो और उस बेचारी के माँ-बाप उसे पालने में असमर्थ हों? शायद भीख माँगकर गुजारा चलता हो पूरे परिवार का? या उस औरत का कोई होगा, जो अलग भीख माँगता हो और दिन भर के बाद दोनों कहीं न कहीं किसी टूटी मड़ैया में एक-दूसरे से भरपूर दुख-सुख बतियाते हों! पर स्वस्थ शरीर के साथ उस महिला का भीख माँगना उसे अच्छा नहीं लगा।

तत्काल अपना खयाल आया। अपने पति द्वारा उपार्जित एक दाना भी आठ वर्षों से कहाँ खा पाई है वह! गाँव-घर के लोग उसको लेकर अक्सर चिन्ता-मिश्रित चर्चा करते रहते हैं। अपराजिता उनके सामने सामान्य रहने की पूरी कोशिश करती, लेकिन जब भी अकेले में होती, तो आँसू निकल ही पड़ते। कभी अपने गाँव की साहसी स्वाभिमानी रही है वह, और अब...

सोचती, पति रूपी पुरुष का हाथ पत्नी की पीठ पर हो, तो वह पूरी दुनिया से मुकाबला कर सकती है! यदि ऐसा हुआ होता, तो वह अपने को भिखारिन के बगल में भला क्यों रख पाती? आठ वर्षों से मायके में क्यों रहती? भाग्य उसके

साथ निठुराई से पेश आ रहा है। वह धीरे-धीरे गुनगुनाने लगी—'सखी हे! हम करमक हीन/कोन विधि खेपब दिन...कोन विधि काटब काल/हैत हमर की हाल...'

"छोटकी दाई! जरा आँगन चलिए।" खबासिनी की ग्यारह-बारह वर्षीय बेटी पास आ गई, तो विचारों का ताना-बाना टूटा। उठी और चंगेरी में क्रूस-धागा समेट आँगन आ गई।

आँगन के पछवरिया ओसारे पर बड़की दाई (अपराजिता की दादी) मकर संक्रान्ति के त्योहार के लिए काले तिल से कंकड़ निकाल रही थी। अपराजिता वहीं बैठ गई और उनका संग देने लगी। बड़की दाई बुजुर्ग महिला वाली नजरों से क्षण भर अपनी पोती को देखती रही और बोली—"यह काम तो मैं कर ही रही हूँ, तेरा बाप तो अभी तक मधुबनी से आया नहीं है, तो तू ही जरा 'सनहा' तक जा और देख आ कि अब कितना बोझ वहाँ पड़ा है।" अपराजिता ने देखा कि आँगन में एक किनारे धान के बोझ रखे जा रहे हैं। सनहा तक जाना उस समय अच्छा लगा। सोचा, खेसारी का साग खोंट लाएगी, फिर शाम में लोंगिया मिर्च और अचार वाला तेल डालकर झक्का बनाएगी और फरही मिलाकर सहेलियों के साथ खाएगी... आँगन से निकल खलिहान पार करके पंडित जी के मन्दिर तक गई ही होगी कि उधर से गंगा भाई तेजी से लपके आते दिखे, पूछा—"कहाँ जा रही है?" और रास्ता रोककर खड़े हो गए।

"सनहा तक! बड़की दाई ने कहा है।" अपराजिता ने सहज-सा जबाव दिया।

"नहीं जाना है खेत-पथार की ओर। पहले आँगन तो चल।"

गंगा भाई के साथ वह वापस लौट आई। बड़की दाई की ओर देखकर गंगा भाई बोले—"दाई जी! छोटकी दाई कहीं नहीं जाएगी।" फिर कनिया (अपराजिता की सौतेली माँ) की ओर देखा और कहा—"मिसर जी आ गए हैं। उनके पिता भी साथ हैं। कंटिरबू काका भी मधुबनी से साथ हो लिए। सभी 'चभच्चा' पर बैठे हैं।"

गंगा भाई के इन शब्दों ने आँगन में अपने-अपने काम में लगे लोगों को मानो जगा दिया। बड़की दाई दोनों हाथ जोड़ सूर्य की ओर मुँह करके बोली—"दोहाई दिनकर दीनानाथ! अपराजिता का सुहाग आ गया, अब तुम ही रक्षा करना..." उधर पुबरिया ओसारे पर सुजनी सी रही कनिया सुई-धागा छोड़ उठ भागी भगवती घर की ओर। काम में लगी खबासिनी अपराजिता की ओर देखने लगी और अपराजिता ने गर्दन झुका लिया।

'हे भगवान, अब मुझे धोखा न देना'—मन ही मन अपराजिता बोली। अभी वह अतीत में घूमना नहीं चाहती। मन में आ रहा था अपने सधुआए कवि पुरुष से पूछे कि नारी का मन कैसे फटता है, क्या कभी जान पाया है? मन क्या होता है, वह भी शायद ही जानता हो...जरूर पूछेगी। सिर झुका था। आँखों का बहना शायद ही किसी ने देखा हो।

आँगन में तो मानो नई स्फूर्ति आ गई थी। आठ वर्षों के बाद दामाद वापस आया था। सास और ददिया सास, दोनों ही अपने-अपने ढंग से उद्वेलित थीं। कनिया ने खबासिनी से कोहबर वाली कोठरी को झटपट लीपने के लिए कहा, ताकि जल्दी सूख जाए। खुद बक्सा से साफ-सुथरी चादर निकालने गई। अपराजिता का दूल्हा वापस आ गया है—यह बात टोल भर में फैली, तो आँगन में महिलाओं का जुटाव शुरू हो गया। बड़की दाई उन सब से अपने भगौड़े दामाद के बारे में बातें करने लगी। एक महिला बोली—"गिरजा कह रहा था कि मिसर जी बड़का स्वराजी हैं। बेतिया के किसी मठ के बनऊआ महात्मा को जहल तक भिजवा दिया..."

"हाँ बहिना! हमारे पौना में तो हल्ला है कि छपरा में उन जैसे साधु-संन्यासियों के साथ हजारों किसान सरकार बहादुर के खिलाफ राज का कुसियार (गन्ना) काटने गए। पुलिस आई, तो सब जहल जाने की जिद्द पकड़ लिए!" यह कहते-कहते कनिया एक साफ सुथरा चादर हाथ में लिए अपनी सास के पास आ बैठी।

खबासिनी थी हहुआ की बीवी। वह दामाद से हँसी-मजाक भी कर लेती थी, तो बोली—"मिसर जी खुद भी ढोंगी हैं, तभी तो जहल गए न!"

कनिया उसकी ओर देखकर लगभग डाँटती हुई बोली—"न समझती है, तो चुप भी रहा कर। मिसर जी महात्मा गांधी की पार्टी के लोग हैं, तो अंग्रेज बहादुर की सरकार ने जहल में बन्द कर दिया...खद्दर पहनते हैं..."

अपराजिता के मन में हो रहा था कि एक शब्द भी कानों के भीतर न जाए। वह उठकर कनिया की कोठरी में चली गई। किवाड़ को ड्योढ़ कर दिया, तो कमरे में हल्का अँधेरा हो गया। बिस्तर पर जा लेटी। अँधेरे में आँखें छप्पर पर जा टिकीं। न चाहते हुए भी मन अतीत में भटकने लगा...सम्पन्न माँ-बाप की पहली सन्तान थी वह। एक तो देर से सन्तान और वह भी बेटी, फिर पाँच वर्षों तक कोई सन्तान नहीं। पोते का मुँह देखने की लालसा में कंटिरबू की माँ ने पुत्र को दूसरी शादी के लिए राजी किया। कंटिरबू बाबू बचपन में ही पिता की छाया खो चुके थे। उनकी माँ अपनी कर्मठता और दबंग स्वभाव के कारण पूरी गृहस्थी को उन्नीस के बजाय एक्कीस-बाईस करके पुत्र को निश्चिन्त किए हुए थी। उम्र होने के बाद भी आँगन में बैठकर ही तय करती कि किस खेत में क्या बोया-रोपा जाए? रिश्तेदारी में किससे-कैसा सम्बन्ध रखा जाए? माँ का आदेश पुत्र के लिए सर्वोपरि था। कंटिरबू बाबू की दूसरी शादी हुई और संयोग ऐसा कि इस शादी के तीन वर्ष बाद पहली पत्नी से परिवार में बेटा आया—'बच्चा'। अपराजिता से आठ वर्ष छोटा उसके भाई को बच्चा ही कहा जाने लगा और अपराजिता को दाई। उसकी दादी तो गाँव भर की दाई थी, तो लोगों ने दादी को बड़की दाई और पोती को छोटकी दाई कहना शुरू किया। दूसरी माँ जब आई, तो दादी, माँ और टोल-पड़ोस के लोगों ने उन्हें 'कनिया' कहकर सम्बोधित किया, तो छोटकी दाई, जो पाँच साल की

थी, ने भी कनिया कहना शुरू किया। पाँच सन्तानों की माँ कंटिरबू बाबू की दूसरी पत्नी को अपने बच्चे भी कनिया ही कहते, जबकि घर की सभी सन्तान पिता को 'कक्का' कहकर पुकारते। अपराजिता की माँ ने सगी छोटी बहन की तरह कनिया को दुलार और स्नेह दिया। कनिया ने भी उनके दोनों बच्चों को अपनों से तनिक भी कम करके नहीं देखा।

अपराजिता की शादी के सात-आठ माह के बाद उसकी अपनी माँ चल बसी... पूस का महीना था। बाड़ी गई, तो सर्प दंश की शिकार हुई। माँ की मृत काया के ऊपर वह सिर पटक-पटक कर रो रही थी और लगभग बेहोश हो गई, तो कनिया वहीं भर पांज में ले छाती से चिपकाया—"तेरी माँ तो मैं ही हूँ छोटकी दाई..." अपराजिता को कभी कहाँ लगा कि कनिया उसकी अपनी माँ नहीं है। कनिया पौना के उसी परिवार से आई थी, जिस परिवार में उसके पति की मौसी थी। यों अपना ननिहाल तो ढंगा हरिपुर के मजरही टोल में है...

याद आ गई अपनी शादी। उस वर्ष आम कम ही फले थे। शादी-ब्याह, उपनयन-मुंडन आदि संस्कारों की धूम मची थी। इसी टोले में कुल तेरह लड़कियाँ ब्याही गई थीं। अपराजिता भी उनमें से एक थी। उन तेरहों में नौ तो उसकी हमउम्र और हर क्षण की संगी थी...सात लड़कियों की माँग एक रात में भरी गई। सात-आठ बटुक ब्राह्मण हुए और कई नई दुलहिन गौना करा के लाई गई थीं उस वर्ष। पिता उसके लिए जो दूल्हा खोज कर लाए, वह उन्नीस-बीस वर्ष का रहा होगा। गेहुँआ रंग, लम्बा चेहरा, नुकीले नाक, गोल-गोल आँखों वाला वह दुबला-पतला युवक मन को भा गया था। शादी के दूसरे दिन भनसा घर से झाँककर देखा था। गंगेश भाई काशी से ही उसे जान रहे थे। इसी गाँव के गिरजा भाई की माँ मौसी लगती है दूल्हे की। कुल खानदान ठीक-ठाक। अपराजिता के नाना ने अपने दामाद से कहा था—"नतनी के लिए घसकट्टा दूल्हा नहीं लाना है।" सौराठ सभा में पूरी पूछताछ और छानबीन हुई थी। शादी के बाद पति ने एक दिन हँसकर कहा था—"मैं तो काशी से सौराठ सभा घूमने आया था, क्या पता था कि तुम कुँवारी कन्या बाल धोकर मेरे लिए खाली माँग लिए बैठी हो..."

बारात दूल्हे के मौसी-गाँव पौना से आई थी। लड़का समेत पाँच लोग थे। एक खबास अलग से। शादी के बाद दूल्हा सवा महीना रह गया। अपराजिता की सहेलियाँ अपने 'मिसर जी' को खूब मानतीं। उन सब से ये खुद भी खूब गप्पें लड़ाते। सवेरे में गौरी पूजन के बाद कुछ न कुछ सहेलियाँ आ टपकतीं और फिर दोपहर के भोजन से पूर्व न मिसर जी ऊबते, न लड़कियाँ थकतीं...सारे नव विवाहित दूल्हे शाम में जीवछ-धार के किनारे किसी न किसी कलम-बाग में मिला करते।

शादी के पच्चीस-छब्बीस दिन हुए होंगे, शायद कनिया ने दामाद से बातों-बातों में कहा था कि अपराजिता धार में घंटों अपनी सहेलियों के संग तैरती है। पानी के

भीतर देह मलती रहती है। यह सुनकर पति का पति परमेश्वर वाला गुस्सा जागा और उसी दिन लगा दिया एक तमाचा। फिर कहा—“अब कभी धार गई नहाने, तो घर से निकाल दिया जाएगा...” दो दिनों तक अपराजिता उनसे बोली नहीं। कोहबर में ही चटाई बिछाकर अलग सोती रही। कनिया और माँ को जब पता लगा, तो उसे मनाया गया। पति ने माफी माँगी। उस दृश्य को याद कर अपराजिता मुस्करा उठी। सवा महीने के उस साथ-संग की अनुभूति से सिहरन दौड़ गई रग-रग में।

आषाढ़ में शादी के तीन वर्ष पूरा होने के पूर्व भूकम्प (1934) के बाद फाल्गुन में दुरागमन हुआ और डोली में बैठकर अपराजिता पहली बार ससुराल गई। घर में पति के अतिरिक्त केवल ससुर...ससुराल में नाम पड़ा 'जयमुखी बहुरिया।' वहाँ वह किसी की काकी हो गई, तो किसी की भौजी, तो किसी की मामी। टोल भर की जेठानियों की जयमुखी बहुरिया, तो देवरानियों की जयमुखी बहिना...ससुर के ढेर सारे किस्से गिरजा भाई के आँगन में सुने थे। ससुर को अपने पुत्र से कभी हँसते-बतियाते नहीं देखा। पहली बार तरौनी में चौदह महीने रही। पतिदेव कलकत्ता, बनारस, पटना, दरभंगा, मधुबनी आते-जाते रहते। मायके से काका हर पन्द्रह दिनों के बाद किसी न किसी को भेजते ही रहते। तरौनी की हालत तो वे जानते ही थे, तो परिवार चलाने के लिए अन्न और जरूरी सामान भेजते रहते। 'बच्चा' और चचेरा भाई 'नूनू' तो प्रत्येक चार-पाँच दिनों पर वहाँ पहुँच ही जाते।

घर में पति का प्रेम और सन्तोष ही उसकी पूँजी थी। एक दिन उसने बक्सा से नई साड़ी निकाली पहनने के लिए। स्नान करने की जगह में टँगी रस्सी पर उसे रखकर किसी काम से रसोई घर गई। वापस आने पर साड़ी गायब। परेशान हुई, नव कनिया थी, तो भला कहे किससे! अपनी सास-ननद तो थी नहीं। दोपहर में खबासिन से उसने सब कुछ कहा। खबासिन उससे खूब हिली-मिली थी। उसने तत्काल उसे चुप रहने को कहा। घटना के तीसरे दिन खबासिन अपनी बड़ी गोतनी के साथ दोपहर में उस समय आई, जब ससुर खाना खा रहे थे। दोनों ने जोर-जोर से बोलना शुरू किया, ताकि आँगन में सब सुन लें—“कनिया, लीजिए अपनी साड़ी। उसी बदजात की बदन से खींच लाई, जिस पर शंका थी।” ससुर ने एक बार दोनों खबासिनों की ओर देखा और निर्विकार भाव से भोजन करते रहे। हाँ, दूसरे दिन अहलभोर महिषी चले गए...

दशमी (दशहरा) में लगातार बीस दिन तरौनी में वैद्यनाथ और अपराजिता साथ ही रहे। विजयदशमी के दिन पति कलकत्ता गए यह कहकर कि तिल-संक्रान्ति में आएँगे चुड़लाई और तिलवा खाने, और फिर साथ-साथ बक्शी टोल जाने की योजना थी। आश्विन से लेकर माघ तक थोड़ा भी नहीं अखरा। टोल-पड़ोस की महिलाएँ, ननदों, देवरों, भतीजों-भतीजियों की चुहल के साथ पति संग गुजारे दिनों की याद में रमी रहती। कलकत्ता, सहारनपुर, पटियाला, अबोहर से पत्र आते रहते...कुछ न

कुछ पैसे भी। बैसाख (1935) में वह बक्शी टोल आ गई थी। तब से यहीं है। यहाँ भी साल भर पत्र आते रहे। काशी से अन्तिम पत्र आया था। लिखा था कि 'खास पढ़ाई के लिए बाहर जा रहा हूँ, वहीं से पत्र लिखूँगा...' सो अब तक लिखा ही नहीं। पौना का दीनबन्धु, जो देवर लगेगा, अपनी इस भौजी से झूठ नहीं बोलता। वह सब कुछ बता जाता। वैद्यनाथ का वैदेह और यात्री बनना और फिर लंका और बौद्ध संन्यासी नागार्जुन का स्वराजी होना...कई बातें वह कह जाता। उसे अचानक याद आ गया कि तिल संक्रान्ति का चूड़ा-लाई और तिलवा खाने आठ वर्षों के बाद आ ही गए पतिदेव, और होंठों पर मुस्कराहट आ गई।

"बाहर तो आ जरा बेटी...मौसी आई है..." कनिया की आवाज के साथ वह उठी। जँभाई आ गई थी। अंगड़ाई लेने को बाहें ऊपर उठाकर रीढ़ को तान कमर में झटका दिया और कमरे से बाहर निकली, तो तरौनी का आँगन ओझल होकर अपने मायके वाले आँगन में समा गया। कुछ महिलाएँ बड़की दाई को घेरे बैठी थीं। उनमें उसकी दो-चार सहेलियाँ भी थीं। गिरजा भाई की माँ सतलखावाली चाची शादी के बाद मौसी हो गई थी, तो दादी के सामने उनको देख माथे पर आँचल ठीक कर वह मौसी के पाँवों पर झुक गई। अपराजिता को बाँहों में भर भर्राए गले से मौसी बोली—"मैं कहती थी न कि तुम अखंड सौभाग्यवती हो...वैद्यनाथ की पार्वती हो न!" अपराजिता की आँखें डबडबा आईं। मौसी अपने आँचल से अपराजिता की आँखें पोंछ बड़की दाई से बोली—"सच, आज मेरी पूजा सार्थक हुई। जब-जब इसे देखती, रो उठती..." और अपराजिता के सिन्दूराए माँग को चूम लिया...

खड़ाऊँ की खटर-पटर के साथ दालान के कोनटा में खड़ी औरतें सहटकर आँगन आ गईं। आँगन में बैठी औरतें साकांक्ष हो उठीं। किसी ने आँचल से सिर ढँका, तो किसी ने सिर का आँचल ठीक कर मुँह पर रखा। घंटे भर चभच्चा और दालान पर बैठकर दूल्हा सीधे आँगन होता हुआ कमरे में अन्दर गया, जैसा वह वर्षों पूर्व जाया करता। औरतें देखती रहीं। हाँ, हहुआ की पत्नी ने ताना मारा—"बाप का घर समझ घुस आया, देखो तो भला!" औरतों में हल्की हँसी उठी।

"चलो, मिसर जी सकुशल लौट तो आए! यही बड़ी बात है हमारे लिए। गंगा जी कह रहे थे कि मिसर जी बड़का विद्वान हो गए हैं। पंडित तो थे ही। नूनू एक दिन बता रहा था कि उनके बारे में अखबार में छपता रहता है..." एक महिला ने यह कहा, तो आँगन में आकर बैठी कुजरनी बोल उठी—"अखबार में तो मार-पीट करने वालों का भी नाम छपता है।"

"अरे चुप! आखिर कुजरा-कुजरी ही ठहरी न! तू क्या जाने कि अखबार में किसका नाम कैसे-कैसे कारणों से छपता है।" एक युवती ने कुजरनी को डाँटा

और अपराजिता की ओर देखकर बोली—"चल रे मेरे आँगन पपीता का झक्का बनाएँगे..."

बड़की दाई बोल उठी, "अभी अपराजिता कहाँ जाएगी? और जा न तू सब मिसर जी से बात करने...कितनी चिपकी रहती थी उनसे!" अपराजिता की हमउम्र सहेलियाँ मानो इसी बात की प्रतीक्षा में थीं, सो उठीं और उसी कमरे की ओर बढ़ीं, जहाँ वर्षों बाद अपराजिता का दूल्हा बैठा था...

कमरे के अन्दर एक बड़े पलंग पर वैद्यनाथ पल्थी मार बैठे थे। वर्षों बाद वह उसी कमरे में था, जहाँ पहली बार उन्हें अपराजिता का सान्निध्य मिला था...दिल की धुक-धुक बढ़ती जा रही थी। सर्दी के मौसम के बावजूद कपार पर पसीने की कुछ बूँदें निकल आई थीं। ऊनी बंडी को उतार एक तरफ रखा। खादी वाला मोटा ऊनी चादर बदन पर था।

अपराजिता की सहेलियाँ जब कमरे में आईं, तो मानसिक उधेड़बुन के बावजूद भी वह मुस्करा उठे। खबासिनी ने आकर एक चटाई बिछा दी। कमरे में जितनी महिलाएँ आईं, उनमें से अधिकांश को वैद्यनाथ अच्छी तरह जानते-पहचानते थे। याद हो आया कि कौन किस-किस भाव-भंगिमा के साथ बातें किया करती थीं। कैसे-कैसे रोमांचक क्षण इस कमरे में बिताए हैं। उन दिनों यह कहाँ सोचा था कि पत्नी और ससुराल से अलग होकर इतना लम्बा समय गुजरेगा।

आठ वर्षों के बाद ससुराल आने पर किसी ने तत्काल एक भी ऐसा शब्द नहीं कहा, जिससे उन लोगों के मन-मिजाज का पता लग सके। किसी ने हँसी-मजाक में भी ऐसा कुछ नहीं कहा, जिससे वैद्यनाथ को अपमान का बोध हो। मधुबनी स्टेशन पर ट्रेन से उतरने के बाद लगा था कि खूब अपमानित होना पड़ेगा...अपराजिता की एक चचेरी भाभी ने टोका—"मिसर जी, सुना कि आप योगी-महात्मा हो गए हैं। साधु-संन्यासी तो रमता योगी होता है न! माया मोह से दूर!"

वैद्यनाथ को अच्छा लगा कि इस झोटहा पार्टी ने संवाद तो शुरू किया! बातचीत होगी, तो यहाँ का माहौल भाँप लेंगे वह। आरोप मिश्रित व्यंग्य से शायद उन सब का गुस्सा भी कम हो। एक दूसरी युवती, जो रिश्ते में साली लगेगी, बोली—"आप तो विद्वान ठहरे, हम सब जाहिल-मूर्ख...पढ़ लिखकर भी कहीं कोई अपनी बीवी छोड़ता है? मुझे तो लगता है कि मेरी मीता ने ही आपको छोड़ रखा है! दवा से जिस तरह रोग-व्याधि दूर भागती है, उसी तरह मीता के कारण आपकी सधुक्कड़ी भाग गई..." कहकर वह मुस्करा उठी। बाकी महिलाएँ भी हँस पड़ीं। एक सलहज गीत के स्वर में बोली—"माई हे जोगिया एक आएल घरवा में/गौरी दाई के आनू कोबरबा में..." वैद्यनाथ झेंप गए। एक प्रौढ़ा ने कमरे में प्रवेश किया, तो वह हड़बड़ा कर पलंग से उतरे और उनके पाँव छुए। महिलाओं की आपसी बातचीत बन्द हो गई।

"मौसी, पैर पर यह दाग कैसा? क्या जल गया था?" वैद्यनाथ ने पूछा।

"हाँ ठक्कन! डेढ़ मास पहले बरी पकाते समय कड़ाही से तेल छलक गया। तूने अपनी क्या गत बना रखी है?" मौसी ने उसके सिर पर हाथ रखकर कहा और अपनी बड़ी बहन की एक मात्र निशानी पर तेज नजर डाला, फिर बोली—"तेरे पिता खूब रो रहे थे, आज भी। मेरे मिसरजी यों हैं भी पूरे नौटंकी लाल।" वैद्यनाथ गम्भीर होकर उन्हें देखते रहे। अपनी कुछ पंक्तियाँ याद आ गईं—'दग्ध हृदय का अक्षय अन्त:स्ताप/माप सका है कौन आज तक हाय...।' कमरे में औरतों की संख्या बढ़ गई थी। धीमी फुसफुसाहट में कानाफूसी हो रही थी। एक साली ने पूछा—"मिसर जी विदाई से पहले एक सौगात दी थी, वह याद है न!"

"अरे वह रेशमी रूमाल, जिसमें फूल बनाकर लिखा था—स्नेह मन, उसे तो उसी शाम मैंने साढ़ू की जेब में डाल दिया था। तीसरे दिन उन्होंने बताया कि उस रूमाल को आपने पौती में बन्द कर दिया..." इस जवाब से सभी खूब हँसे और पूछने वाली झेंप गई। बातचीत, हँसी-ठिठौली और दामाद से उल्टे-सीधे सवाल... तीन महिलाएँ उठतीं, तो दो आकर बैठ जातीं। अपराजिता की जो भी सहेलियाँ गाँव में थीं, प्राय:-प्राय: सभी आ चुकीं अपने भगौड़े मिसर जी को देखने। अड़ोस-पड़ोस की सलहज और रिश्ते की सभी सास आ-आकर व्यंग्योक्ति सुना जातीं। दामाद को आश्चर्य हो रहा था कि घर के लोग बिल्कुल मौन हैं! मानो कहने-सुनने का सारा जिम्मा बाहर वालों का ही हो...

माघ का महीना था, तो अँधेरा तेजी से झुकने लगा। लालटेन लाकर एक कोठार के ऊपर रख दिया गया। माँज-मूँजकर चमकाए हुए शीशे के भीतर से प्रकाश की किरणें कमरे में फैलने लगीं। एक छोटी बच्ची एक लोटा पानी और एक गिलास पलंग के बगल में पड़े स्टूल पर रख गई। इसके बाद एक छोटी-सी फुलही थाली में नाश्ता लेकर जो महिला आई, वह लाल कोरवाली धानी रंग की साड़ी पहने हुई थी और ऊपर एक ऊनी चादर था। अच्छी-भली डील-डौल, चौड़ा मुखमंडल, बड़ा कपार, फैली हुई आँख, औसत नाक, रंग गेहुँआ...उसे देख वैद्यनाथ पलंग से लगभग कूदकर उतरे और दोनों हाथों से पाँव छूने के बाद श्रद्धापूर्वक उनकी ओर देखने लगे। उन पर गहरी नजर डालकर वह मुस्करा उठी। थाली स्टूल पर रखकर वैद्यनाथ के दोनों हाथों को अपने हाथ में लेकर कपार तक ले गई कि आँसू की दो बूँदें टपक पड़ीं। वह अपराजिता की सौतेली माँ कनिया थी। अपनी माँ के लाड़-दुलार से वंचित वैद्यनाथ को इस नारी ने खूब दुलराया है। सास और दामाद को विह्वल देख कमरे में बैठी महिलाएँ उठने लगीं एक-एक कर। एक ने उठते-उठते कहा—"चलो सब अब! बहुत हो गया आज...मिसर जी का कहीं मुँह लटक गया, तो फिर न भाग जाएँ!..."

किसी और ने कहा—"काकी, अब रात में खाने-पीने के बाद मैं आकर दरवाजे की साँकल लगा जाऊँगी!"

"भीतर से न!" किसी ने जवाब दिया, तो वह बेचारी झेंप गई। कुछ ही क्षण में कमरा खाली हो गया। दो ही बचे—भगौड़े दामाद और प्रतीक्षा में आठ वर्ष बिताने वाली सास...

वैद्यनाथ आज्ञाकारी की तरह खड़े रहे। सास ने कहा, "बैठिए न?" और दामाद का हाथ पकड़कर बिठाया। दामाद को लगा कि अन्तिम प्रहार, जो अपराजिता द्वारा होना था, उसके पहले वाला आक्रमण होगा अब। उन्होंने चेहरे पर तनाव नहीं आने दिया। सास की नजर उन पर टिकी थी। कानों में उनके स्वर आने लगे—"जहाँ तक पता है कि आपके खानदान में कभी-कोई साधु-वैरागी नहीं बना। फिर इसी उम्र में आपको क्या हो गया?" वैद्यनाथ की आँखें सास के गम्भीर चेहरे पर थीं।

"इस घर में आप ही एकमात्र हैं, जो मुझे 'मै' कहा करते, और सब तो कनिया कहकर पुकारते। अपनी इस 'मै' से तो कहकर जाते।" सास ने देखा, दामाद की आँखों में आँसू आ गए हैं।

"अरे, आप रो रहे हैं?" कहकर आँचल से दामाद की आँखें पोंछने लगी। उस महिला को समझ में नहीं आ रहा था कि जिस हीरा जैसे सुपात्र के हाथों में अपनी सोन छड़ी का हाथ दिया था, उस हीरा में दरार कैसे उभर आया? उसे तो अब भी वह उतना ही मासूम लग रहा था, जैसा पहले दिन लगा था। बेटी के दिन लौटे हैं, यह सोचकर उनका गला भर आया। वह वहीं पलंग के करीब नीचे बैठ गई।

"मिसर जी! मन में आता था..." बोलते-बोलते वह रुक गई, तो वैद्यनाथ ने जिज्ञासा भरी आँखों से उनकी ओर देखा। सास ने कहना शुरू किया—"मन में आता था कि माँ-बेटी गले में घड़ा बाँधकर जीवछ की धार में डूब मरें..." और पलंग की पाटी पर सिर रखकर हिचक-हिचककर रोने लगी। वैद्यनाथ ने धीरे से झुककर अपना माथ उनके सिर से सटाया और आहिस्ते से बोले—"समझ में नहीं आता कि बिना आप सबको बताए यह सब कैसे हो गया? आप सबके सारे सपने तोड़ दिया न!" सास ने एक ही झटके से अपने को सीधा किया और तनी नजरों से दामाद की ओर देखा, पर दामाद बोलता ही गया—"विवाह के बाद कितना खुश देखा था आप सबको। समझ नहीं पाता कि अपराजिता के जीवन को क्यों नष्ट किया मैंने..." सास ने चट से दामाद के मुँह पर अपना हाथ रखा—"ऐसा मत कहिए। वह भाग्यवती है। शायद इतना कष्ट उसके भाग्य में लिखा हो। आप आ गए, तो सब ठीक हो जाएगा अब...आप मन छोटा न करें..." कहते-कहते उन्होंने स्टूल पर से नाश्ते की थाली उठाई—"जलपान तो कीजिए। मेरा-आपका रोना-धोना और अभाव-अभियोग तो उम्र भर लगा ही रहेगा..."

थाली में अचार के तेल से सना चूड़ा, तला हुआ मटर, अलग से मूली के टुकड़े, हरी मिर्च और चुटकी भर नमक...यह नाश्ता मन-मिजाज को अपनी ओर आकर्षित करने में सफल हो रहा था। वर्षों बाद अपना प्रिय नाश्ता सामने था।

हाथ लगाने ही वाले थे कि एक छोटी लड़की एक तश्तरी में तली मछली के चार टुकड़े लेकर सामने आई। लगा कि जन्मजात मत्स्य-लोलुपता पानी बनकर जीभ पर उतर आई है। अन्दर ही अन्दर अपने मैथिल पूर्वजों की स्वाद वृत्ति के प्रति आदर उभर आया। आठ वर्षों के बाद भी उनके स्वाद और रुचि को याद रखे हुए है यह घर...इसी घर ने नाना प्रकार के व्यंजनों से पहले पहल जान-पहचान करवाई थी। राग-विराग, ममता, स्नेह, दुलार, प्रेम, हास-परिहास, नेह-छोह...साथ-साथ इसी घर में जी भर भोगा था। गौतम बुद्ध को जहाँ गया वाले वट वृक्ष के नीचे सुजाता की खीर ने जीवन की वास्तविकता और पूर्णता का बोध करवाया, वहीं बौद्ध धर्म में दीक्षा से पूर्व इस घर और अपराजिता ने एक सम्पूर्ण जीवन से वैद्यनाथ को परिचित करवाया था। कानों में स्वर गूँजा—"फिर किस सोच में डूब गए!" सास की मधुर आवाज थी।

"नहीं। मैं अब किसी भी द्वंद्व में नहीं हूँ। आप और अपराजिता मेरे साथ हैं, तो चिन्ता किस बात की?" और नाश्ते की ओर देखने लगे।

"छोटकी दाई के मन में कुछ भी नहीं है। हम तो मानते हैं कि आप दोनों के पूर्व जन्म के किसी कुचक्र का नतीजा था यह सब...नल-दयमन्ती की तरह अभिशप्त..." सास ने दामाद से कहा।

"पूर्वजन्म तो मैं नहीं जानता। पर इतना जरूर है कि गरीबी और पढ़ाई के साथ जीवन को जानने की अदम्य लालसा मुझे दूर और फिर बहुत दूर ले गई..." मछली का एक टुकड़ा हाथ में लेकर वैद्यनाथ ने कहा।

"मिसर जी, आपका एक दोहा 'अहिबातक पातिल फोड़ि-फाड़ि...हम जाय रहल छी आन ठाम...' सुनकर मेरी बेटी खूब रोई थी। भला अहिबात को लेकर ऐसा कहीं कहा जाता है? मेरी बेटी की अहिबात ही आपको यहाँ तक खींच लाई है...बुलाती हूँ उसे!" कहकर सास तेजी से उठी और कमरे से निकल गई।

दामाद के पुनरागमन की खुशी में उस रात भोजन-भात में काफी समय लगा। कंटिरबू बाबू के आँगन में देर तक चहल-पहल बनी रही। दामाद के भोजन के बाद उसी जूठी थाली में अपराजिता का खाना परोस दिया गया। कहा जाता है कि सुहागन को पति का जूठन खाना चाहिए। थोड़ी ना-नुकुर के बाद अपराजिता किसी तरह दो-चार कौर खा पाई। कनिया स्वयं उसे उस कमरे तक ले गई, जहाँ वैद्यनाथ लालटेन की रोशनी में अखबार फैलाकर बैठे थे। दोनों को एक साथ कमरे में आते देख वह थोड़ा शर्माए...कनिया अपराजिता को पलंग पर एक ओर बिठाकर चुपचाप बाहर निकल आई।

पति-पत्नी वर्षों बाद एक-दूसरे के सामने थे। यों तो कनिया शाम से ही

अपराजिता को पति के पास चलने के लिए मनाती रही, पर वह किसी तरह तैयार नहीं हुई। वैद्यनाथ ने देखा, अपराजिता नीचे नजर किए बैठी थी। वही चेहरा, वैसी ही गम्भीर मुखाकृति, जैसा उन्होंने आठ वर्ष पहले देखा था। हाँ, इन वर्षों में उम्र ने थोड़ी असर जरूर दिखा दी थी। नजर उठी और आँखों से आँखें टकरा गईं, तो लगा कि अपराजिता की आँखों में आँसू हैं...वैद्यनाथ चुपचाप देखते रहे। मुँह से बोल नहीं फूट रहे थे। आँसू तक पोंछ पाने का साहस वह नहीं कर पाए। समय का लम्बा अन्तराल, वर्षों की लम्बी यात्रा, राग-विराग से दूर, जीवन और जीवन संघर्ष से सीधा साक्षात्कार, अध्ययन और यात्रा से प्राप्त विवेक का यथार्थ की दुनिया से जुड़ना...अभी पत्नी को सामने देख सब कुछ दिमागी परतों के पीछे जा सिमटा। आँखें मिलाने से झेंप रहे थे वह। कुछ देर खामोशी के बाद पत्नी ने ही मौन तोड़ा—"आपको क्या हो गया..." इस जिज्ञासा की भाप से वैद्यनाथ मानो झुलस गए।

अपराजिता नजदीक खिसक आई। पाँव को ऊपर कर पल्थी मारकर बैठ गई। सर्दी का असर था, अत: पलंग पर रखे कम्बल को फैलाकर गोद में रख लिया। वैद्यनाथ ने अपना चादर ओढ़ ही रखा था। पति की ओर जब अपराजिता ने सीधी नजरों से देखा, तो चेहरा भाव शून्य ही दिखा। पति को तीन वर्ष से ज्यादा ही देखा और समझ रखा था, इसलिए उसके एक-एक इंगित का अर्थ वह जानती थी। उसे एक नजर देखकर वह समझ जाती कि पति क्या सोच रहे हैं। भले ही आठ वर्षों पर मिल रहे हों, पर दोनों वही हैं...उसे लगा, पति टूटे तो नहीं, पर टूटने के करीब आ गए हैं। यायावरी, जेल और किसान आन्दोलन ने देह को कमजोर कर दिया है। आँखें धँस-सी गई हैं...

"आपके बारे में नूनू और दीनबन्धु बहुत कुछ कहते रहते हैं। लाठी लेकर हँसेरी बनाते रहते हैं और खेत कब्जा करवाते हैं। बड़ा नाम हो गया है..." पत्नी की बात वैद्यनाथ हथेली पर गाल रखे चुपचाप सुनते रहे। पत्नी ने होंठों पर हल्की मुस्कराहट लाकर फिर कहा—"जो कुछ भी आपने किया और उसके चलते, जिसको सबसे ज्यादा कष्ट उठाना पड़ा, उसे तो कुछ न कुछ इनाम देंगे न!"

वैद्यनाथ ने उसकी दाहिने हथेली को अपने दोनों हाथ में ले लिया और अपनी आँखों से लगा लिया। अपराजिता को उसकी आँखें गीली लगीं। वह चाहती थी कि पति देव मौन व्रत तोड़ें। वह कुछ कहना, झगड़ना चाहती थी, पर सामने माटी की मूरत थे। पति को इस तरह मौन कहाँ कभी देखा था! उसको सामने पाकर वैद्यनाथ सारा अभाव-अभियोग भूल जाते। थका-व्याकुल मन प्रमुदित हो उठता। अपराजिता को चिन्ता हुई—"किसी ने कुछ कहा है क्या? जैसे ही आपने घर में क़दम रखा, साली-सलहजें झुंड बनाकर आ गईं...ओह! कब से वे सब तरस रही थीं अपने खास महात्मानुमा मिसर जी से बतरस के लिए..." वैद्यनाथ ने अपनी नजर ऊपर छप्पर पर टिका दी और धीरे से बोले—"मैं सोचता हूँ कि..." फिर रुक गए।

पत्नी ने स्नेह मिश्रित स्वर में कहा—"बोलिए न, रुक क्यों गए?"

"सोचता हूँ कि मैं तुम्हारे लायक नहीं था!..." सुनते ही अपराजिता ने बिजली की फुर्ती से पति के मुँह पर हाथ रख दिया। कड़ी नजर से देखती रही। उसकी बेधक नजरों से आँख मिलाने का साहस वैद्यनाथ नहीं कर पा रहे थे। पत्नी ने पति की ठुड्डी पकड़कर आँखों से आँखें मिला दी और कहा—"हाँ, यों मेरी ओर एकटक ताकते रहो..." फिर उसके दोनों कन्धों पर अपना हाथ रखकर बोली—"मैं जानती हूँ कि आप अपने बाबूजी के कारण गाँव-घर के बँधन तोड़ निकल भागे...इसका यह मतलब तो नहीं है कि आपको हिकारत की नजर से देखती हूँ मैं। आप नहीं, तो कौन होगा मेरे लायक?" अपराजिता की आँखों और स्वर में आस्था सूचक प्रश्न तैर रहे थे। उसने जिस आस्था के साथ प्रश्न पूछा, उसी तीखेपन से आँखें स्थिर थीं, जिससे वैद्यनाथ की आँखें चौधिया गईं। उनसे छह वर्ष छोटी पत्नी किसी तरह पढ़-लिख लेती है, पर उसका ऐसा आत्मविश्वास पति के लिए बिल्कुल नई बात थी। देखा—पत्नी गर्व से दीप्त, स्नेह से स्थिर तथा परिणत यौवन भार से अब तो और भी गम्भीर हो चली है। अनायास हाथ धोती के खूँट पर गया और पत्नी की गीली आँखों को देखकर कहा—"क्यों आँसू बहाए जा रही हो! मैं आ गया न..."

"आप क्या जानेंगे कि इच्छा भर आँसू निकल जाने के बाद मन कैसा हल्का हो जाता है!" भर्राए गले से अपराजिता ने कहा, और पति के हाथ को अपने हाथों से कसकर पकड़ते हुए बोली—"मैं आपकी तरह अपना जात-धर्म नहीं छोड़ सकती... मुझे अपनी ससुराल की कुल देवी पर पूरी आस्था है। वहाँ से आते समय उनकी पिंडी पर से अड़हुल का फूल लेकर आई थी, यह बोलकर कि आपसे मिलने के बाद यह फूल वापस लेती आऊँगी...आज तक वह सूखा फूल सही-सलामत एक छोटी पीतल वाली किआ (मंजूषा) में मेरी गौरी के बगल रहता है...शायद वही फूल आपको यहाँ तक खींच लाया।" कह भगवती के नाम पर अपराजिता ने हाथ जोड़ माथा झुका लिया।

वैद्यनाथ ने सोचा कि अपराजिता को बोलने देना चाहिए। इधर पिछले दो-तीन वर्षों से लग रहा था कि उन्होंने उसके साथ भारी अन्याय किया है। इसका न कोई प्रायश्चित है और न ही दंड। भागलपुर जेल में कुछ प्रौढ़ साथियों ने जीवन और समाज के दायित्वों को उनके सामने खोलकर रखा, तो 'एकला चलो' अभियान के सभी सूत्र छिन्न-भिन्न हो गए। अपराजिता का अन्तिम पत्र भागलपुर जेल तक साथ था। पता नहीं, कहाँ-कैसे खो गया! चाहकर भी मन कहीं उड़ने का प्रयास नहीं कर पा रहा था, क्योंकि जो सामने बैठी थी, उसे कहना चाह रहे थे—'देखकर अवसाद मेरा हिल गई तुम/देखकर मुस्कान मेरी खिल गई तुम...' पर अपराजिता की मधुर आवाज कानों में आ रही थी—"कुश-तिल लेकर कक्का ने मुझे आपके हाथों दान कर दिया और अग्नि को साक्षी मानकर आपने मुझे स्वीकारा था न! फिर

मुझे इन्हीं लोगों के सहारे छोड़ना क्यों उचित लगा आपको? कहा जाता है, ब्राह्मण की बेटी ससुराल या फिर स्वर्ग में ही भली। स्वर्ग तो अपने वश की बात है नहीं, पर ससुराल तो वश की बात है। पति के घर का माड़-भात मायके के घी-भात से बढ़कर अमृत तुल्य है...यहाँ अपमानित नहीं होना पड़ता, माँ-बाप मुझे सब सुख देने को तैयार हैं, पर जिसकी जिम्मेदारी, वहीं क्यों न भार उठाए...मैं तो अपने भाग्य को कोसती हूँ। आपको नहीं!"

"मैं भाग्य को नहीं जानता। जो होना था, वह हो गया। अब सब भूल जाओ। अभाव-गरीबी सब जगह है और तुम तरौनी में देख चुकी हो। घी-भात और माड़-भात में अन्तर तुम्हें पता चल ही गया होगा। हाँ, मुझे तुमसे कहकर जाना चाहिए था...यों मेरी गैर-मौजूदगी में तुमने बड़प्पन पा लिया है...तुम्हारी ही तपस्या है कि वैद्यनाथ यात्री और नागार्जुन हो गया...सब कुछ तुम्हारी जानकारी में होगा ही। अब ऐसा कुछ नहीं करूँगा, जिसमें तुम्हारी इच्छा न हो...।" अपराजिता साँस रोककर पति को सुनती रही।

"जिस नेह-छोह, प्यार-दुलार, इज्जत-प्रतिष्ठा से तुम यहाँ पली-बढ़ी हो, तरौनी में इससे कुछ भी कम नहीं मिलेगा। तुम तो अपराजित ठहरी न!" कहकर वर्षों के बाद वैद्यनाथ ने पत्नी की पीठ पर अपना हाथ रखा। अपराजिता ने महसूस किया कि एक क्षमतावान हाथ फिर से उसकी पीठ पर है।

पुण्यतीर्थ

1981 की कड़ाके की ठंड में नागार्जुन ने पत्र लिखा, 'भाई शेखर पाठक के नाम सवेरे-सवेरे चार सतरें, जहरीखाल से..., तुम्हारा 'पहाड़', इस बूढ़े बन्दर को, यहाँ लैंस डाउन तक खींच लाया है, जी हाँ, पाँच हजार दो सौ पच्चीस फुट ऊपर, बना रहे वाचस शकुन का प्यार..., बना रहे चि. अनिमेष के लाड़-दुलार, बनी रहे घुमक्कड़ी की मानसिकता का यह संसार...' इस पत्र से दस दिन पहले 11-12 दिसम्बर, 1981 की शाम दिल्ली में एक प्रीतिभोज में हिन्दी संसार के तीन सिंह—डॉ. नामवर सिंह, डॉ. केदारनाथ सिंह, त्रिलोचन शास्त्री (ठाकुर वासुदेव सिंह) ने नागार्जुन को जहरीखाल (लैंस डाउन) की यात्रा पर आतंकित किया, "बाबा इस विकट मौसम में आप वहाँ हिम समाधि लेने जा रहे हैं क्या? लैंस डाउन तो मसूरी से भी अधिक सर्द पहाड़ी स्थान के रूप में बदनाम है।" नामवर सिंह कुछ अतिरिक्त उत्साह में उनके लिए कल्याण-कामना करने लगे—"वाचस्पति और शकुन्तला को यह क्या सूझा..." पास ही शोभाकान्त भी उन लोगों के साथ सहज भाव से दही-बड़े पर

झुका था। उसकी ओर देख कर पुनः नामवर ने कहा, "शोभाकान्त, तुम इन्हें मना नहीं करते? लगता है, तुम्हारे पिता अपनी सनक के समक्ष और किसी की बात पर ध्यान नहीं देंगे...।"

शोभाकान्त ने नामवर पर एक दृष्टि डालकर नागार्जुन की ओर देखा, तो उसे लगा कि पिता की हँसी होंठों पर आ गई है। फिर तो वह नामवर की ओर देखकर मुस्करा उठा। नागार्जुन अपनी सनक और जिद के साथ साहस के लिए भी जाने जाते रहे हैं। अपराजिता भी उनकी सनक से अक्सर परेशान रहती है, "लेकिन तुमसे कौन कहे/किस के बाप की मजाल है कि तुम्हें समझाएगाऽऽऽ..." घर के लोग अब अच्छी तरह समझ चुके हैं कि घर के मुखिया की सनक और साहस दूसरों से अलग है। अक्सर लोग कहा करते, 'अरे तुम तो अपने साहस के लिए/बहुत मशहूर हो बच्चू...' और 'पर पीड़ा से पूर-पूर हो/थक कर औ चूर-चूर हो/' और, 1981 ई. की हाड़ कंपाती सर्दी में अपने पुत्रवत वाचस्पति और प्यारी बिटिया-सी शकुन्तला के नए ठौर पर जाने का निश्चय कर लिया सत्तर वर्षीय नागार्जुन ने। अपने पिता से अधिक आदर-श्रद्धा, स्नेह-सत्कार, सेवा-शुश्रुषा किया है नागार्जुन का इन दोनों ने, तो उनसे भरपूर लाड़-दुलार भी पाया। उनसे इस रचनाकार ने कह रखा है—"जिस प्रकार आचार्य किशोरीदास वाजपेयी अपने जीवन का अन्तिम चरण कनखल (हरिद्वार) में गुजार गए, उसी प्रकार मैं तुम्हारे स्थान पर अपनी शेष आयु अतिवाहित करूँगा...। तुम तीनों जहाँ-जहाँ रहोगे, वही-वही स्थान मेरे लिए सर्वोत्तम पुण्य-तीर्थ हुआ करेंगे..." उसी वर्ष वाचस्पति काशीपुर महाविद्यालय से स्थानांतरित होकर जहरीखाल महाविद्यालय में आ गए, तो नागार्जुन उन तक शीघ्र पहुँचना चाहते थे।

इधर के वर्षों में नागार्जुन की आँखों में तकलीफ बढ़ने लगी थी। तब तक हाथ में लेंस रखने की सुबुद्धि नहीं आई थी। चश्मा से काम चला लिया करते। अशोक अग्रवाल (कथाकार) ने नागार्जुन को हापुड़ ले जाकर उस 'आई स्पेशलिस्ट' से विधिवत जाँच करवाई, जो दिल्ली से आकर हफ्ते में एक दिन हापुड़ बैठा करता। यों नागार्जुन ने डॉक्टरों से हमेशा दूरी बनाए रखी है। चिकित्सकीय परामर्श के लिए डॉक्टर के पास जाने के प्रयास को टालना उन्हें आता है। शोभाकान्त को डॉक्टरों के प्रयोग ने ही तो विकलांग बनाया—इसे वे भला कहाँ भूल पाते! पर 'नैन सुख' से वंचित होना भी नहीं चाहते थे। कविता प्रेमी उस नौजवान डॉक्टर ने काफी देर तक आँखों को पतली टॉर्च की रोशनी पर नचाने के बाद मोटी-पतली लिखावट पढ़वाई और एक-एक बूँद दवा आँखों में डालने के बाद चश्मे की हिदायत दी। चश्मा तो था ही, पर शीशा में वह शक्ति नहीं थी, जिसकी जरूरत नागार्जुनी आँखों को थी। नए गिलास के लिए कहा गया—"आगे सावधानी न रखने पर मोतियाबिन्द हो जाएगा..."

दो-तीन दिनों के बाद सुबह-सुबह अशोक और मसरूर (सम्भावना प्रकाशन, हापुड़ में कार्यरत) उन्हें लैंस डाउन के लिए बरेली एक्सप्रेस से विदा करने स्टेशन आए। मुरादाबाद के बाद बस से आगे जाना था। ट्रेन में खिड़की की बगल वाली सीट मिली। मसरूर कॉफी ले आया। एक घूँट लेने के बाद अशोक ने कहा, 'दो घंटे के बाद ही/आप मुरादाबाद पहुँचेंगे/वहाँ माहेश्वर तिवारी/आपकी प्रतीक्षा में/गीतों की कड़ियाँ /गुनगुना रहे होंगे/प्लेटफॉर्म पर...।'

अशोक ने गौर किया कि कुहेस फाड़कर निकली पूस की हल्दीयाई धूप को नागार्जुन नए चश्मे से देख रहे थे। कुछ क्षण चुप रहने के बाद उसने फिर कहा, "वहाँ से/किसी को साथ कर लेना/लैंस डाउन तक के लिए/भले ही उसे/वापसी वाली बस में/छुट्टी दे देना बाबा.../क्या पता/वाचस्पति स्वयं कोटद्वार तक आ जाएँ...। क्या ठिकाना माहेश्वर तिवारी खुद ही साथ हो लें..." नागार्जुन उसकी ओर देखकर बस मुस्कराते रहे।

साढ़े दस बजे के आसपास बरेली एक्सप्रेस मुरादाबाद आ गई। माहेश्वर तिवारी पाँच-सात युवकों के साथ स्टेशन पर मौजूद थे। तय कार्यक्रम के अनुसार अगले दिन सवेरे माहेश्वर तिवारी नागार्जुन को कोटद्वार की बस में बिठा देंगे...वहाँ से लैंस डाउन और फिर गुमखाल वाली टैक्सी से जहरीखाल के बस स्टॉप पर तीन बजे तक पहुँचकर नागार्जुन दाहिने हाथ की ओर नीचे देखेंगे, तो नाशपाती के पेड़ के नीचे शकुन और अनिमेष नजर आएँगे। वाचस्पति ऊपर सड़क तक आते दिख ही जाएँगे...मुरादाबाद में गीतकार के घर गीतों के संग विश्राम के बाद दूसरे दिन सवेरे बस से कोटद्वार और वहाँ से लैंस डाउन, लेकिन 'बसों की अनियमितता के कारण शाम में छह बजे लैंस डाउन पहुँचे...।'

दिल्ली या मैदानी इलाका रहता, तो शायद शाम के छह बजे रात न कहलाती। उस शाम को कोई सवारी जहरीखाल के लिए तैयार नहीं हुई। गढ़वाली रेजीमेण्ट का हेडक्वार्टर...पूरी छावनी...सामान्य नागरिक नहीं के बराबर...दैनिक जीवनोपयोगी वस्तुओं की कुछ दुकानें...दो-एक होटल...। बस से उतरे, तो कुली ने बगल में ही एक आवासीय होटल की जानकारी दी। रात तो बितानी थी। कुली ही ले गया। करीब गए, तो देखा 'भट्ठीनुमा चूल्हे पर बड़ी-सी केतली। टोंटी से भाप निकल रही थी। पास ही छोटे से टेबुलों पर पाँच-सात कांच के गिलास थे। चीनी का डब्बा, चायपत्ती का कार्डबोर्ड वाला लाल डिब्बा। कप और तश्तरियाँ।' बरामदानुमा जगह। जरा हटकर लोग जमा थे। बीस-पच्चीस से अधिक क्या रहे होंगे! सभी उम्र के। शायद उन्हीं की तरह पौड़ी या फिर नीचे जाने-आने वाली सवारी की प्रतीक्षा करते मुसाफिर... जहाँ तीन बजे तक सही-सलामत जहरीखाल पहुँच जाना शत-प्रतिशत निश्चित था, वहीं उस दिन उबाऊ यात्रा से थके मन में मेघदूत की पंक्ति कौंध गई—'खिन्नः खिन्नः शिखरिषु पदंयस्य गन्तासि यत्र' (थक जाओ, तो पहाड़ों पर सुस्ता-सुस्ता

कर जाना)। आवासीय होटल के नाम पर पंचम श्रेणी (फाइव स्टार नहीं) होटल मिला। रात्रि विश्राम, थका मन और पस्त देह के लिए चौकी की व्यवस्था हुई।

लैंस डाउन के चौराहे पर चहल-पहल का नाम नहीं था। सड़कें 'साँप सरीखी सरल और बंकिम भंगी में/चली गई हैं दूर-दूर तक/नीचे ऊपर बहुत दूर तक/सूनी-सूनी सड़कें...' और मौसम तो ठिठुरन की हद पार कर गजब और अजूबा ही लगा। गनीमत कि नागार्जुन को बिस्तर ठीक-ठाक मिला था। छावनी से नीलामी वाला मोटा गरम कम्बल बिस्तर पर पड़ा था। दो फुलके, पातगोभी की सब्जी के संग मेथी-आलू की सूखी भाजी। थर्मस में गरम पानी भरवाकर टेबुल पर रखा। दमा के कारण जुलाई-अगस्त से मार्च तक उबला हुआ सुसुम पानी ही पीते। लेटे, तो खिड़की के शीशे पर चौदसी का चाँद सड़क के किनारे वाले पेड़ से उलझ-उलझकर प्रकाश की चितकबरी परछाईं बना रहा था। हिमालय-प्रेमी कालिदास की पंक्तियाँ याद आ गईं—'तुषार संघात निपात शीतला: शशांकमाभि शिशिरी कृता: पुन: विपांडु तारागण चारू भूषणा जनस्यसेव्या न भवन्ति रात्रय:...'

कालिदास याद आए, तो दिलो-दिमाग पर हिमालय छा गया। याद आ गई हिमालय की पहली यात्रा...1938 की मई में लंका से महापंडित राहुल सांकृत्यायन के बुलाने पर भारत आए थे। राहुल जी अपनी चौथी तिब्बत यात्रा पर कुछ युवाओं को बौद्ध साहित्य के अनुसंधान और खोज के लिए साथ ले जा रहे थे। लंका के 'विद्यालंकार परिवेण' का अध्ययन-अध्यापन छोड़ भिक्खु नागार्जुन अति उत्साह के साथ उस यात्रा के लिए कलिम्पोंग पहुँचे थे। कालिदास ने जिसे देवात्मा कहा है, उस हिमालय को देखने की ललक काशी आने से पहले से ही पाल रखी थी। बचपन और किशोरावस्था में अपने ननिहाल 'सतलखा' और मौसी गाँव 'पौना' आना-जाना लगा ही रहता था। ये दोनों गाँव पुराने दरभंगा जिले की उत्तरी सीमा के करीब थे। वहाँ से मात्र पाँच-छह कोस बाद नेपाल पड़ता है। बरसात के दिनों में मौसम साफ रहने पर सुदूर उत्तरी आकाश में हिमालय की धवल-धूमिल चोटियाँ सुबह-सुबह सूरज की किरणों से उद्भासित होकर स्वर्ण शृंग-सी लगतीं।

हिमालय यात्रा में गिरते-पड़ते चार दिनों तक पहाड़ पर चलने के बाद लिंगतम से आगे बढ़ने पर तन और मन जवाब देने लगे थे। लगा कि अति उत्साह में आकर अपने क्षीणकाय शरीर के साथ अन्याय तो नहीं कर रहे हैं। यहाँ से आगे की कठिन चढ़ाई ने सत्ताइस वर्षीय युवा भिक्खु को डरा दिया। समतल मैदानों की पदयात्रा और हिमालय की पदयात्रा में फर्क है। कहीं-कहीं क्या, अधिकांशत: खड़े पत्थरों वाले रास्ते होने के कारण पैर फिसलने का खतरा हमेशा बना रहता। यात्रा में सात-आठ दिनों के बाद उन्हें बुखार ने दबोच लिया। यात्रा दल के पास उपलब्ध प्राथमिक उपचार उन्हें दी गई, पर कोई फायदा नहीं हुआ। सर्द जगह में बुखार उस तरह नहीं उतरता, जैसा समशीतोष्ण जगहों में। उनके बीमार हो जाने के कारण दो-तीन दिनों

तक यात्रा रोक दी गई, पर इस वजह से यात्रा स्थगित तो नहीं की जा सकती थी, इसलिए निर्णय लिया गया कि नागार्जुन ही अपनी यात्रा स्थगित करें। ग्यान-ची से उनको डंडी में बैठकर वापस नीचे जाना था। डंडी की यात्रा उन्हें पसन्द नहीं आई, तो एक खच्चर वाले को साथ लगा दिया गया। संग के दूसरे लोग जब उन्हें छोड़ आगे जाने लगे, तो नागार्जुन को रुलाई आ गई थी।

ग्यान-ची में चारों ओर बर्फ-ही-बर्फ थी। तेज हवा और ओले की बौछार के साथ हिम वर्षा के कारण वहाँ चार-पाँच दिनों तक रुक जाना पड़ा था। वैसी ठंड और सर्दी की कल्पना नहीं थी। कलिम्पोंग से ही वापस होना था, तो बताया गया कि 'फरी' होकर घूम-घुमौआ वाला रास्ता ज्यादा ठीक रहेगा।

ब्रह्मपुत्र का उद्गमीय किनारा और फिर मानसरोवर के किनारे-किनारे दूर तक चलना पड़ा था। उस विशाल सरोवर के किनारे वाले गाँवों में रुक-रुककर चार-पाँच रात बिताने पड़े थे खच्चर वाले के साथ। सरोवर का अन्त हुआ, तो विशाल मैदान और सामने हिमाच्छादित हिमालय की चोटियाँ थीं। फिर न जाने कितने मीलों की चलाई के बाद देवदार के वृक्ष-समूह का दर्शन हुआ...वैद्यनाथ ने यह भी महसूस किया कि हिमालय से उतरने में भी कम कठिनाई नहीं है। मानसरोवर के किनारे-किनारे भिक्खु कवि का मन बिल्कुल ठीक हो गया 'अमल धवल गिरि के शिखरों पर/बादल को घिरते देखा है/छोटे-छोटे मोती जैसे/उसके शीतल तुहिन कणों को/मानसरोवर के उन स्वर्णिम/कमलों पर गिरते देखा है...' ये शब्द उस यात्रा के दौरान ही उभरे और वापस होने के तुरन्त बाद इसे इलाहाबाद में 'सरस्वती' कार्यालय जाकर दे आए। कविता छपी भी और कवि थे, यात्री। परिचय लिखा था—'यात्री महोदय भूटान निवासी हैं और इनका राष्ट्रभाषा प्रेम सराहनीय है...।'

समतल मैदानों की नदियाँ, झील, फसलों से लहलहाते खेत, घने-पतले जंगल, छोटी-बड़ी वनस्पति, छल-छल कल-कल बहती हुई छोटी नदियाँ, तालाबों में देह डुबोए हुई भैंसे, उथली तलाइयों में पानी के अन्दर से मोथे की जड़ चिचोड़ते जंगली सुअर, बरसात की रातों में टरटराते मेढक, बाँसों के झोंझ में जगमगाते जुगनू...क्या-क्या नहीं देखा है नागार्जुन की घुच्ची आँखें ने, तो तिब्बत जाने के बहाने तीन बार हिमालय के विभिन्न भागों के अनेक नजारे भी देखे हैं। जब भी हिमालय के किसी भाग में रहते, तो कालिदास मन-मिजाज पर छाए रहते। अज, इन्दुमति, विधुर यक्ष के साथ रति विलाप याद आता रहता और अलकापुरी के साथ ही व्योम प्रवाही गंगाजल, मन ही मन सोचा, 'जाने दो वह कवि कल्पित था', परन्तु 'मैंने तो भीषण जाड़ों में/नभचुम्बी कैलाश शीर्ष पर/महामेघ को झंझानिल से/गरज-गरज भिड़ते देखा है...'

उस हिमालय यात्रा के लगभग तैंतालीस वर्षों के बाद लैंस डाउन के इस पंचम श्रेणी होटल में लगा—'हजार-हजार बाँहों वाली शिशिर विष कन्या/उतरी ले कर

साँसों में प्रलय की वन्या...।' शिशिर विष कन्या पर सोचते हुए यायावर कवि ने अपने कम्बल के ऊपर होटल वाला फौजी कम्बल डाल लिया। चिन्तन की चर्खी पर लगाम की जरूरत लगी, तो याद आया एक फॉर्मूला—'नींद न आ रही हो, तो वर्णमाला को दुहराओ, पहाड़ा की गिनती दुहराओ। सीधे दुहराओ, उलटे दुहराओ, जरूर नींद आ जाएगी...।' सच में नींद आ गई। खूब गाढ़ी नींद नहीं आई। बिल्कुल नई जगह और 'यह प्रहरी के बूटों की कर्कश टापें/रह-रह बहुधा नींद तोड़ जाती/ आँखें खुलतीं बस झुंझला उठता हूँ...'

नागार्जुन करवट बदलते हैं। ऊपर वाली जेब से घड़ी निकाल टॉर्च जलाकर समय देखते है, 2.45...। 'न जाने नींद कहाँ उड़ गई/चित्त की धारा ही मुड़ गई...' उस दिन भी ऐसी ही ठंड लग रही थी। थकावट ज्यादा थी, बड़ी गहरी नींद में सोया था। नम्-ग्याल और उसके नौकर दूसरी छालेदारी में सोए पड़े थे। रात में एक बार महसूस किया कि किसी ने उनके ऊपर मोटे-मोटे दो कम्बलों पर भारी-भरकम नम् दा (बहुत मोटा तिब्बती कम्बल) डाल दिया है। थोड़ी देर बाद लगा, कम्बलों के नीचे एक नग्न स्त्री शरीर घुस आया है। फिर ऐसा महसूस हुआ कि किसी ने उन्हें अपनी गरम छाती में कसकर सटा लिया है और वह सिकुड़ गए थे। उसके बाद स्वस्थ और उष्ण स्पर्श का अनुभव हुआ...भोर हुई, तो आश्चर्य में डूबी हुई रात्रि वाली घटना को स्वप्न समझ कर खुद को फुसलाने की कोशिश करने लगा था। सामने चाय की प्याली थी, नम्-ग्याल और उसकी छोटी माँ शे-रब् थी...मुझे चुपचाप देख कर शे-रब् बोली, "रात में इतनी सर्दी पड़ी कि तुम ठिठुर गए, मैं न गरमाती तो क्या हाल हुआ होता?" नम्-ग्याल यह सुन कर मुस्करा दिया और मेरे कन्धे पर हाथ रखते हुए कहा, "छोटी माँ बहुत दयालु हैं। जाड़े के दिनों में जो भी कोई हमारे अतिथि होकर रात-विरात पहुँचता है, उसे यह ठिठुरने नहीं देती।" नम्-ग्याल, जो भिक्खु नागार्जुन से कम उम्र का था, उससे यह सुनकर उनका मन हल्का हुआ। उस दिन लगा कि सदाचार और नैतिकता के अपने ही मापदंड से दूसरों को नापते समय हम गलती कर ही बैठते हैं। शे-रब् के प्रति श्रद्धा उपज आई। अतिथि का सत्कार इस तरह भी किया जाता है, यह नागार्जुन-जैसे घुमक्कड़ के लिए पहला और अन्तिम अनुभव था। यह घटना 1943 की है, जब वह थोलिंङ से वापस लौट रहे थे...

नम्-ग्याल हिमालय के कन्धों पर ब्रह्मपुत्र की चौड़ी कछार स्थित अधिपत्यका में छोटी-छोटी छोलदारियाँ बनाकर अपनी सौतेली माँ, नौकर और दो याक के साथ रह रहा था। मध्य तिब्बत के निवासी दोनों माँ-बेटे कैलास मानसरोवर सहित हिमालय के विभिन्न इलाकों में घूम रहे थे। उनके लिए नागार्जुन किसी बड़े दैवज्ञ से कम नहीं थे। थोलिङ से वापसी के समय वे लगभग पन्द्रह दिनों तक उन लोगों के साथ घूमते रहे। उनके लिए याक की व्यवस्था अलग से की गई थी।...एक दिन

मानसरोवर के आसपास एक छोटी नदी को पार करना था। नागार्जुन कुछ घबराए, तो शे-रब् अपने याक से उतरकर उनके याक पर पीठ से सटकर एक हाथ से उन्हें आवेष्टित कर बैठ गई। दूसरे हाथ से याक की नाथ पकड़ रखी थी। उस प्रौढ़ा के वक्ष स्पर्श अब भी याद आ जाते। उसके शब्द कानों में गूँजने लगे—"क्या करोगे हिन्दुस्तान लौटकर? लु-डुब् (नागार्जुन) चलो हमारे साथ चङ् युल (मध्य तिब्बत) के इलाके में। वहाँ सैकड़ों की तादाद में अपनी भेड़ें हैं, बीसियों सुरा गाएँ हैं, सत्तरह खच्चर भी। हम तीन बहनें, एक नई-नवेली पुत्रवधू है। भगवान अमिताभ की कृपा से तीन-तीन लड़के। तुम्हें जरा भी तकलीफ नहीं होगी। हमारा हरा-भरा इलाका देखोगे, तो खुद भी वहाँ बस जाने का तुम्हारा मन करेगा..." उस सुमुखी को भूल पाना आसान नहीं था। उस यात्रा को शब्दों में बाँधा दो वर्षों के बाद 1945 में। छपने के बाद रामवृक्ष बेनीपुरी ने सहज भाव से कहा था—"तुम तो घोंचू हो, मैं वापस ही नहीं आता।" नागार्जुन की आँखों में चमक और होंठों पर मुस्कान आ गए थे...

लंका में बौद्ध होने के बाद से ही यात्री की घुमक्कड़ी बढ़ती गई थी। बौद्ध भिक्खु का बाना छोड़ा, पर मन से यह बात कहाँ हट पाई कि 'माध्यमिक' और 'बुद्धचरित' पर काम करना है। साहित्य के साथ राजनीति का रोग लगा हुआ था। दस महाविद्या में से अपने कौलिक देवता और पंचदेवों को टेढ़ी नजरों से देखते रहे हैं। महायान-हीनयान के करीब से गुजरने के बाद भी मध्य तिब्बत का हरा-भरा इलाका उन्हें आकर्षित नहीं कर पाया, क्योंकि बंगीय बंकिमचन्द्र की मातृभूमि वंदना—'सुजलां सुफलां मलयज शीतलाम्, शुभ्रज्योत्सना पुलकित यामिनीम्, फुल्लकुसुमित द्रुमदल शोभिनीम्, सुहासिनी, सुमधुर भाषिणीम्, सुखदां वरदां...' में अपनी मिथिला को पाते...सात-आठ वर्षों के प्रवासी जीवन के बाद अपना वह देस-कोस, माटी-पानी, पहली वर्षा के बाद धानों के अंकुर, आमों से लदी अमराइयाँ, घौंदों में लटके पकने को आतुर जामुन, गुलाबी फल भार से विनम्र लीची की तुनुक टहनियाँ, श्याम-सलिल पोखर, ग्रीष्म की संजीदा और बरसात की उच्छृंखल नदियाँ और नेह-छोह की सजीव मूर्तियाँ...मन को मोहने लगीं और मूर्तियों में एक खास सोन-छड़ी-सी अपराजिता।

नींद टूट गई थी। कवि-कर्म के लिए नागार्जुन अब मध्य रात के बाद के समय का उपयोग किया करते हैं। पर उस दिन ऐसा नहीं हो पा रहा था। किसी योगाचार्य ने उनसे एक बार कहा था, "रात को कुल मिलाकर तीन घंटे, कमजोरी की हालत में पाँच घंटे और बीमारी की हालत में सात-आठ घंटे की निद्रा जरूरी है।" पिछले पन्द्रह-सत्तरह वर्षों से वे निद्रा के मामले में खुद को दूसरी कोटि में रखे हुए हैं। रात में पानी कई बार आधा-आधा गिलास पीते रहते हैं...आहार और विश्राम अपने

स्वास्थ्य के अनुसार करते हैं वे। बिस्तर से उठकर बाथरूम तक जाना था। बिना बत्ती जलाए टॉर्च लेकर कमरे से निकले। वापस आकर लगा, सच में नींद नहीं आएगी और मन-मिजाज पर हिमालय अपना दबदबा बढ़ाता ही जा रहा था। थे भी तो हिमालय की गोद में न! वर्षों बाद जाड़े में कह सकते थे—'कालिदास का साथ छोड़कर/मन्दाक्रान्ता छन्द तोड़कर/क्या जाने तेरी गोद में/कब के थके उतर आए हैं...'

याद आ गई थोलिङ महाविहार की यात्रा। उस यात्रा में कुछ दूर तक, लगभग डेढ़ मास तक, राहुल का स्नेहिल संग रहा। अप्रैल (1943 ई.) के अन्तिम सप्ताह इलाहाबाद से निकले थे और अक्टूबर के मध्य तक हिमालय के ऊपर ही रहे। राहुल तो जून के मध्य में कोपङ् से लौट गए थे। नागार्जुन को तिब्बती भाषा और बौद्ध दर्शन में महारत हासिल करने के लिए थोलिङ जाना था। राहुल को भी कुछ तलाश थी। नागार्जुन को पता था कि राहुल के भीतर एक नायक की तरह कई योजनाएँ बनती-पकती रहती हैं। यात्रा-मार्ग के लिए राहुल ने एक नक्शा और चार्ट बना दिया था। मार्ग-चार्ट ऐसा बनाया गया था कि हिमालय के सम्पूर्ण सौन्दर्य का साक्षात्कार होता चले। उत्तराखंड के तमाम रास्ते, कैलास मानसरोवर की परिक्रमा के संग स्पीति, थोलिङ, गतांक और मध्य तिब्बत को खासतौर से अंकित किया गया था। उस यात्रा के बाद भी वह नक्शा बहुत दिनों तक साथ घूमता रहा और फिर कागजों के साथ न जाने कहाँ खिसक गया। हाँ, उस नक्शे से एक बड़ा लाभ हुआ। उपन्यास लेखन के लिए जब भी बैठे, कथा-क्षेत्र का नक्शा बनाया करते। उसमें बगीचे, नदी, सड़क, स्कूल आदि सब कुछ रहता...पात्रों की गतिविधियाँ रहतीं...राहुल द्वारा बनाए नक्शे के अनुसार, उस समय टिहरी से पैदल कल्याण, नगुण और डूण्डा होते हुए उत्तरकाशी पहुँचे। धर्मशाला में सामान रखने के बाद बताया गया कि बाहर से आने वाले यात्रियों को थाना जाकर अपना अता-पता दर्ज करवाना अनिवार्य है। लिखवा आए 'बैजनाथ मिश्र, पेसर गोकुल मिसर, ग्राम तरौनी बड़ी, थाना बहेड़ा, जिला दरभंगा, सूबा बिहार'। बीस दिनों तक रह लिए उत्तरकाशी में।

उत्तरकाशी की प्राकृतिक सुषमा मन मोहने में सक्षम थी। दूर पहाड़ियों पर देवदार के जंगल अजीब छटा की सृष्टि करते, तो धर्मशाला के बिल्कुल करीब गंगा का कल-कल, छल-छल स्वर निशा के नीरव क्षणों में भी मधुर और स्फूर्तिदायक लगता। वे तो दिन में अक्सर गंगा के किनारे पत्थर पर बैठकर गुनगुनाया करते—'सित दुकुल सम फेनपुंज से प्रवृत्त तव श्यामल काया/दूर देश से मेरे मन को खींच यहाँ पर ले आया/समा रहे हैं तेरी कल-कल ध्वनि में शत-शत मनहर छन्द/बैठा हूँ मैं कृष्ण शिला पर खोल कान, आँख कर बन्द...' नागार्जुन को याद नहीं आता कि यह रचना पूरी हुई या नहीं। न जाने कहाँ गुम हो गई वह डायरी...सैकड़ों रचनाएँ

होंगी उसमें...'कृषक दशक', 'देश दशक', अचानक 'कैलास दशक' की भी याद हो आई, जो कहीं खो गई। गंगोत्री का वह काला बदन, नंग-धड़ंग, विशाल देह-दशा वाला जटाधारी अब भी कभी-कभी याद आ जाता, जो एक चट्टान के सहारे बर्फीली नदी में खड़ा दिखा था। पता लगा, अक्सर मौन रहता है। न जाने क्यों नागार्जुन की दुबली-पतली काया देखकर वह बतियाने लगा था। कैलास के रास्ते थोलिङ तक घूम आया था वह। उसके अनुसार, ग्यारह हजार फीट की ऊँचाई पर अभ्यस्त होने के बाद हिमालय के किसी भी भाग की सर्दी झेली जा सकती है।

याद आया, गोमुख में गंगा का उद्गम और फिर जरा नीचे, जहाँ भोट गंगा की संगति से भागीरथी का जल श्यामल दिखने लगता...उसी भोट गंगा का प्रवाह नेलंङ में इतना प्रखर था कि कहना ही क्या! दो चट्टानों के बीच तेजी से धार बह रही थी। पुल तो थे, लेकिन कहने भर के लिए। दो गोल लट्ठ रखे गए थे। एक तरफ एक हाथ चौड़ा था, तो दूसरी तरफ बीत्ता भर। लट्ठों के ऊपर छोटी-छोटी टहनियाँ बिछी थीं, जिनके ऊपर पत्थर के टुकड़े रखे थे। चलने पर लट्ठ डगमगाते, फिर टहनियाँ हिलतीं, पत्थर डोलने लगते। नीचे उफनती धार। अगल-बगल चार-पाँच हाथ की दूरी पर धार में बड़ी-बड़ी चट्टानें। गिरने पर उनसे टकरा कर शरीर न जाने कितने भागों में टूटकर अलग हो जाए! उस पुल को पार करना मौत को पीछे छोड़ आने जैसा ही था। पथ-प्रदर्शक और भारवाहक शिवदत्त पीठ पर सामान लाद कर बकरी की तरह खट-खट पत्थर पर पैर रखता हुआ पुल पार कर गया। फिर राहुल जी किसी तरह उस पार निकले, अब उनकी (नागार्जुन) बारी थी। एक-एक पाँव अस्सी-अस्सी मन के लगे। पुल पर पाँव रखते ही मृत्यु का अट्टहास सुनाई पड़ने लगा था। ऐसी स्थिति में जहाँ खतरा ज्यादा हो, मन मारकर सरपट भागते हुए निकलना पड़ता है...भारी मन से एक-एक डग उठाते हुए, उफनती धार को देखते और खुद को गिरने से बचाते हुए न जाने किस-किस को याद करके पाँव बढ़ा रहे थे। काँपते मन से उस राक्षसी पुल के पार पहला कदम रखा, तो राहुल चिल्ला उठे, 'जय अपराजिता माई की।' मुस्कराने के बदले नागार्जुन मौन-गम्भीर हो गए थे। सच में पुल पर एक-एक डेग के साथ अपराजिता याद आ रही थी—'ये विकट पगडण्डियाँ, ये झूलते पुल/ये भयानक घाटियाँ, चिर-तुहिन संकुल/सामने यह मृत्यु की प्रत्यक्ष छाया/निबट लूँगा सभी से हे योगमाया/साथ हो केवल मधुर मुस्कान तेरी/ले सकेगा कौन जग में जान मेरी...' ठेठ सनातनी अपराजिता सचमुच योगमाया बनकर उस डगमगाते पुल से पार खींच लाई क्या?

लैंस डाउन के होटल में अपराजिता की याद जोर से आने लगी। वह नहीं बदल पाई अपने को। दोनों अपने-अपने उद्देश्य के लिए एकदम खाँटी बने रहे।

उठे और टॉर्च के सहारे स्वीच तक गए। कमरे की बत्ती जलाई। थर्मस से पानी लिया। थैले से बांग्ला 'देश' का पूजा अंक निकाला। उलटने-पलटने लगे, तो कुछ पोस्टकार्ड और अन्तर्देशीय सामने आए। कुछ पत्र भी, जिनके उत्तर दिए जाने थे। कुछ पता लिखा कार्ड भी...काला बॉलपेन निकाला। कुछ कार्ड लिख डाले। अधिकांश में एक ही तरह की बातें 'इधर वाचस्पति-शकुन्तला से मिलने आया हूँ। विस्तार पूर्वक कल लिखूँगा...' '28 दिसम्बर, 1981 को दिल्ली अवश्य लौटूँगा। अभी आठ बजे के बाद जहरीखाल डिग्री कॉलेज (राजकीय) तक पहुँच जाऊँगा...' लगा फौजी बूटों की दमदार आवाज नजदीक में है, सो मन में आया कि फौजों को अपने मुख्यालय की सुरक्षा करते हुए देखा जाए। उठे और खिड़की के सामने जाकर शीशे वाला एक पल्ला जरा-सा खोला। रात्रि-शेष वाली हवा भीतर आई, तो रोयाँ-रोयाँ कण्टकित हो उठा। बिस्तर पर पड़े थैले से निकाल छोटा-सा शॉल गले में लपेट लिया। देखा, पाँच-पाँच की संख्या में चार-पाँच टुकड़ियों में फौजी जवान सड़क पर कदमताल करते हुए चल रहे हैं। सड़क के उस पार तीन-चार ट्रक खड़े थे। कुछ जवान भारी-भरकम सामान उतारने में जुटे थे। कई वीर बाँकुरे गढ़वाली उन सामानों को सड़क से पन्द्रह-बीस सीढ़ी ऊपर बने बड़े मकानों तक ढो रहे थे...नाक से एक बूँद पानी टपका, तो दमा के पुराने मरीज ने खिड़की बन्द की और बिस्तर पर आकर पत्रादि फिर से 'देश' के भीतरी पन्नों में रख बत्ती बुझाकर लेट गए।

दिमाग में गढ़वाली जवानों का सर्द रात में बोझ उतारना-ढोना चक्कर काटने लगा...ये वे थे, जिन्हें 'हैं शौक नहीं व्रत है इसका देशाभिमान...' पहाड़ी लोगों के जीवन को करीब से देखने का मौका उन्हें कई बार मिला है...वर्ष 1941 में पश्चिमी तिब्बत की यात्रा की थी। 'उनकी दमघुटाऊ मेहनत और गहरी मशक्कत का पता चला था' करीब से। शिमला तक तो ट्रेन में पैक होकर गए थे, पर 'आगे उन्मुक्त वातावरण में पार्वत्य जीवन के गुण और अवगुण, खूबियाँ और खराबियाँ देखने का मौका हाथ आया...कोई भी समतल-वासी जब इधर पहुँचता है, वह यदि केवल कोमल कल्पनाओं वाला कवि मात्र नहीं है, तो उसे मालूम पड़ेगा कि कालिदास ने जिस हिमालय को देवात्मा कहा है, वह वास्तव में मशक्कत की दुनिया है।' उन दिनों नागार्जुन खुद भी तो पहाड़ पर चढ़ाई के बाद थक जाते थे। ज्यादा ऊपर जाने पर साँस लेने में दिक्कत होती थी, तो थकावट भी खूब होती। गनीमत यह कि उन दिनों वे दमा के रोगी नहीं हुए थे। यों 'हिमालय की आबोहवा आदमी को तन्दुरुस्त बनाए रखने में पौष्टिक खाद्य की उतनी अपेक्षा नहीं रखती।' पहाड़ी लोगों का शरीर हल्का होता है, क्योंकि पहाड़ों पर अधिक चढ़ने-उतरने से शरीर पर चर्बी नहीं जमती। नागार्जुन के बदन पर कभी चर्बी चढ़ी ही नहीं। हाँ, जीभ चटोरी जरूर रही है और इस चटोरी जीभ को उन दिनों हिमालय यात्रा में सत्तू और नमकीन चाय ही तरावट देते। कभी-कभी थुक्-पा बन जाया करता। सत्तू, आटा या चावल के साथ जंगली

बथुआ मिलाकर पतला अवलेह जैसा पकाया जाता, तो वह थुक्-पा कहलाता...

नागार्जुन चाहते थे कि कुछ देर के लिए नींद आ जाए...'तो क्या चाहने से ही किसी को नींद आ जाएगी? ऊँ हूँ कहाँ आएगी नींद। एक पत्ता भी नहीं हिलता चाहने से। नींद तो भला नींद ही ठहरी। वह कैसे आएगी चाहने भर से।' आँखें मूँदकर लेटे रहे...हिमालय की ढेर सारी स्मृतियाँ...मन ही मन कहा—'हुजूम बाँधकर आई हो/ यह क्या बात हुई/...क्यों करती हो तबाह इस गरीब को?/एक-एक कर आना था न?/...लो यह मैंने चुटकी बजाई.../बाकी सब दफा हो जाओ/हाँ, एक ही रहो...' और स्मृति के परदे पर रह गया चन्द्र सिंह, जो अपने दो साथियों के साथ नमक का सौदा करने तिब्बत जा रहा था। यह नेलङ की बात है, जब वह थोलिङ जा रहे थे। चन्द्र सिंह हरसिल के नजदीक वागोरी का रहने वाला 'जाड' था। भारत-तिब्बत की अन्य सीमान्त जातियों की तरह 'जाड' लोग हिन्दी और तिब्बती, दोनों भाषाएँ जानते हैं। साथ ही हिन्दू और बौद्ध, दोनों धर्म मानते हैं। ये लोग दुभाषिया और पथ-प्रदर्शक, दोनों काम कर लेते हैं। जाड़े के दिनों में ऋषिकेश, देहरादून आदि के बाजारों से गुड़-चीनी, दियासलाई, मेवे, मसाले वगैरह खरीदने जाते और गरमियों में तिब्बत जाकर बेच आते। वापसी में ऊन व नमक ले आते। चन्द्र सिंह और उसके दोनों साथियों के पास जो-व (पहाड़ी बैल और चमरी गाय से पैदा होने वाला जीव) था। उसी पर नागार्जुन का सामान लाद दिया गया और चल दिए तिब्बत स्थित सतलज पार, लगभग हजार वर्ष पूर्व बने बौद्ध अध्ययन केन्द्र थोलिङ महाविहार की ओर। आचार्य दीपांकरश्री ज्ञान, रिन् छेङ् जङ् पो (रत्नभद्र), लो बोन् छोंग् लङ् (आचार्य विङ्नाग) जैसे कई विद्वानों की लीला-भूमि के संग प्रवास-क्षेत्र रहा है यह महाविहार...

एकाएक उत्तरकाशी के उस पहाड़ी ब्राह्मण की आकृति याद आ गई, जिसने कहा था—'थोलिङ में तो स्वयं बदरी विशाल विराजमान हैं और बदरी नारायण में जो है, सो द्वयं (दूसरे) बदरी विशाल हैं। किन्तु थोलिङ में जब लामा गो-मांस का महाप्रसाद बनाकर भोग चढ़ाने लगे, तब छत फाड़कर बदरी विशाल इधर भाग आए।' पर पुलिङ में एक भोटिया ने बताया, 'एक सौ आठ गुन-पा (विहार) और एक सौ आठ ढाबा (भिक्खु) के साथ अगणित देव-देवियाँ जहाँ हैं, वह थोलिङ है।' नागार्जुन ने वहाँ के महाविहार के कुशोरिम-बो-छे (धर्माचार्य महारत्न) और लबरङ् (कनिष्ठ उपाध्याय) के लिए उपायन के सामान और देहरादूनी बासमती, चीनी, छुहारे, किशमिश, दो-एक प्रकार के अन्य सूखे मेवे व हमाम साबुन की दो टिकिया हरसिल में ही एक जाड सौदागर से ले लिए थे। रेशम के दो छोटे-छोटे पीले रंग के रूमाल राहुल ने ही दे दिए थे। कहा था, "निवेदनीय पदार्थ ढककर दिया जाता है।" तिब्बत के अनेक ऐतिहासिक महाविहार सीमान्त की ओर थे। उनकी देखभाल के लिए ल्हासा से खेम-बो (बड़ा लामा) और लबरङ भेजे जाते। खेम-

बो शिष्ट, शान्त और संभ्रान्त होते, तो लबरङ कड़े स्वभाव के, ताकि अनुशासन का पालन होता रहे।

नागार्जुन अपने पहनावे को लेकर कभी सचेत नहीं रहे। उस यात्रा में हरसिल के बाद लुंगी की तरह गेरुआ धोती और ऊपर पीली अलफी डाल लेते। नेलङ के बाद एक भोटिया लड़का 'अचारा' कहकर उनकी ओर देखता रहा। हिन्दू साधुओं को उधर अचारा कहा जाता है। नागार्जुन ने टूटी-फूटी तिब्बती में कहा था, "अचारा मेंङ रङ् पा इन्। युल ग्यि गे लोङ" अर्थात हिन्दू साधु नहीं, बौद्ध हूँ, नेपाल का ब्रह्मचारी। नेलङ से थोलिङ के रास्ते में कई जगह चतुष्पद बनकर चढ़ना-उतरना पड़ा था। जे लुखगा-जो में तो आधा मील तक बर्फ ही बर्फ थी। यह जगह 17,500 फुट की ऊँचाई पर थी। पहली भोट बस्ती पुलिङ, जहाँ जात-पात और छुआछूत का सवाल नहीं और स्त्रियाँ उन्मुक्त। स्त्री-पुरुष का सम्बन्ध खुला-खुला...नागार्जुन ने देखा और सुना भोट स्त्रियों के उन्मुक्त आतिथ्य से इधर आने-जाने वाले यात्रीगण अपनी-अपनी थकान दूर करते। ऋग्वेद की सूक्ति 'धृष्टं पुरुषं कामिन्य इव' का अर्थ चरितार्थ होते देखा था। सतलज की तटवर्ती अधित्यकाओं से होकर उसके चौड़े पाट पर पहुँचे थे। दूर से ही थोलिङ के विहारों के शिखर-चूड़ाए नजर आने लगे थे। पास की बस्ती में एक जगह किसी सन्दर्भ में चन्द्र सिंह को बताया गया कि एक-दो दिन में खेम-बो (बड़ा लामा) थोलिङ से बाहर जाने वाले हैं...

जून-जुलाई, 1943 की पूरी घटना फिल्मी रील की तरह 1981 के दिसम्बर में स्मृति पटल पर घूम रही थी...अष्टोत्तरशत स्तूपों की कई कतारों के बीच होते हुए गेरुआ लुंगी और पीली अलफी पहने थोलिङ महाविहार के प्रांगण में भिक्खु नागार्जुन ने प्रवेश किया था। खेम-बो और लबरङ की कुटी मिट्टी से बनी और लाल-पीली मिट्टी से ही पुती चारदीवारी दूर से ही दिख रही थी। कुटी के ऊपर शृंगी और नगाड़े दिखाई दे रहे थे। चन्द्र सिंह कई बार थोलिङ आया-गया था। अतः महाविहार के कायदे-कानून का थोड़ा-बहुत अन्दाज था उसे। सबसे पहले सांघिक भोजनालय में ले गया नागार्जुन को। 'दो सौ वर्ष की पुरानी पाकशाला धुएँ से काली-कलूटी कोलतार से गाढ़ी लीपी-पुती प्रतीत हो रही थी। तीन मुँह वाली तीन बड़ी-बड़ी भट्ठियाँ जल रही थीं, उन पर बड़े-बड़े डेगचे चढ़े हुए थे।' पाचक के हाथ में काफी बड़ी कलछी देखकर सहज अन्दाज हो गया कि महाविहार के सभी लोगों का चाय-पानी और खान-पान यहीं बनता होगा। पाकशाला में एक बड़ा-सा समद्विबाहु आकृति वाला आसन बिछा था। आसन के आगे प्यालियाँ और कटोरे, थाली रखने के लिए एक बड़ा-सा समद्विबाहु पीढ़ा पड़ा था। कुछ तरुण बौद्ध संन्यासी और लामा चाय पी रहे थे। वहाँ बैठे लोगों ने मुस्करा कर नागार्जुन का स्वागत किया। नागार्जुन ने देखा कि वे सब घुटने तक का बूट पहने थे। बाद में पता चला कि तिब्बती लामा और भिक्खु उसे पूरे दिन पहने रहते हैं, सो बूट पहनकर

ही पाकशाला के आसन पर भी बैठे थे। वह विराट ऊनी आसन बूट की मिट्टी को वर्षों से झेल रहा था...तो युवा भिक्खु का मन उस आसन पर बैठने से विद्रोह करने लगा। बैठने का आग्रह होने पर अपना काला लोई बिछाकर बैठे। अलफी मैला होने देने के बजाय लोई का गंदा होना ही ठीक लगा था।

महापाचक का इशारा पाकर परिचारक डब्बू भर पर्याप्त मक्खन डालकर मथी हुई नमकीन चाय ले उनके सामने आया। वहाँ पर सबकी अपनी-अपनी प्याली होती। नागार्जुन ने एक खूबसूरत लकड़ी वाली प्याली सामने पीढ़ी पर रखी, जिसे राहुल ने नेलङ में उन्हें खरीद कर दिया था। उस प्याली को देख लामा बड़े ही चमत्कृत हुए—'चल् दिक-ने सोङ के' अर्थात, कहाँ से पाई यह? चन्द्र सिंह और वे पाँच-पाँच प्याली उस स्वादिष्ट पेय को मुँह में उड़ेल तरोताजा हुए। चन्द्र सिंह ने उनकी ओर इशारा कर लोगों से आने का उद्देश्य बतलाया। एक तरुण लामा ने नागार्जुन को गौर से देखकर कहा, 'खेम्-बो का दर्शन कर आओ, अभी कोई नहीं है वहाँ।' इस पर महापाचक ने अपनी राय ठोकी, 'पहले लबरङ से मिलना ठीक होगा।' फिर निवेदनीय पदार्थ ले जाने के लिए संघ-भण्डार से साफ-सुथरी तश्तरियाँ मिलीं।

उन्हें एक तरुण लामा लबरङ के कक्ष तक ले गया था। चन्द्र सिंह साथ ही था, सो वह द्विभाषिया हो गया...भीत से लगा बित्ता भर ऊँचा चबूतरा और उस पर ऊनी रोएँ वाला मोटा आसन। नीचे दाएँ-बाएँ दो-दो छोटे आसन। लाली लिए हुए बैंगनी रंग वाला भोटिया चीवर। सोने की घुंडी-मुंडी वाली पीली अंगरखा। लाल और सफेद सूतों वाला भोटिया जूता। चीवर और अन्तवासिक ऊनी। अंगरखा आसामी अण्डी के। मुण्डित सिर। दाढ़ी थोड़ी-सी ठुड्डी पर बकरे की तरह। गोद में कपिश रंग वाले कुत्ते का एक छोटा पिल्ला। वह पिल्ला लामा का मुँह, नाक, कान, गला और माथा चाट-चाटकर अपने मालिक के दुलार का प्रतिदान दे रहा था...चूँकि किसान आन्दोलन को करीब से देखने के बाद थोलिङ की यात्रा की थी, सो लबरङ् विहार के किसी उन्मत्त जमींदार जैसा लग रहा था। नागार्जुन ने खुद को नेपाल निवासी और 'विद्यालंकार परिवेण' लंका से दीक्षा प्राप्त बौद्ध कहा। उन दिनों तिब्बती अधिकारी प्राय: प्रत्येक भारतीय को गन्-दी (गांधी) का आदमी और फि-लिंग (फिरंगी अंग्रेज) का शत्रु मानते। भिक्खु नागार्जुन नहीं चाहते कि थोलिङ महाविहार में ल्हासा से आते-जाते राजकीय अधिकारियों के सन्देह के वे पात्र बनें।

सामान्य रूप से अता-पता लेने के तुरन्त बाद प्रथम परिचय में ही लबरङ् ने अपनी दोनों हथेली फैलाकर सामने कर दी, "हाथ देखना जानते हो?" यह सुनकर मैथिल ब्राह्मण बुद्धि को न जाने क्या सूझी, "हाथ तो नहीं देखता, पर ललाट की रेखाएँ पढ़ना जानता हूँ..." लबरङ् को आश्चर्य लगा। ललाट का लेख तो विधाता ही बाँचता है—ऐसा ही कुछ कहा था चन्द्र सिंह से उसने। नागार्जुन को भीतर-ही

भीतर हँसी आ रही थी, पर बने रहे परम गम्भीर। उसके कपार पर नजर गड़ाए रहे, "जू कु शो! (श्रीमान) आपकी ललाट लिपि घोर मानसिक संकट बता रही है मुझे। रात को सो नहीं पाते आप...डर-डर कर चौंक जाते..." तीर काम कर गया। लबरङ चुपचाप उसे देखते रहे और नागार्जुन का दिमाग काम कर रहा था। नेलङ में सुना था कि तीन-चार महीने में वर्तमान खेम-बो और लबरङ् का कार्यकाल समाप्त हो रहा है, पाँच साल का हिसाब-किताब देना था, कुछ खर्च बताए नहीं जा सकते, पर कई अफवाह हवा में डोल रही थीं। लामा ने जानना चाहा कि "तंत्र-मंत्र कर सकते हो, तो करो, ताकि हिसाब-किताब अपने ढंग से तैयार हो...।"

कुछ देर बाद लबरङ् ने पूछा, "जो कुछ ग्य-गर्-गद् (भारतीय भाषा) में है, वही तो भोद्-गद् (भोट-भाषा) में है, तो भोट भाषा क्यों पढ़ना चाहते हो?" नागार्जुन को समझाना पड़ा था कि प्राचीन आचार्यों के अनेक ग्रंथ भारतीय भाषा में अप्राप्य हैं और उनके प्रमाणिक अनुवाद तिब्बती भाषा में ही सुरक्षित हैं। संस्कृत और भोटिया भाषाओं की जानकारी से उन ग्रंथों का उद्धार सम्भव है। राहुल द्वारा सम्पादित 'प्रमाणवार्तिका' तथा चेरवास्की वाला 'न्यायबिन्दु' दिखलाकर उसका तिब्बती नाम बतलाया। उन दोनों पुस्तकों को श्रद्धा सहित सिर से लगाकर कुछ बुदबुदाया लबरङ्। यों इन दोनों पुस्तकों से अक्सर तकिया का काम लिया करते थे नागार्जुन। अब और पूछताछ करना लबरङ के वश के बाहर की बात थी, सो एक तरुण लामा के साथ कु शो रिम बो छे (श्रीमत महारत्न धर्माचार्य) के पास भेज दिया। वह उसी कुटी के ऊपरी हिस्से में रहते थे। चन्द्र सिंह भण्डार जाकर उपायन के लिए नैवेद्य सजाकर ले आया। हाँ, इस बार तश्तरी बड़ी थी और सामग्रियों के लिए अलग-अलग कटोरियाँ भी थीं।

बड़े लामा का रंग स्वर्णिम, कद लम्बा और दुहरा बदन था। मुखाकृति सौम्य और शान्त। मुण्डित सिर, परन्तु दाढ़ी नहीं। उनकी गोद में भी दो-तीन महीने का एक भूरे रंग का पिल्ला सो रहा था। आसन भी सादगीपूर्ण था। एक ओर रेशमी कपड़े की वेष्टनी में दस-बारह पुस्तकें पड़ी थीं। पास ही एक छोटी-सी चौकी पर खूबसूरत नोसिदानी चाँदी की और चाँदी का ही जप-चक्र पड़ा था। उन्होंने दाहिना हाथ उठाकर अभयमुद्रा में आशीर्वाद दिया था।

बड़े लामा से बातों के क्रम में लगा कि वह महायान और वज्रयान के श्रद्धापक्षीय विनय-धर्म आदि मात्र के ज्ञाता थे। तर्क और प्रमाण शास्त्र के बारे में अल्प जानकारी थी उन्हें। नागार्जुन पर आँख गड़ाकर उन्होंने कहा था, "जो काशी, बोधगया और विद्यालंकार परिवेण रहकर अध्ययन कर चुका है, उसके लिए मंजूघोष की कृपा सहज है। जो बातें दोर्जे-दन् (बोधगया) में नहीं मिली, वह संसार में कहीं नहीं सीखी जा सकती।" अंध आस्था वालों से जब पाला पड़ता है, तो उनको समझना एक विकट समस्या होती है। महाविहार में अध्ययन के लिए बड़े लामा की आज्ञा

अनिवार्य थी...छात्रवत् अनुनय निकल पड़ा था, "शास्ता सर्वज्ञ को अपनी जन्मभूमि में लोग भूलते जा रहे हैं, बहुत दिनों तक बोधगया में पीपल के नीचे बैठा रहा। वहाँ लगता रहा कि कोई कहा रहा हो—जाओ। भोट देश जाओ। वहाँ के लामाओं के पास जाकर श्रद्धा भक्ति सीखो। उन सबके पास अब भी बहुत कुछ बचा हुआ है। बुद्ध वचन और बाद में आचार्यों के शास्त्र वचन उन्हीं से ही सीख सकते हो। फिर तो यहाँ आना ही पड़ा। थोलिङ आते समय गंगोत्री के करीब भैरव घाटी के देवदार की छाँह में थककर सो गया था, तो सपने में लो बोन छोग् लङ (आचार्य दिङनाग) रोष में डाँट रहे थे, 'तेरा जीवन व्यर्थ है, यदि मेरे छमा कुन्-तडि (प्रमाण समुच्चय) का उद्धार न किया तो।"

नागार्जुन उस समय अति गम्भीर हो गए थे। महारत्न ने तो साफ-साफ कहा, "आचार्य दिङनाग और आचार्य धर्मकीर्ति का नाम भर जाना जाता है यहाँ। अक्षरारम्भ, स्रोत पाठ, पूजा-पद्धति आदि का प्रारम्भिक ज्ञान यहाँ बताया जा सकता है तुम्हें, पर बनना चाहते हो महापंडित।" और नागार्जुन ने सिर झुकाकर कहा था—"अक्षरारम्भ तो श्रीमान के पास रहकर ही करेंगे। बहुत आशा और विश्वास लेकर महाविहार तक आए हैं..."

कुछ क्षण मौन रहे श्रीमान, और नागार्जुन भीतर ही भीतर उद्वेलित। आँखें नीचे झुकी थीं। कानों में आवाज आई, "जब तुम्हारी इच्छा है, तो रहो यहाँ। हम तो केवल ढाई माह यहाँ हैं। दूसरे खेम बो और लबरङ् आएँगे...उन सबसे तुम्हारे बारे में कह दिया जाएगा। अन्तेवासी लामा पढ़ा दिया करेगा। खाना-पीना महाविहार के सांघिक भोजनालय में होगा। उसकी चिन्ता नहीं करना।"

पूरी व्यवस्था होने में वहाँ समय नहीं लगा था। चन्द्र सिंह सारा सामान वहाँ से ले आया, जहाँ उसके अन्य दो सहयात्री रुके थे। सांघिक पाकशाला में चाय पीने के बाद जब वह अलग होने लगा, तो पूछ बैठा, "कौन-सा मंत्र मारा, जो तुरन्त ही बड़ा लामा मान गया।" चन्द्र सिंह के इस प्रश्न पर नागार्जुन पहले गम्भीर होकर कुछ सोचने लगे और भभाकर हँस पड़े, "चन्द्र सिंह, तुम्हारे देवता में वह शक्ति कहाँ है? शक्ति तो मेरे पास पड़े उस पीपल के पत्ते में है, जो न जाने कहाँ 'प्रमाणवार्तिका' के उस पृष्ठ के साथ रखा था, जहाँ से आगे पढ़ना है। यों कह लो बोधगया से साथ चल रहा है..." अपनी ही हँसी कानों में गूँजने लगी...

तभी लगा कि दरवाजे पर कोई आवाज दे रहा है, "बाबा जी, बाबा साहेब...।" एक झटके में मन महाविहार से लौटकर लैंस डाउन के होटल में आ गया। उठकर दरवाजा खोला। बाहर कोहरा था। सामने खड़े गढ़वाली युवक ने पूछा, "पहले चाय लेंगे या बाथरूम में गरम पानी रखवा दिया जाए।"

"पहले एक मग गरम पानी ला दो, फिर पन्द्रह मिनट बाद चाय, वह भी आधा कप। नाश्ते में दो टुकड़े ब्रेड सेंककर मक्खन सहित...मेरे थर्मस में गुनगुना पानी भर देना।" फिर नागार्जुन खिड़की तक गए। सर्दी बढ़ गई थी। सड़क निर्जनता में ऊँघ रही थी। सड़क पर एक पंक्ति से आगे-पीछे कई सैनिक वाहन खड़े थे। पर 'कुहरा क्या छाया/बढ़ गई शिशिर की बीस गुनी माया...' और सुबह के सात बज चुके थे।

गुनगुने पानी से हस्त प्रक्षालन और हथेली के मध्य वाली दोनों उँगलियों में पानी लगाकर आँख-नाक और कपार को छूने के बाद पुन: बिस्तर पर पल्थी मारकर बैठे। चादर से पाँव को ढँका। चाय और टोस्ट सामने आ गया। अल्पाहार के बाद कुल्ला। गमछा से हाथ-मुँह पोंछने के बाद एक स्टील वाली छोटी-सी डिबिया जेब से निकाल लौंग के दो फूल मुँह के हवाले किया और लगे अपना थैला सँभालने। थैले में पत्र-पत्रिकादि रखते वक्त 'देश' के पिछले कवर पृष्ठ पर घड़ियों की मशहूर कम्पनी का चटकीला विज्ञापन सामने आया, तो हाथ स्वत: ही ऊपर वाली जेब में चला गया...घड़ी निकालकर समय देखा—7.40। होटल वाले ने कल ही बताया था कि सवेरे आठ बजे गुमखाल वाली टैक्सी जाती है। घड़ी को पुन: जेब के हवाले किया। घड़ी कलाई में नहीं बाँधते। मन में रहता कि जेब-घड़ी ही पास रखें। जेब-घड़ी खरीदते अवश्य, पर खरीदने के दस दिनों के भीतर अमूमन कोई-न-कोई उसे ले लेता। जेब घड़ी का प्रचलन अब रहा नहीं, तो नागार्जुन की उस प्रलोभनी वस्तु पर बच्चों और जवानों की नजर पहले लगती।

समय पर टैक्सी स्टैण्ड तक गढ़वाली युवक पहुँचा गया। उम्मीद से बहुत अधिक मजदूरी पाकर फौजी जवान की तरह उसने सलाम ठोका। टैक्सी पर बैठने से पहले निगाहें चारों ओर दौड़ाईं...सैनिक छावनी...ऊँची पहाड़ियों पर बने सुन्दर-सुन्दर घर...ढंग से साफ-सुथरे फौजी कार्यालय या आवासीय परिसर...दूर-दूर तक हिमालय का सर्वप्रिय और सर्वसुलभ वृक्ष देवदार...याद आया, 'जाड्यार्तानां सहस्रं दिशिदिशि प्रसृतं देवदारूद्रुमाणं/पांडत्वग्वेष्टनान्त: शिथिलिति करणा दैन्यमाप्तावनानी'...पर सैन्य नगरी के कारण अपनी खूबसूरती दिखलाने में पीछे नहीं—'रंग-बिरंगे फूलों वाली/हरियाली से ढकी पहाड़ी...' तीन और सवारी के बैठते ही टैक्सी चल पड़ी। सड़क के बाईं ओर पहाड़ और दाहिनी ओर घाटी कोहरे में डूबी थी। जहाँ-तहाँ आबादी का आभास देते टीन के चदरे वाले घर थे। तराई में ऊँचे-ऊँचे चीड़ और देवदार भरे पड़े थे।

सँवलाई हुई लम्बी काया उम्र के कारण थोड़ी झुक-सी गई है। गरम कपड़े में पूरी तरह ढका तन...कनटोप, मफलर, पैरों में कपड़े वाला काला जूता, कन्धे से लटकता झोला और दूसरे कन्धे पर मोटा आसमानी रंग के ऊनी चादर के साथ नागार्जुन जहरीखाल के बस स्टैंड पर टैक्सी से उतरे, तो बिल्कुल करीब के मंडोलाजी की दुकान से वाचस्पति लपककर आगे बढ़े और पाँव छूते हुए

हाथ पकड़ लिया। दुकान के सामने रखी बेंच पर बिठाया। सामान उतारकर रखा गया बेंच के ऊपर, तब तक सड़क के दाहिनी ओर से शकुन और बेटू भी सामने आ गए। नागार्जुन के 'सर्वोत्तम पुण्यतीर्थ' के त्रिदेव में एक देवता और आ मिले सवेरे-सवेरे...।

अर्धे अर्धे स्वाहा

जयनगर से आने वाली ट्रेन में उस दिन भारी भीड़ थी। मधुबनी में सवार हुए नागार्जुन। बैठने की जगह नहीं मिली, तो खड़े-खड़े सकरी तक आए। मानो टँगकर पूरा किया हो यह फासला। बातचीत, शोर-गुल, छींक-खाँसी, धक्कम-धुक्की, भीड़-भाड़ के चलते घंटे भर वाली यात्रा में तबीयत भारी होने लगी। सकरी के डिस्टेंस-सिग्नल के पास आकर गाड़ी रुकी, तो उसाँस लिया—चलो आ गए! सिग्नल होने के बाद गाड़ी फिर चली, तो डिब्बे के भीतर थोड़ी हलचल बढ़ी...लगा कि गाड़ी प्लेटफॉर्म को छूने लगी...गाड़ी रुकी...आधे से ज्यादा मुसाफिर यहीं उतरे। नागार्जुन के पास दो अदद सामान था, कन्धे से लटका खादी का थैला और कम्बल-चादर का बिस्तर। ट्रेन से उतरकर सामने प्लेटफॉर्म की बेंच पर अपना सामान रखा। उन दिनों के बी.एन.डब्ल्यू (बंगाल नार्थ वेस्टर्न) रेलवे का छोटा-सा जंक्शन था सकरी।

1943 ई. के दिसम्बर के अन्तिम सप्ताह और शाम के साढ़े तीन बजे का समय। कुछ वक्त बेंच पर बैठकर गाड़ी की हरारत मिटाना चाह रहे थे कि सामने चाय वाला दिखा, तो एक कुल्हड़ चाय ले ली। चाय की चुस्की थकी नसों को थोड़ी राहत दे गई। सामने से ट्रेन हटी, तो लाइन के उस पार कलम-बाग होकर ढेर सारे लोगों को जाते देखा। दिनान्त करीब था, तो दूर-दराज के ग्रामीण अपने ठौर-ठिकाने पहुँचने को आतुर लग रहे थे। नागार्जुन के लिए बचपन से ही चिर-परिचित रास्ता था वह। अपने गाँव के सीमान को छूने की उनकी उमंग भी भीड़ वाली यात्रा की थकावट को दबा रही थी। तरौनी और उसके आसपास की मिट्टी उन्हें बराबर अपनी ओर खिंचती रही है। समुद्र पार या कैलास मानसरोवर-तिब्बत का पहाड़ी इलाका या फिर देश के किसी हिस्से में वह खिंचाव नहीं महसूस करते, जो आकर्षण इस धरती में लगता। उठ खड़े हुए, तो एक पान वाला नजर आया। पान-जर्दा मुँह में डाल, पान की ही डंडी में चूना लगा जीभ से चाटकर सामान उठाया और रेल की पटरी पारकर बगीचे वाली एकपेरिया पकड़ी। सात-आठ मिनट चलकर और डेढ़-दो सौ के करीब पेड़ वाले सघन अमराई को पारकर मुख्य पक्की सड़क पर आ गए। सामने दहौड़ा का भगवती स्थान था। सड़क पर तांगा-इक्का

आदि सवारियों की आवाजाही थी। सकरी स्टेशन के करीब गुमटी के इस पार की यह सड़क कुशेश्वरस्थान तक जाती है।

बचपन में न जाने कितनी बार गाँव से यहाँ आया करते थे, खासकर विजयदशमी के समय मेला घूमने। मन्दिर देखकर सोचा कि तांत्रिक कुल के खाँटी मैथिल होकर भी बौद्ध हो गए। इतना तो जान ही गए हैं कि 'कौन है वह व्यक्ति जिसको चाहिए न समाज/कौन है वह एक जिसको नहीं पड़ता दूसरे से काज?/चाहिए किसको नहीं सहयोग?/चाहिए किसको नहीं सहवास?/कौन चाहेगा कि उसका शून्य में टकराय यह उच्छ्वास...' पूरी उम्र मानव मुक्ति के लिए चिन्तनशील और घुमक्कड़ गौतम बुद्ध भी भिक्खु नागार्जुन को अपनी ओर पूरी तरह खींच नहीं पाए। नागार्जुन भी यात्री हैं और उन्हें अश्वघोष की वह उक्ति बराबर याद आती, जिसमें कहा गया है—*यत्र गच्छति कायोऽपं दुःखं तत्रानुगच्छति/नास्ति काचिद्गतलोंके गतो यत्र न बाध्यते* (जहाँ यह शरीर जाता है, वहाँ दुख भी पीछा करता है, संसार में ऐसा कोई स्थान नहीं है, जहाँ जाने पर लोग पीड़ित न होते हों), तो अपना गाँव, समाज और अपराजिता बराबर याद आती रही, तो कोई आश्चर्य की बात कहाँ?

वह वहीं जा रहे थे, जहाँ उस समय तक की आधी जिन्दगी गुजरी थी। अब तो वे अकेले पुरुष रह गए थे अपने घर में। इसी वर्ष (1943) के सितम्बर में पितृ-पक्ष के एकादशी के दिन उनके पिता का देहान्त काशी में हुआ था। माँ जब मरी थी, तो कुछ भी सोचने-समझने की उम्र नहीं थी और अब पिता का जब देहान्त हुआ, तो वह पूरी दुनियादारी के साथ धर्म-दर्शन, राजनीति, समाजनीति और अर्थनीति बखूबी समझ रहे थे। पिता की मृत्यु की सूचना उन्हें तिब्बत के पश्चिमी प्रदेशों की यात्रा के बाद इलाहाबाद लौटने पर दिसम्बर के मध्य में मिली। इलाहाबाद के मित्रों को यह देखकर हैरानी हुई कि नागार्जुन ने इस बात को बहुत सहज भाव से लिया। इलाहाबाद में दो दिन रुककर बनारस आ गए थे। वहाँ मामा ने बताया कि मिसर जी (गोकुल बाबू) के अन्तिम क्षणों में किसी ने पुत्र की याद दिलाई, तो सूखे होंठों को सिकोड़कर बोले थे, "उस आवारा का नाम ही मत लो!" और कुछ देर के बाद 'किन्तु हो गया कंठ रुद्ध, असमर्थ/फिर धरकर दृग-जल का निर्मल रूप/लगा प्रवाहित होने भावावेश...' काशी के मणिकर्णिका घाट पर उनका प्राणांत हुआ और भतीजे शिवनाथ मिश्र ने मुखाग्नि दी। बनारस में ही पूरी जानकारी मिली, तो कुछ घंटे पिता और माँ की याद में खोए रहे। बहुत दिनों के बाद मानस पटल पर पिता का बुलंद चेहरा, चौड़ा कपार, घनी भौहें, हल्का पीलापन लिए दाँत, घनी मूँछ छा गई!

पैर पक्की सड़क छोड़ कच्ची सड़क की ओर स्वतः मुड़ गए। यह सड़क नारायणपुर और राघोपुर होते हुए तरौनी को जाती है। पाँव के साथ चित्त की चर्खी भी चल रही थी...माँ यदि जीवित रहती, तो ठक्कन का जीवन-चक्र इतनी तेजी से

नहीं घूमता। कम से कम शिशु ठक्कन को युवा वैद्यनाथ बनने तक भी माँ की छाया साथ रहती, तो शायद वह आचार्य वैद्यनाथ मिश्र होकर किसी संस्कृत पाठशाला तक सीमित हो गए रहते। माँ न रही, तो घर से लगाव न रहा। उम्र के छठे-सातवें वर्ष से लेकर पिता की मृत्यु तक जब भी गाँव रहना हुआ, तो पिता से प्रताड़ित ही होते रहे। सोचा, अपने घर में यंत्रणा-सन्ताप झेलना पड़े, घुटन और ऊब के कारण चेहरे का रंग बदरंग हो जाए, तो घर छोड़कर भागने का मन किसी का भी हो सकता है!

सामने से भैंसों का झुंड सड़क पार कर गया, तो लगा कि विचारों के झोंक में फासला तय कर रहे हैं। सड़क के दोनों ओर फैले खेतों में अगहनी फसल के बाद रबी की बुआई होने वाली थी। नारायणपुर में उस जगह पर आकर जरा ठिठके, जहाँ उनके खानदानी महापात्र का घर है। उसके घर के सामने कमला की धार की छाड़न...यहाँ आकर मन मिजाज झटका खा जाता, क्योंकि सकरी चीनी मिल के कचरे से निकलेवाले दुर्गन्ध के कारण नाक पर गमछा रखना ही पड़ता। नजर उठाई, तो देखा महापात्र वाला दालान खाली पड़ा है। अच्छा लगा। क्या पता, ये लोग पिता का श्राद्ध न करने के लिए यहीं घेर-घार करते! उसके दालान की अँगनई में मचान पर सेम की बेलें लतरी हुई थीं, उसके सफेद और बैंगनी फूलों को देख मन खिल उठा...आगे नारायणपुर का छोटा बाजार। अधिकांश घर हलवाई और सुनारों के। राहगीरों और ग्राहकों को परखने में इन दुकानदारों को महारत हासिल थी। दुकानदारों में उनका हमउम्र लखन साह भी था। पेशे से हलवाई। उसकी दुकान की बालूशाही प्रसिद्ध थी इलाके में। लखन की नजर अपने मित्र वैद्यनाथ पर पड़ी, तो कूदकर बाँहों में घेर लिया—“ठक्कन भाई! पानी तो पी लीजिए!” छप्पर के नीचे पतली पुरानी बेंच पर बैठना ही पड़ा। एक छोटी पीतल की तश्तरी में चार बालूशाही और गिलास में पानी लेकर बगल में लखन भी आ बैठा। उनकी ओर स्नेह भरी नजरों से देखता हुआ बोला—“आप तो गाँव-घर ही छोड़ दिए। सुना, आप देश में नहीं थे और काका गुजर गए!”

नागार्जुन चुपचाप उसे देखते रहे। लखन फिर बोला, “आपके गाँव वाले तो पतिया प्रायश्चित कराएँगे ही...आप उनकी सब बात मान लीजिएगा और महापात्र को पटिया लेंगे हम सब, जाएँगे गया और तभी होगी काका की मुक्ति...” लखन ने सहज ढंग से समस्या और समाधान, दोनों बतला दिया, तो बरबस नागार्जुन मुस्करा उठे—“पंडितों के संग रहते हुए सब तरीका समझ गए क्या?” बालूशाही और पानी पीकर कहा—“लखन, तम्बाकू तो मलो!”

सामने सड़क पर ग्रामीण बुचनी अपनी धुन में लम्बा-लम्बा डग भरता और नजर एकदम सीधी किए आगे निकला। नागार्जुन ने आवाज दी—“अरे बुचनी!” बुचनी मुड़ा और लपककर अपना झोला जमीन पर रख-पाँव छूते हुए बोला—“प्रणाम भाई! यहाँ कैसे?”

"क्यों? घर-बार है, बाप-दादा की नाममात्र जायदाद है। टोल-पड़ोस से खून का रिश्ता है। आसपास की जान-पहचान, परिचय-पात क्या नहीं है! सब कुछ तो अपना ही है न।" स्नेह से उसका हाथ पकड़ बेंच पर बिठाया और फिर लखन से कहा—"इसे भी मिठाई खिलाओ।" बुचनी एकटक उन्हें देखता रहा और बोला—"भाई आप मिले लगभग दो वर्षों के बाद और इस बीच आपके विषय में काफी कुछ सुना है।" अपने ग्रामीण हरिश्चन्द्र झा, जिसे गाँव के लोग बुचनी कहा करते, को देखते रह गए नागार्जुन। महामहोपाध्याय परमेश्वर झा का यह भतीजा गाँव में ही रहता है।

खादी की धोती और कोकटी रंग वाला खादी के ही कुर्ते पर गहरी भूरी ऊनी बंडी, गले में मफलर लपेटे जब नागार्जुन अपने दालान पर पहुँचे, तो शाम गहरा चली थी। बौए भाई चौकी पर बैठ कुछ जप रहे थे। पैरों की आहट से ध्यान भंग हुआ—"ओह! ठक्कन!" तब तक नागार्जुन ने दोनों हाथ से उनके पाँव छू लिए। बौए भाई (पं. चन्द्रशेखर मिश्र) का दाहिना हाथ उनके माथे पर आया—"आयुरानन्द योंर्वृद्धिरस्तु..." बुचनी ने भी उनके पाँव छुए और कहा—"भाई, ठक्कन को पकड़ लाया और अब इन्हें उड़ने से रोकें..." फिर नागार्जुन से बोला—"अच्छा भाई, कल किसी समय आऊँगा, तो बात होगी।"

नागार्जुन को देखते ही रामचरन का बड़ा भाई बचवा झट बाल्टी से एक लोटा पानी निकाल कर आगे खड़ा हो गया। नागार्जुन ने खलिहान में जाकर पाँव धोए और आकर बौए भाई के पास बैठने को हुए कि आँगन से चाची निकल आई। चाची के पाँव छूने को झुके, तो उन्होंने बाँहों में भर लिया और भर्राये गले से कहा—"चार अक्षर लिखना भी तुम्हारे लिए पहाड़ हो गया। न कोई खबर, न खत! जो पूत परदेश गया, देव-पितर सब से गया...।" रुलाई के आवेग में चाची के होंठ फड़क रहे थे..."चलो आँगन! जयमुखी बहुरिया को क्यों नहीं लेते आए?" चाची उनका हाथ पकड़कर लगभग खींचते हुए चली आँगन की ओर।

बौए भाई के आँगन का दालान था यह, पर नागार्जुन के आँगन वाले भी इस दालान को अपना ही मानते। दालान के सामने पूर्व दिशा में तालाब से सटा खलिहान। नागार्जुन ने बचपन में इस खलिहाननुमा मैदान में हमउम्रों के साथ न जाने कितने खेल-कूद किए हैं...पहले एक तीनटंगा चौकी दालान पर दीवार से सटाकर रखी रहती थी। उस चौकी पर जाने कितनी बार पिता से पिटकर रोए होंगे। नागार्जुन के पिता तीन भाई थे। परमानन्द, कुलानन्द और गोकुलानन्द। सहरसा जिले का प्रसिद्ध गाँव महिषी उन लोगों का ननिहाल। वहाँ उन सब को भूमि दान में मिली थी। परमानन्द ने वहीं रह जाना उचित समझा। कुलानन्द के पुत्र शिवनाथ और गोकुलानन्द के पुत्र वैद्यनाथ, यही दो चचेरे भाई तरौनी के निवासी रहे।

आँगन में चाची ने खम्भेली से सटाकर पीढ़ी रखी। नागार्जुन बैठ गए, पीठ को खम्भेली से टेका। चाची भी छोटी पीढ़ी लेकर पास ही आ बैठी और ध्यान से लगी

उनको देखने। बहुत दिनों पर करीब से देखकर चाची को हाल ही में स्वर्गवासी हुए देवर गोकुल और लगभग सताईस-अट्ठाइस वर्ष पहले मरी देवरानी उमा की याद जोरों से आने लगी। कोंढ़-करेज फटने लगा, तो पहले आँखें डबडबाईं और फिर नागार्जुन के गले लग लगी रोने। वे भी अपने को नहीं रोक पाए...चाची की रुलाई और नागार्जुन के आने की खबर सुनकर टोल-पड़ोस वाले भी आँगन आ गए। रामचरन भी अपनी माँ के साथ आ पहुँचा। रामचरन तो उनके हिस्से का खानदानी खबास था। उनकी शादी में भी वही टहलुआ बनकर गया था। पछबरिया टोल से परसरमावाली काकी भी आ गईं। वह किसी काम से निकली थी कि कृष्णघर के सामने बुचनी ने नागार्जुन के गाँव आने की सूचना दी, तो अपने आँगन न जाकर इधर ही आ गई। गम्भीर महिला थी। जाति-पांजि-कुल के मामले में गाँव में सबसे नाक वाली। आँगन में घुसते ही बोल पड़ी—"वाह ठक्कन! पुत्र धर्म भी भूल गए!" और चाची के बगल में आकर बैठ गईं।

नागार्जुन ने धीरे से कहा—"काकी, उन दिनों मैं तो हजारों कोस दूर था। खबर समय पर मिलती, तो भी आने में कम से कम दस-बारह दिन लग ही जाते!"

परसरमावाली काकी ने कहा—"हम समझते थे कि अब तुम तरौनी नहीं आओगे, पिता की मृत्यु मामूली बात नहीं है! तुम तो एक उम्र के बाद से ही पिता से दूर भागते रहे, पर अब गोकुल बाबू की सद्गति हो जाए, यह तो तुम्हें ही सोचना और करना है..."

नागार्जुन की आँखों में उमड़ते आँसू लालटेन की रोशनी में चमक उठे, तो परसरमावाली काकी अपनी सफेद साड़ी के आँचल के खूँट से पोंछती हुई बोली—"ओह! आते ही नाहक यह सब तुम्हें कहने लगी!" नागार्जुन ने अपनी धोती से नाक साफ की और काकी के हाथों को अपने हाथों में लेकर माथे से लगाया, मानो स्नेह की मूर्ति से आशीष ले रहे हों। इतने में दछिनवरिया ओसारे पर बैठे किसी ने कहा—"ठक्कन उस पार भोट देश रह आए। फिर भला तरौनी क्यों याद रहे..." यह स्वर उन्हें लक्ष्मी भाई का ही लगा। नागार्जुन चुप रहे।

तब तक नागार्जुन के हमउम्र ग्रामीण एकमात्र कांग्रेसी नेता जया झा आ पहुँचे। स्वतंत्रता के लिए चल रहे आन्दोलन में डेढ़-दो वर्ष जेल हो आए थे। नागार्जुन के परम प्रिय मित्र रहे हैं। उनके बगल में सटकर बैठ गए और बोले—"मीत मेरे, आ गए तुम! अभी तो तुम्हें बहुत कुछ देखना है। तुम तो अपनी बुद्धि के बल पर समुद्र पार कर गए। आए थे तिब्बत जाने के लिए, पर कूद गए किसान आन्दोलन में। जेल भी गए। फिर अभी तिब्बत हो आए..."

अपने बारे में जया झा से सुनकर नागार्जुन को आश्चर्य हुआ, पर उन्हें अभी इस चर्चा में रुचि नहीं थी। लेकिन जया झा चुप रहने वाले तो थे नहीं—"मैं तो साफ-साफ कहता हूँ कि पिता का श्राद्ध न करके तुमने कोई कुकर्म नहीं किया,

पर भाई मेरे, बाप का श्राद्ध न करना भी तो कोई सुकर्म नहीं है न! यह तो एक सामाजिक क्या, मात्र पारिवारिक दायित्व है। और तुम दायित्व से पीछे हटने वाले लोगों में नहीं हो..."

"गुरु काका के लिए मृत्यु ही मोक्ष थी। चलो मेरे यहाँ, तुम्हें तो चाय पीने की आदत होगी..." कहती हुई हरेकांत की माँ हाथ पकड़कर लगभग खींचते हुए आँगन से निकली।

नागार्जुन अपने आँगन वापस लौटे, तो रात के साढ़े नौ-दस बज ही गए। गाँव के लिए यह काफी रात मानी जाती है, वह भी अगहन-पूस की रात। चाची के घर से तकली कातने की 'किर्र-किर्र' आवाज आ रही थी। पैरों की धमक से वह आँगन की ओर देखने लगी, तो 'किर्र-किर्र' की आवाज बन्द हो गई। नागार्जुन ने सोचा कि तकली कुलीन ब्राह्मणियों के साथ मायके से ससुराल तक चलती रहती है। जनेऊ के लिए तकली से निकले बारीक सूतों की अनिवार्यता बनी ही हुई है और फुर्सत का वक्त स्त्रियाँ तकली के सहारे बहुत ही आसानी से गुजार लेती हैं। चाची घर से बाहर निकली और हुलसकर बोली—"कहाँ लापता हो गया आते ही, खाना बनाने चली थी कि चनपुरा वाली कह गई कि वही तुम्हें खिलाएगी, मेरा तो दिन वाला खाना पड़ा था..."

नागार्जुन ओसारे पर खम्भेली से टिकी पीढ़ी को सीधा कर बैठ गए। चाची की ओर देखकर कहा—"काकी, जरा पानी तो पिला दीजिए।" चाची ने घड़े से फुल्ही लोटा में पानी लेकर सामने रखा। एक साँस में लोटा भर पानी पी गए। फिर बोले—"काकी, बहुत थक गया हूँ, जगूँगा तो सूरज भर आँगन फैला रहेगा!"

चाची ने चुटकी बजाकर कहा—"बड़े भागवन्त हो बेटा! यहाँ तो नींद निगोड़ी न जाने कब से खार खाए बैठी है..."

अपने ओसारे की चौकी पर दीवार की ओर मुँह करके आँखें मूँदे गुन-धुन में पड़े रहे नागार्जुन। नाना प्रकार की बातें दिमाग में आ रही थीं...इसी ओसारे पर बचपन में पिता के साथ अक्सर सोया करते थे। उस समय आँखें मुँदे पिता के मुँह से निकले दो-चार श्लोक सुन ही लेते। श्लोक के बाद नचारी। फिर पिता बिस्तर पर उठ बैठते। बटुआ निकालते तकिया के नीचे से। तम्बाकू-चूना मलते...आधा पीतल और आधा लोहे से बने छोटे सरौता से खूब बारीक सुपारी कतरते और फाँक जाते। एक बार जोर से आँगन की ओर थूकते थूऽऽऽ...फिर कमर से एक बटुआ निकालते और खड़खड़ाहट की हल्की ध्वनि...नोट गिनते। पास सोया पड़ा ठक्कन नहीं जान पाता कि नोट दो का रहता या पाँच का या दस या सौ का...उसे तो जल्दी नींद भी आ जाती।

चाहकर भी उस दिन नींद नहीं आ पाई। स्मृति में पिता ही आते रहे...बचपन में पिता के कन्धों पर बैठकर महिषी जाया करते। तब उम्र रही होगी सात-आठ वर्ष। रास्ते में कोसी और धेमुड़ा की धार पड़ती। धेमुड़ा की कबई मछली नामी है। बचपन में यह मछली खूब खाई है। चौमासे में कुशेश्वरस्थान में बाबा कुशेश्वरनाथ को जल चढ़ा, दही-चूड़ा-चीनी खाकर नाव पर बैठते और शाम में महिषी पहुँच पाते। इन दिनों भी चौमासे में कोसी पार करना कठिन है। छोटे से नाव पर पन्द्रह-बीस लोग और सामान अलग ठूँस-ठाँस कर भरा जाता...पता नहीं कब नींद आ गई। नींद खुली, तो थकान प्राय:-प्राय: खत्म हो चुकी थी। मगर रात ढलान की ओर... चाँदनी में पूरा आँगन झका-झक...बाँसों के झुरमुट से टिटहरी की आवाज सुनाई पड़ी—टिट्...टिट्...टिट्...टिटूट्...टिट् टिट् टिट्...खयाल आया कि पिता होते या चाची जगी होती, तो चुटकी बजाकर बोल उठती—"चुप ही हूँ!" अर्थात कलमुँही टिटहरी को आपकी बात पसन्द नहीं...

उन्हें याद आया कि जब पिता सोकर उठते, तो कुल देवी छिन्नमस्ता को याद करके कह उठते—'महादेवी मुक्त केशी दिगम्बरां/लोलिहान महा जिह्वा मुँडमाला विभूषिताम्...' और अपराजिता जब आई, तो सोते समय और सुबह उठते समय कहा करती—ब्रह्माघर ब्रह्मणी कहिअए/हर घर कहिअए गौरी/नारायण घर कमला कहिअए/के जान उत्पति तोरी...'

आँगन के पश्चिम-दक्षिण कोनटा में गम्हार के जवान पेड़ के पास जा बैठे लघुशंका के लिए। वापस आकर आँगन में चक्कर काटने लगे। देखा, पछवरिया डीह पर मौसम के मुताबिक सब्जियाँ लगी थीं। मिथिला का गरीब से गरीब, लाचार से लाचार व्यक्ति भी अपनी मड़ैया के पिछवाड़े में या अगल-बगल हाथ-दो हाथ जगह में अपनी सुविधा के अनुसार सब्जियाँ लगा ही लेता है...पानी पीने की इच्छा हुई। चौकी के नीचे एक छोटी बाल्टी पीढ़ी से ढँकी पड़ी थी और उस पर एक लोटा भी। पानी लेकर दो-चार कुल्ली करके शेष पानी पी गए। मन में तरह-तरह की बातें आ रही थीं। आँगन में चहल-कदमी करने में सुकून मिल रहा था। अभी उजाला होने में देर थी।

मुसीबत सहने की आदत छुटपन से ही थी। अब तो मन में इतना बल आ ही गया था कि कैसा भी संकट हो, उसे झेल जाएँगे। राजनीतिक रूप से सजग नागार्जुन के दिलो-दिमाग से संकट हमेशा टकराता रहा है। चक्कर काटते समय तात्कालिक मुसीबत दूर छिटकने लगी...जेल से छूटने के बाद उन जैसों के लिए बढ़ती महँगाई सबसे बड़ी मुसीबत थी। चावल के दाम आसमान छूने लगे थे। राशन कार्ड के अभाव में बहुतों के लिए कदन्न तक दुर्लभ हो गया। अन्न-संकट, कपड़ा संकट, दवा का संकट...महँगाई का हाल यह कि अल्हुआ साबूदाना के भाव बिकने लगा, तो साबूदाना का भाव सोचना पड़ता। लंका से वापसी के बाद से ही वह देख रहे

थे कि खेती-बाड़ी हो या धन्धा या फिर कला-कौशल, सभी क्षेत्रों के 'सर्वसाधारण में ऊँच-नीच के अनुचित खयालात का जहरीला असर' गाँव के सामाजिक जीवन में घुस आया था। भूमि वाले ब्राह्मणों के परिवार की अन्य जातियों के परिवारों के प्रति नजर हमेशा चढ़ी-चढ़ी रहती। अब तो तरौनी का ब्राह्मण भी विद्या की कमाई छोड़ बनिया होता जा रहा है। किसी ने सकरी में फल बेचने की दुकान खोल रखी है, तो कोई मूर्खता के चलते दरभंगा के होटल में कलछी चलाने लगा है। अभी शहरों में भी नरक है और गाँवों में भी। मुट्ठी भर लोग होंगे, जिनके लिए देहातों में भी स्वर्ग सुख सुलभ है और नगरों में भी...

चक्कर लगाते-लगाते तुलसी के चबूतरे के पास आ गए। देखा, शाम को जलाई गई मिट्टी की छोटी दीया पड़ी है। इस चबूतरे के बगल से महिलाओं के लिए बाड़ी-झाड़ी जाने का रास्ता...इसी रास्ते से बचपन में पिता से मार खाने के बाद बाँसबाड़ी होकर रजबाँध की ओर भागते थे। चिन्तन में फिर पिता आ गए, तो याद आया कि बनारस में मामा ने बताया था कि मृत काया को जलने में करीब तीन-सवा तीन घंटे लगे। वहाँ उस समय मुश्किल से आठ-नौ लोग ही थे—तरौनी, सतलखा और महिषी के। इस बात को लेकर किसी को कोई मतभेद नहीं था कि यदि गोकुल बालू के काशीवास की सूचना वैद्यनाथ को रहती, तो वह अवश्य ही यहाँ रहता। लेकिन पुत्र के न रहने पर भी त्रिरात्रि और किसी तरह अन्तिम श्राद्ध हो गया।

मृत्यु के समय गोकुल बाबू की उम्र रही होगी पैंसठ-सत्तर के बीच। दीर्घायु थे, ऐसा नहीं कहा जा सकता। शुरू में गरीबी थी नहीं। जीवन के अन्तिम बीस वर्षों में अपने को अत्यधिक गरीब बना लिया था। पुत्र, पुत्रवधू, ससुराल और अन्य सम्बन्धियों की उपेक्षा के साथ तिरस्कार आदि से उत्पन्न ग्लानि उन्हें भीतर ही भीतर मानसिक सन्ताप देती रही। ठक्कन से वैद्यनाथ जब यात्री हुआ, तो गोकुल बाबू ने बुढ़ापे की निश्चिन्तता के ताने-बाने बुने अवश्य, पर शतरंज में जमने वाले, विजया के नियमित उपासक, शिव नचारी गाते समय आँखों में आँसू भरने वाले, भगवती भक्त उस समय निराशा में उब-डूब करने लगे, जब पुत्रवधू ने छिन्नमस्ता की पिंडी पर फूल-अच्छत देना शुरू किया और ससुर की गतिविधियों पर कड़ी नजर रखने लगी...

अचानक नागार्जुन को अपनी शादी से पहले की एक घटना याद आ गई—मध्यमा की परीक्षा देकर तरौनी आने से पहले वह ननिहाल गए, तो मामी ने पाँव छूने पर सिर पर हाथ रखते हुए कहा था—"इस बार दूल्हा होते-होते बच गए भगिना बाबू।" जिज्ञासा हुई, तो बताया गया कि पिता ने अपने एकमात्र पुत्र के लिए किसी को वचन दे दिया था कि उसकी बेटी को वे अपनी पुत्रवधू बना लेंगे, बदले में उन्हें चार सौ रुपये नगद दिए जाएँगे और शादी का मामूली खर्च अलग। नाना-नानी और तरौनी के समाज को पता लगा, तो कहा जाने लगा—"महाजन बनने की धुन

में अब यही सब करेंगे गोकुल बाबू...न कन्या और न खानदान देखेंगे..." गोकुल बाबू का तर्क था—"कन्या क्या है, साक्षात गंधर्विणी है, आठ वर्ष की लड़की यूँ भी गौरी कहलाती है। चार सौ नगद मिलेंगे, पढ़ने का खर्चा देगा, चाहे तो दो-चार गाँव की जजमनिका...जब चाहेंगे, गौना कराके बहू को घर ले आएँगे। सामान से घर भर देगा..." इन बातों की याद आते ही उस भोरुकबा में नागार्जुन के होंठों पर मुस्की आ गई।

कई घाट-बाट को देख पूरे दायित्व बोध के साथ थाती में प्राप्त अपने पूर्वजों के आँगन में चक्कर काट रहे नागार्जुन को अपनी विपन्नता-गरीबी का भी ज्ञान था। यह भी पता था कि इस देश में उनसे भी बहुत ज्यादा विपन्न लोगों की संख्या का अनुमान इस आँगन में बैठकर नहीं लगाया जा सकता। उनकी अपनी जिन्दगी भी तो अभी तक 'कुछ नफा नहीं, नुकसान नहीं/आरोह नहीं, अवरोह नहीं...' जैसी रही है। अरोह-अवरोह होता, यदि माँ रहती। माँ याद आते ही सोचा—'पति द्वारा पिटी जाने पर यदि पत्नी न रोए, न चिल्लाए और न आह-ऊह करे, तो क्या होगा? होगा यही कि पीटने वाले का क्रोध क्षोभ में बदल जाएगा और तब अपना कपार आप ही पीट लेगा...' गोकुल बाबू भी ऐसा ही करते। लोटकी या लोटा जो भी मिलता, उससे अपना कपार फोड़ लेते। माँ के पास बैठा ठक्कन रो पड़ता। माँ उसके आँसू पोंछते हुए पति से बोलती—"कोने में कुल्हाड़ी पड़ी है, मुझे खंड-खंड काट डालो..." फिर जो तस्वीर उभरी, तो नागार्जुन प्रतिहिंसा की आग की गर्मी महसूस करने लगे।

पिता के प्रति जरा भी श्रद्धा या भक्ति कभी नहीं रही। काशी में पढ़ाई करते समय जब भी गाँव आते, तो आँगन के माहौल में रह नहीं पाते। नागार्जुन की शादी हुई, तो पिता ने अपने को सँभालने की चेष्टा मात्र की। खुद को घर-गृहस्थी की ओर मोड़ना चाहा। पर सेंध लगाने की फिराक में भीतों को घूरते रहने वाला चोर, क्या खाक चैन से रहेगा? भाँग, माजूम, दूध, मछली और...जमीन बेचकर खर्च करना और महाजन बनने के रोग के कारण सूद पर पैसा लगाना कम नहीं हुआ। मनचाहा खर्च और वसूली नहीं, तो वे निर्भूमि बन गए...बीघे की रकबा कट्ठे में हो चली। नागार्जुन को लगता कि पिता द्वारा उत्पीड़न न मिलता, तो यात्री या नागार्जुन न बनते। पिता के कर्मों से ग्लानि भी होती, पर अभी उन्हीं के निमित्त गाँव के अपने आँगन में चक्कर काट रहे हैं। उन्हें यह निर्णय तो लेना ही पड़ेगा कि मुखाग्नि न देने और श्राद्ध न करने के कारण गया या सिमरिया जाकर प्रायश्चित सहित श्राद्ध करें या लोगों की बातें सुन चुपचाप रात के अँधेरे में गाँव छोड़ दें...

प्रायश्चित की बात ध्यान में आते ही याद आया कि दो वर्ष पूर्व भी यही बात उठी थी। उस समय पिता थे ही। भागलपुर जेल से छूटकर सीधे ससुराल बक्शी टोल गए और बीस-इक्कीस दिन रह गए। आठ वर्षों के उपरान्त गए थे, तो नए दामाद

की तरह मान-सम्मान हुआ। भोजन में मछली प्राय: रोज ही मिली। सुबह-सवेरे दूध के साथ छुहारा खिला-खिलाकर देह में चमक लाने का प्रयास किया गया। उनके शरीर की बनावट देखकर कहा जाता—"पके बाँस को तेल पिला-पिलाकर लाल भले कर लें, उसे मोटा लट्ठ नहीं बनाया जा सकता।" वहीं से तरौनी आए थे। जाड़े का अन्त हो रहा था और देर शाम अपने आँगन में कदम रखा। उस रात बड़ी देर तक लालटेन की रोशनी में कुछ पुस्तकों के सहारे मन को न जाने कहाँ-कहाँ भटकाते रहे। दूसरे दिन सवेरे से गाँव में खुसुर-फुसुर होने लगी। कैसे आया और कब प्रायश्चित करेगा—इस जिज्ञासा ने गाँव मे अधिकांश को चंचल बना दिया था!

गाँव के कुछ ठेठ परम्परावादियों को यह चिन्ता थी कि धर्म-विरोधी वैद्यनाथ के सम्पर्क में उनके परिवार का कोई न आ जाए! विधर्मी होना और अभक्ष्य भक्ष्य करना वैद्यनाथ पर मुख्य अभियोग थे। गोकुल बाबू ने अपने पुत्र की पंक्ति में बैठकर खाया और उसे घर में प्रवेश करने दिया, तो वह भी दोषी हो गए। कहा जाने लगा कि दोनों पिता-पुत्र उचित प्रायश्चित करें, तभी समाज में जगह मिलेगी। अन्नी काका उन दिनों गाँव में ही थे। न जाने कहाँ से रात में ही जानकारी मिली कि वैद्यनाथ गाँव आ गया, तो सवेरे-सवेरे आ पहुँचे। नागार्जुन उगते सूरज की सुनहरी किरणों की छाया से अपने पोखर के उद्‌भासित जल को गौर से देख रहे थे। पंडित अनिरुद्ध मिश्र को देखकर चरण स्पर्श किया। सिर पर हाथ और आशीर्वाद मिला—"पूर्ण मनोरथ सदा...।" फिर कानों में आवाज आई—"बड़ा सताया तूने...।" पाँव छूते समय दिमाग में आ ही गया था कि अन्नी काका ने रास्ता नहीं दिखाया होता, तो वे कुछ नहीं हो पाते।

"काका, कई वर्षों से आपसे बातें करने की बड़ी इच्छा हो रही थी।" नागार्जुन ने कहा, तो अन्नी काका उसकी पीठ पर हाथ फेरते हुए बोले—"हाँ, तभी तो तू गाँव-घर छोड़कर जाने कहाँ-कहाँ भटकता रहा। सच-सच बता कभी मेरी याद भी आई?"

"काका, क्यों लज्जित करते हैं! क्या माफ नहीं करेंगे?"—नागार्जुन ने विनीत स्वर में कहा।

"तूने अपराध तो कुछ किया नहीं...पिछले कुछ वर्षों से तूने जो किया, उससे मेरा और गाँव का सम्मान ही बढ़ा...दोपहर या जब चाहो, आना। मुझे अच्छा लगेगा कि तुम जैसे देश-दुनिया को देखने-समझने वाले से कुछ नई बातों की जानकारी मिलेगी..." कह अन्नी काका ने ग्वरटोली का रास्ता पकड़ा।

उस दिन गोकुल बाबू गाँव का चक्कर लगाकर वापस आए, तो लगे पुत्र पर बरसने—"न जाने कहाँ-कहाँ, कौन-कौन से कर्म-कुकर्म कर आया है। अब पतिया-प्रायश्चित तो करना ही पड़ेगा। मुझे भी भ्रष्ट कर दिया..." नागार्जुन चुपचाप पिता को देखते रहे। यह सुनते ही चाची स्तब्ध हो गई। उनके दिमाग में पतिया-प्रायश्चित का

डंक उबलने लगा—"किस बात का प्रायश्चित! गाँव में किस का बच्चा अंडा नहीं खाता! कौन है ऐसा, जिसका पुत्र पटना-दरभंगा पढ़ते-कमाते समय मौलवी-मुल्ला के संग नहीं घूमता-खाता। अब तो जिस-तिस जाति में शादी की बात भी होती है। बड़े-बड़े को जानती हूँ, जिनके बेटे मरनी-हरनी में नह-केश तक नहीं करवाते... हाँ, तब समरथ को नहीं दोष..."

चाची का यह रूप नागार्जुन के लिए आश्चर्यजनक था। नागार्जुन ने कहीं किसी से पतिया-प्रायश्चित की चर्चा तक नहीं सुनी थी। ननिहाल-ससुराल या मौसी का गाँव...मधुबनी-दरभंगा कहाँ-कहाँ नहीं गया इस बीच वह? सब जगह लोग प्रसन्न ही तो थे। चाची अपने आप बोल उठी—"गाँव-जवार के लोग हमारे जाऊत की चर्चा करते...पंडित और विद्वान दरवाजे पर आने लगे, तो भला कैसे देखा जाएगा..."

चाची बोलती ही रही, पर गोकुल बाबू ने जोर से कहा—"नहीं, नहीं, जीकर क्या करूँगा! गले में घड़ा बाँध डूब मरूँगा, तभी ठक्कन को शान्ति मिलेगी!"

"अब तुमसे यह भी करते नहीं बनेगा..." कहती हुई चाची चूल्हा फूँकने लगी।

नागार्जुन को अच्छी तरह याद है, सरस्वती पूजा हुए दो दिन ही गुजरे थे। जाड़ा फटा नहीं था, पर फटने के उपक्रम में था। दोपहर के समय वह अन्नी काका के दालान पर पहुँचे, तो देखा कि उसके अधिकांश हमउम्र वहाँ पहले से मौजूद हैं। सभी कहीं न कहीं कमाने-खटाने में लग गए थे। रविवार होने के कारण दरभंगा, मधुबनी, समस्तीपुर आदि जगहों में रहने वाले शनिवार की शाम गाँव आकर सोमवार की सुबह वापस होते। सरस्वती पूजा के कारण कुछ और लोग दिखे। वहाँ देश-दुनिया की बातें हुईं...लंका जाने का अनुभव सुना गया, बेतिया-चंपारण और अमबारी के साथ जेल-यात्रा के किस्से चले। फिर अन्नी काका के कहने पर मैथिली और हिन्दी के साथ संस्कृत की रचनाएँ सुनाई वैद्यनाथ यानी नागार्जुन ने। अपने शिष्य की प्रगति से अन्नी बाबू प्रसन्न थे। इन सबके बाद नागार्जुन ने स्वयं की पिता द्वारा पतिया-प्रायश्चित की बात उठा दी, तो तारकेश्वर मिश्र ने कहा—"इस गाँव में अब यही सब होगा। दुनिया क्षण-क्षण बदलती जा रही है और तरौनी महामहोपाध्याय से भी एक युग पीछे जा रहा है..."

अन्नी बाबू ने कहा—"धर्म-कर्म का यह अर्थ तो है नहीं कि बिना जाने-समझे छड़ी से हाँक दो। तुम निश्चिन्त रहो, हम लोग हैं..." तारकेश्वर को सम्बोधित करते हुए उन्होंने कहा—"तुम इन्द्रकांत भाई से बात करो। मैं भी करूँगा। उनकी बात मानी जाती है।" यह सुनकर सभी पक्का पोखर की ओर चल दिए!

गाँव के जाने-माने लोग बैठे। अन्नी काका और तारकेश्वर बाबू ने जाने क्या पट्टी पढ़ाई पं. इन्द्रकान्त मिश्र को कि वे वैद्यनाथ के लिए सब कुछ करने को राजी हो गए। गाँव के दो कर्मकांड विशेषज्ञों में पहला स्थान उन्हीं का था। संयोगवश इलाके के एक और विख्यात कर्मकांडी पंडित दीनानाथ झा किसी काम से तरौनी

में ही थे। पूरी कहानी उन्हें पता थी। उन्होंने भी अपनी राय जाहिर की—"वर्षों बाद गोकुल बाबू का पुत्र वापस आया। पढ़-लिखकर। लोग जानने लगे हैं। कहा जाता है, अच्छा विद्वान है...उसका ससुराल बक्शी टोल भी तो महामहोपाध्याय का गाँव है, वहाँ कहाँ कुछ सोचा गया? होना तो यह चाहिए कि इस मौके पर पूजा-पाठ, भोज-भात हो, पर यहाँ तो मामला न जाने क्या है? वैद्यनाथ केवल बाल छिलवाए। सत्यनारायण भगवान की पूजा करे, वहीं हम उसे जनेऊ देंगे बस!" अन्नी बाबू ने मन ही मन कहा, कितना अच्छा तरीका सोचा है, सहज और महीन। सब ने यह बात मान ली। किसी ने बात उठा दी कम से सिमरिया जाकर गंगा स्नान तो कर लें। बौए भाई ने डाँटकर कहा—"लंका के बाद हमारा वैद्यनाथ गंगोत्री, मानसरोवर और कैलास तक हो आया। आप सब तो बाल्टी भर पानी में एक बूँद गंगाजल डालकर उसे पूरा गंगा बना देते हैं, पर ठक्कन तो पच्चीस बार सिमरिया क्या, हरिद्वार चला जाएगा, पर पहले यह तो पता लगे कि पाप क्या है...केवल पढ़ाई के लिए यहाँ-वहाँ गया, तो यह सजा क्यों भला?"

रामचरन को भेजकर अपराजिता को तरौनी आने के लिए संवाद भिजवा दिया। वह अपने भाई के साथ आ गई। फिर एक दिन गड़ी-छुहारा और मुनक्के डालकर पंजीरा तैयार किया गया। पंडित दीनानाथ झा पुरोहित के आसन पर बैठे। गुलाबी रंग में रँगी हुई दो धोतियाँ सत्यनारायण भगवान के लिए। पीले रंग में रँगा हुआ तीन हाथ का अंगोछा भी। मुंडित सिर, चम्पई रंग में रँगी धोती पहनकर वर्षों बाद नागार्जुन काले कम्बल के आसन पर पूजा के लिए बैठे, तो पंडित इन्द्रकान्त मिश्र ने मंत्रसिक्त जनेऊ उन्हें थमाया। संकल्प हुआ—ऊँ अद्य माघे मासे शुक्ल पक्षे त्रयोदशी तिथौ सफल मनोरथा अस्म: वैद्यनाथ शर्मणा सर्वाविपत्ति प्रशमनार्थ सांगसाऽयुध, सवाहन सपरिवार श्री सत्यनारायण पूजनमहंकरिष्यामि...पूजन हुआ, कथा हुई, विसर्जन हुआ। फिर प्रसाद बाँटा गया...इस बीच रह-रहकर ढोल-पिपही वाले गाते-बजाते रहे। छाँटकर गाँव के इक्कीस ब्राह्मणों को भोजन कराया गया। टोल भर के प्रत्येक आँगन में थाली भर-भर खाना पहुँचाया गया। गाँव में इस तरह की यह पहली घटना थी।

उस 'प्रायश्चित' की याद आते ही अपराजिता याद आने लगी। तरौनी आते समय उसने इतना अवश्य कहा था—"मैं अब तरौनी ही रहूँगी। वहाँ की पूरी व्यवस्था ठीक हो जानी चाहिए शीघ्र..." और नागार्जुन तरौनी आए भी हैं यही सब सोचकर। सोचा था, आँगन का पर्दापोश ठीक कराके उसे यहाँ ले आएँगे। मगर यह कहाँ अन्दाज था कि यहाँ एक और झमेला आ जाएगा। आने के तुरन्त बाद यह तो पता चल ही गया था कि पिता के निमित्त गाँव के लोग कुछ न कुछ करवा ही लेंगे।

विचारों की तंद्रा चाची की आवाज से टूटी, "क्या रात भर जगे रह गए? तबीयत तो ठीक है न? काफी देर से मैं देख रही हूँ..." नागार्जुन ने देखा कि फूसवाली बड़ी सी झाड़ू लेकर चाची ओसारे पर बैठी है।

"हाँ, ठीक हूँ! शाम में पूछ नहीं सका कि पूस तो बीत चला और भौजी कब आएगी मायके से? बच्चा सब तो ठीक ही होगा? अच्छा हुआ कि शिवनाथ भाई कलकत्ता से इधर ही आ गए?"

चाची को लगा कि ठक्कन को सब कुछ पता रहता है। पर वह कुछ और ही सोच रही थी, तो बोली—"ठक्कन बऊआ, अवधी बाबू या इन्द्रकांत गुरु जी से पूछ लो कि तुम्हें अब क्या करना है? कुछ भी हो, गुरु बऊआ की सद्गति होनी चाहिए।" कहकर वह झाड़ू चलाने लगी। नागार्जुन भी लोटा में पानी ले पिछवाड़े होकर रजबाँध की ओर चल दिए।

दालान पर गाँव के कई मुँहपुरुख (गणमान्य) आ जुटे। न जाने कब से दालान पर एक ओर चार पहियों वाली बड़ी-सी सन्दूक पड़ी थी। इसके अलावा दो तख्तपोश। एक तख्तपोश के बीचोबीच शतरंज का घर खुदा हुआ था। शतरंज वाले तख्तपोश देखकर नागार्जुन को पिता याद आ गए, जो अक्सर दोपहर में यहीं जमते थे।

लोगों को इकट्ठा करने में किसुन, बुचनी और लक्ष्मी भाई लगे रहे। पाठशाला का मित्र कृष्णाकांत महापात्र को बुला लाया। अन्नी काका गाँव में नहीं थे। पंडित दीनानाथ के बारे में पता लगा कि वे किसी मारवाड़ी के बुलावे पर विन्ध्याचल गए हैं। उन दोनों के अभाव में नागार्जुन को कुछ डर-सा लगने लगा था। बहुत दिनों के बाद लोगों ने वैद्यनाथ को देखा, तो अचानक लगा कि सच में अब गोकुल बाबू नहीं रहे। सहानुभूति के बोल सुने नागार्जुन ने। लोगों को दुख था कि गोकुल बाबू ने अपने उत्तराधिकारी के लिए डीह-पोखर का अठारहवाँ हिस्सा और गोसाईं पोखर पर बाँसों के एक छोटे झुरमुट के अलावा कुछ नहीं छोड़ा...

पिता का श्राद्ध नहीं करने के कारण गाँव के कुछ लोग नागार्जुन से नाराज थे। उन लोगों का कथन था कि गोकुल बाबू जैसे ब्राह्मण का पुत्र, जो पढ़ा-लिखा भी है, जान-बूझकर सनातनी परम्परा को तोड़ रहा है। कहा जाने लगा कि तरौनी का यह पढ़ा-लिखा खुद को ब्राह्मण तो क्या, हिन्दू भी नहीं मानता। उसकी गतिविधि को देखकर ही तो पिता ने कहा था कि वह धर्मच्यूत हो गया, अत: उनके शव को न छुए। मरते समय उसे याद तक नहीं करना चाहते थे। अवधी झा का कहना था कि जब ठक्कन ने प्रथमा पास कर गाँव का नाम ऊँचा किया, तो लगा कि एक बड़ा पंडित गाँव को मिलेगा। लेकिन काशी जाकर भी, जहाँ से बड़े-बड़े पंडित निकलते हैं, परम्परा के खिलाफ यह काम करता रहा। बिना जान-पहचान की महिला को मुखाग्नि दी, यह संयोग कि वह नारी ब्राह्मणी निकली। अपने पिता का अन्तिम संस्कार कौन कहे, कुश-तिल लेकर तिलांजलि तक नहीं दी इसने।

नागार्जुन को अपने गाँव का रूढ़िवादी चक्रव्यूह साफ दिखने लगा। उनके चेहरे पर तनाव पसर गया। जया झा ने गाँव भर के गुरुजी पंडित इन्द्रकांत जी से पूछा—"आप तो हम लोगों को पढ़ा चुके हैं। गोकुल काका के देहान्त के बाद ठक्कन को क्या करना होगा, यह मैंने तो पूछा था न! याद है न!"

"अच्छी तरह याद है।" इन्द्रकांत ने नागार्जुन की ओर देखकर कहा।

"तो करना क्या होगा?"—जया झा ने सवाल रखा। इस पर अवधी बाबू ने महापात्र की ओर देखा। मानो आँखों से कुछ कह रहे हों। कुछ चुप्पी रही, तो जया ने फिर पूछा—"कुछ कहिए तो आप सब!"

"ये काम..." अवधी बाबू ने बोलना शुरू ही किया था कि इन्द्रकांत गुरुजी ने उन्हें चुप रहने को कहा और खुद लगे बोलने—"मैंने भी पढ़ा है कर्मकांड। जिन्दगी भर इसी में लगा रहा। चार गाँवों में सब कर्म करवाता हूँ श्राद्ध छोड़कर।" फिर महापात्र की ओर देखा—"आप तो श्राद्ध विशेषज्ञ माने जाते हैं, पर मुझे ज्ञान है कि वर्ष भर के भीतर मृत्यु की प्रथम सूचना पाने पर पुत्र गया जाकर त्रिरात्रि और क्षौर-क्रिया के उपरान्त श्राद्ध कर सकता है..."

"हाँ गुरुजी, आप ठीक कह रहे हैं। भतीजे ने श्राद्ध कर दिया, तो वैद्यनाथ बाबू गया चलकर पिंडदान कर दें..." महापात्र ने कहा।

"तो इसमें दिक्कत कहाँ है? यदि वैद्यनाथ तैयार है, तो विवाद क्यों?" कहते हुए इन्द्रकांत ने वैद्यनाथ की ओर देखा। वैद्यनाथ कुछ बोलते, इससे पूर्व जया और बौए भाई एक साथ बोल पड़े—"कल ही वैद्यनाथ गया जाएगा..." और सब लोग उठने लगे। इन्द्रकांत गुरुजी नागार्जुन को एकान्त में ले गए—"बेटा, पगलई से काम नहीं चलता! ठंडे दिमाग से सोचना, तब कुछ करना...समाज आज नहीं, पर कल तुम्हीं जैसे लोगों का है। निर्णय इनका और करने का ढंग व तरीका तुम्हारा। हम हमेशा तुम्हारे साथ रहेंगे..."

प्रथमा तक पढ़ाने वाले गुरुजी की बात और तरौनी के मित्रों की राय मान नागार्जुन महापात्र को साथ लेकर विदा हुए, तो लगा कि वे ऐसे फौजी जवान हैं, जो परिस्थिति में फँसकर दो कदम आगे और एक कदम पीछे पैर रखता है। उन्हें हाल में हरिद्वार का वह दृश्य याद आ गया, जब एक सज्जन ने क्रोध में आकर शालिग्राम गंगा में फेंक दिया और फिर बैठकर रोने लगा...तर्पण के बाद कई लोग अपने बाप-दादाओं को गालियाँ भी देते हैं—यह भी देखा ही है उन्होंने।

दोपहर के बाद गाँव से चले। दरभंगा से पटना वाली गाड़ी पकड़नी थी। महापात्र साथ-साथ चल रहा था। परान्नजीवी प्राणी। तरौनी से सकरी, बीच में नारायणपुर, तो लखन ने मुस्कराकर फिर बालूशाही आगे कर दी, तो नागार्जुन ने महापात्र के लिए भी मँगवाया। उसके बाद पान। सकरी तक आते-आते महापात्र से खूब बातें बनाते रहे। देखा—'छाता रहन्हि, टूटल कमानी रहन्हि/उसरगल छलन्हि कि दनही

छलन्हि/कुकुरक चिबौल पनही छलन्हि...' (छाता था, पर थी टूटी कमानी/उत्सर्जित था या कि दान में मिला/जूते थे कुत्ते के चबाए...) पूछा—"इतने जजमान हैं, तो फिर यह वेश-भूषा क्यों?"

महापात्र ठिठका और जजमान की ओर देखकर बोला—"दान-दक्षिणा में लोग ऐसा ही देते हैं, जो मास-पन्द्रह दिन से ज्यादा भला क्यों चले? अब तो दान-पुण्य भी अपना अर्थ खो रहा है!"

सकरी आने पर पता लगा कि गाड़ी आने में अभी देर है। कुछ सोचकर नागार्जुन महापात्र को जूते की दुकान पर ले गए—"पहले आप अपना जूता बदलिए और यह छाता भी..." बेचारा—जीवन में किसी जजमान द्वारा पहली बार पाँव नापकर जूता और मनपसंद का छाता पाकर वह विस्मित हो रहा था। पुराना जूता और छाता सूतली में बाँधकर मारवाड़ी की दुकान में रख छोड़ा कि वापसी में ले जाएँगे। दरभंगा आए। पटना के लिए गाड़ी रात में करीब नौ बजे थी, तो दोनों दरभंगा टावर तक आ गए। यों नागार्जुन की इच्छा कई लोगों से मिलने की हो रही थी, पर साथ में महापात्र के होने से दुविधा थी। टावर आकर एक कपड़े की दुकान के सामने उससे कहा—"चलिए, अच्छा कुर्ता और धोती ले लीजिए...कोई मिलेगा, तो क्या कहेगा कि कैसा दरिद्राही धज है..." जिस दुकान में कपड़ा खरीदा, वहाँ दर्जी भी बैठा था, कहा कि घंटे भर में कुर्ता सिल देगा। दो कुर्ता, दो धोती, एक गमछा और एक गंजी। जब तक कुर्ता सिलता, तब तक दोनों जने नाश्ता-पानी करने निकले।

नाश्ता करते समय महापात्र ने सोचा, तरौनी के बड़े-बड़े बाबू-बबुआन को देखा है। कई लोग सिमरिया और गया ले गए हैं, पर इतना ध्यान किसी ने कहाँ रखा...वह गोकुल बाबू को भी जानता था। बाप-बेटा में भारी अन्तर लगा उसे। गाँव और समाज में वैद्यनाथ के बारे में उसने काफी सुन रखा था। पर वह इतना सहज होगा, यह भला कहाँ जानता था...नाश्ते के बाद चाय...और फिर वापस दर्जी के पास। साफ झक-झक नई धोती और कुर्ता पहना। फिर पान की दुकान पर आए दोनों। पान लेते हुए शीशे में उसकी छवि देखकर नागार्जुन ने कहा—"अब देखिए अपना रंग-रूप।" महापात्र मुस्करा उठा।

पटना पहुँचकर नागार्जुन ने सोचा कि दिन भर कुछ काम निपटाकर अगले दिन सवेरे-सवेरे गया जाएँगे और उसी दिन शाम तक वापस हो लेंगे...मैथिल तो कट्टर परम्परा पोषक होते ही हैं, इसलिए महापात्र को लेकर बिड़ला मन्दिर वाले धर्मशाला में जा टिके। स्नान और भोजन के बाद दोपहर का विश्राम, और फिर ले गए उसे सिनेमा दिखाने। महापात्र को 'देखि देखिकं अजगुत लगलन्हि.../कोना नचइए कोना गबइए एत्ते छौंड़ा-छौंड़ी/पर्दापर भ' ठाढ़/कोना बजइए कोना झुकइए...' (देख-देखकर लगा अजूबा/कैसे नाच रहे हैं, कैसे गा रहे हैं, इतने छोकरे-छोकरियाँ/पर्दे पर हो खड़े/कैसे बोल रहे, कैसे झुक रहे...) नहीं रहा गया उसे। पूछ बैठा—'की

हओ बाबू, कोना बनौने हैत?/एहेन कल अङरेज बहादुर कोना बनौने हैत?/पछुअति दिस छइ भूर कैल ताही सं अबइ इजोत/अगुअति दिख पर्दा छै टाङल/लगातार ताहीपर, बाबू/कौखन छाहरि कौखन पड़इ इजोत...' (कहो, ओ बाबू, बनाया होगा कैसे?/मशीन ऐसी अंग्रेज बहादुर ने बनाई होगी कैसे?/छेद कर रखा है पीछे की तरफ और उससे ही आता है प्रकाश/आगे की तरफ टंगा है पर्दा/बाबू, उस पर ही लगातार/कभी छाया और कभी पड़ता प्रकाश...) फिर वहाँ से निकल पिंटू होटल जाकर भरपेट नाश्ता—चार कचौड़ी, चार सिंघाड़ा और पाँच-छह रसगुल्ला...महापात्र जीवन में पहली बार पिंटू का नामी रसगुल्ला 'गोल-गोल, उज्जर-उज्जर अतिशय शोभन/सरस स्वादु सुरमुनि मनमोहन' चखा। सोचा, गोकुल बाबू के बदले उसे ही तृप्ति मिल रही है...नहीं रहा गया उससे, तो वह नागार्जुन से बोल पड़ा—"वैद्यनाथ बाबू, मेरे ही कहने से और आपके क्रिया-कर्म से आपके पिता को मुक्ति मिलनी है, तो उन्हें मुक्ति मिल गई। आप जैसों के पुरखे भला मोक्ष के लिए भटकें? मैं आपको गया नहीं ले जाऊँगा। कल दिन-भर मैं दरभंगा में कहीं रहकर परसों सवेरे गाँव चला जाऊँगा...कपड़ा-जूता-छाता साथ में रहेगा और कहूँगा कि दान के बाकी सामान बेच दिए..." नागार्जुन के लिए इशारा काफी था। उन्होंने दस-दस के दस नोट और एक एकटकिया रख दिया उसके हाथ में और एक पचटकिया वापसी का भाड़ा। चाय का अन्तिम घूँट लेते-लेते बोल पड़े—"अर्धे-अर्धे स्वाहा के बदले अर्धे-अर्धे स्वाहा।"

पारो आई

नागार्जुन 1945 ई. के नवम्बर में लगभग पन्द्रह दिनों तक तरौनी में रहे। अपराजिता का गाँव से बाहर पति के साथ इस-उस नगर घूम-घामकर रहने में मन नहीं लगता, और ऊपर से आर्थिक अनिश्चितता...'लूट लाओ, कूट खाओ' वाली जिन्दगी में रम नहीं पा रही थी वह। तरौनी से बार-बार लिखती रही अपने पति परमेश्वर को—'चिट्ठी पवैत देरी तुरन्त/भ' जैब विदा/जं हाथ होए खाली तइयो.../छौड़ाक देह सड़ि गेलई अछि/नहि बचतइ ओकर जान आब/भुस्सो परजंत ने छइ घर मे/हम की करिअइ...हम वृत बनल छी अचार भूखैं टटाय.../चल आउ गाम.../नहि आबी त हमरे सप्पत...' (चिट्ठी पाते ही तुरन्त/विदा हो जाना/हाथ हो खाली तब भी.../बदन सड़ गया है लड़के का/नहीं बच पाएगी अब उसकी जान/अन्न का एक दाना तक नहीं घर में/क्या करूँ मैं.../आदतन भूखी रहकर सूखकर बन गई हूँ अचार.../लौट आइए गाम.../मेरी कसम, जो न आएँ...) और जब दूसरी सन्तान

पुत्री चार माह की होकर धराधाम से चल बसी, तो नागार्जुन को तरौनी आना ही पड़ा। और फिर, अपराजिता के अभाव-अभियोग मिश्रित शोकाकुल मुखमंडल ने नागार्जुन को बाध्य कर दिया कि पटना तक ही वह अपने को सीमित रखें, ताकि अधिक से अधिक बारह घंटे में तरौनी पहुँच सकें। सोचा, पटना में ही रहकर कुछ किया जाएगा। किसी दैनिक पत्र में नौकरी के लिए प्रयास करने का इरादा मन ही मन बनाने लगे थे। सोचा, स्थायी ठौर-ठिकाना मिल जाए, तो अपराजिता और अपने जन्मजात रोगी पुत्र को पटना में साथ ही रखेंगे।

काजीपुर मोहल्ला में जरा भीतर जाकर एक कमरा भाड़ा पर लिया। पार्टी ऑफिस भी करीब ही लंगर टोली में था। कॉमरेडों से जमकर लाल सलाम होता रहता था। काजीपुर वाली गली से निकलकर सामने मुख्य सड़क के उस पार 'कंचन भवन' नामक शुद्ध निरामिष भोजनालय था। पटना के निम्न और निम्न मध्यवर्ग के साथ मध्यवर्ग की सघन आबादी इसी तरफ नया टोला के इर्द-गिर्द मछुआटोली, लंगर टोली, काजीपुर, खजांची रोड, भिखना पहाड़ी, महेंद्रू आदि मोहल्लों की गलियों में भाड़े के मकानों में रहा करती थी।

बढ़ती महँगाई से परेशान मामूली आमदनी वालों के लिए पटना जैसे नगरों में परिवार को साथ रखना आसान न था। इन मोहल्लों में अकेले रहने वाले मैथिलों का भोजन-भात कंचन भवन में ही होता। "'सोनमणि भवन' मैथिलक होटल नामी अछि ओहि ठाम/मुदा ओत' नहि ल' सकैत छी इचनो माछक नाम/की करता मैथिल बेचारे सौंसे पेटक लेल/जीहि सैंतने रहथि राति-दिन आधा वैष्णव भेल..." ('सोनमणि भवन' मैथिलों का नामी होटल है वहाँ/मगर वहाँ नहीं ले सकते झिंगी मछली तक का नाम/क्या करें मैथिल बेचारे पेट के लिए/रात दिन जीभ दाबे रहते आधा वैष्णव बने...) जीभ के पतले, खान-पान के शौकीन, स्वाद ले-लेकर मछली खाने वाले मैथिलों को वहाँ भोजन के समय मिलता—'दालि-भात दूटा तरकारी-दूहू झिङनिक!/ भुजबी सेहो झिङनिक/चटनी-पापड़/चारि फाँक ओ आठ खंडमे सं खंडो भरि नेबो!/ नहि कहियो सेहो!...' (दाल-भात, दो सब्जी—दोनों तोरई की/भुजिया भी तोरई की/ चटनी-पापड़/नींबू चार फाँक के आठ टुकड़ों में एक/कभी वह भी नहीं...)। यात्री जी ने कंचन भवन के मालिक को कहा 'निश्चय दुक्खित पड़ि जाइ/बाबू, तोरा होटल में जं चारि-पाँच दिन खाइ/गून करत हओ बाबू/अइठां नइ तं गाम जाए क' ई पचौल मेरचाई...' (निश्चय ही पड़ जाए बीमार/ओ बाबू, तुम्हारे होटल में यदि खाएँ चार-पाँच दिन/खूब असर करेगा!/यहाँ नहीं, तो गाँव पहुँचकर पेट में गई यह मिर्च...) परन्तु मधुबनी के आसपास से मँगवाए गए खुशबूदार अरबा चावल राख से मल-मल कर चमकाए पीतल की थाली में अपनी छटा जरूर बिखेरते। अरहर की पतली दाल और चावल अन्न धकेलन चटनी के सहारे पेट भर खाकर डकार ले-लेकर उठते बेचारे मैथिल। होटल के ऊपरी हिस्से के कमरों में कुछ मैथिलों ने

स्थायी डेरा जमा रखा था। कुछ कमरे अस्थायी आवाजाही वालों के लिए रहते। एक हॉलनुमा कमरे में बैठकबाजी जमती।

काजीपुर में रहने के लिए कमरा लेने से पहले नागार्जुन कभी-कभार किसी मैथिल मित्र के साथ वहाँ रात बिताते, तो सवेरे-सवेरे महाकांत बाबू की स्वर लहरी से नींद टूटती, 'जागहु हे ब्रजराज/लाज मोरि राखहुँ हे ब्रजराज...' प्रभाती की इन पंक्तियों से महाकांत बाबू अपने रूममेट को उठाते 'उठू अओ गजाधर बाबू/भोर भ' गेल, अहाँ नोकरिअहा/दाढ़ी-ताढ़ी बनैब/नहैब-सोनैब, आकि अहिना/पड़ले रहबई...' (उठिए भी ओ गजाधर बाबू/सवेरा हो गया, आप नौकरी-पेशे वाले/दाढ़ी-ताढ़ी बनाइएगा/ स्नान वगैरह कीजिएगा, या कि इसी तरह/लेटे ही रहेंगे...) और महाकांत बाबू की स्वर लहरी फिर शुरू हो जाती, 'ठुमुकि चलत रामचन्द्र/बाजत पैजनियाऽऽ...' बाद में पता चला कि महाकांत बाबू हर तीन-चार माह के बाद दस-बारह दिनों के लिए अपने गाँव से पटना आते, कथावाचक की हैसियत से...

शाम में वहाँ आमतौर पर इलाके के प्रबुद्ध मैथिल आ जुटते। कभी-कभी पटना के कॉलेजों में पढ़ाने वाले मैथिल अध्यापक भी। दरभंगा, मधुबनी, सहरसा, पूर्णिया, कटिहार आदि इलाकों की पूरी गतिविधि की कमोबेश जानकारी कंचन भवन की शाम वाली बैठक में मिलती रहती। नागार्जुन भी कभी-कभार उस गोष्ठी में शामिल हो लेते। यात्री के घूमंतु जीवन के अनुभव और विभिन्न समस्याओं पर उनके विचार सुने जाते। उनकी कविता 'बूढ़वर' और 'विलाप' वाली पैम्पलेट को लोगों ने देखा था। इन दोनों कविताओं का वाचन नागार्जुन रोचक ढंग से किया करते। इन कविताओं का कथा तत्त्व और जन-जीवन के प्रति नागार्जुन की सोच सुनकर वहाँ मित्रों ने आग्रह करना शुरू किया, "यात्री जी, आप कहानी और उपन्यास क्यों नहीं लिखते?" वैद्यनाथ मिश्र जब वैदेह बने, तो संघर्ष की समझ नहीं थी। वास्तविकता को परखने की क्षमता से दूर का रिश्ता था। यात्री जब बने, तो इन सबके लिए बेचैनी बढ़ी और नागार्जुन बनकर जब बिहार की अपनी धरती पर पैर रखा था, तो देखा 'जिनगी भरि जे अमृत मंथन करए/जिनगी भरि जे सुधा संचित करए/ओ पियासे मरि रहल अछि, ओकरे/अमृत पीबा सं जग वंचित करए...' (जिन्दगी भर जो अमृत मंथन करे/जिन्दगी भर जो सुधा संचित करे/प्यासा मर रहा वह, उसे ही/ अमृत पीने से जग वंचित करे...) फिर एक संकल्प लिया, 'मन मेरा स्थिर हो! नहीं लौटूँ, चीर चलूँ कैसा भी तिमिर हो...'

आर्थिक उपार्जन के लिए साहित्य की गद्य-विधा को आजमा चुके थे नागार्जुन। आमदनी का तो मुख्य स्रोत वही था। 1944 ई. में छह-सात माह इलाहाबाद में रह गए। वहाँ शरतचन्द्र के कई उपन्यास और कहानियों का हिन्दी अनुवाद किया। दत्ता, चन्द्रनाथ, विराज बहू, परिणीता आदि छपे। के.एम. मुँशी के गुजराती उपन्यास 'पृथ्वी वल्लभ' का भी अनुवाद किया। अनुवाद-कार्य में तुरन्त पैसे मिल जाते।

परिवार चलाने के लिए नागार्जुन ने अपने को अनुवाद-कर्म में झोंक दिया था। अनुवाद करते समय मानस पटल पर अपनी मैथिली कविता 'बूढ़वर' और 'विलाप' की कथा-वस्तु, पात्र और परिवेश नया अर्थ लेकर जगह बनाने लगते। इसके साथ हिन्दी की दो-तीन कविताएँ भी उसी तरह आकार-विस्तार लेती रहतीं...वर्षों पूर्व 'असमर्थदाता' नाम से कहानी भी लिखी थी।

यों तो नागार्जुन का कवि-मन उन दिनों खंडकाव्य या महाकाव्य की ओर बढ़ना चाह रहा था। शास्त्री की पढ़ाई करते समय संस्कृत नाटकों की परम्परा को समझने के लिए प्राकृत भाषा की जानकारी आवश्यक लगी, तो उसे सीख ली थी। प्राकृत भाषा का ज्ञान मौरवी (काठयावाड़) के जैन मुनि शतावधानी रत्नचन्द्र के पास काम आया। उनके पास जैन साहित्य के अध्ययन के लिए गए थे। कुछ ही दिन वहाँ रहे नागार्जुन। जब लंका में बौद्ध हुए, तो पालि का ज्ञान जरूरी लगा, तो उसे पढ़ा और जाना। उन भाषाओं के अधिकांश मिथकीय पात्र और परिवेश की अच्छी जानकारी उन्हें हो गई। भारतीय ज्ञानपीठ, काशी में कुछ माह तक सम्पादन-संशोधन सम्बन्धित काम समझने के लिए नौकरी की। वहाँ के प्रबन्धकों ने भगवान महावीर या जैन मिथकीय के किसी पात्र को आधार बनाकर खंडकाव्य लिखने का अनुरोध किया था। उन्हीं दिनों 'महाभिनिष्क्रमण', 'युद्ध का अन्त', 'चन्दना' आदि शीर्षक और उनकी कुछ-कुछ पंक्तियों को कॉपी पर नोट भी किया था। उनकी कथा-वस्तु और पात्र दिमाग के अक्सर चक्कर लगा जाते। अश्वघोष के 'बुद्धचरित' को भी अपने हिसाब से छन्दों में ढालना था। वे बराबर कालिदास का पारायण करते। 'गीत-गोविन्द' के पदों को गुनगुनाते 'ललित लबंग लता परिशीलन कोमल मलय समीरे...' जयदेव और कालिदास को नए ढंग से छन्दों और भाषा में बाँधने का इरादा था। मगर 'है अपने जीवन की लघुता/अतिलघुता का भी खयाल तुम्हें?'... और नागार्जुन का मन-मिजाज उन दिनों मैथिली में ही सोचने पर मजबूर हो रहा था, वह खंडकाव्य या महाकाव्य की ओर नहीं मुड़ पा रहा था। मैथिल वातावरण में रह रहे थे, तो यह भी लगता कि कुछ समय बाद कोई कह बैठे 'आए औ' इधर-उधर देखा/नाचे खेले प्रस्थान किया...' क्योंकि मैथिल महासभा के अनुसार, वे अमैथिल जो ठहरे।

कंचन भवन होटल से थोड़ी ही दूरी पर भिखना पहाड़ी में ग्रंथमाला कार्यालय था। वहाँ से दो पत्रिकाएँ निकलती थीं। एक 'पारिजात' जैसी साहित्यिक मान्यता वाली, तो दूसरी किशोर उम्र के लिए 'किशोर' नामक मासिक पत्र। नागार्जुन दोनों में छपते। प्रेस, प्रकाशन और पत्रिका निकालने वाले ग्रंथमाला कार्यालय में बौद्धिकों का आना-जाना लगा ही रहता। राहुल सांकृत्यायन पटना आने पर वहीं ठहरा करते। पटना के कुछ बौद्धिक तो रोज ही वहाँ बैठा करते। राहुल के घनिष्ठ करीबियों में नागार्जुन भी थे, तो ग्रंथमाला के प्रबन्धकों में नागार्जुन के प्रति अतिरिक्त सम्मान था।

बिहार के बौद्धिकों में मैथिली भाषियों का वर्चस्व रहा है, जो मैथिल नहीं होते, वे भी मैथिली समझते हैं। नागार्जुन यात्री ठहरे। यात्री मैथिली के कवि ठहरे। नागार्जुन और यात्री रचनाकार ने हिन्दी और मैथिली को अपने लिए परस्पर पूरक माना है। उनकी हिन्दी और मैथिली कविताएँ ग्रंथमाला की बैठकी में चाव से सुनी जातीं। एक दिन बातों-बातों में उनसे कहा गया कि यदि वे उपन्यास लिखें, तो ग्रंथमाला कार्यालय प्रकाशित करेगा...उपन्यास हिन्दी या मैथिली, किसी भी भाषा में क्यों न हो। किसी भी नए रचनाकार को बैठे-बिठाए प्रकाशक मिल जाए, तो कितनी गुदगुदी लगेगी, यह अनुभव करने की बात है। नागार्जुन को लगा कि उनसे मजाक किया जा रहा है...पर दो-तीन दिनों के बाद प्रकाशक ने अकेले में यह बात पूरी गम्भीरता से उनसे कही, शायद उससे विश्वास था कि जिसकी काव्य-पुस्तिका को लोगों ने हाथों-हाथ लिया, उसका उपन्यास निश्चित रूप से हाथों-हाथ बिक जाएगा। उस दिन देर रात तक नींद नहीं आई। किसी कथावस्तु की तलाश में मन्दाक्रान्ता छन्द तोड़कर मन बड़ी देर तक भटकता रहा...

याद आया 1935-36 का वह दिन, जब स्वामी केशवानन्द के कहने पर उन्हें पंजाब के किसी गाँव में जाना पड़ा था। वहाँ के एक किसान परिवार में मेहमान बने थे। घर का मुखिया मजे में चिट्ठी-पत्री लिख-पढ़ लेता था। दोपहर में जब खेत और बैलों से फुर्सत पाता, तो 'किस्सा तोता-मैना' लेकर पढ़ने बैठा करता। उसे 'किस्सा तोता मैना' की कहानी पसन्द नहीं थी। "कुछ पढ़ना चाहिए, इसीलिए यह पढ़ता हूँ। मन-बहलाव भी तो होना चाहिए..." ऐसा ही कुछ कहा था उसने। उस खेतिहर ने यह भी बताया था, "उसके पास एक फटा-पुराना रामायण था, समझ में नहीं आया, सो एक साधु को दे दिया..." रामायण के सामने 'किस्सा तोता-मैना' की सहजता ने खेतिहर के घर में जगह बना ली। ज्यादातर देखने में आता कि साधारण जनता उपन्यास और कहानियाँ बहुत पढ़ती है। किसी भी लाइब्रेरी में चले जाइए, तो यही तस्वीर दिखेगी। वहाँ साहित्य की अन्य विधा वाली पुस्तकों को कभी-कभार खास पाठक ही पलटता है, जबकि उपन्यास या कहानी की पुस्तकें हमेशा पढ़ते-पढ़ते फटी-पुरानी-सी नजर आती हैं। कहानी और उपन्यास की रसात्मक शक्ति से पाठकों का सभी वर्ग प्राय:-प्राय: अभिभूत रहता है। कवि से कविवर बने नागार्जुन या यात्री के लिए कविता के अतिरिक्त साहित्य के भीतर किसी अन्य विधा की तलाश निश्चय ही कुछ परेशान करने वाली बात थी। कथा-कहानी सुनने-सुनाने की प्रवृत्ति और परम्परा में सामाजिक भावना विकसित हुई या होती है। अपनी प्रसिद्ध कविता 'बूढ़वर' या 'विलाप' का कथात्मक तत्त्व ही उसे लोगों तक ले गया।

पटना के अर्द्ध-मैथिल परिवेश में उपन्यास के लिए सोचते, तो स्मृति के घने जंगलों से जब कोई घटना या पात्र सामने आता और कथा की पेंदी छनने लगती, तब प्रेमचन्द या शरतचन्द्र की कहानी याद आने लगती। पर घटना या परिवेश अथवा पात्र

अपने मिथिला का ही रहता। उनके अपने जीवन की घटनाओं और उससे सम्बन्धित लोगों के हुजूम में कथा-क्रम एक-दूसरे से मिलकर गड्ड-मड्ड होने लगते...पद्मा, वागेश्वरी, अपराजिता और उसकी सहेलियाँ...तरौनी के संगी-साथी...पिता और उनका जीवन...मधुबनी के बगल का वह तेज-तर्रार युवक, जो पार्टी के काम के लिए छिपा-छिपा रहता...लाहौर का वह सिन्धी परिवार, जिसकी दो लड़कियों को वह संस्कृत-हिन्दी पढ़ाया करते...स्वामी केशवानन्द...लंका जाते समय रामेश्वरम् में करीब हो गया वह साधु, जो गुरु भाई बना और अपने गुरु की रखैलनुमा दासी को चुन-चुनकर गालियाँ देता और उसके रंगीन किस्से सुनाया करता...बुलहवा का मठ...काशी के लोग...विद्यानन्द आचार्य और उनकी सुमुखी पत्नी, जिनकी आँखों में न जाने कैसा मोहनी जादू था। कहा था उस महिला ने कि यदि जुगाड़ लगा, तो अपनी बहन के लिए बुलावा भेजेगी...फिर याद आ गई मामी, जो उनसे अक्सर रघुवंश का वह प्रसंग सुनाने के लिए कहती, जिसमें राजा दिलीप अपनी गर्भवती पत्नी को सूँघ-सूँघकर तृप्ति की साँस लेते...सम्बन्ध के एक मामा काशो में रहते और भोजन-भात बनाने के लिए उन्होंने एक ब्राह्मणी रखी थी, जो चौड़े किनारे वाली सफेद साड़ी में तो रहती ही, साथ ही भ्रमर-कुंचित केश में उसका खिला हुआ चेहरा आकर्षक लगता। मामा उसे खंजन कहकर बुलाते। नागार्जुन यदा-कदा उसे मामी कह बैठते, तो वह ऐंच कर कहती, "भगिना बाबू, मुझे मजाक अच्छा नहीं लगता" और नागार्जुन उसके गले में पड़ी चाँदी की तीन सिकड़ियाँ को झूलते देखते रहते...तरौनी का अपना बहिया-घराना, जो निरक्षर रहकर भी संस्कृत के श्लोकों का सस्वर पाठ किया करता और न्यायिकों की तरह सप्रमाण तर्क करता...पंडौल के किसानों का 'तिनकोनमा' संघर्ष...अमबारी का सत्याग्रह और लहेरियासराय के बगल वाले गाँव का वह युवक बार-बार याद आता, जो समाजवादी विचारधारा में बहकर अपनी खूबसूरत पत्नी को लेकर पंजाब के गाँव-गाँव घूमता रहता था। सरदारों की नजर पड़ी, तो नागार्जुन ने रातोंरात वहाँ से उसे भगाया अपने गाँव के लिए...अपने ग्रामीण महामहोपाध्याय के साथ मिथिला के एक-दूसरे महामहोपाध्याय भी याद आ गए, जो पंजाब के एक राजघराने में वर्षों तक रहे और एक तथाकथित तांत्रिक प्रयोग के कारण उनकी खूबसूरत पुत्रवधू को राजा ने वर्षों तक अपने यहाँ रखा... तरौनी का ही वह कर्मकांडी पंडित, जो अपनी सुन्दर-सुन्दर पुत्री-पौत्री को सम्पन्न कुलीन वृद्धों के हाथों बेचा करता...सुदूर रिश्ते की उस विधवा को वह कहाँ भूल पाते, जो अपनी गरीबी के कारण बेटी के लिए मनोनुकूल रिश्ता तय नहीं कर पाई और विवश होकर बेमेल दूल्हा ही आया उसके आँगन...याद आई दस-ग्यारह वर्ष की चंचला भिखारिन सुक्खो, जिसने न जाने किस तरह और कैसे सम्मोहित कर उन्हें गंदगी से भरी गली के भीतर नाली-किनारे वाली झोपड़ी में अपनी बीमार माँ के सामने ले जाकर खड़ा कर दिया और वे 'असमर्थदाता' ही बने रहे उस दिन...

उस रात कथा-वस्तु को सही ढंग से एक सांचे पर ढालने के क्रम में अचानक अपराजिता का चेहरा कौंध गया। कुछ देर तक उस पर दिमाग अटका रहा 'पिला दो जीवन सुधा, दो-एक मात्रा/स्मितमुखी, फिर कर सकूँ आरम्भ जीवन यात्रा...' पटना की ही बात है, कदमकुआँ के एक जीर्ण-शीर्ण मकान में अपराजिता के साथ ठहरे थे। पंजाब तक जाना था। अपराजिता उससे पूर्व कभी नागरीय वातावरण में नहीं आई थी।

"चलो आज गंगा नहा आएँ!" अपराजिता ने दातुन करते-करते कहा था। उसने पहली बार स्टीमर पर सवार होकर गंगा पार किया था। गंगा स्नान करते समय दरभंगा कोठी के पास वाले घाट पर पुरुषों की जमात तब तक डटी रही, जब तक वह नहाती रही। उस समय नागार्जुन को गोर्की की वह कहानी याद आ रही थी, जिसमें छब्बीस मर्द और एक औरत पात्र हैं...पत्नी के गंगा स्नान की जल क्रीड़ा के दृश्य याद आते ही उनके होंठों पर मुस्कराहट आ गई। सहसा उन्हें शेर-रब् की याद आ गई, जो हिमालय के कन्धों पर ब्रह्मपुत्र की चौड़ी कछार में बर्फ से ढकी पहाड़ी पर मिली थी। वह महिला रात भर उनसे चिपकी रही, ताकि भिक्षु नागार्जुन ठंड से अकड़ न जाएँ...

दिमाग में बहुत कुछ जमा था। अपराजिता के साथ गंगा नहाने वाली घटना 'तापहरिणी' और शेर-रब् को 'अतिथि-सत्कार' शीर्षक से छोटे-छोटे रम्य गद्य में बाँध चुके थे। उसे लोगों ने नई रुचि के साथ पढ़ा भी। अपना एक पाठक वर्ग भी तैयार करने की जिम्मेदारी होती है रचनाकार पर। समय और परिवेश के अनुसार पाठकीय रुचि भी तो बदलती और परिष्कृत होती रहती है। रुचि को परिष्कृत करने में रचनाकार का प्रयत्न महत्त्व रखता है...अपनी मैथिली कविता से एक खास वर्ग और सामान्य पाठकों में रुचि-परिवर्तन तो किया ही है यात्री ने। उन्हें याद है कि एक दिन किसी मित्र ने कहा था, "लिखना या लिखने के लिए सोचना बेकार है यदि जिन्दगी के लिए डटकर खड़ा नहीं हो सके।" यदि वे तनकर खड़ा नहीं होते, तो भला लिख पाते 'हमर वीणाक ध्वनि कने पहुँचैत जँ/सटल-पांजर बोनिहारक कान मे/सफल होइत तखन ई स्वर साधना/चिर उपेक्षित जनक गौरव गान मे...' (मेरी वीणा-ध्वनि, जरा भी पहुँच पाती/चिपके पेट वाले मजदूरों के कानों तक/सफल होती तब यह स्वर-साधना/चिर उपेक्षित जनों के गौरव गान में...)

अपने देश-कोस की जकड़ी रूढ़िगत परम्पराओं और धारणाओं को बहुत ही करीब से देखने-समझने का मौका मिला था। प्राय: सभी प्रतिष्ठित गाँवों के नियामक वर्ग का एक बड़ा हिस्सा स्नान-ध्यान, पूजा-पाठ के बाद तृप्तिदायक पुष्ट भोजन और मध्याह्नोत्तर चिन्तन में 'श्रीमद्‌भागवत, देवी-भागवत, कृतिवास का बांगला रामायण, काशीराम दास का महाभारत, ब्रजमाधुरी सार...मासिक कल्याण और फिर अपने आप बुदबुदा उठना 'कृष्णाय वासुदेवाय हरये परमात्मने/प्रणतक्लेशनाशाय गोविन्दाय

नमो नमः/नमो ब्राह्मणदेवाय गोब्राह्मणहिताय च/जगत् हिताय कृष्णाय गोविन्दाय नमो नमः...' और 'अन्तिम कड़ी तक पहुँचते-पहुँचते भावावेश के मारे मस्तिष्क एक अजीब तनाव का अनुभव करता, तो कण्ठ अवरुद्ध, फिर तो स्वर क्रम अर्द्ध-रोदन एवं उच्छवास से सम्पुटित होने लगता 'प्रभो! प्रभो! त्राहिमाम...माधव हम परिणाम निराशा...मो सम कौन कुटिल खलकामी...' आवेग का भाप निकल जाने पर मुँह से निकल पड़ता—'कर्मण्येवाधिकारस्ते मा फलेषु कदाचन/मा कर्मफलहेतुर्भूः मा ते संगोऽस्त्वकर्मणि...' यह सगुण उपासना धैर्य की नाव और सन्तोष का पतवार थमाता। सदियों से स्वीकृत नैतिकता और आचार संहिताएँ जर्जर लगने लगी थीं। अत्याचार, शोषण, दमन, यौनाचार आदि के बदलते मापदंड में सच्चाई और ईमानदारी की परिभाषाएँ बदलने लगीं, 'सड़ गई है आँत/पर दिखाए जा रहे हैं दाँत/छोड़कर संकोच, तजकर लाज/दे रहा है गालियाँ यह जीर्ण-शीर्ण समाज...' ऐसी ही स्थिति में शाक्त कुल के वैद्यनाथ मिश्र यात्री ने सोचा—'खोलकर बन्धन, मिटाकर नियति के आलेख/लिया मैंने मुक्ति पथ को देख...' क्योंकि 'पिछली दस-बारह सदियों से हमारी खोखली आध्यात्मिकता दिन-प्रतिदिन हमें भाग्य भरोसे छोड़ कम से कम हाथ-पैर चलाकर ज्यादा से ज्यादा पाने की घातक सीख देती आई है।' धर्म और दर्शन समाज को नियंत्रित करता था कभी। अब धर्म के भीतर स्वार्थ की राजनीति आ गई और दर्शन लुप्त हो चला है। 'हो गए नीरस तुम्हारी चिन्तना में/व्यस्त होकर तर्क औ' अनुमान...।' युग-धर्म, समाज-दर्शन और मानवीय संवेदना से पूरी तरह परिचित नागार्जुन ने तत्काल सोचा—'नदी कर ली पार, उसके बाद/नाव को लेता चलूँ क्यों पीठ पर मैं लाद...स्वाधीन मनोवृत्ति आन्तरिक स्वस्थता का सबसे बड़ा लक्षण है। परम्परा का बोझ और धारणाओं का जाल हमें खुलकर समस्याओं का समाधन नहीं करने देता...'

जीवन में निकट से देखी गई घटना और परिचितों से सुनी-सुनाई जीवनानुभूति के साथ समकालीन सामाजिक परिवेश और समाज विकास की गति के साथ किसी अन्य घटना को जोड़ना-मोड़ना रचनाकार के अन्तर्मन में प्रायः-प्रायः चलता रहता है। किसी भी घटना के कई अर्थ और निष्कर्ष भी सोचना किसी सृजनात्मक मस्तिष्क का धर्म होता है।

नागार्जुन का मन-मस्तिष्क पटना की उस सघन आबादी वाली गलियों और सड़कों पर अपने भीतर कई कथा-बीजों को फोड़-फाड़ रहा था। इसी तारतम्य में वर्षों पूर्व सुना-सुनाया एक गीत याद आ गया—'आहे सखि-आहे सखि लए जनि जाह, हम अति बालिका निरदय नाह...।' विद्यापति के इस तरह के सैकड़ों गीत लोक कंठ में बसे हुए हैं। यात्री तो समझते कि 'सृष्टि का सर्वोत्तम अवदान है मनुष्य, जीवन का सर्वाधिक महत्त्वपूर्ण काल है यौवन, रचनात्मक दृष्टि से सर्वोत्तम स्थायी भाव है नर-नारी की परस्पर प्रीति। उस प्रीति की अवहेलना करने वाला

कवि या दार्शनिक पत्थर होता है।' खुद भी तो लिखा है उन्होंने—'हो गया हूँ मैं नहीं पाषाण/जिसको डाल दे कोई कहीं भी/करेगा वह कभी कुछ न विरोध/करेगा वह कुछ नहीं अनुरोध/वेदना ही नहीं उसके पास/फिर उठेगा कहाँ से नि:श्वास...'

यात्री के मन-मस्तिष्क में नाचने लगे कुलीनता के बोझ से दबी नारियों के अनेक चेहरे...गरीबी और रूढ़िगत सामन्ती संस्कारों के दो पाटों के बीच पिसता जीवन... सब कुछ तोड़ने-छोड़ने की छटपटाहट, लेकिन अशिक्षा और दरिद्रता का महाजाल और उस जाल के भीतर नारी-मन यही कहता—'इहो जीवन कोनो जीवन थीक/ एहिसं कुकुर बिलाड़िए नीक/माय-बापक मनोरथक शिकार भ'क'/बेकार भ'क' दबल हाहाकार भ'क'/पंजियाड़ ओ घटक राजक नाम पर/व्यवस्था ओ समाजक नाम पर..., उठा लितथि बरू भगवान हमरो/कथी लै भारी लगितिअई ककरो...' इसी परिवेश और सामाजिक-व्यवस्था के इर्द-गिर्द से कथा-वस्तु निकलने लगी थी... याद आई गनौली की पद्मा की स्नेहिल-कजरारी आँखें और उन्हीं आँखों पर छा गया बागो के संग तरौनी में गुजारा गया अनुराग भरा बचपन और कैशोर्य का संधि काल। विवाहित बागो का सिन्दूरित मुखमंडल कहाँ कभी भूल पाते! उसके चेहरे के साथ अक्सर अपराजिता की हमउम्र एक सहेली याद आ जाती, जो अपने से तिगुने उम्र के पति के बारे में बताती रहती, "जोर-जबरदस्ती कोई किसी के शरीर पर ही केवल कर सकता है, मन पर कतई नहीं। वैसे आप ही कहिए कि जहाँ पचास वर्ष के वर की पत्नी पन्द्रह साल की होती हो, वहाँ सामंजस्य कैसे सम्भव है?" यह सब उन दिनों उनसे कहा गया था, जब वे अपने ससुराली कमरे में पन्द्रह-बीस दिन पुराने दूल्हे के रूप में बैठे थे। उन्होंने उसी समय महसूस किया था कि जिसे जिन्दगी भर झेलना है, उसे कुछ भी कहने का अधिकार नहीं है। उसके लिए जैसे पैंतीस वर्षों का वर, वैसे पैंतालिस वर्षों का। लंगड़ा रहे या अंधा, लूला रहे या काना, कोढ़ी रहे या पागल, बूढ़ा हो या प्रौढ़, पति साक्षात परमेश्वर होता है। यही शिक्षा तो यहाँ छुटपन से औरतों को दी जाती है। ऐसी नारियाँ कहतीं, 'करब की, सब पी गेलहुँ घोंटि क'/चम्पाक कली फेंकल गेलहुँ खोंटिक'...बूझि पड़ि निचिन्त, अछि खगते कथिक/साइं करै छथि डरे सिक-सिक/मुदा हृदय अछि हाहाकार करैत/कोंढ़ अछि ध ध ध जरैत...' (करती क्या, सब पी गई घोंटकर/थी चंपा की कली, फेंकी गई नोंचकर.../लगती निश्चिन्त सी, कमी क्या है/रहते हैं स्वामी डरे-डरे/हृदय मेरा, हर क्षण करता हाहाकार है/अन्दर से कलेजा धू-धू जलता है)। उन दिनों अक्सर याद आता कि मामी ने एक दिन किसी प्रसंग में कहा था—"पानी में आग लगी है।" उस समय इसका अर्थ समझ नहीं सके थे। मिथिला की नारियों पर सोचते हुए अपराजिता की सहेली और मामी के वाक्य को अब वह खूब समझ रहे थे।

बागो और अपराजिता की सहेली के अन्तर्मन में ताक-झाँक करते हुए मिथिला की नारी समस्या पर सोचने की बाध्यता हो गई। कम उम्र की लड़कियों की अपने

से तिगुने-चौगुने उम्र के पुरुषों के संग शादी, बाल-विवाह, दहेज प्रथा का तीव्र गति से फैलना, खानदानी इज्जत के नाम पर सम्पन्न उम्रदराज विधुरों का द्वितीय, तृतीय, यहाँ तक कि चतुर्थ भार्या लाने का शौक...गरीबी की मार से परेशान कुछ अभिभावक अपनी पाल्या को सम्पन्न के हाथों बेचने को मजबूर...सुन्दर, कुलीन और गरीब घर की कन्याओं पर घटकराज (मध्यस्थता करने वाला) की विशेष नजर रहती। घटकराज को ऐसे कन्यागत को फँसाने के लिए दूसरी-तीसरी बार शादी के इच्छुक वयस्क-प्रौढ़ों की ओर से कुछ विशेष दान-दक्षिणा मिला करता। शादी के बाद उस तरह की विवाहिता को मानसिक प्रताड़ना और शारीरिक यातना तो दैनंदिन झेलनी पड़ती। ऐसी हालत में विवाहिता अपनी छोटी बहन की शादी के सन्दर्भ में पिता या भाई से कहती—'यदि उमर थोड़ी अधिक हो जाएगी तो क्या हो जाएगा? झंझट लगने लगे तो जहर खिला दीजिएगा...' किसी नारी का मायूस स्वर कानों में गूँजने लगता—'लाख दंड दे मगर, फिर औरत बनाकर इस देश में जन्म नहीं दे।' लंका से लौटने के बाद राजनीति और साहित्य में कदम रखकर अपने गाँव और बिहार की सामाजिक संरचना और परिवेश में अबला व साधनहीन नारियों के प्रति सम्पन्न वर्ग के नजरिए को शिद्दत से समझा, तो मन में आया कि ऐसी शोषिता निश्चित रूप से सोचती होगी, 'धर्म सं जीवन बितावै चाहै छी/इज्जति आबरू बचावै चाहै छी/तैओ करै चाहै छथि हमरा नचार/केहेन-केहेन ठोप चानन कैनिहार!/ओहनाक संगे जं हम खाधि मे खसी/ओ नुकैल रहता, हमर हैत हँसी... पुरुषक जाति ओकरा के की कहतै/ओकरे समाज ओकरे बात रहतै...' (चाहती हूँ धर्मपरायण जीवन जीना/चाहती इज्जत-आबरू बचाना/तब भी करना चाहते हैं मुझे लाचार/बड़े-बड़े चन्दन-टीकाधारी करते ऐसा व्यवहार/वैसों के साथ जो जा गिरूँ गड्ढे में/वे गुमनाम ही रहेंगे, मेरी होगी हँसी...मर्दों की जाति कौन-क्या कहेगा भला/उनकी ही चलेगी बात, रहेगा उनका ही समाज)।...लेकिन परिस्थिति के अनुसार सोचने से किसी नारी को रोका तो नहीं जा सकता। अपने से तिगुने उम्र के पुरुष से विवाह के बाद का असन्तोष व्यक्त करने का कोई सामाजिक अधिकार नजर नहीं आता। धन और कुलीनता की आड़ में अनाचार का शिकार होकर अनेक परिचितों के यहाँ कई लड़कियों का दुखान्त हुआ था। 'भुस्साक आगि जकाँ नहूँ-नहूँ/जरै छी मने-मने हमहूँ...।"

नागार्जुन ऐसी ही नारी-पात्र के मर्म तक पहुँचकर कथा-बीज से पौधा उगाने में लगे थे। तन-मन में रचा-बसा मैथिली का परिवेश उन दिनों छाया था। साहित्य-सृजन में अपनी मिट्टी-पानी का अलग ही स्वाद होता है। मातृभाषा में अभिव्यक्ति की क्षमता अधिक होती है, क्योंकि जननी और जन्मभूमि तो किसी को भी भीतर से शक्ति देती ही है न! आस-पास की घटना को किसी अन्य पात्र और परिवेश के साथ जोड़ने-मोड़ने के मानसिक खेल या दिमागी जादूगरी से पात्रों का जीवन और

सामाजिक सरोकार एक नया संसार बनाने लगता, तो कल्पना यथार्थ की तरह दिखने लगती। इसी मानसिक ऊहापोह के बीच एक सूत्र हम पकड़ लेते हैं। मोटा-मोटी एक रूपरेखा बनाकर उस रचना को ही एक सन्तुलित परिणति देने में सुविधा होती है। यथार्थ भी कल्पना के परिपाक की प्रक्रिया में ढलता हुआ आगे बढ़ता है और कल्पना में भी कुछ यथार्थ रहता है। इन सबके बीच कहीं न कहीं, रचनाकार का प्रत्यक्ष-अप्रत्यक्ष जीवन भी शायद उद्घाटित होता जाता है।

एक दिन सुबह-सुबह नाश्ता-पानी के बाद कॉपी-कलम लेकर बैठे 'चिन्तनाक अथाह जल में लगौलक डुबकी/जखन ई मोन', तो पंक्तियाँ पर पंक्तियाँ लिखी जाने लगीं। एक्सरसाइज बुक वाली कॉपी की लगभग छह पृष्ठों के बाद रुक गए। मन में बेचैनी और कसमसाहट बढ़ने लगी। किसी से मिलने-जुलने की भी इच्छा नहीं हो रही थी। लगा कि औपन्यासिक घटना के काल और परिवेश में पूरी मानसिकता के साथ प्रवेश करना आवश्यक ही नहीं, अनिवार्य है। हाँ, दूसरे दिन सवेरे से साढ़े ग्यारह बजे तक तीन घंटे की बैठकी में लगभग दस पृष्ठों का काम हुआ। 'कंचन भवन' जाकर भोजन किया, फिर आराम के मूड में दैनिक अखबार को उठाया और उसमें डूब गए। अखबारी दुनिया तत्काल दिलो-दिमाग को कथा वाली दुनिया से दूर ले जाने लगी, तो एकाएक अंगेठी-मोड़ के साथ सोचा—लिखते समय, कम से कम रचनात्मक गद्य के समय देश-दुनिया से कटकर रहना ज्यादा ठीक रहेगा... उसके बाद मन को कसा, तो काम निकलने लगा। शाम में काम से अपने को दूर रखते। कदमकुआँ की ओर गाँव के कई चचेरे भाई रहते थे। कभी-कभी उस तरफ भी हो आते या फिर 'कंचन भवन' के स्थायी निवासियों से अपने इलाके के सन्दर्भ में अनुकूल चर्चा किया करते। जिस उपन्यास की पेंदी छानकर फूल-पत्ती उकेड़ने में लगे थे, उस पर चर्चा करने से बचते रहते। कई सुधी मित्र उपन्यास सुनाने की चर्चा करते, पर इसके लिए वह तब तक तैयार नहीं थे, जब तक काम पूरा न हो जाए। उन्हें लगता कि सुनने वाला कहीं कथा को अपने ढंग से मोड़ने की सलाह न दे दे। किसी भी तरह का व्यतिक्रम उपन्यासकार की मानसिक तैयारी पर पानी फेर सकता है। लिखते समय खुद बड़े ही मनोयोग से पारायण कर और उसमें खो जाया करते। कथानायक-कथावाचक बनकर नागार्जुन को खिस्सा सुना रहा था और यात्री उसे लिखते जा रहे थे। कथावाचक स्वाभाविक रूप से बोल रहा था। नागार्जुन का मन दिन-दिन भर उस कथावाचक के साथ रहने लगा। हाँ, बीच में अपराजिता की एक चिट्ठी ने तीन-चार दिनों तक उन्हें कथावाचक से अलग-सा कर दिया... उन्नीस-बीस दिनों के बाद उन्हें लगा कि कथा के मुख्य पात्र को, जिसके इर्द-गिर्द कथावाचक भी घूम रहा है, काल और परिस्थिति की पारम्परिक रूढ़ि से मुक्त तो कर ही सकते हैं...भीतर से मानो आवाज आई—'मुक्त कर जा मुझे मर्मांतक व्यथा से/सुला जा हरकर हृदय लम्बी कथा से...' कथा एक ऐसी जगह जा पहुँची, जहाँ

इतिश्री करने में कोई हर्ज नहीं लगा मानो दिमाग का भारी बोझ उतर गया हो...साल भर पहले 'आज का मैथिली कवि' में लिखा था—'अब तक का मैथिली साहित्य सम्पन्न और अभिजात वर्ग का साहित्य रहा है, परन्तु अब सर्वसाधारण जनता के सुख-दुख का वाहन बनने जा रहा है...'

मनुष्य का एक महत्त्वपूर्ण स्वभाव यह भी है कि वह जितना अपने घर-परिवार से दूर भागना चाहता है, समय आने पर अपने लोगों के पास पहुँचने के लिए उतना ही अधिक सक्रिय होता है...मन में बार-बार यह बात आ रही थी कि मिथिला की धरती पर उपजाई हुई अपनी पहली फसल की खुशबू अपराजिता तक सबसे पहले पहुँचनी चाहिए। पैसे पास में थे नहीं, तो एक मित्र से माँग लाए और स्टीमर पकड़कर चल दिए तरौनी। अपराजिता लालटेन की रोशनी में रात भर जगकर 'पारो' की कथा सुनती रही। कथा प्रसंग के क्रम में वह कभी मुस्कराती, तो कभी गम्भीर हो जाती। उपन्यास खत्म होते ही बोल पड़ी—'नइ जानि इ बुढ़वा आर कते के जान लैत... ओह कतेक दिन जिअत ओ...बहुखऊका नहि त'...' यात्री मन ही मन प्रसन्न हो उठे साक्षर-मात्र अपठित नारी की त्वरित प्रतिक्रिया जानकर।

कलमघिसुओं का संसार

हाथ में पुस्तकों का एक पैकेट लेकर नागार्जुन देर शाम वापस आए। आसाराम जी ने अपने आवास में पीछे वाला कमरा उनके हवाले कर रखा था। राजनीतिशास्त्र के अध्येता आसाराम जी इलाहाबाद के बौद्धिक माहौल में घुले-मिले तो थे ही, प्रगतिशील लेखक संघ की गतिविधियों से भी जुड़े थे। देर शाम ठंड बढ़ जाने के कारण मकान की खिड़की-दरवाजे बन्द थे। नागार्जुन को इस समय आसाराम जी की बैठकी का दरवाजा खटखटाना ठीक नहीं लगा, तो सीधे अपने कमरे का दरवाजा खोला। बत्ती जलाते ही साठ पावर के बल्ब की रोशनी से वह छोटा कमरा भर गया। पुस्तकों वाला पैकेट बिस्तर पर रखा और रात के भोजन के लिए चार रोटी व सूखी सब्जी वाला ठोंगा टेबुल पर। कपड़ा बदलकर पहला काम यह किया कि छोटी बाल्टी में पीने का पानी ले आए। एक गिलास पानी पीकर साथ लाए चार बीड़े पान में से एक बीड़ा और चुटकी भर जर्दा मुँह में लिया। पिछले तीन-चार दिनों से सर्दी बेहद बढ़ गई थी। लोगों की हड्डी-हड्डी में समाने लगी थी। बीच-बीच में बूँदाबाँदी भी हो जाती। कमरे का दरवाजा भीतर से बन्द करके आराम से जा बैठे बिस्तर पर।

पुस्तक वाला पैकेट खोला। 'चित्रा' की दस प्रतियाँ थीं। यह यात्री का सद्य-प्रकाशित काव्य-संकलन था। एक प्रति हाथ में ले एकटक निहारते रहे। याद

आया—'पारो (1946 ई.)' के अन्तिम कवर पेज पर छपा विज्ञापन—'यात्रीक टटका कविता देखक हो त' पारो पढ़लाक उपरान्त अहाँ 'षोड्शी' अवश्य पढ़बे टा करि' (यात्री की ताजा कविताओं को देखना हो, तो पारो पढ़ने के उपरान्त 'षोड्शी' अवश्य ही पढ़ें)। आगे कहा गया था कि 'अपूर्व रचना, विलक्षण शैली...एक-एक पंक्ति, एक-एक पद्य मिथिला की मिट्टी से सुरभित...लखिमा ठकुराइन से लेकर मामूली से मामूली 'फेकनी, मेहिया चमार, ठीठर मामा' तक सभी 'षोड्शी' की इस प्रतिमा को चरण-स्पर्श कर रहे हैं...श्रावणी पूर्णिमा तक 'षोड्शी' प्रकाशित हो जाएगी...।' 1946 ई. के ज्येष्ठ माह में 'पारो' प्रकाशित हुआ और दो महीने के भीतर 'षोड्शी' को छपना था। सोलह रचनाओं का संग्रह तय था। बहुत सोचकर 'षोड्शी' नाम रखा था। अपनी सोलह वर्षीय काव्य-यात्रा को 'षोड्शी' के रूप में पाठकों के सामने लाने की योजना थी। मगर कई कारणों से यह प्रकाशित नहीं हो पाया। अब कवि के सामने 'चित्रा' संग्रह था। किसानी स्वभाव वाले नागार्जुन के लिए सत्ताइस नक्षत्रों में चित्रा नक्षत्र काफी महत्त्वपूर्ण है...इसी नक्षत्र में धान के पौधों में शीश बनने शुरू होते हैं। 'चित्रा' के कई अर्थों में एक अर्थ रागिनी भी है, एक अर्थ चितकबरी गाय भी...नागार्जुन को हाल में लिखी अपनी पंक्तियाँ याद आईं—'एक-एक शब्द है दुधारु गाय/उसका दुरुपयोग न करना हाय..'

'चित्रा' की प्रति सामने पड़ी थी। साहित्य को जीविका का साधन मानकर अपनी मातृभाषा मैथिली की परिधि से कूदकर हिन्दी के विशाल मैदान में नागार्जुन खड़े थे। पर हिन्दी पढ़नेवाले अधिकांश अध्यापकों को उनकी कविताएँ दो कौड़ी की भी नहीं मालूम होतीं। 'चित्रा' की 28 कविताओं में से तीन-चार ही मिथिला की भूमि पर लिखी गईं। तरौनी-दरभंगा-पटना-प्रयाग-दिल्ली, फिर दिल्ली से तरौनी तक घुमक्कड़ी में 'षोड्शी' की कॉपी प्रेस तक न जा सकी थी। पत्नी और बच्चे के दाना-पानी के लिए कहीं न कहीं कुछ करने की बाध्यता रहती। उनकी रचनाएँ पढ़ने के बाद कुछ सम्पन्न सम्बन्धियों और मिथिला के मित्रों ने कहा था—"क्यों भला यात्री जी भटकते रहते हैं? कलम में दम है, तो यहीं अपने देश-कोस में रहें!", तो नागार्जुन को कहना पड़ता—"मित्र, तुम तो देश में हो/हो रही है ईर्ष्या तुम्हारे भाग्य से/पर क्या करूँ/अभिशप्त ठहरा/बन्धु, मेरे पास भी यदि/बाप-दादों की उपार्जित भूमि होती/धान होता बखारों में/आम-कटहल-लीचियों के बाग होते/पोखरा होता मछलियों से भरा/फिर क्या न मैं भी/याद कर प्रथमा, द्वितीया या तृतीया (प्रेयसी) को/सात छेदों की रुपहली बाँसुरी में फूँक भरता/वैष्णवों के विरहिणी वृषभानुजा के नाम पर ही सही/फिर भी फूँक भरता...असम्भव था वहाँ मेरे हेतु/इसी से तो भाग आता इधर ही, हे मित्र, बारम्बार/कलम घिसकर कमा लेता रोज पैसे चार/इस तरह के और भी हैं लोग/व्यास और वाल्मीकि के स्तुतिकार/कलमघिसुओं का हमारा यह नया संसार/किसी भी श्रीमन्त से क्या माँगता है भीख..." कलमघिसुओं के नए

संसार में यहाँ-वहाँ घूमते-घामते इलाहाबाद आकर दो-दो, तीन-तीन, छह-छह माह तक नागार्जुन रुक जाते।

हिन्दी के कलमजीवियों का बड़ा केन्द्र रहा है इलाहाबाद। सम्पादन, संशोधन, अनुवाद, प्रूफ रीडिंग और मौलिक लेखन से लेकर छद्म नाम से लिखकर जीवन-यापन करने वाले यहाँ जमे रहते। काशी के बाद मैथिल छात्रों और बौद्धिकों का ठहराव यहीं होता है। रचनाकार यात्री को इलाहाबाद के प्रबुद्ध मैथिल स्नेह की नजर से देखते। 'पारो', 'रतिनाथ की चाची' और अब 'चित्रा'। पिछले दिनों (दिसम्बर, 1949 ई. के अन्तिम सप्ताह में) संयुक्त प्रान्त के प्रगतिशील लेखकों का सम्मेलन इलाहाबाद में हुआ था। उसकी अध्यक्षता उन्हें ही करनी पड़ी थी। नागार्जुन को इतनी जानकारी तो थी ही कि प्रगतिशील लेखक संघ के प्रथम अधिवेशन का उद्घाटन गुरुदेव रवींद्रनाथ ठाकुर को करना था। किसी कारणवश पर सदेह उपस्थित नहीं हो पाए थे, एक सन्देश भेजा था। उस सन्देश के दो वाक्य 'चित्रा' को उलटते-पलटते याद आ गए—'जनता से अलग रहकर हम बिल्कुल अजनबी बन जाएँगे। मैंने एक मुद्दत तक समाज से अलग रहकर अपनी साधना में जो गलती की है, उसे समझ गया हूँ।...' नागार्जुन आटा-दाल-नमक-तेल-लकड़ी की जुगाड़ में परेशान आमजनों के साथ हो लिए, तो उन्हें यह समझते देर न लगी कि 'जीवन में इस धरा धाम का क्या महत्त्व है/कैसे कहलाता कोई धरती का बेटा'...युक्त प्रान्त के प्रगतिशील लेखक संघ के सम्मेलन की अध्यक्षता करते हुए नागार्जुन ने कहा भी था—'आज का नया साहित्य उन्हीं लेखकों का है, जो जनक्रान्ति की शक्तियों के साथ हैं...सर्वसाधारण जनता को हम अपनी अधिस्वामिनी समझते हैं। हमारी प्रेरणा और कल्पनाओं का मूल स्रोत वही है...' और फिर गुनगुनाने लगे—"जयति जनता जनार्दन भगवान।"

इलाहाबाद में स्थायी ठौर बनाना चाहा था। पर वैसा हो नहीं पा रहा था-कभी आर्थिक दिक्कत, तो कभी बेटे की बीमारी। 1947 के फरवरी-मार्च में दारागंज मोहल्ले में एक कमरा किराये पर लिया। वह कमरा भी मकान के पिछवाड़े में ही था। सामने एक छतनार पेड़। पेड़ के नीचे मखमली घास। उन दिनों 'पारो' की चर्चा उनके मैथिल मित्रों से हिन्दी में पहुँच चुकी थी। इलाहाबाद के प्रकाशक, जो उनसे अनुवाद और पांडुलिपि संशोधन का काम करवाते थे, उनसे 'पारो' का हिन्दी अनुवाद या कोई उपन्यास माँगने लगे। पर उन दिनों नागार्जुन के दिमाग में कविता के कई प्लॉट घूम रहे थे। बाजारू लेखन की ओर मन नहीं मुड़ पाया कभी। हाँ, उपन्यास की ओर झुकाव होने लगा था, क्योंकि ढाई-तीन महीने की मेहनत के बाद प्रकाश' उपन्यास पर एकमुश्त अच्छा पैसा देता था। लेखक का नाम यदि जाना-पहचाना हुआ, तो अग्रिम भी मिलता। कविता से कमाई नहीं के बराबर। पत्र-पत्रिकाओं में छपने पर पाँच-दस रुपये मिल जाएँ, तो बहुत समझिए। सेठाश्रित अर्थकरी कवि सम्मेलनों में वे कम ही जाते। तथाकथित संयोजकों एवं सांस्कृतिक दलालों का जो

हाल यहाँ-वहाँ दिखाई देता, उसमें वह फिट नहीं होते। यदि किसी कवि-सम्मेलन में जाना हुआ, तो आने-जाने का किराया और बहुत हुआ तो पन्द्रह या एक्कीस रुपये विदाई। चाय, नमकीन और मिठाई, मध्य कोटि का भोजन, पान-सिगरेट...! जगह-जगह का पानी गला खराब करता। सर्दी-जुकाम देता रहता।

जहाँ कहीं भी रहे हों, गाँव से लगातार सम्पर्क बना रहा। प्राय:-प्राय: मास-डेढ़ मास पर गाँव जाते ही रहते। वे देख रहे थे कि 'अब तो हमारे साहित्य में बड़े-बड़े उपन्यासों के अनुवाद प्रकाशित होने लगे हैं।' उन्होंने खुद भी कई अनुवाद किए हैं। मैथिली में लिखित 'पारो' पर तरह-तरह की प्रतिक्रिया आ रही थी। यह प्रमाण था कि उपन्यास पसन्द किया गया है। चार पंक्तियों वाली काव्य-प्रतिक्रिया तो बहुतों को याद हो गई—'स्वच्छंद प्रोफेसर टाँग-हाथ/दंतावलि पूर्वहि तोड़ि देल/दुर्भाग्य सं सम्प्रति मैथिली/'पारो' कपारो धरि फ़ोड़ि देल।' (स्वच्छंद प्रोफ़सर हाथ, पैर, दाँत पहले ही तोड़ चुके थे...दुर्भाग्य से मैथिली के 'पारो' ने सिर भी फोड़ डाला।)

'पारो' के बाद नागार्जुन को लगा था कि जिस परिवेश में 'पारो' ने अपने जीवन का अन्त किया, उस परिवेश और परिस्थिति में भी विकास की धीमी हवा चलने लगी है। 1945-46 के कालखंड में यदि 'पारो' जीवित होती, तो कैसी रहती? वह बिरजू से कहती—'मोल लइ छैं हमरा तों टका द' क'/कनबई छैं बाप भ' क', काका भ' क'/जाइ अछि पानि जकां दिन हमर/जीवन भेल केहेन कठिन हमर...' (खरीदते हो हमें दे कर टाका/रुलाते हो होकर बाप और काका/गुजरता है पानी की तरह दिन मेरा/जीवन हो गया है कैसा कठिन मेरा)। परिवेश में कई ऐसे पात्र हैं, जो अपने-आप में कई कथा या उपन्यास लिखवा लेंगे। विधवा चाची ने कभी कहा था—"हे भगवान! अगले जन्म में भले ही चुहिया होऊँ...भले ही नेवला, मगर चेतनामय मानव समाज में फिर कभी पैदा न होऊँ...।" यदि 'पारो' विधवा होती, तो अपने आँसू के साथ अपनी 'आह' पीती रहती...

मन को हिन्दी उपन्यास की तरफ मोड़ा। देखा-सुना परिवेश और परिस्थिति के बीच किसी घटना पर दिमाग ठहरने लगा, क्योंकि 'बिना प्रगाढ़ परिचय के किसी के अन्त:स्थल की झाँकी लेने के लिए उत्सुक हो जाना अनाधिकार चेष्टा है।' अपना पूरा अतीत आँखों के सामने उभरने लगा, जिसने उन्हें कठिनाइयों के साथ चलना और जीना सिखाया है...'पारो' लिखने से ठीक पहले, जिस मानसिकता में जी रहे थे, कुछ वैसा ही अनुभव करने लगे। नागार्जुन के यात्री के मुख्य दो ही उद्देश्य रहे हैं। नई-नई जगह को सजग नजरों से देखना और उन जगहों की स्थिति-परिस्थिति में अपने को ले जाना, ताकि पुरानी बातें मन को बोझिल न बनने दें। नागार्जुन के पिता भी अपनी सीमा और सामर्थ्य में घूमते रहते थे। पर उनका घूमना हारे हुए व्यक्ति की मनोदशा के साथ नोनी लगे खास्ता रूढ़िग्रस्त संस्कार की शान बघारने के लिए ही होता था। और नागार्जुन घूमते थे, तो सोचा करते—'चलह आगू पथिक

तों छाड़न सभहिकें छोड़ि/देखलहक अछि स्रोतकें घुरियाय पाछां होयत?...' (चलो आगे पथिक तुम नदी की कटी धाराओं को छोड़/देखा है जलस्रोत को पलटकर लौटते पीछे...)।

आजादी के बाद प्रगतिशील लेखक संघ का अधिवेशन सितम्बर, 1947 के पहले हफ्ते में होने वाला था। उससे पूर्व ही वह अपना पहला हिन्दी उपन्यास 'रतिनाथ की चाची' इलाहाबाद में रहकर पूरा कर चुके थे। पारिवारिक दायित्व के चलते बार-बार कलम बन्द कर जेब मे खोंसते रहते, फिर भी मन मारकर जमना पड़ता। कहने को अस्सी दिनों में ही यह उपन्यास पूरा हो गया था, मगर ये दिन पाँच माह में फैले थे। यों तो 'पारो' के बाद उनके दिल-दिमाग के किसी कोने में बालचन (बलचनमा) अपना हाथ-पाँव चला रहा था। वह देख रहे थे कि—'गोबर, महगू, बलचनमा और चतुरी चमार/सब छीन ले रहे स्वाधिकार/आगे बढ़कर सब जूझ रहे/रहनुमा बन लाखों के...।' 'बलचनमा' के लिए नोट्स बनने लगे थे, पर 'पारो' के बाद जब कथा-सूत्र को सुलझाकर समेटने की मानसिकता बनी, तो अपने इलाके की विवश, लाचार और प्रताड़ित महिलाएँ दिलो-दिमाग पर छाने लगीं।

ऐसा देखा गया है कि मैथिल विधवाएँ घर से निकलती हैं, तो काशी में ठौर पाती हैं। प्रयाग, हरिद्वार, मथुरा या वृंदावन जैसी जगहों में कम ही मैथिल विधवाएँ दिखती हैं। काशी के परिवेश को नजदीक से देखा है छात्र जीवन में। तारामन्दिर में चावल को फटककर साफ करने वाली वृद्धा से मिलने दो-तीन महिलाएँ आती रहती थीं। चावल साफ करने वाली वृद्धा नागार्जुन के पिता के ननिहाल के करीबी गाँव की थी, तो वह उन महिलाओं के बारे में काफी कुछ बताती रहती। कहती कि किस तरह बाल विधवा होने के बाद जेठानी और ननद के दुर्व्यवहार से तंग आकर और मायके में भाभी से खटपट के बाद वे काशी भाग आतीं...पहले पंडों के पल्ले...फिर कहीं और...कुछ सम्पन्न घरों में प्रवेश पा जातीं। कोई खूब चुभती और खूब इतराती। उन्हीं में से एक, एक दिन मणिकर्णिका घाट के ऊपर एक गली में मिली। उसे कीमती चूड़ियों और सोने की सिकड़ी पहने देख दंग रह गए थे छात्र वैद्यनाथ। बाद में एक मित्र ने गंगा किनारे टहलते हुए कहा था, "कई सम्पन्न लोग ऐसे हैं, जिनकी तीन-तीन विवाहिता और नाती-पोतों से भरा घर होते हुए भी चूड़ियों से सूनी कलाई की ओर ललचाई निगाह लगी रहती है।" वैद्यनाथ को अपने ही गाँव की उस सम्पन्न बाल विधवा की याद आ जाती, जिसकी रंगीन कहानियों की चर्चा अक्सर होती रहती। वह तमाम घट-अघट घटनाओं का औचित्य जाँचने का नाटक करती रहती, गाँव का खास वर्ग उसे मोहरे की तरह इस्तेमाल करता रहता...।

चाची के वैधव्य और 'पारो' की मानसिक यंत्रणा को अब वह समझ रहे थे। एक उम्र तक तो चाची को अलग नजरों से देखा था। अब जबकि चाची दो पोतों की दादी हो चुकी है, गोकुल बाबू भी नहीं रहे और नागार्जुन स्वयं भी बाप बन

चुके, तो चाची की आँखों में वात्सल्य के तरल रूप दिखते रहते। अपने आँगन में बहुओं की उपस्थिति से चाची में बदलाव आना स्वाभाविक ही था। अब तो चाची अत्यधिक यातना सह रही थी अपने घर में।

अचानक दिमाग ने झटका खाया। वह दृश्य भी याद आ गया, जब किशोरावस्था में गनौली से अपने एक मित्र के साथ कोइलख गए थे, तो ननिहाल सतलखा भी चले गए। सूर्यास्त का समय था। सीधे ननिहाल के आँगन में प्रवेश किया, क्योंकि दालान खाली था। किसी ने नहीं पहचाना। वे भी नहीं पहचान पा रहे थे किसी को। उसी समय कुँजा-खबास की औरत सिर और कमर पर पानी भरे दो घड़े लिए पहुँची। मुँह देखते ही उल्लास से चिल्ला उठी—"दइया रे दइया, यह तो ठक्कन बौआ है। कितना बड़ा हो गया!..." मामियाँ दौड़ आईं। बीच आँगन में खजूर की चटाई पर बैठी नानी उठ खड़ी हुई। बड़ी मामी ने हाथ से झोला लिया और कहा, "नानी को नहीं पहचाना?" वृद्धा के पैरों पर धब् से पड़कर प्रणाम किया, तो उन्होंने ठक्कन को उठाकर छाती से लगा लिया। "भूल गए मुझे बेटा?", वृद्धा का गला भर आया था। माथे पर हाथ फेरने लगी। वात्सल्य का यह रूप ठक्कन ने तब तक नहीं देखा था। एक मामी ने स्नेहपूर्वक उसके पैर धोए...बातों और मौखिक छेड़खानी करके संकोची ठक्कन को हँसा दिया। उन सबका अकृत्रिम वात्सल्य और सहज आत्मीयता देख ऐसा लगा, मानो किसी अमृत कुंड में उन्हें खड़ा कर दिया गया हो। नाना को जब प्रणाम किया, तो वह बोले, "मैं समझता था कि जब तक मिसर जी (गोकुल मिश्र) जीएँगे, तब तक तुम ननिहाल नहीं आओगे...आँखें तुम्हें देखने को तरस गई थीं।" ठक्कन को मालूम था कि माँ मरी, तो नानी ने अपने पास रखा था। साल भर रहने के बाद नाना ने जब उसके पिता की दूसरी शादी की बात चला दी, तो क्रुद्ध होकर बच्चों को ननिहाल से उठा ले आए थे पिता। तब से लगभग पन्द्रह वर्ष की उम्र तक ठक्कन ननिहाल नहीं जा पाया।

'चित्रा' के पृष्ठ पलटते जा रहे थे। नजरों से टकराया, 'तोड़ि कं हरिसिंहदेवक डांड़/काल्हि जं बौआ बिआहथि मेम/महाश्वेता बहुरिया/चनमाड़पर ओ आबि/बिहुँसि लगती गोसाउनिकें गोड़/तऽ अहाँ की छाड़ि कं ई माटि/पड़ाएब चल जाएब मोरङ दिश?' (तोड़कर हरिसिंह देव की कमर/कल यदि बबुआ ब्याह लाएँ मेम/दुलहन माहश्वेता/पहुँचकर घर, कुल-देवता के पास/प्रफुल्लित होकर भगवती को करे प्रणाम/तो आप क्या छोड़कर यह भूमि/भागकर चले जाएँगे मोरंग की तरफ?)... सच, बौआ की शादी मेम से तो नहीं, पर 'जाति-पांजि' को अँगूठा जरूर दिखाया गया था। इस रचना के वर्षों पूर्व बौआ उच्चाधिकारी की नौकरी के लिए चुन लिया गया और एक प्रवासी मैथिल उच्चाधिकारी ने उसे अपना दामाद बना लिया था। तरौनी में यह बात खुली, तो 'जोतखी पोखर' का पानी खौल गया। लोगों में चर्चा थी कि न जाने कहाँ की लड़की है। ब्राह्मण है कि नहीं...अंडा-प्याज खाया जाता

होगा...खचिया भर रुपया मिला है...बाद में सौराष्ठ जाकर पंजीकार से मिल किसी तरह उस प्रवासी मैथिल ब्राह्मण की पूरी वंशवाली निकाली गई थी।

मिथिला से दूर प्रयाग में नागार्जुन ने सोचा, 'भला हो चौदहवीं शताब्दी के कर्नाट वंशीय राजा हरिसिंह देव का, जिन्होंने मैथिल ब्राह्मणों की विद्या, आचरण, कुलीनता आदि को ध्यान में रखकर अनुक्रमिका बनवाई थी, जो कालक्रम में मैथिल ब्राह्मणों की पंजी व्यवस्था में बदल गई। आज भी यह अनुक्रमिका पूरी तरह लिखी जाती है और लिखने वाला पंजीकार पीढ़ी दर पीढ़ी मिलान कर शादी के लिए 'सिद्धान्त पत्र' लिखकर देते हैं।' सिद्धान्ततः पिता की तरफ से सात पीढ़ी और माँ की तरफ से पाँच पीढ़ी तक कहीं सम्बन्ध ठहर जाए, तो शादी नहीं होती।

पिता और नागार्जुन के स्वभाव-आदत हर समय टकराते रहते थे। अब तो लगता कि जिस परिवेश में वे पैदा हुए, उसमें जीवंतता के लक्षण शेष मात्र ही हैं। अब छाड़न ही छाड़न रह गया है। फिर भी वह भूमि हमेशा आकर्षित करती है उनको। वहाँ की शस्य श्यामल प्रकृति से एक रागात्मक लगाव-सा रहा है। उन्हें बार-बार 'याद आते स्वजन...याद आता वह तरउनी ग्राम...।' लगने लगा, तरौनी का अपना परिवेश उपन्यास लिखवा ही लेगा। माथा झनझना उठा...अपना आँगन-अपना बचपन-चाची-पिता-बागो-सकरी-ननिहाल-अपराजिता...बनारस में मामा के साथ रह रही खंजन, वहाँ की गलियाँ—सब पर गहराई से सोचने का मन करने लगा।

सोचने-विचारने से लेकर लिखाई शुरू करने में लगभग पन्द्रह-बीस दिनों का समय लग गया था। कथा-शैली 'पारो' से भिन्न करने का इरादा शुरू में ही सोच लिया था। 'पारो' में कथा का मुख्य पात्र कहानी कहता है। बिरजू अपनी उम्र के सातवें वर्ष से ही पारो को याद करना शुरू करता है, और जब सोलह-सत्तरह का होता है, तो पारो की मृत्यु हो जाती है। नागार्जुन 'रतिनाथ की चाची' में मुख्य पुरुष पात्र की उम्र ग्यारहवें वर्ष से शुरू करते हैं, जो समझने-बूझने की शुरुआती उम्र है और काशी जाकर संस्कृत कॉलेज में पढ़ाई करने के लिए जाने के साथ कहानी खत्म होती है...यानी 18-19 वर्ष की उम्र रही होगी रतिनाथ की। कथा सामान्य गति से बढ़ती रही। अपने परिवेश के इर्द-गिर्द केन्द्रित होना उन्हें भीतर से अक्सर रुला जाता।

'रतिनाथ की चाची' के छपने और पढ़े जाने से पूर्व ही पिता धरा धाम से जा चुके थे, वरना इस तरह की कहानी गढ़ने के लिए बार-बार सोचना पड़ता! तरौनी के लोगों ने ध्यान नहीं दिया, या चुप्पी लगा गए, अन्यथा तरौनी जाना कठिन हो जाता। कई मित्रों ने यहीं इलाहाबाद में उसे पूर्णतः या अंशतः सुना। नाम तय हुआ 'रतिनाथ की चाची'। उस मकान के पिछवाड़े के छतनार पेड़ के नीचे बैठकर पूरा उपन्यास सुनने के बाद मित्र रामविलास ने कहा था, "तुम उपन्यास ही लिखो। बहुत अच्छा काम किया है। कितनी ताजगी है।" किसी ने कहा, "अपने समय की

वर्जनाओं और कुंठाओं को बड़ी सफाई और स्पष्टता के साथ कागज पर उतारने का साहस किया गया है..."

अनायास पेट पर हाथ फिरने लगा। सामने टेबल घड़ी पर नजर गई। नौ बजकर चालीस मिनट! लगा भूख भी लग आई है। शाम में पाँच-साढ़े पाँच बजे 'चित्रा' के प्रकाशक के यहाँ नाश्ता किया था। वहाँ से पैदल अपने ठिकाने तक आए थे, लगभग डेढ़-दो कोस...। बिना दरवाजे की आलमारी के निचले खाने में प्लेट पड़ी थी। प्लेट को गमछा से पोंछ रोटी-सब्जी उसमें रखी। अचानक याद आया कि एक छोटी शीशी में अपराजिता ने गाँव से आते समय अचार दिया था। थोड़ा अचार भी निकाला। खाने के बाद हाथ-मुँह धोने और प्लेट साफ करने कमरे से बाहर निकले, तो देखा कि कोहरे ने चाँदनी को फीका कर रखा है। सर्द हवा से बदन सिहर गया। वापस आकर दरवाजा लगाया, तो राहत मिली। बिस्तर पर कम्बल में अपने को लपेटा और हाथ बढ़ाकर पान वाला पुड़िया उठाया। पान मुँह में लेते ही अपने इलाके के एक जमींदार बाबू साहेब याद आ गए...उम्र ज्यादा नहीं, पर शरीर का एक भाग लकवाग्रस्त था। मुँह एक ओर लटका रहता। पान-जर्दा की आदत थी, तो खड़ल में पान-सुपारी और जर्दा को चटनी की तरह कूट-पीसकर अर्घा से उनके मुँह में डाला जाता। कुछ देर बाद एक खबास उनके दोनों गालों को हल्के से मुकियाया करता, ताकि पान की चटनी मुँह में इधर-उधर हो...अपने ही इलाके के एक अन्य बाबू साहेब (जमींदार) की याद हो आई, जो सांस्कृतिक और साहित्यिक रुचि के थे। जब कभी उनसे मुलाकात होती, तो उलाहना मिलता कि अठ्पहड़ा (दिन भर) का प्रोग्राम तो यात्री जी उनके लिए बनाएँगे नहीं! आखिर एक दिन वहाँ जाना ही पड़ा। भोजन के समय बड़े मालिक ने कहा, 'यात्री जी, कनेक हमरा ओत' आइ पानि पीबि लेल जाय' (यात्री जी, आज मेरे घर का भी पानी पी लें)! 'बैठे जब खाने/सामने आ गए छप्पन प्रकार.../कनकजीर चावल के सुरभित महीन भात/अरहर की दाल/और परवल की तरकारी/कोहड़े के फूलों के पकौड़े बड़े-बड़े/तिलौड़ी, दनौड़ी, तिसियौड़ी, पापड़/तोरई, नेनुआ, भिंडी और बैंगन/सूरन और अरुई/मछली और सालन/ऊपर से पुष्ट घृत, कसौंदी अचार, नींबू/अन्त में दही तिस पर सकरौड़ी...' एक साथ इतना कुछ देखकर यात्री भौंचक रह गए। बाबू साहेब ने टीपा—"हम कुछ भी व्यवस्था आपके लिए नहीं कर पाए यात्री जी!" यह था मिथिला के जमींदारों का बिना किसी आयोजन का भोजन। मिथिला के भोजन-विन्यास को याद करके अभी जो खाना खाया, वह निम्न वर्ग के अन्तिम पंक्ति का भोजन ही लगा।

सोचा था 'रतिनाथ की चाची' के बाद मैथिली में फिर एक उपन्यास लिखेंगे,

पर उन दिनों दिमाग में 'बालचन्द' अपनी पूरी भाव-भंगिमा के साथ चक्कर काटने लगा था। देश को उन्हीं दिनों आजादी मिली थी। जिस दिन देश आजाद हुआ, उस दिन नागार्जुन पटना में थे। हफ्ते दिन के भीतर ही इलाहाबाद वापस आ गए। आजादी के दस-बारह दिनों के बाद हैदराबाद (सिन्ध) से उनका एक अति घनिष्ठ परिवार दोपहर में तीन ताँगों पर आवश्यक सामान के साथ आ धमका। उन लोगों से पत्र-सम्पर्क तो था ही, उस परिवार से निकटता तब हुई थी, जब नागार्जुन किसान आन्दोलन की जेल-यात्रा के बाद पारिवारिक सेवा-खर्चा के लिए श्रीलंका जाने से पहले की तरह रचनाधर्मी बनने के लिए अपने को ढाल रहे थे। डेढ़ वर्ष सिन्ध प्रान्त में रहना हुआ था। वहाँ सारस्वत ब्राह्मण पाठशाला में कुछ दिनों तक हेडमास्टरी की थी। फिर वहीं की राष्ट्रभाषा प्रचार समिति की पत्रिका 'कौमी बोली' के सम्पादन में कुछ समय लगाया था। संस्कृत ज्ञान हर हमेशा नागार्जुन के लिए वह पूँजी रही है, जिसका उपयोग जरूरत पड़ने पर कर लिया करते। हिन्दी साहित्य सम्मेलन और संस्कृत माध्यम से पढ़ने वाले छात्रों को पढ़ाने का काम भी वहाँ किया था। जो लोग आश्रय लेने आए थे, उन्हीं के साथ वहाँ रहना हुआ था। निहायत शरीफ परिवार था। पति-पत्नी एक बेटा और दो बेटियाँ। आजादी मिलने के चन्द दिनों के बाद ही सब कुछ छोड़-छाड़ जान-बचाकर भागे थे वे लोग। उन लोगों के अनुभव, कष्ट, त्रासदी सुनकर नागार्जुन के दिमाग का कोना-कोना झनझना उठा था। आजादी की लड़ाई के अन्तिम दस वर्ष को नागार्जुन ने भीतर से देखा है। लाखों लोग उनकी तरह आन्दोलन में शरीक हुए। हजारों परिवार टूटकर तहस-नहस हुए। तब जाकर 15 अगस्त का दिन आया—'अछि भेल कतेको युग पछाति/ई महादेश स्वाधीन आइ...।' सीमा पार से हजारों की इज्जत-आबरू लुटने के बाद भागने की विवशता अखबारों व रेडियो के माध्यम से आ रही थी। लगा, सिन्ध प्रान्त के सैकड़ों छात्र, जो उनसे सम्पर्कित हुए थे, कह रहे हों—'नाहक कष्ट सहा तुमने यह तात!'

अपना एक कमरे वाला आवास उन लोगों को सौंप दिया और उसी मकान में दो कमरों की व्यवस्था भी करवा दी। कई दिनों तक उन लोगों ने 'पंडित जी' (नागार्जुन) को इतना कुछ बता दिया कि एक उपन्यास की योजना बना ली उन्होंने। उपन्यास का नाम तक तय कर लिया—'निराश्रित'। देश के बँटवारे से विस्थापितों की व्यथा-कथा और निराश्रितों की समस्या में दो-ढाई माह मन ही मन उलझे रहे... खुद इस-उस मित्र के यहाँ सोते-बैठते रहे।

देश को आजाद हुए मास दिन भी नहीं हुए थे और प्रगतिशील लेखक संघ का घोषित अधिवेशन इलाहाबाद में हुआ। अधिवेशन के बाद राहुल जी के साथ सारनाथ और वाराणसी होते हुए पटना के लिए विदा हुए। सारनाथ के अतिथि निवास में यह विचार मन में आया कि किसी बौद्ध चरित्र को आधार बनाकर महाकाव्य लिखा जाए। बहुत पहले शुद्धोदन और प्रजापति को लेकर—'दग्ध हृदय का अक्षय

अन्त:स्ताप/माप सका है कौन आज तक हाय' लिखा था। पर तरौनी पहुँचकर देखा—'उदासीनता थी कण-कण में व्याप्त/मूर्तिमान था दिख रहा अवसाद...।' पुत्र बीमार पड़ा रहता। सारी रचनात्मक ऊर्जा घर-गृहस्थी के चक्कर में न जाने कहाँ उड़ जाया करती। साधन की कमी और लाचारी ही लाचारी। तरौनी-सकरी-दरभंगा-पटना, फिर पटना-दरभंगा-सकरी-तरौनी...हाँ, कभी-कभी सकरी के बाद मधुबनी और फिर सप्ता, तो कभी पौना या फिर सतलखा या बक्शी टोल...थोड़ी-बहुत व्यवस्था कर पश्चिम की ओर गंडक और गंगा पार करते।

उसी वर्ष (1947) गाँव से आने पर नवम्बर में दमा की शुरुआत हुई थी। सर्दी, खाँसी और मामूली बुखार...जुकाम के मारे बुरा हाल...गला बिल्कुल बेकाम हो गया था। ऐसा लगने लगा कि टायर फट गई है। बोलने पर फस्स-फस्स की आवाज निकलती। फिर साँस बजने लगी थी। मित्रों की सलाह पर हकीमी दवा ली थी। फायदा भी हुआ था। साँवली सूरत का लम्बोतरा चेहरा और तरकीब से तराशी हुई खिचड़ी दाढ़ी, बड़ी-बड़ी आँखों वाले उस प्रौढ़ हकीम ने कहा था, "उम्र भर साथ लग गया शायद! परहेज से रहिएगा और हो सके, तो इसे दोस्त बना लीजिए।"

वर्ष के अन्तिम तीन दिन हिन्दी साहित्य सम्मेलन के बम्बई अधिवेशन में जाना हुआ। प्रगतिशील लेखकों की अच्छी-खासी संख्या वहाँ पहुँची थी, क्योंकि उस वर्ष राहुल जी सभापति चुने गए थे। बम्बई से जनवरी (1948) के प्रथम सप्ताह के अन्तिम दिन इलाहाबाद लौटे रायपुर होते हुए। वहाँ अन्य पत्रों के साथ पत्नी की दो चिट्ठी भी प्रतीक्षा में पड़ी थी। रोगग्रस्त बेटे की मार्मिक दशा अपराजिता ने लिखी थी। खुद को हकीम से दिखाकर और दस दिनों की दवा लेकर तरौनी भागे। पुत्र को देखा—'बढ़ा है आगे को बेतरह पेट/धंसी-धंसी आँखें/फूले-फूले गाल/टाँगें हैं कि तिलियाँ/अटपटी चाल...'

बेटे को रोगमुक्त कराने के लिए पटना तक ले जाना पड़ा। एक दिन हल्ला उठा—'गांधी की हत्या कर दी गई'! पार्टी ऑफिस में टिके नागार्जुन मर्माहत हो उठे। लगभग घंटे भर उनकी आवाज मानो गायब हो गई थी। याद आ रहा था कि गांधी को पहली बार 1934 के भूकंप के बाद देखा था मधुबनी में। उस भूकंप में उत्तर बिहार की बड़ी बर्बादी हुई थी। उन दिनों की एकमात्र बड़ी पार्टी कांग्रेस ने राहत के लिए बड़ा-सा अभियान चलाया था। उसी सिलसिले में महात्मा जी पधारे थे। मधुबनी के खादी भंडार के पास वाले मैदान में उनके बैठने के लिए ऊँची जगह बनाई गई थी। भारी भीड़ लगी थी। नागार्जुन भी अपने ममेरे भाइयों के साथ मधुबनी पहुँचे थे। सभी हमउम्र। जा चढ़े शीशम के पेड़ पर। गांधी जी साफ-साफ दिखे, पाँव पीछे मोड़कर बैठे हुए। उनकी बोली कानों तक नहीं पहुँच पा रही थी। दाहिना हाथ उठा-उठाकर बार-बार कुछ समझा रहे थे...इसके बाद बम्बई में उन्हें देखा था। 1945 ईस्वी में। 'कल, मैंने तुमको फिर देखा/हे खर्वकाय, हे कृश शरीर/हे

महापुरुष, हे महावीर/हाँ, लगभग ग्यारह साल बाद/कल मैंने तुमको फिर देखा है...' और, 30 जनवरी, 1948 को 'ओह, अहाँक वियोग व्यथा मे/के नहि आइ कनई अछि प्राणी...।' रेडियो सुना और अगली सुबह अखबार में पढ़ा, 'चट से निकाल पिस्तौल/तुम्हारे ऊपर कल/वह दाग गया गोलियाँ कौन?...' देश क्या, पूरी दुनिया हिल उठी उस जघन्य कांड से...विह्वल कवि ने हिन्दी में चार कविताएँ और मैथिली में एक तत्काल लिखीं। पार्टी के दैनिक 'जनशक्ति' से जुड़े सम्पादकीय विभाग के मित्रों ने उन रचनाओं पर अपना पहला हक जताया। 'शोणित तर्पण' मुख्य शीर्षक डालकर दो अंकों में चारों हिन्दी कविताएँ छापी गईं। 'शपथ' और 'तर्पण' को तो दर्जनों पत्र-पत्रिकाओं ने हफ्ते-दस दिनों के भीतर 'जनशक्ति' से लेकर साभार मुद्रित किया। सांप्रदायिकता के खिलाफ उनकी उदीप्त ललकार बिहार सरकार को पच नहीं पाई। उन रचनाओं को वर्जित कोटि में डालकर 'जनशक्ति' और कवि पर दंडात्मक कार्रवाई की गई। स्वतंत्र भारत में पहली बार नागार्जुन गिरफ्तार किए गए थे। इस तरह 'जनशक्ति' को 'नुकसान' पहुँचाकर और पुत्र को कामचलाऊ रूप से स्वस्थ कर अप्रैल के अन्त में इलाहाबाद वापस हो गए नागार्जुन।

इलाहाबाद आकर सबसे पहले 'गीत गोविन्द' में लग गए। इसके पदों का ललित गद्य में रूपान्तर किया। कालिदास के 'मेघदूत' के बाद जयदेव कृत 'गीत गोविन्द' बेहद प्रिय रही है उनके लिए। अनुवाद में तुरन्त लगने का एक मुख्य कारण यह भी था कि बेटे के इलाज के लिए अतिरिक्त पैसे की जरूरत थी। मई के अन्त तक सिन्धी परिवार ने रहने के लिए अलग व्यवस्था कर ली। व्यावसायिक सूझ-बूझ तो थी ही उनके पास। 'निराश्रित' की कथा-वस्तु पर फिर नागार्जुन का दिमाग दौड़ने लगा।

मैथिली उपन्यास लिखने के लिए यात्री पर मैथिल लगातार दबाव दे रहे थे, पर 'बलचनमा' भीतर ही भीतर जोर लगा रहा था। नागार्जुन के भीतर बैठा यात्री कभी-कभी यह भी कह उठता—'बलचनमा तो मिथिला की धरती का बेटा है, तो उसे मैथिल के साथ मैथिली भाषा-भाषी होना चाहिए न...' वहीं हिन्दी का रचनाकार नागार्जुन 'बलचनमा' के माध्यम से अपने अंचल की व्यथा-कथा, वहाँ की समस्या, परिवेश और परिस्थिति के सहारे सम्पूर्ण भारतीय खेतिहर की कहानी गढ़ना चाह रहा था। वे 'बलचनमा' को जिस तरह बनाना चाहते थे, उसके लिए एक अलग किस्म की निश्चिन्तता चाहिए थी, जो शायद ही कभी मिल पाएगी उन्हें। पिछले ढाई-तीन वर्षों से बलचनमा की रूप-रेखा और कथावस्तु ढो रहे थे। अभावों के धागों से उनके जीवन का ताना-बाना बुना हुआ था। खुद ही सोचा करते, 'दीन दुखी मैं लिए चार प्राणिन की चिन्ता/बेबस धुनता महाकाल की धा-धा धिंता...।'

बलचनमा याद आया, तो याद हो आया कि 1942 में लम्बे अन्तराल के बाद जब अपने ग्रामीण इलाके में आए थे, तब पड़ोसी गाँव राघोपुर और जगदीशपुर

के किसान बकाश्त आन्दोलन के बारे में जानकारी मिली थी। सागरपुर (जिला मधुबनी) के करीब तीनकोनमा संघर्ष वाली जगह देख आए थे। संघर्ष के मूल में मजदूरों-किसानों से बेगारी और बटाईदारी का मामला था। इन आन्दोलनों ने दरभंगा के किसान आन्दोलन को एक नई ऊर्जा दी थी। तभी से 'बलचनमा' जैसा पात्र और अपने वर्ग को लेकर उसके संघर्ष की कथा दिमाग में दौड़ने लगी थी। नागार्जुन यह बात अच्छी तरह समझ रहे थे कि 'किसानों की आजादी आसमान से नहीं आएगी, वह प्रकट होगी नीचे जुती धरती के भुरभुरे ढेले को फोड़कर।' किसानों के लिए लड़ने के संग-संग साम्यवादी-समाजवादी गुणों से लैस होते रहे नागार्जुन और पार्टी की कॉमरेडी सदस्यता 1946 ई. में ले ली।

इतना तो वह समझ ही गए थे कि 'सत्यम् शिवम् सुन्दरम्' में शिव और सुन्दर ही अधिक रोचक लगता है महाप्रभुओं को। कटु सत्य और नग्न यथार्थ की ओर ध्यान आकर्षित करने वाला कवि शिक्षित और सभ्य वर्गों में उपेक्षा की दृष्टि से देखा जाता है।' एक महानुभाव ने कहा भी, "यह सब प्रो-कम्युनिस्ट हैं, इनमें कोई खास बात नहीं पाएँगे।" उसी 'खास बात' को सामने लाने के लिए नागार्जुन ने 1948 में पटना से एक पत्रिका निकालने की योजना बनाई। नाम रखा था 'उदयन'। पहले अंक के सम्पादन के क्रम में लगा कि जैसा वे चाहते हैं, वैसा लिखने वालों की कमी है। पटना के मित्रगण साथ थे। रचना की कमी को देखकर 'बलचनमा' के लिखित अंशों में से कुछ छापना पड़ा था। पाँच सौ प्रतियाँ छपीं। बिकने पर लागत पूरी नहीं पड़ रही थी। आर्थिक संकट के कारण 'उदयन' को दो अंकों के बाद चुपचाप बन्द कर देना पड़ा। 'उदयन' में 'बलचनमा' के अंश छपने के बाद उस कथा को पूरा करने के लिए मित्रों का दबाव बढ़ता जा रहा था। मगर परिवार और रोगी पुत्र की जिम्मेदारी 'बलचनमा' की कहानी वाली कॉपी को बार-बार बन्द कर देने को मजबूर करती रही। जिस तरह नागार्जुन समस्याओं को झेलते हुए निकलते रहते, उसी तरह उनका 'बलचनमा' भी झुकने को तैयार नहीं हो रहा था।

'रतिनाथ की चाची' के बाद 'गीत गोविन्द' का रूपान्तर ही पुस्तकाकार प्रकाशित हुआ। हाँ, गांधी हत्या से सम्बन्धित चारों कविताएँ 'शपथ' नाम से एक बुकलेट के रूप में मई (1948 ई.) में छपीं। और अब 'चित्रा' मैथिली कविताओं का संग्रह...सन् 1929 के अन्त से 1949 तक की मैथिली कविताओं में से मात्र अट्ठाइस कविताएँ हैं 'चित्रा' में। अपनी मातृभाषा मैथिली को लेकर पार्टी सर्किल में भी नागार्जुन को लड़ना पड़ता। राजनीति करने वाली पार्टियाँ हिन्दी भाषा-भाषी क्षेत्र में हिन्दी के अतिरिक्त कोई दूसरी भाषा या बोली जानना नहीं चाहतीं। मातृभाषा का स्नेह क्या होता है, इसका अनुभव नागार्जुन को अच्छी तरह था। याद आया, वर्षों पूर्व वे सिन्ध से अपने इलाके लौट रहे थे। हराही (दरभंगा जक्शन) के एक टी-स्टॉल पर नाश्ता करते समय विशुद्ध मैथिली उच्चारण कानों से टकराया—"आर

मधुर लेब?" दुकानदार की तरफ नजरें उठीं, वह चेहरा-मोहरा और वेश-भूषा से सिन्धी लगा, तो नागार्जुन के मुँह से निकला था—"छा नालो आ है तहाँ जो?" (क्या नाम है तुम्हारा?) अजनबी के मुँह से अपनी-अपनी मातृभाषा सुनने का आह्लाद दोनों ओर समानुपात में बढ़ गया था। मातृभाषा मैथिली के कारण ही पिछले साल (1948 ई.) बिहार की पार्टी यूनिट ने एक मास के लिए उन्हें निलम्बित कर दिया था। पार्टी लेखकों की लखनऊ में बैठक हुई थी, उसमें उन्होंने कहा था, "दरभंगा महाराज और उनके गुट की भाषा पंडिताऊ मैथिली है। जनता की मैथिली उससे भिन्न है। यों तो देहातों में व्यापक शिक्षा-प्रसार के कारण लोग हिन्दी अच्छी तरह समझ लेते हैं। पूरे बिहार में लोग मैथिली और भोजपुरी भी अच्छी तरह समझते हैं...बिहारियों के लिए लादी हुई हिन्दी ठीक अंग्रेजी की तरह है...।" भाषा की समस्या पूरे भारत में थी। नागार्जुन के मन में यह बात आई थी कि पार्टी छोड़ दें, पर राहुल ने राय दी, "हड़बड़ी में कुछ न किया जाए। अपनी बात के लिए लड़ें...।" निलम्बन के बावजूद पार्टी लेखकों की बैठक में नागार्जुन शरीक होते रहे। उसी वर्ष दरभंगा में ऑरियंटल कांन्फ्रेंस का आयोजन हुआ था। नागार्जुन भी उसमें शामिल हुए थे। उस अवसर पर कवि-सम्मेलन भी आयोजित था। नागार्जुन ने अपनी प्रसिद्ध कविता 'बादल को घिरते देखा है' के साथ कुछ चुभती हुई कविताएँ भी सुनाईं लोगों के आग्रह पर और दो मैथिली कविता भी। वहाँ भी उन्होंने महसूस किया कि सामान्य जन की बात सामान्य मैथिली में लिखने पर एक खास वर्ग द्वारा उन्हें उपेक्षा मिलती है।

चिन्तन की बेसुधी में हाथ मेज की ओर बढ़ा, तो शीशे का गिलास नीचे गिरा। गिरने की आवाज सन्नाटे में कई गुना अधिक महसूस हुई। ध्यान टूटा। गिलास का काँच फैल गया था फर्श पर। यंत्रवत उठे और झाड़ू लेकर बिखरे शीशे के टुकड़े को बटोर कर एक अखबार पर उठाया। पुड़िया बनाकर एक किनारे रखा। लघुशंका के लिए कमरे से निकले तो वापस लौटते-लौटते देह कनकना गई। गनीमत है कि दमा का आक्रमण नहीं के बराबर था। हल्की सर्दी-जुकाम तो लगा ही रहता है जाड़े के मौसम में। दोपहर में पुराने समाजवादी मित्र हर्षवर्द्धन शुक्ल ने डबल जूम तम्बाकू दिया था। उसमें से आधा सँभालकर पूड़िया बनाकर रख छोड़ा था। बंडी की जेब से उसे निकाला। इस दिव्य पदार्थ के प्रति अनुरक्ति को नागार्जुन जनसम्पर्की अनुबंध समझते हैं। तम्बाकू मलकर हल्के से उसका चूना झाड़ा और मुँह में लिया। बिस्तर पर बैठते ही 'चित्रा' की प्रति फिर से हाथ में ली। याद आ गया, पिता की मृत्यु के बाद गाँव में एक बार कई कर्मकांडियों ने कहा था, 'आम जामुन लताम कटहर सरीफ्फा केरा कि बड़हड़/लगबिइह भगवानकें ओ भगवतीकें

भोग/एहिसं यदि समय बाँचहु/से गोलैसीमे लगबिइह/खेलैइह सतरंज चौपाड़ि-/अंखिगरक ई काज!/सांझकें सब दिन जैइह महादेवक थान/बोतू जकां बोकिआए गाल बजाय बम् बम्-/साम्वशिवकें भक्तिभाव देखाए/घुरिइह टोल/अपने आ कि अनके दरबज्जापर बैसि/तमाकू चुनबैत हंकिइह गप्प...' (आम, जामुन, अमरूद, कटहल, शरीफा, केला और बड़हड़/लगाते रहना भगवान और भगवती को भोग/समय इससे भी बचे यदि/उसे गप्पबाजी में लगाना/खेलना शतरंज और चौपड़/आँख-पांख वालों का है यह काम/जाना महादेवस्थान हर शाम/बोतू की बोली में बजाकर गाल बम्-बम्/साम्यशिव को दिखाकर भक्ति-भाव/लौटना टोले में/अपने या दूसरे के दालान पर बैठ/मलते हुए तम्बाकू हाँकते रहना गप्प...)। यात्री को लगता कि ऐसे लोग पूर्वजों की परिधि में कैद रहकर यह मानने को कहाँ तैयार होते कि 'आइ काल्हुक मनुक्खक क्षमताक आगां/मानि लेलन्हि देवता-गण हारि...' (आज-कल के मनुष्य की क्षमता के सामने/मान ली देवताओं ने हार...)। उन्हें यह सोचकर अच्छा लगा कि उनके जीवन में पिता या कोई ऐसा नहीं रहा है, जो उन्हें पूजा-पाठ के लिए बाध्य करे।

'निराश्रित' की लगभग तैयार कथा-वस्तु यों ही पड़ी रह गई, शुरू भी नहीं कर पाए। 'बलचनमा' के साथ न जाने क्या होगा? खंड-काव्य के लिए मन बनाया। 'ज्ञानोदय' वाले जोर डाल रहे थे। मन में था कि ज्ञान-प्राप्त करने के लिए भगवान महावीर के घर छोड़कर जाने के पूर्व की मनोदशा को काव्य में बाँधें...। लगभग चार सौ पंक्तियाँ तैयार भी कीं। 'ज्ञानोदय' में छपने भी लगा था। चार सौ पंक्तियाँ और हो, तो एक काम हो जाएगा। नाम भी तय कर रखा है—'महाभिनिष्क्रमण से पूर्व'। खंड-काव्य तो पाठ्यक्रम के लिए ही होता है, पर नागार्जुन जैसे कुख्यात कवि को, जो घोषित कम्युनिस्ट हैं, अध्यापक-वर्ग में कितने लोग गले से उतार पाएँगे। कुछ शुभेच्छुओं ने बार-बार कहा, "आप अपने को साहित्यिक और सांस्कृतिक क्षेत्र तक ही सीमित रखिए, तो ठीक-ठाक रहेगा!" संस्कृत साहित्य के मर्मज्ञ नागार्जुन को याद ही है कि 'सर्वेपदा हस्ति पदे निमग्ना:' अर्थात्, हाथी के पैरों के नीचे सभी के पाँव समा जाते हैं। राजनीति और आर्थिक स्वतंत्रता हमारी सभी बीमारियों का इलाज है।

पिछले दो वर्षों से मुख्य रूप से इलाहाबाद रहते, बीच में पटना-दरभंगा का ठहराव स्वभाविक हो जाता। दिल्ली, लखनऊ, काशी, कलकत्ता या अन्य नगर भी जाना-आना होता है—कभी राहुल के साथ, तो कभी पार्टीगत या अन्य किसी काम को लेकर। मई, 1949 में प्रगतिशील लेखक संघ के सम्मेलन को लेकर दस-बारह दिनों तक बम्बई रहना हुआ था। यों तो उस सम्मेलन पर रोक लगा दी गई थी, क्योंकि पार्टी और पार्टी से सम्बन्धित कामकाज पर सरकार की नजर टेढ़ी थी। लेकिन बम्बई के उपनगर भिवंडी के एक कॉलेज के सभागार में गुप्त रूप से यह कार्यक्रम आयोजित किया गया। वहीं निर्णय लिया गया था कि संयुक्त प्रान्त

के हिन्दी प्रगतिशील सम्मेलन का आयोजन वर्षांत में इलाहाबाद में किया जाए। नागार्जुन खुद अब अधिक समय इलाहाबाद में ही रहते या रहना पसन्द करते। हमउम्र लेखकों के साथ कुछ अपने अग्रजों से गहरा अपनापन है। प्रयाग में उन जैसे कलमजीवियों की अपनी गोष्ठी के साथ 'सप्तक' की झंकार और नए-पुराने साहित्यकारों की कई बैठकें थीं। नागार्जुन सोचते कि अच्छा ही किया, शाश्वत साहित्य के फेरे में नहीं पड़े। यह तो है ही कि दस रचनाओं में से दो को तो लोग सराहेंगे ही। अभी तो मजाक में ही सही, वह खुद ही कहते हैं—'अभी तो सीरिफ श्रीगणेश है/अपने पदों को बार-बार माँजो/माँजो और माँजो, माँजते जाओ/लय को करो ठीक फिर गुनगुनाओ...'

उसी दारागंज मोहल्ले में निराला रहते थे। निराला का प्रेरक व्यक्तित्व हर हमेशा मानस-पटल पर छाया रहता। एक कोठरी में रहने वाले निराला के अन्दर नागार्जुन को तुलसीदास मिलते, कबीर भी दिखते, भारतेंदु नजर आते और रामकृष्ण परमहंस की भी झाँकी मिलती। तरंगित भावनाओं से स्पन्दित होते निराला के पतले होंठों को कहाँ कभी भूल पाते नागार्जुन। निराला तो संघर्ष के मूर्तिमान प्रतीक लगते। उनसे जब कभी मिलने जाते, तो सोचते, ऐतिहासिक दशा और दिशा को प्रभावित करने वाले हर सृजनधर्मी की शायद यह दशा अनिवार्य है, ताकि समाज और इतिहास की एक सही दिशा बन सके। 'प्रपितामह तुम नए-नए पौधों के/तुम उपदान कारण मानस सौधों के/महामहिम, शुभमूर्ति, यशोधन/तुमसे ही पाते आए हैं हम उद्बोधन...'

घड़ी पर नजर गई। एक बजने में दस मिनट बाकी है। नींद के तो मानो पर ही तोड़ दिए गए हों...पलकों को तंद्रा की याद तक नहीं थी। जाड़े की रात के सन्नाटे को कुत्ते के भौंकते स्वर तोड़ने पर लगे थे। इतने में पड़ोस के किसी मकान से किसी शिशु के रोने का स्वर उभरा और सम्भवत: माँ की छाती मुँह में पाकर वह चुप्पी मार गया। याद आया, अपराजिता भी शायद अपने छोटे बच्चे को इस वक्त छाती से चिपकाकर दूध पिलाते-पिलाते निद्रा में होगी। गाँव गए लगभग दो-ढाई माह हो गए थे। अभी उस दिन अपने ग्रामीण नौजवान लम्बोदर के यहाँ गए थे। वह रेलवे में यहीं काम करता है। उसके यहाँ अपने इलाके के कई लोग माघ का कल्पवास शुरू करने के सिलसिले में आए थे। वहीं उनसे किसी ने कहा था, "कहिए, तो गाँव जाकर काकी को ले आऊँ...वे भी यहाँ प्रयाग स्नान कर लेंगी...।" नागार्जुन ने जवाब दिया था कि बड़ा लड़का बीमार रहता है, कुछ दिनों के बाद यहीं ले आऊँगा सबको। पत्र तो आता-जाता रहता ही है।

उठे। बिजली बन्द की। कम्बल से पूरा देह ढँका और सोचा, 'कोनो कारण सं कदाचित रहै अछि जं स्त्री-पुरुष दुइ ठाम/बढ़ल जाइत छइ सिनेह, ने ह्वैत छैक विराम...' (किसी कारण से यदि स्त्री-पुरुष दो जगहों पर रहें/बढ़ता ही जाता है स्नेह, होता नहीं विराम...) और अपराजिता की पूरी तस्वीर आँखों के आगे स्थिर

हो गई। कवि ने तय किया कि अगले दो-तीन दिनों के भीतर 'चित्रा' की प्रति लेकर दरभंगा की ओर चल देंगे।

जीना है संग्राम बन्दे...

इलाहाबाद के दारागंज का मोरी इलाका। गंगा के किनारे 'हरभजन दास का मन्दिर' नामक मठिया। वैरागियों का एक पुराना मठ। भीड़-भाड़ नाम मात्र...पुराने किस्म का मकान। एक छोटे दरवाजे से होकर प्रवेश, फिर बड़ा-सा आँगन। सामने बरामदा और दो कमरे भजन-कीर्तन के लिए। बाईं ओर तीन कमरे पुजारी के जिम्मे। दाहिनी ओर दो कमरे और उसके ऊपर दो कमरे...नागार्जुन ऊपर वाले एक कमरे में रहते थे। आँगन में एक ओर हैंडपंप। बिजली नहीं। अधिकांश दिन मठ खाली रहता। गंगा स्नान के लिए जब कोई तिथि पड़ती, तो मठ में दो-तीन दिन भीड़ रहती। यों अन्य दिनों में नीचे बरामदे पर चार-छह लोग दिख जाते और रात्रि निवास करने वाले दो-एक यात्री भी...नागार्जुन जिस कमरे में रहते, उसके पीछे की खिड़कियाँ खोलने पर गंगा और छोटी लाइन का पुल सामने बिल्कुल करीब दिखता...बरसात में गंगा जब उमड़ती, तो मठ की मजबूत नींव से सटकर बहती। और बाढ़ के समय 'देखते हैं रात दिन जल प्रलय का ही दृश्य/पत्थरों से बँधी गहरी नींव वाला/किराये का घर हमारा रहे यह आबाद/पुराना ही सही पर मजबूत/रही जिसको अनवरत झकझोर/क्षुब्ध गंगा की विकट हिलकोर/सामने ही पड़ोसी के/नीम, सहजन, आंवला, अमरूद/हो रहे आकंठ जल में मग्न/रह न पाए स्तम्भ पुल के नग्न/दूधिया पानी बना उनका रजत परिधान...चिर उपेक्षित हमारी छोटी गली की/रूढ़ दंतुर सीढ़ियाँ ही बन गई हैं घाट...।' इस मठ में कमरा तलाशने आए थे, तो पुजारी या मठ के कर्ता-धर्ता को नागार्जुन ने 'बड़े भैया' कहकर सम्बोधित किया था। रविवार का दिन था। न जाने क्यों घंटे भर बिठाकर बातें करता रहा। बीच में चाय, वह भी कांसे के गिलास में और सुपारी, काला कत्था, चूना और तम्बाकू के दोखरे के बाद कमरा मिला ढाई रुपये महीना के भाड़ा पर। कमरा देखने के बाद नागार्जुन ने चार महीने का किराया अग्रिम दे दिया था...हफ्ते भर के भीतर 'बड़े भाई' अर्थात पुजारी का अति स्नेही छोटा भाई बन गए थे और उसके बेटे लखन के चाचा। लखन की माँ अर्थात पुजारिन ने इस यायावर मैथिल ब्राह्मण को अपना देवर बना लिया था। पूरा परिवार इस तरह घुल-मिल गया कि हफ्ते-दस दिन के बाद एक दिन रात के नौ बजे के करीब बस अड्डा के पास वाले होटल से खाना खाकर आए, तो 'बड़े भाई' ने बिठा लिया और पुजारिन भाभी ने कहा, "नाहक होटल में खाकर अपना

स्वास्थ्य चौपट करोगे...यहीं खा-पी लो। भगवान की दया से कोई दिक्कत तो है नहीं। मंगनी में नहीं खिलाऊँगी। जो जी में आए, दे देना। कुछ देना तो पड़ेगा ही।" पुजारी मठ की देख-रेख के साथ 'छिऊकी' के सैनिक साज-समान वाले कारखाने में काम भी किया करता था। सवेरे की चाय और रात का खाना साथ ही खाते।

लगभग दस महीने के बाद इस बार फिर वह इलाहाबाद आए। शाम को पटना से चलकर सवेरे-सवेरे गाड़ी से उतरकर सीधे हरभजन दास के मन्दिर वाले अपने पुराने आवास पर पहुँचे। पुजारी और पुजारिन भाभी ने हुलसकर स्वागत किया। 1951 के मार्च की 13 तारीख को इलाहाबाद से निकले थे। उस समय यहाँ से मसूरी गए थे राहुल जी के पास राष्ट्रभाषा प्रचार समिति के काम के सन्दर्भ में। यह वर्धा की एक संस्था थी। भाड़े की एक कोठरी में किसी समय आरम्भ हुई थी और अब एक विशाल संस्था के रूप में विकसित हो गई थी। महात्मा गांधी ने इसकी नींव रखी थी। हिन्दी साहित्य सम्मेलन, प्रयाग से यह जुड़ा हुआ था। समिति की परीक्षाओं में पचास हजार से ज्यादा छात्र बैठते। इसकी परीक्षाओं को मान्यता मिली थी। विद्यार्थियों की पाठ्य पुस्तकें समिति से छपती थीं। भदंत आनन्द कौसल्यायन इसके मंत्री थे। सब कुछ उन्हीं की निगरानी में होता था। राहुल जी की इच्छा थी कि हिन्दी के माध्यम से यह संस्था देश-दुनिया की श्रेष्ठ कृतियों को लोगों के सामने लाए। साथ ही, विभिन्न भारतीय भाषाओं के साहित्य का इतिहास, वह भी विभिन्न भाषाओं में और विभिन्न भाषाओं के 'स्वयं शिक्षक' आदि जैसी अनेक महत्त्वपूर्ण योजनाएँ राष्ट्रभाषा प्रचार समिति अपने हाथ में ले। राहुल से ही पूरी योजना बनवाई गई और उन्हीं की देख-रेख में इस तरह का साहित्य तैयार करने का काम मसूरी में और छपाई, प्रकाशन व प्रसारण वर्धा से होना तय किया गया। इस काम में राहुल जी को अपनी रुचि के अनुसार ढेर सारे विद्वानों की जरूरत थी। इसी सिलसिले में उन्होंने नागार्जुन को बुलवाया। एक समस्या यह जरूर थी कि दमा के मरीज नागार्जुन सर्दी में मसूरी जैसी सर्द जगह पर रह सकते हैं या नहीं? सोचा यह गया कि सर्दियों में छपाई आदि की देख-रेख के लिए वे वर्धा में रह लेंगे...राहुल जी चाहते थे कि नागार्जुन को ऐसे काम में लगाया जाए, जहाँ पत्नी और बच्चों के निर्वाह के लिए समय से दो पैसा मिल जाए। वर्धा वाली योजना से पहले भी कलकत्ता के एक प्रकाशक ने पचीस हजार शब्दों का एक गुटका कोश तैयार करने का आग्रह राहुल से किया था, तो उसमें भी नागार्जुन को साथ रखने का विचार था। राहुल के साथ किसी भी तरह के काम करने को हमेशा तैयार रहते थे नागार्जुन। 'रतिनाथ की चाची' लिखने के बाद राहुल ने उनसे लिपिक का काम लेना एक तरह से बन्द कर दिया। उनका कहना था कि नागार्जुन तो स्वयं अब रचनाकार के रूप में माने जाने लगे हैं। कोश वाली जब बात हुई थी, तो नागार्जुन गाँव से पटना और फिर इलाहाबाद आ गए थे। नवम्बर, 1950 की बात है। उसी समय हरभजन दास के

मन्दिर में अपना ठौर-ठिकाना ले गए थे। उन दिनों भी बड़े बेटे का लगातार बीमार रहना उनके लिए सबसे बड़ी समस्या थी।

बड़ा बेटा शोभा मिसर (शोभाकान्त) नौवें वर्ष में चल रहा था और जन्म के तीसरे वर्ष के बाद से ही रोगी रहने लगा था। अपराजिता तो बिल्कुल ठीक थी। नागार्जुन का खुद अपना स्वास्थ्य बहुत ठीक नहीं रहा, पर बीमार कहाँ रहे कभी। दमा भी तो 1947 के अन्त में प्रकट हुआ। वह भी बदलते मौसम में ही परेशान करता। शोभा मिसर की देह को मलेरिया और मियादी बुखार ने जर्जर बना डाला था। सकरी, दरभंगा और पटना के डॉक्टरों से दिखा चुकने के बाद जब नागार्जुन वर्धा रहने के लिए गए, तो उसे भी अपने साथ ले गए, ताकि इलाज समय पर हो जाए और पथ्यादि की सुविधा रहे, जो तरौनी में सम्भव नहीं थी। पर वहाँ भी चार माह में कुछ खास परिवर्तन नहीं हुआ। फिर सघन जाँच में पाया गया कि फेफड़े वाली हड्डी में टीबी है, अर्थात बोन टीबी और इलाज किसी बड़े अस्पताल में ही सम्भव है। मित्रों की राय बनी कि पटना मेडिकल कॉलेज में ही इलाज करवाना अच्छा रहेगा। ठीक उन्हीं दिनों ऐसी बातें हो गईं कि राहुल जी को सूचना दी गई कि राष्ट्रभाषा प्रचार समिति के 'साहित्य निर्माण' से सम्बन्धित काम करने के लिए जो-जो प्रमुख लोग वर्धा में थे, वे सब समिति छोड़ने का निर्णय कर चुके हैं। उसी निर्णय के अनुसार नागार्जुन लम्बी छुट्टी का आवेदन देकर पुत्र के इलाज के लिए सितम्बर, 1951 के अन्तिम सप्ताह में तरौनी गए और अक्तूबर के प्रथम सप्ताह में पूरे परिवार को लेकर पटना पहुँचे।

पटना की लंगरटोली वाली गली में पार्टी का पुराने ढंग का बड़ा मकान था। पानी और बिजली की अच्छी व्यवस्था थी। उसी मकान के पीछे वाले भाग में एक कोठरी और बरामदा नागार्जुन के परिवार को दिया गया। कोठरी में बड़ी-बड़ी दो खिड़कियाँ, न हवा की कमी और न प्रकाश का अभाव। उस मकान में प्रेस और 'जनशक्ति' के अलावा किसान संघ, मजदूर संगठन, कर्मचारी संगठन आदि के नेताओं के ठौर-ठिकाने हुआ करते थे। और साथ ही कोर्ट, अस्पताल या अन्य कामों से जो भी पार्टी-कार्यकर्ता पटना आता, वहीं ठहरा करता। पार्टी के शुभचिन्तक डॉ. सेन से शोभा मिसर को दिखलाया गया, तो रोग की गम्भीरता को देखकर उन्होंने खुद सारा काम छोड़ पटना मेडिकल कॉलेज अस्पताल के डॉ. नवाब से मिलकर रोगी को बच्चा वार्ड में भर्ती करवाया। उसके बाद वापस आए नागार्जुन। देखा, अपराजिता नहा-धोकर दोनों छोटे बच्चों को खिला चुकी थी। शायद ऑफिस के किसी कार्यकर्ता के मार्फत नुक्कड़ के होटल से खाना मँगवाया था। बेटे के अस्पताल में भर्ती होने की बात जानकर वह देर तक मौन रही और पति पर नजर गड़ाए रही, फिर धीरे से बोली, "सब तरफ से मुझे ही ठोकर लगनी है क्या?" और उसकी आँखें छलछला आईं।

उस दिन बारह बजे के आस-पास अपराजिता पति के साथ पहली बार बड़े अस्पताल गई। पटना मेडिकल कॉलेज अस्पताल के हथुआ वार्ड का ऊपरी हिस्सा बच्चा वार्ड था। शोभाकान्त माँ को देख रो उठा। अपराजिता ने लपककर बेटे को छाती से चिपकाया। दोनों छोटे बच्चे को वहीं अस्पताली सीट पर बिठा दिया गया। उसी समय एक नर्स सुई देने आई। नागार्जुन दस दिनों के लिए बीस सुई खरीदते हुए आए थे। अपराजिता स्टूल पर बैठे रोगी पुत्र का सिर सहलाती रही और नागार्जुन बरामदे पर चक्कर लगा-लगाकर अस्पताल की व्यवस्था को देखते रहे...उन्हें बताया गया था कि लड़का भीतर से भी कमजोर है, सो पूरी डॉक्टरी देख-रेख में चार-पाँच माह रहेगा, फिर ऑपरेशन किया जाएगा। छाती की दो हड्डियाँ प्रभावित हैं।

उस दिन शाम तक नागार्जुन अस्पताल में ही रहे। साढ़े छह के आस-पास रोगी पुत्र को समझा-बुझाकर घंटे-डेढ़ घंटे के लिए वह अपराजिता को लंगरटोली ले आए। एक कॉमरेड मित्र को बता आए कि गृहस्थी जमाने के लिए तात्कालिक सामान आदि सवेरे ला दें। जब नागार्जुन अस्पताल वापस हुए, तो एक उबला हुआ अंडा पुत्र के लिए लेते आए...अगले दिन से दोनों पति-पत्नी ने पुत्र की तीमारदारी का अपना-अपना मोर्चा सँभाल लिया। अपराजिता साढ़े नौ-दस के बीच खाना बनाकर किसी तरह दो-चार कौर गले के अन्दर डाल टिफिन लेकर अस्पताल पहुँचने लगी। रास्ते में एक बच्चा गोद में, तो दूसरा हाथ पकड़े होता। तब तक रात भर रोगी पुत्र के पास रहने वाले पिता की डॉक्टरों से भेंट-मुलाकात हो जाती...डॉक्टरों ने इतना तो जरूर बताया कि बोन टीबी गम्भीर रोग है, लेकिन समय पर अस्पताल आ जाने से बच्चे का जीवन सुरक्षित हो गया है। दिन में कुछ देर विश्राम के बाद नागार्जुन का समय इसी सोच में ज्यादा बीतने लगा कि इलाज का खर्च कैसे सँभलेगा? यों अपराजिता के मायके वालों ने यह अवश्य कहा कि जो भी खर्चा आएगा, वह सब किया जाएगा, पर उन्होंने तत्काल मना कर दिया था कि जरूरत पड़ने पर ही मदद ली जाएगी...यह तो तय था कि पूरा परिवार तब तक पटना में ही रहेगा, जब तक रोगी पुत्र ठीक नहीं होता। चाहते थे कि मन मारकर कलम को कसकर पकड़ें। सोचा, निश्चित दिनचर्या बनाकर अब गद्य लिखना ही पड़ेगा। अपने मित्रों और कलम पर ही तो भरोसा रहा है। और, रोगी को अस्पताल में और परिवार को पटना में छोड़कर नागार्जुन इलाहाबाद आ गए थे।

पुजारी बड़े भाई और पुजारिन भाभी को जब यह कहा गया कि शोभाकान्त अस्पताल में सांघातिक रोग के कारण पड़ा है, तो वे सब भी परेशान हो गए। उसी परिवार की देख-रेख में नागार्जुन ने आसन जमाया। तीन-चार दिन तो मित्रों से मिलने-जुलने में बीता। हाँ, इलाहाबाद आने के दूसरे दिन अपराजिता को दो सौ रुपये का मनीऑर्डर भेज दिया था। यह रकम तत्काल दो-तीन पुस्तकों के प्रकाशकीय सम्पादन और भाषा शुद्ध करने के अग्रिम पारिश्रमिक के तौर पर प्रकाशक से लिया

था। इस काम में पाँच-छह दिनों का समय लगा और फिर 'बलचनमा' का लिखा अंश लगे पढ़ने। पिछले तीन-चार वर्षों में इस नगर-उस नगर करते हुए थोड़ी-थोड़ी लिखी कॉपी यहाँ-वहाँ भटकती रही और न जाने कितनी बार पढ़ी गई...जाने कितनी बार बालचन्द सिर पर चढ़ बैठा...लगा, उस खेत-मजदूर की तरह हाड़-तोड़ परिश्रम करें, तो संकट से त्राण पा सकते हैं। मानो बलचनमा कह रहा हो, "मेरे सिवाय अभी और कोई रास्ता नहीं...मुसीबतों के पहाड़ को खुशी-खुशी सिर पर उठा लो...।"

खर्च से पार पाने के लिए ही तो राहुल के बुलावे पर मसूरी गए थे। वहाँ सभी प्रायः एक मानसिकता के थे, फिर भी टकराव की गुंजाइश थी, पर राहुल की छत्र-छाया में सब निश्चिन्त थे। तय था कि साहित्य-निर्माण योजना कार्य रूप में परिणत हो जाएगी। इतने लोग राहुल जी के आवास पर जमा हो गए थे कि अलग आवासीय व्यवस्था जरूरी हो गई। अलग मकान लिया गया और होटल में भोजनादि की व्यवस्था की गई। रविवार को छुट्टी का दिन रहता। इसका उपयोग नागार्जुन राहुल के साथ पढ़ने-लिखने या बातचीत में किया करते। याद आया, एक रविवार को मसूरी में ही रह रहा एक भोटिया परिवार आया था। उसे शायद यह पता था कि राहुल और नागार्जुन तिब्बत रह आए लोगों में से हैं, तो साथ में सूखा गोश्त और तिब्बती चाय भी लेता आया। भाप में पकाकर गोश्त का समोसा (मोमो) बनाया गया और मक्खन डालकर तिब्बती चाय। वर्षों बाद उस दिन नागार्जुन को तिब्बती नाश्ते का स्वाद मिला था।

...मसूरी में जिस रफ्तार से काम हो रहा था, उसमें वर्धा की छपाई सम्बन्धी ढिलाई से परेशानी हो रही थी। उस दिक्कत को दूर करने के लिए अप्रैल के अन्तिम सप्ताह में राहुल ने नागार्जुन को वर्धा में रहने को कहा। नागार्जुन तरौनी गए और वहाँ से शोभाकान्त को साथ लेकर जा पहुँचे वर्धा। उनके वहाँ जाने पर भी काम में कोई खास प्रगति नहीं हो पाई। एक कंपोजीटर था, प्रूफ रीडर था ही नहीं। काम शब्दकोश पर चल रहा था। छपाई में देर होते देख शब्दकोश में और शब्दों को जोड़ने की बात हुई। पर साहित्य निर्माण योजना के लिए जो लोग वर्धा में थे, उनमें और राष्ट्रभाषा प्रचार समिति की कार्यकारिणी व मंत्री के बीच छोटी-छोटी बातों पर टकराहट बढ़ने लगी। समिति के लिए अपने पुराने कार्यकर्ताओं को देखना और उनके हितों की रक्षा के साथ उनकी बातों से सहमत होना पहला काम था। यों तो दोनों पक्ष एक-दूसरे के मित्र ही थे, मगर नौबत यहाँ तक आ गई कि व्यवस्थापकीय पक्ष ने साहित्य निर्माण में लगे कुछ लोगों को निकालने के प्रयास शुरू कर दिए। सितम्बर, 1951 के मध्य आते-आते व्यवस्थापक के खिलाफ विद्रोह हो गया। समिति में काम करने वाले स्पष्ट रूप से दो दलों में विभाजित हो गए। स्थिति तो यहाँ तक आ गई कि एक-दूसरे के खिलाफ पोस्टर और बुकलेट तक छपने लगे। व्यवस्थापक पक्ष बचाव की मुद्रा में लड़ाई लड़ रहा था, तो विरोधी खेमा आक्रामक था। आक्रामकों

में नागार्जुन प्रमुख थे। उन्हीं दिनों 'नवयुग' में छपी उनकी मुकरियों के दो बन्द खूब प्रचारित हुए—'मारै मौज, मनावैं खैर/अपन-अपन से जिनका वैर/रिखी-मुनी का देय नजीर/क्या सखि प्रीतम? नहीं वजीर...नहीं खुशामद ना दरबार/झुकने को है नहीं तैयार/मुँह पै चिढ़ अँखियन में लाली/का सखि साजन? ना, हड़ताली...' परिणाम यह हुआ कि समिति की कार्यकारिणी ने व्यवस्थापक का पक्ष लिया, तो नागार्जुन जैसे कई लोगों को वहाँ से निकलना उचित लगा। यदि रोगी पुत्र साथ न होता, तो उस समय बम्बई या इलाहाबाद चले जाते। पार्टी में भी तो खूब रमे थे उन दिनों...

राहुल मन-मिजाज पर छा गए, तो याद आया कि मसूरी जाने से लगभग तीन माह पूर्व राहुल ने अपनी तीसरी शादी में बुलाया था उन्हें। 23 दिसम्बर, 1950 को उन्होंने कमला परियार से शादी की। बाद में राहुल ने बताया था कि उन्हें पूरा विश्वास था कि नागार्जुन उस मौके पर जरूर संग रहेंगे।...लेकिन नागार्जुन तो राहुल का फिर शादी करने वाला पत्र पाकर उद्वेलित हो गए थे। छपरा जेल में 1939 में वे राहुल के साथ थे, तो वहीं पहली बार पता लगा था कि रूस में उन्होंने शादी की है। यों राहुल का ग्यारह साल की उम्र में ब्याह हो गया था। उस बाल विवाह के बाद चौदह वर्ष की उम्र के राहुल ऐसे भड़के कि प्रतिज्ञा कर डाली, 'पचास वर्ष की उम्र तक आजमगढ़ जिले में पैर नहीं रखूँगा।' सम्भवतः विद्रोह का प्रथम अंकुर उनके अन्दर तभी फूटा था। और प्रतिज्ञा के अनुसार 1943 में जब राहुल पचास वर्ष के हुए, तो आजमगढ़ जिले में पैर रखा। तब चार घंटे के लिए अपने गाँव कनैला भी गए, नागार्जुन उनके साथ थे...स्वस्थ और सुन्दर प्रौढ़ा अर्थात राहुल की पहली पत्नी का चेहरा आँखों के सामने नाच उठा, जिसने कैफियत तलब की थी, "मेरा क्या कुसूर है, क्यों छोड़ रखा है उन्होंने..." जवाब में एक भी शब्द नहीं निकले थे नागार्जुन के मुँह से। चुपचाप निगाहें नीचे कर ली थीं। छोटी-बड़ी कई स्त्रियाँ खुले जंगले के बाहर खड़ी थीं। तभी तैश में आकर एक वृद्धा ने राहुल की पत्नी की कलाई पकड़ ली और खींचती हुई चीखी—"छोड़ो, छोड़ो, चलो यहाँ से। यह भी किसी को छोड़कर भाग आया होगा। केदार ने भगोड़ों की जमात बना रखी है..." वह आक्रोश भरा स्वर कभी नहीं भूले नागार्जुन...कनैला में उस समय भी उन्हें अपराजिता याद आ गई थी...नागार्जुन जब बौद्ध का ताना-बाना छोड़कर अपराजिता के पास लौटे थे, तो लगा था कि वह कह रही है, 'विकल थी चिर प्यास से यह चातकी/आ गए तुम अब कमी किस बात की...' तो उन्होंने भी महसूस किया, 'आज तेरी गोद में यह शीश रखकर/क्या बताऊँ मैं कि जो विश्राम पाया...' और राहुल ने पहली ग्रामीण पत्नी और रूसी पत्नी के ग्यारह वर्षीय पुत्र को छोड़ कलिपोङ की रहने वाली कुमारी कमला माया परियार से शादी की, जो उम्र में उनसे लगभग पैंतीस वर्ष छोटी थी...

एक दिन नागार्जुन दारागंज बस अड्डे से सीधे गंगा की ओर चले गए और

किनारे-किनारे पुल तक आ गए। उसी दरम्यान अचानक खयाल आया कि उपन्यास तो आगे बढ़ ही नहीं रहा है। अपने ठिकाने पर आए, तो देखा कि बड़े भाई (पुजारी) अपनी ड्यूटी से वापस आ गए हैं। दोनों ने साथ-साथ चाय पी और उसी समय पुजारिन भाभी ने अपने पति से कहा, "आजकल मिसिर जी खूब जमे रहते हैं कागज-कलम लेकर..." नागार्जुन जमते अवश्य, पर उपन्यास पर ध्यान केन्द्रित कहाँ कर पाते, जबकि पटना से आए दस-बारह दिन तो हो ही गए थे। अपराजिता से कहकर आए थे, "उपन्यास पूरा करने में बीस-पचीस दिन ही लगेंगे और पैसे तुरन्त मिल जाएँगे..." तब बीमार पुत्र को देखकर उन्होंने कहा था, "कन्धे पर भारी बोझ हो, तो फुर्ती ही फुर्ती चाहिए!" अपराजिता को यह सब जानकर परेशानी हुई थी, "ठीक है, किसी तरह पन्द्रह-बीस दिन रह लूँगी। कहीं बीच में ऑपरेशन न हो जाए?" नागार्जुन ने पत्नी को बताया था कि डॉ. नवाब ने कहा है, ऑपरेशन में अभी डेढ़-दो मास का समय है।...और उसी दिन किरासन तेल वाले लालटेन की रोशनी में बलचनमा फिर सामने आया। कथा को आगे बढ़ाने के क्रम में उन्हें साफ-साफ लगने लगा, 'जमींदार के लठैत बेगारी के लिए गरीब-गुरबा को बाँधकर ले जाते...घर उजाड़ देते...महिलाओं को उठा लेते...और मजदूर एक रुपया या सेर भर अनाज के लिए मालिकों के दालान पर भूखे पेट और नंगे बदन जी-हुजूरी में दिन भर लगा देते...जिस समाज में विषमता की लम्बी खाई हो, वहाँ रूढ़िगत परम्परा जड़ और गतिहीन होकर जमी ही रहती है। न जाने कितनी बुराइयाँ जन्म लेती हैं। वहाँ कर्ज के एवज में बन्धुआ मजदूर की तरह मजदूरी करते हुए बलचनमा का कांग्रेस के लोगों से सम्बन्ध बनाना और फिर सोशलिस्ट और किसान नेता के करीब पहुँचना...अपनी परिस्थिति और परिवेश को देख-समझकर वह लाल झंडे के नीचे आया। हक के लिए लड़ने को तत्पर...' वह जमाना कहाँ आया कि सिर्फ ईमानदारी से सारा काम निकल जाए। चालाक और चाईं लोगों से बचने के लिए चौकस रहना जरूरी हो जाता है, बलचनमा ही क्यों, नागार्जुन जैसे लोगों के लिए भी। सामान्य युवा खेतिहर-मजदूर गालियाँ, पिटाई, तिरस्कार, अपमान, दुत्कार और फटकार के साथ जीना सीखता है और अपनी गरीबी उसे हल की नोंक बनकर कलेजे को फाड़ने जैसी लगती...कर्मठ और स्वाभिमानी पात्र बलचनमा को जब माँ ने कहा, 'बबुआ मर जाना लाख गुना अच्छा है, मगर इज्जत का सौदा करना अच्छा नहीं' तो बेटा भला क्यों न सोचे 'चाहे उजड़ जाना पड़े, चाहे जेहल-दामुल हो, चाहे फाँसी चढ़ूँ, मगर कभी जालिम के सामने सिर नहीं झुकाऊँगा...' और अपने पात्र के विकास से यह तो साफ हो ही गया कि वह जरूर सोचता होगा कि अंग्रेज बहादुर से सोराज लाने के लिए बाबू भैया ने एक होकर हल्ला-गुल्ला और झगड़ा-झंझट मचाया, उसी तरह जन-बनिहार, कुली-मजदूर और बहिया-खबास लोगों को अपने हक के लिए बाबू भैया से लड़ना होगा...स्वतंत्रता प्राप्ति से वर्षों पूर्व

की कथा और परिवेश पर आजादी मिलने के पाँच वर्षों बाद सोचने पर लगता तो यही है कि 'आजादी हासिल करने से पहले हमारे राष्ट्रीय नेताओं का ध्यान समाज की छोटी-बड़ी विसंगतियों की ओर अक्सर जाता था। वे सामाजिक समस्याओं का हल निकालने को उद्धत दिखते थे। रूढ़ियों के खिलाफ वे अक्सर लोहा लेते थे। स्त्रियों, शूद्रों, निर्धनों, पीड़ितों का पक्ष लेने में हिचकते नहीं थे। लेकिन अब इन मामलों में उन्होंने देहातों को अनाथ छोड़ दिया है।' उन्हीं दिनों देश का पहला आम चुनाव सम्पन्न हुआ था। उससे यह तो साफ हो गया था कि 'ग्रामीण जनता से हमारे महाप्रभुओं को उतना भर मतलब रहता है, जितने से चुनाव में जीत हासिल हो। बाकी भाड़ में जाए! देहाती क्षेत्रों में स्वाधीनता के लड्डू निम्न वर्गों के हाथों तक कहाँ पहुँचा है' और बलचनमा जैसे पात्र जिस गाँव-घर से आते हैं, वहाँ 'कर्ज और गुलामी में सिर से पैर तक डूबा हुआ आदमी मलेरिया की हड्डी तोड़ बीमारी से गल-पचकर जब मरा, तभी छुटकारा पा सका...' कर्ज के बोझ और बेटे की हड्डी वाली बीमारी को नागार्जुन स्वयं भी तो झेल रहे हैं...

इलाहाबाद के गंगा किनारे वैरागी मठ में 'बलचनमा' पर काम करते हुए यदा-कदा क्या, अक्सर मन-मिजाज पटना के यतीन प्रेस वाले मकान से लेकर अस्पताल तक का चक्कर लगाता रहता...रंग-बिरंगे पर्चे और पोस्टरों से गली और सड़कें भर गई थीं। लाल, हरे, पीले कागजों पर शीर्षस्थ नेताओं की तस्वीर...हाथ जोड़े उम्मीदवारों की नाटकीय मुद्रा...गांधी की सूक्तियाँ...जनतंत्र की मायावी परिभाषा... जन साधारण की फटेहाली पर विकास के मंत्र...क्या नहीं दिखा था उन पोस्टरों में। सड़कों पर जोर-जोर से बजते लाउडस्पीकर...कांग्रेस ने स्वतंत्रता की लड़ाई लड़ी है...देश आजाद हुआ...हक की लड़ाई...जमीन की लड़ाई जारी है...नए परिवेश में नए ताम-झाम से विषमता ने अपना हाथ-पाँव मारना शुरू किया। चुनावी कर्मकांड की तैयारी के समय ही एक रचना छपी, 'कांग्रेस जन तो तेणे कहिए, जे पीर आपणी जाणे रे... ।' वर्धा में प्राय: रोज गांधी का प्रिय भजन 'वैष्णन जन तो तेणे कहिए, जो पीर परायी जाणे रे' सुनते थे, तो उसी शैली-छन्द में यह रचना लिखी, जिसे पटना में खूब पसन्द किया गया। अस्पताल के विशाल परिसर में शाम को अक्सर 'चनाजोर' वाले की आवाज सुनते...'चना जोर गरम प्यारे/मैं लाया मजेदार चना जोर गरम।' अचानक कौंधा, 'चना खाएँ कांग्रेसी लोग/कि जिनमें दुनिया भर के रोग...' और एक लम्बी कविता लोकशैली में तैयार हो गई थी। वे देख रहे थे: 'कहीं पर भोज, कहीं गुनगान/कहीं सिगरेट, कहीं पर पान/कहीं पर मिलती रेशम की थान/कहीं पर थोक नगद नगदान' क्योंकि 'वोट पाने का है उद्योग/भिड़ाते हैं छल-बल का जोग...' और एक बुकलेट तुरन्त छपी थी। उस बुकलेट को उन्होंने खुद भी घूम-घूमकर पटना और इलाहाबाद में बेचा था। सब खर्च काटकर दो सौ रुपये हाथ आए थे। 'हंस' में भी छपी वह रचना।

हाँ, बीच में एक दिन के लिए पटना हो आए थे, क्योंकि 'बलचनमा' के परिवेश में दिमाग लगा था। ठेठ ग्रामीण मजदूर की तरह सोचा, तो लगा कि सन्तान कोई मामूली चीज नहीं होती है। पटना में डॉक्टरों ने बताया कि ऑपरेशन लायक ताकत तो हो गई है, पर कुछ और शक्ति आ जाए, तो ठीक रहेगा। अर्थात एक मास तो और लगेगा ही। उनके पटना पहुँचने पर अपराजिता रो उठी थी...बताया, "जिस दिन नागार्जुन पटना से निकले थे, तो उससे खाना नहीं खाया गया था। खूब रोई थी। दो-तीन दिन गुन-धुन में पड़ी रही, तो एक दिन अचानक लगा कि डटकर खुद को सँभालने के अलावा और कोई विकल्प नहीं है।" नागार्जुन ने महसूस किया कि ग्रामीण छुई-मुई महिला विपत्ति पड़ने पर तनकर खड़ी हो सकती है, और अपराजिता खड़ी भी थी पूरी जिम्मेदारी के साथ। अस्पताल में उसकी फुर्ती और व्यवहार देखकर सोचने लगे थे कि 'श्रम, सहयोग, प्रज्ञा, विवेक और सुरुचि केवल पुरुषों की बपौती नहीं है, स्त्रियों का भी साझा है इनमें। उद्योग-धंधे बढ़ेंगे, खेती-बाड़ी बढ़ेगी, जहालत और गरीबी हटेगी, साधारण जनता का जीवन सुखमय होगा-तब स्त्रियाँ कदम मिलाकर चलेंगी...' तीनों बच्चे उस दिन चिपके रहे अपने पिता से। अपराजिता जिस सहजता के साथ सब कुछ झेल रही थी, उसमें आत्मविश्वास साफ झलक रहा था। नागार्जुन के लिए तुलसीदास की पंक्ति चरितार्थ हो रही थी, 'धीरज धरम, मित्र अरु नारी, आपतकाल परिखअहिं चारि...'

नागार्जुन देख रहे थे कि हाँ, इतना अवश्य हुआ कि राजनीति द्वारा साहित्य-संस्कृति को अपना चरणदास बनाने का प्रयोग तेजी से आरम्भ हो गया है, तो अच्छी तनख्वाह और सरकारी सुविधा के लोभ में उनके समकालीनों में से अनेक अपना वर्ग बदलने लगे हैं...रहन-सहन में ही नहीं, अपितु सामाजिक चिन्तन में भी उनमें बदलाव दिख रहा था। प्रमाद-संशय, आत्मरति, दंभ, मोह आदि का पनपना उन सबके बीच स्वाभाविक होता जा रहा था। सत्ता की रेशमी छाँह में बौद्धिक कला-संस्कृति का लबादा ओढ़े दो अर्थी सूत्र-वाक्यों का सहारा लेना उन सबके लिए आवश्यक हो गया था—'कलाकार को लग गया प्रवचन का चस्का/सरल को जटिल बनाने का रोग.../यह भी ठीक है/वह भी ठीक है/हाँ भी कह लो/जँच जाए तो 'ना' भी कह लीजिए...' बलचनमा की रचना-प्रक्रिया से गुजरते हुए नागार्जुन यहाँ तक सोच लेते, 'आवर्त-विवर्त-संवर्त-प्रवर्त-परावर्त-वामावर्त-दक्षिणावर्त अथच घूर्णावर्त...' विलक्षण था संकट! पर यथार्थ अनुभव तो संघर्ष की ओर ही ले जाता लोगों को।

प्रथम आम चुनाव के बाद राजनीतिक उठा-पटक, बेटा को लेकर अस्पताल-डॉक्टर के साथ दवा और नमक-रोटी की जरूरत के बीच बलचनमा भी अपनी समस्याओं के संग विकसित हो रहा था। बलचनमा भी उन्हीं की तरह चाहता, 'समाँग दुरुस्त रहे, कामकाज मिलता जाए, परिवार छोटा हो, नीयत बिगड़े नहीं, दिल में दस-बीस के लिए जगह हो और क्या चाहिए।'

डूबना ही पड़ा उपन्यास में। बलचनमा रचनाकार को कहानी सुनाता... बहुत जोर डालने पर भी उम्र के बारहवें वर्ष की घटना से ही शुरू करता। बबुनी (मुँगिया), बुचुवा और परदिपवा तीन सन्तान का पिता बलचनमा शायद उनकी ही उम्र का होगा। पहली बार चौदह-पन्द्रह की आयु में गाँव के जमींदार की बेगारी करने के क्रम में शहर पहुँचा, तो देखा कि चलते-फिरते लोगों के रूप-रंग के साथ बोली भी बदली हुई है। 'का है' वाली हिन्दी-उर्दू जब पहले-पहल सुनी, तो लगा कि कानों में कोई खूँटा ठोंकता जा रहा था और 'अब तो मुझे भी इसी बोली की लत पड़ गई है, अपनी बोली भूलता जा रहा हूँ। बबुनी की बात छोड़ो, चार बरस का मेरा ननकिरवा (बेटा) परदिपवा फर-फर हिन्दी बोलता है!' बालचन्द के ठेठ किसानी स्वर को इलाहाबद में हरभजनदास के मन्दिर में नागार्जुन सुनते हैं। उसे देखकर गाँव में कहा जाता है, 'दरभंगा-पटना घूमे हुए हो, हम तो जाहिल गँवार ठहरे...' उन्हीं जाहिल-गँवार लोगों के बीच पला-बढ़ा बलचनमा जालिम जमींदार और महात्मा गांधी के भक्तों के आश्रम से होता हुआ जहाँ पहुँचा, वह 'समर स्कूल ऑफ पॉलिटिक्स', सोनपुर के 1938 के कैंप जैसा ही था। दूर से ही देखा, बाँस की छिपाठी पर लाल झंडा फहरा रहा था। नजदीक जाकर नजर ऊपर की, तो लाल झंडे पर दो औजारों के निशान दिखाई पड़े—एक निशान था हँसुआ का, दूसरा हथौड़ा का...हँसुआ के सूने पेट पर हथौड़े का माथा। वह भी आश्रम था, जहाँ खाकी जंघिया, लाल हाफ कमीज पहने सोशलिस्ट वालंटियर उसे दिखे और पहली बार कॉमरेड शब्द कानों में पड़े थे। नागार्जुन को भी 'कॉमरेड' शब्द से सम्बोधित 'समर स्कूल ऑफ पॉलिटिक्स' में ही पहली बार किया गया था। कांग्रेस के अन्दर से ही समाजवादी लोग निकले थे। उन दिनों के सोशलिस्टों का कहना था कि जमींदार-महाजन की फाजिल धन-सम्पदा गरीबों में बँट जाएगी, रोजी-रोटी का सवाल हल होगा, बच्चों की पढ़ाई-लिखाई...खान-पान और रहन-सहन का ठौर-ठिकाना...दवा-दारू, पथ्य-पानी का इन्तजाम सभी के लिए सुलभ होगा... दरभंगा के महाराज हों, चाहे पटना के लाट साहेब, मुफ्त का खाना किसी को नहीं मिलेगा...सब काम करेगा, सब दाम पावेगा...पैसे के बल पर कोई किसी को बन्धुआ गुलाम नहीं बना सकेगा...जिसका हल-फार, उसकी धरती, जिसका हुनर और जिसका हाथ, उसी का कल-कारखाना...लाल झंडे के नीचे नागार्जुन की भी तो बलचनमा जैसी प्रतिबद्धता रही है न!

वैरागी मठ के ऊपरी तले वाले कमरे में सवेरे से दोपहर तक जमे रहते नागार्जुन! समय पर भोजन के लिए झाँक जाती पुजारिन भाभी। चिन्तित, पर चमकती आँख और फड़कते होंठ, तो दिख ही जाते। यदा-कदा उनके तनावयुक्त चेहरे को देख वह थरथरा जाती। मिथिला के इस ब्राह्मण के प्रति आदर और स्नेह समान रूप से रखती वह...अक्सर अपने पति से पूछ बैठती—"पढ़ा लिखा है, लोग जानते हैं,

बाल-बच्चेदार होकर वैरागी जैसा क्यों है नागार्जुन।" गोल मुँह, बादामी आँख, मोटी नाक, पत्तर-सा कपार, खिचड़ी बाल, पतले होंठ, तनिक सी ठुड्डी, सुरेख गर्दन, हल्का गेहुँआ रंग वाली पुजारिन बड़ी भली लगती। साक्षर मात्र वह प्रौढ़ महिला नागार्जुन के प्रति वही भाव रखती, जो एक माँ और आज्ञाकारी बहन की होती है। जितना हँसाती-गुदगुदाती, उतना ही सेवा के लिए सतत तैयार रहती। नागार्जुन को भी पुजारी और उसके परिवार से स्नेह-लगाव-सा हो गया था। दोपहर के बाद कुछ मित्र अक्सर आ जाते। उन मित्रों के साथ उन्मुक्त ठहाकों के बीच गिलास में चाय भेज देती अपने दस वर्षीय पुत्र के हाथ और शाम में नागार्जुन के सामने अपने पति से कहती, "लखन के बाबू, यह मिसिर तो खूब हँसता है, अपने यार-दोस्तों के बीच..."

उन्हें वहाँ रहते बुलहवा मठ याद आ जाता। वह मठ तो इससे बिल्कुल भिन्न था। जिस इलाके के लोगों की कृपा से कभी मठ बना होगा, उधर के लोगों से अब कुछ भी नहीं मिलता। पता लगा कि एकाध सम्पन्न गृहस्थ पाँच-सात मन अनाज भेज देता है, ताकि कोई उधर से प्रयागराज आए, तो यहाँ रुक सके। अँगनई में कई चूल्हे बने थे, पर न देव मन्दिर, न ठोप-चन्दन, न भस्म और न झंडा। यह पुराना जर्जर मठ आडम्बरहीन दिखावे और कर्मकांड से मुक्त था...मन में आता, तो दोनों पति-पत्नी शाम में भजन गाया करते। एक दिन किसी बात के दरम्यान पुजारी किसी से कह रहा था, "बारहों महीने जाड़ा ही पड़ता रहे, तो कैसा लगेगा? कभी रात न हो, सुबह-शाम न हो, हर हमेशा दुपहरिया ही तपती रहे, तो कैसा लगेगा? क्या जिनगी, क्या जहान, क्या जुग, क्या जमाना, सभी में फेर-फार चलती रहती है। हेर-फेर का यह चक्कर घूमता ही रहता है।"

नागार्जुन को लगा था कि जीवन का सही ज्ञान उस पुजारी को शायद उनसे ज्यादा है। पर उन दिनों बालचन्द के जन्मदाता को अपने इलाके में वर्षों पूर्व सुना गया गीत बार-बार याद आ रहा था—'दुर्दिनमा कैलक हरान/रे फिकिरिया मारलक जान/करजा करिके खेती केलूँ, मरि गेलई सब धान/रे फिकिरिया मारलक जान/बैल बेचि रजवा के देलू, छोड़ए नहि बईमान/जमींदार के जुलुम रोकअऽ, चेतअऽ भाई किसान/रे फिकिरिया मारलक जान!' (दुर्दिन ने किया हैरान/चिन्ता फिक्र ने ली जान/कर्ज लेकर खेती की, मर गया धान/चिन्ता-फिक्र ने ली जान/बैल बेच राजा को दिया/छोड़ता कहाँ बेईमान/जमींदार का जुलुम रोको/चेतो भाई किसान...)। बिहार तो आरम्भ से ही किसान आन्दोलन का समर-क्षेत्र रहा है। वर्षों पूर्व दरभंगा में किसी से सुना था, 'पीसै अछि हमरा जमिंदार/सोखै अछि हमरा सूद वला/चौपट करै छथि साल-साल/जीवछ, करेह, कोसी, कमला...' (पीसता है हमें जमींदार/चूसता है सूदखोर/चौपट कर रहीं साल-साल/जीवछ करेह, कोसी, कमला...)। बलचनमा अपनी पूरी कहानी सुनाने को व्यग्र था...लगा, दो उपन्यास तो आसानी से तैयार हो जाएगा। इस खेतिहर नायक ने सम्मोहित कर रखा था नागार्जुन को। पर

औरस पुत्र की दशा नागार्जुन को बाध्य कर रही थी कि बलचनमा से कुछ समय के लिए अनुमति लें। वह युवा खेतिहर बालचन्द कथा कहते-कहते उस जगह पहुँच गया था, जहाँ एक विराम लगाया जा सके। सन 1937 के शुरू में पच्चीस वर्ष की उम्र रही होगी उसकी और एक डेढ़ वर्ष की बेटी का बाप भी हो गया था। उन दिनों कांग्रेस की स्वदेशी हुकूमत कायम होने को थी, तो कांग्रेसियों के जमीन वाले भाई बंधु और साले-ससुर मूँछों पर ताव देने लगे थे। बलचनमा जैसे लोग जमींदार के लठैतों के साथ पुलिस को भी जान-समझ रहे थे। जमींदारों की शह पाकर पुलिस द्वारा तरह-तरह के मुकदमों में उन्हें फँसाया जा रहा था। नागार्जुन को अमबारी का किसान सत्याग्रह याद आ गया, जो गन्ने की कटाई को लेकर शुरू किया गया था। वहाँ राहुल के ऊपर जमींदार के लठैतों ने हमला किया था...उस स्मृति से कथा को दिशा मिल गई। खड़ी फसल वाले खेतों के बीच एक खाली जगह में रखवाली के लिए मड़ैया बनाई गई थी। उसी मड़ैया में रात के समय अर्द्धनिद्रा में सोए पड़े बलचनमा को घेरकर पीटा गया। सिर पर जोर से लाठी की चोट पड़ी और वह बेहोश होकर जमीन पर लुढ़क गया...बालचन्द की आवाज कंठ में अवरुद्ध-सी हो गई और नागार्जुन ने कलम बन्द कर दी।

उपन्यास खत्म करने के दूसरे दिन ठीक साढ़े दस बजे नागार्जुन जीरो रोड स्थित किताब महल पहुँचे। उपन्यास पर एकमुश्त उतने पैसे तो उन्हें चाहिए ही, जितने की उन्हें तत्काल पुत्र के इलाज के लिए जरूरत थी। पर 'चार सौ से ज्यादा धेला भी नहीं/हो गर मंजूर तो देता हूँ चेक/वर्ना मैनस्क्रिप्ट वापस लीजिए...'

लाचार उपन्यासकार अपनी पांडुलिपि को सूनी नजरों से देखता हुआ बोला, 'बेटा जकड़ा है बोन टीबी की गिरफ्त में/पचास ठो रुपया और दीजिएगा/जैसा मेरा वैसा आपका/लड़का ही ठहरा/एँ हें हें हें कृपा कीजिए/अब की बचा लीजिए... एँ हें हें हें/पचास ठो रुपया लौंडे के नाम पर!' पर 'साहित्यकारों के दीन दयाल/प्रूफरीडरों के प्रणतपाल' नहीं पिघले, तो नागार्जुन ने कहा था, "इस हीरो की और कहानी है। उसी के लिए कुछ अग्रिम करें..." प्रकाशक ने कहा, "साहित्यकारों से बड़ा डर लगता है। न जाने कितनों की एडवांस रकम पचाकर साहित्यकार विशुद्ध साहित्यकार बनता है! जाने कितनी पांडुलिपियाँ आप लोगों की कृपा से प्रकाशकों की दराज में अधूरी पड़ी होंगी..."

चाय के प्याले सामने आ गए थे। घूँट लेकर नागार्जुन ने कहा था, "साहित्यकार को भी ठीक इसी तरह प्रकाशकों से बड़ा डर लगता है। प्रकाशकों के प्रति भी उसकी सौ शिकायतें हैं...मार्केट डल है जेनरल बुक्स का और चारों ओर स्लम्पिंग है...लेकिन मैं आपसे एक बात पूछता हूँ, आप इस धंधे में आखिर आए ही क्यों?" प्रकाशक हँसने लगा और बोला, "मैं इस धंधे में नहीं आता, तो आपसे उपन्यास भला और कौन लिखवाता?"

नागार्जुन को भी हँसी आ गई थी और सोचा 'उतराये खूब अब दुनिया की थाह लो'। फिर एग्रीमेंट पर साइन कर दिया। शोभाकान्त को बचाने के लिए बलचनमा को घायल अवस्था में बँधक रख आए...चेक लेकर बैंक गए और वहाँ से सीधे दारागंज की टमटम पकड़कर ढाई बजे तक अपने ठौर पर वापस आ गए। कानों में बलचनमा की आवाज लगातार आती रही, 'कोई ताकत नहीं हमारे संघर्षों को धीमा कर पाएगी। हाँ, अलबत्ते कीर्ति तुम्हारी खूब बढ़ा जाएगी...'

उस दिन पुजारी अपनी सरकारी ड्यूटी से किसी कारणवश दोपहर में ही आ गए थे। नागार्जुन पहुँचे, तो देखा कि 'बड़े भाई' और पुजारिन भाभी बरामदा पर चुपचाप बैठे हैं। उन्हें देखते ही 'बड़े भाई' ने उनके नाम आया तार थमाया...देखा, लिखा था, "ऑपरेशन ऑन फ्राइडे, कम..." हाथ काँप गया। मन एकाएक परेशानी और तनाव की स्थितियों में सोचता रहा, अनिश्चितता और काल्पनिक भय की परिधि में मन प्रवेश कर गया। बड़े भाई के बगल में चौकी पर बैठ गए।

"कोई गाड़ी है, तो शाम में निकल जाओ भैया।" पुजारिन भाभी ने नागार्जुन की ओर देखकर कहा था। वे उठे अपने कमरे में जाकर सामान ठीक किया। सोचा आज बृहस्पतिवार है, सवेरे-सवेरे पटना पहुँच ही जाएँगे।

सवेरे के पाँच-छह बजे के आसपास नागार्जुन स्टेशन से सीधे अस्पताल ही पहुँचे, तो देखा अस्पताली खाट के बगल में खादी भंडार वाले काले कम्बल पर दोनों छोटे बच्चे सोए पड़े हैं और अपराजिता स्टूल पर बैठी शोभाकान्त के सिर पर हाथ रखे एकटक उसे निहार रही थी। नागार्जुन को देखकर एक बार उसने सिर उठाया, लेकिन फिर रोगी पुत्र को देखने लगी। नागार्जुन को लगा कि पत्नी नाराज हैं उनसे। वह उनकी पीठ पर हाथ रख मुस्कराकर बीमार बेटे की ओर देखने लगे। पत्नी ने उनका हाथ झटक दिया और भर्राए गले से बोली, "क्या जरूरत थी अब आने की? लोकनाथ की जलेबी और दही जाकर खाइए। सब कुछ वहीं इलाहाबाद में ही है न!"

नागार्जुन एक निरीह प्राणी की तरह मुस्कराते हुए दोनों सोए बच्चे को बारी-बारी से चूमते रहे। उन बच्चों के बदन पर आहिस्ते-आहिस्ते हाथ फिराया। भला हो सुई लगाने वाली नर्स का, वह दवा और सीरींज लेकर आ पहुँची। तब तक रोगी-पुत्र भी जग चुका था। बाबूजी को सामने पाकर उसके होंठों पर मुस्कान खेल गई। सुई लगवाने के बाद उसने धीमे से कहा, "ऑपरेशन हो गया बाबूजी! कैसे हुआ सो पता नहीं!" फिर बाहर की तरफ दिखाकर बोला, "उस तरफ कोने वाले रूम में एक ऊँची टेबुल पर सुला दिया और मुँह-नाक पर एक छोटी टोपी रख दी और कहा, साँस लो...जाने कैसी तो गंध थी। फिर शाम में यहीं माँ के पास न जाने कैसे आ गया।"

फिर अपराजिता ने बताया कि तार देने के बाद नवाब साहेब, सेन साहेब और

मुखोपाध्याय, तीनों डॉक्टर आए और कहा ऑपरेशन कल ही होगा। सेन साहेब ने बताया था, सारी व्यवस्था हो गई है। घबराने की कोई बात नहीं है। नागार्जुन नहीं हैं तो क्या हुआ, और लोग तो हैं न! ऑपरेशन के लिए स्ट्रेचर ट्रॉली पर लेटकर जाते समय बेटा हँस रहा था...तीन-साढ़े तीन घंटा लगा ऑपरेशन में। उस अवधि में अपराजिता के प्राण अधर में टँगे रहे। ऑपरेशन रूम के बाहर वह अपने दोनों बच्चों के साथ चुपचाप रो-रो उठती और अपनी कुलदेवी के मंत्र जप लेती...पार्टी ऑफिस के कई लोग थे, पर उसका कोंढ़-करेज तो फट ही रहा था।

ऑपरेशन हुए पुत्र को लगातार देखे जा रहे थे नागार्जुन, और सोच रहे थे कि श्रमजीवी साहित्यकार को अभावग्रस्त जीवन की राह त्यागकर कोई दूसरा धन्धा पकड़ लेना चाहिए क्या? पर दिमागी पटल पर बलचनमा भी बेहोश पड़ा था और उसकी आवाज कानों में गूँज गई, 'सस्ती-महँगी और खुली-तंगी तो जिन्दगी भर साथ चलेगी...जीना है संग्राम बन्दे, जीना है संग्राम...'

दुविधा क्यों, संशय क्यों

नौ जुलाई, 1954 ई. को नागार्जुन ने नामवर सिंह को लिखा—'एक नई खबर... एक जुलाई से मैं अब 'कॉमरेड' नहीं रह गया। मिथिला और मैथिली के प्रसंग में मतभेद रहने के कारण इजानिब ने अपने को छुट्टा घोषित कर लिया है। अब पार्टी-पत्रों में किसी रोज देखोगे कि Nagarjun removed (या expeled) from party rank या ऐसी ही दूसरी किस्म की सतरें...'

नागार्जुन अच्छी तरह जान रहे थे कि मैथिली और मिथिला को लेकर पार्टी से कभी न कभी टकराना तो पड़ेगा ही। उन्हें भीतर से हँसी आती थी, क्योंकि दरभंगा महाराज द्वारा पोषित संस्था 'मैथिल महासभा' ने एक समय में तय किया था कि असली मैथिल मिथिला के मैथिल ब्राह्मण और कर्ण कायस्थ मात्र हैं। लंका से ही उस सन्दर्भ को लेकर उन्होंने एक छोटी टिप्पणी 'विभूति' में लिख भेजी थी, जो फरवरी, 1938 के अंक में छपी। यात्री के अनुसार—'भले हो हिन्नू, भले मुसलमान/मिथिलाक माटी पर बसनिहार/मिथिलाक अन्न सं पुष्ट देह/मिथिलाक पानि सं स्निग्ध कांति/सरिपहुँ सब किओ मैथिल थिक/दुविधा कथिक संशय कथिक...' (भले हों हिन्दू, या हों मुसलमान/बसते जो मिथिला की माटी पर/मिथिला के अन्न से पुष्ट देह/मिथिला के पानी से स्निग्ध कांति/सच, सब मैथिल ही हैं/दुविधा कैसी, संशय क्या?)

मैथिली में काव्य-यात्रा शुरू करने वाले नागार्जुन भले ही आर्थिक मजबूरीवश हिन्दी में लिख रहे हैं, पर अपनी मातृभाषा और मिथिला की भूमि और उसके

गरिमामय इतिहास का ज्ञान तो उन्हें है ही—'बिसरि गेल छी हम/किन्तु ने झाँपल अछि इतिहास/' (भूल गए हैं हम/पर न ढका है इतिहास)। मिथिला भूमि से ही वे अपनी देसी संस्कृति को आसानी से पहचानने की क्षमता ग्रहण करते रहे हैं। 'पारो' लिखने के बाद से ही अपने पास आने-जाने वालों से कहते रहते कि कुछ न कुछ ऐसा किया जाए, जिससे मिथिला में जन-चेतना जगे। वे खुद तो उतना समय दे नहीं सकते, क्योंकि पेट भरने के लिए मिथिला क्या, बिहार छोड़कर निकलना ही पड़ता। चाहा था कि स्वतंत्रता से पूर्व ही 'मिथिला जन नाट्य संघ' का निर्माण हो जाए। दरभंगा के बन्धुओं को कहते रहे...फिर पार्टी के लोग उनकी मैथिली जनजागरण सम्बन्धी बातें भला क्यों मानें! स्वतंत्रता मिलने के तुरन्त बाद से ही यह स्पष्ट हो गया कि शासन-तंत्र को मिथिला और मैथिली के लिए तैयार करना कठिन है। अपने मैथिल बन्धुओं को लिखना शुरू किया—'भाषा के आधार पर सर्वत्र प्रान्तों का निर्माण हुआ है, इस देश में भी होगा ही। पर हम सबको इस निमित्त अधिकाधिक संघर्ष करना पड़ेगा। हिन्दी भाषा-भाषी लोगों में जो सम्पन्न हैं, वे सब पत्र-पत्रिका व्यवसाय में साहसपूर्वक अपनी पूँजी लगा रहे हैं। पर मिथिला में क्या कोई दैनिक, साप्ताहिक वा मैथिली मासिक पत्र-पत्रिका के लिए पैसा लगाने को उद्धत होंगे? आप सब केवल चिल्लाते भर रहे, जिनके हाथों में शासन-सूत्र है, वे लोग यह कहकर टाल देंगे कि दस-पाँच ब्राह्मण हल्ला मचा रहे हैं! पहले मिथिला विश्वविद्यालय हो जाए, मैथिली में उच्च शिक्षा के लिए पाठ्य-ग्रंथ का निर्माण हो जाए, दस-पाँच पत्र-पत्रिकाओं का प्रचार-प्रसार हो जाए—तब जाकर शासक लोगों को हिला-डुला पाएँगे...।' पर न मिथिला विश्वविद्यालय बना, न ही मैथिली में उच्च शिक्षा के लिए मानक पाठ्य ग्रंथ का निर्माण हो पाया! हाँ, चार-पाँच पत्र-पत्रिकाएँ दरिद्राही ढंग से निकल अवश्य रही हैं, पर प्रसार अत्यंत सीमित है...एक मैथिली दैनिक की कल्पना तो सपना ही है। मैथिली और मिथिला के लिए कोई जन-आन्दोलन कभी आकार नहीं ले सका।

उन दिनों जब कोई कहता कि मैथिली मात्र हिन्दी भाषा की एक बोली है, तो उन्हें अपनी पुरानी कविता की कुछ पंक्तियाँ याद आ जातीं—'जइ भाखा में बजै छी, सत थिक से बोल/आन बानि थिक दूरक ढोल...' (जिस भाषा में बोलते हैं, सत्य है वह बोल/दूसरी भाषा है दूर का ढोल...) उनकी अपनी मातृभाषा 'मैथिली कोई मामूली बोली नहीं है, वह एक प्राणवंत भाषा है...।' इस भाषा को उचित तरीके से विकसित होकर फलने-फूलने दिया जाए और बांग्ला वा उड़िया वा दक्षिण भारतीय भाषाओं को प्राप्त सुविधाएँ इसे मिले—ऐसी कुछ बातें पटना के मैथिल छात्रों और बौद्धिकों से करने लगे थे नागार्जुन। उन्हीं दिनों (1950) कुछ उत्साही युवकों ने कंचन भवन होटल की छत पर एक बैठक आयोजित की और यात्री से उद्घाटन करवाया। उस बैठक में उन्होंने कहा था—"मैथिली समाज साहित्यिक

और सांस्कृतिक उत्थान की ओर कोई ध्यान नहीं दे रहा है। पुराने महारथी अपनी अकर्मण्यता को ही प्रदर्शित करते आ रहे हैं। पर हमलोग इस स्थिति से निराश नहीं हैं। सभी देशों में हमेशा ही राजनीतिक, साहित्यिक एवं सांस्कृतिक विकास के लिए नवयुवकों को आगे आना पड़ा है। इस तरह की गतिविधि के लिए एक संस्था और एक पत्रिका की आवश्यकता तो है ही...'' और 'तरुण मैथिल गोष्ठी' की स्थापना हो गई और 'किरण' नाम से एक पत्रिका भी मई, 1950 में प्रकाशित हुई। उसमें यात्री की कविता की पंक्ति है—'सफल होयत घटस्थापना आब...' उन्हीं दिनों मैथिली में एक कहानी शुरू की थी 'बऊकन ठाकुर'। कहानी को लम्बी होनी थी, पर तब तक का लिखा अंश ही 'किरण' में छपा और कथाकार बने खाँटी मैथिल श्री वैद्यनाथ मिश्र। कथा के मुख्य पात्र बऊकन ठाकुर लाड़ टपकाते रहते हैं। दर्जी से कमीज नपवा रहे थे कि लाड़ टपक पड़ी। दर्जी ने बऊकन की ओर देखा—'या अल्लाह!'' सोचा, 'ऐसी दिव्य कांति, ऐसा सुन्दर नाक-नक्शावाला कहीं इस तरह अलबौक हो...पर अपना क्या साध्य?' शायद मैथिली की यही हालत थी।

कंचन भवन की छत वाली गोष्ठी ने इतना असर तो किया ही कि पटना विश्वविद्यालय में पढ़ने वाले और पढ़ाने वालों ने मिल-जुलकर 'मैथिली क्लब' की स्थापना की। चेतना जग रही थी। राजनीति के प्रति गम्भीर नागार्जुन ने सोचा—'राजनीतिज्ञों के मत्थे सारा दोष मढ़कर यदि हम निश्चिन्त हो जाएँ, तो यह अविवेक की पराकाष्ठा होगी!' मातृभाषा या लोकभाषा पर राजनीतिक दलों की स्थिति को देखकर वह बुदबुदा उठते—'हम छी क्षुब्ध!/क' रहल अन्त:करण विद्रोह-/लोकवाणी केर इ अवहेलना/लोकोदयक थिक शत्रु.../प्राण जाए तथापि नहि जिह्वा स्तम्भन के करब स्वीकार...?' (मैं हूँ क्षुब्ध/कर रहा अन्त:करण विद्रोह/लोकवाणी की यह अवहेलना/लोकोदय का है शत्रु.../प्राण जाए, पर नहीं स्वीकार जिह्वा स्तम्भन...) उनके लिए तो 'बज्र थिक वाणी-/सहज शब्दावली थिक महाशक्तिक मंत्र...।'

पटना के मैथिली और हिन्दी के परिवेश में रहते हुए लग रहा था कि मिथिला का सबसे बड़ा दुर्भाग्य बड़े-बड़े लोगों का अपनी मातृभाषा से विमुख होना है। यह स्थिति विभिन्न क्षेत्रों के स्वनामधन्य विद्वानों के साथ श्रीमंतों की थी...वर्तमान मैथिली साहित्य के प्रति सांघातिक अरुचि थी उनमें। उन श्रीमंतों की नजर में नए ढंग से नई वैचारिक कविता या कहानी समय एवं प्रतिभा का दुरुपयोग ही है। 'पारो' पर की गई टिप्पणी और 'रतिनाथ की चाची' पर फुसफुसाहट नागार्जुन को याद ही है। उनको खीझकर कहना पड़ता—'हे अभागल देश/पाकि जाएत प्रवासहिमे/की हमर ई केश?/नहि रहल जाइछ तखन पुनि/छोड़ि-तोड़ि अबइत छी प्रतिवर्ष/थऽरि सूंघक हेतु-/बसौल्ली हाटक बिकउआ/माल-जाल समान/निघेसहुसं करइ छइ/नहि जकर केओ सम्मान/ओह, उनटे मारि डांङे/पीठ दइछइ फोड़ि/उठइ छइ हुहुआए...' (हे अभागे देश/पक जाएँगे प्रवास में ही/क्या मेरे ये केश?/नहीं रहा जाता, तभी तो पुन:/

छोड़-तोड़ भाग आता हूँ प्रतिवर्ष/बथान सूँघने के लिए/'बसौली' हाट में बिकनेवाले/पशु की तरह/निंघेस से भी करता/नहीं जिसका कोई सम्मान/ओह, उल्टे डंडा मार/देता है पीठ फोड़/उठता फुफकार कर...) फिर तो यात्री के मन पर नागार्जुन हावी होने लगता—'आन ठां चलि अबै छी...।'

याद आने लगा, 1952 के अप्रैल में शोभाकान्त को कामचलाऊ स्वस्थ करके जब इलाहाबाद पहुँचे थे, तो 'हंस' का शान्ति अंक निकालने की तैयारी हो रही थी। उसके लिए कुछ लिखना भी था उन्हें। सोचा—'कैसे लिखूँ शान्ति पर कविता?' क्योंकि 'मैं दरिद्र हूँ/पुश्त-पुश्त की यह दरिद्रता/कटहल के छिलके जैसी जीभ से मेरा लहू चाहती आई!/मैं न अकेला, मुझ जैसे तो लाख-लाख हैं, कोटि-कोटि हैं/यूँ तो सबका यही हाल है...' इतना होते हुए भी 'शान्ति' को सर्वमंगला कहना अच्छा लगता था!

इलाहाबाद में बैठकर एक नया उपन्यास शुरू करने का मन बनाया। मगर यात्री को अपनी यात्रा बराबर तरौनी की ओर मोड़नी पड़ती। विद्याव्यसनी संस्कृत पंडितों के गाँव में आधुनिक शिक्षा प्रवेश कर रही थी। बदलाव आने शुरू हो गए थे। संस्कृत वाले ज्ञान से मानो अरुचि होने लगी थी। तरौनी में कुछ ऐसे तो थे ही, जो 'इकबाली' सम्बन्धियों की मेहरबानियों से आजादी के बाद सरकारी नौकरी पा गए थे। गाँव वाले ऐसों की नजरों में अब उज्जड और गँवारू थे। मामूली नौकरीपेशा ग्रामीण 'गाँव की अपनी दुनिया को बिल्कुल छोड़ नहीं सकते थे। घर-गृहस्थी की निगरानी के लिए इस तरह के शिक्षित ग्रामीण अपने लड़के को घर पर ही छोड़े हुए थे। पास के स्कूल में ये पढ़ते भी और घर के कामों की व्यवस्था में सहायता भी करते। मैट्रिक हो जाने के बाद इनमें से बहुतेरे मधुबनी या दरभंगा के कॉलेजों में आगे की पढ़ाई के लिए भर्ती हो जाते। अपने गाँव-घर से इनका सम्पर्क टूटने नहीं पाता।'

नागार्जुन को यह जानकर प्रसन्नता होती कि ऐसे युवकगण गाँव के मुखिया के खिलाफ आवाज बुलन्द करते, क्योंकि वह चीनी और मिट्टी तेल के कंट्रोल वाले डीलर से साँठ-गाँठ रखकर कमाया करता। युवकों के सामने परम्परावादी पंडितों का वह वर्ग था, जो दकियानूसी सामाजिक आचार-विचार से चिपका, समय की गति में अवरोधक बन रहा था। हाई स्कूल और कॉलेजों में पढ़ रही यह पीढ़ी इस गतिरोध को हटाने के लिए भीतर से छटपटा रही थी। गाँव के 'जवाहर पुस्तकालय' में अक्सर रविवार के दिन बैठ कर आपसी विचार-विमर्श से नई दिशा तय करती। गाँव में रहते हुए नागार्जुन भी कभी-कभार उस बैठक में हिस्सा लिया करते। वहीं उन्हें पता चलता कि ग्रामीणों के आपसी झंझटों पर गाँव में रहने वाले युवक अपनी बेबाक राय रखा करते हैं। युवकों की स्पष्ट धारणा थी—'बूढ़े पुराने यदि कोई निरर्थक या असत्य काम करेंगे, तो नई उम्र को यह कैसे बर्दाश्त होगा?' लगा, सच में—'उथल-पुथल है जनजीवन में/सभी ओर उत्क्रान्ति हो रही...'

उनके दोनों उपन्यास मूलत: बेमेल विवाह और उससे उत्पन्न समस्याओं को लेकर लिखे गए थे। अब बेमेल विवाह की भर्त्सना जमकर होने लगी थी। परन्तु अच्छे दूल्हों की कीमत बढ़ने भी लगी थी। उसके साथ ही सम्पन्न प्रौढ़ विधुरों को वैसे अभिभावकों की तलाश (सौराष्ठ सभा में) रहती, जो अपनी गरीबी के कारण बेटी-पोतियों को सम्पन्न घरों के द्वितीया-तृतीया दूल्हों के हाथ बेचने में झिझकते नहीं। तरौनी की एक घटना दिमाग में चक्कर लगाने लगी—'बेमेल विवाह के विरोध में युवकों ने जमकर मोर्चा बनाया, वह भी कुछ घंटों के भीतर...।' उन लड़कों ने ऐसा कमाल किया कि दूल्हा उल्टे पाँव भागा...। 'रुद्रता अनिवार्य होती भद्रता से पूर्व...।' दो-चार दिनों तक नोट्स बनाते रहे...कथा-सूत्र कुछ पंक्तियों में...पात्र-परिवेश और नाम स्वत: उभर आए 'नई पौध'!

सोचा था, उपन्यास के लिए जमकर बैठेंगे। मगर एक आवश्यक काम से उन्हें दिल्ली जाना पड़ा। गाँव में दिल्ली का पता सूचित कर दिया और कुछ पैसे भी भेज दिए। अपनी साहित्यिक मंडली से भेंट-मुलाकात के बाद प्रकाशकीय जगत को भी टटोला। सम्पादन-संशोधन और प्रूफ रीडिंग का धन्धा इलाहाबाद से ज्यादा अच्छा लगा दिल्ली में। प्रकाशक देश की राजधानी में तेजी से व्यवस्थित होने लगे थे। नागार्जुन ने चाहा कि एक कविता संग्रह का प्रकाशक मिल जाए, पर उनकी कविताओं को पसन्द करने वाले भी संग्रह छापने की बात टाल जाते। हाँ, यह लगा कि स्कूलों के पुस्तकालयों के लिए नए ढंग से बाल-साहित्य छापने की तैयारी में प्रकाशक लगे हुए हैं। *पंचतंत्र, हितोपदेश, महाभारत, रामायण, कथा सरित्सागर* के साथ उपनिषद, बौद्ध और जैन साहित्य से छोटी-छोटी बाल-बोध कथाएँ रंगीन और सचित्र छापी जा रही थीं। छोटी जीवनियाँ लिखवाई जा रही थीं। उनसे भी बाल-साहित्य के लिए आग्रह किया गया। यों तो नागार्जुन जब 'दीपक' के सम्पादक बने थे, तभी से कुछ न कुछ बाल साहित्य उन्होंने लिखना शुरू कर दिया था। बच्चों की रचनाओं का संशोधन भी किया था। पटना के 'बालक', 'चुन्नू-मुन्नू' और 'किशोर' के लिए बाल-साहित्य भी लिखा था यदा-कदा। एक प्रकाशक ने तत्काल बाल-साहित्य की फरमाइश की, तो दो-तीन दिनों तक नागार्जुन कुछ न कुछ सोचते रहे और कुछ नएपन के साथ बाल-साहित्य लिखने का मन बनाया। पाँच-छह दिनों में कुल मिलाकर तीस-पैंतीस घंटों का समय लगा और इक्कीस बाल कहानियाँ तैयार हो गईं। लगभग नौ कथाओं के अन्त में पद्य में नीति-वाक्य की दो पंक्तियाँ डाली थीं। नाम रखा था 'बाल कथा मंजरी', तो प्रकाशक ने बाल शब्द हटाकर 'कथा मंजरी' पसन्द किया। नकद 130 मिले इस आग्रह के साथ कि "कहीं रहें, बाल साहित्य लिखकर भेजते रहें और पैसे तुरन्त ही भेज दिए जाएँगे।" इस काम के बाद चार दिन और दिल्ली रहे। फिर 'नई पौध' पर सोचते हुए इलाहाबाद लौट आए।

वर्षा और बाढ़ का समय चल रहा था। दमा का आक्रमण था, पर उग्र नहीं।

बिहार में बाढ़ ने तबाही मचा रखी थी। रेडियो और अखबारों में खूब खबरें आ रही थीं। तरौनी बाढ़ से मुक्त रहा है, पर मिथिला का अधिकांश हिस्सा पानी में डूबता-उतराता रहता। दिल्ली की सरकार बिहार में कोसी परियोजना को लेकर गम्भीरता दिखा रही थी। सोचा था कि कृष्णाष्टमी के आसपास दो सप्ताह गाँव की ओर रह लेंगे। उपन्यास भी तब तक पूरा हो ही जाएगा। कोई दिक्कत भी नहीं रहेगी, पर अगस्त (1952) के मध्य से ही गाँव से जो पत्र आया, तो परेशानी बढ़ने लगी। काफी खर्च और कष्टसाध्य परेशानी में रहकर शोभाकान्त को रोगमुक्त करवाया था। अब कमर की बाईं तरफ जोड़ों का दर्द और कमर को किसी ओर झुकाने या मोड़ने में कष्ट होने लगा था। सकरी और दरभंगा में कहा गया कि पटना में ही इलाज होगा। अपराजिता बेहद घबरा गई, तो पति को तार डलवाया। उपन्यास-कथासूत्र को छोड़ नागार्जुन गाँव जाने के लिए स्टेशन चले, तो इलाहाबाद में बारिश हो रही थी। यह बारिश सकरी तक संग देती आई। पूर्वी संयुक्त प्रान्त और बिहार के इलाके को ट्रेन में बैठे-बैठे देखते रहे। गंगा, गंडक आदि नदियों की विशाल जलराशि सौ-सौ कोस तक छाई थी। पानी के रेला में छप्पर, खम्बे, खूँटे के साथ हाड़ी, दबिया, मूसल-ओखल आदि बहे जा रहे थे। बाढ़ का रूप बहुत दिनों के बाद देख रहे थे। लोग मवेशियों के साथ रेलवे बाँध पर जमे थे। धोती और साड़ी को छप्पर की तरह तान रखा था। स्टेशनों पर खड़ी मालगाड़ियों के डब्बे बाढ़ पीड़ितों की दखल में थे। रेलवे प्लेटफॉर्म सैकड़ों परिवारों का सम्मिलित आँगन जैसा लग रहा था।

चार-पाँच दिन गाँव में रहकर परिवार सहित शोभाकान्त को लेकर पटना आना पड़ा और अस्पताल में फिर भर्ती करवाया। नए ढंग से फिर इलाज। एक हफ्ते पटना में रहकर इलाहाबाद भाग आना पड़ा पैसों के लिए। बीस-पच्चीस दिन लगाकर 'नई पौध' को पूरा किया। पटना में शोभाकान्त को कमर से लेकर पूरे बाएँ पाँव में प्लास्टर लगा दिया गया था। यह प्लास्टर तीन महीनों के लिए था। डॉक्टरों के साथ बैठकर नागार्जुन ने तय किया कि दिसम्बर (1952) के अन्त में प्लास्टर कटवाकर पुन: जाँच करवाकर सभी को गाँव भेजा जाए। बरसात और दौड़-धूप ने नागार्जुन को भी बीमार कर डाला। कभी-कभी मन में आता कि सब कुछ छोड़कर फौरन पश्चिम की ओर रुख करें...कुछ कविताएँ मात्र लिख पाए...।

पटना में परेशानी रहती ही। अर्थसंकट गहरा गया। यों लोग उन्हें चाहते-मानते। मैथिली अधिकारी वर्ग चाहता कि यात्री जी उनके यहाँ आए-जाएँ। कोई न कोई पारिवारिक उत्सव होता ही रहता और यात्री जी की भी बुलाहट होती। मगर उनका मन उस ओर जाने का नहीं होता। हाँ, मौका मिलने पर सांस्कृतिक-साहित्यिक गोष्ठियों में तिरंगे मान्धाताओं के समक्ष उनकी पगड़ियाँ उछालने के अलभ्य अवसरों का उपयोग अस्वस्थता की हालत में भी करने से नहीं चूकते।

कुछ दिनों के बाद नागार्जुन पटना से ऊबने लगे। रोगी पुत्र और परिवार को

गाँव भेजने का मन बना लिया। पत्नी को समझा दिया कि जनवरी के प्रथम सप्ताह में दरभंगा जाकर प्लास्टर खुलवा लेगी।...इसी बीच इलाहाबाद में प्रगतिशील लेखक बन्धुओं का एक आयोजन हुआ। अपने मित्रों से मिलने के लिए मन छटपटाता रहा। अन्ततः नवम्बर (1952) के अन्तिम सप्ताह में पटना से सबको गाँव पहुँचाकर खुद पश्चिम की ओर विदा हुए।

पश्चिम का रुख करने में नागार्जुन का सबसे पहला पड़ाव इलाहाबाद ही होता। उस बार बिहार से अपने साथ दमा को ले आए थे। स्थिति यह थी कि लगभग पन्द्रह दिनों तक अपने घोंसले से इसलिए नहीं निकले कि बाहर मित्रों के साथ बोलना-बतियाना पड़ेगा और बोलने पर कष्ट होगा, तो तकलीफ बढ़ेगी। गरम पानी और गुलबनपसा का काढ़ा पीते। 'पेप्स' की गोलियाँ मुँह में दिन भर रखे रहते। पटना की आबोहवा से थकावट और रोगी बेटे को लेकर तनाव ने पूरी चेतना को झकझोर दिया था। 'भूखे रहकर आधा पेट खाकर, दिन पर दिन दुबराते हैं/हड्डी छेद रहा है, जाड़ा बरबस दाँत बजाते हैं/दवा न कर पाते रोगों की, यम को पास बुलाते हैं/हरि इच्छा या राम भरोसे अपने को समझाते हैं...' दमा की हालत में बच्चे और पत्नी बहुत याद आते नागार्जुन को।

1952 के अन्तिम महीने और 1953 के शुरुआती महीनों में महाप्राण निराला के स्वास्थ्य को लेकर हिन्दी जगत में चिन्ता बन गई थी। मोरी गली, जहाँ नागार्जुन रहा करते, वहाँ से निराला जी करीब ही थे। अपने को थोड़ा स्वस्थ करने के बाद अक्सर शाम को उन्हें देखने जाते। उन दिनों निराला को स्वागोक्ति में मग्न पाते। ध्यान टूटने पर नागार्जुन को सामने देखकर उनके दारागंजी ठौर पूछने के बाद यह सवाल किया करते—'हरभजन दास कौन थे?' निराला को अक्सर खिलखिलाकर हँसते देखते और आँसू बहाकर रोने के साथ तर्जनी उठाकर शून्य में डाँटते सुना करते। अकेले कोठरी में बड़बड़ाते भी देखा करते। मित्रों की याद दिलाने पर महाकवि गम्भीर हो जाते...। नव वर्ष (1953) के प्रथम दिन तो नहीं, तीसरे दिन महाप्राण के दर्शन करने पहुँचे नागार्जुन। जाते ही निराला ने दरभंगा के नामी पहलवान के बारे में जानकारी माँगी और फिर मिथिला के चावल की चर्चा करने लगे। अन्य दिनों की तरह खूब लिखने के लिए कहते रहे और खाने-खिलाने की बात हुई...। उस प्रतीक पुरुष में विक्षिप्तता का लक्षण कहीं से नजर नहीं आया।

उन दिनों इलाहाबाद में महाकुम्भ का मेला था। अपनी खिड़की से नागार्जुन भीड़ को देखा करते। कभी-कभी शाम में घूम भी आते। मुख्य स्नान के दिन भगदड़ मच गई और सैकड़ों तीर्थयात्री कुचले गए। प्रशासनिक अक्षमता पर नागार्जुन की टिप्पणी थी—'सुप्रबन्ध ही सुप्रबन्ध था/ध्वनिविस्तारक यंत्रों पर बैठा था कौआ/दुःशासन ने ऐन वक्त पर कंकड़ मारा/महाकुम्भ में छेद हो गया/बहा गरल अमृत के बदले...।'

नागार्जुन के मन में कहीं न कहीं यह बात नाचने लगी थी कि एक कविता

संग्रह छप जाए! सहधर्मी और हमउम्र कवि मित्रों के संग्रह छप रहे थे या छप चुके थे। मित्रों ने इलाहाबाद के जनसेवा प्रेस को राजी किया। कागज की व्यवस्था होने पर छापने के लिए वह तैयार हो गया। कविताएँ चाहिए थी चयन के लिए। नागार्जुन जैसे घुमन्तु के लिए यह एक बड़ी समस्या हो गई। बहुत प्रयास के बाद सैंतीस कविताएँ जुटा पाए। इलाहाबाद और बनारस के मित्रों ने क्रम ठीक करने में मदद की। नाम रखा गया—'युगधारा'। संग्रह तैयार करते समय एक बार सोचा था कि कुछ मैथिली कविताओं का रूपान्तर भी 'युगधारा' में दे दिया जाए। मगर विचार इस कारण से स्थगित किया गया कि संग्रह मोटा हो जाएगा और उनका पाठक उस मोटे संग्रह को नहीं खरीद पाएगा!

उस बार आमों की प्रसव-शक्ति गायब-सी थी। मगर तरौनी के अपने तालाब के कछेर पर खड़े 'बम्बइया' आम ने पुश्तैनी जल से रस खींचकर पेड़ के मालिकों को नाराज नहीं किया। उस पेड़ के दो हिस्सेदारों में एक नागार्जुन थे। 'युगधारा' के प्रकाशित होने के बाद वे पटना आए, तो दरभंगा, तरौनी भला कैसे न जाते! घर-गृहस्थी थोड़ा-बहुत ठीक कर आमों का स्वाद ले जून (1953) के मध्य में फिर इलाहाबाद आ गए और आठ-दस दिनों के बाद वहीं से दिल्ली चले गए। वहाँ एक उपन्यास पर लगना चाहा। कथा बीज तो दिमाग में कई भरे पड़े थे। तरौनी की पिछली यात्रा में ग्रामीण मित्र जया झा ने दो-तीन दिनों तक 'ठठवे' पोखर के सन्दर्भ में कई बातें बताई थीं। यहाँ तक कहा था—"देश-विदेश की घटना और बड़े-बड़े नेताओं पर कलम चलाते हो! अत्याचार और शोषण के खिलाफ लिखते हो, तो फिर अपने गाँव के अत्याचारियों पर चुप्पी क्यों?" उस दिन जेठ की दुपहरिया में अपने पैतृक घर के पुबरिया कोठरी में पड़े-पड़े सामने की खिड़की से पोखर के उस पार विशाल बटवृक्ष को देखते हुए कई बातें दिमाग में उलझने लगी थीं।

और, जून के अन्तिम दिनों में दिल्ली की झुलसाने वाली गर्मी में मन के तार जया की बातों से जुड़ गए! सोचते-सोचते कपार की रगें फटने-फटने को हो गईं। दिमाग चल पड़ा—गाँव के ही दो सम्पन्न ने गाँव की पूर्वी सीमा से सटे पुराने सार्वजनिक पोखर और उसके मुहार की चरागाह वाली भूमि चुपचाप अपने नाम बन्दोबस्त करवा ली। गाँव वालों को मालूम हुआ, तो वे क्रोध और घृणा से सुलग उठे। सुलग उठाना तो अपने वश की बात थी, लेकिन बेदखली को रुकवाना उन्हें बूते से बाहर की बात लगी। फिर भी, गाँव के दो-तीन जवान थाना-कचहरी से लेकर कांग्रेस कमेटी की असेंबली-पार्लियामेंट के प्रभुओं तक दौड़-धूप करने लगे... क्या ऊपर-क्या नीचे, सब जगह लाल-फीताशाही सच्चाई और न्याय के गले को कसे हुए थी। नेताओं का आश्वासन एक ओर और नौकरशाहों की मनमानी दूसरी ओर। गाँव के सम्पन्न प्रभुओं की करतूतें नागार्जुन को भीतर ही भीतर परेशान करने लगीं। वे सोच भी नहीं सकते कि 'ठठवे' पोखर के कछेर में सैकड़ों वर्षों से रह

रहे ग्रामीणों को कैसे और क्यों बेदखल करेगा कोई...दो-चार खाते-पीते लालची लोग आखिर किस गाँव में नहीं होते! उनके पुत्र जैसे-तैसे नौकरी भी पा जाते और फिर नौकरीपेशा वालों का गाँव में मन नहीं लगता, तो गाँव वालों की जिन्दगी में अपनी कुट्चाल से उपद्रव खड़ा करते रहते।

दिमागी परतों पर अपने पोखर के पुबरिया मुहार पर शान से छतनार खड़ा विशाल बरगद छा गया। सोचा, यदि वह भी बाबू साहब वाली जमींदारी सम्पत्ति होती, तो शायद वह पेड़ भी बिककर कुल्हाड़ी की चोट खा-खाकर गिर चुका होता। जमींदारी उन्मूलन की घोषणा होते ही सार्वजनिक उपयोग की भूमि चुपके-चुपके बेचना शुरू कर दिया था चौकस जमींदारों ने। इतना ही नहीं, ताँबा, पीतल और काँसों के भारी-भारी वजन वाले बर्तन रातोंरात ठठेरों के यहाँ पहुँचने लगे। याद आया, ठठवे के प्रसंग में जब जया झा नेताओं और अफसरों से मिलकर आए थे, तो उन्होंने कुछ कहानियाँ सुनाई थीं, तो नागार्जुन ने कहा था—"सुनो मित्र, आजादी तो उन्हें मिली, जो कांग्रेसी टिकट पर चुने गए। मिनिस्टरों और सेक्रेटेरियट के बड़े साहबों को आजादी का सीधे-सीधे फायदा पहुँचा है।" और, उस दोपहरी में नागार्जुन के यात्री मन ने लिखा—'जया झाक जे मूरि छोपत/तकरा देबै पाँच हजार/—उमा भाई छोड़लई फुंफकार/घूस-घास मामिला मुकदमा/तई ले राखल दुई हजार/हाई कोर्ट धरि केस लड़ब गऽ/दखल करब ठठबे मोहार/बेटा हमर रेलवे अफसर/समधि हमर रावणक अवतार/...फुंकथु राड़क कान राति दिन/पटना दिल्ली ठोकथु ताल/हम की ता बइसल रहब जा/सुगबुगैत बहिरु सरकार' (जया झा का जो गरदन काटे/ दूँगा उसे पाँच हजार/उमा भाई ने छोड़ी फूँफकार/घूस-घास मामला मुकदमा/उसके लिए रखे हैं दो हजार/हाई कोर्ट तक केस लड़ूँगा/दखल करूँगा ठठबे मोहार/बेटा मेरा रेलवे अफसर/समधी रावण अवतार/...चाहे भड़कावें ग्वाले-दलितों को रात-दिन/पटना-दिल्ली भेजें तार/मैं क्या तब तक बैठा ही रहूँगा/जब तक जगेगी बहरी सरकार)। इसी रचना के चारों ओर घूमना था अपने नए उपन्यास के लिए उन्हें।

उसी समय नागार्जुन को साप्ताहिक 'हिन्दुस्तान' के सम्पादक ने 'मेघदूत' का काव्यात्मक अनुवाद करने के लिए कहा। 'गीत गोविन्द' का रूपान्तर करने के बाद से ही 'मेघदूत' गुनगुनाने लगे थे। अब जब उनको 'मेघदूत' का काव्यात्मक अनुवाद करना था, तो लगा कि वे भी कालिदास के यक्ष की तरह अभिशप्त ही तो हैं; दिल्ली में कवि और हजारों मील दूर तरौनी में अपराजिता...। तीन-चार दिनों तक सोचते रहे, 'किस प्रकार कालिदास की मूल भावना को ज्यादा से ज्यादा लोगों तक पहुँचा दिया जाए।...स्वच्छंद छन्द को ही चुना—पंक्ति विच्छेद की शैली में गुम्फित गद्य काव्य का ढाँचा प्रिय लगा।' अनुवाद के 'आरम्भ में कुछ एक श्लोकों तक चेतना पर निराला छाए रहे...बाद में उनसे छुटकारा पा गए...' कुल मिलाकर बारह दिन लग ही गया उसमें।

लग गए उपन्यास में, तो अगस्त (1953) के अन्त आते-आते 'बरगद बाबा' का लेखन खत्म हो गया। कुछ रकम लेकर उपन्यास या कोई भी कृति प्रकाशक के हवाले करना मन स्वीकार नहीं कर रहा था। लेखकीय स्वाभिमान में पूरी तरह रहने की आदत हो गई थी। पाँच प्राणियों की चिन्ता और घोर अर्थ-संकट—'भूखी जनता की खातिर आजादी हुई हराम' की हालत थी। उपाय तो बहुत किए जा रहे थे कि नागार्जुन का मनोबल टूटे। उनके जैसे रचनाकार को शासन-व्यवस्था कहीं से भी सहायक नहीं दिखती। मगर मन ने कहा—'मेरी कोटि के साहित्यकार यदि कॉपीराइट बेचते चलें, तो अनुज साहित्यकार भला क्या बेचकर खाएँगे? दूसरे को तो मैं क्रान्ति और नवचेतना का सन्देश दूँ और स्वयं अपने जीवन में इतना भी परिवर्तन नहीं ला सकूँगा? मान लिया तब बेहद मजबूरियाँ थीं और इस क्षेत्र का अनुभव नहीं था। लेकिन अब मुझे सँभल जाना चाहिए...'

दिल्ली का राजकमल प्रकाशन नागार्जुन की ही शर्तों पर उनका नया उपन्यास छापने को तैयार हो गया। शुरू किया था 'बरगद बाबा' को, पर प्रकाशक की राय से 'बाबा बटेश्वरनाथ' नाम किया गया। शीघ्र छापने के आश्वासन और तुरन्त ही उनसे दूसरे उपन्यास के लिए कहा गया, तो वे नए ढंग से उत्साहित हो गए।

मन में आया कि क्यों न अपनी पुरानी कहानी 'विशाख मृगारमाता' को उपन्यास की शक्ल दी जाए। यह कहानी 'पारिजात' पटना के मई, 1947 के अंक में छप चुकी थी। जब यह कहानी छपी थी, तभी उसको विस्तार देने के बारे में सोचा था। मगर उन दिनों कई समस्याओं के कारण गौतम बुद्ध की सेठानी चेली दिमाग से दूर होती गई। अब जब प्रकाशक कुछ और भी छापने को तैयार बैठा था, तो 'विशाख मृगारमाता' का खयाल आना स्वाभाविक था। संयोग से 'पारिजात' का वह अंक आसानी से दिल्ली में एक मित्र के पास मिल गया। कई बार उस कहानी को पढ़ गए।

'विशाख मृगारमाता' पर सोचना शुरू किया, तो अपनी सन्तानों की माता का पत्र सामने आ गया...शोभाकान्त लगातार बीमार ही चल रहा था। प्लास्टर कटने के बाद बैठना और चलना उससे नहीं हो पा रहा था। बायाँ पाँव सूजने लगा और थोड़ा छोटा भी हो गया था। मालिश के साथ-साथ सकरी वाले डॉक्टर पटना में दी गई दवाई के आधार पर उसे ठीक करने में जुटे थे। मगर सुधार नहीं के बराबर...। अपराजिता की चिन्ता बढ़ती जा रही थी। यों नागार्जुन भी स्वयं कम परेशान नहीं थे। शोभाकान्त का इलाज उनके सामर्थ्य की परीक्षा ले रहा था। किसी भी बड़े काम के लिए खुद को मानसिक तौर पर तैयार नहीं कर पा रहे थे। अपराजिता का पत्र जब सामने आया कि बेटे के बाएँ जाँघ में घाव हो गया है, बड़ा-सा फोड़ा और उसकी हालत ठीक नहीं है, तो नवम्बर के अन्तिम सप्ताह में चल दिए गाँव की ओर।

उस वर्ष अधिमास नहीं होता, तो अगहन खत्म हो गया होता। धनकटनी जोर-शोर से चल रही थी। धान काटते समय खप्प-खप्प, खूफ-खूफ की आवाज नागार्जुन

के कानों को खूब रुचती। अगहन-पूस में जब भी गाँव में होते, तो सुबह-सुबह नए धान का चूड़ा और नया गुड़ नाश्ता किया करते। अपराजिता पति के स्वाद को अच्छी तरह जानती है, तो दोपहर में नए चावल का भात, तीसी-कद्दू की सब्जी और कच्चा तेल डालकर आलू का चोखा बनाती। अजवाइन से बघारा हुआ बथुआ का झोल पीना अच्छा लगता। कभी-कभी बड़ी-बैगन, मूली का साग, तो कभी हरे कोहड़े में सरसों डालकर सब्जी और चावल की रोटी...। गोसाईं पोखर पर जाकर सवेरे में गन्ने का रस पी आते। कभी बंगट राऊत, तो कभी भोकर राऊत गन्ना लेकर आ जाता, फिर धूप में पुआल पर बैठकर गन्ना चूसा करते...यह सब होते हुए भी शोभाकान्त को लाठी के सहारे कुदक-कुदक कर और थाह-थाहकर चलते देखना उनको भीतर से मर्माहत करता। सात-आठ दिन गाँव में रह सकरी वाले डॉक्टर सुरेंद्र ठाकुर से बात करने के बाद शोभाकान्त को पटना ले आना उचित लगा। अपराजिता की राय हुई कि शोभाकान्त के मन लगने और परिचर्या के लिए रामचरन के पुत्र सुन्दर यादव को साथ ले लिया जाए।

अस्पताल के करीब खजाँची रोड में एक दोतल्ला मकान की पहली मंजिल पर एक कमरा आसानी से भाड़ा पर मिल गया। सड़क के ठीक किनारे के इस मकान की पहली मंजिल पर एक पंक्ति में सात-आठ कमरे थे। चार कमरों को पार्टी के युवा कार्यकर्ताओं ने अपना-अपना आवास बना रखा था। बेटे के पाँव वाले घाव का अस्पताल में चीर-फाड़ करवाया और दवा शुरू हुई। उन्हीं दिनों दरभंगा की 'वैदेही समिति' यात्री से मैथिली में एक उपन्यास माँग रही थी। यों 'वैदेही' के सम्पादक और अन्य मैथिल मित्रों की राय थी कि वे 'बलचनमा' को मैथिली में रूपान्तरित करें, लेकिन यात्री तो 'नई पौध' की कथा-वस्तु को अपनी मातृभाषा में उतारने की सोच रहे थे। सुन्दर यादव साथ था, तो शोभाकान्त की परिचर्या से वे कुछ हद तक मुक्त थे। पटना के प्रबुद्ध मैथिलों का कहना था कि यात्री जितना कुछ हिन्दी के लिए करते हैं, उसका दसवाँ भाग भी तो अपनी मैथिली के लिए करें!

नागार्जुन को मैथिली से अत्यधिक मोह रहा है। माँ और अपनी मिट्टी (जमीन) के अभाव में मातृभाषा ही उनसे चिपकी रही, पर पेट की आग मातृभाषा से नहीं बुझती। उनकी घुमक्कड़ी और हिन्दी में लिखने की मजबूरी सामान्य मैथिल नहीं समझ पाते। लोगों को लगता कि यात्री जी दस-बीच बीघे खेत के मालिक तो होंगे ही! मगर खेत के नाम पर जो जमीन है, उससे पन्द्रह दिनों का भरण-पोषण भी नहीं होता। यात्री के दाना-पानी की पूरी जिम्मेदारी नागार्जुन के जिम्मे है। यात्री देख रहे थे कि अधिकांश मैथिली रचनाकार या तो सम्पन्न घरों के हैं या फिर सरकारी मुलाजिम। हिन्दी की पत्र-पत्रिकाएँ कुछ न कुछ 'पत्रम्-पुष्पम्' तो देते ही हैं। 'पारो' और 'चित्रा' से उन्हें उतना भी नहीं मिला, जितना 'मेघदूत' के रूपान्तर से। साहित्य उनके लिए स्वांत: सुखाय नहीं, बल्कि पेट भरने का साधन भी रहा है। सामान्य

मैथिली पाठक को तो यह पता काफी बाद में लगा कि यात्री ही हिन्दी का नागार्जुन है।

पटना से रामदयाल पांडे के सम्पादन में 'पाटल' नाम से एक पत्रिका निकलती थी। उसके जनवरी, 1954 के अंक में डॉ. रामविलास शर्मा का एक लेख छपा था। शीर्षक था—मैथिली और हिन्दी। अपने मित्रों का कुछ भी कहीं छपा हुआ देखते, तो पढ़ना नहीं भूलते नागार्जुन। समकालीन साहित्य को देखना और पढ़ना उनकी आदत थी। 'पाटल' हाथ में आते ही सरसरी निगाह से लेख को पढ़ गए। उन दिनों 'नवतुरिया' की रचना-प्रक्रिया पर दिमाग चल रहा था। कथा-वस्तु सामने थी। 'नई पौध' अखिल भारतीय हिन्दी पाठकों के लिए था और 'नवतुरिया' खाँटी मैथिल परिवेश के लिए सहज भाषा में गढ़ा जाना था। रात में कम सोने वाले और अहले सुबह जगने वाले नागार्जुन अपने मित्र के निबन्ध में सुबह-सुबह उलझ गए। 'मैथिली और हिन्दी' पढ़कर माथा झनझना गया। जाड़े की सुबह कमरे से निकलकर बरामदे पर चक्कर लगाने लगे। अपने प्रिय मित्र से उन्हें मैथिली पर इस तरह के आलेख की उम्मीद नहीं थी। उनकी इस तरह की सोच पर उन्हें आश्चर्य हो रहा था।

स्वभाव और आहार के मामले में खाँटी मैथिल यात्री भले ही अखिल भारतीय नागार्जुन हो गए थे, पर इतना तो जान ही रहे थे कि मैथिली और मैथिली भाषा-भाषी की पाचन-शक्ति अद्‌भुत होती है। 'मैथिली अधिकाधिक पुष्ट होगी, तो हिन्दी को भी हमारे सांस्कृतिक-साहित्यिक भरण-पोषण का उचित लाभ मिलेगा...मैथिली की मौजूदा शब्द-शक्ति से नितान्त अपरिचित व्यक्ति का मैथिली को बोली मात्र कह डालना कोरा बकवास है।' नागार्जुन ने उसी क्षण महसूस किया कि 'मिथिला के अन्दर फैलती हुई हिन्दी के अस्तित्व को बिल्कुल न मानना दिनदहाड़े मक्खी निगलना होगा। विद्यापति के पदों को हिन्दी वाले आत्मसात नहीं कर सके, तो आधुनिक मैथिली के कवियों-कथाकारों को भी आत्मसात नहीं कर पाएँगे...मैथिली को पचा लेने का सामर्थ्य हिन्दी या भारत की किसी अन्य भाषा में नहीं है...' नहीं रहा गया, तो हफ्ते भर लगाकर 'मैथिली हिन्दी' शीर्षक से ही एक आलेख तैयार किया। 'पाटल' के सम्पादक मित्रवर रामदयाल पांडे ने बड़े मनोयोग से पढ़ा और नागार्जुन की पकड़ और विषय पर गहराई की प्रशंसा की, परन्तु अपने पत्र में छापने से असमर्थता जाहिर की। तत्काल उस लेख को 'आर्यावर्त' के हवाले कर आए। दरभंगा राज के स्वामित्व वाला बिहार का सबसे ज्यादा पढ़ने वाला दैनिक 'आर्यावर्त' भला मैथिली के पक्ष में नागार्जुन जैसे घोषित कम्युनिस्ट का विचार क्यों न छापता! दो रविवारीय परिशिष्ट में उस आलेख को छापा गया। उसी लेख से हिन्दी और मैथिली के पाठकों को पहली बार पता चला कि दो वर्ष पूर्व प्रकाशित नागार्जुन का प्रख्यात उपन्यास 'बलचनमा' मूलत: मैथिली में ही लिखा गया था। प्रकाशन की सुविधा हुई, अत: उसका हिन्दी रूपान्तर ही लोगों के सामने पहले आया। मौलिक 'बलचनमा' भी इसी वर्ष प्रकाशित होगा। मगर नागार्जुन की अन्तरात्मा में यही बात

थी कि राजनीतिक बयान ही तो है यह। वर्षों से 'बलचनमा' की सृजन-पीड़ा को देखने वाले लोग चौंके जरूर। 'बलचनमा' के लेखक से इस सम्बन्ध में पूछा जाने लगा, तो मुस्कराकर जवाब मिलता—"देखिए, क्या होता है?"

बीमार शोभाकान्त धीरे-धीरे ठीक होता जा रहा था। तीस-पैंतीस दिन मन मारकर बैठे यात्री, तो 'नवतुरिया' पूरा करके ही उठे। 'वैदेही' के प्रकाशक बार-बार पटना आ-आकर उपन्यास छापने की अपनी इच्छा जताते रहे। वे चाहते तो थे कि 'बलचनमा' भी लगे हाथ तैयार हो जाए। मगर 'नवतुरिया' पूरा होने के बाद सुन्दर यादव गाँव जाने के लिए जोर डालने लगा। शोभाकान्त भी माँ के लिए बार-बार रोता। पिता को लगा कि बीच-बीच में इसे माँ के पास ले ही जाना चाहिए। आखिर गाँव में बेटे को पहुँचाकर और सुन्दर को पिता के हवाले कर पाँच-छह दिनों के बाद हफ्ते भर के लिए दरभंगा आ गए। 'नवतुरिया' की पांडुलिपि प्रकाशक के हवाले करते समय पैसे माँगे, तो बड़ी मुश्किल से तीन सौ रुपये मिले।

पटना को ही अपना मुख्य ठिकाना बनाने के उद्देश्य से लंगरटोली के पंडुई कोठी में एक कमरा भाड़े पर लिया। करीब ही मछुआटोली के प्राइमरी स्कूल में शोभाकान्त को बैठाने की बात कर ली। वे यह तो अनुभव कर ही रहे थे कि पटना में भी कलम चलाकर गुजारा कर लेंगे। किताबों की सरकारी खरीद शुरू हो गई थी। दिल्ली, इलाहाबाद, लखनऊ, बनारस आदि के प्रकाशक पटना में डेरा डालने लगे थे, तो पटना के प्रकाशक भला क्यों पीछे रहते! 'अजंता प्रेस' के प्रबन्धक ने 'राम कथा' तैयार करने के लिए नागार्जुन को कहा। वाल्मिकी और तुलसी, दोनों के रामचरित को किशोरोपयोगी शैली में तैयार किया 'मर्यादा पुरुषोत्तम' के नाम से। लेखन के लिए दैनिक मजदूर की तरह काम करने वाले नागार्जुन को इसके पारिश्रमिक के लिए काफी दौड़-भाग करनी पड़ी। उन्हीं दिनों 'मेघदूत' के अनुवाद को पुस्तकाकार छापने के लिए पटना का ही एक अन्य प्रकाशक तैयार हुआ। इसकी भूमिका के लिए उन्हें लगभग पन्द्रह दिनों तक अलग तरह की मेहनत करनी पड़ी। 'मेघदूत' का अनुवाद मुक्त छन्द में किया गया था। नागार्जुन की स्पष्ट धारणा रही है—'मुक्त छन्द सुसज्जित एवं सुगठित है। छन्दों का सामान्य गुंफन जिस कौशल की अपेक्षा रखता, उससे कहीं अधिक निपुणता अपेक्षित रहती।' इस बहाने नई कविता पर एक अच्छी टिप्पणी तैयार हो गई।

उन्हीं दिनों पटना में उनके साथ एक ऐसी घटना घटी, जिसके कारण वह कई दिनों तक परेशान रहे। डॉक्टर अमरनाथ झा बिहार प्रान्तीय लोकसेवा आयोग के उच्चाधिकारी होकर पटना आ गए थे। वह यात्री के यात्रीपन में जरा ठहराव लाकर कुछ गम्भीर अनुसन्धानात्मक काम करवाने की इच्छा रखते थे। बिहार राष्ट्रभाषा परिषद में लोक-साहित्य संस्कृति विभाग सुव्यवस्थित करना था, उसी के अन्तर्गत विद्यापति की रचनाओं पर काम होना तय किया गया, तो यात्री को उस विभाग

के लिए अनुबन्धित करने के बारे में वे सोचने लगे। नागार्जुन से बात भी कर ली। डॉ. झा को अन्दाज तो था ही कि उनके प्रिय कवि नागार्जुन की पहचान व्यवस्था-विरोधी के रूप में है। परिषद के नियामक नागार्जुन पर पूरी तरह मन नहीं बना पा रहे थे। फिर भी, डॉ. झा की बात मानते हुए नागार्जुन सहित कई और लोगों को साक्षात्कार के लिए पत्र भेज दिया गया। यों तो परिषद के मुख्य नियामक ने बातचीत के दौरान नागार्जुन से एक बार पूछा जरूर था—"आपका सहयोग किस प्रकार प्राप्त हो सकता है?"

साक्षात्कार पत्र आते ही तरह-तरह के विचार नागार्जुन के दिमाग में आने लगे। मन आगे-पीछे भागने लगा। एक अच्छी-भली सरकारी नौकरी...अच्छा वेतन... निश्चित भविष्य...बच्चों की पढ़ाई...पत्नी का अर्थसंकट के चलते आरोप-प्रत्यारोप... अपनी फाकेमस्ती...'घूम-घुमौआ चेयर पर से बात बघारो/मौज करो दिन-रात और सिग्नेचर मारो/हर पहली को रकम मिलेगी छै सौ पचपन/बिजली के कठघोड़े पर मचलेगा बचपन/डायरियों में दिल की बातें लिखते रहना/सुरुचि सभ्यता की धारा में बहते रहना/गरम-गरम कविताएँ रचना नाम बदलकर/तुमको तो जनता पूजेगी आगे चलकर...' लगा कि कलम की नोंक में जंग लग जाएगी और वे सनातनी पंडितों की तरह दर्शन बघारते रहेंगे। दिमाग ने झटका खाया! इंटरव्यू लेटर की पीठ पर लिखा, "साक्षात्कार के लिए बुलाने वाले भी क्या इसी तरह परिषद में आए हैं?" और अपना हस्ताक्षर करके वापस भिजवा दिया और उस नाटकीय कर्मकांड में अपने को एक पात्र बनाने से अलग कर लिया। डॉ. झा को जब यह पता लगा, तो नागार्जुन से मिलने आए और अपने पर हँसते रहे...।

उन दिनों नागार्जुन पर यात्री सवार रहने लगा था। मिथिला और मैथिली का नशा चढ़ा रहता। सांस्कृतिक और साहित्यिक दृष्टि से सम्पन्न, उपजाऊ भूमि, तालाबों और नदियों से सिंचित, करोड़ों की आबादी, तो भला 'किए ई पछुऐल रहतै अपन मिथिला-देश?' नागार्जुन कभी निराश तो हुए नहीं, पर मातृभाषा के प्रति जो स्नेह बंगाल या गुजरात में है, वैसा मिथिला में नहीं। भाषा के आधार पर राज्य मान लेने के लिए मिथिला में सब कुछ होते हुए भी सम्पूर्ण बिहार को हिन्दी भाषी राज्य मान लिया गया। 'मिथिला भूमि' की बात ढंग से सरकार तक ले जाने वाले नेता भी यात्री को नजर नहीं आते। राजनीतिक पार्टियों के बदलते चरित्र के साथ मिथिला की बात उठाने वाले जन-संगठन का अभाव यात्री को टीस रहा था। पार्टी के नेतागण ने भी केन्द्रीय शासन के भाषाधार प्रान्त की नीति पर हिन्दी प्रदेशों में चुप्पी साध ली थी। यों देश में भाषा के आधार पर प्रान्तों के गठन पर कांग्रेस भी शुरू में सहमत नहीं थी। विभिन्न भाषा-भाषी नेताओं के दबाव में ऐसा किया जाना कांग्रेस ने स्वीकारा था। वामपक्षीय नेता भाषावार प्रान्तों के लिए चलने वाले आन्दोलनों में हिन्दी प्रदेशों को छोड़कर अन्यत्र अपना सक्रिय योगदान दे रहे थे। नागार्जुन का मतभेद यहीं था।

उम्र के छब्बीसवें-सत्ताइसवें वर्ष से सक्रिय राजनीति में भाग लेने वाले नागार्जुन अडिग थे कि 'अपना साहित्य और अपनी भाषा दूसरे इलाके की जनता पर लादने की यह परम्परा हमारी अपनी तो हो ही नहीं सकती। हाँ, साम्राज्यवादियों और पूँजीशाहों की परम्परा इस तरह की जरूर रही है...प्रादेशिक भाषा के तौर पर मैथिली भी मान्यता प्राप्त करेगी और हिन्दी भी। मध्य देश में मराठी और हिन्दी, दोनों भाषाएँ प्रादेशिक भाषाओं के तौर पर मान्य है...।' इसी भाषायी विवाद के कारण उन्होंने 1 जुलाई, 1954 से अपने को कम्युनिस्ट पार्टी से अलग करने का फैसला ले लिया और 18 जुलाई को एक ऐसी संस्था की नींव रखने की योजना बनाई, जो मात्र मैथिली के सर्वांगीण विकास के लिए चिन्तन-मनन करे। यात्री सोचने लगे—'हमारे पूर्वज गत 700 वर्षों से इस भाषा को माँजते-चमकाते आए हैं। प्रत्येक प्रबुद्ध बिहारी को गर्व होना चाहिए कि अपनी भौगोलिक सीमा के अन्दर मैथिली जैसी मधुर, मनोरम भाषा सहज ढंग से उपलब्ध है...।' पटना के ढेर सारे मैथिल बौद्धिक यात्री के अनुकूल चलने को तैयार थे। संस्था का नाम पड़ा 'चेतना गोष्ठी', जो बाद में हो गई 'चेतना समिति'। नागार्जुन इसे हिन्दी साहित्य सम्मेलन, दक्षिण भारत हिन्दी प्रचार सभा अथवा राष्ट्रभाषा प्रचार समिति (वर्धा) की तरह बड़े फलक पर फैलाने की योजना बना रहे थे। पटना के तमाम मैथिली भाषा-भाषी को वर्ष में कम से कम एक बार एक ही बैनर तले इकट्ठा करने के लिए 'विद्यापति स्मृति दिवस' का दिन तय किया गया...।

पटना की उमस भरी गर्मी के साथ मैथिली-चिन्तन और 'चेतना' के लिए दौड़-धूप ने शरीर को थका डाला था। कभी-कभी मन में आता कि स्वच्छ जल में जी भर बोहियाते...गर्मी के दिनों में देर तक पानी में अपने शरीर को डाले रखने में अपना ही सुख है। बदन का सारा ताप निकल जाता है और देह हिमाल हो जाता है। एकाध दिन दरभंगा महाराज वाले घाट पर जाकर गंगा में डुबकी लगाकर मन को सन्तोष भर दे आए थे। गंगा से निकलने के बाद उस पार सम्बलपुर दियारा की बालू की चमक आँखों को जलाने लगती, तो अपना पोखर याद आ जाता...गाँव में जब रहते, तो सवेरे-सवेरे लोटा लेकर दिशा-फराकत के लिए निकलते रजबाँध की तरफ। उधर से वापसी में साहोर का दतुवन हाथ में होता। हाथ मटियाने के बाद अपने पोखर के पुबरिया घाट के मुहार पर बैठकर दतुवन चबाते। तब तक चार-छह लोग जुट ही जाते, फिर यहाँ-वहाँ की बातें भी चबाई जातीं। दतुवन के बाद ठेहुने भर पानी में खड़े होकर देर तक आँख-मुँह पर पानी के छीटें मारते। देह शीतल हो जाता और मन को बड़ी तृप्ति मिलती।

मन में यह बात भी थी कि दो माह गाँव में रहकर 'बलचनमा' के अगले भाग को लिखा जाए। दस माह हो रहे थे किसी उपन्यास के लिए कलम पकड़े। हाँ, 'नई पौध' का मैथिलीकरण किया इस बीच। 'अनाश्रित' और 'विशाख मृगारमाता'

की कथा-वस्तु दिमाग के भीतर न जाने किस खोह में खो गई थी। इधर 'बलचनमा' होश में आकर हाथ-पाँव मारने लगा था।

गाँव जाना तय कर लिया। उसी क्रम में दिन भर दरभंगा रहे। दिन में आंधी आई और दक्षिण-पश्चिम दिशाओं के कोने से बादल उमड़े पड़े थे। बूँदाबाँदी होकर रह गई थी, तो आकाश बिल्कुल स्वच्छ हो गया। आधी बाँह वाली कोकटी कुर्ता-धोती और खादी वाला थैला कन्धों पर लटकाए जब सकरी पहुँचे, तो अँधेरा झाँकने लगा था। दहौड़ा वाली गुमटी पर अपने घरेलू डॉक्टर सुरेंद्र ठाकुर मिले। रात भर सकरी रुकने का आग्रह कर ही रहे थे कि ग्रामीण मोहन ठाकुर आ पहुँचा। प्रणाम करके थैला अपने कन्धे पर टाँग लिया। चाय और एक बीड़ा पान लेकर सुरेंद्र ठाकुर से अलग हो दक्षिणाभिमुख हुए। दहौड़ा के बाद कच्ची सड़क पकड़ी, तो यात्री बुदबुदा उठे—'अहिंक अणु-अणु सं रचित जैं देह/अहिंक स्फूर्तिक स्पन्द जैं चैतन्य!/अहिं मिथिले! जैं कि जन्मस्थान/जैं कि मैथिल धन्य, तैं हम धन्य...।'

निगाहें-निगाहें

वर्ष 1954 की तरह बाढ़ का कहर नहीं था। उस साल तो गंगा के उत्तर का समग्र पूर्वी भारत जलमय हो चुका था। इलाके के बुजुर्गों का कहना था कि ऐसी बाढ़ नहीं देखी थी कभी। उस वर्ष हफ्ता-डेढ़ हफ्ता के बाद जब पानी हटने लगा, तो सड़ांध के मारे लोगों का दम घुटने लगा था। पानी के नीचे मवेशियों और मनुष्यों की लाशें...निर्मली के पास एक हाथी की लाश तैरती देखी गई थी...बाढ़ की स्थिति देखने के लिए प्रधानमंत्री नेहरू ने हवाई दौरा किया था, साथ में बिहार के कई कांग्रेसी मंत्रियों और लोकसभा के अनेक सदस्य भी थे। कहीं नीचे नहीं उतरे वे सब। बाढ़ पीड़ितों के प्रति बिहार सरकार के उदासीन रवैये के खिलाफ उन्हें एक ज्ञापन भी दिया गया था। उस हवाई यात्रा के बाद नेहरू ने जो कुछ कहा, उससे नागार्जुन क्षुब्ध हो उठे थे। तत्काल एक कविता लिखी—'बाढ़ तो है यहाँ की खातिर महावरदान/लाभकारी जल-प्रलय को गालियाँ मत दे अबे नादान/न आए सैलाब तो बंजर बनेगी भूमि, उपजेगा कहाँ से धान/...नेहरू से मिला अबकी यही अद्‌भुत ज्ञान!!/हमारी तो अमावस है तुम्हारा यह प्रात!!/छीलो बातों पर तुम बात/जले पर छिड़को नमक दिन-रात'।

पीड़ित जनता के लिए गेहूँ और मक्का की हजारों बोरियाँ देहातों की ओर रवाना हुईं, पर पहुँची नहीं...कहा गया, अनाज लदी गाड़ियों को अंधेरी रात में डाकुओं ने लूट लिया...सुना गया, लदी नावें डूब गईं...ऑफिसर, नेता और व्यापारी अर्थात

एक चोर और चालीस अलीबाबा...यहाँ तो 'पूजा पाकर साध गए चुप्पी हाकिम-हुक्काम/भारत सेवक जी को था अपनी सेवा से काम...'

कोसी बाँधी जा रही थी। नागार्जुन पिछले वर्ष काम को देख आए थे हफ्ते भर घूमकर...। पूरे उत्तर बिहार के गाँवों में श्रमदान के लिए आवाहन किया गया था। हजारों लोग कोसी के पूर्वी और पश्चिमी तटबँधों के निर्माण-कार्य में जुटे थे। एक जनोत्सव का माहौल बना रहता था रात-दिन। साथ ही 'खाते-पीते परिवारों के शौकिया श्रमदानी सज्जनों की बात कुछ और थी। उनकी सुविधाओं के अनेक साधन कोसी किनारे जुट गए थे। चाय-बिस्कुट, पान-सिगरेट, शर्बत-मिठाई, पूड़ी-कचौरी, चूड़ा-दही, रेडियो-सिनेमा, माइक-लाउडस्पीकर, अखबार और पत्र-पत्रिकाएँ... कैमरा वालों की भरमार थी। परिचित कांग्रेसी नेताओं की सिफारिश से वे पटना या दिल्ली से आए हुए ऊँचे पदाधिकारी के साथ भीड़ में खड़े हो जाते और फोटो खिंच जाती। उन लोगों का श्रमदान क्या था, बैठे-ठाले का अच्छा-खासा मनोरंजन था। नेशनल कैडेट कोर की निगरानी में बीसियों हजार स्कूली-कॉलेजी लड़के कोसी के पूर्वी और पश्चिमी, दोनों तटबँधों का निर्माण करने आए थे। उन्होंने अलबत्ता काफी काम किए थे।' इलाके के सफेदपोश, खासकर कांग्रेसी नेताओं ने ग्राम-पंचायतों को यह भार सौंपा कि 'वे मजदूरों से काम लें और उन्हें मेहनताना दें।' मगर उन बाबू-भैया की स्वार्थी नीयत के कारण पंचायतों से काम करने आए मजदूरों को कोसी किनारे से भागना पड़ा। उन्होंने सोचा था कि खा-पीकर एक सवा रुपया रोज बचा लेंगे। अपने-अपने साथ घर से ही भूजा, चूड़ा, चना, मुरही की पोटली बाँधकर कोसी किनारे पहुँचे थे मजदूरी करने। पर होता यह कि 'पहली बार जिस बाबू ने नाम लिखा, वह दूसरी बार नहीं मिला। फिर दूसरे दिन जो भाईजी काम लेने आते, दो रोज बाद उनका भी पता नहीं चलता। साथ लाया गया चना-चबैना कब तक चलता! फिर वहीं किसी दुकान से उधारी में खिचड़ी खाते इस आशा पर कि पैसा तो मिलना ही है।' मजदूरों का एक दल अंगोछा लपेटे वापस जा रहा था। एक ने बताया नागार्जुन को—"मिट्टी काटते-काटते बारह दिन बीत गए, छदाम का दर्शन नहीं हुआ। दुकानदार भला क्यों छोड़ने लगा? कुदाल, टोकरी रख ली। धोती तक उतरवा ली। कमर में अंगोछा लपेटे दो दिन-दो रात पूरे बाँध पर बाबूजी और भाईजी को तलाशता रहा। अब घर लौट रहा हूँ...।" दूसरा मजदूर माथे पर हाथ रखते हुए बोला—"ऐसा अनर्थ तो न कभी सुना और न कभी देखा। छी छी छी..."

अन्तिम दो शब्द 'छी छी' निकला, तो बगल की चौकी पर बैठकर तस्वीर वाली रंगीन पुस्तक उलटता-पलटता शोभाकान्त चौंका। उसे समझ में नहीं आया कि सवेरे-सवेरे बाबूजी को हो क्या गया है?

"क्या बात है?" शोभाकान्त उनकी ओर देखकर पूछ बैठा। नागार्जुन का ध्यान टूटा। उनके सामने कुछ पत्र-पत्रिकाओं के अंक पड़े थे। एक साप्ताहिक में कोसी में

आई बाढ़ की खास रपट थी। उसी को देखकर वे कुछ सोचने लगे थे। एक बार पुत्र की ओर देखकर सामने दरवाजे से बाहर नजर डाली। रात में डबल अछार बारिश हुई थी। अब भी बादल छाया हुआ था। फिर पुत्र की ओर देखा, विकलांग हो चुके पुत्र को साथ ही रखना था, ताकि पढ़-लिख ले। बैठ नहीं पाता। दस-ग्यारह की उम्र। जब बच्चों को खेलता देखता, तो देखता ही रहता। चल-फिर लेता, दौड़ नहीं पाता। खिलौने की दुकान से कई तरह के खिलौने मँगवाना चाहता, मगर नागार्जुन अपने बच्चों की मामूली-सी इच्छा पूरी करने में भी खुद को असमर्थ पाते।

"कुछ नहीं बेटा? दरअसल, पिछले साल कोसी पर बन रहे तटबँध को देखा था न! वही याद आ गया।" उन्होंने एक पत्रिका की ओर इशारा किया।

"इन दिनों तो पटना गोलीकांड की तस्वीर सभी अखबार और पत्रिकाओं में भरी पड़ी है।"—शोभाकान्त बोला।

जहाँ वे रह रहे थे, उसी पंडुई कोठी के आगे वाले कमरे में 'विद्यापति वाचनागार' नामक एक वाचनालय खोला गया था। चेतना समिति ने इसे मैथिली के बौद्धिकों को एक जगह संगठित करने के खयाल से शुरू किया था। शाम में मैथिलों का जमवाड़ा लगा रहता। पत्र-पत्रिकाएँ पढ़ी जातीं। कई तरह की चर्चाएँ भी होतीं। पटना गोलीकांड की बात पर नागार्जुन को खयाल आया कि उन्हें प्रेस जाना है। 'खून और शोले' की पूरी छपाई हो गई थी। मात्र फोल्ड करके स्टीच करना शेष था। कवर छोड़कर अठारह पृष्ठों की इस बुकलेट में दस कविताएँ थीं, जो बीएन कॉलेज गोलीकांड और छात्रों पर पुलिसिया जुर्म से सन्दर्भित थीं। स्वतंत्रता के बाद पहली बार बिहार में छात्रों पर गोली चली थी, 12 अगस्त, 1955 को। छात्रों द्वारा बस की मामूली-सी सुविधा के लिए कॉलेज के सामने अशोक राजपथ पर धरना देकर यातायात बन्द कर दिया गया था। मामूली-सी बात को आसानी से सुलझाने के बजाय जिला प्रशासन ने छात्रों को सड़क पर से हटाने के लिए सीधे गोली चलाना शुरू कर दिया—'बना शोक पथ यह अशोक पथ, बध्य भूमि कॉलेज।' 19 वर्षीय छात्र दीनानाथ पांडे की गोली लगने से तत्क्षण ही मौत हो गई थी। पांडे की शादी एक-डेढ़ मास पहले ही हुई थी। फिर तो छात्र-युवा वर्ग में भारी आक्रोश फूट पड़ा। 'सभी हैं विक्षुब्ध/सब हैं क्रुद्ध...'

नागार्जुन भी उत्तेजित और क्षुब्ध थे। इस घटना को दिमाग से हटा नहीं पा रहे थे। लगता था कि सरकार के पास 'सभी सवालों का जवाब है गोली/चरखा बेगम, तो नवाब है गोली/गद्दों पर लेटे प्रभुजी नाक बजाएँ/सभी उभारों का दबाव है गोली...।' जहाँ आन्दोलन उग्र रूप धारण कर चुका था, उन जगहों पर नागार्जुन स्वयं जाकर छात्रों-युवकों से मिल आए थे। बीएन कॉलेज के बरामदे पर 'सूखा शोणित पंक' कई बार देख आए थे। कई दिनों तक वहाँ हजारों की 'क्रुद्ध निगाहें, क्षुब्ध निगाहें/अरुण निगाहें, करुण निगाहें/डरी निगाहें, भरी निगाहें/तरल निगाहें,

सजल निगाहें/व्यथित निगाहें, मथित निगाहें/स्तब्ध निगाहें, शून्य निगाहें...' उन दहशत भरी निगाहों को वे भूल नहीं पा रहे थे। 'भीगी-भीगी सहमी-सहमी/दहशत भरी निगाहों का वह दृश्य देखकर/खोया-खोया इसी तरह कवि खड़ा रहेगा?' प्रान्त भर के छात्रों-युवकों ने स्वतंत्रता दिवस का जमकर बहिष्कार किया, साथ ही तिरंगे की जगह काले झंडे फहराए। इसी क्रम में नवादा में भी गोली चली...'पीच रोड पर धूसर दाग लहू के देखे/बेदम बूढ़े हाथी की खुरदुरी पीठ पर/मसल गया हो कोई ज्यों सूखा-सूखा सिन्दूर?'

छात्रों के प्रान्तव्यापी आन्दोलन को दबाने के लिए कई तरह के नाटक को उस बार नागार्जुन ने देखा। एक तरफ तो मुख्यमंत्री नंगे पाँव आँखों में आँसू बहाते विधानसभा पहुँचे और कहा—"आज मेरी एक बेटी विधवा हो गई..." तो दूसरी ओर नवादा का बस पड़ाव कर्बला में बदल गया था और पटना के बीएन कॉलेज के सामने 'सितमगरों का किला बना पंजाब नेशनल बैंक'। दीनानाथ पांडे के श्राद्ध के दिन कॉलेज का प्रवेश-द्वार 'क्रान्ति का रक्त तीर्थ यह आज! /देश की जनता का बन गया धरोहर!!...'

ऊपर से स्थिति सामान्य लग रही थी उस दिन। कॉलेज के सामने पार्टी साहित्य की दुकान और बगल में कॉफी हाउस...नागार्जुन उधर जा निकले थे। कुछ देर पार्टी-साहित्य की दुकान में पत्र-पत्रिकाएँ और पुस्तकें पलटते रहे। फिर एक छात्र के साथ सामने कॉलेज में घुसे। देखा, जहाँ दीनानाथ पांडे का प्राणांत हुआ था, उस जगह पर 'कोई चढ़ा गया है माला/अगरबत्तियाँ जला गया है कोई आके/कोई फूल बिखेर गया है/एक अजनबी पल्लव में नत्थी करके कागज का टुकड़ा/चढ़ा गया है भक्ति भाव से/छोड़ गया है अँगूठे की छाप लहू में लिबरि-लिबरि...।'

नागार्जुन बुदबुदा उठे—'मैं तर्पण करने आया हूँ अश्रुनीर से...नयननीर से सिक्त पंक्तियाँ पुत्र करो स्वीकार!!' साथ आए छात्र ने कहा—'बाबा, देखो न राक्षसों का तांडव नृत्य। मन करता है कि ईंट से ईंट बजा दी जाए, जब तक पूरी तरह से यह भ्रष्ट व्यवस्था मिट न जाए!' नागार्जुन ने बिजली-सी फुर्ती से अपना हाथ रख दिया युवक के मुँह पर। उन्होंने महसूस किया कि क्षुब्ध-क्रुद्ध युवक के होंठ तेजी से फड़क रहे थे। उसे अपने सीने से सटाते हुए बोल उठे—'इस पवित्र-प्रतिशोध यज्ञ में मैं हूँ सबके साथ...' कुछ छात्र, युवा और अध्यापक नागार्जुन के पास जुट गए थे। वे भीड़ के बीच में हो गए। लोग खुसर-फुसर कर अलग-अलग बात कर रहे थे। पूरी घटना पर नुक्ताचीनी कर रहे थे। स्वर और कहने के ढंग भले ही अलग-अलग हों, पर क्षोभ और क्रोध की मात्रा कमोबेश सबमें थी।

स्थिति ऐसी हो रही थी कि देहातों तक में विद्रोह के अंकुर फूटने लगे थे। हालात को सहज करने प्रधानमंत्री नेहरू को पटना आना पड़ा। गांधी मैदान में नेहरू का भाषण होना था। पास में ही बीएन कॉलेज है। छात्रों ने नेहरू का विरोध किया।

'नेहरू गो बैक! पुलिस राज मुर्दाबाद' के नारों से पूरा मैदान गूँज उठा। नेहरू को इतने ज्यादा विरोध का अन्दाजा नहीं था। तुनकमिजाजी तो थे ही, वे पूरी तरह उखड़ गए—'दस हजार, दस लाख मरें, पर झंडा ऊँचा रहे हमारा...' नेहरू का यह भी कहना था—'भारत को चौपट कर देंगे ये बिहार के छात्र!' बस फिर क्या था, उनके खिलाफ नारेबाजी शुरू हो गई। उस दिन बड़ी मुश्किल और धीरज से प्रशासन ने काम लिया। शायद नेहरू को लगा कि आवेश में उन्होंने बहुत तल्ख बात कह दी। अपने को सँभाला...कहा—'उद्दंड पुलिसकर्मी और पदाधिकारी को नहीं छोड़ेंगे...' मगर नेहरू के प्रति लोगों के मन में गुस्सा भर उठा था।

पन्द्रह-सत्तरह दिनों के भीतर इस गम और गुस्से में दस कविताएँ उपजीं। प्रचारित और प्रसारित हुईं। अठारह पेज का बुकलेट 'खून और शोले' को दीनानाथ पांडे और उनकी पत्नी शान्ति को समर्पित किया। दाम रखा दो आना। दो हजार हाथों हाथ निकल गए। स्थानीय घटना को लेकर बिल्कुल ताजा-टटकी कविताएँ लोगों द्वारा सराही गईं। वहीं कुछ ऐसे भी थे, जिन्हें यह बकवास लगता। नागार्जुन को अपनी साल भर पुरानी पंक्तियाँ याद आती—'दीजिए न आने/राजनीति कलुष साहित्य के भीतर/स्वयं भले गरल पान कीजिए/समाज को परंच अमृत दीजिए...'

पटना ही नहीं, पूरे हिन्दी जगत में वे बेबाक और बेलौस माने जाते हैं। नए लोग उनके लिए प्रिय रहे हमेशा। नए रचनाकारों को सुनना और उन्हें प्रोत्साहित करने के साथ उनकी कमजोरी बेबाक ढंग से कहना और आगे का रास्ता बतलाने के कारण नागार्जुन सबके चहेते रहे। भाषा और शिल्प को सहज ढंग से समझाने की अद्भुत कला थी उनके पास। कविता और गद्य, दोनों लिखते, तो कवि और कथाकार, दोनों विधाओं के लोगों का आना-जाना लगा रहता। एक अलग बात उनमें थी कि नए लोगों के पास वे खुद ही पहुँच जाते। कोई नया रचनाकार अपने घर में उनको सहज ढंग से पाकर आकर्षित हो जाता।

नागार्जुन लेखन के सहारे पटना के स्थायी निवासी बन जाना चाहते थे। वे चाहते थे कि पटना से प्रकाशित दैनिक और साप्ताहिक में स्थायी रूप से लिखा जाए। *योगी, नवराष्ट्र, बालक, चुन्नू-मुन्नू, किशोर, नई धारा* आदि यहाँ थे ही। कुछ प्रकाशक भी थे। वे सब अपने-अपने ढंग से उनका उपयोग चाहते। प्रान्त और प्रान्त के बाहर से बुलावा भी आता...फिर दिल्ली, इलाहाबाद से यहाँ काम लाया भी जा सकता था, पर इस आकाश वृत्ति पर पटना में परिवार रखने से वे भीतर-भीतर घबरा रहे थे। बच्चे बड़े हो रहे थे, उनको पढ़ाना था। नागार्जुन शहर में परिवार रखने की जब-जब चर्चा अपराजिता से करते, तो वह उनकी आर्थिक अनिश्चितता को सामने रख देती। वह देख रही थी कि समय पर गाँव में तो यह व्यक्ति दस-बीस रुपये भेज नहीं सकता...अपराजिता को गाँव के समाज में उधार-कर्ज मिल जाता, पटना या इलाहाबाद में वह किस-किससे माँगेगी? गत दो वर्षों से शोभाकान्त को नागार्जुन

ने साथ रखा और हर तीन-चार महीने के बाद गाँव दे आए और स्वयं इलाहाबाद या दिल्ली की राह पकड़ ली। पटना में एक दिक्कत यह भी थी कि मिलने-जुलने वाले किसी भी वक्त आ टपकते। पटना रहकर कविताएँ तो खूब लिखते, मगर उपन्यास लेखन नहीं कर पाते। हाँ, इधर कुछ गद्य के टुकड़े अवश्य तैयार किए। वह भी उस हालत में, जब खाने पर आफत आई। कभी-कभी उन्हें आश्चर्य होता कि 'नवतुरिया' यहाँ कैसे पूरा हो गया। कारण यह लगता कि मूल कथा वस्तु पर यहाँ ज्यादा मेहनत नहीं करनी पड़ी। हिन्दी के माध्यम से यह पहले ही लिखा जा चुका था। 'पारो' के रचनाकाल में उनका जन-सम्पर्क इतना सघन नहीं था। उस समय तीन प्राणियों का परिवार था। तब भी महसूस किया था—'कवि हूँ सच है कि/किन्तु षड्पदों जैसा क्या मैं/फूल सूँघकर रह सकता हूँ।' और अब स्थिति इतनी भयावह है कि 'नाम है भारी, आमदनी है हल्की/चिन्ता है कल की...कब तक चलेगा ऋण, कब तक उधारी...' काम के लिहाज से उनका मन करता कि दिल्ली रहा जाए। बिहार में जितनी दौड़-भाग करनी पड़ती है, उतने पर दिल्ली या इलाहाबाद में काफी-कुछ अर्जित किया जा सकता है।

पंडुई कोठी वाले अपने कमरे में सवेरे के तीन बजे ही जग गए थे। बिजली चली गई थी। रात में जमकर पानी बरसा था। वे लेटे-लेटे सोच रहे थे कि बिहार के कई नामी-गिरामी रचनाकार उनसे रुष्ट रहते हैं। उनको स्पष्ट लगता कि नरम-गरम राजनीति और समझौतावाद का दौर बिहार में सबसे ज्यादा है। पिछले वर्ष एक कविता 'तिकड़म के ताऊ' छपी। वह रचना कई लोगों को नमक-मिर्च की तरह लगी। बोले तो कुछ नहीं, पर मन ही मन नागार्जुन को समझने की कोशिश करने लगे। उन्हें अचानक याद आया, झांसी गए थे इलाहाबाद से। वहाँ वृंदावन लाल वर्मा के बाद सियारामशरण गुप्त से मिलना हुआ था। मिलने पर सियारामशरण गुप्त ने कहा—"एक बात कहूँ?" नागार्जुन ने उनकी ओर नजर गड़ाया। वहीं दद्दा (महाकवि मैथिलीशरण गुप्त) भी विराजमान थे।

"आपको देखता हूँ, तो शंकित हो उठता हूँ। लगता है, विष का मटका डोलता आ रहा है...यह बात *नया पथ, हंस, नया साहित्य* और कम्युनिस्ट पार्टी के साप्ताहिक आदि में आपकी रचना पढ़कर और इलाहाबाद, लखनऊ और दिल्ली के साहित्यिक बन्धुओं से बातचीत करने के बाद कह रहा हूँ।" नागार्जुन के चेहरे पर मुस्कान आ गई थी। इतने में मैथिलीशरण गुप्त अपने अनुज की ओर मुखातिब हुए—"अरे, संस्कृत का विद्वान होने पर इसके अन्दर इतना जहर भरा पड़ा है कि पूछो मत! ब्राह्मण वंश में जन्म हुआ, विद्यापति की भूमि में पैदा होने से अमृत इसके लिए सहज लभ्य था, किन्तु यह तो विषकीट निकला..."

नागार्जुन ने बीच में ही दद्दा को टोका—"आप यदि अमृत का एकाध बूँद मेरे लिए टपका दें, तो मेरा आमूल परिवर्तन हो जाए..." इस पर मैथिलीशरण गुप्त

बोल उठे—"नहीं, अब कुछ नहीं होगा...अब आजीवन तुमको विषकीट बनकर ही रहना होगा..." महाकवि का यह श्राप था या आशीष, सो वे जानें। नागार्जुन की दो-चार रचनाएँ ही महाकवि को पसन्द आई थीं। दद्दा ने फिर कभी उन्हें छेड़ने की कोशिश नहीं की।

दद्दा की याद आई, तो सोचा साम्राज्यवादी अंग्रेज शासकों के प्रति उतना अधिक नफरत और विक्षोभ न रहा होता, तो शायद 'भारत-भारती' की रचना नहीं हुई होती। लगता है कि विक्षोभ मात्र नागार्जुन की बपौती नहीं है। प्रत्येक कवि अपने ढंग से प्रतिकूल भावनाओं के प्रति विक्षुब्ध होता रहता है और अपनी रचनाओं में विक्षोभ को व्यक्त करता रहता है।

नागार्जुन फट पड़ते हैं, जब बढ़ती हुई महँगाई से लोग परेशान हो उठते हैं। उनके सामने इसी नगर में एक खास प्रकार की जमात वर्ष-दो वर्ष के भीतर लाखों की रकम बटोर रही है और मेहनत-मशक्कत की कमाई खाने वाला भूखे पेट और फटे बनियान में दिख रहा है...उसी क्षण अपने ननिहाल के कुँजा खबास की याद हो आई। पिछले वर्ष 'सौराठ सभा' में थे, तो बड़े मामा ने अपनी बेटी की शादी में शामिल होने को कहा—"वैसे नहीं जाओगे, तो कन्धे पर बिठाकर ले जाऊँगा।" मामा के साथ चले सतलखा। कुँजा खबास भी मामा के साथ था। नागार्जुन से उनका बैग और बिछावन वाला खेस की गठरी उसने ले ली। अन्न के अभाव में उसका पेट-पीठ एकाकार हो चला था। कहा था उसने—"बड़ी आशा थी ठक्कन बाबू आपसे...कहाँ रहते हैं?...और हम लोगों को सुकुमार होने से काम नहीं चलेगा न! इस हालत में भी सभी काम-प्रयोजन में आपके मामा के यहाँ खटता रहता..." बड़ी दया आई थी कुँजा पर। सौराठ में ही एक अठन्नी उसकी मुठ्ठी में रख दी। कहा था—"और दूँगा...चाय-नाश्ता कर आओ...।" वे देख रहे हैं—'झंडा बदलल कैंचा कौड़ी/पर चढ़ि गेल अशोक थंभ/सटकल पेटक लेल भेल की/नवका युग आबहु आरम्भ...' (झंडा बदला, बदले पैसे/उस पर बैठा अशोक स्तम्भ/चिपके पेट के लिए क्या/नए युग का हुआ अब भी आरम्भ?)...भक्...अरे, यह तो बिजली आ गई। टेबल घड़ी पर नजर गई। पाँच बज रहे थे। बादल छाए रहने के कारण पंडुई कोठी का माहौल थोड़ा शान्त लगा।

पंडुई कोठी एक जमींदार घराने की बड़ी-सी कोठी थी। समय ने पलटा खाया, तो उसे एक लॉज के रूप में परिवर्तित कर दिया गया। तीनों ओर पुरानी शैली के कोठीनुमा मकान, बीच में छोटी-सी फुलवारी, उसके चारों ओर गोलाकृत खरंजा सड़क, पीछे की तरफ मकान मालिक का अन्त:पुरी आवास, सामने बड़ा प्रवेश द्वार, फुलवारी के दोनों ओर बड़े-छोटे कमरे। सड़क के किनारे एक कमरे में 'विद्यापति वाचनागार' था, तकरीबन 50-60 छात्र और नौकरीपेशा लोग वहाँ रहते। पिछवाड़े में कभी नौकरों का आवास और नित्य कर्म हेतु जगह रही होगी, अब वहाँ आठ-दस

शौचालय और उतने ही स्नानागार। पानी की बड़ी-सी टंकी, जिसमें सात-आठ टोंटी लगी थी। एक मेस भी था, जो दोनों समय खाना व नाश्ता देता, चाय नहीं। कहने पर खाना-नाश्ता कमरे में पहुँचा भी दिया जाता। मेस चलाने वाले छपरा के तरफ के दो ब्राह्मण भाई थे। दो रसोइया और दो नौकर...अच्छी व्यवस्था थी। नागार्जुन का रहन-सहन बिल्कुल मामूली, पिता-पुत्र एक छोटे से कमरे में रहते।

दमा तो संग लगा था ही, बरसात अन्त होने के करीब आ गया, तो दमा के अलावा एक रोग बड़ी तेजी से उभरा। लगातार दो दिनों तक जब बार-बार पेशाब के लिए जाना पड़ा, तो लॉज में रहनेवाले एक हमउम्र ने टोका—"यह लक्षण ठीक नहीं...जल्दी से चिकित्सा शुरू करें।" एलोपैथिक चिकित्सा का अर्थ था, लम्बा खर्च। नागार्जुन की माली हालत ऐसी नहीं थी। फिर शोभाकान्त के इलाज से लगा कि अंग्रेजी चिकित्सा देह को तोड़ती है और खर्च भी कराती है। फिर भी कारगर नहीं होती। मछुआ टोली में 'गुरुकल कांगड़ी' की आयुर्वेदिक दवाओं की एक छोटी-सी दुकान थी। सहारनपुर के एक वैद्यराज के जिम्मे वह दुकान चल रही थी। नागार्जुन से उनका परिचय हो चला था। इधर ज्यादा समय पटना में ही रहना होता और स्वास्थ्यगत परेशानी तो कुछ न कुछ चलती ही रहती। च्यवनप्राश, सितोपलादि, शहद और एकाध चूरण तो अक्सर लेते रहते। अपनी पेशाब सम्बन्धी गड़बड़ी की बात वैद्य से की। दवा के साथ ही उनसे 'चरक संहिता' ले आए। उससे पता चला कि आन्तरिक गड़बड़ियों में जौ का सेवन अत्यधिक लाभप्रद है, खासकर मूत्र सम्बन्धी रोगों में। तत्काल जौ का सत्तू ले आए। उसको ही आहार बनाया। दूध में गुड़ मिलाकर पीने लगे। साथ में कच्चा नारियल भी खाना शुरू किया। इससे लाभ हुआ। हफ्ते भर वे कुछ परेशान अवश्य रहे, पर ठीक हो गए...

गाँव से लगातार आने के लिए पत्र आ रहे थे। यों कुछ न कुछ पैसे भेजते रहते, पर इतना भी नहीं कि वहाँ काम सहूलियत से चल जाए। बीच में तीन-चार दिनों के लिए इलाहाबाद हो आए थे। नवम्बर (1955) में पन्द्रह-बीस दिन कलकत्ता में रहने का इरादा बनाया था। वहाँ जाकर कुछ पैसों की व्यवस्था करनी थी। कुछ हिन्दी अनुरागी सेठ या सम्पन्न लोग दो-चार कार्यक्रम आयोजित करवा ही देते, जहाँ ढंग से विदाई मिल जाती। इलाहाबाद से उपन्यास के लिए कहा जा रहा था। कमलेश्वर और मार्कण्डेय, दोनों एक संकलन निकालने के लिए अश्क के साथ में थे। उनके लिए उपन्यास लिखना था। उससे पहले यहाँ, पटना में कई खर्च थे। सोचा, शोभाकान्त को तीन-चार माह के लिए गाँव में रख देंगे...

पटना ही क्या, सभी प्रादेशिक राजधानियों में कुछ ऐसे भी पुस्तक-विक्रेता और प्रकाशक थे, जो डिस्ट्रिक बोर्ड में खरीदी जाने वाली पुस्तकों को मंजूर करवाने वाली कमेटी के सदस्यों की 'असलियत' अच्छी तरह जानते होते। पाठ्य-पुस्तकों का अवैध व्यापार...विभिन्न जिला बोर्डों के स्कूलों में स्टेशनरी के नाम पर रद्दी

माल की सप्लाई...बुनियादी तालीम के क्षेत्रों से चरखा और चटाई तक का ऑर्डर बटोर लाना...और न जाने कितने कामों का तजुर्बा रहता उन्हें। ऐसे कुछ दुकानदार उन्हें भी (नागार्जुन को) आदर सहित बिठाते। लगता कि इस तरह के लोगों के कुछ न कुछ मतलब जरूर होंगे। वरना श्रद्धा भी तो अब सूखी हुआ करती है। एक दिन एक दुकान में चाय के बाद उनसे कहा गया—"मेरे लायक कोई काम हो, तो अवश्य कहें।" फिर धीरे से बोला—"दो-दो फर्मे की आधी दर्जन किताबें तैयार कर देते?आलू की खेती, आम का धन्धा, बाँस का व्यवसाय, मछली पालन, सोनपुर मेला, कोसी बाँध जैसे विषयों पर पुस्तकों की बोर्ड की स्कूली लाइब्रेरी में अच्छी खपत निश्चित है, अगले माह तक चाहिए।" नागार्जुन को उबलने की तबीयत हुई... आँखों में कड़ापन आ गया। फिर उनसे कहा गया—"दो सौ रुपये प्रति पुस्तक हम देते हैं...आपको तीन सौ देंगे। कहें, तो हजार एडवांस दे दूँ।"

पान के दो बीड़े गालों के अन्दर ठूंसकर चुटकी भर जर्दा फाँक गए। अंगुली से चूना चाट लिया—"आखिर आपने मतलब की बात कह ही डाली, पर यह बात आपने गलत आदमी से की है। जब दो सौ पर आपका काम चल जाता, तो फिर तीन सौ क्यों भला! आलू की खेती और नागार्जुन! वाह भाई! खूब कहा आपने..." और नागार्जुन उठकर निकल आए। मुँह के पान को वहीं थूका। और, रिक्शा पकड़कर आ गए गांधी मैदान। मैदान की परिक्रमा करते हुए सोचा...गलती उसकी नहीं, यहाँ सब चलता है। यहाँ तो कई हैं, जो किसी न किसी मिनिस्टर के पीछे भाग रहे हैं। कोई अभिनन्दन ग्रंथ का सम्पादक बन बैठा है, तो कोई किसी बूढ़े प्रकाशक की स्वर्ण जयंती मनवाने में व्यस्त है, तो कोई कैंची, गोंद लेकर रद्दी पुरानी रीडरों को नया बनाकर प्रकाशकों से पैसे ऐंठ रहा है। हाँ, उस दुकानदार ने गलत जगह हाथ रखा था। ठीक है कि यहाँ देनदारी है, पत्नी का पत्र...गाँव का कर्ज...दो शाम का अनाज...गाहे-बेगाहे पचास-पच्चीस तत्काल उन्हीं सब से लेते हैं...पर मन किसी भी तरह टस से मस नहीं हो रहा था। थकावट महसूस हुई, तो रिक्शा लेकर स्टेशन चले गए। ह्विलर के बुक स्टॉल से कुछ पत्र-पत्रिकाएँ लीं और कोठी में लौट आए।

तरौनी जाने पर नागार्जुन अक्सर नेहरा, बहेड़ा और नवादा हो आते। नेहरा तो जमीन वालों का गाँव है। वहाँ के चौधरी लोगों का घराना बहुत ही भरा-पूरा और अकबाली है। इन लोगों की बातचीत, रहन-सहन और चाल-ढाल से सम्पन्नता की विकट बू आती। अलग-अलग हवेलियाँ। मगर गाँव के पश्चिमी हिस्से में गरीबी का आलम था। जमींदारी पट्टी के युवक अमरनाथ चौधरी 'दीपक' साहित्यिक संस्कार के थे। नागार्जुन जब भी तरौनी रहते, दीपक उन्हें अपने दालान पर एकाध दिन रख ही लेते। तरौनी का निकट वाला बाजार नेहरा ही तो था। नेहरा के बीचोबीच डिस्ट्रिक बोर्ड वाली सड़क गुजरती, जो बहेड़ा होते हुए कुशेश्वर तक जाती।

पटना से आश्विन पूर्णिमा के बाद गाँव आए। दो दिन यहाँ रहने के बाद बहेड़ा के लिए निकले। नेहरा के मल्लह टोली के सामने सड़क से इक्का लेना था बहेड़ा के लिए। तरौनी से नेहरा में प्रवेश करने के लिए विशाल जलाशय रजोखर के दक्षिणी भींडे से लगी कच्ची सड़क से जाना पड़ता। रजोखर के दक्षिणी-पश्चिमी कोने पर खड़े होकर उसके श्यामल सलिल सपाट वक्ष की ओर विमुग्ध नेत्रों से कुछ क्षणों तक देखते रहते। नेहरा की मुख्य सड़क से थोड़ा पहले राधे सहनी मल्लाह का आवास था। राधे दस वर्ष बड़े होंगे नागार्जुन से। दबंग व्यक्ति। कभी-कभी तो चौधरी घराने के लोग भी उनसे मिलने आते। इलाके के मल्लाहों के माइनजन के रूप में जाने जाते। उस रास्ते से गुजरते वक्त राधे सहनी 'जात्री जी' को अपने यहाँ आधा घंटा बिठाए बिना आगे नहीं बढ़ने देता। एकाध कविता सुनता और देश-जहान का हाल-चाल लेने की कोशिश करता। घर-परिवार का सुख-दुख बतियाता...

राधे सहनी के दालान की अँगनई काफी बड़ी थी। उसका एक छोर रजोखर के जल को स्पर्श करता, दूसरी ओर दो बैल बँधे होते, जिनके सामने काठ की छोटी-सी नाद पड़ी होती। तालाब से लगकर बाँस के दो खूँटों के सहारे एक पुरानी डेंगी खड़ी रहती। दालान खपड़ों से छाया था। मछेलियाँ पकड़ने और फँसाने के औजार भीत की खूटियों से टँगे होते। गाँज, टापी, सहत, सरैला किस्म-किस्म के डंडे...जालों की कढ़ाई और बिनाई में काम आने वाले छोटे बड़े सूए-सलाखें... एक तरफ बाँस की अलगनी पर जालों के कई अधूरे टुकड़े। सहनी का परिवार बड़ा था। गाँव में मल्लाहों की आबादी भी ठीक-ठाक थी। वे सब मिलकर हर साल इलाके के दस-पन्द्रह छोटे-बड़े पोखर बन्दोबस्त कराते और उनमें मछलियाँ पालते-मारते। ताल-मखाना उपजाते। इसके अलावे कमल और कुंई के फूल, कमलगट्टे, कमलनाल, कड़हड़, कैशोर, सारूख, जलसिंघाड़ा आदि भी उपजाते। पुरैन और पद्‌म के गोल-गोल चिकने पत्तों का भी अच्छा व्यवसाय था।

रजोखर जैसे अपने इलाके के कई विशाल जलाशय को देखकर नागार्जुन सोचा करते कि यदि बड़े-बड़े तालाबों का सरकार जीर्णोद्धार कराए, तो मछली विकास-उत्पादन के आधुनिकतम केन्द्र होंगे ये। एक-एक परिवार इन पोखरों की बदौलत सुखी-सम्पन्न हो जाएगा। विशाल जलाशय के कछारों में किस्म-किस्म के कमल-कुमुदुनियों की खेती होगी...ऊँचे-ऊँचे भींडे पर एकतल्ला सेनिटोरियम बनेगा...दूर-पास के विश्रामार्थी छुट्टियाँ मनाया करेंगे...

उस दिन बहेड़ा जाने के इरादे से चले थे। अपने तालाब के पुबरिया, उत्तरबरिया कोने पर भोला भाई ने कुछ क्षण तक रोके रखा। वहाँ से निकले, तो पीपल टप ही रहे थे, तो उमेश भाई मिल गए। उमेश भाई भीतर-भीतर उनसे नाराज रहते थे, क्योंकि 'बाबा बटेसरनाथ' में वह अपने को मौजूद पाते। नागार्जुन भी ग्रामीण समाज

के प्रति उनका नजरिया देखकर भीतर से क्षुब्ध रहते। उनसे दो मिनट के भीतर मुक्त होकर तेज़ी से चले।

आश्विन महीने का सूरज अपनी गर्मी लेकर ही उगा था। चाहते थे कि घंटे-डेढ़ घंटे के भीतर ही बहेड़ा की सीमा में प्रवेश कर जाएँ। धनहर खेतों के बीच बाँध पकड़े जा रहे थे। यह किसी नदी की बाँध नहीं थी, बल्कि ऊँची-चौड़ी सड़क जैसी मेड़ थी। धान पूरी तरह पके नहीं थे, लेकिन समूचा अंचल ऐसा लगता था, मानो सुनहरी मिट्टी से पुता हो। उन धनहर खेतों के बीच कहीं-कहीं रखवाले की झोपड़ियाँ भूरे पाल वाली नाव की तरह लगतीं। अचानक कौंधा, उनका बलचनमा शायद यहीं किसी झोपड़ी में लाठी लेकर धान अगोरता होगा...बलचनमा की याद अक्सर आ ही जाती। उसके फूल बाबू तो पटना के किसी मंत्रीवाले आवास में बैठकर इलाके के किसी न किसी को रोज ही कहा करते होंगे—'अगले पाँच साल के अन्दर भाई मेरे सब कुछ होगा...धीरज रखो भाई...' लेकिन बलचनमा फूल बाबू की बातों में भला क्यों आएगा? उसे तो फूल बाबू से अश्रद्धा हो गई थी। चुनाव के समय फूल बाबू जैसे लोग ही तो सोशलिस्ट और कम्युनिस्ट को पानी-पी पीकर गाली दे रहे थे। राधा बाबू, जिससे बलचनमा को उम्मीद थी, वह भी भूदानी हो गए थे। लाल झंडा वाले कम्युनिस्टों के बारे में गाँव-गाँव में कहा करते—'कमूनिस्ट थीक धुंधकारी/थिक राहु-केतु/थिक महाम्लेच्छ/कारी पनाड़ थीक...' (कम्युनिस्ट हैं काली आंधी/हैं राहु-केतु/हैं महामलेच्छ/काले पनाले हैं...) यही सब सोचते चल रहे थे कि महादेव मन्दिर वाले चौबटिया पर मिल गया राधे। साथ चलने लगा। अपने दालान पर पहुँचा, तो नागार्जुन का हाथ पकड़कर चौकी पर बिठाया। कुछ क्षणों के भीतर ही मडुए की रोटी, नमक-तेल और हरी मिर्च के साथ तली हुई मछली के चार टुकड़े सामने आ गए। नाश्ता करते हुए नागार्जुन ने रजोखर के सम्बन्ध में अपनी कल्पना राधे को बताई, तो उसने कहा—"कवि जी, साल-डेढ़ साल पहले आपने दीपक बौआ के यहाँ अपनी कविता सुनाई थी, उसकी दो पंक्ति मुझे अब तक याद है—'कहाँ गया वह जमींदार उन्मूलन का फरमान/छिने जा रहे गाछी-गोचर-पोखर और शमशान...' हम उसका अर्थ अब अच्छी तरह समझ रहे हैं। जमाने से इन तालाबों की मालगुजारी निर्धारित है और बाबू साहेब उसे सरकारी खजानों में जमा करवाते हैं। फिर हमसे तीन-तीन, पाँच-पाँच वर्ष पर बन्दोबस्ती का नया इकरारनामा कर मनमानी वसूली करते हैं...कहते हैं, अमुक गाँव वाला इतना देता है, यदि तुमको भी लेना है, तो इतना दो...यह विशाल जल-सम्पत्ति जनता की ही है न! पर कानूनी असंगति के चलते, अपने खाने-पीने के कारण सरकारी मुलाजिम हम लोगों के साथ बेतुका खिलवाड़ करते रहते हैं...हम पग-पग पर ठगे जाते—एक ओर बाबू साहेब, तो दूसरी ओर पुलिस और सरकारी बाबू..." नागार्जुन को लगा, तरौनी वाला ठठवे की कथा का प्रतीक 'बाबा बटेसरनाथ' रजोखर के

सामने कुछ भी नहीं है। अपने इलाके में किसानों और गरीब ग्रामीणों को शोषक शक्तियों के खिलाफ संगठित करने वाला एक भी आदमी उन्हें नजर नहीं आ रहा था। दिमाग में तत्काल अमबाड़ी का सत्याग्रह और बुलहवा के साथ चंपारण किसान आन्दोलन नाच उठा। वैसा नेतृत्व अब कहाँ...लगा, लेखन के बजाय किसान-मोर्चे पर ही रहना चाहिए था।

उस दिन नागार्जुन राधे के यहाँ से ही घंटे-डेढ़ घंटे के बाद वापस हो गए। हाँ, वापसी में दरगाह तक जाकर बच्चों के लिए टॉफी-बिस्कुट ले लिया। बहेड़ा न गए तो अच्छा ही रहा। उस दिन दोपहर के बाद उनके अपने तालाब में मछली मारी गई। लम्बे अरसे के बाद मल्लाहों का पोखर से मछली निकालना देख रहे थे। केले के छह-सात थंबों पर दो तख्तपोश डालकर उसे मजबूती से बाँध दिया गया था। अच्छी-खासी नाव का काम दे रहा था वह। नीचे अथाह पानी। चार मछुआरे जाल लिए उस पर चढ़े थे। नावनुमा तख्तपोश पोखर की छाती पर हिचकौले खा रहा था। पहले पानी में मिट्टी का बड़ा-सा लौंदा फेंका गया। यह मछलियों के लिए चारा था। बुल बुल बुल...बुलबुले। महीन और मीठी बुड़बुड़ाहट। फिर आवाज आई—"देखता क्या है, फेंक जाल..." बदन की समूची ताकत कलेजे में बटोरकर बिजली-की फुर्ती से बाँहे घुमाई गईं। मूठ खोलकर जाल पानी में फेंका गया। झाऽऽऽप...तो तख्तपोश का कुछ हिस्सा पानी के अन्दर धँस गया और इस अतिरिक्त दबाव से जलराशि की मोटी-मोटी तरंगें एक के बाद एक मिनटों तक उमड़ती रहीं।

पोखर में मछली मारने का तमाशा देखने के लिए बच्चे किनारे-किनारे आकर खड़े हो गए थे। बच्चों के साथ कुछ सयाने भी। जाल फेंकने के बाद छोटी-बड़ी मछलियाँ को जल के ऊपर उछलते देखकर बच्चे खुशी से ताली पिटने लगते। किलकारी मारने लगते। समूचे तालाब में घूम-घूमकर यहाँ-वहाँ जाल फेंका गया। किस्म-किस्म की मछलियाँ पकड़ी गईं। तीन-सवा तीन सेर का एक रेहू और करीब तीन-एक पाव छोटी मछलियाँ हिस्से के तौर पर शोभाकान्त ले आया। छोटी मछलियाँ अपराजिता ने रामचरन के यहाँ दे दी।

अँधेरा घिरने पर नागार्जुन आँगन आए। मछली मारकर जब मल्लाह ऊपर हुए, तभी नागार्जुन पुबरिया टोली को निकल गए थे। गाँव रहते हुए प्रतिदिन गाँव की एक परिक्रमा करने की आदत थी। आँगन आए, तो खम्भे के सहारे रखी पीढ़ी बिछाकर बैठ गए। सरसरी तौर पर पूरे आँगन को एक बार देखा। उनके बैठते ही अपराजिता ने शोभकांत को कहा कि पिता को पानी दे दे। नागार्जुन हाथ-मुँह धो आए, तब तक अचार का मसालेदार तेल मिला हुआ भुना चूड़ा और मछली के अंडे के बड़े के साथ तीन-चार मछली के टुकड़े सामने आ गए। लालटेन की रोशनी में यह नाश्ता उन्हें आकर्षित कर रहा था। नाश्ता सामने रखकर अपराजिता कुछ क्षण खड़ी रही। वह प्रिंटेड साड़ी और छींटदार ब्लाउज ज्यादा पहनती। छोटी-छोटी

प्रिंट वाली साड़ी उसके लिए नागार्जुन खोज-खोजकर लाते। एकरंगा रंगीन साड़ी में मद्रास हैंडलूम की गाढ़े रंग वाली साड़ी भी उसे पसन्द थी। नागार्जुन ने उसके चेहरे पर नजर गड़ाया। नाक की कील चमक रही थी। और कोई गहना नहीं... गहने उसे पसन्द थे, और पिता ने दिया भी खूब था, पर पुत्र की बीमारी ने उससे सारे गहने उतरवा लिए। तब से चाहकर भी कोई जेवर नहीं खरीद पाए नागार्जुन। पुबरिया ओसारा से नवकढ़ी वाली भाभी की आवाज आई—"बौआ, पहले नाश्ता तो करो...फिर बीवी को निहारते रहना।"

झेंपकर नागार्जुन ने मछली का एक टुकड़ा उठाया। अपराजिता लजाकर कात हो गई। वह जरा हटकर रोती हुई छोटी बच्ची को लेकर बैठ गई। नागार्जुन ने फिर एक बार मुस्कराते हुए पत्नी को देखा। आँखें मटकाकर उसने डाँटने का इशारा किया। उसके गालों पर दबी-दबी मुस्कान की रौनक भीतर से फूट रही थी।

नागार्जुन 24 जनवरी, 1956 को पटना आए, लगभग तीन महीने के बाद। कहाँ रहे इतने दिनों तक? बीस रोज कलकत्ता और लगभग दो महीने इलाहाबाद...उपन्यास लिखने के लिए पटना से बाहर अज्ञातवास रहा। मल्लाहों-मछुवारों की जिन्दगी पर एक उपन्यास लिखा—'वरुण के बेटे'।

आए थे सुपौल के एक कार्यक्रम के लिए। सोचा था, दस दिन पटना रहकर फिर इलाहाबाद की ओर रुख करेंगे। जुलाई तक इलाहाबाद रहकर चार उपन्यास लिखने के लिए संकल्पित थे। एक लिख लिया था, तीन और लिखना था। पटना से मोहभंग तो होने ही लगा था, पर जरा भी मौका मिलता, तो पटना भाग आते... पटना आकर शाम वाली स्टीमर से गंगा पार करते और अगले दिन सवेरे गाँव में पत्नी और बच्चों के सामने रहते। उस बार भी ऐसा ही हुआ। गाँव पहुँचकर दूसरे दिन सवेरे-सवेरे नेहरा गए और राधे सहनी को बता आए कि इस बार उपन्यास में रजोखर और उसके दक्षिण भाग में रहने वाले मल्लाह जैसे लोगों के परिवेश को उकेरने का प्रयास किया है। यों चिलमनों से घिरा हुआ कई चौरों को वे बचपन से देखते आ रहे हैं। अपने पिता के कन्धे पर बैठकर जब तरौनी से महिषी जाते, तब भी, और जब पैदल आते, तो भी। चौरों के आस-पास की अस्थायी झोपड़ी-मड़ैया में प्यास लगने पर पानी माँगना पड़ता, तो आग में भूनी हुई छोटी मछलियों की सौंधी महक लग ही जाती...चौरों में कार्तिक-अगहन के बाद छाती भर या कमर भर पानी रहता। वर्षा और बाढ़ से गहरी जगहों में पानी के निकास की कोई राह नहीं रहती। पूस-माघ तक जितनी दूर पानी सूखता, वहाँ रबी की खेती होती। बाकी पानी वाला क्षेत्र चौर बना रहता। पुराने भूस्वामी अर्थात बाबू साहेब ऐसे भूखंडों को भूले रहते, पर कभी-कभी उनका गुमस्ता कुछ न कुछ वसूलने पहुँच ही जाता। पर अब इन क्षेत्रों का किस्तबारी ठेका लगाने लगे थे नए भूस्वामी। चिलमनों से घिरा चौर का

पानी छोटी मछलियों का अकूत खजाना हुआ करता...राधे सहनी और वहाँ के कुछ लोगों ने जब अपने जीवन-व्यवसाय, रीति-नीति को सुना, तो वे नागार्जुन को देखते रह गए। राधे ने गम्भीर होकर कहा—"मान गए जात्री जी! यह तो बताइए कि इस तरह हमें कैसे और कब देखा...आप मछली के शौकीन हैं, पर जाल-महाजाल, सूआ, गोह—सब तो किसी से पूछकर ही जाना होगा न!" नागार्जुन मुस्कराते रहे। पास बैठे दीपक ने कहा—"इनकी डायरी कभी देखिएगा। न जाने क्या-क्या लिखा रहता। कविता-कहानी ही नहीं, खाने-पीने की वस्तुओं के नाम भी रहते, बर्तन-बासन के प्रकार भी रहते, छप्परों के आकार-प्रकार होते। हो सकता है, साल-दो साल में मछली पकड़ने के औजारों की सूची तैयार कर ली हो..."

"धन्य हो प्रभु! यह सब तो मुझे बताना चाहिए था और बता रहे हैं आप। अच्छा बताइए, कितने माह लगे ये सब लिखने में?"—राधे पूछ बैठा। "कुल मिलाकर डेढ़ महीना। पन्द्रह दिनों तक तो मन ही मन सोचता-बतियाता रहा...फिर एक नक्शा बनाया...चुपचाप एकान्तवास लेकर लिखा। लोगों से मिलना-जुलना और अखबार तक से दूर हो गया था। एक खास संकलन के लिए यह काम था, तो उन लोगों ने अपने घर में पूरी तरह समझो तो कैद कर रखा था। समय पर काम हो गया..." कहते हुए नागार्जुन उठे—"अब फिर आऊँगा।"

"अरे, कहाँ चल दिए कवि जी! आपने हमारे लिए लिखा और बिना कुछ खिलाए जाने कौन देगा भला यहाँ से!"—कहते हुए राधे ने उन्हें फिर बिठाया।

नागार्जुन को यह अच्छा लगता कि जिसके लिए जो लिखा जाए, उसकी जानकारी उस तक जानी ही चाहिए। साहित्य ही क्यों, समाज के प्रति कौन-क्या सोच रहा है, यह जानने का हक यदि सबको है, तो सोचने वाले का दायित्व बनता है कि अपनी सोच का भागीदार वह सबको बनने दे।

तो, उस बार नागार्जुन गाँव ज्यादा नहीं रह पाए। पटना जाना था। सुपौल जाना था। उपन्यास के लिए अपने को तैयार करना था। बच्चों की पढ़ाई की व्यवस्था करनी थी। गाँव से निकलते समय तय किया कि जल्द ही इलाहाबाद जाकर कम से कम शोभाकान्त को ले ही जाएँगे—फिर धीरे-धीरे पूरा परिवार बुला लेंगे...

बिहार से निकलने से पूर्व 'योगी' में 'होनहारों की दुनिया' देखने का दायित्व उन पर डाला गया था। इस काम के लिए प्रति अंक 25 रुपये उनको मिला करते। पटना के परिचित साहित्यिक परिवारों के बच्चों से व्यक्तिगत स्तर पर मिल-जुलकर इस स्तम्भ के लिए कुछ लिखने को कहा था। बच्चों ने उत्साह से साथ दिया। एक-दो अंकों के लिए सामग्री छाँटकर छोड़ गए थे। गाँव से वापस आकर जब जनवरी के अन्तिम दिनों में 'योगी' कार्यालय जाकर पिछले दस-बारह अंकों को उलटाया, तो बीच-बीच में कई अंक में स्तम्भ गायब मिला। लगा कि सारा किया-कराया उनके न रहने से पानी में गया। यों अब भी लगातार पटना रहने की स्थिति

में वे नहीं थे। फिर भी, दो-एक अंक की सामग्री को तो तैयार करना-करवाना था। फिर से सम्पर्क साधा बच्चों से। नागार्जुन ने यह स्तम्भ सँभाला, तो कई जगहों से यह कहा गया कि "होनहार रचनाकारों का सम्मेलन कहीं न कहीं होना चाहिए।" नागार्जुन के लिए यह सब पुलकित करने वाली बात थी।

जब स्तम्भ शुरू किया था, तो फूहड़ तुकबन्दियों से परेशान हो उठे थे। छन्द-बन्द कुछ रहता नहीं। बच्चों से आग्रह किया, बिना छन्द ज्ञान के कविता न लिखे कोई। कोटेशन से भरे निबन्ध में कोट के चिह्नों को हटाकर जरा-सा कलम लगाते, तो कोई-कोई लेख सचमुच अच्छा हो उठता। 'योगी' कार्यालय में कभी-कभी बहस होने लगती कि यह रचना बच्चों की हो ही नहीं सकती। एक बार एक बच्चा शंका में फँसा, तो वह सामने आकर अपनी प्रतिभा का परिचय दे गया। नागार्जुन के कमरे तक एक बच्चा आ पहुँचा सारण से। कमरे में नहीं थे, तो स्लिप छोड़ गया—'क्या गजब दुनिया है काका! क्या यहाँ सभी एक-दूसरे को शंका की नजरों से ही देखते हैं? क्या यहाँ अविश्वास ही अविश्वास है? साधना की राह पर किसी के तेज कदमों को देखकर क्या यही कहा जाएगा कि उसकी गति अपनी नहीं, बल्कि उधार की है? क्या यह सम्भव नहीं कि लघुवय और थोड़ी साधना में साध्य के निकट तक जाया जा सके?..." ढेर सारे प्रश्नवाचक चिह्नों से भरी स्लिप बुझावन चाचा बने नागार्जुन के हाथों में थी। उस किशोर होनहार की प्रतिभा से चकित हो गए। 'योगी' के एक अंक में लिखा—"अधिक से अधिक स्वाध्याय करो। दूसरों के मंतव्यों को अच्छी तरह पचाते चलो और उसमें अपना भी कुछ मिलाते चलो...कोटेशनों की भरमार से अपनी रचनाओं को हमेशा बचाए चलना..."

मार्च (1956) के प्रथम सप्ताह आते-आते नागार्जुन ने पटना छोड़ा और आ गए इलाहाबाद, शोभाकान्त भी साथ था। 'होनहारों की दुनिया' को अपना इलाहाबाद वाला पता सूचित कर दिया। स्तम्भ के लिए सीधे अपने पास रचनाएँ भेजने को कहा। इलाहाबाद रहते हुए एक रचना मिली। पढ़ना शुरू किया—'साधारणत: गदहे बड़े मूर्ख होते हैं, इसलिए धोबी भी, जो चालाक होंगे, सो मालूम ही होगा...' इसके आगे एक धोबी के बुद्धुपन का आख्यान...नहीं पढ़ा गया नागार्जुन से। सोचा—'भला यह क्या दलील हुई कि गदहों के साथ रहने से धोबी भी मूर्ख होंगे या बैलों के साथ किसान बुद्धु होते होंगे!'

शोभाकान्त को दारागंज के 'हरभजनदास का मन्दिर' के अपने ठिकाने पर पहली बार ले आए थे। योजना के अनुसार सोचा था कि शोभाकान्त का नाम यहीं किसी स्कूल में लिखवा देंगे। यह काम तो गर्मी-छुट्टी के बाद ही होना था न! आते ही अपने तमाम ठिकानों को टटोलने लगे। पिछला उपन्यास 'वरुण के बेटे' 'संकेत' के लिए लिखा था। उस समय भी उन्हें दारागंज वाला यह पुराना ठिकाना बार-बार अपनी ओर खींच रहा था। गंगा के किनारे का यह पुराना मकान यों अपने

में कोई आकर्षण नहीं रखता। मगर खिड़की से गंगा की कृषकाय धारा, रेतीले मैदान, प्लाटुन ब्रिज (पीपों का पुल), ककड़ी-तरबूज की श्यामल क्यारियाँ...कुल मिलाकर गजब का समां बँधता...एक बार रामविलास और त्रिलोचन यहाँ टिके थे—"क्या नवाब की तबीयत पाई है तुमने!" मन्दिर के मुख्य पुजारी और उसकी पत्नी शोभाकान्त को कुछ दिन रखना भी चाहते थे। डाक के पतों में एक पता यह भी था। यों तो शोभाकान्त को बहादुरगंज में शमशेर के यहाँ रख देना था। वहीं पास के एक मेस में खाना खाएगा और केसरवानी स्कूल में नाम लिखवा दिया जाएगा। मगर इस काम में अभी देर थी।

हरभजनदास के मन्दिर में उस दिन भारी जुटान था। गंगा-स्नान एक दिन बाद पड़ रहा था। दूर-दूर से लोग पहुँचे थे। शोभाकान्त को पुजारिन का बेटा अपने साथ बड़े हनुमान दिखाने ले गया। नागार्जुन के दिमाग में 'होनहारों की दुनिया' के लिए डाक से आई कहानी का शुरू वाला वाक्य घूमने लगा। बुदबुदा उठे—'बबुआ, यों अपने मुँह मियाँ मिट्ठू मत बनो! कोई भी जाति समूची की समूची गदहा या बैल हुआ नहीं करती। हाँ, व्यक्तिगत तौर पर हमें ब्राह्मण भी यदा-कदा गदहा दिख जाता, राजपूत भी और कायस्थ भी, हिन्दू भी और मुसलमान भी। गदहे और बैल भला किस जाति में नहीं पाए जाते?...' इलाहाबाद में तिलमिला देने वाली गर्मी अभी शुरू नहीं हुई थी, पर हफ्ते-दस दिनों के बाद गर्मी असह्य हो जाएगी, ऐसा वे महसूस कर रहे थे। आए हुए डाक देखकर 'योगी' के लिए रचना छाँटकर अलग किया, और बिहार में फैले दो सौ होनहार किशोरों के लिए बुझावन चाचा ने अपना सम्बोधन लिखना शुरू किया। मन में उस कहानी के शुरुआती वाक्य घुमड़ रहे थे, तो उसी कहानी के कथाकार को लक्ष्य में रखा...लिखा—'स्वाधीन भारत का एक-एक व्यक्ति समान श्रद्धा और आदर का पात्र है। अब वह जमाना लद गया कि किसी को तुम 'धोबिया' या 'चमड़वा' या 'डोमरा' या 'मलेच्छ' अथवा 'चंडाल' कहते फिरो। इस प्रकार के पुराने संस्कारों से जितना शीघ्र हम अपना पिंड छुड़ा लें, उतना ही अधिक भला होगा—व्यक्ति का भी और समाज का भी और समूचे भारत का भी...'

होनहारों की अपनी दुनिया से अलग, बिहार की भूमि से दूर रहना पड़ रहा था नागार्जुन को उन दिनों। पटना में मौजूद होते, तो शायद उस होनहार भतीजे को चुपचाप बुलवा लेते या जा पहुँचते उसके गाँव तक उसी प्रकार, जिस प्रकार कुमुद के बीमार भाई को देखने मरवन जा पहुँचे थे। किशोरों और युवकों को ज्यादा से ज्यादा समय देने में या उनको सुनने में मन लगता। बच्चों का साथ होने पर किलकारी मारने की आदत न जाने कब से है। बालकाल से दुलार-प्यार से वंचित नागार्जुन को लगता कि किशोरों-तरुणों के बीच अपने मन को उसी उम्र में ढालने में कहीं से कहाँ परेशानी होती। तरुण और युवकों को नागार्जुन का अपने अनुकूल वैचारिक सामीप्य

अपनी ओर खींचता। ठूँठ और बिरवे की पहचान नागार्जुन को थी ही। परम्परा के नाम पर पुनरोत्थान के सहारे ठूँठ को पानी-खाद पड़ते वे देख रहे थे। वे महसूस कर रहे थे कि साहित्य में मध्यवर्गीय या मध्यमार्गी चरित्र तेजी से पनपने लगा है। अवसरवाद चारों ओर अपना रंगीन प्रभामंडल फैलाने लगा है। जिस स्वर्णयुग की कल्पना को दर्शाया गया, वह न जाने किस खोह में चला गया! पद लोलुपता और धन लिप्सा के कारण भ्रष्टाचार तेजी से फैलने लगा था। राष्ट्रकवि और कलम के मजदूर जैसे लोकलुभावन शब्द दो-चार वरिष्ठ और उनके समकालीनों के साथ भी लगने लगे थे। शासन के शीर्ष पर बैठे लोग तो यह चाहते ही थे कि स्वतंत्रता संग्राम की तरह कलमजीवी अब भी उनके साथ रहें। दरबार के भीतर जाने पर साफ-साफ कहा जाता—'बनवा दूँ भारी अफसर, बोलो तो चटपट/जिस विभाग में कहो, उसी में बैठा दूँ?'...सीधे-सादे ईमानदार लोगों का दुरुपयोग और उनकी खासियत को ठगने की परम्परा सब दिन रही है, लेकिन यह अब आम बात हो चली।

मन की बात छिपाने की कला आती नहीं उनको। लगता कि किसी से पूछ बैठें—'कहो कि कैसे झूठ बोलना सीखूँ और सिखलाऊँ?/कहो कि अच्छा ही अच्छा सब कुछ कैसे दिखलाऊँ?/कहो कि कैसे सरकंडे से स्वर्ण किरण लिख लाऊँ?/ तुम्ही बताओ मीत कि मैं कैसे अमृत बरसाऊँ...' प्रथम जेल-यात्रा में ही राहुल ने कहा था कि साहित्य कभी भी दिमागी अय्याशी नहीं होती। वही साहित्य रचता है, जो मानव जीवन के संघर्ष में दिलचस्पी लेता है। नागार्जुन स्थानीय, राष्ट्रीय और अन्तरराष्ट्रीय हालात में जनजीवन को करीब से समझने की कोशिश हमेशा करते हैं। उन्हें लगता कि जो जितनी संजीदगी से अखबार और उसमें छपी खबरों के पीछे पड़ता, वह उतना ही परेशान होता है। कहाँ-क्या हुआ...कहाँ-क्या घटा...अब क्या होगा?...ऐसे अनेक सवाल उठते। पास रखा एक अखबार उठा लिया। धोती की खूँट से चश्मा साफ किया और खबरों की दुनिया में अपने मन-मिजाज को बह जाने के लिए छोड़ दिया—'नेहरू ने कहा, भारत कई मामलों में सबसे आगे है...असम में औरत की कोख से बकरी का बच्चा पैदा हुआ...बड़े अस्पताल में दवाओं की चोरी...डॉक्टरों, कम्पाउंडरों, नर्स, कर्मचारियों का भ्रष्टाचार पराकाष्ठा पर...' छठे पेज पर रेलवे के विज्ञापन पर नजर गई—'प्लेटफॉर्म पर केले के छिलके डाल देने से कितनी बड़ी दुर्घटना हो गई—पंडित सोहनलाल धड़ाम से गिरे और माथा फट गया...भारी भीड़...स्ट्रेचर...खिन्न मुद्रा में स्टेशन मास्टर खड़ा...' केले के छिड़के वाला विज्ञापन दिल को छू गया, क्योंकि आठ-दस वर्ष पूर्व सोनपुर के प्लेटफॉर्म पर उनके हाथ का फेंका हुआ छिलका एक घुंघट वाली नवेली के घुटनों को लहूलुहान कर चुका था! इस विज्ञापन को देखकर तबीयत उचट गई। चश्मा आँखों से अलग किया और लेट गए। आँखें मूँद लीं। चाहते थे, कुछ देर अपने दिमाग को खाली कर लें, पर ऐसा कहाँ हो पा रहा था।

तय योजना के मुताबिक शोभाकान्त को केसरवानी पाठशाला में दाखिला दिलवा दिया। इस काम में कई पुराने मित्रों ने मदद की। शमशेर के हवाले उसे कर दिया। खुद इधर इलाहाबाद में कई ठिकाने बदले, जहाँ दो-चार दिन करके रहना होता। शमशेर का आवास बहादुरगंज में सड़क के किनारे 'जस्ट फिट टेलर्स' के ऊपर था। ढाई कमरों का मकान। ढाई कमरा इस अर्थ में कि एक कमरे में पाँच फीट ऊँचा और चार-पाँच फीट चौड़ा एक कार्निश...कार्निश शमशेर का अध्ययन कक्ष था। एक टेबल, एक कुर्सी और पुस्तकें, पत्र-पत्रिकाएँ व उनके बनाए चित्रों से भरी पड़ी थी। फिर ऊपर एक कमरा और आगे खुली छत। शमशेर हमेशा फर्श पर ही बिस्तर लगाते। निर्धनता दरिद्रता को हद तक जीने वाले परम सन्त की तरह रहते वे। शमशेर का साहित्यिक क्षेत्र नागार्जुन की तरह विशाल हो चला था। उनके यहाँ साहित्यिक गतिविधि खूब रहती। बिना किसी झिझक या अपनी असमर्थता छिपाए उन्होंने शोभाकान्त को अपने साथ रखना स्वीकार किया, तो नागार्जुन मन ही मन अपने प्रिय मित्र के प्रति नतमस्तक हो गए थे। चौक से शमशेर के मकान की दूरी ज्यादा नहीं थी। मकान के कुछ ही फासले पर एक मेसनुमा होटल में शोभाकान्त के लिए भोजन की व्यवस्था कर दी गई थी। स्कूल भी चौक के करीब ही था।

साहित्यिक और सांस्कृतिक गतिविधि में जुड़े रहने के कारण कई तरह के दायित्व-बोध का निर्वाह नागार्जुन को करना पड़ता था। परिवार और साहित्यिक-सांस्कृतिक परिवेश को ढोना कोई मामूली भार तो नहीं! आँखें ही नहीं, दिल-दिमाग की खिड़की भी खुली रखनी पड़ती थी। समय के साथ स्थितियाँ भी उलझकर पेच में फँस रही थीं। नागार्जुन इन पेचों को अपने अनुभवों के कारण आसानी से समझ रहे थे।

अर्थाभाव तो रहता ही था, पर पटना से कम परेशान होना पड़ता। कुछ रचनाएँ पटना, लखनऊ भेजते रहते। बांग्ला भाषा की तरह हिन्दी में साहित्य पर जीते रहना कितना दुर्वह है—यह नागार्जुन जैसे रचनाकारों को बखूबी पता था। एक-एक पैसे की लड़ाई परिवार से लेकर राष्ट्र तक के लिए संकट खड़ा कर देती—'वाह क्या ही रंग लाई/एक पैसे की लड़ाई/ट्राम्बे के मालिकों को छठी अपनी याद आई/और वी सी राय की सरकार ने इज्जत गंवाई...'

शमशेर के यहाँ एक दिन भारतभूषण अग्रवाल आ पहुँचे। वे उन दिनों आकाशवाणी इलाहाबाद में कार्यरत थे। आने से पूर्व संवाद भी भिजवा दिया था कि मिलना आवश्यक है। तार-सप्तक के कवि होने के कारण नागार्जुन उन्हें सप्त महारथियों में एक मानते थे। यों प्रगतिशील धारा से भी भारतभूषण का लगाव है। मिलने पर नागार्जुन से कहा—"कई उपन्यास लिख चुके हो गुरु! अब एक उपन्यास लिखकर दो हमें, रेडियो में उसका नाट्य रूपान्तर प्रसारित होगा।" नागार्जुन चौंके

और कहा—"यह फालतू काम हम नहीं करेंगे। रेडियो के लिए ठंडी-ठंडी रचनाएँ चाहिए। उपन्यास मैं अपने मन से लिखूँगा। वह आपके काम का नहीं होगा। जहाँ थोड़ी-सी भी प्रखरता आएगी, तो आकर कहोगे कि हमें दिक्कत हो रही है।" नागार्जुन ने सोचा, रेडिया या किसी भी सरकारी प्रतिष्ठानों में अपनी साहित्यिक बिरादरी का आदमी लगा हुआ है, तो उसे नाहक क्यों संकट में डाला जाए।

भारतभूषण ने बताया कि भगवती चरण वर्मा और उपेंद्र नाथ अश्क के एक-एक उपन्यास का प्रसारण हो चुका है, और अब प्रगतिशील व्यक्ति से उपन्यास लिखवाया जाए—ऐसा तय किया गया है।

नागार्जुन ने कहा—"अरे इलाहाबाद में एक ढूँढ़ो और हजार मिलते हैं प्रगतिशील लोग...भैरव जी हैं, अमृतराय हैं, इनमें से किसी से यह काम करवाओ।"

"नहीं, बात हुई है कि तुमसे ही यह काम करवाना है। तुम्हारे नाम ही चिट्ठा गिरा है। अब यह काम करवाने की जिम्मेदारी मुझे सौंपी गई है।"—भारतभूषण ने नागार्जुन को घेरने के लिए जाल लगाना शुरू किया।

नागार्जुन उनकी ओर गौर से देखते हुए बोले—"देखो, हमारी कलम भड़की हुई रहती है। वह नहीं लिख पाऊँगा—जैसा तुम चाहोगे। हमें और तुम्हें बड़ी मेहनत करनी होगी।"

शमशेर तब तक नीचे से चाय ले आए थे। कुछ देर तक चुप्पी रही। चाय का घूँट लेते हुए भारतभूषण ने कहा—"अरे लिखने में क्या हर्ज है! मान लो, शासन यानी समाजवादी शासन अपने लोगों के हाथों में आ जाए कल-परसों, तो तब भी क्या इसी तरह इन चीजों से हटोगे पीछे...तब तो करना पड़ेगा न!"

खामोशी के साथ चाय खत्म की गई। भारतभूषण ने फिर कहना शुरू किया—"तुम नहीं करोगे, तो कहीं वे यह न कहें कि जब दायित्व दिया जाता है, तो प्रगतिशील लोग भाग खड़े होते हैं। किनारे-किनारे आलोचना करते घूमते हैं और गाली देते हैं...अब तो वे ही गाली देंगे न...मेरा यह चैलेंज तो कुबूल करना ही पड़ेगा तुम्हें...अब तुम यह काम नहीं करोगे, तो प्रगतिशीलों की नाक कट जाएगी।"

"हाँ, बाबा एक समय आ सकता है, जब हम सबको रेडियो के लिए उपन्यास, कहानी, नाटक, गीत तो लिखना पड़ ही सकता है न!" यह बात शमशेर ने कही।

उस प्रस्ताव के बाद तीन-चार दिनों तक नागार्जुन परेशान रहे। एक तो सरकारी योजना के तहत यह काम होना था। दूसरा, तेरह किस्तों में उपन्यास का प्रसारण तय होना था, अर्थात तीन माह। कम से कम पाँच किस्त अर्थात पाँच अध्याय पहले लिखकर देना था, ताकि नाट्य रूपान्तर हो और रिहर्सल हो...पूरे उपन्यास का एक संक्षिप्त प्रारूप अध्याय क्रम से देना था। हाँ, यह सुविधा तो थी ही कि रेडियो से एक निश्चित रकम मिल जाएगी तत्काल। पैसे का काम पैसे से ही होगा न! मन ही

मन तय किया और शमशेर, अमृतराय तथा प्रकाशचन्द्र गुप्त से भी विचार-विमर्श किया। सोचते-सोचते पटना के एक साहित्यिक मित्र की याद आ गई, जिसने एक सरकारी पत्रिका 'गाँव' के लिए उनसे दस वर्ष पूर्व एक कहानी व कविता लिखवा ली थी। कहानी का शीर्षक था—कायापलट। कुछ वैसा ही लिखना था रेडियोवालों के लिए। साहित्य सम्मेलन के पुस्तकालय जाकर 'गाँव' की प्रति खोजवाई। अंक मिलने पर उसमें कहानी तो थी ही, उसी अंक में उनकी वह कविता भी थी। अपनी उस कविता को वह भूल गए थे। पढ़ गए कुछ पंक्तियाँ—'हो बुलंद सहयोग, प्रगति, समता के नारे/नवयुग का आरम्भ करे ये गाँव हमारे/बढ़े सहयोग, भेद मिट जाए, मिटे शोषण का नाम-निशान/ढहे अन्यायों की दीवार, सुखी होवें मजदूर-किसान... जन-जन में सहयोग बढ़े, विकसित हो खूब समाज/युग पलटा है, अब किसान-मजदूर करेंगे राज'।

सन 1956 में नहीं, बल्कि दस वर्ष पहले ही नागार्जुन को लगा था कि 'शहरों में बैठकर देहाती इलाके की तरक्की की स्कीम बनाना और अधिकारियों को कोसना बेकार होगा, जबकि स्वयं हम उससे कतराएँगे...' आंचलिक कथाकार के रूप में पहचाने जाने लगे थे वे, तो कहानी का परिवेश और पात्र गाँव से ही विकसित होना था। उपन्यास पर जब भी सोचते, तो कथानक का एक अंश किसी मित्र द्वारा बताई गई समस्याओं के इर्द-गिर्द घूमने लगता। जिस तरह पोस्टबॉक्स में खुले पत्र पड़े रहते, उसी तरह दिमाग में घटनाएँ पड़ी रहतीं। कोई जल्दबाजी नहीं, उसे पकने देते। 'कायापलट' कहानी को उस दिन पूरा पढ़ने के बाद लगा कि इस कहानी को नए सन्दर्भ में लिखा जा सकता है। याद आया कलकत्ता में काम करता वह युवक, जो छँटनी के बाद गाँव आकर बैठ गया था। चुपचाप तो बैठा नहीं जा सकता था, तो गाँव की जनपक्षीय समस्याओं में भाग लेने लगा। नई उमर के लोगों से कहा कि अगर भरोसा करो, तो हम साथ हैं...गाँव में काम शुरू किया। प्रगतिशील रचनाकार का दिमाग झटका खाया यहाँ आकर, संघर्ष का रास्ता...बड़े संघर्ष का, जहाँ उन्होंने बलचनमा या मोहन माँझी को छोड़ रखा था। पर रेडियो वाला मामला था, तो क्रान्ति या संघर्ष का रूप बदलना पड़ेगा—सुधारवादी या आदर्शवादी कथानक गढ़ना था।...तो वह कलकत्ता वाला युवक, जो जनपक्षीय कामों में लगा था, कुछ परम्परावादी लोगों को अखरने लगा...मगर ऐसा हुआ कि तीन-चार साल बाद इलेक्शन आया पंचायत का, तो उसकी राय के बिना कोई जीत नहीं सकता था। स्थिति यह है कि गाँव में जो कुछ अच्छा होता, तो प्रेरणा मिलती, और बुरा काम होता तो अंकुश लगता...

पूरी कथावस्तु गढ़ ली मन ही मन। रेडियो वालों को पसन्द भी आया। फिर चुपचाप कहीं एकान्त में उपन्यास शुरू करना था। दारागंज वाली स्थायी गुफा तो थी ही। शोभाकान्त को समझा दिया। यों उसे भी अपने पिता के यहाँ-वहाँ रहने के

बारे में अच्छी तरह पता था। फिर इलाहाबाद में कई मित्र भी उसके बन गए थे। कुछ परिवारों में आना-जाना शुरू हो गया था। शमशेर जैसे गार्जियन तो थे ही। तरौनी बीच में एक बार हो आए दोनों पिता-पुत्र। 'वरुण के बेटे' का पुस्तकाकार संस्करण छपना तय हुआ, तो कुछ पैसे दे आए थे घर।

दारागंज वाले अपने अड्डे में जम गए। खिड़की खोलने पर जल प्रलय का दृश्य होता। गंगा की हिलकोरों के साथ कथाकार की नई कथा यात्रा का पात्र कलकत्ता से गाँव आया युवक दुखमोचन बना, जो किसान-मजदूरों के श्रम से विपरीत परिस्थितियों में नवनिर्माण को सम्भव करना चाहता...शासक वर्ग चाहकर भी अवरोध नहीं पैदा कर पाते, क्योंकि दुखमोचन के साथ कुछ अति चतुर चालाक स्वार्थी लोगों को छोड़ सारा गाँव कदम मिलाकर चलने को तैयार था। गाँव के हर मर्ज की दवा है दुखमोचन...पहली पंचवर्षीय योजना अन्त की ओर थी। 1956 में नवनिर्माण के लिए एक उमंग था गाँव-गाँव में, शहर-शहर में। उन दिनों कहा जाता था कि 'पढ़े-लिखे ग्रामीण युवक यदि अपने को ग्राम जीवन में खपा दें, तो समूचा देश नई चेतना का सुफल हासिल कर लेगा...'

फिर वही मिथिला का जाना-पहचाना गाँव-घर और ग्रामीण मित्रों के अनेक चेहरे। कई स्पष्ट, तो कई चेहरों में कुछ मिलावट। नागार्जुन के अवचेतन मन ने एक जगह लिखा—'दालान के सामने बाहरी आँगन में झंडे के बाँस के करीब वही काला कुत्ता बैठा था गरदन ऊँची करके, पूँछ बार-बार हिला-डुलाकर उसने अगवानी की।' यह देखकर रेडियो वाले चौंके। कुत्ता की जगह कोतवाल किया। यह देख-सुनकर नागार्जुन को बड़ी जोर की हँसी आई थी...

यह उपन्यास जुलाई से लेकर सितम्बर (1956) तक प्रत्येक रविवार आकाशवाणी के इलाहाबाद केन्द्र से प्रसारित हुआ। इसे लिखने में उन्हें लगभग पचास दिन लगे।

मजदूरी बनाम फाकेमस्ती

फरवरी, 1959 के प्रथम सप्ताह में नागार्जुन लगभग एक माह दिल्ली रहकर पटना वापस लौटे। नए उम्र के रचनाकारों की इच्छा रहती कि वे (नागार्जुन) उनकी रचनाओं को देखें और अपनी प्रतिक्रिया अवश्य लिखें। साथ ही, यह भी बताएँ कि किस पत्र-पत्रिकाओं में वे रचनाओं को छपने के लिए भेजें। पटना के डेरा पर उनकी प्रतीक्षा में जो-जो काम पड़े थे, उनमें मुख्य था, उनकी अनुपस्थिति में आए पत्रों को देखना, जो अच्छी-खासी संख्या में थे। रोज आठ-दस चिट्ठियों का जवाब देते। यह उनके लिए एक रुचिकर काम रहा है। घुमक्कड़ी जीवन में जो

परिचय का संसार बनता रहा है, उसे जीवित रखने के लिए पत्र ही तो माध्यम थे। पत्र-लेखन को वे डायरी-लेखन या सृजनात्मक कर्म ही मानते।

उस दिन, 6 फरवरी, 1959 को सवेरे खाना पकाया। दो पुत्र यहाँ थे। उन बच्चों ने भी हाथ बँटाए। नागार्जुन सादा व स्वादिष्ट भोजन बनाया करते। सुकान्त ने अंगीठी सुलगाई, तो शोभाकान्त ने बर्तन साफ करने के बाद घर की सफाई की। पिछले दिनों एक नेपाली नौकर रखा था। नाटे कद का दुबला-पतला सत्तरह-अठारह वर्ष का नौजवान। बड़ा दिलेर, मिलनसार...नागार्जुन के परिवार को अपना समझने लगा था। नाम था भीमसेन। वह दिसम्बर के मध्य में अपने देश चला गया—इस आश्वासन के साथ कि दो-ढाई माह उधर रहकर वापस आ जाएगा...तो उस दिन दोपहर में खाना खाने के बाद पत्रोत्तर लिखने बैठे। नागार्जुन ने एक नए रचनाकार को लिखा—'मैं व्यस्तताओं और मुसीबतों के मारे न तो आपकी कविताओं पर ध्यान दे पाया, न और ही कुछ कर पाया...साहित्य ही एकमात्र जिनका पेशा है, उन व्यक्तियों की परेशानियों का अन्दाजा आप शायद ही कर पाएँ, अच्छा है कि नहीं कर पाएँ...।' साहित्य की दुनिया में कदम रखने वाला कोई भी युवा रचनाकार नागार्जुन की परेशानियों का भला कैसे अन्दाज लगा पाएगा! कलम की मजदूरी से चार पैसे मिले तो ठीक, वरना फाकेमस्ती...जबकि 'हमारा जनसाधारण खुद ही परेशान है, रोजी-रोटी की समस्याएँ अभी हल नहीं हो पाईं, तो साहित्य को कौन पूछता है!' नागार्जुन को आश्चर्य लगता कि 'आखिर हमीं ने भला कौन-सा कुसूर किया था...' कलम रख देते हैं। पाँच उपन्यास उनके छप चुके हैं, और दो मैथिली उपन्यास भी। मैथिली और हिन्दी में एक-एक काव्य-संग्रह...। दो सौ से कम क्या होंगी असंकलित कविताएँ और बाल साहित्य का संसार...पर दोनों शाम परिवार को पेट भर अन्न तक देने में न जाने क्या-क्या पापड़ बेलना पड़ता है।

बरामदे में एक तरफ चौकी पर बैठकर मित्रों-परिचितों से पत्रों द्वारा कुछ न कुछ कह-सुन लेने का मन बनाने लगे थे। दूसरी ओर कोयले वाली अंगीठी पड़ी थी, उसके बगल में बर्तन—एक छोटी हाँडी, एक कहाड़ी और एक कलछुल। कलछुल के दूसरी छोर से छोलनी का काम लिया जाता था। उस पर सब्जी लगी हुई थी। सामने आँगन में एक पानी से भरी बाल्टी और उसके बगल में जूठे बर्तन। शोभाकान्त और सुकान्त स्कूल जा चुके थे। सोचा था, दोनों बच्चे फिर गाँव में जाकर ही पढ़ें, पर ऐसा भी नहीं हो पाया। शोभाकान्त ने हठ लगा दी थी कि इलाहाबाद के बाद पटना और फिर गाँव जाना वह भी अभाव के कारण, वह नहीं जाएगा...जाएगा तो

अगले तीन-चार माह का खर्चा चाहिए। फिर, यहाँ भी तो काफी देनदारी हो गई थी। गाँव से बार-बार पैसे को लेकर पत्र आते। एकाध बार तो गाँव का बनिया भी पटना तक आ पहुँचा था। बच्चों को बड़ी परेशानी हुई। अपराजिता यहाँ आ-आकर रह जाती, पर पूरे परिवार को एक साथ पटना में रखने में बार-बार अन्न तक का कष्ट हो जाता। फिर ऐसा होता कि दो-एक बच्चे ही पटना आ पाते और बाकी परिवार गाँव में ही उधार-पैंच के सहारे जीता रहता।

अप्रैल, 1957 में शोभाकान्त को इलाहाबाद से पटना ले आए थे, यह सोचकर कि पटना को ही स्थायी ठिकाना बनाएँगे। लेकिन स्थायित्व के लिए एक नियमित आर्थिक स्रोत की जरूरत होती है, वह पटना में बहुत प्रयास के बाद भी नहीं हो पाता। कई तरह से हाथ-पैर मारे, मगज दौड़ाया, जुगत भिड़ाई, पर कुछ न हो पाया पटना में। कवि नागार्जुन की स्थिति बिहार में यह रहती कि नेता, प्राध्यापक, उच्चाधिकारी उनसे चौकन्ने रहते। 'पानी में रहकर मगर से बैर'—बिहार में उनके लिए यह कहावत जीवन-सत्य भी रहा है और अनुभव-सत्य भी। सामने चूल्हे के पास नजर गई। तीन-चार गौरैये कच्ची दाल व चावल के दानों के लिए फुदक रहे थे। नागार्जुन को उनका धीरे-धीरे चहकना अच्छा लगा। एकटक उसकी ओर देखते रहे...चाहते तो पटना में आसानी से जीवन जीते, निश्चित रूप से चाहने पर उनको जीने के लिए संघर्ष नहीं करना पड़ता, पर वे तो सबको जीवन जीते देखना चाहते थे। यही चाहत तो उनका संघर्ष है...मन में आया कि एक कप चाय पी जाए, तो कैसा रहेगा...वे उठे, ताला-चाभी लिया और निकल पड़े। मकान से निकलते ही 'मुसल्लहपुर हाट' से लौटते सब्जियों के अत्यधिक बोझ से लदे रिक्शे अपनी तरफ ध्यान खींचने लगे। रिक्शों का यह क्रम सवेरे से दिन के बारह बजे तक लगा रहता। सुबह-सवेरे मामूली नौकरीपेशा बाबुओं के हाथ में झोला लटकता रहता। यदि वह बंगाली हुआ, तो आगे की तरफ धोती का निचला छोर सँभाले हुए बीड़ी टानते गुजरते हुए दिखता। इन सबका सब्जी अभियान नागार्जुन को देखना अच्छा लगता। मुख्य सड़क से लगे इस मकान के पश्चिम में जो मकान था, उसके सामने फुटपाथ के कगार पर कॉरपोरेशन का नल था। मकान व नल के बीच गंदा नाला बह रहा था। बड़े हाते वाले उस मकान की मालकिन एक बुढ़िया बंगालिन थी। उस मकान में सीआईडी का एक इंस्पेक्टर किरायेदार के रूप में काफी दिनों से रह रहा था। शोभाकान्त ने एक बार अपने पिता से कहा था—"वह आपके बारे में सब कुछ जानता है।"

शोभाकान्त का स्कूल करीब ही था। 1957 में दोनों बड़े पुत्रों के जनेऊ के बाद अपराजिता जब उस मकान में पहली बार आई थी, तो शाम में पति से बोली—"हे भगवान, यह कैसा नरक निवास लिखा है कपार में!" कहने को तो उस मकान के सबसे अच्छे हिस्से को नागार्जुन ने ले रखा था। दो कमरे ऊपर, एक बड़ा कमरा नीचे, छोटा आँगन, कमरे से सटा बरामदा...ऊपर में भी बरामदा। परिवार बड़ा हो चुका था—चार पुत्र व दो पुत्रियाँ और मियाँ-बीवी, कुल मिलाकर आठ आदमी।

उस मकान में चालीस प्राणी थे, किरायेदारों के छह परिवार। चार किरायेदार नीचे और दो ऊपरी हिस्से में। इस मकान में सूर्य की किरणों के लिए मानो किसी ने लक्ष्मण रेखा खींच दी थी। दोपहर के बाद सहम-सहमकर अन्दर झाँकती किरणें। घड़ी-आध घड़ी के लिए दरस दिखाकर लापरवाही में सिर के आँचल की तरह खिसकती जाती। पूरे मकान में तीन पखाना...एक स्नानघर, उसी में पानी भरने की व्यवस्था। सड़क से सदर दरवाजे में प्रवेश के बाद बाईं तरफ दो पखाना पुरुषों के लिए और एक महिलाओं के लिए। उससे कुछ आगे बढ़ने पर बाएँ हाथ ऊपर जाने की सीढ़ी, जहाँ मकान मालिक का परिवार रहता था। वहीं दाईं ओर स्नानघर। नहाने का घर क्या था, माचिस की डिबिया थी। एक किवाड़ नदारद...अन्दर चौखटे के दोनों ओर किसी किरायेदार ने कीलें ठोंक दी थी, उन्हीं कीलों के सहारे महिलाएँ चादर या साड़ी का परदा कर लेतीं...बाथरूम के सामने एक दरवाजा, उसी दरवाजे वाले हिस्से में नागार्जुन रहते थे। मकान मालिक अपने को एक्जिक्यूटिव इंजीनियरों का नाना समझता। ऊपर जाने वाली जो सीढ़ी थी, उसमें न तो ऊपर से साया और न रात में रोशनी की व्यवस्था। बच्चे ही क्या, सयाने भी गिरते-पड़ते। मकान के सड़क के किनारे वाले हिस्से में दुकान लायक तीन कमरे निकलवा लिए गए थे—एक में दरजी, दूसरे में बाल्टी-तवा व लोटे जैसे हल्के बर्तन वाली दुकान और तीसरे में प्रोविजन स्टोर के प्रोपराइटर के नाते मकान मालिक स्वयं बैठता। उसके पास किरायेदारों की भलमनसाहत का एक ही मापदंड था कि प्रथम सप्ताह तक किराये की पूरी रकम उन्हें थमा दे। ऐसा तो वही कर पाता, जो सरकारी नौकरी में होता या यूनिवर्सिटी, हाई कोर्ट और दरभंगा महाराज के अखबार से जुड़ा होता। बाकी जगहों पर कमाने-खटाने वालों के प्रति उसकी धारणा ठीक नहीं थी। प्रेसों में काम करने वाले और छोटी-बड़ी दुकानों में कमाने-खटाने वालों को मकान देने से पूर्व बीसियों सवाल करता। शुरू में तो किसी तरह नागार्जुन ने चार-पाँच मास तक समय पर किराया देने की कोशिश की, पर यह सिलसिला चल नहीं पाया। कभी दो माह, तो कभी चार माह पर किराया दे पाते वे। मकान से निकलकर एक बार मन में आया कि सामने रमना रोड होकर पटना कॉलेज की ओर चला जाए, पर अपने को रोका। रमना रोड से सटे ही एक हल्के-फुल्के नाश्ते और चाय की दुकान थी, वहीं जाकर बैठ गए। सामने चालू सड़क को देखते रहे। चाय का कप

सामने था। चुस्की लेते ही याद आया कि उन्हें गाँव जाकर अपराजिता और बाकी बच्चों को ले आना चाहिए। स्कूल के एक-दो अध्यापकों से पूछताछ की थी, तो लगा था कि देहातों के हाई स्कूल में भी सत्र के मध्य में नामांकन कठिन है। अत: अब परिवार को यहीं रखना पड़ेगा। सोचा, गर्मी की छुट्टी के तुरन्त बाद दोनों बेटों को गाँव के करीब नेहरा हाई स्कूल में नाम लिखवा देंगे। तब तक के लिए परिवार यहीं रखा जाए। उन्हें 1957 की बातें याद आने लगीं। शोभाकान्त को स्कूल में दाखिले से पहले दो-ढाई माह गाँव में रहना पड़ा था। उन्हीं दिनों अपने दोनों पुत्रों का जनेऊ भी करवाना पड़ा...अपनी आर्थिक स्थिति को सामने रखकर पत्नी को समझाने की पूरी कोशिश की थी कि जनेऊ न करवाया जाए, पर वह किसी तरह तैयार नहीं हो पाई। लगता है, रूढ़िगत आडम्बरी परम्परा ने बरगद की शिराओं की तरह जीवन को जकड़ रखा है। इन्हें उखाड़ने में न जाने कितना समय लगेगा...इस मिट्टी पर पनपते लोगों की नसों में परम्पराओं ने अपनी-अपनी जगह बना रखी है। जब यज्ञोपवीत संस्कार को उत्सव की तरह मनाने में अपराजिता लगी थी, तब उन्हें अपनी मैथिली कविता की कुछ पंक्तियाँ बार-बार याद आती रहीं—'चिन्तनाक प्रवाह में भसिआए/पुरुखा लोकनि प्राय:/खसि पड़ल छलाह/जाहि सीमाहीन सागर-माँझ/(नेति नेति'क विकट मोनिक मध्य)/खसू ग की तहीमे हमरा लोकनि?...' (चिन्तन के प्रवाह में बहकर/अक्सर ही पुरखे/गिर जाया करते थे/जिस सीमाहीन सागर के बीच/(नेति-नेति के विकट गड्ढे के मध्य)/हम भी क्या उसी में गिरें जाकर?...) मगर अल्प-पठित अपराजिता उस परिवेश से आती है, जहाँ रूढ़िगत परम्पराएँ पीढ़ी दर पीढ़ी आस्था और विश्वास के साथ चलती आ रही हैं। नागार्जुन ने तो देश-दुनिया देखने के साथ-साथ संघर्ष को भी नितान्त स्वाभाविक धरातल पर जाँचा-परखा है। कभी निश्चय किया था—'बीते युग की सड़ांध का समर्थन किसी भी कीमत पर नहीं कर सकूँगा...' अपराजिता बराबर आर्थिक परेशानी के कारण हाँफती रहती। शायद अपने को भूलकर दो-एक दिन तनाव मुक्ति के लिए त्योहार, व्रत और पारम्परिक संस्कार में लगा करती! यज्ञोपवीत के नाम पर उस बार पति-पत्नी कई दिनों तक एक-दूसरे से लड़ते रहे। अपराजिता ने गुस्से में आकर कहा था—"जिनको खाने का ठिकाना नहीं, रहने का ठौर नहीं, वे इसी तरह संस्कारों के खिलाफ बोलते हैं।' जीवन में सबसे ज्यादा ही नहीं, बल्कि पहली जरूरत है आर्थिक स्वावलम्बन, और इसका कोई दूसरा विकल्प भी नहीं है। इसी आर्थिक स्वावलम्बन के लिए अधिकांश अपना घर-आँगन-इलाका छोड़कर पूरब-पश्चिम जाने वाली गाड़ियों पर सवार होते रहते। अपराजिता तो कहा करती है—"भगवान के घर से ही छोटे-बड़े बनकर आते हैं न!" कम खर्च करने का वायदा पत्नी ने किया था उस बार। पति बार-बार समझाते रहे—"पंडितों के पुराने पचड़े में न पड़ना, वे खर्चीले-खटरागों में फँसाकर तुम्हारी भट्ठी ही बैठा देंगे..." नागार्जुन को लेकर तरौनी में आम धारणा

यह भी थी कि वे 'परम्पराभंजक के साथ धर्म व ब्राह्मणीय संस्कार के विरोधी हैं', इसी कारण गरीब और गैर-ब्राह्मण वर्ग उन्हें स्नेह और श्रद्धा की नजरों से देखा करता है। वहीं गांव के पारम्परिक कर्मकांडी जब उनके मुँह से मूल संस्कृत के पारम्परिक ग्रंथों वाले उद्धरण सुनते, तो उन्हें यह भी लगता कि नागार्जुन धर्म-विरोधी भला कैसे हो सकते हैं! उनकी पंडिताई का लोहा लोग खूब मानते। यज्ञोपवीत के सन्दर्भ में अपराजिता को अत्यधिक परेशान देखकर इलाहाबाद-दिल्ली-पटना और अन्यत्र से नागार्जुन ने साधन जुटाया...'नारी के प्रति कभी न होगा क्रूर' उनका मन।

पटना रहने का निर्णय लेने से स्थानीय रचनाकारों में एक तरह की प्रसन्नता थी। मगर नागार्जुन को यहाँ अपने लिए सुविधाओं का अभाव हर हमेशा खटकता रहता। पटना में प्रकाशन सम्बन्धी जो फुटकर काम मिलता, उसे वे छू नहीं सकते थे। आखिर उनका अपना साहित्यिक स्वाभिमान भी तो था! पाठ्य-पुस्तकों के लिए कुंजी तो वे लिख ही नहीं सकते...किसी प्राध्यापक के नाम पर रिफ्रेंस बुक तैथार करने की भी वे सोच नहीं सकते...मौलिक ग्रंथों के अनुवाद का काम यहाँ था नहीं। किसी कृति-विशेष का सम्पादन जैसा काम भी होता है, यह पटना के प्रकाशक जानते नहीं। दो-तीन प्रकाशक थे, जो साहित्य के नाम पर बाजार करते, पर उनका भी पचहत्तर प्रतिशत काम पाठ्य-पुस्तकों पर ही निर्भर था। उनके लिए नागार्जुन भला किस काम के थे! कवि-उपन्यासकार के रूप में लोग जानने-मानने जरूर लगे थे, फिर भी 'निरे साहित्यिक ही तो ठहरे...।'

पटना रहते हुए कभी-कभी परिवार को छोड़ बाहर निकल जाते। इस यायावरी की एक खास वजह यह रहती कि घर में चूल्हा कैसे जले...'जहाँ कहीं से एक अठन्नी लानी होगी/वरना इस चूल्हे के मुँह पर फिर मकड़ी का जाला होगा।' पटना का उनका जीवन जटिल आर्थिक समस्याओं के साथ अव्यक्त मानसिक ऊहापोह के बीच झूलता रहता। उनसे जो भी मिलने वाले आते, उन्हें नागार्जुन की गरीबी का आभास तो हो जाता, पर उनके मानसिक द्वंद्व को सब नहीं समझ पाते। नागार्जुन लोगों से खुलकर मिलते और बातें करते, हँसते-मुस्कराते...चाहते कि उनकी दशा पर कोई उपदेश न दे। चश्मा लगाने के बावजूद भी उनकी घुच्ची आँखों में चमक रहती। दिमाग में उत्साह रहता, और लोगों से मिलकर उमंग के साथ ऊर्जावान होते रहते।

'पुस्तक भंडार' को नागार्जुन लहेरियासराय, दरभंगा से ही जानते आ रहे थे। इस संस्था से हिन्दी और मैथिली के बड़े-बड़े लोग जुड़े रहे हैं। यहाँ से निकलने वाली बाल पत्रिका 'बालक' में उनकी कई रचनाएँ छप चुकी थीं। दरभंगा आने-जाने पर भी 'बालक' और पुस्तक भंडार से उनका सम्पर्क अच्छा था। अब तो पुस्तक भंडार का भी मुख्य कार्यालय पटना आ चुका था, तो उनका सम्पर्क बना ही रहता। कभी-कभी 'बालक' के लिए कुछ काम कर दिया करते। 'बालक' का सम्पादन करने का आग्रह उनसे किया गया, तो नागार्जुन को तुरन्त 'हाँ' या 'नहीं' कहते नहीं बना। इस प्रस्ताव से वे एक प्रकार की बेचैनी में पड़ गए थे।

नौकरी के नाम पर नागार्जुन का रचनाकार भीतर से छटपटाने लगता है। भीतर का स्वाभिमानी पांडित्य 'निषिद्ध चाकरी' का पक्षधर है। कहा भी तो जाता है कि 'नौकरी मैं ना करी, गर करी तो कट गई नाक री!' पारिवारिक असुरक्षा और पत्नी व बच्चों के भीतर पनपते असन्तोष को वे अच्छी तरह महसूस कर रहे थे। अक्सर जब दमा से हाँफ रहे होते और सूर्यास्त से पूर्व उबली परवल और दो फुलके लेते, तो पत्नी कहा करती—"च्यवनप्राश या सूखा मेवा तो ले लिया करो कुछ इन्तजाम करके।"

वे उसकी ओर एकटक देखते और कह उठते—"सब चलता है। सब ठीक हो जाएगा।" और फीकी मुस्कान आ जाती होंठों पर। व्यवस्थित जीवन और सहज ढंग से सब कुछ घर में आ जाने के लिए किसी खूँटे से बँधना अनिवार्य होता है! तब शायद सपने में भी आकस्मिक चिन्ता परेशान न करती। उन्हें जब रेडियो से नौकरी का प्रस्ताव मिला था, तो लगा—एक झंझट दूर हो जाएगी, पारिवारिक भरण-पोषण की। नियमित आय से सम्भवत: स्वास्थ्य भी ठीक हो जाए, पर उनके भीतर के रचनाकार का क्या होगा! शायद तब सद्‌गृहस्थ वैद्यनाथ मिश्र हो जाएँगे और रचनाकार नागार्जुन तब तक के लिए पत्र-पत्रिकाओं और कुछ पुस्तकों के भीतर ही सिमट जाएगा...शायद फटेहाल और दबे-कुचले लोगों को देखने व समझने की दृष्टि नौकरी के बाद बदल जाती है। उनका 'बलचनमा' जीवन को स्वाभिमानी ढंग से जीने के लिए यहाँ-वहाँ दौड़ता रहता, झुका नहीं, पिटकर गिर भले पड़ा! 'बालक' वाले प्रस्ताव पर शायद बलचनमा दिमाग के भीतर से बोल उठा—'स्वतंत्रता के दस-बारह वर्षों के बाद भी वह जमाना कहाँ आया है कि ईमानदार लोगों का सही ढंग से गुजारा हो, चालाक व चालबाज बाजीगरों से चौकस रहना तो जरूरी है...'

केवल जीवन के लिए सोचने से परिवार तो चलता नहीं। परिवार कभी पूरा का पूरा पटना में रहता, तो कभी आधा तरौनी में मिट्टी वाले घर की रखवाली करता। ऋण-पैंच के सहारे अपराजिता बच्चों को साग-भात खिलाती। नित्य-नियमित आने-जाने वालों ने भी अपनी राय दी 'बालक' के प्रस्ताव पर। खुद भी वे देख रहे थे

कि बुद्धिजीवी वर्गों के अधिकांश तो छोटे-बड़े अफसरों और मंत्रियों के आगे-पीछे चापलूसी करते हैं! जन-पक्षधरता की आवाज नक्कारखाने में तूती की आवाज की तरह लुप्त होती लगती। उन्हें यह लगता ही था कि वे किसी भी चुनौती का सामना कर सकते हैं। यह भी अन्दाज हो चला था कि वे क्या हैं और क्या लिखते हैं...पर इससे तो परिवार नहीं चलेगा!

उन्हीं दिनों पटना में 'यार' (सतीश) के यहाँ बेटी की शादी में पत्नी और बच्चों के साथ जाना पड़ा...दो दिन बोरिंग रोड की ओर रहना पड़ा था। वह बड़ा अधिकारी था। एक बड़ी-सी कोठी में रहता था। कभी-कभी अपने बालसखा और स्थापित हो चुके कवि को जीवन जीने के तौर-तरीके बतलाता, तो वे झुंझलाकर कह बैठते—'तैरो घी के चहबच्चों में, अमरित के हौदी में बाबू खूब नहाओ/हमें छोड़ दो राम-भरोसे।' शादी में सरकारी अधिकारियों और उन सबके बीवी-बच्चों का मेला जैसा था। बालसखा और गोतिया होने के कारण कवि व परिवार का स्वागत तो हुआ, पर कहीं कुछ अखर रहा था अपराजिता को। वह शादी के बाद अहल भोर ही वापस आने की जिद करने लगी। 'यार' ने रोकने की कोशिश की, पर अपराजिता टस से मस न हुई। अपने डेरा पर पहुँचकर अपराजिता ने कहा—"इतनी ऊँची हैसियत वालों के यहाँ नहीं जाना चाहिए। जाएँ भी तो मात्र दस-पन्द्रह मिनट के लिए...।" नागार्जुन उसकी ओर देखने लगे, मानो जानना चाह रहे हों कि आखिर बात क्या है? अपराजिता ने कहा था—"बनी-ठनी महिलाओं और नए चटकीले कपड़े व जूतों के बीच उन सबके बच्चों को देख हमारे बच्चे सहमे-सहमे थे। बच्चों की नजर उनके कीमती पहनावों पर गड़ी थी। यदि दिन भर रहना पड़े, तो बच्चे कुंठित हो जाएँगे—यही सब देखकर मैं वहाँ नहीं रह पाई। उनकी दुनिया अलग है और अपनी अलग।" नागार्जुन देर तक पत्नी को निहारते रहे, और बैठे-बैठे सोचते रहे अपने यार और उन जैसे अधिकारियों के बारे में...ऊँचे ओहदों पर होने से वे सब आम लोगों की निगाहों में अपना रुतबा खासा बढ़ा चुके हैं! ऐसे लोगों की जमात तेजी से समाज पर हावी होने की कोशिश में लगी रहती। सोचा—'बेशक मैं गरीब हूँ। मगर आखिरी दम तक डटा रहूँगा...।' वे देर तक खोए-खोए गुमसुम बैठे ही रहे, पर 'महसूस हुई कन्धों को/पीछे से किसी नाक की सहज ऊष्ण निराकुल साँसें/तन गई रीढ़...'

नागार्जुन की शादी तो अपने युग और उम्र के अनुसार समय पर ही हुई थी। उस हिसाब से बच्चे बाद में हुए। पढ़ाई के लिए घर से निकल जाना और आठ वर्षों तक फरारी जीवन...उनके कई मित्रों की सन्तान जब व्यवस्थित होने के लिए तैयार थे, तो नागार्जुन के पुत्र मैट्रिक तक नहीं आ पाए थे। कई तरह के मानसिक द्वंद्व के बीच 'बालक' के सम्पादन का दायित्व स्वीकार किया था। राष्ट्रभाषा परिषद या रेडियो की नौकरी और पुस्तक भंडार की चाकरी में कुछ तो अन्तर लगा ही था,

'पिछले बारह-तेरह वर्षों में साहित्यकार की स्थिति में काफी परिवर्तन आया है।' आशावादी नागार्जुन ने सोचा—'आज हिन्दी क्षेत्र की हमारी जनता अल्पशिक्षित है, साधनहीन है। जहालत और गरीबी में साहित्य घी की बूँदों की तरह नजर आता है, खुशहाली के समुद्र में तो कल वह तेल की तरह फैलता दिखेगा...।' हिन्दी के कुछ महत्त्वपूर्ण लोगों को शासन के विभिन्न अंगों से चिपकते देखकर लगता, 'मौजूदा शासन के अन्दर सर्वांशत: राजाश्रय सच्चे साहित्यकार के लिए ठंडी कब्र है, यानी प्राण शोषक समाधि...', पर आजादी के बाद साहित्यकारों के लिए सुख-सुविधा की कई और राहें निकल आई हैं। कुछ बुजुर्ग दादा-टाइप के लोगों से नागार्जुन जब बात करते, तो 'बेरुखी का अभिनय करके मुस्करा भी पड़ते हैं—कहते हैं, भई क्या रखा इन बातों में?' नागार्जुन ने सोचा, जीवन भर मैंने खट्टा ही पिया है। अर्थात 'गुड़ घोलकर इमली पीता रहा हूँ।' याद आया—पिछले वर्ष (1958) के गणतंत्र दिवस के अवसर पर काठमांडू (नेपाल के भारतीय दूतावास) में कवि सम्मेलन था। पुराने मित्र शिवमंगल सिंह सुमन वहाँ दूतावास में सांस्कृतिक गतिविधियाँ देखते थे। भारत से तीन कवि बुलाए गए—भवानी प्रसाद मिश्र, नीरज और नागार्जुन। पच्चीस जनवरी की दोपहर से एक फरवरी तक नागार्जुन वहाँ रहे। वहीं पर कई वर्षों के बाद 'एक सैनिक अधिकारी ने तीन राष्ट्रों की महँगी शराब को आचमन करने का सुअवसर प्रदान किया था।'

'बालक' परिवार नागार्जुन को सभी तरह की छूट देने को तैयार था। पुस्तक भंडार परिसर के एक छोटे कमरे में 'नागार्जुन, सम्पादक' का बोर्ड लग ही गया। एक बड़ा टेबल और सम्पादक की कुर्सी के सामने तीन कुर्सियाँ...। वह नियमित रूप से साढ़े ग्यारह बजे वहाँ जाकर बैठने लगे। साहित्य को जीवन-कर्म मानने वाले नागार्जुन को वर्षों बाद एक नई दुनिया में प्रवेश करने जैसा लगा। पहले दिन कई लोग आकर शुभकामना दे गए। पहले दिन ही उन्हें अबोहर के स्वामी केशवानन्द याद आए, जिन्होंने उन्हें 'दीपक' का सम्पादक तब बनाया था, जब नागार्जुन नामक रचनाकार का कहीं अता-पता भी नहीं था। उस समय वे वैद्यनाथ मिश्र थे। यात्री नाम से कुछ छपता रहता था। केशवानन्द ने सम्पादन के साथ प्रूफ रीडिंग और ले-आउट समझाया था। यहाँ 'बालक' के मालिक आचार्य रामलोचन शरण उर्फ मास्टर साहब को साहित्यकारों की परख थी। बड़ी मेहनत से उन्होंने इतनी बड़ी संस्था खड़ी की थी। धार्मिक प्रवृत्ति के मास्टर साहब राम-लक्ष्मण और सीता के आराधक थे। सत्साहित्य के साथ-साथ राष्ट्रीय साहित्य की परम्परा को भी लम्बे समय तक संरक्षण दिया था उन्होंने।

'बालक' के सम्पादक बनने के बाद नागार्जुन को नए सिरे से जीवन-आरम्भ

करने की जरूरत महसूस हुई। लगा कि इसका प्रत्येक पाठक हुलास भरी निगाहों से उनकी ओर देख रहा है। ठस्स दिमाग वाले और सिकुड़े हुए दिल वाले वयस्क भला बच्चों को क्या सिखाएँगे? शिक्षा और मनोरंजन के साथ-साथ स्वास्थ्य, साहस और वैज्ञानिक कसौटी पर पनप रही सामाजिक चेतना ही बच्चों को भावी भारत के लिए प्रगतिशील नागरिक बना सकती है। मगर कुछ ही दिनों के बाद उन्हें लगने लगा कि व्यावसायिक बुद्धि हर जगह एक जैसा ही काम करती है। उसके लिए सामाजिक चेतना या वैज्ञानिक कसौटी कोई मायने नहीं रखती।

पटना जंक्शन के व्हीलर वाले बुक स्टॉल से कई तरह के बाल-साहित्य देख और ले आते। दिन-रात बाल साहित्य ही पढ़ने का धुन सवार हो गया था उन दिनों। व्यापारिक संस्थान की जमी-जमाई पत्रिका के सम्पादन का उनका यह पहला अनुभव था। नागार्जुन-साहित्य और सोच को ढंग से जानने वाले दिनकर ने एक दिन 'जनता होटल' में चाय के संग उनकी ही पंक्तियाँ उन्हें सुनाईं—'कवि का खून, सम्पादक का रंग, प्रकाशक का पानी/मन ही मन मुसकाए जमाने की नानी...।' जमाने की नानी मुस्काए या न मुस्काए, नागार्जुन पहले मुस्काए, फिर दिनकर के ठहाकों ने खुलकर साथ दिया। उस दिन जनता होटल से वापसी में रिक्शा पर उन्हें महसूस हुआ कि 'दीपक', 'कौमी बोली' और 'उदयन' की तरह वह 'बालक' में स्वतंत्र नहीं हैं। उनके काम को कोई देख रहा है...

बन्धन से दूर रहने वाले नागार्जुन के लिए यह भी कहा जाने लगा कि वे नौकरी को नौकरी नहीं समझते। सम्पादकीय टीम-टाम नहीं, तड़क-भड़क नहीं... कोई डिग्री नहीं...अकादमिक शिक्षा से मोहभंग...। कभी बिहार में भी यह कोशिश की गई कि अन्य रचनाकारों की तरह उन्हें भी कॉलेज में लगा दिया जाए। मधुबनी के एक महाविद्यालय में बात भी चली कि यात्री जी मैथिली पढ़ाएँगे, पर यात्री जी प्रान्त से बाहर थे। पता लगने पर उन्होंने भी कोई रुचि नहीं दिखाई। पुस्तक भंडार का परिवेश उनके लिए उत्साहजनक नहीं लग रहा था। बाल-साहित्य के लिए वे कुछ कर लेंगे, ऐसा भी कुछ नहीं लगता। एक दिन उनसे पूछा गया—"काम कैसा चल रहा है?"

सामने चाय थी। प्याला उठाते हुए जवाब दिया—"यह तो आप ही कहेंगे न!"

"पत्र-पत्रिकाएँ उलटते-पलटते रहते हैं देर-देर तक। आपसे मिलने-जुलने वाले भी ढेर सारे आते रहते हैं।"

"मेरे काम के लिए यह सब जरूरी है...कहिए तो छोड़ दूँ..."

"यहाँ का कुछ नियम-कानून है, उसमें थोड़ा भी इधर-उधर होने से दिक्कत होती है।"

चाय खत्म होने पर पान आ गया। उस दिन नागार्जुन भीतर-भीतर उत्तेजित रहे। मन ही मन सोचने लगे कि कितना बर्दाश्त किया जाए और क्यों झेला जाए? उन्हें लगा कि उनका आत्मबल नौकरी के कारण कहीं न कहीं कमजोर होता जा रहा है। पत्नी संयोग से पटना में बच्चों के साथ जमी थी। उसे लगने लगा था कि पति अब पटना में परिवार जमा लेंगे।

दूसरे दिन दाढ़ी बनाने के लिए आईना सामने था। दिमाग रात भर परेशान था ही, उसकी छाप साफ-साफ दिख रही थी। पत्नी से सब कुछ बता दिया, तो वह कुछ सोचती हुई बोली—"कुछ दिन और देख लो...।"

और तीन-चार दिनों के भीतर ही नागार्जुन ने अपने को 'बालक' से मुक्त कर लिया।

मित्रों ने कैफियत तलब की, तो जवाब दिया—"बन्द कमरे में काम करना मेरे लिए सम्भव नहीं है। प्रकाशक के यहाँ खटने से अच्छा है, अपना प्रकाशन चलाया जाए। कई मित्र इस व्यवसाय में लगे ही हैं न! हाँ, एक फायदा हुआ कि पटनिया प्रकाशक को देख-समझ लिया।"

"पर बाबा, उन लोगों की बात कुछ और है, जो अपना प्रकाशन चलाते हैं..."

नागार्जुन ने सहज ही प्रसंग बदला—"भई, मेरी जिन्दगी इसी तरह चलती है और चलेगी। झंझटें हैं, जहन्नुम तक पीछा करेंगी, इनकी ऐसी की तैसी। इस तरह के फेर में पड़े रहकर सारा जीवन थोड़े बर्बाद करना है?"

उसके बाद नागार्जुन ने पटना में अपनी चौदह कविताओं का एक सोलह पेजी बुकलेट 'प्रेत का बयान' छपवाया। अपनी कविताओं के बुकलेट को बेचने का उनका अपना अनुभव रहा है। 'बूढ़वर', 'विलाप', 'शपथ' और 'खून और शोले' को वे आसानी से जनता के बीच जाकर काव्यपाठ करते हुए बेच चुके हैं। जगह-जगह जाते ही रहते, साहित्य-चर्चा और काव्य पाठ भी चलता रहता, तो उन्हें अपना साहित्य बेचना कठिन नहीं लगा। जिस रचनाकार या कवि को लोग मन लगाकर सुनते हैं, उसी से उसकी पुस्तक खरीदना अच्छा भी लगता है। तय किया कि अपनी लोकप्रिय कविताओं को जन-जन तक ले जाने के लिए छोटी-छोटी पुस्तिकाएँ छापेंगे, ताकि लोग कविताएँ पढ़ें। गद्य के लिए इलाहाबाद-दिल्ली के प्रकाशक बराबर उकसाते, पर कविता संग्रह के नाम पर चुप्पी साध लेते। तमाम प्रगतिशील कवियों की हालत यही थी। कविताओं का संकलन कवि स्वयं छापे, अन्यथा पत्र-पत्रिकाओं के विभिन्न अंकों में खोती रहेंगी या नोटबुक में सड़ती रहेंगी।

बिहार के विभिन्न भागों में 'प्रेत का बयान' बुकलेट खपाया नागार्जुन ने। फिर यायावरी, और दिल्ली-इलाहाबाद-कलकत्ता आदि को मास-दो मास के लिए केन्द्र बना-बनाकर पटना-तरौनी में रह रहे परिवार के पालन-पोषण के लिए सोचते-जूझते

रहे। कलकत्ता के कुछ मित्रों की राय से नागार्जुन ने अपना प्रकाशन शुरू करने की योजना बनाई। सहकारी प्रकाशन की बात मन में आई, पर उसमें कुछ झमेला लगा। लेकिन प्रकाशक बनने का इरादा पक्का था; वह भी कलकत्ता को आधार बनाकर ही। अब पूरा परिवार पटना आ गया था। पूरे परिवार के साथ रहने पर अपराजिता प्रसन्न रहती। नागार्जुन कलकत्ता रहने की योजना बना रहे थे, पर अपराजिता का तर्क था कि इस तरह आकाशवृत्ति पर पूरे परिवार को यहाँ-वहाँ भटकाते रहना उचित नहीं। वह तो चाहती थी कि पूरा परिवार गाँव में रहे और अपनी कविताई जिन्दगी लेकर नागार्जुन जहाँ चाहें, वहाँ भटकें, पर कम से कम अनाज का खर्च तो समय पर आना ही चाहिए। इतना तो वह समझ ही चुकी थी कि उसके पतिदेव जिन्दगी के उतार-चढ़ाव और टेढ़े-मेढ़े नए-नए प्रवाह का खूब रस लेते हैं।

नागार्जुन ने कलकत्ता जाना तय कर लिया। जिस दिन जाना था, उससे एक रात पहले दोनों पति-पत्नी देर तक जगे रहे। बरामदे की चौकी पर दोनों बैठे थे। सामने आँगन में चाँदनी फैली थी, उजालेपन का भास्वर परिवेश वातावरण के अन्धकार को धो रहा था। ऊपर वाले कमरे में शोभाकान्त-सुकान्त सोए थे, और नीचे के भीतर वाले कमरे में बड़े से बिस्तर पर बाकी बच्चे नींद में थे।

अपराजिता को चिन्ता सता रही थी कि पटना के अकेलापन का वह कैसे सामना करेगी...गाँव में बिना मर्द का रहना नहीं अखरता, क्योंकि वहाँ अपने परिजनों से घिरी रहती है। यहाँ शहर में कौन अपना है? फिर अभाव वाली जिन्दगी...यह ठीक है कि रोज दस जने आकर पूछ जाएँगे, पर सबके सामने सब कुछ कहा भी तो नहीं जा सकता।

नागार्जुन निश्चिन्त थे कि कलकत्ता में अपना धन्धा व्यवस्थित कर ही लेंगे और पूरे परिवार को फिर उधर ही ले जाएँगे। उनके देखते-देखते दस-बारह वर्षों में न जाने कितने साहित्यकार मालामाल हो गए थे प्रकाशन व्यवसाय से।

पत्नी पास बैठी, तो उनका मन कह उठा—'ठगा है पग पग पे, बात-बात में दिया है यूँ ही दिलासा/खुद की सनक के पीछे रखा है तुझे भूखा-प्यासा/फिर नहीं ऐसा करूँगा, ले पकड़ता हूँ कान!...' पत्नी से अपनी गलती मानना नागार्जुन की एक तरह की मजबूरी थी। अपराजिता देख रही थी कि उसके पति किस तरह रुपये-दो रुपये के लिए भी मारे-मारे फिरते हैं...यह क्या कम है कि मुसीबतें भी नागार्जुन को झूठ-ठगी-बेईमानी-बहानेबाजी-चार सौ बीसी की तरफ न धकेल सकीं...पत्नी के हाथ को अपने हाथ में लेते हुए नागार्जुन ने कहा, "डेढ़-दो महीने के अन्दर ही पटना आ जाऊँगा। ज्यों ही तुम्हारी तबीयत जरा भी ऊबे, तो तीन लाइन का एक पोस्टकार्ड डाल देना। चट से हाजिर हो जाऊँगा..." अपराजिता को अपनी ओर नजर गड़ाए देखा, तो मुस्कराकर कहा, "आड़ी-तिरछी पंक्तियों में लँगड़ी भाषा में तुम्हारा पत्र बहुत दिनों से देखने को नहीं मिला है...।"

...

...

...

जुलाई (1959) के अन्त होते-होते नागार्जुन का दूसरा काव्य संग्रह 'सतरंगे पंखों वाली' प्रकाशित हो गया। प्रकाशक का नाम था, वै. या. नागार्जुन/यात्री प्रकाशन/पोस्ट बॉक्स.../कलकत्ता—71। 64 पेज के इस संग्रह का मूल्य तीन रुपये रखा गया। उन दिनों कलकत्ता का जनवाणी प्रेस अच्छा माना जाता था। इसके व्यवस्थापक ज्ञानेंद्र शर्मा से नागार्जुन की अच्छी मित्रता थी। उसी प्रेस के एक कर्मचारी झा जी से इतनी अधिक घनिष्ठता थी कि उनके सिन्धी बगान वाले कमरे में आधा दर्जन लोगों के साथ नागार्जुन भी अपने प्रवासों में एकाध रात तो बिता ही लेते थे।

महानगरों में सबसे अधिक मनलग्गू कलकत्ता ही रहा है। 'आधे भारत में फैले हुए भूमिहीन खेत मजदूरों और परम दरिद्र खेतिहरों का विश्व रूप दर्शन यहीं आकर होता है। दक्षिण और पश्चिम भारतीय प्रदेशों के भूमिहीन समुदाय जिस प्रकार भाग-भागकर बम्बई पहुँचते हैं, उसी प्रकार पूर्वी उत्तर प्रदेश, बिहार, उड़ीसा, असम आदि प्रदेशों के अकिंचन वर्ग काली माई की छत्रछाया में बटुर आते हैं...।' हुगली के दोनों किनारों से टकराते, गरजते, ज्वार-भाटे के रूप में लहरों के थपेड़े समूचे जनजीवन को नियंत्रित-आकर्षित करते हैं। 'हुगली की छाती पर खड़े पुल को पार कर महानगर में प्रवेश करते ही हर साहित्यकार कुछ समय के लिए ही क्यों न सही विद्रोही हो जाता है।' आन्दोलन से उफनता बंगाल राजनीतिक चेतना के क्षेत्र में अन्य प्रान्तों से अधिक जागरूक है। 'महानगर के प्रत्येक चौराहे पर हर क्षण आदमी दौड़ता नजर आएगा—फिर पता लगता कि जिन्दगी में भागदौड़, थकान, ऊब, खिसियाहट, उत्साह, आक्रोश का अर्थ है, संघर्ष-निरन्तर संघर्ष, रोजी-रोटी के लिए दौड़ता संघर्ष...।' कलकत्ता में मिथिला के लाखों लोग मिल जाएँगे। यही एक नगर है बिहार से बाहर, जहाँ मैथिली या भोजपुरी के सहारे लोग जी सकते हैं। यों महानगरों में दिल्ली हिन्दी के केन्द्र के रूप में फलने-फूलने लगी है। प्रकाशन व्यवसाय भी वहाँ जमने लगा है। मगर नागार्जुन अपने को वहाँ जमा नहीं पाते।

कलकत्ता में पदस्थापित एक मैथिल उच्चाधिकारी के यहाँ हावड़ा स्टेशन से सीधे पहुँचे थे। नागार्जुन किसी नगर में एक ठिकाने पर दो-तीन दिनों से ज्यादा कहाँ रह पाते! हाँ, जहाँ-जहाँ टिकते, वहाँ-वहाँ कुछ न कुछ ऐसा पड़ा रहता है, ताकि यह कहा जाए कि वे यहीं रह रहे हैं। अनेक जगहें हैं जहाँ नागार्जुन की उपस्थिति के सुबूत मिलते हैं। किसी भी नगर में ऐसे लोगों की कमी नहीं, जो उन्हें हर तरह की सुविधा मुहैया कराने को तत्पर दिखते। कलकत्ता में भी कुछ ऐसे तो थे ही, जो विभिन्न गोष्ठियों व सम्मानों के माध्यम से अपने प्रिय कवि का काव्य-पाठ

करवाकर उनकी जेब में लिफाफा डलवा देते। तो, प्रकाशन की योजना लेकर नागार्जुन कलकत्ता जा बैठे। प्रेस ने यह आश्वासन दिया कि पुस्तक छाप देगा, और बिक्री करके उसे भुगतान मिल जाना चाहिए। उनका मन एक नए प्रयोग की ओर दौड़ रहा था। वे चाहते कि अपना पूरा साहित्य धीरे-धीरे अपने प्रकाशन के माध्यम से सस्ते दामों में उपलब्ध करवा दें। बांग्ला में जिस तरह विशिष्ट पुस्तक प्रकाशन हेतु ग्राहकों से अग्रिम भुगतान लिया जाता है, उसी प्रकार नागार्जुन ने भी चाहा कि हजार लोग मात्र पच्चीस रुपये देकर यात्री प्रकाशन से नागार्जुन साहित्य के लिए ग्राहक बनें। यह योजना थी तो सहकारी सिद्धान्त पर ही आधारित, पर अन्तर यह था कि इसमें मात्र एक लेखक को ही छपना था। इस योजना को शुरू करते हुए नागार्जुन ने सोचा—'यह तो देश का दुर्भाग्य है कि लेखक को अपनी प्रतिभा और समय इन कामों में खर्च करना पड़ता है, जबकि यह सारा का सारा काम जनता द्वारा चुनी गई सरकार को करना चाहिए।' उन्हें याद आए एक मित्र, जिनके सम्बन्ध में उन्होंने कहीं लिखा था—'नए-पुराने लेखों के संकलन छापना/आप लगाना फेरी, घर-घर उन्हें खपाना...।' नागार्जुन उस बार अपनी किस्म की एक अलग धुन में थे। परिवार पटना में आर्थिक संकट से जूझ रहा था। इच्छा थी कि कुछ रकम पास आ जाए, तो शोभाकान्त को छोड़कर घर के शेष सदस्यों को तरौनी छोड़ आएँ। शोभाकान्त नौवीं कक्षा में पहुँच गया था। उसकी पढ़ाई-लिखाई यहाँ-वहाँ करने के पक्ष में नहीं थे वे। सुकान्त और श्रीकांत का नाम तो पटना में लिखवा भी नहीं पाए। नागार्जुन को लगता कि 'अच्छा यानी प्रथम कोटि का साहित्यकार भी सामान्य जीवन में तीन कौड़ी का प्रमाणित होता है, यदि वह अवसरवादी नहीं हुआ।' उन्हें कभी-कभी यह भी महसूस होता कि राजनीति को ही अपना मुख्य पेशा बना लिया होता, तो अच्छा होता...फिर तो 'श्रद्धा का तिकड़म से नाता' रहता।

कलकत्ता रहना तय किया, तो मैथिली मासिक 'मिथिला दर्शन' के सम्पादक का आग्रह सामने आया—'वैदेही' में जिस तरह 'यत्र-तत्र-सर्वत्र' (स्तम्भ) नियमित लिखते थे कभी, तो क्यों न यहाँ रहकर 'मिथिला दर्शन' के लिए यह क्रम फिर चालू हो। यात्री तैयार हो गए। इस स्तम्भ के लिए फिर डायरी याद आई, जिस पर 'यत्-किंचित' या 'यत्र-तत्र-सर्वत्र' लिख लेते थे पहले पन्ने पर। तो, 'मिथिला दर्शन' में 'यत्-किंचित' नाम से नागार्जुन ने स्तम्भ शुरू किया। प्रकाशक बनना था। कविता-संग्रह छापना था, तो कविताओं का चयन भी एक समस्या थी। गनीमत यह कि कलकत्ता में पुरानी पत्र-पत्रिकाएँ मिल गईं और कुछ पुराने-नए स्नेही मित्रों ने इस काम में साथ दिया। नागार्जुन कहा करते—'यात्री प्रकाशन साहित्यकार नागार्जुन को सौ रुपये महीना देता है...काम बढ़ने पर दो-तीन सौ आगे कुछ महीनों के बाद दिया करेगा। हाँ, अठारह रुपये का मंथली ट्राम वाला ऑल रूट पास भी यात्री प्रकाशन के हिसाब में ही...।'

मई के मध्य में तीन दिनों के लिए पटना गए और पूरे परिवार को गाँव पहुँचा आए। तय किया गया कि गर्मी की छुट्टियों के बाद शोभाकान्त फिर पटना जाएँगे और सुकान्त-श्रीकांत की पढ़ाई गाँव में ही होगी। यदि सुविधा हुई, तो परिवार कलकत्ता जाएगा बाद में। गाँव गए तो मन नहीं माना, 'सौराठ सभा' हो आए। सकरी से मधुबनी तक सवेरे वाली गाड़ी, फिर वहाँ से पाँव पैदल सौराठ तक। गर्मी थी सौराठ पहुँचते-पहुँचते 'पंच तत्त्व यह अधम शरीरा' भपा गया और झोला-झपटा एक सम्बन्धी के यहाँ रख बगल के तालाब में आधा घंटा तक बदन को डुबोए रखा। दो-तीन दिन वहाँ रहे। फायदा यह हुआ कि मिथिला के विभिन्न इलाकों के ढेर सारे लोगों से भेंट-मुलाकात हो गई। फिर गाँव, तब दरभंगा और पटना होते हुए कलकत्ता आ गए। कलकत्ता में नियमित रूप से शाम के पाँच-साढ़े पाँच बजे तक कॉफी हाउस पहुँच ही जाते। अत्यधिक व्यग्र और व्यस्त होकर ट्राम की प्रथम श्रेणी की सीट पर बैठकर एक स्थान से दूसरी स्थान की दूरी तय करते हुए पत्र-पत्रिकाओं को उलटते-पलटते रहते।

बिना आर्थिक अवलम्बन कागज की व्यवस्था, कवर डिजाइन, तीन-तीन प्रूफ, फिर बाइंडिंग—सब हो गया। ग्यारह सौ का संस्करण। हाँ, अस्सी अग्रिम ग्राहक बने, अर्थात दो हजार रुपये...और ग्राहकी अभियान बन्द। ढाई सौ के लगभग प्रतियाँ पटना और कलकत्ता के बाजार में डाल दी। कुछ प्रतियाँ फुटकर बेचीं। तत्काल पाँच सौ ही बाइंड करवाई थी। लगभग बीस प्रतियाँ ऐसे लोगों को दी गईं, जिनसे मूल्य न लिया गया और न उन्हें ग्राहकी अभियान में शामिल किया गया। प्रकाशन को ढंग से जमाने के क्रम में नागार्जुन को कई अनुभव हुए। धन्धा करते हुए लोगों से खाली हाथ और फटे हुए पॉकेट के साथ उठना-बैठना बड़ा ही कष्टकर लगता था। यदि आप पैसे वाले हैं, सरकारी अधिकारी हैं या पहुँच ऊँची है, तो सब कुछ सम्भव है। मगर जहाँ घर का चूल्हा जलना जगजाहिर हो, वहाँ धंधे के लिए पैसा देते हुए लोगों का नजरिया कुछ और ही होता है।

कलकत्ता में प्रकाशन सम्बन्धी दौड़-धूप के दरम्यान वे सोचते कि वह देश धन्य है, जहाँ का रचनाकार कहता है—'यहाँ के प्रकाशकों से मुझे खाने-पीने, पहनने-ओढ़ने लायक रकम मिल जाती है। अतएव मैं निश्चित हूँ...।' चीन के लोकप्रिय कहानीकार शूली ने किसी पत्रकार से यह कहा था। उसी साक्षात्कार में आगे यह भी बताया—"मैं साधारण जनता के बीच रहकर ही लिखना पसन्द करता हूँ...मैं अपने को स्वयंसेवक मानकर लिखता हूँ। बड़ा साहित्यकार बनने की मेरी अभिलाषा नहीं है, क्योंकि उससे जनसम्पर्क टूट जाएगा...।" नागार्जुन भी 'सतरंगे पंखों वाली' छापने के बाद सोचते हैं—"मैं कवि तो हूँ नहीं, मामूली साहित्यकार भी नहीं। हाँ, आदमी बनने की कोशिश जरूर है, शायद वह भी नहीं बन सकूँगा...।" सफेद पायजामा-कुरता और बाएँ कन्धे से लटकता हुआ एक खादी का झोला। झोले में

'सतरंगे पंखों वाली' की कुछ प्रतियाँ, समसामयिक पत्र-पत्रिकाएँ, दो-एक नोटबुक/डायरी और एक गमछा...पैर में कपड़े का हाफ-जूता और घड़ी-छाता—इसी वेश में कलकत्ता को नाप रहे थे नागार्जुन।

उस साल तुलसी जयंती पखवाड़ा में अधिकांश संस्थाएँ उन्हें अपनी ओर खींचने लगी। कहीं अध्यक्षीय पद, तो कहीं मुख्य अतिथि, तो कहीं उद्घाटक...। एक दिन किसी से कहा—"भाई, कलकत्ता में मैं आजकल तुलसिया गया हूँ।" यों कलकत्ता और मध्य प्रदेश में इस तरह के आयोजन नागार्जुन के लिए फायदेमन्द ही होते हैं। जिस तरह मुश्किल वक्त में मजदूर कलकत्ता, आसनसोल, असम आदि जगहों पर भागकर संकटमुक्त हो जाता है, उसी तरह नागार्जुन के लिए कलकत्ता...। साहित्य, संस्कृति और कला के नाम धनपतियों द्वारा आयोजित सम्मेलनों को श्रमजीवियों की निगाह से देखने पर लक्ष्मीपुत्रों की आपसी चकल्लस खूब नजर आती। नागार्जुन को ऐसी किसी गोष्ठी-सम्मेलन अथवा समाज के अति सम्पन्न वर्गों के लोगों की बातचीत से लगता कि वे सब शुद्ध वैष्णवी होने का नाटक भी बड़ी सफाई से करते हैं। भले ही खाएँगे गुड़ और गुलगुले से रखेंगे परहेज।

प्रकाशन शुरू किया, तो मित्रों ने कहा कि जनवरी के बाद फरवरी-मार्च में सरकारी खरीद का मौसम शुरू होगा, तो ज्यादा प्रयास करना होगा। नागार्जुन सोचते हैं कि सरकारी विभागों के फेरे अब लगाने ही होंगे। एक बिम्ब उनके सामने उभरता है...रोज सब्जी वाले की आवाज कानों में आती है—'ले पालक!'...'ले मेथी!'...'ले सोआ!'...'आलू, बैंगन, करेला, भिंडी, कदू ऊ ऊ ऊ ऊ! फिर ले अऽ ऽ ऽ ऽ...' मगर अपने माथे पर जो टोकरी होगी, उसमें उतनी दिलकश वैरायटी तो रहेगी नहीं, तो फिर? तब भी फेरी का धन्धा ठीक ही रहेगा। उन्हें याद आते एक रचनाकार मित्र, जो प्रकाशक बन गए हैं और कहते-फिरते—'माँ का असली दूध तो बस वही पीते हैं...माँ यानी सरस्वती!' यह दम्भ नागार्जुन को बड़ा वीभत्स लगा था। प्रकाशन व्यवसाय में एकमात्र काव्य संग्रह के साथ प्रवेश करने के बाद उन्हें कई मित्र याद आए, जिन्हें प्रकाशन शुरू कर देने पर कई प्रकार की वैध-अवैध सुविधाएँ मिलने लग गई हैं और वे दस-बीस गुना ज्यादा एक्टिव हो उठे हैं। साहित्य रसिक मिनिस्टरों के कारण दो-चार वर्षों के भीतर ही वे लखपतियों में उठने-बैठने लायक हो गए हैं। बिहार के कुछ मित्र, जो 'माननीय शिक्षा मंत्री के अच्छे प्यारे' हैं, ने बार-बार कहा भी है 'जाओ कर लो दर्शन, वह परिचित हैं तुमसे...' पर नागार्जुन ने तय कर रखा था कि चाहे जैसे भी हो, साहित्य लिखकर ही अपना पेट भरेंगे।

जब से पारिवारिक ठिकाना पटना बनाया अर्थात इलाहाबाद के बाद, और बच्चे बड़े होते गए, तो जिम्मेदारी बढ़ती गई। कभी-कभी तबीयत करती भाग जाएँ कहीं किसी छोटे कस्बे की तरफ...खादी का बाना तो है ही और भारत सेवक समाज की रात्रि पाठशाला की नौकरी पकड़ लें...शरद बाबू भी रंगून भागे थे...मस्केबाजी

का गुण मालूम होता, तो अवश्य ही कुछ हो गए होते। फिर तो किसी काव्य गोष्ठी का प्रबन्धन आसान होता कलकत्ता जैसी महानगरी में।

किसी जमाने में भरा-पूरा साहित्यिक-सांस्कृतिक केन्द्र था यह नगर। कई भाषाओं के बौद्धिकों व सृजनशील लोगों का अड्डा जमता रहता था यहाँ। अब भी यहाँ साहित्य-कला और संस्कृति का कुछ न कुछ रूप दिखता है। सुना जाता है कि यहाँ जो अतिसम्पन्न वर्ग है, उसके इर्द-गिर्द बौद्धिकों का समूह रहता है। जिस सेठ के यहाँ बौद्धिकों का प्रवेश नहीं, उसे लोग असांस्कृतिक समझते हैं। तो, क्या ऐसे ही लोग सांस्कृतिक और साहित्यिक धरोहर की रक्षा करते हैं? फिर कोई इन सबसे अपने को बचाए रखे, तो तथाकथित बौद्धिकों के बीच परिहास का पात्र समझा जाता है। नागार्जुन देख रहे हैं कि ढेर सारे लोगों ने अपनी प्रगतिशीलता को दीवार की खूँटियों पर टाँग दिया है। पर इसी कलकत्ते में ढेर सारी जगहें हैं, जहाँ नागार्जुन को लगता—'नेह-छोह में पगे-पगे से भोले-भाले लोग...' और कहा जाता, 'सत्तू और साग ले आए, अजी लगाओ भोग...'

विकराल अन्न संकट और महँगाई के विरोध में उन दिनों बिहार में जनान्दोलन चल रहा था। कलकत्ता में भी खाद्य आन्दोलन ने व्यापक रूप ले लिया था। ट्राम और बसों के आवागमन पर भी दो-एक दिन असर दिखा। सरकार ने प्रदर्शनकारियों और सत्याग्रहियों पर नृशंसतापूर्वक लाठियाँ बरसाईं। चारों ओर जो घटनाएँ घट रही थीं, उससे नागार्जुन भला कैसे आँखें मूँदे रहते? देखना और सोचना उनके लिए आवश्यक ही था। नारे कानों से टकराते और खुद भी गुनगुना उठते—'इंकलाब जिन्दाबाद!'। शासन तंत्र अगर सीधे तरीके से बात न माने, तो लड़ने के लिए तैयार रहना पड़ता है। बुर्जुआ वर्ग के हाथों सब कुछ गिरवी पड़ी हुई दिखती। इन्हीं लोगों की साजिश से तो अन्न संकट पैदा हो गया है। इनकी मुट्ठी में नगर थाना से लेकर दिल्ली का साउथ ब्लॉक तक बन्द रहता है...और इस अर्थसंकट में उन्हें अपना परिवार खूब याद आने लगा। लगा, बच्चे और पत्नी से इस कष्टकर समय में मिलना जरूरी है। 'बेत्रेक अन्न भऽ रहल आंट नेना-भुटका' (नन्हे-मुन्ने अन्न बिना हो रहे विकल)। सोचा, शायद अकाल और दुर्भिक्ष का महाप्रसाद अमेरिकी गेहूँ की नि:सत्व चपाती अपराजिता के भाग्य में लिखी हो! कुछ न कुछ पैसे तो दोनों जगह भेजते रहे हैं, पर इतने से भला क्या हो पाएगा? प्रकाशन से इतना नहीं कमा पाए, जितने से परिवार चलना चाहिए था।

जिन दिनों खाद्य आन्दोलन चल रहा था, नगार्जुन गद्य लेखन अर्थात उपन्यास लिखने का मन बना रहे थे। जब-जब आर्थिक बोझ से कमर झुकने लगती, तो उपन्यास का सहारा लेकर खड़ा होने की कोशिश करते। एक प्रकाशक कलकत्ता में ही बार-बार उकसाने भी लगा। एडवांस भी देने को तैयार बैठा था। नागार्जुन के मन में भी आ रहा था कि दो-तीन मास किसी एकान्त में बैठकर यही काम तत्काल

किया जाए। गद्य की खेती, वह भी उपन्यास, उनके लिए नुकसानदेह तो कभी रही नहीं। दिन भर में चार-पाँच प्रतियाँ घूम-घूमकर बेचने से गाड़ी चलेगी कैसे? सोचा, वह समय बहुत दूर है, जब 'सौ पेज का एक उपन्यास, बीस कविताओं का एक संकलन, बरसों का योग-क्षेम जुटा देंगे...।' न जाने वह समय कब आएगा कि 'आपका मामूली प्रकाशन भी पचास हजार प्रतियों में छपेगा और महीने—दो महीने के अन्दर ही रॉयल्टी की पूरी राशि आपके बैंक में जमा हो चुकेगी।' मगर अभी तो स्थिति यह है कि 'टके-टके बिक रहा जहाँ पर गीतकार है/बाकी सिरिफ सिनेमाघर में जहाँ प्यार है/कवि विरक्त बन फाँक रहे चित्त चैतन चूरन'।

कलकत्ता रह उपन्यास लिखना तय-सा हो गया। गाँवों से कथात्मक परिवेश और कथा बीज लेने में कुशल नागार्जुन ने नगर के परिवेश को टटोलना शुरू किया। कलकत्ता रहते हुए कई कथा बीज दिमाग के खोढर में घुसे थे। फिर आँखों के सामने उभर आया—चौराहे के उस नुक्कड़ पर...काँटे का बिस्तर बिछाकर...सोया साधु दाढ़ी वाला...सेठों की गलियों का नुक्कड़...जैसे श्रद्धा सिक्के वैसे...

कलकत्ता की इसी यात्रा में अति-आधुनिक पहनावे में एक मैथिल कन्या ने चौरंगी के मैदान में अचानक पाँव छू लिए। उसके पीछे एक शिशु को गोद में लिए हुए युवक भी झुका। पहचान गए। तीन-चार वर्ष पूर्व जब यह दम्पती पटना में था, तो पत्नी के घने बालों के बीच माँग में सिन्दूर लिबरा रहता और हाथों में आठ-दस चूड़ियाँ, और अब...कायदे से कटे-छँटे बाल, सिन्दूर रहित सीमंत, चूड़ीविहिन कलाई...महानगरीय युग-धर्म के प्रति आस्था बढ़ गई थी! लगा—'उएह करत रूढ़िभंजन, आगू मुँहें बढ़त उएह/हमरा लोकनि दिअइ आशीर्वाद निश्छल मोने/घिचिअइ नहि टाँग पाछाँ' (वे ही करेंगे रूढ़िभंजन,वे ही बढ़ेंगे अग्रमुख/निश्छल मन दें हम आशीर्वाद/पीछे खींचे नहीं टाँग)। उन दोनों का कायांतरण यात्री से 'रूपान्तर' (मैथिली कथा) लिखवा ही लिया।

बदल रही दुनिया सामने थी। याद आया पटना का आवास, जिसमें शोभाकान्त अब भी रह रहा है। उस मकान के एक हिस्से में एक ऐसा किरायेदार आ गया था, जिसके यहाँ प्रत्येक माह दो-एक लड़कियाँ आतीं और दो-चार दिन बाद चली जातीं...न जाने कितने रिश्तेदार थे उसके। मकान में रहनेवाले अन्य परिवारों ने भाँपा कि मामला कुछ न कुछ गड़बड़ है। सुगबुगाहट हुई, तो शीघ्र ही वह किरायेदार दो-तीन रिक्शों पर सामान लादकर चलता बना। मकान छोड़ते समय एक प्रौढ़ महिला और एक जवान लड़की थी। जिस समय किरायेदार हटा, उस वक्त नागार्जुन पटना में नहीं थे। बाद में मकान मालिक ने बैठाकर सब कुछ विस्तार से बतलाया, तो नागार्जुन ने कहा था—"दाल में काला-काला नजर मुझे जरूर आता था, पर इतना कुछ मालूम कहाँ था!" भिखना पहाड़ी, पटना का वह मकान अवैध धंधों से कुछ काल तक अप्रत्यक्ष रूप से जुड़ा रहा। नागार्जुन महसूस कर रहे थे कि

शहरीकरण के दबाव में बदलती हुई परिस्थितियाँ और टूटते जा रहे नैतिक मूल्यों से सर्वाधिक प्रताड़ित नारी ही हो रही है। बड़ी जातियों के भीतर महिलाओं को पंगु बनाने की मानसिकता...नेताओं की भी अप्रत्यक्ष स्वीकृति...पर युगोन्मुखी परिवेश में मधुरी और माया जैसी जीवट किस्म की दबंग महिलाएँ भी उभरने लगी थीं। उनके माँ-बाप स्वाभिमानी, मस्त और दबंग किस्म के लोग थे। झिझक, तंगदिली, डर और उदास वैसे लोगों से भागे फिरते। खुशी और मस्ती जिन पर न्योछावर रहतीं, ऐसी नारियाँ मुर्दों के अन्दर जान फूँकने की ताकत रखतीं। कई तरह के पात्रों से भरा-पूरा वह पटना वाला मकान काफी हद तक बदलती हुई दुनिया के संधि स्थल पर खड़ा था। लगा, वहीं से कथा बीज उठा लिया जाए। यों दो वर्षों से वहाँ की कुछ घटनाएँ दिमागी गोदाम में उसी तरह पड़ी हुई थीं, जिस तरह 'भुवन' मकान मालिक के गोदाम में चुपचाप पड़ी थी, और बनारस जाकर उसका उद्धार हुआ। उसी तरह नागार्जुन के गोदामी दिमाग में जमा कथा सूत्र कलकत्ता में कॉपी में उतरकर 'कुम्भीपाक' का नाम ग्रहण कर पाया।

द्वंद्व और गुस्सा

'छोटी बच्ची की छवि आँखों में छाई है/कल-परसों ही तो घर से चिट्ठी आई है/घर-खेत-गाँव की रूह कौंधती है मन में/स्मृतियों का सौरभ ध्वनि भरता है निर्जन में...' दस वर्षीया बेटी उर्मिला नागार्जुन को बम्बई के चौपाटी वाले सुरेश भाई के कमरे में खूब याद आने लगी। शोभाकान्त न जाने कितनी बार पटना से लिखता रहा है—"आपने, पिताजी, उर्मिला के बारे में शायद तय कर लिया है कि उसे मूर्ख ही रखेंगे..." शोभाकान्त अच्छी तरह जानता है कि 'पिताजी बातें बहुत करते हैं। काम नहीं करते हैं।' किसी पढ़ती-लिखती तेज-तर्रार बच्ची को देखकर नागार्जुन खुद भी अपनी दोनों बेटियों के बारे में सोचने लगते। इसी वर्ष मैट्रिक पास कर चुका शोभाकान्त चाहता है कि 'समूचा परिवार पटना या इलाहाबाद कहीं जमकर रहता, तो उर्मिला भी पढ़ जाती और मंजू भी...।' नागार्जुन ने बहुत हाथ-पैर मारे, पर चार-छह मास से ज्यादा परिवार को पटना में नहीं टिका पाए। अपराजिता भी बिना किसी आर्थिक आधार के गाँव छोड़ना नहीं चाहती। यदि गाँव से निकलती भी, तो पटना की सीमा को पार नहीं करती।

महानगरों में बिहार से नजदीक कलकत्ता को अपना स्थायी पता बनाने के लिए लगभग डेढ़ वर्ष तक पटना-कलकत्ता करते रहे। आर्थिक स्रोत के लिए प्रकाशन की योजना भी बनाई। मगर कलकत्ता में ज्यादा रहने पर लगा कि वर्ष-दो वर्ष यहाँ

और रह जाएँगे, तो फ्यूज हो जाएँगे—'बड़ा बाजार का सेठाश्रित ढाँचा हिन्दी क्षेत्र की प्रतिभाओं का सत निचोड़कर उन्हें फिर किसी काम का नहीं रहने देता है। कुछ प्रतिभा-पुत्र सेठों के सांस्कृतिक दरबान बनकर रह जाते हैं...जो ज्यादा चतुर हुए, तो बांग्ला सीख लेते और बड़ी सफाई से 'माखनचोर' का धन्धा अपना लेते हैं।' एकाध ऐसे फतह-बहादुर भी निकलते, जो किसी जमी-जमाई संस्था के निधिपाल बन जाते...।

कलकत्ता के सेठों की याद आई, तो बम्बई में फेरीवाले याद आ गए, जो प्रत्येक ग्राहक को 'सेठ' कहकर सम्बोधित करते हैं। एक 'शाम को नरीमन प्वाइंट तक गए यों ही। समुद्र खूब तरंगित नहीं था।' पूर्णिमा को तरंगित समुद्र देखने में अच्छा लगता। महानगरों में पूर्णिमा का पता भी नहीं लगता। आधुनिकता की दौड़ में कैलेंडरों से आप पूर्णिमा का पता नहीं कर पाएँगे...मानो सब कुछ लंदन-न्यूयॉर्क ही बन जाएगा। बगल में ठेले पर कच्चा नारियल बेचने वाले ने कहा था, 'सेठ, नारियल पीएगा'। फिर आवाज सुनी, 'आठ आना, सेठ...।'

'नहीं' कहकर आगे बढ़े थे कि सुना, 'पंतालिस नवा पैसा, सेठ...'

रुककर आँखें तरेरा और कहा था, 'तेरा दिमाग है कि कद्दू है? सेठ, सेठ, सेठ, सेठ सेट्टिस! सेट्टुस! सेट्ठीस कहीं का!'

नरम आवाज में उस फेरीवाले ने कहा, 'नारियल नई पीएगा, तो नई पीएगा। हमको गाली क्यों देगा, सेठ?'

उस दक्षिण भारतीय फेरीवाले पर हृदय द्रवित होने लगा। लगा, नाहक ही अपने आक्रोश का निशाना बना लिया। 'जहर में बुझे हुए इंगित और आक्रमण की मुद्राएँ तो खुरदुरे शब्दों में कई गुना अधिक पैनापन भर देती हैं।' सोचा, 'क्या कसूर था गरीब का? उसने सेठ कहकर पुकारा...' अचानक नागार्जुन के मुँह से उस फेरीवाले के लिए निकला, 'सेठ, अब एक नारियल तो पी ही जाना होगा।' वह फेरीवाला इस पर 'बिल्कुल बदल गया। उजले धुले दाँतों की दूधिया झलक उसके श्यामल मुख मंडल को दिव्य संकेतों का अलबम बना' रहा था।

1962 के मध्य अक्टूबर में एक कवि सम्मेलन के सिलसिले में दिल्ली से बम्बई आ गए नागार्जुन। रुक गए, तो रुक ही गए पाँच महीने तक। बम्बई के इस प्रवास में मोहन राकेश उनसे 'सारिका' के लिए 'आईने के सामने' स्तम्भ में पाठकों के समक्ष आने की जिद कर बैठे। उपन्यासकार और कवि नागार्जुन के लिए एक चुनौती जैसा काम था यह। बम्बइया मित्रों ने भी खूब हवा भरी...फिर तो नागार्जुन ने मन ही मन पूरी लाइफ वाली अपनी अलबम खोली और कई दिनों तक सोते-जागते, घूमते-टहलते, बोलते-बतियाते, पुस्तकों को उलटते-पलटते खुद को खोजते रहे। अच्छी-बुरी, खरी-खोटी सभी तरह की अपनी गतिविधियों पर नजर डालते रहे। ब्रेड के टुकड़े श्रीखंड के साथ नाश्ता और बिजली के चूल्हे पर खिचड़ी

तैयार होती—इतना इन्तजाम तो जिनका रूम था वह कर ही गए थे। अपने को देखने-सुनने के लिए नागार्जुन को अच्छी जगह मिली थी। मोहन राकेश शाम को आकर कह जाते, "कहाँ जाओगे...इस मुगालते में न रहना कि बाबा हो, औघड़ हो, पिंड नहीं छोड़ूँगा!" फिर धमकी भी, "खबरदार, आत्मकथा वाली घिसी-पिटी स्टाइल में लिखकर पन्ने काले नहीं करने हैं..."

गाँव और पटना से पत्र आते, तो कई स्मृतियाँ ताजा हो जातीं। पत्नी ने लिखा, 'पहले कितनी चिट्ठियाँ लिखा करते थे...।' अपराजिता कुछ अस्वस्थ हो गई थी। आर्थिक संकट, बच्चों की चिन्ता, गोतियों से अनबन...कहावत है, चिन्ता से चतुराई घटे, दुख से घटे शरीर! 'हाय नमक तक मिलता नहीं उधार जी!/दिलवा भी दो दवा कहीं से बच्ची है बीमार जी...।' ऐसी ही समस्याएँ रहती पत्रों में। अपराजिता कहा करती कि जिनके न रहने का ठिकाना और न खाने का ठिकाना, वे विद्रोह क्या खाक करेंगे! पर अपनी परिस्थिति और परिवेश के भीतर नागार्जुन के साथ अपराजिता ने भी विद्रोह किया है अपने हक और अधिकार के लिए।

कुछ महीने पहले की घटना है। गाँव में चचेरे भाई से अपने आँगन में अधिकार के लिए कितना अधिक लड़ना पड़ा! चचेरे भाई भी अपने पिता के अकेले पुत्र, और नागार्जुन भी अपने पिता की एकमात्र सन्तान। दोनों के पिता सगे भाई। चचेरे भाई पढ़े-लिखे नाम मात्र, पर अपने लिए व्यावहारिक और चालाक गृहस्थ थे। उत्तराधिकार में उन्हें चार-पाँच बीघा उपजाऊ खेत मिला था। आँगन के अपने दरिद्र पट्टीदार को भला क्यों वह ढंग से देखते! मंशा रही होगी कि परेशान होकर या गोतियों के व्यवहार से तंग आकर नागार्जुन गाँव छोड़ देंगे और उनकी नाममात्र की सम्पत्ति पर उनका अघोषित अधिकार हो जाएगा। पिता के मरने के बाद से नागार्जुन यह सब देख-समझ रहे ही थे, पर पारिवारिक जिम्मेदारी ढोने के लिए उनका तरौनी से बाहर इस-उस नगर में रहना ज्यादा होता। अपराजिता अपने जेठ की मंशा पूरी नहीं होने दे रही थी। वह खुद को तरौनी में पूरी तरह निश्चिन्त महसूस करती, क्योंकि टोल-मोहल्ले में स्नेह और आदर खूब मिलता उसे। कई तरह के उपद्रव शुरू किए गए। उसके हिस्से के पेड़ों को जबर्दस्ती काटा जाने लगा। बाँसों के झुरमुट को उजाड़ने की योजना बनने लगी। आँगन से निकलने का रास्ता बन्द कर दिया गया। एक तरह से चारों ओर से घेरने की कोशिश की गई। पिछवाड़े से रास्ता...आँगन में तनिक भी हिस्सा नहीं देने की बात...और मार-पीट। नागार्जुन को गाँव जाकर कुछ महीने रहना पड़ा। पुराने कागजात निकाले गए। नागार्जुन के जिम्मे कुछ था नहीं, तो फिर वंशानुक्रम से बँटवारा हुआ। अपराजिता के भाई और तरौनी के लोग पूरी मुस्तैदी के साथ जुटे रहे। इस बँटवारे के बाद पूरे टोले का नक्शा ही बदल गया। बम्बइया आम के नीचे से पूरब-उत्तर के कोने वाला आँगन का मुख्य रास्ता सदा के लिए बन्द हो गया। पीछे के पूरब-दक्षिण कोने से नया रास्ता निकाला गया। गोतियों

का आपसी विवाद कितना मारक और घृणास्पद होता है, यह सब दोनों पति-पत्नी को झेलना पड़ा था। नागार्जुन का गुस्सा लोगों ने देखा था। कदम-कदम पर नक्शा फैलाकर और जरीब से जमीन नाप-नापकर समझना और समझाना पड़ा था। आँगन-बाड़ी-घरारी पर न्यायसंगत कब्जा पाकर अपराजिता का स्वाभिमानी चेहरा चमक उठा। नागार्जुन को उस बार लगा था कि गाँव के अति-चालाक और चाईं किस्म के लोगों में भी लाभ-लोभ-छल-प्रपंच-लालच-झूठ-बेइमानी-ठगी-विश्वासघात, भला कौन-सा अवगुण है, जो नहीं है! सोचा था कि गाँव में रहने के लिए दो-चार लठैत आवश्यक है। इलाके के जागरूक और सजग लोगों के संग नजदीकी नेहरा हाई स्कूल के शिक्षकों से उस बार कवि यात्री का सीधा सम्पर्क जुड़ा।

चचेरे भाई से बँटवारा और सीमांकन की बातें याद आईं, तो भारत की उत्तरी सीमा की याद आ गई। उस सीमा पर चीन काफी भीतर तक घुस आया था। यों भारत संसार के गिने-चुने देशों में था, जिसने चीनी जनवादी गणतंत्र को पहले स्वीकार किया था।

दलाई लामा तिब्बत छोड़कर भारत भाग आए और शरण माँगी। भारत ने उनका बुद्धात्मा के रूप में स्वागत किया। उसी समय से चीन-भारत मैत्री में दरार आ गई थी। नागार्जुन ने 1959 के अप्रैल में ही देखा था, 'मसूरी का बिड़ला हाउस देसी-विदेशी पत्रकारों के लिए बड़ा अड्डा हो गया...यों तो दलाई लामा हमारे लिए विशिष्ट अतिथि हैं...परम्परा के मुताबिक, वह महानुभाव भारत भूमि के लिए आदरणीय नहीं हैं, सो कौन कहेगा? चौबीस वर्षीय विशिष्ट युवक महामहिम दलाई लामा को बहत्तर वर्ष के पके प्रज्ञा वाले देशनायक नेहरू ने यदि वात्सल्य भाव से देखा, तो सर्वथा उचित था।' नागार्जुन के मन में उसी समय यह भी खयाल आया था, 'आध्यात्मिक व्यायाम अर्थात ध्यान धारण तक अपना चित्त मर्यादित करते दलाई लामा, तो इसी में भारत भूमि का कल्याण है...अपनी जीभ से भारत-चीन मैत्री को पंचशील विरोधी कूटनीति की आग में यदि भूनेंगे, तो शायद नेहरू को ठीक नहीं लगेगा...दलाई लामा के पक्ष में यहाँ के अखबार जमकर लिखने लगे थे। नेफा और लद्दाख के सीमा-विवाद को सुलझाने के लिए चाऊ-एन-लाइ (सदल-बल) सात दिनों तक नई दिल्ली में रहे।'

सन 1960 के मई-जून में नागार्जुन जब कलकत्ता में थे, तो उन्हें खबर मिली थी कि 'दलाई लामा के सोना-चाँदी कलकत्ता के हाट-बाजार में बिक रहे हैं।' तिब्बत पर चीनी अधिकार के बाद 'लामा पहली बार 1951 में ल्हासा से दक्षिण (भारतीय सीमा) की ओर बढ़े थे। साथ में कई सौ खच्चर लदे भरे थे। पोतला महल के उस आंशिक खजाने को गंगटोक (सिक्किम) का राजमहल अद्यावधि सुरक्षित रखे रहा। अब जब 'राजा नल' पर विपत्ति आई, तो पहले की सम्पत्ति काम आई, पर दलाई लामा कोई मामूली लोग तो हैं नहीं। भगवान बुद्ध के अवतार माने जाते

हैं। कितना सोना-चाँदी, कितना हीरा-जवाहरात दलाई लामा के जिम्मे है—यह बात यदि वह साफ-साफ कहेंगे, तो भगवान बुद्ध दलाई लामा की जीभ को पत्थर नहीं बना डालेंगे? इसीलिए उनकी बोली काँपती रहती है...।' यह सब यात्री ने 'मिथिला दर्शन' के 'यत्किंचित' में नोट किया था। कलकत्ता सेठों की पैसे वाली नगरी तो है ही, साथ-साथ यहाँ गरम मिजाजी बौद्धिकों का जमघट भी लगा रहता। नागार्जुन ने भाँपा था, 'अशुभ शक्ति की अग्रदूत जमात पहले भी दुकठिया आपस में टकरा रहे थे। भविष्य में भी दुकठिया टकराते रहेंगे...।' सीमा विवाद में अखबारों ने घी का काम किया। उनका सबका स्वर तो यही लगता था, 'समझ रही है जनता अपनी भूल/चाऊ-नेहरू चाटेंगे अब धूल...।' भारत-चीन के रिश्ते में खटास तो आ ही गई थी, इस मुद्दे पर भारत की कम्युनिस्ट पार्टी के भीतर भी मतभेद शुरू हो गए थे। अन्तरराष्ट्रीय स्तर पर रूस नेहरू के साथ था और चीन मान रहा था कि भारतीय शासन साम्राज्यवादी शक्तियों के निकट होता जा रहा है। रूस समर्थित कम्युनिस्ट खेमा दक्षिणपंथी कम्युनिस्ट कहलाते और चीन समर्थित वामपंथी।

नागार्जुन जब बम्बई में थे, तो भारत-चीन सीमा विवाद संघर्ष में बदल गया और सीमा पर से युद्ध की खबरें रेडियो-अखबारों द्वारा आने लगीं। भारतीय जवान पिट रहे थे। इधर कम्युनिस्ट नेताओं के अन्तर्कलह को नागार्जुन साफ-साफ पढ़ रहे थे। इस तरह की बड़ी घटनाओं से सभी प्रगतिशील लोगों को धक्का लगा था।

नागार्जुन ने किसान आन्दोलन में देखा था कि अपनी एक-एक ईंच जमीन की हिफाजत के लिए किस तरह लड़ा जाता है। यह सोचकर उन्हें अपने प्रधानमंत्री पर भी काफी क्रोध आ रहा था, 'दुनिया भर को पंचशील का पाठ पढ़ाओ...' पर स्थिति यह हो गई थी, 'दुनिया की छत पर टपकी है लार दनुज की/पंचशील से बिदक गई चेतना मनुज की...' वे देख रहे थे, 'वो निकले जहरीले कीड़े लाल कमल से...।' पंचशील के समर्थन में नेहरू के साथ शान्ति के प्रतीक कपोतों को दुलारने वाले चीन पर नागार्जुन का गुस्सा बुरी तरह फूट पड़ा। 'फिलहाल/नुच गए हैं पंख/छटपटा रहा है अमन का कबूतर/सुलग उठी है नफरत/रगों में दहकता है युद्ध ज्वर...।' साथ ही, उनका गुस्सा अपने प्रधानमंत्री पर भी था, जो अपनी माटी की रक्षा करने में अक्षम साबित हो रहे थे। उनका मन कहता, 'ऐसी सिधाई से पूजा तुम्हारी हो तो हो, जमीन सुई की नोंक भर भी नहीं मिलने की...।' नागार्जुन नेहरू पर प्रहार करने से कभी पीछे नहीं रहे। उनकी समझ थी कि समाजवादी समाज बनाने के रास्ते में नेहरू बाधक हैं। उन्हें कहने में तनिक भी हिचक नहीं हुई, 'हमें नहीं चाहिए तुम्हारे सोशलिज्म का/यह कंकाली ढाँचा/अति असह्य है प्रजातंत्र पर/ब्यूरोक्रेसी का यह विकट तमाचा...'

सामन्ती परम्परा के पोषक कांग्रेस और उसके कर्णधार नेहरू पर उनका गुस्सा वाजिब ही है। 1961 के शुरू में इंगलैंड की महारानी भारत आईं, ताम-झाम

के साथ। नागार्जुन उन दिनों कलकत्ता में थे। रानी के स्वागत-सत्कार को देखकर 'पछताते हैं राजा, पछताते नवाब/देखते हैं पुराने दिनों के ख्वाब...।' सरकारी तैयारी देखकर नागार्जुन को कहना ही पड़ा, 'आओ रानी हम ढोएँगे पालकी/यही हुई है राय जवाहरलाल की...।' 'हिन्दी टाइम्स' में यह रचना रानी के आने से एक दिन पूर्व छपी थी, तो दिल्ली में रानी के स्वागत में खड़े लोग भी इस रचना को पढ़ चुके थे। नागार्जुन इस रचना को नाच-नाचकर सुनाया करते। अभी उन्हें लग रहा कि चीनी शासक ने हम भारतीयों को कहीं 'बेबस-बेसुध, सूखे-रुखड़े/हम ठहरे तिनकों के टुकड़े' तो नहीं समझ लिया है।

नागार्जुन का विकास अपने देश और यहाँ के परिस्थितिजन्य परिवेश के बीच ही हुआ है। उन दिनों रह-रहकर प्रेमचन्द की बात याद आती, 'साहित्यकार बहुधा अपने देश-काल की परिस्थिति से प्रभावित होता है। जब कोई लहर देश में उठती है, तो साहित्यकार के लिए उससे अविचलित होना असम्भव हो जाता है।' सीमान्त की लड़ाई वाली स्थिति सुनकर नागार्जुन का 'जी करता है नेफा पहुँचू दागूँ गोले...।' रचनाकार होकर जितना समझ रहे थे, वह नहीं देखते-समझते यदि वह राजनीतिज्ञ होते। आखिर कवि का अपना विवेक भी होता है न! किसी घटना की लीपा-पोती जो भी करता, वह अपने विवेक का अपराधी ही बनता है। एक तरफ भारतीय कम्युनिस्ट विचारधारा और दूसरी तरफ मातृभूमि के प्रति ममत्व और दायित्व। मार्क्सवाद के प्रति अटल निष्ठा है, परन्तु सिद्धान्तों में आस्था से ज्यादा आवश्यक है जनता और राष्ट्रीय जीवन के साथ होना। नागार्जुन संगठन के विरोधी नहीं रहे हैं, लेकिन संगठन के साथ होने का मतलब यह तो नहीं है कि अपने विवेक के शत्रु हो जाएँ।

सार्थक गुस्से में फट पड़ना तो रचनात्मक होता है नागार्जुन के लिए। वह देख रहे थे कि चीन के आक्रमण से विश्व-शान्ति के आदर्शों और पंचशील के सिद्धान्तों का हनन हुआ है, तो भला चुप कैसे रहते? शब्दबाण निकल ही गए, 'माओ-शाओ-चाओ/कल तुम साथी थे/लगते थे सहज-सहोदर/आज तुम शत्रु हो/...आज तुम देते हो नेहरू को गालियाँ/'विस्तारवादी'/'अमेरिका का पिट्ठू'/'भारतीय जनता का दुश्मन'/'अंध राष्ट्रवाद का शिकार खूसट बुर्जुआ'/जाने क्या-क्या कहके करते हो नेहरू को याद/ठीक है, जो चाहे कह लो/अपना ही तो मुँह है/मगर खुद क्या हो तुम?/विस्तारवादी नहीं हो क्या?/शिकार नहीं हो अंधराष्ट्रवाद के?...कॉमरेड/नहीं, नहीं, कॉमरेड नहीं!/आज तो मैं दुश्मन हूँ तुम्हारा/पुत्र हूँ भारता माता का/और कुछ नहीं हिन्दुस्तानी हूँ महज...।' नागार्जुन की नजर में चीन विस्तारवाद और अंध राष्ट्रवाद का शिकार हो गया है। 'उसे अपनी शक्ति का घमंड हो गया है। यदि बाकी कम्युनिस्ट देशों ने उसके कान नहीं पकड़े, तो समूचा संसार कल कम्युनिज्म को गालियाँ देगा।'

'बिल्ट्ज' साप्ताहिक ने सबसे पहले नागार्जुन की चीन-विरोधी कविताएँ छापीं। अपनी आदत के अनुसार नई कविताएँ वे सुधी मित्रों को सुनाया करते। उन्हीं दिनों 'धर्मयुग' के दफ्तर जाना हुआ। दुर्बल काया...चेहरा एकदम गँवई...कुर्ता-पाजामा और ऊपर बंडी, मामूली लिबास...सिर के बाल और मूँछें खिचड़ी...बुढ़ापे का गेट पास लेकर खड़े थे मानो...दो-चार दिन पहले की बनी हुई दाढ़ी...नाक पर चश्मा...'धर्मयुग' के सम्पादक के सामने बैठा कवि अपनी चीन-विरोधी कविता सुनाकर गम्भीर हो गया। कुछ क्षण के बाद बोला, "पिछले पच्चीस वर्षों से लाल चीन की प्रशस्ति में जिस कवि ने जाने क्या-क्या लिखा, अब उसी की चेतना कैसे झटके खा रही है...एक ईमानदार प्रगतिशील कवि की मानसिक बेचैनी का दर्पण है यह सब। इस आईने में अन्यान्य प्रगतिशील कवि अपना रूप देखेंगे...।" सम्पादक धर्मवीर भारती टकटकी लगाए अग्रज कवि को देखते रहे। वर्षों तक अक्खड़-फक्कड़ नागार्जुन को इलाहाबाद में देखा था। कई मुद्दों पर जमकर विरोध भी किया, लेकिन नागार्जुन के कृतित्व और व्यक्तित्व को भीतर ही भीतर नमन करते थे। नागार्जुन के शब्द कानों में आने लगे, "इन रचनाओं को पढ़-सुनकर कुछ एक कॉमरेड फुसफुसाकर मुझे गालियाँ ही दे सकते हैं...कि साला, टें बोल गया...कि बेटा, अंध राष्ट्रवाद की गोद में सो गया...कि गदहा, सर्वहारा वर्ग की अन्तरराष्ट्रीय बिरादरी का रोल नहीं समझ पा रहा है...बेचारा! वे जो भी कहें, जैसी भी गालियाँ दें, मैं सब सुन लूँगा। मगर अपने विवेक का मैं क्या करूँ? मुझे अन्तररात्मा ने बाध्य किया, इस प्रकार की कविताएँ रचने के लिए। अभी मैं और गालियाँ दूँगा लाल चीन को।"

और 'धर्मयुग' के 21 दिसम्बर, 1962 के अंक में पूरे पेज पर नागार्जुन की चीन-विरोधी तीन कविताएँ छपीं, साथ में उनकी तस्वीर और कविता सुनाने के बाद वाली टिप्पणी...कविताएँ खूब पढ़ी गईं और चर्चा में भी रहीं। पार्टी के लोग कहने लगे कि नागार्जुन बहक गए, पर नागार्जुन के कवि-विवेक को मार्क्सवादी सिद्धान्तों के बीच सिर झुकाकर जीना स्वीकार नहीं हुआ। भारतीय जनमानस और राष्ट्रीय जीवन की जनोन्मुखी शक्तियों से विमुख होना उन्हें कतई मंजूर नहीं।

उन दिनों जब तक युद्ध का ताप भारतीय जनता के सिर पर चढ़ा रहा, तब तक नागार्जुन की कविताएँ यहाँ-वहाँ खूब सुनी जाती रहीं। स्थिति तो यह थी कि प्रगतिशील पत्र-पत्रिकाओं की नाड़ियाँ डूबने-सी लगी थीं। अपने एक कवि-मित्र केदारनाथ अग्रवाल को नागार्जुन ने बम्बई से लिखा, 'राष्ट्रीय संकट के इन दिनों में हम अपनी रचनाएँ चाहे किसी भी मंच से जनता तक पहुँचाएँगे...प्रगतिशील पत्रों में ले-दे के 'हिन्दी टाइम्स' और 'बिल्ट्ज' रह गए हैं, जो हमारी रचनाएँ छापकर जनता तक पहुँचाते हैं। चीन-विरोधी कविताएँ किसी भी पत्र में छप सकती हैं। जनयुग, जनशक्ति आदि का पाठक-वर्ग इधर और भी सीमित हो गया है...मैं तो लाल चीन का कट्टर दुश्मन हो गया हूँ।'

'सारिका' के लिए उन दिनों 'आईने के सामने' थे। अचानक सूचना मिली कि आचार्य शिवपूजन सहाय चल बसे। यह 1963 की घटना है। नागार्जुन को पता ही था कि सहाय जी का स्वास्थ्य बरसों से जर्जर चल रहा था। पटना के उपेक्षित हिन्दी साहित्य सम्मेलन भवन का वह कमरा और बरामदा आँखों के सामने नाच गया, जहाँ शिवपूजन बाबू बरसों तक रहते रहे। वहीं रहकर सम्मेलन और राष्ट्रभाषा परिषद् को सँभालते रहे...उस मनीषी के तप को याद कर नागार्जुन की आँखें गीली हो गईं। सहाय जी से कई बातों को लेकर नागार्जुन की नाराजगी रही, फिर भी इतना तो अच्छी तरह समझ रहे थे कि 'सहाय जी का अविर्भाव न होता, तो बहुतों की कृतियाँ 'असूर्यम्पश्या' चिरकुमारियों की तरह घुटकर रह जातीं। यह सहाय जी का ही तप था कि तीन-तीन पीढ़ियों की पांडुलिपि का उद्धार हुआ।' साथ ही वह घटना याद आ गई, जब 'हिमालय' पत्रिका के व्यवस्थापक से मतभेद होने के कारण शिवपूजन बाबू उससे अलग हो गए और पंडित जगन्नाथ प्रसाद मिश्र ने 'हिमालय' का भार सँभालना शुरू किया। तब नागार्जुन ने 'जगन्नाथ प्रसाद मिश्र के खिलाफ बहुत कड़ी प्रतिक्रिया जाहिर की।' साहित्यिक दुनिया ने नागार्जुन के इस कदम को खूब सराहा था।

शिवपूजन बाबू के निधन से पन्द्रह माह पूर्व निराला इस धराधाम से विदा हो गए थे। निराला की मृत्यु से कुछ माह पूर्व वह (नागार्जुन) इलाहाबाद गए थे जमने के लिए। इलाहाबाद रहते हुए प्राय: रोज ही निराला को देख आया करते थे। इच्छा थी, शोभाकान्त को मैट्रिक के बाद पुस्तक-विक्रय और प्रकाशकीय धन्धा में लगाएँगे। मकान भी ले लिया था। सोचा, सुकान्त और उर्मिला को यहीं ले आएँगे पढ़ने के लिए। इसी क्रम में पटना में सूचना मिली कि निराला गुजर गए। स्तब्ध रह गए थे वह। गला अवरुद्ध हो गया था। गुरुतुल्य अग्रज को याद कर कलेजा फटने लगा, 'मानी क्या तुमने कभी हार?/तुम रहे सदा ही दुर्निवार'। महाकवि के संघर्ष और स्वतंत्र भारत की शासकीय उपेक्षा से नागार्जुन भीतर ही भीतर व्यथित हो रहे थे। उन्हें पता लगा, निराला की मृत्यु से दो दिन पूर्व प्रधानमंत्री नेहरू प्रयाग गए थे। लगता है, उस विश्व नागरिक के कानों तक इलाहाबाद के किसी भी व्यक्ति ने निराला की आसन्न मृत्यु के बारे में सूचना नहीं पहुँचाई। निश्चय ही प्रयाग के बीसियों विधाता पंडित नेहरू को घेरे रहे होंगे, उन्हें जनपद के भीतरी अंचलों में भाषण के लिए ले गए होंगे...चुनावी दंगलों में टिकटों के बँटवारे को लेकर सलाह-मशविरा चला होगा, आरोप-प्रत्यारोप सुने गए होंगे। सब कुछ हुआ होगा। लेकिन निराला की चर्चा नहीं हुई होगी।

आचार्य शिवपूजन सहाय के साथ निराला की याद आने पर नागार्जुन को शिवपूजन बाबू का वह संस्मरण याद आ गया, जिमसें लिखा था, 'सेठ महादेव प्रसाद निराला के जूतों पर अपने हाथों से पॉलिस किया करते। कलकत्ते के बाजार

में कोई भी वस्तु ऐसी नहीं थी, जो निराला के लिए अनधिगम्य रही हो...।' पिछले वर्ष जुलाई में नागार्जुन कलकत्ता में थे। महानगरी के अतिविशाल वक्ष स्थल पर चौरंगी के इर्द-गिर्द खड़े थे। 'रात के दस बजने वाले...आगे बढ़े पार्क स्ट्रीट के चौराहे की तरफ, जिधर गांधी की प्रतिभा घेरे के अन्दर खड़ी है।' अचानक वहाँ निराला की याद आ गई। लगा, 'एकाएक गांधी की प्रतिमा रवींद्र की शक्ल में बदल गई है।' घेरे से हटकर खड़े हो गए। 'प्रतिमा का स्वरूपगत परिवर्तन विस्मित कर गया था। लगा, रवींद्र धीमी आवाज में कह रहे हैं—'अरे, तुम निराला के लिए रो रहे हो! देखो, मैं भी रो रहा हूँ...मैं इसीलिए रो रहा हूँ कि राजनीतिक मान्धाताओं का मस्तिष्क आज भी सन्तुलन से दूर है। साहित्य, संस्कृति, कला और विज्ञान को आज भी कूटनीतिज्ञों ने अपना खिलौना बना रखा है...।' उस समय नागार्जुन स्मृति लोप से पीड़ित राहुल को देखकर वापस लौट रहे थे। सोचा, निराला की तरह महापंडित राहुल सांकृत्यायन अनेक बातों के कारण प्रसिद्धि पाने के साथ-साथ विवादास्पद रहे हैं।

जब नागार्जुन बम्बई आए, तो राहुल मॉस्को जा चुके थे। दिल्ली की दमघोंटु गर्मी में राहुल को चालीस दिन रहना पड़ा था। दिल्ली में उस बार बीमार राहुल को कई बार देख आए थे...अपने गुरुभाई राहुल को वे सोलह-सोलह, अठारह-अठारह घंटे रोज काम करते देख चुके हैं। स्मृति लोप से पूर्व विराम और विश्राम राहुल नहीं जानते थे। नागार्जुन को राहुल से अपनी अन्तिम मुलाकात याद आ गई...पीसी जोशी का घर। एक बड़े कमरे के बीचोबीच महापंडित लेटे थे। किसी भी पुराने परिचित को देखकर फूट-फूटकर रो पड़ते...नागार्जुन ने अपनी धोती की खूँट से उनके आँसू पोंछे, तो सिर उठाकर उनका माथा चूम लिया था। राहुल लोगों से पूछते—'चा (चाय)? काना (खाना)?' सामने वाला अगर नकार की मुद्रा में सिर हिलाता, तो रो पड़ते। आँखें बुरी तरह भिंच जातीं। तीन बार दिल्ली में जाकर देखा था नागार्जुन ने। एक बार राहुल ने पूछा, "साथ कौन जा रहा है? तुम चल रहे हो?" नागार्जुन का जवाब था, "कमला जी, मैं नहीं।"

"तुम भी चलना..."

"अच्छा चलूँगा", बच्चों की तरह दिलासा देकर अपने अग्रज को खुश करना पड़ा था नागार्जुन को। निपट असहाय और घुटन की स्थिति के कारण राहुल की आँखों से आँसू बहने लगते थे। बार-बार अपनी चेतना खो बैठते और भावुक होकर रो-रो बैठते।

बेमेल विवाह की विकृति को अपने मिथिला समाज में काफी करीब से देखा था नागार्जुन ने...चौथेपन में तीन लेखकों की शादी—तरुणी और वृद्ध साहचर्य की दुखभरी कथा को वे जान ही रहे थे—सत्यनारायण कविरत्न, बालकृष्ण शर्मा नवीन और पंडित राहुल सांकृत्यायन...यह बेमेल विवाह सम्बन्ध की त्रासदी ही थी न!

नागार्जुन ने सोचा, बम्बई से बिहार वापस होने के बाद दार्जिलिंग जाकर राहुल को देख आएँगे, या जहाँ कहीं रहेंगे, वहीं जाकर। क्योंकि बम्बई में ही जानकारी मिली थी कि राहुल मॉस्को से शीघ्र वापस आ रहे हैं। वहाँ उनके इलाज के लिए कोई कसर नहीं छोड़ी गई, पर सन्देह है कि राहुल का मानसिक स्वास्थ्य अपनी पूर्व स्थिति में शायद ही वापस आए।

नागार्जुन बम्बई से वापस लौटना चाह रहे थे, क्योंकि बच्चों से मिले काफी दिन हो गए थे। मैट्रिक पास करने के बाद शोभाकान्त ने 'पटना कॉलेज' में नामांकन करवाया था। इधर दो महीने से उसे कुछ भी पैसा नहीं भेज सके। बीच में पटना के मकान मालिक का तगादा भरा पत्र भी मिला था। उन्हें लग रहा था कि शोभाकान्त कह रहा हो, 'देखिए, होटलवाला खाना बन्द करने की धमकी दे रहा है अब... मकान मालिक मकान खाली करने को कह रहा है...कॉलेज में फॉर्म भरना है... गाँव से पत्र आया है, माँ परेशान है...और बाबूजी, आप चुप हैं...'

अब तो लगता है कि साहित्यिक यश-प्रतिष्ठा से अच्छा होता कि कोई अदना सी नौकरी कर लेते, बिल्कुल असाहित्यिक। बाप की रग-रग को पहचानने वाले अपने बड़े बेटे को मन ही मन कहने लगे, "हाँ, बेटा मैं गप्पी हूँ, अहदी भी...और दाम्भिक भी...हर साहित्यकार गप्पी होता है, अहदी भी होता है और दाम्भिक भी। यह अहदीपन और दम्भ ही उसे ऊँचा उठाते हैं। हाँ, अकर्मण्यता जरूर दिखती होगी, पर अकर्मण्यता स्वभावगत दुर्गुण नहीं है। वह हमारी परिस्थितियों की देन है।...प्रतिभा हो, क्षमता हो, स्वाभिमान हो और व्यक्ति जमकर काम नहीं कर पाए, तो यह उसके लिए बहुत बड़ा अभिशाप है।" कलम ने गालिब निकम्मा कर दिया, वरना हम भी आदमी थे काम के।

मन उचट गया भारत की आर्थिक राजधानी से। एक-दो दिन की सुविधा ही मूड खराब करती है। बार-बार उन इलाकों में जाकर चार-छह दिन रह आते, जहाँ मजदूरी-मेहनत के बाद भी लोग प्राथमिक सुविधाओं से वंचित रहते हैं। नागार्जुन को उस वर्ग से बेहद नफरत रहती, जो औसत लोगों को ठगकर या धूर्त बनाकर अपनी चारदीवारी का विस्तार करने में लगे रहते। बावन की उम्र हो रही थी उनकी और जीवनयापन के लिए संघर्ष जारी था। लेखनी के जितने भी प्रकार होते हैं, सबको आजमा लिया था। साहित्य में जन-सामान्य को लाना और साहित्य को जन-सामान्य के बीच ले जाना भी एक रचनाकार का दायित्व है। ऐसा न होता, तो तुलसीदास क्यों भला 'रामचरितमानस' लिखकर स्वयं रामलीला करवाते...जन-सम्पर्क का अर्थ बदल गया है। साहित्यकारों का जन-सम्पर्क साहित्यिक समारोह तक सीमित हो चला है। सोचा, 'अस्सी प्रतिशत जनता हमारे इष्टदेवता हैं, जो जीवन के आस-पास फैली हुई है।' उन्हीं के पास स्वयं को पाते वे। उस अस्सी प्रतिशत के पास है क्या? मजदूरी करने के लिए दो हाथ और दो पैर, ठंड से बचने के लिए सूर्य या

अलाव की गर्मी, धूप और वर्षा से बचने के लिए टूटी-फूटी झोपड़ी। समाज और समय को गतिशील रखने का सारा काम इन्हीं श्रमशील समाज ने किया है, न कि श्रीमंत समाज ने। लगा, नाहक ही बम्बई में हैं वे। क्यों न बिहार या उत्तर प्रदेश के नगरों में घूम-घूमकर अपनी छपी पुस्तकें पाठकों तक ले जाएँ। पिछले वर्ष ही नया काव्य-संग्रह 'प्यासी पथराई आँखें' यात्री प्रकाशन, इलाहाबाद से छापकर फिर प्रकाशक बनना चाहा था। उसकी काफी प्रतियाँ बिना बाइंड की प्रेस में ही पड़ी रह गई थीं। उस प्रेसवाले ने उनके सम्पादन में ही 'नवलिका' उपन्यास मासिक शुरू करवाया था। वह भी दो अंक के बाद नहीं निकल पाया था। अब तो यह सब भला क्या हो पाएगा...सोचा, कुछ पुस्तकें प्रकाशकों से लेकर स्वयं उसे बेचें, कम से कम विक्रेता का कमीशन उन्हें मिलेगा ही। जीवन जीने की खातिर संघर्ष तो करना ही पड़ेगा। कागजी मैदान में फूलने-फलने से कुछ होने-जाने वाला नहीं। इधर 'आईने के सामने' में जब थे, तो उनके कई प्रिय पात्र बालचन्द, वाचस्पति, मधुरी और मोहन माँझी बार-बार उनसे लड़ते-झगड़ते रहते, डाँट-फटकार चलती रहती...तय किया, क्यों न उन पात्रों के बीच पहुँचकर उनके साथ उठ-बैठकर दुख-सुख बतिया लें।

'आईने के सामने' पूरा कर लेने के बाद उन्हें स्वयं अपना एक नया रूप देखने को मिला! यह लिखना उन्हें अपनी जीवनी लिखने जैसा लगा था। लगा कि दरभंगा के या सम्बन्धी वर्ग के लोग यदि इसे पढ़ेंगे, तो न जाने क्या-क्या सोचेंगे। 'रतिनाथ की चाची' पढ़कर कुछ ग्रामीण अब भी नाक-भौं सिकोड़ते हैं...घाव के दाग फिर उभर आएँगे...सोचा, 'क्या बिगाड़ लेगा कलंक/क्या बना देगी कीर्ति...'

इस बम्बई-प्रवास ने और कुछ किया या नहीं किया, इतना तो जरूर हुआ कि उन्हें 'अन्तर्विरोध' भरा कवि भी कहा जाने लगा। चीन-विरोधी कविताओं के चलते कहा जाने लगा, 'माओत्से-तुंग, लिउ-शाओ-चि और चाऊ-एन-लाई को बुर्जुआवादी से उधार ली हुई गालियाँ दी है...कोई 'सच्चा' कम्युनिस्ट माफ नहीं करेगा। बंगाल के तरुण कम्युनिस्टों को ये कविताएँ अनुदित करके कोई सुना दे, तो वे निश्चय ही कवि के लिए नफरत से सने हुए दो शब्द कहेंगे-प्रतिक्रियावादी कुत्ता...।' नागार्जुन को लगा कि उनको भी उसी आवेग में यह सब कहा गया, जिस भावावेश में उन्होंने कहा था, 'नेफा, आसाम, बंगाल/मणिपुर, त्रिपुरा, कोचबिहार/सिक्किम, भूटान.../यानी पूर्वोत्तर हिन्दुस्तान/मिलनेवाला है दान.../बंगाल के अंडरग्राउंड कॉमरेडों को/कलिम्पोंग होगी उनकी राजधानी/कलकत्ता भरेगा उनका पानी/हुक्म चलाएगी लाल चीन की रानी/पेकिङ में बैठकर...।' सोचा, वे निश्चय ही अछूत-औघड़-अदूरदर्शी साहित्यकार हैं! मन ने कहा, 'देख लेना, कल या परसों फिर से भाई-भाई के वही नारे मुखरित होंगे...।' नागार्जुन रचनाकार हैं, डिप्लोमैट नहीं। डिप्लोमैट फीता से नाप-नापकर बोलता है। गाली भी देता है, तो नापकर, क्योंकि वह जानता है कि

कल वार्ता-टेबुल पर समझौता के लिए बैठना होगा। पर नागार्जुन के सामने कोई मजबूरी थी नहीं। चीन-विरोधी रचना भी तो भारतीय जनमानस के प्रति निष्ठा की कसौटी थी। पार्टी के इनर सर्किल में साहित्यकार का राजनीतिज्ञों से सीधा संवाद नहीं रहा है...नागार्जुन को यह कभी पसन्द नहीं आया, 'चुपचाप यों देखते रहना/सूनी-सी, खोई-सी निगाहों से/पथराए होंठों का/बेरुखी में यों हिलते रहना/नागवार लगता है...।'

यही सब सोचते हुए पटना के लिए टिकट की व्यवस्था में लग गए।

पटना में गृहस्थी

1963 के मई में नागार्जुन का पटना वाला पता बदल गया। छह वर्षों तक भिखना पहाड़ी वाले उस कुम्भीपाक जैसे मकान में रहे। कभी पूरा परिवार साथ रहा, तो कभी सिर्फ शोभाकान्त और सुकान्त। मगर अधिकांश समय शोभाकान्त अकेला ही रहा वहाँ। वहीं रहकर उसने मैट्रिक पास की और पटना कॉलेज का छात्र बना। फिर पटना के महेंद्रू मोहल्ले में पोस्ट ऑफिस के ठीक पीछे वाला खपरैल मकान किराये पर लिया गया। यह मकान मुख्य सड़क पर नहीं था। पूरब रुख का तीन दरवाजे वाला खपरैल मकान...पहला दरवाजा मकान में प्रवेश का रास्ता और शेष दो दरवाजे दो कमरों के। इस गली का अन्त एक अन्य खपरैल मकान के प्रवेश द्वार से होता था। मकान के उत्तर में कुछ ही कदम के बाद पटना बेसिक ट्रेनिंग स्कूल का बड़ा मैदान था। मैदान के बीचोबीच पटना लॉ कॉलेज और रानीघाट प्रोफेसर्स क्वार्टर का रास्ता भी बन चला था।

मकान खपरैल जरूर था, पर अन्दर काफी जगह थी। बीच में आँगन, पूरब और पश्चिम में दो-दो कमरों की कतार, भरपूर धूप और जमकर चाँदनी का सुख। मकान में अपराजिता जब पहली बार आई, तो खुश हो गई। आते ही उसने कोहरे का पौधा लगाया, जो छप्पर पर जाकर लतर गया। नागार्जुन को कच्चे कोहरे में सरसों डालकर बनी रसदार सब्जी खूब पसन्द है।

पटना में ग्रामीण परिवेश वाला मकान पाकर नागार्जुन प्रसन्न थे। तय किया कि पूरे परिवार को स्थायी रूप से अब पटना ही रखा जाए। सोचा, जो भी कमाई है, उसे एक जगह पूरे परिवार पर खर्च करेंगे। सुकान्त भी तो नौवीं कक्षा का छात्र हो गया है। उससे छोटा श्रीकांत आठवीं में था और सबसे छोटा पुत्र पाँचवीं में। दोनों बेटी भी किसी तरह पढ़ ही रही थी। शोभाकान्त के अलावा सभी अब तक गाँव में ही पढ़ाई करते रहे। नागार्जुन ने पटना में ही रहकर एक श्रमजीवी साहित्यकार की

तरह सब कुछ लिखने के लिए खुद को तैयार कर लिया। दस-ग्यारह वर्ष पहले 'दस रोज सोचा, बीस रोज लिखा/महीने की मेहनत तीन सौ लाई!/क्या बुरा सौदा है?...' वाली हालत थी, तो अब यदि जमकर गद्य लिखें, तो प्रकाशक दौड़े-दौड़े आएँगे। उन्हें पटना में ही अपना खूँटा मजबूती से गाड़ना था। खूँटा गाड़ने के लिए खन्ती से जमीन कोड़ना पड़ता। फिर उसमें लकड़ी या बाँस का एक लम्बा सीधा टुकड़ा डालकर मजबूती के साथ मिट्टी भरना पड़ता।

गाँव जाकर परिवार ले आए। एक लम्बे समय के बाद घर का मुखिया परिवार को अपने साथ पा रहा था। छह बच्चों की माँ प्रौढ़ा अपराजिता पति को बहुत दिनों के बाद सद्-गृहस्थ की भूमिका में देखकर प्रफुल्लित थी। पटना के मकान में आकर वह क्षणिक सुख में डूबने-उतराने लगी। बावन वर्षीय कवि को तो—'बहुत दिनुका बाद-/सुवासित खोपाक सौरभ/रतुठिया मुस्कीक झलकी/...भेल सभ कथुक संगहि संग अनुभूति/बहुत दिनुका बाद...'

नए सिरे से जीवन आरम्भ किया। कई पत्र-पत्रिकाएँ पटना से निकल रही थीं। पार्टी की 'जनशक्ति' के अलावा 'योगी' में अब तक नागार्जुन छपते रहे और पारिश्रमिक लेते रहे। तय किया कि पटना की सभी पत्र-पत्रिकाओं में रचना देंगे और नियमित भुगतान भी प्राप्त करेंगे। यह तो फुटकर काम की बात थी, बड़ी रचना के लिए उपन्यास लिखने का मन बनाया। 'हीरक जयंती' लिखा था दिल्ली में बैठकर। सालभर हो ही रहे थे। वह कहानी भी तो दिमाग में 1954 से घूम रही थी! 'बहुधा विज्ञापित-/हीरक जयन्ती के सुदुर्लभ क्षणों में/माननीय खाद्य मंत्री महोदय को/अकाल-ग्रस्त क्षेत्र के सेठों ने दी है थैली/एक लाख ग्यारह हजार एक सौ एक की.../चाँदी की थाल में पड़ा है चेक जयहिन्द-बैंक का/कर दिया घोषित/प्रेस-प्रतिनिधि गण के समक्ष/तत्क्षण ही मंत्री ने/रकम यह 'महिला मंगल समाज' के हिसाब में जाएगी/श्रीमती मंजुमुखी देवी-/एम.एल.ए.../ढलती जवानी कनकयष्टि गात्र/म. मं. समाज की प्रमुख ट्रस्टी.../करके शिष्ट संकोच का अभिनय/नचाती-सी दहिना पाणिपल्लव/उठा लिया चेक वह आपने/डाल लिया शान्तिनिकेतनी पर्स में/—हो-होकर गुरु गम्भीर/उतरा रही हैं अब आन्तरिक हर्ष में'। इसी कथा वस्तु पर 1957 में इलाहाबाद में रहकर 'दुखमोचन' के बाद उपन्यास लिखना चाहा था, पर संक्षिप्त रूप में कहानी बनकर रह गई थी 'हीरक जयन्ती'। मगर 1961 के अन्त में उसे आखिरकार उपन्यास का रूप दे ही दिया।

अब उपन्यास के कई कथा बीज और पात्र दिमाग में चक्कर काट रहे थे। इसी बीच एक दिन मुजफ्फरपुर के एक सम्पन्न कृषक, जो कवि भी थे और स्वाधीनता सेनानी भी, आए और तीन दिनों तक दुख-सुख बतियाकर गए। उन्होंने एक घटना विस्तारपूर्वक सुनाई। एक ब्राह्मणी विधवा...शादी के तीन महीने के भीतर ही दूल्हे का देहान्त...थी सुन्दर, तो सौन्दर्य उसके वैधव्य के अभिशाप को और गहरा कर

रहा था...उसी गाँव में दूसरी बिरादरी का एक युवक, जो शादी के पाँच माह बाद ही विधुर हो गया था...उस युवक की माँ ने काफी कोशिश की, पर दूसरी किसी को अपनाने के लिए वह तैयार नहीं हो रहा था...विधवा तरुणी ककहरा मुश्किल से पहचानती...उसी गाँव में एक अन्य युवक की भाभी मैट्रिक तक पढ़ी-लिखी थी...उसके चाचा स्वाधीनता आन्दोलन के अन्तिम जत्थे के सुलझे कार्यकर्ता थे, तो अपनी लाडली भतीजी के अन्दर युवकोचित संस्कार काफी मात्रा में डाल रखा था... वह ससुराल आकर भाभी और काकी बनी, तो ढेर सारी बहू-बेटियों की गुरुआइन हो गई थी...गाँव के युवक उस मृदुभाषी, सुमुखी को आदर और स्नेह से देखते... वह अपनी बातों वाली चाबुक से युवकों की चेतना को झकझोरती रहती...उसी के पास विधवा तरुणी से विधुर युवक की नजरें मिलीं...भाभी ने इतना तो किया ही कि विधवा तरुणी के मन से ग्लानि और विधवापन की कुंठाओं को धो-पोंछकर अलग कर दिया था और उसे एक निर्भीक तरुणी बना दिया...इसी तरह स्वप्नदर्शी भावुक मनवाले युवक को संकल्पशील युवक के रूप में बदल दिया...फिर उन दोनों को एक-दूजे के लिए बन जाने के लिए तैयार किया...विधवा और विधुर के पनपते स्नेह-सूत्र से जुड़ी बातें गाँव के दरवाजों पर चर्चा-वर्चा में शामिल होने लगीं...हर गाँव में कुछ नाक वाले तो होते ही हैं, जिनको लगता कि हर बात में उनकी नाक कटती है...फतवा जारी किया गया—'साला बड़ा रंगबाज है...टाँग तोड़ दो...' भाभी ने दोनों को अलग-अलग समझाया—'साहस से काम लो, गाँव में लोग तुम्हारे मनोरथ को पूरा होने देंगे नहीं। यहाँ के लोगों को बर्दाश्त नहीं होगा कि तुम दोनों एक हो जाओ। सोचना-विचारना छोड़ो। लो पैसा, छोड़ो गाँव का मोह। पाँच-सात साल बाहर रहोगे, तो जो विरोध कर रहे हैं, वे सब ठंडे पड़ जाएँगे...' दोनों भागे... अपने इलाके-जवार से साठ-सत्तर मील दूर जाकर दो-चार दिनों तक सुस्ताने का मन बनाया...एक धर्मशाला में जगह ली...गाँव तो दूर हो गया, पर पुलिस ने सूँघ लिया...पूछ-ताछ की और लड़की को शीघ्र ही अपने कब्जे में करने के लिए केस बनाया कि लड़की को भगाए लिए जा रहा है...युवक ने भाभी के देवर अपने मित्र को तार दिया, पर वह तार काफी दिनों के बाद गाँव के पोस्ट ऑफिस के कूड़ेदान में मिला...दोनों को सजा हुई...युवक को नौ माह की और युवती को तीन महीने की...गाँव में यह पता नहीं चला कि दोनों कहाँ-किस अवस्था में हैं? उन्हें तो मात्र इतना ही मतलब था कि दोनों मिल नहीं पाए...मुजफ्फरपुर के उस मित्र ने बताया था कि यह घटना चार-पाँच वर्ष पहले की है। जिस दिन नागार्जुन को यह घटना सुनाई गई, तो दोनों मित्रों ने कुछ देर तक यह भी सोच-विचार किया कि आगे क्या-कुछ हुआ होगा?

एक उपन्यास लिखना था नागार्जुन को, तो इस अधूरी कहानी को पूरा करने का मन बनाया। इस पर सोचते हुए वह लिखाई में जुट गए। अचानक उसी दिन

शाम में एक युवक आ धमका—"बाबा, आपको डिक्टेशन देकर लिखवाना है न! मुझे पता लगा है। मैं हर रोज तीन घंटा समय देने को तैयार हूँ। आप जो देंगे, वह स्वीकार है।"

उपन्यास पर सोचते-सोचते अचानक एक अन्य मित्र की बेटी का चेहरा याद आ गया। नागार्जुन उसे 1954 ई. से ही जानते थे, जब वह हाई स्कूल की छात्रा थी और 'योगी' के 'होनहारों की दुनिया' के कारण नागार्जुन के सम्पर्क में आई थी। एमए में फर्स्ट क्लास फर्स्ट हुई, तो कॉलेज में प्राध्यापिका हो गई। अब बड़े काश्तकार खानदानी पिता की समस्या विकराल हो गई बेटी की शादी को लेकर...फर्स्ट क्लास फर्स्ट उपलब्धि का विराट चक्र पिता के सामने अहर्निश घूमा करता। वह सोच ही नहीं पा रहे थे कि बेटी के लिए सेकंड क्लास दूल्हा कैसे मैच करेगा?

नागार्जुन का दिमाग कई दिनों तक उलझा रहा इस समस्या को लेकर। फिर जम गए खूँटा गाड़ने के लिए और पहले डिक्टेशन से जो निबन्ध तैयार हुआ, वह था 'फर्स्ट क्लास फर्स्ट'। इस निबन्ध के बाद अपनी कुछ कविताएँ फेयर करवाईं। दो-तीन दिनों तक मित्र द्वारा सुनाई गई कहानी पर सोचते रहे...उस कहानी को आगे बढ़ाना तय किया।

भारतीय समाज में नारी विवशता और असंतोष को देखती और भोगती है। अभिशप्त विधवाएँ समाज के सफेदपोश भेड़ियों का निशाना बनकर भी मुँह न खोलने को मजबूर होती हैं। 'छिछोरपन का इलाज कारतूस की पेटियों से नहीं होगा। स्त्री-पुरुष में समान रूप से समझदारी पैदा करनी होगी।' तभी शायद समाधान निकलेंगे... दिमाग दौड़ने लगा—जिस जेल में विधवा कैद रही होगी, वहाँ शायद पचास की उम्र का कोई विधुर सिपाही ड्यूटी में रहा होगा। विधवा को देखता होगा और सजा खत्म होते ही शायद उससे विधिवत शादी कर ली होगी...पिता की उम्र के पुरुष का गर्भ और माँग में सिन्दूर...विधुर जब सजा के बाद जेल से बाहर आया होगा, तो वहीं पहुँचा होगा, जहाँ विधवा जेल में बन्द थी...पुलिस क्वार्टरों के बगल में हनुमान मन्दिर...पुजारी से मेल-जोल बढ़ा होगा, तो पता लगा होगा कि एक बूढ़े 'कुँवारे' सिपाही ने जेल से सजा काटकर निकली एक तरुणी से शादी कर ली है...किसी प्रकार वह विधुर उसे देख आया होगा...मन्दिर में दोनों की भेंट-मुलाकात...तरुणी ने कहा—मुझे भूल जाओ...पेट में सिपाही का गर्भ पल रहा है...विधुर गर्भसहित उसे स्वीकारने को तैयार...समय पर बच्चा बाहर आएगा और पिता की जगह सिपाही का ही नाम रहेगा, पर रहेगा तुम्हारे-हमारे साथ जीवन भर...तरुणी को भाभी की याद आई होगी और खुद को नए ढंग से दुनिया को देखने के लिए तैयार किया होगा...समस्या और समाधान सामने आ गए, तो नागार्जुन ने एक कॉपी में फिर चार्ट बनाया। पात्र-परिवेश गढ़े और अगले दिन से तीन घंटा रोज लिखवाना शुरू किया।

इस बार उपन्यास के नायक-नायिका ने न तो वैधव्य का जीवन स्वीकार किया और न बेमेल विवाह का। गर्भ सहित अपने प्रेमी से विवाह करके जीवन को क्रान्तिकारी मोड़ देकर ही दम लिया। नागार्जुन ने अपने पुराने पात्र 'पारो' और 'रतिनाथ की चाची' को बदलते सामाजिक परिवेश में लाकर खड़ा कर दिया था। अपनी सृजनात्मक पीड़ा से मुक्त हुए, तो सामने आई—'उग्रतारा' की पूरी पांडुलिपि। पटना में तीस-पैंतीस दिन लगातार बैठकर 'पारो' के बाद यही उपन्यास लिखा था। यों बीच-बीच में एक-एक दो-दो दिन की छुट्टी भी मना लिया करते। ऐसा तब होता, जब पटना से बाहर का कोई मित्र या रचनाकार आ जाता।

अपराजिता और बच्चे थे, तो भोजन और चाय-नाश्ता आदि के लिए बाहर नहीं निकलना पड़ता। परन्तु बीच-बीच में तात्कालिक खर्च के लिए मोहल्ला छोड़ना ही पड़ता। आठ प्राणी का परिवार, और ऊपर से एक-दो आने-जाने वाले लगे ही रहते। घर का सारा काम पत्नी और बच्चे ही किया करते। अक्सर शाम को सुकान्त और श्रीकांत अपने मित्रों के साथ ट्रेनिंग स्कूल के मैदान में खेलने जाते और अँधेरा होने के बाद किसी धुन पर सीटी बजाते हुए वापस लौटते। उस समय पिता आँगन में बैठकर किसी नए-पुराने रचनाकार से बात करने में मशगूल रहते। दोनों बच्चे हाथ-पैर धोकर माँ के पास किचन में घुस जाते। वहाँ पहले से ही माँ को बेटे-बेटियाँ घेरे रहते। यह समय हुआ करता था भुने चूड़े और चने की घुघनी खाने का।

'उग्रतारा' की पूरी पांडुलिपि का वाचन उपन्यास-समाप्ति के दूसरे दिन करना पड़ा। असल में, चार साहित्यजीवी बन्धु इकट्ठा हो गए थे। गर्मी थी, जून का मध्य था। हाथ पंखा से हवा लेते हुए वे चारों पूरी दोपहरी उपन्यास सुनते रहे। फिर नींबू वाली चाय और भुने हुए चने के साथ फरही की फरमाइश के बाद उपन्यास पर बात शुरू हुई। नागार्जुन ने कहा—"रतिनाथ की चाची 1947 में लिखा था। देखिएगा तो रतिनाथ की चाची और मेरे इस उपन्यास में अन्तर है। 'उग्रतारा' अनुलोम प्रगतिशील है और 'रतिनाथ की चाची' फोटोग्राफिक।" मित्रों को लगा, अब नागार्जुन अपनी वैचारिकता के साथ परिवर्तित परिवेश में दिखने लगे हैं।

दिल्ली जाकर उपन्यास के बदले पैसा ले आए। पटना का खर्च काफी बढ़ गया था। इस बीच वह बनिया पटना आकर तगादा कर गया, जो गाँव में राशन-पानी दिया करता था। अपराजिता चाहती थी कि तरौनी का कर्ज शीघ्र जाकर वापस कर आएँ। यह तभी सम्भव था, जब नागार्जुन लगातार कलम से गद्य ही लिखा करें। मगर ऐसा नहीं हो पाता। आर्थिक अस्थिरता के कारण कई काम छूट जाते, जो घर या परिवार के लिए आवश्यक होते। बच्चों की फीस-किताब की व्यवस्था करते, तो मकान का किराया बाकी रह जाता...यदि किसी रिश्तेदारी में जाना होता, तो कर्जा-पैंच का सहारा रहता, जो कई महीनों तक चढ़ा ही रहता। कर्ज वापस करते, तो दुकानदार का बकाया रह जाता। आर्थिक मुसीबतों से घिरते ही चले गए। परिवार

में प्रसन्नता और हँसी-मुस्कान लम्बे अन्तराल के बाद ही दिखती। अपराजिता पटना रहती, तो अक्सर बेहद परेशान रहती। लगता उसके जीवन में मुसीबत और कष्ट कपार में टिकुली की तरह चिपके थे।

एक दिन शोभाकान्त ने पिता से पूछा, "इस तरह जीवन कैसे कटेगा...", तो पिता ने सहज ढंग से पुत्र की ओर देखा और बिल्कुल तनावरहित होकर कहा, "गरीबी की आँच काफी है जीवन जीने के लिए!"

आर्थिक असुविधा के कारण लिखाई-पढ़ाई भी बाधित होती। थोड़ा-सा आलस्य भी आ जाता। हालांकि नागार्जुन मानते हैं कि 'आलस्य साहित्यकार को खा जाता है। यह कोई मामूली घुन नहीं है। यह भी देखा गया है कि बहुतेरे साहित्यकार सुख-सुविधा पाकर अहदी हो जाते हैं...अनेक ऐसे भी हैं, जो सम्पन्नता की स्थिति से पहले ही सुस्त पड़ जाते हैं—निराशा, पराजय, असफलता में तो वे अपने को असहाय मान बैठते हैं।' नागार्जुन के पास सम्पन्नता और सुविधा, दोनों का कहीं कोई अता-पता नहीं, तो अहदी होने का सवाल नहीं। उन्होंने खुद को पराजय या असफलता का शिकार नहीं माना, तो फिर स्वयं को भला असहाय क्यों मानते?

पटना के जिस इलाके में वे रह रहे थे, वह छात्रों से भरा पड़ा था। प्राइवेट होस्टलों की भरमार थी। शाम को अक्सर कई परिचित चेहरे सड़कों पर मिल जाते। नागार्जुन ने महसूस किया, 'पढ़े-लिखे लड़कों में एक अजीब किस्म की सुस्ती पाई जाती है। एक अद्‌भुत प्रकार का आलस्य, जो शरीर को ही नहीं, मन तक को पंगु बना डालता है। यह आलस्य ही इधर के युवकों का दुश्मन नंबर एक है।'

दिल्ली से लौटे थे नागार्जुन...वहाँ पंजाबियों को देखा था, जो 'श्रम और स्वावलम्बन की एक नई परम्परा का निर्माण कर रहे हैं'। आत्मविश्वास से दमकते उनके चेहरे भूल नहीं पाते। मगर हिन्दीभाषी क्षेत्र को देखकर नागार्जुन को लगता, 'आलस्य अपने देश के युवक-वर्ग के लिए टीबी से अधिक घातक साबित हो रहा है।' कहा जाता है, टीबी का रोग छूत के साथ-साथ वंशानुगत विरासत में भी मिलता है। इसी प्रकार वे मानते कि आलस्य 'एक विशेष प्रकार की राष्ट्रीय और सामाजिक परिस्थिति की देन है, जो हमें कई सौ वर्षों की प्रशासकीय विवशताओं की विरासत के रूप में मिला है।' नागार्जुन को लगा, इस प्रशासकीय विवशताओं की विरासत पर कुछ न कुछ सोचा जा सकता है।

इलाहाबाद का एक तरुण प्रकाशक पीछे पड़ गया कि—"बाबा, निराला पर आप अपना काम शुरू तो करें।" निराला के निधन के आसपास ही नागार्जुन ने बच्चों के लिए प्रेमचन्द की एक जीवनी तैयार की थी। उसको देखकर मित्रों की राय बनी कि निराला पर भी लिख डालो, और नागार्जुन का मन भी बन गया था। पर वह काम छूटता जा रहा था। इस बार 'उग्रतारा' के बाद निराला पर ही काम करने का मन बनाया। यों निराला साहित्य कई बार पढ़ चुके थे। अब जब काम के

लिए बैठना था, तो पूरा का पूरा साहित्य जमा किया। पेंसिल हाथ में और सामने खुली पुस्तकें। पास ही सादी कॉपी नोट्स के लिए...

जब निराला की मृत्यु हुई थी, तो चर्चा चली थी—'निराला बीस वर्ष अभी और जी सकते थे!' इसी वाक्य से नागार्जुन अपने अग्रज तुल्य पंडित सूर्यकांत त्रिपाठी 'निराला' को याद करने लगे। कई-कई दिनों तक लगातार उस महाकवि को नागार्जुन ने इलाहाबाद में देखा था...बातें की थीं...साथ-साथ खाया-पिया था... उन्हें सुना था...अपनी सुनाई भी थी...कविताओं के वाचन-काल में निराला का स्वर ओजपूर्ण हो उठता...वह हाव-भाव और मुद्रा अद्भुत लगती...याद आया, निराला के देहान्त के बाद गत वर्ष (1962) उनकी जयंती राष्ट्रपति भवन में मनाई गई थी। उसी क्षण नागार्जुन अपनी रचना गुनगुना उठे—'बाल झबरे, दृष्टि पैनी, फटी लुंगी, नग्न तन/किन्तु अन्तर्दीप्त था आकाश-सा उन्मुक्त मन/उसे मरने दिया हमने, रह गया घुटकर पवन/अब भले ही याद में करते रहें सौ-सौ हवन...।' सोचा, 'साहित्य क्या राजनीति के आगे फटी जूती भी नहीं है? साहित्य क्या अशोक चक्र वाली त्रिवर्ण पताका के समक्ष घूरे पर का चिथड़ा भी नहीं है...'

निराला पढ़ते-पढ़ते यह तो स्पष्ट था कि 'कुल्ली भाट' और 'बिल्लेसुर बकरिहा' में निराला की भाषा तलवार की तरह बाहर आ गई है। साहित्य में आँचलिकता की चर्चा जब होती है, तो नागार्जुन का नाम सामने आ ही जाता। निराला पर कुछ काम करने के लिए बैठे इस आँचलिक उपन्यासकार को लगा—'निराला ने बिल्लेसुर जैसे अपराजेय ग्रामीण को चरित्र नायक का पूर्ण सम्मान देकर हमारे साहित्य में मानो अधिष्ठित कर दिया कि आँचलिकता के अनागत भागीरथों को दंभ का पिशाच कहीं गुमराह न कर दे...भारत की किसी भी भाषा में इनका मुकाबला करने वाला पात्र दुर्लभ ही होगा।' नागार्जुन पेंसिल हाथ में लिए सोचते रहे—निराला 'कवियों के कवि थे, सन्तों के सन्त। उनका अवधूतपन सार्वजनिक था। उन्हें समझने के लिए हमें अपनी परम्परा को समझना होगा। उनकी दुर्गति हमारी अपनी दुर्गति थी।'

फक्कड़-घुमक्कड़-अवधूत-साधक आदि शब्द कानों को गुदगुदाने के लिए हैं। इस तरह के विशेषण नागार्जुन के साथ भी यदा-कदा लगा दिए जाते हैं। 'आचार्य नागार्जुन तो अक्सर...' मौके पर नागार्जुन अपना कान फुर्ती से छू लेते। 'आचार्यत्व का यह लबादा भला मुझसे ढोया जाएगा? अपन तो सीधे-सादे गौ-सरीखे प्राणी ठहरे...' भीतर की आवाज कोई भले न सुने, खुद तो सुन ही लेते। पर अग्रज निराला के भीतर तुलसी, कबीर, भारतेंदु और रामकृष्ण परमहंस दिखते रहे नागार्जुन को। '1945-46 के बाद से ही निराला सिद्धावस्था में आ गए थे। जो देना था, वह दे चुके थे।' नागार्जुन को स्पष्ट लगा कि निराला को इसके बाद भी कुछ झेलना और भोगना बाकी था।

नागार्जुन स्वयं स्वतंत्र भारत में साहित्यकार की स्थिति अच्छी तरह भोग रहे हैं—'पिछले युगों में दरबारी-कवि होते, तो आज राज्याश्रित होते'। ऐसे रचनाकारों के लिए उनकी एक पंक्ति है—'बिछा है सामने शतरंज/साहित्य और संस्कृति है पीठ की ओर'। नागार्जुन की सोच निराला को केन्द्र में रखकर चल रही थी। निराला 'हमें अपने स्वरूप का ज्ञान करा गए। साहित्य—पूर्ण और शुद्ध साहित्यिक, आज भी अर्थात स्वाधीनता प्राप्ति के इतने वर्षों के बाद भी कितना असहाय है, किस प्रकार अवहेलित। अगर साहित्यकार राजनीतिज्ञों का अनुगमन करने से हिचकता है, तो भौतिक तौर पर उसका भविष्य अन्धकारपूर्ण है...साहित्यकार का साहित्य पक्ष अगर गौण हो और व्यवहार पक्ष प्रबल, तभी जी सकता है साहित्यकार।' 'निराला—एक व्यक्ति, एक युग' लिखते हुए नागार्जुन को लगा—महाकवि सशरीर उनके सामने बैठे हैं और कह रहे हैं—'सुर्ती फाँकोगे नागार्जुन'।

छपने से पूर्व इस पुस्तक को पटना के साहित्यिक गोष्ठी में सुनाया नागार्जुन ने। चार माह के भीतर यह उनकी दूसरी गद्य-कृति थी। इसके बाद प्रकाशक राहुल पर भी इसी तरह की पुस्तक लिखने के लिए कहने लगे...यों भी राहुल के बारे में बहुत कुछ लिखने की उनकी इच्छा थी, पर सोचते कि अभी वक्त नहीं आया है। कभी-कभी मन करता कि उनके (राहुल) चरित्र को लेकर एक उपन्यास ही क्यों न लिखा जाए! राहुल का देहान्त जब हुआ, तो नागार्जुन पटना में थे। आकाशवाणी वाले दौड़े-दौड़े आए थे। उस घुमक्कड़-खोजी-चिन्तक और धर्म-भाई के सम्बन्ध में कहते हुए गला भर आया था, आवाज में थरथराहट थी...।

राहुल के साथ की गई यात्राएँ, उनके संग जेल और जेल से बाहर लम्बे समय तक साथ रहना, पुस्तकों के कई अंशों का डिक्टेशन और न जाने कितने आन्तरिक प्रसंग उन दिनों याद हो आए। दिल्ली के कनॉट प्लेस के उस बड़े मैदान में, जो दफ्तरों और कॉफी हाउस से लगा था, दोनों घंटों गुजार देते थे। एक दिन बैठे-बैठे अचानक राहुल ने अपनी जेब से कागजों की तह में बहुत सहेजकर रखी लोला और इगोर की फोटो निकाली और अपलक देखने लगे थे। पूछना चाहा, तो वे रोने लगे। राहुल उन दिनों अजीब कश्मकश और तनाव की जिन्दगी जी रहे थे। फिर याद आया—एक बार राहुल जी ने 'जीवन-यात्रा' के प्रथम खंड से कुछ कविताएँ सुनाईं और पूछा कि कैसी लगीं? कविता सुनकर नागार्जुन ने कहा था, "आपको कविता लिखने का शौक है, बेशक रहे, लिखिए भी। पर वे इस लायक नहीं हैं कि छपवाया जाए।" राहुल को अधिक से अधिक लिखने की आतुरता थी। इसी चक्कर में भाषा पर ध्यान नहीं देते थे। एक बार नागार्जुन ने कहा था, "आपकी भाषा कहीं परिमार्जित, तो कहीं बहुत ढीली हो जाती है।" राहुल ने पलटकर कहा

था, “आप ठीक कर दीजिए न!” नागार्जुन ने तत्काल उत्तर दिया, “क्यों करें? मेरे पास कोई और काम नहीं है क्या?” इस पर महामना बोले, “आने वाली पीढ़ी यह काम करेगी”। नागार्जुन से नहीं रहा गया, “आने वाली पीढ़ी के पास क्या यही काम रहेगा? वह अपना करेगी या आपकी भाषा ठीक करेगी!”

नागार्जुन बावन-तिरपन की उम्र पार करने के बाद भी अपने परिवार और आगे की जिन्दगी को लेकर बहुत परेशान रहते। गाँव का एकमात्र झोंपड़ीनुमा मकान कभी भी दम तोड़कर धराशायी हो सकता है। पटना में पूरे परिवार को रखते हुए उनका पसीना छूट रहा था। मगर मैथिल महाकवि यात्री मछली के भयंकर शौकीन...अक्सर जब भी मौका लगता, तो मछली आ ही जाती। अपराजिता को खाना पकाने में खूब मन लगता और मछली पकाना हो, तो कहना ही क्या—‘निका-बनाकर/कुट्टी-कुट्टी करके/हल्दी-दही-नमक मिझड़ाकर/सुच्चा कड़ू तेल में तलने’ बैठती अपराजिता, तो कवि नागार्जुन देखते ही रहते। फिर ‘खाकर मछली-भात/धो-धाकर मुँह हाथ/लेकर फिर मुख शुद्धि/सुपारी-लौंग-अड़ांची-सौंफ/होकर के निश्चिन्त/तख्त पोश पर बैठे’ सोचने लगते, शायद अगले कई दिनों तक सब्जी के लिए सोचना पड़ेगा...यह भी सम्भव है कि ‘पत्रम पुष्पम’ का कोई मनीऑर्डर आ टपके।

उस खप्पर वाले मकान के छप्पर पर अपराजिता द्वारा लतराए गए कद्दू और कोहरा ने कई बार नमक-तेल वाली गरीबी में साथ दिया। यह अपराजिता के हाथों का कमाल था कि चावल और कोहरे की सरसों वाली सब्जी स्वाद ले-लेकर खाते। सूरन की चटनी में जमीरी नींबू का रस और काली सरसों पीसकर इस तरह मिलाया जाता कि हाथ चाटते हुए उठते। कभी-कभी चावल-दाल-रसदार सब्जी के संग तिलकोर-बैगन-आलू का बचका बनता। यह सब तब होता, जब पैसे घर में रहते। यों अपराजिता पटना के उस मकान में महसूस करती रहती कि गृहस्थी की हालत ठीक नहीं है। बच्चे भी शायद ही तंदुरुस्त रहते हों। वह देख रही थी कि एक पुस्तक पूरी करते ही गृहपति को इलाहाबाद-दिल्ली जाना पड़ता और पैसे लाकर किसी तरह जोड़-तोड़कर दो-चार दिन ठीक-ठाक...फिर टके की बादशाही होती...इस हालत में भी मित्रों को बैठाकर अपनी कविता प्रसन्न होकर सुनाते हुए अपने पति को यह ब्राह्मणी एकटक देखती रहती। गरीबी में आपसी तनाव भी होते रहते, तो हँसी-ठिठौली भी चलती रहती। पर बच्चों को जब भी थोड़ा कष्ट होता, तो पति-पत्नी एक-दूसरे पर आरोप-प्रत्यारोप करना शुरू करते।

महेन्द्रु मोहल्ले वाले उस आवास में नागार्जुन ने वर्ष भर के भीतर खूब काम किया। परिवार भी लस्टम-फस्टम...कभी तरौनी जाकर रहता, तो कभी पटना। शोभाकान्त लेकिन यहीं रहता। कॉलेज का छात्र है न! सुकान्त और श्रीकांत कभी यहाँ रहते, तो कभी तरौनी। आर्थिक मजबूरी के कारण सुकान्त का नाम गाँव के बगल के नेहरा हाई स्कूल में लिखवा दिया गया था। श्रीकांत भी वहीं...पर वह

वहाँ नहीं पढ़ना चाहता था। बाकी तीनों बच्चे जैसे-तैसे पढ़ रहे थे घर में ही रहकर। चाहते कि बेटियाँ भी पढ़-लिख लें। उधार-पैंच की भी एक सीमा होती है। एक माह, दो माह, तीन माह के बाद बनिया भी सामान देते हुए आँखें कड़ी कर लेता। कभी-कभी लगता, पूरी जिन्दगी ही गिरवी पड़ी है।

पटना से 'पॉकेट बुक्स' की योजना बनी, तो प्रकाशक 'पुस्तक भंडार' की नजर अपने प्रिय रचनाकार नागार्जुन पर सबसे पहले गई। बिहार के प्रकाशक नागार्जुन की पुस्तकें नहीं के बराबर छापते। कहने के लिए अजंता प्रेस, पटना ने 'मर्यादा पुरुषोत्तम' का प्रकाशन किया था। फिर 'नई पौध' का एक रूपान्तरण जैसा संस्करण 'नई कोंपलें' भी अजंता प्रेस वालों ने छापा था, शायद सरकारी खरीद के लिए। 'मेघदूत' का अनुवाद भी पटना में ही छपा था। पुस्तक भंडार वालों ने 'वीर विक्रम' नाम से एक बाल साहित्य भी प्रकाशित किया था। मगर अब तक उनकी महत्त्वपूर्ण पुस्तकों का कोई प्रकाशक बिहार में नहीं था!...तो पॉकेट बुक्स के पहले सेट में नागार्जुन आवश्यक लगे प्रकाशक को। उपन्यास हो जाए, तो और भी अच्छा। कविता नहीं चलेगी...नागार्जुन ने 'मेघदूत' का जैसा रूपान्तर किया था, वैसा ही कुछ विद्यापति के गीतों पर भी करना चाहते थे। 'विद्यापति के सौ गीत' का नागार्जुन ने अपने ढंग से रूपान्तर किया। मुक्त छन्द में नहीं बाँध सके, पर गद्य में इस रूपान्तर से खुद वह सन्तुष्ट थे। विद्यापति को पढ़ते हुए लगा 'पुरुष परीक्षा' में से कुछ कहानियों का बच्चों के लिए रूपान्तर करना अच्छा रहेगा। सभी का रूपान्तर बच्चों के लिए नहीं किया जा सकता, तो मात्र तेरह कहानियों को चुना।

यों कवि सम्मेलन या गोष्ठी के सिलसिले में बीच-बीच में कलकत्ता, दिल्ली, इलाहाबाद, बनारस जैसे कई शहर हो आते। जमकर लिखने के बावजूद परिवार को आधी-अधूरी सुविधा भी नहीं दे पा रहे थे। कुछ काम नए सिरे से करना चाहते थे। उन्होंने देखा था कि राहुल जैसे अन्तरराष्ट्रीय ख्यात महापंडित को अपने देश की सरकारी या गैर-सरकारी संस्थाओं से माकूल काम पाने की जब कोई उम्मीद नहीं रही, तो वह लंका में अपने गुरु भाइयों के बीच चले गए थे, तो फिर नागार्जुन की क्या हस्ती है?

नागार्जुन को अपनी जमात अर्थात बुद्धिजीवियों, साहित्यकारों और कलाकारों पर भी क्षोभ होता है। इन वर्गों की ठकुर-सुहाती के बिना शासक वर्ग इतना पतित हो ही नहीं सकता! इस कतार में जो आगे खड़े हैं, उन्हें पद्म भूषण और पद्मश्री जैसे तमगों से सजा दिया गया है। नागार्जुन को साफ-साफ दिखता कि 'साधारण जनता की दुर्दशाओं से नितान्त अनभिज्ञ रहने वाले इन हवाई सन्तों और डपोरशंखी नेताओं के प्रच्छन्न आशीष के बिना देश के कर्णधारों को सामाजिक-आर्थिक समस्याओं की रत्ती भर भी परवाह नहीं रहेगी।'

सोचते-सोचते अन्तर्मन में कहीं गूँज उठा—'भाइयो, आज हमारे बीच आदरणीय

नागार्जुन जी पधार रहे हैं...अब काव्य-पाठ करेंगे'। फिर दृश्य कौंधा—'चालीस मिनट का काव्य-पाठ...दस-बारह मिनट अपने चुटीले अन्दाज में कुछ बातें इधर-उधर की...श्रोताओं को खटखटाएँगे, हँसाएँगे, कुछ उन तक पहुँचाएँगे और वसूल कर लाएँगे एक हरा पत्ता...मंच पर खूब जमते हैं, लोग दिलचस्पी से सुनते हैं...सब तरह की कविता, नई-पुरानी शैलियों को आजमाया करते...' मगर बिहार में आदर तो मिलता, पर नोट नहीं। सोचा, कविताएँ सुनाएँगे और अपना साहित्य श्रोताओं में खपाएँगे! अपनी काव्य-पुस्तिका बेचने में उन्हें कभी संकोच नहीं हुआ। याद आया, लगभग बाईस-तैईस वर्ष पूर्व निर्मली-समस्तीपुर के बीच आते-जाते ट्रेनों में एक कवि अपनी कई छोटी-छोटी काव्य-पुस्तिका छपवाकर गा-गाकर खुद ही बेचा करता था—'अल्हुआ भ' गेल साबुदाना'—यही टेक अब तक याद है। उन दिनों विश्व युद्ध के कारण शकरकंदी साबुदाना की तरह महँगा हो गया था। नागार्जुन का बौद्ध जीवन से पुनरागमन हो चुका था। पिता ने नकारा साबित कर दिया था, तो दरभंगा के मित्रों की मदद से 'बूढ़ वर' और 'विलाप' छपवाया। ट्रेन के डिब्बों में अपने ढंग से वाचन करके बेचना शुरू किया। पहले ही दिन पैसा पाकर पिता का क्रोध थोड़ा उतरा...फिर 'प्रेत का बयान' और 'खून और शोले' भी बेचा। 'सतरंगे पंखों वाली' भी तो घूम-घूमकर ही बेचा था...

कुछ दिनों तक सोचा और मित्रों से राय-विचार ली। फिर पूर्णिया से पुस्तक बेचने का धन्धा शुरू किया। दो सप्ताह रहे और दो हजार की पुस्तकें बेची। प्रकाशकों को भुगतान देने के बाद लगभग हजार रुपया बचा। तरीका वही। भक्त अनुरक्त गोष्ठियों का आयोजन करते, काव्य पाठ होता, चाय पी जाती, और पुस्तकों के दाम वसूले जाते। दो-एक गोष्ठियों में काव्य-पाठ के निमित्त कुछ अतिरिक्त रकम भी दे दी जाती। इस नए धंधे में कॉलेजों के प्राध्यापक और साहित्य अनुरागी सरकारी कर्मचारियों ने जमकर मदद की। लगा, पूर्णिया की दो-तीन यात्रा और करनी पड़ेगी। नागार्जुन जैसे रचनाकार को इस तरह अपना साहित्य बेचते देख लोग विस्मित होते... कुछ को न जाने कैसा लगता! नागार्जुन चाहते थे कि इतना कर लिया जाए कि दो-तीन महीने निश्चिन्त होकर बैठें और गद्य की लिखाई करें। इतना तो अन्दाज हो ही गया था कि 'किताबें कैसे और कहाँ बिकती हैं?'...न जाने कब सुशिक्षित और समृद्धशाली पाठक-वर्ग होगा कि किताबों की खपत बढ़े और साहित्यकार सुखी हो! तब शायद बालचन्द उनको यह कहकर श्रापित नहीं करेगा—'शर्म नहीं आती है, एक पोथी अधूरा छोड़कर अंट-शंट लिखे जा रहे हो। जब तक मेरी वाली पोथी खत्म नहीं करोगे लिखकर, तब तक इसी तरह बिलल्ला बने भटकते रहोगे मिसिर जी महाराज!' सरपंच और फिर मुखिया बना बलचनमा धमकी दे जाता है—'आपकी मिट्टी पलीद करूँगा...आपको कहीं का न रखूँगा...साल भर की मोहलत दे गया कि इस अरसे में उसकी कहानी पर चार-पाँच सौ पन्नों की अगर एक और पोथी

नहीं लिखी, तो बस...' 'बुक-सेलरी' के इस नए धंधे के सम्बन्ध में खुद भी कहा करते—'एक प्रख्यात साहित्यकार हैं...नागार्जुन साहब! मैं उन्हीं की चाकरी बजा रहा हूँ...नागार्जुन साहित्य के प्रचार-प्रसार का ठेका ले लिया है...'

इस नए धंधे में कई अच्छे अनुभव हुए, तो कई कटु तिक्त। जनसम्पर्क के लिहाज से यह धन्धा रचनाकार के लिए अच्छा है। कविता सुनाने पर ताली और 'वाह-वाह' प्राय: सभी को मिलती है, पर उनमें से कितने हैं, जो खरीदकर पढ़ते हैं—यह जानकारी आसानी से मिलती है। उन्हें यह पता है, जहाँ तक पाठक-वर्ग का सवाल है, तो वह दो स्तरों का है। विश्वविद्यालय के छात्र और बुद्धिजीवी तो उनकी पुस्तकें पढ़ते हैं, दूसरा वर्ग उनके श्रोताओं का है, जिनके बीच वे कविताएँ सुनाते हैं। तुकबन्दी वाली रचनाओं की नाटकीय प्रस्तुति का जादुई असर जनता पर पड़ता है।

उन्हीं दिनों में किसी दिन पटना के गांधी मैदान को पार कर रहे थे कि कुछ छात्रों ने घेर लिया। कहा, "आपने गोबर उपन्यास लिखा है। हमारे पैसे लौटा दीजिए!" वे छात्र 'दुखमोचन' को लेकर रचनाकार को घेर रहे थे। नागार्जुन ने समझाया, "बन्धु, माना कि गुनहगार हूँ, लेकिन रेडियो-उपन्यास में गर्मी नहीं होती। गर्मी झाड़ दी जाती है।"

"आपने लाभ-लोभ के चक्कर में दुखमोचन की कैसी रेड़ मारी..."

"आकाशवाणी केन्द्रों की दोहरी-तिहरी बोरियत का शिकार होना पड़ा...दुखमोचन की लपसी बन गई, इसके लिए माफी चाहता हूँ बेटा! दुखमोचन का यर्थाथ रूप शीघ्र ही पाठकों के समक्ष उपस्थित करूँगा। पिछली भूलें अब नहीं दोहराई जाएँगी..."

उस दिन गांधी मैदान से महेंद्रू आते समय रिक्शा पर बैठे-बैठे नागार्जुन ने स्वयं अपनी आवाज सुनी थी—'तुम न तो अपनी औरस सन्तानों के प्रति ईमानदार हो, न मानस सन्तानों के प्रति...' अब वे अपने पाठकों से डरते हैं...रतिनाथ, वाचस्पति और मोहन माँझी से डरते हैं...बलचनमा तो बार-बार धमका ही जाता है। कभी-कभी लगता कि मधुरी मुक्का तानकर उनके खिलाफ नारा लगा रही है...'कुम्भीपाक' वाली कंपाउंडर की वह बहादुर बीवी कभी-कभी आकर माथा पर सवार होती, तो सिर दर्द होने लगता।

पूर्णिया से शुरू किया गया पाठकों तक अपनी पुस्तकें पहुँचाने का अभियान और चलाते, पर मन उखड़ गया। बहुत ज्यादा मेहनत करनी पड़ती और जिन लोगों के बीच में रहते, उनकी चाल-ढाल से दो-एक दिन के बाद मन खट्टा हो जाता। एक बार एक सरकारी विभाग के अधिकारी ने कई सेट देखते-देखते खपा दिया था। वह नागार्जुन को एक परिवार में ले गया, जहाँ चार-पाँच सेट पुस्तकें ली गई थीं। नागार्जुन को लगा था कि पढ़ा-लिखा साहित्यिक संस्कार वाला परिवार होगा। जाने पर जो देखा, तो क्षुब्ध होना स्वाभाविक था। घर के दो छोटे-छोटे बच्चे प्रेम

से पुस्तकें फाड़-फाड़कर नाव बना रहे थे...फटे पन्ने यहाँ-वहाँ बिखरे पड़े थे... गृहपति न जाने क्या-क्या पूछता रहा...नागार्जुन उठे और वापस आ गए। शायद, पुस्तकें इस प्रकार बेचने का यह अन्तिम अभियान था।

उन दिनों नागार्जुन को आर्थिक और मानसिक, दोनों तरह की समस्याओं से जूझना पड़ता। अपराजिता मैथिल परम्परा के प्रत्येक पर्व-त्योहार को बड़े मनोयोग से मनाया करती। पटना में रहते हुए नागार्जुन से इन अवसरों पर नोक-झोंक होती रहती...अपने-अपने तर्क होते...सोच में अन्तर होता...जीवनशैली भी अलग-अलग। उनकी समस्या होती कि झुकाव किधर रखें। एक मौका आया, श्रीकांत का जनेऊ अनिवार्य हो चला उम्र के लिहाज से। अपराजिता गाँव जाने और वहीं जाकर जनेऊ करने पर जोर देने लगी। पटना में अपराजिता को रोजमर्रे के लिए सोचना कम पड़ता, पर यहाँ उसे अपने मन-लायक परिवेश नहीं मिलता। कभी बच्ची (प्रेमलता) आ जाती, तो कभी मिन्नी (उषा किरण खान)। अड़ोस-पड़ोस तो पटनिया ही था। बच्चों से कितना बतियाती? गाँव में वह अक्सर फुर्सत के समय चरखा या तकली लेकर बैठ जाती, तो बगल के घरों से चार-पाँच महिलाएँ आ जातीं...संग-सुख लेती हुए गप्पें लड़ातीं...बातचीत का मुख्य प्रसंग होता—कब किसके आँगन में जनेऊ-मुँडन-शादी-गौना है...कौन-सा त्योहार बीत चला और कौन-सा आने वाला है...किसके आँगन में बच्चा पैदा होने वाला है...किसकी बहू सास से लड़ती है और किसकी बहू अपने सास को ज्यादा मानती है...ये तमाम बातें ग्रामीण महिलाओं के लिए स्वास्थ्यवर्द्धक टॉनिक हुआ करतीं। पारिवारिक उत्सव या त्योहारों में गाँव-घर की महिलाओं की उपस्थिति सिर्फ खाना-पूरी या दिखावे भर के लिए नहीं होती, बल्कि पूरी शक्ति और सामर्थ्य से वे अपने को इन सबमें जोत दिया करतीं। बीमार से बीमार महिलाएँ इन अवसरों पर गीत गा-गाकर अपने को स्वस्थ कर लेतीं। रीति-रिवाजों से महिलाओं को रोकना पुरुषों के लिए खतरे की घंटी होती।

तरौनी में श्रीकांत का जनेऊ हो, इसके लिए काफी पैसे चाहिए। एक तो उपनयन संस्कार के लिए और दूसरा, पुश्तैनी घर की तात्कालिक मरम्मत के लिए और तीसरा, इतने दिनों बाद गाँव जाने पर वहाँ के पैंच की वापसी। अपराजिता जिद पर अड़ गई। नागार्जुन के सामने आर्थिक संकट था। नागार्जुन किसी भी तरह तरौनी जाने में अपने को असमर्थ पा रहे थे। परिस्थिति विकट है, इसका अन्दाज उन्हें था। मगर तय किया कि गाँव अभी नहीं जाएँगे...अपराजिता को समझाया... अपनी मजबूरियाँ सामने रखीं...अपराजिता मौन हो गई। न जाने उसकी नींद कहाँ उड़ गई। यंत्रवत चुपचाप सब कुछ किया। उसकी मुखाकृति बता रही थी कि अपने गाँव-घर से बाहर यह सब करना व्यर्थ ही नहीं, अनिष्टकारी भी है...

बीच आँगन में एक चबूतरा था। उस पर गरमियों में सोते या शाम में बैठा करते। उसी पर खादी भंडार की रंगीन प्रिंट वाली बड़ी चादर का चन्दोवा टाँगा

गया। गाँव से चचेरे भाई शिवनाथ मिश्र आ गए। चचेरा साला उपेंद्र झा 'व्यास' पटना में ही रहते थे। ससुराल से गुणानन्द भी आ गए। गोतियों में चार तो पटना में थे ही, वे सब उपनयन के दिन आ गए। छोटा-सा भोज-भात हुआ। सब कुछ होने के अगले दिन अपराजिता देर तक रोती रही। नागार्जुन स्वयं अपराजिता की यह मनोदशा देखकर तीन-चार दिनों तक परेशान रहे। आने वाले जा चुके थे... अपराजिता खामोश हो गई थी।

एक दिन नागार्जुन काफी सवेरे जग गए। अँधेरा था ही। उन्हें चाय की तलब हुई। मगर अपराजिता को परेशान नहीं करना चाहते थे। उठकर बरामदे का बल्ब जलाया। पन्द्रह यूनिट की हल्की रोशनी उन्हें अच्छी लगी। बरामदे पर दोनों बेटियों के साथ सोई अपराजिता ने करवट बदली। लगा, खुमारी में ही वह बिस्तर छोड़ रही है। सीधे चाय बनाने चली गई। कुछ क्षणों के बाद नागार्जुन के हाथों में कप थमाया और जरा हटकर खड़ी हो गई अपना कप लेकर। नागार्जुन को लगा कि पहले की तरह ही उनकी निगाहों से अपराजिता ने यह भाँप लिया है कि चाय में चीनी ठीक है...अब शायद उसका तनाव कम हो रहा था।

समाचार सुना, 'प्रधानमंत्री जवाहरलाल नेहरू नहीं रहे!' नागार्जुन कुछ क्षणों के लिए स्तब्ध हो गए। यह उनके एक ऐसे पात्र का अवसान था, जिनके कई रूप उनकी कविताओं में मौजूद हैं। आगे इस तरह का कोई चरित्र उनकी कविता के लिए पैदा होगा, यह कहना मुश्किल है। शाम में घर से निकले यह सोचकर कि कि देखें, जवाहरलाल के बिना क्या हाल है देश-दुनिया, घर-समाज का? घंटे-डेढ़ घंटे तक घूमते रहे। कई मित्र साथ हो लिए थे। वे सब आपस में बात कर रहे थे, पर नागार्जुन चुपचाप चलते हुए सोच रहे थे—'भला कैसा है यह देश! जवाहरलाल मर गए और सब कुछ सामान्य है...लोगों की आवाजाही...सड़कों के किनारे रेस्तरां में लोगों की हँसी-चुहलबाजी...पान की दुकान पर ठहाके...सोचा, क्या नेहरू के चले जाने का कोई सदमा लोगों को नहीं लगा?' नेहरू का पूरा जीवन याद आ गया। मन ही मन दो पंक्तियाँ उभरीं—'तुम्हें न भायी जराग्रस्त गुरुजन की शीतल छाँह/निधड़क होकर तरुण-शक्ति की पकड़ी तुमने बाँह...' कई दिनों तक नेहरू की विभिन्न छवियाँ उनके मन-मिजाज पर छाई रहीं। उनके कई रूपों को नागार्जुन ने देखा था, एक-एक कर कई शब्द दिमाग में उतरते चले गए।

एक दिन सवेरे-सवेरे नागार्जुन चावल लाने स्वयं दुकान तक गए। लौटे, तो हाथ में एक ठोंगा मात्र था। बहुत दाम बढ़ गया। अपना चिर-परिचित काव्य-चरित्र दिमाग में घूम ही रहा था। कुछ पंक्तियाँ उभर आईं—'झुकती स्वराज की डाल और/तुम रह जाते दस साल और/हम चावल लाते एक किलो, दस का दे आते नोट मगर/यों सिकुड़े रहते, सपने में सिलवाते ऊनी कोट मगर...' नेहरू का एक बड़ा बिम्ब और उनका शासन काल कवि के दिमाग में उभरता गया, और कविता

आकार लेती चली गई। छप्पन पंक्ति के बाद यह कविता खत्म हुई। इसके अतिरिक्त नेहरू को लेकर तीन अन्य रचनाएँ भी लिखी उन दिनों।

नागार्जुन तो घोषित कम्युनिस्ट और सर्वहारा के लेखक रहे हैं। उनकी अधिकांश कविताएँ छपती रहीं वैसी पत्र-पत्रिकाओं में, जो जन के प्रति समर्पित रहतीं या फिर पार्टी का पत्र होता। हाँ, कोई अन्तरंग किसी व्यावसायिक पत्र-पत्रिका सँभालने लगता, तो वहाँ भी नागार्जुन दिख जाते। लघु पत्रिकाओं में भी नागार्जुन की जरूरत महसूस की जाती। नेहरू वाली खुरदुरी कविताएँ पटना के 'योगी' के उसी अंक में छपीं, जिस अंक में नेहरू को श्रद्धांजलि दी गई थी। 2 जून, 1964 का अंक था वह।

इन रचनाओं के छपने से दो-तीन दिन पूर्व ही पटना के अधिकांश साहित्य-प्रेमी नागार्जुन से इसे सुन चुके थे। 'तुम रह जाते दस साल और' रचना में एक जगह आया है कि 'डांगे हो जाते राज्यपाल...।' डांगे उस समय कम्युनिस्ट पार्टी के प्रमुख थे। पार्टीवालों को नागार्जुन का यह कहना अच्छा नहीं लगा कि नेहरू दस साल और रह जाते, तो डांगे राज्यपाल हो जाते। पार्टी के साप्ताहिक 'जनशक्ति' में नागार्जुन के खिलाफ कई पत्र छपे। नागार्जुन अपनी पार्टी और विरोध करने वालों को अच्छी तरह समझ रहे थे। नेहरू को लेकर किसी न किसी कारण से पार्टी के भीतर कुछ लोगों के मन में कई तरह के मोह रहे हैं—यह तो उन्हें पता था ही। भारत-चीन युद्ध के बाद नेहरू ने भारत का पक्ष समझाने के लिए कुछ विशेष लोगों को देश से बाहर भेजा था। डांगे ने सोवियत संघ और पूर्वी यूरोप की यात्रा की थी। नागार्जुन ने तब कहा था—'डांगे हैं सुग्रीव तुम्हारा...'। पार्टी वाले जब नागार्जुन से अन्तर्विरोधों के बारे में पूछते, तो वे साफ-साफ कहते—"जी हाँ! मैं अन्तर्विरोधों से ग्रस्त रहूँगा और हर भला आदमी अपने अन्तर्विरोधों से ग्रस्त रहता है। साथ ही, मैं मानता हूँ कि अन्तर्विरोधों पर हावी होकर आगे का रास्ता निकालना भी अनिवार्य है...मुझे प्रगतिशील समझो, कम्युनिस्ट नहीं...पार्टी मेंबर की हैसियत से मुझ पर रोब मत डालो...पार्टी के नेताओं से क्यों नहीं पूछते, जो रोज वक्तव्य बदलते रहते हैं।" नागार्जुन की 'दृढ़ धारणा थी कि स्वेच्छापूर्वक अपनाई गई गरीबी हमारे बहुत सारे अन्तर्विरोधों के लिए रामबाण दवा है।'

उन्हीं दिनों काशी से एक मित्र का पत्र आया कि वहाँ कई मित्रों ने 'तुम रह जाते दस साल और' की ईमानदारी और तीखी अभिव्यक्ति का बहुत आनन्द लिया। आगे उसने लिखा था, प्रशस्तियों के पाठ से कवि समुदाय के प्रति अजीब अनास्था और ऊब हो रही थी। लगता था, नेहरू के साथ कवियों की आत्मा भी दिवंगत हो चली है। अच्छा ही हुआ कि इस कठोर समय से मुक्ति मिली। उस पत्र से यह भी पता चला कि काशी में यह रचना टाइप होकर बिक रही है और सम्भव है कि छपवाकर बाँटनी पड़े। पटना में ही एक दिन एक मित्र ने नागार्जुन से कहा, "तुम तो लोहियावादी हो गए हो। तुम्हारी कोई कविता लोहिया जी बँटवा रहे हैं।" नागार्जुन

उन दिनों इस रचना के बाद सोचते रहते, 'डांगेपंथी लाल भाइयों की साप्ताहिक पत्रिका 'जनशक्ति' ने इसी रचना के कारण मुझे दिग्भ्रमित आदि उपाधियाँ प्रदान कर अपनी खीझ का ही परिचय दिया है। जनशक्ति वाले नेहरू-युग की विकृतियों का यह काव्यात्मक निचोड़ पचा नहीं पाए। असली-नकली नामों से कवि पर अपना क्रोध झाड़ते रहे।' नागार्जुन के यात्री-मन ने कहा था, अधिकांश बड़े नेता अंग्रेजी पसन्द करते हैं, हिन्दी साहित्य तो शायद ही वे पढ़ते होंगे। अब आप चाहें, तो अपनी अति-आधुनिकता के नाम पर देसी भाषाओं को पास न फटकने दीजिए, मगर यह अति-आधुनिकता कब तक काम देगी...

पार्टी के साथ नागार्जुन का सम्बन्ध काफी तनावपूर्ण हो चला था। एक दिन पार्टी की तरफ से दो प्रबुद्धजन महेंद्रू वाले आवास पर आए। आदत के अनुसार, नागार्जुन ने बहुत सहज ढंग से हँसते-मुस्कराते हुए उन दोनों को बिठाया। उन दोनों ने कहा, 'आप लिखेंगे मजदूर-किसानों के लिए ही। मोटरकार, बंगला और ड्रॉइंग रूम वालों के लिए आपका लेखन है भी नहीं। हमारी लाचारी है कि हमें मजदूरों-किसानों के हित के अनुकुल साहित्य चाहिए। आप हमसे रूठकर कहाँ जाएँगे...।' पार्टी के पुराने सिपाही और जनता के लिए कलम चलाने वाले नागार्जुन पसीज गए...और पार्टी की साप्ताहिक सम्पादकीय टिप्पणी थी कि एक ही कविता को लेकर कवि के पूरे व्यक्तित्व को खराद पर चढ़ाना ठीक नहीं है। और, नागार्जुन के विरोध वाला पत्र-प्रकरण समाप्त हुआ।

जी भर भोगे...

नागार्जुन को रात भर सोने क्या, बिछावन पर बैठने की भी फुर्सत नहीं थी, पर आँखों में रत्ती भर भी कड़वाहट नहीं। रतजगा के बाद बदन में जो टूटन आती है या थकावट के कारण जैसा तनाव रहता है, वैसा उन्हें कुछ भी महसूस नहीं हो रहा था। कहें, तो मन में एक नया उत्साह और पुलकन आ गई थी। फक्कड़ रचनाकार ने गृहस्थी का सबसे महत्त्वपूर्ण दायित्व अर्थात बेटी की शादी विधिवत कर ही डाली थी। भाग्य या तकदीर को वे नहीं मानते, पर पंडित वैद्यनाथ मिश्र को लग रहा था कि बेटी उर्मिला की तकदीर ने ही पिता से सब कुछ करवा लिया। हफ्ते भर पहले जो घटित हुआ था, उससे उन्हें लगा था कि 'लिखा न विधि वैदेहि विवाहु'।

दालान पर बाराती में आए सात जने सोए पड़े थे। वे खुद दालान की अँगनई में चौकी पर लेटे हुए थे। बगल की चौकी पर चचेरे भाई शिवनाथ और साला बच्चा (गुणानन्द) फोंफ काट रहे थे। कुछ लोग दालान और खलिहान में प्रभाती

हवा के नशे में थे। आँगन से महिलाओं की आवाजें अब मन्द पड़ने लगी थीं।

चित्त पड़े उनकी निगाहें आसमान पर टिकी थीं। ज्येष्ठ का महीना, स्वच्छ आकाश, चन्द्रमा पश्चिम की ओर नीचे उतर आया था, चाँदनी स्थिर और समान रूप से घुल रही थी। रात्रि शेष की हवा की तरावट पाकर तन के साथ-साथ मन भी ताजगी महसूस कर रहा था। रात में यहाँ कितनी अधिक चहल-पहल थी। आँगन से लेकर दालान तक उल्लसित शोर-गुल की अविरल धारा तरल वेग से प्रवाहित हो रही थी। पायलों के मधुर महीन स्वर के साथ नारी कंठों की स्वर-लहरी अब भी कवि-हृदय वाले 'गृहस्थ' के रग-रग को पुलकित कर रही थी। कानों के भीतर सुहागिनों की मिठास भरी चुहलनुमा बातें गुदगुदा रही थीं। शाम के आठ बजे के बाद से दालान पर बारातियों के साथ गाँववालों की हँसी-ठिठोली और ठहाकों को याद कर होंठों पर मुस्कराहट आ गई। सिन्दूरदान वाली रस्म खत्म होते-होते रात के डेढ़ बज ही गए थे। फिर बारातियों का भोजन, जो मिथिलांचल में काफी समय लेता है, लगभग सवा घंटा। भोजन के समय महिलाओं द्वारा डहकन गीत समय को और अधिक लम्बा खींचता है। मुसीबत यह कि सिन्दूरदान हुए बिना बारात पक्ष वाले भोजन के लिए तैयार नहीं होते और कन्यादान वाले भी बेटी को सिन्दूर पड़े बिना बारातियों से खाना खाने का आग्रह नाम मात्र ही करते। सिन्दूरदान के बाद ही बेटी वाले एक तरह से भार उतरने का एहसास कर पाते। बारातियों ने जब डकारते हुए बिस्तर पकड़ा, तब कहीं जाकर बेटी के बाप ठक्कन मिसर ने कम्बल-चादर बिछी चौकी पर देह सीधी की।

कपार पर एक मच्छर ने आकर सूड़ गड़ाया। बाईं हथेली से उसे मारते हुए नागार्जुन उठ बैठे। उनके बैठते ही बगल की बसबिट्टी के किसी कोने से चुहचुहिया बोल पड़ी—चुह...चुह् चु च्युऽऽ चूऽऽ ह! चूऽऽऽ ह! चू ह! यह नन्ही चिड़िया रात्रि-शेष के अन्तिम पहर में ही आवाज लगाती है। इस नन्ही जीव की चुहचुहाहट भरी ध्वनि और शुक्रतारा का उदय रात्रि की विदाई और निकट आ रही उषा की सूचना देते हैं। चुहचुहिया की इस चुहचुहाहट को वह बचपन से ही पहचानते आए हैं। उगते हुए सूर्य के लाल-लाल बिम्ब को लोग जिस तरह से देखा करते हैं, उसी तरह बचपन में आँगन में खटिया या चटाई पर सोते हुए उषा-काल में आसमान के असंख्य तारों के बीच शुक्रतारा को वह देखा करते थे।

आसमान की ओर देखते हुए वे उठ खड़े हुए। अँगड़ाई ली और झटके मे देह को सीधा किया। खलिहान से पूरब लघुशंका के लिए जा बैठे, जहाँ इमली का एक पुराना और विशाल पेड़ है। वापस आकर कनैल फूल के पास पड़ी बाल्टी से एक लोटा पानी लेकर कुल्ला किया। फिर दालान पर रखी बाल्टी से पानी लेकर गटागट लोटा भर पी गए। कलेजे ने तरावट महसूस की। कुछ क्षण सोचते रहे और फिर एक लोटा पानी लेकर दिशा-फराकत से निवृत्त होने के निमित्त रजबाँध की

ओर चल पड़े। एक हाथ में पानी का लोटा पकड़े तरौनी की प्राचीन सड़क पर बढ़ चले। रजबाँध है तो आदिकालीन, पर अब तक कच्ची सड़क ही है। इस सड़क की तरह उनकी जिन्दगी भी अब तक अर्थात उम्र के छप्पनवे वर्ष तक कच्ची ही रही है। सवेरे के धुंधलके में सड़क को देखा, 'पग अपना काम कर रहे थे/चित्त की चरखी चल रही थी...'

अपना स्थायी पता बनाने की कोशिश में नौ-दस वर्ष पहले शोभाकान्त को सातवीं कक्षा में पटना के स्कूल में नाम लिखवा एक बड़े मकान का छोटा भाग किराये पर ले लिया था। परिवार के अन्य लोगों को भी पास में रखने का विचार था। मगर 'कभी घुमक्कड़ यार-दोस्त से मिलकर कभी अकेले/एक-एक दाने की खातिर सौ-सौ पापड़ बेले'। आठ प्राणियों का परिवार और पेशा के नाम पर केवल शब्दों से खेलना। यह खेलना भी कई-कई दिनों तक रुक जाता। न जाने वह कैसा मुहूर्त था, कौन-सा समय था, जब रचना-कर्म जीवन के लिए चुना...निश्चित रूप से वह क्षण जीवन की गति मोड़ने वाला था, दुर्गति या सुगति वह खुद भी अब तक समझ नहीं पाए। अपराजिता बराबर लड़ने के मूड में रहती। लेकिन 'तों ने रहितह संग मे/तं क' ने सकितहुँ हिमगिरिक अभियान!/रोहिणिया आमक सुपक्क गोपी जकां तों/करै छह सदिकाल गमगम सजनि हमरा हेतु...'(जो तुम न रहती साथ/तो कर न पाता हिमगिरी का अभियान!/गछ-पके रोहिणिया गोपी आम की जैसी/सुवासित रहती हो हर क्षण सजनी मेरे हेतु...)। और पत्नी की इच्छा या आकांक्षा कहाँ कभी पूरा कर पाए वे! उन्हें कहाँ याद है कि किसी त्योहार के अवसर पर पत्नी को नया वस्त्र दे पाए हों! गाँव में ढंग का घर तक नहीं बनवा सके, जहाँ जरा-सी छाँव पा सकें। कच्ची मिट्टी और फूस के छप्पर वाला एक घर है, जिसे पिता ने बनवाया था। मगर 1934 ईस्वी वाला विनाशकारी भूकंप झेल चुका यह घर अब खंडहर हो चुका है। पिछले वर्ष की वैशाखी अंधड़ ने उसकी कचूमर निकाल दी। अपराजिता उस समय बच्चों के साथ पटना में थी। छप्पर उड़कर गिरने की खबर जब उसे मिली, तो वह बुरी तरह काँप-सी गई थी। कराह उठी और बोली, "हाथ में आग लगी रहती है हमेशा, अब तो ठौर-ठिकाना भी उजड़ गया, अब क्या होगा...।" सच में उसका यह यक्ष प्रश्न एक दैत्य-सा सामने खड़ा था। उर्मिला की शादी जब तय हुई, तो उस घर को किसी तरह मरम्मत करके रहने लायक बनाया गया। फिर परिवार की सम्मिलित राय से खाली पड़ी पछवड़िया डीह पर कच्ची ईंटों वाला एक कमरा बनाया गया, जो शादी के एक दिन पहले तैयार हो पाया था।

अपराजिता गत दो वर्षों से सिर धुन रही थी बेटी की शादी के लिए। नागार्जुन बार-बार यही कहते कि समय पर सब हो जाएगा। इतना तो वे समझ ही रहे थे कि आज के समय में प्रत्यक्ष या परोक्ष रूप से व्यक्तिगत समृद्धि, सुशिक्षा, उच्च पद आदि शादी के समय खूब देखा जाता है। इनमें से नागार्जुन के पास भला है

क्या! फिर भी वह तब तक कन्यादान को जटिल नहीं समझ रहे थे, जब तक बेटी विवाह के लायक नहीं हुई। मैथिल ब्राह्मण भीतर ही भीतर इतने घाघ होते हैं, इसका व्यक्तिगत और व्यावहारिक अनुभव नागार्जुन को उर्मिला की शादी की चर्चा के दरम्यान हुआ। जहाँ-जहाँ, जिन-जिन मित्रों से उनके पुत्रों के प्रसंग में बात की, किसी ने पीठ पर हाथ नहीं रखने दिया। पैसे-सम्पत्ति की बात सीधे-सीधे तो कोई नहीं करता, पर कायदे से इशारा अवश्य करता कि निर्धन हैं नागार्जुन। यों नागार्जुन स्वयं शादी-ब्याह के रिश्ते तय करने-करवाने के चक्कर में नहीं पड़ते। हाँ, एक बार लगभग सोलह-सत्तरह वर्ष पूर्व सौराठ सभा में अपनी ममेरी बहन के लिए एक दूल्हा ढूँढ़ा था। सब कुछ तय हो गया, और जब बारात दरवाजे पर आई, तो मामी अपनी बेटी उस लड़के के साथ ब्याहने को तैयार नहीं हुई। तभी नागार्जुन ने कसम खाई थी कि शादी के रिश्ते तय करने में वे अब कभी नहीं पड़ेंगे। उर्मिला की शादी में अहम भूमिका घर की ओर से शोभाकान्त ने निभाई।

अभी इसी वर्ष (1966 ई.) चार महीना पहले जनवरी में शोभाकान्त ने अपने मित्र सुवेश से चर्चा छेड़ी थी। सुवेश तो बाराती में भी आया हुआ है। वह नागार्जुन के एक मित्र का पुत्र है, जो अपने समय में स्वतंत्रता आन्दोलन के गरमपंथी सैनिकों में एक थे। आजादी के बाद वह नेताओं की बदलती जीवन-शैली देखकर क्षुब्ध हो उठे और सक्रिय राजनीति से खुद को अलग कर लिया। फिर कोशी अंचल के एक गाँव पकड़िया जा बसे और अपना शेष जीवन दरिद्र और पिछड़ों के उद्धार में लगाया। 1954 में उनका देहान्त हो गया। उस परिवार से नागार्जुन का घनिष्ठ सम्बन्ध रहा है। एक बार सुवेश के साथ उसका ममेरा भाई रत्नेश पटना आया था, परिवार में ही टिका था। अपराजिता जब उर्मिला की शादी के लिए परेशान होने लगी, तो शोभाकान्त ने सुवेश से चर्चा की। सुवेश ने रत्नेश के सम्बन्ध में शोभाकान्त और उसकी माँ की राय जाननी चाही। फिर अगले दो-तीन दिनों तक कई-कई बार दोनों मित्र इस नए सम्बन्ध के बारे में बात करते रहे, और जनवरी के अन्तिम दिनों में शोभाकान्त पकड़िया जा पहुँचा।

रत्नेश के पिता गोपालजी चौधरी अपना मूल ग्राम पनचोभ छोड़कर अपनी बहन अर्थात सुवेश की माँ के पास पकड़िया आकर बस गए थे। फिर वहीं खेती-बाड़ी जमाया। अच्छे काश्तकार हो गए हैं। पुत्र की शादी का प्रसंग छेड़ने पर शोभाकान्त से सीधे-सीधे तिलक की माँग तो नहीं की, पर इतना अवश्य सुना गए कि कई लोग पुत्र की शादी के लिए दस-दस, पन्द्रह-पन्द्रह हजार रुपये देने को तैयार हैं। शोभाकान्त साफ-साफ कह आया कि एक भी पैसा तिलक के रूप में नहीं देगा। बिना लेन-देन के शादी करनी हो, तो बात आगे बढ़ सकती है।

शोभाकान्त वापस तो आया था बिना किसी निर्णय के साथ, मगर उसके आने के बीस-बाईस दिनों के बाद गोपालजी बाबू ने पत्र लिखा कि कोई माँग की बात

नहीं होगी, आकर बात पक्की कर ली जाए। बाद में पता चला कि सुवेश के संग उसकी माँ और बहन मिन्नी ने इस रिश्ते के लिए दबाव बनाया। रत्नेश ने उसी वर्ष मैट्रिक की परीक्षा दी थी। गोपालजी बाबू का पत्र आने पर नागार्जुन को लगा था कि समाज में अब भी कुछ लोग 'लोग' की तरह हैं। उनके जैसा फक्कड़, भूमिहीन, धनहीन को मानो कोई 'प्रोविडेंट फंड' मिल गया हो। नागार्जुन स्वयं भी एक बार पकड़िया जाकर वहाँ उनकी गृहस्थी व खेती-बाड़ी का जायजा ले आए। रत्नेश से भी मिल आए। यों यह परिवार तो उनके लिए अनजान था नहीं, लहेरियासराय (दरभंगा, बिहार) स्थित अपने मित्र के आवास पर कई बार गोपालजी चौधरी से वे मिल चुके थे। शोभाकान्त की यह पसन्द उन्हें भीतर से भा गई। अपराजिता खुशी से फूली नहीं समा रही थी। उसके उदास चेहरे पर चमक आ गई। उसको तो 'इकन्नी भर स्वेच्छा-सुख की खातिर सदैव तरसाया है/वक्त-बेवक्त विधि का, निषेध का बादल बरसाया है...'

कल रविवार था। मई की 22वीं तारीख। शाम में बारात आने के बाद टोले के गोतियों और गाँववालों ने जब लड़का देखा, तो वे दंग रह गए। दूल्हा को देख लगा कि बहुत दिनों के बाद अच्छी जोड़ी दिखी है। इस बात की विशेष चर्चा थी कि ऐसा दूल्हा, जो सम्पन्न हो, संस्कारवान हो, पढ़ने में तेज हो, काफी रकम गिनने के बाद भी शायद ही आ सके...

कू-ऊ ऽऽऽ...दूर कहीं अमराई से कोयल की आवाज आई और जवाब में किसी और कोयल की कूक ने नागार्जुन का ध्यान भंग किया। देखा, वह रजबाँध के उस छोर पर आ गए थे, जहाँ से रास्ता दो भागों में बँट रहा था। मुख्य भाग आगे डगमारा गाछी के सामने वाले तालाब के उत्तरी भींडे को छूता हुआ पूरब और पश्चिम, दोनों ओर निकलता है। रजबाँध का दूसरा रास्ता आगे जाकर खेत की मेड़ के रूप में बदल गया है। किसी जमाने में रजबाँध अच्छी-भली सड़क रही होगी। अब तो इसके दोनों ओर जिनके खेत पड़ते हैं, उनकी नजर लगने से यह सड़क दिन-प्रतिदिन क्षीण होती जा रही है। इसके किनारे-किनारे बसबिट्टी और अमराई है। कुछ खेतिहरों के पुआल के टाल भी हैं। रबी की फसल कटने के बाद सारे खेत विश्राम के मूड में खाली-खाली और शान्त पड़े थे। दूर पूरब में किसी खेत में भुस का पुतला भी दिख रहा था। वह मुख्य सड़क छोड़कर पूरब की एक मेड़ पर आगे बढ़ते हुए किनारे एक खेत में जा बैठे। कुछ देर बाद दाहिने हाथ में खाली लौटा लिए वापस मुख्य सड़क पर आ गए। दिशा वापसी की थी। प्रात:कालीन स्फूर्तिदायक शान्त परिवेश में मन की गति को विगत जीवन की गति के साथ दोहराना अच्छा लग रहा था। स्मृति के जाल में टहलने लगे...

उर्मिला की शादी तय हो जाने के बाद जब अपराजिता ने शादी हेतु जरूरी आवश्यकताएँ बताईं, तो नागार्जुन को सामने विकराल समस्याएँ नजर आने लगीं। घर

में भुजी भाँग नहीं...बेटी की शादी कैसे पार लगेगी? प्रकाशकों से कुछ उम्मीद करना उन्हें बेकार लगा। वे अच्छी तरह जानते हैं कि प्रकाशक नाम का प्राणी ऑफिसर लेखक या किसी विश्वविद्यालय प्राध्यापक के पीछे सब कुछ करने को तैयार रहता है। पुस्तक खरीद के लिए सरकारी मुलाजिम और पुस्तकालय के अधिकारियों का 'लिफाफा' सदा तैयार रहता है। मगर कलमकारों के लिए प्रकाशकों का गल्ला बिल्कुल खाली रहता है। ऐसे लोगों से आन्तरिकता भी नहीं हो पाई, जो भरे-पूरे हों। सम्बन्धियों में सम्पन्न तो ससुराल ही है, जहाँ आवाजाही भी लगी रहती है। मगर ससुर तो अब रहे नहीं। वे रहते तो बात कुछ और रहती...

शादी की रस्म कैसे निभाई जाए, इस चिन्ता में नागार्जुन के कपार पर उभरी रेखाओं को देखकर अपराजिता कहती—"समय पर सब हो जाएगा, सब कुछ पार लग जाएगा। शुभ कार्य और यज्ञ की नैया का खेवनहार तो स्वयं भगवान ही होते हैं।" उस क्षण पत्नी का वह पत्र याद आता, जिसमें उसने कभी लिखा था, 'नहि करी एहि सबकथुक चिन्ता/देखल जयतइ/चिन्ता केने की हैत फऽल'। सच, चिन्ता से क्या होगा भला, पर सोचना तो पड़ता ही है कि क्या किया जाए? चोरी हमें करना नहीं है। डाका डाल नहीं सकते। आगे-पीछे खोज-खबर लेने वाला कोई है नहीं। यह बात भी नहीं कि आज गरीबी है, तो कल कहीं से पैसे भरा घड़ा मिल जाएगा। ऐसा भी नहीं है कि आज खाने को उपाय नहीं है, तो कल कर्ण-पिशाच काबू में आ जाएगा, जो क्षण भर में सारी व्यवस्था कर देगा! फिर कौन-सा ब्योंत भगवान करेंगे? एक ही बात से सन्तोष है कि गरीबों के शादी-ब्याह, उत्सव-त्योहार शाहखर्ची के लिए नहीं, बल्कि नितान्त सादगी में होते हैं, जो जीने के लिए सामाजिक तौर पर आवश्यक हैं।

नागार्जुन को अनुदान या चन्दाखोरी तो आती नहीं। पुरस्कार के नाम पर पहली बार 1955 में उत्तर प्रदेश से चार सौ रुपये का एक पुरस्कार मिला था 'बाबा बटेसरनाथ' पर। हाथ पसारकर दया की भीख किस तरह ली जाती है, कभी जाना ही नहीं। विपन्नता को चेहरे पर चढ़ाकर कैसे लोग गिड़गिड़ाते हैं, इसका ज्ञान नहीं है। यों भी मुखरा हँसमुख या प्रसन्नमुख नहीं है। चेहरे पर बेबसी और जीवन के लिए कठोरता का भाव देखा जा सकता है। अपनी जरूरतों को हमेशा कम करते आए हैं। चाटुकारों के प्रति गुस्सा और नवधनकुबेरों पर कटुतिक्त व्यंग्य बाण छोड़ने में उन्हें मजा आता है। वह यह भी देख रहे थे कि किसी मिनिस्टर की टपकती लार को सहेजने के लिए 'महापात्र' की आवश्यकता होती है। हर मंत्री और नेता को अपने कागजी कृत्य का बखान सुनने की उत्कट लालसा होती है। इस लालसा की पूर्ति भी कुछ बौद्धिक करते ही रहते हैं। यदि नागार्जुन युगानुकूल हवा के झोकों में बहते रहते, तो परिवार आज कुछ और होता और नागार्जुन 'नागार्जुन' न होकर कुछ और होते। बेटी उर्मिला ने पिता की जिम्मेदारी को उस जगह लाकर खड़ा कर

दिया, जहाँ नागार्जुन का व्यक्तित्व किधर मोड़ लेगा, कुछ भी नहीं कहा जा सकता...

चाहे कैसे भी हो, चार-पाँच हजार रुपये चाहिए ही। इतनी बड़ी रकम भला कौन देगा? वह तो 'जननेता' भी नहीं हैं, जिसे बनिया चुपचाप सामान दे जाए और कुछ बोले भी नहीं। लेखन से निर्वाह होना किसी भी जमाने में अबूह ही रहा है और आज के इस महँगे जमाने में—राम, राम! अपनी आदत ऐसी रही कि किसी भी आसन पर बैठ नहीं पाते, और अब इस उम्र में भला क्यों कोई कहीं बिठाएगा! जब सहज रूप से चाकरी गले लगने को तैयार थी, तो लगा था कि 'देर नहीं है लाल सवेरा आने में'। यों तो स्वराज के बाद ही उनका भ्रम टूटने लगा था, स्पष्ट दिखने लगा था कि 'एक-दूसरे को धकियाकर कैसे भला अकड़ता है/चपतें लगा रहा है कैसे, कैसे कान पकड़ता है/निजी स्वार्थ के आगे कुछ भी नहीं दिखाई पड़ता है...'

और, नागार्जुन भी निज स्वार्थ में पड़ ही गए! पटना में ही कुछ मित्रों की राय बनी थी कि किसी मंत्री को पकड़ा जाए और किसी पुस्तक की हजार-पाँच सौ प्रतियों की एकमुश्त सरकारी खरीद की बात की जाए। फिर दिमाग में यह बात भी आई कि खरीद के लिए प्रकाशित किसी पुस्तक पर प्रकाशक मात्र पन्द्रह प्रतिशत की रॉयल्टी देगा और उससे ज्यादा के लिए चिरौरी करनी होगी। फिर, यह सलाह भी बनी कि क्यों न एक पुस्तक खुद प्रकाशित की जाए। लेकिन पहले किसी मंत्री से बात तो पक्की हो जाए! यदि बात जम गई, तो शादी का खर्च निकल ही आएगा, प्रकाशन का धन्धा भी जम जाएगा।

1943 से लेकर अब तक सोलह पेज की चार-पाँच काव्य पुस्तिकाएँ और दो काव्य-संग्रह प्रकाशित करने वाले 'प्रकाशक' नागार्जुन ने अनुभव किया कि बिना पैसे के कुछ भी नहीं बना जा सकता। शुद्ध रचनाकार और सही प्रकाशक, दोनों एक साथ नहीं हो सकता कोई। हाँ, उनके कुछ लेखक मित्रों ने प्रकाशक बनने का प्रयोग अवश्य किया है। सफल भी रहे हैं। मगर उन मित्रों की इस व्यावसायिक सफलता में उनकी पत्नी या पुत्र में से किसी न किसी ने अपना सारा समय लगाया। नागार्जुन की पत्नी और पुत्रों से यह शायद सम्भव नहीं। एक वैद्यनाथ मिश्र पितृवाचक संज्ञा पर दो-दो भाववाचक संज्ञा सर्वनाम होकर बैठ गया है। फिर सर्वनाम से सर्वनामिक विशेषज्ञ हो चला। यह सब न हुआ होता, तो शायद उर्मिला कहीं किसी आवासीय विद्यालय में तेज छात्रा रहती!

कभी-कभी सोचते हैं कि साल में तीस-चालीस हजार रुपये का अपना साहित्य तो बेच ही सकते हैं, पर एक बात बराबर अटकती है कि इसमें जितना समय लगेगा, उससे साहित्य और चिन्तन का बाधित होना स्वाभाविक है। जनकवि और नागार्जुन के चरित्र के लिए साल में पन्द्रह-बीस दिनों तक यह प्रयोग अच्छा है, पर उससे ज्यादा कष्टदायक ही नहीं, असम्भव लगता है। नागार्जुन के भीतर तथाकथित साहित्यकार का दम्भ भी तो नहीं रहा है! पाँच-छह वर्षों तक बौद्ध-भिक्षु का बाना

भी साथ रहा। उसका भी भौतिक लाभ नहीं उठा पाए वे...मार्क्सवादी भी हैं, हाल-फिलहाल तक पार्टी-सदस्य भी रहे, पर मॉस्को, पेकिंग जाने का मौका कभी नहीं मिला। वे देख रहे हैं कि लीडर लोग अपने-अपने बच्चों को 'सही' पढ़ाई के लिए बाहर भेजने के जुगाड़ में कितना तिकड़म किया करते हैं। बेटों की शादी में नेता भी चुपचाप नकद गिनवा लेता है...

नागार्जुन की तन्द्रा टूटी। देखा, सूर्य की लाली प्रकट होने-होने को थी। पूरब की ओर नजर घुमाकर देखा...सोचा, उनकी तरह खाँटी मसिजीवी की इस देश में क्या गति है! निराला को देखा है...आठ माह तक यंत्रणा झेलने के बाद मुक्तिबोध का देहान्त हुआ था...ये दोनों अभी बीस बरस और जी सकते थे। राजकमल चौधरी की हालत देख ही रहे हैं...रचनाकार को मरने या मरणासन्न हो जाने पर ही 'वैतरणी' अर्थात गोदान की सारी व्यवस्था करने की कोशिश की जाती है। ऐसी स्थिति आने पर जाने किस-किस गलियारे से जनता के नाम और सरकार के नाम अपील पर अपील भी जारी की जाती हैं। सहायता के तरीके खोजने की कोशिश की जाती है। पुत्र या पत्नी को नौकरी देने की बात होती है...दस-पन्द्रह हजार की रकम जुटाकर घर दे आते हैं...बस!! नागार्जुन को लगता कि उनकी भी यही गति होगी...

इस मानसिक चिन्तन में प्रीतम साहू की आवाज ने गतिरोधक का काम किया—"यात्री जी, जगे ही रह गए रातभर। मैं तो रात के करीब एक बजे ही आ गया था।"

"हाँ, प्रीतम! सिन्दूरदान और बारातियों को खिलाते-पिलाते रात लगभग गुजर ही गई। चुहचुहिया बोली, तो जरा निकल आया। तुम अहल भोर किधर चले? तुम्हें मेरा काम भी तो करना है!" प्रीतम साहू पर नजर गड़ाकर नागार्जुन ने कहा।

"मैं तो सामने धुस्सी गाँव गया और वापस आया। घंटे भर से ज्यादा क्या लगेगा! बारातियों के लिए धोती अलग बाँधकर रखी है। लेकर आ ही रहा हूँ। अगर देर हुई, तो आँगन वाली पहुँचा देगी। आप निफिकिर रहिए।" कहता हुआ प्रीतम आगे बढ़ गया। श्यामवर्णी प्रीतम साहू नागार्जुन के हमउम्र ही हैं। उसकी तरौनी में ही किराने की छोटी दुकान है। उसमें गाँव में काम चलाने लायक सभी सामान मिल ही जाते हैं। बगल में ही एक छोटी-सी कपड़े की दुकान भी खोल रखी है। बरामदे पर दर्जी को बिठा रखा है। शादी के सामान्य कपड़े और बारातियों के लिए धोती की व्यवस्था प्रीतम साहू ने ही की थी।

जितनी आसानी से उर्मिला की शादी तय हुई, उतनी ही मुसीबतें शादी को लेकर झेलनी पड़ी। घर के लोग शादी की तैयारी के लिए पटना से गाँव आए, तो नागार्जुन पटना में रहकर आर्थिक संयोजन में जुट गए। गाँव के एक 'कमाऊ' पूत ने एक हजार रुपये कर्ज दिए बाकायदा हैंडनोट लिखवाकर। उस पर अँगूठा लगवाया। प्रान्त के शिक्षा मंत्री से एक मित्र के साथ मिलकर बात पक्की कर ली और एक

आदेश भी प्राप्त हो गया कि 'नागार्जुन ग्रंथावली' मूल्य-दस रुपये की सौ प्रतियाँ महीने भर के भीतर आपूर्ति की जाए। देय का भुगतान पुस्तक आपूर्ति के सात दिनों के भीतर हो जाएगा। नागार्जुन को उम्मीद नहीं थी कि यह काम इतनी आसानी से हो जाएगा। लगा, शासक वर्ग में कुछ ऐसे लोग तो हैं, जो उन्हें चाहते-मानते हैं। हाँ, 'ग्रंथावली' की बात न जाने कैसे विभाग के अधिकारियों को सूझी होगी—यह नागार्जुन अभी तक समझ नहीं पा रहे थे। वह तो यह भी सोच नहीं पा रहे थे कि भला पचपन-छप्पन वर्ष की उम्र में ही 'ग्रंथावली', और वह भी खुद ही छपवाना पड़े! 'ग्रंथावली' तो दिवंगत होने के वर्षों बाद छपती है! इसमें पूरी रचनाएँ एक साथ आ जानी चाहिए...नागार्जुन ने स्थानीय मित्रों के साथ बैठकर 'ग्रंथावली' की योजना पर सोचा, तो लगा, कई खंड हो जाएँगे। और पूरी रचनाएँ बटोरने में समय भी तो लगेगा। यह तो एक फालतू या टालू किस्म का आदेश मिला है सरकार की ओर से! मगर किसी भी तरह से काम होना ही है। 'कुम्भीपाक', 'वरुण के बेटे' और मात्र पन्द्रह कविताओं को एक साथ 'कम्पोज' करवाने की मानसिकता बनी, और तैयार हुई 'नागार्जुन ग्रंथवाली चतुर्थ खंड'। मात्र दौ सौ चौबीस पृष्ठों की। न प्रकाशकीय, न सम्पादकीय और न किसी प्रकार की लेखकीय भूमिका। सादा कवर, यात्री प्रकाशन-पटना की ओर से। शोभाकान्त इसके प्रकाशक बने।

पटना में अकेले पूरी तत्परता से वे स्वयं काम सँभाले हुए थे। शोभाकान्त और अपराजिता गाँव में उजड़ा घोंसला सँभाल रहे थे। पत्र आते-जाते रहते थे। पटना में ही राष्ट्रभाषा परिषद, बिहार की ओर से 'राजेंद्र निधि' से जरूरतमन्द रचनाकारों को थोड़ी-बहुत आर्थिक सहायता मिल जाती है। नागार्जुन ने बेटी की शादी के लिए आर्थिक अनुदान के लिए दरख्वास्त दे रखा था। समय पर सब कुछ होने की व्यवस्था प्राय:-प्राय: कर ली गई। बेटी और होने वाले दामाद के खास कपड़ों के लिए एक स्वजातीय उच्चाधिकारी मित्र ने कपड़े के बड़े दुकानदार से कहकर उधार दिलवा दिया। समय पर पुस्तक छपी, सरकारी आदेश की आपूर्ति और भुगतान मिल गया। 'राजेंद्र निधि' से भी एक हजार रुपये की सहायता मिली। कागज-प्रेस-बाइंडर आदि का भुगतान हो गया। कुछ और अनिवार्य खर्च के बाद तीन हजार या पैंतीस सौ रुपये जेब में शेष बचे। इतनी रकम से विवाह का तत्कालीन खर्च और तरौनी में एक महीने का खर्च किसी तरह चल सकता था। इतनी सुविधा को वे एक बड़ी उपलब्धि मान रहे थे।

कुछ आवश्यक सामान, कपड़े आदि और शेष बची रकम को सँभालकर रात आठ बजे वाली स्टीमर से दरभंगा के लिए प्रस्थान किया। महेंद्रू घाट (पटना) से रेलवे की स्टीमर से गंगा पार कर पहलेजा घाट से जो ट्रेन मिलती थी, वह दरभंगा होते हुए नरकटियागंज तक जाती थी। समस्तीपुर-दरभंगा जाने वाले प्राय: इसी स्टीमर से गंगा पार करते। पहलेजा घाट में स्टीमर से उतरकर कुछ दूर बलुआही मिट्टी

पर चलना पड़ता। स्टीमर से उतरने के दो ही रास्ते होते थे, इसलिए उतरते समय ट्रेन में जगह पाने के लिए खूब धक्का-मुक्की होती।

नागार्जुन उस दिन मानसिक तनाव से कुछ समय के लिए मुक्ति पाने का एहसास कर रहे थे। परेशानी या तनाव को दूर करने में आखिरकार अपनी ही कलम ने उपाय लगाया। रचनाकार का आत्मबल बढ़ गया था। वैशाख के दिन भर की तपिश के बाद साढ़े आठ और नौ बजे रात में गंगा में अपनी गति से चलती स्टीमर पर शीतल वायु ने मन-मिजाज को हल्का कर दिया। रेलिंग के बगल में गमछा बिछाकर नागार्जुन बैठ गए और कभी आकाश में तारे को देखते, तो कभी गंगा के पानी को।

एक सामान्य यात्री की तरह भीड़ के साथ झटका खाते हुए स्टीमर से उतरे, ट्रेन में आकर ऊपरी बर्थ पर चादर बिछाया और कम्बल में लपेटे सामान को सिराहना बनाया। कुछ पुस्तकें और पत्र-पत्रिकाओं से भरे थैला को बगल में रखकर लेट गए। काफी दिनों के बाद तनावरहित महसूस कर रहे थे, अत: ट्रेन खुलते ही नींद ने भी संग दिया। आँखें खुली सवेरे पाँच बजे के आस-पास। गाड़ी हायाघाट स्टेशन पर रुकी थी। एक चायवाला डिब्बा में घुस आया था। गरम चाय...गरम चाय... बोलता हुआ कुल्हड़ में चाय बेच रहा था। नागार्जुन जग गए, तो उन्होंने भी चाय ली। एक हाथ में कुल्हड़ पकड़ा और दूसरे हाथ को खुले पैसे के लिए कुरते के नीचे वाली जेब में डाला। खुले पैसे नहीं थे। हाथ ऊपर वाली जेब पर स्वत: आ गया। जी सन्न-सा रह गया...लिफाफा गायब! नोटबुक में कुछ नोट पड़े थे। मन विचलित हो गया। चाय वाला सामने हाथ बढ़ाए खड़ा था। क्षण भर के लिए उसकी ओर देखा...दो का नोट बढ़ाया...खुले पैसे वापस लिए...एक हाथ में गरम चाय का कुल्हड़ और चार दिनों के बाद बेटी की शादी!! देखा, कम्बल वाला बिस्तर भी गायब है। जितना कुछ बटोर पाए थे, वह उनकी थोड़ी-सी लापरवाही के कारण कोई उड़ा ले गया। वह जान नहीं पाए कि यह सब कैसे हो गया? चाय थामे वह काठ हो गए थे। उद्विग्नता, चिन्ता और शंका के साथ एक अव्यक्त डर ने एक साथ हमला किया। खानदानी गरीबी और अपनी दरिद्रता का एहसास जितना उस घड़ी कचोट रहा था, वैसा शायद कभी नहीं हुआ। जीवन के हर मोड़ पर गरीबी से मुठभेड़ किया है, पर यह ऐसा क्षण है, जहाँ मुठभेड़ सम्भव नहीं। किसी मुठभेड़ के लिए कोई न कोई योजनाबद्ध तरीका चाहिए! योजना के लिए मानसिकता बनानी पड़ती है। पर यहाँ तो 'मन चिर अशान्त है/पल-पल, क्षण-क्षण भयाक्रान्त है...'

हायाघाट से लहेरियासराय पहुँचने में गाड़ी बीस-पच्चीस मिनट का समय लेती है। समय की अल्पावधि में वे ट्रेन की ऊपरी बर्थ पर असहाय-सा झूलते रहे। लहेरियासराय में ही उतर गए। यदि सब कुछ ठीक रहता, तो दरभंगा में गाड़ी छोड़ते और सकरी वाली गाड़ी पकड़ते। दरभंगा और लहेरियासराय के बीच पाँच किलोमीटर की दूरी है। कन्धे से लटकता झोला लिए उतरे। गेट पर कोई नहीं था,

इसलिए टिकट निकालने की जरूरत नहीं पड़ी। स्टेशन के बाहर सामने चाय-पान की दुकान। वहाँ एक बेंच पर बैठ गए। पान के लिए कहा। सामने एक बड़े आईने में झाँका। स्वयं अपना चेहरा आज न जाने कैसा लग रहा था। गम्भीर सोच की गहरी लकीर साफ-साफ नजर आ रही थी। आखिर यात्री की यह यात्रा अब किधर होगी? अपने सम्बन्ध में कोई भी निर्णय लेने में कभी देर नहीं करते, पर उस दिन जो फैसला करना था, उसके लिए यात्री का यायावर मन दुविधा और द्वंद्व के बीच झूल रहा था। 'यहीं है सुख-दुख का अवबोध/यहीं हर्ष-विषाद, चिन्ता-क्रोध/यहीं है सम्भावना, अनुमान/यहीं स्मृति-विस्मृति, सभी का स्थान/छोड़कर इसको कहाँ निस्तार/छोड़कर इसको कहाँ उद्धार...।' लगभग बीस वर्ष पूर्व लिखी इस रचना की दो और पंक्तियाँ याद आ गईं—'सामने फैला पड़ा है शतरंज-सा संसार/स्वप्न में भी मैं न इसको समझता निस्सार...' शतरंज जैसे विभिन्न खानों में बँटे इस संसार के कुछ मोहरे तो वे जानते ही हैं। खयाल आया, लहेरियासराय के सोमदेव का। उनके मन-मिजाज को वह अच्छी तरह समझता है। तनाव-जिम्मेदारी और मजबूरी में घिरे गुरु समान रचनाकार के लिए शायद कुछ उपाय वह निकाले! उसका आवास निकट ही था, पैदल ही चल पड़े...

इतने में सुबह की ताजा हवा के साथ कहीं से एक मजबूत स्वर कानों से टकराया। नागार्जुन का मन तत्क्षण रजबाँध पर वापस आ गया। बाईं ओर दो-तीन खेतों के पार पीताम्बर अपने कलम-बाग से निकलकर आ रहे थे। उम्र में नागार्जुन से बड़े और रिश्ते में छोटे। दरभंगा के एक हाई स्कूल में शिक्षक थे। नागार्जुन रुक गए। "चाचा, आपने बड़ा अच्छा दामाद ढूँढ़ा है, मन खुश हो गया है। पर इस शादी ने आपसे कितना कुछ झेलवा लिया...आप जैसों की कल्पना करके गीतकार ने यह कहा होगा—क्यों भला ईमानदार लोगों और संघर्षशील प्राणी का हमेशा मजाक उड़ाया जाता है?"

पीताम्बर के एक हाथ में आम से भरा थैला था, तो दूसरे हाथ में लोटा। हल्का श्यामवर्णी चेहरा, मूँछ और खुँटियाई हुई दाढ़ी, रविवार समेत तमाम छोटी-बड़ी छुट्टियों में गाँव के स्थायी निवासी। उनकी ओर जिज्ञासापूर्वक मुस्कान फेंकी नागार्जुन ने, तो पीताम्बर बाबू ने झोला वहीं सड़क पर रखकर नागार्जुन के कन्धे पर हाथ रखते हुए कहा, "यह पचपन-छप्पन वर्ष की उम्र मनुष्य के लिए जीवन में सबसे ज्यादा फलने-फूलने की उम्र होती है न ठक्कन कका! हम आप इस उम्र में भी दिन-रात बैल की तरह कोल्हू में जुते हुए हैं, फिर भी हाथ खाली..."

एक सनातनी ब्राह्मण पंडित से यह सुनकर दंग रह गए नागार्जुन। पीताम्बर को जब-जब देखते, तो उन्हें 'दुखरन मास्टर' याद आ जाता...'खिचड़ी बाल, साँवली सूरत...दुखरन मास्टर गढ़ते हैं, किसी तरह आदम के सांचे...' पीताम्बर के चेहरे पर हमेशा चिन्ता छाई रहती। जीने के लिए काफी कुछ झेला है उसने। छोटे भाई

को डॉक्टर बनाया...कई बार दरभंगा से पैदल आ जाता, ताकि दो रुपये बच जाएँ, लेकिन डॉक्टर बनने के बाद भाई ने सम्बन्ध तोड़ लिया। उनकी ओर देखकर नागार्जुन ने कहा, "पीताम्बर बाबू, इस विषय पर हम फिर कभी बात करेंगे। मेरी उलझन तो आप जानते ही हैं। दोपहर तक बारात वापस जाएगी...कभी आपके कलमबाग में बैठेंगे...आपने आम खाने का न्योता दे रखा है न!" कुछ रुककर फिर बोले, "पूजा-पाठ के बाद मेरे दालान पर आइए।" और आगे बढ़ गए।

कुछ कदम के बाद मन फिर लौट गया सात-आठ दिन पीछे की ओर...सोमदेव ने सूर्योदय के समय यात्री को देखा। सुबह-सुबह अपने रचनात्मक अभिभावक को देख प्रसन्नता हुई। तुरन्त चाय सामने की। चाय सुड़कते हुए नागार्जुन ने उन घटनाओं की चर्चा की, जो घटित हो चुकी थी और जो घटने वाली थी। फिर उन्हें खुद पर हँसी भी आई, शायद तरस के साथ...उन्हें हँसता देख सोमदेव ने कहा, "ऊपरवाली जेब गरम होकर फूली-फूली होगी और आप मस्त-मग्न होंगे कि चलो, दुनिया फतह कर ली..." इस पर नागार्जुन मौन हो गए। उनकी वह खामोशी सम्भवत: इतनी मुखर थी कि सोमदेव सचमुच चौंक गए। उसने धीरे से कहा, "इस समय संकोच का पट्टा गले में बाँधकर मुँह बन्द रखना उचित नहीं है।" अपनी तर्जनी उठाकर चुप रहने का इशारा किया नागार्जुन ने।

वे चाहते थे कि घंटा-डेढ़ घंटा एकान्त में मन को स्थिर करके दरभंगा में भटकाएँ, ताकि अन्दाज करें कि यहाँ क्या-क्या हो सकता है? आज उन्हें जननी और जन्मभूमि की ओर आकर्षित करने वाला सूत्र 'भूमि' का महत्त्व समझ में आ रहा था। यदि अपने खेत होते, तो दस-पाँच हजार की व्यवस्था आसानी से हो जाती। दरभंगा आदिकाल से उत्तर बिहार का एक प्रतिष्ठित शिक्षा केन्द्र रहा है। इस शहर में लगभग आधा दर्जन कॉलेज के साथ एक मेडिकल कॉलेज भी है। संस्कृत विश्वविद्यालय तो यहाँ है ही। नागार्जुन कभी गहरे रूप से दरभंगा के बौद्धिकों से जुड़ नहीं पाए। कभी अपना कार्य-क्षेत्र यहाँ नहीं बना पाए।

दोनों रचनाकारों में इस नगर की सम्भावनाओं पर विचार-विमर्श शुरू हुआ। यों यात्री के मैथिली उपन्यासों का प्रकाशक भी यहाँ है, जहाँ लोग अपनी पुस्तक छपवाकर दुकान में रख आते हैं। दुकानदार की मर्जी है कि वह उसे कैसे बेचे और किस तरह भुगतान करे। भला हो 'मिथिला मिहिर' का कि दस-पन्द्रह रुपये 'पत्रम-पुष्पम' के रूप में पारिश्रमिक भी देता है। यह तो यात्री ही हैं, जिन्होंने मैथिली में भी प्रकाशक से कुछ ले लिया है। वह प्रकाशक यात्री की बेटी की शादी वाली बात सुनकर बड़ा प्रसन्न हुआ, पर जब रचनाकार ने अपनी विपदा सुनाई, तो वह मौन हो गया। बड़ी मुश्किल से दो-तीन दिनों में कुछ कर पाने की सम्भावना व्यक्त की। फिर कुछ अध्यापक मित्रों को टटोला गया। एक अध्यापक बन्धु सम्पन्न परिवार से थे। संयोग से वह पार्टी से भी जुड़े थे। यदि वह चाहते, तो अकेले काफी कुछ

कर देते, पर मात्र पाँच सौ की व्यवस्था कर उन्होंने अपने को किनारा कर लिया। फिर देर शाम अपने एक पुराने डॉक्टर मित्र से नागार्जुन मिले। उस मित्र का दरभंगा की सांस्कृतिक गतिविधियों में अच्छा दखल था। अपने पुराने कवि मित्र को उसने रात्रि-भोजन तक रोक लिया। नागार्जुन और अपराजिता इस डॉक्टर के प्रति हमेशा कृतज्ञ रहेंगे, क्योंकि बड़े पुत्र को उसने काल से छीनकर विकलांग के रूप में ही सही, खड़ा कर दिया है। अपने पुराने मित्र को सामने पाकर कवि का मन रम गया। मगर सोमदेव ने थोड़ी व्यावहारिकता दिखाते हुए नागार्जुन के संकटों पर डॉक्टर का ध्यान खींचा। डॉक्टर ने अगले दिन शाम को सोमदेव को बुलाया और नागार्जुन को तरौनी जाकर अपने परिवार से मिल आने की नेक सलाह दी। इतनी दौड़-भाग के बाद यह तो अन्दाज हो ही गया कि कुछ न कुछ व्यवस्था हो जाएगी दो-तीन दिनों के भीतर...

अगले दिन सवेरे नागार्जुन तरौनी गए। जिस परिस्थिति में वे घिर गए थे, उसकी पूरी जानकारी अपराजिता को दी। यह सब सुनकर अपराजिता के चेहरे पर विषाद के घने बादल छा गए। वह चुपचाप उन पर दृष्टि जमाकर न जाने कहाँ खो गई।

गाँव आकर पहला काम यह किया कि विवाह हेतु निर्धारित तिथि 16 मई के बजाय 22 मई करने का एक आग्रह पत्र अपने होने वाले समधी को लिखा और शोभाकान्त को पत्र के साथ पकड़िया भेजा। अपराजिता का गाँव में एक अलग किस्म का प्रभाव है, उसने भी अपने तईं सब कुछ सँभाल लेने का आश्वासन दिया। एक विचार यह भी आया कि आसपास के गाँवों में घूमकर कुछ अति-परिचितों से इस पर बात की जाए। मगर गर्मी में नागार्जुन का इस तरह भटकना अपराजिता को अच्छा नहीं लगा।

दूसरे दिन दोपहर को शोभाकान्त पकड़िया से वापस आया। शादी की नई तिथि तो मान ली गई थी, पर समधी ने इतना ही कहा, 'अभी यह हाल, तो आगे क्या होगा?' नागार्जुन ने समधी के विक्षुब्ध चेहरे की कल्पना मन ही मन की। शाम में विवाह हेतु बाजार से आने वाली वस्तुओं की सूची लेकर नागार्जुन दरभंगा के लिए निकल पड़े। एक दिन के बाद सुन्दर यादव को बोरा और झोला लेकर दरभंगा आने को कहा।

गाँव से निकले गृहस्थ वैद्यनाथ मिश्र, जिन्हें बेटी की शादी के लिए अभी न जाने कितनी मुसीबतें झेलनी पड़ेगी...पर हाट-गाछी में जब पान मुँह में लेकर सकरी के लिए रिक्शा पर बैठे, तो कवि का मन-मिजाज हल्का होने लगा। दरभंगा तक आते-आते जेब में पड़ी लिस्ट पर बार-बार ध्यान जाता...महँगाई, मिलावटी सामान... दोनों का आभास-अन्दाज पुत्र और पत्नी ने करवा दिया था।

लहेरियासराय में डॉक्टर द्वारा दी गई पाँच सौ की रकम सोमदेव ने थमाई और कहा कि 'उनसे मदद तो नहीं माँगी गई थी, और वे अपने कवि मित्र को कर्ज देने

में हिचक भी रहे थे, सो तीन और सात अंकों के बीच उलझे डॉक्टर ने बुकशेल्फ में रखी भगवान बुद्ध की सफेद प्रतिमा को देखकर मध्य मार्ग का रास्ता अपनाया।' शाम में कुछ और रकम की व्यवस्था दरभंगा में हुई।

13 मई से 20 मई का समय नागार्जुन के लिए मानसिक यंत्रणा भोगने वाला समय था। उस यंत्रणा से थका तन-मन मदहोशी की स्थिति में घिसट रहा था। वह उस यथार्थ से जूझ रहे थे, जो हवा में नारेबाजी का संघर्ष नहीं था, बल्कि सामाजिक जीवन में दाँव पर चढ़ने वाला सत्य था। बढ़ती महँगाई, साधनहीन व्यक्तित्व... दरभंगा-लहेरियासराय...तरौनी का यायावर यात्री, फक्कड़ कवि नागार्जुन, साधनहीन पंडित वैद्यनाथ मिश्र और गंवारू ठक्कन मिसर जिस तरह संभला—वह उनके सामर्थ्य में एक नया विश्वास पैदा कर गया...

ताजा मौलसिरी के फूलों की खुशबू लगी, तो ध्यान-चेतना लौट आई। पुश्तैनी तालाब के पूरबी और दक्षिणी कोने पर आ चुके थे। गाँव का सबसे ज्यादा स्वच्छ तालाब 'जोतखी पोखर' अपना पुश्तैनी तालाब है। मौलसिरी के बगल होकर पुबरिया घाट पर आ गए। इस घाट का विशाल वटवृक्ष प्रभाती किरणों को शायद कुछ देर बाद पानी के ऊपर आने से रोकने में अपना सामर्थ्य खो देगा। पुबरिया घाट पर छात्र-पुस्तकालय का फूस वाला घर गाँव की ओर से सूर्य का प्रथम स्वागत करने को तैयार रहता है। काले पत्थर का एक बड़ा खंड घाट के रूप में पड़ा है, उसी पर बैठकर नागार्जुन ने अपना मुँह-हाथ धोया, आँखों में जमकर स्वच्छ जल के छींटे मारे। कुल्ला करने के बाद मन-मिजाज ताजा हो गया। वहीं से देखा, अपने घर के आगे आम के नीचे पारिवारिक त्रिमूर्ति (अपराजिता, उसकी बहन और शोभाकान्त) की गोष्ठी जमी हुई है। सभी के हाथों में चाय के प्याले थे। वह भी स्वयं को नहीं रोक पाए। 'बहुत दिनों के बाद/अबकी मैंने जी भर सूँघे/मौलसिरी के ढेर-ढेर से ताजे-टटके फूल/बहुत दिनों के बाद/अबकी मैं जी-भर छू पाया, अपनी गँवई पगडंडी की चन्दनवर्णी धूल/बहुत दिनों के बाद/अबकी मैंने जी भर भोगे/ गंध-रूप-रस-शब्द-स्पर्श सब साथ-साथ इस भू पर'।

निरे साहित्यिक ठहरे

नागार्जुन को क्षेत्रीय (प्रमंडलीय) सहाय्य प्रसार पदाधिकारी अर्थात रिलिफ एक्सटेंशन ऑफिसर की हैसियत से पटना कमिश्नरी के सूखाग्रस्त क्षेत्रों के दौरे पर रहना पड़ता। दिन भर घूम-घामकर किसी डाक बंगला में जा टिकते। जहाँ डाक बंगला या इंस्पेक्शन बंगला की सुविधा नहीं होती, वहाँ किसी धर्मशाला या होटल में विश्राम

करते। इस सरकारी चाकरी के दरम्यान मित्रों के यहाँ ठहरने से परहेज करते। ठाकुर जी (हरिनन्दन ठाकुर, कमिश्नर, पटना) ने समझा-बुझाकर हिन्दी और मैथिली के इस रचनाकार और अपने अनन्य मित्र नागार्जुन को एक सरकारी नौकरी में लगा ही लिया। यह पद उनके अधीन ही था और पटना कमिश्नरी के अपने कार्यालय के बगल वाले रूम में बोर्ड लगवा दिया—'श्री नागार्जुन, रिलिफ एक्सटेंशन ऑफिसर'। यह पद ठाकुर जी ने नागार्जुन के स्वभाव और परिवेश को ध्यान में रखकर बनाया था। घूमना और राहत के सम्बन्ध में सूचनाएँ एकत्रित करना मात्र काम था। कहा गया कि हफ्ते में दो-तीन दिन पटना कमिश्नरी के किसी न किसी इलाके को देख आएँ—बस। एक तरह से पार्ट टाइम काम। तत्काल वेतन ढाई सौ रुपये रखा गया। यात्रा भत्ता अलग। ठाकुर जी ने आश्वस्त किया कि इस पद को दो-तीन महीने के भीतर सरकार से स्वीकृत करवा लेंगे, तो कम से कम पाँच सौ रुपये तनख्वाह तो रहेगी ही। ठाकुर जी अच्छे प्रशासक थे, तो उन्हें विश्वास था कि इस नए सृजित पद पर नागार्जुन के चयन का कहीं से विरोध नहीं होने देंगे। कवि को एक जीप (ड्राइवर सहित) और एक टाइपिस्ट दिया गया। इस तरह अनायास और आनन-फानन में सरकारी चाकरी मिली, तो नागार्जुन को लगा कि उनकी अपनी ही रचना 'तिकड़म के ताऊ' कोई सुना रहा है।

जिस दिन यह चाकरी उन्हें मिली, उस दिन पटना में परिवार के सदस्य के नाम पर मात्र सुकान्त था। जीवन के छठे दशक में आकर एक पार्टटाइमनुमा सरकारी नौकरी पाकर नागार्जुन कुछ अजीब-सा महसूस कर रहे थे। यों समाज में सरकारी दफ्तरों में सात घंटे कुर्सियों पर बैठना अपने आप में बहुत बड़ा वरदान माना जाने लगा है। शायद मित्रवर ठाकुर जी ने चाहा कि आदत और भावनाओं को अलग करके जीवन की वास्तविकता उनका प्रिय कवि ठीक से देखे। पटना में प्रशासनिक उच्चाधिकारियों की बड़ी जमात में नागार्जुन के कई सम्बन्धी और मित्र भरे पड़े हैं। कइयों ने इस रचनाकार के लिए सीमा से बाहर जाकर कुछ करने की कोशिश की, लेकिन ठाकुर जी इसमें सफल रहे। कई बार तो ठाकुर जी अपने चैंबर में घंटों नागार्जुन से बतियाते रहते। आपसी बातचीत के समय नागार्जुन 'नागार्जुन' नहीं, कवि यात्री रहते।

नागार्जुन के देखते-देखते ढेर सारे रचनाकार अच्छे सद्गृहस्थ बन गए हैं। फक्कड़पन और अव्यवस्थित जीवन कोई कसौटी नहीं, बल्कि दुर्गुण माना जाता है। उर्मिला की शादी के बाद पटना, दरभंगा, पूर्णिया, रांची, इलाहाबाद, बनारस—जहाँ कहीं गए, 'नागार्जुन ग्रंथावली खंड चार' की प्रतियाँ साथ रहतीं। कुछ इन प्रतियों से, तो कवि-सम्मेलनों, गोष्ठियों आदि से कुछ आमदनी हो जाती। शोभाकान्त की पढ़ाई छूट गई थी। उर्मिला की शादी के बाद वह गाँव रहने लगा था। संकट इतना तीव्र हो चला कि महेंद्रू वाला मकान भी नहीं सँभाल पाए। यह संयोग है कि दामाद

हीरा मिला, परिवार भी बहुत अच्छा। वह शीघ्र ही समझ गया कि 'अर्थकष्ट तो तरौनी परिवार का या यात्री परिवार का सनातन रोग है, शायद ही कभी दूर होगा।' अपराजिता का पत्र या संवाद जब आता, तो याद हो आता, 'बाँसक/ओधि/उपाड़ि/करइ छी जारनि.../हमर/दिन/नहि/घूरत की जगतारिन?...'

महेंद्रू मोहल्ले के बाद उन्होंने हिन्दी साहित्य सम्मेलन भवन, कदमकुआँ, पटना को अपना आवास बनाया। सामान तो कुछ ज्यादा था नहीं, कुछ गाँव चला गया, तो कुछ मकान मालिक के पास बकाये किराये के एवज में रह गया। सुकान्त साथ रह रहा था। कभी-कभी शोभाकान्त अपने बहनोई रतन के साथ पटना आ टपकता खर्च बताने। साथ ही वह किसी नौकरी की टोह में भी था। देख रहा था कि उसके तीनों भाइयों की पढ़ाई अवस्थित होकर छूट गई है। महँगाई की मार अकाल की छाया देखकर तेज होती जा रही थी और राजनीतिक पार्टियाँ जितनी मात्रा में व्यापारिक वर्ग से पोषण पाती हैं, उसी अनुपात में चुप्पी साधे हुए थीं। बादलों ने भी भारी धोखा दिया और रही-सही मुसीबत बाढ़ ने पूरी कर दी...नागार्जुन अपने परिवार में 'दिन-दिन दुर्लभ, कंठ में अटकि रहल छई प्राण...' ही देख रहे थे।

पटना में कई मित्रों ने 'कुछ खास व्यक्तियों और घरों' में ले जाना चाहा था नागार्जुन को, पर उनका तो 'जी-हुजूरी में दम घुटता और मुफ्तखोरी स्वभाव के विपरीत' थी। सम्मेलन भवन के आसपास कई होटल थे, पर सामर्थ्य के अभाव में स्वयंपाकी बन गए। सुकान्त अंटाघाट जाकर रोज दो-दो, तीन-तीन किलो सब्जी ले आता। दोनों ने सोचा कि दस-बीस दिन जमकर शाकाहारी रहेंगे। दाल-वाल नहीं पकानी पड़ेगी।

जून के अन्त से गंगा में पानी बढ़ने लगा था, तो दियारा के डूब जाने से घाट के किनारे वाले मोहल्ले में सब्जियाँ सस्ती मिलने लगीं। एक दिन दिल्ली से कोई पहुँचा। उसने बताया कि दिल्ली में भी भिंडी और बैगन दो रुपये किलो बिक रहा है, तो नागार्जुन ने पूछा, 'सुपरबाजार का भी यही रेट है क्या?' आगंतुक ने कहा, 'उसका तो और भी चौपट हाल है।' दिमाग में एक पंक्ति कौंधी—'भूखहरण टिकिया मिलती, वहाँ सुपरबाजार में...'

उधर गाँव में पूरा परिवार महँगाई की मार से परेशान था। नए दामाद को ढंग से खाना भी नहीं मिल पाता—यह लगातार वहाँ से आ रहे पत्रों को पढ़कर लगता। आर्थिक स्थिति सामाजिक स्तर पर मानसिक यंत्रणाएँ दे रही थी। दामाद को पटना में पढ़ाने की बात आई, पर सम्भव नहीं हुआ। फिर दरभंगा के लिए बात उठी और अन्ततः काफी समय बिताकर मधुबनी में जाकर नामांकन करवाया गया। शोभाकान्त और सुकान्त की तरह दामाद रतन ने भी संकटों के समय में मानसिक और शारीरिक तकलीफ झेली, यह उन्हें भीतर से अच्छा लगा। चार के बदले पाँच पुत्रों का दायित्व कहीं से भी उन्हें अखर कहाँ रहा था!

सम्मेलन भवन का यह कमरा, जिसमें नागार्जुन रहने लगे थे, वही भाग है, जिसमें आचार्य शिवपूजन सहाय रहा करते थे। सम्मेलन भवन में बाहर से जो भी आता, वह एक बार नागार्जुन से मिलना ही चाहता। नए-पुराने रचनाकार अपनी रचनाएँ लेकर पहुँचते—'आशीर्वाद चाहिए...' पाँच-सात रोज के बाद आशीर्वाद के कुछ शब्द मिल भी जाते। किसी-किसी रचनाकार में गजब की खुशबू और विलक्षण प्रतिभा दिखती उन्हें। लेकिन अनुभूति की आँच को आँचलिकता के पिशाच और भाषा का बिहारीपन मार-मारकर बरगलाए रहता...सोचते भी और कहा करते 'शब्दों और वाक्यों का यह लंगड़ापन हिन्दी का देशव्यापी पाठक वर्ग कैसे बर्दाश्त करेगा?' नागार्जुन नए रचनाकारों से साफ-साफ कहा करते, "पात्रों के डॉयलॉग्स तो ज्यों के त्यों हजम हो भी जाएँगे, मगर कथाकार अपनी तरफ से जो कुछ कह गया है या कह रहा है, वह सब तो वाक्य-विन्यास के सार्वभौम अनुशासन में कहा गया होता है न!" नागार्जुन वाक्य-विन्यास सम्बन्धी 'अनारकिज्म' को किसी भी हाल में बर्दाश्त नहीं कर पाते। भाषा, रचना और रचनाकार—इन सब पर खूब सोचा करते। 'जनरुचि' नाम से एक पत्रिका निकालने का जुनून सवार हो गया दिलो-दिमाग पर। ब्लॉक भी तैयार करवा लिया। कागज भी एक मित्र द्वारा ले लिया गया था। अपने तमाम मित्रों से इस सन्दर्भ में पत्राचार भी शुरू कर दिया। लेकिन बीच में बिटिया का गौना (मई, 1967) आ गया। इसी से 'जनरुचि' की योजना थम-सी गई... और उसके बाद यह सरकारी चाकरी मिल गई, फिर भी इन दिनों 'जनरुचि' की बात दिमाग में घूम ही रही थी। एक और बात को लेकर मन परेशान रहता। वह यह कि बेटी और दामाद को कुछ भी नहीं दे पाए। उर्मिला के ससुर का दबाव था कि उनके घर में कोई महिला सदस्य नहीं है, उर्मिला ही बड़ी पुत्रवधू है, तो घर की देखभाल, तीन छोटे-छोटे देवर और एक छोटी ननद की पूरी जिम्मेदारी उसे ही सँभालनी है। गौना को लेकर वचनबद्ध हो गए थे नागार्जुन। शादी की तरह यह गौना भी हो ही गया। और अपराजिता ने बेहद अफसोस के साथ कहा था, "बेटी को उसके अपने भाग्य भरोसे घर से विदा कर रही हूँ..." नागार्जुन को विश्वास था कि उर्मिला सबका मन जीत लेगी। समधी पुत्रवधू के व्यवहार से लेन-देन को याद भी नहीं करेंगे...

नाना प्रकार के झमेलों के बीच नागार्जुन खड़े थे। उन्हीं दिनों उनसे 'सारिका' वालों ने सम्पर्क साधा और उन्हें राजी किया कि अकाल और अन्न संकट को आधार बनाकर वह एक उपन्यास लिखें, जिसे 'सारिका' धारावाहिक रूप से प्रकाशित करेगी। कई अंकों तक विज्ञापन छपा—'बिहार के सूखा और अकाल को लेकर नागार्जुन का उपन्यास 'सूखे बादलों की परछाइयाँ' अगले अंकों में'। सरकारी काम जो मिला था, वह इस उपन्यास की तैयारी के लिए ठीक था। मध्य बिहार और दक्षिणी बिहार के सूखे और अकाल पर पूरे देश की नजर थी। देश भर के लोग

आ-आकर उस दर्द में शरीक होने लगे थे। ग्रामांचलों में अकाल की बड़ी गहरी छाप पड़ी थी। अन्न संकट तो था ही, अब आवास संकट भी तीव्रतम हो उठेगा। बरसात का मौसम खेत-मजदूरों के झोपड़े को एकदम बिठा देगा। अगलगी जगह-जगह हो रही थी। उपन्यास के सन्दर्भ में सोचते-सोचते ध्यान आया कि पलामू भी हो आना चाहिए और मौका मिले, तो एक बार आधौरा भी। फिर शायद चित्र पूरे उतरेंगे। निश्चितंता यदि मिले, तो तीस-पैंतीस दिनों में उपन्यास पूरा कर ही लेंगे।

शोभाकान्त और रतन आ-आकर तरौनी और उर्मिला के ससुराल का हाल बताते रहते। तरौनी का हाल बुरा हो चला था। न अनाज मिलता और न पीने को पानी। नागार्जुन ने कहा था कि यही हाल रहा, तो परिवार को फिर पटना लाना पड़ेगा। परिवार को पटना लाना उतना आसान नहीं था, यह उनके दोनों पुत्र भी समझ रहे थे। उन्हें पता था कि पिछली कई फसलें मारी गई हैं। लगभग दो वर्षों से वर्षा का अनुपात कम ही होता गया है...शासन-व्यवस्था ने सिंचाई के लिए किया तो बहुत कुछ, लेकिन वह सारा का सारा फाइलों तक सीमित रह गया। नतीजा यह हुआ है कि गँवई खेतिहर बिल्कुल टूट गए। और हमारी बिहारी मानसिकता—'हमें पीनक में ऊँघना पसन्द है। यह अकाल भी हमारी निद्रा को तोड़ नहीं पा रहा।' सजगता आई उनके यहाँ, जिनके माध्यम से बाहर से आई मदद का उपयोग होना था।

उन्हीं दिनों राजकमल चौधरी की मृत्यु हो गई। कई घंटे और कई दिनों तक नागार्जुन चुपचाप उनके बारे में सोचते रहे। कभी-कभी बुदबुदा उठते, 'ओ लघु विदेह, छाने तुमने बीहड़ जंगल!' अपना पहला उपनाम नागार्जुन ने सन 1930-31 में वैदेह ही रखा था। मैथिली में यात्री के बाद राजकमल का ही दबदबा रहा है। उनको लगा, उनका ही अपना छोटा भाई छोड़कर चला गया। राजकमल को तो वे तब से जानते थे, जब वह बच्चा था। बिस्तर पर बैठे-बैठे नागार्जुन सोच रहे थे। सामने 'स्वरगंधा', 'कंकावती' और 'मुक्तिप्रसंग' की प्रतियाँ पड़ी थीं। निगाहें उन पर जमी थीं। लेकिन उलट-पुलट नहीं रहे थे। समकालीन जटिलताओं, कुंठाओं, युगीन सन्त्रास की टोह में लगातार भटकता रहा राजकमल। उसके व्यक्तित्व की न जाने कितनी परतें थीं...राजकमल अच्छा पुत्र था, अच्छा सहोदर, अच्छा पति, अच्छा पड़ोसी, अच्छा इनसान—यह कहना मुश्किल है और रहेगा कि फूलबाबू तुम क्या थे और क्या नहीं थे? और थककर सोचा, 'अपन तो भई थेथर हैं.../ निर्लज्ज, बेहया/कठजीव...' राजकमल के देहावसान पर एकाध पत्रिका में भद्दी टिप्पणी देखकर नागार्जुन क्षुब्ध हो उठे। 'लाख निकृष्ट हो मृत व्यक्ति, भारतीय परम्परा के अनुसार तर्पण के समय कलुश चित्त में अनाप-शनाप कहने-सोचने की अनुमति नहीं दी गई है।'

कई दिनों तक दिमाग पर अकाल और सूखा—भूख और महँगाई से परे राजकमल छाए रहे। मगर, बम्बई से उपन्यास के लिए बार-बार तगादा आने लगा,

तो सोचा, आखिर कब तक 'सारिका' और उसके पाठक-वर्ग को बरगलाते रहेंगे... शुरू किया लिखना। एक दिन बैठे, कुछ नोट्स बनाने की कोशिश की और दूसरे दिन लिखाई पर जमने का प्रयास किया। मगर तीसरे दिन नहीं बैठ पाए...'सूखे बादलों की परछाइयाँ' दूर होती जा रही थीं...राजनीतिक परिस्थितियों को बहुत ही करीब से देख रहे थे, तो कथा पर दिमाग स्थिर नहीं हो पा रहा था। 'साझा सरकार' के अन्दर दक्षिणपंथ-वामपंथ और भी सटकर बैठने लग गए थे। पार्टी नेताओं को प्रभुत्व का स्वाद मिला। इन सब का लचीलापन भी वह अच्छी तरह देख रहे थे। 'कारखानों में घेराव भी चल रहे हैं और आगामी क्रान्ति की तैयारी के सिलसिले में चन्दा भी मिल रहा है!'

उन दिनों पटना में जिस तरह की दुर्दशा झेल रहे थे, वह शायद बहुत दिनों तक याद रहेगा...कोई न कोई पुत्र और दामाद प्राय:-प्राय: साथ रहता। कहने को सरकारी नौकरी थी, पर मन ऊब गया था! तनख्वाह तो एक बार भी नहीं मिली। शुरू में दो माह तक यह बताया गया कि इस पद के लिए फाइल सचिवालय तक जा चुकी है और शीघ्र ही सब कुछ ठीक हो जाएगा, फिर अगस्त के अन्त में अधिकारी-मित्र का तबादला अन्य विभाग में हो गया। नए कमिश्नर को कमिश्नर मित्र उनके बारे में सब कुछ बता गए थे, पर नया अधिकारी दुबले-पतले, दमा के मरीज, खादी की धोती-कुर्ता या पाजामा-कुर्ता के साथ कन्धे पर थैला लटकाने और पैरों में मामूली चप्पल पहनने वाले अपने रिलीफ एक्सटेंशन ऑफिसर को देखकर चौंक गया था। चार-छह दिनों तक इनके बारे में जानकारी लेने के बाद अपने अफसराना मिजाज के अनुकूल फरमान पर फरमान जारी करने लगा...यों शुरू में भी नागार्जुन का मन उखड़ा था इस सरकारी कार्यालय में बैठते हुए, लेकिन तब मित्र ने नकेल को यात्री के अनुसार थाम रखा था...नए बॉस को 'रिलीफ' के सरकारी अर्थ से मतलब था। फाइल को मोटी होते देखना चाहता था। नागार्जुन के स्वाभिमानी मन-मिजाज को लगातार झटका लगने लगा और चुपचाप उन्होंने दफ्तर जाना छोड़ दिया। सोचा, 'मेरे समय का कोई उपयोग वहाँ नहीं होता था...।' दफ्तर से एकाध लोग आए, पर नागार्जुन ने जो सोचा, वही किया और कहा, "अब यह काम मुझे छोड़ ही देना चाहिए!"

सरकारी चाकरी से मुक्त होने के बाद मन को फिर उपन्यास की ओर मोड़ना चाहा। पाँच माह तक अकाल के क्षेत्रों को देखा था, तो बार-बार वे तमाम चेहरे दिमागी पटल पर आने लगे, जिन्होंने 'पिछले तीन वर्षों में बरतन-बासन सब कुछ बेच खाया...बकरी-बाछी बेच खाई...गिरते-पड़ते घरों के छप्पर-टाटी-बाँस, सब कुछ बेच खाया...।' अगस्त आते-आते वर्षा हुई थी, तो किसानों की मुस्कानें लौटने लगी थीं, पर अन्न संकट की वजह से लाखों लोग परेशान थे। कभी-कभी नागार्जुन को अपनी पुरानी पंक्तियाँ याद आतीं—'हम भी अब हल-बैल सँभालें, रचना-फचना

छोड़ें/काफी गोद लिया कागज, आओ अब धरती कोड़ें.../' मगर कौन-सा खेत कोड़ेंगे नागार्जुन?अन्ततः कागज ही गोदना है...पर 'सूखे बादलों की परछाइयाँ' पर नजर जम नहीं पा रही थी...

बरसात और मौसम में हो रहे बदलाव के कारण दमा का आक्रमण तेज हो गया, तो अक्टूबर के तीसरे सप्ताह में शोभाकान्त का सहारा लेकर वह यह सोचकर बिहार से निकले कि अगले छह माह इलाहाबाद में ही रहेंगे...शोभाकान्त उन्हें वहाँ छोड़कर वापस आ गया, क्योंकि उसे उम्मीद थी कि दरभंगा भूदान यज्ञ कमिटी या खादी भंडार में काम मिल जाएगा! मगर ऐसा नहीं हो सका, और उसे भी वापस इलाहाबाद पिता के पास आना पड़ा। कुछ दिन एक-दो मित्रों के पास रहकर दारागंज मोहल्ले में बड़ी धर्मशाला (रस्तोगी धर्मशाला) में एक कमरा लिया। यह धर्मशाला दारागंज बस अड्डे के करीब ही था। आर्थिक तंगी और चढ़े कर्ज के कारण नागार्जुन को गद्य की खेती की ओर ध्यान देना पड़ा। 'सारिका' के लिए अब काम करने की इच्छा नहीं हो रही थी, पर उपन्यास तो लिखना था। यों बिहार के कई कार्यक्रमों में किए गए वायदे पत्र द्वारा याद दिलाए जा रहे थे। कुछ मित्र इलाहाबाद तक आकर ले जाने की इच्छा व्यक्त करने लगे, तो नागार्जुन ने उन लोगों को लिखा, 'अभी इलाहाबाद मत आइए। मैं आपको समय नहीं दे सकूँगा...इस साल बिहार नहीं लौटने का मेरा इरादा है। आठ किताबें तैयार हो जाएँगी। कॉन्फ्रेंस या सम्मेलन आदि आप दूसरे साहित्याकारों की देख-रेख में कर लेंगे। मुझे छोड़ ही दीजिए। मैंने पिछले तीन वर्षों से कुछ भी नहीं लिखा। अब मुझे जमकर लिखना है...।'

धर्मशाला के उस कमरे में पिता और पुत्र स्वयंपाकी बने। चूल्हा छोड़कर, तवा-कहाड़ी, दो-एक प्लेट-कटोरी आदि शोभाकान्त पटना से लेता आया था। लकड़ी के कोयले वाला चूल्हा खरीदा गया। कमरे के भीतर धुआँ नहीं करना था, तो चूल्हा जलाकर धर्मशाला की छत पर रखा जाता। जब खूब आँच आ जाती, तो चूल्हे को नीचे ले आया जाता। कमरे में बड़ा-सा कम्बल बिछा रहता। ऊपर से दो छोटी-छोटी चादरें। दीवार लगाकर पुराने अखबार पर पुस्तकें और पत्र-पत्रिकाएँ।

एक दिन नागार्जुन हरभजन दास के मन्दिर गए। पता लगा, लखन के पिता नौकरी से मुक्त होकर कई वर्ष पूर्व अपने गाँव जा चुके हैं...पुजारिन भाभी का वहाँ होने का फिर कोई सवाल ही नहीं था। पुजारिन भाभी होती, तो इलाहाबाद वह जिस स्थिति में आए थे, क्या वह कहीं और टिकने देती? उनका खाँसी-दमा से टूटा हुआ उदास चेहरा देखकर शायद वह रो देती...।

उपन्यास शुरू करना था...किस सूत्र को पकड़ें...खयालों का हमला शुरू हुआ...आपबीती की परत दर परत खुलती-सिमटती रही...सहसा याद आया, बुलहवा का मठ...औघड़ जटाधारी बाबा...नागार्जुन की स्मृति ने जोर मारा, तो याद आया—'तुमने मुझे पिटवाया, मैंने तुम्हें दो वर्ष की जेल की सजा कटवाई थी...',

लगा, वह औघड़ साधु के काले चेहरे और लाल-लाल आँखें घूर रही हैं...मिल गया कथा-बीज...बुलहवा मठ के तमाम रहस्यों को कथा-सूत्र में बाँधने का प्रयास किया जाए...नागार्जुन खुद उस मठ के रहस्य को जानने के बाद ही अमबारी किसान आन्दोलन में अट्ठाइस वर्ष पहले (1939 ईस्वी) हवालात में बन्द हुए थे। तब उनका बौद्ध भिक्षु वाला बाना था...दस-ग्यारह वर्ष पहले मुजफ्फरपुर रुके थे एक दिन। वहाँ से कहीं जाने के लिए निकले, तो किसी ने स्टेशन पर कहा, "बाबा, बुलहवा वाला बाबा याद है आपको? मिलिएगा उससे?" नागार्जुन उधर बढ़े, तो साधुनुमा वह बाबा दौड़ता हुआ भीड़ में कहीं गुम हो गया...चार वर्ष पूर्व इस कथानक पर दसेक पृष्ठ लिखा था, संयोग से वह कॉपी पास में पड़ी थी...

उपन्यास लिखवाना शुरू हुआ। टेबल-कुर्सी की व्यवस्था तो थी नहीं। नागार्जुन को बोलना था और शोभाकान्त को लिखना। जमीन पर किसी तरह उकड़ू बैठकर तीन घंटे तक वह डिक्टेशन लेता। लिखाई खत्म होने के बाद खाना बनता...पिता-पुत्र साथ-साथ खाते...फिर बर्तनों की सफाई...दोपहर के भोजन के बाद जब नागार्जुन विश्राम के लिए लेटते, तो उकड़ू बनकर बैठे पुत्र की छवि आँखों के सामने आ ही जाती...इस तरुण के पास न युगीन शिक्षा है और न ही पुश्तैनी सम्पत्ति...सीधा चल भी नहीं पाता...दौड़ना और साइकिल चलाना तो दूर की बात...पल्थी मारकर भी नहीं बैठ पाता। इन सबके बावजूद ग्यारह-बारह वर्ष के बाद से ही घरेलू काम सँभालता रहा...मन में आता कि गाँव के किसी लड़के को साथ रखें, जो सेवा-टहल करेगा...पर कठोर परिश्रम के बाद अपना और परिवार का पेट भरना मुश्किल है, तो दूसरों का गुजारा कैसे होगा...शोभाकान्त भी कुछ करना चाहता है। कई बार बोल चुका है कि पाँच हजार पूँजी की व्यवस्था कर दीजिए, तो अपना धन्धा खुद खड़ा कर लेंगे...नागार्जुन सोचते हैं कि ठीक ही तो कहता है। पर रतन को भी साथ रखे, तों अच्छा होगा...सगा भाई की तरह सहभागी रहेगा...कई तरह की मानसिक और आर्थिक परेशानियों के बावजूद नागार्जुन ने अन्ततः दिसम्बर (1967 ईस्वी) के मध्य में उपन्यास खत्म किया, बुलहवा मठ पर आधारित 'जमनिया का बाबा'। इलाहाबाद के ही अपने पुराने प्रकाशक के हवाले किया...एकमुश्त मिले उन पैसों से तरौनी और इलाहाबाद का कर्ज निपटाया। लगभग मास-सवा मास हरी सब्जी, रोटी और अमरूद ने दमा को थोड़ा नियंत्रित किया...च्यवनप्राश और सितोपलादी ने भी अपना असर दिखाया...सबसे ज्यादा फायदा रात के भोजन के परहेज से हुआ।

बीच में समय निकालकर एक और काम किया। पटना से इलाहाबाद आने के हफ्ते भर बाद ही 'चित्रा' के प्रकाशन वाला परिवार उनसे एक और नया मैथिली काव्य-संग्रह तैयार करने का आग्रह करने लगा था। नागार्जुन की हिन्दी कविताओं को छापने के लिए इलाहाबाद में कोई प्रकाशक भला कहाँ तैयार हो पाया है! मैथिली काव्य-संग्रह के प्रकाशक के दिमाग में शायद साहित्य अकादेमी आ गया हो, क्योंकि

साहित्य अकादेमी ने मैथिली को मान्यता दे दी है और पिछले वर्ष मैथिली की एक पुस्तक को पुरस्कृत भी किया गया, पर इस वर्ष किसी पुस्तक को पुरस्कार नहीं मिला। लेकिन यात्री के सामने समस्या यह थी कि रचनाएँ कैसे बटोरी जाएँ। साथ घूमते नोटबुक और कॉपी में जितनी भी कविताएँ थीं, वे सब पर्याप्त नहीं थीं। फिर 'चित्रा' के बाद जो संग्रह तैयार हो, वह कम से कम 'चित्रा' के समकक्ष तो हो ही! 'चित्रा' का प्रकाशक मैथिली साहित्य का एक महत्त्वपूर्ण परिवार रहा है। वह भी लग गया रचनाओं को ढूँढ़ने के काम में। पास पड़ी कॉपियों से रचनाओं को उतारने का काम शोभाकान्त के जिम्मे आया। नई-पुरानी रचनाएँ जब इकट्ठा हो गईं, तो शोभाकान्त ने चुनिंदा कविताओं को छाँटा। यात्री ने सरसरी तौर पर देखकर अपनी स्वीकृति दे दी। कुल मिलाकर, चौबालीस कविताएँ और आठ गीत...और नाम रखा गया, 'पत्रहीन नग्न गाछ'। प्रकाशक बना, मैथिली एकेडमी, प्रयाग। संग्रह में सूचना दी गई, 'एहि में अधिकाधिक टटका ओ बिछल रचना सब संकलित कयल गेल अछि...' और नागार्जुन उपन्यास पूरा करने के बाद लगभग दस-बारह दिनों के लिए उज्जैन की ओर निकल गए। यह कवि सम्मेलनों का मौसम था, और इस मौसम में कवि को कुछ न कुछ आमदनी करनी थी। शोभाकान्त को दो-चार दिनों के लिए गाँव जाना था।

मैथिली काव्य-संग्रह 'पत्रहीन नग्न गाछ' का लोकार्पण समारोह भी हुआ। शायद नागार्जुन की किसी पुस्तक का यह पहला लोकार्पण समारोह था। लोकार्पण किया हिन्दी कवि सुमित्रानन्दन पंत ने। लोकार्पण के बाद धर्मशाला वापस आने के बाद इत्मीनान से संग्रह उलटने-पलटने लगे, तो माथा पकड़ लिया। यहाँ-वहाँ अशुद्धियाँ अत्यधिक। अन्त में अशुद्धियों की लम्बी सूची वह भी अशुद्ध...पुरानी टाइप...निसत्व कागज, परन्तु प्लास्टिक का कवर...पिता-पुत्र ने उसी दिन तय किया कि अपनी रुचि के अनुसार शीघ्र ही 'पत्रहीन नग्न गाछ' छापेंगे यात्री प्रकाशन की ओर से।

काव्य-गोष्ठियों के लिए अब एक नियम भी बना लिया था, आने-जाने और ठहरने के अलावा एक सौ इक्यावन रुपये। मध्य प्रदेश उनके लिए उर्वर रहता है। वहाँ किसी एक गोष्ठी या सम्मेलन के लिए जाते, तो दो-तीन और गोष्ठियाँ हो जातीं। फिर भी, कवि-गोष्ठी और पत्र-पत्रिकाओं से बहुत ही कम आमदनी थी। ऐसे में, कोई भला कब तक किसी एक नगर में घर-गृहस्थी बसाएगा! परन्तु बेटे और दामाद को ग्रामीण वातावरण में रखकर गर्क न होने देना चाहते थे। इच्छा थी—'गर्क ही होना होगा तो इलाहाबाद या किसी बड़े नगर के नागरिक परिवेश में 'स्वतंत्र ढंग' से और अपने पैरों पर खड़े रहकर उसी तरह गर्क हों, जैसे श्री नागार्जुन गर्क हो रहे हैं! गर्क होना यानी डूबना...हर शख्स इस युग में अपनी-अपनी परिस्थितियों में गर्क है! कठोर नियंत्रण जीवन की एक अनिवार्य शर्त है।'

जिस ऊब और घुटन के बीच शोभाकान्त-सुकान्त और रतन का समय कट

रहा है, उसकी कल्पना करके उन्हें अपने आप पर क्षोभ होता है कि कैसे नालायक पिता हैं वे! सही परामर्श देने की स्थिति में वे स्वयं को नहीं पाते। शोभाकान्त उनके साथ रहता है, उसके शारीरिक कष्ट को देखकर भी उसके लिए कुछ नहीं कर पाते! 'खाली विवेक-विलास या विचार-मंजरी से क्या होता है! सुकान्त इसी फिजूल की बकवास यानी अभिभावकीय तत्त्व बोधिनी मीमांसा से ऊबकर सुल्तानगंज चला गया।' पटना से सुकान्त को खगेन्द्र ठाकुर अपने साथ ले गए कि अब वह वहीं पढ़ेगा...यानी नागार्जुन पर उसकी कोई जिम्मेदारी नहीं। खगेन्द्र ठाकुर उन दिनों सुल्तानगंज कॉलेज में प्राध्यापकीय कर्म में थे। घर की जिम्मेदारी ऐसी थी कि नागार्जुन को गाँव से बार-बार बुलावा आता रहता—घर की मरम्मत, अनाज का प्रबन्ध, उर्मिला की बिदागरी, सुकान्त को एक बार सुल्तानगंज जाकर देखना... खुद क्या, शोभाकान्त को भी नहीं भेज पाते, क्योंकि पैसे उतने हों, तब न! नागार्जुन ठहरे 'भवतातप्त...अहर्निश अभिशप्त...।'

इलाहाबाद में नागार्जुन ने फरवरी (1968 ई.) से साठ रुपये मासिक किराये पर शहर के बीचोबीच एक मकान लिया। लाइट-पाइप-छत-पाखाना-स्नानगृह आदि के साथ...दो कमरा, कमरे के भीतर बेसिन हाथ-मुँह धोने के लिए...खुला एरिया। मुख्य बाजार, चौक लोकनाथ दस मिनट पर। जंक्शन पन्द्रह मिनट पर। यमुना नदी भी दस मिनट पर। फिर अगले महीने के आरम्भ में वह इलाहाबाद से निकले। यों भी इलाहाबाद रहते, तो तीन-तीन, चार-चार दिनों के लिए कवि-गोष्ठियों के लिए कई बार इस नगर से उस नगर आना-जाना होता रहता। इलाहाबाद में शोभाकान्त अकेला रह गया। तीसरा पुत्र श्रीकांत मैट्रिक की परीक्षा के लिए गाँव की ओर ही शिवनगर घाट हाई स्कूल के हॉस्टल में रह रहा था। वहाँ रतन का भाई भी रहता था। दोनों साथ-साथ थे।

इधर, मैथिली में कुछ करने का भी कीड़ा दिमाग में कुलबुलाने लगा था। 'चित्रा' और 'पत्रहीन नग्न गाछ' के पुनर्प्रकाशन के साथ बांग्ला की तरह अर्द्धवार्षिक संकलन 'बाग्मती' की योजना भीतर ही भीतर जोर मारने लगी। साहित्य अकादेमी से मान्यता मिलने के बाद मैथिली भाषा-भाषी और मिथिला में 'साहित्यिक और सामाजिक जागरण का नया परिच्छेद आरम्भ हो गया'। उन्हें लगने लगा कि शायद आर्थिक मुक्ति के लिए चलने वाले संघर्ष में अब तीव्रता आएगी। सामन्ती और रूढ़िवादी संस्कृति का दबाव कम होने लगा, तो कवि यात्री सोचने लगे, 'टटका मंत्र थीक/नवतुरिया आबो आगां!...।' इलाहाबाद रहते हुए मैथिली के दो-तीन नए कथाकारों को हिन्दी में प्रवेश करवाने का प्रयास किया...मैथिली प्रकाशन के लिए किसी फाइनेंसर की तलाश भी थी।

इस यात्रा में नागार्जुन दिल्ली पहुँचे। यहाँ आने के बाद वह व्यस्त और व्यग्र, दोनों रहे। व्यग्र रहे आर्थिक संकटों के कारण और व्यस्त रहे अपने साहित्यिक

सरोकार में। दिल्ली में शोर ज्यादा देख रहे थे। विसंगतियों के कारण अपना अलग ही रास्ता पकड़ना सहज लगता अब। मानो नागार्जुन के कान में कोई कह रहा है—'नवनीत लेपन की प्रक्रिया मालूम है आपको? 'बहुत बड़े आदमी' के साथ अकेले में घंटा-आधा घंटा गुजार लेंगे आप?...गालियाँ सुनते समय मुस्कराने का अभ्यास आपको डालना होगा...बाबा सुना आपने...,' मगर उन लाखों हाथों को नागार्जुन के लिए भूलना कठिन हो रहा था, जो भूख से याचना के लिए फैले थे और यहाँ-वहाँ आक्रोश की मुद्रा में तने थे...बिहार के अकाल के दौरान वे धँसी आँखों वाले डरावने चेहरे को नहीं भूल पा रहे थे। इलाहाबाद में रह रहे शोभाकान्त और तरौनी में अपनी दो सन्तानों के साथ रह रही अपराजिता की समस्याएँ बहुत प्रयास के बाद भी घटने के बजाय तेजी से विकराल होती जा रही थीं। जीविका की तलाश में ऊब रहे शोभाकान्त ने इलाहाबाद से लिखा—"आप हैं नहीं और मनीऑर्डर नहीं आ रहा, तो आठ-आठ आने के लिए तरसना पड़ता है..."

महँगाई के मारे अक्सर लोग एक-दूसरे से पूछते हैं कि इसका आखिरी छोर कहाँ है? नागार्जुन के सामने जब यह बात आती, तो वह कहते—"आखिरी छोर है इसका नई दिल्ली में, लंदन में और न्यूयॉर्क में! देसी और विदेशी बैकों की तिजोरियों में...।" नागार्जुन साफ-साफ समझ रहे हैं कि अन्न संकट के मारे लाखों-करोड़ों इनसान तड़पते रहेंगे और भगवान तमाशा देखता रहेगा...चावल और गेहूँ सौ रुपये किलो भी मिले, तो भी भगवान के असली भगत खीर और मालपुवा उड़ाते रहेंगे...

नागार्जुन अपनी दृष्टि से राजनीतिक घटनाओं और अर्थ-नीति के खोखलेपन को भाँप लेते हैं। लोगों से सुना करते, "साहित्यकार को राजनीति में नहीं पड़ना चाहिए? साहित्य को राजनीति के दाँव-पेच से अलग रहना चाहिए...राजनीतिक होने से साहित्यकार कुछ और बन जाता है।" उन्हें ऐसे लोगों से पूछना पड़ता, "फिर क्या करने से साहित्यकार, साहित्यकार बना रहता?आप यह क्यों भूल जाते हैं कि साहित्यकार भी हमारी-आपकी तरह सामान्य नागरिक है...जिन्दगी के पचास झमेले उसे भी लपेटे रहेंगे। भूख-प्यास, दुख-सुख, मान-अपमान, लाभ-हानि, कीर्ति-कलंक—सभी में बराबर का साझेदार रहता है वह।" उनकी रचनाएँ पढ़कर कुछ तो यह भी कहते हैं, 'ओफ्फोह, माई डियर नागा बाबा! व्हाट अ पिक्यूलियर टाइप ऑफ पुअर फेलो यू आर...'

ऊँचे आदर्शों के हवाई गुब्बारे बँधे-बँधे ऊपर आसमान में लहराए जाते, पर सामान्य लोगों की तरह उनका आसमान भी फीका रहेगा। गाँव से पत्र आया ᵍ.., 'आंधी आई थी। पुराने घर के छप्पर उड़ गए...' मरम्मत तो क्या हो पाएगी! गनीमत है कि एक कोठरी वाला पछवरिया घर में पनाह मिला...श्रीकांत मैट्रिक परीक्षा देकर शोभाकान्त के पास इलाहाबाद आ गया था। पैसे की सुविधा नहीं हुई, तो गाँव वापस नहीं जा पा रहा है। नागार्जुन कुछ न कुछ फुटकर काम दिल्ली में करते रहे। कई

छोटे-बड़े प्रकाशक हैं वहाँ, कई पत्र-पत्रिकाएँ भी, पर सभी जगह नागार्जुन जाएँगे नहीं। उधर, इलाहाबाद का प्रकाशक 'जमनिया का बाबा' छापने में विलम्ब कर रहा था। बीच में जाकर तगादा भी कर आए थे। गनीमत यह कि उसकी एक कॉपी टाइप करवा ली थी। दिल्ली के उमस भरे वातावरण में उसे पढ़ा...लगा, परिच्छेदों के क्रम परिवर्तन से कथा या कथा-प्रवाह में कोई अवरोध नहीं आता। कुछ ऐसा ही किया, और नाम रखा 'इमरतिया'...उसे प्रकाशक के हवाले किया और भुगतान लिया। यह बात जुलाई, 1968 की है। मन में यह बात भी आती कि कहीं पाँच सौ की नौकरी पकड़ लें—प्रतिमाह इतनी रकम तो चाहिए ही। शोभाकान्त को भी दिल्ली रखने पर सोचने लगे। श्रीकांत का इंटर में नामांकन नहीं करवा पा रहे थे। उसके सम्बन्ध में भी कुछ ऐसा ही सोच रहे थे। दामाद के लिए भी यही बात दिमाग में आ रही थी। गनीमत यही थी कि 'जनयुग' में 'यत्किंचित' शीर्षक से एक कॉलम लिखने लगे थे। थोड़ी ही सही, एक नियमित रकम प्रतिमाह आ रही थी। लेकिन यह तो ऊँट के मुँह में जीरा की तरह ही थी। उन दिनों देश का राजनीतिक परिवेश और परिदृश्य बदल रहा था। मसलन, संविद सरकार की आन्तरिक उठापटक, हर पार्टी की यह समस्या कि मध्यावधि चुनाव यदि हुआ, तो उनकी क्या गति होगी, और श्रीमती गांधी का एक नारा 'स्थायित्व के लिए एक वोट मात्र'। नागार्जुन की राजनीतिक घटनाओं पर जमकर कविताएँ आ रही थीं।

लगभग साल भर के बाद नागार्जुन बिहार आए। दरभंगा में मैथिली आयोजन में शामिल होना अनिवार्य लगा था। पटना पहुँचने पर पता लगा कि वह कार्यक्रम हो गया...दो-तीन दिन पटना में रहकर छह-सात दिनों के लिए दरभंगा की ओर गए। उर्मिला के ससुराल भी दो दिन रह आए। गाँव तो रहना ही हुआ। पिता का अस्त-व्यस्त जीवन और घर की गरीबी देखकर श्रीकांत का पढ़ाई से मन उचट रहा था। दोनों छोटे बच्चे पढ़ाई में किसी तरह घिसट रहे थे। शोभाकान्त और रतन इलाहाबाद में थे। अपराजिता पति पर खूब गुस्साती रहती, पर वह कर भी क्या सकती थी! नागार्जुन चुपचाप उसके गुस्से को झेल जाते। यह झेलना उनकी अनिवार्यता हो गई थी। अपने इलाके में आकर नागार्जुन का मन रम जाता कि क्यों न इधर ही रहा जाए, लेकिन तात्कालिक दाना-पानी की व्यवस्था के लिए पत्नी के हाथों में कुछ पैसे देकर वह गाँव से निकले।

फिर पटना। चेतना समिति के विद्यापति पर्व समारोह में दो दिनों तक घूमते रहे। मध्यावधि चुनाव होने वाला था। मैथिल बौद्धिकों से जमकर बातें होती रहीं। उन्हें लगा कि 'मिथिला-मैथिली के पॉलिटिक्स में पूर्ण रूप से भाग लेने का अवसर आ गया है'। अति भावुक और मैथिली भाषा के साथ अपनी मिट्टी के प्रति समर्पित

यात्री ने फिर तय किया कि इलाहाबाद से आवासीय व्यवस्था हटाकर पटना ले आया जाए...जनवरी (1969 ईस्वी) से 'अभिमुख' नाम से मैथिली में प्रखर बौद्धिक पाक्षिक निकालने की योजना बनाई। मैथिली साहित्य का युवा वर्ग संग देने को तैयार था ही। पटना-गया-आरा आदि के चक्कर लगा आए। वहाँ कई कार्यक्रमों में भाग लेना अनिवार्य था। पटना में ही थे, तो कलकत्ता के लिए भी आमंत्रित हो गए...

कलकत्ता में दो कार्यक्रम विद्यापति पर्व समारोह का था। दोनों में यात्री जी बड़े ही उत्साह से सम्मिलित हुए। मैथिली और मिथिला के लिए इतने उत्साहित थे कि 'संयुक्त मिथिला पीपुल्स पार्टी' बनाने तक के विचार को मूर्त रूप देने के प्रति गम्भीर हो गए थे। फिर सोचा, यदि ऐसा नहीं होता है, तो 'इंटलेक्चुअल फोरम फॉर यूनाइटेड मिथिला' की तरह किसी ग्रुप का अंकुरण हो। एक राजनीतिक संगठन आवश्यक लग रहा था उन्हें। इसके लिए फिर से पटना-दरभंगा-सहरसा जाने की योजना बनाने लगे। पन्द्रह-सोलह वर्षों के बाद फिर उनके दिमाग में मैथिली और मिथिला तेजी से कुलबुलाने लगा था। कलकत्ता में ही यह सूचना उन तक पहुँची, 'मिथिला अंचल (विशेषत: दरभंगा जिला) के मतदाताओं की जागरूकता देख प्राय:-प्राय: सभी राजनीतिक दल मैथिली माध्यम से अपने-अपने पक्ष में चुनाव प्रचार कर रहे हैं'। इसको यात्री एक बड़ा शुभ लक्षण मानने लगे थे। 'सत्ता संघर्ष की दौड़ में मिथिला की अपनी भाषा मैथिली मतदाताओं को साफ-साफ समझ में आएगी और राजनीतिक महत्त्वाकांक्षी लोग भी इस स्थिति को सही मानने लगे हैं'। अब तो कई नगरों-महानगरों में विद्यापति पर्व समारोह मनाया जाने लगा है—यात्री उस समय मैथिली को लेकर काफी उद्वेलित हो रहे थे। वहीं अचानक समाचार मिला कि 'पत्रहीन नग्न गाछ' को साहित्य अकादेमी पुरस्कार मिला है...बधाई और सम्मान में गोष्ठियाँ आयोजित होने लगीं...हिन्दी और मैथिली साहित्य का एक गम्भीर वर्ग यह मानकर चल रहा था कि यह पुरस्कार 'नागार्जुन' को मिला है, लेकिन साहित्य अकादेमी पुरस्कार पाने से 'नागार्जुन' इस जन्म में रहे अब! नागार्जुन की कविताओं को पचाना साहित्य अकादेमी को कष्टकर लगा। नागार्जुन पर गम्भीरता से सोचने वालों को लग रहा था कि मैथिली में पुरस्कृत कर अकादेमी ने नागार्जुन से छुटकारा पा लिया।

कलकत्ता में लगभग दो माह रुक गए। यहाँ दिमागी खुराक तो खूब मिलती, पर आमदनी का स्रोत बिल्कुल सूखा सा चल रहा था। शोभाकान्त अकेले इलाहाबाद में अर्थसंकट झेल रहा था। नागार्जुन स्वयं इस प्रयास में थे कि तीसरे पुत्र की 'टाटा कम्पनी' में ट्रेनिंग हो जाए। सुकान्त ने सुल्तानगंज में ही बीए के प्रथम वर्ष में नाम लिखवा लिया। चाहते थे कि दामाद को कलकत्ता बुला लें, शायद किसी काम में लगा पाएँ। लेकिन दो जने के रहने में जो खर्च आएगा, वह सँभालना फिलहाल मुश्किल लग रहा था। कभी-कभी उन्हें खुद पर हँसी भी आती। कई गम्भीर मित्र

अक्सर कह बैठते—"आप भी साहब निरे साहित्यिक ही ठहरे अन्ततः!" मुस्कराते हुए नागार्जुन आहिस्ते से जवाब देते—"जी हाँ, सो तो हूँ ही..."

लोला का इनकार करना

'विहंगम विमानक वातानुकूलित कक्ष.../मोलायम-गुदगुद-फैल सुन्दर सीट.../कातवला गोलकी शीशा में सटौने आँखि/बैसल रही.../जाइत रहि उड़ल मास्को दिश...' मास्को (सोवियत रूस) की यह यात्रा हिन्दी के रचनाकार नागार्जुन ने नहीं की! साहित्य अकादेमी से पुरस्कृत मैथिली कवि यात्री को भारत सरकार की ओर से सोवियत संघ के लिए 'कल्चरल डेलीगेशन' में शामिल किया गया था। तीन सप्ताह का सोवियत प्रवास था, पर नागार्जुन तो यात्री की आत्मा के साथ ही विमान में बैठा-बैठा उड़ रहा था—'ऊपर-ऊपर अति नील गगन/नीचे बादल हैं विसुध मग्न/हम भूतल से मीलों ऊपर/उनचास पवन के पंखों पर...।'

नागार्जुन इस विदेश यात्रा के लिए तैयार नहीं थे। मगर दिल्ली के अति घनिष्ठ मित्रों ने एक तरह से ठेल-ठालकर पालम में 'कामेत' विमान पर 25 जुलाई, 1971 को बिठा दिया। असमिया, मैथिली और हिन्दी के एक-एक रचनाकारों की तीन सप्ताह की सांस्कृतिक यात्रा थी यह। नागार्जुन को जब इसकी सूचना दी गई, तो उन्होंने न जाना तय किया। प्रभाकर माचवे जैसे पारिवारिक सरोकार वाले मित्र ने जिद्द लगा रखी थी कि इस यात्रा पर जाना ही पड़ेगा...। पासपोर्ट बनवा दिया गया...टिकट सरकार दे रही थी। नागार्जुन के सामने बड़ी विकट परिस्थिति थी। परिवार पटना में था। शोभाकान्त की छोटी-सी नौकरी थी। दिसम्बर, 1970 में वह इलाहाबाद से पटना चला आया था। इधर सुकान्त रचनाकार हो गया सहरसा रहते हुए। मित्रों और मैथिली की पत्र-पत्रिकाओं से उन्हें इसकी जानकारी मिली थी। नागार्जुन ने सोचा था, 'एक ही युग की धड़कनों की रिकॉर्डिंग उम्र और तजुर्बे के मुताबिक जुदा-जुदा ढंग से होती आई है, होती चलेगी। फिर इसमें देश-काल-पात्रगत विलक्षणताएँ अपना बहुविधि प्रभाव डालती रहती हैं।' उन्हीं दिनों दिल्ली में अफ्रो-एशियाई साहित्यकारों का मजमा लगा था। नागार्जुन दिल्ली में ही थे। तटस्थ रहना चाहते थे। लेकिन ऐसा कहाँ हो पाया! 'भस्मांकुर' समाप्त किया था उन दिनों और दरियागंज में ही रह रहे थे। 'राजकमल' वालों ने तात्कालिक व्यवस्था उनके लिए कर रखी थी। प्रूफ और शब्दार्थ सम्बन्धी काम चल रहा था। 'एक दिन शाम को पाँच बजे नींद आ गई थी, गाढ़ी नींद...क्या आठ बजे नींद अपने-आप खुली? नहीं, हुआ यह कि तीन मित्र आ धमके और बतलाया कि बाबा, आपकी

अनुपस्थिति में आपको अफ्रो-एशिया कॉन्फ्रेंस के लिए समग्र हिन्दी भाषी क्षेत्रों के प्रतिनिधिमंडल ने अपना लीडर चुन लिया है...अब तो पाँच-सात रोज आपको बेहद व्यस्त रहना पड़ेगा...असंभावित-अकल्पित तौर पर आप पर यह महान दायित्व आ पड़ा है। अच्छा तमाशा रहा साहब! हम तो इसी से मामूली डेलीगेट भी नहीं बने थे कि नाहक कौन झमेला उठाए! इसी कारण हम इस मीटिंग में गए ही नहीं। विज्ञान भवन में भारत की विभिन्न भाषाओं के डेलीगेट शाम को चार बजे अपने-अपने ग्रुप का लीडर चुनने वाले थे...हम बचना चाहते थे, इसी से शाम को निकले ही नहीं। अब लो बेटा, चाहते थे रोजा से छुटकारा, नमाज भी गले पड़ गई...'

कई बार महत्त्वपूर्ण आयोजन या योजना से बचना चाहते रहे, पर मित्रों की धड़पकड़ के कारण छुटकारा नहीं मिल पाता! इस रूस यात्रा के सन्दर्भ में भी यही कुछ हुआ...सब कुछ तय हो गया। वीजा और टिकट आ गए। ऐन मौके पर, जिस दिन तीनों रचनाकारों को प्रस्थान करना था, नागार्जुन सवेरे से दिल्ली में रहते हुए भी न जाने किस गुफा में जा छिपे। साहित्य अकादेमी वालों ने तमाम संभावित ठिकानों पर तलाश करवाई, पर कुछ पता नहीं चल पा रहा था। इधर नागार्जुन दरियागंज के एक पार्क में छायादार पेड़ के नीचे दो 'रामपुरी लँगड़े' आम खाकर अखबार के ऊपर गमछा बिछाकर सोए रहे...ठीक पाँच बजे जब विमान को उड़े लगभग घंटा भर हो गया, तो नागार्जुन कन्धे पर झोला लटकाए राजकमल प्रकाशन जा पहुँचे। वहाँ मानो भूचाल आ गया...'कहाँ थे बाबा! पालम पर आपका नाम ले-लेकर अनाउंसमेंट पर अनाउंसमेंट होता रहा...साहित्य अकादेमी का फोन पर फोन आता रहा दिन भर...आप भी अजीब ठहरे!' नागार्जुन हँसते रहे। साहित्य अकादेमी और प्रभाकर माचवे को फोन किया गया। वे आए। माचवे ने कहा—'जाना तो तुम्हारा नहीं रुक सकता। पासपोर्ट और टिकट है ही, तारीख बदलवानी पड़ेगी। अगले हफ्ते इसी दिन पहली फ्लाइट से...' फिर फँसे नागार्जुन।

स्थिति ऐसी नहीं थी कि विदेश यात्रा पर निकलते। सैंतालीस डॉलर का फॉरेन एक्सचेंज का परमिट मिला, पर सूटकेश, जूते, दो-एक कपड़े और छोटी-छोटी कई चीजें खरीदने के बाद तीन सौ अस्सी रुपये नहीं व्यवस्था कर पाए कि फॉरेन एक्सचेंज लेते। पालम तक टैक्सी से आने के बाद सौ रुपये बचे, तो उसका आपातकालीन सेवा से डॉलर लिया...इस विमान को बिना रुके मास्को तक जाना था।

आँखें सटी थीं किनारे वाले गोल शीशे से। 'आकि लग मे आबि कऽ भऽ गेली ठाढ़ि/विमान परिचारिका/झुकिकऽ नहूँ-नहूँ बाजलि—/अहाँ त' ओ सब वस्तु लेवै नहि/पियास लागय तँ कहब.../आ हँऽऽता ई राखू मुँह मे.../दूटा चाकलेट राखि देलक तरहत्थी पर...' मलयालम भाषी माता-पिता की सन्तान 'रत्ना' परिचारिका थी। सवा सात घंटे तक आकाश यात्रा की वह गार्जियन...शीशे से थोड़ी देर के लिए आँखें हटीं। उसकी ओर देखते रहे। गर्दन उठाकर इधर-उधर भी देखा। सोचा, आज

की युवा पीढ़ी वयस्कों को बेहिसाब आदर नहीं देती, नाप-तौल कर आदर देती है। श्रद्धा का अनुपात पुरानी पीढ़ी के आचरण को ध्यान में रखकर घटता-बढ़ता रहता है। लगा कि वयस्कों को नापने का उनका अलग ही फीता होता है। नागार्जुन की आँखों के सामने अपनी पुत्री उर्मिला का चेहरा बार-बार उभरने लगा...उसे शिक्षित कर पाँव पर खड़ा करने का सपना दिवास्वप्न ही बन गया। कहाँ कुछ कर पाए... मिडिल भी नहीं करवा पाए...एक बच्चे की माँ बन गई है अब वह...चाहते थे रतन-उर्मिला-अमित (दामाद-बेटी-नाती) का एक बढ़िया फोटो खिंचवाकर अपनी कविता वाली कॉपी में रखें, यह भी नहीं करवा पाए वह। दो-एक माह बेटी-दामाद को अपनी निगरानी में दिल्ली-इलाहाबाद या पटना भी नहीं रख पाए...आर्थिक स्थिति बेहद लचर रही है...हमेशा सोचते कि साल में चार महीने कहीं एकान्तवास करें अर्थात उस अवधि में लेखनी ही चले। 'महानगर में या कहीं भी, अकेले रहकर जमकर काम नहीं कर पाता हूँ। खाने-पीने की बदइन्तजामी, रहने की दिक्कत, अपेक्षित एकान्त का अभाव, अपना कोई पास न हो...यों आत्मीय तो सर्वत्र फैले हुए हैं, मगर वे मेरी साधना-पद्धति को अक्सर दूर हटा देते हैं। परिवार का कोई साथ हो, तो इतर तत्त्व बाधक नहीं होंगे...।'

रत्ना चाचाजी सम्बोधित करते हुए बगल में बैठ गई। बताया था कि नीचे तरंगित हो रहा होगा अरब सागर। यात्री का भी जीवन स्वच्छंद और तरंगित रहा है। इधर आकर इसमें इजाफा ही हुआ है। समाज, राजनीति और साहित्य के सभी क्षेत्रों के बौद्धिक क्रियाकलापों में कभी मूक और कभी मुखर रूप से भाग लेने में वे पीछे नहीं रहते। पूरे देश में कहीं भी कुछ घटे, तो वहाँ जाकर खोज-खबर लेने का स्वभाव बढ़ गया है...घटनाओं का साक्षी होना और घटित परिस्थितियों से कदम मिलाकर चलना उनको आवश्यक लगता...समाचारों की भूख और कोई विशेष घटना, जिससे मन स्पन्दित होने लगे, तो उस दिशा की ट्रेन पर उन्हें देखा जा सकता है। आर्थिक स्रोत के लिए भी घूमना जारी रहता। साहित्य-राजनीति और सामाजिक सरोकार से जुड़े हर चेहरे को पहचानते हैं। अपनी सहजता और स्नेह से अबनॉर्मल को नॉर्मल बनाने के कई टोटके जानते हैं। प्राय: हर नगर में ऐसे श्रद्धालुओं की कमी नहीं, जो सेवक के रूप में प्रस्तुत होने को उत्सुक न हों। साठ वर्षीय नागार्जुन जिस परिवार में भी जाते, वहाँ बेटा, पुत्रवधू, दामाद, बेटी, नाती, पोते बनाकर स्नेह और प्यार लेने व देने लगते।

रूस यात्रा से पहले वह पटना जाना चाहते थे, परिवार से मिलने। वहाँ महेंद्रू मोहल्ले के घघाघाट में एक अच्छा मकान मिल गया था। ऊपरी हिस्सा। नजदीक में गंगा की धार। शोभाकान्त, श्यामाकांत, मंजू—सभी वहीं थे। रतन भी साथ रहता। सुकान्त सहरसा में रहकर बीए के अन्तिम वर्ष में था। श्रीकांत टाटा के कारखाने में ट्रेनिंग ले रहा था। उम्मीद थी कि प्रशिक्षण के बाद उसकी नौकरी लग ही जाएगी।

श्यामाकांत और मंजू की पढ़ाई राम भरोसे चल रही थी। नागार्जुन खुद कई वर्षों से उपन्यास की ओर खुद को नहीं मोड़ पा रहे थे। बड़ी मुश्किल से और प्रकाशकीय दबाव में आकर पिछले वर्ष 'भस्मांकुर' वाला काम हो गया। हाँ, एक काम और किया, 'सौ गीत विद्यापति' पुस्तक में कुछ गीत और मिलाकर उसे 'विद्यापति के गीत' में ढाल दिया। अकादेमी पुरस्कार के बाद यात्री से मैथिली भाषा-भाषियों की उम्मीद कुछ ज्यादा बढ़ गई थी, पर इधर हिन्दी का परिवेश हावी रहता, और मैथिल परिवेश धूमिल-सा होने लगता। सोचते 'जमीन व जीविका यदि उधर रहती, तो स्थिति उधर ही सीमित रहती...सो तो है नहीं, तभी तो नागार्जुन को यत्र-तत्र-सर्वत्र चक्कर लगाना पड़ता।' कभी-कभी उन्हें बिहार से नफरत-सी होने लगती, और वे सोचने लगते, परिवार के अन्य सदस्यों को भी जल्दी वहाँ से खींच लिया जाए। कम से कम एकाध बेटे को तो साथ रख ही सकते हैं। दो जने साथ हों, तो उनका अपना भी भला होगा। पारिवारिक जीवन के पक्षधर रहते हुए भी नागार्जुन छह महीने भी अपने परिवार के साथ नहीं रह पाते। अब तो लगता है कि यदि टिककर रहें, तो दम ही घुटने लगेगा...अब तो बड़ी रचना पर जमकर मन भी नहीं लगा पाते। एक काव्य संग्रह की पांडुलिपि तक तैयार नहीं कर पाते...आँखें गोल शीशे से सटी हुई थीं, तो कानों में रत्ना की आवाज ध्वनि-विस्तारक यंत्र से आने लगी। नागार्जुन का मन उसका मैथिली रूपान्तरण करने लगा—'यात्रीवृंद, अपने लोकनि/कने कालक बादे इरानक आकाशमे प्रवेश करब/अपने सभहक मध्याह्न भोजन/ठीक एक बजे परसल जाएत/ताहिकाल ई विमान/तेहरानक दक्षिण देने उड़ैत रहत/तत्पश्चात किछुए कालक बाद/कास्पियन-समुद्र पार करिते/पहुँचब हमरा लोकनि अजरवाइजान/स्वागत करत अपनेक सोवियत अन्तरिक्ष...एंड नाउ दिस इज पर्सियन गल्फ...' और गल्फ के बाद इरान की भूमि।

नागार्जुन की यह दूसरी विमान यात्रा थी। पूर्व में 14 वर्ष पहले 1957 में पटना से काठमांडू तक विमान से गए थे। उस बार भी भारत सरकार के एक सांस्कृतिक शिष्टमंडल में ही शरीक हुए थे। नेपाल स्थित भारतीय दूतावास ने एक सांस्कृतिक आयोजन किया था। हवाई जहाज में बगल की सीट पर बैठे सज्जन को खूबसूरत गिलास में एक पेय परोसा गया। नजरें शीशे से हटकर वहाँ जा टिकीं। नागार्जुन शराब से परहेज करते हैं...बहुत जोर डालने पर दो-एक चम्मच पूरे गिलास पानी में मिलाकर दवा की तरह कभी-कभार ले लिया करते थे, मगर यहाँ यह भी नहीं।

हिन्दी के सुमन और असमिया के गोस्वामी सप्ताह भर पहले ही रूस पहुँच चुके थे। मैथिली रचनाकारों में यात्री को इस यात्रा का मौका मिला। पिछले वर्ष ही तो साहित्य अकादेमी की तरफ से लेनिन की शतवार्षिकी में मैथिली रचनाकार के रूप में भाग लिया था। तब कहाँ पता था कि उन्हें लेनिन के देश जाना पड़ेगा। यात्री की इच्छा रही कि मैथिली में भी वामपंथी साहित्य आना चाहिए। उनकी समझ

है कि 'भाषा की समस्या जब तक भूमिहीन दलित समाज की दैनन्दिन संघर्ष से न जोड़ी गई, तब तक ऊपर ही ऊपर इसी तरह तैरती भसियाती रहेगी मैथिली...' सोचते-सोचते नागार्जुन को झपकी आ गई...घघाघाट (पटना) वाला मकान...परेशान शोभाकान्त और रतन...उनके हाथों में दिल्ली से लिखा पिता का पत्र—'अचानक तीन हफ्ते के लिए सोवियत भूमि की यात्रा पर जा रहा हूँ...15-8-71 को लौटना है। 20 तक पटना आऊँगा...'

फिक्र न हो और दुनिया भर की जानकारियों का लबादा न लदा हो, तो कहीं भी किसी को नींद आ जाएगी...मगर नागार्जुन को फिक्र थी, परिवार की, परिचितों की, अति घनिष्ठों की और साहित्य के साथ अपने तमाम ऐसे पात्र व परिवेश की, जहाँ से वे रचनात्मक ऊर्जा लेते हैं। पिछले पाँच-सात वर्षों से नागार्जुन की घुमक्कड़ी कुछ अर्थों में बाध्यतामूलक होती गई। जहाँ रहते, लोगों से घिरे ही रहते। साहित्य-संस्कृति से जुड़े लोग साहित्य-समाज और वर्तमान सन्दर्भ में बात करते रहते। पिछले आम चुनाव के बाद माहौल कितना बदला और नागार्जुन उस माहौल में अपनी प्रतिक्रिया देने से पीछे नहीं रहे। अपने देश के बारे में सोचते हुए लगता, न जाने प्रधानमंत्री होकर—'किस पीनक में झूम रही है छोटी बहन हमारी...।' अभी तो नागार्जुन उस देश को जा रहे थे, जिसके राष्ट्राध्यक्ष को उन्होंने कहा था—'भूतनाथ हो, बाँस-देव हो/यों तो साथी ब्रेजनेव हो/ध्वस्त हो गया मोह हमारा/तुमने ऐसा डंडा मारा...'

मास्को के स्थानीय समय के मुताबिक दो बजे विमान जमीन पर उतरा। जहाँ दोनों भारतीय मित्र ठहरे थे, वहीं उन्हें भी पहुँचा दिया गया।

यात्रा का क्रम यों रहा—मास्को, लेनिनग्राद, किएव (कीव), ताशकन्द, समरकन्द, अल्माअता, मास्को। लगभग आठ दिन मास्को में ही रहना हुआ। पहले दिन मास्को से ट्रेन से लेनिनग्राद गए। सामूहिक खेतियों वाले 'कोल-खोज' ने आकर्षित किया—'हरे-नीले-भूरे-सन्दली-कत्थई/बिछे हैं छोटे-बड़े-मझोले कालीन.../अक्सर चौकोर, लम्बे, आयताकार-समान्तर/समान्तर-विषमान्तर-प्रलम्ब-लघु/रंगीन धोतियों के थान जैसे बिछे हैं सामूहिक खेत...।' खेतों के बीच-बीच में पुआलों-सूखी डंठलों के टाल नजर आ रहे थे। लेनिनग्राद का रेलवे स्टेशन अपने देश बम्बई सेंट्रल जैसा विशाल, पर सफाई में कहीं अच्छा। पहले दिन से ही साथ में एक दुभाषिया सहचर लगा रहा। नाम था सेर्गेई, चौबीस-पच्चीस की उम्र का हँसमुख युवक। अंग्रेजी-हिन्दी और बांग्ला बोल लेता। सेर्गेई अपनी माँ, बहन और बिरासी वर्षीय नानी के साथ मास्को में रहा करता। 'सोवियत राइटर्स यूनियन' ने इन भारतीय लेखकों के घूमने-घुमाने के लिए कार की व्यवस्था कर रखी थी। रहने-घूमने और दुभाषिया का खर्चा राइटर्स यूनियन के जिम्मे था और खाने-पीने या कुछ हल्का खरीद-फरोख्त के लिए तय की गई एक रकम इन लोगों की जेब में डाल दी गई थी। एक रूबल भी अपने मूल देश ले जाने की अनुमति नहीं थी।

लेनिनग्राद हर्मिटेज (म्यूजियम) से नागार्जुन प्रभावित हुए थे। तीन घंटे तक घूमने पर भी अधूरा रहा। यह म्यूजियम जार के शिशिरकालीन आवास महाप्रासाद में था। भारत में इतना विशाल राजमहल है या नहीं, यह नागार्जुन को याद नहीं आ रहा था। 'बॉन गॉग' आदि महान कलाकारों के चित्रों से सजे हुए बीसियों विशाल कक्ष हैं। पौराणिक ढंग से ख़्रीष्टीय चित्रांकनों की भरमार ही है। जारकालीन सैन्य अधिकारी, सामन्त, पादरी आदि के वस्त्र...आभूषण...बर्तन...अस्त्र-शस्त्र। वह उस 'रजवले' भी गए, जहाँ लेनिन 1917 की जुलाई-अगस्त में छिपकर रहे थे। कवि नागार्जुन वहाँ गुनगुना उठे—'कब होगा अन्त/विश्व भर में फैले खंड-खंड नरकों का?/ऐसे में हमें तो बस याद आता है तुम्हारा नाम...'

लेनिनग्राद में ही लोला सांकृत्यायन रहती थीं। नागार्जुन ने हिसाब लगाया, लोला अब तिहतर-चौहतर वर्ष की हो गई होगी। राहुल अपनी रूसी पत्नी लोला और पुत्र इगोर को बहुत प्यार करते थे। दिल्ली के किसी मित्र के पते पर उनके पत्र और फोटो मँगवाते थे। इगोर यहीं किसी पुस्तकालय में लाइब्रेरियन था। लोला से मिलने का प्रयास सफल नहीं हुआ। उनके मोहल्ले तक जाकर कॉलोनी के उस सामूहिक निवास के सामने कार खड़ी की गई थी। सेर्गेई अन्दर तक जाकर ढूँढ़ आया। वापस आकर बोला, 'कमरे के भीतर से कोई जवाब नहीं मिला। शायद बीमार हों...शायद सोई हों...।' फिर नागार्जुन स्वयं उस कमरे तक गए। बगल के कमरे से एक युवती बाहर निकली...परिचय लिया...भीतर गई...आई...और बोली—'इवानोव्ना आपसे नहीं मिलेगी/वह रूखी और चिड़चिड़ी हो गई है/हिन्दुस्तान का जिक्र आते ही/वह गुस्से में आ जाती है/हाँ, पाँच बजे शाम को आओ तो उसके बहू-बेटे से/मिलोगे, तब वे इवानोव्ना के कानों में/जोर-जोर से बोलकर कहेंगे—/'ये इन्दुश्की तूरिस्त हैं/तुम्हें सलाम करने आए हैं'/इस पर लोला चीख के बोलेगी/सिर हिलता रहेगा/इनकार की मुद्रा में—/न्येत्-न्येत् (ना-ना) हमारा/वहाँ कोई नहीं है, तुम वापस जाओ/हटो सामने से...।' काश! इगोर से ही मुलाकात हो पाती। मन उद्विग्न हो गया था। शाम में छह बजे किएव के लिए विदा हो गए विमान से। रात के साढ़े आठ बजे वहाँ पहुँचे।

किएव उक्राइन (यूक्रेन) की राजधानी थी। नीपर नदी के किनारे-किनारे पहाड़ियों पर उद्यानों और हरियाली का शहर कहलाता है। उक्राइन की सांस्कृतिक-शैक्षणिक परम्पराओं के साथ धार्मिक परम्परा के भी अवशेष वहाँ सुरक्षित हैं। लव्रा (गुफा महाविहार) की गुफाओं में ईसाई पादरियों के शव आज भी सुरक्षित हैं। दुभाषिए ने लगभग तीन घंटे में सब कुछ दिखाया और बताया। नीपर नदी के किनारे एक अति-सुन्दर चर्च में बाइबिल के आख्यानों पर आधारित छवियों से दीवारें भरी थीं। दो-ढाई सौ वर्ष पहले गाए गए धार्मिक भजन रिकॉर्डों के जरिये सुनने में अलग स्वाद आया था। राइटर्स यूनियन के दफ्तर में दस-पन्द्रह रचनाकारों से भेंट-मुलाकात

आयोजित की गई थी। शाम में नीपर में मोटरबोट द्वारा जल-विहार, तीस किलोमीटर जाना और वापस आना...। फिर विमान पर सवार होकर समरकंद में दो-ढाई घंटे हॉल्ट करके ताशकंद आ गए।

ताशकंद में कई लोग मिले, जो उर्दू जानते थे। 'अलीशेर नवाई म्यूजियम' में एक बाबर सेक्शन भी तो है। शहर से लगभग आठ किलोमीटर दूर वह अतिथि-निवास भी देख आए, जहाँ लाल बहादुर शास्त्री का प्राणांत हुआ था। बाजार से एक उज्बेक टॉपी खरीदी। फिर वहाँ से अल्माता। अल्माता का मतलब होता है, सेबों का पिता अर्थात सेब पैदा करने वाला नगर। वहाँ शैम्पेन और बीयर के दौर चलते ही रहते हैं। अल्माता के मित्रों ने मदिरापात्र आगे रखे बिना कभी बात ही नहीं की। अल्माता की झिगो (नदी) का प्रवाह देख अलकनन्दा की शाखा नदी याद आ गई। वैसा ही उद्दाम प्रवाह...वहीं नागार्जुन की नजर एक दुकान में जेब घड़ी पर गई। एक पॉकेट वाच की खोज उन्हें थी। खरीद लिया। यों वहाँ बताया गया कि हिन्दुस्तान की एचएमटी वाली घड़ी रूस में भी एक अच्छी घड़ी मानी जाती है। प्राय: हर देश में विदेशी टूरिस्टों को उतना ही दिखाया जाता, जितने से देश की छवि साफ-सुथरी लगे। मगर नागार्जुन कुछ और भी देखना चाहते थे। 'सामने-सामने सड़कों के किनारे नवनिर्मित भवनों की सजीली कतार दिखाई पड़ती, लेकिन छोटी सड़कों के अन्दर घुसने पर जीर्ण-शीर्ण कुटीर भी दिखते।' अल्माता के म्यूजियम की सम्मति पुस्तिका में यात्री ने मैथिली में अपनी टिप्पणी लिखी...इतना तो आवश्यक था ही, क्योंकि मैथिली भाषा-भाषी रचनाकार ही रूस घूम रहा था! वहीं मरियम सोग्दानिया से मुलाकात हो गई। यह श्रीमती जी पंडित नेहरू की दुभाषिया रह चुकी थीं। हिन्दी-अंग्रेजी और उर्दू जानती थी। इन तीनों भारतीय रचनाकारों की रूस यात्रा तय करना उन्हीं के जिम्मे था।

सुमन और गोस्वामी अपनी यात्रा पूरी कर नियमित समय पर रूस से जा चुके थे। अब छह दिनों तक नागार्जुन को मास्को में अकेले रहना पड़ा। द्विभाषिया और अन्य सुविधाएँ यथावत। रेस्तरां में खाना खाते समय परिचारिका अन्तिम आइटम 'कॉफी' देते हुए मुस्करा उठी, तो नागार्जुन को याद आया कि एक दिन वह गम्भीर होकर खाना परोस रही थी। सुमन को अखड़ा था। सुमन की ओर देखकर सेर्गेई ने कहा था, 'यह प्रकुपिता है। हमने अधिक मूल्यवान भोज्य पदार्थों का ऑर्डर नहीं दिया है। विदेशियों से ज्यादा से ज्यादा रकम खींचने में ही इनकी सार्थकता है।' फिर सुमन की ओर इंगित करके सेर्गेई ने परिचारिका से कहा था, 'चाहे दोगुना दाम ले लो, मगर इनके लिए मुस्करा दो एक बार...।'

यह सुनकर वह बोली, 'हमें फुर्सत ही कहाँ है मुस्कराने की...' इतना कहते समय आखिर वह मुस्करा ही पड़ी थी।

इस यात्रा में अब तक तीनों साथ-साथ उठते-बैठते रहे, पर अब नागार्जुन सिंगल

बेडरूम में आ गए थे। रात में कुछ कार्ड लिखे। बड़ी देर तक नींद नहीं आई... सोवियत संघ की राजधानी में कई तरह के दृश्य और विचार आते रहे...'लगता है, सोवियत भूमि के मौजूदा शासकों ने बाहरी तड़क-भड़क में अमेरिकी शासकों से होड़ लगा रखी है। तभी तो तीस-तीस, चालीस-चालीस मंजिलों के चमकीले महाप्रासाद बनते चले जा रहे हैं। उधर दूसरी ओर सामान्य श्रमजीवी लोगों के लिए यथाकिंचित निर्वाहोचित अधिकाधिक फ्लैट बने जरूर हैं, मगर मध्य मास्को में तथाकथित उच्च एवं उच्चतर वर्गों के लिए बेहद शानदार फ्लैटों की अभिनव इन्द्रपुरी भी तो खड़ी होती जा रही है।' उन्हें अपने देश के महानगरों के मध्य में बनी पॉश कॉलोनियाँ याद आती रहीं। उन्हें समरकन्द-बोखारा में दिखे भीतों वाले कच्चे मकान याद आ गए। फिर याद आया, अपना तरौनी वाला घर, जिसके छप्पर उड़ गए थे। उनकी नजरों में गन्दे गलीचों पर बैठकर शतरंज खेलने वाले अतिसाधारण लोगों की तस्वीर उभरी...वे एशियाई जन अवश्य सम्प्रति पूर्वापेक्षा कहीं अधिक सुखी होंगे, लेकिन उनके इस पिछड़ेपन की तुलना में मास्को का यह विपुल वैभव कैसा लग रहा है! लगा, आज न कल कहीं ऐसा न हो कि 'साधारण जनता की खातिर प्राणशोषिनी/ लेकिन कतिपय गोत्र पोषिनी...।' अपने देश में महानगर और अन्य बड़े नगर जिस तरह दिन-प्रतिदिन सुन्दर होते जा रहे हैं, वैसे ही मास्को और लेनिनग्राद की स्थिति है। नागार्जुन के मन में बार-बार यह प्रश्न आता कि क्या फैक्टरियों-कारखानों और सामूहिक खेतों का अधिकतम भाग सचमुच उत्पादकों पर खर्च हो रहा है!

याद आई लेनिन की समाधि 'स्थापितोऽसि शवाधान्या स्फटिके पारदर्शके/ शयानोऽपि हि जागर्षि भास्वरे तवलोचने...।' लगा, लेनिन की चमकती आँखें सोए में भी जाग रही हैं। वहीं खड़े-खड़े आचार्य वैद्यनाथ मिश्र, जो समय के साथ दुख-दुविधा की प्रबल आँच पर चिन्ताओं की घनी भाप में यात्री नागार्जुन बने थे, रूस में लेनिन की समाधि देकर बुदबुदा उठे थे, 'अपि कौशेयनिचिता: स्वर्णवर्णांमिता अपि/रोदन्ति सूक्तयस्तेद्य दुर्व्याख्या विषमूर्च्छिता:...।' अपने मुल्क में तो वे महसूस करते आ रहे थे कि 'वामपंथी काफी असहिष्णु होते जा रहे हैं। वे लेखकों को पार्टी की शर्तों पर पाना चाहते हैं, जबकि पार्टी खुद ही साल-छह महीने में अपनी स्थिति बदल लेती है। तर्क देते हैं कि कई दिमागों के मिले-जुले निर्णय के तहत यह बदलाव आता है। पर उन्हें यह कौन बताए कि लेखक तो हजार दिमागों का प्रतिनिधित्व होता है।' लेनिन के प्रति नागार्जुन का माथा मिनटों तक झुका रहा था समाधि के सामने, और मन ही मन कहा, 'क्रियाशून्य चिन्तन के शत्रु/शिथिल अलस दर्शन के शत्रु/प्रखर क्रान्ति-कर्मी अविराम/लेनिन, तुमको लाल सलाम...'

नागार्जुन ने अपने देश के मन्दिरों में विभिन्न उम्र के लोगों की भीड़ देखी है। रूस में भी रविवार को चर्चों में बड़ी संख्या में लोग उमड़ पड़ते हैं। 'नवजातकों का बप्तिस्मा होता रहता। युवा पादरी (दाढ़ीवाला) पाठ करता दिखता रहता। नववधु

आशीर्वाद लेती रहती। मृतक सद्गति के लिए लाए जाते। लगता है, ईसाई पुरोहितों का धन्धा फिर जोर पकड़ता जा रहा है रूस में।' नागार्जुन सोचने लगते हैं, 'ये भी तो आखिर मनुष्य हैं, संवेदनाशून्य पाषाण नहीं। सद्गुण-निर्गुण तत्त्व यहाँ भी काम करते हैं। व्यक्तिगत राग-द्वेष, मान-मद, ईर्ष्या-सन्ताप, हानि-लाभ की तरंगों से उनके मन आलोड़ित होते रहते हैं।'

होटल के कमरे में बिल्कुल तनावरहित लेटे थे। अपना देश वापस लौटने का दिन नजदीक आ रहा था, तो आँखों के सामने चेखव वाला म्यूजियम, गोगोल, मायकोव्स्की, इ'ल्याए रेनवर्ग की समाधियाँ और ताल्स्ताय वाला वह लकड़ी का मकान नाच गया, जहाँ वह रचनाकार जीवन के उत्तरार्द्ध में बीस वर्षों तक रहता था। उस मकान को जस का तस रहने दिया गया है अब तक। यहाँ तक कि बिजली भी वहाँ नहीं लगाई गई है। इस यात्रा में ढेर सारे सोवियत रचनाकारों का चेहरा मानस पटल पर छा गया।

सोवियत यात्रा में कुछ बातों की छाप बड़ी गहरी पड़ी—'अनुशासन सर्वत्र चरम कोटि का दिखा। साक्षरता साधारण प्रकार की नहीं, कम से कम चार दरजे तक सभी पढ़ते हैं। बहुत सारी सुविधाओं का उपयोग सोवियत जनता अबाध रूप से कर रही है। घुटन भी है, पर घुटन के शिकार तो भारतीय देवता भी होते रहे हैं। यदि रूस में कहीं घुटन न होती, तो 'नॉट बायब्रेड अलोन' जैसी कथाकृति की जानकारी भला कैसे होती! पर इस प्रकार की घुटन या विस्फोट लाख व्यक्तियों में मात्र दो की आन्तरिक घुटन मानी जाएगी। सोवियत लोगों में एक खास किस्म की घुटन उभरती प्रतीत हुई। जिस तरह से पश्चिमी राष्ट्रों के हजारों पर्यटक सोवियत भूमि की यात्रा करते हैं, तो सोवियत नागरिक भी अन्यान्य देशों की यात्राएँ करने की लालसा मन में रखते हैं। बाहरी मुल्कों का खुलापन उन्हें ललचाता है।' लगा, 'गुण ही गुण हो, विरोधी तत्त्वों का बिल्कुल अभाव हो, तो खास किस्म के (द्वंद्वात्मक) विकास में बाधा नहीं पड़ेगी क्या? सोसाइटी जो टर्न ले रही है, उसे सही ढंग से पकड़ने की कला तो चाहिए न! यानी कंकड़ को कंकड़ से, पत्थर को पत्थर से, दाना को दाना से अलग करना होगा—पहले सूप से, फिर चलनी से, नहीं तो घालमेल करने वाले लोग बहुत निकल आएँगे...'

होटल में ही एक नौजवान से बात हो रही थी दिन में, तो उसने एक मार्के की बात कही—'चूँकि आपके देश में बेकारों की संख्या बहुत अधिक है, तो निर्वाह स्तर की विषमता उन बेचारों को दिन-रात बेचैन किए रहती होगी और उसी अनुपात में विरोधी स्वर अधिकाधिक मुखर होते होंगे!' यानी उसका स्पष्ट इशारा था कि शिक्षित बेकार राजनीतिक उपद्रव की ओर झुकते हैं...ठीक ही तो कहा था उसने। 'धन-पिशाच की चक्र-चेतना घूम रही है!/शासन की गति किस पीनक में झूम रही है?/क्रियाहीन चिन्तन का कैसा चमत्कार है/दस प्रतिशत आलोक और बस अन्धकार है!'

नागार्जुन के मानस पटल पर दूसरे विश्वयुद्ध में सर्वाधिक क्षतिग्रस्त सोवियत भूमि का यूरोपीय भाग नाच गया। फिर भी औद्योगिक क्रान्ति, कृषि क्रान्ति, सामाजिक क्रान्ति और बहुमुखी क्रान्तियों का बहुत ही व्यापक चमत्कार देखा उन्होंने। यह जानकर आश्चर्य हुआ कि अपने बुढ़ापे के बारे में यहाँ कोई नहीं सोचता, क्योंकि साठ वर्ष के बाद सभी को पूर्ण आर्थिक वृत्ति प्राप्त है। नागार्जुन का मन-मिजाज हमेशा अपने देश के लिए व्यग्र रहा है, जहाँ भूख-प्यास के मारे दुखियारे लोगों की संख्या हद से अधिक है।

लेनिन की समाधि को देखकर जब वापस आ रहे थे, तो अपने देश के राष्ट्रपिता महात्मा गांधी की याद जोरों से आने लगी थी। भारतीय राजनीति के जिन चरित्रों पर नागार्जुन ने जमकर कलम चलाई, उनमें गांधी भी हैं। गांधी पर लिखते समय उनकी कलम लगभग समर्पित ही रही। स्वतंत्र भारत में महात्मा गांधी मात्र साढ़े पाँच महीना जीवित रहे। अहिंसा के उस पुजारी की सौवीं जयंती सरकारी स्तर पर 'बापू-संवत्सर' रहा। उन दिनों नागार्जुन दिल्ली में ही थे। शताब्दी वर्ष शुरू होने से ठीक दो सप्ताह पहले इन्द्रप्रस्थ भवन में सरकारी कर्मचारियों पर ही अंधाधुंध लाठियाँ बरसाकर राजघाट की हमारी पुलिस ने अहिंसा के उस अवतारी पुरुष को जैसी शानदार सलामियाँ दीं, वह बापू की आत्मिक परमशान्ति के लिए अगले सौ वर्षों तक पर्याप्त होगी...गांधी की समाधि पर अंकित तीन अक्षर (हे राम) प्रशासनिक हिंसा की उस अतिरिक्त आँच में झुलस गए...

रूस जैसे सम्पन्न और सुसंस्कृत देश के आरामदायक होटल में लेनिन के साथ गांधी की याद आने पर मन-मिजाज अपने देश की राजनीति पर जा टिका। उस मर्यादा पुरुषोत्तम के जादुई प्रभाव से जिन लोगों ने अधिकाधिक लाभ उठाया और भविष्य में जो अधिकाधिक लाभ उठाएँगे, उन्हीं महाप्रभुओं के चेहरे आँखों के सामने घूमने लगे। 'मैं नाम तुम्हारा बेचूँगा/मारूँगा तुमको रोज-रोज/बापू! तुमको जो अप्रिय थे/वह काम करूँगा खोज-खोज...'

15 अगस्त को देश जाने की छटपटाहट शुरू हो गई थी नागार्जुन के भीतर। कानों में 'भारत भाग्य विधाता' की ध्वनि गूँजने लगी थी। लगा कि दिल्ली के अपने अड्डे पर आँखें मूँदे पड़े हैं और रेडियो से राष्ट्रगान की आवाज आ रही है।

फीकी मुस्कान

पटना में परिवार बड़ी व्यग्रता के साथ नागार्जुन के रूस से लौटने की प्रतीक्षा कर रहा था। सामान्य मानसिकता यह थी कि अब तात्कालिक गरीबी से थोड़ी मुक्ति

मिलेगी, क्योंकि विदेश से लोग कुछ न कुछ लेकर ही आते हैं। घर के लोगों को इतना पता तो था ही कि घर का मुखिया एक बड़ा लेखक है, जिसे सरकार विदेश भी भेजती है। अपराजिता को उम्मीद थी कि अबकी बार तरौनी के कर्ज से मुक्ति मिल जाएगी, तो वह बड़े बेटे की शादी कर लेगी। उसने जितनी आर्थिक, सामाजिक और मानसिक यातनाएँ भोगी है, वह कल्पना से बाहर है। पटना में शोभाकान्त की नौकरी से एक नियमित आमदनी तो थी, पर बढ़ती महँगाई के जमाने में दो-सवा दो सौ की नौकरी भला रोजी कहलाएगी!

नागार्जुन पटना आए, तो विदेश यात्रा से जो कुछ सामने रखा, वह था—एक पॉकेट वाच, एक टेबल घड़ी, एक दाढ़ी बनाने की बिजली वाली मशीन, बोदका की एक बोतल और कुछ रूसी साहित्य के साथ दिल्ली से इन्तजाम कर लाए गए चन्द पैसे। यह सब देखकर अपराजिता के चेहरे पर फीकी मुस्कान फैल गई थी। नागार्जुन ने महसूस किया कि गम्भीरता उसके स्वभाव का अंग बन गई है शायद। उन दिनों उसके स्वर में तल्खी आ गई थी। शोभाकान्त और रतन बहुत समझाने की कोशिश करते, पर वह मात्र सुनती रहती। बहुत होता, तो कह उठती कि नहीं, अब मैं नहीं मानूंगी किसी की बात। मुझे फुसलाओ मत। पहचानती हूँ सबको। वह तरौनी जाने के लिए छटपटाने लगी! गाँव से निकले उसे काफी दिन हो भी गए थे।

खुद नागार्जुन को भी तरौनी गए लगभग चार वर्ष हो रहे थे। बेटी (उर्मिला) जिस दिन तरौनी छोड़ ससुराल गई थी, उसके दूसरे दिन ही नागार्जुन ने भी तरौनी छोड़ा था। कभी-कभी खुद भी सोचते हैं कि अपना गाँव छूट-सा गया है। जनपदों का स्पर्श तो दूर की बात हो गई है। वह कैसे आँचलिक कथाकार हैं! असुविधा से मुक्ति के लिए इस नगर-उस नगर भटकने वाले नागार्जुन का मन फिर उपन्यास-लेखन के लिए विकल हो रहा था। कुछ गम्भीर लेखन के लिए जो सुविधा चाहिए, वह तो कभी मिलेगी नहीं! बार-बार दिल्ली को स्थायी अड्डा बनाने की सोचते, मगर वहाँ की असुविधाओं से तंग आकर पटना-कलकत्ता-इलाहाबाद जैसी जगहों में भटकते रहते। साठ पार कर गए हैं, तो कष्ट सहने की क्षमता भी कम होने लगी है। दिल्ली की यातायात से वह घबरा जाते। भरी या भागती बस में उनसे नहीं चढ़ा जाता और स्कूटर का किराया दे पाने का सामर्थ्य नहीं जुटा पाए हैं।

रूस जाने की इच्छा तो थी नहीं, लेकिन वहाँ से लौटने के बाद कवि पर कई तरफ से दबाव आने लगे कि वे अपनी तीन सप्ताह की सोवियत यात्रा के संस्मरण लिखें। वैसे मित्र, जो प्रतिष्ठित पत्र-पत्रिकाओं के दफ्तर में जमकर बैठते थे, उन्हें लग रहा था कि इस यात्रा के बहाने नागार्जुन भारतीय वामपंथी आन्दोलन का ऑपरेशन कर देंगे। नागार्जुन भी खुद को उन वामपंथियों में नहीं रखते, जो 'लाल गोमुखी के अन्दर हाथ डाले लेनिन का नाम जपते चले आ रहे हैं।' मगर पटना आकर कुछ समय के लिए ही सही, वह अपने दुख-सुख में जा लगे। गाँव और

सम्बन्धियों में दो-एक लोगों का आना-जाना लगा ही रहता था। भाड़े का यह घर साफ-सुथरी गली में था। प्रोफेसरों के आवास भी आसपास थे। मध्यवर्गीय बाजार के भीतर पड़ता था यह मोहल्ला। मित्रों को रूस यात्रा के कई प्रसंग सुनाते रहे, पर जब 'जनशक्ति' और 'मिथिला मिहिर' ने इन प्रसंगों को लिपिबद्ध करने का तगादा शुरू किया, तो उन्हें भी लगा कि यदि वह ऐसा कर लेंगे, तो एक अच्छा काम हो जाएगा। परन्तु आर्थिक परेशानी को दूर करने का तत्काल एक ही उपाय था, खुद को उपन्यास लेखन या खंड काव्य में झोंकना। लिखने के सन्दर्भ में सोचते समय इलाहाबाद याद आ गया। वहाँ पचास जगह दौड़ने की जरूरत नहीं होती और सेवा के लिए लोग भी मिल जाते हैं।

फिर मास-डेढ़ मास के भीतर ही पटना से इलाहाबाद आ गए। रूस की थकाऊ यात्रा, फिर दिल्ली और पटना तक की दौड़ का असर इलाहाबाद में नागार्जुन पर दिखने लगा। यहाँ के अतरसुइया मोहल्ले में एक कमरे की तलाश शुरू की। वहीं खत्री पाठशाला के सामने वाली गली में शोभाकान्त और रतन काफी दिनों तक रह चुके थे। एक दिन लोकनाथ की गलियों में 'सुकुल जी' अचानक मिल गए और अतरसुइया में ही अपने मकान के सामने बंगाली के मकान में बाहर का एक कमरा भाड़ा पर दिलवा दिया। स्टेशन भी करीब था। चौक और लोकनाथ तो बगल में ही। 'सुकुल जी' शोभाकान्त से कुछ बड़े रहे होंगे।

कमरा मिलने के बाद यह तय करने में तीन-चार दिन लगा कि संस्मरण लिखा जाए या खंड-काव्य या फिर उपन्यास। रूस यात्रा के दौरान सामान्य रूप से वह दिनचर्या तक नहीं लिख पाए थे। जो कुछ नोट लिया भी था, वह दिल्ली या पटना में कहीं छूट गया। नागार्जुन को देश की राजनीति पर सोचते हुए बड़ी बेचैनी होने लगती। पार्टी वालों का रचनाकारों से सम्पर्क कम होने लगा था, पर यदि किसी रचनाकार की दो-एक पंक्तियाँ किसी दूसरे पार्टी वाले ले उड़ते, तो अपने पार्टी वाले डंडा लेकर पीछे पड़ जाते। इंदिरा गांधी अपार बहुमत के साथ भारतीय राजनीति के मंच पर अपनी हैसियत और ताकत से अवतरित हो चुकी थी...खानदानी सत्ता-मुखी राजनीति में उसकी अपनी खास कूट बुद्धि चलती रहती थी। अपार बहुमत के कारण उसको कम्युनिस्ट या समाजवादियों की जरूरत नहीं पड़ी। इस गुट ने गांधीवाद को चूरन और समाजवाद को अपने लिए पापड़ बना लिया। इंदिरा की धमाकेदार वापसी को नागार्जुन भीतर से महसूस कर रहे थे और अपनी कविताओं में नेहरू की तरह उसे भी लपेटने लगे थे। 'इस प्रजातंत्र पर हैं सवार/नवरूढ़िवाद, नवजातिवाद/प्रभुओं के नव-नव गात्र ढले/फैले ताजे दंगा-फसाद'। इलाहाबाद में ही उन दिनों एक मित्र से कहा भी था—'इस क्रान्ति-शान्ति के नाटक से/सच कह दूँ, मैं तो गया ऊब'। घोषणा-आचरण-चिन्तन और क्रियान्वयन में राजनीतिक पार्टियों के भीतर कहीं भी सामंजस्य नहीं दिखता। एक-एक दलपति के दस-दस मुखौटे

नजर आने लगे। रूस से आने के बाद नागार्जुन समाजवादी शासन तंत्र पर खूब सोचने लगे। वहाँ फलते-फूलते समाजवाद को देखा था। कहीं-कहीं काँटे भी नजर आए, पर खिलते-खेलते लोगों को वे कष्टकर चुभन नहीं दे पाते। मगर अपने देश में तो किसान-मजदूरों की बातें अब किसी दल के छुटभैया नेता भी नहीं करते। उनका सम्बन्ध किसान-मजदूरों से रह भी तो नहीं गया है!

अतरसुइया के उस कमरे में मकान मालकिन ने एक चौकी और एक टेबल लगवा दिए थे। इससे थोड़ी सुविधा हो गई थी। अपेक्षित एकान्त की व्यवस्था बड़ी आसानी से हो गई। मन को थोड़ी राहत मिली। एक बार यह विचार जरूर आया था कि दारागंज के किसी धर्मशाला में जाकर टिका जाए, पर उसमें उन्हें थोड़ी असुविधा लगी थी। यहाँ शुक्ल जी जैसा युवक एक प्रकार से उन्हें पूरी निगरानी में रखने को आतुर लगा था। कमरा दिखाते हुए उसने कहा भी था, 'यह कमरा बहुत अच्छा तो नहीं है, पर आपके लिए मजे का है। आप यहाँ रहेंगे, तो मुझे बड़ा सन्तोष मिलेगा।'

गर्मी ढलान पर आ गई थी। जाड़ा तो नहीं आया था, पर नागार्जुन दमा के पुराने रोगी ठहरे। तो जाड़ा का असर उन पर गर्मी के उतरने के साथ ही शुरू होने लगा। दिन में घंटा-डेढ़ घंटे का विश्राम अनिवार्य था उनके लिए। अब रात को नींद कम होने की शिकायत भी आने लगी थी। हलका-हलका दम फूलने लगा था। रात को अक्सर पटना के एक उच्चाधिकारी रिश्तेदार की बात याद आती—'तुम भी थोड़ा लिया करो। अरे, दो चम्मच से भला क्या बिगड़ेगा! देखना, इसके बाद कितनी अच्छी नींद आती है। फिर हाजमा भी इससे ठीक रहता है। इससे तुम्हारी फुर्ती बनी रहेगी...।' याद आया, रूस यात्रा में बीयर लेना ही पड़ता था; वोदका भी यदा-कदा। तबीयत उस यात्रा में ठीक रही। 'डॉक्टर्स ब्रांडी' लेने की सलाह कई डॉक्टरों ने भी दी थी। दमा में यह उनको थोड़ी राहत देता रहता। सोचा, मौसम ठीक नहीं है, तो डॉक्टर्स ब्रांडी की छोटी शीशी मँगवाकर रख लेनी चाहिए। यों पहाड़ी-गढ़वाली-हिमाचली मित्रों की कृपा से देसी ठर्रे की बूँद भी हलक से नीचे उतर चुकी है...कभी-कभी सोचते हैं कि अंग्रेजी दवाओं के माध्यम से हमारे अन्दर कौन-कौन-सा रस पहुँचता है, इसकी क्या जानकारी है हमें! एकान्त कमरा पाकर अपने को काम में लगाने की मन:स्थिति तक पहुँचने में कुछ वक्त लगा। शुक्ल अपने यहाँ से रोटी-सब्जी बनवाकर ले आता। उसकी इच्छा रहती कि बाबा को थोड़ा भी कष्ट न हो। चौक जाकर दो-तीन हिन्दी-अंग्रेजी और बांग्ला पेपर जरूर ले आता। कौन-सी सब्जी खानी है, यह भी पूछ लेता। टेबल मकान मालकिन ने दे दी थी, तो एक कुर्सी और एक खूबसूरत स्टूल वह अपने यहाँ से लाकर रख गया था। नागार्जुन ने उसे कह रखा था कि उपन्यास लेखन के लिए 'डिक्टेशन' उसे ही लेना है। उसके अक्षर उन्हें ठीक-ठाक लगे और हिज्जे की गलती भी वह नहीं करता।

उपन्यास लिखने की बात मन ही मन तय कर ली, तो 'बलचनमा' भी मानस

पटल पर फिर से छाने लगा। नागार्जुन का यह पात्र अपने सृजनकर्ता की तरह स्वाधीनता की लड़ाई और उसके बाद की परिस्थिति को संशय और आलोचनात्मक नजर से देखते हुए ग्रामीण राजनीति की ऊँची कुर्सी यानी मुखिया-सरपंच तक जा ही पहुँचा होगा। उनका 'बलचनमा' तो अब निश्चित रूप से पचपन-साठ वर्ष का हो गया होगा। नागार्जुन का हमउम्र ही तो ठहरा। वह भी देख रहा होगा कि सरकार बंगलों और कोठियों में कैद है। शासन-तंत्र को शहर-जमीन पर आने में अब भी लम्बा समय लगेगा।

नागार्जुन को कभी-कभी लगता कि वे दिन कुछ और ही थे, जब वह किसान आन्दोलन में शामिल थे या पोस्टर चिपकाया करते या फिर जमीनी यथार्थ की राजनीति की बातें किया करते। उन्हें यह भी लगता कि अब तो नए छोकरे कुछ करें, तो करें, उन्हें जितना करना था, कर चुके शायद। वे भी तो अपनी राजनीतिक जमात के जाने-माने पुराने कॉमरेड ठहरे। 'बलचनमा' की दूसरी-तीसरी पीढ़ी उन लोगों को देख रही थी, जो प्रवाह में बहकर स्वतंत्रता संग्राम के दौरान जेल यात्रा कर चुके थे, पर समाज के निम्नतम वर्गों की दुर्दशा से उनका थोड़ा भी परिचय नहीं हुआ था।

उपन्यास के लिए विषय-वस्तु पर सोचते हुए दिमाग में कई तरह की बातें आ रही थीं। वह समझ रहे थे कि राष्ट्रीय आन्दोलन के नेतृत्व की गुणात्मक त्रुटि यह थी कि उसमें शामिल होने वाले हजारों-हजार स्त्री-पुरुषों के अन्दर शोषक वर्गों के प्रति चरम घृणा का दावानल नहीं धधकाया गया! अगर वैसा हुआ होता, तो आज हम फटी-मैली बनियान से अपने कृश शरीरों को ढँकते हुए रिक्शाचालक और कुलियों की इतनी बड़ी संख्या न पाते! यह भी उनसे छिपा नहीं था—'विकट व्यूह, अति कुटिल नीति है...' और सत्ता के लोगों की 'उच्च वर्ग से परम-प्रीति है'। 'बलचनमा' कानों में बार-बार कह रहा था, बड़े नेता बड़ी जगहों पर हाथ साफ करते हैं और छुटभैया छोटे-छोटे घरों में सेंध डलवाते हैं। लगा, कहीं बलचनमा जमाने का रंग देखकर इसी जमात में शामिल न हो गया हो! उनको यह भी पता है कि बहुसंख्यक जनता की दुर्दशा से विक्षुब्ध होकर हजारों नौजवान विप्लवी हो रहे हैं। 1967 में पश्चिम बंगाल में जन्मा नक्सलबाड़ी आन्दोलन का प्रभाव पूरे देश पर पड़ा। साहित्य-संस्कृति-समाज के जागरूक लोग विस्मित नजरों से उसे देख रहे थे। स्थिति यह हो गई थी कि पढ़ा-लिखा कोई भी प्रतिभाशाली नौजवान नक्सलपंथियों के बारे में सब कुछ बतला देता। और अगर वह संयोगवश बंगाली निकला, तो कहना ही क्या...इस मकान की मालकिन बंगाली है और उससे मिलने कई बंगाली लोग आते रहते। नागार्जुन को बांग्ला में धारा-प्रवाह बातें करके देख उन सबको लगता, 'बाबा बांगाली आछे!' कभी-कभी बंगाली युवकों से भी बात हो जाया करती।

यायावरी के क्रम में उनकी घुच्ची आँखें ऐसे लोगों को खोज निकालतीं, जो साधारण लगते, पर सामाजिक और वर्गीय समस्याओं से जूझ रहे होते। लगता, यही लोग जन-संघर्ष और युगोचित चेतना का ढंग से सूत्रपात करेंगे। अपना आकांक्षित स्वप्न टूटने-सा लगता, तो वहीं युवकों को युगीन समस्याओं पर चिन्तित देखकर उन सबके लिए भीतर से प्यार-दुलार भी उभर आता। लगता, लगाई गई फसल बेकार नहीं गई—'भीनी-भीनी खुशबू वाले/रंग-बिरंगे/यह जो इतने फूल खिले हैं/ कल इनको मेरे प्राणों ने नहलाया था/कल इनको मेरे सपनों ने सहलाया था।'

अतरसुइया वाले कमरे में आठ-दस दिन तो अपना स्वास्थ्य ठीक करने में लगा। इतना तो तय कर लिया कि बलचनमा के बाद उत्तर बिहार की जमीनी लड़ाई के साथ-साथ सामाजिक-राजनीतिक संघर्ष को अपने नए उपन्यास में समेटेंगे। अक्टूबर (1971) की शुरुआत से उपन्यास लेखन का काम शुरू किया। उम्मीद थी कि डेढ़-दो माह में यह काम खत्म हो जाएगा। नव-सामन्ती संस्कार, भूमि-समस्या, जातिगत-राजनीतिक समीकरण, इन सबके सम्बन्ध में एक साफ तस्वीर उनके पास थी। लगभग चार वर्षों के बाद उपन्यास लिखने बैठे थे। मन में यह बात जम गई कि ग्रामीण परिवेश को ही इस बार शब्द देंगे...मिथिला के उनके अपने इलाके में ऊँची जातियों में आधुनिक शिक्षा का प्रवेश हो चुका था। सम्पन्न घराने के नौजवान मैट्रिक पास करने के बाद से ही नौकरी के लोभ में नगरों की ओर रुख करने लगे थे। जिनका रुझान पढ़ाई की ओर रहता और आर्थिक सुविधा रहती, वे ऊँची शिक्षा की ओर भी बढ़ने लगते। सामाजिक और आर्थिक मामलों में इसी वर्ग के फैसले लागू होते। ग्रामीण राजनीति और कूटनीति इन्हीं सयानों की राय के अनुसार आगे बढ़ाई जाती और 'जनता इन छलियों के आगे सदा रहे निरुपाय...।' इसके विपरीत, निर्वाचन वाले वैधानिक संघर्षों के चलते समानता और भाइचारे का मंत्र गाँव-गाँव तक पहुँच गया था। समाजवाद के सन्देशों को लाउडस्पीकरों ने लाखों-लाख कानों के अन्दर डाल दिया था...घरेलू नौकर और नौकरानियों ने बड़े घरों में जूठन खाना छोड़ दिया था...ब्राह्मण या राजपूत का लड़का ग्रेजुएट होने पर भी काम नहीं पाता, पर छोटी जातियों के नौजवान अपठित होने पर भी चटपट नौकरी पा जाते...सम्पन्न घरानों के प्रौढ़, जो गाँव को अपना अखाड़ा बनाए हुए थे, इस पर अपनी टिप्पणी देते—"अच्छा है, वे गाँवों से बाहर ही रहें। साक्षर शैतान निरक्षर शैतान से ज्यादा खतरनाक होता है...।" पर भू-स्वामी के विरोध में दिनानुदिन तीव्र होता संघर्ष पकी हुई सामन्ती प्रज्ञा के लिए बहुत बड़ी चुनौती साबित हो रहा था।

नागार्जुन के सम्पर्क में ऐसे कई युवक हैं, जो नकली देशभक्त नहीं हैं। वे मंत्रियों-विधायकों-संसद सदस्यों, सेठ-जमींदारों के प्रति आलोचनात्मक नजरिया रखते हैं। अठारह और बाईस की उम्र वाली नई पीढ़ी उग्रपंथ की ओर क्यों लपकती है, यह तो ऐसे ही तरुण अच्छी तरह बतला सकते हैं...मनुष्य का बच्चा प्रकृति से जितना

प्रभावित होता है, उससे कई गुना अधिक प्रभाव उस पर आर्थिक और सामाजिक परिवेश का पड़ता है। ऐसा न होता, तो साधारण कुलों में असाधारण सन्तान किस तरह पैदा होती? ऐसे ही एक युवक के इर्द-गिर्द कथानक का चक्र घूमने लगा। वह पात्र देख रहा था कि 1967 के बाद राजनीति को पेशा बनाने की जुगाड़ में लगे लोग अपना चरित्र किस तरह बदल रहे हैं? नौकरशाह भी अपने को बदलता दिखता! नागार्जुन को खयाल आया, 'गीदड़ माने श्रृंगाल है। वह जंगल की देवी का बड़ा ही प्रिय वाहन है। श्रृंगाल को देवी ने यह वरदान दिया था कि जब चाहे तू अपनी खाल का रंग बदल सकता है...' इस उपमा को याद कर उपन्यासकार स्वयं ही देर तक अकेले में हँसता रहा, क्योंकि उसके सामने ही तो 'चल रही थी फुल स्पीड में/तिकड़म की रेस...'

उपन्यास लेखन में मन लग गया। पटना से लगातार आर्थिक झमेले के पत्र आते। अपराजिता के तरौनी जाने की जिद भी होती, पर आमदनी ऐसी नहीं हो पा रही थी कि एकमुश्त कुछ बड़ी रकम पटना भेज सकें। इलाहाबाद में नागार्जुन का स्वास्थ्य भी गिरता जा रहा था। पटना में उनके अनुकूल आहार का एक क्रम था। अंडा, मक्खन के साथ दमा की उनकी आजमाई हुई सितोपलादी-शहद और ग्लाइकोडिन। यहाँ इलाहाबाद आने पर सारा क्रम उलट-पुलट हो गया। हाँ, यहाँ डेढ़ पाव के करीब दूध रात को लेने लगे थे, पर दमा के लिए दूध शायद फायदेमन्द नहीं होता, वह भी रात को। उपन्यास के कथा-क्रम के साथ आर्थिक संकट भी दिमाग पर छाया रहता। अक्सर आधी रात के बाद दो बूटों की सम्मिलित आवाज से उनकी नींद खुल जाती। उठकर पानी के चार-छह घूँट ले लिया करते। शाम को सुकुल स्टेनलेस स्टील की जग में उबला पानी रख दिया करता। छोटे से स्टूल पर दो गिलास और वह जग पड़ा रहता। एक बार नींद खुल जाने के बाद काफी देर तक नींद नहीं आती। तकिये पर माथा पड़ा रहता। पलकें थकान से तनी नसों के बुलावे का शिकार कहाँ बन पातीं! दूर कहीं से कुत्ते के भौंकने की आवाज आती, तो उन्हें अपनी एक मैथिली कविता याद आ जाती, 'टूटि गेल अछि निन्न/ठाम-ठिम भुकइएअ कुकुर मने अनेरे/हमरे जकाँ निन्न टुटलइअए ओकरो नहि त...' बहुत पुरानी कविता है। न जाने कहाँ खो गई? यह भी नहीं याद है कि कहीं छपी या नहीं? याद भी तो पूरी नहीं है। मन में आया कि जितनी याद है, उतनी ही कॉपी में लिख ली जाए।

अक्सर सवेरे-सवेरे खुसरुबाग जाया करते। साथ में सुकुल हुआ करता। कभी-कभी वहाँ एक-दो परिचित मिल जाते। कुछ इधर-उधर के विषयों पर हल्की-फुल्की बातें किया करते। सुकुल ने इधर नागार्जुन को काफी कुछ पढ़ लिया है। एक दिन उसने कहा, बाबा, 'साफ है आसमान/धुली है धरती...अभी तो आप हवा खाने आए

हैं/करने आए हैं चहलकदमी/देखिए भी तो, झुकी है दूब की नोकें/कितना दमदार है ओस की बूँदों का मोतिया नूर...' जहाँ-तहाँ उनकी पंक्तियों को पेश करने लगा था वह। नागार्जुन चुपचाप मुस्कराते हुए चलते रहते। हाँ, कभी-कभी क्वार के सूरज की अगवानी में गुनगुना उठते 'ओं नमो भगवते भुवन-भास्कराय/ओं नमो ज्योतिरीश्वराय/ओं नम: सूर्याय सविते...' लाल बजरी बिछी खुसरुबाग की छोटी सड़कें सवेरे में काफी खूबसूरत लगतीं। आश्विन-कार्तिक का साफ नीला आसमान बड़ा सुहावना लगता। ताजा-हरे पत्ते ओस से भींगने के कारण चमक उठे थे।

अब उपन्यास अपनी गति पकड़ने लगा था। एक ऐसे युवक के इर्द-गिर्द कथानक घूमने लगा, जिसकी स्पष्ट समझ थी कि सुविधा का लोभ संघर्ष-चेतना को कुंद बना देता है। दो पीढ़ियों की राजनीतिक-सामाजिक प्रतिबद्धता को लेकर कथा-क्रम को आगे बढ़ाना था। स्वतंत्रता आन्दोलन के सत्याग्रही रहे सुविधाभोगी वर्ग वाले परिवार में पैदा होने वाले संकोची स्वाभाव के नौजवान उग्र-वामपंथ की ओर झुक जाते और जनविरोधी शासन-व्यवस्था के खिलाफ झंडा उठा लेते...नई पीढ़ी के दिल और दिमाग की परतों में सुलगती हुई आँच से नागार्जुन का परिचय 'बलचनमा' के लेखन काल से ही रहा है, इधर आकर तो कभी-कभी मन करता कि वे अंडरग्राउंड वाले वामपंथी आन्दोलन में फिर से शामिल हो जाएँ...सामान्यत: ऐसे युवक भावशून्य दृष्टियों वाले अतिगम्भीर शुष्क हृदय तरुण जैसे लगते, पर घर-समाज का वह वर्ग, जिसके भीतर सामन्ती संस्कार का बीज कहीं न कहीं छिपा रहता, इस तरह के युवकों के लिए कोई चिन्ता नहीं करता, बल्कि घरवालों से भी निश्चिन्त रहने की सलाह देता। यदि ऐसा युवक गिरफ्तार भी हो जाता, तो घरवालों को समझाया जाता—"अपनी मर्जी से जेल काट रहा है। अपनी मर्जी से बाहर भी आ सकता है। यों ही गिरफ्तार हुआ होता, तो उसे जमानत पर छुड़ा भी लाते।"

इलाहाबाद से नागार्जुन का पुराना और घनिष्ठ सम्बन्ध रहा है। इस नगर में न जाने कितने स्वजन-परिजन फैले पड़े हैं। इधर आकर कोई भी अल्प परिचित या अपरिचित तरुण सामने आ जाता, तो उनके हृदय में स्नेह-मिश्रित उद्वेलन होना कोई नई बात नहीं होती। इलाहाबाद की इस यात्रा में जब शुक्ल सामने आया था, तो मन में ममता की तरंगें उठने लगी थीं। लगा, शोभाकान्त और रतन, दोनों एक साथ मिल गया है। शुक्ल निस्सन्देह काफी सेवा कर रहा था। दोनों समय चाय, दिन में खाना (रोटी और पालक वाली दाल), रात में दूध...बीच में तीन-चार बार स्टोव जलाकर पानी उबाल देता...लिखाई और बाजार का काम भी...नागार्जुन को लगा कि हमेशा अब एक शुक्ल टाइप का सहयोगी चाहिए। शायद उम्र के साथ-साथ वार्धक्यता को अन्तर्मन में जगह मिलने लगी थी। इलाहाबाद का मोह और यहाँ रहकर काम करने की भीतरी इच्छा के कारण सोचा कि परिवार के किसी सदस्य की जीविका का प्रबन्ध यदि यहीं हो जाता, तो कितना अच्छा होता!

पारिवारिक अनुशासन कभी माना नहीं और अब उम्र के साथ-साथ दमा भी साथ रहने लगा, तो पुत्र-पुत्री या फिर शुक्ल जैसे निश्छल भावुक युवक के अनुशासन में रहने की बाध्यता बढ़ने लगी। लगने लगा, इस उपन्यास को तो यहाँ आसानी से पूरा कर लेंगे। लगभग चालीस प्रतिशत काम हो गया था। काम ने रफ्तार पकड़ ली थी। मौसमी परिवर्तन के साथ अचानक एक दिन दमा जोरों से उभर आया। सवेरे से दोपहर बारह बजे तक साँस बजती रही। मानो, बिगड़ी हुई बाँसुरी सनसना रही हो। लिखाई (बोलकर) बन्द ही करनी पड़ी। उनकी यह स्थिति देखकर शुक्ल को लगा कि कहीं ऐसा न हो कि तबीयत और बिगड़ जाए। मकान के सामने एक होमियोपैथी डॉक्टर बैठा करता था। वह उनसे जाकर मिला, तो पीने वाली दवा की सलाह दी गई। गरम पानी में दस बूँद डालकर दिन में तीन बार उसे पीना था। डॉक्टर ने कहवाया था कि यह दमा की अच्छी दवा है। इसे सदा साथ रखा कीजिए। उस दिन पूरे समय नागार्जुन बिस्तर पर पड़े रहे। लेटे-लेटे पत्र-पत्रिकाएँ उलटते-पुलटते रहे। बीच-बीच में एकाध पोस्टकार्ड लिखते रहे। शाम के लगभग चार बजे शुक्ल ने झाँका, तो देखा कि नागार्जुन सोए हुए थे। उसे उन्हें जगा देना उचित लगा, क्योंकि इस मौसम में दिन का सोना हानिकारक होता है। नागार्जुन उठ बैठे। शुक्ल भी कुर्सी खींचकर बैठ गया। नागार्जुन को सिर में भारीपन महसूस हो रहा था। लगा कि हर नस सूखी लताओं की तरह कुरमुरा उठेगी। न जाने क्यों दिल-दिमाग पर थकान हावी हो आई थी। शुक्ल उनकी ओर देखकर बोला, "लगता है आपको रात में नींद नहीं आई है। रातभर शायद आप पर टीपू या रंजना या फिर शशिनाथ सवार थे। उनको लेकर ही आप शायद अनाप-शनाप सोचते रहे होंगे।"

"हाँ, शुक्ल! रंजना और शशिनाथ मेरे बड़े ही निकट के लोग हैं। और टीपू मुझसे हजारीबाग जेल पहुँचने से पूर्व मिला था कलकत्ते में।" फिर कुछ देर रुककर बोले, "देखो, मुझे बुखार तो नहीं है?"

"लगता तो है।"

"अरे, कपार छूकर देखो।"

और शुक्ल ने अपनी मुलायम हथेली उनके कपार से सटाई। नागार्जुन को बुखार हो गया था। होमियोपैथी डॉक्टर को बुलाया गया। डॉक्टर ने नागार्जुन से कुछ पूछताछ की और गम्भीरतापूर्वक जीभ देखी। उसके बाद थर्मामीटर से तापमान का अन्दाजा लिया...शुक्ल पूछ बैठा, "कितना बुखार है?"

"ज्यादा नहीं, सौ के आसपास। लगता है सर्दी जमकर हो आई है और सम्भवत: कब्जियत की शिकायत भी रह रही है।"—डॉक्टर ने कहा।

"बाबा का खाना-पीना भी तो बस जरा सा है, दो फुलके और साग वाली दाल..." शुक्ल बोला। अब डॉक्टर नागार्जुन से कुछ बातें करने लगा। दम फूलने के कारण बात करने में कठिनाई हो रही थी। एक वैद्य की तरह डॉक्टर पथ्य-परहेज

की हिदायत दे गया—हरी सब्जी, दूध, सूखी रोटी आदि...शुक्ल ने डॉक्टर से कहा था, "इन्हें जल्दी ठीक होने के लिए कुछ करना है। कहिए, तो किसी एलोपैथी डॉक्टर को बुला लिया जाए, जो एकाध इंजेक्शन ठोक देगा। ऐसा न हो कि बाबा अब आठ-दस रोज इसी तरह पड़े रहें या यहाँ से बिना काम पूरा किए ही चल दें।"

शुक्ल मन ही मन सोचने लगा, बाबा दुनिया भर का झमेला अपने सिर पर क्यों लादे रहते हैं? न जाने उनको इससे क्या मिलता है? नागार्जुन जब स्वस्थ रहते, तो जीभ की थिरकन बढ़ जाती। ज्यादा उम्र का प्रभाव था यह। एक बार ठेपी खुली नहीं कि बोलने का प्रवाह रोके नहीं रुकता। पाँच-सात जन चुपचाप सुनते रहते। नागार्जुन के जीवन के वैविध्य का अनुभव सुनने में भला किसे अखरेगा! शुक्ल भी उन लोगों के साथ बैठा रहता।

इलाहाबाद में रहते हुए इसी अस्वस्थता के दिनों में अक्सर अपनी रचनाओं के बिम्ब मस्तिष्क में उभरते रहते...राजनीतिक दल के कार्यालय के विशाल परिसर में एक बड़ा यज्ञ हो रहा है...पूजा-हवन मंडप के बाहर जोर-जोर से बाजे बज रहे हैं...हजारों की भीड़...मेले जैसा दृश्य...हवन-मंडप में पीले वस्त्रों में पंडितों की कतार...सब के सामने धृत-मिश्रित समिधा...सैकड़ों हाथ समिधा लेकर एक साथ उठते—'ओं काली काली काली महाकाली महाकाली/ओं मार मार मार, वार न जाए खाली/...ओं अपोजिशन के मुँड बनें तेरे गले का हार/ओं ऐं ह्रीं क्लीं हूँ आङ्/ओं हम चबाएँगे तिलक और गांधी की टाँग/ओं तुलसी दल, बिल्व पत्र, चन्दन, रोली, अक्षत, गंगाजल/ओं शेर के दाँत, भालू के नाखून, मर्कट का फोता/ओं हमेशा हमेशा हमेशा करेगा राज मेरा पोता/ओं छूः छूः फूः फूः फट् फिट् फुट/ओं शत्रुओं की छाती पर लोहा कुट्...' और दूर खड़ा कवि मन ही मन सोचता, अब वह दिन दूर नहीं, जब 'कारतूसों की माला होगी, होगा दृश्य अनूप/हथगोला-पिस्तौल-स्टेनगन सज्जित चंडी रूप...' तांत्रिक कुल के नागार्जुन को अपने इस बिम्ब पर मुस्कराहट आने लगी।

न जाने क्यों, उस दिन के बाद उपन्यास पर से दिल-दिमाग हटने लगा। तबीयत तो सुस्त थी ही, यात्री को मौके की तलाश थी। मध्य प्रदेश की कई जगहों का आमंत्रण सामने था, और दिसम्बर, 1971 के मध्य में अफ्रो-एशियाई लेखक संघ (भारतीय शाखा) की मीटिंग में दिल्ली में उपस्थित रहना था। सो, नवम्बर के अन्तिम सप्ताह में नागार्जुन ने इलाहाबाद छोड़ा और जैसा कि होता आया है, यात्रा शुरू करते ही यात्री स्वस्थ होने लगे। नागार्जुन अपने रचनाकार मन-मिजाज को सन्तुलित रखने के लिए यात्री का हमेशा सहारा लिया करते। सोचते, यदि अनुशासन ऊपर से लादा गया हो, तो भला उसे टूटते कितनी देर लगेगी...

इलाहाबाद में छोड़ आए अधूरे उपन्यास की कुछ पंक्तियाँ थीं—'समय साल जैसा गया, उस हिसाब से बुरा नहीं रहा। कृपा बम भोलेनाथ की, अब आज तो

नहीं, कल शाम को बूटी जरूर छनेगी...' और कल शाम की बूटी, यानी आहार की तलाश के लिए नागार्जुन फिर से यात्रा पर निकले।

नहीं किसी का करना अब पूजन

पंडित जवाहर लाल नेहरू को सन् 1948 ई. से ही शब्दों से निशाने पर लेते रहे हैं, इसलिए नेहरू पुत्री की पराजय के क्षणों में अपनी आन्तरिक प्रसन्नता छिपा नहीं पा रहे हैं नागार्जुन। श्रीमती इंदिरा गांधी की चुनावी हार ने स्वतंत्रता के बाद चले आ रहे कांग्रेसी युग के अवसान की भी घोषणा स्वत: कर दी। 'प्रभुता की पीनक में नेहरू पुत्री थी मदहोश/जनगण मन में दबा पड़ा था बहुत-बहुत आक्रोश...।' जब भी देश में कोई बड़ी घटना होती, जिससे देश की पूरी आबादी प्रभावित हो, तो नागार्जुन की आँखों से नींद उड़न छू हो जाती। उन्हें लगता कि वह भी तो इस परिवर्तन के लिए अपनी एक भूमिका निभा रहे हैं, और 23 मार्च, 1977 की उस रात न जाने कितनी बार बिस्तर से उठे, बार-बार टेबल लैंप के स्वीच को ऑन-ऑफ किया और कमरे में दस-बारह चक्कर लगाकर फिर बिस्तर पर लेट जाते।

दिल्ली का तो अपना मौसम भी नहीं है। राजस्थान में गर्मी पड़ी, तो दिल्ली झुलसने लगती। हिमाचल प्रदेश में बर्फबारी हुई, तो यहाँ कँपकँपी शुरू हो जाती है। दमा के मरीज नागार्जुन को हल्की चैती बयार में भी जाड़ा लगने लगता। जब-जब लैंप बुझाकर बिस्तर पर आते, तो मोटा ऊनी चादर बदन पर डाल लेते। उस रात नींद के बजाय उनके व्यंग्य बिम्बों का एक मुख्य पात्र बार-बार अँधेरे में मानस पटल पर उभर आता—'कल तो बाघों पर सवार थी/पड़ी हुई है आज धूल में/दिखते होंगे विष के कीड़े/हाय, उसे अब फूल-फूल में...।' नागार्जुन तब व्यंग्य का प्रयोग हथियार के रूप में करते, जब गुस्से में होते। वर्षों पूर्व उन्होंने कहा भी था—'ध्वनि और व्यंग्य पर मरता है संसार...'

रात के सन्नाटे में छियासठ वर्षीय बुजुर्ग का दिमाग नाच रहा था। मन में आया कि पान या तम्बाकू मिल जाता, तो मजा आ जाता। शाम में बस से उतरकर जब वापस कमरे में आ रहे थे, तो फल बेचने वाले ने भोजपुरिया जबान में रोका था—"अंगूर ले लो बाबूजी!" वह रुके, तो फिर बोला—"खुश हो न अब!" और ढाई सौ ग्राम तौल दिए। उनकी ओर देखता रहा, मानो पूछ रहा हो—फिर क्या उसके दिन लौटेंगे/फिर क्या वो वापस आएगी...और तम्बाकू मलने लगा, तो नागार्जुन ने हाथ बढ़ा दिए थे। डबल जूम उसने इनकी हथेली पर रख दिया। थोड़ा-सा होंठों के हवाले कर शेष को कागज की छोटी-सी पुड़िया बना जेब में डाल लिया था।

वह भोजपुरिया इन्हें तम्बाकू देकर खूब आह्लादित हुआ करता। नागार्जुन ने कुर्सी पर पड़े कुर्ते की जेब से वह पुड़िया निकाली, थोड़ा सा बाईं हथेली पर रख दाहिने हाथ के अँगूठे से धीरे-धीरे मला और फिर उसे जीभ पर रख निचले होंठ की जड़ में जमाया। उन्हें याद आया कि उनका मानस पुत्र बलचनमा कभी-कभी सपने में चौकी के नीचे से स्टूल खींचकर बैठ जाता और कहता—सुरती फाकेंगे काका? आपके लिए खास तम्बाकू लाया हूँ जटमलपुर के मेले से। वही सरइसावाला बड़ा पत्ता है। सूँघकर देखिए न? लगता कि वह कुछ कहना चाहता, पर उनकी ओर देखता वह तम्बाकू का पत्ता खोंट-खोंटकर उसमें चूना मिलाता और मसलने लगता...

तम्बाकू की हल्की रिबरिबाहट ने उन्हें याद दिलाया कि इंदिरा गांधी से पहले उनके पिता नेहरू भी उनकी व्यंग्य कविताओं के प्रमुख बिम्ब हुआ करते थे। नेहरू पर सौ से अधिक कविताएँ होंगी, जिनमें से केवल दो कविताओं में ही उन्होंने नेहरू की प्रशंसा की होगी, शेष में उनकी जनविरोधी गतिविधियों को ही रेखांकित किया गया है। नेहरू की मृत्यु पर उनकी पहली प्रतिक्रिया थी—'तन जाता भ्रम का जाल और/तुम रह जाते दस साल और'। नागार्जुन के होंठों पर हल्की-सी मुस्कान उभर आई! उठ बैठे। बिजली जलाई, तो दीवार में लगा सौ यूनिट वाला दूधिया बल्ब खिलखिला उठा।

बिस्तर पर आधे भाग में पत्र-पत्रिकाएँ, कुछ पुस्तक, दो-तीन डायरीनुमा कॉपियाँ और ढेर सारी चिट्ठियों के साथ सादे पोस्टकार्ड और अन्तर्देशीय पत्र बेतरतीब ढंग से पड़े थे। कपार पर सिकुड़न बनते-बिगड़ते रहे...जग से निकालकर पूरा गिलास पानी पिया। 15 अगस्त, 1947 के बाद कांग्रेस की बहुरूपिया अवसरवादी नीति धीरे-धीरे राजनीतिक-कूटनीति में प्रवेश करती गई। अब देखते हैं कि वह 'लचकीली नटलीला' की असीम सम्भावनाओं का आगर बन गई...नेहरू के अवसान के बाद ही उनकी अन्तिम इच्छा देश की जनता जान पाई। नेहरू की अभिलाषा पर सोचते ही नागार्जुन को हँसी आ गई—'तुमने कहा था/मरने के बाद/तुम्हारी राख जमीन पर छिड़क दी जाए.../राख वाली जमीन में/निश्चित ही उपजेंगे प्रचुर अन्न.../लेकिन, टिड्डों का हमला रुकेगा कैसे?/राख वाली नदी का जल/निश्चित ही अधिक निर्मल होगा.../लेकिन मगर कहाँ जाएँगे?' उस राष्ट्रनायक की बेटी के शासनकाल में टिड्डों और मगरमच्छों की वृद्धि जिस रफ्तार से हुई, उसको मिटाना असम्भव तो नहीं, पर कठिन अवश्य लगता नागार्जुन को।

चुनाव परिणाम का प्रसारण रेडियो से सुना था,'कोटि-कोटि मतपत्र बन गए जादू वाले बाण/मूर्छित भारत-माँ के तन में वापस आए प्राण...।' अपने छोटे-से ट्रांजिस्टर की ओर देखकर बार-बार वे अपना कपार उँगलियों से ठोकते रहे, मानो अपनी नायिका द्वारा पिछले कई वर्षों से बेटे को तारने और बाप को बोर देने पर उन्हें अफसोस हो रहा हो...

नाक से पानी टपका और जोर से छींक आई। दमा बदन को पूरी तरह तोड़ने की कोशिश लगातार करता रहा है। यदि मनोबल शेष न होता, तो पूरा बदन टूटकर न जाने कब-क्या हो गया होता। अब तो गले वाली हड्डी उभरकर हँसुली की तरह साफ-साफ नजर आने लगी है। दमा का आक्रमण जब तेज रहता, तो नागार्जुन सोचते 'घुट रहे हैं प्राण!/दिलाएगा कौन मुझे इस दमा से त्राण?/' दमा में वे पूरी तरह पथ्य-परहेज में रहते। अचानक आँखों के सामने तीसरे पुत्र टुनाई (श्रीकांत) का चेहरा नाच गया...वह दिल्ली आना चाहता है। शायद यहाँ आसानी से उसे कोई काम मिल जाएगा। टाटा वाली ट्रेनिंग उसे रोजगार नहीं दिला पाई। वे जेल (बक्सर) में थे, तभी श्रीकांत अचानक परिवार से सम्पर्क तोड़ न जाने कहाँ चला गया था। किसी अज्ञात स्थान से भेजा गया उसका पोस्टकार्ड शोभाकान्त ने जेल में लाकर दिखाया था—'जून में लौटूँगा, चिन्ता न करें आप लोग। मैं स्वस्थ हूँ, कुशल हूँ...' कार्ड पर डाक वाला मुहर इतना अस्पष्ट था कि यह पता लगाना मुश्किल था कि पोस्टकार्ड कहाँ से चला है! जब वह वापस आया, तो नागार्जुन जेल से रिहा होकर आ गए थे। परिवार पटना में था। वहाँ एक प्रकाशक के यहाँ उसकी नौकरी लगवा दी गई। श्रीकांत को लगा था कि पिता के चलते इतनी आसानी से काम मिल गया है। न जाने क्या बात हुई कि वह चुपचाप नौकरी छोड़ आया।

नागार्जुन स्वयं पूरी जिन्दगी घोर स्वच्छंद प्रवृत्ति के रहे हैं। अपने पुत्रों का दब्बू होना उन्हें अच्छा नहीं लगता। उन्होंने जब अपनी जिन्दगी शुरू की थी, तो सामाजिक सरोकार या सोच का ढंग कुछ अलग ही था, जो अपनापन लिए सहज-सा लगा करता। मगर अब उन पर यह आरोप लगाया जाता है कि उन्होंने अपने बच्चों को मात्र अक्षर बोध ही तो कराया, इतने से क्या कोई कायदे की नौकरी मिलेगी?... सोच की दिशा रात के उस क्षण अचानक बदल गई। उनका परिवार बिखरने की स्थिति में आ गया है। पैसे न होने से किस तरह रिश्ता बदलता है, उनका परिवार इसका एक उदाहरण है। नौकरी लायक पढ़ा न सकने की सोच यदि उनके किसी भी पुत्र के भीतर पनपी है, तो अब वे कर भी क्या सकते हैं? अब यदि उनके पास पूँजी होती, तो तत्काल ही अपने पुत्रों को दे देते कि लो, कोई छोटा-मोटा धन्धा ही कर लो। लेकिन उनकी सन्तान भी भलीभाँति जानती है कि पिता कुछ भी नहीं दे सकते...परिवार के प्रति दायित्व की चर्चा छिड़ने पर नागार्जुन का कंठ मानो अवरुद्ध हो जाता! चर्चा छेड़ने वाले की ओर निरीह आँखों से बस ताकते रहते। उनके प्रति परिवार का खीझ भरा गुस्सा जब-जब सामने आता, तो उन्हें ऐसा लगता मानो खोपड़ी के भीतर कोई फरही भून रहा हो और लाचारी के मारे वे 'घूर' में आलू या शकरकंदी की तरह सिंक रहे हों। हँसी में ही सही, अपनी आन्तरिक टीस वे व्यक्त कर ही देते—'रस-वस का लवलेश नहीं है,नाहक ही क्यों तरसाऊँ?/सूख गया है हिया किसी को किस प्रकार सरसाऊँ?'...और, अचानक तम्बाकू का रस

चिन्तन के क्षणों में गले के नीचे जा पहुँचा। फिर तो उसने अपना रंग जमा दिया, और जोरों की हिचकी आ गई। लगा कि तुरन्त होंठों के नीचे दबी तम्बाकू को न निकाल फेंका, तो सिर चकराने लगेगा। उठे, बाहर आकर बेसिन में थूका और कुल्ला किया। आँखों पर पाँच-सात बार पानी के छीटें मारे। वापस आकर पूरा गिलास पानी पी गए। सोचा, अच्छा दमदार खैनी था! सिरहाने में घड़ी पड़ी थी। समय देखा, तो रात के साढ़े बारह बज रहे थे। बहुत प्रयास के बाद भी जब सो न पाए, तो एक कॉपी लेकर उलटने-पलटने लगे। किसी रचना की अन्तिम पंक्तियों पर नजर गई—'देखना, दुष्टों को क्षमा नहीं करना/देखना, शैतान निकलने न पाए बेदाग/देखना, बुझने नहीं पाए जन-मन की आग/देखना...' जन-मन की आग को जलाए रखने के संकल्प ने नागार्जुन के यात्री को प्रोत्साहित ही नहीं, बार-बार दौड़ने तक को मजबूर किया है...

नागार्जुन 13 फरवरी, 1977 को दिल्ली आए थे कई नगरों का चक्कर लगाने के बाद। जनवरी के अन्तिम सप्ताह में पटना छोड़ा था कलकत्ता के लिए। कलकत्ता के बाद रायपुर-नागपुर-भोपाल की परिक्रमा करते हुए यहाँ आए। पटना छोड़ते वक्त सोचा था, 'आगे अक्टूबर (1977) तक लगातार दिल्ली ही रहेंगे। लेखन-प्रकाशन के कारण अब दिल्ली ही रहना चाहिए। अबकी एक रूम लेकर रहेंगे। साथ में देहात से एक परिचारक लाकर रखेंगे। जनकपुरी या फिर मॉडल टाउन में ऊपर वाला रूम या मियानी टाईप का स्थान मिल जाए शायद। मिलेगा ही। डेढ़ सौ तक भाड़ा देंगे...' दिल्ली को अपना स्थायी अड्डा बनाने के लिए विगत बीस-पच्चीस वर्षों में कई बार सोचते रहे और थोड़ी-बहुत दौड़-धूप भी की। लेकिन मास-दो मास, चार मास-छह मास इस महानगर में लगातार रहने पर मन उचट जाता। फिर किसी बहाने निकल ही जाते इसकी सीमा-सरहद से। बाद में, दिल्ली के मित्रों को उनका एक से लेकर चार पंक्तियों वाला पोस्टकार्ड मिलता—'अगला पत्र आप हमारे पटने वाले पते पर डालें...' या फिर कहीं पहुँचकर लिखते—'हम लगभग चार-पाँच सप्ताह इस पते पर 'सुलभ' होंगे आपको...' या फिर—'पोस्टकार्ड मिला होगा। मैं 3-4 रोज के लिए नागपुर आ गया हूँ। अब यहाँ से गुजरात का भी चक्कर लगा आऊँ...तुरन्त दिल्ली पहुँचना अनिश्चित प्रतीत होता है...' ऐसे पत्र नागार्जुन के यात्रीपन का नक्शा बनाया करते!

वे कहीं भी क्यों न रहे हों, पर मन में यह बात अवश्य रहती कि सम्पूर्ण परिवार के साथ ढ़ाई-तीन वर्ष भी कहीं अपने को जमा लें, तो सब व्यवस्थित हो जाएगा... पर यहाँ तो 'यात्रीजी की चूतड़ में कबाछ लगी है...' जब कभी व्यवस्थित ढंग से जीने का प्रयास किया जाता, तो कुछ दिनों तक नागार्जुन उत्साहपूर्वक संग-सुख लेते-देते, लेकिन फिर सोचते, बहुत बड़ी दुनिया है यह, बहुत बड़ा देश है अपना यह भारत। 'और जाने किस-किस से/सम्बद्ध हूँ, जी हाँ शतधा सम्बद्ध हूँ...।' इसी

शतधा सम्बद्धता के कारण 1973 के अक्टूबर-नवम्बर में सम्बलपुर के इलाके में कुछ दिनों तक रहना हुआ था। पहाड़ी अंचलों की गोद में बसा विश्वविद्यालय... सम्बलपुर टाउन से 15 किलोमीटर दूर। छोटे-बड़े, मँझले कुटीरों-भवनों वाला सुदूर प्रसारी प्रांगण अर्थात यूनिवर्सिटी कैंपस। इर्द-गिर्द के प्राकृतिक परिवेश बड़े ही सुहावने...वहीं उनकी पैनी नजरों ने खोज लिया 'कुछ' को, जिनके भीतर पल रहे थे अन्तर्विरोध। श्रीकाकुलम के किसान संघर्षों से जुड़े उन 'कुछ' भूमिगत छात्रों के साथ दो-तीन दिनों तक रहने का मौका मिला। उनके संगठन और जनसंघर्षों की थोड़ी-बहुत जानकारी से लगा कि वे फिर उसी तरह उन सबके बीच आ जाएँ, जैसा लंका से आने के बाद चार-छह वर्षों तक किसान आन्दोलन में कृषक, मजदूर और शोषितों के साथ थे। पर उम्र के इस पड़ाव पर अति सक्रियता सम्भव नहीं है। फिर, बूढ़े नागार्जुन ने उन सबसे कहा, 'मुझ पगलेट के साथ बातचीत करो/हँसो-खेलो मेरे साथ/मैं तुम्हारी जूतियाँ चमकाऊँगा/दिल बहलाऊँगा तुम्हारा/कुछ भी करूँगा तुम्हारे लिए...' उन सबसे अलग होते समय मन में खयाल आया था—'तुम्हारे ही अन्दर तैयार हो रहे हैं/आगामी युगों के लिबरेटर...' यूनिवर्सिटी कैम्पस के अन्दर अपने पुराने इलाहाबादी मित्र के बड़े कॉटेजनुमा क्वार्टर में कई घंटों तक नागार्जुन के दिलो-दिमाग पर वे सब बुरी तरह छाए रहे। आज भी वे चेहरे याद हैं...'सम्पूर्ण क्रान्ति के बाद पनप रही परिस्थिति में उनकी धारणा पक्की हो रही है कि दमन के खिलाफ भूख और बेकारी का बिगुल ही महाजनक्रान्ति का रूप लेगा।'

आन्तरिक व्यथा, गुस्सा, रंजिश, आक्रोश, क्षोभ, तिलमिलाहट, बेचैनी के बीच नागार्जुन का जीवन बीता है। जो इनसान व्यक्ति के संकट को समाज का संकट और समाज के संकट को पूरे देश का संकट मान रहा हो, उससे क्यों भला अपने पुत्रों की मानसिकता छिपी रहेगी...सामने टँगी गांधी की बड़ी-सी तस्वीर पर नजर गई। गांधी के प्रति उनके मन में कहीं न कहीं थोड़ी-सी आस्था शेष बची हुई है। 30 जनवरी या 2 अक्टूबर को यदि वे दिल्ली में होते, तो निश्चित रूप से यमुना किनारे बापू की समाधि का दर्शन कर आते। वहाँ के स्टॉल पर जाकर कुछ न कुछ गांधी साहित्य अवश्य ही खरीदा करते। खयाल आया कि गैर कांग्रेसी प्रधानमंत्री अब शीघ्र ही शपथ ग्रहण करेंगे, तो फिर यहाँ-वहाँ, खासकर बिहार में कोई राजनीतिक नेता या कार्यकर्ता भूमिगत नहीं होगा...गिरफ्तार नहीं होगा कोई...

जनवरी (1977) में जब आपातकाल की समाप्ति और लोकसभा के चुनाव की घोषणा हुई थी, तो नागार्जुन कारामुक्त होकर पटना में रह रहे थे। एक दिन शाम में डाकबंगला चौराहे पर पान के लिए खड़े थे। दुकान पर भीड़ थी। उनके साथ भी कुछ लोग थे कॉफी हाउस से निकलने के कारण। अचानक सामने एक कार रुकी। उसमें से एक व्यक्ति ने उतरकर उनके पाँव छू लिए। वह भारी-भरकम कलेवर वाला था। नागार्जुन पहचानने की मुद्रा में उन्हें देखते रहे। जेल में अपने रचनात्मक

परिवेश से बिल्कुल अलग हो जाने के कारण नागार्जुन को परिचितों के चेहरे याद आते, तो नाम भूल जाते। कभी कोई नाम याद आता, तो चेहरा मानस पटल से गायब हो जाता। खैर, उम्र का असर भी तो पड़ना ही चाहिए। हालचाल-कुशल समाचार के बाद चेहरा याद आ गया और जरा झुककर उसने अपने होंठों को उनके कानों से लगा दिया और बड़ी-बड़ी आँखें फैलाकर फुसफुसाया—'बाबा जी आपको तो खैर जेनुइन बीमारी थी/ऐन वक्त पर जोरों से उभर आई/छुटकारा दिला बैठी...मगर मेरी तो लाश ही बाहर आती।' समग्र क्रान्ति के दरम्यान गिरफ्तार नागार्जुन लगभग ग्यारह माह जेल में रहे और उनकी 'जेनुइन बीमारी' दमा ऐन वक्त पर जोरों से उभर आई थी, जिस कारण उन्हें रिहा कर दिया गया...

समग्र क्रान्ति में कूदने से पहले तीन-चार माह तक नागार्जुन लगातार बिहार से बाहर ही थे। लगा कि आज भी सारी रात बैठे-बैठे बिता देंगे। दीवार से उठँगकर दोनों टाँगों को अच्छी तरह फैला लिया। पाजामा के नारे को ढीला किया, क्योंकि नाभि के पास कसाव लग रहा था। दिल्ली की इस यात्रा में उन्होंने कुछ पत्र संग्रह देखे थे। विदेशी भाषाओं के पत्रों के संग्रह का अपना खास महत्त्व हो गया है। पत्र लिखने वाले का पारिवारिक और व्यक्तिगत जीवन भी पत्रों से खुलता है। वे भी खूब पत्र लिखते हैं। सामने ढेर सारे पता लिखे पोस्टकार्ड और अन्तर्देशीय पड़े थे। सरसरी नजर उस पर डाली...एक अन्तर्देशीय पर अपराजिता का भी नाम था... साठ वर्षीय पत्नी साकार हो उठी। बहुत कष्ट सहा इस महिला ने—'एते दिनुका बाद/ऐना की तों मोन पड़ली प्राण...' याद आया, अपराजिता एक सजग नागरिक की तरह वोट डालने अवश्य जाती है। नागार्जुन ने न जाने कब से अपना वोट नहीं गिराया है। अब तो उन्हें यह भी मालूम नहीं है कि वह कहीं के वोटर हैं भी या नहीं। शायद गाँव या पटना के वोटर लिस्ट में उनका नाम हो। सोचा, पत्र लिखकर यह अवश्य ही पूछेंगे कि इस बार उसने अपना वोट किसे दिया था?

नागार्जुन के भीतर का पिता एक पुत्री की शादी का कर्तव्य निबाह चुका था, तो पुत्र के विवाह में भला क्यों पीछे रहता! जब पुत्र ने अपने लिए काम तलाश लिया, तो उन्होंने भी तय कर लिया कि दो महीने दरभंगा-सहरसा के अंचलों में रहकर उसके लिए कोई अच्छी-सी लड़की तलाश लेंगे। 'यानी शोभाकान्त को इस बार दुल्हा बनाकर रहेंगे...सोलह दिनों के अन्दर गौना करवा लेंगे। बहू जी को श्रीमती अपराजिता देवी के चरणों में बैठाकर नई पीढ़ी की एक और बुनियाद डालने-डलवाने की स्थिति पैदा करके इस बार बिहार छोड़ूँगा।'यही शब्द लिखे थे उन्होंने पुत्रवत रतन (दामाद) को उस बार। मार्च 1970 में अपने ससुर के बड़बोलापन पर हँसी आ गई होगी रतन को। और पत्र की अगली पंक्ति थी,'हाँ, यह संकल्प दृढ़ ही समझो। हँसते हो? अरे नहीं, सच-सच, बिल्कुल सच!' और उस बार यात्री जी चौमासा (जुलाई-अगस्त-सितम्बर-अक्टूबर) कहीं एकान्तवास

करके साहित्य निर्माण में लीन रहेंगे। 'हाँ, दो किताबें पूरी हो जाएँगी...' और जुलाई से पहले बिहार के एक पोलिटिकल सफरर की बेटी से शोभाकान्त की शादी की चर्चा शुरू हुई। इस बात की चर्चा छेड़ने वालों में उनके दो-तीन साहित्यिक मित्र के साथ सुकान्त भी थे। बातचीत के शुरू में ही उनके मित्रों ने साफ कर दिया था कि यह शादी उसी प्रकार होगी, जैसे उनकी बेटी उर्मिला की हुई थी। नागार्जुन स्वयं भी चाहते थे कि शादी में सौ रुपये से ज्यादा खर्च न हों। अति सादगी से सारा काम होना चाहिए...उन दिनों (1970) दिल्ली में ही थे नागार्जुन। कुछ दिन पूर्व ही एक मैथिल मित्र ने बिहार और मिथिला के परिवेश के सन्दर्भ में लिखा था, तो यात्री का नागार्जुन बोल पड़ा—'इधर का परिवेश मुझ पर हावी रहता है। मैथिल परिवेश बिल्कुल धूमिल-सा हो जाता है। जमीन वा जीविका यदि उधर ही रहती, तो स्थिति उधर ही सीमित रहती...सो तो है नहीं। तब नागार्जुन को यत्र-तत्र-सर्वत्र भटकना पड़ता...?' अब जब शोभाकान्त को नई जिन्दगी शुरू करनी है, तो एक गार्जियन के तौर उनके लिए 'यह आवश्यक प्रतीत होता कि शोभाकान्त खुद को सबल महसूस करे। ऐसा न हो कि ऐन मौके पर 'आदर्शवादी चिर कुमार' की तरह उट-पटाँग जबाव देकर लड़की वालों को परेशानी में डाल दे...' दिल्ली में लगभग तीन महीने (मार्च के मध्य से जून 1970 के मध्य तक) रहना हुआ। सोचा था, इधर रहकर कोई 'बड़ा काम' कर लेंगे। बड़ा काम यानी उपन्यास लेखन या खंड-काव्य की रचना...या कोई और किताब। राजकमल वाले खंड-काव्य के लिए लगातार कह रहे थे। लेकिन शोभाकान्त की शादी के लिए लड़की वालों ने इतना जोर लगा दिया कि उस तरफ ध्यान देना अनिवार्य हो गया...लड़की वालों ने लाल रोशनाई से इधर-उधर पत्र डालना चालू कर दिया था। अपने तईं विवाह की दो-तीन तिथियाँ निश्चित कर डालीं...सुकान्त और अन्य मित्रों के पत्र आने लगे...इलाहाबाद में रह रहा शोभाकान्त घबरा उठा। नागार्जुन का भी शादी रोकने का इरादा नहीं था, लेकिन विचार-विनिमय के लिए आवश्यक मौका तो मिलना ही चाहिए था। लाल रंग का अन्तर्देशीय जब उनको भी मिला, तो पहला काम उन्होंने यह किया कि कन्या के पिता को अन्तर्देशीय लिखा—'एक बार आपको इलाहाबाद आकर शोभाकान्त से आमने-सामने खुलकर बातचीत कर लेनी है। शारीरिक दृष्टि से शोभाकान्त के बाएँ पैर में कमजोरी है, 5 प्रतिशत पंगुता...यह सब आप खुद अपनी आँखों से देख लीजिए। फिर एक 27 वर्षीय युवक अपनी जीवनसंगिनी के अभिभावक से खुलकर विचार-विनिमय करना चाहता है। उसका इतना-सा आग्रह तो आपको मान ही लेना है...पुत्रवधू और पुत्री में कोई अन्तर नहीं मानता मैं। वह जो लड़की हमारे परिवार में आने वाली है, उसे अपने भावी पति के गुण-दोष पहले से मालूम रहे, यही मैं चाहता हूँ...विचार के क्षेत्र में ऊँचाई पर उड़ने वाले हम लोग नितान्त साधारण हैसियत के हैं.. पीछे सुनना पड़े कि लड़का लँगड़ा निकला, यह बात हमसे छिपाकर रखी

गई...आजीवन लड़की के मन में यह बात गाँठ बन जा सकती है कि पहले नहीं बतलाया गया, और इसीलिए आप एक बार इलाहाबाद आ जाएँ।' इतना लिखकर उनका मन हल्का हो गया। ऐसा ही कुछ सुकान्त और इस सिलसिले में लगे हुए मित्रों को भी लिखा। फिर इलाहाबाद जाने का निर्णय लिया, ताकि शोभाकान्त को यह लगे कि पिता संग हैं और कोई अनहोनी नहीं होगी! शोभाकान्त का यह कहना उन्हें अच्छा लग रहा था कि कन्या पक्ष वालों को सब कुछ पहले देख लेना चाहिए। लड़की को भी सब पता रहना चाहिए...नागार्जुन के मैथिल मित्र इन बातों पर शायद कहेंगे—"अजी इतना अधिक कौन खींचता है इन बातों को? समाज के अन्दर सब कुछ चलता है! आप भी हद करते हैं यात्रीजी...आप चुप भी तो रहिए...खामखां आप अड़ंगा डालते हैं..." नागार्जुन वैसों को कहते हैं—"साफ-साफ बातें करना कौन-सा पागलपन है। कन्यापक्ष वाला सचमुच समाजवादी है, पॉलिटिकल सफरर है, तो शोभाकान्त जैसे अपंग को अपना दामाद बना लेगा। हमें पता भी तो चले कि समाज की भाव-भूमि बदल चुकी है!"

नागार्जुन इलाहाबाद पहुँचे जून (1970) के अन्तिम दिनों में। सुकान्त भी वहीं आ गया। लड़की पक्ष से उसका परिचय था। उसने बताया कि निमंत्रण पत्र तक छपवा लिए गए हैं। शोभाकान्त की जिद्द थी कि उसके होने वाले ससुर पहले उससे मिल लें। आखिरकार वह लड़की वाला नहीं आया, और इलाहाबाद से ही जुलाई में नागार्जुन मध्य प्रदेश की ओर निकल गए।

अपराजिता तो शोभाकान्त की शादी न करने की जिद्द से परेशान हो उठी और पूरे परिवार के प्रति अपना खीझ-गुस्सा और क्षोभ उतारने लगी, तो 1972 के दिसम्बर में गोपालजी बाबू (उर्मिला के ससुर) के प्रयास से दूसरी जगह शादी तय हुई। अप्रैल 1973 में गौना होकर नई बहू तरौनी आई। रेखा (शोभाकान्त की पत्नी) कुछ दिन तरौनी में रहकर पटना में रह रहे परिवारिक सदस्यों के लिए रसोई-पानी की व्यवस्था में हड़िया-कलछुल टनटनाने लगी। रेखा को इस परिवार में व्यवस्थित होने में शुरू-शुरू में थोड़ी परेशानी हुई। अल्पशिक्षित गृहस्थ परिवार की दर्जा पाँच-छह तक पढ़ी देहाती परिवेश की लड़की भला किस तरह अपने को एकाएक बदल पाती? नागार्जुन परिवार की गरीबी, अन्न संकट को समझने और झेलने में शुरू-शुरू में वह मानसिक रूप से तैयार नहीं हो पा रही थी। अपराजिता तो तंगी में खीझ-खीझकर सिर पटकती ही रहती है, फिर रेखा तो इस परिवेश और परिवार के लिए नई-नई थी। रेखा के पटना रहते हुए नागार्जुन कुछ समय पटना में रहे। फिर अक्टूबर के आस-पास पटना से निकले, तो कलकत्ता, जमशेदपुर, धनबाद, सम्बलपुर, राउरकेला, बिलासपुर, कटनी, झांसी, रायपुर, आगरा और न जाने कहाँ-कहाँ का चक्कर लगाया। उन्हें हर हमेशा लगता रहता कि 'समय के साथ जीते हुए जन से तादात्म्य रखना एक आवश्यक शर्त है जीवंत जीवन के

लिए।' फिर 1973 के नवम्बर में दिल्ली आ गए। लगातार कई महीने तक यहीं रहकर लिखाई के अधूरे काम को पूरा करने का संकल्प लिया, और सोचा, साल भर लम्बे पत्र भी नहीं लिखेंगे।

मगर पूरा नवम्बर (1973) दमा की गिरफ्त में रहे। सोचा, एकान्त सेवन अब अप्रैल (1974) से ही आरम्भ हो पाएगा...इधर तो छिटपुट ढंग से ही काम हो सकेगा...पुरानी पुस्तकों के संशोधन-सम्पादन में लगभग दो महीने लगेंगे ही...हाँ, यह हो सकता है कि इसमें फिलहाल एक ही महीना लगाकर लेखन में लग जाएँ... यों लेखन में कम से कम तीन महीने लगेंगे, यदि कोई आकस्मिक विपदा न आए। लेकिन उन दिनों की घटनाएँ उनके भीतर बुरी तरह उथल-पुथल मचाने लगीं... उत्तर प्रदेश और उड़ीसा के विधानसभा चुनाव...बिहार के मुख्यमंत्री का विधानसभा के लिए चुनाव लड़ना...गुजरात के छात्रों का असन्तोष...बिहार में तेजी से बदलते हालात...छात्र और आम नागरिकों का अपनी समस्याओं को लेकर सड़कों पर उतरना...मानो जनसंघर्ष का माहौल बन रहा था। हर दो-तीन दिनों के बाद पार्टी ऑफिस जाते और बिहार के अखबारों को गौर से देखने लगते।

नागार्जुन का मन बिहार जाने के लिए छटपटाने लगा। तय किया कि पटना में कम से कम चार माह रहकर पुत्रों के लिए कुछ ठीक-ठाक व्यवस्था करेंगे, साथ ही मंजू के लिए सुपात्र की तलाश भी तो करनी थी। पर यायावर मन ने तन को भड़काया, और उत्तर प्रदेश का चुनाव देखने के बहाने दिल्ली छोड़ा। नागार्जुन इलाहाबाद, काशी आदि घूमते हुए मार्च (1974) के प्रथम सप्ताह में पटना पहुँचे। बिहार आकर अनुभव किया कि 'छात्रों के नाम पर जनता पर अपना आतंक जमाने का रिहर्सल जमकर सत्ता पक्ष के लोग कर रहे हैं।' यह तो साफ-साफ अनुभव किया जा रहा था कि 'कांग्रेस बुढ़िया हो गई, तो उसी तरह देश के बहुत सारे संगठन और संस्थाएँ पुरानी पड़ गई हैं...सैकड़ों साइनबोर्ड फीके पड़ चुके हैं...दो-एक संस्थाएँ कहीं जिन्दा हैं भी, तो गुटबाज लोग गिद्धों की तरह उन्हें नोच-नोचकर खा रहे हैं...'

ऐसा नहीं है कि नागार्जुन की नजर एक ही ओर थी। जमाने की नंगई करिश्मा भी वे देख रहे थे—'राजनीति, वाणिज्य-व्यापार, शिक्षा-दीक्षा, चल-अचल सम्पत्ति, शिल्प कला, यातायात, ग्राम-नगर, भौगोलिक इकाइयाँ, जनसंख्या...हमारा सब कुछ बदल गया है। अगले सौ-पचास वर्षों में परिवर्तन की रफ्तार और अधिक तेज होगी, इतनी तेज कि आज हम उसकी कल्पना तक नहीं कर सकते। डाक-तार, रेल-बस, विमान-जहाज, बिजली-गैस, रेडियो-टेलीविजन, रडार-रॉकेट आदि वैज्ञानिक उपलब्धियों का जादुई प्रभाव हमारे मौजूदा जीवन पर पड़ रहा है। हम आत्महत्या भले ही कर लें, विप्लव और परिवर्तन की गति को रोकना हमारे बूते की बात नहीं है।' लेकिन 'यह नहीं कि लाभ की दृष्टि से हम अति आधुनिक एवं आदर्श नागरिक हों, मगर वैचारिक स्तर पर तथा आपसी व्यवहारों में सैकड़ों वर्ष

पिछड़ जाएँ, तो कोटि-कोटि का क्लेश निवारण भला कैसे हो सकता है?' बिहार आकर उन्हें साफ-साफ लग रहा था कि स्थूल दृष्टि या अदूरदर्शिता के शिकार हम किस हद तक हो चले हैं, यह मालूम करने या करवाने में किसी गम्भीर प्रयास की आवश्यकता नहीं पड़ेगी।

1974 के शुरुआती महीने में ही सत्ता विरोधी नारों से पूरे बिहार का माहौल गरम था। बिहार आकर नागार्जुन ने महसूस किया कि आर्थिक-सामाजिक ही नहीं, मानसिक स्तर पर भी जितनी यातनाएँ हमारा छात्र वर्ग (युवक समुदाय) भोग रहा है, वे हमारी कल्पना में आ ही नहीं सकतीं। महँगाई ने अभिभावकों के मनोबल को तोड़ डाला है। ऐसी स्थिति में उथल-पुथल, हलचल और आन्दोलन तो हल्के शब्द हैं। नागार्जुन को विस्फोट की आहट सुनाई देने लगी थी।

पटना के घघाघाट वाले मकान के एक हिस्से में परिवार रहता था। इस इलाके में छात्रों और विश्वविद्यालयी प्राध्यापकों की संख्या पर्याप्त थी। गंगा के किनारे होते हुए पटना कॉलेज तक प्रात:कालीन भ्रमण में ढेर सारे परिचित प्रोफेसर मिल जाते...इधर मुख्य सड़क पर छात्रों की भीड़ दिखती रहती। नागार्जुन पटना आकर लगभग पन्द्रह दिनों का स्थानीय अखबार उलटते-पलटते रहे। पुराने अखबारों को टटोलते-सूँघते हुए बिहार की राजनीतिक परिस्थितियों को लेकर वे बहुत गम्भीरता से सोचने लगे। फरवरी (1974) में छात्रों और युवकों के सम्मेलन के जेपी द्वारा उद्घाटन वाले समाचार को वे कई बार पढ़ गए...जेपी के छात्र आन्दोलन को दरवाजे पर खड़े देखकर उन्हें भीतर से हँसी भी आ रही थी, क्योंकि उन्हें पता था कि जेपी 'शान्ति-पाठ करते फिरते, खाते फिरते हैं भोज/गगनविहारी भिक्खु करे क्यों धरा-धाम की खोज'।

नागार्जुन के आने की सूचना तो कुछ लोगों को पहले से रहती ही थी, और फिर वे नगर में है, यह बात छिपती भी नहीं। आन्दोलन से जुड़े विभिन्न संगठनों के लोग नागार्जुन से मिलने लगे। वे खुद भी कॉफी हाउस, फ्रेजर रोड चौराहे वाले मैग्जिन स्टॉल और पान की दुकान पर दिखने लगे। कुछ छात्रों ने न जाने कहाँ से 1955 ई. के बी.एन. कॉलेज गोलीकांड के बाद छात्र-आन्दोलन से सम्बन्धित उनकी कविताओं के बुकलेट 'खून और शोले' की कॉपी करवा ली थी। 'खून और शोले' की रचनाओं की परिस्थिति और अब की परिस्थिति में छात्रों और युवकों को बहुत ज्यादा परिवर्तन नहीं लग रहा था। मार्च के मध्य होते-होते दर्जन भर से ज्यादा छात्र-युवक शासन और पुलिस बर्बरता के शिकार हुए। राज्य के तमाम कॉलेज प्राय:-प्राय: अनिश्चितकाल के लिए बन्द कर दिए गए। मूल्यवृद्धि और भ्रष्टाचार के खिलाफ छात्रों के साथ आम नागरिक भी सड़कों पर उतर आए। किसी भी तरह के जन आन्दोलन की सुगबुगाहट होती, तो नागार्जुन भला चुप कैसे रहते! वे देख रहे थे, 'आम जनता शान्तिपूर्ण विरोध प्रकट कर रही है। प्रतीक अनशन, मौन जुलूस,

धरना, रात्रि की नीरवता में घड़ियाल-थाल आदि बजाना...यह प्रक्रिया छोटे-छोटे कस्बे तक में पहुँच रही है। 5-10 वर्ष के बालक-बालिका एवं अन्त:पुरी का वर्ग भी इस कर्म में भाग ले रहे हैं। शिक्षकों का समर्थन तो रहा ही है...वकीलों-एडवोकेटों की सक्रिय सहानुभूति छात्रों को मिलने लगी। निचली श्रेणी के सरकारी कर्मचारी, छोटे व्यापारी आदि भी हमदर्दी जाहिर कर रहे थे।'

पटना के चप्पे-चप्पे में सेना उतार दी गई, क्योंकि केन्द्रीय शासन ने बिहार सरकार को हिदायत दी कि बढ़ते जा रहे छात्र आन्दोलन को सख्ती से दबाया जाए। तमाम नाकेबन्दियों के बावजूद पटना में छात्रों के प्रदर्शन बड़े पैमाने पर होते रहे। नागार्जुन देख रहे थे कि 'जनसंघ, और संसोपा, और संगठन, और सोपा, और मार्क्सिस्ट दलों के प्रभावों में जो भी छात्र वर्ग-युवा वर्ग हैं, छात्र संघर्ष समिति में प्रतिनिधित्व है उनका। आन्दोलन की पूरी 'निगरानी' जयप्रकाश नारायण कर रहे प्रतीत होते हैं। अत: सर्वोदय वालों के तरुण शान्ति सैनिक (गांधी के चुने हुए सत्याग्रहियों की तरह) छात्र संघर्ष समिति को अपने अनुशासन में चला रहे हैं।' एक तरह से बिहार करवट बदलने के लिए छटपटा रहा था। कन्धे पर गीली धोती और हाथ में गंगाजल वाला लोटा लेकर लौट रही महिला पर बीएसएफ के जवान ने गोली चला दी, यह सुनकर नागार्जुन काँप गए। कवि ने नोट लिखा—'हाय राम, तुम तो गंगा नहाकर वापस लौट रही थीं/बी.एस.एफ. के उस जवान का क्या बिगाड़ा था तुमने...तुम तो नहीं गई थीं आग लगाने...भूखवाला भड़काऊ परचा भी तो नहीं बाँट रही थीं तुम... जिसके इशारे पर नाच रहे हैं हुकुमत के चक्के/वो भी एक औरत है...' बिहार के 1974 वाले आन्दोलन पर यह उनकी पहली टिप्पणी थी। 8 अप्रैल को छात्रों के मौन जुलूस का नेतृत्व जेपी ने किया था। सात-आठ किलोमीटर के इस जुलूस को नागार्जुन ने गांधी मैदान के पास खड़े होकर देखा था। 'उतर चुका है रंग आज भूरी बिल्ली का!/पटना आकर टूट गया है दम दिल्ली का...'

नागार्जुन की नगर परिक्रमा बढ़ गई। अपने भीतर एक तरह की गर्मी महसूस करने लगे थे। लड़ने को तैयार युवा वर्ग से सीधे साक्षात्कार होने लगा था। इस बार उन्हें स्पष्ट लग रहा था कि 'अभी और भी विप्लव होंगे और बहेगा खून/तरुण शक्ति तोड़ेगी सौ-सौ नियम और कानून...।' मौन जुलूस के बाद मौसमी बयार के अनुसार नई पीढ़ी के दसियों संगठन लहलहाने लगे। विभिन्न छात्र-युवक संगठनों के नाम से सम्पूर्ण क्रान्ति के पक्ष और विपक्ष वाले अनेक पम्पलैट मिलने लगे। लगा कि इतने सारे संगठन के उगने का अर्थ ही है कि नई पीढ़ी काफी दमदार है। विक्षोभ की आग कहाँ और कब किस तरह भड़क उठती है या भड़क उठेगी, इसका अन्दाजा नागार्जुन भीतर ही भीतर करने लगे। वे देख रहे थे—'पुलिस और छात्र आपस में गुँथने लगे...पुलिस इठलाती है...नया खून खौलता है...कोड़े बरसते हैं... लाठियाँ नाचती हैं...पुतला जलता है मंत्री का, तो चमड़ी झुलसती है पुलिस अफसर

की। नारे लगते हैं मुख्यमंत्री के खिलाफ, तो दिल दुखता है अन्य प्रान्त निवासी डिप्टी मजिस्ट्रेट का...' तरुणों के उस उभार को अपना समर्थन देना भीतर से उन्हें उचित लग रहा था। और वह दिन भी आ गया, जब तिरसठ वर्षीय नागार्जुन पटना के सबसे व्यस्त चौराहे डाक बंगला पर अपने मित्र फणीश्वरनाथ रेणु के साथ जा पहुँचे। कुछ मिनटों के अन्तराल पर चित्रकार-मूर्तिकार दामोदर अबंष्ठ, कथाकार मधुकर सिंह, अंग्रेजी अध्यापक एवं कवि रवीन्द्र राजहंस और पत्रकार जुगनू शारदेय भी आ धमके। चटपट एक दरी की व्यवस्था की गई 'लखनऊ स्वीट हाउस' के बरामदे पर। समय रहा होगा, सुबह का आठ-साढ़े आठ का, और दिन था 17 अप्रैल, 1974। स्वीट हाउस के दो दरवाजे थे। इन सबके आग्रह पर एक दरवाजा उसने बन्द कर दिया। अमूमन उस बरामदे पर एक-दो फलवाले बैठा करते। उस दिन वे बरामदे के नीचे बैठ गए बिना किसी झंझट के। सड़क पर ये लोग थे नहीं, तो चौराहे की पुलिस को तत्काल कोई गड़बड़ी नजर नहीं आई। देखते-देखते लोग जुटने लगे, तो मामला समझ में आया कि ये छह जने मात्र यहाँ प्रतीक अनशन पर बैठेंगे। इन लोगों ने आश्वस्त किया कि सड़क पर भीड़ नहीं लगने देंगे और शाम को नुक्कड़ सभा करेंगे। यहाँ बैठने और नुक्कड़ सभा की अनुमति की यों तो जरूरत भी नहीं होती, फिर भी प्रशासन को सूचित कर दिया गया...हर आने-जाने वाला एक-दो मिनट रुककर इन लोगों को देख अवश्य लेता। इन सबके सामने अंग्रेजी-हिन्दी के दैनिक और कुछ साप्ताहिक पत्र पड़े थे। एक तरह से बिल्कुल शान्त और अनुशासित ढंग से यह सब हो रहा था। न कोई भाषण और न नारेबाजी। यदि कोई आ जाता कुछ पूछने, तो उनमें से कोई एक जवाब दे देता...

जीवन के लम्बे अन्तराल के बाद नागार्जुन किसी आन्दोलन में सशरीर शामिल हुए थे।'तानाशाही के आगे हम माथा नहीं झुकाएँगे/एका के बल पर अपनी सारी माँगे मनवाएँगे...' नागार्जुन के सामने उनकी मानस सन्तानों के हुजुम आ-जा रहे थे। वे अनेक प्रतिबंधों को तोड़कर समाज के सत्यों को उजागर कर रहे थे। उनमें से कोई एक उनके कानों में बुदबुदा गया—'कांग्रेस दुख-दर्द क्या समझेगी, खादी पहनकर नाटक करती है...अपनी अकल से इतना तो जानते ही हैं कि लेक्चर कोई चाहे लाख दे जाए, पर लेक्चर सुनकर भूख-प्यास नहीं मिटती। बाबा, आप लोग लीडरों से लाख दर्जे अच्छे हैं। जो आपका आदमी होगा, वही आपकी तकलीफों को समझेगा। जाके पाँव न फटी बिवाई, सो क्या जाने पीर पराई!...' उसी अनशन पर बैठे-बैठे कुछ पंक्तियाँ उभरीं दिमागी स्लेट पर, 'क्या हुआ आपको?/क्या हुआ आपको?/सत्ता की मस्ती में/भूल गई बाप को?/इन्दु जी, इन्दु जी क्या हुआ आपको...' शाम में प्रतीक अनशन खत्म करने का समय आया, तो विभिन्न समाचारपत्रों के संवाददाताओं ने घेरा था। नागार्जुन ने कहा था—'सत्ता प्रतिष्ठानों की दुर्नीतियों के विरोध में एक जनयुद्ध चल रहा है, जिसमें मेरी हिस्सेदारी सिर्फ वाणी की नहीं,

कर्म की हो, इसीलिए मैं आज अनशन पर हूँ, कल जेल भी जा सकता हूँ।' इस वक्तव्य के बाद और कुछ कहने की जरूरत नहीं रही!

पटना में परिवार के रहते हुए भी नागार्जुन छात्र संघर्ष समिति तथा जन संघर्ष समिति के तरुणों और आन्दोलन में सक्रिय लोगों के बीच रहने लगे। कन्धे से लटकने वाले थैले में एक गमछा, दो-एक कपड़े, पत्र-पत्रिकाएँ और एक-दो कॉपीनुमा नोटबुक पड़े रहते। दो-तीन दिनों पर अपने परिवार के बीच आ जाते। कभी दिन का विश्राम, तो कभी रात्रि निवास।

अपराजिता गाँव में थी मंजू और श्यामाकांत को लेकर। वह चाहती थी कि मंजू और सुकान्त, दोनों की शादी इस वर्ष (1974) के लगन में हो ही जाए। सुकान्त के लिए कुछ लोग सम्पर्क साध भी रहे थे। मंजू की शादी के लिए सुपात्र की तलाश थी। बेटी की शादी कैसे निपटेगी, यह भी चिन्ता कहीं न कहीं पूरे घर के ऊपर बरसाती बादल की तरह लटक रही थी। सामान्य मैथिल पिता की तरह नागार्जुन की सोच तो थी नहीं कि 'कुँवारियों के लिए शादी एक तरह की वैतरणी है। डर केवल इसी किनारे है, प्राण की रक्षा पार जाने से ही सम्भव है।' बिहार के समग्र क्रान्ति आन्दोलन में जिस समय वे अपनी सक्रिय भागीदारी दर्ज करा रहे थे, उस समय अपने भीतर कई स्तरों की सोच से भी वे उलझ रहे थे। मानो, अन्दर द्वंद्व चल रहा हो। परिवार-बच्चों का दायित्व और देश-प्रान्त की वर्तमान दशा-दिशा के साथ-साथ साहित्यिक जिम्मेदारी को भी देखना था उन्हें। वह अच्छी तरह समझ रहे थे कि इस युग में कोई भी किसी का इस्तेमाल करने की कला आसानी से सीख रहा है। जिस समय बड़ी बेटी की शादी की थी, तो लोगों में लिहाज रहता था। एक-दूसरों को चाहते थे, राजनीतिक-सैद्धांतिक विरोध के बाद भी। उस समय भी कांग्रेस की सरकार थी और वे तब भी कांग्रेस-विरोधी थे। लेकिन उनकी पुस्तक खरीदी गई, ताकि शादी में मदद हो। लेकिन अब स्थिति दूसरी थी। वह तो चौराहे पर खड़े होकर कविता सुना-सुनाकर शासन के प्रति अपनी बौखलाहट जाहिर कर रहे थे। जुल्म के खिलाफ आन्दोलन को एक नया रूप देने में उन दिनों पूरे जोश से लगे हुए थे। ऐसी परिस्थिति में बेटी की शादी उनके लिए किसी समस्या से कम नहीं थी। नागार्जुन को एक तरफ तरौनी का वैद्यनाथ मिश्र अपनी ओर खींच रहा था, तो दूसरी ओर देश-समाज के प्रति जिम्मेदारी उन्हें घर-परिवार की तमाम समस्याओं के प्रति निरपेक्ष रुख धारण करने को मजबूर कर रही थी। अब तक न जाने कितनी बार वे वर्तमान से किनारा कर उस दुनिया में इस उम्मीद से पहुँच जाते कि शायद 'साबित सूरज भक् से निकल आएगा/फाड़कर मसानी सन्नाटा बरसाती अमावस का!'

नागार्जुन के लिए सामने बिहार का जन आन्दोलन था, तो दिल-ओ-दिमाग में मंजू की शादी की विकट समस्या भी थी। दोनों में से किसी एक को भी छोड़ना

उनके लिए असम्भव लगता। शोभाकान्त बार-बार दरभंगा-मधुबनी का चक्कर लगा आता। इधर पटना रह रहे एक सज्जन सुकान्त को अपने घर का दामाद बनाने के लिए एड़ी-चोटी एक किए जा रहे थे, पर परिवार ने तय कर रखा था कि मंजू की शादी जब तक पक्की नहीं होती, तब तक सुकान्त की शादी तय नहीं की जाएगी। बेटी की शादी के लिए कहीं न कहीं से पैसे का जुगाड़ करना ही पड़ेगा। कुछ मित्रों से कह रखा था। जब कभी घर में शादी की बात चलती, तो विषाद का मद्धिम धुआँ दिमाग को बोझिल बनाने लगता और चेतना मानो फ्यूज होने लगती। अपराजिता का तनाव वाला मुखड़ा सामने आ जाता...तीन-तीन कमाने लायक पुत्र और कहने को नामी पति। उसका गुस्सा कभी-कभी उन्हें वाजिब ही लगता।

समग्र क्रान्ति आन्दोलन में जब नागार्जुन और रेणु दिखने लगे, तो बिहार के संस्कृतिकर्मी और रचनाकारों ने भी अपनी हिस्सेदारी देनी शुरू की। इस तरह एक खास वर्ग के नेतृत्व की जिम्मेदारी नागार्जुन पर अपने आप आ गई थी। रेणु तो समाजवादी खेमे के ही लोग माने जाते थे और जेपी से उनका सम्पर्क भी अच्छा था। पर नागार्जुन जैसे खाँटी वामपंथी को आन्दोलन के समर्थन में सड़कों पर पूरी भाव-भंगिमा के साथ नाटकीय अन्दाज में काव्य पाठ करते देख लोग हँसते और दंग रह जाते। इन्दुजी वाली कविता तो लोगों की जुबान पर चढ़ गई थी। काव्य-पाठ या नुक्कड़ नाटक के बाद पुलिस और शासन तंत्र के खिलाफ नारेबाजी होती। अक्सर एक अच्छी-खासी भीड़ कवियों के साथ चलना शुरू कर देती। पुलिस और अखबारवालों की संख्या भी अच्छी-खासी रहती। पुलिस को समझ में नहीं आता कि यहाँ उनका क्या काम है?आन्दोलन में नागार्जुन के पूरी तरह शामिल हो जाने पर जेपी के कुछ करीबी लोग भी चौंके थे कि केजीबी ने कहीं इन्हें न भेजा हो...जानि न जाइ निसाचर माया! उन दिनों नागार्जुन को कुछ प्रगतिशील बन्धुओं की ओर से भी बार-बार समझाया गया कि यह फासिस्टों का सत्यानाशी तमाशा है। उनकी कुछ रचनाएँ निशान लगाकर उनके सामने की गईं। मानो कहा जा रहा था कि क्या ऐसा लिखने-सोचने वाला भी इस आन्दोलन की ओर जाएगा? उन्हें समझाने-बुझाने वालों में ऐसे लोग भी दिखते, जिनके 'तेवर तो हैं छद्म वाम के/दक्षिण पंथी भोग-भाग की विकट गंध है...।' पर यह कहने वाले लोग भी कम नहीं थे कि इस आन्दोलन में नागार्जुन के कूदने से वामपंथ का भला क्या बिगड़ने वाला है!

नागार्जुन का दिल-ओ-दिमाग हमेशा सक्रिय रहता। वह यह तो जान ही रहे थे कि यदि विनोबा 'सर्वोदय सन्त', तो जेपी 'महायोगी' ठहरे। सर्वोदयी सन्त ने यह स्पष्ट कर दिया था कि 'आध्यात्मिकता पर बोलूँगा, बोलूँगा विज्ञान तत्त्व पर/राजनीति का जिक्र करूँगा, थोड़ा थोड़ा ऊपर-ऊपर।' लेकिन जनता के बीच खड़े नागार्जुन राजनीति से अलग नहीं हो सकते। वे तो ऐसों में थे नहीं कि 'कुसुमास्तीर्ण प्लास्टिक शर-शय्या पर/लेटे रहें युगावतार पितामह भीष्म/प्रवचनरत हृदय परिवर्तनकारी...'

प्रवचन की बात ध्यान में आई, तो याद आया कि जेपी ने जीवन दान 1956 में ही किया था और 1968में पैंसठ वर्ष की उम्र पार करने के बाद अपनी आँखों का भी दान कर दिया था, तो नागार्जुन को बड़ी हँसी आ गई थी और सोचा था कि कहीं अपनी जीभ न दान कर दें, तो उनका प्रवचन लोग भला कैसे सुनेंगे!

सोच के क्षण में ही 'बाबा बटेसरनाथ' का मुख्य पात्र जैकिसुन दिमाग में आ गया। जैकिसुन अब जहाँ भी होगा, पचास की उम्र पार कर गया होगा। लगा कि नागार्जुन से वह कह रहा है, 'बंगाल के नौजवान महात्मा गांधी के असहयोग और सत्य-अहिंसा की बातों में आस्था नहीं रखते थे। दुश्मनों को पछाड़ने के जितने भी तरीके हो सकते हैं, वे उन्हें आजमाने के पक्ष में थे। आज के दुश्मन हमारे अपने बीच से आए हैं, जो सर्वहारा विरोधी हैं...' नागार्जुन के कुछ मित्र बिहार जन-उभार को बड़े ही हल्के ढंग से ले रहे थे और जन-क्रान्ति को अपनी-अपनी व्याख्या में उन्हें समझा रहे थे। पर नागार्जुन महँगाई और जुल्म के खिलाफ चल रहे विद्रोह को भला कैसे नजरंदाज करते। 'काश, क्रान्तियाँ उतनी आसानी से हुआ करतीं!... काश, क्रान्ति बैठे-ठाले सज्जनों के दिवास्वप्नों-सी घटित हो जातीं...'

उन दिनों जहाँ मित्रों में उनकी राजनीतिक समझदारी की चर्चा थी, वहीं घर में बेटे और बेटी की शादी को लेकर चर्चा पुरजोर थी। छोटी बेटी मंजू की शादी उनके ससुराल के निवासी नागेन्द्रनाथ मिश्र के छोटे पुत्र दयानाथ मिश्र से, तो सुकान्त की शादी बिठौली ग्राम (जिला दरभंगा) निवासी और हाल मुकाम कदमकुँआ, पटना निवासी रामचन्द्र झा की बड़ी बेटी से तय हो गई। दोनों शादियों में किसी तरह के लेन-देन की चर्चा भी नहीं हुई। अपराजिता के अभाव-अभियोग वाले जीवन की एकरसता में एक साथ बेटा-बेटी की शादी ने थोड़ी हलचल पैदा कर दी।

बीच में गाँव जाकर देख आए अपराजिता को। भार के एहसास में एकमात्र अपराजिता ही साथ दिखती। पान से रँगे होंठ और हरदम पान के बर्तन पास रखने वाली पत्नी ने एक दिन कहा—"चलो अच्छा हुआ। पता नहीं, आगे का समय कैसा होगा? किसी तरह यह यज्ञ निपट जाए।" नागार्जुन देख रहे थे कि तरह-तरह के महीन चावल, अरहर की दाल, आटा, घी, तेल, आलू आदि की व्यवस्था में अपराजिता किस तरह जुटी रहती। आँगन की सफाई और बाड़ी-झाड़ी को टाट-फरक से घेरना और कामचलाऊ टट्टी तक उसने बनवा ली थी। पति के चेहरे पर नजर टिकाकर अपराजिता निश्चित रूप से सोचती होगी—'भाग न जाना कहीं और अब/ आए हो तो जमे रहना चार-छह रोज...' काम का घर होते हुए भी नागार्जुन ओसारे पर रखे हुए पीढ़े पर पत्नी के सामने बैठ जाते। पत्नी जानती है कि पति गाँव रहते हुए भी आँगन या दालान पर टिककर रहेंगे नहीं, तो पूछ बैठी—"आज भी कहीं जाना है?" अपराजिता पर उन्हें पूरा विश्वास था कि चाहे जैसे भी हो, वह सब कुछ ठीक से सँभाल लेगी। यों वे स्वयं भी अपने तईं सजग और तत्पर थे। पत्नी

पर नजर जमाकर कहा—"नहीं, आज कहीं नहीं जाऊँगा।" पान पर कत्था जमाती हुई अपराजिता मुस्करा पड़ी—"तुम्हें क्या, कोई आ जाएगा, तो उसके साथ चल दोगे। और एक बार घर से निकले कि पतंग भी क्या उड़ता है..."

"क्या मैं यों ही मारा-मारा फिरता हूँ?" पान हाथ में लेकर नागार्जुन ने कहा। अपराजिता मुस्कराकर रह गई।

28 जून (1974) को एक तरफ सुकान्त की शादी के लिए बारात गई थी, तो मंजू की शादी के लिए दरवाजे पर बारात आई थी। खर्च का अच्छा-खासा बोझ पड़ा था कन्धों पर। बेटा-बेटी की शादी करवाकर लौटे, तो बिहार के विभिन्न नगरों और गाँवों में जाकर जनता के सत्य और शासन के सत्य को समझने लगे। साथ ही कॉपी में कुछ नोट भी ले लिया करते। देश में ऐसे राजनीतिक दलों की कोई कमी नहीं थी, जो जन साधारण की समस्याओं के प्रति ऐन मौके पर बापू के तीनों बन्दर जैसी झपकी लेने लगते। नागार्जुन अपनी पार्टी के विरोधी नहीं, लेकिन पार्टी के कारण अपने विवेक पर अंकुश उन्हें स्वीकार नहीं। देश का बौद्धिक वर्ग बिहार के इस आन्दोलन को बड़ी गम्भीरता से देख रहा था। लग रहा था कि कुछ नया होने वाला है। ऐसे लोग भी कम नहीं थे, जो जाने-अनजाने सुख-सुविधा की फाँस में फँसते-फँसते मानसिक रूप से सत्ता के प्रति अतिरिक्त स्वामिभक्ति दिखाते। संघर्षरत जनसामान्य को गम्भीरता से देखना-समझना ऐसे लोगों से भला कहाँ सम्भव हुआ है—'सिद्धि होगी, मिलेंगे फल जाप के/लाइए, मैं चरण चूमूँ आपके/थक गए हैं हाथ गोबर थाप के/लाइए अब चरण चूमूँ आपके...'

नागार्जुन को याद है कि 1972 के मार्च में बिहार के राज्यपाल देवकांत बरुआ ने प्रान्त के पाँच-छह साहित्यकार, कलाकारों के लिए आजीवन मासिक आर्थिक वृत्ति की पेशकश बिहार सरकार की ओर से की थी। पहले तो वे इसे लेने को तैयार नहीं थे, पर बरुआ जी, जो स्वयं असमिया के कवि थे, के काफी समझाने-बुझाने और रेणु जी के मनाने के बाद उन्होंने मासिक वृत्ति लेना शुरू किया। रेणु ने भी नागार्जुन के साथ यह वृत्ति लेनी शुरू की। रकम थी, 300 रुपये। बढ़ती हुई महँगाई में इस रकम से कुछ होता-जाता नहीं। यों भी नागार्जुन जैसा घुमक्कड़ भला प्रतिमास बिल बनाकर कैसे जमा करता! तो चार, छह या तीन माह के बाद यह रकम एकमुश्त लिया करते। इसके लिए उन्हें पटना में अपना बैंक खाता भी खुलवाना पड़ा था। सम्पूर्ण क्रान्ति के समय बार-बार यह बात मन में आती कि इस सरकारी चारे को नहीं लेना ही अच्छा। जब सरकारी क्रियाकलाप के खिलाफ नुक्कड़-नुक्कड़ विरोध में खड़े हैं, तो उसका चारा भला क्यों? और फिर, नवम्बर, 74 में एक विशाल जनसभा के मंच से उन्होंने इसे वापस करने की घोषणा कर दी।

सम्पूर्ण क्रान्ति का आन्दोलन जोरों से चल रहा था और नागार्जुन समझ रहे थे कि 'खेल अभी चलेगा, पब्लिक आग्रह है'। पब्लिक के इसी आग्रह पर नागार्जुन

भी पचरुखी (जिला सीवान, बिहार) की जनता सरकार का शुभारम्भ कराने गए। समानांतर शासन के प्रतीक रूप में प्राय: हर ब्लॉक में तब जनता सरकार बनाई जा रही थी। नतीजतन, जून की पहली तारीख (1975) को वे गिरफ्तार कर लिए गए। उस वक्त छात्रों-नौजवानों की गिरफ्तारियाँ तेजी से हो रही थीं। जमानत देने और छोड़ने की रफ्तार धीमी थी। एक को छोड़ा जाता, तो दस अन्दर आते। नागार्जुन को गिरफ्तार कर सीवान जेल में लाकर डाल दिया गया। उनकी पहली गिरफ्तारी भी तो इसी जिले के अमबारी में 1939 में किसान संघर्ष के सिलसिले में हुई थी। उस गिरफ्तारी और इस गिरफ्तारी के बीच लगभग छत्तीस वर्ष का अन्तराल था। तब अंग्रेजों का शासन था और अब अपने चुने हुए प्रतिनिधि सरकार चला रहे थे।

सीवान जेल में आकर महसूस किया कि अब भी यह जेल बहुत छोटी है। जब आम नागरिकों में सामान्य-सा भी परिवर्तन नहीं आया है, तो पिछड़े जिला की जेलों में भला क्या आएगा! बिजली भी प्राय:-प्राय: नहीं रहती। जेल के भीतर अस्पतालनुमा कमरे में उन्हें रखा गया। खटमल और मच्छर 'खून खींचता रहा रगों से/आगा सारी रात/अस्पताल में यों हम बैठे/नागा सारी रात...' दो दिन बाद ही उन्हें छपरा जेल भेज दिया गया। सीवान से बड़ी जेल थी यह।

नागार्जुन दमा के पुराने और स्थायी रोगी थे। छपरा में जेल अधिकारियों में एक मैथिल बौद्धिक निकल आया और अपने प्रिय कवि यात्री जी को पहचानते ही तुरन्त पाँव छू लिए। जेल में नागार्जुन को सामान्य से सामान्य अधिकारी और कैदीगण खूब सम्मान देते। फिर भी, जेल तो आखिर जेल ही है! कानून व्यवस्था छोड़ वहाँ सब कुछ ठेकेदारी व्यवस्था के अधीन थी। दतुवन से लेकर खाने-पीने की सामग्री तक घटिया दी जाती थी। यों नागार्जुन जैसे कुछ कैदियों के लिए खास व्यवस्था रहती थी। उनका भोजन-बिस्तर आदि भी थोड़ा ठीक-ठाक रहता। सफाई भी रहती, पर वह भी जैसे-तैसे ही। नागार्जुन के स्वास्थ्य को देखते हुए उन्हें अस्पताल वाले वार्ड में रखा गया। यहाँ थोड़ी बहुत राहत मिली। उन्हें याद है कि 1939 में इसी छपरा जेल में उपन्यास गुम्फन करने की कला राहुल ने पहले-पहल बताई थी। बताया क्या, राहुल ने बोलकर उपन्यास लिखवाना शुरू किया था। वह बोलते और नागार्जुन लिखते जाते। सोचा कि यदि यहाँ रहने की समय-सीमा तय हो जाए, तो लिखाई के लिए कुछ योजना बनाई जाए। जेल आने से पहले दमा के कारण कुछ शिथिलता आ गई थी। यों परिवार की चिन्ता मन को जेल के भीतर भी परेशान कर ही रही थी। पारिवारिक शादी का उधार-पैंच के साथ-साथ मंजू का गौना भी उनके लिए किसी समस्या से कम नहीं था। पूरा परिवार पटना में था, तो शोभाकान्त और सुकान्त के ऊपर अचानक भार आ गया। शोभाकान्त यहाँ आकर उनसे मिल चुका था और निश्चिन्त और स्वस्थ रहने की बात कही थी, लेकिन मन भला कहाँ स्थिर हो पा रहा था।

बड़ी-बड़ी चारदीवारी के भीतर खपरैल के लम्बे-लम्बे बैरकों में रहने का अवसर वर्षों बाद मिला था। गर्मी का मौसम था। आम का समय। नागार्जुन आम के प्रेमी। दो बढ़िया लँगड़ा आम इन्हें रोज मिलने लगा। पता लगा कि जो मैथिल यहाँ एक पदाधिकारी हैं, उसी से उनके लिए यह व्यवस्था करवाई गई है। मसहरी की व्यवस्था भी कर दी गई थी। नोटबुकनुमा दो-तीन कॉपियाँ और कलम भी उन्हें मुहैया करा दिए गए थे। मन में कहीं न कहीं यह बात भी थी कि जल्दी जेल से छुटकारा मिल जाए। लेकिन यह सब कुछ निर्भर था देश की कुछ महत्त्वपूर्ण राजनीतिक घटनाओं पर। उनमें से सबसे प्रमुख था—राजनारायण द्वारा इंदिरा गांधी के खिलाफ चुनावी धांधली वाला मामला, जिस पर इलाहाबाद हाई कोर्ट से फैसला आने वाला था। जेल आने और आन्दोलन से सदेह दूर रहने के बावजूद आम लोगों की स्थिति से खुद को मुक्त कहाँ कर पा रहे थे नागार्जुन! एकान्त के क्षणों में जेपी याद आ गए। 'उस दिन मार्च की छठी तारीख थी...उस दिन पार्लमेंट के बाहरी कक्ष में/स्पीकर ने तुम्हारी अगवानी की थी/स्वास्थ्य के बारे में पूछा था/शर्बत पिलाया था/तुम उनके समक्ष/मुस्कराए थे निहायत भद्रता पूर्वक...' लेकिन अनुताप और अनुनय छोड़ने वालों की दस लाख की भीड़ उस दिन दिल्ली के माहौल को कम्पित कर रही थी। नागार्जुन को मौका नहीं मिला, नहीं तो जेपी से उस दिन के अभिनय को लेकर निश्चय ही पूछते—"लोकनायक' उस रोज वो तुम कौन थे?/तुम्हारा भोलापन/ तुम्हारी 'लोकनीति'/सम्पूर्ण क्रान्ति वाले तुम्हारे सोंधे खयाल/व्यापक जनक्रान्ति की तुम्हारी अनिच्छा/'सर्वहारा' के प्रति परायेपन के तुम्हारे भाव/...तुम्हारा हवाई मूल्यबोध.../तुम्हारी मसीहाई महत्त्वाकांक्षाएँ...'भलेमानसों' से दिन-रात तुम्हारा घिरा होना/वो सब क्या था आखिर?' दिल्ली वाली वह भीड़ फिर छा गई दिमाग पर। वोट क्लब वाले मैदान में वही लाखों की भीड़ और इंदिरा का चेहरा उस भीड़ के ऊपर आने लगा। सोचा—'तुम हारो यदि, जीत जाएँ यदि राजनारायण/दल में भगदड़ मचे, कहें सब तुमको डायन/कोई अदना हो यदि दिल्ली का दारोगा/तब क्या होगा, तब क्या होगा.../अन्धकार ही अन्धकार तब छा जाएगा/बेटे का यह मोह आपको खा जाएगा...'

नागार्जुन जेल से तो नहीं निकले, पर '25-26 जून, 75 की मध्यरात्रि के वे क्षण/इंदिरा गांधी की सत्ता के लिए सर्वग्रासी क्षण थे न?/संकट से त्राण पाने के लिए वो भला और क्या करती!/'आपातकालीन संकट' वाली/विषम स्थितियों की घोषणा करवाकर/...उसने व्यक्ति-व्यक्ति को इमरजेंसी की गिरफ्त में ले लिया!' जेल में बन्द सम्पूर्ण क्रान्ति के लोगों से घिरे नागार्जुन ने जोर से कहा था—'जय हो, जय हो, हिटलर की नानी की जय हो!'

नागार्जुन को कुछ पत्र-पत्रिकाएँ मिल जातीं, जो छपरा जैसे छोटे शहर में जैसे-तैसे उपलब्ध होतीं। अक्सर उनको उलटते-पुलटते रहते। कैदियों से बातें करना भी

उन्हें अच्छा लगता। जेल में वैसे कैदियों की संख्या पर्याप्त मात्रा में थी, जो नागार्जुन की 'इन्दु जी, इन्दु जी क्या हुआ आपको' से खूब परिचित थे। अपने बीच कवि को पाकर उन सबको अच्छा लगता। नागार्जुन साथी बन्दियों के चेहरे को गौर से देखते, उनके उठने-बैठने, चलने-फिरने आदि सभी गतिविधियों पर उनकी नजर रहती। पर वे ऐसे लोगों में भी नहीं थे, जो केवल टुकुर-टुकुर ताकते रहते।

सीवान से छपरा और छपरा से सीवान, इन दोनों जेलों में रहते हुए जेल-मुक्ति के लिए सरकार और संघर्ष समिति की ओर किसी भी तरह की गम्भीर पहल उन्हें दिख नहीं रही थी। कानूनी या कचहरिया दौड़-धूप के लिए घर के लोगों को मना कर रखा था। सोचते कि दोनों बड़े लड़के परिवार को किसी तरह ऋण-कर्ज के सहारे चला रहे हैं, तो फिर थाना-कचहरी का खर्च भला कैसे जुट सकेगा! जब चारदीवारी के भीतर ले ही लिए गए, तो मास क्या, छह मास क्या? जेल के भीतर वैसे कैदी भी हैं, जो पन्द्रह-पन्द्रह साल की सजा को हँसते-मुस्कराते काट रहे हैं। हॉलनुमा बड़े-बड़े कमरे और लम्बी फैली खिड़कियाँ चाँदनी रात में अक्सर बड़े-बड़े पिंजड़ों की तरह लगतीं। नागार्जुन को पोलिटिकल वार्ड वाले कॉटेज के एक कमरे में रखा गया था। अलग से स्नान घर और पाखाना था। आगे-पीछे थोड़ी जगह। उन्हें याद है कि अखिलेश पाण्डे ने मक्का बोया था और सितम्बर के मध्य आते-आते सिंके हुए दो भुट्टे सामने आए, तो तबीयत खिल उठी थी। संघर्ष वाले ज्यादातर बन्दी अपना मन ताश और शतरंज में लगाए रहते। कुछ बातूनी थे। वे खूब गप्पें हाँकते। कुछ कल्पनाशील, तो कुछ लगाते रहते सम्पूर्ण क्रान्ति के नारे।

जेल में कभी-कभी मन में आता कि सजायाफ्ता कैदी की तरह कुछ काम किया जाए। यह बात जानकर जुलाई से ही साथ रह रहा सम्पूर्ण क्रान्ति का एक और कैदी अखिलेश बोल उठा था—"इनकी ऐसी की तैसी। आप इस जेल में चीफ गेस्ट हैं। इनके सीने पर बैठकर जमकर खीर खाइए। किसकी मजाल है, जो आपसे काम लेगा! हमने जेलर से कह दिया है कि बाबा क्लास वन के बन्दी हैं, सो किसी बात का कष्ट न होने पाए।" अधिकांश सिपाही और जेल के कर्मचारी कहा करते—"हम लोगों का भाग्य जगा, तभी आपको इतने करीब से देख रहे हैं।" 'बी' डिवीजन की सारी सुविधा नागार्जुन को हासिल थी। साथ के कुछ बन्दी अपनी चतुराई से 'ए' क्लास वाली सुविधाएँ ले रहे थे। यह देखकर नागार्जुन दंग रह जाते कि यहाँ एक प्याज के लिए लोग तकरार किया करते। आधा गिलास दूध के लिए लड़ते-झगड़ते।

नागार्जुन ने भारतीय राजनीतिक दलों को अच्छी तरह समझा था। प्राय:-प्राय: अपने ही अपराध, दूसरों पर मढ़ने का कौशल कोई उनसे सीखे! जेल के भीतर रहते हुए भी देश की राजनीति का पूरा अन्दाज वे लगा रहे थे। नागार्जुन को लगने लगा कि आन्दोलनकारियों के बीच यदि वह रह गए, तो 'आवेगहीन/उत्तापशून्य/

क्रिया-प्रतिक्रिया विरहित/क्रोध अमर्ष-ईर्ष्या असूया से दूर, बहुत दूर' हो जाएँगे वे। रात में जब नींद उनसे दूर भाग जाती, तो मसहरी के भीतर लालटेन रखकर कुछ लिख भी लिया करते। दो-तीन छोटी नोटबुक जाने कैसे गायब हो गई थी। चिन्तन के क्रम में कई बातें दिमाग में आती रहतीं, ढेर सारी आपबीती मानस पटल पर सिकुड़ती-फैलती चली जाती। लगता, यदि शासन बदल भी जाए, तब भी 'करनी में गड़बड़ियाँ होंगी', लेकिन 'कथनी में अनुशासन होगा', क्योंकि 'हाथों में बन्दूकें होंगी, कन्धों पर सिंहासन होगा!' जेल में भी यह चर्चा होती रहती कि जेपी अब आगे क्या करेंगे? नागार्जुन चुपचाप देखते-सुनते,'निज-निज गुफाओं से निकलकर/पूछते हैं विज्ञजन परस्पर/...पाते नहीं प्रश्नों के आदि-अन्त/झल्लाकर हो उठते हैं अतिशय मुखर...' अक्सर अकेलेपन में नागार्जुन तब हँस पड़ते, जब उन्हें याद आता कि कैसे एक खास वर्ग सम्पूर्ण क्रान्ति आन्दोलन की सफलता के लिए अपना सर्वस्व लगाने को तत्पर हो उठा था। कभी-कभी लगता कि इस आन्दोलन के सम्बन्ध में अभी और भी बहुत कुछ देखना बाकी रह गया है। लेकिन तबीयत बिदकने लगी थी इस भ्रान्ति को क्रान्ति समझने से। वे तमाम परिस्थितियों का सामना करने के लिए हमेशा तैयार रहते। फिर चाहे वे घर की हों, समाज की, साहित्य की अथवा राजनीति की।

पटना से अपराजिता को गाँव जाना था, लेकिन नहीं जा पाई। जाती कैसे भला? तरौनी जाने के लिए उसे पैसों की जरूरत थी। अपराजिता की मानसिक उलझन वह जेल में रहते हुए भी अच्छी तरह महसूस कर रहे थे। मगर इस ऊँची दीवार के भीतर सोचने के अलावा वह कुछ कर भी नहीं सकते। सोचते, अपराजिता पोती के आ जाने की खुशी में कुछ उलझी रहती होगी। उनके जेल आने के ठीक ग्यारहवें दिन घर की तीसरी पीढ़ी का प्रथम शिशु इस धरा धाम पर आया था। शोभाकान्त जेल आकर यह सूचना दे गया था। बच्ची के नाम रखने का भार उन्हीं पर छोड़ा गया था। कई नाम दिमाग में आए। सोचा, लड़की है न! माँ के नाम के प्रथम अक्षर से ही क्यों न बेटी का नाम सोचा जाए। 'र' से आरम्भ होने वाले कई नामों में से 'रीचा' (ऋचा) ही पसन्द आया। लगा, 'मैं न देख सकता वह दन्तुरित मुस्कान...।' शोभाकान्त अवश्य ही अपनी बेटी को किसी दिन ले आएगा दादा के पास! सोचते, घर में कौन लाड़ लड़ाना नहीं चाहता होगा उस बच्ची से! कौन नहीं गोद में उठा लेना चाहता होगा! कौन नहीं खुश होगा उसकी आँखों में आँखें डालकर! अनुभव किया, दो-तीन माह के शिशु को छूने से अद्‌भुत तरावट मिलती है। उसके तलवे गुलाबी कमल जैसे लगते होंगे...

छपरा से जब वापस सीवान जेल लाए गए थे, तो सोचा था, वहाँ रहकर जमानत पर छूटने का प्रयास शायद सफल रहेगा, क्योंकि गिरफ्तार हुए छह माह हो रहे थे। सीवान के कोर्ट में ही मुकदमा लटका पड़ा था। नवम्बर (1975) शुरू होते-होते

दमा ने भी उनके साथ लाड़ लगाना शुरू किया। कहने को डॉक्टरी सुविधा उपलब्ध थी, पर मन बिल्कुल थक गया था। आन्दोलन के भविष्य पर सोचते-सोचते लगा कि प्रधानमंत्री की तरह हर छोटे-बड़े हाकिम तानाशाह हैं। उन्हें गिरफ्तार करके जेल के अन्दर डाल दिया और भूल गए। नागार्जुन प्रशासन और सम्पूर्ण क्रान्ति वालों का नाटक देखते रहे और अनुभव करके सोचते रहे। भोली-भाली जनता को दूहने के लिए उनके जैसे भावुक लोगों का उपयोग करना आन्दोलन वाले अच्छी तरह जानते थे। नागार्जुन को लगने लगा था कि यदि चाहा जाता, तो उनको उसी वक्त जमानत पर छुड़ा लिया जाता। वे इमरजेंसी लगने के पच्चीस दिन पूर्व ही गिरफ्तार हुए थे। इमरजेंसी लगने के बाद भी तो विभिन्न जेलों से काफी लोग छूटे हैं, तो फिर वे क्यों जेल के भीतर रह गए? लगा, सुनवाई की कार्रवाई धीमी चलाकर उन्हें जेल के भीतर लम्बे समय तक रखा गया है। इंसाफ का दिखावटी नाटक खेलना आसान होता है! इस आन्दोलन में विप्लवी सोच जरा भी भासित कहाँ हो रहा उन्हें! शुरू में आन्दोलन के कार्यक्रमों और क्रियाकलापों से उन्हें लगा था कि 'क्रान्ति सुगबुगाई थी जरूर, क्योंकि बार-बार लाखों की भीड़ जुटी...बार-बार खचाखच भरा गांधी मैदान...।' मगर अब तो सत्य को ही लकवा मार गया है। सत्य भी क्रान्ति की तरह पड़ा रहेगा स्पन्दन शून्य मांसल देह की तरह...

सीवान के जिलाधीश को नागार्जुन ने 1 नवम्बर, 1975 को एक चेतावनी दी—'15 नवम्बर, 1975 तक अगर मुझे रिहा नहीं किया गया, तो 16 नवम्बर से मेरा अनशन होगा अनिश्चितकालीन।' इस बात की सूचना बिहार सरकार के मुख्य सचिव के साथ-साथ घर में भी दे दी थी। तटस्थ निर्लिप्त रहकर वह सरकारी मेहमान नहीं रहना चाहते। उन्हें लगा कि उनके जेल जीवन के नाटक का आखिरी दृश्य निकट आ पहुँचा है। लेकिन अनशन करने का मौका ही नहीं आया...उन्हें बताया गया कि उन्हें बक्सर जाना है, सारे कागजात सरकार के पास भेज दिए गए हैं। बक्सर से ही रिहाई होगी—यह सब मौखिक सूचना थी। 18 नवम्बर को नागार्जुन केन्द्रीय कारा, बक्सर पहुँचा दिए गए। यायावर यात्री ने लगभग साढ़े पाँच माह के बाद ऊँची चारदीवारी के बाहर लगभग बारह-पन्द्रह घंटे बिताए, पुलिस संरक्षण और पुलिस गाड़ी में...

सीवान और छपरा जेल में समय गुजार चुके नागार्जुन को बक्सर जेल में सुविधाएँ ज्यादा दिखीं। उत्तर भारत के गंगा तटवर्ती बक्सर केन्द्रीय कारागार के पॉलिटिकल वार्ड वाले कॉटेज में नागार्जुन सरीखे बन्दी तो सामान्य रैयत की तरह ही होते हैं। यहाँ उन्होंने खो चुके 'लेनिन शतक' पर नए ढंग से लिखने का प्रयास किया, नाम दिया 'लेनिन स्तोत्रम्'। 93 श्लोक लिखे गए, पर वे भी बाद के दिनों में न जाने किधर रह गए या उड़ गए। इस जेल यात्रा में न जाने कितने नोटबुक खोए, हालाँकि कुछ पत्र-पत्रिकाओं में सुरक्षित रह गए पन्ने जरूर बाद के दिनों में दिख

गए। बक्सर जेल में सम्पूर्ण क्रान्ति के 'सिपाहियों' और सिपाहियों को हाँकने वालों की संख्या ज्यादा थी। जो इच्छा होती, वैसे आहर की व्यवस्था हो जाती। ऐसे कैदियों की संख्या भी ज्यादा थी, जिनकी सोच थी—'यहाँ हम निश्चित हैं/भरपेट खाते हैं/जी भर सोते हैं/मर्जी मुताबिक बोलते-बतियाते हैं/फिर भी भई, जेल तो आखिर जेल ही है न!...' बँधन तो आखिर बँधन ही ठहरा और बुढ़ापे में तो यह ज्यादा अखरता है! मानसिक स्तर पर नागार्जुन यातना तो भोग ही रहे थे। उनका यायावर मन भले यहाँ-वहाँ भटक रहा था, पर तन कैद था विचाराधीन कैदी की दशा में। कभी-कभी तालाब का दो-एक चक्कर लगा लेते। उसके भींडे पर टहलते समय अक्सर उन्हें अपना तालाब याद आ जाता। जाड़े का पूरा मौसम बक्सर जेल में ही बीता, तो दिन के वक्त चार-छह घंटे खुली धूप में बैठे रहते। बैठे-बैठे भवितव्यता की अथाह और अपारदर्शी झील के अन्दर गोते लगाते। 'कोई नहीं बतला सकेगा अपना भवितव्य/अपनी अनागत दशा के बारे में किसी को मालूम नहीं...अपना भवितव्य विनोबा भी नहीं जानते/अपना भवितव्य जेपी भी नहीं जानते/अपना भवितव्य इंदिरा भी नहीं जानती...ब्रेझनेव भी नहीं/माओत्से तुंग भी नहीं...'

एक दिन धूप में बैठकर मन ही मन जेपी को सामने बैठा कर कुछ खास मूड में सब कुछ जानना चाह रहे थे। सीधे-सरल शब्दों को साधने वाले और अति सामान्य ढंग से जीने वाले नागार्जुन ने समझा था कि अपनी तथाकथित गिरफ्तारी और तथाकथित नजरबन्दी के दिनों में महामुनि (जय प्रकाश नारायण) ने अनुचिन्तन किया होगा। पर छन-छनकर जिस तरह की सूचनाएँ आ रही थीं, उससे समाजवादी शक्तियों के प्रति उनका अंतर्विरोध और फासिस्ट शक्तियों के प्रति उनका चरम अनुराग ही प्रमाणित हो रहा था।'गांधीवाद को चूरन की तरह फाँक चुके हैं, विनोबा के ग्रामदान पर आपको छींक आती है, समाजवाद आपके लिए पापड़ बन गया...? साधारण जनता के जीवन की दुर्दशाओं से नितान्त अनभिज्ञ रहने वाले हवाई सन्तों और नेताओं के प्रच्छन्न आशीष के बिना आप आगे बढ़ नहीं सकते...'

5 मार्च, 1976 को नागार्जुन ने कुछ कविताएँ लिखीं। जेपी पर एक कविता, जो सीवान जेल में ही शुरू की थी, उसी दिन लगभग पूरी हुई। दो कविताएँ और लिखीं। बहुत दिनों के बाद इतना एक ही दिन में लिख पाए वे। अक्सर रात में ही लिखना-पढ़ना होता था। चूँकि शाम से ही मच्छरों का हमला शुरू हो जाता है, तो दमा के पुराने मरीज नागार्जुन के लिए ठीक पाँच बजे मसहरी तन जाती, और वह उसके भीतर अपना आसन जमा लेते। दिसम्बर के मध्य होते-होते दमा अपनी तेजी दिखाने लगा। जब-जब दम फूलता, तो फटी-फटी निरीह आँखों से साथ रह रहे सम्पूर्ण क्रान्ति के विचाराधीन कैदियों को टुकुर-टुकर ताकते रहते। दमा का वेग जब आता, तो जेल का डॉक्टर प्राय: घंटे-घंटे आकर देख जाया करता। वह नब्ज टटोलकर देखता और दो-एक टैबलेट तत्काल खिला देता। नागार्जुन को अंग्रेजी

दवा से नफरत भले थी, पर वे उस बंगाली डॉक्टर के अनुनय को टाल नहीं पाते। वह उनसे अपनी भाषा बांग्ला में बातें किया करता। एक दिन उसकी पत्नी मिलने आई। वह कलकत्ता की पढ़ी-लिखी थी, साथ ही हिन्दी भी खूब पढ़ती थी। नागार्जुन के तीन-चार उपन्यास वह पढ़ चुकी थी। नागार्जुन के लिए शहद-सितोपलादी और च्यवनप्राश की व्यवस्था कर दी गई थी। जेलर रात को भी एक-दो बार आकर देख ही जाता। नागार्जुन को यह पता था कि 'अच्छे से अच्छा ऑफिसर हो जाता है अंधा/बड़ी जेल का जेलर होना बड़ा विकट है धन्धा/अन्दर उठता लाभ-लोभ का तानाशाही लहरा/अच्छे से अच्छा ऑफिसर हो जाता है बहरा...'

एक दिन शोभाकान्त और रेखा बक्सर जेल में अपनी छह मास की बेटी को ले आए थे। बाबा को पोती दिखाने। रेखा की गोद से वह प्यारी बच्ची उनकी ओर लपकी थी। उनकी गोद में आ बैठी थी। बिना कारण उस दंतविहीन बच्ची का हँसना उन्हें अब भी याद है। रेखा ने कहा था—"इसके पहले जन्मदिन पर आपके हाथों इसे मिठाई खानी है..." तो दादा ने सोचा था—'पता नहीं जून-जुलाई में कहाँ रहूँगा/कारा के अन्दर ही रहूँगा या बाहर?...' न चाहते हुए भी शोभाकान्त से घर-गृहस्थी के बारे में पूछ ही लिया था जेल के उस अतिथि कक्ष में। रेखा की ओर देखकर उसने जवाब दिया था—"सब ठीक है, आप चिन्ता न करें। आप स्वस्थ-प्रसन्न रहें, बाकी तो चलता ही रहता है।" उन्होंने सोचा—'नई पीढ़ियों के संकट/सुरक्षित रहे होंगे बीज रूप में/पुरानी पीढ़ियों के अन्दर...' नई पीढ़ी और पुरानी पीढ़ी का द्वंद्व तो सदा चला है, पर उनके परिवार का संकट तो निश्चित रूप से उनकी ही देन है। जनवरी आते-आते वे बारह-चौदह घंटे कम्बल में लिपटे अपने बिस्तर पर लेटे रहते। साँस फूलने के कारण रात का खाना प्राय:-प्राय: छोड़ दिया था। शाम में सूर्यास्त के आस-पास करीब पावभर उबली हरी सब्जी नमक और काली मिर्च की बुकनी छिड़ककर खा लेते। रात में दस बजे के बाद गिलासभर दूध अक्सर लेते हैं। यों उस तीन नंबर वार्ड में नित्य खीर घुटती रहती शाम को, तो जीभ के पतले नागार्जुन मसहरी के भीतर लालटेन की रोशनी में पत्र-पत्रिकाओं और पुस्तकों को परे खिसकाकर बोल उठते—"लाओ तो प्लेट में खीर। हाँ, देखना चार-पाँच चम्मच से ज्यादा न डालना...।" जब रात के सन्नाटे में जेल के भीतर दीवारों के किनारे-किनारे परिक्रमा करते सिपाहियों के बूटों की ध्वनि सुना करते, तो सोचते—'यों ही गुजरेंगे हमेशा नहीं दिन/आएँगी वापस जरूर हरियालियाँ/घिसी-पीटी झुलसी दूबों में...।'

नागार्जुन को पता चलता ही रहता था कि पटना, इलाहाबाद, दिल्ली आदि के मित्रों को भी उनकी चिन्ता है। वे सब अपने-अपने ढंग से नागार्जुन की कारा-मुक्ति

के लिए लगे हुए हैं। उन्हें यह जानकर हँसी आई थी कि पटना में जब उनकी रिहाई के लिए हस्ताक्षर अभियान की बात चली थी, तो एक-दो रचनाकारों को छोड़ कोई भी हस्ताक्षर के लिए तैयार नहीं हुआ। 'निष्ठुर नियति के उस खेल में महागुरु वशिष्ठ ने आखिर कौन-सी भूमिका निभाई?' बौद्धिक वर्ग पर नागार्जुन खूब सोचा करते। यों साहित्यिक समाज में अपनी छवि सुरक्षित रखने के लिए लेखकों को अपने पक्ष में करना सत्ता पक्ष के लिए आवश्यक था। इसके लिए विभिन्न भाषाओं के रचनाकारों के बीच सम्मेलन-समारोह आयोजित किए जाने लगे थे। हिन्दी भाषा-भाषी क्षेत्र में भी कई आयोजनों की सूचना नागार्जुन को थी। इन हालात में यदि नागार्जुन के पक्ष में कोई ढंग से कुछ नहीं कर पाता, तो क्या कहा जाए!

जेल में राजनीतिक नेताओं और कार्यकर्ताओं को तो पर्याप्त सुविधाएँ मिली थीं, पर सयाने अमूमन दिमागी खुराक पर पलते हैं। और एक नागार्जुन थे, जो नेताओं वाले निजी वार्ड में सोचा करते कि आए हैं सम्पूर्ण क्रान्ति में, ताड़ बना लेंगे हम तिल से। पर यहाँ तो सत्य को ही लकवा मार गया है। उनको उस दिन न जाने कैसा लगा, जब एक मीसा बन्दी पर जेल में पल रहे गुंडे ने हमला कर दिया। उस क्रिमिनल के डर से 'केन्द्रीय कारा के सारे अधिकारी/हगते हैं, मूतते हैं, पादते हैं...।' उस घटना से क्षुब्ध अपनी आन्तरिक व्यथा, अपना गुस्सा, अपना आक्रोश, अपनी तिलमिलाहट और अपनी बेचैनी को जाहिर करने के लिए नागार्जुन लगभग बीस-बाईस घंटे भूखे रह लिए। फिर सोचा, 'हाय रे जन कवि/कम से कम तू ही अपना सर पीट ले/कम से कम तू ही तो डूब मर/जी हाँ, केन्द्रीय कारा के अन्दर एक बड़ा ही बढ़िया तालाब है...' सब शान्त रहे, पर नागार्जुन का कवि मन परेशान था। जेल की इस घटना ने सम्पूर्ण क्रान्ति के प्रति गहराते असन्तोष को और भी तेज कर दिया। इस आन्दोलन में जो भी गांधीवादी और सर्वोदयी थे, उनका मानवतावाद शोषण का उतना तीखा विरोध नहीं कर पा रहा था। अब जेल में नागार्जुन यह सच साफ-साफ देख रहे थे कि समूचा आन्दोलन एक खास विचारधारा के हाथों नियंत्रित होता जा रहा है। और उनको याद आ गया कि गिरफ्तारी के दूसरे-तीसरे दिन जेपी का संवाद लेकर एक आदमी आया था—'आपकी बाहर बहुत जरूरत है, आप जेल मत जाइए!' नागार्जुन ने जवाब भिजवाया था—'सरकार ने अपने ढंग से गिरफ्तार किया है, अपने ढंग से छोड़ेगी। हम लिखकर क्यों देंगे कि अब हम बाहर जाना चाहते हैं।'

मार्च (1976) के मध्य आते-आते नागार्जुन का स्वास्थ्य और भी जर्जर हो गया। जेल से बाहर उनके शुभेक्षु मित्रों की चिन्ता बढ़ने लगी थी। नागार्जुन का मन जाने कहाँ-कहाँ भटकता रहता और तन जेल के बिस्तर पर हाँफता रहता। उनके गिरते स्वास्थ्य की चिन्ता जेल के भीतर सम्पूर्ण क्रान्ति वालों को भी होने लगी। पटना में उनके ठौर-ठिकाने घघाघाट वाले मकान में रह रहे परिवार के लोगों का भी

चिन्तित होना स्वाभाविक था। शोभाकान्त ने अपने स्तर से मुख्यमंत्री और प्रशासनिक पदाधिकारियों से सम्पर्क साधा, तो लगा कि पिता की कारामुक्ति असम्भव-सी है। सीवान कोर्ट से लेकर पटना हाई कोर्ट तक का चक्कर और फिर यह निश्चित नहीं कि जमानत मिल ही जाएगी। कुछ वकील मित्रों और एक-दो प्रशासनिक अधिकारियों ने सलाह दी कि यह जानकारी ली जाए कि नागार्जुन के स्वास्थ्य में आ रही गिरावट को देखते हुए पुत्र की हैसियत से वह पटना हाई कोर्ट में 'हेवीयस कारपस कम वेल पेटीशन' दायर कर सकता है या नहीं? पटना के अधिकांश रचनाकारों को यह बात कुछ-कुछ जमी। शोभाकान्त अपने स्तर से पटना के वकील-मित्रों से मिलने लगा। लगभग चालीस वकीलों ने नागार्जुन की रिहाई के लिए दायर याचिका पर अपने हस्ताक्षर किए और इस कानूनी लड़ाई में अपनी-अपनी भागीदारी के लिए संकल्पित हुए। नागार्जुन को यह सूचना मिल गई थी कि पटना में उनकी रिहाई के लिए एक कानूनी लड़ाई की तैयारी लगभग पूरी हो गई है। बक्सर की केन्द्रीय कारा में प्रान्त के विभिन्न जेलों से सम्पूर्ण क्रान्ति वाले कैदियों की अच्छी जमात पहुँच गई थी, तो प्राय: उन लोगों से मिलने के लिए रोज बीस-पच्चीस राजनीति से सन्दर्भित लोग आ ही जाते। बाहर से कई तरह की सूचनाएँ भी आ ही जातीं। उन मिलने-जुलने वालों के आने से और उत्साहवर्द्धक बातों पर वहाँ एकाएक नारे उछलने लगते थे। नागार्जुन सोचते, 'होते रहेंगे बहरे ये कान न जाने कब तक/ताम-झाम वाले नकली मेघों की दहाड़ में... ' परिवार के लोगों का उनको कारामुक्त करने का प्रयास निश्चित रूप से उनके लिए सुखद अनुभूति थी। सीवान, छपरा और बक्सर की जेलों में सम्पूर्ण क्रान्ति के विभिन्न घटकों के भिन्न-भिन्न विचार वाले वर्गों के खाए-पिए अघाए नेताओं के साथ अति-गरीबों को करीब से देखने का मौका मिला। सम्पूर्ण क्रान्ति के बारे में उनकी सोच को भी समझा। सभी अपने में मस्त हैं। कोई किसी की परवाह नहीं करता। नागार्जुन भीतर-भीतर उबल रहे थे। 'यह खेल क्या देर तक चलता रहेगा?/नहीं, अब खत्म होगा यह शो/तमाशबीन अपनी-अपनी राह धरेंगे'।

और 26 अप्रैल, 1976 को नागार्जुन कारा से मुक्त होकर 27 अप्रैल को पटना अपने परिवार के बीच आए। बक्सर से उन्हें पटना लाने के लिए रिश्ते के एक दामाद महेश्वर मिश्र और सुकान्त गए थे। दमा से जर्जर और बेहद अस्वस्थ कैदी को विदाई में कम्बल-चादर और खादी का कुर्ता-पाजाम व गमछा दिए गए थे। बक्सर स्टेशन के मुसाफिर खाने में ट्रेन की प्रतीक्षा में बैठे थे। सुकान्त चाय पीने स्टेशन से बाहर गया था। स्टेशन पर बैठे-बैठे नागार्जुन ने सोचा—'बस हुआ/नहीं किसी एक का करना अब पूजन/नहीं किसी एक का करना आराधन/बस हुआ/सुन लिए देवी-देवा के भजन/देख ली आरती, जल गए कपूर हजार-हजार मन... ' और थके नागार्जुन अपने परिवार के बीच पटना पहुँचकर बिस्तर पर बैठे, तो अखबार की माँग की। चाय पीने के बाद अखबार हाथ में लेकर उँघने लगे, तो अपराजिता

ने तकिया लाकर रख दिया, और लगभग ग्यारह माह के बाद अपने बिस्तर पर वे नींद की गोद में गए...

और आज 23 मार्च, 1977 की रात दिल्ली के इस कमरे में बिस्तर पर पत्र-पत्रिकाओं को थोड़ा परे खिसकाकर तकिया को सिर के नीचे रखा, तो यहाँ भी आँखें झपक गईं...

घुमक्कड़ी की मानसिकता का यह संसार

अगस्त, 1977 से अगस्त, 1982 तक नागार्जुन का दिल्ली में स्थायी पता टैगोर पार्क ही रहा। एक बार कमरा बदलना पड़ा, पर इसी मोहल्ले में। तीसरा पुत्र श्रीकांत टाटा वाली टेक्निकल ट्रेनिंग पाकर भी जमशेदपुर में नहीं जम सका, तो 1977 के मई-जून में दिल्ली आ गया और फिर एक प्रकाशक के यहाँ नौकरी पकड़ ली। और एक स्थायी पता की नींव पड़ गई। श्रीकांत दिन भर बाहर रहता, तो नागार्जुन को अपने पढ़ने-लिखने, सोचने-विचारने के लिए पूरा एकान्त मिलता। टैगोर पार्क और पड़ोस के मॉडल टाउन में दिल्ली विश्वविद्यालय में हिन्दी पढ़ाने वाले अनेक शिक्षक रहा करते थे। दिन में नियमित रूप से किसी दिन मुरली मनोहर के यहाँ, तो कभी कर्ण सिंह चौहान, कभी डी.एन. झा या फिर विश्वनाथ त्रिपाठी...शमशेर और त्रिलोचन के यहाँ भी आना-जाना लगा रहता था। लगता कि इन कवियों के भीतर 'इस बुढ़ौती में भी छिपी है असीम सम्भावनाएँ'! एक ही कमरे में पिता-पुत्र दोनों रहते, उसी में स्टोव पर खाना भी पकता। एक किनारे चौकी पर नागार्जुन का बिस्तर रहता। चूँकि मिलने-जुलने वालों की कमी नहीं रहती, तो चार-पाँच मोढ़ा चौकी के नीचे रखे रहते। यदि रात में दो-एक रुकता, तो फर्श पर बड़ा-सा बिस्तर बिछाया जाता। श्रीकांत ही क्या, जो कोई टैगोर पार्क में नागार्जुन के साथ उस कमरे में रहा, वह स्वयंपाकी रहा।

श्रीकांत की नौकरी जब दिल्ली में लग गई, तो नागार्जुन सोचा करते कि उसकी शादी करा दी जाए, ताकि एक महिला सदस्य दिल्ली अवश्य रहे। पर श्रीकांत चाहता था कि माँ ही दिल्ली आकर रहे, नाहक गाँव में अकेली खीझती-ऊबती रहती है। वह माँ की चर्चा खासकर खाना पकाते समय करता, तो नागार्जुन की आँखों के सामने पत्नी के 'गोल-मोल समतूल सामान्य मुखमंडल/साटल-सन विरल-विरल भऊँह/सँइतल सन कनीटा नाक.../तांबूल रंजित ठोर.../टिकुलि रंजित कपार...' अब जब

भी अपराजिता को देखते, उसका पहले-पहल देखा चेहरा मानस पटल पर नाचने लगता। एक बार बांग्ला में एक कविता भी उभर आई थी—'एखन तो कोना पात्ता नेइ/तोमार सेइ दीपितो सीमन्तेर...' बांग्ला भाषा और बंग भूमि उन्हें सन् 1933-34 से ही आकर्षित करती रही है। हठात 1978 के शुरू में बांग्ला में कविताएँ लिखने लगे। वर्षों पहले भी कुछ लिखी थी, जिनमें एकाध छपी भी थी। लेकिन इस बार संकल्पबद्ध होकर बांग्ला लेखन में भिड़ गए...

लिखाई-पढ़ाई की मानसिकता में जब थकावट होने लगती, तो अस्वस्थ होते शरीर के चिन्तनशील दिमाग में बहुत कुछ नाचने लगता...आपातकाल में 'कृष्ण मन्दिर' से बाहर आने का चांस मिला ही चरम अस्वस्थता के कारण। जेल से छूटकर आए, तो तन और मन बहुत ज्यादा अस्वस्थ था। लगभग एक मास तक पाँच-सात कदम चलने में भी कष्ट होता। उन्हें याद नहीं है कि इतना लम्बा समय कब अपने घर में रहे। मिलने-जुलने वाले आते रहते, तो बीमार नागार्जुन लेटे या बैठे उन्हें सुनते रहते। प्रयास रहता कि कम से कम बोलें। हाँ, इतना जरूर एक-दो बार कहते—"बुढ़ापे में कोई न कोई बीमारी लगी रहे, तो अच्छा ही रहता है। लोग-बाग पूछने आते हैं। दवा-दारू चाटने-पीने से मिजाज खुरखुरा बना रहता है..." उबली सब्जी, दूध, शहद, च्यवनप्राश, मछली, फल आदि का नियमित सेवन और अपने परिवार का चुम्बकीय वातावरण कुछ हद तक उनके बिगड़े स्वास्थ्य को ठीक करने लगा। धीरे-धीरे दो-तीन घंटे बैठने लगे थे और मकान के कम्पाउंड में चहलकदमी भी शुरू हो चली थी। कई ऐसी बातों की जानकारी मिली, जो जेल के भीतर किसी भी सूरत में न जा पाती। 'सम्पूर्ण क्रान्ति' से मन भर चुका था। सोचा कि ठीक ही तो है—'खिचड़ी विप्लव देखा हमने/भोगा हमने क्रान्ति विलास/अब भी खत्म नहीं होगा क्या/पूर्ण क्रान्ति का भ्रान्ति विलास...'

बीमार रहते हुए भी परिवार के गम्भीर आर्थिक संकट को वे बुरी तरह महसूस कर रहे थे। बुढ़ापे की देह जेल में निचुड़कर सिट्ठी बन गई थी। अपनी सनक में नागार्जुन राजनीति और जमाने का करिश्मा देखते रहते और परिवार के लोग जीवन की सामान्य सुविधा के लिए भी तरसते रहते। कुछ न कुछ तो करना था उन्हें। तत्काल एक ही उपाय था, वह था उत्तर प्रदेश माध्यमिक शिक्षा परिषद से कुछ पैसा ले आना। वहाँ से प्रकाशित हिन्दी पाठ्य पुस्तक में 'बादल को घिरते देखा है' चार-पाँच वर्षों से संकलित की गई थी। पुस्तक की कुल बिकी प्रतियों के आधार पर लेखकों को रॉयल्टी दी जाती थी। एक अच्छी-खासी रकम प्रति वर्ष मिल जाती। विगत दो वर्षों के भुगतान की रसीद आकर पड़ी थी। नागार्जुन कुछ रचनाओं को सुहागिन कहा करते हैं। 'बादल को घिरते देखा है' कविता दर्जनों जगह पाठ्य पुस्तक में सम्मिलित होने के कारण किसी अन्य कृति से कहीं ज्यादा पैसे उन्हें देती रही है। हाँ, 'दुखमोचन' और 'भस्मांकुर' इसमें जरूर अपवाद रहे। सोचा, रसीद

डाक से भेजने और फिर डाक से ड्राफ्ट आने में समय लगेगा, तो हाथों-हाथ क्यों न इलाहाबाद जाकर पैसे ले आया जाए! यात्री मन अचानक जाग उठा।

तो, जून (1976) के अन्तिम दिनों में इलाहाबाद गए मात्र तीन-चार दिनों के लिए और रह लिए सात-आठ-दिन। मन में था कि बाँदा जाकर केदार से मिल आएँ और सम्भव हो, तो वहाँ से आगरा जाकर रामविलास से भी मिलें। अपने इन दोनों प्रिय मित्रों को जेल में लिखी ढेर सारी कविताएँ सुना आएँ! जेल में व्यवस्थित लेखन तो नहीं कर पाए...बुढापा और दमा, उस पर से आज-कल की राजनीति, भला व्यवस्थित लेखन का मौका उन्हें देगा क्या! इलाहाबाद में ही पता चला कि केदार अपने पुत्र के पास मद्रास चले गए हैं एक महीने के लिए। कोर्ट भी तो गर्मी में बन्द रहता है न! इलाहाबाद में अपने तमाम मित्रों से जैसे-तैसे मिल जरूर लिए थे। जेल जीवन के बाद पहली यात्रा में नागार्जुन के यात्री मन को लगा कि उच्चवर्गीय राजनीतिक खुर्राट अब भी तरुण कन्धों पर सवारी करने का मजा ले रहे हैं...नेतागण छिपे तौर पर, कभी-कभी डरते-डरते या कभी आन्तरिक सहानुभूति से या फिर 'ग्रह-शान्ति' की भावना से, कुछ न कुछ आर्थिक सहायता करते रहते, मात्र इसलिए कि अपना 'वैशिष्ट्य' बचा रहे! सभी जगह प्राय:-प्राय: 'ठग पंथी' का ही नाटक है!

इलाहाबाद से वापस आकर नगर भ्रमण शुरू हुआ। पटना के दसियों परिवार में जाकर हाल-चाल लिया। प्राध्यापकीय मोहल्ले में तो रह ही रहे थे। राजकमल की पटना शाखा और कॉफी हाउस में बैठकें चलने लगीं। आपातकालीन माहौल का किस तरह खौफ फैला था, उसको भाँपने में ज्यादा माथापच्ची नहीं करनी पड़ी। युवा बौद्धिक 'अपने बाबा' के पास बैठने लगे। पर नागार्जुन उन दिनों (मई-जून-जुलाई, 1976) अपनी घरेलू समस्याओं से भीतर ही भीतर लड़ रहे थे। अपराजिता को देखते, तो सोचते कि उनकी जेल यात्रा के दिनों में यह महिला भीतर ही भीतर टूट-सी गई है। वह गाँव के घर की मरम्मत के लिए परेशान थी। 1974 में छोटी बेटी की शादी हुई थी और उसका गौना अब आवश्यक हो चला था। सुकान्त कहीं व्यवस्थित नहीं हो पा रहा था। श्रीकांत टाटा से पटना आ चुका था। छोटा बेटा श्यामाकांत यहाँ-वहाँ भटक रहा था। पढ़ने से उसका मन उचट चुका था। कहने को तो शोभाकान्त पुस्तक व्यवसाय में आ चुका था, पर नागार्जुन को लगता कि बिना पूँजी कब तक चल पाएगा उसका धन्धा। बड़ा दामाद भी भटक रहा था नौकरी की तलाश में। पटना का खर्च तो बे-सँभाल हो चला था, जेल यात्रा के बाद स्वास्थ्यगत मजबूरी व मानसिक उलझन और बिहार के माहौल में कलम किसी व्यवस्थित काम से अलग होकर बदस्तूर आराम फरमा रही थी। यों राजनीतिक माहौल के कारण मानस पुत्रों की पूरी टीम, जिसमें बलचनमा, मधुरी, मोहन माँझी, वाचस्पति, दुखमोचन आदि थे, नागार्जुन के मन में आकर अक्सर बतियाने लगती।

उन दिनों बार-बार सोचते कि दिल्ली जाकर अपने को जमा लिया जाए।

पटना में उन दिनों अपने पार्टी वाले जानना चाह रहे थे कि जनवादी प्रगतिशील मानवीय संघर्ष की दिशा छोड़ सम्पूर्ण क्रान्ति के आन्दोलन में वे कैसे सम्मिलित हो गए? पत्र-पत्रिकाएँ और ढेर सारा वैसा साहित्य उन्हें दिखाया गया, जिसकी उड़ती-सी सूचना मात्र थी उन्हें। यों तो आन्दोलन के दौरान नागार्जुन का रुख समर्पण का तो था नहीं, कभी-कभी आलोचनात्मक ही हो जाते। पार्टी के भीतर के दो तेज-तर्रार बौद्धिक नन्दकिशोर नवल और खगेंद्र ठाकुर, जो नागार्जुन के अति प्रिय रहे, ने 'जनशक्ति' के लिए उनसे एक छोटी-सी बातचीत की। उस बातचीत में उन्होंने बड़े ही साफ शब्दों में कहा था—"अब मुझे स्पष्ट लगता है कि मैं वेश्याओं और भड़ुओं की गली से लौट आया हूँ।" साथ ही अपनी आत्मालोचना भी की थी—"जयप्रकाश के नेतृत्व में चलने वाले सम्पूर्ण क्रान्ति आन्दोलन के वर्ग चरित्र को अंधकांग्रेस-विरोध के प्रभाव में रहने के कारण नहीं समझ पाए..." जब यह सब छपा 'जनशक्ति' के 18 जुलाई, 1976 के अंक में, तो नागार्जुन पटना में ही थे। इस इंटरव्यू के कारण वे फिर नए ढंग से चर्चा में आ गए। तरह-तरह की प्रतिक्रिया उन तक पहुँचने लगी। कहा तो यह भी जाने लगा कि सम्पूर्ण क्रान्ति को धता बता माफी माँगकर जेल से निकले और बदले में पूरे आन्दोलन को लगे बदनाम करने। नागार्जुन के बदले हुए रुख और उनके तथाकथित अस्थिर आचरण पर कई प्रश्न हवा में उछाले जाने लगे।

साक्षात्कार छपने के दो दिन बाद सवेरे-सवेरे जे.पी. ने अपने आदमी भेजे कि आप सिर्फ दो लाइन का वक्तव्य दे दें कि आपके नाम से जो छप रहा है, वह आपका नहीं है। जयप्रकाश के आग्रह पर नागार्जुन कुछ देर हँसते रहे। सामने चाय की प्याली उठाकर तीन-चार घूँट पी गए और गम्भीर होकर कहा—"यह छिनाली राजनीति वाले करते हैं। हम साहित्य वाले राजनीति से ऊपर हैं।" उसके दो दिनों के बाद शोभाकान्त को जे.पी. ने बुलवाया था और नागार्जुन के स्वास्थ्य के बारे जानकारी लेने के साथ यह भी कहा था कि कुछ भी मतान्तर भले हो, पर इस आन्दोलन के लिए वेश्याओं-भड़ुओं की गली उनके शब्द नहीं हो सकते। बाद के दिनों में फिर नागार्जुन को कहलवाया गया कि चार-छह-आठ महीने बाद इलेक्शन होने वाला है, आप तो पार्लियामेंट के मेम्बर हो जाएँगे। उन्हें फिर हँसी आ गई थी—"यह सब तो होगा, लेकिन हमारे दिमाग में दस मन गोबर इकट्ठा हो जाएगा..." इन तमाम बातों के कारण पार्टी को लगा कि अब नागार्जुन का सम्पूर्ण क्रान्ति आन्दोलन से मोहभंग हो चुका है, तो होने वाले चुनाव में इनका इस्तेमाल किया ही जा सकता है। पार्टी में इनकी खोज होने लगी।

तात्कालिक पारिवारिक समस्याओं को किसी तरह ठीक कर नागार्जुन ने पत्नी और छोटी बेटी को पटना से गाँव भेज दिया और खुद खिसक आए दिल्ली। निर्णय

लिया कि 'न इनके हाथ खेलना है और न उनके हाथ'। नागार्जुन की एक पुरानी आदत रही है कि उन पर कहीं कुछ छपता है या कुछ कहा जाता है, तो वह अपनी प्रतिक्रिया देते ही नहीं। तत्काल चुप्पी साध लेते हैं। मानो उन्हें लोगों की बेकली बढ़ाने में मजा आता हो!

साक्षात्कार छपने के बाद उनके कुछ मित्रों को हाल की लिखी और सुनी उनकी एक कविता बरबस याद आती रही, 'तभी ठनका था मेरा माथा/जब इसने अपने आप/एक भारी भरकम/एक भड़काऊ/एक अनूठी/उपाधि का टोपा/ओढ़ लिया था—/जी हाँ, तभी ठनका था मेरा माथा/अपने अन्दर का ब्रह्म राक्षस/तभी ठहाका लगाकर हँसा था/तभी से मैं इस मॉर्डन जीवनदानी के पीछे हो लिया था/मैं देखना चाहता था कि/आखिर उसकी मंशा क्या है/परिवर्तन से मतलब क्या है उसका...' नागार्जुन पूरी जिन्दगी राजनीतिक पार्टियों के परिवर्तन की मंशा ढूँढ़ने में ही देश के इस कोने से उस कोने तक घूमते रहे। जेल से निकलने के बाद तो उनका यात्री मन और ज्यादा उद्विग्न हो जाता। नागार्जुन 1976 ईस्वी के 6 अगस्त को पटना से दिल्ली के लिए रवाना हुए। राजनीतिक पार्टियों और सम्पूर्ण क्रान्ति वाले उन्हें पटना में ढूँढ़ते ही रह गए...

दिल्ली में अपना झोला रखा शीला जी के निवास स्थान पर। दरअसल, उनके यहाँ ठहरना अनिवार्य-सा था। उस वर्ष (1976) केन्द्रीय विद्यालय ने अगले वर्ष से नया पाठ्यक्रम लागू करने का निर्णय लिया था और नागार्जुन का एक उपन्यास 'नई पौध' को भी उसमें शामिल किया गया था। पाठ्यक्रम बोर्ड का निर्णय राजकमल वालों को जब पता लगा, तो 'नई पौध' को प्रकाशित करने की योजना बनाई गई। इस उपन्यास को 1953 ई. में पहले पहल इलाहाबाद के एक प्रकाशक ने प्रकाशित किया था, और तब से वही छापता-बेचता आ रहा था। शायद प्रकाशनाधिकार भी प्रकाशक के पास ही था। नागार्जुन के शुरू के तीन उपन्यास और बाद के दो उपन्यास भी वहीं से छपे थे।

दिल्ली आकर नागार्जुन ने सबसे पहले अपने उस उपन्यास के तमाम आँचलिक शब्द हटाए और उसमें खाँटी हिन्दी शब्द रखकर उसे परिशोधित किया। इक्कीस अध्याय की 'नई पौध' को बीस अध्याय में समेटा गया। बीसवें और इक्कीसवें अध्याय में से कुछ अंश हटाकर एक अध्याय बना दिया गया। प्रकाशकीय सुविधा के कारण यात्री प्रकाशन, पटना की ओर से नई पौध का यह संस्करण छपा और एक मात्र वितरक बना राजकमल प्रकाशन। समय पर पुस्तक बाजार में आई, पूर्व प्रकाशक द्वारा प्रकाशित 'नई पौध' भी बाजार में आ गई। मामला कोर्ट तक पहुँचा। दो प्रकाशकों द्वारा प्रकाशित होने के कारण कानूनी पचड़ों से अपने को अलग करता हुआ केन्द्रीय विद्यालय ने 'नई पौध' को तुरन्त ही पाठ्य पुस्तक से हटा दिया। प्रकाशकों ने भी केस वापस ले लिया। नागार्जुन के लिए एक आर्थिक स्रोत

जो सामने आया था, वह अचानक सूख गया। दो प्रकाशकों के बीच नागार्जुन थोड़ा पिस गए। राजकमल वालों से मन टूटने लगा, क्योंकि 'नई पौध' के इस प्रकरण की पूरी योजना उन्हीं की थी। स्थिति यह हो गई कि दो-एक छोटे प्रकाशक, जो नागार्जुन की पुरानी पुस्तकों के पुनः मुद्रण के लिए तैयार थे, वे भी चुप बैठ गए।

उन दिनों यानी फरवरी-मार्च (1978) में उनका मन बड़ा ही उद्वेलित रहा और बार-बार जी करता कि यहाँ (दिल्ली) से भागकर कहीं और बैठ जाएँ, इम्फाल... कलिम्पोंग...। दिल्ली रहते हुए कभी लाजपत नगर, कभी ग्रेटर कैलाश, कभी जंगपुरा, कभी मॉडल टाउन, कभी पटेल नगर, कभी किदवई नगर, कभी करोलबाग या कभी लोदीनगर...इसी तरह दिल्ली रहते हुए उस बार लेखन-प्रकाशन को लेकर कई योजनाएँ दिमाग में लगातार घूमती रहीं...प्रगतिशील कविता के एक संकलन पर सोचते—भारतेंदु युग से श्रीधर पाठक तक—मैथिली शरण गुप्त से जयशंकर प्रसाद तक-निराला से धूमिल तक। दिमाग में लीलाधर जगूड़ी, चन्द्रकांत देवताले तक नाच गए थे। इसी कड़ी में आदिम उपन्यास—प्रेमचन्द—प्रेमचन्दोत्तर सोचा करते। जब उपन्यासों पर सोचने लगे, तो उनके मानस पुत्रों की कसमसाहट भी दिमाग पर छाने लगी। 'बलचनमा' को आगे तक ले आने का उनका विचार बदल सा गया था। अब सोचते—'इसमें भी एक चमत्कार है कि शोषित भूमिहीन छोकरा वहाँ तक जाता और पिटकर गिर पड़ता। अपने आपमें यह भी बहुत मार्मिक परिणति है। बिहार में जात-बिरादरी का जो हल्ला-गुल्ला है, जो माहौल है, वह बहुत नंगा होकर सामने आता रहा है। सम्पूर्ण क्रान्ति के गर्भ से प्रचंड क्रान्ति पैदा हो सकती है। पर प्रचंड क्रान्ति का नेतृत्व बलचनमा नहीं कर सकता, क्योंकि वह तो कहीं पंचायत में सरपंच बन गया होगा।'

इसी तरह, 'दुखमोचन (उत्तरखंड)' की योजना भी मन में थी, जो 200 पृष्ठों से ज्यादा बड़ा नहीं होता...'55 के बाद 75 के अन्त तक के कथानक में नए पात्र बस 4-5 ही और आएँगे—दो छात्र नेता, एक युवजन, एक सर्वोदयी बन्धु और एक हरिजन भाई। एक चालू टाइप की महिला भी आ सकती है...बस अधिक नहीं...गाँव और परिवेश वही...मुख्य पात्र दुखमोचन ही रहेंगे। मामी आदि भी साथ चलेंगी... नित्याबाबू आदि भी...टेकनाथ जैसा खलनायक भी...लगभग बीस वर्षों का काल खंड (55-75) इसमें आएगा...फॉर्म शिल्प बदल जाएगा...पिछला फॉर्म तो रेडियो के श्रोताओं की सुविधा के लिए था न!'

दिल्ली में या कहीं भी उपन्यास लिखने की बात आती, तो उनके पुराने पात्र उनको अक्सर डाँट जाते। किसी से नहीं डरने वाला यह इनसान वरुण के बेटों से डरता, रतिनाथ और वाचस्पति और मोहन माँझी से डरता। कम्पाउंडर की उस बहादुर बीवी का खयाल आते माथा दर्द करने लगता कि बेचारी के प्रति उनसे भारी अन्याय हो गया। फिर भी, तमाम पात्र दिमाग के भीतर उछलते-कूदते रह गए...

कलम-कागज का सहारा नहीं मिला। उन्हीं दिनों उनके दिमाग में काजी नजरूल इस्लाम छाने लगे, तो सोचा था कि कम-से-कम उनके तीन निबन्ध, 'खुदीराम की माँ', 'धूमकेतु का रास्ता' और 'हिन्दू-मुसलमान' के साथ उनकी 'विद्रोही', 'तूफान', 'अभिशाप', 'मिलन का गीत', 'दुशासन का खून पीऊँगा', 'सेवक' आदि कविताओं का भी अनुवाद करेंगे...लेकिन यह बात भी मन में ही रह गई।

यायावरी में नागार्जुन को हजारों गम्भीर पाठक मिले और उनसे कविता और कथा साहित्य पर चर्चा होती रही। वे उनकी राय जानना चाहते। व्यक्तिगत बातचीत और छोटी-बड़ी गोष्ठियों से लेकर बड़े साहित्यिक सम्मेलनों-समारोहों में हिस्सा लेना उन्हें सुकून देता। 'रचनाकार जनता के बीच जाकर उसका स्तर, उसकी समझदारी को परिमार्जित करने का दायित्व अवश्य उठाए।' उन्हें याद आता रहता कि शुरू-शुरू में वे किसी गोष्ठी या कार्यक्रम में कविता पाठ नहीं किया करते। घूमते तो थे ही। अग्रज राहुल सांकृत्यायन ने बाध्य किया कि अपनी कविताएँ गोष्ठियों और कवि सम्मेलनों में सुनानी चाहिए। उन्होंने पूछा था—"क्यों, ऐसी क्या बात है?" तो महापंडित ने कहा था—"तुम में जो नया-नया स्वाद है, काव्य का यह बदला हुआ रूप-रंग, उसकी झलक श्रोताओं को भी मिलनी चाहिए। तुम में जो नई ऊर्जा और शक्ति है, उसे बाँटने में कंजूसी मत करो..." और 1942-43 से अपनी रुचि की रचनाएँ समानधर्मा श्रोताओं और पाठकों तक नगर-नगर घूम-घूमकर सुनाते रहे। पाठकों को वे खिलौना नहीं मानते। रचनाकार और श्रोता/पाठक के बीच एक जीवन्त प्राणवान सम्बन्ध रहता है। दोनों एक-दूसरे से ऊर्जा ग्रहण करते हैं।

1965 के बाद नागार्जुन पर शोधार्थियों की नजर तेजी से पड़ने लगी थी। किसी भी विश्वविद्यालयीय नगर में उन्हें इस तरह के नौजवान घेर ही लेते। दो-चार प्रश्नावलियाँ नागार्जुन के थैले में पड़ी ही रहतीं। प्रश्नावली की बात दिमाग में आई, तो याद आ गया कि किसी ने पूछा था—समाजवादी विचार से लैस जे.पी. और लोहिया के परमभक्त फणीश्वरनाथ रेणु और नागार्जुन में मानसिक मेल के पीछे क्या किसान पुत्र की साइकोलॉजी का रागात्मक गुंथाव है?...रेणु और अपने सम्बन्ध को लेकर नागार्जुन के शब्द थे, 'कृषक पुत्र मैं, तुम तो खुददर्दी किसान हो...' आपातकाल के बाद जब शासन बदला, तो नागार्जुन दिल्ली में ही थे। जनकपुरी में रह रहे थे। अचानक रेणु की मृत्यु की खबर प्रसारित हुई। रेणु नागार्जुन से दस वर्ष छोटे थे। खबर सुनकर आँखें बार-बार पानी से ओझल होने लगी थीं। याद आने लगा, 'एक-दूसरे की काया पर पाँक थोपते/ओराही के खेतों में हम धान रोपते...' यह कोई कल्पना नहीं, हकीकत थी। रेणु के गाँव पहुँचकर उनके साथ खेतों में धान की रोपनी की थी एक बार। पटना में रेणु के एलबम में यह दृश्य कभी लतिका ने दिखाया था।

1977 का चुनाव आते-आते क्रान्तिकारी लहर बिखरकर खिचड़ी विप्लव हो

गई। सब वैसा ही हुआ, जैसा 1967 के चुनाव के बाद हुआ था। दूसरी आजादी आई, तो इसकी प्रशस्ति में खूब भोंपे बजे। नागार्जुन इधर दिल्ली में यह भोंपे सुनते रहे और उधर, पटना में 11 अप्रैल, 1977 को छोटे भाई समान रेणु ने अस्पताल में अन्तिम साँस ले ली। और नागार्जुन रेणु के श्राद्ध क्रिया-कर्म में शरीक होने के लिए दिल्ली से निकल गए थे। चार दिन औराही हिंगना में रेणु के परिवार के साथ रह आए थे। यों ऐसे अवसर पर किसी घनिष्ठ मित्र के परिवार में रहना दिल के लिए बड़ा ही भारी पड़ता है। रेणु-परिवार में रहते हुए उन्हें लगा था कि रेणु जैसा 'उत्कट, मेधावी यदि कलकत्ता जैसे महानगर में पैदा हुआ होता और यदि वैसा ही सांस्कृतिक परिवेश, वैसा ही माहौल इस विलक्षण व्यक्ति को हासिल हुआ होता, तो अनूठी कथा-कृतियों के रचयिता होने के साथ-साथ फिल्म निर्माण की दिशा में भी यह व्यक्ति अपना कीर्तिमान स्थापित करता...' रेणु जब भी याद आते, तो नागार्जुन बुदबुदा उठते—'जालिम, क्यों मुझसे पहले तू ही झूल गया?/...यम के फंदों में इतना क्या सचमुच आकर्षण होता है...' नागार्जुन ने अंगोछे से अपनी आँखें पोंछीं।

शासन तंत्र बदला, तो लोक कल्याण की बातें बहुत अधिक होने लगीं, पर यह तो अब बहुत साफ हो गया कि नैतिकता का ग्राफ जितनी तेजी से नीचे गिरा है, उसने आदमी को आदमी नहीं रहने दिया। आदमी नाक की सीध में अपना स्वार्थ देख रहा है—दूसरे-तीसरे आदमी की गर्दन कटती है, तो कट जाए! उन्हें आश्चर्य होता कि जनता पार्टी के अन्दर समाजवादी क्यों कुंद होते जा रहे हैं?

बिहार में शासन तंत्र बदलने के बाद तुरन्त ही जो 'बेलछी कांड' हुआ, वह पूरे देश को स्तब्ध करने वाला था। नागार्जुन उस कांड से सम्बन्धित तमाम खबरों को पढ़कर भीतर ही भीतर उबलते रहे। पार्टी ऑफिस (जनयुग कार्यालय) जाकर बिहार के विभिन्न दैनिक साप्ताहिक आदि को देखते रहे। 'यह पैशाचिक नरमेध/पैदा कर गया है दहशत जन-मन के मन में...' यह पंक्ति उभरी, तो नींद ही उड़ गई। काव्य बीज घुस गया था मन में...उस काव्य में थोड़ी समिधा तब पड़ी, जब वर्षों बाद इंदिरा को लाल किला के प्राचीर पर जाने का अवसर नहीं मिला, तो 15 अगस्त से पूर्व वह सम्पूर्ण क्रान्ति की मायका जा पहुँची और ढाई महीने पूर्व घटित बेलछी की लोमहर्षक घटनाओं में प्रभावित लोगों से मिलने हाथी पर सवार होकर गई...कांग्रेसी शासन के अन्त होने के बाद शायद पहली बार वह अपनी माँद से बाहर निकली थी और 'हिम्मत तो देखो चली गई कदमकुआँ...' जे.पी. से मिलने गई, इंदिरा को शुभकामना मिली—भविष्य अतीत से भी ज्यादा उज्ज्वल... लेकिन नागार्जुन को अफसोस होता रहा कि वह बेलछी नहीं जा पाए...इस कांड को लेकर किसी राजनीतिक पार्टी के नेता से कहीं ज्यादा उत्तेजित हो गए थे वे। फिर पूरी घटना दिमाग में आकार लेने लगी—'ऐसा तो कभी नहीं हुआ था कि/महज दस मील दूर पड़ता हो थाना/और दारोगा जी तक बार-बार/खबरें पहुँचा दी

गई हों संभावित दुर्घटनाओं की...' फिर लगातार कई दिनों तक बेलछी कांड के इर्द-गिर्द दिमाग चलता रहा और 'नाचते रहे लेकिन माथे के अन्दर/...हथियारों के नाम और आकार-प्रकार/खुखरी, माला, गंडासा, बम, तलवार...'

टुनाई (श्रीकांत) भी तो दिल्लीवासी हो गया था। सुकान्त अखबारों की नौकरी के चक्कर में कलकत्ता जा पहुँचा। शोभाकान्त पटना छोड़ चुका था। उसका स्वास्थ्य फिर बुरी तरह जर्जर हो चला था। छोटा पुत्र श्यामाकांत खेती की ओर झुका, तो गाँव से दूर पकड़िया जा पहुँचा। बटाई में कुछ खेत ली और थाल-कादो में घूमने लगा। अपराजिता ने शोभाकान्त और उसके बीवी-बच्चों को तरौनी में रख अकेले दिल्ली जाने का निर्णय लिया था, क्योंकि नागार्जुन से परिवार की सुविधा-असुविधा के सन्दर्भ में राय-मशविरा करना जरूरी लगा था। पटना तो तरौनी से कई बार आ-जा चुकी है अकेली। समस्तीपुर से सीधी गाड़ी थी। शोभाकान्त ने उसे समस्तीपुर में दिल्ली वाली गाड़ी में बैठाकर साथ के दो-चार सहयात्रियों से कह दिया कि दिल्ली स्टेशन पर टैगोर पार्क के लिए सवारी तय कर दें। श्रीकांत से सम्पर्क नहीं हो पाया कि उसे सूचित किया जाता।

अपराजिता जीवन भर अद्‌भुत जीवट की महिला रही। डर-भय तो कभी रहा ही नहीं। जीवट और आत्मबल थोड़ा भी कम होता, तो छह सन्तानों को तरौनी और यदा-कदा पटना में अकेली भला कैसे सँभालती! उसने सोचा, दिल्ली का पानी भी देख लिया जाए। 24 मार्च, 1979 को दिल्ली जा पहुँची। श्रीकांत अपने काम पर और नागार्जुन भी तीन दिन पहले दिल्ली से बाहर बड़ौदा, गुजरात के लिए निकल चुके थे...श्रीकांत को दफ्तर में खबर किया पड़ोसियों ने और तब तक अपराजिता चाय-वाय पी चुकी थी। मैथिली के अलावा और कोई दूसरी भाषा न बोलने वाली अपराजिता को ज्यादा परेशानी नहीं हुई अपनी पहली दिल्ली यात्रा में। श्रीकांत ने घुमक्कड़ पिता को सूचित किया—"माँ अचानक दिल्ली आई है, आप जैसे भी हो, तुरन्त दिल्ली लौट आएँ..." यों पूर्व नियोजित कार्यक्रम के अनुसार दस दिनों की ही यात्रा थी, पर एक बार निकलने के बाद यात्री का मन घर-परिवार के धागानुमा पतले अनुशासन को भी कहाँ मानता है!

सन् 1935 के बाद बड़ौदा जाना हुआ था। उधर ही आनन्द के निकट 35 मील पर वल्लभ विद्यानगर पड़ता है, जहाँ नागार्जुन के परमप्रिय मित्र शिव कुमार मिश्र रहा करते। वस्तुत: उन्होंने ही बड़ौदा के लोगों को नागार्जुन का पता उपलब्ध करवाया था, तभी तो दो महीने पहले ही वृहद कवि सम्मेलन के लिए उन्होंने अपनी स्वीकृति दे दी थी। मन में था कि शिव कुमार मिश्र के साथ तीन-चार दिन रहेंगे, फिर तीन-चार दिन अहमदाबाद...वहाँ से पन्द्रह दिनों के लिए कलकत्ता जाएँगे और सागर-कानपुर-फतेहपुर आदि होते हुए आराम से दिल्ली लौट आएँगे। कौन-सी हड़बड़ी थी भला! 23-24 मार्च के निशीथ में वृहद कवि सम्मेलन सम्पन्न हुआ।

आपातकाल के बाद उन्हें निश्चित रूप से बड़े-बड़े कवि सम्मेलनों में याद किया जाने लगा है। यों मंच पर वे अति सामान्य और बौड़म दिखते; निपट देहाती और गँवार। मंच पर जब वह खड़े होते, तो लगता कि कोई तमाशबीन है। चुटकी बजा-बजाकर कविता के साथ नाचने लगते, तो श्रोता पहले हँसते, लेकिन जब नागार्जुन अत्यंत गम्भीर और तन्मयकारी व सचेत कविता सुनाते, तो श्रोता सकते में आ जाते...चार दिन वहाँ रहकर वल्लभ विद्यानगर चले गए और वहीं से 3 अप्रैल की शाम में दिल्ली लौट आए।

अपराजिता उस बार दिल्ली आई, तो पैंतीस दिन रह गई। शुरू में दस दिन तो वह दिन भर अकेली ही रही, क्योंकि श्रीकांत सवेरे नौ बजे के लगभग अपने काम पर चले जाते और शाम में छह बजे के बाद आते। इतना आराम तो उन दिनों था ही कि स्वयं स्टोव न जलानी पड़े। हाँ, माँ के कारण दिल्ली जैसे बाजार में पान और काला जर्दा जरूर ढूँढ़ना पड़ा। पान-जर्दा तो अपराजिता के दैनिक आहार के अंग थे! तम्बाकू के सहारे अपने मन को एकाग्र करने या मानसिक थकावट को दूर करने वाले श्रीकांत भी माँ के साथ चार-पाँच पान अपने गाल के नीचे दबा ही लेते। नागार्जुन जब गुजरात से आए, तो पच्चीस दिन अपराजिता रही। अपराजिता में नेह-छोह के साथ त्याग और संयम कूट-कूट कर भरा था। यों नागार्जुन चाहते कि अपराजिता को कोई तकलीफ न हो, भले वह गाँव में ही रह रही हो; पर चाहने और होने में अन्तर है। वे जानते हैं कि चाहने से एक पत्ता भी नहीं हिलता।

अपराजिता दिल्ली में थी, तो नागार्जुन अपने घर ही रहे ज्यादातर। बहुत हुआ तो मॉडल टाऊन या टैगार पार्क तक ही घूम आते। गैर-मैथिल और गैर-बिहारी वातावरण में अपराजिता का दिन-दिन भर अकेले रहना उन्हें भीतर से अखरता। सोचते कि इस तरह रहना पड़े, तो आदमी पगला जाएगा। उसकी छोटी-छोटी रुचियों का वह ध्यान रखने लगे थे। अपराजिता व्रत खूब किया करती। रविवार और मंगलवार का व्रत वह नियमित रूप से करती। अब शुक्रवार के दिन भी सन्तोषी माता के व्रत किया करती। रविवार को दिन में एक बार नमक-विहीन भोजन करती। हाँ, भादो के रविवार को केवल फलाहार। एकादशी और चतुर्दशी तो आवश्यक था ही। मंगल और शुक्र को दिन भर कुछ खाती नहीं, दो-तीन बार चाय जरूर पी लेती। हाँ, पान का साथ किसी व्रत में नहीं छूटता।

इस बीच नागार्जुन तीन-चार दिनों के लिए ही शहर से बाहर निकल पाए। अपराजिता के आने का खास मतलब था। आने के तीन-चार रोज बाद से ही वह वापस जाने के लिए हल्ला करने लगी थी। गाँव में रह रहे पोते-पोती याद आते रहते। गाँव का कर्ज और खर्च, दोनों के लिए उसे पैसे चाहिए और नागार्जुन का 'सारा जीवन असुखे जाबे/कोथाओ कि तुमि आराम पाबे...' यों अब धीरे-धीरे पाँव थकने लगे हैं। कन्धे झुक रहे हैं। पिछली जेल यात्रा के बाद साँस अक्सर फूलती

रहती। अब यात्रा क्या, नगर भ्रमण में भी सहारे की जरूरत महसूस होती रहती है। उम्र भी तो अड़सठ पार कर चुकी थी। एक सहारे की खोज में सबसे पहले छड़ी हाथ लगी, जो जल्दी ही आवश्यकता बन गई। अक्सर परिचितों के परिवारीजन सोचते कि अब भला क्यों भटकते हैं? कहाँ और क्यों जा रहे हैं...नागार्जुन के पास भी ऐसे सवालों का कोई सीधा जवाब नहीं होता।

पहली आजादी के स्वतंत्रता संग्राम के सिपाही और फिर तथाकथित दूसरी आजादी की खिचड़ी विप्लव वाली समग्र क्रान्ति के ध्वजवाहक...नागार्जुन के लिए दिन-प्रतिदिन जीवन की तल्खी बढ़ती जा रही थी। बाद की पीढ़ी के रचनाकारों की प्राणवंत और संघर्षधर्मी रचनाएँ देखकर वे पुलकित हो जाते और कह उठते, 'बस चले, तो मैं शेष आयु इन्हें ही अर्पित कर जाऊँ...।' उन्हें बड़ा साहित्यकार बनने के बजाय साधारण जनता के बीच रहकर लिखते-पढ़ते रहना पसन्द था। यों साहित्यकारों की स्थिति में भी परिवर्तन आ गया है पिछले पन्द्रह-बीस वर्षों में। नागार्जुन में भी बदलाव आया है, पर महँगाई भी तो तेजी से बढ़ी है। कोई नया उपन्यास या गद्यात्मक पुस्तकें चाहकर भी तैयार नहीं कर पा रहे थे। अब कुछ नए प्रकाशक लीक छोड़ कविता भी छापने को तैयार हो रहे हैं, यह बात उन्हे भीतर से प्रसन्न कर जाती। 'लोकप्रिय कवि सीरीज' में नागार्जुन भी छपे। नई पुस्तक के नाम पर उनका यही एक काम हुआ था 1977 के अन्त होते-होते। उनसे अब अपनी कविताओं का संग्रह तैयार करने को कहा जाने लगा, पर समस्या यह थी कि उनके पास अपनी असंकलित कविताओं की कतरनें या कॉपियाँ उपलब्ध नहीं थीं।

अपराजिता दिल्ली में ही थी। दिमाग घूम रहा था कि कैसे और कहाँ से पैसे की व्यवस्था हो। प्रकाशक और कवि सम्मेलन—इन्हीं दो रास्तों से पैसे मिल सकते थे। वे स्पष्ट रूप से नगर से बाहर कवि गोष्ठी या कवि सम्मेलन के लिए पारिश्रमिक की माँग करने लगे। आने-जाने का मार्ग व्यय अलग। उम्र बढ़ी और स्वास्थ्य कमजोर हुआ, तो साफ-साफ कहते—"कोई आकर मुझे ले जाएगा और फिर वापस पहुँचा जाएगा।" इधर, पाँच पुरानी पुस्तकें एक साथ एक प्रकाशक ने ले ली और शीघ्र ही छाप देने को तत्पर हो गया। फिर, जैसे-तैसे कुछ पैसों का इन्तजाम हुआ और अप्रैल के अन्त में अपराजिता को श्रीकांत ने समस्तीपुर तक की सीधी गाड़ी में आरक्षण कर विदा किया।

अपराजिता के जाने के बाद चार काव्य संग्रह एक साथ प्रकाशक के हवाले करने की मानसिकता बनाकर अपनी पुरानी और इधर-उधर की कविताओं पर सोचने लगे। दिमाग में कई पत्र-पत्रिकाओं के नाम चमकने लगे...दीपक, कौमी बोली, साप्ताहिक विश्वबन्धु, सरस्वती, विशाल भारत, नया साहित्य, हंस, लोक युद्ध, जनयुग, जनशक्ति, जनता, योगी, हुँकार, हिन्दी टाइम्स, मुक्त धारा, स्वाधीनता, दैनिक नवराष्ट्र...पार्टी की पत्र-पत्रिकाएँ पार्टी ऑफिस की लाइब्रेरी में शायद मिल

जाए, पर बाकी पत्र-पत्रिकाओं के लिए यहाँ-वहाँ भटकना पड़ेगा। कविताओं के पुराने संग्रह के पुनर्मुद्रण से पूर्व आन्तरिक इच्छा थी कि तीन-चार ऐसे संग्रह तैयार हों, जिनमें बिल्कुल असंग्रहीत कविताएँ हों। कुछ रचनाएँ बराबर कौंध जातीं... पुरानी जूतियों के कोरस, अन्न पचीसी, चलो चलें धरना दें चलकर, अब तो बन्द करो हे देवी जैसी इधर के पिछले बारह-पन्द्रह वर्षों की कुछ रचनाएँ...आत्मा की बाँसुरी, चना जोर गरम, हर गंगे, राजर्षि टंडन, राम राज, अमलेंदु एम. एल.ए., भारतेंदु, साथी भारद्वाज आदि काफी पहले की रचनाएँ भी संकलन के लिए जोर लगाती रहीं। पर यहाँ तो नागार्जुन को अपनी रचनाओं को सहेजकर रखना आया ही नहीं। 'मेघदूत', 'गीत गोविन्द' और 'विद्यापति के गीत' को बड़ी मुश्किल से प्रकाशक के लिए खोज पाए थे।

1979 के मध्य से शोभाकान्त साथ हो लिए। नागार्जुन की यात्रागत असुविधा, बढ़ती उम्र की परेशानी, दमा का लगातार बने रहना आदि कई कारण थे कि किसी को उनके साथ रहना आवश्यक हो गया था। किसी नगर में हफ्ता-दस दिन रहने पर सेवा के लिए लोग मिल जाते, पर एक-दो दिनों के लिए इस नगर-उस नगर आने-जाने के लिए तो कोई चाहिए ही। शोभाकान्त को नागार्जुन के कई घनिष्ठ परिचितों ने एक तरह से बाध्य कर दिया कि नागार्जुन का अकेले यात्रा करना ठीक नहीं है अब। पर नागार्जुन के स्वच्छंद घूमन्तू मन को 'एकला चलो रे' में जरा भी अंकुश अच्छा नहीं लगा। फिर भी, शोभाकान्त का साथ आवश्यक-सा हो गया था। शोभाकान्त पटना और कलकत्ता की विभिन्न लाइब्रेरियों में बैठकर उनकी लगभग पचासों पुरानी रचनाएँ विभिन्न पत्र-पत्रिकाओं की पुरानी फाइलों से निकाल लाया। दो संग्रह तत्काल तैयार करना कोई मुश्किल काम नहीं रहा। मई 1964 से लेकर सितम्बर 1979 तक अर्थात लगभग पन्द्रह वर्षों की रचनाओं में से तमाम तो नहीं, पर मुख्य रचनाएँ सामने पाकर कवि ने राहत की साँस ली। संकलन-संयोजन और सम्पादन का भार शोभाकान्त के ऊपर छोड़ दिया। हाँ, इतना आवश्यक था कि वे अन्तिम प्रेस कॉपी देख लें और रचना के क्रम को ठीक करने में मदद करें। 'प्यासी पथराई आँखों' के बाद नागार्जुन का संग्रह तैयार हो रहा था, तो उनकी राजनीतिक कविताओं को अलग करके कुछ भी सोचना बेमानी था। शोभाकान्त ने अपने प्रबुद्ध मित्रों से राय-विचार करके एक संग्रह ऐसा बनाया, जिसमें सम्पूर्ण क्रान्ति आन्दोलन से उपजी कविताएँ रखी गईं। 'खिचड़ी विप्लव देखा हमने' में 1974-1978 तक की ही रचनाओं में से चयन किया गया।

दिल्ली मुख्य अड्डा हो गया नागार्जुन का, पर वह वहाँ एक साथ तीन-चार माह नहीं रह पाते। पटना, कलकत्ता, विदिशा, भोपाल, इलाहाबाद, हापुड़, काशीपुर, जहरीखाल, बम्बई—ये कुछ नगर हैं, जहाँ नागार्जुन वक्त-बेवक्त जाते रहे। इन नगरों में केवल अपनी मानसिक थकावट को दूर करने और नई ऊर्जा लेने जाते रहे। इन

जगहों में यदि कहीं थकते, तो पटना में ही, क्योंकि बिहार के दमघोंटू वातावरण में दस-पन्द्रह दिन लगातार रहने पर निश्चित रूप से शरीर अस्वस्थ होने लगता। जब से पटना में पारिवारिक ठौर टूटा है, तब से वहाँ रहने पर कई तरह की असुविधा होने लगी थी। बाहर के कवि-सम्मेलनों के मद से आए या प्रकाशकों से मिली रकम पटना में खर्च करनी पड़ती। यहाँ आमदनी का कोई स्रोत नहीं। खुला हाथ होने से दस-पन्द्रह दिनों के बाद ही जेब खाली हो जाती। खगेंद्र ठाकुर का विधायक क्लब वाला फ्लैट अब पटना का स्थायी पता हो चला था। भले बाहर से आकर उनका रिक्शा बन्दरबगीचा के उस सरकारी आवास पर सीधे जाए, जहाँ रामचन्द्र खान और उषाकिरण खान रहते हैं; या दो-चार दिन भले ही रानीघाट के नवल वाले मकान या भागीरथी लेन के हरिहर के यहाँ वह रह लें, पर डाक का पता तो खगेंद्र वाला ही रहा...यों पटना में कई रिश्तेदार हैं और वे सब तरसते रहते कि यात्री जी उनके घर आकर ठहरें। पर नागार्जुन वहीं टिकते, जहाँ मन-मिजाज ठीक रहे। पटना में कॉफी हाउस भी आते-जाते रहते। यदि कभी कोई दुबला-पतला शरीर मोटे खद्दर का कुर्ता पाजामा पहने, हाथ में छड़ी और दो-चार लोगों के साथ चौराहा पार कर कॉफी हाउस की ओर जाता दिखता, तो वह नागार्जुन ही होते। कॉफी हाउस का सड़क की तरफ दिखने वाला एक कोना कभी रेणु के लिए सुरक्षित रहता था, तो अब जब नागार्जुन पटना में होते, तो वहाँ वही बैठे मिलते...इसी तरह विदिशा का विजय बहादुर का आवास नागार्जुन के मध्य प्रदेश प्रवास का स्थायी पता होता। विदिशा में मास-पन्द्रह दिन वे रहते, तो मध्य प्रदेश के आस-पास के इलाकों में आते-जाते रहते। नागार्जुन को अपने परिवार की तरह सुख-सुविधा देने और उनकी एक-एक जरूरतों का खयाल रखने वालों में विजय बहादुर सिंह और वाचस्पति भी याद आते रहते।

जून (1979) के आखिरी सप्ताह में कई वर्षों के बाद दरभंगा की ओर गए, तो रह गए लगभग बीस-बाईस दिन...सात दिन तरौनी रहे...तीन रोज बेटी उर्मिला के पास पनचोभ में, बाकी दिन लहेरिया सराय—दरभंगा। बहुत दिनों के बाद गाँव-घर में रहते हुए सोचने लगे थे कि इधर रहने से परिवार को सुविधा रहेगी, पर इसके लिए कम से एक हजार रुपये प्रतिमाह उन्हें चाहिए। शोभाकान्त साथ रहने लगा था, तो उसकी जिम्मेवारी भी आ गई थी। वर्षों बाद मिथिला की भूमि पर मेघ लीला देख रहे थे—कने-कने मध्यान्तर दैत/उझिलि गेल छ' मुल्की पानि.../गली-गलीमे लगा गेल छहक/भरि छाबा पानि/भरि ठेहुन पानि...जहाँ जाते, वहीं काले-काले बादल रुकने के लिए मजबूर करते। दिन में यह हाल, तो कहना पड़ा—'बाजह हे कारी-कारी मेघ/की करबहक राति खन?' तरौनी के अपने और पनचोभ में बेटी वाले दालान पर रात-रात भर प्रकृति का नजारा देखते-सुनते रहे। पनचोभ उनका जाना-पहचाना गाँव है। कभी किसान सभा के जिला सम्मेलन के चलते कई दिन यहाँ रहे थे...

बुढ़िया गाछी में वह जमाबड़ा जमा था। फिर बेटी की शादी और शोभाकान्त की शादी भी तो यहीं हुई है। बहुत दिनों के बाद इस बार आए थे। पहनावा नागार्जुनीय ही था। मुख्य सड़क पर रिक्शा से उतरे, तो लोगों को लगा कि कोई मौलवी है। गोपाल जी बाबू का नाम पूछा, तब लोगों ने ध्यान दिया कि अरे, यह तो यात्री जी हैं। फिर पाँव छूने वाले आगे बढ़ने लगे। दो-दो समधियाना। कुछ मजाकिये भी सामने आए—"लगता है, मानो हज से सीधे आ ही रहे हैं मौलवी साहेब, सलाम वालेकुम।' यह मजाक उन्हें बुरा कहाँ लगा था! यह एक सजग गाँव रहा है, राजनीतिक रूप से भी। तीन दिन-तीन रात लगातार जमे पनचोभ में। बेटी उर्मिला के हाथों पकाया हुआ भोजन का स्वाद बहुत दिनों के बाद मिला था। बातों में गाँव की राजनीति से लेकर यू.एन.ओ. तक आते रहे। घर-परिवार से लेकर दिल्ली और पटना की कुर्सी के खेल और दाँव-पेच की सहज-सुमति व्याख्या सुनते रहे नागार्जुन और सोचते रहे, 'अच्छी तरह घिरा हूँ/घिरा हूँ बुरी तरह/ऊदे-ऊदे बादलों ने डाल दिया है घेरा/मुश्किल है अड्डे से निकलना मेरा...' दरभंगा-तरौनी-पनचोभ की लगभग पन्द्रह-सोलह दिनों की यह यात्रा उन्हें अखरी नहीं। बादलों के घेराव के बीच मन-मिजाज प्रसन्न ही रहा।

बिहार की उस यात्रा में पटना रहते हुए सोचा करते कि ज्यादा समय बिहार में ही रहना चाहिए। यहाँ एकमात्र आर्थिक स्रोत था राज्य सरकार द्वारा राष्ट्रभाषा परिषद के माध्यम से मिलने वाली तीन सौ रुपये की मासिक वृत्ति। यह वृत्ति सम्पूर्ण क्रान्ति आन्दोलन में शामिल होने के बाद नवम्बर 1974 से छोड़ दी थी। वह पेंशन सितम्बर 1979 में रिन्यूअल कर दिया गया। दिसम्बर 1974 से अगस्त 1979 को लेप्स मान लिया गया। यह रकम नागार्जुन अमूमन साल में दो किस्तों में लेने लगे, ताकि एक मोटी रकम हाथ में आ जाए। यों अठारह सौ की रकम कोई बड़ी रकम नहीं होती, पर उनकी आमदनी के लिहाज से थोड़ी बड़ी तो थी ही। पटना में एक सरकारी आवास की इच्छा भी थी, ताकि फिर से पटना में कुनबा जमाया जाए...

पटना से देवघर होते हुए कलकत्ता गए। देवघर में एक आत्मीय मित्र थे, जिनका पुराना आग्रह वह नहीं टाल सके। पंडों की नगरी बाबाधाम में कई पढ़े-लिखे पंडे उन्हें अच्छी तरह से जानते हैं। किसी ने कहा था—'गांधिर कपाल भेंगेछिलो/आमार बाबार बाबा/हरिजन देर संगे निए/बमभोलार मन्दिर गर्भे...' कहीं से भी काव्य-बीज उठाने में माहिर रहे हैं नागार्जुन। परिवेश और परिस्थिति में रचना तो यहाँ-वहाँ पड़ी ही रहती है न! देवघर से सीधे कलकत्ता और कलकत्ता में रह गए लगभग डेढ़ मास। यों यहाँ आते समय सोचा था कि एक माह ही रहेंगे। योजना मन में थी कि रवींद्र कालिया के 'वर्ष' के लिए अपना उपन्यास कलकत्ता रहकर ही पूरा करेंगे। कथा ही कुछ ऐसी थी कि कलकत्ता में उसके अनुरूप कुछ खास तरह के पात्र और परिवेश में जीना जरूरी था। उस उपन्यास के मुख्य पात्रों की

सोच थी—'इतिहास वो होगा, जो हम रच रहे हैं/...अपना जंगल-अपनी जमीन फिर से/हासिल करने के लिए हमारी यह जद्दोजहद/हमारा यह नया-नया नक्शा/नई-नई भूमिति, नया-नया भूगोल...' 1971 में शुरू किया गया उपन्यास का मुख्य पात्र नक्सली था। स्थितियाँ बहुत तेजी से बदल गई थीं। जिस पात्र से वह उस उपन्यास के लिए बार-बार मिलना चाहते थे, वह अब खोजे नहीं मिल रहा था। 'टीपू' से फिर भेंट हो, इसके लिए वह कलकत्ता के विभिन्न इलाके में रहे...हैदराबाद गए... ओडिशा के उन अंचलों का चक्कर लगा आए, जहाँ कभी कोई मिल भी जाता था। कलकत्ता की जीवन प्रणाली में तेजी से परिवर्तन हो रहे थे। दिल्ली-बम्बई के सामाजिक परिवर्तन के प्रभाव से यह नगर भी अछूता नहीं रहा। कलकत्ता में बहुत मन लगता, पर कभी-कभी महसूस करते थे कि यहाँ के जीवन में नाटकीयता की मात्रा दिनानुदिन बढ़ती जा रही है। बरसात के मौसम में लगा कि अधिक रहने से स्वास्थ्य खराब हो जाएगा...शोभाकान्त के लिए राजेंद्र छात्रावास में रहने की व्यवस्था हो गई थी। यों भी वह पन्द्रह दिनों से ज्यादा रहना नहीं चाहता था। नेशनल लाइब्रेरी और मारवाड़ी पुस्तकालय में बैठकर उसे पुरानी पत्र-पत्रिकाओं को देखना था। नागार्जुन खुद अपने कई पुराने ठिकानों पर अपनी सुविधा के अनुसार रह लेते। कहीं उनकी कुछ पुस्तकें और पत्र-पत्रिकाएँ मिलतीं, तो कहीं कुछ कपड़े पड़े रहते और कहीं खुद...ऐसे भी मैथिलों से निकटता रहती, जो अपने यात्री जी पर मन ही मन हँसते 'कि भला यह भी कोई/काम हुआ, कि अनाप-/शनाप खयालों की/महीन लफ्फाजी ही/करता चले कोई...'

कलकत्ता से पटना पहुँचे और पटना में दशहरे के अवसर पर आयोजित संगीत समारोहों का लुफ्त लिया। फिर अक्टूबर के मध्य में दिल्ली लौटे...श्रीकांत ने टैगोर पार्क में ही दूसरा कमरा ले लिया था। वह चाहता था कि पिता अब लगातार यहीं रहें। उस बार पूरे बरसाती मौसम में दिल्ली के पारिवारिक ठिकाने से बाहर रहने के कारण दमा दिन-प्रतिदिन देह तोड़ता रहा। पटना में थे, तभी दमा ने नजर कड़ी कर दी थी और दिल्ली पहुँचते-पहुँचते नागार्जुन को बोलने-बतियाने और चलने-फिरने में कष्ट होने लगा था। श्रीकांत और शोभाकान्त, दोनों भाइयों के पास अपने पिता के जीवन को संयमित करने के अलावा कोई दूसरा उपाय नहीं था। भोजन और पौष्टिक आहार के साथ आयुर्वेदिक दवा की व्यवस्था की गई। खुद भी लगने लगा कि अपने स्वास्थ्य का पूरा ध्यान रखना पड़ेगा, क्योंकि इसी पर सब कुछ अबलम्बित है...

नवम्बर-दिसम्बर से कवि सम्मेलनों और साहित्यिक-सांस्कृतिक समारोहों का मौसम शुरू हो जाता है। मध्य प्रदेश में तो कार्यक्रमों की भरमार रहती और नागार्जुन की खोज भी खूब होती। मध्य प्रदेश के कालिदास समारोह वाले कवि सम्मेलन की अध्यक्षता करने के लिए बुलावा आया, तो अस्वस्थ तन में भी घुमक्कड़ मन को गति आ गई। वृद्ध हो रहे पं. वैद्यनाथ मिश्र के तन में नागार्जुन की प्रतिबद्धता

और यात्री का यायावर मन भी तो है। यात्री के पेंडुलम की भाँति डोलते यायावरी मन को नागार्जुन के संकल्पित विवेक-नियंत्रण में रहना पड़ता और वैद्यनाथी तन आगे के लिए ऊर्जा की व्यवस्था करता...इस बीच, दो संग्रह तो तैयार हो ही गए थे और रवीन्द्र कालिया वाला प्रोजेक्ट का सारा कुछ उन पर ही निर्भर था...सोचा, इलाहाबाद पहुँचकर इसे पूरा कर दिया जाए। एन.सी.ई.आर.टी. वाले सातवीं कक्षा के लिए उनसे एक नया बाल उपन्यास चाहते थे; वह भी जल्दी ही। शोभाकान्त साथ था, तो बोलकर लिखवाना उनके लिए उन दिनों सहज था। चाहते तो थे कि विदिशा के करीब साँची के बौद्ध विहार के धर्मशाला में ही बैठकर उपन्यास लेखन वाला काम हो। विदिशा का नाम जेहन में आते ही वहाँ जाने के लिए न जाने कहाँ से ऊर्जा ले आते। फिर विजय बहादुर सिंह वहाँ स्थायी निवासी हो चले थे, तो उस नगर में उन्हें कोई असुविधा नहीं होती। योजना बनाई कि विदिशा सात-आठ दिन रहकर दो रोज सांची और फिर इलाहाबाद जाकर उपन्यास पूरा कर लेंगे। फिर दिल्ली की वापसी। कुल मिलाकर, पैंतालीस दिन दिल्ली से बाहर रहना तय करके कालिदास समारोह के लिए निकले। शोभाकान्त साथ ही था।

पर नागार्जुन एक माह के बाद ही विदिशा-सांची और भोपाल की यात्रा और तबीयत खराब करके दिल्ली लौट आए। दमा तो था ही, साथ में काली खाँसी (सूखी खाँसी या कुकुर खाँसी) ने परेशान कर दिया। मध्य प्रदेश की यात्रा और हेमंती बादल ने कृपा की थी। विदिशा और भोपाल के सरकारी कार्यक्रम के अलावे एक बड़ा काम यह किया कि सांची के बौद्ध मठ के धर्मशाला के एकान्तवास में एन.सी.ई.आर.टी. वालों के लिए एक अति लघु उपन्यास पूरा किया। लिखवाया था मात्र 85 पृष्ठ...कुल काम पाँच दिनों में हुआ। तीन दिन सांची में और दो दिन विदिशा में। शोभाकान्त को डिक्टेशन देकर लिखवाया था, औसतन 20 पृष्ठ रोज। छपकर 45 पृष्ठों का होना चाहिए—ऐसा सोचा था। इस लघु उपन्यास 'गरीब दास' को अलग से 300 पृष्ठों में फैलाने की योजना भी मन में बना ली थी। उस यात्रा में चार-छह कविताएँ भी तैयार हुई थीं।

यों सन् 1975-76 के बाद नागार्जुन से अधिकतर लोग समय-साल की गम्भीर और जटिल समस्याओं पर उनके विचार जानना चाहते हैं। उनके विषम और विकट जीवनानुभव सुनना चाहते हैं। देश में मध्यावधि चुनाव की तैयारी चल रही थी। कांग्रेस को पराजित कर, जो सरकार बनी थी, वह सरकार मुश्किल से ढाई वर्ष ही चल पाई। उस सरकार में घटकवाद की उठापटक शुरू से ही चलती रही। नागार्जुन का जी करता कि जे.पी. से जाकर पूछें कि 'बोलो जे.पी., बोलो जे.पी./...पूर्ण हुए तो सभी मनोरथ/...यह घटक है, वह घटक है/हर घड़ी उठापटक है/क्या चटक है, क्या मटक है/...सधे हुए चौकस कानों में/आज ठूंस ली कैसी ठेपी/...और भारतीय राजनीति में 'डेमोक्रेसी की डमी/...गुफा से निकली संजय की ममी/...

अब न रहा चेहरा मातमी...।' नागार्जुन को लगता, 'प्रजातंत्र का रथ/उतर गया है पटरी से/लगता है, सारी की सारी पार्टियों के नेता/रुचिपूर्वक खेल रहे हैं/दलीय स्वार्थों के शतरंज'। उन्हें दिल्ली और देश के तमाम छोटे-बड़े शहरों में जाने का ही नहीं, बल्कि कम-ज्यादा वक्त गुजारने का मौका मिला। जहाँ कहीं रहते, एकदम से उन्मुक्त और अनौपचारिक रहते। जब सम्पूर्ण क्रान्ति को भ्रान्ति विलास कहा था, तो कई जगहों पर लोगों ने समझाया—"बाबा, कुछ दिन मौन रहो।" इस पर नागार्जुन का कहना था कि "हम बिनोवा थोड़े हैं। चुप रहेंगे, तो दिमाग में जाने कितना धुआँ भर जाएगा। अपने लोग भी नागार्जुन के बारे आपस में कहा करते- बुड्ढा है, बकने दो..." उन्हें लगता है कि यदि लोगों का वश चले, तो उनके लिए घोषित कर दिया जाएगा कि साला, पगला गया...अति चातुर्य तब गुण है, जब वह जनमुखी हो। अगर उसका गुण सिर्फ अपना स्वार्थ सिद्ध करना है, तो यह रोग है, जिसका उदाहरण उनके सामने बहुत सारे हैं...

मध्य प्रदेश की यात्रा के बाद शोभाकान्त के साथ बैठकर काव्य संग्रह की तैयारी में लगना आवश्यक था। सम्पूर्ण क्रान्ति के दौर की 66 कविताएँ संकलित हो गई थीं 'खिचड़ी विप्लव देखा हमने' के नाम से। पुरानी रचनाएँ, जो संकलित नहीं हो पाई थीं अब तक, उनमें से कुछ शोभाकान्त यहाँ-वहाँ से खोज लाए थे। 1975 से इधर की और कुछ पुरानी कविताओं को मिलाकर संकलन बनाया गया। नाम रखा गया 'तुम रह जाते दस साल और'। 1964 ई. के मई की यह रचना नेहरू की मृत्यु के दो-तीन दिनों के भीतर लिखी गई चार कविताओं में सबसे ज्यादा चर्चित हुई थी। उन कविताओं की कुछ पंक्तिओं को लेकर सी.पी.आई. वालों का एक खेमा उनके पीछे हाथ धोकर ही पड़ गया था। बावन कविताओं के इस संग्रह का नाम प्रेस कॉपी फाइनल होते-होते बदल गया—'तुमने कहा था'। शोभाकान्त का तर्क था कि नेहरू दस साल और रह जाते, तो स्थितियाँ शायद कुछ और होतीं। नेहरू नहीं रहे, तो जैसा कहा, वैसा हुआ...

कांग्रेस को केन्द्र की सत्ता से जिस दिन हटाया गया, नागार्जुन दिल्ली में ही थे और अब जब वे दिल्ली से निकल रहे थे, तो नया चुनाव परिणाम आने लगा था और यह अन्दाजा हो चला था कि मतदाता शायद मातेश्वरी (इंदिरा) का कुछ अधिक सम्मान करें। सन् 1977 का चुनाव परिणाम बड़े ध्यान से दिन भर सुना था, तो 1980 के चुनावी रिजल्ट से भला खुद को कैसे रोक पाते! दिन भर ट्रांजिस्टर को सामने रखा...शाम की ट्रेन पकड़नी थी। कान रेडियो पर लगे थे और दिमाग में कुछ और ही बज रहा था—शाम को इलाहाबाद जा रहे हैं...कम से कम एक महीना वहाँ रहना है...'वर्ष' के लिए उपन्यास पूरा करके ही इलाहाबाद से निकलेंगे...अधिक

से अधिक 15 फरवरी (1980) तक तो जरूर ही निकल आएँगे...फिर एक-डेढ़ सप्ताह के लिए रायपुर जा सकते हैं...शोभाकान्त होली के दिनों में एक सप्ताह के लिए तरौनी (दरभंगा) जाएँगे...सम्भवत: उतना समय नागार्जुन को पटना में रहना पड़े। अचानक दिमाग ने झटका खाया। इलाहाबाद तक का टिकट पास में था। वहाँ का एक निश्चित काम भी जान रहे थे। उसे करना भी था। पर उसके बाद की यात्रा की योजना के बारे में ज्यों ही सोचा, तो पटना और फिर कलकत्ता की याद जोरों से आ गई...सोचा—'हो सकता है, शोभाकान्त को दरभंगा रवाना करके स्वयं कलकत्ता जा बढ़ें, महीना-दो महीना...'

ट्रांजिस्टर पर ध्यान गया—यह भूमि तो चमत्कार ही चमत्कार दिखलाती आई है। एक सप्ताह पूरा होते-होते नई सरकार केन्द्र में शासन सँभाल लेगी...अगले दो-तीन दिनों में पूरा नक्शा सामने आ चुका होगा...लगा, तिकड़म पर हो गई न्योछावर शासन सत्ता! सत्ता से तैंतीस माह तक बाहर रहकर श्रीमती इंदिरा गांधी सत्ता के शिखर पर फिर जा पहुँची। नागार्जुन को कांग्रेस के विजय दर्प में लगा कि विगत फासिज्म और भावी फासिज्म के बीच हम झूल रहे हैं। दोनों के बीच का यह कालखंड है। अगर विगत फासिज्म के खिलाफ लेखक-कलाकार खड़े हुए, तो संभावित किसी और तानाशाही के खिलाफ भी खड़ा होने के लिए उन्हें तैयार रहना चाहिए! उनकी जो उम्र है और जितना ज्यादा दायित्व उन पर अब भी चढ़ा हुआ है, भले वह पारिवारिक हो या सांस्कृतिक, यह तो लगता है कि जीवन की अन्तिम साँस तक यह रहेगा ही। तो फिर, 'अब निर्वाचन के बारे में कुछ कहना बेकार है और बेकार होगा। अपनी सीमित एनर्जी को बर्बाद न करके यथाशक्ति अपनी समझदारी एवं अपनी क्षमता का उपयोग चुपचाप करते चले जाएँ...' उसी समय कान में मानो कोई कह गया—'सियासत में/न अड़ाओ/अपनी ये काँपती टाँगें/हाँ, महाराज/राजनीतिक फतवेबाजी से/अलग ही रक्खो अपने को/माला तो है ही तुम्हारे पास/नाम-वाम जपने को/भूल जाओ पुराने सपने को...' माला याद आते ही उठे और झोला में देखा, तो तीनों छोटी मालाएँ सुरक्षित थीं। तुलसी, चन्दन और कमलगट्टा—ये मालाएँ चौवन-चौवन मनकों की थीं। इनमें से दो माला उन्हें बड़े ही प्रेम से बनारस में स्वामी विमलानन्द के एक परम स्नेही भक्त ने लाकर दी थी। तब से वह लगातार कभी ट्रंक में, तो कभी बैग में और कभी झोले में इसे रखने लगे थे। इसको जब-जब देखते, तो विमलानन्द जी याद आ जाते। अभी हाल में एक माला खरीदी थी विदिशा में। बहुत खूबसूरत, शुद्ध चन्दन की। दो एक प्रगतिशील मित्रों की निगाहें पड़ीं। फिर तो कइयों को मालूम हो गया। प्रचार हुआ कि नागार्जुन सठिया गए हैं। यह हाल हो गया कि माला जपने लगे हैं। मगर सामने कोई कुछ नहीं कहता। एक दिन टैगोर पार्क के कमरे में देहरादून के ट्रेड यूनियन वाले एक पुराने मित्र आए। बातचीत के क्रम में कहा, "यह आपको क्या हो गया

है अब बुढ़ौती में? सुना है माला-वाला जपने लगे हैं...क्या रिएक्शनरीपन हो गया?" सामने चाय पड़ी थी। कप उठाते-उठाते नागार्जुन ने कहा—"पहले आप अपनी सिगरेट-विगरेट सुलगाइए, चाय पीजिए, फिर बताता हूँ।" उनमें अपनी जिज्ञासा का समाधान जानने का उतावलापन था। अब नागार्जुन ने सीधे-सीधे कहा—"देखिए, आपको एक गुर की बात बताता हूँ। माला से सिर्फ राम नाम का जाप ही नहीं होता। मन की गाड़ी ट्रैक पर रहे, इसके लिए यह हमारे पूर्वजों की बहुत बढ़िया ईजाद है।" नागार्जुन ने उन पर नजर गड़ाकर कहा—"अब अगर इस उमर में आपका मन भागने लगे, तो आप क्या करिएगा। जवानी के दिनों की याद आ जाए, तो माला से बढ़िया क्या है? चुपचाप दो-चार बार नाम फेर लीजिए। कोई सुदूर रहने वाला मित्र याद आ जाए, तो उसी का नाम जप लें। फिर हम-आप इस बुढ़ौती में जुलूस के साथ मीलों चल नहीं सकते, तो कम से कम सड़क के किनारे चाय की दुकान पर बैठ जाइए और माला पर नारे दुहराते रहिए, तो लगेगा कि हम जुलूस में हैं और सैकड़ों बार नारा लगा चुके हैं। कोई जरूरी नहीं कि पारम्परिक चीजों का इस्तेमाल हम पूर्वजों की तरह ही करें। हम इस्तेमाल का ढंग बदल लेंगे... " मित्र चुपचाप सुनते रहे और कहा—"बाबा, यह तो अद्भुत बात कह रहे हैं आप!" यों नागार्जुन ने पारम्परिक प्रतीकों और देवी-देवताओं का जमकर उपयोग किया है। उस समय उस मित्र को सुना ही दिया—जै जै जै छिन्नमस्ता/जै जै जै कृपाण/सध गया शवासन/मिलेगा सिंहासन!

इलाहाबाद के हिन्दी साहित्य सम्मेलन के बड़े परिसर में मुख्य भवन के पीछे मैदान और उसी के एक किनारे सम्मेलन का एक बड़ा दोमंजिला पुरुषोत्तमदास टंडन अतिथि निवास। नागार्जुन ने अपना उपन्यास पूरा करने के लिए दिल्ली से आकर यहीं एक कमरे में अड्डा जमाया। शोभाकान्त साथ था ही। डाक का पता अजित पुष्कल वाला ही रहा। सम्मेलन भवन के आस-पास कोई ठिकाने का भोजनालय नहीं था। ठीक-ठाक होटल सिविल लाइन में या फिर स्टेशन या टावर के आस-पास। हाँ, मुट्ठीगंज में अनाज मंडी के कारण कामचलाऊ खाना मिल जाता। आते ही शोभाकान्त ने स्टोव और दो-एक कामचलाऊ बर्तन की व्यवस्था की। दोपहर में कभी-कभी तंदूरी रोटियाँ खा आते छोटे होटल से। कॉम्पलान, अंजीर आदि तो चलता ही रहता। सवेरे-शाम उनके लिए शोभाकान्त दलिया पका लेता।

यहाँ आते ही जिस काम के लिए आए थे, उस पर लग गए। अधूरे पड़े उपन्यास की चारों कॉपियाँ साथ थीं ही। अन्त से पढ़ना शुरू किया—'दाने छिटक रहे हैं, अलग हटो...आँख-कान के अन्दर घुस जाएँगे!...रामनाथ की घरवाली ने दाने बटोर लिए थे...आँगन में खड़े होकर पत्नी से कहा—सुनती हो? समय साल

जैसा गया है, उस हिसाब से बुरा नहीं रहा...वह पास आकर बोली—मुझे तो भरोसा नहीं था कि चरकठवा इस बार इतना भी देगा... ' कॉपी बन्द कर दिया। चुनाव का पूरा परिणाम अधूरे उपन्यास के अन्त पर मानो छा गया...भरोसा नहीं था...समय साल जैसा गया...दाने छिटक रहे हैं, अलग हटो...उपन्यास लेखन के चलते दैनिक पत्र देखना छोड़ दिया था नागार्जुन ने। हाँ, ट्रांजिस्टर का सहारा तो लेना ही था। बिल्कुल ही लोकोत्तर या अलौकिक नहीं बन सकते न!

चाहकर भी उपन्यास लेखन के लिए मन-मिजाज को एकाग्र नहीं कर पा रहे थे। बारम्बार देश की जनता और उसके साथ किए जा रहे खिलवाड़ की तरफ दिमाग घूम ही जाता। निर्वाचन के जटिल, आडम्बरपूर्ण और महँगे कर्मकांड ही जब सभी दलों के सभी प्रमुख क्रिया-कलापों को परिचालित करते हैं, तब साठ प्रतिशत भारतीय जन साधारण 'राजसूय यज्ञ' में शामिल होने का अवसर शायद ही कभी पाए! उनकी चेतना उन कोटि-कोटि भारतीयों से ऊर्जा हासिल करती, जो निरीह हैं, अकिंचन हैं, दुर्बल हैं और चाहने पर भी अपना मतपत्र नहीं डाल पाए...'जो भी अब सरकार बनेगी/सेठों को ही सुख पहुँचाएगी/...निर्मम होकर कतल करेगी/जो भी चूँ बोलेगा, उसका/...मुझ जैसे पागल दस-पाँच/उस सत्ता को पहुँचाएँगे क्या रत्ती भर भी आँच...कुत्तों जैसे भौंक-भौंककर/उसकी नींद हराम करेंगे।'

आए थे उपन्यास लिखने पर 'ऊधो मन नाही दस-बीस'। लिखाई के लिए अपेक्षित गति क्या, डेग भी नहीं उठा पा रहे थे। यों स्वास्थ्य ठीक नहीं रहने के कारण नगर परिभ्रमण भी वैसा नहीं था, जैसा उनका रहता है। फिर, लोगों को पता था कि उपन्यास लेखन में लगे हैं। पर शाम को तीन बजे के बाद कुछ न कुछ लोग आ ही जाते। राजनीति-समाज-देश-दुनिया की बातें सुनते अधिक और सुनाते कम, पर उद्वेलित होते भीतर ही भीतर..."तिकड़म से या झूठ-मूठ के वादे करके जातिवाद या क्षेत्रवाद आदि के लुभावने नारे उछाल-उछाल कर जैसे-तैसे वोट बटोरने वाले विजयी सांसद के प्रति यदि मेरे अन्दर अश्रद्धा छलकती दिखाई पड़े, तो क्या मुझे पागल करार देंगे?" यह सुनकर सामने वाला सोचने पर जरूर मजबूर हो जाता।

साहित्य सम्मेलन का अपना प्रकाशन भी है। कई महत्त्वपूर्ण प्रकाशन वहाँ से होता रहा है। 'आधुनिक कवि' नाम से एक सीरीज भी प्रकाशित की जाती है। नागार्जुन को भी उस सीरीज में शामिल करना चाहते थे वे सब। चूँकि इस बार नागार्जुन सम्मेलन में ही टिके थे, तो उनको लगा कि लगे हाथ यह काम हो जाए! नागार्जुन को इस सीरीज में ले आने के लिए एक तरह से तैयारी भी कर ली गई थी। पुराने संग्रह और प्रभाकर माचवे द्वारा सम्पादित 'आज के लोकप्रिय हिन्दी कवि में नागार्जुन' सामने था। शोभाकान्त ने दो संग्रह तैयार कर ही लिया था, तो इधर की कविताओं में चुनाव करना कठिन नहीं था। फिर सम्मेलन के संग्रहालय में बैठ-बैठकर पुरानी पत्र-पत्रिकाओं से शोभाकान्त ने ढेर सारी रचनाएँ खोज निकालीं।

नागार्जुन को लगा कि यह संग्रह तो तैयार हो ही सकता है। एक भूमिका तैयार करनी पड़ेगी। जब उपन्यास पर दिमाग नहीं बैठ पा रहा, तो अपनी काव्यात्मक यात्रा पर दिमागी रूप से सोचने लगे।

भूमिका पर सोचते-सोचते उन्हें मैथिलीशरण गुप्त की बात याद आ गई—"अब आजीवन तुमको विषकीट ही बनकर रहना है..." सारी बातें उन्हें याद हैं, कहाँ-कहाँ से मिला था स्नेह, किस-किसने बरसाया था प्यार, हुआ भरण-पोषण इनका किस भाँति...भारतीय काव्य शास्त्र की समीक्षा में नौ रस माने गए हैं। अपनी कटुतिक्त रचना के सिलसिले में उन्हें एक और रस की अनुभूति हुई, वह था विक्षोभ रस। विक्षुब्ध मन:स्थिति में रचित पंक्तियों को मात्र वक्रोक्ति अथवा मार्मिक कह देने से बात साफ नहीं होती। बहुजन समाज की व्यापक विपन्नता से यदि प्रत्यक्ष परिचय है, तो विक्षोभ रस का अनुभव होगा। दरिद्रता, अज्ञान, गुलामी, रूढ़िग्रस्तता, रोग आदि विषमता के प्रति मन में चरम घृणा का अनुभव नहीं हुआ होता, तो वे स्वयं बहुत बड़ी प्रवंचना के शिकार हुए होते...

इलाहाबाद यात्रा या लघु प्रवास में उपन्यास और अपने काव्य के विकास पर एक मुकम्मल टिप्पणी के साथ-साथ एक और काम में हाथ लगाया, वह था भूमिपुत्री सीता के पृथ्वी में समा जाने से पूर्व की मनोदशा पर एक खंडकाव्य की रचना...वे कई दिनों तक भूमिपुत्री के साथ डूबे रहे। वाल्मीकि, त्रिजटा, लव-कुश और सीता के साथ अपने को उलझाए रखा...वाल्मीकि रामायण, रामचरितमानस, उत्तर रामचरित्र, कम्ब रामायण में डूबते-उतराते रहे...

शोभाकान्त ने उन्हीं दिनों नागार्जुन की कुछ ऐसी रचनाओं को पुरानी पत्र-पत्रिकाओं में देखा, जो निश्चित रूप से खंडकाव्य के शुरुआती अंश रहे होंगे, और जो पूरा नहीं हो पाए। लगता शायद 'भूमिजा' की नियति भी यही है। यों नागार्जुन मन से चाहने लगे थे कि क्यों न शोभाकान्त यहीं रह जाए, तो शायद वह भी कुछ समय यहाँ रह लेंगे...कुछ मित्रों को उनके आवास के लिए कह दिया। मन में यह बात भी थी कि 'साहित्य सम्मेलन' में उसे कोई नौकरी लग जाए। उसके दो बच्चे और पत्नी तरौनी में अपराजिता की निगरानी में रह रहे थे। वहाँ का आर्थिक संकट अपनी जगह था ही। मन में यह बात भी थी कि यदि इलाहाबाद में ढंग का मकान मिल जाए और शोभाकान्त यहाँ रह जाए, तो तरौनी से सब यहीं आ जाएँगे! छोटे पुत्र श्यामाकांत को संवाद भिजवाया था कि वह तरौनी के बारे में सारी स्थिति शीघ्र ही सूचित करे।

सरकारों को जोड़ने-तोड़ने के खिलवाड़ को बड़ी ही गम्भीरता से देख और समझ रहे थे। सोच की दिशा बदल गई थी...'महाचमत्कारों की इस भूमि में और भी कई महाचमत्कार होंगे अगले वर्षों में...नारायणपुर पारसबिघा जैसे ढेर सारे कुकांड होंगे। जनपदों का चम्बलीकरण होगा...' होली आने वाली थी। शोभाकान्त

को गाँव जाना था। खुद बिहार जाकर पिपरा और पारसबीघा की घटनाओं पर तरुण साहित्यकारों से बात करना चाहते थे। बिहार के रचनाकर्मियों और संस्कृतिकर्मियों से इन घटनाओं को लेकर पूछना था...इलाहाबाद फिर से आने की योजना बनाकर नागार्जुन मार्च (1980) के तीसरे सप्ताह में पटना आ गए। जो भी काम वहाँ होना था, वह जस का तस रह गया।

इलाहाबाद छोड़ने के बाद पूरे वर्ष नागार्जुन के पैर की शनिचरी बढ़ती रही। लगातार ढाई माह इलाहाबाद में तो रहे ही, इसके अलावा ज्यादातर समय पटना, कलकत्ता और हापुड़ में गुजरा। भागलपुर, बनारस, जबलपुर, आरा आदि नगरों में भी गए और उन नगरों के इर्द-गिर्द कई जगहों पर आना-जाना हुआ।

इलाहाबाद तक तो स्वास्थ्य लगभग ठीक रहा, पर पटना आकर भड़क गया। प्रेमचन्द-शताब्दी वर्ष में 'होरी' के बाद 'बलचनमा' जैसे पात्र के सृजनकर्ता को लोग भला क्यों छोड़ें! जगह-जगह से बुलावा आता और खुद भी नहीं रहा जाता। अक्सर अपनी एक कविता की अन्तिम चार पंक्तियाँ बार-बार याद हो आतीं—'तुम जला गए हो मशाल/बन गया आज वह ज्योति स्तम्भ/कोने-कोने में बढ़ता ही जाता है किरनों का पसार/लो देखो अपना चमत्कार...' बत्तीस वर्ष पहले लिखी यह कविता पिछले दिनों इलाहाबाद में खोजकर निकाली गई थी। उन्हें मालूम है कि प्रेमचन्द ने अपना अधिकांश लेखन रतजग्गा करके ही किया था। नागार्जुन भी तो रात में ही लिखते हैं ज्यादा। उनकी ज्यादातर कविताएँ और अधिकांश पत्र रात के दो बजे के बाद ही लिखे गए हैं। इन शताब्दी समारोहों को वह कुछ इस तरह देख रहे थे—लम्बी-चौड़ी बातें...परम्परा...पूँजीवादी साजिशों की पोल-पट्टी पर बहस... सामन्तशाही-साम्राज्यवाद-आदि पर बातें। इनमें उन्हें जैसे-जैसे चेहरे दिखाई पड़ते, वे स्तब्ध रह जाते...'आ जुटे अचानक गुपचुप ही/कुछ नाम—उछालू गर्जमन्द/दौड़े शब्दों के सौदागर/दौड़े शिल्पों के नटनागर/पंडों ने घेर लिया घर को/लमही से भागे प्रेमचन्द/जिनको अन्दर से नफरत थी/लाइन में वे भी खड़े दिखे...चन्दाखोरी में महा-मस्त/भागे आए फिरकापरस्त...' और, बार-बार दिल्ली पहुँचने की तिथियाँ अनिश्चित होती गईं।

जब नागार्जुन पटना में थे, तभी परिवार में एक दुर्घटना हो गई...रेखा (शोभाकान्त की पत्नी) की तीसरी सन्तान जन्म के तीन रोज बाद ही धराधाम से उठ गई... नागार्जुन को बड़ी ही चोट पहुँची। पैंतीस-छत्तीस वर्ष के बाद इस प्रकार की दुर्घटना हुई थी। उनकी भी द्वितीय सन्तान (शोभाकान्त के बाद की बेटी) इसी तरह विदा हो गई थी। कर भी क्या सकते थे! शोभाकान्त तरौनी गए एक सप्ताह के लिए और रह आए सोलह दिन...इसी बीच उन्हें कई जगह जाना पड़ा, तो शोभाकान्त के घनिष्ठ मित्र राणा प्रताप को साथ लिया। राणा वामपंथी विचारधारा में रमा-बसा रचनाकार है। उसी दरम्यान अपराजिता पटना आकर पारिवारिक समस्या को लेकर जम गई,

तो एक सप्ताह के लिए वह दिल्ली गए और प्रकाशकों से आवश्यक पेमेंट लेकर वापस पटना लौट आए। कानपुर भी जाना था प्रेमचन्द यज्ञ में, पर ट्रेन आठ घंटे लेट थी और रात भर का समय ट्रेन की प्रतीक्षा में निकल गया था। फिर, पटना से भागलपुर और वहाँ से जा पहुँचे अपने मनलग्गू महानगर कलकत्ता...राणा प्रताप लगभग एक महीने तक यात्रा में लगातार साथ रहा। कलकत्ता पहुँचकर नागार्जुन ने उसे पटना रवाना कर दिया।

देश की राजनीतिक घटनाएँ भी अपने ढंग से घटित होती जा रही थीं। जैसे को तैसे की तर्ज पर केन्द्र की सत्ता ने कील हाथ में लेकर नौ प्रान्तों की विधानसभा को भंग कर दिया। इंदिरा गांधी के दसों हाथ मजबूत हो गए, 'लम्बी दसों भुजाएँ/ललकारा है तुमने जिनको, आना हो, वे आएँ...' जनता पार्टी में बिखराव की रही-सही कसर को विभिन्न प्रान्तों की चुनाव प्रक्रिया ने पूरी कर दी। नागार्जुन को देश की राजनीति में बड़ी विस्फोटक स्थितियाँ लग रही थीं। वे खुद चुनावी धमा-चौकड़ी देखना चाहते थे, पर कुछ मजबूरियाँ थीं कि सभी नौ प्रान्तों में चाहकर भी नहीं जा सकते। कलकत्ता में केवल बंगाल के ही लोग नहीं रहते, यहाँ तो 'आई तजकर अपनी-अपनी नीड़/कर्महीन निरुपाय जनों की भीड़...' इस भीड़ में चर्चा-परिचर्चा सब चलती—'माई जी का अलग मंच है/बेटा व्याकुल है तिकड़म में...' स्थिति यह थी कि राजनीति में सबसे ताकतवर हस्ती हो गए थे संजय गांधी। नागार्जुन ने उन्हीं दिनों डायरी में लिखा था—'उस माँ की उस बेटे की भी/अलग छटा है, अलग शान है...'

कलकत्ता में साथ लिया चिनू यानी चिन्मय कांति घोष को। इस सोलह वर्षीय तरुण ने अभी ही दसवीं का इम्तहान दिया था। बांग्ला में लिखता-छपता है। एक दिन कॉलेज स्ट्रीट वाले कॉफी हाउस में एक ग्रुप ने घेर लिया था। ग्रुप का नाम 'टेउ' (तरंग) था। इस नाम से पत्रिका भी निकालते थे वे सब। चिनू 'युगान्तर' में भी लिखा करता था। काशीपुर कॉलोनी के क्वार्टर में जाकर उसके माता-पिता से मिल आए थे। सो, चिनू यहाँ से अगली यात्रा के लिए पन्द्रह-बीस दिनों तक साथ हो लिया। नागार्जुन ने चुनावी दंगल वाराणसी में जाकर देखा। वहाँ गए थे कवि सम्मेलन में भाग लेने। चुनावी नाटक देखकर वे नेताओं पर सोचने लगे थे, 'तुम्हें क्या खबर संकट सचमुच/किस चिड़िया को हम कहते हैं/उन्हें क्या खबर दुखी होकर खेतिहर/अधपेट कैसे रहते हैं...'

लगभग साल भर कहीं स्थिर होकर नहीं बैठे। कभी इलाहाबाद, तो कभी बनारस। कभी पटना, तो कभी कलकत्ता...जहाँ-तहाँ स्थायी ठौर बनाने का विचार मन में आता रहा, पर दिल्ली ही घूम-घूमकर आते रहे। दिल्ली के करीब ही कहीं बैठकर काम करने का मन बनाया। कभी बिजनौर, तो कभी हापुड़। उपन्यास और खण्ड काव्य पूरा करने के लिए छह महीना एकान्त तो चाहिए ही। शोभाकान्त को

हापुड़ में जमाने का इरादा भी बना, और वह परिवार भी ले आया। तीन-चार संग्रह के लायक रचनाएँ उसने इकट्ठा भी कर ली थीं। पर इतने से तो काम चलना सम्भव नहीं था। रॉयल्टी की अल्प आय जब खुद उनके लिए पूरी नहीं पड़ती, तो शोभाकान्त का गुजारा भला कैसे होगा? प्रकाशन करने के लिए पूँजी कहाँ से मिलेगी और फिर व्यवसायगत जोड़-तोड़ भी उससे सम्भव नहीं। ज्यादा दौड़-धूप तो वह कर ही नहीं सकता। श्यामाकांत भी दिल्ली आ गया। उसे तत्काल कोई काम चाहिए ही, अन्यथा सारा दिन घर में पड़ा-पड़ा कुंठित होता जाएगा। श्रीकांत पर भला कितना भार डाला जाए! खुद नागार्जुन का स्वास्थ्य कभी ठीक होता, तो कभी उठाकर पटक देता।

दिल्ली रहते हुए अपने ठौर पर होते, तो नागार्जुन अपने कमरे में पत्र-पत्रिकाओं और पुस्तकों के बीच बैठे नजर आते। बिस्तर पर ही उनका पूरा लेखकीय कर्मकांड चलता रहता। कभी-कभी कविताएँ उतरती हैं कॉपी पर या फिर पत्र-लेखन होता। पत्र पढ़ना और लिखना, दोनों प्रिय और आवश्यक काम लगता उन्हें। यात्रा के लिए जो छटपटाहट रहती, उससे कम पत्र-लेखन के लिए नहीं। डाक विभाग की महिमा ऐसी हो गई अब कि सामान्य डाक न जाने कहाँ गुम होती रहती! मेहनत से और मनोयोगपूर्वक लिखे गए विस्तृत पत्र यदि सही ठिकाने तक न पहुँचे, तो कितने दुख की बात होती है! इसी से नागार्जुन अब ज्यादातर पत्र सूत्र-शैली में यानी संक्षिप्त ही लिखते। सूत्रात्मक संक्षिप्त शैली उन्हें ज्यादा कारगर लगती पत्र-व्यवहार में, पर कभी-कभी उन्हें यह भी लगता कि सूत्र-शैली में चार पंक्तियाँ हमेशा काफी नहीं हुआ करतीं। कभी-कभी उन्हें किसी-किसी को लिखना पड़ता—'तुम विस्तारपूर्वक पत्र क्यों नहीं लिखते हो?'

नई-पुरानी पुस्तकें और ढेर सारी पत्र-पत्रिकाएँ देखने का क्रम यात्रा में भी छूटता नहीं। पुस्तकों के कारण यायावरी में थैला काफी वजनी तो रहता ही था, अब पठन-सामग्रियों से भरा एक छोटा बक्सा भी साथ चलने लगा। बांग्ला, पंजाबी, मराठी, गुजराती, संस्कृत आदि भाषाओं की पुस्तकें उनके साथ यात्रा करती रहतीं। कोई दूसरा उन पुस्तकों को यदि हाथ लगाता, तो नागार्जुन बड़े ही गौर से उसे देखा करते। कारण यह कि कुछ महत्त्वपूर्ण समाचारों की कटिंग वे उन पुस्तकों के भीतर रखा करते। उन समाचारों के भीतर उनके काव्य-बिम्ब और बीज छिपे रहते। इच्छा यह भी रहती कि जो पुस्तकें उन्हें अच्छी लगती हैं, उसको निकट के प्रियजन जरूर देखे-पढ़ें और उस पर बातें करें। कभी-कभी दूसरों के लिए भी पुस्तकें खरीद लेते। यदि पटना के किसी व्यक्ति की पसन्द की कोई पुस्तक नागपुर या इन्दौर में दिखती, तो उसे निश्चित रूप से खरीद लेते...कई लोगों के पास उनके द्वारा खरीदी पुस्तकें मिलेंगी। कई पुस्तकों पर कुछ लिखा भी मिलता—'प्रिय बन्धु..., इसका पूरा स्वाद लेंगे और बोर न होंगे...' या फिर '...के लिए यह (पुस्तक का

नाम) बाजार से प्राप्त किया, बीच में कोई अन्य चतुर (चाईं और उचक्का टाइप) व्यक्ति न लपक ले जाए, यह डर था।' और नीचे उनका हस्ताक्षर तिथि के साथ दर्ज रहता। उनके पास पड़ी पुस्तकों में कभी-कभी अनुत्तरित पत्र पड़े रहते, तो कभी उसमें सौ रुपये के एक या दो नोट भी मिला करते, जिसे देखकर कभी-कभी नागार्जुन खुद भी चौंक जाते।

नागार्जुन को अब शासकीय साहित्यिक आयोजनों में बुलाया जाने लगा है। पूना में हिन्दी निदेशालय की तरफ से गैर-हिन्दी भाषी नव लेखकों के लिए प्रशिक्षण शिविर का आयोजन किया गया, तो उसमें नागार्जुन भी प्रशिक्षक बनाए गए। युवा पीढ़ी के प्रति ललक ने जोर मारी, और नागार्जुन सब कार्यक्रमों को उलट-पुलटकर वहाँ जा पहुँचे। शिविर तो मात्र सात दिनों का था यानी 5 फरवरी से 11 फरवरी, 1981 तक। पर रह गए लगभग बारह दिन। छन्द, भाषा और काव्य-बीज, बिम्ब पर बातें होती रहीं। रचनाएँ सुनी-सुनाई गईं। नागार्जुन से लोग उन रचनाओं को सुनना चाहते, जिसके लिए वे हमेशा चर्चा या विवाद में रहे हैं। नगर में कई जगहों पर गोष्ठियाँ हुईं। एक-दो गोष्ठियाँ प्राध्यापकों ने अपने घर पर रखीं, जहाँ उनसे कहा जाता, 'यहाँ हमारे घर में आप चाहें जैसी भी रचनाएँ सुना सकते हैं।' तो नागार्जुन 'क्या हुआ-क्या हुआ' आदि तिक्त रचनाएँ भी सुनाया करते। पूना के बाद लगभग अठारह-उन्नीस दिन बम्बई रह गए। उस यात्रा में लोगों से मिलने और पढ़ने के अलावा कुछ कर नहीं पाए। यों यदा-कदा पाँच-सात पंक्तियाँ निकलीं, पर अपना ही मन उसको स्वीकार नहीं कर पा रहा था।

उस बार पूना-बम्बई यात्रा के बाद तीन-चार दिनों के लिए नागपुर से सीधे जा पहुँचे पटना। मैथिली अकादमी की ओर से आयोजित कवि सम्मेलन में भाग लेना था। लगभग एक माह पटना में रहने का मन बनाया था। वहाँ कई दूसरे कार्यक्रमों में भी हिस्सा लेना था। मैथिली में यों भी अब लिखना कम हो गया था उनका। सारा समय हिन्दी और अखिल भारतीय माहौल में रहते-रहते मानो मैथिली लेखन छूट-सा गया है। यों अपने घर, किसी मैथिल परिवार या मैथिली भाषा-भाषी से मिलने पर मैथिली में ही बातचीत करना पसन्द था उन्हें। आखिर मातृभाषा ने आगे बढ़ने में उनका हमेशा साथ ही दिया है। मैथिली भाषा में यात्री को देखने-सुनने के लिए लोग सतत मौका तलाशते रहते। लेकिन वे स्वयं मैथिली के लिए समय नहीं निकाल पाते।

पटना में थे, तो अपराजिता आकर बता गई कि मई के प्रथम सप्ताह में सुकान्त के दोनों पुत्र और शोभाकान्त के एक पुत्र का मुंडन संस्कार होना है, तो उस अवसर पर नागार्जुन को निश्चित रूप से तरौनी में रहना होगा। बहुत दिनों के बाद घर में माँगलिक कार्यक्रम होगा, तो उर्मिला और मंजू भी आएँगी ही। परिवार के सभी सदस्य एक साथ मिल बैठेंगे। फिर, उस बार हफ्ते-दस दिनों के लिए पटना से दिल्ली लौटे। पटना से थोड़ा अस्वस्थ होकर ही वह अमूमन दिल्ली लौटते।

उस बार भी ऐसी ही हालत थी। पटना में लगा था कि दिल्ली की आबोहवा उन्हें लगेगी, तो वह ठीक हो जाएँगे। पर दिल्ली पहुँचने के तीसरे दिन दमा अपने रौद्र रूप के साथ प्रकट हुआ। बोलना एक तरह से बन्द-सा हो गया। बिस्तर पर पड़े रहते या सिर झुकाकर बैठे-बैठे हाँफते रहते। चलना-टहलना भी बन्द। डॉक्टरों ने सलाह दी कि अगले तीन-चार मास कहीं भी यात्रा न करें। नगर परिक्रमा भी नहीं। सिर झुकाकर बैठे-बैठे तरौनी और अपने परिवार के बारे में ही सोचते रहते। पौत्रों के मुंडन में पूरे परिवार के साथ रहने की इच्छा पूरी नहीं हो पाई। लगा, कहावत ठीक ही है—आपन मन कछु और, विधना के कछु और...नागार्जुन खुद तो गाँव नहीं जा सके, श्रीकांत भी नहीं पहुँच पाए। आखिर कोई न कोई चाहिए था उनकी सेवा के लिए।

अब यात्रा में उम्र के हिसाब से उन्हें कष्ट होने लगा था। यों भी रिजर्वेशन रहने पर भी आराम और सुविधा की कोई गारंटी नहीं...भीड़ दिनानुदिन बढ़ ही रही थी। यात्रा-खर्च भी खूब बढ़ गया था। लगभग दो माह दिल्ली से बाहर नहीं निकले। निकले तो जून के अन्तिम दिनों में काशीपुर, वाचस्पति के पास। सोचा था, जुलाई के मध्य के बाद जब बारिश का मौसम शुरू हो चुका होगा, दिल्ली वापस लौट आएँगे। नैनीताल करीब होने के कारण काशीपुर में गर्मी की तपिश कम थी। तीन-चार दिन नैनीताल में भी रहना हुआ, और कई जगह काव्य-पाठ और हल्का-फुल्का भाषण भी देना पड़ा। शोभाकान्त के बच्चे-पत्नी गाँव रहने लगे थे और उसने खुद दिल्ली में एक प्रकाशक के यहाँ नौकरी शुरू की। नौकरी पकड़ने के चौथे दिन ही बस से उतरने के क्रम में शोभाकान्त गिर पड़े और अपनी खराब बाईं टाँग के ठेहुना को फ्रैक्चर करा बैठे। काशीपुर में जब यह खबर नागार्जुन को मिली, तो वे परेशान हो उठे। नाना प्रकार की चिन्ताओं ने एक साथ उन्हें घेर लिया। शोभाकान्त की चिकित्सीय सुविधा के लिए उन्हें दिल्ली पहुँचना आवश्यक लगा, तो वे वापस लौट आए। श्रीकांत और श्यामाकांत ने बड़ी मुस्तैदी से शोभाकान्त की परिचर्या की। चालीस दिन का प्लास्टर लगा और फिर चार-छह दिन वैशाखी के सहारे। अगस्त (1981) के मध्य में शोभाकान्त को लेकर नागार्जुन पटना आ गए...सोचा था, गाँव में माँ और पत्नी की निगरानी में कुछ दिन रहेगा। तेल मालिश होगी, तो पाँव को ताकत मिलेगी।

हफ्ते भर बिहार रहकर नागार्जुन उज्जैन के लिए पटना से रवाना हुए। साथ लिया युवा कवि रवीन्द्र भारती को। कटनी-बीना वाले रूट से उज्जैन जाना तय किया, ताकि बीच में विदिशा रुककर एक-दो दिन आराम कर सकें। उज्जैन रह गए लगभग बारह दिन...नागार्जुन को लेकर उज्जैन में कई आयोजन हुए। शमशेर बहादुर सिंह उन दिनों उज्जैन विश्वविद्यालय के प्रेमचन्द पीठ में ही थे। साथ ही रहना हुआ। वहीं पर उन्हें भोपाल में आयोजित 'महत्व : केदार नाथ अग्रवाल'

त्रिदिवसीय आयोजन में रहना आवश्यक लगा। लगभग चौबीस-पच्चीस दिनों के बाद पटना वापस लौटे, तो लगातार जारी मूसलाधार बारिश ने उनका स्वागत किया। इस बार मध्य प्रदेश की यात्रा में थके भी खूब। सोच लिया कि एक मास पटना रहकर विश्राम करेंगे, कहीं नहीं जाएँगे। शोभाकान्त लगातार गाँव में रह रहा था। उन्हें आश्चर्य होता कि शोभाकान्त को गाँव में लगातार रहना भला कैसे अच्छा लग रहा था! उनका मानना था कि किसी भी हालत में पन्द्रह दिनों से अधिक गाँव रह जाने से दिल-दिमाग में अन्दर फ्रस्टेशन भरेगा...यों अब उन्हें भी शोभाकान्त या घर के किसी सूझ-बूझ वालों का साथ न रहना अखरने लगा था। उस बार पटना बीस-पच्चीस दिन रहे...लगातार पत्र द्वारा शोभाकान्त को पटना आ जाने को लिखते रहे, पर वह गाँव से निकल नहीं पा रहा था। पटना में लगातार शोभाकान्त की प्रतीक्षा रही। कई आवश्यक काम उसके बिना नहीं हो पा रहे थे। बीस-पच्चीस दिन पटना में रहकर दिल्ली वापस आ गए अक्टूबर के मध्य में। शोभाकान्त से उस बार भेंट नहीं हुई। लगा, हर इनसान अपनी विवशताओं की परिधि में घुट रहा है...दिल्ली आकर फिर शोभाकान्त की जरूरत महसूस हुई, तो दो सौ रुपये का मनीऑर्डर भेजा और लिखा—'तुम अविलम्ब गाँव से चल दो...पटना या इलाहाबाद रुकने की आवश्यकता नहीं...कई लोग तुम्हारे बारे में बार-बार पूछते हैं...'

'रात को दो बजे के बाद/नींद नहीं आती है/यह तो प्रकृति का वरदान ही मानता हूँ/ अपने लिए, जी हाँ ऽऽऽ...' अक्सर मध्य रात्रि के बाद भीतर से मानो कोई कहता रहता, 'अभी काफी रात है बाबा/लेट जाओ! लेट जाओ!!...नींद न आए/तो भी लेटे रहना/हाँ, आँखें मूँदकर/चुपचाप पड़े रहना/इससे भी बेचैनी की मात्रा कम होगी'। नागार्जुन के पास 'यह बेचैनी ही तो अपनी जमा-पूँजी है/हाँ, अस्सल जमा पूँजी! अस्सल/यह अक्सर रात को ही आती है/ठीक दो बजे के बाद...यह मुझसे सही माने में/भगवती जागरण करवा 'लेती है'...मध्य रात्रि में बा-होश रहता हूँ/ बा-खबर! होशियाऽऽर/दुनिया को क्या लेना है इससे?/मैं सोता रहता हूँ कि जागता रहता हूँ/किसी को क्या लेना है इससे/नीरव-निशीथ में अक्सर/टेलिप्रिंटर की तरह/ लाइनों पर लाइनें/निकालने लगते हैं मेरे अन्तस्/तो मैं एकदम बिस्तर छोड़ देता हूँ/उठ जाता हूँ/टार्च जलाता हूँ/पानी लेता हूँ थर्मस से.../सिरहाने के नीचे से घड़ी निकालकर देखता हूँ/2.27...या 2.32 या 2.54...मेरी नजरें दिप-दिप कर रही हैं/ सीने के अन्दर धड़कन तेज है...मन ही मन जमाता रहता हूँ/इन पंक्तियों को तरतीब में/डायरी के किसी भी पेज में/लिखना शुरू कर देता हूँ...' और उन्हें याद भी है कि किस रात क्या-क्या लिखा। याद रहने का कारण यह भी है कि अब वे अपनी हर रचना के साथ तिथि, जगह और पक्तियों की संख्या के साथ-साथ समय भी लिखा

करते। रात की तिपहरिया में मीटर डाउन हो जाता, तो फिर पंक्तियाँ आने लगतीं कागज पर। हजूम में आतीं, तो उन्हें मनाने और इंतजार के लिए आरजू-मिन्नत करनी पड़ती, 'बेईमान नहीं हूँ/मैं सबके साथ इंसाफ करता हूँ...'

ऐसी बात नहीं कि कविताएँ ही रात में लिखते हों। आए हुए पत्रों का जवाब भी रात में दिया जाता है। शकुंतला के पत्र एक रात सामने आ गए...थोड़ी-थोड़ी देर बाद तीन-चार बार पढ़ा। पत्र पढ़कर आँखें भींग आईं...'कभी न थकती, करती वो कभी नहीं आराम/उसको प्रिय है अपनी ड्यूटी, काम, काम, बस काम/कौन कहेगा बी.एच.यू. की स्नातक है वो/थाई देश में जन्म हुआ था...' रात में अक्सर भावनाओं के हुजूम दिप-दिप करते हैं...सामने होते हैं कतारों में सजे शब्द। उनके मुताबिक, "रात में जो कविताएँ आती हैं, वो रील की तरह आती हैं, बहुत लाडली होती हैं। तुरन्त-फुरत उनका स्वागत न किया जाए, तो सवेरे तक उड़ जाती हैं..." न जाने कितनी पंक्तियाँ रात को आती हैं उनके पास...कभी-कभी पूरी की पूरी रचनाएँ, तो कभी दो पंक्तियाँ या फिर चार टुकड़े! कभी-कभी उन पंक्तियों या टुकड़ों को हफ्तों या महीनों के बाद पूरा होने का मौका मिलता...रात में या दिन में, जब कभी नोटबुक उलटते-पुलटते, तो अक्सर उसमें लिखी गई पंक्तियाँ मानस पटल पर उभर आतीं। नागार्जुन अधूरी रचनाएँ सुनाना नहीं चाहते कभी। वे मानते हैं कि अधूरी रचनाएँ जब कॉपी या नोटबुक से निकलती हैं, तो उनको नजर लग जाती है और वे ठमक जाती हैं...शरमाकर रुक जाती हैं! यों कोई-कोई रचना बरसों तक दिल-दिमाग के किसी न किसी कोने को छेके रहती है, क्योंकि हर रचना का अपना एक अन्दरूनी जन्मजात स्वभाव होता है। अब तो अधिकांश रचनाओं की पेनी इन्हीं शान्त और मानसिक एकान्त में छनती है।

साल पर साल निकलते जा रहे हैं। कब से उपन्यास और खंडकाव्य लिखने के लिए तरस रहे हैं नागार्जुन। नवम्बर (1981) का अन्त आ ही रहा है। उनके सामने अगले-तीन चार महीनों के तय किए गए कार्यक्रम नाच गए...मासान्त तक शोभाकान्त तरौनी से वापस आएँगे, तो फिर उनके साथ बैठकर तीन-चार पुस्तकों की योजना पर बात करेंगे...संस्कृत की पुरानी रचना जोधपुर में पड़ी है, उसके लिए वहाँ जाना पड़ेगा। वहाँ से पत्र आया था...एक पुरानी इच्छा लगभग पैंतालीस वर्षों से साथ चल रही है, वह भी पूरी नहीं हो पा रही है। वह इच्छा राहुल जी ने सुझाई थी कि अश्वघोष के 'बुद्धचरित' का पुनर्रोद्धार करो...अश्वघोष ने संस्कृत में इसे लिखा है। किन्तु इसके अट्ठाइस सर्गों में से मूल भाषा में केवल पाँच सर्ग उपलब्ध है, शेष नष्ट हो गए। तिब्बती अनुवाद में पूरा का पूरा है। राहुल ने भार दिया था और कहा था, "तुम संस्कृत जानते हो, तिब्बती से इस तरह अनुवाद करो संस्कृत में कि अश्वघोष उसमें गूँजता मालूम हो।" मगर जीवन की आपाधापी में तिब्बती भाषा पर वह ऐसा अधिकार नहीं प्राप्त कर पाए कि इस काम में लग

सकें। कभी-कभी मन में आता कि छह महीने या साल भर सिक्किम के नामग्याल इंस्टीट्यूट फॉर टिबेटियन स्टडीज में जाकर गोता लगा आएँ, तो इस लायक तिब्बती आ ही जाएगी कि अश्वघोष की महान कृति को फिर से संस्कृत में ढाल सकें। नागार्जुन को पक्का विश्वास है कि कीर्ति के लिए यही एक काम काफी है। यह काम जब-जब उन्हें याद आता, तो सोचते—क्यों न फिर से चीवर धारण कर लें। अब तो खैर उम्र भी वानप्रस्थ की है। फिर लंका चले जाएँ अपने मठ में। दिल्ली में उस मठ से सम्बन्धित कुछ लोग बराबर मिलते रहते। वे आग्रह करते हैं फिर से लंका चलने के लिए। वहाँ रहकर थाई देश, जापान, तिब्बत सब घूमेंगे और लिखेंगे 'बुद्धचरित'। एक अलग से महाकाव्य भी लिखा जा सकता है और एक बड़ा उपन्यास भी।

रचनाकार और जैस-तैसे सद्‌गृहस्थ! अब फिर से माथा मुड़ाने एवं काषाय वस्त्र धारण करने की लालसा इस जन्म में शायद अधूरी ही रह जाए! जे.एन.यू. में एक भंते ने नामांकन करवाया, तो नागार्जुन ने लिखा अपनी कॉपी में—भावछि आमिओ ना कि ढूँके पोड़ि/टिबेटियान निले केउकि/आपत्ति कोरबे?/डाक्टर विमला प्रसाद/डाक्टर नामवर/डाक्टर मुजीब.../ऐरा रिकमेंड कोरबेनइ...

नामवर की याद आते ही खयाल आया कि दिसम्बर (1981) के प्रथम सप्ताह में एक कार्यक्रम के लिए समय ले रखा है उन्होंने नागार्जुन से। उसमें रहना अनिवार्य है। दिल्ली में ही लुशुन पर त्रि-दिवसीय कार्यक्रम का उद्‌घाटन करना है। लुशुन का शताब्दी वर्ष है। स्मारिका के लिए एक कविता कागज पर उतारनी पड़ी। कार्यक्रमों का ऐसा दबाव अब रहने लगा है कि कई कार्यक्रमों का आमंत्रण टालना पड़ता। और कोई उपाय दिखता नहीं...हापुड़ जाकर आँखों का चश्मा लेना अनिवार्य-सा लगा। नौजवान आई स्पेशलिस्ट ने कहा था—"आगे सावधानी नहीं रखने पर मोतियाबिन्द हो जाएगा।" हापुड़ से मुरादाबाद और वहाँ से जहरीखाल पहुँचना शत प्रतिशत निश्चित है। वहाँ सह जीवन का पारिवारिक सुख लुटेंगे...लेकिन दिसम्बर के अन्तिम सप्ताह में हापुड़ से लौटना पड़ेगा उन्हें। जैसे-तैसे एक सप्ताह ही शकुन्तला और वाचस्पति की निगरानी में रह पाएँगे। ढेर सारे इंगेजमेंट आ पड़े हैं उन पर। जाने क्या-क्या करना है और जाने कहाँ-कहाँ जाना है? दिल्ली-विदिशा-भोपाल-इटारसी-धनबाद-रायपुर-हैदराबाद-कोचिन...घूम-घूमाकर फरवरी (1982) के मध्य तक पटना पहुँचेंगे...पन्द्रह-बीस दिन वहाँ रहकर फिर इलाहाबाद, हापुड़, जयपुर आदि जाएँगे और अन्त में अप्रैल के मध्य तक फिर जहरीखाल...चार महीने का गुप्तवास रहेगा वाचस्पति की पारिवारिक छाँव में। उन सबकी निगरानी में चार पुस्तकें पूर्ण करने का संकल्प ले चुके हैं घुमक्कड़ शिरोमणि यात्री नागार्जुन। शकुन्तला को लिखा—'ठीक पन्द्रह वर्ष पूर्व इस प्रकार का कठोर संकल्प मैंने लिया था...' हाँ, पन्द्रह वर्ष पूर्व इलाहाबाद में नागार्जुन ने दो पुस्तकों को प्रकाशक

के हवाले किया था। एक हिन्दी उपन्यास 'जमनिया का बाबा' और दूसरा मैथिली काव्य-संग्रह 'पत्रहीन नग्न गाछ'। शायद इस बार संकल्प पूरा कर लेंगे, क्योंकि 'बना रहे वाचस-शकुन का प्यार.../बने रहें चि. अनिमेष के लाड़-दुलार.../बनी रहे घुमक्कड़ की मानसिकता का यह संसार...।'

भावों के जुगनू

'यादों की शाम है/मेरे चिलमन में/जरा ठहरो...' अपने हमउम्र मित्र शमशेर की ये पंक्तियाँ उस रात नागार्जुन को रह-रहकर याद आ रही थीं। वे बिस्तर पर लेटेंगे ग्यारह बजे वाला रेडियो न्यूज सुनकर। देश-दुनिया की गतिविधियों की पूरी जानकारी उन्हें चाहिए। उज्जैन विश्वविद्यालय के प्रेमचन्द सृजन पीठ के अध्यक्ष शमशेर बहादुर सिंह के विश्वविद्यालयीय आवास में दिसम्बर, 1982 में पन्द्रह-बीस दिनों तक अपने को स्थापित कर रखा था नागार्जुन ने। दिन में हेमंती बादल टपका गए थे बड़ी-बड़ी बूँदें, तो ठंडक का बढ़ जाना स्वाभाविक था। शाम में दोनों मित्र जरा देर के लिए घर से बाहर निकले थे।

नौ दिवसीय कालिदास समारोह के लिए नागार्जुन उज्जैन आए थे। समारोह के संस्कृत कवि सम्मेलन की अध्यक्षता उन्हीं के जिम्मे थी। यह आयोजन नवम्बर (1982) के अन्तिम दिनों में सम्पन्न हुआ था। पिछले समारोह (नवम्बर, 1981) के लिए भी वे विशेष रूप से आमंत्रित थे, पर ऐन मौके पर पटना में दमा की गिरफ्त में आ गए और दिल्ली आए, तो वहाँ से निकल ही नहीं पाए। दमा को लेकर खतरा अब ज्यादा ही रहता है। इस बार स्वास्थ्य किसी तरह कामचलाऊ था, लेकिन देश के राजनीतिक हालात के साथ प्राकृतिक उपद्रव भी ऐसे थे कि सोच-सोचकर उनका मन देर तक खोया रहता। 'छिद्र ही नजर आते हैं सर्वत्र/क्या-क्या देखूँ, क्या-क्या न देखूँ?...'

दरअसल, देश के कुछ हिस्सों में आए तूफान के कारण पश्चिम रेलवे के मार्ग जहाँ-तहाँ अवरुद्ध हो गए थे। उधर एशियाड के मौके पर दिल्ली में अकालियों ने प्रदर्शन की योजना बनाई थी। वह देख भी रहे थे और समझ भी रहे थे—'लोकसभा के गलियारों में घुस आए हैं प्रेत/टिड्डे बनकर चर जाएँगे यही वतन के खेत...' ऐसी ही स्थिति में उज्जैन जाना था, तो कालिदास की एक पंक्ति याद आ गई थी—मार्गम् तावच्छृणु कथम तस्त्व त्प्रयाणानुरूपं...(बतला दूँ पहले तुम्हें वह राह/जिधर से जाने में सुभीता रहेगा...) और कालिदास को अपनी संस्कृत रचनाएँ अर्पित करने के लिए कार्यक्रम से डेढ़ सप्ताह पहले ही उज्जैन जा पहुँचे थे नागार्जुन, दिल्ली से भोपाल

वाले रूट से। न विदिशा में विश्राम किया और न भोपाल में मित्रों से मिले। उज्जैन कार्यक्रम के चलते जगदलपुर अंचल के कई प्रोग्राम टाल गए। शमशेर उज्जैन में रह रहे हों, तो नागार्जुन अन्यत्र क्यों ठहरते! पर नवम्बर के मध्य जब वे वहाँ पहुँचे, तो शमशेर मेरठ गए हुए थे। शमशेर को नागार्जुन के आने की पूरी जानकारी तो थी, पर तय कार्यक्रम से दस-ग्यारह दिन पूर्व ही नागार्जुन आ जाएँगे, इसका अन्दाजा उज्जैन में किसी को नहीं था। अपना कार्यक्रम पत्रों द्वारा देश भर के मित्रों को बताने वाले नागार्जुन को आश्चर्य हुआ कि उज्जैन वाले दस-बारह कार्ड न जाने कहाँ खो गए! भारतीय डाक व्यवस्था तो 'बिना टिकट वाले खत आते/डाक देख लो, मेल देख लो...।' अब तो आम शिकायत है कि सामान्य डाक नहीं मिलती। देर होना, तो अनिवार्य स्थिति है। शमशेर थे नहीं, तो पवन कुमार मिश्र के घर अपना झोला-झपटा रखा और वहाँ जो चिमटा गाड़ा, तो शमशेर के उज्जैन लौटने के तीन-चार दिनों के बाद ही वह उखड़ पाया।

कुर्सी से उठकर बिस्तर पर आ गए। पल्थी मारकर बैठ गए। कम्बल को पल्थी पर रखा और सोचा—उज्जैन में काशी-प्रयाग के गुण समन्वित तौर पर मौजूद हैं अंशत:। यह भारत के सर्वाधिक प्राचीन नगरों में से अन्यतम है। आज भी इसकी अपनी कुछ एक खूबियाँ साफ-साफ नजर आती हैं। यह भोपाल से जरा दूर है। इन्दौर की गोद में कभी नहीं रहा। अहमदाबाद-जयपुर भी यहाँ से दूर है...अभी इसी यात्रा में उस दिन एक ऑटोवाले ने सहज भाव से कहा था—"साहेब, इन्दौर में हम पिस गए होते! वहाँ तो बम्बइया नखरे हैं साहेब।" महाकालेश्वर की नगरी होने के कारण देश-विदेश से भारी संख्या में लोग उज्जैन आते रहते हैं। जब भी नागार्जुन यहाँ आते, तो शिप्रा नदी का दर्शन करते ही हैं। शिप्रा की प्रवाहमयी धारा की जगह ठिठके गंदे नाले के पानी को देखकर उनका मन कचोटने लगता। एक तरफ कालिदास के नाम पर भव्य समारोह और दूसरी ओर कालिदास की प्रिय नदी की ऐसी दुर्दशा!

उज्जैन के इस लम्बे प्रवास में देश भर के ढेर सारे संस्कृत रसिकों से जमकर सत्संग जमा। अपने शमशेर के संग पूरा का पूरा हिन्दी और संस्कृत विभाग तो था ही...उन्हीं दिनों हिन्दी विभाग ने नाट्य प्रध्यापन-प्रशिक्षण शिविर चला रखा था। प्रान्त क्या, देश भर के पचासों हिन्दी प्राध्यापक आ जुटे थे। नागार्जुन को भी शरीक होना पड़ा। रतलाम के लोगों ने उन्हें अपने यहाँ ले जाने का कार्यक्रम बनाया। लेकिन नागार्जुन को लगा कि थक जाएँगे, दमा बढ़ जाएगा, और वे बीमार होने से बचना चाह रहे थे। क्योंकि वर्ष के अन्तिम दिनों में जयपुर में आयोजित होने वाले प्रगतिशील लेखक संघ के महाधिवेशन में जाना आवश्यक था। मूड-मिजाज के साथ शरीर को ठीक रखने में शमशेर जैसे मित्र के संग रहना सुखकर लग रहा था। जयपुर के बाद दिल्ली ही लौटना था। उम्र और स्वास्थ्य को देखते हुए अब तो वे

दो-तीन दिन पूर्व ही उस नगर में जा पहुँचते, जहाँ कार्यक्रम होना तय होता है...

दिल्ली याद आते ही याद आई कि पिछले साल अन्तिम दिनों में जहरीखाल से वापस दिल्ली आए थे। 5,250 फुट की ऊँचाई पर गढ़वाल रेजिमेंट के हेडक्वार्टर के करीब पहाड़ी ग्रामांचल जहरीखाल, अर्थात ठेठ पहाड़ी जहरी गाँव...बदरी-केदार वाला महामार्ग वहाँ होकर गुजरता है। उसके ऊपर सुदूर उत्तर दिशा में फूलों की घाटी पड़ती है, लगभग 300 किलोमीटर आगे तिब्बत की सीमा के निकट। पिछले वर्ष कड़कड़ाती ठंड, अर्थात दिसम्बर 1981 में कुछ दिन वहीं थे, और अब जब 1982 ई. का अन्त होने जा रहा है, तो उज्जैन में बैठकी लगाए हुए हैं।

मध्य प्रदेश में उन्हें खूब बुलाया जाता। यों भी इस राज्य में साहित्यिक-सांस्कृतिक गतिविधियाँ अन्य प्रान्तों से अधिक ही हैं। नागार्जुन की खोज और पूछ सब दिन रही है। अपने संग-संग बाद वाली पीढ़ी का भी उनसे खूब लगाव है। आत्मीयता देने का नागार्जुन का ढंग और मलंग व्यक्तित्व के साथ-साथ विसंगतियों पर त्वरित और बेधने वाली तीखी आक्रामकता के कारण नई पीढ़ी उनका खूब आदर करती है। अपने बाद वाली सभी पीढ़ी से कुछ न कुछ सीखने के कारण उनकी अलग पहचान भी रही है। उम्र के हिसाब से उनके समकालीन भी तो वृद्ध हो चले हैं! नागार्जुन को देश भर से साहित्यिक आयोजनों में पहुँचने का आग्रह किया जाता। लगभग पचहत्तर प्रतिशत आग्रह वे मान नहीं पाते। कुछ तो प्रतिबद्धता के चलते, तो कुछ स्वास्थ्य के कारण और कुछ आयोजकों से मानसिक तालमेल का अभाव। फिर भी, नागार्जुन अन्य मित्रों से ज्यादा यात्रा करते...

1982 के शुरू में प्रगतिशील लेखक संघ की मध्य प्रदेश इकाई ने रायपुर में द्विदिवसीय 'महत्व नागार्जुन' का आयोजन किया। रायपुर के लिए उनके मन में थोड़ी कमजोरी रही है। उनके ननिहाल से सम्बन्धित काफी लोग रायपुर मूल के हो चुके हैं और उन सबका परिवार अच्छी तरह फल-फूल गया है। यहाँ ममेरे और मौसेरे सम्बन्धों के बीच पान-माछ-मखान के साथ-साथ भांटा-अदौड़ी, ओल-अरिकौंछ और तिलकोड़ का स्वाद उन्हें खूब मिलता... यात्री के लिए तो 'चउरंगी, चउपाटी, कनॉट प्लेस/थीक भने आँगन-खरिहान/रहल-खेहल धाँगल बिल्कुल...' प्रत्येक मैथिल को मालूम है कि आपसी सम्बन्ध-सूत्र की गाँठ सुलझाई जाए, तो एक-दूसरे के सम्बन्धी ठहर ही जाएँगे। और यात्री तो कहते ही हैं, 'जाइ छी सभठाँ, करइ छी सभ किच्छु/पसरल छथि कत' नहीं सउजनिआ?' सत्तर पार वृद्ध से जब कोई नारी रिश्ते में मौसी-मामी या कोई भी मधुर सम्बन्ध जोड़ लेती, तो उन सबमें से किसी के भी करीब बैठकर 'सुन-सुन यद्यपि नाना विध आख्यान/तिल-तिल करके बढ़ता जाता ज्ञान...'

फिर तो याद आ गया रायपुर का कार्यक्रम। दर्जनों माला और न जाने कितना कुछ सुनने के बाद कहना पड़ा था, "यह अभिनन्दन संघर्षशील जनता का टोटल

अभिनन्दन है..." सामने हॉल में बैठे लोगों पर नजर डालकर कहा था—"उम्र के इस पड़ाव पर अभिनन्दन का अर्थ है हम आत्म चिन्तन करें, सोचें कि जीवन की सांध्य बेला में हम और क्या कर सकते हैं..." मानो वे कहना चाह रहे थे—'मुझमें अब दम नहीं है रे/खाली चिनगारी यहाँ भला क्या करेगी...।' उनका चौथापन तो आ ही चुका है। यह अलग बात है कि अपने कुछ समकालीन मित्रों की तरह उन्हें यह नहीं सुनना पड़ता कि 'आपके शब्दालंकार/भुस की बोरियाँ हैं...' दो दिनों तक चलने वाले उस आयोजन में जमे रहे। दमा का मौसम था ही, तो बोलते-बतियाते और कविता सुनते-सुनाते खाँसने लगते। मुँह में बलगम आने पर पास पड़े थैले में से पुराने अखबार का पन्ना निकालते, उसे कई तहों में मोड़ते और परतों के बीच बलगम थूकते। उस परतों वाले अखबारी उगलदान को दरी के नीचे दबा देते। कार्यक्रम के बाद उठते समय उसे निकाल बाहर फेंक देते। अब भी उस समय का अपना भावुक स्वर कानों में गूँज रहा था—"अपनों से सम्मान पाना किसे अच्छा नहीं लगता..." और अपनों से अलग हुए, तो हैदराबाद-सिकंदराबाद चले गए दस दिनों के लिए। वहाँ बार-बार अपनी पुरानी पंक्तियाँ याद आती रहीं—'नेता परेशान हैं, जनता का तूफान दबाने में/लाल भवानी प्रकट हुई है सुना है तेलंगाने में...'

जनता के अनेक तूफानों को दबते देखा है। स्वतंत्रता के बाद जन आन्दोलनों के अधिकांश तूफानों में भागीदारी से उनका तन-मन टूटा तो नहीं, पर अब थक जरूर गया है। वे लम्बे समय से देख रहे हैं वामपंथी पार्टियों के मध्यवर्गीय नेतृत्व को। वे इसी प्रतीक्षा में थे कि 'कोई पार्टी निकले, जो इन तमाम वामपंथियों से अलग हो और जिसका नेतृत्व शोषित वर्ग से निकले...' याद आ गईं वर्षों पूर्व लिखी अपनी ही पंक्तियाँ, 'आजादी के भ्रम में हमको/बाईस-तेइस साल हो गए/आग उगलते थे जो साथी/चिकने उनके गाल हो गए...' 'भारत या एशिया में क्रान्ति तब होगी, जब सारे मार्क्सवादी पहले जन संस्कृति और राष्ट्रीयता से जुड़ेंगे...।' लोग तो संस्कृति और पारम्परिक प्रतीकों को अलग से नापने-जाँचने और प्रयोग करने के आदी हो गए हैं। इसी कारण वे अपनी रचनाओं में पारम्परिक प्रतीकों से प्रगतिशील बिम्ब निकालने की कोशिश करते हैं। उन प्रतीकों का उपयोग जिस ढंग से वे करते हैं, उसे आम लोग पसन्द भी खूब करते हैं...यहीं उज्जैन में इस बार सैकड़ों की संख्या में सामने बैठे संस्कृत के गम्भीर काव्य प्रेमियों को जो सुनाया, उसमें एक पंक्ति थी—'निद्रात्येषा मृडानी तुहिन विततिभिः प्रावृतेवाऽऽसमन्ता...(बर्फानी चादर ताने सिर ढँककर/सोई रहती है उमा मृडानी...) 'हैमी पार्वती' नामक यह रचना याद आते ही अपनी उमा अपराजिता याद आने लगी उस रात...

ग्यारह बजे वाला समाचार सुनकर बाथरूम गए और वापस आकर कम्बल में जा घुसे। सिरहाने में रखा टेबुल लैम्प का स्वीच बन्द किया और टार्च को तकिया के बगल में टटोलकर देखा। फिर, क्या हो रहा और क्या न हो रहा है, जैसा कुछ

सोचते-सोचते अपनी आँखों को अँधेरे में कमरे के भीतर घुमाते-घुमाते नींद की गोद में धीरे-धीरे जा पहुँचे।

नींद टूटी। आँखें मूँदे पड़े रहे...समय का अन्दाज नहीं चल पा रहा था। इच्छा भी नहीं हो रही थी कि टार्च जलाकर घड़ी देख लें! 'भवितव्यता की अथाह और अपारदर्शी झील के अन्दर/कौन-सी दशा/कौन-सी स्थिति या दुःस्थिति/आपका इंतजार कर रही है/कोई नहीं जानता...' लेकिन बीती दशा तो सब बता सकते हैं। याद आया कि सोते समय अपराजिता दिमाग पर छा गई थी। अपराजिता जब भी सोच के दायरे में आती, तो साहित्य और उससे जुड़ा पूरा परिवेश मानो ठहर जाता...वे चाहते कि अब अपराजिता का अधिकांश समय किसी न किसी पुत्र और पुत्रवधू की निगरानी में ही बीते। गाँव में शोभाकान्त की पत्नी रहती है, पर वहाँ वह सुविधा नहीं है, जो बुढ़ापे में चाहिए। इसी वर्ष श्रीकांत की शादी (7 मई, 1982) के मौके पर पूरा परिवार तरौनी में अपराजिता के अनुशासन में लगभग मास दिन रहा था। नागार्जुन भी अपने ग्रामांचल में लगभग बीस दिनों तक रहे। सात वर्षों के बाद घर में यह उत्सवी माहौल आया था। वे खुद भी उस मौके पर अपराजिता के साथ प्रसन्न थे। चारों पुत्र और दोनों पुत्रवधूओं के साथ दोनों बेटी-दामाद और तीसरी पीढ़ी के बच्चों से भरे-पूरे परिवार में नागार्जुन ने बहुत कुछ पाया। वे देखते रहते कि किस तरह बच्चों में शब्द, रूप, रस, गंध और स्पर्श विकसित हो रहे हैं। बच्चों की याद आते ही अचानक याद आ गई जहरीखाल की पहली यात्रा (दिसम्बर 1981)। उस यात्रा में अनिमेष (शकुन्तला-वाचस्पति का प्रथम पुत्र) लगभग दो वर्ष का शिशु था, जो खूब घुल-मिल गया था। उसके लिए कई रंगबोधक रिदिम् नोटबुक में उतारे थे।

अब तो उन्हें बिस्तर छोड़ उठना ही पड़ा। लाइट जलाकर पहले समय देखा। 1.15 ही हुए थे। थर्मस से गुनगुना पानी निकालकर पीने के बाद बाथरूम हो आए और टेबुल पर रखा अपना बक्सा खोल नोटबुक निकाला। उलट-पुलट कर उस जगह आ ही पहुँचे, जहाँ लिखा था—'लाल फूल/पीला फूल/हरा जंगल/नीला आसमान/नीला-नीला/हरा-हरा/पीला-पीला...लाल दवाई, लाल दवाई/पीली दवाई, पीली दवाई/हरी गोली, हरी गोली/नीली गोली, नीली गोली...' और कुछ पंक्तियाँ थीं—'बिच्छु घास/बिच्छु घास/आस-पास आस-पास...'

उस डायरी को लेकर बिस्तर पर आ गए। मगर दिमाग में तरौनी के स्वजन-परिजन के प्यार की डोर उन्हें अपनी ओर खींचने लगी...तरौनी में जब भी रहते, तो आदत के मुताबिक प्रातःकालीन चहल-कदमी में पूरे गाँव को नापने का प्रयास अवश्य करते। उस बार वे एक वृद्ध आचार्य वैद्यनाथ मिश्र लग रहे थे—खादी की धोती, खादी वाला ही मोटा कुर्ता, गले में गमछा और हाथ में छड़ी...जहाँ-तहाँ 'लोक

नजर' से पीड़ित गाँव के पतले रास्ते पर ग्रामीण सामने आ खड़े होते। नागार्जुन ठहरते और अपनी घुच्ची आँखों से अपने पात्रनुमा लोगों को कुछ क्षण निहारते। 'सीधे हैं मजदूर और बुद्धु हैं किसाऽऽन/लीडरों की नीयत कौन पाएगा जाऽऽन...' और फिर बोलते-बतियाते उन सबमें से किसी एक के कन्धे पर हाथ रखकर धीरे-धीरे आगे बढ़ने लगते। लगता, उन्हें कहे जा रहे हों—'गिन लो जी, गिन लो, गिन लो जी, गिन लो/मजदूर की छाती में कै ठो हाड़ है/बच्चे की छाती में कै ठो हाड़ है...' स्वतंत्रता जब मिली थी, तो उस समय आठ-दस वर्ष की बच्चियाँ 'मैल-पुरान पचहथ्थी नूआ/सेहो फाटल चेफड़ी लागल'। अब पचहथी साड़ी तो नहीं मिलती, पर बच्चियाँ फटी-पुरानी फ्रॉक में दिखतीं। आर्थिक विषमता की उत्कट स्थिति सामने दिखती। 'बगड़ा जेना लगाबए खोंता/तेहने रूच्छ केस छऊ तोहर...' (गौरेया जैसे बनाए घोंसला/वैसे ही रूखे बाल हैं तेरे) वाली स्थिति उन्हें सब जगह दिखती...

प्रचंड गर्मी के बावजूद उस बार गाँव और अपना घर मनलगू था। फिर भी, मई (1982) के अन्त में दिल्ली वापस आना ही पड़ा। श्रीकांत तो दूल्हा ही था। शादी के दो दिन पूर्व दिल्ली से गाँव पहुँचा और लगभग बीस-बाईस दिन रह गया ससुराल और अपने घर में। यों तो नागार्जुन की इच्छा थी कि श्रीकांत पत्नी सहित तुरन्त दिल्ली आ जाए। पर परिवार के रहने लायक मकान तब कहाँ मिल पाया था! यह नया मकान यमुना पार यमुना विहार में दो बड़े रूम, किचन आदि के साथ उस समय मिला, जब वे कश्मीर में थे...

याद है, कश्मीर में चन्द्रभागा नदी को कहा था, 'चन्द्रभागा!/वहाँ तब तू चनाब थी न?/'हीर-राँझा' वाली चनाब न?/तब चनियोट (पश्चिम पंजाब) में/तेरी पहली झलक मिली थी मुझे/नील-निर्मल जल के अन्दर/तब 'आंकठ मग्न' होकर मैं देर तक गुनगुनाता रहा/—मेघदूत के पद, विद्यापति के पद और चंडीदास के पद...' 1945 ई. में फरारी की हालत में बीस माह से अधिक पश्चिम पंजाब और सिन्ध में रहना हुआ था। नदियों और तालाबों से सम्पन्न मिथिला के युवा कवि को कई दिनों तक स्फटिक-सा स्वच्छ-पारदर्शी-प्रवाहमान चनाब के जल ने मोहित कर रखा था...और इसी वर्ष जून (1982) के मध्य से लेकर अगस्त के प्रथम सप्ताह तक हिमालय के विभिन्न अंचलों में अपना समय बिताया। पैंतीस रोज कश्मीर में रहे और पन्द्रह-सोलह दिन जहरीखाल में। क्षमा कौल (हिन्दी की रचनाकार) की छोटी बहन हिमा नागार्जुन को दिल्ली से श्रीनगर तक ले गई। मैदानी गर्मी ने तो इस बार खूब सताया। तरौनी से दिल्ली आने के बाद मध्य प्रदेश जाना पड़ा था, और लू लग गई, तो वापस दिल्ली जा पहुँचे थे। और फिर, दिल्ली के ताप से तिलमिलाकर हिमालय की ओर भागे। सोचा था, देवदार, चीड़, सरो, चिनार, सफेदा, कैल के जंगलों में पहुँचकर कुछ दिन विश्राम करेंगे। हालाँकि विश्राम के मूड में भी उन्हें चिन्ता लगी रहती श्यामाकांत की, जो दिल्ली रहना ही नहीं चाहता; शोभाकान्त की,

जो ढाई-तीन वर्षों से दिल्ली, पटना, इलाहाबाद, कलकत्ता आदि रहकर अपने पिता की खोई-बिखरी पुरानी रचनाओं को तलाशने में जुटा था; श्रीकांत की, जिसके ठौर-ठिकाने पर उनकी वजह से लोगों का आना-जाना बढ़ गया था...हाँ, सुकान्त के लिए अब भला क्या सोचना, वह तो पत्रकारिता में है!

'राजतरंगिणी' जैसी महत्त्वपूर्ण पुस्तक के रचनाकार इतिहास पुरुष कल्हण की धरती को काफी वर्षों के बाद स्पर्श करने का अवसर इस बार मिला था। 'राजतरंगिणी' को वे हमेशा साथ रखते हैं। कश्मीर यात्रा के लिए अपने ढंग से तैयारी भी की थी। कैनवास का नया पीटी शू, काफी मात्रा में पोस्टकार्ड, अन्तर्देशीय, लिफाफा, ढेर सारी पत्र-पत्रिकाएँ और कुछ पुस्तकें...इन सबको रखने के लिए नया लोहे वाला बक्सा भी लिया था। ट्रांजिस्टर और 'इनो' तो साथ रहता ही है। जम्मू तक ट्रेन और आगे श्रीनगर जाने के लिए बस...कम से कम आठ-दस घंटे की यात्रा...और फिर विमान यात्रा आधे घंटे की। हिमालय को बार-बार देखने पर भी मन नहीं भरता। इस बार कश्मीर में अपनी पुरानी पंक्ति याद आती रही—'सिरीनगर, जम्मू, ऊधमपुर, गिल्गित वो लद्दाख/दूर-दूर तक फैले हैं जी, काशमीर की शाख...' हिमालय के इस रूप-रंग को प्रसन्नचित्त मन से निहार-निहार भीतर ही भीतर आनन्दित होते रहे। कभी-कभी उन्हें खुद ही आश्चर्य होता कि यात्रा में उनका वार्धक्य न जाने कहाँ गायब हो गया! स्फूर्ति और चुस्ती, दोनों रही इस उम्र में भी।

कश्मीर तो केवल विश्राम के लिए गए थे। मगर श्रीनगर, जम्मू और बारामूला—कहीं भी जमके आराम नहीं कर पाए! आखिर, अरसे बाद कश्मीर जो देखना था! निशात और शालिमार बाग में घूमते हुए अच्छा लगा। मालियों से चिनार के विशाल वृक्षों की उम्र जानते रहे। कम उम्र वाले चिनार की डाल और पत्ते छू-छूकर पुलकन महसूस करते रहे, मानो बच्चों को सहला रहे हों! बच्चे उन्हें बहुत अच्छे लगते। बच्चों से कभी वे नाराज भी नहीं होते...जिस परिवार में बच्चों से उनका परिचय नहीं होता, वहाँ वह कह डालते—'तुम्हारे यहाँ हमें फिर कभी आना पड़ेगा, क्योंकि तुम हमसे साहित्य की फालतू बातें करते रहे। तुम्हारे बच्चों से हमारी ठीक से बात नहीं हो पाई...।'

चिनार वह वनस्पति है, जो लम्बी उम्र पाती है। कश्मीर में चिनार के वैसे वृक्षों की संख्या कम नहीं है, जिनकी उम्र पाँच सौ-सात सौ वर्ष के करीब होगी। कुछ वृक्ष तो हजार वर्ष पुराने भी मिलते हैं। वहाँ 'खीर भवानी के उस विशाल प्रांगण में/कम से कम बीस-पच्चीस चिरजीवी चिनार तो होंगे ही...' नागार्जुन के कवि मन ने दिमागी परत पर तुरन्त नोट किया—'इतनी ज्यादा तादाद में/इतने अधिक वृद्धातिवृद्ध वनस्पति/मैंने कहाँ देखे थे भला...मेरी निगाहें ऊपर व ईद-गिर्द/उन बुजुर्गों में ही उलझकर रह गई थीं/बाप रे 700 वर्ष! 850 वर्ष! 1100 वर्ष!!/इत्ती अधिक उम्र होती है चिनारों की!' कश्मीर में इस वृद्ध रचनाकार ने लिखने-पढ़ने वालों को जमकर

सुना और अपने जीवनानुभव के साथ बिल्कुल टटका रचनाएँ सुनाईं! इस सबके बावजूद बारामूला में भारत भारद्वाज के आवास के बिल्कुल करीब 'झेलम' को पाकर अभिभूत हो गए। रात में सोते समय कहा, "सुबह उठकर झेलम को सलाम करेंगे..." और सवेरे-सवेरे नागार्जुन ने बताया—'ठीक 3.22 पर एक हादसा हुआ.../ मई-जून की वो भरी-पूरी झेलम/नील-निर्मल प्रवाहों वाली वो वितस्ता/मेरे ऊपर से होकर गुजरी-पिछली रात/लगातार आधा घंटा तक, नहीं, 45 मिनट लगे! प्रवाहित होती रही मुझ पर से/मैं लेटा रहा, निमीलित नेत्र.../जी हाँ, झेलम को हड़बड़ी थी/ वो सिन्ध से मिलने जा रही थी।'

मैग्नोलिया फूल की विलक्षण सुगंध और तेज खूशबू को स्मरण करते कश्मीर यात्रा के बाद जहरीखाल रहकर अगस्त (1982) के प्रथम सप्ताहांत दिल्ली आ गए यमुना विहार वाले उस फ्लैट में, जो श्रीकांत का नया ठौर-ठिकाना बना था। यह आवास एक छोटे मकान का ऊपरी तल्ला था। मकान का बाहरी रंग गहरा क्रीम कलर और भीतरी सफेद। नई तरह के खुले-खुले रूम। हवा और धूप की पूरी सुविधा। बढ़िया बाथरूम और नए ढंग की रसोई...

इधर कोशिश रहती कि गर्मी में दिल्ली से हटकर हिमालय की गोद में रहते हुए समय का उपयोग करें...पर यात्री का घूमन्तू दिमाग अपने ढंग से सोचता रहता। दिल्ली में रहकर वे उस माहौल में आ जाते, जहाँ 'काली-काली करतूत/ काले-काले परिवेश' के साथ 'काली-काली महँगाई' के बीच 'जगह-जगह चलाए जा रहे थे/गुमराह करने की कलाओं के प्रशिक्षण कोर्स', और नब्बे प्रतिशत ऐसे ही लोग पूरे देश में नजर आते, जिनकी जठराग्नि की आँच में सिर्फ सींकिया ढाँचा ही दिखता है! उन्हें ऐसे लोगों से घृणा रही है, जो किसी भी कारण से तेज-तर्रार प्रतिभावान युवकों को कामचोर और भ्रष्ट बनाकर अपने समय के कटु यथार्थ से अलग कर देते हैं। साहित्य नागार्जुन का अपना क्षेत्र है और अब इस क्षेत्र में भी आसमान में चन्दा तैराने वाले आचार्य लीलाधर अथवा किसी महामहिम की हीरक जयंती के आयोजन के लिए योजना बनाने वाले महाकवि मृगांग जैसे लोग तेजी से बढ़ते दिखते हैं। कोई न कोई मादक प्रस्ताव यहाँ-वहाँ तैरता नजर आता ही रहता है। कुछ लोगों को उस मादक नशा में सब कुछ भूलकर आम रास्ता छोड़ संकीर्ण गली में उछलते-कूदते देखकर नागार्जुन को लगता, 'अपन को झंझट/अपन को लंदफंद/उनके मुखों में/मुसकी है मन्द मन्द...।' नागार्जुन को पता है कि शब्दों के साथ ढंग से खेलने पर अभिशप्त जीवन ही जीना पड़ता है। जब तक जीवन और जीने के लिए किए जा रहे संघर्ष में हिस्सा नहीं लिया जाएगा, तब तक रचना की कल्पना बेमानी होगी।

अचानक डायरी पलटते-पलटते एक स्लीप सामने गिरी—'बाबा सादर प्रणाम...' पोती रिचा की टेढ़ी-मेढ़ी लिखावट थी। सात वर्षीया रिचा गाँव में माँ के साथ रहती

है। वे चाहते हैं कि शोभाकान्त किसी नगर में फिर अपना अड्डा जमाए, ताकि बच्चे पढ़-लिख सकें। यों तो अपने परिवार के लिए नागार्जुन अब दिन ब दिन दुर्लभ होते जा रहे हैं—ऐसा उनकी एक-दो सन्तानों का सोचना है। जितना सामर्थ्य था, उस हिसाब जो बना, सो किया ही है। दोनों बेटियाँ खुशी-खुशी ससुराल में रह रही हैं, तो तीन बेटे अपने-अपने परिवार वाले हो चले हैं। एक छोटा बेटा (श्यामाकांत) मात्र बचा है खूँटे से बँधने के लिए। विशाल साहित्यिक और सांस्कृतिक परिवार के सक्रिय सदस्य होने के कारण उनकी नितान्त पारिवारिक समस्या सामाजिक समस्याओं की भीड़ में स्वत: गौण हो जाती। दमा से हाँफते हुए निजी ठौर-ठिकाने पर वापस लौटने पर यदि अपराजिता वहाँ रहती, तो कह उठती—"गाँव-घर और अपने बीवी-बच्चों से दूर दुनिया भर की खाक छानते-छानते जीवन गुजर गया, अब तो देह की मशीन को भी आराम और तेल-पानी चाहिए न!" अपराजिता तो इस बार उनके हिमालय प्रवास के बाद ही दिल्ली आ गई थी, ताकि तीसरी पुत्रवधू को अपने ढंग से परिवार चलाने के तौर-तरीके सिखा सके। नागार्जुन का गृहस्थ जीवन कभी ढंग से हुआ नहीं। कभी ये, कभी वो, उसके पचास झंझट, इसके सौ संकट लगे ही रहे, साथ ही घुमक्कड़ी के प्रति भयंकर ललक और लगाव भी ताउम्र चलता रहा। पर घुमक्कड़ होने का यह मतलब तो नहीं कि वे घरेलू आदमी नहीं हैं। अपराजिता जब साथ रहती, तो उसके हाथों का पका-पकाया खाना बार-बार माँगकर खाने का आनन्द लेते। पिछली बार अपराजिता को दिल्ली आए पन्द्रह-सोलह दिन ही हुए होंगे कि तरौनी के घर में सेंध काटकर चोरी हो गई थी। नागार्जुन को याद है कि जिस दिन यह सूचना दिल्ली में पत्र द्वारा आई थी, उस दिन अपराजिता रात भर जगी रह गई। रात में कम सोने वाले पति की जब भी नींद खुलती, तो वे पत्नी को पान के बर्तन को ठीक करते ही पाते। अत्यधिक मानसिक परेशानी में अपराजिता जर्दा खूब फाँकती। उन्हें आश्चर्य हुआ था कि बड़ी पुत्रवधू रेखा के रहते घर में कैसे चोरी हो गई! उसने तो कुछ वर्ष पहले पटना रहते हुए घर में घुसे चोर को पकड़कर उसे ऐसा मजबूर कर दिया था कि वह भाग न सका। मोहल्ले के दस-पन्द्रह लोग जमा हो गए। उस लड़की को तो वे बहादुर लड़की कहते रहे हैं...तरौनी में चोरी वाली घटना के बाद अपराजिता तुरन्त वापस लौटना चाहती थी, पर अक्टूबर के मध्य में उनके साथ ही दिल्ली से निकली। पटना के बाद उसे एक युवा रचनाकार के साथ नागार्जुन ने तरौनी भेजा और खुद लगभग पन्द्रह दिनों तक पटना में रहकर शोभाकान्त के साथ वापस दिल्ली आ गए।

बार-बार घूम-फिरकर दिल्ली आना ही पड़ता और दिल्ली 'एशियाड' के बाद विश्व के अन्य विकसित महानगरों की तरह दौड़ती-भागती नगरी हो चली थी, तो नागार्जुन जैसे हजारों बूढ़े जर्जर तन-मन को यहाँ लोग झेलते-धकेलते ही रहते! सांस्कृतिक गतिविधियों के तमाम छोटे-बड़े अड्डों से घंटे-दो घंटे की दूरी पर

यमुना विहार के पारिवारिक ठिकाने पर जब भी रहते, तो प्राय: प्रतिदिन मुख्य शहर में रहने वाले मित्रों को याद करते रहते। रोज निकलना उनके लिए सम्भव नहीं, पर अवचेतन मन में स्वयं को उनके सामने पाते रहते, इसलिए हफ्ते-दस दिनों में दो-तीन दिनों के लिए दिल्ली के किसी कोने के लिए निकल जाते। किसी-किसी से तत्काल मिलने की इच्छा होती और यदि कुछ न कुछ 'रचनात्मक रुकावटें' आ खड़ी होतीं, तो उनका मुकाबला करना ही पड़ता। 'रचनात्मक' यानी सचमुच निर्णयात्मक...वे अपूर्व अनुभूति के क्षण होते हैं, या यों कहें कि किसी 'भगत' पर 'क्वारी माँ' (सरस्वती) आती है। अक्सर रात में एकान्त के क्षणों में शुभ्रवसना वह देवी कानों में फुसफुसा जाती...और अचानक एक मादक सोच में वे डूब जाते, मानो 'भाबेर जोनाकि गुलो निशुति राते करे स्वेच्छा अभिसार...(भावों के जुगनू गहरे निशीथ में रचा रहे हैं स्वेच्छाभिसार...)

पुनि जहाज पै आवै...

अस्पताल में कुछ दिनों तक और रखा जाता, तो अच्छा रहता। लेकिन, जूनियर डॉक्टरों की हड़ताल घोषित हो गई, तो वयोवृद्ध नागार्जुन अस्पताली बेड पर से उठकर अपने बड़े बेटे के कन्धे पर एक हाथ रख और दूसरे हाथ में पहाड़ी लकड़ी हड़तोड़ की छड़ी का सहारा ले लहेरियासराय आवास के लिए विदा हुए। हॉलनुमा बड़े अस्पताली जनरल वार्ड से निकलकर सामने बरामदे को पार करके पोर्टिको तक आए। पीछे-पीछे अस्पताल के कुछ हाउस सर्जन, नर्स, मेडिकल छात्र और सफाईकर्मी थे। सामने पोर्टिको में दो रिक्शा खड़ा था। पुत्र ने रिक्शे की ओर इशारा किया, तो नागार्जुन कुछ क्षण के लिए ठहर गए। एक प्रौढ़ नर्स ने पाँव छूते हुए कहा, "दरभंगा मेडिकल कॉलेज अस्पताल सही अर्थों में निहाल हो गया। जब आपको स्ट्रेचर पर लिटाकर वार्ड में एडमिट किया गया, तो मैं क्या, कोई कहाँ जान पाया कि किसको लाया गया है। हम लोग एडमिशन स्लिप पर रोगी का नाम तो देखते नहीं। बेड नम्बर ही पहचान होती है..." इतने में एक अन्य नर्स ने नागार्जुन के पाँव पर अपना माथा टेका और भर्राए गले से बोली—"जब मैं स्लाइन बोतल के लिए सुई लगा रही थी, तो दो-तीन पत्रकार पहुँचे थे। तब मैंने एडमिशन स्लिप देखा, तो सिहरन आ गई कि अरे, किसके बदन में सुई चुभा रही हूँ...फिर तो सब स्टाफ जान गए...कोर्स में तो सभी इन्हें पढ़ ही चुके हैं न!" फिर, दो बेड को हरे परदे से घेरा गया। साधारण वार्ड में एक असाधारण मरीज जो आ गया था।

नागार्जुन की मुखाकृति पर एक स्पन्दन फैल गई! उनकी मुस्कराहट देख सब आश्वस्त हो गए। ठीक उसी क्षण एक हाउस सर्जन ने नागार्जुन का हाथ अपने हाथ में लेकर पूछा—"बाबा, हाथ में अब दर्द तो नहीं है न?" अस्पताली बेड पर लिटाते ही उन्हें ताबड़तोड़ कई इंजेक्शन लगाने पड़े थे। ग्लूकोज-मिनरल के संग मल्टी विटामिन्स वाले कई स्लाइन बोतल और खून भी चढ़ाना पड़ा। हथेली के ऊपरी हिस्से में इंट्राकेट लगाया गया था, ताकि बार-बार सुई न चुभोना पड़े।

"नहीं रे, दर्द-वर्द क्या होगा। हाँ, कभी-कभी यहाँ सनसानहट महसूस होती है..." नागार्जुन ने हथेली के ऊपरी हिस्से पर उँगली रखते हुए कहा, "अब तो लगता भी नहीं है कि मुझे इतनी ज्यादा सुइयाँ पड़ी हैं!"...वह खिलखिला उठे। आसपास खड़ी नर्सों और डॉक्टरों को लगा कि उन लोगों का श्रम साकार हुआ। तभी एक दूसरा हाउस सर्जन बोल पड़ा—"बेड पर लाते ही पानीवाला पहला बोतल लगाया जा रहा था, तो एडीएम के साथ दो-तीन लोग पहुँचे थे। बता रहे थे कि कलक्टर साहब ने उन्हें भेजा है। नागार्जुन का इलाज प्रशासन की ओर से होगा। दूसरे दिन जिलाधीश खुद भी आए थे। पर शुरू के चार दिनों तक कहाँ लगा कि प्रशासन आपका इलाज कर रहा है!"

उसी समय दो पत्रकार भी वहाँ आ पहुँचे। दोनों ने नागार्जुन के पाँव छुए। उनकी ओर देखकर नागार्जुन ने कहा, "आ गए समाचारजीवी...न्यूज की गंध लग गई होगी?"

"भला हो तिवारी जी का, बाबा! आप अस्पताल तो 23 सितम्बर (1986) को आए थे और 27 सितम्बर को बिहार के शिक्षा मंत्री दरभंगा आए। कलेक्टेरियट में संवाददाता सम्मेलन था। वहीं उनसे पूछा गया था कि क्या आपको मालूम है, नागार्जुन गम्भीर रूप से बीमार होकर अस्पताल के जनरल वार्ड में पड़े हैं। मंत्री जी चौंक गए थे। उन्हें पता था कि मध्य प्रदेश सरकार ने नागार्जुन की अस्वस्थता को लेकर चिन्ता जाहिर करते हुए बिहार सरकार से उनका कुशलक्षेम पूछा था। फिर क्या था, प्रेस कॉन्फ्रेंस निपटाकर मंत्री जी सीधे अस्पताल की ओर विदा हुए। मंत्री जी जब तक अस्पताल पहुँचते, तब तक अस्पताल के अधीक्षक और अन्य अधिकारी जनरल वार्ड में पहुँच चुके थे। जल्दी-जल्दी वार्ड के पंखे चलवाए गए। तमाम बिस्तरों के चादर बदले गए। अस्पताली दुर्गन्ध को फिनायल के सहारे हटाने की कोशिश की गई। आपके बेड के दोनों ओर कुर्सियाँ लगा दी गई थीं।"

नागार्जुन की आँखों के सामने मानो वह दिन फिर से लौट आया। उस दिन जब मंत्री महोदय आए थे, तो कई सीनियर डॉक्टर भी साथ में थे। मैथिली भाषी स्वजातीय मंत्री अपने कवि यात्री के हाथों को अपने हाथ में लेकर एकटक उन्हें देखते रहे और शोभाकान्त से बातें करते रहे। कहा गया कि इलाज की सारी जिम्मेदारी सरकार की होगी। सारी सुविधाएँ मुहैया की जाए इस कवि को। लेकिन महँगी दवा तो बाजार

से मँगवानी ही पड़ी। हाँ, उस दिन के बाद दूध-फल आदि पर्याप्त मात्रा में बेड के बगल वाले टेबल पर दिखने लगे थे। अस्पताल के अधिकारी और प्रशासनिक पदाधिकारी यदा-कदा आकर हाल-चाल भी पूछ जाया करते...

दोनों रिक्शावाला सवारी और सवारी के आसपास की जुटान को देख रहा था। शोभाकान्त को लगा कि बातों का सिलसिला इसी तरह चलता रहेगा, इसलिए उसने डॉक्टरों और नर्सों को घर आने के लिए कहा। और फिर, सहारा लेकर नागार्जुन रिक्शा पर बैठ गए। दूसरे रिक्शे पर अपराजिता अपनी बड़ी पुत्रवधू रेखा के साथ बैठी। रिक्शा अस्पताल से निकलकर मुख्य सड़क की ओर बढ़ा। पुत्र ने पिता की ओर गौर से देखा, तो पिता ने भी पुत्र पर एक नजर डाली। पुत्र को लगा, मानो पिता कह रहे हों—'बुढ़ारी मे/कने मने रोगाह रही/हँ बेशी रोगाह नहि...' पर नागार्जुन पिछले ढाई-तीन वर्षों में धीरे-धीरे काफी ज्यादा 'रोगाह' हो गए हैं। अभी कुछ देर पहले ही अस्पताल में कपड़ा बदलते समय पुत्र ने देखा था कि छाती की हड्डियाँ बाँस की फट्टियों की तरह झक-झक कर रही थीं। मानो कह रही हों, गिन लो जी गिन लो जी गिन लो/बाप की छाती में कै ठो हाड़ है...नागार्जुन ने मुस्कराने की भरपूर चेष्टा की। होंठों पर मास-डेढ़ मास के बाद हँसी लौटने लगी थी।

अचानक रिक्शा का चेन उतर गया। शोभाकान्त को शान्त देख पिता ने कहा, 'जाओ पान-वान खा लो, तुम्हारी माँ भी न जाने कितनी देर से बगैर पान की हैं।' शोभाकान्त ने खुद पान लिया और माँ व पत्नी के लिए भी पान ले आया। रिक्शावाले को भी पान के लिए कहा। पान तो नागार्जुन को भी पसन्द है, लेकिन इधर बीमार रहने के कारण उसकी ओर मन जाता ही नहीं। फिर भी, अपराजिता जब पान बनाती, तो उन्हें लेना ही पड़ता...रिक्शावालों ने अपनी-अपनी हैंडिल सँभाली और पैरों की क्रिया शुरू हुई, ठीक उसी क्षण एक मोटरसाइकिल रिक्शा के आगे रुक गया, रिक्शा में ब्रेक लगा। मोटरसाइकिल से भरत चौबे उतरा और बाबा के पाँव छूकर बोला, "बाबा, मुझे थोड़ी देर हो गई। अब आप बिल्कुल ठीक हैं न!" बाबा ने मुस्कारते हुए हामी भरी। और भरत ने ही रिक्शा को आगे बढ़ने का इशारा किया।

नागार्जुन के दिमाग में वह दिन लौट आया, जब भरत चौबे पहली बार उनके सामने आया था। दरभंगा मेडिकल कॉलेज अस्पताल में भरती होने के चार दिनों के बाद थोड़ी-थोड़ी देर के लिए पल्थी मारकर बैठने लगे थे और पूरे वार्ड का मन ही मन फोटोग्राफी करने लगे। उन्हीं क्षणों में एक दिन दोपहर में डॉक्टर गणपति मिश्र ने एक युवक का परिचय कराते हुए कहा—"यात्री जी, एक साधारण भोजपुरिया सिपाही का बेटा भरत चौबे एम.बी.बी.एस. के अन्तिम वर्ष का छात्र है। आपकी कविताएँ पढ़ रखी हैं। इसे किसी ने बताया कि आप बेहोशी की हालत में भरती हुए हैं, तो यह लड़का चुपचाप आकर आपको देख गया। एडमिट स्लिप पर इसने देखा कि आप हाइपो प्रोटीनिमिया एनिमिक से पीड़ित हैं। आपके लिए तत्काल खून

की जरूरत थी और अस्पताल के ब्लड बैंक में खून उपलब्ध नहीं था। बाजार से दो बोतल खून मँगवाया गया था, पर ब्लड प्लाज्मा की जरूरत महसूस हुई, तो भरत अपने कई साथियों को ले आया खून देने के लिए। खून देने वाले छात्रों की भीड़ लग गई थी...यह बात दरभंगा मेडिकल कॉलेज के लिए नई थी।" भरत ने नागार्जुन के पाँव छूने के लिए हाथ आगे बढ़ाया, तो नागार्जुन ने उसके हाथों को अपनी हथेली में ले लिया था। युवा हाथों की गरमाहट महसूस हुई। नागार्जुन को गौर से देखकर भरत ने मुस्कराकर कहा था—"बाबा, आपने ही तो हम लोगों से कहा है—मुन्ना, मुझको/पटना-दिल्ली मत जाने दो/...मुन्ना, मुझे पास आने दो/ पटना-दिल्ली मत जाने दो।" अपनी भीगी आँखों से नागार्जुन उसे देखते रहे और अपनी ही पंक्ति सुनकर बोल उठे थे—"तो क्या, मेरी रगों में भोजपुर का रक्त दौड़ रहा है? यह तो कमाल हो गया गणपति बाबू। सच में, पाठक की आँख भी बड़ी तेज होती है, जर्जर काया में सनसनाहट दौड़ गई भोजपुर की मिट्टी वाले खून की तासीर जानकर।"

शोभाकान्त के कानों से पिता का स्वर टकराया—"अस्पताल की खटिया पर क्यों प्राण तजूँगा।"

"क्या कहा बाबूजी?" गर्दन घुमाकर पुत्र ने पूछा।

"अभी भरत मिला था न, तो भोजपुर की जमीन याद आ गई और वहीं लिखी एक पंक्ति मुँह से निकल आई।" फिर, पुत्र की ओर गौर से देखकर बोले, "दस दिनों तक अस्पताल में रहना पड़ा न..."

जब उन्हें अस्पताल लाया गया था, तो लग रहा था कि देह की हरकत के लिए मात्र साँस ही बची हुई है। लगभग बेहोशी की स्थिति थी। एम्बुलेंस से जब स्ट्रेचर पर लिटाकर उन्हें उतारा गया, तो आँखें कभी खुलतीं और मुँद जातीं। पूरा शरीर पीलापन लिए सफेद-सा था...लगता कि खून नाममात्र भी नहीं है! पाँव में सूजन, पित्त की उल्टी और दुर्गन्ध वाला पतला पाखाना। आवाज इतनी धीमी हो चली थी कि उनकी बात सुनने के लिए कान को उनके मुँह के काफी करीब ले जाना पड़ता। डॉक्टरों की टीम उनकी स्थिति को देख घबरा गई थी। तत्काल जीवनरक्षक दवा शुरू की गई। डॉक्टरों ने पूछा था कि इनका इलाज सरकार करवाएगी या अस्पताल या घर के लोग, क्योंकि स्थिति को देखते हुए बड़ा खर्च पड़ेगा। शोभाकान्त ने साफ-साफ कहा था—"पुत्र होने के नाते पूरा भार मैं वहन करूँगा।"

अस्पताल आने के बाद तीन दिनों तक अर्द्ध-बेहोशी-सी हालत बनी रही। उन क्षणों में उन्हें हल्के नीले प्रकाश में धीमी-धीमी फुसफुसाहट सुनाई पड़ती...मित्रों की सलाह-मशविरा जैसे मैत्रीपूर्ण परामर्श...उनके शव के चारों ओर अगरबत्तियाँ जल रही थीं...धूप-धूमन जल रहा था...सादगीपूर्ण ढंग से टँगा शामियाना...हजारों मुख उनके श्राद्ध का भोज खा रहे थे...एक अवर्णनीय माहौल...एक दैव-दुर्लभ

संयोग था...उस महाभोज में वे स्वयं अपने को शामिल होते देख रहे थे...'तुम इन्हें गौर से देखो/कई मित्र हैं तुम्हारे यहाँ/उन्हें पहचानो/सचमुच बिहार, उत्तर प्रदेश/मध्य प्रदेश, दिल्ली के हमारे/कई मित्र 'भोज' में शामिल थे/...दसियों मंत्री/पचासों साहित्यिक और कला प्रेमी/नजर आए...' होश-हवास अपनी जगह वापस आने लगा, तो टुकुर-टुकर चारों ओर देखने लगे। दिन भर लोग आते ही रहते। एक दोपहर पटना से कुछ घनिष्ठ मित्र आए। उन्हीं में से किसी ने कहा, "आपने मृत्यु को भी ठगा इस बार बाबा! आखिर ठक्कन ही ठहरे!"

नागार्जुन को अस्पताली बेड पर पहली बार हँसी आई थी। हँसकर कहा था—"हाँ, मैंने मृत्यु को ठगा!" यह सुनकर सामने बैठी अपराजिता भी मुस्करा पड़ी थी। उसकी पान की लाली वाली हँसी देख मन में आया था कि यहाँ जितने लोग हैं, सबको अपनी पंक्तियाँ सुना दें—'दमा का सनातन मरीज/रात को थोड़ा सोने वाला/घुमक्कड़ी का शौकीन/मैं, यानि/अर्जुननागा.../उर्फ बैजनाथ मिसिर/उर्फ यात्रीजी/साकिन मौजे तरौनी बड़की/थाना बहेड़ा/जिला दरभंगा/बिहार राज्य/होशो-हवास/अपनी धर्मपत्नी/आदरणीया श्रीमती/अपराजिता देवी के/चन्द लफ्जों के मुताबिक/"हम तो आज तक/इन्हें समझ नहीं पाए"...अब तक के दाम्पत्य जीवन में पत्नी अपने पति को नहीं समझ सकी, तो यमराज या मृत्युदेव भला कैसे समझ पाएगा!...

इसी वर्ष (1986) उनकी पचहत्तरवीं वर्षगाँठ और छिहत्तरवें वर्ष में प्रवेश पर ढेर सारे आयोजन किए गए देश भर में। वह स्वयं हिमालय के पहाड़ी ग्रामांचल जहरीखाल में थे उस समय। उनके सामने तीन पीढ़ियों की साहित्यिक दुनिया टूसों से लदी थी, जो लगातार जिज्ञासा भरी नजरों से नागार्जुन की ओर देख रही थी। और वे वहीं, नाशपाती पेड़ के नीचे बैठकर किसी से कह रहे थे, "किताबी ज्ञान की तुलना में अनुभव से झेलकर या लोगों से घुल-मिलकर जो ज्ञान प्राप्त हुआ, वह ज्यादा महत्त्वपूर्ण है। आम जनता के बीच हम खुले मन से जाते हैं, यही हमारा गुरुकुल है। ये हँसना, रोना, गाना, चिढ़ना, खीझना—यह सब हम उससे लेते हैं... कथित भद्रलोक सुगंधित व्यक्तित्व वाले हमको बहुत ही गुस्से में डालते हैं..."

अस्पताल में जहरीखाल और शकुन्तला-वाचस्पति बार-बार याद आते रहे। इस बार दरभंगा आने से पहले वहीं थे। उत्तराखंड में गढ़वाल राइफल्स की सैनिक छावनी है लैंसडाउन। गढ़वाली उच्चारण-लैंस डौन। घने जंगलों से घिरा है। पुराना नाम कालो डांड—काला पहाड़, समुद्र तल से 1,760 मीटर ऊँचा। यहाँ से जिला मुख्यालय पौड़ी मार्ग पर छह किलोमीटर पश्चिम में है एक छोटा-सा पहाड़ी गाँव जहरीखाल, जो समुद्र तल से 1,600 मीटर की ऊँचाई पर है। लगभग तीन-चार हजार की आबादी। नागार्जुन 1981 से लगातार प्रति वर्ष जहरीखाल जरूर जाते। अक्सर लोग पूछते उनसे कि क्या है जहरीखाल? तो वह कहते—'फटे चीथड़ों

वाले गिरिजन/जहाँ दिखे बेहाल/वहाँ चाट पर झुके न होंगे/लम्बे लम्बे बाल/समझ लीजिए/वह है जहरीखाल...!' वहीं के राजकीय इंटर कॉलेज में वाचस्पति शिक्षक थे। कॉलेज के अर्द्ध-चन्द्राकार परिसर में देवदार के उन्नत वृक्षों की कतार उस जगह की खास पहचान है। जहरीखाल से ही नागार्जुन गढ़वाल-कुमाऊँ की अनेक जगहों की यात्राएँ करते रहे। एक तरह से 1981 के बाद उनके लिए रचनात्मक सृजन भूमि रही है यह।

जहरीखाल, वाचस्पति और शकुन्तला के साथ याद आई वह डायरी, जिसे वह काशीपुर में छोड़ आए थे। वह नोटबुक मीनी (श्रीमती उषा किरण खान) ने रचना-कर्म के लिए दिया था उन्हें। पर उसका उपयोग एक अद्‌भुत काम में ले आए वे। उसके पहले पन्ने पर लिखा, 'श्रीमती शकुन्तला वाचस्पति के लिए यह नोटबुक मैं काशीपुर छोड़ जाता हूँ। हो सकता है कि समय-समय पर हम सभी इस नोटबुक को सामूहिक उपयोग में लाएँ। मुक्त मन से इस नोटबुक के अन्दर सभी मित्र समय-समय पर अपने उद्‌गार व्यक्त किया करें, तो मुझे अपार प्रसन्नता होगी...' यह बात जुलाई 1981 की है। और अपने पिछले जहरीखाल प्रवास के अन्तिम दिन उन्होंने लिखा था—'यात्रा की वापसी के क्षणों में बार-बार दिमाग सेकेंड की सुई की तरह खट्-खट्-खट् की त्वरित ध्वनियों से भर रही है कि अगले वर्ष की ज्येष्ठ-पूर्णिमा हमारी जहरीखाल के इस कुटीर के अन्दर नहीं गुजरेगी...नहीं...'

"ठीक सत्तर दिन बाद आज हम वापस हो रहे हैं। चि. शोभाकान्त हमें साथ ले जा रहे हैं...वो 21.6 अपने दो छोटे बच्चों के साथ, रेखा सहित जहरीखाल पहुँचे।

"रेखा अत्यधिक दुर्बल है। लम्बी रेल यात्रा के बाद जैसे-तैसे अपने को सँभाले रही...21 की शाम से ही यहाँ भीड़ भाड़ बढ़ती गई...22 को सारा दिन सारी रात सांस्कृतिक मेला की गहमा-गहमी रही। नैनीताल से गिर्दा (श्री गिरीश तिवारी) और श्री शेखर पाठक और छायाकार कमल जोशी आ गए। समारोह में इनके रहने से चार चाँद लग गए थे।

"युवक कवि-किसान श्री बल्ली सिंह चीमा के आने से गीतधर्मी प्रखर काव्य-पंक्तियों का जादू...चीमा की स्वर-लहरी सारे माहौल को अनुगुंजित करती रही...

"आयुष्मती शकुन्तला वाचस्पति ने जिस धैर्य और विवेक से समग्र उत्सव को एक सलीका प्रदान किया, वह अवर्णनीय है...श्री मंगलेश डबराल और कर्ण सिंह चौहान 11 जून को दोपहर में आए एवं 13 के मध्याह्न तक रहे...

"वाणी प्रकाशन वाले अशोक महेश्वरी और आर्टिस्ट गोविन्द भी 21 को ही आ पहुँचे थे...

"'आखिर ऐसा क्या कह दिया मैंने' (नया संकलन) यहीं, उस दिन (22 को) प्रथम प्रकाश में आया...

"देवराज और पंडित कृष्णा अवतार भी शनिवार की शाम को ही आ पहुँचे थे...

"हिमालय को उजागर करने के लिए रात को दो घंटे स्लाइड का शो चला, वो लाजवाब ही रहा!

"जनसत्ता में पूरे तीन पेज 'नागार्जुन पचहत्तर पार' को नाना रूपों में छापा गया था। मंगलेश की रिपोर्टिंग तो खास थी ही...हमारे वाचस ने अमर उजाला में आधा पृष्ठ का मसाला दिया था—कविताएँ अलग दी थीं...

"22 की सारी रात मित्र लोग एक-दूसरे को सुनते-सुनाते रहे। श्री वाचस्पति और शकुन्तला एक-एक मिनट मुस्तैद रहे। हमारे बेटू, छोटू ने प्रसन्नतापूर्वक इस महोत्सव का आस्वाद लिया!

"सारे कार्यक्रम टेप हुए थे—स्लाइड का भी रूप अंकन होता, यदि बंगाल या महाराष्ट्र की टेक्निकल उपलब्धियाँ इधर सुलभ रही होतीं...

"बहरहाल, लगा कि एक बुजुर्ग रचनाकार 75 वर्ष बाद पुन: पैदा हुआ और यह उसकी छट्ठी, यहाँ हिमालय के इस पर्वताँचल में धूमधाम से मनाई गई...

"हमें बार-बार अपनी पंक्ति याद आ रही थी—

देखोगे, सौ बार जिऊँगा—
देखोगे, सौ बार मरूँगा...

"और आज हम वापस पटना जा रहे हैं। शोभाकान्त बनारस का आरक्षण ले आए हैं—दिल्ली गए थे। आज रात 9.50 पर देहरादून-बनारस गाड़ी है। हम दुपहर में नजीबाबाद के लिए यहाँ टैक्सी या बस लेंगे...

"छोटू रात में, एकान्त के क्षणों में इन कानों में कह गया—बाबा तुम नहीं जाना..."

और जहरीखाल के प्रवास का अन्तिम दिन था 2 जुलाई, 1986। बेटू, छोटू का कोमल सलोना चेहरा बार-बार दिमाग में उभरता रहता। पहली बार जब जहरीखाल गए थे, तो नाशपाती पेड़ के नीचे खाट पर धूप में लेटते-बैठते, तो बेटू कहता—"बाबा अब आप/यहीं तो बैठोगे/यहीं तो लेटोगे/पापा जब नहीं होंगे/तब मैं ही आपका साथ दूँगा..." उसी पेड़ के नीचे तो दोनों बच्चों से दोस्ती गाँठी थी। उन बच्चों की माँ शकुन उनकी अपनी ही बेटी जैसी है और वाचस पुत्रवत...

जहरीखाल से निकलकर दो दिन बनारस में विश्राम किया और फिर पटना होते हुए 6 जुलाई की शाम दरभंगा पहुँचे। पटना में नए-पुराने परिचितों से कहते रहे कि अभी पन्द्रह-बीस दिन दरभंगा में रहेंगे...आम-मछली और दही खाएँगे। पर लोगों को इस बात की तसल्ली नहीं थी कि यात्री जी पटना से सचमुच दरभंगा जाएँगे। इस बार उनकी बड़ी पुत्रवधू रेखा शकुन से वादा कर के आई थी कि दरभंगा के अलावा उन्हें कहीं और नहीं जाने देगी। तो नागार्जुन दरभंगा ही आए।

जिन्दगी भर की लापरवाही ने बदला लेना शुरू कर दिया था। अहदीपन और

आलस्य वर्षों पूर्व से पास आने के प्रयास में लगे थे। बिस्तर पर लेटे रहना अच्छा लगने लगा था। इधर दो-तीन वर्षों से अठारह-बीस घंटे बिस्तर पर लेटे-लेटे ही बिताते। खून की कमी से जब पाँव में सूजन दिखने लगा, तो खयाल आया कि कहीं मृत्यु राह रोकने के लिए पाँव न खींच रही हो...

अचानक रिक्शा में ब्रेक लगा, देखा कि शोभाकान्त ने रिक्शा वाले की पीठ पर हाथ रखकर रुकने का इशारा किया था। सामने हजमा चौक...शोभाकान्त रिक्शा से उतरा, "बाबूजी दवा ले लूँ, नहीं तो फिर आना पड़ेगा!" नागार्जुन ने रिक्शा पर बैठे-बैठे चारों ओर देखा। पीं-पीं करती कार-ट्रक-बस, टुन-टुन करते रिक्शा, साइकिल, सामने उस पार फलों के कई ठेले, पान के कठघरे...सिर पर पटरानुमा-खोमचा रखकर सामान बेचने वाले...इतने में उनके सामने लाल धोती पहने और कपाट पर सिन्दूर का टीका लगाए एक किशोर आ खड़ा हुआ। देखा कि उसके हाथ में पीतल की थाली है, जिसमें 'तीसीक तेल मध्य/आकंठमग्न शनि महाराज/कारी खटखट, बेढंग लौहमूर्ति'...गौर से देखा, तो लगा 'ताकि रहल छथि हमरे दिस/सतर्क साकांक्ष शऽनि महाराज...' वह स्वयं भी तो उस किशोर की उम्र में ही अपने घर-गाँव से निकले थे, और अब तक अपना ठौर-ठिकाना नहीं बनाया।

ठौर-ठिकाने की सोचते ही मन पिछले साल में लौट गया। 1985 के दिसम्बर के अन्त में वे दिल्ली में मानसिक उलझन से परेशान रहने लगे थे। घुटन होने लगी थी। बड़ा ही गुस्सा आता रहता था भीतर ही भीतर। कुछ ऐसी बातें हो गई थीं कि उनको स्वयं को सँभालने में थोड़ा वक्त लगा। कई डरावने सपने आने लगे थे। सोचते कि अब तक घर के लोगों की मानसिकता क्यों नहीं समझ पाए? व्यक्तिगत लाभ को ढककर जो दलील उन्हें दी गई थी, वह ऊपरी तौर पर सही लगता था, लेकिन जब उस पर गहराई से सोचते, तो परत दर परत कई बातें सामने आने लगतीं। माथा दर्द करने लगता। उनके घर में भी तिकड़म भिड़ाने की कला पनप गई थी। फिर लगता था कि जब कुएँ में ही भंग पड़ गई हो, तो कोई अकेले अपने लिए आकाश का गंगा जल कहाँ से लाए...दिल्ली से वितृष्णा हो गई और तय किया कि कहीं बाहर चले जाएँ...सोचा, जनवरी (1986) में 10 से 15 तक सागर में रहेंगे, फिर 18 के बाद भोपाल और सतना, और फिर पटना। वहाँ महीना-पन्द्रह दिन रहकर शान्ति निकेतन, कलकत्ता। सोच लिया कि जुलाई से पहले दिल्ली की ओर रुख नहीं करेंगे...

पटना तक तो यह रूट-चार्ट ठीक रहा, लेकिन कलकत्ता की ओर वह नहीं बढ़ पाए। लगभग मास दिन पटना में रहकर मध्य प्रदेश की ओर मुड़ गए। सतना और कटनी में रहना था कुछ दिन, फिर कुछ समय विदिशा में बिताने की इच्छा थी। वहीं से लखनऊ में आयोजित प्रगतिशील लेखक संघ के पचासवें वार्षिक समारोह

में उपस्थित रहने का मन बनाया। उस संगठन के स्थापना-काल में वे साहित्य और राजनीति से जुड़ने को तैयार ही हो रहे थे। 1947 के इलाहाबाद सम्मेलन में वे इस संगठन से जुड़े, तो अब तक जुड़े ही रहे। याद आया एक पत्र, जो उनके अति निकटतम ने लिखा था—'इधर कई पत्रों में आपकी भेंट वार्ता पढ़ने का मौका मिला है। ये भेंट करने वाले सिर्फ प्रगतिशील लेखक संघ, सी.पी.आई, सी.पी. एम. सोवियत संघ आदि के खिलाफ आपसे कुछ उगलवाने में रुचि रखते हैं और छपकर वे बातें आपके वर्ग-दुश्मनों का ही भला करते हैं...भेंट करने वाले आपसे साहित्य के बारे में, कविता और छन्द के बारे में कुछ नहीं जानना चाहते, आपकी कविताओं को जनता तक नहीं ले जाना चाहते, आपको भी नहीं। यह काम तो प्रगतिशील लेखक संघ कर रहा है और उसको आपका कोप भाजन बनना पड़ता है, तो हमारी परेशानी बढ़ जाती है। आप बेगूसराय में प्रगतिशील लेखक संघ के भव्य समारोह की अध्यक्षता कर रहे थे और भेंट वार्ता भी दे रहे थे, जो हमारे खिलाफ है। बाबा, कभी हम लोगों को भी समझाइए कि हम लोग कैसे काम करें कि हमें क्रान्तिकारी समझेंगे...कैसे कॉफी हाउस में आपको घेरने वाले क्रान्तिकारी हैं?' प्रगतिशील लेखक संघ के साथ तमाम वामपंथी सांस्कृति-साहित्यिक क्रियाकलापों में अपनी प्रत्यक्ष हिस्सेदारी देने वाले नागार्जुन के दिमाग में आता—'आज-कल तो मार्क्सवाद के इतने शेड्स हो गए हैं कि वह राष्ट्रीय-अन्तरराष्ट्रीय मार्क्सवाद से लेकर चारू मजूमदार और चेग्वेरा तक फैला हुआ है...लेकिन वे तो अपने को सबसे, और किसी से नहीं और न जाने किस-किससे सम्बद्ध और शतधा सम्बद्ध मानते हैं...रुग्णावस्था में अस्पताल के आस-पास तमाम वामपंथी शेड्स को परेशान और उदास देखा था उन्होंने। वामपंथी ही क्यों, प्राय:-प्राय: सभी राजनीतिक और गैर राजनीतिक संगठनों के लोग भी परेशान दिखते थे।

दवा की दुकान से रिक्शा आगे बढ़ा। जब रिक्शा हजमा चौराहे को पार कर रहा था, तो नागार्जुन को अपनी बड़ी बेटी उर्मिला याद आ गई। इसी चौराहे का पश्चिम वाला रास्ता उसकी ससुराल की तरफ जाता है। तीन वर्ष पहले वह उसके यहाँ तीन-चार दिनों तक थे। उसी गाँव में उनकी बड़ी पुत्रवधू का मायका भी है। 'तीनों नातियों का (उर्मिला के पुत्रों का) यज्ञोपवीत संस्कार होना था। मिथिला के ब्राह्मणों में शादी से ज्यादा महत्त्व 'जनेऊ' को ही दिया जाता रहा है...अब भले ही जनेऊधारी बालक चार रोज बाद, यज्ञोपवीत के उन रंगीन सूत्रों पर—अभिमंत्रित 'जनेऊ' पर—स्याही क्यों न पोत ले! 'मृच्छकटिक' नाटक में चोर-ब्राह्मण (शर्विलक) अपने जनेऊ से 'सेंध' नापने का काम लेता है—सेंध नापने का सूत वह घर पर ही भूल आया था। परन्तु परम्परा की केंचुल तो इधर और भी चमकीली हो गई है—भले ही उसका औचित्य 'बाटा कम्पनी' में चपरासी का काम करने वाले तरुण विप्रों के लिए मलिन हो गया हो!'

नागार्जुन ने अपने जीवन में न माँ-बाप का श्राद्ध-कर्म किया और न अपनी पुत्रियों का कन्यादान वाला रस्म निभाया। अपने पुत्रों के यज्ञोपवीत संस्कार में किसी के कान में गायत्री मंत्र बुदबुदाकर आचार्य गुरु नहीं बने। हाँ, इधर दो वर्ष पहले (1984 ई.) अपनी बड़ी पुत्रवधू को कौलिक मंत्र देने के लिए गुरु जरूर बने। मिथिला के प्रत्येक ब्राह्मण और ब्राह्मणी को एक खास प्रकार के मंत्र से दीक्षित होना पड़ता है। जिस किसी श्रेष्ठ के प्रति उसकी श्रद्धा हो, उससे मंत्र ग्रहण किया जा सकता है। अर्थात, उसे गुरु बनाया जा सकता है। नागार्जुन के कुल में परम्परा रही है कि अपना ही परिजन श्रद्धेय गुरु बन सकता है। साधारणत: लोग माँ या बाप से ही दीक्षित हो लेते हैं। मगर एक धारणा है कि पिता से दीक्षा लेने पर दारिद्रय संग हो जाता है। शोभाकान्त पिता से ही दीक्षित होना चाहता था, पर उसने अपनी माँ से मंत्र ग्रहण किया। यों भी अपराजिता की नजरों में पति देव तो विधर्मी और सर्वभक्षी रहे हैं। उन्हें वह ब्राह्मण न मानने के पक्ष में अनेक तर्क देती रहती है। रेखा भी इसी कर्म से निवृत्त होना चाहती थी। सास-बहू का सम्बन्ध बहुत अच्छा रहने पर भी छत्तीस का आँकड़ा बना ही रहता है। वह अपनी सास को गुरु बनाने के लिए तैयार नहीं हो पा रही थी। उसका तर्क था कि गुरु का आशीर्वाद-शाप फलित होता है। महाष्टमी के दिन अपना कौलिक मंत्र ग्रहण करना था शोभाकान्त को। संयोग से नागार्जुन उन दिनों पटना में थे और चार-छह दिनों के लिए तरौनी रहने के लिए आ गए थे। महाष्टमी के दिन सवेरे-सवेरे रेखा ने स्पष्ट रूप से कहा कि वह अपने ससुर से ही मंत्र लेगी। और यदि वे गुरु नहीं बने, तो किसी और से मंत्र नहीं लेगी। नागार्जुन उसे कौलिक शिष्या बनाने को तैयार हो गए। मंत्र लेने के बाद रेखा बोली—असली गुरु तो मेरे ही हैं न! रेखा का विश्वास और श्रद्धा-सेवा भाव सम्भवत: टूट जाता, यदि दस मिनट वाला वह निरर्थक कर्मकांड न करते। नागार्जुन की स्पष्ट सोच है कि आज की नई पीढ़ी कई मामलों में अनूठी है। पुरानी पीढ़ी का आदर दिखावे के तौर पर नहीं करती। वयस्कों को नाप-तौलकर आदर देती है। श्रद्धा का अनुपात पुरानी पीढ़ी के आचरण को ध्यान में रखकर घटता-बढ़ता रहता है। नवयुवकों के अपने प्रतिमान होते हैं। वयस्क व्यक्तियों को नापने का उनका अपना अलग फीता होता है...

नातियों के उपनयन के लिए वे लखनऊ से आए थे। बीच में दो दिन पटना रहना पड़ा था...ड्राफ्ट भुनाना था। यह पुरस्कार एक बार फिर उन्हें विवादों के घेरे में ले आया था। प्रधानमंत्री इंदिरा गांधी के हाथों उत्तर प्रदेश हिन्दी संस्थान का पुरस्कार दिया गया लखनऊ में। महादेवी वर्मा को एक लाख और नागार्जुन को पन्द्रह हजार का पुरस्कार दिया गया। पुरस्कार और भी लेखकों को दिए गए, लेकिन पत्र-पत्रिकाओं ने इन्हीं दोनों की चर्चा जम कर की। नागार्जुन पर तो मानो चर्चा की बाढ़ आ गई थी। महादेवी ने भी आपातकाल को इंदिरा गांधी की निरंकुश सत्ता

का प्रतीक कहा था। नागार्जुन तो स्वतंत्रता के बाद से ही सत्ता के खिलाफ लिखते रहे हैं। नेहरू और इंदिरा के खिलाफ न जाने उनकी कितनी कविताएँ लोक-कंठ में आ चुकी हैं। जिन्दगी के जिस मोड़ पर देश के प्रधानमंत्री इंदिरा गांधी के सामने पुरस्कृत होने के लिए वह खड़े हुए थे, तब तक अपने व्यापक जीवन और जन अनुभवों के बल पर एक बड़ी दुनिया से जुड़ चुके थे। लखनऊ वाले कार्यक्रम के कुछ घंटों के बाद ही किसी ने पूछा था, "श्रीमती गांधी के हाथों सम्मानित होते समय कैसा लग रहा था? आप क्यों मुस्करा रहे थे? श्रीमती गांधी तो ऐसे क्षणों में मुस्कराती ही रहती हैं"...तो तुरन्त ही जवाब फेंका—"अरे, लगता क्या! फील तो उस बेचारी को हो रही होगी कि क्या मजबूरी है, यह बूढ़ा अभी न जाने कहाँ-कहाँ टकराएगा!" अगले ही दिन किसी पत्रकार ने फिर पूछा था—"इस तरह के पुरस्कारों से आपकी कविता की धार कुंठित या प्रभावित हो सकती है?" तो उन्होंने सहज भाव से उत्तर दिया था कि "पुरस्कार पाने के बाद मैं चारण बन जाऊँ और मेरी कविता की धार या दिशा बदल जाए, तब तो जरूर खतरा है। इंदिरा सरकार की जन-विरोधी सत्ता पर बराबर कविताएँ लिखी हैं और आगे भी लिखूँगा। उसमें कोई परिवर्तन या बदलाव नहीं। अगर देखा जाए, तो जन-संघर्षों के दबाव से ही मुझे पुरस्कृत किया गया है और यह एक प्रकार से अनिच्छा से ही सही, जन-संघर्षों से जुड़ी कविता को स्वीकृति दी गई—यह जनता की विजय है।" उन्हें याद आ रहा था कि उस कार्यक्रम का मंच संचालन उनके हमउम्र एक प्रसिद्ध कवि शिवमंगल सिंह सुमन कर रहे थे। जब उन्हें सम्मानित होने के लिए मंच पर आमंत्रित किया गया, तो मंच संचालक ने कहा, "प्रधानमंत्री महोदया, यह याद रहे कि नागार्जुन किसी के नहीं हैं, सिवाय जनता के, और किसी को माफ नहीं करते"...पूरा हॉल तालियों से गूँज उठा था।

...और अचानक आगे वाला रिक्शा रुक गया। न जाने कब वह रिक्शा आगे हो गया था जिस पर अपराजिता और रेखा थी। रेखा पहले रिक्शा से उतरी और फिर अपराजिता। शोभाकान्त ने अपने पिता को सहारा दिया, तो वह भी धीरे-धीरे उतरे। ऋचा अपने भाई-बहन के साथ सामने आई और मकान के अन्य लोग भी जमा हो गए। अपराजिता सबसे पहले बरामदे पर चढ़ी। उसकी प्रसन्न मुखाकृति बता रही थी कि पति को अस्पताल से सकुशल ले आई है, क्योंकि नागार्जुन को जब अस्पताल ले जाया जा रहा था, तो लोगों ने कहा था कि अन्त समय है, तुलसी और गंगा जल दीजिए...रिक्शा से उतरने के बाद नागार्जुन को केदार की बात याद हो आई कि नागार्जुन तो घुमक्कड़ रहे हैं, इधर से उधर घर-बार छोड़कर पराजित हैं, अपराजिता से पराजित कवि...

शाम में जब वह खाना खा रहे थे, तो अपराजिता ने कहा कि कितने सूख गए हैं, चेहरा कैसा उदास-उदास लगता है? वह सामने बैठी थी कुर्सी पर और नागार्जुन

की थाली बिस्तर पर ही लगी हुई थी। रेखा भी बगल में आ बैठी। एक कौर खाना मुँह में डालने के बाद नागार्जुन उन दोनों की ओर देखते रहे...इस बार अपराजिता कई माह दिल्ली में रही और नागार्जुन दिल्ली से बाहर। वहाँ वह न जाने क्यों बेहद कमजोर और साँवली हो गई थी—ऐसा उन्हें जहरीखाल में श्यामाकांत ने बताया था। वह जहरीखाल गया था, क्योंकि शकुन अपने बच्चों के साथ मायके जाने वाली थी। श्यामाकांत विदिशा से दिल्ली और दिल्ली में आठ घंटा रहकर जहरीखाल आया था पाँच-सात दिनों के लिए...

पत्नी की ओर गौर से देखकर नागार्जुन ने कहा—"मेरी तरह तुम भी तो सूख गई हो। और इधर देखता हूँ कि शोभा मिसर भी सूख गया है और रेखा भी सूखी सी लग रही है।" उन्हें मालूम था कि फरवरी से लेकर मई तक रेखा लगभग बीमार ही रही है। मार्च में उसका एक बड़ा ऑपरेशन भी हुआ था...अप्रैल के अन्तिम दिनों में शोभाकान्त ने अपनी परेशानियों को लेकर पिता को एक पत्र लिखा था। वह उस समय जहरीखाल में थे। शकुन और वाचस्पति नागार्जुन परिवार को काफी करीब से जानते-समझते हैं। उन दोनों ने भी उस पत्र को कई-कई बार पढ़ा और फिर कहा कि जिस बहादुरी और धीरज से शोभाकान्त भाई इन मुसीबतों का सामना कर रहे हैं, वह उनसे ही सम्भव है...नागार्जुन को यह जानकारी नहीं मिल पा रही थी कि इस विपत्ति में शोभाकान्त को प्रकाशक कोई मदद पहुँचा पा रहे हैं या नहीं? उसे तो सारा भार (आर्थिक) सँभाल ही लेना चाहिए था। जैसी तत्परता और जो फुर्ती उसने दिल्ली वाली जमीन लेने के सिलसिले में दिखाई थी, वही चुस्ती उसे इस विपत्ति में भी शोभाकान्त के प्रति दिखलानी चाहिए। हालांकि बाद में उन्हें पता चला कि शोभाकान्त ने प्रकाशक से कुछ कहा नहीं था।

...इस बार नागार्जुन अपनी बिगड़ती सेहत के बारे में शोभाकान्त को बताना नहीं चाह रहे थे। लखनऊ में प्रगतिशील लेखक संघ के पचासवें अधिवेशन के बाद 13 अप्रैल को वाचस्पति के साथ सीधे जहरीखाल आ गए थे। सोचा था कि स्वास्थ्य सुधारने के लिए जहरीखाल के अलावा कोई दूसरा विकल्प नहीं है। बार-बार पैरों में सूजन हो रहा था। जहरीखाल में डॉक्टरों की राय बनी कि रक्त की बेहद कमी है, दो अंडे रोज दिए जाएँ...शकुन और वाचस्पति पूरे मनोयोग से उनकी परिचर्या में लगे रहते। और तो और, छोटू और बेटू भी उनकी सेवा में तत्पर रहते...नमक भी छोड़ा लगभग एक महीने तक। नमक छोड़ने से सूजन कुछ हद तक कम हुआ। लगने लगा कि अब यह सूजन जन्मभर बना रहेगा...सोचा था, कोई हर्ज नहीं, रवींद्र ठाकुर इसी सूजन के कारण लम्बी अचकन पहनने लगे थे...पर नागार्जुन की कमजोरी लगभग बनी रही। पाँच-सात पंक्तियों से अधिक लिखने पर बाँहों में दर्द होने लगता था। किताबें या पत्रिकाएँ पढ़ने से आँखों में पानी आने लगा था। चुप रहना ही अच्छा लगता। लेटे-लेटे ट्रांजिस्टर सुना करते...पत्रादि लिखने के लिए

पहले एक लड़की आने लगी, पर उसकी लिखावट कुछ जँची नहीं, तो फिर एक छात्र आया...यूँ पत्र-लेखन भी उन्हें अब कभी-कभी कष्ट देने लगा है। पिछले वर्ष ही सोचा था कि अधिक से अधिक बीस पंक्तियों से बड़ा पत्र नहीं लिखेंगे। सेहत अत्यधिक शिथिल-अतिशिथिल होने पर अब दूर की यात्रा भी स्थगित किया करते। 1983 से ही कभी-कभी दक्षिण भुजा मूल (पीठ की तरफ) में दर्द रहने लगा था, यानी खुलकर लिखते वक्त व्यथा महसूस होती...गांधी जी ने बाएँ हाथ से लिखना क्यों शुरू किया, इस तथ्य का पता उन्हें अब महसूस हुआ! उन दिनों नागार्जुन दिल्ली में थे, तो तीसरी पुत्रवधू (सरिता) ने आश्वस्त किया था कि डिक्टेशन लेकर पत्रों का काम निपटाने में सहायक होंगी। मगर लगा कि अपने अति-प्रिय और देश भर में फैले दिलवर को अपनी लिखावट में सम्बोधित करने का लोभ छूट नहीं पाएगा। बाहुमूल की पीड़ा जब होती, तो याद आता कि सन्त कवि तुलसी को भी यही पीड़ा थी। व्यथा के क्षणों में सन्त कवि ने अपने पवन पुत्र को याद किया था। 'हनुमान वाहुक' की पंक्तियाँ उन्हीं लम्हों में निस्तृत हुई थीं...और नागार्जुन ने भी एक प्रलम्बित रचना कागज पर उतारी—'तीन सिरों वाला बेताल'। 1983 की अन्तिम रचना थी यह, जिसे पूरा करने में 20-22 दिन लग गए थे।

नागार्जुन दिल्ली से बरौनी पहुँचे, जहाँ प्र.ले.स. के राज्य सम्मेलन की अध्यक्षता करनी थी, और दिसम्बर (1983) के अन्तिम दिनों में बम्बई चले गए। योजना थी कि बम्बई से गोवा और पूना का चक्कर लगा आएँ, पर दस रोज बम्बई रहकर 1984 के प्रथम सप्ताह में सीधे विदिशा आ गए थे...

रेखा की आवाज से तंद्रा टूटी,"माता राम, मैं जब से इस घर में आई हूँ, इन्हें ऐसे ही धुआ-काया में देख रही हूँ। हाँ, इस बार ज्यादा बीमार हो गए।"

"तुमने तो मात्र चौदह-पन्द्रह वर्षों से ही देखा है और मैं चौवन-पचपन वर्ष से देख रही हूँ।" अपराजिता के इस कथन पर रेखा हँसने लगी। बहुत दिनों के बाद अपराजिता सामने बैठकर उन्हें खिला रही थी। पति-पत्नी ने अपनी-अपनी रुचियाँ कभी एक-दूसरे पर लादने की कोशिश नहीं की। दोनों की सामाजिक दुनिया, परिवेश और सामाजिक सोच अलग-अलग होने के बावजूद दोनों को एक-दूसरे पर गर्व था।

पलकें मुँदी हैं, मन लेकिन खिलवाड़ में लगा है। नींद नहीं आ रही है और खाली मन पिछले जीवन की स्मृतियों में बार-बार लौट रहा है...

इस बार बीमार पड़ने के बाद अक्सर मन में कोई कहता, पचहत्तर की परमायु तो पार कर ही आया, अब क्या करेगा जी कर? रचना कर्म के नाम पर शेष क्या बचा है अब? सिद्ध की कोटि में पहुँच ही गए हो...अणिमा, महिमा, लघिमा, गरिमा आदि अनेक सिद्धियाँ हासिल हैं। जो कुछ भी होना था, हो चुके...क्या नहीं हो आप? क्या नहीं के फेर में उनके कई साक्षात्कार और विभिन्न साहित्यिक-सांस्कृतिक मंचों पर उनकी मौजूदगी पिछले बीस-पच्चीस वर्षों में विवाद का रूप लेती रही।

जब किसी नगर या घर को स्थायी नहीं बनाया, तो दल विशेष में कैसे रह जाते? आदमी किसी एक जगह लगातार रहे, तभी किसी पार्टी का काम कर सकता है...गांधीवाद को करीब से देखा, सुभाषवाद, समाजवाद, साम्यवाद और जय प्रकाश पंथियों को भीतर जाकर देखा, और साफ-साफ कहा, 'खिचड़ी विप्लव देखा हमने!' हाल के दिनों में प्रगतिशील लेखक संघ की एक इकाई के कुछ लोगों ने फिर से उन पर प्रहार करना शुरू किया...पिछले तीन-चार वर्षों में वामपंथी घटकों के क्रियाकलाप पर वे सीधे-सीधे कुछ न कुछ कहते रहे हैं...याद आया, इंदिरा गांधी से पुरस्कार लेने के दूसरे ही दिन (19 मई, 1983) उनसे पूछा गया—"असम की घटनाओं पर आपकी क्या टिप्पणी है?" वहाँ भीषण कत्लेआम, रक्तपात व विनाशलीला के बीच चुनाव कराए गए। तो उन्होंने साफ-साफ कहा था, "असम में कत्लेआम, रक्तपात और विनाशलीला के लिए इंदिरा गांधी सरकार पूरी तरह जिम्मेदार है।" और अखबारों में इंदिरा की फोटो या भाषण देखकर मन ही मन कह उठते—'बड़े-बड़ों का पानी तुमने कैसे दिया उतार/वीराने में ठूँठ मुखर है, सुन लो जै जैकार...'

अक्टूबर (1984) के अन्तिम दिन अपने सुरक्षाकर्मियों के हाथों इंदिरा गांधी की हत्या हो गई। उस समय नागार्जुन बनारस में थे। पत्रकारों ने उनको घेरा। पूरी घटना की जानकारी रेडियो के माध्यम से थी ही। उन्हें बार-बार इंदिरा की छवियाँ याद आती रहीं...चुपचाप मौन रहे और गमछा से आँखें पोंछकर कहा, "अब मैं किसी भी मंच से इंदिरा के खिलाफ लिखी अपनी किसी कविता का पाठ नहीं करूँगा...वे रचनाएँ अब पाठकों को पढ़ने को मिलेंगी, मुझसे सुनने को नहीं।" उस आश्चर्यजनक व्यक्तित्व वाली महिला से न जाने कितने काव्य-रूपक लिए नागार्जुन ने। बीते दिनों की स्मृतियाँ साकार होने लगतीं, तो उनमें से कुछ सहेजकर अलग करने लगते—'नए हिन्द में आ धमका है नया जमाना/मुश्किल होगा इसको अब पीछे लौटाना...'

नागार्जुन को उठना पड़ा। उठे और सीधे खड़े होकर सिरहाने की ओर वाली दीवार में लगी स्विच पर हाथ लगाया। कमरा आलोकित हो गया। जीरो वाट वाले बल्ब को बन्द करने का खयाल भी नहीं आया। सामने बड़ा-सा भव्य कलेंडर टँगा था। उसे देखा तो कई बार था, पर इस समय वहाँ आँखें अटक गईं...बड़े से प्लेट में टमाटर, बैगन, सेम की फलियाँ थी। साफा बाँधकर एक मुस्कराता चेहरा उँगली से इशारा कर रहा था—इनको तलने-पकाने के लिए फलां तेल का इस्तेमाल कीजिए। कई गुना ज्यादा स्वाद मिलेगा...बेहद चटकीले रंगों में छपा था। मैथिल जीभ को बैगन-सेम-टमाटर का स्वाद याद आया, तो उसने अन्दर ही अन्दर अपने मैथिली पूर्वजों की स्वादवृत्ति को प्रणाम किया।

पंडासराय की मुख्य सड़क के किनारे है यह मकान। इसका एक हिस्सा मकान

में होते हुए भी मकान से अलग था। आगे एक बड़ा रूम, फिर बरामदा, एक छोटा आँगन चापाकल सहित। फिर मकान के पीछे तरफ एक कमरा। पीछे वाले कमरे के बाद लगभग आधे किलोमीटर पर सामने दरभंगा-समस्तीपुर वाली रेल लाइन... मीटर गेज वाली सिंगल ट्रैक सर्पिल भंगिमा में पसरी हुई थी...मकान और रेल लाइन के बीच खेत ही खेत। पीछे वाले कमरे का पिछला दरवाजा खोलकर कुर्सी डालने लायक जगह, जहाँ बैठकर प्रकृति का नजारा देख सकते थे...नागार्जुन दरवाजा खोलकर बाहर निकले, तो 'झींगुरों का हो गया झंकार वह आरम्भ/एकरस अभिराम/ शिराएँ फड़कीं/धमनियों में हुआ फिर नव स्फूर्ति का संचार...'

रूम में आकर बिस्तर पर बैठने को हुए कि बरामदे से अपराजिता की आवाज सुनाई दी—"जग गए? अभी तो तीन ही बजे हैं..." 'हाँ' कहकर नागार्जुन बिस्तर पर लेट गए। बेतरतीब बालों पर हाथ फेरते हुए सोचा, लगता है कि अब नींद नहीं आएगी। अनाप-शनाप सोचते ही रहेंगे..."ओ अवधूत, औघड़, अदूरदर्शी साहित्यकार, तुम सचमुच ही भारी बेवकूफ हो।" एक अति घनिष्ट मित्र के ये शब्द दिमाग में गूँज गए। तीस वर्ष पूर्व उस मित्र ने एक सांस्कृतिक शिष्टमंडल में उन्हें जबर्दस्ती शामिल कर नेपाल की यात्रा करवा दी थी। एक दिन दिल्ली में मिलने पर उसने कहा था—"अगर तुम चाहो, तो मैं तुम्हारे लिए चीन जाने का इन्तजाम कर सकता हूँ।" नेहरू युग के उस मध्याह्न बेला में इस प्रस्ताव पर नागार्जुन को रोमांच हुआ और फिर हँसी आ गई थी।

जीवन में कई मौके आए, जब थोड़ी-सी इच्छा जाहिर करते ही कहीं भी जा-आ सकते थे। आतुरता दिखाना बिल्कुल पसन्द नहीं रहा कभी। अब नाक की सीध में देखते हैं सब। इधर-उधर की टेढ़ी-मेढ़ी जटिल जिन्दगी से कोई मतलब नहीं रखते। स्पष्ट दिखता कि तिकड़म, चाटुकारिता, चुगलखोरी, भितरघात, यही सब तो चलता है अब दिन-रात...

वे सोचा करते, इस उम्र में वामदलों की निगाह में हमारा कौन-सा स्वरूप है? वे लोग हमारे बारे में क्या सोचते हैं? नागार्जुन के क्रियाकलाप राजनीति कहलाते और देखा गया कि सत्य जब उनकी कलम से निकलता, तो संशयवाद का शिकार उन्हें बताया जाता...कहा जाता कि समय-समय पर पॉपुलरिज्म के चक्कर में वह फँस जाते हैं। घूमन्तू हैं, तो विचारों में भी घूमन्तूपना है। वे अ-राजकवादी (अनार्किस्ट) हैं। इतना ही नहीं, आरोप यह भी लगाया जाता कि नागार्जुन ने कभी मार्क्सवाद का बुनियादी अध्ययन नहीं किया और सुनी-सुनाई बातों पर अपनी धारणाएँ बनाईं, इसीलिए राजनीतिक सरलीकरण के शिकार हो जाते हैं। इस तरह के अनेकों आरोप ऐसे लोगों द्वारा लगाए गए, जिनका सम्बन्ध समाजवादी-वामपंथी-यथार्थवादी साहित्य के प्रतिबद्ध संगठनों से भी रहा है। अब तो यह भी कहा जाने लगा है कि एक खिचड़ी विप्लव में भाग लेने के बाद कुछ शर्मिंदगी महसूस की थी, मगर कुछ

और प्रकार के खिचड़ी विप्लव अभी उन्हें दिखाई नहीं दे रहे हैं, क्योंकि उनके नारे उन्हें अपनी अधीरता के अनुरूप दिखाई देते हैं।

उनके होंठ पर मुस्कराहट फैल जाती है...उसी खिचड़ी विप्लव में भाग नहीं लेने के कारण कई जन संगठनों ने अपनी-अपनी गलती कुबूल की थी। कई ने तो अपने मुखौटे फुर्ती से बदले थे। कई अति-चतुर लोग नेतागिरी के चक्कर में अलग-अलग दलों में भी घुस आए। ऐसा नहीं कि वामपंथ के महिमन-स्रोतों का पाठ उन्होंने नहीं किया है। हाँ, वामपंथी प्रभुओं को रिझाने की कोशिश नहीं की कभी! हद तो तब हो गई, जब एक वामपंथी बुलेटिन ने न जाने किन-किन शब्दों से नागार्जुन का परिचय कराया, क्या-क्या रंग और कैसी-कैसी रेखाओं से उनके चित्र बनाए।

मार्क्सवाद में तो आस्था तब भी थी, जब लंका से वापस आए थे, और अब भी है। कठमुल्लापन कभी पसन्द नहीं आया। किसी का नियंत्रण स्वीकारा नहीं किया, क्योंकि अपने विवेक पर पूरा भरोसा रहा। उनके लिए वामपंथी संगठन आँखों की पुतली की तरह हैं। नागार्जुन के विचार से आम जीवन की बेहतरी के लिए जो काम करे, वही प्रगतिशील जनवादी। सबसे पहले जमीन से जुड़ना होता है। लेखक की वैचारिक प्रतिबद्धता तो धरती की तरह विराट और समुद्र की तरह गहरी होती है...रचना यदि दूसरे के निर्देशों के अनुसार लिखी जाए, तो अन्दर से ताकत नहीं पैदा होगी। पार्टी के भीतर नागार्जुन पर विवाद कभी-कभी उग्र हो जाता, तो उन्हें ही समझाया-बुझाया जाता कि आप तो काफी समझदार हैं। मगर सहनशीलता की भी एक सीमा होती है। आखिर कब तक कोई चुप रहे...

लगभग साढ़े तीन मास दरभंगा में लेटे-बैठे ही समय बीतता रहा। मिलने-जुलने वाले आते ही रहते। जबसे अस्पताल से लौटे, आने-जाने वालों की संख्या बढ़ गई है। छोटे-बड़े नगरों-गाँवों से आए परिचितों-अपरिचितों को देखकर नागार्जुन का घुमक्कड़ मन उछलने लगता और फिर अपना स्वास्थ्य, डॉक्टरी परामर्श, पारिवारिक पथ्य-परिचर्या को याद कर मन उस लोमड़ी की भाँति बैठ जाता, जिसने निराश होकर कहा था—अंगूर खट्टे हैं...इस बार अस्पताल में कुछ वे लोग भी आए, जो कलकत्ता के रचना शिविर में साथ थे। उन्होंने पिछले वर्ष (1985) 10 जनवरी से 13 जनवरी तक 'एक भारी यज्ञ सम्पन्न करवाया—चार दिवसीय रचना प्रक्रिया शिविर (कविता पर केन्द्रित)। यह बहुत अच्छा प्रयोग रहा—अल्पतम व्यय में सब कुछ हुआ। अपना-अपना मार्ग व्यय लगाकर 35 युवा रचनाकार इसमें शामिल हुए। भोजन-निवास निःशुल्क था। गैर सरकारी एवं गैर सेठिया एक्स्पेरिमेंट रहा यह।' कलकत्ता के अपने युवा मित्रों के सहयोग से हिन्दी विभाग, कलकत्ता विश्वविद्यालय के प्राक्तन छात्र संघ द्वारा आयोजित यह रचना शिविर एक ऐतिहासिक प्रयोग रहा, जो एक नई शुरुआत बन गई। इस शिविर के बाद धनबाद में कथा पर केन्द्रित एक शिविर हुआ अक्टूबर (1985) में और फिर नजीबाबाद में तीन दिनों का लेखक

शिविर 1985 के अन्तिम दिनों में। शिविर के लिए नागार्जुन लखनऊ से 18 दिसम्बर (1984) को कलकत्ता पहुँचे थे, साढ़े चार-पाँच वर्ष के बाद। लगा था, 'यह चरम दुर्दैव ही रहा कि इतनी लम्बी अवधि तक पूर्वांचल की गंध तक न लगने दी। यह पाप ग्रही विस्फोट था। मन ने कहा, लो बेटा अर्जुन नागा! चाटो दिल्ली का रस... यानी, इस शिविर की मृदु मद्धिम आँच फिलहाल दो-ढाई महीने जरूर मुझे वह ऊर्जा देगी, जिससे पूर्वांचल का सेवन सहज रहेगा। ऊँट को प्यास लगती है, तो पश्चिम की तरफ भागने लगता है—मेरा अन्न-जल मुझे दिल्ली की तरफ खींचता है, यानी किताबों वाली रॉयल्टी ही हमारे दिल्ली दर्शन का एकमात्र 'हेतु-बिन्दु' होती है। हाँ जी हाँ, राजनीतिक कारणों से जिनका दिल्ली आना-जाना लगा रहता है, उन्हें तो अपन दूर से ही नमस्कार करेंगे...'

जहरीखाल रहते हुए 1984 के जून के अन्तिम सप्ताह में सोचा था, कर्णप्रयाग होकर रानीखेत तक हो आया जाए और फिर दिल्ली। लेकिन वर्षा के कारण वैसा सम्भव नहीं हो पाया, तो ऋषिकेश और नजीबाबाद में ही रह लिए दस-ग्यारह दिन, और फिर वापस वाचस्पति के संग जहरीखाल। जुलाई के अन्तिम सप्ताह में दिल्ली वापस होने के लिए नजीबाबाद आ गए। वहीं काफी दिनों से दिमाग में पक रहा रचना शिविर, कागज पर कुछ मुख्य बिन्दु के रूप में उभर आया—'चार सत्रों वाला आयोजन...दो दिनों का...मात्र काव्य विधाओं पर केन्द्रित...गम्भीर परिचर्चा, सघन प्रशिक्षण, अनोखा एवं अभिनव अनुष्ठान...प्रविष्टियाँ केवल 30 व्यक्तियों के लिए...प्रशिक्षक और प्रशिक्षणार्थी में कोई फर्क नहीं होगा...इस रचना शिविर का अधिष्ठाता अथवा आचार्य कोई नहीं होगा। हाँ, व्यावहारिक सुविधा के लिए नगर का एक सक्षम सहृदय व्यक्ति शिविर का व्यवस्थापक रहेगा...' 25 जुलाई 1984 को यह प्रारूप तय किया था।

कलकत्ता पहुँचकर वे एक अजीब सम्मोहन-शक्ति से सम्मोहित हो जाया करते। उन्हें पता है कि हिन्दी क्षेत्रों के लाखों बच्चे आज भी मैट्रिक पास करके या उससे पहले ही हावड़ा पुल के पार चले जाते हैं। नागार्जुन स्वयं भी तो उसी उम्र में हावड़ा पहुँचे थे। लेकिन जब कुछ अधिक दिनों तक कलकत्ता रह जाते, तो लगता 'वर्ष-दो वर्ष यहाँ रह जाऊँ, तो फ्यूज कर जाऊँगा...बड़ा बाजार का सेठाश्रित ढाँचा हिन्दी क्षेत्र की प्रतिभाओं का सत निचोड़कर उन्हें फिर किसी काम का रहने नहीं देता।'

1978 में कलकत्ता और बंग भूमि का जादू ऐसा सिर चढ़ा कि उस वर्ष फरवरी से सितम्बर के बीच जमकर बांग्ला कविताएँ लिखीं। वे रचनाएँ अब भी उनके थैले में घूम रही हैं। डायरियाँ-कॉपियाँ खोने के बाद वे सोचते कि कॉपियाँ खो जाएँ, तो अच्छा रहता है, क्योंकि रचना जब नहीं छपेगी, तो प्रमाण मिलेगा कि नहीं लिख रहे हैं आज-कल। इसी वर्ष कटनी में रिक्शे पर झोला छूट गया था। रिक्शे से सहारा लेकर उतरे। दिमाग में रहा होगा कि साथ में जो है, वह झोला सँभाल लेगा।

पर ऐसा नहीं हुआ। बाद में उस रिक्शे की खोज की गई, मगर कुछ भी पता नहीं लगा। झोले में जो कॉपियाँ-डायरियाँ थीं, उनमें कई अपूर्ण और कई पूर्ण कविताएँ थीं। कई महत्त्वपूर्ण पुस्तकें भी थीं। इस तरह न जाने कितनी रचनाएँ अधूरी खोती रहतीं। कभी-कभी डायरी या कॉपी बिस्तर पर पड़ी किताबों में दब जातीं। गहन रात्रि में वे कहीं बेहतर तरीके से काव्य सृजन करते हैं। रात के अँधेरे में ट्रॉच की रोशनी में यदि नोटबुक/डायरी या कॉपी सामने नहीं दिखती, तो पुस्तकों के फ्लैप, पत्र-पत्रिकाओं के विज्ञापन वाले पृष्ठ की खाली जगह, पोस्टकार्ड के पता लिखने वाले भाग या फिर किसी कैशमेमो के उल्टे भाग में लिख डालते। इन रचनाओं को खोज पाना असम्भव होता है।

अभी भी पंडासराय के इस छोटे कमरे में वे चुपचाप मानसिक घुड़दौड़ में लगे हैं। साहित्यिक-सांस्कृतिक दुनिया में बाबा नाम से पुकारे जाने वाले वे यों भी बाबा हो गए हैं। बौद्ध भिक्खु रहे नागार्जुन के साथ बाबा सम्बोधन कब चिपक गया, यह ठीक से याद नहीं है। कोई बता रहा था कि इलाहाबाद में पहले पहल भिक्खु नागार्जुन को बाबा कहकर सम्बोधित किया गया था। अब तो यह बाबा सम्बोधन बेहद प्रिय लगता है उन्हें। कोई भी बाबा कहता तो वात्सल्य के मारे आँखों के कोर गीले हो जाते। याद आता—'केसव, केसन अस करी जस अरिहूँ न कराहिं/चन्द्र बदनि मृग लोचनी 'बाबा' कहि-कहि जाहि...' पके बालों वाले केशवदास से जब यह कहा गया, तो उनका धर्मसंकट कुछ और ही रहा होगा। बुढ़ापे में भी छिछोरापन जिनका पिंड नहीं छोड़ता, हमारे ये बुजुर्ग निस्सन्देह उसी कोटि के थे। यह भी हो सकता है कि केशवदास को बदनाम करने के लिए किसी अन्य ईर्ष्यालु कवि ने उनके नाम पर यह दोहा लिख मारा हो...फिलहाल आचार्य केशवदास तो महाकाल की अतल गोद में से बाहर आने से रहे, उनकी ओर से शायद कोई अन्य आधुनिक आचार्य मुझे बतलाएँगे कि उक्त दोहा क्षेपक है या क्या है? प्रतीक्षा में रहूँगा...खैर अक्षर शक्ति के द्रष्टा शब्द ब्रह्म के उद्गाता हम भारतीय साहित्यकार सप्तर्षियों के वंशधर हैं। तो बाबा बने रहना स्वभाविक है, पर काषाय वस्त्र में नहीं, केशवदास वाली बात दिमाग में जब आई, तो वे पचास पार कर गए थे। उसके पाँच वर्ष के बाद अपने अति परिचित पात्र ने कहा था, 'आठ-दस बरखक बाद देखल अछि अहाँ के...अहूँक त केश बढिये जकाँ पाकि गेल अछि बाबा...'

1986 में अब तक कुछ भी लिख नहीं पाए। एक कविता शुरू की थी, जिसे सौ-डेढ़ सौ पंक्तियों की होनी थी। लगभग चालीस पंक्तियाँ कॉपी में उतारीं भी, पर वह कॉपी न जाने कैसे खो गई। यह कविता बुद्ध के अनुयायी देश (लंका) में तमिलों के नरसंहार पर केन्द्रित थी। वहाँ बौद्ध चुप थे, दलाई लामा भी मौन थे, लंका के ही गुरुभाई भदंत आनन्द कौसल्यायन ने भी खामोशी धारण कर ली थी...शायद यह घटना छोटी लग रही हो उन सबको, पर नागार्जुन तो छोटी-छोटी

घटनाओं पर भी अपनी सोच कविता के रूप में व्यक्त करने के लिए विख्यात और कुख्यात हैं। अपने भीतर की मरोड़ को वे कविता में ही व्यक्त कर पाते हैं। यही दुख-सुख की भाषा है...

कविता पर सोचते-सोचते कलकत्ता वाला रचना शिविर फिर से दिमाग पर छा गया। देश के विभिन्न हिस्सों से आए लगभग पचास नए और युवा कवियों के साथ वे चार दिन-चार रात साथ थे। नए रचनाकार, जो जड़ता, निष्क्रियता और संकीर्ण कठघरों से ऊबकर एक नई राह की तलाश में रहते, नागार्जुन हर हमेशा उनके साथ हुआ करते। उस शिविर में रचनाकारों के अन्दर पक रहे गुस्से और घुटन से मुक्त होने की कसक बहुत नजदीक से महसूस की थी। उन्हें याद है कि उन्होंने शुरू में ही कहा था—"मैं नए कवि-लेखकों को रास्ता दिखाने नहीं, उनके साथ मिलकर रास्ता बनाने आया हूँ...यह शिविर एक लम्बी और जरूरी प्रक्रिया है..." वे तो यह सोचकर ही कलकत्ता गए थे कि रचना शिविर में नए-नए लोगों को जमकर सुनेंगे और आलोचनात्मक बातचीत करेंगे। बहुत ही उत्साहवर्धक और उन्मुक्त माहौल था।

शुरू के दो दिनों तक सघन कार्यक्रम रहा। प्रारम्भ में कवियों ने अपनी तीन-तीन कविताएँ सुनाईं। सुनाने का उद्देश्य था, अपने भाव, दृष्टिकोण और शैली से एक-दूसरे को परिचित कराना। फिर मिल-बैठकर इसका उपाय सोचना कि कविता अधिक सार्थक और असरकारी कैसे बने! नागार्जुन ने नए और युवा कवियों से कहा था कि आज कविता की आवश्यकता मनोरंजन के लिए नहीं, बल्कि इसे इतना सार्थक बनाने की है कि यह कमजोर लोगों को दिशा और ताकत दे। अगर आज का रचनाकार ऐसी समझ रखता है, तो उसकी कविता सही दिशा पकड़ेगी... कविताएँ सुनी-सुनाई गईं और उन पर जमकर सार्थक बातें भी की गईं। उस समय उनकी यह धारणा सही लग रही थी कि वर्तमान युवा पीढ़ी अपना कवि-कर्म पूरी ईमानदारी और सजगता के साथ पूरी कर रही है। निश्चित रूप से कविता की ताकत से जनसंघर्षों को बल मिलेगा। वहाँ ऐसे नौजवान भी थे, जो समकालीन सामाजिक-राजनीतिक-आर्थिक संघर्षों को शोषित-पीड़ित जन के संग जोड़कर देखते, तो कुछ ऐसे भी थे, जो अभी यथार्थवादी भावभूमि और लोकजीवन की जनपक्षीय भावना को समझ नहीं पा रहे थे, पर थे बिल्कुल ताजे और उनमें सम्भावनाएँ भी थीं।

शिविर के तीसरे दिन का कार्यक्रम तय किया गया—आर्थिक विकास के वास्तविक स्वरूप को समझने-देखने के लिए हावड़ा की एक घनी औद्योगिक बस्ती का परिभ्रमण करना। परिभ्रमण के समय बस्ती की जनता से बातचीत करना और उनके जीवन को नजदीक से महसूस करना। घूमते-देखते लगा कि श्रमिक कह रहे हों—'आओ अन्दर आओ साथी, देखो यह घर-बार/जाड़े ठिठुर रहे हैं बच्चे, पत्नी है बीमार...' और 'लटक रही श्रमिकों पर अब भी छँटनी की तलवार/छूट दे रही

अब भी धन्नासेठों को सरकार'। उसी दिन नावों द्वारा सभी हुगली नदी के बीच तक भी गए। नाव पर कविताएँ सुनी-सुनाई गईं। वे सब हुगली के पानी में चमकते भव्य भवनों की छाया द्वारा झोपड़पट्टी की छोटी-छोटी छायाओं को निगलते हुए महसूस कर रहे थे...

रेखा जग गई थी। इसी कमरे से होकर बाथरूम जाना पड़ता। उसने कमरे में आकर लाइट जला दी और पिछवाड़े निकल गई। अपराजिता भी उठ गई और आकर बड़े पुत्र के पास फोल्डिंग पर बैठ गई। शोभाकान्त भी उठ बैठा—"अभी तो साढ़े चार ही बजे हैं?"

"तो क्या हुआ। सवेरे की चाय तो तुम इसी वक्त लेते हो न?" बेटे की ओर दुलार से देखते हुए अपराजिता बोली।

शोभाकान्त ने पिता को ध्यान से देखते हुए कहा, "लगता है, आप रात भर जगे ही रहे...मैं तो रात भर जहरीखाल में वाचस और शकुन्तला के साथ बैठा रहा। खूब बातें हुईं उसी नाशपाती के पेड़ के नीचे बैठकर। वे सब आपको खूब याद कर रहे थे।"

नागार्जुन अपलक देखते रहे, मानो कह रहे हों—जैसे छुटि जहाज को पंछी पुनि-पुनि जहाज पै आवै...उसी तरह तुम जहाज हो, वाचस जहाज है, छोटे-छोटे बच्चे इस जहाज के बड़े-बड़े केबिन हैं...मैं बार-बार उड़ आता हूँ, बार-बार वापस आता हूँ! इसी जहाज के मस्तूल पर बार-बार जा बैठता हूँ! और फिर कुछ अवधि के बाद हर बार मानवीय गुहार हमें उस आरामगाह से बाहर खींच लाती है...

भूलना गाँव-घर को

20 जून, 1991 को दिन के साढ़े दस बजे के आसपास नागार्जुन रिक्शा से तरौनी पहुँचे। वाचस्पति साथ में थे। वे दोनों उत्तराखंड के काशीपुर से मुरादाबाद, फिर पटना और वहाँ से लहेरियासराय होते हुए यहाँ पहुँचे थे। इन तीन पड़ावों में उतना ही ठहरना हुआ, जितना अस्सी वर्षीय वृद्ध यायावर की जर्जर देह के लिए जरूरी था। पिछले दिन (19 जून, 1991) शाम के करीब पाँच बजे लहेरियासराय के पंडासराय स्थित शोभाकान्त के आवास पर पहुँचे थे। इस बात का अन्दाजा तो था ही कि वहाँ घर में कोई नहीं होगा। नागार्जुन तो अब हर परिस्थिति में कहीं भी रह सकते हैं। पटना में ही सोचा था कि शोभाकान्त के पड़ोसी प्रोफेसर चन्द्रकांत जी और मकान मालिक जगदीश झा तो होंगे ही। शोभाकान्त के पूरे परिवार के प्रति उस मकान के अन्य भाड़ेदारों के मन में स्नेह और सम्मान का भाव रहता है। पिछले पाँच वर्षों

से उस मकान में आवास था, तो उस बड़े मकान का एक-एक व्यक्ति और उन सभी के अरिजन-परिजन एक-दूसरे को अच्छी तरह जानते-समझते। नागार्जुन और अपराजिता तो महीनों-महीनों यहाँ रह चुके हैं। जगदीश बाबू की पत्नी उस गाँव की है, जहाँ रेखा का ननिहाल है। इस बहाने वह रेखा की मौसी हुई। शाम से लेकर तरौनी के लिए प्रस्थान करने तक उस मकान में अच्छी खातिरदारी हुई नागार्जुन की।

आम का मौसम और नागार्जुन आम के प्रेमी। नागार्जुन ने जमकर आम खाया। आम खाने में वाचस्पति ने भी खूब साथ दिया। कई प्रकार के बीजू और कलमी आमों को एक साथ सामने देखकर वे दोनों पुलकित हो उठे थे। अपनी भूमि के आमों के आकार-प्रकार, रस-खूशबू और गुण को वे कभी और कहीं भूल नहीं पाते। आमों के रस-गुण का ज्ञान थोड़ा बहुत ननिहाल में हुआ था और उसका असली स्वाद हरिपुर, बक्शी टोल (ससुराल) में जमकर उठाया था। अपराजिता ने अलग-अलग किस्मों के आमों की पहचान कराने के साथ स्वाद का ज्ञान भी कराया था। रात का भोजन, फिर विश्राम और सवेरे दही-चूड़ा के संग आमों का नाश्ता कर नागार्जुन और वाचस्पति लहेरियासराय स्टेशन से जयनगर वाली गाड़ी में बैठे और लगभग डेढ़ घंटे के बाद सकरी उतरे। गुमटी पार करके रिक्शा लिया। मुख्य रास्ता छोड़ रजवाड़ा के मसोमाती पोखर के बगल से तरौनी के लिए अलग रास्ता है, जिनमें पहले आमों के बड़े-बड़े बाग होते थे। मगर लकड़ी के अभाव में बड़े-बड़े पेड़ कटते जा रहे थे। गाँव में प्रवेश करते ही यात्री का मन बोल उठा, 'एह, तोरा लेल/किछु नहि क भेल/कटइ छी जिनगी/कहुना क हटाय झमेल...।' इधर आकर हरियाली को देखकर उनकी आँखें कभी कहाँ थकी हैं। सामने गाँव नजर आने लगा, तो दाईं ओर दिखा 'जोड़ा मन्दिर'। वाचस्पति ने पूछा, "मैथिली कविता वाला जोड़ा मन्दिर यही है न!" हाँ की मुद्रा में नागार्जुन ने सिर हिलाया ही था कि उधर के मेड़ से आवाज आई, "ठक्कन काका रुकिए, पाँव छूने दीजिए।" रिक्शा रोक लिया गया। क्षण भर बाद सामने आया पतली मूछों वाला साँवला अधेड़ ग्रामीण सरजुग राउत। पाँव छूते ही वह बोला, "ओह! कितने वर्षों के बाद देखा आपको।" "हाँ," कहकर वैद्यनाथ ने उसके गाल थपथपाए। फिर वाचस्पति का परिचय करवाया, तो वाचस्पति ने कहा, "आपके जोड़ा मन्दिर को सारा देश जानता है...।"

"यह तो काकाजी की कृपा है। मुझे कहाँ कोई इल्म है कि लोग मुझे और इसे जानें।" इतना कहकर 'मूड़ी झुका लेलक/पातर मोंछ वला सरजुग राउत'...फिर बोला, "सवेरे से शोभा बाबू और काकी आपकी प्रतीक्षा में परेशान हैं। जाइए...ऐ रिक्शावला, जरा जोर लगाओ। अब तो चार मिनट में पहुँच ही जाओगे।" सरजुग राउत कवि के मन को तरौनी की माटी पर ले आया। रिक्शा आगे बढ़ा, तो सड़क के बाईं ओर मैदान और उसके किनारे लगे लम्बे-लम्बे खपरैल मकान। इन्हीं मकानों में संस्कृत प्राइमरी स्कूल से लेकर संस्कृत महाविद्यालय तक संचालित

होता है। तरौनी के कुछ 'सही' किस्म के 'ग्रामपुत्रों' ने कभी चारागाह और बच्चों के खेल का मैदान रही इस भूमि पर कब्जा करके 'संस्कृत शिक्षण कॉम्प्लैक्स' बनाया। 'बाबा बटेसरनाथ' में जिस 'पुरानी पोखर' का जिक्र है, वह उसी मैदान से सटा 'ठठवे पोखर' है। यह जमीन जब हथियाया जा रहा था, तब यात्री ने लिखा था, 'चांछि कोनो पोखरिक छाती करत बीआ किए केओ बाउग' (तालाब की छाती को छील-छालकर क्यों कोई बोएगा बीज)। नागार्जुन ने तो ककहरा से लेकर काव्यारम्भ अपने गाँव में ही किया था न! उस समय यहाँ के 'टोल पाठशाला' से न जाने कितने विद्वानों ने शिक्षा ली थी। नागार्जुन की शादी जब हुई थी, तो ससुराल के एक प्रकांड पंडित ने उनसे कहा था, 'अहाँ-गाम मे हम तीन बर्ख रही/समुच्चा सिद्धान्त कौमुदी/घोखि नेने छलिअइ/पाँचो सर्ग रघुवंश/आरम्भ दिशकुमारसम्भव/सेहो सर्ग तिनिएक/दू उच्छास दशकुमारो महक/एतबा हम अहीं-गाम मे केने रही...' (आपके गाँव में मैं तीन वर्ष रहा/पूरी सिद्धान्त-कौमुदी/रट डाली थी/पाँच सर्ग रघुवंश/आरम्भ से कुमारसम्भव/वह भी तीन-एक सर्ग/दो उच्छास दशकुमार में से/इतना तो मैंने आपके ही गाँव में पूरा कर लिया था...) अब तो यह शिक्षण परिसर भी काफी पुराना हो गया है, और संस्कृत मिडिल स्कूल, संस्कृत हाईस्कूल और संस्कृत महाविद्यालय रहते हुए भी गाँव में अपर प्राइमरी स्कूल के अलावा कहीं छात्र नजर नहीं आते। विद्याव्यसनी तरौनी में विद्या का अर्थ और आयाम बदल गया है। हर पीढ़ी में एक-दो सुविख्यात विद्वान पैदा करने वाले तरौनी गाँव में एक भी पुस्तकालय नहीं है। संस्कृत महाविद्यालय में कायदे का कोई पुस्तकालय है या नहीं, कहाँ किसी को पता है?

इसी महाविद्यालय के सामने त्रिमुहानी (तीराहा) है। इस त्रिमुहानी का नाम है 'फुटानी चौक'। फुटानी का अर्थ है, बढ़-चढ़कर गप्पें हाँकना। यहाँ से एक कच्ची सड़क पूरब से पश्चिम जाकर पुबरिया टोल होते हुए बीच गाँव तक पहुँचती है। लेकिन पक्की सड़क त्रिमुहानी से दक्षिण की ओर गई है। रिक्शा से इसी सड़क पर बढ़ते हुए डेढ़-दो मिनट के बाद नागार्जुन दक्षिणबरिया टोल में पहुँचे। अपने टोल में प्रवेश करते ही दाहिने हाथ पर विशाल बरगद का पेड़, और इसी पेड़ से सटा अपना 'जोतखी पोखर'। तालाब की ओर नजर गई, तो नागार्जुन को अपना बचपन याद आ गया—'कती-कती काल धरि/हेलइत रहिअइ पोखरिमे/...।' और याद आया वह विशाल इमली का पेड़, जो तालाब के दक्षिण भींडे पर था। 'कती-कती काल धरि/बुढ़बा तेतरि तर बुलइत रहि/मारइत रही टहलान/चिबा-चिबा क/थुकरि देइत रहिअइ काँच फड़ ओक्कर...' फिर पश्चिम-दक्षिण कोने का वह हरसिंगार—'कती-कती काल धरि/बिछिते रहि जइअइ सिङहारक फूल...' और तालाब के उस पार नागार्जुन को अपना आँगन नजर आया। वाचस्पति को दिखाया। रिक्शा पश्चिम की ओर मुड़ा, तो सामने दाहिने हाथ कोने पर नजर आया मौलसिरी

का बूढ़ा पेड़। अब तो इसका अंग-भंग हो चुका है। गाँव के चालू रास्ते पर तालाब के किनारे होने के कारण यह पेड़ एक जमाने में लोगों को अपनी ओर आकर्षित किया करता। पिछले बीस वर्षों से बेचारा बाँके बिहारी हो गया था। कभी बट वृक्ष से लेकर मौलसिरी तक का पोखर का पूरबी भींडा अपनी खूबसूरती की वजह से लोगों को खूब लुभाता था। एक तरफ भरे-पूरे वयोवृद्ध अग्रज की तरह बट बाबा, तो दूसरी ओर अपनी मादक खूशबू से खींचती मौलसिरी। स्वच्छ और शीतल जल से भरा तालाब। सामने सड़क पार पूरब की ओर आँखों को ठंडक पहुँचाती एक-सवा मील तक फैली हरियाली। और, अब न वह समय रहा, और न वैसे लोग। गाँव में तब फूस और खपरैल के अलावा एक-दो ही पक्के ईंट वाले मकान दिखते थे। मगर अब सीमेंट-ईंटों और कंक्रीट वाले छोटे-बड़े मकानों की भरमार हो गई है। इस टोल में शायद नागार्जुन का घर ही कच्ची ईंट और खपरैल का है। आँगनों के आकार-प्रकार बदल गए। एक जमाने में पाँच-छह आँगनों वाला यह टोला अब लगभग दर्जन भर आँगनों में बदल गया है। पुराने रास्ते न जाने कहाँ खो गए! तालाब का आकार-प्रकार तो नहीं बदला, पर तालाब के उत्तराधिकारियों ने भींडे की जमीन भी आपस में बाँट ली है। पोखर की खूबसूरती न जाने कहाँ चली गई!

मौलसिरी के पेड़ से कुछ ही कदम आगे एक विशाल इमली का पेड़ गिरा दिखता है, पोखर के दक्षिण भींडे पर। यह पेड़ भी सम्भवत: उतना ही पुराना है, जितना यह पोखर। पेड़ को गिरे भी ढाई-तीन वर्ष हो गए। तालाब भी सद्गति प्राप्त कर रही है। हमउम्र इमली के पेड़ की कीमत और पोखर की अपनी आमदनी (मछली और ताल-मखाना की बिक्री) ने तालाब को ऑक्सीजन दिया। इसी धराशायी पेड़ से सटा एक खलिहाननुमा बड़ा आँगन और दालान। सड़क से एकदम सटा हुआ। नागार्जुन के चचेरे भाई शिवनाथ मिश्र ने इसे साफ-सुथरा करके नया रूप दिया है। यही है वैद्यनाथ मिश्र की मातृभमि। सन 1960 तक यहाँ बाँसों का जंगल था। बचपन में नागार्जुन सुना करते थे कि बाँसों के भयावह झुरमुट में भूत नाचा करते हैं। शाम के बाद सवेरे तक बच्चे तो नहीं ही आते-जाते, सयाने भी इधर से गुजरने से कतराते। मगर अब तो यही गाँव का मुख्य रास्ता है।

दालान की अँगनई में रिक्शा को देखते ही भतीजा वीरेंद्र, इन्द्रकांत आदि बाहर निकल आए। वाचस्पति रिक्शा से पहले उतरे, फिर नागार्जुन। दो बैग रिक्शा से उतार रिक्शाचालक ने दालान पर रख दिया। फिर पाँव छूने वाले आगे बढ़ते गए। इन्द्रकांत का हाथ अपने हाथ में ले नागार्जुन दालान पर आए। शिवनाथ मिश्र खड़े हो गए, तो वैद्यनाथ ने आगे बढ़कर अपने चचेरे बड़े भाई के पाँव छूए। बड़े भाई ने उन्हें दोनों बाँहों में लेकर छाती से चिपका लिया। वाचस्पति का परिचय सभी से करवाया गया। दालान पर तीन चौकी और चार-पाँच कुर्सियाँ पड़ी थीं। चौकी पर दरी और चादर बिछी थी। वाचस्पति ने चौकी पर बैठते हुए देखा, खलिहान के एक

किनारे पानी भरी बाल्टी और लोटा पड़ा है। वह उठे और आँखों पर जमकर पानी के छींटे डाले। वहाँ उपस्थितों में कुछ ग्रामीण और सम्बन्धी लोग थे। सम्बन्धियों में सुकान्त के ससुर, अपराजिता के तीनों भाई आदि थे। बाल्टी में शरबत लेकर तब तक सुन्दर यादव आ पहुँचा। नागार्जुन को देख सुन्दर यादव ने बाल्टी रखकर सबसे पहले उनके पाँव छूए। शरबत का गिलास सामने आया। गिलास भर शरबत गले के नीचे गया, तो ताजा नींबू का स्वाद पाकर कवि का मन नाच उठा। 'हुए स्वस्थ, पथ क्लान्ति हो गई दूर...।' शोभाकान्त की खोज की दोनों आगंतुकों ने। उधर शोभाकान्त अपने पुत्रों और भतीजों के यज्ञोपवीत संस्कार के लिए कौलिक और पारम्परिक पूजा-पाठ की देखरेख में लगे थे। उपनयन संस्कार 21 जून को होना था। उससे एक दिन पूर्व कुलदेवी की पूजा-अर्चना कौलिक परम्परा से की जाती है। जिस समय नागार्जुन दालान पर आए, उस समय शोभाकान्त, सुकान्त और श्रीकांत अपनी माँ, बच्चे और पत्नी के साथ कुलदेवी भगवती छिन्नमस्ता की यही पूजा सम्पन्न करवा रहे थे। इस कुल क्या, सम्पूर्ण मिथिला में प्राय:-प्राय: यज्ञोपवीत संस्कार से एक दिन पूर्व कुमरम (यज्ञोपवीत संस्कार से पूर्व की कौलिक पूजा-अर्चना) बड़े धूमधाम से मनाया जाता है। अधिकांश परिवारों में कुलदेवी को बलि-प्रदान दी जाती है।

भगवती-घर धूप और अगरबत्ती से सुगंधित था। चिनमाड़ (पूजा घर का वह कोना, जो एकाध फीट ऊँचा और दो-ढाई फीट आयताकर बनाया जाता है और उसी पर भगवती स्थापित की जाती हैं) पर भगवती का पिंडी लाल-पीले फूलों से सज्जित था। महिलाएँ गीत और उचिति-मिनती गा रही थीं। बलि-प्रदान के लिए कत्ता (हथियार) की पूजा भी हो चुकी थी। अब अभिमंत्रित जल छागलों के सिर पर डाला जा रहा था कि वे कान पटपटाकर बलि के लिए रजामन्दी दें। पर छागल थे कि कान पटपटाकर अपनी स्वीकृति दे ही नहीं रहे थे। यानी भगवती उन्हें स्वीकार नहीं कर रही थी। पूजा करवाने के लिए बैठे पंडित नबोनाथ पाठक सुकान्त से मंत्रोच्चारण करवा-करवाकर भगवती की पिंडी पर फूल-अक्षत दिलवा रहे थे। बटुकों की दादी (अपराजिता) परेशान, न जाने कहाँ-क्या कमी रह गई, पूजा में कहाँ गलती हो गई! परेशानी की आवाज में वे जोर से बोल उठीं—"शोभा, तुम ही ज्येष्ठ पुत्र हो, प्रार्थना करो, न जाने तुम्हारा बाप अभी तक क्यों नहीं आया? यहाँ मेरे पीछे चिनमाड़ के नीचे रेखा की बगल में खड़े हो जाओ और पाँचों बटुकों को अपने आगे करके भगवती के सामने हाथ जोड़ो...।" शोभाकान्त ने माँ के आदेश का पालन किया। शोभाकान्त के हाथ जोड़ते ही छागलों ने एक साथ सिर हिलाकर कान पटपटा दिए कि इतने में बाहर से किसी ने आवाज दी, "शोभा मिसर, काका आ गए। पानी-वानी की व्यवस्था कर दी है।" शोभाकान्त घर की भीड़ को चीरता हुआ बाहर निकला। रेखा के स्वर कानों से टकराए—"बलि-प्रदान तो देख लीजिए।"

दालान पर लोगों के बीच अपने पिता को देखा। खादी का साफ-सुथरा पाजामा, धुला-धुला कुरता और गले में खादी का लाल-सफेद चारखाने वाला गमछा। शोभाकान्त को लगा कि अत्यधिक दबाव के बाद भी बाबूजी के भीतर परिवार और गाँव के अस्तित्व का मुलायम पौधा कभी मुरछा नहीं पाया। अमूमन ऐसे कार्यक्रमों में वे नागार्जुनी रूप में ही नजर आते। उन्होंने अपने बेटे की ओर गौर से देखा। बेटे ने पीली धोती के ऊपर सफेद पतला कुरता पहन रखा था। समाज में प्रतिष्ठा के लिहाज से पुत्रों का सुयोग्य होना खास तो है, पर पितृभक्त व माँ का आज्ञाकारी होना एक विशेष गुण होता है। शोभाकान्त को सामने पाकर वे विहुँस उठे और लगा, अभी तक पारिवारिक सम्बन्ध सूत्र पतला होकर भी उनके परिवार में मौजूद है।

जेठ की तपिश को तालाब के जल से होकर आने वाली हवा कम कर रही थी। नागार्जुन कुर्सी पर बैठे थे। शोभाकान्त ने पिता का चरण स्पर्श किया, तो उसका हाथ अपने हाथों में कसकर पकड़ लिया। मानो कह रहे हों कि मैं आ गया न! वाचस्पति खड़े हो गए और कहा, "कल शाम में ही आपके लहेरियासराय वाले घर पर आ गए थे भाई साहब। नाश्ता आदि करके वहाँ से सवेरे-सवेरे चले हैं। आप तो अभी ठेठ कर्मकांडी ब्राह्मण की तरह लग रहे हैं।" इस पर सभी हँस पड़े। फिर वाचस्पति ने कहा, "बैठिए न!"

"अभी नहीं बैठ पाऊँगा। चार-पाँच दिनों तक तो मेरा यही हाल रहेगा।" यह कहते हुए शोभाकान्त ने इन्द्रकांत की ओर देखा और फिर बोला, "अभी तक बलि-प्रदान के लिए छागलों की अनुमति नहीं मिल रही थी। बाबूजी के आते ही सभी छागल एक साथ कान पटपटाने लगे।" इन्द्रकांत कह उठे, "भगवती भी शायद इस क्षण पर काका की उपस्थिति देखना चाहती थी।"

"तो बलि-प्रदान अब तक नहीं हुई?" शिवनाथ मिश्र ने पूछा।

"अब तक हो गई होगी।" कहकर शोभाकान्त पिता की ओर देखते हुए आँगन की ओर मुड़ा।

"अरे सुनो तो..." यह पिता की आवाज थी—"खादी की एक धोती भिजवा दो। यह पाजामा तो यहाँ ठीक नहीं रहेगा न!"

शोभाकान्त रुक गया। खादी वाला धोती तो वह लाया ही नहीं था, क्योंकि तरौनी में कई दिनों तक रहने थे और काम के घर में सूती धोती पहनना ही सुविधाजनक होता है, और पिता को पता था कि पुत्र खादी ही पहनता है। इसीलिए खादी की धोती की माँग अस्वाभाविक तो थी नहीं। शोभाकान्त को ठिठकते देख पिता ने कुछ अन्दाज लगाया और कहा, "धोती न हो, तो एक लुंगी ही तत्काल भिजवा दो। शाम में सकरी या नेहरा से मँगवा देना।"

"मेरे पास धोती है काका। शोभा मिसर तुम आँगन जाओ और काम देखो।"—यह इन्द्रकांत भाई थे। वे भी खादी ही पहनते थे। शोभाकान्त उनकी ओर मुस्कराकर

देखता हुआ आँगन की ओर बढ़ चला। उसके मन में यह बात आ रही थी कि पिता यदि मूल नाम वाले केवल वैद्यनाथ मिश्र ही होते, तो आज अपने पौत्रों के यज्ञोपवीत के अवसर पर लाल या पीली रंग वाली धोती पहने, भाल पर सिन्दूर का बड़ा-सा टीका लगाए, गले में रुद्राक्ष की माला डाले और हाथ में लाल गमछा लिए पसीने से तरबतर नजर आते। परेशानी नागार्जुन को भी रहती है, पर उनकी परेशानी कुछ और तरह की होती है। अपने पौत्रों के यज्ञोपवीत में आना जरूरी था। उससे ज्यादा जरूरी था, अपनी बड़ी पुत्रवधू के उस वाक्य को समझना—"बाबूजी, यदि हमारे बच्चों के जनेऊ के समय मड़वा पर नहीं रहेंगे, तो बच्चों को यज्ञवेदी से हटा लूँगी और वे बिना जनेऊ के रहेंगे..." रेखा पुत्रवधू के अलावा उनसे कौलिक मंत्रों से दीक्षित एकमात्र शिष्या भी थी। गुरु ठहरे न! काशीपुर में नागार्जुन के द्वंद्व को समझते हुए आपसी सहमति से वाचस्पति ने शोभाकान्त को पत्र लिखा, "मैं बाबा को लेकर तरौनी आऊँगा, आप निश्चिन्त होकर माँगलिक आयोजन की तैयारी करें।" यों नागार्जुन अपने मित्रों, स्वजनों के पारिवारिक आयोजन में अपनी भागीदारी आवश्यक मानते थे। दस-पन्द्रह वर्ष पहले तक अपने मित्रों-स्वजनों के परिवार में ऐसे अवसरों पर निश्चित रूप से नजर आते, सुदूर ग्रामांचलों में पैदल चलकर भी। मगर अब मन मसोसकर रह जाना पड़ता है, स्वास्थ्य को देखकर।

शोभाकान्त की छोटी बेटी सुम्मी और श्रीकांत की बड़ी बेटी कनिका दौड़ती हुई दालान पर आई और बाबा के बगल में खड़ी होकर हँसने लगीं। फिर दोनों ने साथ-साथ प्रणाम किया और बोलीं, "दादी, पूजा पर बैठी हैं और आपको बुला रही हैं। चलिए।" फिर दोनों बाबा का हाथ पकड़कर उठाने लगीं।

"अरे, खींचती क्यों हो? उठ तो रहे हैं।"—किसी ने कहा।

"आँगन से हो आओ यात्री।" यह शिवनाथ मिश्र की आवाज थी। नागार्जुन ने अपनी छड़ी सँभाली। दोनों बच्चियाँ पीछे-पीछे। सूर्य भभाकर हँस रहा था। गमछा माथे पर रखकर नागार्जुन जर्दालु आम के पास आए, तो देखा कि सामने पुराने खाली डीह पर मड़वा तैयार है यज्ञोपवीत संस्कार के लिए। जिस डीह पर मड़वा बना था, उसी पर उनका कभी वह तीन कमरों वाला घर था, जिसने पचपन-छप्पन वर्ष की उम्र तक उनका साथ दिया था। घर का पूरब वाला कमरा सात-आठ हाथ लम्बा और लगभग चार हाथ चौड़ा था। इस छोटे से कमरे में पूरब की ओर छोटी खिड़की खुलती थी, जिससे तालाब होते हुए पुबरिया घाट सीधे दिखता था...याद आया, वह भी जेठ का ही महीना था, जब लिखा था—'जङलासं संसार देखइ छी/पड़ल-पड़ल अपन खोहीमे'। (देख रहा हूँ खिड़की से संसार/लेटा-लेटा अपनी मड़ई में) उस समय का दृश्य था, 'धिपल लगइ छइ, ऊपर-ऊपर पानि/बोमिआइत अछि अठगामा पाड़ा पोखरिमे'। (तपा हुआ लगता ऊपर-ऊपर से पानी/पोखर में हुँकार रहा अठगाँवा भैंसा) क्षण भर कुछ सोचते हुए तालाब की ओर देखा, अरे

यह क्या! आज भी कुछ वैसा ही नजर आया। बाल्यावस्था से जानता-पहचानता अपना तालाब मानो कह रहा हो, 'मिटाया तन का ताप/बुझाई रग-रग की प्यास'... दोनों बच्चियों के साथ ठिठक गए नागार्जुन। तालाब के श्याम-सलिल सपाट वक्ष की ओर विमुग्ध नेत्रों से देखते रहे। दाईं तरफ ठीक पोखर के कछेर में बाँसों के झोंझ का अवशेष...यहीं कहीं गूलर का पेड़ था! साहड़ के जंगल थे, सुबह-शाम दतमन काटने जाते और दोपहर में कभी-कभी गूलर के बगल में खड़े-खड़े बंसी से मछली मारा करते...पूरा दृश्य अब बदल गया है। कानों में ढोल और रशन चौकी की पड़ती आवाज ने क्रम भंग किया। उन्हें देखकर बुधना के पोता ने रशन चौकी में जोर से फूँक मारी। साथ में संगत देने वाला कमानीनुमा करची से जैसे-तैसे ढोल पीट रहा था।

आँगन तक आते-आते नागार्जुन ने अन्दाज कर लिया कि अपराजिता की इच्छानुसार ही सब कुछ हो रहा है। आँगन के बरामदे पर दस-बारह महिलाएँ भाव-विभोर होकर गा रही थीं—'सिंह ऊपर एक कमल विराजित, ताहि ऊपर भगवती...।' बहुत दिनों के बाद आरोह-अवरोह वाले ये सामूहिक स्वर कानों में घुल रहे थे। मन-मिजाज स्पन्दित होने लगा। 'गीतगाइनों' ने आँचल से माथे को ढँका, क्योंकि घर का सबसे वृद्ध बरामदे पर चढ़ चुका था। दोनों बच्चियाँ 'सुपर मुखिया' को लगभग खींचते हुए भगवती घर में ले गईं। घर के भीतर की गर्मी में धूप और अगरबत्तियों का सौरभ एक अनूठी गरिमा बिखेर रहा था। अपराजिता चिनमाड़ के किनारे भगवती पिंडी के सामने अपनी पुत्रवधूओं के साथ खड़ी थी। सुकान्त पूजा-पाठ की प्रक्रिया पूरी करके किनारे खड़े हो गए थे। पिता को देखा, तो लपककर पाँव छूए। यहाँ भी पाँव छूने वाले आ-आकर जुटते गए। नागार्जुन को अपने बीच पाकर पारम्परिक गीतों के स्वर अब धीमे हो गए थे। उनमें से बहुतों ने पहली बार नागार्जुन को भगवती घर के भीतर देखा था। दो-तीन को छोड़कर किसी को याद नहीं कि नागार्जुन ने किसी देवता के आगे माथा झुकाया हो कभी।

वृद्ध नागार्जुन के भीतर से वैद्यनाथ मिश्र ने घर की कुलदेवी भगवती छिन्नमस्ता की पिंडी को देखा, तो बरसों बाद अपना कौलिक मंत्र याद आ गया...सामने चिनमाड़ पर छागलों के खून से लाल हो चला कत्ता पड़ा था, और वहीं कटे पड़े थे छागलों के तन। पिंडी से सटी दीवार रेशमी लाल सुर्ख अँचरे से ढकी थी। सवा गज के इस आयताकार कपड़े के टुकड़े के नीचे वाले किनारे में विभिन्न रंगों के फुदना चाँदी की कटोरियों के बीच लटक रहे थे, जो पिंडी से बित्ते भर ऊपर थे। कत्ता को देखकर लगा कि न जाने कितने दिनों से खून में डूबा पड़ा है। भगवती घर से निकलने को हुए, तो बुदबुदा उठे, 'मूँद ले आँख-कान/उनका ही धर ध्यान/ करता जा पूजा-पाठ...।' मुस्कराते हुए भगवती घर का चौखट पार करके बरामदे पर आए। बरामदे के किनारे आँगन में लाठी के सहारे खड़ा होकर रामचरन तम्बाकू

मलता दिखा। खम्भेली पकड़कर नीचे आँगन में उतरे। चप्पल में पाँव डाल ही रहे थे कि वह करीब आया। अपने हमउम्र ठक्कन बाबू को गौर से निहारता रहा, उसके दिल में तो वही चेहरा नाच रहा था, जिसकी शादी में वह टहलुआ बनकर गया था। इधर 1986 से दरभंगा साल में दो-चार माह नागार्जुन रह लेते हैं। रामचरन के चार पुत्रों में से कोई न कोई दरभंगा आकर मिलता रहता है। तब उनका भी मन रामचरन से मिलने को तड़प उठता था। मला हुआ तम्बाकू नागार्जुन के सामने बढ़ाते हुए रामचरन बोला, "ठक्कन बाबू, आप कभी-कभार ही यहाँ नजर आते हैं। घर नहीं याद आता है?" नागार्जुन मुस्कराकर रह गए और आँगन से निकले।

मिथिला में ब्राह्मणों के उपनयन की पूर्व-संध्या पर 'कुमरम' का विधि-विधान है। उस दिन उपनयन के लिए लड़के का अन्तिम कुँवारा दिन रहता है, क्योंकि यज्ञोपवीत धारण करने के बाद वह ब्राह्मणों की श्रेणी में आ जाता है। इस अवसर पर स्वजनीय सहभोज में नागार्जुन अपने ग्रामीणों के संग भात-दाल और पाँच तरह की सब्जियों के साथ भगवती के प्रसाद (बलि-प्रदान वाले छागल का मांस) का अपना मौलिक स्वाद वर्षों बाद पा रहे थे। यों तो नागार्जुन मछली के प्रेमी हैं, पर मांस से परहेज नहीं। हाँ, मछली की जो ललक है, वह मांस के लिए नहीं है। एक बार लगभग बीस वर्ष पूर्व राँची में एक मित्र के घर मांस खाया था। सम्भवतः मांस का एक छोटा-सा रेशा दाँतों के बीच फँसा रह गया। पटना आने के लगभग सात-आठ दिन बाद मुँह में गंध और दातों में दर्द...स्थिति इतनी विकट हो गई कि उस दाँत को निकलवाना पड़ा। तीन-चार दिन कष्ट में रहे।

तरौनी के प्रत्येक परिवार का अपना टोल स्वजनीय है, लेकिन दूसरे टोल में भी कुछ स्वजनीय परिवार होते हैं। हर परिवार के स्वजनियों की संख्या अलग-अलग होती है। अस्वजनीय का मतलब तो पूरा गाँव ही होता है। स्वजनीय 'पका खाना' अर्थात भात-दाल-सब्जी आदि खाते हैं, लेकिन अस्वजनीय 'कच्चा भोजन' यानी दही-चूड़ा, पूड़ी-सब्जी ही खाएँगे। मगर यह बात भोज-भात तक ही सीमित है। मित्रता या प्रगाढ़तावश किसी भी परिवार में कुछ भी खाया-पिया जा सकता है।

नागार्जुन और वाचस्पति के लिए विश्राम की व्यवस्था महादेव झा के यहाँ की गई। अपने आँगन से रात्रि-भोज के बाद वे दोनों वहाँ गए। शोभाकान्त साथ में था। दालान पर दो बिस्तर लगाए गए थे। महादेव झा तो अभी तक भोजघरा (भोज का आँगन) में ही थे। वहाँ तक नागार्जुन और वाचस्पति को पहुँचाकर शोभाकान्त ने उनसे फुर्सत ली। मौसम के अनुकूल दिन की तपिश अभी कम हो गई थी। संयोगवश बिजली भी थी। दालान के आसपास कई गाछ-वृक्ष थे। हवा भी हल्की-हल्की चल रही थी। वाचस्पति अपने बिस्तर पर आराम की मुद्रा में लेट गए। नागार्जुन ने भी कमर सीधी की। लेटे-लेटे वाचस्पति को बताने लगे कि महादेव के पिता भोला झा रिश्ते में उनके भाई लगते थे। गोकुल बाबू के हमउम्र रहे होंगे। भोला भाई अच्छे

गृहस्थ के साथ-साथ सनातनी कर्मकांडी थे। उनकी हड्डी इतनी मजबूत थी कि चौदह-चौदह, सोलह-सोलह घंटे खटते रहते थे। किसी के सामने उनको झुकते कहाँ किसी ने देखा! कुलदेवता के प्रति पूरी तरह समर्पित थे। तेरहों अध्याय चंडी (दुर्गा सप्तशति) का पाठ जरूर करते। कंठस्थ हो गया था। सवेरे शौचादि क्रिया से निवृत्त होने के बाद उनकी दिनचर्या शुरू हो जाती। हाथ लगे रहते काम में और जीभ नाम में, भनभनाहट वाले स्वर में। इहलोक और परलोक, दोनों साथ-साथ चलते। इस बीच कोई मिलने आता, तो उससे एक प्रकार की अस्पष्ट भाषा में मतलब की बात भी कर लेते। जैसे कि कोई आकर कहता, 'आज दोपहर का निमंत्रण देता हूँ', तो भोला भाई पूछ बैठते—'डौङ डौङ ङ ङे ङा' (कौन-कौन रहेगा) और उनका ऐसा करना बिल्कुल दुरुस्त था। चंडी, गीता अथवा किसी अन्य धार्मिक ग्रंथ का पारायण करते समय बीच-बीच में बातचीत नहीं कर सकते। हाँ, संस्कृत की बात दूसरी है। वह ठहरी देवताओं की वाणी। उसका इस्तेमाल भले ही कोई कर ले। अनिवार्य आवश्यकता पड़ने पर समझदार लोग इसी ङ् ङ या ऊँ आँ जैसी अव्यक्त ध्वनियों का सहारा लेते। दालान के सामने या बगल वाली बाड़ी में अक्सर भोला भाई को खुरपी से कुछ न कुछ रोपते देखा है नागार्जुन ने। इस टोल में इतना अपनापन था कि एक को चोट लगती, तो रोता दूसरा था। किसी एक को खुशी का कोई अवसर हाथ आता, तो सभी झूम उठते।

उस दिन देश के नए प्रधानमंत्री की घोषणा होने वाली थी। हाल ही में लोकसभा के लिए चुनाव सम्पन्न हुआ था। चुनाव के परिणाम आ गए थे। राजनीतिक घटनाओं से नागार्जुन अब भी भीतर-भीतर उद्वेलित होते रहते हैं। अब तो शरीर में इतनी ताकत रही नहीं कि घंटों जनता के साथ राजनीतिक क्रियाकलाप में संग रहें। मगर मन-मिजाज हमेशा उधर ही लगा रहता। चाहकर भी उस दिन नींद नहीं आ रही थी। देश की सर्वोच्च कुर्सी दिमाग में घूम रही थी। 'कुर्सी न हिलने पाए/कसके थामो/ थामो, थामो/कसके थामो'। नाना से लेकर नाती तक जनतंत्रीय माला ही तो जपते रहे। इसी तरह के जनतंत्रीय माला को जपते-जपते 'उल्लू तक वरदान पा गए' और 'तकरीरों का खुला पनाला, कहीं दलाली कहीं घुटाला'। दलाली और घोटाले ने ही तो 'मिस्टर क्लीन' को 'मिस्टर करप्ट' बना दिया। आजादी के इतने दिनों बाद भी देश के बड़े हिस्से में 'जाँता चुप है, चुल्हा ठंडा, हाँड़ी तौला खाली...' तो यह लगना स्वाभाविक था कि 'राम राज्य में सरल प्रजा का रक्त कितना सस्ता है'। उसी सस्ते रक्त को भाँपकर उत्पादन के मौलिक साधन, जिस पर आदि काल से सम्पूर्ण मानव विकास टिका है, अर्थात चूल्हा और चक्की को भी निगलकर पचा डालने की साजिश चल रही है। बचपन में नागार्जुन देखते थे कि कुछ महिलाएँ चूल्हे की सौंधी मिट्टी खाती हैं। ज्ञान होने पर समझ में आया कि गर्भवती स्त्रियाँ जीभ स्वाद के लिए यह सब करती हैं, और पचाती भी हैं। नेता-वर्ग ने भी अपनी कोख

में न जाने कितने प्रकार के कर्मों के बीज छिपाकर रखे हैं। नागार्जुन ने कहा भी है, 'कच्ची हजम करोगे/पक्की हजम करोगे/चूल्हा हजम करोगे/चक्की हजम करोगे...।'

चार दिन बाद ज्येष्ठ पूर्णिमा है, उस दिन नागार्जुन अस्सी पार कर जाएँगे। क्या-क्या न झेला, देखा-सुना अपनी अस्सी वर्षीय जिन्दगी में। मन में आता कि अपने क्रान्तिकारी मित्रों में से किसी के पास जाएँ और जिज्ञासा रखें—'शासन रहा ऊँघ/बताओ तो भैयन/कौन गया सूँघ?/उनके सपूत/नरम-नरम घास रहे टूँग/क्या कहते इस पर/लेनिन औ'/माओ-त्से तुंग...।' भाग्यवाद-कर्मवाद-जातिवाद आदि के चलते सचमुच के समाजवाद को भारत की धरती पर आने में अभी कई मन्वंतर बीत जाएँगे। सत्ताधारी वर्ग यही चाहता है कि देश की जो अस्सी प्रतिशत से अधिक आबादी वाली जनता है, उनके बच्चे सोलहवीं शताब्दी में जीएँ और हमारे बच्चे बीसवीं शताब्दी से सौ-दौ सौ वर्ष और आगे की जिन्दगी जीएँ। आजादी के बाद की तमाम छोटी-बड़ी घटनाएँ पेटी-चरखा की चक्की की तरह तेजी से घूम गईं उस वक्त।

नागार्जुन चाहते थे कि नींद आ जाए। आँखें भरियाने लगी थीं, पर नींद को पूरी तरह आने में लगता है समय लगेगा। शोभाकान्त जब इस दालान से लौट रहा था, तब पिता ने उससे कहा था, "आज बहुत थका हूँ। सोऊँगा, एक ही नींद में सवेरा हो जाएगा।" उनकी ओर देखते हुए शोभाकान्त ने मुस्कराकर कहा था, "आपका सवेरा तो रात के ढाई-तीन बजे ही हो जाता है न!" यह सुनकर वाचस्पति और वे हँस पड़े थे।

आम चुनाव और दिल्ली के खेल पर सोचते हुए सच में नागार्जुन को नींद आ ही गई। उस रात जितनी देर सोए, गहरी नींद में। फिर भी, रात में ढाई-तीन के आसपास नींद खुल ही गई। बरामदे से बाहर नजर दौड़ाया, शुक्ल पक्ष का प्रौढ़ चन्द्रमा...खूब मधुर चाँदनी फैली थी। कुछ क्षण तक थके-थकाए बेसुध धरती पर चन्द्रमा के दूध की झमाझम बारिश का आनन्द लेते रहे कि प्राती (प्रभाती) के स्वर कानों में आए। कई कंठों के सम्मिलित स्वर। 'बम-बम कहि शिव के जगावथि, उठउ प्राणपति मोरे...।'

उन आवाजों के बीच एक चिरपरिचित स्वर अपराजिता की भी। लगा, बादामी रंग की लाल किनारे वाली तिनपढ़िया साड़ी पहने वह सौम्य-संयत मुद्रा में सामने खड़ी है। तरौनी आने पर आज भगवती घर में चिनमाड़ के नीचे इसी साड़ी में पुत्रवधूओं के साथ हाथ जोड़े खड़ी दिखी थी। अचानक याद आ गई लगभग दो वर्ष पहले की एक घटना। तब दरभंगा में थे—'अपनी आदरणीया जी के/झुलते कानों से/अपना य' फीका होंठ/भिड़ाकर/फुसफुसाया/'अब ये सब कैसा लगता है'/बुजुर्ग अभिनेत्री की भंगिमा में/आदरणीया जी/तनिक परे सरक गईं/हटोऽ/वह क्या कहेगीऽऽ...' उस दिन 'तेरह साला पोती/अभी-अभी/लौटी थी स्कूल से/बस्ता पटककर/उधर जूते-मौजे उतार रही थी'। शोभाकान्त नगर से बाहर था। बच्चों की

माँ बाजार गई थी। घर में किसी को न पाकर उसने आवाज लगाई—'दाऽऽदी/भूखे के मारे/जान निकल गई रेऽऽ/आज क्या सब्जी थी?...' और बाबा-दादी की 'वह लाडो रानी/किचन के अन्दर जाकर अब/खुद ही खाना निकाल रही थी...' एक सजग अभिभावक की भूमिका में 'इधर से दादी ने टोका/बिना हाथ-पैर धोए/हे भगवान/इस लड़की को कब अकल आएगी/ताड़ जितनी लम्बी हो गई'। बाबा ने अपनी पोती की आवाज सुनी थी, 'तो मैं खाना भी न खाऊँ/प्लीज दादी माँ!/दो मिनट बाद.../अरे हाँ, मैं तेरे लिए वो लाई हूँ/...आवाज साफ नहीं आ रही थी/...भरे थे मुँह में दाल-भात उधर/और इधर/आदरणीया जी/अर्थात पोती की दादी माँ/लेट चुकी थीं चारपाई पर...।' सम्भवत: बाबा और दादी की वह लाडो रानी (ऋचा) सवेरे होते ही कॉम्प्लान या होर्लिक्स का गिलास लेकर अवश्य आ धमकेगी। यह भी हो सकता है कि उसके संग आँगन के ढेर सारे बच्चे भी हों...

इस वर्ष वह दसवीं की बोर्ड परीक्षा देकर आई है। अपनी माँ का दाहिना हाथ हो गई है। पिछले तीन वर्षों से रेखा के स्वास्थ्य को लेकर शोभाकान्त के साथ नागार्जुन भी चिन्तित रहा करते हैं। न जाने क्यों, घरेलू कामकाज और व्यवहार में कुशल महिलाओं का पैंतीस-चालीस वर्ष होते-होते स्वास्थ्य मृदु-मद्धिम हो जाता है। कई बार शोभाकान्त को कहा भी कि रेखा का पूरा चेकअप दिल्ली में करवा लो। लेकिन पंडितजी को दरभंगा ही पसन्द आता। यह भी ठीक है! दरभंगा के अच्छे डॉक्टर उसे मानते भी हैं। इलाज भी ठीक ही करते हैं। कभी-कभी लगता कि हाथ की तंगी के कारण शोभाकान्त इलाज के मामले में दरभंगा से नहीं निकलना चाहता। खुद तो 'पदरोगी' है ही, पत्नी ने घर-बार की जिम्मेदारी उठा रखी है, तो वह 'बेचारी' भी बेचारी हो रही है...

एकान्त पाकर स्मृतियों की अपार भीड़ दिलोदिमाग पर एक साथ हमला कर बैठी। रात थोड़ी रह गई थी। भोरुकवा निकल आया था। वह उठ बैठे, गरदन दाहिने ओर मुड़ी, तो देखा कि आम के झमटगर पेड़ की घनी छतनार डालों के तले दूधिया चाँदनी नहीं पहुँच पा रही है। लेकिन दमकती चाँद की परछाईं से अन्धकार की कालिमा पर हल्की पोची अवश्य फिर रही थी। मन में आया, उठकर थोड़ी देर चहलकदमी कर ली जाए। छह-सात वर्षों के बाद गाँव आए हैं। मन करता, कम से कम हफ्ता-दस दिन परिवार के बीच रहकर सबकुछ फिर से देखें, जो बदलता जा रहा है। दरभंगा आना अब बराबर होता है। गाँव और इलाके के कुछ लोग तो मिलते ही रहते हैं। वे सब अपनी-अपनी समस्याओं और सोच को उनसे साझा करते हैं। यह तो साफ दिखाई पड़ता कि घर-परिवार या टोल-मोहल्ला में 'एक-दूसरे को धकियाकर कैसे भला अकड़ता' अपने आँगन से आ रहे गीतों के स्वर शान्त हो गए। नागार्जुन सजग होकर बिस्तर से उठे और बरामदा से उतरकर नीचे अँगनई पार कर थोड़ी देर आम के पेड़ के नीचे खड़े हो कई भरपूर साँसें खींची और पूरब

की ओर चल पड़े। आसमान में सफेदी छाने लगी थी। वह उस जगह क्षण भर में पहुँचे, जहाँ उनके बचपन से प्रौढ़ होने तक एक बूढ़ा पीपल का पेड़ हुआ करता था। कहा जाता था कि उस पर भूतों का रैन-बसैरा हुआ करता है। उस पेड़ को कटे कई वर्ष बीत गए। अब तो पोखर के उत्तरी भींडे से टोल में प्रवेश का यह आम रास्ता हो गया है। वह सड़क पर आ गए। सड़क के उस पार चार-छह कदम आगे कभी गहराई वाली जगह थी, जहाँ से बरसात के मौसम में आस-पड़ोस का अतिरिक्त जल पनबट के सहारे तालाब में आता। बचपन में वह अपने हमउम्रों के साथ उस नालेनुमा पनबट में मछलियाँ पकड़ते। मन में खयाल आया कि अपने आँगन की ओर चला जाए, जहाँ घर के सभी लोगों के साथ चाय पी ली जाए। वह दक्षिण की ओर मुड़े, तो नजर पश्चिम की ओर गई। देखा, वाचस्पति बिजली की फुर्ती से पास आ रहे थे। पिता की तरह नागार्जुन को मानने वाला यह युवा प्राध्यापक तरौनी के प्रभाती समीर की सिहरन पाकर एक अलग तरह की ताजगी महसूस कर रहा था। नागार्जुन के दाहिने हाथ में हरतोड़ लकड़ी वाली टेढ़ी-मेढ़ी एक मजबूत छड़ी थी, तो दूसरा हाथ वाचस्पति के हाथों में आ गया। दोनों तरौनी की प्रकृति और भूमि को गौर से देख रहे थे। वाचस्पति को विगत कई वर्षों में नागार्जुन अपने जीवन और तरौनी की ढेर सारी बातें बता चुके हैं। सड़क पर चलते हुए वाचस्पति की ओर देखकर नागार्जुन ने कहा कि सड़क पर बीचोबीच चलो। दोनों किनारा अहल भोर और गहराती शाम में सार्वजनिक रूप से न जाने कब से शौच के लिए सुरक्षित स्थान है...वाचस्पति आगे की ओर देख ही रहे थे कि सामने से शोभाकान्त आते हुए दिखे।

शोभाकान्त तो सवेरे काफी पहले उठ जाता है, फिर आज तो यज्ञोपवीत का दिन है। सारा आयोजन सँभालना इतना आसान नहीं। उसकी माँ और पत्नी भी शायद सोई न हों। उन्हीं दोनों के भरोसे पंडित (शोभाकान्त) यह सब कर रहा है...

तब तक शोभाकान्त सामने आकर खड़ा हो गया। उसका चेहरा थोड़ा परेशान लगा पिता को। पिता तो उसकी तमाम परेशानियों को जानते हैं। उनकी रचनाओं को ढंग से पुस्तकाकार देने के साथ उनके शरीर को चलने-फिरने लायक रखने के लिए हर हालत में संग रहा है। उसे सामने देखकर याद आया कि दरभंगा रहते हुए ही उन्हें दो लखटकिया पुरस्कार की सूचना मिली थी। इस सूचना से वह तत्काल प्रसन्न होने के बजाय कुछ परेशान हो गए थे। पूरी उम्र इसी तरह परिवार चलता रहा, तो यह रकम कैसे हरियाली ला पाती! बात 1989 की है। वह चाहते थे कि शोभाकान्त और अपराजिता मध्य प्रदेश के पुरस्कार के बाद दिल्ली में कुछ दिन साथ-साथ रहें, ताकि सब साथ मिलकर कुछ सोचें, क्योंकि अक्षत हैं थोड़े, जबकि

देवता बहुत हैं...। बौआ झा (श्यामाकांत का पुकारू नाम) 1985 से विजय बहादुर सिंह की निगरानी में विदिशा में रह रहा था। पुरस्कार वितरण समारोह में भाग लेने वह भोपाल आ गया था। पुरस्कार में मिले 'क्रॉस चेक' को नागार्जुन ने वहीं नकद भुगतान की व्यवस्था करवाई। श्यामाकांत की चिन्ता बन गई कि सुरक्षा की दृष्टि से इतनी बड़ी रकम साथ रखना ठीक नहीं। वह पिता के साथ चिपका रहा। दोनों दिल्ली आए, पर शोभाकान्त दरभंगा से हिला तक नहीं। उन दिनों उसका पत्र भी नहीं आ रहा था। शोभाकान्त के बच्चों से हल्का पत्राचार था ही, तो हाल-चाल पता चल ही जाता। शोभाकान्त की तबीयत उन दिनों खराब चल रही थी। रेखा पेट वाले ऑपरेशन के बाद अपना स्वास्थ्य चौपट कर चुकी थी। तो उस बार शोभाकान्त और अपराजिता, दोनों ने उन्हें दिल्ली में प्रतीक्षारत ही रखा। नागार्जुन से नहीं रहा गया, तो बौआ झा को दरभंगा, तरौनी भेजा, एक पत्र के साथ—'5000 की नकद राशि, तुम्हारे लिए जा रही है...चारों भाइयों और दोनों बहनों के लिए इतनी-इतनी राशि तय हुई है। यह राशि आगे-पीछे सभी को मिल रही है। तुम्हारी माँ के लिए 20 हजार की राशि रखी हुई है...हमें पूरा भरोसा था कि तुम फरवरी के प्रथम सप्ताह में दिल्ली आ जाओगे और तब साथ ही भोपाल जाएँगे...सादतपुर की डाक व्यवस्था बेहद शिथिल है, यह भलीभाँति मालूम है—कुन्नू और हीनू (शोभाकान्त के दोनों पुत्र) वाला अन्तर्देशीय यहाँ फरवरी के अन्त में पहुँचा...'भारत भवन' वाले मेरे लिए काफी परेशान रहे हैं कि 'कहाँ हैं'...'वाणी' में लगातार फोन आ रहे थे... हमने डबल टेलीग्राम देकर सूचित किया बारह फरवरी को मालवा एक्सप्रेस से हम भोपाल पहुँचेंगे। एक अर्जेंट तार तुम्हारे नाम भी डलवाया था। सोचा, शायद तुम सीधे भोपाल पहुँचने वाले हो...।'

पिता को कुछ क्षण तक देखने के बाद ही शोभाकान्त के चेहरे की भंगिमा सहज हो गई। मुस्कराहट भी आ गई होंठों पर। उन्हें सहसा याद आ गया कि शोभाकान्त की पुस्तक पर एक युवा कवि ने उसका परिचय लिखा था, 'यायावर का झोला जैसे संग चलने को सतत तैयार'। पुत्र को सामने पाकर पिता ने हुलसकर पूछा, "सोए कि नहीं? परेशानी तो नहीं है इस आयोजन में..."

"नहीं!" पुत्र ने बरबस हँसते हुए कहा।

"तुम्हारी कठहँसी है यह। कोई बात तो है ही।"

शोभाकान्त ने धीरे से कहा, "रेखा की इच्छा है कि माँ एकादशी उद्यापन यज्ञ भी कर लें। यों माँ ने कभी कहा भी था। मगर अब मेरी परेशानी देखकर माँ मना कर रही है। मगर रेखा भी अपनी जिद पर अड़ी है..."

"बस यही बात है। दो-ढाई हजार की व्यवस्था तो मैं कर ही दूँगा। यह आयोजन किसी एक की जिम्मेदारी तो है नहीं। सभी को अपनी-अपनी हैसियत से आहूति देनी ही चाहिए..." और पुत्र का हाथ थामते हुए नागार्जुन धीरे-धीरे आँगन

की ओर बढ़ चले। वाचस्पति प्रसन्न मुद्रा में तालाब और उसके सामने खेतों की हरियाली में खोए हुए थे।

यज्ञोपवीत के दिन सवेरे से गहमागहमी थी। दालान पर से चौकी हटाकर दरी-जाजिम बिछा दी गई थी, ताकि ज्याद से ज्यादा लोगों का समावेश हो सके। अधिकांश कुटुंब आ चुके थे। परिवार के 'सुपर गार्जियन' सवेरे से ही जर्दालु आम के तले कुर्सी पर जम गए। यों उनकी सुविधा के लिए एक चौकी वहाँ रख दी गई थी, जिस पर दरी और तकिया डाल दिए गए थे। पड़ोस वाले आँगन के बच्चों की फौज बड़ी हो गई थी। वे सब एकाएक दौड़-दौड़कर बाबा-नाना को घेरकर खड़े हो जाते और फिर दौड़कर दालान होते हुए निकलकर पिछवाड़े से आँगन तक आ पहुँचते...नागार्जुन को उन्हीं बच्चों में से एक पर लिखी अपनी कुछ पंक्तियाँ याद हो आईं—'सोचता हूँ भविष्य का मानव/इंटरकांटिनल होगा...भविष्य की/मानवी यूनिवर्सल होगी... और/तब आज के साहित्य की/प्रासंगिकता टिक पाएगी क्या'...न जाने इन बच्चों से भविष्य में कब और कहाँ भेंट हो...

उधर बुधना का सखा-पात ढोल और पिपही के साथ पहुँचकर शिवनाथ भाई के गोठुला घर के आगे आ जमा और शीशम की टहनियों से ढोल पीट-पीटकर 'टापुर-टुपुर, टापुर-टुपुर' और अनगढ़ पिपही से 'पी-पी' की लय निकालने लगा। नागार्जुन के पास बैठे गाँव के चार-पाँच बुजुर्ग उसकी ओर देखने लगे। एक ने कहा, "अजी, लय तो इस पर भी अच्छी निकाली जा सकती है। बशर्ते गाने-बजाने का शऊर भी तो हो।" फल यह हुआ कि कुछ समय के बाद ही ढोल-पिपही खामोश हो गए और दोनों वादक चुपचाप आकर तालाब के किनारे खड़े हो गए। तालाब की ओर देखते हुए एक ने पूछा, "आप भी तो इस पोखर में खूब तैरते-बोहियाते होंगे न बाबा?" नागार्जुन पोखर की ओर देखने लगे। ढाई सौ वर्ष पुराना अपना यह पुश्तैनी पोखर गरमियों में भी कभी सूखा नहीं। हाल ही में इसे उराहा (पुनरोद्धार) गया था। उनकी नजर दक्षिण महार की ओर मुड़ी। उस ओर कभी साहड़, पितोंझिया, बाँस के घने जंगल हुआ करते। एकाध बिजू आम के पेड़ भी। अब तक यह सब लगभग साफ हो चुका है। फिर पास ही बैठे अपने यार (पंडित सुरेंद्र) की ओर नजर डाली और बोले, "क्यों यार, हम सब तो उन दिनों गमछा को अच्छी तरह कमर में लपेटकर पानी में उतरते थे न। तैरना जानते थे। फिर डर काहे का..." इतने में रामचरन उनकी ओर तम्बाकू आगे बढ़ाकर टप्प से बोल पड़ा, "कहावत भी है अपने गाँव का गाछी और दूसरे गाँव का पोखर डरावना लगता है।" तम्बाकू लेते हुए ठक्कन मिसर बोले, "उन दिनों हमें यही कहा जाता था कि फलाँ गाछी भुतहा है, उधर मत जाना। उसी तरह दूसरे गाँव के पोखर को देखकर

कहना कठिन है कि कहाँ पर कितना पानी होगा? यह गाँव तो नदी के किनारे है नहीं, फिर गोह-घड़ियाल-सोंस आदि के रहने का सवाल नहीं, सो निफिकिर होकर बड़ी देर तक तैरते-बोहियाते रहते। तैरना और बोहियाना दो अलग-अलग है, समझे न! हाथ-पैर पानी के ऊपर और भीतर पटकते रहो, तो तैरना हुआ, जबकि गर्मी के दिनों में तरावट का मजा लेने के लिए देर तक पानी में समूचा बदन डूबोकर रखना और थोड़ी-बहुत चहलकदमी करना बोहियाना होता है। समझे न रामचरन?" और रामचरन ने समर्थन में सिर हिलाया।

यार ने मुस्कराते हुए कहा, "अरे ठक्कन, तुम तो देश-दुनिया में भी इसी तरह बोहिया रहे हो।" नागार्जुन को जोरों की हँसी आ गई। फिर सामने घाट की ओर देखा। सुबध पानी के किनारे बड़े-बड़े बरतन माँज रहा था। रात में भोज था न! उधर की ओर इशारा करते हुए कवि ने अपने बचपन के मित्र से कहा, 'बीच घाट पर/औन्हल लोहिया/ठामहि फूटल घैल/अधसीझू बीया सं/जनमल बूड़ि करैला...' (बीच घाट पर/उलटी कड़ाही/वहीं फूटा घड़ा/अध-सीझे बीज से/जन्मा बेकार-सा करैला)। तब तक वहाँ कई लोग जमा हो गए थे। सब ने उधर देखा। दृश्य तो वही था, जो यात्री ने देखा था। एक ने कहा, "कहते हैं कि शतरंज खेलने वाला आगे की चार-पाँच चाल सोचकर रखता है, और राजनीति तो शतरंज ही है न! उन चालों को बाबा तुरन्त-तुरन्त दिखा दिया करते।"

"अभी-अभी चुनाव हुआ है। परिणाम सामने है। बाबा की यह पाँच अधूरी पंक्तियाँ तो पूरी स्थिति बता देती हैं कि कैसे और क्यों हुआ..." यह वाचस्पति थे, जो गाँव का थोड़ा-बहुत चक्कर लगाकर आते ही बैठे थे और रस ले-लेकर बातें सुन रहे थे।

"अच्छा यात्री, अभी तो मैं चला। धूप भी कड़ी हो रही है। स्नान-ध्यान भी करना है। आज भगवान को 'जल लिअ, फूल लिअ आ हमरा जान के फुर्सत दिअ...' (जल लें, फूल लें और हमको फुर्सत दें...) के बाद आ रहा हूँ। तुम्हारे साथ मड़बा पर बैठकर पौत्रों का यज्ञोपवीत संस्कार देखने का अवसर फिर कभी शायद ही मिलेगा..." कहकर पंडित सुरेंद्र उठ खड़े हुए कि उधर आँगन से चाय लेकर उर्मिला सामने आ गई, "चाचा, चाय तो ले लें...पता नहीं, हमारे भाई लोग निमंत्रण देंगे या नहीं!"

"नोत नहीं देगा शोभा, तो कान पकड़कर बाहर न कर दूँगा!"

सभी हँस पड़े। फिर अपराजिता स्वयं पान का अपना बरतन लेकर आई और मड़बा के कोने पर बैठ गई पान लगाने। उधर दालान पर अलग ही हँसी-मजाक, कहकहे का दौर चल रहा था। कभी-कभी उधर से आने वाले स्वर व्यवस्थित भी हो जाते। वहाँ शिवनाथ भाई ने अभिभावक की तरह अपना आसन जमा रखा था। शोभाकान्त के बड़े मामा धीरे-धीरे दालान से इधर आए, तो अपराजिता ने मड़बा पर

ही दरी बिछाने के लिए कहा। इस पर मामा ने कहा, "अभी यहाँ कौन बैठेगा? धूप सीधे यहाँ आ रही है। हम तो केवल यह कहने आए थे कि बड़ुआ (वे बच्चे, जिनका यज्ञोपवीत होता है) को जल्दी से शरबत आदि पिलाकर मड़बा पर बैठाया जाए..."

"अरे! अभी छोड़िए। जानें बड़ुआ और जानें उनके आचार्य (यज्ञोपवीत में बड़ुआ के बनने वाले गुरु)...आप मेरे पास बैठिए..." वैद्यनाथ मिश्र ने अपने साले से कहा। यह सुनकर गुणानन्द (शोभाकान्त के बड़े मामा) मुस्करा उठे, फिर अपनी बहन की ओर देखते हुए बोले, "दाई, मैं जरा गाँव घूम आऊँ?"

"हाँ, चलिए मैं भी निकल रहा हूँ"—यह सुरेंद्र थे। और अपराजिता से पान और चुटकी भर जर्दा लेकर दोनों सड़क की ओर बढ़े।

शोभाकान्त और सुकान्त, दोनों भाई आ गए थे। पिता ने इशारे से बैठने को कहा। श्रीकांत भी अपनी बिटिया को पोखर के तीन खाली भींड से घूमाकर ले आए थे। अब परिवार के लोग ही वहाँ रह गए थे। पान लगाकर अपराजिता उठी, पति और पुत्रों को पान थमाया, तो पति ने कहा, "काम करते-करते हाथ-पैर चटक रहे होंगे। थोड़ी देर बैठो। फिर तो दिन भर काम में लगी ही रहोगी।"

"मैं तो आपकी तरह रह नहीं सकती, यों भी एक काम से हटकर दूसरे काम में लग जाना भी आराम ही देता है। आप भी तो कविता लिखना छोड़ पत्र लिखने लगते हैं..."

नागार्जुन पत्नी के इस मासूम तर्क पर भभाकर हँस पड़े। अपराजिता जर्दा का डिब्बा उठाकर आँगन की ओर मुड़ी। आँगन के मुख के पास जाकर ठिठकी और बोली, "सब आ गए हैं, केवल बौआ झा नहीं आ पाया। न जाने विदिशा में कौन-सा धन गड़ा पड़ा है उसके लिए।" छोटे पुत्र के प्रति अपराजिता की विशेष ममता हमेशा रही है, और श्यामाकांत शुरू से ही कुछ ऐसे स्वभाव का रहा कि कहीं जम नहीं पाता। पिता और भाइयों ने उसके लिए कई बार काम की व्यवस्था की, पढ़ाई के लिए कोशिश की, लेकिन वह न जाने किन-किन खयालों में डूबा, भावनाओं में उतराता अपने-आप में खोया रहता। अच्छी बात है कि इन दिनों विदिशा में वह टिक गया है। कभी-कभी नागार्जुन को लगता है कि उनके पुत्रों के बीच आपसी सम्बन्ध उतना अच्छा नहीं है, जितना होना चाहिए। झगड़े या मनमुटाव से सम्बन्ध एकदम खत्म नहीं होते। यदि आप सचमुच भीतर से जुड़े हैं, तो विश्वास टूटेगा नहीं। यह टूट गया, तो समझिए कहीं न कहीं कुछ गाँठ जरूर थी। नागार्जुन ने पुत्रों के इस 'तनाव' पर एक प्रकार से चुप्पी साध ली थी। अपराजिता को श्यामाकांत की शादी को लेकर बड़ी चिन्ता थी। उसकी उम्र पैंतीस-छत्तीस की हो रही है। वह सारा दोष पति पर लगाती कि उसकी शादी को लेकर संजीदगी क्यों नहीं दिखाते? हाँ, वह बार-बार उलाहना देती कि विदिशा तो अक्सर जाते ही रहते हैं, तो उसे शादी के लिए क्यों नहीं तैयार करते। और नागार्जुन का मन कहता कि वह कोई

छोटा बच्चा तो है नहीं। अपने निर्वाह लायक कमा ही रहा है और यह भी सोचता होगा कि जीवन भर अकेला रहेगा नहीं...।

श्यामाकांत याद आए, तो विदिशा, विजय बाबू और वहाँ का एक बड़ा आयोजन (लोक सम्मान) सब क्षण भर के लिए आँखों के सामने घूम गया। विदिशा उनका ठौर-ठिकाना उसी तरह है, जिस तरह जहरीखाल। इन दोनों जगह वे मानसिक तौर पर प्रसन्न रहा करते। दिल्ली के सादतपुर वाले उन्हें जिस तरह अभिभावक मानते हैं, वैसा ही हाल जहरीखाल और विदिशा में है। जहरीखाल में वाचस्पति अपने स्तर से प्रतिवर्ष उनके लिए एक आयोजन करते हैं। विदिशा में भी उनके लिए लोक सम्मान का आयोजन किया गया था, जिसमें ढेर सारे नए-पुराने मित्र दो दिनों तक जमे रहे। देश-देशान्तर आने-जाने के क्रम में विजय बहादुर और वाचस्पति का ठौर-ठिकाना इनके लिए शान्ति और विश्राम का घर रहा है, जहाँ उनका पूरा खयाल रखा जाता है। यों तो जब से अपने परिवार के एक अंग ने दरभंगा में डेरा डाला है, तब से हर साल कभी दो माह, कभी तीन माह, तो कभी चार माह वहाँ रह ही लेते हैं। दरभंगा और पटना में जब होते, तो उनके मन में यह बात आती रहती कि शोभाकान्त से कहें कि एक-डेढ़ मास तरौनी रहा जाए और गाँव की उन-उन जगहों पर फिर जाएँ, जहाँ अपना बचपन गुजरा है। अन्नी काका का कलम; यार का दालान; लगमा वाली काकी का कच्ची मिट्टी का दोमहला घर और उनका बड़ा आँगन; गोसाईं पोखर के बगल में अपना वह बाँसों का झुरमुट; इन्द्रकांत गुरुजी वाला दरवाजा, जहाँ सरस्वती की प्रतिमा के आगे संस्कृत रटना शुरू किया था; बाबाजी का पोखर, जिसके बगल वाली खाली जगह पर गाँव के पन्द्रह-बीस बच्चे शाम में कबड्डी, लुका-छिपी, डोलपत्ता आदि खेला करते थे; रामचरन, बंगट, बुद्धुमंडल, प्रीतम आदि के आँगन में खाट पर बैठकर मड़ुवा की रोटी नमक-तेल के साथ खाने का स्वाद ताजा-टटका करने का मन अक्सर करता रहता है। इसी तरह, उन गाँवों में जा-जाकर दस-दस, पन्द्रह-पन्द्रह दिन रहने की गुंजाइश बनाई जाए, जहाँ बाल्यावस्था से लेकर यात्री बनने तक टहलान मार-मारकर पत्तचिखा (विभिन्न तरह के भोजन का स्वाद लेने वाला) बने। सतलखा, पौना, बक्शीटोल, गनौली, पंचगछिया, महिषी, कलराचक आदि गाँव तो अब खूब याद आते हैं। इस उम्र में भी मिथिलांचल के अन्न-पानी का स्वाद खींचता है यात्री को। मन में आता कि खूब वक्त मिले और बचपन की तरह सहजीवन का पारिवारिक सुख लिया जाए। मगर पिछले पच्चीस वर्षों से ढेर सारी जिम्मेदारी ओढ़ ली है और फिर उसके अनुसार न जाने कितने इंगेजमेंट्स आते रहे। जाने क्या-क्या करना पड़ता! कवि सम्मेलन, गोष्ठियाँ और सेमिनार...मित्रों के आग्रह पर वहाँ जाना ही पड़ता। दरभंगा-पटना-इलाहाबाद-दिल्ली का क्रम न जाने कब से चल ही रहा है। अब इसमें विदिशा-रायपुर-भोपाल-इटारसी-कटनी-धनबाद-कलकत्ता-रांची-जगदलपुर-

राजगंगपुर-हैदराबाद-बम्बई-पूना-जयपुर-लखनऊ-जमशेदपुर जैसे न जाने कितनी जगह जुड़ते चले गए। इसमें दिल्ली हेडक्वार्टर बन गया है, जहाँ बीच-बीच में मास-दो मास रह ही लेते। इन यात्राओं के बीच में वाचस्पति की कुटिया में गुप्तवास कर तीन-चार पुस्तकें पूरी करने का संकल्प न जाने कितनी बार लिया होगा, पर वह संकल्प भी पूरा कहाँ हुआ...

सोचते-सोचते चौकी से उठे, हाथ में छड़ी ली, तो सुकान्त का बड़ा लड़का पप्पू साथ हो लिया। दालान की ओर चलना था। चलते हुए खयाल आया कि महापुरुषों ने कहा है, कर्म ही जीवन है, मगर अकर्म की भी अपनी अनिवार्यता हुआ करती है। नागार्जुन कभी-कभी अपनी इस अति-व्यस्तता पर कुढ़ने लगते। कोफ्त होती, यह भी क्या जीवन है! लोकाचार के बँधन की गाँठें भी कभी-कभी जीवन को किस कदर व्यस्त बना देती है, यह उनसे ज्यादा भला कौन जान पाएगा!

दालान पर पहुँचे, तो वहाँ यात्री की पंक्तियों के अपने-अपने ढंग से अर्थ निकाले जा रहे थे। कवि को आते देख चुप्पी छा गई, और बात की दिशा मुड़ गई। किसी ने चौकी पर उनके लिए अंगोछे से झाड़कर जगह बनाई। बैठकर नागार्जुन ने इन्द्रकांत से कहा, "अरे आँगन जाओ, इन सबके लिए जलपान की व्यवस्था तो करवाओ।"

तब तक गाँव का डाकिया आ गया। वह छोटी तरौनी का परिचित ही था। उसने नागार्जुन के पाँव छुए और कुछ पत्र सामने रख दिए। पत्रों की संख्या सात-आठ थी। वे सब शोभाकान्त के नाम थे। उन पत्रों को उलट-पुलटकर देखा और इन्द्रकांत के हाथों में रखकर कहा, "जाओ, शोभा मिसर को दे आओ।" उन पत्रों को देखकर उनकी इच्छा हो रही थी कि कुछ पत्र लिखे जाएँ। यों आज जैसे भी होगा, शाम का समय निकालकर पत्र अवश्य लिखेंगे, और यदि मौका मिला, तो बीबीसी की बांग्ला और हिन्दी वाली समसामयिकी टिप्पणी जरूर सुनेंगे। मगर शाम के समय सात-आठ के बीच दालान से अलग भला कैसे रह सकते! उपनयन के बाद भोज भी तो है न। लगता है, बीबीसी सुनने का उनका नित्य कार्यक्रम अभी कुछ दिनों तक छूट जाएगा। गाँव में देश की राजनीतिक उथल-पुथल पर थोड़ी-सी भी जानकारी पाने का रेडियो ही एकमात्र सहारा है। दोपहर में आराम करने के बाद दो-चार पत्र तो लिख ही लेंगे वह। पत्रों का मजमून यही न होगा—'शोभकांत और सुकान्त के पुत्रों के यज्ञोपवीत संस्कार में आया हूँ...चार-पाँच दिनों के लिए...' या फिर 'साथ वाचस्पति हैं, वापसी में दो दिन पटना रुकना होगा...' या 'बटेसरनाथ, वरुण के बेटे और बलचनमा, ये तीनों उपन्यास तरौनी वाले अंचल के आधार को छूने वाला कथाक्रम चित्रित करते हैं। 1935 से लेकर 1955 के मध्य काल की घटनाओं का चित्रण प्रतीत होते हैं उन उपन्यासों में।' लेकिन अभी अपने ग्रामीणों के अनुभव, समसामयिक प्रसंगों पर उनकी रोचक-चुटीली टिप्पणी सुनने का अलग ही आनन्द है।

उपनयन और एकादशी उद्यापन यज्ञ की तमाम विधियाँ पूरी हो गईं। रातिम वाली एक विधि रह गई थी, जो उपनयन के चौथे दिन होती है। एकादशी यज्ञ के बाद वाले दिन के शाम तक अधिकांश कुटुंब-सम्बन्धी जा चुके थे। घर के दामाद और बेटियाँ रह गईं। पुत्रवधूओं के एकाध भाइयों को रोक लिया गया था। परिवार में एक खुशनुमा माहौल था। अब नागार्जुन से प्रतिदिन सवेरे-शाम गाँव का भ्रमण नहीं हो पा रहा था। मगर अब भी दिन में एकाध बार तो किसी मनचाहे दालान तक पहुँच ही लेते हैं। उस दिन 'ठठबे' होकर अन्नी काका और इन्द्रकांत गुरुजी के दालान को फिर से देखने की इच्छा हुई, तो वाचस्पति के संग निकले। अब इस उम्र में अपनी रचनाओं के परिवेश को देखना मन को एक अद्भुत सुकून देता है। पूरा भौगोलिक परिवेश, व्यक्ति और समूह साथ-साथ परिवर्तित हो रहा है। गाँव की सीमा का भी विस्तार हो चला है। दक्षिण, पश्चिम और उत्तर की ओर गाँव से सटी उपजाऊ जमीनें अब धीरे-धीरे आँगन और दालान या खलिहान के संग माल-मवेशी के बथान में बदल रही हैं। ठठबे पर जहाँ कभी एक आँगन था, वहाँ अब कई आँगन नजर आते हैं। फिर भी वयोवृद्ध हो चले ठक्कन बाबू भला कैसे भूलें गोराबाड़ी के 'दुइ फेंड़वला बुढ़वा गाछ...डारि पर लटकल सिनुरिआ आम...।' इस बार भी टहाटही दुपरिया में मिला था सरजुग राउत और पूछने पर बोला, एखनो 'चढ़ा अबइ छिअइन जाक'/दूनू गोटाक पीड़ी पर फूल...' (अब भी चढ़ा आता हूँ/दोनों की समाधि पर फूल)। माँ-बाप के लिए इतनी श्रद्धा, और वह भी बीस-बाइस वर्ष बाद! यदा-कदा तरौनी के लोग महानगरों के साथ छोटे-छोटे नगरों में भी मिलते रहते हैं। यात्री या नागार्जुन नाम के इस बुजुर्ग को वे सब अपने-अपने आवास तक अवश्य ले जाने का प्रयास करते, तो नागार्जुन खुद भी चाहते कि अपने साहित्यिक-सांस्कृतिक परिवेश से जरा हटकर अपनी जड़-मूल को क्षण भर के लिए देखें। कहीं यह भी कहा जाता, "हमारा क्वार्टर आरामदेह तो नहीं है आपके लिए। फिर भी दो-एक रोज अगर आप हमारे साथ रह लेंगे, तो हम तरौनीवासी को कितना सन्तोष होगा...।" और नागार्जुन दो-एक दिन तो नहीं, घंटे-दो घंटे या रात्रि वा दोपहर के विश्राम का मौका वैसी जगहों के लिए अवश्य निकाल लेते हैं।

यात्री की यात्रा को जानना तरौनी के लोगों के लिए अब भी सम्भव नहीं लगता। उनके सामने ही उनके पुत्रों को लोग कहते रहते, "साल-छह महीने से अधिक भला क्या टिकेंगे? क्यों भला घर से निकलते हैं? बूढ़े का इस तरह यात्रा पर यात्रा करना क्यों भला उचित लगता है घर के लोगों को?" ऐसी बातें सुनकर घर के लोग भले गम्भीर हो जाते हों, पर यात्री तो मन ही मन हँसते, क्योंकि किसी भी घर से जब कहीं के लिए निकलते, तो पूछा जाता, "सच-सच बतलाना, बाबा अब कब आओगे?" यह प्रश्न तो दो-एक दिन बाद यहाँ भी पूछा जाएगा।

तरौनी की उस यात्रा में मधुबनी और दरभंगा के कई नए-पुराने पार्टी कॉमरेड

मिलने आते रहे। न जाने उनका यह आना उन्हें कैसे पता चला? हाँ, आगामी पूर्णिमा को उनके जन्मदिन पर पटना में एक संक्षिप्त गोष्ठी का आयोजन है, तो वहीं से उनके तरौनी होने की सूचना कहीं न कहीं आई हो! तरौनी से तो वापस जाना है, पटना होते हुए काशीपुर वाचस्पति के साथ। लगा, इस तरह के पारम्परिक परिवेश वाले गाँव में चरम आस्तिकता-चरम अध्यात्म-उपनिषद्-गीता अब भी अपनी जगह बना रखे हैं, 'अपने कन्धे पर परम्परा के ब्रह्म-पिशाच को बैठा रखा है...दिमाग अपना है, अक्ल अपनी है...मगर नहीं, हम आज भी स्वाधीन नहीं हैं...।'

27-06-91 को सवेरे काशीपुर पहुँचना था। ढेर सारे काम पड़े हैं। और, 24 जून को वह तरौनी से विदा हुए। इस यात्रा का एक पड़ाव पटना भी था, जहाँ उनके अस्सीवें जन्मदिन पर एक अति-संक्षिप्त कार्यक्रम आयोजित किया गया था। ज्येष्ठ पूर्णिमा की दिन भर की तपती गर्मी के बाद पटना कॉलेज के पिछवाड़े में गंगा-किनारे स्निग्ध चाँदनी में स्थानीय तरुण-प्रौढ़ और युवा रचनाकार बैठे थे। वाचस्पति को तो इस तरह के माहौल में दस-बीस लोगों के साथ बैठकर बोलने-बतियाने और सुनने में खूब मन लगता। नागार्जुन की आँखें वहाँ साफ-साफ देख रही थीं कि नई व तरुण पीढ़ी पूरी तरह चौकन्नी और पग-पग पर चौकस है। उनकी पीढ़ी के संग अपनी पीढ़ी को भी जाँच-परख रही है। अब तो सरकारी और सरकारी अनुदान पर आश्रित संगठनों की ओर से दुनिया भर के मनीषियों की स्मृति में बड़े-बड़े आयोजन होते रहते हैं। बड़े रचनाकारों के संग युवा रचनाकारों की भी बुलाहट होती रहती और उनमें से कुछ ऐसे भी होते हैं, जो खास मकसद से जा चिपकते हैं। नागार्जुन को तरस आता रहता...जीवन भर की यायावरी में इतना तो समझ ही गए थे कि युवकों-तरुणों के अन्दर विक्षोभ के बीज कहाँ से आ पड़ते हैं। बुजुर्गों और प्रौढ़ों का संयुक्त मोर्चा नए लोगों के खिलाफ हर क्षेत्र में बनता रहता है। लेकिन इतना तो अवश्य जानते हैं कि तरुण रचनाधर्मियों का हर जगह एक अलग महत्त्व है। बिहार के सभी गम्भीर मुद्दों पर साहित्यिक-सामाजिक परिवेश से जुड़े युवकों ने अपनी बात रखी है। नागार्जुन उनके साथ ही होते हैं...

26 जून की शाम काशीपुर के लिए ट्रेन में बैठे। अब उनके लिए यात्रा कष्टकर होती जा रही है। रिजर्वेशन के बावजूद आराम की गारंटी नहीं होती...इतने में कहीं से तम्बाकू ठोकने की वजह से गंध आई और सुरसुराहट के साथ खाँसी आ गई। स्वास्थ्य जरा-सा भी सुधरने लगता, तो कुछ-न-कुछ उपद्रव वह शुरू कर ही देते। यात्रा आदि भी शुरू हो जाती। दमा के साथ इधर वार्द्धक्य-जनित रोग एनीमिया

मुस्कराते हुए चरण छूता और पाँव में सूजन आ जाती। नागार्जुन ने धीरे से अपना पाँव सहलाया...चिकनाहट तो है ही...अचानक गाँव से विदा होते समय का दृश्य याद आ गया और कानों में गूँजने लगा—"ठक्कन बाबू, एना भ' क' केओ/अपन गाँओ-घर कें/बिसरइए, से कहू हमरा.../आ ओ भदरा माय ठामहि/ठठवे सँऽ कने इम्हरे/रस्ता छेकि क' पुछलकइन/सङे गेल रहथीन वाचस्पति/हुनका द' भदरा माय बाजलि/—हिनका नइ केओ रोकतइन/मुदा अहाँ के लोक जाए नहि देत/ठक्कन बाबू एना भ' क' केओ/अपन गाँओ-घर के/बिसरइए, से कहू हमरा..." (ठक्कन बाबू, इस तरह भी कोई/अपने गाँव-घर को/भूलता है, बताइए तो मुझे.../और वहीं भदरा की माँ/ठठवे से जरा इधर ही/रास्ता रोककर पूछ बैठी/साथ गए थे वाचस्पति/उनके बारे में भदरा की माँ बोली/—इनको कोई नहीं रोकेगा/पर आपको लोग जाने नहीं देंगे/ठक्कन बाबू, इस तरह भी कोई भला/अपने गाँव-घर को/भूलता है, बताइए तो मुझे...)। कितनी गहरी वेदना हुई होगी 'भदरा माय' को यह सब कहते हुए! वह घास काटने वाली ग्रामीण महिला एक चुंबकीय शक्ति की तरह ट्रेन की तेज रफ्तार में बुजुर्ग यायावर यात्री को तरौनी की ओर खींचती रही। और नागार्जुन की आँखें गीली हो चलीं।

जागते रहे निरन्तर...

जून, 1994 में नागार्जुन अपने अति मनलग्गू ठेठ मैथिल और मैथिली भाषा-भाषी माहौल में दरभंगा के पंडासराय मोहल्ले में थे। वे पिछले आठ वर्षों से कमोबेश यहीं रह रहे थे। जहाँ 'कोलाहल बच्चों का/शिशुओं का शोरगुल/किशोरियों-किशोरों की कानाफूसी/सयानों की डाँट-डपट/बूढ़ियों-बूढ़ों की खट-मिट्ठी खीझ/सब कुछ अच्छा लगता है/यदि अपना मन सहज हो...' और उस समय वार्द्धक्य-जनित रोग को छोड़ नागार्जुन का मन सहज था। खासतौर से अपने दरभंगा के ठौर-ठिकाने पर रहते, तो प्रसन्न ही रहा करते। उस भाड़े वाले आवास में शोभाकान्त जून, 1986 से रह रहे थे। लोगों को उस समय थोड़ी राहत मिली, जब घुमक्कड़ यात्री ने कहा कि वे कुछ मास तक शोभाकान्त के साथ लहेरियासराय में अपना ठौर-ठिकाना रखेंगे। अगस्त-सितम्बर 86 के बाद से, जब उन्हें दरभंगा में सघन चिकित्सा की जरूरत पड़ी थी, साल में चार-पाँच माह वह निश्चित रूप से इस परिवेश में गुजारते। इसी मकान में रहते हुए उनके कई संग्रह शोभाकान्त ने तैयार किए। 'नागार्जुन—मेरे बाबूजी' जैसी पुस्तक उसने यहीं लिखी। उसके बड़े पुत्र कुन्नू (कुणाल) और बड़ी बेटी ऋचा ने अपनी स्कूली शिक्षा यहीं पूरी की। उत्तर प्रदेश वाला 'भारत भारती'

और बिहार के 'राजेन्द्र शिखर सम्मान' की खबर भी तो नागार्जुन को इसी मकान में मिली थी। पिछले आठ वर्षों के भीतर जितने पारिवारिक-मांगलिक आयोजन तरौनी में हुए, सभी की पूरी रूप-रेखा यहीं बनाई गई।

जून के प्रथम सप्ताह के अन्त में न जाने क्या सूझा कि लाल रंग के कपड़े की जिल्द वाली चार कॉपियाँ खरीद लाए, चारों पोते-पोतियों के लिए। बड़ी पोती ऋचा के लिए जो कॉपी थी, उसमें लिखना शुरू किया। सबसे पहले 'प्रासंगिकी' लिखकर अंडरलाइन किया और फिर मैथिली में लिखा—'जखन-तखन, किछु-किछु ओहिना लिखैत रहवाक हिसख आगू जा कऽ अपनहु नीके लगैत छैक—से प्रयोग ऋचा, तोहरो करक चाहिऔक...अही निमित्त ई कॉपी 'ऋचा मिश्र' नामक किशोरी पौत्रीक हाथ में आइ (एगारह जून, 1994) दइत प्रसन्नताक अनुभूति भ' रहल अछि...ऋचा अठारहम पार क' क' आब उनैसम बर्ख में प्रवेश कएलक...अजुका दिन मे हम एकरा लाख-लाख, कोटि-कोटि आशीष दैत छिअइक...ऋचा ज्ञानक पियास कें पूर्ण करवाक लेल सदिखन व्याकुल प्रतीत भेल, मुदा हमरा लोकनि ऋचाक विकास हेतु बेशी किच्छु कहाँ धरि क' पेबैक! निर्गुण शुभकामना त' मात्र मनोबल बढ़ा सकतइ—भौतिक सुविधा त' नहिए द सकतइ! तथापि 'दैवी चमत्कार' क आशा मे हमहू ओहिना लटकल रहबइक जेना आन-आन कन्याक पितामह लटकल रहइ छथिन—'ओं मंत्रार्था: सिद्धय: सन्तु, पूर्णा: सन्तु मनोरथा:' (यदा-कदा, कुछ-कुछ यों ही लिखते रहने की आदत आगे जाकर खुद भी अच्छी लगती है—यह प्रयोग ऋचा तुम्हें भी करना चाहिए...इसी निमित्त यह कॉपी 'ऋचा मिश्र' नामक किशोरी पौत्री के हाथ में आज (11 जून, 1994) देते हुए प्रसन्नता की अनुभूति हो रही है...ऋचा अठारह पार करके अब उन्नीसवें वर्ष में प्रवेश कर रही है...आज के दिन हम इसे लाख-लाख, कोटि-कोटि आशीष दे रहे हैं...ऋचा ज्ञान की प्यास को पूरी करने के लिए हर हमेशा व्याकुल प्रतीत हुई, पर हम सब ऋचा के विकास के लिए ज्यादा कुछ कहाँ कर पाएँगे! निर्गुण शुभकामना तो केवल मनोबल बढ़ा सकती है—भौतिक सुविधा नहीं ही दे सकती! तथापि 'दैविक चमत्कार' की आशा में मैं भी वैसा ही लटका रहता हूँ, जैसे अन्य-अन्य कन्या के पितामह लटके रहते हैं—ओं मंत्रार्था: सिद्धय: सन्तु, पूर्णा: सन्तु मनोरथा:)

जब कभी पारिवारिक अंग या अपने बच्चों के प्रति समर्पित रहने या होने की बात मन में आती, तो दिमाग सोचता—'प्रत्येक प्रकार के बँधन से छुटकारा पाने की कोशिश में किसी प्रकार के दायित्व को न निभा पाने की निराशा में आहिस्ता-आहिस्ता औघड़ बन जाना ही मैं अपने लिए सहज मानता आया हूँ...' फिर सोच आगे बढ़ती, 'हम तो ऐसे लोगों में से हैं—यानी साधु का लबादा छोड़ने पर जो अच्छा पति नहीं बन सका, एक अच्छा पिता नहीं हो सका, वह भला अच्छा कवि और अच्छा नागरिक कैसे होगा...और औघड़पन क्या है, जन साधारण के बीच निर्बाध-निर्द्वंद्व

होकर विचरना! शायद यही विचरना तुष्टि की ताजगी और जीवंतता का सबसे बड़ा आलम्बन रहा है...अपने परिवार के बीच रहते हुए एक अच्छे रचनाकार की अपेक्षा एक अच्छे नागरिक को हम कहीं अधिक अच्छा और महत्त्वपूर्ण मानते हैं...' अब तो इस बात की भी कभी परवाह नहीं रही कि उन्हें किसी ने क्या-क्या कहा। सम्मान मिलने की सूचना पर कह उठते—"यह जो लाख-डेढ़ लाख का पुरस्कार है, इससे क्या होगा? मिल गया एक लोदा चन्दन का। आपके पीछे फेंक दिया गया, और फिर दारिद्रय के महासागर में एक घड़ा अगर किसी ने उड़ेल भी दिया तो क्या?" कहने के लिए कहा जा सकता है कि पुस्तकों की एक अच्छी-भली पंगत है। पर अभी भी वे आर्थिक निश्चिन्तता के साथ साल भर भी नहीं बैठ पाते! पिछले आठ वर्षों में जब-तब वह ठेठ मैथिली परिवेश के बीच रहकर वेश-भूषा, आहार-विहार, व्रत-त्योहार, सामाजिक-पारिवारिक उत्सव आदि को निकट से देखते, तो सोचते, आखिर क्या जरूरत थी इस नगर उस नगर धक्के खाने की। फिर कपार पर चारों उँगलियाँ चली जातीं—'कोई मिटा पाया है कपार का लेख...' और अपनी ही पंक्ति याद करते—'दीन-दुखी-दुर्बल-दरिद्र हम भारत के कवि।'

एक अन्य कॉपी में ऊपर-नीचे, आड़ी-तिरछी पंक्तियों में कलात्मक ढंग में लिखना शुरू किया—'सु.रा. समिधा सुम्मी सुमि के लिए बाबा की तरफ से अगले जन्मदिवस (31.8.94) की मंगलमय वेला में..' फिर आगे घेरकर लिखा—'25.6.94 एडभांस'। और अगले पन्ने पर लिखा, 'देखती है सुमि? अभी कैसा माहौल है? भई, मैं तो जरा से ही थक जाता हूँ—जरा से ही बोर हो जाता हूँ...'

अगले दिन सवेरे-सवेरे कॉम्प्लान लेने के बाद सुम्मी वाली कॉपी सामने रखी। जहाँ तक कलम चली थी, उसके आगे लिखा—'एकाएक बिजली गुल हो गई—रात के आठ बजे थे...लैम्प के प्रकाश में भी तो लिखा जा सकता था...लेकिन, हीनू और कुन्नू आ धमके और फिर 'मनोरंजन का ही मूड' हावी हो गया...कि इतने में तेरे पापा सामने पड़े यानी, वो पटना से आ ही रहे थे...हाँ, आज इसी वक्त तेरे पापा के लौटने की बात थी, कल नहीं, परसो (24.6 को) सवेरे-सवेरे —वो पटना के लिए निकले थे...

"अरे तुम आ गए!"

"हाँ बाबूजी..."

"जाओ, उधर चाय-वाय लो..."

तो तुम्हारे पापा बरांडे पर ही दिखाई पड़े, फिर तोऽऽ

तेरे नाना जी, तेरी मम्मी...

बातें करते रहे शायद 15 मिनट...

मैं इधर ही जमा रहा...

कि फिर भक् से बिजली रानी झकाझक...

लेकिन, तब इस नोट बुक में कुछ और डालने का मूड नहीं रह गया...
और सवेरे-सवेरे अब और कुछ नहीं लिखूँगा सुमि!
अभी तो बस...
लो, सँभालो अपनी यह नोट बुक...!
मैं निबटने चला...
हाँ, लैट्रिन में पानी कौन दे आएगा? हीनू!'

अगले दिन फिर उसी नोटबुक में लिखा—'27.6.94 /कल शाम, हीनू के साथ मैं जरा-सा टहल-बूल आया...

तालाब के किनारे वो जो मन्दिर है, वहाँ तक गया था—सड़क के किनारे दो-तीन चायघर हैं...और आम भी ठेले पर थे, बोला—"मालदह थिकइ सोलह रुपये किलो..."

"अरे हम तो अभी-अभी चौदह रुपये के भाव से चार किलो मालदह (लँगड़ा) ले चुके हैं! लेकिन तुम्हारे मालदह से वो हमें अच्छे ही मिल गए! सुबह कुनू 'टावर' पर से ले आया था बीजू आम, वो बड़े अच्छे थे...सुमि तुमने भी तो दिन में खाना खाते वक्त कुनू वाला बीजू (शरही आम) चूसा था ना?

और आज फिर वैसा ही बीजू ले आएगा कुनू...

मगर अपना फंड 'शार्ट' पड़ गया है..."

यहाँ रुके, दो-तीन युवक मिलने के लिए आ गए। कुछ न कुछ समय तो देना ही पड़ता है। यों अनुभवी बुजुर्गों की बातों से नौजवान अब ऊब उठते हैं...पर नागार्जुन के बुजुर्गपन की एक विशेषता है कि अपनी आयु की सीमाओं को पीछे धकेलकर वह सामने बैठी दूसरी-तीसरी पीढ़ी के मर्म तक जा पहुँचते हैं, और उसकी छिपी प्रतिभा को बखूबी भाँप जाते हैं। उन सबके जाने के बाद थोड़ा विश्राम किया और दोपहर के भोजन पूर्व वही लाल कॉपी फिर सामने थी। '27.6.94, तो आज भी आम ले ही आएँगे...रेखा यानी तेरी ममी घर बैठे आम-जामुन बुलवा लेती है... खैर अभी बस करते हैं...'

अगले दिन नागार्जुन ने सवेरे-सवेरे नाश्ता के बाद एक और कॉपी उठाई। एक पन्ने पर घर के सबसे छोटे और दुलारे 'बिलड़वा' (हेमेन्द्र) का रेखा-चित्र बनाया, और अगले पन्ने पर उसे सम्बोधित करते हुए लिखा—"28.6.94, डियर हीनू, हम ही आरम्भ करई छी...तोहर नोट बुक में कखनो-कखनो तऽ हमहू किछु-किछु लिखबे करबऊ कि ने?"

आइ हमरा मौशमीक ओहिठाम जेबाक अछि—9 बजे क बाद, सङ के जाएत? से ई फैसला तोही करबें...

परसू ई महीना त समाप्ते होइ छइ, तकरा उपरान्त शुरू हेतइ जुलाई—से, ओ महीना एकतीस दिनुका थिकइ—तखन अगस्त महीना...ओहो मास एकतीसे दिनुका—एकतीस अगस्त सुम्मी केर जन्मदिवस पड़इ छइ—से हमरा मोने अछि...

एँ रओ हिनुआ, तोहर 'बर्थ-डे' कोन महीना मे पड़इ छउ?

एखन एतबेऽऽऽ

तखन, आब हमरा ओ अहाँक गप-शप अगिले महीना मे हेतइ किने?...'

(डियर हीनू, मैं ही शुरू करता हूँ...तुम्हारी नोट बुक में कभी-कभी मैं भी कुछ-न-कुछ लिखता ही रहूँगा न?

आज मुझे मौशमी के यहाँ जाना है—9 बजे के बाद, साथ कौन जाएगा? यह फैसला तुम ही करोगे...

परसों यह महीना समाप्त हो रहा है, उसके उपरान्त शुरू होगा जुलाई—वह महीना एकतीस दिन का है—तब अगस्त महीना...वह महीना भी एकतीस दिन का। एकतीस अगस्त सुम्मी का जन्मदिन पड़ता है—यह मुझे याद है...

रे हिनुआ, तुम्हारा बर्थडे किस महीने में पड़ता है?

अब तो इतना हीऽऽऽ

तब, अब मेरी और तुम्हारी बातचीत अगले मास में ही होगी न?...)

और, हीनू ने उसी दिन 28.6.94 को बाबा की दी हुई नोटबुक में लिखा...'आज मैंने जीवन में पहली बार अपने बाबा को गुस्सा करते हुए देखा। सवेरे दस बजे के आस-पास बाबा लैट्रिन से आकर हाथ धो रहे थे कि सुम्मी के किसी व्यवहार से अचानक वह गुस्से में आ गए। फिर गुस्से में ही सुम्मी को लोटा से कई बार लोटियाया। सुम्मी रोकर बिस्तर पर चली गई और बाबा खुद मौशमी के यहाँ चल दिए। बाबा को गुस्सा आ सकता है, यह मैं नहीं जानता था। मुझको आ सकता है, तो उनको क्यों नहीं आ सकता है! पर आज क्यों आया?

आज पहली बार सुम्मी ने बाबा के हाथों से मार खाई है। यह उसके लिए बहुत हो गया।'

यों नागार्जुन के गुस्से की कई कहानियाँ उनके मित्रों-परिचितों के पास सुनने को मिलती हैं। परिवार का शायद ही कोई ऐसा होगा, जो उनके गुस्से से बचा हो। ऋचा उनकी अतिप्रिय पोती रही, उस पर भी पिछले वर्ष (1993) गुस्सा आया था—'जाने कितने वर्षों बाद/आज शाम/हम पर/काले साँप का हमला हुआ/यानी/आज शाम/सवा सात बजे/हम पे गुस्से का हमला हुआ!/रिचा का एक्जाम था/दो पर्चे थे/उसे

6.30 तक तो लौटना ही था.../मगर वो वापस आई/7.15 पे/आते ही बोली/'आप परेशान हुए नाऽऽऽ.../और हँसने लगी.../बोली सर को एक बात/समझाती रही.../समझाती रही/और समझाती रही.../इसी में देर हो गई...' और फिर थकान में घुली/हँसी और हँसी.../और फिर गुस्से का काला नाग/लहराता हुआ 'करैत' साँप/मेरी तरफ दौड़ा/तीन-तीन बार उसने मुझे डंसा/और मैंने/रिचा के सर के बाल पकड़े/उसे दो-तीन तमाचे लगाए.../वो हक्का-बक्का/बैठ गई.../पापा ने कहा/यानी रिचा के पिता/शोभाकान्त/गम्भीरतापूर्वक बोले/'यह इस लड़की को/आपकी आशीष ही मिली है/यह बुद्धू याद रक्खेगी/आजीवन/ता-हयात/अपने बूढ़े दादा की दुआ/अगर इस गधी को याद रही/तो इसका सब कुछ/सुधरेगा..." 10 जून, 1993 की इस रचना के ठीक एक वर्ष के बाद उसे भी लाल कॉपी मिली उन्नीसवें जन्मदिन पर, जिसमें लाख-लाख कोटि-कोटि आशीष के साथ अपनी मजबूरियों का भी जिक्र कि वे उसके लिए कुछ नहीं कर पाए। नागार्जुन पर गुस्सा जिस तेजी से चढ़ता है, उतनी तेजी से उतरता भी है। सुम्मी पर गुस्से के अगले दिन उसके निमित्त कॉपी में लिखा—'आज 29 (29 जून 94) है, अभी ग्यारह बजने वाले हैं, आधा घंटा बाद खाने का वक्त हो जाएगा ना?

कल एक दुर्घटना हो गई। यानी बस और क्या...हीनू ने अपने पत्र में उस दुर्घटना के बारे में लिखा है...

हम चाहते थे कि मौशमी के यहाँ तू और हीनू भी चलेंगे, मगर मेरा मूड उखड़ गया था—ऐसा कि लगा कि मैं मौशमी के घर नहीं जाऊँगा, गुस्से का हमला हुआ था इस बूढ़ी काया पर!

दिल और दिमाग मानो सुन्न हो गए थे!

कि एकाएक रिचा उधर दिखाई पड़ी, मैंने फौरन आनन-फानन में तय कर लिया कि रिचा के साथ मौशमी के यहाँ चलते हैं...

अगर नही जाएँगे तो मौशमी ही आधा घंटा के अन्दर आ धमकेगी...

तो रिचा ने मुझे मौशमी तक पहुँचाया—रास्ते में रिक्शा पर बैठे-बैठे मैं सोचता रहा...इतना गुस्सा तो बड़ा ही महँगा पड़ा।...खैर, प्रायः दो घंटा बाद हम मौशमी के यहाँ से वापस लौटे...

तूने मेरा बाइकाट कर दिया है, अब मुझे बेहद खल रहा है—सुमि, तू मुझे क्षमा कर दे! 'माफी' तो बड़ा कमजोर 'शब्द' है!! अच्छा तू मेरा बहिष्कार करके कब तक 'अ-सहयोग' का यह दौर चलाएगी!...'

नागार्जुन अक्सर आगे की अपनी योजना-यात्रा आदि पर बच्चों से भी बातें किया करते। बच्चे उत्सुकता के साथ उनकी बातें सुनते भी। इस बातचीत से उन्हें मानसिक सन्तोष मिलता। उस दिन भी वे अगली यात्रा पर सोच रहे थे, अतः आगे लिखा—'हम अगले ग्यारह तारीख को दरभंगा से पटना के लिए विदा हो जाएँगे,

तो फिर आठ महीने बाद या दस महीने के बाद ही लौटना सम्भव हो शायद... कल यह महीना (जून, 94) खत्म हो रहा है—आगे जुलाई वाला महीना पड़ेगा सुमि! तेरा स्कूल 4/7 को खुलने वाला है न! सुमि, अब 4 बजे बाद आज शाम को लिखूँगा इस नोटबुक में...'

और हेमेन्द्र के नाम वाली कॉपी सामने आई उसी दिन, तो शुरू हो गए—'29.6.94, हीनू, तुम्हारा लिखा हुआ संक्षिप्त पत्र पढ़कर मैं तो बेहद गम्भीर हो गया हूँ...मौशमी के घर हम (रिचा और मैं) लगभग दो घंटे रहे...बंगाली-भाषा वाला मोटा ग्रंथ मैंने जब मौशमी को दिया, तो उसके शुरू वाले सादे-उजले पेज पर मैंने बंग-लिपि में ही मौशमी का नाम लिखा—अपनी नातिनी मौशमी के लिए यह प्रेम उपहार है...मौशमी के पिता-माता बेहद खुश हुए—मौशमी की बड़ी बहन (श्रावणी) भी परम प्रसन्न हुई—श्रावणी की बड़ी-बड़ी आँखें दो-तीन मिनट तक चमकती रहीं...रिचा भी यह सब दृश्य देख रही थी...

हमने यह पोथी (संचयिता) पिछली फरवरी में खरीदी थी—पूरे सौ रुपये नगद (नकद) देकर...और यह महाग्रंथ विश्व कवि (रवीन्द्रनाथ ठाकुर) की चुनी हुई कविताओं का श्रेष्ठ संग्रह है...ऐसा शानदार उपहार पाकर कोई भी बंगाली-भाषी व्यक्ति विभोर होगा ही...तो मौशमी के परिवार वालों के लिए यह एक अनूठा उपहार आज उन्हें घर बैठे हस्तगत हो गया...

हीनू, तुम जब बड़े हो जाओगे, तो तुम भी अपने बंगाली मित्रों को इसी प्रकार के उपहार देना, हाँ, तुम ऐसा जरूर करोगे! फिलहाल, तुम अब किसी दिन मौशमी के घर जाकर 'संचयिता' अवश्य देखना...और, अब तुम्हारी इस कॉपी में अगले महीने ही कुछ लिखा जाएगा...'

अगले दिन (30.6.94) हेमेन्द्र ने बाबा की दी हुई कॉपी में कलम चलाई—'कल दिन भर बादल घिरा रहा। परन्तु वर्षा भी नहीं हो पा रही है। इस मौसम में खूब बारिश होनी चाहिए।

बाबा! आपने पिछले वर्ष कहा था कि छन्द सिखा दूँगा, पर एक साल बीत गया। कब सिखाइएगा? इस साल एक दिन आपने कहा कि मैथिली सिखा दूँगा, वह भी नहीं हुआ। इसका अर्थ है कि आप फूसि (झूठ) बोलते हैं। हमको भी तब फूसि बोलना सिखा दीजिए।

सुम्मी को तो आपने मना लिया। वह मस्ती में उछल-कूद रही है। आप अच्छा मंत्र जानते हैं।

आज मौशमी दीदी का जन्म दिन है। मुझे और रीचा दीदी को जाना है। आप घर में आराम कीजिए और हम चले!'

उसी दिन सुम्मी ने भी बाबा वाली अपनी कॉपी में लिखा—'30.6.94, बाबा के नाम—आज मौशमी दीदी का जन्म दिवस है। रीचा दीदी और बिलड़वा उनके

यहाँ जाएगा। कल मौसम अच्छा नहीं था। कल की अपेक्षा आज मौसम ठीक है। आज जून मास का अन्तिम दिन है। कल 1 जुलाई है, यानी 1 जुलाई को मेरा स्कूल खुलेगा। आप 11 जुलाई को जाने वाले हैं, ये मुझे आपके पत्र से मालूम चला। इसके बाद आप आठ मास बाद आएँगे, यानी फरवरी या मार्च में।

परसों (28 जून) आप मौशमी दीदी के यहाँ रीचा दीदी के साथ गए थे। आप ने उन्हें बंगला किताब दी। आज आप कहीं नहीं जाएँगे। अब बाद में लिखूँगी। अभी मुझे भाई जी का टास्क बनाना है, नहीं तो रात में मार लगेगी।'

उन दिनों उनके मन-मिजाज पर घर के बच्चे ही छाए रहते थे। सवेरे-दोपहर-शाम, जब-तब किसी न किसी की कॉपी उठा लेते। मोटा स्केच पेन साथ रखते। पेपर को उलट-पुलटकर एक तरफ रख देते। साप्ताहिक मासिक पत्र-पत्रिका या मनोनुकूल पुस्तक और एकाध नोटबुक सिरहाने में रहता। दरभंगा रहते हुए पत्र भी कम ही लिखते। हाँ, रेडियो से समाचार जरूर सुना करते। टीवी नहीं ही देखते प्राय:। सवेरे अखबार देखने के बाद संस्कृत वाला समाचार रेडियो से सुनते। अगले दिन भी वही किया। फिर सुम्मी वाली कॉपी उठाई—'जुलाई 1, 94, अरे, तेरा स्कूल तो आज ही खुल रहा है...तू 9.30 पर घर से निकलेगी और शाम को साढ़े पाँच तक ही लौट पाएगी!...'

कलम रुक गई और ऋचा वाली कॉपी उठा ली—'जुलाई 1, 94...रिचु, लगभग 20 रोज के बाद मैं इस नोटबुक में तुझे सम्बोधित कर रहा हूँ...

लगता है, पुल के नीचे से बहुत सारे प्रवाह आगे निकल गए हैं...हम पुल पर खड़े-खड़े ही जल प्रवाहों की त्वरित लीला का यह तमाशा देखते हैं, देखते रहेंगे हम प्रवाह लीला अभी तो काफी देर तक!

लेकिन कहाँ, कहाँ देर तक देखते रहेंगे! 7.30 हो रहे हैं और सामने सत्तू वाला कटोरा रखकर सुम्मी चुपचाप चली गई है, बल्कि एक बार और झाँक गई है, कि...

ना, अब इस सत्तू को उदरस्थ करके ही...'

सत्तू उदरस्थ करके कुछ देर के लिए लेट गए। नाश्ते के बाद थोड़ी देर बिस्तर पर लोट-पोट करना उनके लिए दैनिक तौर पर आवश्यक था। अचानक दिमाग में कौंध गया—दरभंगा में इसी वर्ष (1994) ज्येष्ठ पूर्णिमा के दिन एक गोष्ठी में कहा था कि "मैं अपने परिवार के लिए कुछ नहीं कर सका। अगर मेरे पास पाँच-दस बीघे जमीन होती, तो मैं जमीन के झगड़े में तरौनी से दरभंगा कचहरी तक दौड़ते-दौड़ते बूढ़ा हो जाता, और यह बूढ़ा न यात्री होता और न नागार्जुन। तब साहित्य किसी पगडंडी या खेत में बैठा-बैठा मुझे चिढ़ाता रहता, क्योंकि संस्कृत का पंडित तो हो ही गया रहता न!" और फिर हँसकर कहा—"जब भी साहित्यिक पुरस्कार की घोषणा होती, तो घर-परिवार के लोग गिद्ध दृष्टि से मेरी ओर देखते रहते..." उन्होंने पलकों को मुँद लिया। मुँदी पलकों पर पिछली बातों का छिड़काव होने लगा...अपने

पिछले जन्मदिन (1993) पर भी वह दरभंगा में ही थे। परिवार के बच्चों ने मखाने की खीर बनवाई। मिठाई मँगवाई गई। कुनू को एक स्लीप पर लिखकर दिया—'कुनू डियर, आज हमने अपने जीवन के तिरासी वर्ष पूरे किए...तुमसे आशीष चाहता हूँ—हमारा यह वर्ष सक्रिय एवं स्फूर्तिमय तरीकों से व्यतीत हो...बाबा तुम्हारे यानी आपके दादाजी...यात्री नागार्जुन 4.6.93 पंडासराय, दरभंगा...ना.'

अपने पोते से आशीष चाहने वाले का शरीर भले ही पहले की तरह सक्रिय न रहा हो, पर दिमाग सतत क्रियाशील रहता। इस उम्र में भी आँखें चारों तरफ घूमती हुई कुछ न कुछ ढूँढ़ती रहतीं। एक घटना का जिक्र कुनू की पुरानी डायरी के खाली पन्नों पर किया था—'नए चीन की तीन युवतियाँ...इनमें से एक प्रांजल हिन्दी में बोली: हम आपके साहित्य से अंशत: परिचित हैं 'वरुण के बेटे' और 'बाबा बटेसरनाथ'...वो कुछ अटकी तो दूसरी ने जोड़ा...'बलचनमा' हमें अधूरा लगा। कृपया आप 'बलचनमा' अब भी आगे बढ़ाइए...तीसरी बोली...अब वो आपकी आयु का होगा। उसके नाती-पोते होंगे...मैं दंग था उनकी बातों से...स्तम्भित था...' वे सब नेपाल आई चीन की छात्राओं के एक छोटे दल की थीं और उनसे मिलने दरभंगा तक आ पहुँची थीं। यह घटना जून (1993) के मध्य की है।

उन युवतियों से कहा था—"1967 में हमने अन्तिम उपन्यास लिखा 'जमुनिया का बाबा'। उसके बाद एक उपन्यास लिखने का प्रयास किया, पर अब तक अधूरा ही पड़ा है। हाँ, एन.सी.ई.आर.टी. के एक अधिकारी मित्र के आग्रह पर 'गरीबदास' नाम का बाल उपन्यास लिखा, जिसका उपयोग पाठ्य पुस्तक के रूप में होना था...पर ऐसा नहीं हुआ। अब तो समय भी नहीं है और उपन्यास लिखने के लिए धीरज चाहिए। अब हम भूलते भी रहते हैं। इसीलिए अब सबसे सुगम हमको लगता है कि बातचीत करो। अपने विचार हम बातचीत के जरिए जाहिर करते..." उन सबके जाने के बाद दो-तीन दिनों तक बलचनमा उर्फ बालचन्द दिमाग के कोने में दौड़-भाग करता रहा। फौलादी व्यक्तित्व वाले अपने इस नायक के बारे में आज की राजनीतिक स्थिति और परिस्थिति के सन्दर्भ में सोचते, तो बहुत कष्ट होता है उन्हें। आम जीवन की बेहतरी के लिए लड़ता रहा बलचनमा...पहले तो सपने में आकर लड़-झगड़ जाता। मगर अन्तिम उपन्यास लिखने के बाद यह सिलसिला भी बन्द हो गया। मानो वह अपने सृजनकर्ता से रूठ गया। 'बलचनमा' जैसे कालखंड के सैकड़ों युवक अब कहाँ होंगे?...सुना है, कई वर्षों तक वह ग्राम पंचायत का मुखिया रहा...उसका लड़का औसत खेतिहर है। अपनी चार भैंस की सेवा में वह व्यस्त रहता। लेकिन बालचन्द की तीसरी पीढ़ी ने वर्ग-संघर्ष की अगली कड़ी थाम ली है। पिछले दो वर्षों के अन्दर वह युवक तीन बार जेल हो आया है। फूल बाबू के गुंडों की लाठियों का शिकार हुआ है। वह खुलकर अपने दादा के स्वार्थी रुझानों की आलोचना करता है...लगता है, उनका मानस पुत्र अपने बेटे द्वारा बनवाए मकान

के बरामदे में चुपचाप बैठा खैनी मलता हुआ अपने सृजनकर्ता की ही पंक्ति दुहराता होगा—'लूटिए चिन्तन सुख निवृत-निर्जन एकान्त में...' पर बलचनमा जैसे पात्र का पौत्र यदा-कदा दरभंगा आ-आकर अपनी बड़ी-बड़ी आँखों से घूरता और फिर पूछता है—'कहाँ गए व्रती? दादा, शोषक मूलक लोकतंत्र के नकली साँचे नहीं चलेंगे...' हीनू ने कमरे में कदम रखा, तो नागार्जुन की तंद्रा टूटी। देखा, वह एक थाली में कई बीजू आम चूसने के लिए लेकर आया है, तो उठ बैठे।

हीनू ने चौकी पर ही पुराना पेपर बिछाकर थाली रख दिया। खुद भी वहीं बैठ गया। बाबा की ओर देखता रहा। बाबा ने एक आम उठाया और उसकी ओर इशारा किया कि तुम भी उठाओ! वह भी एक आम लेकर चूसने लगा। आम चूसते हुए उसने देखा, बाबा रीचा दीदी और सुम्मी वाली कॉपी सामने रखे हुए हैं। उसकी कॉपी बगल वाली रेक पर है। सोचा, आज बाबा उसकी कॉपी में नहीं लिखेंगे।

"बाबा, मेरी भी कॉपी उधर पड़ी है। मैंने उसमें कुछ लिखा है और आपने उसे देखा भी है।"

बाबा को याद आया कि उनके इस दुलरुआ पोता ने जो लिखा है उसका अर्थ इतना ही है—'मोन होइए, कउखन कऽ/कने मने फूसि हमहूँ बाजी/मुदा हमरा बुतें/से कहाँ पार लगइए।/सिखा दिअऽ हमरो/फूसि बजनाइ, प्लीज, बाबा ने/ई बात हम/ककरो नइ कहबइ/फूसि बजनाइ हम/अप्पन बाबा सँ सिखने छी...' और सच में बूढ़े बाबा हीनू की इस सोच पर भभाकर हँस पड़े थे।

उसी दिन दोपहर के भोजनोपरान्त विश्राम में थे कि तरौनी से अपराजिता आ गई। अपनी बुजुर्ग अभिनेत्री की अति प्रसन्न भंगिमा से उन्हें यह अन्दाज हो ही गया कि वह क्यों आई है! शाम के सात-आठ बजे सुम्मी वाली कॉपी लेकर बैठे ही थे कि अपराजिता अपना पनबट्टा लेकर बैठ गई। वह गप्प करने के मूड में थी, पर तभी मकान मालकिन आ पहुँची। फिर दोनों महिलाएँ उधर बरामदे पर रखी चौकी पर जम गईं। नागार्जुन के सामने कॉपी थी, तो जहाँ तक सवेरे लिखा था, उसके बाद लिखना शुरू किया—'सुमि डियर, तुने तो आज जमकर छुट्टी मनाई! बोली: आज पढ़ाई-वढ़ाई थोड़ी होनी थी। चालीस प्रतिशत छात्र-छात्रा ही पहुँच पाए होंगे... मैं नहीं गई तो क्या हुआ। पहाड़ तो नहीं गिर गया मेरे सर पर!

और एक चमत्कार और हुआ...आपकी दादी महोदया एक बजे पधारी...फिर तो तुम और तुम्हारी दादी...तुम्हारी दादी और तुम!! तेरे छोटे चाचा की शादी 6/7 को यानी अगली छै तारीख को होने वाली है—आपकी दादी यहाँ के सारे आत्मीय जनों को तरौनी पहुँचने के लिए 'आदेश' दे रही हैं...हम सब लोग 5 को ही तरौनी पहुँच जाएँगे...'

और 2/7/94 को फिर से सुम्मी वाली नोटबुक में लिखा—'आज सुबह से ही बारिश की झड़ी लग गई है...

दुपहर में तुम्हारी मम्मी (रेखा) हीनू को साथ लेकर तुम्हारी दादी के साथ लहेरियासराय स्टेशन गईं, तब भी बूँदाबाँदी जारी थी...और फिर तो बारिश थम ही गई—आसमान साफ था लगभग, और रात में तारे जगमगा रहे थे...हम तो साढ़े नौ बजे रात का खाना खाकर बिस्तर पर ढेर हो गए...'

उसी नोटबुक से—'3/7 रविवार का सवेरा...

शोभाकान्त तरौनी गए...शाम तक लौट आएँगे...'

रेखा, हीनू और शोभाकान्त के तरौनी जाने के बाद नागार्जुन ने अपने को यहाँ बचे तीनों बच्चों जैसा बना लिया। सुम्मी ने कहा, "शर्त लगा लीजिए शाम में गाँव से मम्मी-पापा नहीं लौटेंगे, वे सब कल दोपहर तक आएँगे..." इस पर बाबा ने कहा—"ठीक शर्त रही। वे हर हाल में लौट आएँगे शाम तक।"

इसी प्रसंग पर आगे लिखा—'4/7 सुमि, तू जीत गई—मैं हार गया—हमने कहा था—तुम्हारे पापा और मम्मी बिलड़वा के साथ आज शाम तक जरूर आ जाएँगे... मगर वो नहीं आए। तेरे पापा ही आ जाते सो, वो भी नहीं आए! हार-जीत के इस खेल में, यानी घरेलू खिलवाड़ में मैं हारने पर क्या दंड लूँ?...'

6/7/94 को हीनू की कॉपी में कलम चली—'प्रिय बिलाड़, रातिखन तोरा बोखार भ' गेलउ—हम त' आइ भोरखन बुझलिअइ—मुदा 'टेबलेट' वला गोली खेला सं, आब बोखार उतरल जाइ छउ। कनी काल बाद देहक गर्मी कम भ' जेतउ...

काल्हि सभक कॉलेज खुजि जेतइ—रीचोक आ कुनुओक आ—कनी काल पहिने तोहर नानी आ सुम्मी पनिचोभ सँ एलथुन—मौसा नहि एलथुन, पछाति अओथुन... काल्हि तहूँ अपन स्कूल जेबही किने?

(प्रिय बिलाड़, रात में तुम्हें बुखार हो गया—हम तो आज सुबह जान पाए, लेकिन टेबलेट वाली गोली खाने से अब बुखार उतर रहा है—थोड़ी देर बाद बदन का ताप कम हो जाएगा...

कल सबका कॉलेज खुल जाएगा—रीचा का भी और कुनू का भी, और थोड़ी देर पहले तुम्हारी नानी और सुम्मी पनचोभ से आए—मौसा नहीं आए, पीछे आएँगे... कल तुम भी अपने स्कूल जाओगे न?)

9 जुलाई को सुम्मी की नोटबुक में लिखा—'पता चला, आज अपन कहीं नहीं जाएँगे...हाँ, टावर तक यहीं ल.स. की 'लोकल टूर' करें तो करें...कल सभी जने तरौनी चलेंगे...आज तो स्कूल से तू 12 बजे ही लौटेगी न?'

दस वर्ष पहले जब तरौनी आना होता, तो पूरे गाँव का एक चक्कर जरूर लगाते। अब तो वह हालत नहीं रही वार्धक्य के कारण। अब तो आँगन से दालान, और बहुत हुआ, तो दस-बारह मिनट तक की पद-यात्रा छड़ी और किसी का साथ लेकर ही कर पाते। इस बार तरौनी में अपनी पुश्तैनी डीह पर ही डटे रहे। जो भी हमउम्र थे या मिलने-जुलने वाले खुद आ धमकते। इस पारिवारिक यात्रा से पूर्व

इसी वर्ष मई (1994) के अन्तिम सप्ताह में उन्हें विद्यापति स्मृति समारोह में तरौनी आना पड़ा था। तरौनी के किसी भी सांस्कृतिक कार्यक्रम में पहली बार लाए गए थे वे। लहेरियासराय से गाड़ी पर सीधे कार्यक्रम स्थल तक आए और मुश्किल से दो घंटे रहकर सीधे वापस लौट गए थे। साथ में रेखा, सुम्मी, हीनू और शोभाकान्त थे। कार्यक्रम सात बजे शाम में शुरू किया गया। तरौनी के लिए वह क्षण अविस्मरणीय और रोमांचकारी था, जब वयोवृद्ध और बीमार यात्री ने विद्यापति की मूर्ति पर माल्यार्पण किया। विद्यापति स्मृति पर्व जैसा साहित्यिक-सांस्कृतिक आयोजनों का जिस प्रकार राजनीतिकरण हो रहा है, इसे वे अच्छी तरह समझ रहे हैं। मंच पर से किए जा रहे भाषण के अनुरूप कुछ भी नहीं दिखता कहीं।...

तरौनी से वापसी के बाद दो-तीन दिनों तक दरभंगा का पारिवारिक माहौल शादी के माँगलिक उत्सव के बाद की खुमारी में डूबता-उतराता रहा।

सुम्मी की नोटबुक में लिखा, 'सुषमा वाला वो लेटरपैड बहुत बढ़िया था—तूने कहा आपको फिर से ला दूँगी...तरौनी में जाने किस के हवाले वो लेटरपैड हुआ! क्या वो फिर तू ला देगी? अरे, हम तो 25 को पटना जा रहे हैं...अब तो मौशमी से भी मिलना न हो सकेगा...

वहाँ, तरौनी में हमें नौ-दस रोज रहना पड़ा।

श्री श्यामाकांत मिश्र उर्फ बौआ झा '**जनिक पत्नीक नाम' बबिता**—लेकिन तुमने तो अपनी छोटी चाची से बातचीत की ना?

हमने तो सिर्फ उनका मुँह देखा—वो भी ढँका-ढँका, तीन '**महिलाओं**' की निगरानी में!'

उसी दिन कुनू को एक डायरी देते हुए लिखा—'पंडासराय/दरभंगा (बिहार) 21.7.94,

डियर कुनू, आप इस डायरी का उपयोग करना...देखना, अपने पाठ्यक्रम के नोट से इसे अपनी अभ्यास-पुस्तिका बनाकर न भरते जाना! हाँ, तुम्हारे मन में जो विचार आएँ, जैसी भी तरंगें उठे, सब कुछ इसमें नोट करते चलने की कोशिश रहे...ना.'

24/7/94 को कुनू को फिर लिखा—'कल हम पटना के लिए रवाना हो रहे हैं—कल (25.7) हमें दिल्ली छोड़े पूरे तीन महीने हो जाएँगे...

लेकिन, पटना से जब हम दरभंगा पहुँचे, तो दिनांक 6 मई हो गई थी, बीच समय पटना में गुजार आए थे...

अब 15 नवम्बर के बाद यहाँ आने का इरादा है...आँखों में मोतियाबिन्द है, ऑपरेशन होगा...नागार्जुन।'

पटना जाना था। हल्का नाश्ता-पानी के बाद सुम्मी की कॉपी उठाई और लिखा—'25/7/94 अभी सवेरे-सवेरे हम पटना के लिए प्रस्थान कर रहे हैं, तुम्हारे पापा और तुम्हारे बाबा, यानी श्री शोभाकान्त और श्री नागार्जुन...

हम दोनों लगभग साढ़े बारह बजे (दिन में) पटना पहुँच जाएँगे...वहाँ हमें 30/7 तक रहना है—31 को दिल्ली पहुँचना आवश्यक होगा...हम आगे शायद पटना से तुम्हें पत्र डालें। देख सुमि, कैसा-कहाँ और किस तरह कितनी पंक्तियाँ लिखने का मौका मिलता है? आगे वो पत्र 'अन्तर्देशीय' होगा...पत्र लिखने का सिलसिला यों रहेगा...अब मैं हीनू के नाम पत्र डालूँगा—उसके बाद—कुनू के नाम और अन्त में ऋचा के नाम हो सकता है, लिफाफा में तुम चारों बहन-भाइयों के नाम—अलग अलग—पुर्जीनुमा खत लिख भेजूँ—आप लोग उन पुर्जियों को गोंद से चिपका-चिपका कर इन नोट बुकों के अन्दर चिपकाते जाइएगा...

बस, रिक्शा लगा है, सलाम, विदाई का चुम्बन...नागार्जुन'

नागार्जुन को साहित्य अकादेमी का महत्तर सदस्य सम्मान देने की घोषणा इसी वर्ष (1994 में) की गई थी। इसमें खास बात यह है कि जिसे सम्मानित किया जाता है, उसकी सुविधानुसार, जहाँ वह रहता है, वहीं जाकर अकादेमी के अध्यक्ष सम्मान से सम्मानित करते हैं। उन दिनों नागार्जुन दरभंगा में रह रहे थे। अत: अकादेमी इस कार्यक्रम को दरभंगा में करना चाहती थी। पर नागार्जुन को इस तरह की कोई सूचना नहीं थी। दरभंगा निवासी साहित्य अकादेमी के मैथिली भाषा के प्रतिनिधि को भी शायद इस कार्यक्रम की सूचना नहीं रही होगी। नागार्जुन का दिल्ली जाना तय था। पटना से दिल्ली के लिए आरक्षण था। दिल्ली प्रस्थान के एक दिन पूर्व रेखा ने साहित्य अकादेमी का पत्र एक प्राध्यापिका, जो पटना जा रही थी, के हाथों भिजवाया। पत्र देखने के बाद शोभाकान्त से कहा—"अकादेमी के सचिव को फोन करके बता दो कि दिल्ली आने पर इस सन्दर्भ में बात होगी..." दिल्ली पहुँचने के अगले दिन शोभाकान्त अकादेमी के सचिव से मिलकर अपने पिता के दिल्ली प्रवास की पूरी योजना बता दी। अकादेमी ने उनके दिल्ली स्थित सादतपुर के आवास पर इस कार्यक्रम को करने की योजना तत्काल बना ली।

बादलों से घिरे-घिरे आसमान और जबर्दस्त उमस के बीच दिल्ली के ग्रामांचल जैसे सादतपुर वाले अपने आँगन में कुर्ता-पाजामा पहने प्रख्यात भारतीय रचनाकार और साहित्य अकादेमी के अध्यक्ष यू.आर. अनंतमूर्ति से धोती-कुर्ता पहने नागार्जुन ने अकादेमी की महत्तर सदस्यता ग्रहण की। दो सौ से अधिक रचनाकार और संस्कृतिकर्मी वहाँ आ जुटे थे। दो-ढाई घंटे के उस स्नेह भरे कार्यक्रम में वे खुद भी लोगों की प्रसन्नता में रमे रहे। कई रचनाएँ सुनाईं और कई संस्मरण बताए... सादगीपूर्ण और आडम्बरहीन कार्यक्रम नागार्जुन के रहन-सहन और स्वभाव से बिल्कुल मेल खाता रहा! इस आयोजन से एक बात यह हुई कि कार्यक्रम से पाँच दिन पूर्व किसी सामाजिक कार्यकर्ता ने दिल्ली प्रशासन के उच्चाधिकारियों के बीच यह खबर पहुँचा दी कि देश भर के पहुँचे हुए दर्जनों साहित्यकार और सम्भवत: अनेक नेता बाबा नागार्जुन को राष्ट्र की सर्वोच्च साहित्यिक संस्था साहित्य अकादेमी

के सर्वोच्च सम्मान अर्पण समारोह में भाग लेने उनके आवास पर आ रहे हैं। जिस गली में बाबा रहते हैं, उस गली में सामान्य वर्षा में भी फुटभर पानी रहता है। उसे ठीक कराया जाए। प्रशासन का अधिकारी शायद सूझ-बूझ वाला था और रातों-रात गली में ठीक उस हिस्से तक खरंजा बिछा दिया गया, जहाँ तक बाबा के घर की दीवार जाती है...बाद में नागार्जुन ने कहा, "सादतपुर की गलियों में जो स्नेह-प्यार मिला, उसके बदले तो यह कुछ भी कहाँ हुआ..."

दिन भर नागार्जुन एक प्रकार से थकते रहे। ढंग से दिन का विश्राम नहीं कर पाए। साहित्य अकादेमी के कार्यक्रम में सभी जाने-पहचाने और कुछ अति स्नेही परिचित ही थे। जो दो-चार परिचित नहीं थे, वे भी अपने ही थे। यों किसी साहित्यिक-सांस्कृतिक आयोजन के बाद रात को वे जल्दी नींद में नहीं आया करते। पूरा कार्यक्रम आँखों के सामने घूमता रहता। दिन की थकान से रगों में तनाव था और रात के भोजन के बाद समूचा बदन शिथिल होकर बिस्तर पर आ गया, मगर मन का उड़न्तू पंछी मानो तोते का रूप लेकर अपनी लाल चोंच से स्मृतियों की परत कुतरने लगा...

पिछले वर्ष 3 जुलाई, 1993 तक लगभग पाँच-सवा पाँच मास लगातार दरभंगा में रहे। जनवरी (1993) के शुरू में ही शोभाकान्त दरभंगा से दिल्ली आ गया था। जनवरी के 26वें तारीख की वापसी थी उसकी। उसी समय 'नागार्जुन रचनावली' की पूरी योजना तय कर ली उसने। राजकमल ही छापेगा। पहली बार नागार्जुन स्वयं सोचने लगे कि जो कुछ छपा है, वह तो है ही, लेकिन जो कुछ आधे-अधूरे यों ही रह गए, उसका क्या होगा? कहाँ-कहाँ किस-किस के यहाँ न जाने क्या-क्या छूटा है! उस बार (जनवरी 1993 में) शोभाकान्त की दरभंगा वापसी से ठीक चार दिन पहले नागार्जुन की तबीयत अचानक बिगड़ गई। सवेरे के लगभग चार बजे एक उल्टी हुई, केवल पानी और फिर दस बजे तक कई बार कफ की उल्टी करते रहे। दवा लाई गई। ठंड लग गई थी शायद। दूसरे दिन कुछ पुराने मित्र आए। त्रिलोचन भी। वे कुछ देर गम्भीर होकर अपने प्रिय मित्र को देखते रहे, फिर शोभाकान्त को लगभग डाँटते हुए कहा—"तुम क्यों नहीं पूरा समय इनके लिए देते हो। मुझे पता है कि तुम्हारे बच्चे और रेखाजी पूरी तरह सक्षम हैं बाबा की सेवा के लिए। फिर वहाँ के डॉक्टर गणपति मिश्र अच्छी तरह समझते भी हैं कि इस बुढ़ऊ का किस तरह इलाज किया जाए।" नागार्जुन की ओर देखकर कहा—"आप अभी दरभंगा जाइए, फिर गर्मी आ जाए, तो वापस आइए..." और अगले चौबीस घंटे के भी दरभंगा जाने का निर्णय ले लिया गया...

28 जनवरी (1993) के टिकट की व्यवस्था की गई। नागार्जुन दिल्ली छोड़ने के पूर्व दो दिनों तक सोचते रहे कि क्या-क्या करना है...टिन वाला अपना बक्सा खोल पुरानी कॉपियों को देखने लगे। रचनावली की योजना भी दिमाग में चक्कर

लगा रही थी। इसी तरह के एक-दो बक्से शायद कलकत्ता में भी पड़े हों! इधर वर्षों से राजकमल से उनका कुछ नया नहीं छपा! 1980 से अब तक तैयार संग्रहों में एकाध को छोड़ वाणी ने ही छापा। हाँ, पेपरबैक्स में कुछ पुराने उपन्यास और 'प्रतिनिधि कविता नागार्जुन' वहाँ से छपी। यों 1980 तक किसी बड़े प्रकाशक ने कवि नागार्जुन को घास नहीं दी थी। उपन्यासकार नागार्जुन ही उनके लिए बिकाऊ माल थे। दिल्ली-इलाहाबाद, बनारस और पटना के न जाने कितने प्रकाशकों के लिए अनुवाद और दर्जनों सम्पादन किए नागार्जुन ने किसी जमाने में...उन्हें पता है कि उनकी तरह मसिजीवी कलमखोरों ने किन-किन लोगों को प्रकाशकों के अनुरोध पर बाजार में चलताऊ बनाया।

नागार्जुन पूरी उम्र मानसिक तौर पर अपने समवयस्कों के मुकाबले कुंठाओं से मुक्त रहे हैं। उनकी दृष्टि हमेशा सामने ही रही। प्रसिद्ध रचनाकारों के लिए अब क्या-क्या रूप सामने निखरता जा रहा है—राज्य सभा और विधान परिषदों की मनोनीत सदस्यता वाली प्रसादी, अर्द्धसरकारी-पौन सरकारी संस्थाओं की वैतनिक दादागीरी, कीमती तगमे और पद्म वाली उपाधियाँ, जिनके चलते बुढ़ापे में भी जीवन पथ पर फिसलने के मजे लूट सकते हैं...नाना प्रकार के आयोग-बोर्ड-कमीटियाँ-परिषदें... जाने किन-किन गलियारे में आपका नाम चमकने लग जाता है! सामर्थ्य और समय हो या न हो, एलाउन्स का लासा (गोंद) आपको इनसे चिपकाए रखता है...पर नागार्जुन जैसा रचनाकार इन सबमें फिट नहीं बैठ पाता। उनके रचित साहित्य का रिश्ता पाठकों से सीधे-सीधे प्रकाशकों के माध्यम से ही जुड़ता है।

नागार्जुन के साथ प्रकाशकों को लेकर कई किस्से, कथा-उपकथा प्रचारित हैं। कई प्रकाशक यहाँ-वहाँ दबे स्वर में कहते हैं कि बाबा ने अग्रिम ले रखी है... कइयों के पास अनुबंध पत्र हस्ताक्षरित होकर पड़े हैं...एक-दो उपन्यास दो-दो नामों से भिन्न-भिन्न प्रकाशनों से छपवा लिया...इस तरह की बातों की पूरी जानकारी नागार्जुन को रहती। कोई यदि यह सब पूछ भी बैठता, तो वे मुस्कराकर रह जाते। इन्होंने कहीं किसी आरोप-प्रत्यारोप का जवाब नहीं दिया। अब तो स्थिति यह है कि हर प्रकाशक उनकी ही शर्तों पर कुछ भी छापने को तैयार बैठा है। प्रकाशकों ने लेखकों के साथ जैसे-जैसे व्यवहार किए हों, उस तुलना में यह सब तो कुछ भी नहीं लगता उन्हें...कोई ऐसा लेखक कम से कम हिन्दी संसार में नहीं मिलेगा, जिसे दो-चार प्रकाशकों ने सताया नहीं है...फिर पुस्तकों की गुपचुप सरकारी/अर्द्धसरकारी खरीद और बिक्री को लेकर जो हवा उड़ती रहती, वह क्या है भला? बिना कच्ची डकार के गंध कैसे निकलती है मुँह से।

याद आई वर्षों पूर्व किसी रचना की पंक्ति—'पिटा है, लुटा है, खाए हैं, जिसने सौ-सौ धक्के भी...' और उसी दिन 1980 की यह अप्रकाशित रचना पुरानी डायरी से ढूँढ़कर फिर पढ़ा—'मैं क्या मामूली छिनाल हूँ? सच-सच बतलाऊँ/अपन तो

बहत्तर भतार हैं!/एक से बढ़कर एक.../नकटे भी, सुन्दर भी/पगले भी, सयाने भी/अंधे भी, काने भी/डाकू भी, ठग भी/चोर भी, उचक्के भी/...और वो भी/और वो भी/पिटा है, लुटा है, खाए हैं जिसने/सौ-सौ धक्के भी/दुनियावी मानी में, कच्चे भी, पक्के भी/लँगड़े भी, लूले भी/विनम्र भी, घमंड में फूले भी/सच-सच बतलाऊँ/अपन तो बहत्तर भतार हैं!/...हाँ हाँ, समझता हूँ, खूब.../मेरी इन बातों पर हँसी तुम्हारी फूटती है/अन्दर ही अन्दर, अन्दर ही अन्दर/मगर अपन तो ठहरे/बूढ़ी बनरिया...' 1 मई, 1980 को पटना में लिखी यह रचना अब तक अपूर्ण है। अब तेरह वर्षों के बाद फिर उस मन: स्थिति में क्या जाना हो पाएगा?

प्रकाशक यह मनाता रहता कि अमुक प्रख्यात रचनाकार, जो उसके यहाँ छपते रहते हैं, दिवंगत हो जाए तो अच्छा है...साहित्यकारों की दुर्दशा या लेखकीय-प्रकाशकीय सम्बन्धों पर प्रकाशकों से जब भी उनकी चर्चा होती, तो मन्द-मन्द मुस्कराते हुए प्रकाशक कहता—"हमें तो अपने लेखकों का पूरा ध्यान रहता... उनके सौ-सौ नखरे झेलने पड़ते...न जाने कितनी मेहनत से एक-एक रचनाकार को बाजार में उतारना पड़ता..." और वैसी स्थिति में उनके जैसा रचनाकार, जो आयु का बड़ा भाग संघर्षों में खपा चुका हो, आखिर हवा पीकर और घास खाकर नहीं जीवित रह सकता। उसे अपनी रचनाओं का भुगतान चाहिए...स्वाभिमान एक तरफ और एडवांस पाने की आशा दूसरी तरफ...और अग्रिम के बिना नागार्जुन किसी पुस्तक के लिए तैयार नहीं हुए कभी...

तो 28 जनवरी (1993) को दरभंगा के लिए चले। इस बार दिल्ली लगभग छह माह रह गए थे। दमा तो था ही, कमजोरी भी खूब बढ़ गई थी। इधर पेरु में तनाव और दर्द की शिकायत रहने लगी थी। दरभंगा आने के दो दिनों के बाद उनके निजी चिकित्सक डॉ. गणपति मिश्र घर आकर देख गए। लगभग आधे घंटे तक स्वास्थ्यगत चर्चा के बाद कहा—"आपकी रक्त अल्पता, कमजोरी तो कमोबेश अगले हफ्ते-डेढ़ हफ्ते में कुछ हद तक दूर हो ही जाएगी, पर आप मानें या न मानें, इस बार हाइड्रोसिल का ऑपरेशन आवश्यक है। इसके ही कारण आपकी फुर्ती कम हो गई और अब हार्निया बढ़ रहा है, तो पेरु में दर्द की शिकायत आप कर रहे हैं।" हफ्ते भर के भीतर दोबारा आकर डॉ. गणपति मिश्र ने अपने दुलरुआ मरीज को ऑपरेशन के लिए तैयार कर ही लिया। कुछ दिनों के उपरान्त उनकी उम्र देखकर रक्तचाप के साथ ईसीजी और कई तरह की पैथोलोजिकल जाँच हुई और फिर तीन वरिष्ठ शल्य चिकित्सकों ने ऑपरेशन को अंजाम दिया। एक प्राइवेट नर्सिंग होम में लगभग आठ दिन रहकर करीब तीन किलो के अतिरिक्त बोझ से नागार्जुन मुक्त हुए। ऑपरेशन के समय अपराजिता साथ थी और पटना से सुकान्त भी आ गए थे। ऑपरेशन के लगभग पन्द्रह दिनों के बाद डॉ. गणपति मिश्र से यात्री ने कहा—"ओह! तीन चारि सेरक बोझ नहि जानि कतेक दिन सँ उघैत रहि! आब

देह हलुक लगतै अछि, आ डेग सेहो पैघ भ' गेल गणपति बाबू..." (ओह! तीन चार किलो वजन न जाने कितने दिनों से ढो रहा था! अब शरीर तो हल्का महसूस हो ही रहा है और कदम भी बड़ा हो गया है गणपति बाबू...) इस ऑपरेशन के बाद लगा कि लगे हाथ मोतियाबिन्द का भी ऑपरेशन करवा लिया जाए, पर परिवार और डॉक्टर की राय बनी कि यह काम साल-छह महीने के बाद ही ठीक रहेगा।

एक उम्र के बाद किसी एक नगर में स्थायी रूप से रहना स्वास्थ्य के लिए ठीक रहता है, पर नागार्जुन के लिए घुमक्कड़ी एक तरह की टॉनिक है, जो उनके मूड-मिजाज को हरा करती रहती है। फिर उसका असर दैहिक स्वास्थ्य पर भी पड़ता है।

ऑपरेशन के बाद स्वस्थ हुए। थोड़ी फुर्ती आई, तो अप्रैल (1993) के प्रथम सप्ताह में ही उन पर आधे घंटे की फिल्म बनाने के लिए एन.सी.ई.आर.टी. की ओर से एक टीम दरभंगा आ गई। यह फिल्म एन.सी.ई.आर.टी. की इस योजना के तहत बनाई जा रही थी कि उस संस्था की ओर से तैयार पाठ्यक्रम के महत्त्वपूर्ण लेखकों के बारे में छात्र-छात्राओं और अध्यापकों को कुछ अलग ढंग से कुछ खास बातें बताई जाएँ। नागार्जुन की सेहत के अनुकूल स्क्रिप्ट और कैमरा घूमना था। फिल्म का ज्यादातर हिस्सा दरभंगा, सकरी, तरौनी के आसपास सूट किया गया...

तीन महीने से ज्यादा का वक्त हो चला था दरभंगा रहते हुए। नागार्जुन दिल्ली जाकर फिर पहाड़ की ओर जाने की सोचने लगे। दिल्ली के लिए ट्रेन समस्तीपुर या पटना जाकर ही पकड़नी पड़ती थी। सोचा गया कि पटना जाकर वहीं रहें और चार-पाँच दिनों के बाद आरक्षण की व्यवस्था की जाए। पटना गए। शोभाकान्त ने आरक्षण का प्रयास किया। पता लगा कि 15 दिन से पहले का आरक्षण नहीं मिल पाएगा। तो फिर तीन-चार दिन पटना रहकर वापस दरभंगा लौटने की योजना बनी। खगेंद्र ठाकुर का आवास पटना में नागार्जुन का एक स्थायी ठिकाना रहा है। वहीं टिके। पटना पहुँचने के दूसरे दिन खबर आई कि शमशेर का देहान्त हो गया। कुछ देर के लिए खामोश हो गए। सोचते रहे कि शमशेर में ऐसी कोई हड़बड़ी नहीं थी कि हम ये भी लिखें, वो भी लिखें। भावना प्रधान अति भावुक रहे वे! जीवन व्यवहार में वह औघड़ रहे, कभी तीन-तीन दिनों नहीं खा पाते। भाषा पर पूरा नियंत्रण। कविता न लिखकर वह गद्य ही लिखते, तो ज्यादा अच्छा होता। बहुत भले-बहुत सीधे शमशेर जब विभोर होते, तो चाहे जो भी करवा लो उनसे...दिन भर मन-ही-मन शायद रोते रहे नागार्जुन।

अगले दिन पटना दूरदर्शन इकाई को पता लगा कि नागार्जुन शहर में मौजूद हैं, तो झटपट उनसे एक बातचीत की योजना बना ली। सवेरे खगेंद्र के यहाँ पूरी टीम पहुँची, तो पता लगा कि बाबा तो सुकान्त के यहाँ गए हैं। पूरी यूनिट के वहाँ पहुँचने से पहले ही नागार्जुन लौटकर खगेंद्र के आवास पर आ गए थे, तो उनसे

कहा गया कि कैमरा-टेप-लाइट लेकर दूरदर्शन आपका पीछा करता सुकान्त के घर गया है। नागार्जुन को उस दोपहर का भोजन विश्राम उषा किरण खान के घर करना था। अपने कार्यक्रम में बिना हेर-फेर किए वे वहाँ चले गए। वहाँ पहुँचने के पन्द्रह मिनट के बाद दूरदर्शन की टीम भी आ टपकी। नागार्जुन बरामदे में बैठकर खान दम्पती से बातचीत कर रहे थे कि दूरदर्शन के दो लोग आ गए, अपना परिचय दिया तो मिनी (उषा किरण खान) ने उन्हें बैठने को कहा। पर नागार्जुन ने कोई रुचि नहीं ली। वे उस समय मात्र पारिवारिक दुख-सुख की बातें करना चाहते थे। खान परिवार से भी एक पारिवारिक रिश्ता है! दूरदर्शन वाले ने उनसे बातचीत का प्रस्ताव रखा। नागार्जुन ने निर्विकार भाव से उनकी ओर देखा, पर रहे एकदम चुप। और कुछ क्षण उपरान्त अपने थैले से बांग्ला दैनिक 'आनन्द बाजार पत्रिका' निकालकर उस पर मैग्निफाइंग लैंस घुमाने लगे। दूरदर्शन का वह अधिकारीनुमा व्यक्ति प्रतीक्षा में बैठा उनकी ओर टकटकी लगाए देखता रहा कि बाबा अपनी स्वीकृति दें, तो गाड़ी से साजो-सामान निकलवाया जाए। लगभग दस मिनट के बाद पुन: आने का अभिप्राय: अति विनीत स्वर में उसने रखा। इस बार वह अपनी सहायता के लिए उषाजी की ओर याचनापूर्ण नजरों से देखने लगा। नागार्जुन ने अब सीधे नकारात्मक स्वर में कहा, "मेरा स्वास्थ्य ठीक नहीं रहता और अभी कल ही शमशेर की मृत्यु हुई है। मन भरा-भरा है। कुछ भी बातचीत के लिए स्वयं को तैयार नहीं कर पा रहा हूँ।"

साक्षात्कार लेने वाले पेशेवर जल्दी मैदान छोड़ने वाले तो होते नहीं। मन ही मन तय कर लिया था कि चाहे जैसे भी हो, नागार्जुन को कैमरे के सामने बैठाना है। "तो शमशेर पर ही कुछ बातचीत कर लेते हैं। आज के दिन शमशेर पर आपका कुछ भी कहना काफी महत्त्वपूर्ण होगा बाबा!" वह नागार्जुन को घेरने की कोशिश करने लगा। मगर कैसा भी घेराव हो, नागार्जुन अपने को उससे निकाल ही लेते हैं। कुछ खास किस्म के रक्षात्मक नुस्खे उनके पास हैं, जिनके आगे किसी का वश नहीं चलता। जैसे, बूढ़ा हूँ, बीमार हूँ, अभी ऑपरेशन हुआ है, जल्दी थक जाता हूँ, दमा का दौरा है...खैर किसी तरह दोपहर बाद चार बजे दस मिनट का समय दे दिया गया। चार बजे शाम को वे सब पुन: आए, तो नागार्जुन तैयार बैठे थे। जल्दी-जल्दी फ्लैश लाइट और माइक्रोफोन जमाया गया। दो-तीन प्रश्नों का उत्तर बहुत ही सहज मनस्थिति में देते रहे। आगे दो-तीन प्रश्नों के उत्तर वे किसी प्रकार निपटाते गए, लेकिन कहीं कुछ खटक गया। मुश्किल से चार-पाँच मिनट की बात हुई होगी कि नागार्जुन ने जोर से कहा, "यह लाइट-वाइट हटाइए...बस और कुछ नहीं कहना है।" टीम लीडर हतप्रभ!

"बाबा, दो-एक प्रश्न और..."

"नहीं, अब मैं कुछ भी नहीं कहूँगा। साक्षात्कार हो गया" नागार्जुन का उत्तर था। और दूरदर्शन की टीम को वापस लौटना पड़ा।

शमशेर पर पटना में हुई दो मीटिंग में शामिल हुए और घरमुँहा बैल की तरह दरभंगा वापस लौट आए। फिर करीब दो मास दरभंगा में रह गए। यहाँ बच्चों के साथ परिजनों का प्यार-स्नेह तो था ही, साथ ही था आमों का मौसम। पहले, कच्चे आम की चटनी, फिर गुड़ में पकाया गया कच्चे आम का गुड़म्बा, और जब पका आम बाजार में उतर गया, तो विभिन्न प्रकार के बीजू और कलमी आम...वैसे भी, कहीं भी होते, तो आमों का मौसम शुरू होते ही पत्र द्वारा आम की फसल के बारे में जरूर पूछते। साथ में यह भी लिखते कि कहीं आम हो या न हो, दरभंगा में तो होगा ही! दरभंगा में रहते, तो हफ्ते में दो दिन मछली भी जरूर खाते। मछली के आगे किसी दूसरे भोज्य पदार्थ को महत्त्व नहीं देते। उस यात्रा में मन भर मछली और आम से जीभ को तृप्त कर 13 जुलाई (1993) को दिल्ली पहुँचे। साथ गए शोभाकान्त और पोती ऋचा। इस यात्रा के लिए ट्रेन पकड़ने पटना पहुँचे थे, तो सूचना मिली थी कि आँगन वाले चचेरे भाई शिवनाथ मिश्र का देहान्त दरभंगा में उनके बड़े पुत्र के आवास पर हो गया। नागार्जुन लौटकर दरभंगा जाने की मनःस्थिति में नहीं थे। फिर उम्र और स्वास्थ्य भी अब तुरन्त-फुरंत यात्रा की अनुमति नहीं देते। दिल्ली जाना आवश्यक था और दस-बारह दिनों के भीतर का आरक्षण भी नहीं मिल पाता। याद आई अश्वघोष की पंक्ति, 'बुढ़ापा, रोग और मृत्यु इस संसार का महाभय है। ऐसा कोई देश नहीं है, जहाँ के लोगों को यह भय नहीं होता।' यह पंक्ति इसलिए याद आती रहती, क्योंकि बुढ़ापा के संग रोग के शिकार वे स्वयं भी हो गए हैं!

बरसात का मौसम। सादतपुर में कई दिनों तक कभी तेज, तो कभी हल्की झड़ी को मजे से देखते रहे। इस बार दरभंगा यात्रा के बाद से यह लगने लगा था कि शारीरिक आराम और उम्रगत इत्मीनान की सुविधा पारिवारिक माहौल के अलावा शकुन और वाचस के संग ही मिल पाएगा। इस बुढ़ौती में मानसिक शान्ति, विश्राम और रुचिगर जीवन के अलावा और क्या चाहिए! वे अच्छी तरह महसूस करते कि उनके जैसों के पीछे कई लोगों की साधनाएँ लगी रहतीं—'थकित-चकित-भ्रमित-भग्न मन को/स्फुर्ती देता है किसी समर्थ का सहारा...' इसी समर्थ पर सोचते, तो यह भी डर सताता कि कहीं मुझे भी अब बुढ़ापे में वापस न जाना पड़े किसी मठ के अन्दर। प्रत्यक्ष और परोक्ष रूप से किसी मठ में जाकर बैठने का इशारा विगत पन्द्रह वर्षों में कई बार किया गया है। दरभंगा से जब निकलते, तो यही सोचते कि दस-पन्द्रह दिन दिल्ली के महानगरीय परिवेश में रहते हुए दो-चार अति घनिष्ठ मित्रों के संग बिताते हुए प्रकाशकीय जगत को भी सूँघ लेंगे। इससे कुछ न कुछ मुद्रा की वसूली भी हो ही जाएगी। दिल्ली आते समय यह भी योजना रहती कि हिमालय की ओर भी निकलना है! इस बार भी यहाँ आने के पूर्व कई मित्रों को पत्र भेजा था कि पन्द्रह-बीस दिन दिल्ली में रहकर नैनीताल-देहरादून की ओर जाऊँगा...

अवचेतन में अक्सर आसमान को चूमते चीड़ों के लम्बे-लम्बे पेड़, ऊँची-ऊँची

पहाड़ियाँ, घने जंगलों में विचरते चरवाहे की सीटियाँ, पहाड़ी गीतों के तराने उभर आते। हिमालय जब-जब गए, पार्वत्य-जीवन के गुण-अवगुण और खूबियों-खामियों को देखने के लिए नजर हमेशा चौकस ही रही...हिमालय क्षेत्र की खतरनाक घाटियाँ, वीरान टेढ़ी-मेढ़ी चक्करदार पगडंडियों के उतार-चढ़ाव, सीढ़ियों वाले खेतों की जोत, चिकनी बर्फीली हिम शिलाएँ, तेज प्रवाह वाली संकीर्ण नदियाँ, यानी हिमालय की दुर्गम से दुर्गम जगह फिल्मी रील की तरह मानस पटल पर गुजरने लगती। अब कैलास मानसरोवर तो क्या, गंगोत्री-यमुनोत्री भी नहीं जा सकते। लेकिन मन तो मेघदूत की तरह ही यायावर है। इस बार दरभंगा से दिल्ली आने के बाद मन ही मन सुनते रहते, 'मालवाही खच्चरों की घंटियों के/निरन्तर यह/टिलिंङ्-टिङ्-टाङ्/टिङ् टिङा-टङ्-टाङ्'...तो लगता कि अभी सोए पड़े हैं वाचस्पति के नाशपाती पेड़ वाले मकान में। उस वर्ष (1993) कहाँ कुछ लिख पाए वे। मुश्किल से तीन-चार कविताएँ जैसे-तैसे लिखीं। दो-चार पृष्ठ गद्य डिक्टेट करवाया होगा। डायरियाँ-कॉपियाँ कहाँ-कहाँ कौन-कौन सँभाले! अब पत्र लिखना भी कम से कम कर दिया है। कितने मित्रों-परिचितों के पास उनके वे ढेर सारे पत्र होंगे, जिसे वे बड़ी मेहनत से विस्तारपूर्वक लिखा करते थे। छोटे-छोटे, एक-दो-तीन-चार वाक्य वाले पत्र भी अपने ढंग के होते हैं। दूर की यात्राएँ भी अब कम हो गई हैं।

जाड़ा, गर्मी, बरसात—मौसम जैसा भी रहे, सादतपुर की गलियों में वे कहीं और किसी के घर आ-जा सकते हैं। अब तो सड़कें भी कुछ काम की हो गई हैं। जिस समय वे यहाँ स्थायी तौर पर रहने आए थे, तो हालत बहुत खराब थी। सादतपुर पूरी तरह बसा नहीं था। वे कहा करते थे कि "दिल्ली की पूँछ के इस बाल की चिन्ता प्रशासन को भी नहीं है।" सादतपुर की गलियों में चहल-कदमी करते हुए कभी गम्भीर, तो कभी चलताऊ बातें होती रहतीं, क्योंकि घर से निकलते ही कोई न कोई साथ हो जाता। संग चलने वालों की संख्या अक्सर तीन-चार हो ही जाती। जहाँ भी नागार्जुन बैठते, तो घंटे-डेढ़ घंटे जम जाते। बातचीत चलती रहती। बीच-बीच में गृहस्वामिनी आकर खाने-पीने की उनकी इच्छा पूछ जाती, और बाबा भी खुलकर अपना स्वाद बताकर मुस्करा उठते। यदि कोई उनसे मिलने सादतपुर पहुँचता, तो नागार्जुन के आवास पर पहुँचने से पहले ही उसे यह पता चल जाता कि बाबा की मंडली कहाँ जमी है। यह जनसम्पर्कीय कार्यक्रम अक्सर सवेरे-शाम में ही होता। इन्हीं गप्पबाजी के बीच किसी से कहा था—"बैकुंठ का हमने नया अर्थ खोजा है—विकुंठ, यानी कुंठाहीन। जहाँ फ्रस्ट्रेशन न हो, कुंठा न हो, वही तो बैकुंठ हुआ। हुआ न?" सुनने वाले इस अर्थ पर चकित हो गए...सादतपुर में हर तरह की साहित्यिक-सांस्कृतिक गतिविधियों से जुड़े लोग रहते हैं। नागार्जुन सोचते, 'इन सांस्कृतिक और कलात्मक अभिव्यक्ति वाले काम में श्रम ही श्रम है, प्रतिफल कितना अल्प! यों भी इन सबका जीवन सहज और कठिन, दोनों है। बस इनकी तो

कुछ पूछो मत, कब जगते हैं—कब सोते हैं—यह पता ही नहीं चलता!

तीन माह दिल्ली में रहकर अक्टूबर (1993) के प्रथम सप्ताह के अन्त में सीधे कलकत्ता जा पहुँचे। साथ था छोटा पुत्र श्यामाकांत, जो कलकत्ता से राजगंगपुर (उड़ीसा) अपनी बड़ी बहन से मिलने जा रहा था। वहीं से उसे विदिशा जाना था। नागार्जुन स्वयं भी अपनी बेटी के यहाँ जाने वाले थे, लेकिन कुछ दिन कलकत्ता रहकर। कलकत्ता में उनके कई ठिकाने हैं, साथ-संग सेवा-टहल के लिए ढेर सारे लोग भी। यहाँ मैथिली, भोजपुरी और मगही की खुशबू पर्याप्त रूप से उन्हें मिलती है। बांग्ला रस-गंध-रूप-शब्द तो न जाने कब से आत्मसात कर रखा था। सोचा था, बांग्ला कविता मूल रूप से संग्रहीत हो जाए, पर समस्या फिर वहीं आकर रुक गई कि पांडुलिपि कैसे तैयार हो। बहुत दिनों से शोभाकान्त को कुछ कहना चाहते थे, तो लिखा '3/11/93, मैं 10 के बाद पन्द्रह रोज के लिए उड़ीसा जाने वाला हूँ—रिचा और कुन्नू का एडमिशन हो गया होगा—सुम्मी और हीनू की भी पढ़ाई ठीक-ठीक चल रही होगी...आयुष्मती रेखा का स्वास्थ्य कामचलाऊ ही रहता होगा—मुझे उसकी फिकर रहती है...तुम्हारी माताजी को इधर एक हजार रुपये भेजना चाहता हूँ—शायद 8-9 तारीख तक भेज सकूँगा...

तुम इस अवधि में पटना नहीं गए क्या? दिल्ली में मोहन गुप्ता अधिक से अधिक 7 जिल्दों में समग्र रचनावली छापने के पक्ष में लगते हैं—कागज का दाम, छपाई-बाइंडिंग सारे खर्च दिन से दिन बेतहाशा बढ़ते जा रहे हैं—अभी आगे भी बढ़ते चले जाएँगे...मोहन गुप्ता ने इस सिलसिले में यह बात भी स्पष्ट रूप से बतलाई कि कोई भी प्रकाशक हर महीने दो हजार भेजना कबूल नहीं करेगा, कबूल करके भी निभा नहीं सकेगा—सरकारी खरीद में बेहद शिथिलता आ गई है—निकट भविष्य में स्थिति बेहतर होगी, इसकी आशा नहीं...

हमें कलकत्ता के लिए प्रथम श्रेणी के दो टिकट (साढ़े 1900 सौ रु.) और तीन हजार नगद मिले थे।

हमने 5000 की माँग की थी, (राजकमल से), सो इस प्रकार पूरी हुई—बौआ झा 3 अक्टूबर को टिकट और 3000 ले आए थे—हम 5 को दिल्ली से प्रस्थान करके 6 की शाम को 7 बजे (ट्रेन डिलक्स एक्सप्रेस, डेढ़ दो घंटे लेट थी) पहुँचे...

बौआ झा 13-10 को राजगंगपुर गए—वहाँ से 18 को (बिलासपुर-कटनी होकर) विदिशा पहुँचे होंगे...'

और लगभग बीस दिनों के बाद फिर लिखा—'तोहर पत्र पहिनहि प्राप्त भेल छल—बीच में तीन दिनुका खातिर धनबाद जाए पड़ल—आब आइ राजगंगपुर जेबाक अछि—रतन आएल छथि, हुनके संगे—20 दिनुका बाद घुरबाक अछि—दू सप्ताह एहिठाम रहि दिसम्बरक अन्त धरि एहिठाम सँ समस्तीपुरक हेतु मिथिला एक्सप्रेस सँ प्रस्थान करबाक नेआर अछि...

हमरा लगैत अछि प्रकाशक सभ आब नागार्जुन साहित्यक सम्बन्ध में तोरा अप्रांसगिक बुझऽ लगलह अछि—मुख्य कारण तकर ई जे श्रीकांत निरन्तर दिल्ली रहैत छथि एवं यात्री प्रकाशन बड्ड फुर्ती सँ अपन प्रकाशकीय योजना के कार्यान्वित करबा में सचेष्ट अछि। तों दरभंगा रहि दिल्ली वला सभक बेगर्ता शान्त नहि क' सकैत छहुन—हम बीच में छी—अपंग, असमर्थ, सबके खाली आशीर्वाद टा चाही—निर्गुण आशीर्वाद कोनो मतलबक नहि रहलइ एहि युग में...रेखाक स्वास्थ्यक सुधार हेतु चाही कम सँ कम दस हजार टाका—कुनू एवं रिचाक पठन-पाठन के व्यवस्थित करबाक हेतु सेहो आर्थिक सुविधा चाही—सुमी एवं हीनू के आगू बढावऽ में सेहो अर्थ पक्ष प्रधान—हमरा किछु नहि फुरैत अछि, जे कोन प्रकारक परामर्श देल जाए...सगुण परामर्श में हमर निर्गुण स्थिति कोनो सक्रिय पहल नहि पेश कऽ सकैत अछि—हम मात्र आब बाबा नागार्जुन छी...धनबाद में मात्र पाँच सय टाकाक उपलब्धि भेल... उर्मिलाक ओहिठाम सँ घुरलाक बाद हम समस्तीपुरक हेतु मार्ग व्ययक जोगाड़ कोना करब, से चिन्ता घ्रुपट जकाँ अइखन सँ लागल रहत—

परन्तु तों फुर्ती सँ काज करह—दू मास नहि, एक्के-एक्के मास—बल्कि पन्द्रहे पन्द्रहे दिन दरभंगा रहल करह —वर्षक नब्बे प्रतिशत समय दिल्ली में रहल करह—दिल्ली में श्रीकांतक निवास सँ फराक लक्ष्मी नगर, शाहदरा आदि में दू अढाए सय वला एकटा छोट कोठरी भाड़ा पर लऽ लिहऽ—एवं प्रकारे सम्पादन-संशोधन आदि कार्य में अपना कें नव उत्साह सँ जोति दहक—जहिना अमित मास मे दू एक बेर सादतपुर आबि जाइत अछि, तहिना तोहरो मास में एक दूबेर सादतपुर आबक छ...

बड्ड पैघ मोर्चा तोरा खोलऽ पड़तहु—हमरा बड्ड केहन दन लागल छल, सभ काज तोहर कएल छलहु—आ प्रधान सम्पादकक स्थान मे...क नाम दऽदेल गेलइ ओहि मे—अंधी पीसै, कुत्ता चाटै —ई पुरान मोहावरा एहने ठाम लागू होइत छइक...विशेष उर्मिलाक ओहि ठाम सँ...'

('तुम्हारा पत्र पहले भी मिला था—बीच में तीन दिनों के लिए धनबाद जाना पड़ा—आज राजगंगपुर जाना है—रतन आए हैं, उन्हीं के साथ 20 दिनों के बाद वापस लौटना है—दो सप्ताह यहीं रहकर दिसम्बर के अन्त तक यहाँ से समस्तीपुर के लिए मिथिला एक्सप्रेस से प्रस्थान करने का विचार है...

मुझे लगता है कि प्रकाशक अब नागार्जुन साहित्य के सम्बन्ध में तुम्हें अप्रासंगिक समझने लगे हैं—उसका मुख्य कारण यह कि श्रीकांत निरन्तर दिल्ली रहते हैं और यात्री प्रकाशन बहुत फुर्ती से अपनी प्रकाशकीय योजना को कार्यान्वित करने में सचेष्ट है—तुम दरभंगा रहकर दिल्ली वाले प्रकाशक की जरूरत शान्त नहीं कर सकते—मैं बीच में हूँ, असमर्थ, अपंग, सबको खाली आशीर्वाद ही चाहिए—निर्गुण आशीर्वाद का कोई मतलब नहीं रहा इस युग में...

रेखा के स्वास्थ्य-सुधार हेतु कम से कम दस हजार रुपये चाहिए—कुनू एवं

रिचा के पठन-पाठन को व्यवस्थित करने के लिए भी आर्थिक सुविधा चाहिए—सुम्मी एवं हीनू को आगे बढ़ाने में भी अर्थ-पक्ष प्रधान है—मुझे कुछ भी नहीं सूझता कि क्या परामर्श दिया जाए...सगुण परामर्श में मेरी निर्गुण स्थिति कोई सक्रिय पहल पेश नहीं कर सकती है—मैं अब मात्र बाबा नागार्जुन ही हूँ...धनबाद में मात्र पाँच सौ रुपये की उपलब्धि हुई...उर्मिला के यहाँ से लौटने के बाद मैं समस्तीपुर के लिए मार्ग व्यय का जुगाड़ कैसे करूँगा—यह चिन्ता घ्रुपट की तरह अभी से लगी रहेगी—परन्तु तुम फुर्ती से काम करो—दो मास नहीं, एक-एक महीने, बल्कि पन्द्रह-पन्द्रह दिन दरभंगा रहा करो—वर्ष का 90 प्रतिशत समय दिल्ली में बिताया करो—दिल्ली में श्रीकांत के निवास से अलग लक्ष्मीनगर, शाहदरा आदि में दो-ढाई सौ वाला एक छोटा-सा कमरा भाड़ा पर ले लो—इस तरह सम्पादन-संशोधन आदि के कामों में अपने को नए उत्साह से झोंक दो—जैसे अमित महीने में दो-एक बार सादतपुर आ जाता है, वैसे ही तुम भी महीने में एक-दो बार सादतपुर आओ...

'बहुत बड़ा मोर्चा तुम्हें खोलना पड़ेगा—मुझे अच्छा नहीं लगा था कि सब काम तुम्हारा किया हुआ था—और प्रधान सम्पादक के स्थान पर...का नाम दे दिया गया उस काम में—'अंधी पीसे, कुत्ता चाटे' यह पुराना मुहावरा यहीं लागू होता है...विशेष बातें उर्मिला के यहाँ से...)

मगर नागार्जुन की समस्तीपुर होकर दिसम्बर (1993) के अन्त तक दरभंगा लौटने की योजना धरी की धरी ही रह गई। राजगंगपुर से कलकत्ता आ गए, और फिर दस-बारह दिनों के बाद जनवरी (1994) के प्रथम सप्ताह में सीधे दिल्ली। 16 सितम्बर, 1994 को नागार्जुन दरभंगा पहुँचे। हाँ, इस बीच साहित्य अकादेमी के कार्यक्रम के सिलसिले में 10 से 18 मार्च और फिर मई के प्रथम सप्ताह के अन्त में पटना जरूर आए थे, लेकिन यहाँ से फिर वापस दिल्ली लौट गए। नागार्जुन दरभंगा आने पर लगभग पाँच-सात दिन पारिवारिक माहौल में बच्चों के साथ डूबे रहे। अपने बाबा को देखने-सुनने के लिए उनकी तीसरी पीढ़ी सदैव उत्सुक रहती है। बाबा को भी अच्छा लगता है। वे बच्चों के बीच उन्हीं की तरह हो जाते। दही-चूड़ा ही सवेरे का नाश्ता होता। एक दिन कुनू के प्लेट से एक कौर दही-चूड़ा लेते हुए बोले—"दही-चूड़ा-चीनी, नहीं दे तो छीनी।" कुनू ने कहा—"अरे बाबा, यह तो हम लोगों के लिए नारा हो गया। मैं बोलूँगा दही-चूड़ा-चीनी और सुम्मी के साथ हीनू कहेंगे, नहीं दे तो छीनी...।" बुढ़ापे वाली इस पकी उम्र में भी यात्रा और गोष्ठी आदि का प्रसंग छिड़ते ही नागार्जुन तनकर बैठ जाते और शरीर में ऊर्जा का संचार होने लगता। पटना होकर ही दरभंगा आना होता था, तो इस बार भी हफ्ते-दस दिनों के भीतर फिर पटना जाने का कार्यक्रम तय कर आए थे। पटना गए भी, जहाँ राहुल पर एक कार्यक्रम था।

बच्चों ने अपनी-अपनी कॉपी बाबा के बिस्तर के सामने वाली रैक पर रख

दी। लगभग बारह-तेरह दिनों के बाद सुम्मी वाली कॉपी में कलम चली—'29 सितम्बर 94...दरभंगा। सुमि, पटना तो हम 10-9 (10 सितम्बर, 94) को ही आ गए थे—फिर 16 को दरभंगा आए और तब फिर 24-9 (शनिवार) को पटना गए तो 27 को दरभंगा आ गए हैं—अब अगले महीने के अन्त में फिर पटना पहुँचना होगा—इस प्रकार दरभंगा-पटना एवं पटना-दरभंगा चालू रहेगा...

2 अक्टूबर को छात्रों का कोई प्रोग्राम है बलभद्रपुर में—4 बजे शाम को—कल शाम परिमल कहने आया था, हमने हामी भर दी...

'आनन्द बाजार' का नया पूजा अंक पटना से शोभाकान्त ले आए हैं, उसे मौशमी के हवाले किया—यह आवश्यक था...

अब यदि 'देश' (बांग्ला) का पूजा अंक मिल जाए तो बस...'

नागार्जुन 9 सितम्बर (1994) दिल्ली से दरभंगा के लिए चले थे। पटना में छह-सात दिन रुकने का मन था। सादतपुर का एक बंगाली युवक पटना तक आया। वहाँ लोगों से मिलने-जुलने का ही काम था। मन में यह टोह लेने की भी बात थी कि राजेंद्र शिखर सम्मान वाला कार्यक्रम आखिर कब तक होगा। यह सम्मान दिए जाने की घोषणा 1993 के हिन्दी दिवस पर की गई थी। सरकार अपनी छवि सुधारने की दिशा में इस घोषणा का खूब प्रचार कर रही थी। बिहार में कुछ लोग नागार्जुन को पुरस्कृत किए जाने से खुश नहीं थे। दबे स्वर में कहा जा रहा था कि जेल से आने के बाद बाबा ने जयप्रकाश की निंदा की, आन्दोलन की कई बातों का विरोध किया, इसलिए उन्हें यह पुरस्कार दिया जा रहा है...लेकिन नागार्जुन यदा-कदा यह कहते कि चुनावी प्रक्रिया की विडंबना ही है कि लालू या उनके सहयोगी जैसे लोग सत्ता की कुर्सी पर बैठ जाते हैं। फिर कहा करते कि एल.एल.पी.पी. (लिख लोढ़ा पढ़ पत्थर) जैसे लोग मंत्री बन गए हैं, कला साहित्य-संस्कृति उनकी समझ से बाहर है...हिन्दी दिवस के ठीक पहले नागार्जुन पटना पहुँचे थे। इस मौके पर पत्रकारों ने आ-आकर उनसे बात की। बाबा भी उन सबसे खुलकर बातें करते रहे। हिन्दी दिवस की चर्चा होने पर बोले कि "यह सब राजनीति के अलावा और कुछ नहीं रहा...चापलूसों का एक वर्ग इस तरह के आयोजन में प्रेरक की भूमिका ही तो निभाता है! फिर हमारे जैसे लोगों को भला कैसे सरकारी गलियारे वाले अपना समझें। अपराधियों के गुरु नव धनाढ्य और प्रशासनिक महंथ जन सामान्य के हितों से आँखें मूँदे हैं। अंधाधुंध कमाई की होड़ मची है। तथाकथित बुद्धिजीवी और नव धनाढ्य वर्ग अपनी प्रकट-अप्रकट कमाई को नैतिक बनाने के क्रम में मेरे जैसे लोगों का उपयोग बहुत अच्छी तरह से सीख गए हैं...अपराध-कर्म कुटीर उद्योग बन गया है। यहाँ तो सभी पार्टियाँ भ्रष्टाचार का सहारा लेती हैं। जन सामान्य का कल्याण क्या खाक करेंगी? समूचा बिहार नाना प्रकार के रोगों का क्रीड़ा निकेतन बना हुआ है..."

पटना में खगेंद्र ठाकुर के आवास पर टिके थे। हिन्दी दिवस दिमाग में चक्कर लगा रहा था। याद आ गया कि 1992 में इसी अवसर पर उन्हें भी हिन्दी साहित्य सम्मेलन, प्रयाग द्वारा साहित्य-वाचस्पति उपाधि अर्पित की गई थी। काफी मान-मनोव्वल के बाद इस कार्यक्रम में जाने को तैयार हुए थे। तब दिल्ली में ही रह रहे थे। इलाहाबाद की उस यात्रा में साथ लिया सादतपुर में ही रह रहे रामकुमार कृषक को। वहाँ कृषक जी को बाबा का अटेंडेंट ही समझा गया। शाम में उद्घाटन समारोह के बाद रात्रि में कवि सम्मेलन था। नागार्जुन थकान महसूस कर रहे थे, तो वापस अपने ठहरने की जगह पर आकर आराम करने लगे। कवि सम्मेलन की अध्यक्षता त्रिलोचन शास्त्री कर रहे थे, और संचालन साहित्य सम्मेलन के मंत्री। काफी कवि मंच पर थे। कृषक जी को भी त्रिलोचन ने मंच पर ही बैठाया। कवि सम्मेलन का पहला दौर खत्म होने को था कि त्रिलोचन से काव्य पाठ करने का आग्रह हुआ। तभी किसी ने कृषक जी के सन्दर्भ में त्रिलोचन जी को कहा। त्रिलोचन ने संचालक से कुछ इशारा किया। फिर संचालक ने त्रिलोचन जी के कानों में कुछ कहा और त्रिलोचन जी काव्य-पाठ करने लगे। कृषक जी मंच से उतर चुपचाप बाबा के पास रात्रि विश्राम के लिए चले गए। 'अटेंडर' कृषक जी ने संक्षेप में बाबा को पूरी घटना बता दी। नागार्जुन को क्षोभ और गुस्सा आ गया। उनका क्रोध जब तक प्रकट नहीं होता, तब तक वे उबलते रहते हैं।

दूसरे दिन शाम में हिन्दी सेवियों और साहित्यकारों का सम्मान समारोह था। पूरा हॉल भरा हुआ था। सम्मानित होने वालों के माथे पर चन्दन का तिलक लगाया गया, फिर शॉल ओढ़ाया गया, और फिर नारियल के साथ एक-एक सम्मान पत्र दिया गया...सम्मानितों को कुछ न कुछ बोलना भी था। नागार्जुन ने देखा कि वहाँ 'ओह हिन्दी' 'आह हिन्दी' का क्रंदन या वंदन के सिवाय कुछ नहीं...नागार्जुन को बोलने के लिए आमंत्रित किया गया, तो वह उठ खड़े हुए और संचालक के माइक पर गए। सम्मानार्थ प्राप्त शॉल, मालाएँ, मान पत्र, नारियल आदि वहीं मंच के किनारे रखा, और लगे बोलने—"हमें ज्यादा कुछ नहीं कहना है। लेकिन जो कहना है, उसे अवश्य ही कहेंगे...हम कल से सुन रहे हैं, देख रहे हैं कि यहाँ चुतियापा हो रहा है! हिन्दी के नाम पर, हिन्दी साहित्य के नाम पर। बहुत-सी दुकानें हैं हिन्दी की, उन्हीं में आज यह भी शामिल है। हिन्दी तो एक गाय की तरह है, जो ऐसी ही दुकान रूपी सांडों से घिरी हुई है। साहित्य की तो बात यहाँ पर छोड़ ही दीजिए... साहित्यकार के नाम पर सिर्फ कुछ भांड यहाँ इकट्ठा किए गए हैं। नई रचनाशीलता से कोई रिश्ता नहीं। होता, तो इलाहाबाद के ही अनेक ख्यातिलब्ध साहित्यकार यहाँ पर होते। और कल रात यहाँ जो कवि सम्मेलन हुआ, उसमें हमारे एक कवि से काव्य पाठ नहीं कराया गया...साहित्य के नाम पर दुकानदारी और हिन्दी के नाम पर पंडागिरी चल रही है यहाँ...इसीलिए मैं इनका सम्मान-वम्मान सब यहीं लौटा

रहा हूँ..." आवेश और गुस्सा से वे थरथरा रहे थे। अपनी छड़ी के सहारे मंच से उतरे और हॉल से बाहर निकल गए। पूरे हॉल में सन्नाटा छा गया, मानो गुब्बारे में छेद कर दिया गया हो...कुछ युवा रचनाकार, जो स्थानीय थे, बाबा के पीछे-पीछे निकल आए। सब उनको घेरे हुए सड़क तक आए। सामने एक रिक्शा रुका, तब तक सम्मेलन का ड्राइवर जीप लेकर आ पहुँचा—"आइए बाबा, आप जहाँ जाना चाहें, छोड़ आएँ।" उसकी ओर स्नेह से देखते हुए बाबा बोले—"नहीं, हम रिक्शा से जाएँगे", और एक युवक के कन्धे पर हाथ रखकर रिक्शा पर जा बैठे। युवक साथ बैठ गया और बाकी अन्य रिक्शा के इंतजार में खड़े रहे या पैदल चल दिए।

वह भी तो हिन्दी दिवस था! नागार्जुन सोचते हैं, हिन्दी दिवस की महत्ता तो राजर्षि टंडन की आत्मा के साथ ही चली गई, अब तो वह राजनीतिक सरोवर में डूब गई है...फिर बुदबुदा उठे—"कामना है, राजनीति करने वाले पद पर बने रहें। उनके बाल-बच्चे आगे बढ़ें। कम से कम एक परिवार तो खुशहाल हो जाएगा। और मुझे तो अवाम के सम्मान की रॉयल्टी मिलती ही है...इससे मुझे असीम तृप्ति प्राप्त है..."

नागार्जुन ने देखा कि उनके बिस्तर के बगल वाली आलमारी पर बच्चों वाली लाल कॉपियाँ रखी हुई हैं और एक कॉपी निकाली। वह हीनू वाली कॉपी थी। लिखा, '6/10/94, कल शाम को जहाँ गए, वहाँ काफी भीड़ थी—घंटा भर बाद बिजली गुल हो गई तो अन्दर हॉल में गर्मी के कारण बैठना कठिन प्रतीत हुआ...

बाहर थोड़ी-सी जगह थी, थोड़ी देर बैठे—अन्दर मोमबत्ती जलाकर काम चलने लगा...कार्यक्रम संचालित करने वाले महोदय ने मुझे बतलाया कि शॉल देकर आपको सम्मानित किया जाएगा, उसके बाद आप जाइएगा...और फिर बिजली भी आ गई, फिर भाषण-वाषण भी चले...एक मंत्री महोदय ने हमे शॉल ओढ़ाकर 'सम्मानित' किया...और तब दस मिनट बाद हम निकल आए...यहाँ आकर 7 बज गए...श्री हंसराज देर से मेरी प्रतीक्षा में बैठे थे...आधा घंटा सहज शिष्टाचार में निकला...और फिर विश्राम के लिए बिस्तर पर आ गए...कुनू ने बतलाया—'आठ बजे खाना खाकर सो जाना है'...वैसा ही हुआ...अभी सवेरे लेकिन 5 बजे ही उठ गए...'हार्लिक्स' लेकर कुछ पढ़ते रहे—लगभग 6.30 पर निबटने गए...

आदरणीया महादेवी का निबन्ध 'गुंगिया' पूरा किया...'गागर में सागर' है यह निबन्ध!'

हीनू वाली कॉपी में ही अगले दिन फिर लिखा, '7/10/94, आज श्री मणिकांत जी और दिवाकर जी आ गए, इनके साथ दूरदर्शन एवं ध्वनि प्रसारक यंत्र भी थे, हम इस सब के लिए तैयार नहीं थे...यों हमारा इरादा था कि कुनू और सुमि को साथ लेकर टावर चौक तक जाते और कन्हैयालाल-कृष्णादास वाली दुकान पर दो-एक पुस्तकें लेते...खैर, वो कभी और हो जाएगा...'

लगभग आठ वर्ष तक पंडासराय वाले मकान में रहने के बाद शोभाकान्त ने

1 नवम्बर, 1994 को अपना आवास बदला। दरभंगा में यह उसका तीसरा ठौर-ठिकाना था। नया आवास 'दुर्गा निवास' लहेरियासराय रेलवे स्टेशन के करीब राय साहेब पोखर (आर.एस. टैंक) नामक मोहल्ले में था। दोमंजिले मकान का ऊपरी वाला पूरा हिस्सा। नीचे एक और भाड़ेदार। मकान नए ढंग का बना था, लेकिन इसमें ढेर सारे काम बाकी थे। फिलहाल रहने के लायक बना दिया गया था। शोभकांत ने जब आवास बदला, तो परिवार के 'सुपर गार्जियन' नागार्जुन दरभंगा में ही थे। नए आवास में पिछले आवास से कहीं अधिक धूप और हवा थी। वार्द्धक्य पीड़ित बुढ़ापे को आश्विन माह के बाद से ही धूप अच्छी लगने लगी। यहाँ धूप में लेटने-बैठने की सुविधा थी। सवेरे साढ़े सात-आठ बजे के बाद छत पर दो कुर्सी रख दी जाती और एक कम्बल बिछा दिया जाता, ताकि जरूरत होने पर बाबा लेट सकें। नोटबुक, कलम, दैनिक पत्र और पत्रिकाएँ आदि रख दिए जाते। मैग्निफाइंग गिलास तो कुर्ते की ऊपरी जेब में रहता ही। बच्चे हर पन्द्रह-बीस मिनट पर बाबा को देख लिया करते।

नए आवास में आए, तो दीपावली करीब थी। जल्दी-जल्दी सामान व्यवस्थित किया गया। फिर बच्चों ने बड़े ही उत्साह से दीपावली का त्योहार मनाया। नागार्जुन खुद भी बदले आवासीय परिवेश से प्रसन्न थे। दीपावली के दिन खीर और छेने वाली मिठाई, खासकर रसगुल्ला की फरमाइश सवेरे ही कर दी। रेखा ने पारिवारिक परम्परा के अनुसार, दाल-भात और कई तरह की सब्जियाँ तैयार कीं। इस उम्र में भी अल्पहारी नागार्जुन की पतली जीभ सभी तरह का स्वाद लेने में पीछे नहीं रहती। हाँ, अब मिठाई के प्रति ललक जरूर बढ़ गई थी।

दीपावली के दिन बच्चों को दादी की कमी खल रही थी, तो रेखा भी सास को याद करती रही। बुजुर्ग पति ने भी अपनी प्रिया को मन ही मन याद किया। वह तो चाहते कि अपराजिता ऐसे मौकों पर साथ रहे, पर गाँव और कुल देवता छिन्नमस्ता को वह छोड़ नहीं पाती। खैर, अभी छोटा पुत्र श्यामाकांत गाँव में है। हाल में ही तो उसकी शादी हुई है। नई बहू को छोड़कर भला कैसे आएगी अपराजिता?

नए आवास में आने के ठीक बारह दिनों के बाद सुबह सवेरे जिलाधीश, दरभंगा के यहाँ से पूछवाया गया कि नौ बजे के आसपास क्या बाबा से मिलना हो सकता है...और ठीक सवा नौ बजे जिलाधीश और सदर अनुमंडलाधिकारी सदल-बल आ पहुँचे। युवा जिलाधीश ने नागार्जुन को पटना में अपने छात्र-जीवन में देखा था। छत पर वह उनके पास पहुँच चरण-स्पर्श कर कम्बल पर ही बैठ गया। बाकी लोग भी वहीं नीचे बैठे। एक पत्र द्वारा 'राजेन्द्र शिखर सम्मान' के लिए बधाई के साथ आग्रहपूर्वक अनुरोध था कि 14 नवम्बर, 1994 को सम्मान ग्रहण करने के लिए पटना चला जाए। जिला प्रशासन ही इसके लिए वाहन तैयार रखेगा...लगभग आधा घंटा वे सब वहाँ रहे। चाय-पानी और एक-एक मिठाई रेखा ने सबको दिया।

भोजनोपरान्त हल्का विश्राम करने के बाद नागार्जुन 13 नवम्बर को अपराह्न पटना के लिए विदा हुए और सात बजे के आसपास राजधानी के राजकीय अतिथिशाला पहुँचे। रात भर वहाँ रहने के बाद सवेरे में उनको पटना के बिहार पर्यटन विकास निगम के एक होटल में ठहराने की व्यवस्था की गई। 14 नवम्बर की शाम में पुरस्कार वितरण के बाद जब नागार्जुन अपने कमरे में लौटे, तभी से ढेर सारे पत्रकार, कुछ मित्र और प्रशासनिक पदाधिकारी उनसे मिलने आने लगे...दमा के अन्तिम चरण के मरीज वयोवृद्ध नागार्जुन आराम करने के मूड में थे। शोभाकान्त बड़ी मुश्किल से लोगों को समझा पाए कि कार्यक्रम के बाद बाबूजी आराम करेंगे। उनके बोलने और बैठने से परेशान बढ़ेगी...

नागार्जुन कुछ देर नींद में रहे और फिर उठ बैठे। आधा गिलास पानी पीकर फिर लेट गए, पर नींद आने के बजाय कुछ-कुछ बातें याद आने लगीं...चेक हाथ में आते ही वे कुम्हलाए पत्ते की तरह काँप उठे थे। एक विचित्र तरह की सनसनाहट शरीर में फैलने लगी थी। कार्यक्रम के बाद कुर्सी से उठे और मंच से उतरने के लिए पाँव बढ़ाया, तो सम्पूर्ण क्रान्ति के एक सिपाही ने, जो प्रान्त का मुख्यमंत्री है, हाथ पकड़ लिया। उस समय कितने ही तरह के भाव मन में आने लगे थे। नागार्जुन के प्रति बिहार का शासकीय-प्रशासकीय व्यवहार शुरू से ऐसा रहा कि उनका जीवन टेढ़ी-मेढ़ी राहों पर चलने लगा...उनके जैसे फक्कड़-घुमक्कड़ को इस राह पर आम लोगों से जो स्नेह और ऊष्मा के संग शीतलता मिली, वही उनकी ताकत रही है अब तक। मुख्यमंत्री साथ चल रहे थे धीरे-धीरे। अपने चारों ओर सुरक्षात्मक भीड़ को देखकर नागार्जुन सोच रहे थे कि आजादी के इतने वर्षों के बाद भी शासक वर्ग अपनी पुरानी आदतों को छोड़ने के लिए तैयार नहीं है...चलते-चलते मानस पटल पर रवींद्र भवन (पटना) का सभागार उभर आया...सभा भवन ठसाठस भरा हुआ था। उस भीड़ में मौजूद अधिकांश चेहरे को नागार्जुन ने पटना की सड़कों पर अक्सर देखा था। इसमें वैसे लोग भी थे, जो उनके जैसे खास स्वाद के रचनाकार के सरकारी सम्मान का मंचीयकरण देखना चाहते थे। चुपचाप चकित और विस्मित लोग भी थे...मंच से वे सामने देखते हुए सोच रहे थे कि राजनेता बुद्धिजीवियों का अपने-अपने तरीके से उपयोग कर ही लेते हैं, क्योंकि आज राजनीति करने वाले 'मायावी हैं, बड़े घाघ हैं, उन्हें न समझो मन्द'...अभिनय कला के आचार्य तो वे होते ही हैं। मगर अनिच्छा से ही सही, जनसंघर्षों से जुड़े नागार्जुन साहित्य की स्वीकृति तो है ही यह सब। बिहार सरकार के इस कार्यक्रम में सभागार की भीड़ मानो कह रही थी, अब तो 'बहुजन प्रिय तुम, बहुजन मान्य हो'...

करवट बदला, तो पलंग चरमराया। सोचने के क्रम में बाधा आई। उठ बैठे... कानों में मंच वाली लालू यादव की आवाज गूँज रही थी—"रउआ के जियाबे के बा, एतना जल्दी हम जाए ना देब, हई लीं च्यवनप्राश के डिब्बा" (आपको जिन्दा

रखना है, इतनी जल्दी हम जाने नहीं देंगे, ये लीजिए च्यवनप्राश का डिब्बा)। सामने मेज पर वह डिब्बा पड़ा था। याद आया कि कार्यक्रम में मंच पर आते ही लालू यादव ने एक पुलिस अधिकारी के कानों में कुछ कहा था, और लगभग 15 मिनटों के भीतर एक अर्दली मंच पर कुर्सियों के पीछे दीवार के पास एक पैकेट रख गया। चेक देने के बाद च्यवनप्राश का डिब्बा, एक स्वेटर और एक मफलर देते हुए लालू बोला—"रउआ लीं और खाईं"...पिछले माह किसी सन्दर्भ में एक दैनिक पत्र में छपा था—लहेरियासराय के सभी लोग बाबा की खाँसी से वाकिफ हैं और सरकार/प्रशासन नहीं जानती! निश्चित ही किसी ने यह बात लालू प्रसाद तक पहुँचाई होगी...

अगले दिन (15 नवम्बर, 1994) सवेरे-सवेरे सुकान्त के आवास पर रिक्शा से गए और घंटे-डेढ़ घटे के बाद वापस आ गए। पत्रकार और परिचितों के आने-जाने का क्रम लगा रहा। किसी ने बताया कि सितम्बर में नागार्जुन ने पटना में हिन्दी और सरकार को लेकर जो बातें कही थीं, उसको कुछ गम्भीरता से लिया गया, तभी तो इतनी जल्दी-जल्दी यह आयोजन किया गया...फिर च्यवनप्राश प्रसंग की चर्चा छिड़ते ही नागार्जुन बोल उठे—"ब्रेड के टुकड़ों पर मक्खन की तरह च्यवनप्राश लगाकर खाया। गुणाकर मुले भी साथ थे। बड़ा मजेदार लगा। च्यवनप्राश तो मैं बराबर खाता हूँ, लेकिन इसका स्वाद गजब का है। सरकारी है न! बहुत बड़ा नौटंकीबाज है लालू...अभिनय में तो शत्रुघ्न सिन्हा का नाना है...हाँ, मेरी हड्डी तो अब गलने लगी है, अब शायद मेरी खलड़ी के लिए मुझे और जिन्दा रखना चाहता है"...एक पत्रकार के हाथ में डब्बा थमाते हुए पूछा, "देखो तो किस ब्रांड का है? कल से मेरे साथ इसका भी प्रचार हो रहा है। इसे तो पेमेंट करना चाहिए।" इस पर सभी ने जोरदार ठहाका लगाया...

कार्यक्रम के कुछ घंटों के बाद ही सरकार उन्हें भूलने लगी। कुछ पत्रकार और मित्र बैठे ही थे कि होटल का बैरा दो बार बिल के बारे में पूछने आया। शोभाकान्त के यह कहने पर कि बिलों का भुगतान राजभाषा विभाग की ओर से किया जाएगा, बैरा आश्वस्त नहीं हो पाया...फिर टैक्सी का वह ड्राइवर आया, जो शाम में हॉल तक ले गया था। शोभाकान्त विभाग के निदेशक को फोन करना चाहता था, पर कमरे का फोन काम नहीं कर रहा था। दो पत्रकार मित्र के साथ वह बाहर निकला और वापस आने पर बताया कि मंत्री, राजभाषा ने तो कहा कि ठहराने का इन्तजाम सरकार ने किया है, फिर यह गड़बड़ी कैसे हुई, अधिकारियों से पूछता हूँ...

उस समय जेपी आन्दोलन के परिणामों पर पत्रकारों से बातचीत करते हुए नागार्जुन ने कहा कि "हर आन्दोलन के बाद उसकी उपलब्धि के बँटवारे को लेकर झगड़ा हो जाता है, और आन्दोलन के प्रति आदर भाव गौण हो जाता है। आन्दोलन के अच्छे लोग अलग-थलग पड़ जाते हैं। कूड़ा-करकट सरीखे लोगों की जमात

भारी पड़ जाती है। जे.पी. आन्दोलन के साथ भी ऐसा ही हुआ...लालू को खुद को जे.पी. आन्दोलन की उपज कहने का हक नहीं है। आन्दोलन का इससे बड़ा अपमान नहीं हो सकता। लालू प्रसाद तो बिहार की छाती पर मूँग दल रहे हैं। इस सरकार को कूड़ा-करकट के दायरे में ही रखा जा सकता है... "

एक ने कहा—"बाबा, लालूजी का यह एपिसोड हिट रहा, क्योंकि वह साहित्यकारों के बीच चर्चा के केन्द्र में आ गए, वह हमेशा यही तो चाहते हैं।" तभी दूसरा पत्रकार बोला, "बाबा तो यों भी हमेशा चर्चा के सुपर स्टार हैं, और सुपर स्टार के साथ कौन नहीं चर्चा करवाना चाहेगा।" यहीं फिर किसी ने बात उठाई, "1983 के बाद बाबा को कई संस्थागत और शासकीय सम्मान मिले हैं, लेकिन इंदिरा गांधी के हाथों प्राप्त सम्मान के बाद लालू यादव का यह एपिसोड ही चर्चा में रहा। भले ही प्रशासन साहित्यिक-सांस्कृतिक परिवेश न दे पाया हो... " उस दिन साहित्य-संस्कृति और राजनीति के अन्तर्सम्बन्धों पर मन की भीतरी गुफा में तरह-तरह के विचार उभरते रहे। शरीर भी अब थकने लगा है, पर मन के भीतर से हमेशा एक आवाज तो आती ही रहती है—'हम बेफिक्र न हो जाएँ...जागते रहें निरन्तर'

16 नवम्बर (1994) सवेरे का हल्का जलपान लेकर पटना से दरभंगा के लिए विदा हुए। रास्ते में शोभाकान्त से कहा, "मेरे प्रिय मित्र शील का देहान्त हो गया है कानपुर में। दरभंगा में दो-तीन दिनों के भीतर अपने छत पर एक गोष्ठी करवा दो"...और फिर उस मित्र की याद में कुछ देर के लिए खो गए...भूदान पर लिखी 'हर गंगे' शीर्षक वाली कविता अपने समय में चर्चा में थी। उन्हीं दिनों कानपुर में मजदूर दिवस के मौके पर एक कवि सम्मेलन का आयोजन किया गया था। नागार्जुन को भी उसमें शरीक होना था। इस कविता को सुनाने के लिए उन्होंने एक खंजरी खरीदी थी। खंजरी बजा-बजाकर इसे गाते थे। कानुपर के कार्यक्रम में उस कविता का गायन-वाचन शुरू होते ही शीलजी मंच पर आए। फिर तो खंजरी की थाप पर इन दोनों कवियों के संग श्रोता भी झूम-झूमकर 'हर गंगे' कहने लगे... फिर याद आया कि दिल्ली के सादतपुर में कवि शील का सम्मान-समारोह उन्हीं की देख-रेख में आयोजित किया गया था। हिन्दी के वरिष्ठ रचनाकारों के साथ युवा पीढ़ी के अधिकांश रचनाकार भी उस आयोजन में शरीक हुए थे। अपने ढंग का अनूठा आयोजन था वह...

दिन के लगभग साढ़े बारह बजे लहेरियासराय के आर.एस. टैंक स्थित अपने आवास पर नागार्जुन पहुँचे। अगले ही दिन से सुबह-सवेरे छत पर धूप में बैठने लगे। जो भी मिलने-जुलने वाला आता, उसे प्रसन्नतापूर्वक लालू का दिया च्यवनप्राश अवश्य खिलाते और कहते, "लालू ने कहा है कि इन्हें जिलाकर रखना है। वह बड़ा नौटकिया है"...इस नए आवास के सामने मकानों की पंक्ति थी और उन मकानों के पिछवाड़े में रेलवे लाइन। हाल ही में बड़ी लाइन चालू हुई थी। गाड़ियाँ तेज

गति से छू-छू करती दौड़तीं। उस समय पास जो बैठा रहता, उसका ध्यान आकृष्ट करते हुए नागार्जुन कहते—"काल की गति और काल बोध को देखिए तो..."

सुम्मी वाली लाल कॉपी में लिखा, '2/12/94, अब हम दूसरे मकान में आ गए हैं—यहाँ छत पर सारा दिन धूप ही धूप...मकान मालिक श्री परमानन्द चौधरी (वकील) बड़े ही भले आदमी ठहरे...वो दिन में दस बजे कचहरी (कोर्ट) चले जाते हैं...चौधरी जी की पत्नी एक भले स्वभाव की भद्र महिला हैं...मेरे प्रति बड़ा ही आदर भाव है उनके अन्दर...सुमि, यहाँ से तुम्हारा स्कूल निकट हो गया—हीनू का स्कूल लेकिन दूर पड़ता है—हमारे प्रिय मित्र श्री रमानन्द रेणु खूब निकट हैं यहाँ से...परिमल की ही 'खोज' से हमें यह मकान मिला है...बस, इस समय और नहीं लिखूँगा...'

अगले दिन ऋचा की कॉपी में—'3/12/94, रिचा प्रिय, कल तू मुझे बाकरगंज ले गई और बाटा की दुकान में 15 मिनट बैठकर नाप-जोख के बाद 160/—रुपये की एक जोड़ चप्पल लिवा दी और तब टावर के निकट 'कन्हैयालाल कृष्णादास' वाली दुकान पर कुछ पुस्तकें (संस्कृत वाली) लिवा दीं—कालिदास और बाणभट्ट की पुस्तकें (रघुवंशम्) और कादम्बरी के आंशिक खंड...वापस डेरे पर आए तो सहरसा-वाले प्रोफेसर (डॉ.) सुभाष यादव (तेरे पटना वाले चाचा के घनिष्ठ मित्र ठहरे...ये सहरसा कॉलेज में साथ थे...) और मौशमी की बड़ी बहन (श्रावणी बनर्जी) मिलने आई थी...

सुभाष को आज ही (रात वाली जानकी एक्सप्रेस से) लौटना था...बहरहाल, संक्षिप्त बातें हुईं हमारी, (क्योंकि हम थकान महसूस कर रहे थे) तुम्हारे पापा आ गए तो सुभाष से लगभग दो घंटे बातें करते रहे—ऐसा मुझे पीछे मालूम हुआ... तुम्हारे पापा को 7 वाली ट्रेन में आरक्षित बर्थ मिल गई है, परिमल कल ही टिकट दे गया था...अब वो 8 दिसम्बर को दिल्ली पहुँचेंगे, और जैसा कि तय है 20 तक दिल्ली से वापस आएँगे...और फिर किसी दूसरे दिन ही इस कॉपी में तेरे लिए कुछ लिख सकूँगा...नागार्जुन' हीनू की कॉपी में—'6/12/94, लगभग दो महीने बाद हम तुम्हारी इस कॉपी में लिख रहे हैं—अच्छा, तू तो शाम को 4 बजे के बाद ही परगट होगा ना?'

सुम्मी की कॉपी में कलम चली—'7/12/94, सुमि, हम ऊपर छत पर बैठकर ही यह पत्र पूरा कर सकेंगे...अभी, सवेरे के नौ बजने वाले हैं, तुम्हारे पापा दिल्ली जा रहे हैं, 20 तक वो लौट आएँगे...

कल 'बिहार बन्द' था, इसलिए तू स्कूल जाकर फौरन लौट आई, हीनू लेकिन थोड़ी देर बाद लौट सका—अभी प्रात: काल कह रहा था, 'आज स्कूल नहीं जाऊँगा' यानी तुम्हारे पापा दिल्ली जा रहे हैं ना, वो (हीनू) लहेरियासराय स्टेशन तक जाकर अपने पापा को विदा करेगा...

अभी-अभी तूने बतलाया—'मैं साढ़े दस बजे स्कूल जाऊँगी और शाम साढ़े चार बजे लौट आऊँगी' तब तो शाम होने वाली होगी...यह मैं क्या कर रहा हूँ? बस और कुछ नहीं, तेरी मजदूरी कर रहा हूँ...

जा, बाबा, तू जल्द से जल्द स्कूल जा!

मैं खाना खाकर सोऊँगा—3 बजे तक। उसके बाद कम्प्लान पिएँगे और फिर कुछ पढ़ना-लिखना चल सकता है...अगर कोई आ गए मिलने, तो आधा घंटा उनके साथ बात-वात होगी...कुछ समय हीनू को भी देना चाहूँगा...'

और फिर हीनू की कॉपी में लिखा, '7/12/94, अभी तुम्हारे पापा होंगे मुजफ्फरपुर में...4 बजे उनकी गाड़ी खुलेगी और कल दो बजे दिन में वो गाड़ी नई दिल्ली स्टेशन पहुँचेगी—नई दिल्ली स्टेशन से तीन पहिया वाले स्कूटर पर बैठकर पंडित सादतपुर वाले अपने अड्डे पर पहुँच जाएँगे...

तुम्हारे टुनाई चाचा (श्रीकांत जी) तो शाम को लौटते हैं—कभी-कभी रात को नौ बजे लौट पाते हैं...कणिका-हिमांगी और सरिता (तुम्हारी चाची) घर पर ही होंगी, वो तुम्हारे पापा से 'पर्दा' करती हैं। हिमांगी अपनी माँ की नकल उतारती है, तो सभी को हँसी आ जाती है...'

उस दिन भी अन्य दिनों की तरह तीन-चार लोग मिलने के लिए आ गए, तो उनके साथ कुछ-न-कुछ समय गुजारना ही पड़ा। उन सबके लौट जाने के बाद हीनू वाली कॉपी उलटने-पुलटने लगे। तभी याद आया कि हीनू ने कभी मैथिली सिखा देने के लिए कहा था। कुछ क्षण सोचते रहे और फिर लिखा :

अब हम मैथिली भाषा का ग्रामर (व्याकरण) संक्षेप में बतला रहे हैं :

कुछ सीधे-सादे वाक्य—

हम जाइत छी
तों जाइत छह
ओ जाइत छथि
ओ जाइत अछि
ओ लोकनि जाइत अछि
तों नहि जो...
ओकरे जाए दही
पुरुख जाइए
मउगि जाइए
पंडित जी जाइत छथि
सुनरा (सुन्दर) जाइत अछि
आब श्री सुन्दर यादव जाइत छथि...
सुनराक मोंछ बेश भकराड़ छइक...'

प्रसिद्ध मैथिली कविता 'सुन्दर राउत' का बिम्ब यहीं कौंधा होगा यात्री के दिमाग में।

तभी फोन से पता चला कि कणिका को भाई हुआ है। यात्रा के लिए मन-मिजाज उछल बैठा। एटलस लेकर कुनू के साथ बैठकर राय-विचार करने लगे। 13/12/94, को कुनू के नाम एक स्लीप लिखा—'दड़िभंगा, 13/12/94, डियर कुनू, हमरा अपनो बड्डऽ इच्छा अछि, जे तोरा संग ल' क' गौहाटी जाइ—मुदा एखन त' दिल्लीक यात्रा आवश्यक भ' गेल छइक।

दिल्ली गेला पर ओतुक्का प्रोग्राम (20 दिसम्बर, रेणु रचनावलीक विमोचन) केलाक पश्चात् तखन कोनो आन प्रोग्राम...'

अगले दिन सुम्मी की कॉपी में लिखा, '14/12/94, सुमि आज पूरे सात दिन बाद तुम्हारे इस नोटबुक में कुछ लिखने का मौका मिला है...

'बीच में एकाएक दिल्ली जाने की बात आ गई...यानी, जाना ही पड़ेगा...20 दिसम्बर को दिल्ली में एक खास समारोह है, उसमें मेरी उपस्थिति अति आवश्यक मानी गई है—हम 18 को दिल्ली जाने वाले हैं। वो हमें लेने आएँगे...

कुनू साथ जाएगा...तुम्हारे पापा को फोन से बतला दिया गया है—वो दिल्ली ही रुके रहें—हम जब पहुँचेंगे, तभी वो दिल्ली छोड़ें...

मतलब यही हुआ कि मैं फिलहाल इस नोटबुक में नहीं लिख पाऊँगा—दिल्ली से लौटने के बाद ही लिख सकूँगा...हीनू की नोटबुक में भी अभी शायद ही कुछ लिख पाऊँ।'

15/12/94 सुम्मी के नोटबुक में लिखा—'हमने कहा—सुमि कॉलेज पहुँचेगी तो वहाँ अपने क्लास में किसी को कुछ नहीं समझेगी...

इसके अध्यापक भी इस लड़की से बचते रहेंगे—सुम्मी का बोलना इतना अधिक बढ़ जाएगा कि इसको दूर से देखकर ही फाटक का दरवान, (दो दरवान होंगे तब उस फाटक पर) खैनी-चूना वाली छोटी झोली पॉकिट में डालकर (जाड़े के मौसम में) कान के पास झुककर बोलेंगे—क्या आज तुम्हारा क्लास पहले ही 'खत्म' होगा?

तू तब मुँह बनाकर ऐसा संकेत करेगी कि 'मुझे क्या मालूम'?

अच्छा भाई, तुम्हें नहीं मालूम तो वंदना को तो मालूम होगा...

वन्दना मुस्कराती हुई बाहर निकलेगी और सिनेमा वाली अदा से फाटक छूकर चार कदम पीछे लौट आएगी...

खबरदार, यह कॉपी तू वंदना को नहीं दिखाना!'

फिर 15/12/94 को—'सुम्मी बहुत बुद्धू है, सुम्मी भारी चालक है, फिर भी मैं उसे बहुत प्यार करता हूँ...

कल मैं सुम्मी की पिटाई करने वाला हूँ—मैं मौशमी से सुम्मी की शिकायत करूँगा...

वो बहुत परेशान करती है—यह कॉपी मैं जरूर भर दूँ, नहीं तो वो मुझे दिल्ली या कलकत्ता कहीं भी जाने नहीं देगी।

रिचा बेहद भोली-भाली लड़की है—वो कभी मुझे परेशान नहीं करती...'

बच्चों की कॉपियाँ, अखबार, पत्र-पत्रिकाएँ, लोगों की आवाजाही...लेकिन सुन्दर यादव दिमाग से उतर नहीं रहा था। हीनू की कॉपी सामने थी। लिखा—'16/12/94, सुन्दर यादव, आउ आउ! सम्प्रति अहींक बेरादरी वला श्री लालू यादव बिहारक मुख्यमंत्री छथि—फरबरीक बादो की उएह मुख्यमंत्री रहि जेताह?

के जानए? चुनाव मे ककर पाटी जिततइ!'

(सुन्दर यादव आइए, आइए! सम्प्रति आपके ही बिरादरी वाले श्री लालू यादव बिहार के मुख्यमंत्री हैं—फरवरी के बाद भी क्या वही मुख्यमंत्री रह पाएँगे?

क्या जानें? चुनाव में किसकी पार्टी जीतेगी?)

अगले दिन रिचा की कॉपी में कलम चली—'रिचिया नाराज होगी, तो दलिया में या तो ज्यादा नमक डाल देगी या फिर वो दलिया को पानी-पानी कर देगी या फिर...

फिर मैं उसकी पिटाई करूँगा और नाश्ता ही नहीं करूँगा...

फिर तुम्हारी मम्मी यानी रिचिया की मम्मी (रेखा मिश्र) दुबारा दलिया बना लाएगी...

तुम्हारी यह कॉपी किसी दूसरे को नहीं पढ़ना चाहिए, मगर यहाँ मुसीबत तो यही है कि तुम चारों बहन-भाई की कापियाँ चारों पढ़ लेते हैं...

अब मैं किसी की कॉपी में लिखूँगा ही नहीं...'

एक तो 'रेणु रचनावली' का विमोचन और दूसरा बम्बई में 'परिवार संस्था' का आयोजन। दिल्ली जाने के कार्यक्रम में थोड़ा परिवर्तन हुआ। जिस आयोजन में दिल्ली जाना था, वह 20/12 के बजाय 26/12 को तय रहा। उनका और कुणाल का आरक्षण था। पटना से लतिका रेणु साथ होने वाली थीं। पटना में ही 23 दिसम्बर, 1994 को इप्टा के स्वर्ण जयंती समारोह का उद्‌घाटन होना था। इसके लिए दरभंगा से नागार्जुन को लिवा आने के लिए 22 दिसम्बर को ही पटना से गाड़ी आ गई, और इस तरह कुणाल के साथ दरभंगा से यात्री की एक और यात्रा आरम्भ हुई।

दम नहीं है अब

तंद्रा टूटी, तो एक डॉक्टर और दो नर्स को सामने खड़ा देखा। एक उनकी बाँह में ब्लड प्रेशर जाँचने के लिए पट्टी लपेट रही थी, जबकि दूसरी को डॉक्टर धीरे-धीरे कुछ समझा रहे थे। लेटे-लेटे नागार्जुन ने चारों ओर निगाहें घुमाईं। अपना वह

कमरा तो नहीं है यह, जिसकी दीवारों में बनी आलमारियों में किताबें भरी रहती हैं। यहाँ तो सामने की दीवार में शीशे लगी बड़ी-बड़ी खिड़कियाँ हैं...समान्य से ऊँचे दो बिस्तर हैं...छत से बड़ी लाइट लटक रही है...बेड से सटे स्टैंड में स्लाइन वाला बोतल टँगा...तो वे अस्पताली बेड पर पड़े हैं! बिस्तर के एक तरफ डॉक्टर और नर्सों की टीम, तो दूसरी ओर कुछ हटकर शोभाकान्त और रेखा उनकी ओर देख रहे थे। शोभाकान्त को नजदीक आने का इशारा किया और जानना चाहा कि क्या हो रहा है?

उन्हें बताया गया कि छब्बीस घंटे पूर्व अचेतावस्था में उन्हें अस्पताल लाया गया था। अभी वे दरभंगा मेडिकल कॉलेज अस्पताल के आईसीयू (इंसेन्टिव केयर यूनिट) में हैं।

डॉक्टरों ने शोभाकान्त को उनके स्वास्थ्य के बारे में कुछ बतलाया और एक कागज पर कुछ दवाइयाँ लिखकर लाने को कहा। कहा यह भी गया कि तबीयत में सुधार है, फिर शाम में चेकअप किया जाएगा। डॉक्टरों के जाने के बाद नर्स भी बगल के ड्यूटी रूम में चली गईं। रेखा बगल में पड़ी कुर्सी पर बैठ गई। पिता की ओर स्नेह से देखता हुआ पुत्र बोला, "माँ भी गाँव से आती ही होगी। वह भी तो जीमूतवाहन के उपवास में रही होगी न!" कुछ क्षण पिता की ओर देखते हुए फिर बोला, "मैं दवा लेकर आता हूँ। अब घबराने की बात नहीं है!" पति के जाने के बाद रेखा नागार्जुन के हाथ को सहलाने लगी। पानी चढ़ाने के लिए 'इन्ट्राकेट' लगा हुआ था। नागार्जुन कुछ देर तक उसकी ओर देखते रहे, फिर नजर छत से लटकी बड़ी लाइट पर स्थिर हो गई...

2 अक्टूबर, 1996 तक वे प्रायः-प्रायः ठीक ही थे। उस दिन रेखा से कहा था कि गांधी जयंती के दिन खादी के कपड़े जरूर खरीदना चाहिए, तो कुनू और ऋचा जाकर उनके लिए कुर्ता और पाजामा ले आए थे। उन दिनों कमजोरी अवश्य बढ़ती जा रही थी, पर उनकी कोशिश रहती कि घर के लोग परेशान न हों। बच्चों के साथ बैठकर खाना खाते। कमरे से निकलकर बरामदे की चौकी पर बैठकर अपनी मैग्निफाइंग गिलास से अखबार के मोटे-मोटे शीर्षकों पर नजर घुमाते या पास पड़ी पत्र-पत्रिकाओं को उलट-पुलट लिया करते। मिलने-जुलने के लिए कोई आता, तो उससे भी बतिया लेते। खुद कम बोलते, सुनने की शक्ति भी कम हो गई थी, इसलिए लोग जो कुछ बोलते, उसकी ओर ध्यान से देखते...ज्यादा देर बैठने पर दिक्कत महसूस होने लगती, तो वहीं लेट जाते या फिर अपने कमरे में लौट आते। अगस्त (1996) के अन्त में पेट गड़बड़ रहने लगा था। डॉक्टर गणपति मिश्र आकर देख गए थे। वे ठीक भी हो गए थे। लगभग सब कुछ उनके हिसाब से ठीक ही था। 'आयु नियत थी, क्षेत्र नियत था/नियमित थे आहार-विहार...'

3 अक्टूबर (1996) को शोभाकान्त को सवेरे-सवेरे पटना जाना था और उसी

दिन लौट भी आना था। लेकिन उन्होंने जाने से रोक दिया। तर्क यह दिया कि रेखा का कल जीमूतवाहन व्रत है, तो आज दिन में मछली और मड़ुवे की रोटी तो बनेगी ही। और घर का कर्ता-धर्ता ही नहीं रहेगा, तो फिर कैसा लगेगा? तो उस दिन रेखा ने रेहू मछली के साथ उनका प्रिय 'माँगुर माछ' भी बनाया। दोपहर के खाने में उन्हें मन नहीं लग रहा था। लगा कि अचानक कमजोरी बढ़ गई है। घर के लोगों ने महसूस किया कि उनकी तबीयत ठीक नहीं है। अब तो उनकी देह-दशा और मनोदशा, थोड़ी भी बिगड़ती है, तो घर के बच्चे तक चिन्तित हो जाते हैं।

नागार्जुन ने 1980-85 तक कहाँ सोचा था कि वे शारीरिक रूप से खुद भी कभी 'अथक' से 'जरद्गव' हो जाएँगे! पारिवारिक या व्यावहारिक जीवन के प्रति अनुशासित होते, तो 'मिलिट्री' के बूढ़ा घोड़ा की तरह उन्हें भी न जाने कब कोई चतुर तांगेवाला ले जाता और रंगीन खोलसा आँखों पर चढ़ा देता! उस दिन अंग-प्रत्यंग ढीले पड़ने लगे। खड़े होने तक का सामर्थ्य नहीं जुटा पा रहे थे। सहारा दिया जाता, तो लद्दू घोड़े की तरह बैठ जाते। मदहोशी आने लगी थी...

सामने बैठी रेखा ने बताया कि 4 अक्टूबर (1996) के सवेरे से उनकी हालत बिगड़ने लगी थी। लगभग संज्ञाशून्य होने लगे थे। डॉक्टर गणपति मिश्र नगर से बाहर थे। कई अन्य डॉक्टरों से राय-विचार के बाद दोपहर के बारह बजे के करीब दरभंगा मेडिकल कॉलेज अस्पताल के आपातकालीन चिकित्सा कक्ष में उन्हें लाया गया, और वहाँ बाईस घंटे तक सघन देख-रेख के लिए आईसीयू में शिफ्ट किया गया था। सवेरे के अखबारों में उनके अस्पताल आने की खबर आ गई थी। देखने और मिलने वाले आने लगे थे। डॉक्टरों के बीच यह बात शुरू हो गई थी कि चाहे जैसे भी हो, बाबा को दस वर्ष पहले की तरह स्वस्थ करना है। मेडिकल कॉलेज के सभी छोटे-बड़े चिकित्सक आ-आकर देख जाते और चिकित्सकीय प्रक्रिया पर सन्तोष जाहिर करते। उन्हें कोमा में जाने से रोके रखा, यह उन डॉक्टरों के लिए उत्साहवर्धक था।

नागार्जुन यह सब सुन ही रहे थे कि सामने आकर अपराजिता खड़ी हो गई। उसके पीछे सुबध उनका झोला लिए आ पहुँचा। अपराजिता चुपचाप पति को निहारती रही, फिर उनके कपार पर हाथ रखा शायद बुखार जानने के लिए। पत्नी के हाथों का स्पर्श पाकर नागार्जुन उसकी ओर टुकुर-टुकुर देखने लगे। जिस किसी भी हाल में नागार्जुन रहे हों, अपराजिता हर समय उनके ही हित में सोचती, ताकि अपना अपराजित नाम सार्थक कर सके! सास के आते ही रेखा उससे सटकर खड़ी हो गई। शोभाकान्त भी तब तक दवा लेकर आ गया। अपराजिता कुर्सी खींचकर उस पर बैठ गई और पुत्रवधू से बोली, 'हम आबि गेलहुँ ने, आब एहि पिलुहवआ के एखन किछु नइ हेतइ, हम छी ने...' (मैं आ गई, अब इस पिलु जैसे कीड़े को कुछ नहीं होगा, मैं हूँ न...) और अपनी तेज नजर पति पर गड़ा दी। यों तो वह

नागार्जुन के दिल्ली से दरभंगा लौटने पर चार दिन यहाँ रह कर गई थी। मगर करीब तीन महीने के बाद ही अपने पति को वह इस हालत में देखेगी, इसका एहसास कहाँ था उसे! स्नेह भरे हाथों से वह अपने पति का सिर सहलाने लगी। नागार्जुन ने पलकें बन्द कर लीं...

आरएस टैंक (लहेरियासराय) वाले आवास से दिल्ली गए थे और दरभंगा वापस आने के बाद शोभाकान्त ने अपना आवास फिर बदला था...इस साल उनके जन्मदिन के अवसर पर दिल्ली में एक बड़ा आयोजन किया गया था। 1986 ईस्वी में उनका 75वां जन्मदिन बड़े पैमाने पर वाचस्पति ने जहरीखाल में मनाया था। इस बार का कार्यक्रम 'नागार्जुन संवाद' नाम से दिल्ली के पटियाला हाउस में 'आजकल' की ओर से आयोजित था, ज्येष्ठ पूर्णिमा 1 जून को। उस आयोजन में राजधानी के ढेर सारे कवि-लेखक, पत्रकार-बुद्धिजीवी, संस्कृतिकर्मियों की भारी भीड़ उमड़ आई थी। हॉल खचाखच भरा था। नागार्जुन भी अति प्रसन्न थे। इतने जाने-पहचाने परिचितों को एक साथ देख रहे थे वह। लगा था, 'मेरे स्वजन हैं/ फैले हुए सर्वत्र...' तो नागार्जुन की अन्दर की प्रसन्नता छिपाए नहीं छिप रही थी। उन्होंने शुरू में ही कह दिया, "मन प्रसन्न हो तो वह दिन जन्मदिन, दुखी हो तो शोकदिवस...।" अपने नितान्त मौलिक और चौंकाऊँ अन्दाज में बोले, "इस उम्र में रात के अँधेरे में नोट गिनना अच्छा लगता है!" लोगों ने देखा-सुना कि मंच संचालक की ओर देखकर नागार्जुन ने कहा, "ये अगर मेरे थेले में हजार-दो हजार रुपये डाल दें, तो कितना आनन्द होगा..." इस पर खुद भी भभाकर हँस पड़े और पूरे हॉल में हँसी फूट पड़ी। लेकिन फिर तुरन्त खुद बोल पड़े, "रकम आते ही लड़के सब झगड़ पड़ते! सोचता हूँ, जब कुछ नहीं था, तो क्या था? अब है, तो क्या है..." कुछ क्षण तक हॉल में उपस्थित चेहरे की ओर देखा और फिर कहा, "लगता है, मेरे अगले जन्म की तैयारी की जा रही है!" नागार्जुन ने मनोरंजक ढंग से मक्खली घोषाल (प्रसिद्ध औघड़ बौद्ध दार्शनिक) और अगस्त मुनि की कहानी सुनाई। मक्खली घोषाल लगभग नंग-धड़ंग रहते, रहन-सहन भी सामाजिक नहीं था। उनका औधड़पन उस समय उनके आस-पास के जनपदों में चर्चा का विषय बना रहता, क्योंकि सामान्य जन उन्हें स्नेह और आदर से देखते-मानते। विदेशी विद्वानों द्वारा बौद्ध दर्शन पर लिखी पुस्तकों में इनकी चर्चा भी है। उसी तरह, अगस्त मुनि का समुद्र पीकर सो जाना और लक्ष्मी की परेशानी की चर्चा नागार्जुन ने की। इन चर्चाओं के क्रम में वह खुद भी हँसे और लोगों को भी हँसाया। कविता सुनाने के आग्रह पर कहा, "नहीं सुनाऊँगा, अब याद नहीं रहती। इतनी उम्र में यह सहज बात है...कविता कोर्स बुक में ही पढ़ी जाती है, वरना नहीं।" फिर अपनी तारीफ पर बोल पड़े, "यह सब सुनना बड़ा टॉर्चर है..." कार्यक्रम में उनकी हिन्दी और मैथिली कविताओं का वाचन किया गया। वह ध्यान से सुनते रहे, चेहरे पर उतार-

चढ़ाव के भाव आते-जाते रहे। फिर उत्साह में आकर मैथिली की दसेक पंक्तियाँ और संस्कृत का एक श्लोक सुना गए...

अचानक कुछ आवाजें कानों में आईं। आँखें खुलीं, तो सामने अपराजिता के साथ कुछ लोगों को कम्बल पर बैठकर बतियाते देखा। यहाँ महानगरीय अस्पताल की तरह आने-जाने पर पाबन्दी नहीं है। साफ़-सफ़ाई भी जैसे-तैसे। आईसीयू है, तो कुछ सफाई दिखती भी है। पिता को अपनी ओर देखते देखा, तो शोभाकान्त उठकर पास आ गया। उसके साथ ही तीन-चार जने सामने आ गए। नागार्जुन के चेहरे पर प्रसन्नता की हल्की झलक दिख पड़ी। उनको स्वस्थ होते देखकर लोगों ने इशारे से कहा, "आप आराम से लेटे रहिए।" एक-दो जने हाथ सहलाने लगे। उनकी ओर दो-तीन मिनट तक निहारने के बाद नागार्जुन ने करवट बदल ली। करवट बदलते ही दरभंगा की स्मृतियाँ घेरने लगीं...

जनवरी (1996) के अन्तिम सप्ताहांत में दिल्ली गए थे दरभंगा से। उससे लगभग डेढ़ माह पहले ऋचा की कॉपी में लिखा था, 'एहि कॉपी कें पूरा करबा मे अपन योगदान देबइक—मुदा बीच-बीच मे ऋचा कें अपन हाथ-आंगुर एहि कॉपी क एहि पात पर चलाबक हेतइ...तखने ई शीघ्र भरतइक...

भोरे-भोर

19-12-95

राय साहेबक पोखरि...'

(इस कॉपी को पूरा करने में अपना योगदान दूँगा—लेकिन बीच-बीच में ऋचा को भी अपनी हाथ-उँगली इस कॉपी के पन्नों पर चलानी होगी...तभी यह शीघ्र भरेगा)

'आब फेर दोसर बेर...

एखन नाश्ता हेतइ, तकरा बाद पत्र-पत्रिका (दैनिक हिन्दुस्तान एवं आर्यावर्त) आबि जायत...मोटा-मोटी ओकर शीर्षक मात्र देखि क' ऊपर छत पर गेनाइ हेतइ—साढ़े एग्यारह धरि (दिन) छत पर—तखन मझनी (किंवा मध्याह्न भोजन) क लेल निच्वां उतरल जेतइ—पुनः भोजनक उपरान्त रौद मे छते पर, लगभग चारि बजे धरि...

(अब फिर दूसरी बार...

अभी नाश्ता होगा, उसके बाद पत्र-पत्रिका (दैनिक हिन्दुस्तान और आर्यावर्त) आ जाएगी। मोटा-मोटी उसकी शीर्षक मात्र देखकर ऊपर छत पर जाना होगा। साढ़े ग्यारह तक (दिन) छत पर। फिर मझनी (किंवा मध्याह्न भोजन) के लिए नीचे उतरा जाएगा। पुनः भोजनोपरान्त धूप में छत पर, लगभग चार बजे तक...)

उसी दिन हीनू की डायरी में लिखा—'प्रिय हीनू, तों बदमाशी कने बेशी करही...नीक जहाँ रहबें, तऽलोक बुद्धू बुझतउ, चलाकी ते देखाबक चाहिअउ... (प्रिय हीनू, तुम बदमाशी थोड़ी ज्यादा करो...शान्त रहोगे, तो लोग बुद्धु समझेंगे, चालाकी भी दिखानी चाहिए)

'और कहिए, आपका मूड कैसा रहता है इन दिनों? गत वर्ष आपने कहा था: बाबा, आप मुझे झूठ बोलने के तरीके बतला दीजिए...मैंने कुछ 'हिन्ट' दिए थे... मुझे खुशी है कि आपने उन्हें भलीभाँति दैनिक काम-काज में अपना लिया है, लेकिन झूठ बोलने में कभी 'अति' नहीं करें! हिसाब से, अन्दाज से 'झूठ' का इस्तेमाल करेंगे, तो लोग आपकी चतुराई की तारीफ करेंगे...

—आपके बाबा...
छत पर बैठकर,
धूप का सेवन करते हुए'

अक्टूबर, 1995 के मध्य में ही दरभंगा आ गए थे। नवम्बर के बाद धूप में बैठना अच्छा लगने लगता उन्हें। अगहन आ गया था। दरभंगा में आकर वह पूरी तरह आराम के मूड में ही रहते। कोशिश रहती कि कहीं आना-जाना न हो। गोष्ठी या सेमिनारों या किसी सम्मेलनों में नगर से बाहर जाना अब कष्टकर लगता। फिर भी नवम्बर (1995) के प्रथम और मध्य सप्ताह में साहित्य अकादेमी द्वारा आयोजित दो कार्यक्रमों में जाना अनिवार्य हो गया। अकादेमी के महत्तर सदस्य होने के कारण मैथिली भाषी आयोजन में मैथिल भला इन्हें क्यों छोड़ेंगे! दोनों जगह गाड़ी से ही गए। एक बार पटना और दूसरी बार रांटी (मधुबनी)। शोभाकान्त अब प्राय: अधिकांश जगह साथ रहता। मधुबनी वाले कार्यक्रम में ऋचा भी साथ हो गई थी...

कवि-गोष्ठी की याद आते ही अस्पताली बिस्तर पर नागार्जुन के मन-मिजाज में सुरसुराहट आ गई। तो मानस पटल पर बम्बई का परिवार सम्मान छा गया...

सन 1995 के 'नव वर्ष' में दिल्ली में थे। पिछले पन्द्रह वर्षों से करीब-करीब बीमार ही रहने लगे थे, लेकिन 'मन की रुझान है, तन के स्वास्थ्य की पहली शर्त' और उनका मन कभी भी अस्वस्थता की तरफ नहीं झुका! वहीं से बम्बई का आरक्षण कराया। गाड़ी 4 जनवरी, 1995 के सवेरे छह बजे थी। साथ जा रहे थे शोभाकान्त और कुन्नू। सादतपुर से कड़कड़ाती ठंड में सवेरे-सवेरे ट्रेन पकड़ना मुश्किल था। इसीलिए 3 जनवरी की शाम में ही नई दिल्ली स्टेशन के यात्री निवास में रात गुजारकर ट्रेन पकड़ने की योजना बनी और 5 जनवरी की सुबह नौ बजे के आसपास बम्बई पहुँचे। बम्बई में 'परिवार' के लोगों ने शोभाकान्त से कहा, "बाबा जब तक रहना चाहें, रहें। आप सब हमारे मेहमान हैं। यहाँ रहते कहीं अन्यत्र नहीं टिकना है।" मध्य श्रेणी के साफ-सुथरे होटल में व्यवस्था की गई थी, तो पूरे बारह दिन रह गए। बीच में एक दिन वहाँ के 'मिथिला मंडल' ने भी अपने महाकवि यात्री का सम्मान किया था।

मुम्बई के अतिव्यस्त मैरिन के करीब चीड़ाबाजार की चालू सड़क के किनारे होटल की पहली मंजिल पर कमरा था। कमरे से सटी छोटी-सी बालकनी से सड़क की भीड़-भाड़ देखी जा सकती थी। खिड़की-दरवाजा बन्द रहने के बावजूद सड़क पर चल रहे वाहनों की ध्वनि आ ही जाती। लगभग अट्ठाईस घंटे की ट्रेन यात्रा और एक रात दिल्ली स्टेशन का यात्री निवास...मन और शरीर थक चुका था। होटल में आने के लगभग घंटे भर बाद से लोगों की आवाजाही शुरू हो गई। वे स्वयं भी कुछ देर बैठे। हल्के नाश्ता के साथ कॉफी ली। नौ वर्षों की लम्बी अवधि के बाद बम्बई आए थे। यहाँ गुजारी ढेर सारी आशा-निराशा की स्मृतियाँ बिखरी पड़ी हैं। होटल के कमरे में आने वालों को देखते, तो आँखों में जिज्ञासा चमक उठती और चेहरे पर वार्धक्य के बावजूद उत्सुकता के भाव उभर आते। लम्बी और थकान वाली यात्रा के बाद शाम में अपने को सहज कर पाए।

इस महानगर में पहली बार वह 1945 ईस्वी में आए थे। उस समय उनकी उम्र 34 पार कर चुकी थी। कलम के सहारे रोजी-रोटी की जुगाड़ में यहाँ आए थे। बांग्ला और गुजराती के कुछ उपन्यासों के अनुवाद भी छप गए थे। केएम मुंशी का एक उपन्यास भी उस अनुवाद में शामिल था, तो तत्काल भारतीय विद्या भवन में अनुवाद और सम्पादन सम्बन्धी एक छोटा-सा काम मिल गया। दूसरे महायुद्ध के तुरन्त बाद का समय चल रहा था। अभाव और महँगाई देश में फैलती जा रही थी। जीने के लिए मामूली साधन जुटाना भी मुश्किल हो रहा था।

उस यात्रा में महात्मा गांधी को लगभग ग्यारह वर्षों के बाद देखा था...उससे पहले 1934 में मधुबनी में देखा था। विनाशकारी भूकंप के पीड़ितों के सहायतार्थ गांधी तब बिहार आए थे। भारी मेला जुट गया था। पचास हजार लोग रहे होंगे बापू को देखने के लिए। फूल-फल, केला-पपीता आदि के साथ हाथ का काता हुआ सूत, खुशबूदार धान की बालियों के गुच्छे, लौकी-बैगन...चढ़ाने के लिए न जाने कितनी किस्म की चीज लोग ले आए थे। खादी भंडार के पास वाले मैदान में ऊँची जगह बनाई गई थी। उस पर गांधी जी बैठे थे। शीशम के पेड़ पर चढ़ने के बाद ही नागार्जुन उनको भर नजर देख पाए थे...बम्बई में गांधी के दर्शन के बाद नागार्जुन ने नोट किया था, 'कल तेरे दर्शन के निमित्त/थे जुटे आदमी दस हजार.../मैं उनमें था : तुमको देखा/फिर लगभग ग्यारह साल बाद...बोले तुम केवल पाँच मिनट... उसके बाद 'जनता उठकर बन गई भीड़/उच्छृंखल सागर-सी अधीर...' जनता तो भीड़ थी, पर गांधी जिधर गए, उधर 'देखा बिड़ला की कोठी का वह महाद्वार/तैनात वहाँ थी स्वयंसेवकों की कतार...।' कवि ने सोचा था, 'हे धनकुबेर के अतिथि... नहीं, हे जननायक!' उस समय साहित्य के सचेत पाठक हो चुके नागार्जुन के सामने प्रेमचन्द की उक्ति कौंध गई—'कलम घिसना और बात है, मनुष्य की नाड़ी पहचानना और बात'।

उस यात्रा के बाद न जाने कितनी बार इस नगरी में आए। मास-दो मास रहे भी हैं। यहाँ की समुद्री आबोहवा उनके दमा को रोके रखती है, यह बार-बार अनुभव किया था। तरंगित समुद्र न जाने कितनी बार देखा है। अब तो उम्र के कारण उस तरह के दृश्य देख ही नहीं सकते। कितनी दफा केरल में समुद्र के किनारे मास-दो मास रहने का इरादा बनाया होगा। मगर कहाँ अब तक पूरा हो पाया। अब क्या खाक पूरा होगा! बम्बई यात्रा में ढेर सारे स्थानीय मित्र-बन्धु याद आते रहे। पाँच-सात जगह ही जा पाए। एक दिन एक जगह जाना होता, तो अगले दिन विश्राम। दो दिन तो कार्यक्रम में ही लगे। अपने हमउम्र और प्रथमा तक के सहपाठी की विधवा पत्नी मैथिल कार्यक्रम से पूर्व कई मिनटों तक उनसे चिपक-चिपककर आँखों से पानी निकालती रही।

जहाँ-जहाँ गए, लोगों ने कहा, "बाबा, इस नगरी ने क्या अपराध किया है? यहाँ आते-जाते रहें। इस महानगर को न भूलें बाबा...।" इस पर वे बिहुँसकर कहते, "अब तो बार-बार आऊँगा..." लोगों से मिलने-जुलने के बाद प्रायः-प्रायः अतीत की यादों में खो जाते। फिर लगने लगता, जीवन के पुराने दिनों में गोता लगाने की अब आवश्यकता ही भला क्या है! बम्बई में एक नया रिश्ता जुड़ा—'आप हमसे दो वर्ष बड़ी हो। मेरी बहन हो न आप?.../नौटियाल की माँ/बिल्कुल निकट आ के बैठ गई/मुझे गौर से देखा/तनिक रुककर बोली—/कब आए...' नौटियाल के घर दिन भर रहे, और 'अब देखता क्या हूँ कि/हमारी बहन दो महीने के नवजातक/शिशु की नन्ही आँखों में/आँखें डाले जाने क्या देख रही है/...तो हमने झुक के/नवजातक का सिर सूँघा.../दो बार-तीन बार.../ओह, कितनी अच्छी/दूधिया खुशबू आ रही थी!' और उस अद्‌भुत खुशबू को नाक में भरकर नागार्जुन 17 जनवरी, 1995 को मुम्बई से दिल्ली के लिए विदा हो गए।

दिल्ली के सादतपुर में भी एक नवजात माघ की मीठी व प्रिय धूप में अँगनई की खाट पर लेटा पड़ा अपने दादा को निहारता रहता—'लगभग/ढाई महीने हुए हैं/यह 17-12-94 के दिन/पैदा हुआ था/दो बहनों के बाद तीसरा सहोदर है/यह शिशु...हमें तब फोन से पता चला था/कणिका का भाई हुआ है...' उस नवजात को नागार्जुन ने पहली बार तभी देखा था, जब वह नौ-दस दिन का था। उसकी माँ सरिता गोद में लेकर सामने आई, तो दादा ने देखा, 'चमक रही है/प्रसन्न आँखों की तरल पुतलियाँ...।' अति प्रसन्न मन से सोचा, आठ दशक का लम्बा अन्तराल है अपनी तीसरी पीढ़ी के इस नवजात से।

दिल्ली से मार्च (1995) के प्रथम सप्ताह में नागार्जुन दरभंगा आए। शोभाकान्त उन्हें दिल्ली से लाया था। बम्बई से दिल्ली पहुँचने और वहाँ से दरभंगा आने तक नागार्जुन सादतपुर में ही रहे। हाँ, दिन की धूप में घंटे-डेढ़ घंटे सादतपुर की गलियों में चक्कर लगाकर किसी के घर में जा बैठते। गलियों में एक दिन 'विष्ठा भरा

कागज/गोमाता को चबाते देखा।' ठिठक गए वृद्ध नागार्जुन। ठीक उसी समय पीछे से आकर कोई पूछ बैठा, "क्या देख रहे हैं बाबा?" गाय की ओर इशारा करते हुए पूछने वाले ने खुद कहा, "गाय आखिर है निरा पशु, अपने मुँह का जायका बदलने के लिए शायद अखबारी कागज चबाती है। चलिए यहाँ से..." लेकिन दिमाग में यह दृश्य कई दिनों तक घूमता रहा,और आखिरकार 18 मार्च को इसे अपनी कलम में उतार ही लिया।

मार्च (1995) से लेकर 7 जुलाई, 95 तक दरभंगा में रहे। उस वर्ष का ज्येष्ठ पूर्णिमा भी दरभंगा में ही गुजरा। अब तो चाहकर भी पहाड़ की ओर नहीं जा पाते! शरीर ही नहीं तैयार होता, तो क्या कर पाएगा मन? हाँ, दरभंगा के स्थानीय रचनाकारों ने एक आयोजन अवश्य किया था—उर्दू, हिन्दी और मैथिली के स्थानीय रचनाकारों की जमघट थी। ऐसे अवसरों पर होने वाली अपनी प्रशंसा सुनकर वे यहाँ भी ऊबते रहे...लेकिन कुछ न कुछ तो बोलना था ही, कई संस्मरण सुनाने के बाद कहा, "मुझे जन-जन से जो सम्मान मिला, वह सभी सम्मानों से ऊपर है। जन का स्नेह ही मेरी पूँजी है..." पूँजी कहने पर कुछ रुके और फिर कहा, "इस ललुए (लालू प्रसाद यादव) ने हमारे घर में कलह पैदा कर दी है..." इस पर लोग क्षण भर चुप रहे और फिर जोरों का ठहाका लगाया, और नागार्जुन बैठ गए। उनके पुत्रों के बीच धीरे-धीरे गहराते मतभेद की आहट निकट के परिचितों में फैल ही चुकी थी। नागार्जुन स्वयं भी भीतर-भीतर आहत होते रहते।

उनका दरभंगा में मन ज्यादा रमने लगा था। यहाँ चिकित्सकीय सुविधा और स्नेहिल परिचर्या तो मिलती ही, अपराजिता और दोनों बेटियों का आना-जाना भी लगा रहता। सगे-सम्बन्धी भी आकर देख जाते। बच्चे भी उनकी पसन्द की पत्र-पत्रिकाएँ लहेरियासराय टावर या स्टेशन के व्हीलर बुक स्टॉल से ले आते। यों बच्चे बाबा के स्वाद को अक्सर जगाते रहते।

दरभंगा आने पर लगभग दस दिन स्वास्थ्य को सामान्य बनाने में लगता। इसमें घर के सभी लोगों की भागीदारी होती। उनके बेतरतीब बालों के जंगल और दाढ़ी के उजाड़ घोंसलों की पहले कन्धी से सफाई होती। उनके तमाम कपड़े ढंग से साफ किए जाते। एक दिन ऋचा ने कहा, "बाबा, बुरा मत मानना/तुम्हारे कपड़े में पिस्सू पलते हैं.../नीम का साबून इस्तेमाल करो बाबा/बदन मल-मलके गुनगुने पानी से नहाओ बाबा!/क्यों नहीं नहाते बाबा?/तुमने जान-बूझकर पिस्सुओं को पाल रखे हैं..." अचानक बाबा को अपनी पोती पर गुस्सा आ गया। जोर से बोल उठे, 'भाग यहाँ से!/गदही कहीं कीऽऽऽ/धोबिन की नानीऽऽऽ/भाग यहाँ से/बड़ी आई है/सफाई पर भाषण देने वाली/भाग यहाँ से...'

उसी समय रेखा नहाकर पूजा-जप कर तुलसी में जल डालने छत पर आई। ससुर की तेज आवाज सुनकर उनके पास आ गई। उसे अपने करीब देखकर

नागार्जुन ने कहा, "मैं जान-बूझकर/पिस्सू पालता हूँ/जू पालता हूँ बालों में..." रेखा को पास ही कम्बल पर बिठाया और समझाने के स्वर में कहा, "यह तो प्रकृति का वरदान ही मानता हूँ..."

रेखा ने उनके मुलायम हाथों को अपने हाथ में लिया। उसे सहलाते हुए याद आ गया, उसके औघड़ ससुर कविता तो अक्सर मध्य रात्रि के बाद ही लिखते। कई बार रात में देखा है उसने। फिर सवेरे-सवेरे उसके पति से कहते, "सुनो पंडित, ये पंक्तियाँ कैसी बनी हैं..." फिर मुग्ध भाव से सद्य जन्मे काव्य शिशु पर मैग्निफाइंग शीशा के सहारे नजर डालकर प्रसन्न मुद्रा में कविता सुनाने के बाद अपनी डायरी या कॉपी से खुद की पीठ ठोकते। उस समय प्रसन्नता से उनके चेहरे की चमक कुछ और ही होती। पुत्रवधू को यह पता ही है कि उसके ससुर को साफ-सफाई और नहाने-धोने को लेकर यदि कोई कुछ कहता, तो वह वहाँ से खिसक जाते। मान-अपमान, सभ्य-असभ्य आदि उनसे काफी दूर जा चुका है। इस सबसे अपने को मुक्त कर रखा है उन्होंने। रेखा, जो स्वयं चार बच्चों की माँ है और जिसकी बड़ी सन्तान बीस वर्ष की हो चुकी है, इस घर की प्रत्येक गतिविधि में सहभागी रही है। अपने बूढ़े ससुर पर नजर गड़ाकर वह सोचने लगी, ठीक ही कहा जाता है कि बूढ़े और बच्चे में कोई फर्क नहीं होता। दोनों अपने शरीर से निश्चिन्त रहते कि कोई न कोई उन्हें ठीक कर ही देगा। उसके ससुर के हाथ और पैर के नाखून अपनी सहज शक्ल-सूरत खो चुके हैं। सेवा और चिकनई के अभाव में पाँवों की चमड़ी में रुखापन के साथ तनाव साफ-साफ दिख रहा था। सोचा, कल ही नाई को बुलवाकर दाढ़ी और बाल साफ करवा दी जाए। पानी गरम कर यहीं छत पर धूप में पूरी देह की सफाई करेगी वह। कुछ दिन पहले तो अपने सास से कहा था, "माताराम, सच कहती हूँ, इस उम्र में आकर बाबूजी अब बच्चों की तरह व्यवहार करते हैं।" और नागार्जुन गुस्से के बावजूद पुत्रवधू की पीठ पर हाथ फेरते हुए सोचते हैं कि उनके घर की बहुएँ, बेटियाँ, पोते-पोतियाँ, नातीन-नतिनी—सभी उनके लिए अच्छी नर्स हैं।

छठ के बाद तरौनी से अपराजिता आई थी। हफ्ता-दस दिन रही। बहुत समझाने-बुझाने के बाद भी गाँव का घर छोड़ने को वह तैयार नहीं थी। उस मिट्टी वाले घर के अलावा कहीं और चैन की नींद कहाँ ले पाती है वह। जाते समय पति से कहती गई, 'अइ बेरूका धानक फसिल/बेश बढ़िआ हेतइ/...नवका धानक चूड़ा/नवका चाउरक भात/तीसी-सजमनि, भांटा-अदौड़ी-/हमरा असगरे कोना अरघत' (इस बार धान की फसल/खूब अच्छी रहेगी/नए धान का चूड़ा/नए चावल का भात/तीसी-लौकी, बैगन-बड़ी/अकेले कैसे गले के नीचे उतरेगा भला)

27-12-1995 को दरभंगा में ही शोभाकान्त के छोटे पुत्र (हीनू) को लिखकर सम्बोधित किया,'डियर हेमेन्द्र, आज तो मजा ही आ गया! मौसम का चमत्कार!

प्राय: डेढ़ बजे ठिकाने की धूप निकली...आखिर हम तीन बजे मौसम की इस लीला का आनन्द लेने छत पर आ विराजे!

कुनू हमारे यहाँ वाले परिवार का इंजीनियर है, अभियन्ता!

अब वो 'वार्ली' ले आएगा—"बाबा पीएँगे"...

अभी थोड़ी देर पहले जीवकान्त आ गए...'साक्षरता' वाले प्रोजेक्ट में शामिल होने...यों दरभंगा में जीवकान्त का भाई रहता है—वो खाना खा के आए थे, फिर भी 'मछली-भोग' में हम साथ रहें! उनका भतीजा लेकिन 'बैष्णो' निकला! वो 'तिलबा' और 'चुल्लड़ु' में सन्तुष्ट था...

बहरहाल, सवेरे वाला घना कोहरा ग्यारह बजे निकल गया! पग-पग पर 'ऋतु-रंग' की यह चमत्कारिता मेरे लिए अति काव्यात्मक है!'

सवेरे जगने वाले नागार्जुन अगले दिन कुछ देर से जगे। लैट्रिन से वापस आने के बाद महसूस किया, 'बर्फ है पानी...।' गरम 'कॉम्प्लान' के गिलास को गमछा में लपेट हाथ में लिया, तो उँगलियों में गरमाहट महसूस हुई। कमरे में दूसरी बिस्तर पर कुनू पढ़ने में तल्लीन था। उसे इशारे से सामने वाली खिड़की खोलने को कहा। खिड़की खुली तो देखा, 'आगे बढ़ा शिशु रवि/बदली छवि, बदली छवि/देखता रह गया अपलक कवि/डर था, प्रतिपल/अपरूप यह जादुई आभा/जाए न बिखर, जाए न बिखर...'

पिछली शाम में थोड़ी सुस्ती रही। जब दोपहर के समय छत पर धूप में गरमाहट आई, तो ऊपर आकर आराम से कम्बल पर जा बैठे। पतला कम्बल देह में लपेट रखा था। अखबार उलटते-पलटते रहे। सामने पड़ी कॉपी को उलटते ही कागज का एक टुकड़ा गिरा—'चार रोज बाद/छत पे आए हैं/इस दर्म्यान/हमारी वो खेती वो बुआई/(लिखाई-पढ़ाई)/सब कुछ बर्बाद हो गया! मौसम को भी/जुकाम हो गया था/उसके भी बलगम निकलते रहे/चार दिन मौसम की भी/तबीयत नाशाद रही/हम दिन के वक्त भी/कम्बलों-रजाइयों में दुबके रहे/और अभी दिसम्बर का/मध्य-दिन सूर्य/हमारे मकान की छत पर/पीला सोना उड़ेल रहा है...'

उस पर 19-12-95 की तिथि अंकित थी। दूसरे कम्बल पर छोटा पोता हेमेन्द्र किताबें रख नीचे गया, तो न जाने क्या सोच उसी की कॉपी में मोटे स्केच से लिखने लगे—'28-12-95—तों कतऽ गेल छें? निच्चा की होइत छइ?

साँझ खन हमर तबीयत खराप भ' गेल रहए...

कछमछ करैत रही, हुए जे रद्द भ जाएत...तखन कम्प्लान पीलहुँ त मोन ठीक भेल...दिन मे माछवला झोर दलिया मे द' क' मिला क' खेने रहिअइ, उएह उत्पात करैत रहए पेट मे...आब कहिओ ने माछ खेबइ आ ने ओकर झोरे लेबइ!

दही आ भात डॉक्टर मनाइए क' देने छथि...ओना माछ आ मीट बिनु मसल्लाक बनिते ने छइ, मुदा हमरा आब माछ-तांछ नहि खेबाक चाही...

लहेरियासराय...28-12-95'

(28-12-95, तुम कहाँ गए हो? नीचे क्या हो रहा है?

शाम में मेरी तबीयत खराब हो गई थी...छटपटी लगी थी, हो रहा था कि उल्टी हो जाएगी...तब कॉम्प्लान पीया, तो मन ठीक हुआ...दिन में मछली का झोर दलिया में मिलाकर खाया था, वही उत्पात मचा रहा था पेट में। अब कभी न तो मछली खाऊँगा और न उसका झोर लूँगा।

दही और भात डॉक्टर ने मना कर ही रखा है। यों तो मछली और मीट बिना मसाले का नहीं बनता, लेकिन मुझे अब मछली-वछली नहीं खानी चाहिए...)

मौसम तेजी से बदलने लगा, तो पहले नाक से पानी निकलता रहा। नाक बहना कम हुआ, तो सूखी खाँसी, गनीमत कि दम नहीं फूला। मछली न खाने के बारे में कई बार सोचा और निर्णय भी किया, पर पाँच-सात दिनों के बाद मछली की याद फैसला बदलने को बाध्य कर देती। सोचते कि खाँटी मैथिल ब्राह्मण इस तरह के प्रतिबन्ध को भला क्यों माने! नागार्जुन के एक चाचा थे। वह अयोध्या गए, तो किसी वैष्णवी सन्त ने कंठी बाँध दी। गाँव वापस आए और लोगों को मछली खाते देखते, तो खुद पर कुढ़ते और कंठी बाँधने वाले को मन ही मन गरियाते। नेहरा हाट जाने पर मछली जिधर बिकती, उधर तीन-चार बार चक्कर जरूर लगाते। अपने पोखर में मछली मारने के लिए जब जाल डाला जाता, तो वहाँ से हिलते तक नहीं। कभी-कभार एकाध मछली हाथ में लेकर वजन का अन्दाज भी लेते। एक दिन एक हमउम्र ने टोका, तो तुरन्त ही जवाब दिया, "खाने पर प्रतिबंध है न, छूने और सूँघने पर तो कोई रोक नहीं न है।" उनकी पत्नी को ये सब बातें मालूम होती ही रहतीं। कुछ सोच-विचारकर एक दिन भोजन करते समय मछली का खूब तला खंड उनकी थाली में डाल दिया और जीभ दाँत तले दबाकर बोली, "हे भगवती, मुझसे आज अनर्थ हो गया। इनका धर्म भ्रष्ट करने का पाप मुझे ही लगेगा! आप भोजन से उठिए नहीं। मैं दूसरी थाली लगाकर लाती हूँ" और झुककर थाली उठाने लगी। चाचा ने पत्नी का हाथ पकड़ लिया और तले मत्स्य खंड को देखकर पत्नी से बोले, "तुम तो प्रतिदिन भगवती की पूजा करती हो, मेरे घर की कुलदेवी तो तुम ही हो न! भगवती का प्रसाद मुझे मिला..." और मछली खंड उठाकर दाँतों से दबाने लगे...

ऐसे परिवार के जन्मजात मछली प्रेमी ने न जाने कब कहा था, 'जकर जोर अदृष्ट से अंडाएल पोठी खाएत' (भाग्यमंत ही अंडोंभरी पोठी मछली खाते हैं)। इस

तरह की पोठी मछलियाँ सावन में ही मिलती हैं। यात्री ने यह भी कहा था, 'रुचिगर बेश लगै अछि धनहा खेतक गैंची/आरि-आरि पर तैं बौआइत छी...' (रुचिकर लगती धान-खेतों की गैंची/इसलिए भटकता रहता हूँ मैं मेड़-मेड़ पर...) एक बार उनके मित्र रामविलास शर्मा ने उन्हें मछली खाते देखकर कहा था, "मछली खाने वालों में विश्लेषण-प्रतिभा होनी जरूरी है। मछली इस तरह खाई जाती कि मांस गले के नीचे और काँटा बाहर।"

छत पर 'पूस मास की धूप सुहावन' को नागार्जुन 'नरम-नरम ऊनी लिबास सी' महसूस करते हुए छन्दों के पैबन्द जोड़ना चाहते। कॉपी सामने पड़ी थी। वहीं काला स्केच पेन—'जनवरी का प्रथम सप्ताह.../खुशगवार सुनहरी धूप में/इत्मीनान से बैठा हूँ...' तरह-तरह के बात-विचार, कभी अधूरे, तो कभी असंगत दिमाग में कम्पन पैदा करते रहे। कुछ न कुछ मिलाकर आधी-अधूरी तस्वीर तो बन ही सकती है! कलम हाथ में—'अपने खेत में हल चला रहा हूँ/इन दिनों बुआई चल रही है.../मकबूल फिदा हुसैन की/चौंकाऊ या बाजारू टेकनिक/हमारी खेती को चौपट/कर देगी! जी, आप/अपने रूमाल में/गाँठ बाँध लो बिल्कुल...' नजरें उठीं—'सामने मकान मालिक की/बीवी और उसकी छोरियाँ/इशारे से इजाजत माँग रही हैं/हमारे इस छत पर आना चाहती हैं/ना, बाबा ना/अभी हम हल चला रहे हैं/आज ढाई बजे तक हमें/बुआई करनी है...'

कॉपी बन्द किया और लेट गए। तकिया पर माथा डाल उसके तले हथेली रखी। मगर कुछ मिनटों के बाद ही उठ बैठे। बगल में रखे थर्मस से पानी निकाला, उँगली से छूकर महसूस किया कि पीने लायक गुनगुना है या नहीं। पश्चिमाभिमुख बैठे थे। देखा, लहेरियासराय-दरभंगा वाली रेल पटरी पर मालगाड़ी अजगर की रफ्तार से दरभंगा जंक्शन की ओर आहिस्ते-आहिस्ते सरक रही है। गाड़ी लम्बी थी। सोचा कि मालगाड़ी के इन डिब्बों में न जाने क्या-क्या भरा होगा? बाजार की सारी चीजें इन्हीं डिब्बों में लदकर आती-जाती हैं न! यही सब सोचते हुए उठ खड़े हुए और छड़ी हाथ में लिया नीचे उतरने के लिए। उनके भोजन का समय भी हो रहा था। सीढ़ी की ओर बढ़े, तो नीचे से लपकता हुआ कुन्नू आ गया। कॉलेज से वह वापस आया था।

भोजन तैयार था, बाथरूम से आकर चौकी पर पल्थी मारकर बैठे। सामने थाली रखे जाने पर चावल की खुशबू से मन-प्रान्त खिल उठा। उसमें दाल मिलाते हुए सामने खड़ी रेखा से कहा, "पूस महीने में नया चावल का भात और अदरख डालकर बनी कुर्थी की दाल, क्या तुम्हें पसन्द नहीं है?"

दो-चार कौर खाने के बाद फिर कहा, "सुनो, मेरे मामा जन-मजदूर को कहकर आश्विन महीने में पिछवाड़े वाली बाड़ी में कुर्थी की बुवाई करवाते थे। ननिहाल में ही खटाई डालकर कुर्थी दाल पहली बार खाने को मिली थी। फिर वहाँ जाने पर

वह दाल फरमाइश करके बनवाता था मैं।" नागार्जुन के स्वाद, आहार-व्यवहार और खान-पान से परिचित रेखा तत्काल समझ गई कि उसके ससुर क्या चाहते हैं। उसने कहा, "आज कुर्थी मँगवाती हूँ, कल बन जाएगी।"

साल का आखिरी दिन आ पहुँचा। नाश्ते में दही-चिउरा-नया गुड़ और अचार खाने के बाद सवेरे दस बजे के करीब छत पर आकर धूप की तरफ पीठ करके बैठ गए कुर्सी पर। यों तो ऋचा रोज ही उनके लिए कम्बल बिछा जाती, तकिया आदि रख जाती। तीन-चार कुर्सियाँ भी नीचे से लाकर डाल देती। उस दिन तीन-चार नवोदित रचनाकार आ जुटे थे। बच्चे भी छत पर बैठकर पत्र-पत्रिकाओं में डूबने का अभ्यास कर रहे थे। आगंतुकों से नागार्जुन बात करने लगे। नई उम्र के प्रति अधिक से अधिक संवेदनशील होने के लिए पहले भी बाध्यता थी और अब भी है। वे तो हमेशा आशावाद के पक्षधर रहे हैं। जैसे, राख झाड़ देने के बाद सिगरेट का कश लेने पर उसकी आग चमक उठती है, जीवन में भी यही होता है। चूल्हे की आग को राख से ढँक देते हैं और सवेरे तक उसमें चिनगारी बची रहती है। जीवन बचा लेने के पक्ष में आदिकाल से कुछ ऐसा ही सिद्धान्त रहा है! सामने बैठे रचनाकारों से कहना चाहा, 'मुझमें अब दम नहीं है रे/खाली चिनगारी यहाँ भला क्या करेगी/फूँक मारकर/इस चिनगारी को/तू दावानल बना डाल!!...' और बोल पड़े, "रचना का अपना एक जन्मजात स्वभाव होता है...कभी लहर आ गई तो फिर कोई रोक नहीं सकता!" फिर कुछ गम्भीर होकर आसमान निहारने लगे चुपचाप...

नीली-भूरी-लाल-काली पतंगें नीले आसमान में उड़ते विहगों का पीछा कर रहे थे। अचानक दिमाग में कौंधा, जिस तरह पतंग धागे और उँगलियों के अनुशासन में बँधा रहता, उसी तरह मानव मन सामाजिक एवं सांस्कृतिक अनुशासन में बँधा रहता है न!

अचानक सुन्दर राउत सामने आ खड़ा हो गया। आते ही सामान से भरा झोला रखते हुए पाँव छूकर बोला, "काका, आपने काकी से कहा था कि अगहनी पूर्णिमा के बाद आप गाँव आएँगे।" उनके काफी करीब रह चुका सुन्दर राउत कई बार उनके साथ बाहर आ-जा चुका है। आठ-दस वर्ष लगातार फारबिसगंज रह चुका है। वहाँ वह इधर-उधर का ही कुछ न कुछ करता रहा। दिहाड़ी मजदूरी दिलवाने के काम में माहिर हो चुका था। थोड़ी चापलूसी करता, झूठ-फरेब करता और अनपढ़ व डरपोक मजदूरों पर अपनी मूँछ के प्रभाव से दबदबा बनाए रखता। मगर अब वह तरौनी आकर बैठ गया है। गाँव आने-जाने वाले लोगों से नागार्जुन को पता चलता ही रहता कि गाँव में रहते हुए सुन्दर राउत खुद पर खीझता रहता।

नाश्ता-चाय के बाद तम्बाकू चुनाते हुए सुन्दर राउत ने अपने प्रिय काका से कहा, "मैं गाँव नहीं रहना चाहता। बेटों ने जबर्दस्ती घेरकर गाँव में रखा है। आप

कहीं मुझे ले चलिए। आपकी मैं सेवा करूँगा।" सुन्दर को यह भी पता है कि उसके यह काका कहीं एक जगह जमकर रहते नहीं। कोई न कोई सेवा-टहल के लिए उन्हें चाहिए ही।

नागार्जुन का तरौनी जाने का इरादा सर्दी-जुकाम के कारण धरा का धरा रह गया था। तभी तो अपराजिता ने सुन्दर को भेजा था। उससे बोले, "एक काम में उलझा हुआ हूँ। यही लिखाई वाला काम है। अपनी तो यही खेती-बाड़ी है न। कुदाल न, तो खुरपी ही सही।" वे समझ रहे हैं कि अब वे बड़ा काम करने से रहे! बूढ़ा-बीमार खेतिहर मजदूर की तरह कुदाल उठा सकने की हालत में नहीं हैं, पर खुरपी से तो काम कर ही सकते हैं। खुरपी से भी बहुत कुछ किया जा सकता है। हाँ, यदा-कदा कविता में ही वह सब लिखते, जो डायरी में लिखना चाहिए, भूले-बिसरे जीवन-सन्दर्भ, याद आते कुछ पुराने लोग...

अपराजिता और शोभाकान्त ही रात के समय अस्पताल में नागार्जुन के संग रहते। रेखा शाम में आवास वापस चली जाती। बच्चों को सँभालना और पथ्य-परहेज भी बनाना रहता। नागार्जुन के लिए दलिया आता, दही-दलिया इन दिनों रुचिकर लगने लगा है। सवेरे पिता के बाथरूम से वापस आने के बाद शोभाकान्त थर्मस लेकर चाय की दुकान पर जाता, गरम पानी और दूध खुद ले आता, उसके पीछे चायवाला छोकरा तीन गिलास में चाय लेकर आता। सवेरे की चाय दोनों माँ-बेटा को पर्याप्त चाहिए। नागार्जुन पल्थी मारकर अस्पताली बेड पर बैठे रहते और हॉर्लिक्स वाला गिलास हाथ में आता। और अचानक डेढ़ वर्ष पहले अपनी लिखी एक रचना याद आ जाती, 'भालू पेड़ पर/उलटे पैरों भी चढ़ लेता है/मृत्यु भी/उलटे पैरों जीवन पर चढ़ लेती है/...कैसा भी घना कोहरा हो/अँधेरी रात हो सावन भादोंवाली/गाढ़ी बदबूदार/कीचड़ दूर-दूर तक/आमने-सामने/दखल जमाए हुए हों/मौत पहुँच लेती है फाँद-फूँदकर/...मजे में आगे बढ़ आती है वहाँ/जहाँ सुदीर्घ जीवनवाला बुड्ढा/ हॉर्लिक्स का लम्बा गिलास/थामे हाथ में/चुस्कियाँ ले रहा होता है...' इस बार दरभंगा में अक्सर यह कविता बार-बार स्मृति में उछल-उछल आती।

नागार्जुन 24 जून (1996) को दरभंगा आए थे दिल्ली से। शोभाकान्त ले आया था। अब तो यात्रा के बारे में सोचते भी हैं, तो कई समस्याएँ सामने आ खड़ी होती हैं। यदि दिल्ली रहते हुए पटना या बिहार में कहीं जाने का कार्यक्रम बनता, तो दरभंगा आना निश्चित ही रहता। दिल्ली में सादतपुर में रहते हुए अब अन्यत्र का कार्यक्रम बनाते हुए कतराते रहते। प्रकाशकीय सुविधा या आर्थिक स्रोत दिल्ली में ही है। इसलिए कहीं न कहीं मन में यह बात तो थी कि सभी बच्चे दिल्ली में ही रहें...पर अब इस पर सोचते नहीं और चर्चा छिड़ने पर चुप्पी साध लेते हैं।

दिल्ली से आने के बाद सर्दी-जुकाम ने अपना आक्रमण तेज कर दिया था। स्थिति यह हो गई थी—'होंठों के/सीमान्त/पार कर जाती है/बार-बार/लार की लकीर/ जब दूसरे लोग/सामने बैठे होते हैं/तो, हीनू को भी/सतर्क रहना पड़ता/दो-चार मिनट/ इधर-उधर होने पर भी/वो भागा-भागा आता है/पास रखे गमछे की कोर से/पोंछता रहता है लार/बार-बार...' दिल्ली से आने के ठीक एक महीना बाद यानी 27-07-1996 को इन पंक्तियों को लिखा था। आँखों की रोशनी कम होने के साथ-साथ शरीर के लगातार क्षीण होने से बुढ़ापे को सरेआम अँगूठा दिखाने की क्षमता कम होती जा रही थी। मगर घूमंतु बुजुर्ग अपने एक-एक चहेते स्नेही जनों से मिलने को अब भी तैयार था। एक दिन पहले लिखा था, 'पंडासराय, लहेरियासराय, दरभंगा (बिहार), अभी सात बजे ही शोभाकान्त मुजफ्फरपुर के लिए रवाना हुए हैं—वहाँ उन्हें दिल्ली की ट्रेन मिलेगी...10 दिनों के बाद वापस लौटेंगे...तीन-चार दिन पहले हमने मकान बदल लिया—अब पंडासराय के इस गलियारे में आ गए हैं—**इसमें** चार कमरे हैं—ऊपर नहीं चढ़ना पड़ता है—दो चापाकल हैं—पानी पर्याप्त है—वहाँ दुर्गा निवास (चौधरीजी का मकान) में नीचे से बार-बार पानी लाना पड़ता था, इस मकान में पानी इफरात है...

मैं भी 29 को पटना जाने वाला हूँ—वहाँ पाँच रोज रहकर कलकत्ता जाने का इरादा है—कुनू को साथ कर लेंगे, वह पटना से वापस लौट आएगा...'

उसी दिन फिर लिखा—' प्यारे कुनू, तुम सामने बैठे हो, तो बहुत अच्छा लगता है—हम इसी महीने तुम्हारे साथ पटना जाएँगे—तुम पटना से दरभंगा आ जाना, मैं उधर से ही कलकत्ता जाऊँगा—खगेन्दर बाबू के घर पर ठहरेंगे—सब तुम्हें मालूम है...तुम अपने चाचा-चाची से मिलते आना...'

पोते-पोतियों ने देखा, बाबा की मोटी स्केच पेन चलने लगी है, तो वे अपनी-अपनी कॉपियाँ ढूँढ़ने लगे, जो मकान बदलने के क्रम में इधर-उधर हो गई थीं। जब कॉपियाँ खोजकर बाबा के बिस्तर पर बच्चों ने रखी, तो नागार्जुन उन कॉपियों को उलट-पुलटकर देखने लगे। ऋचा की कॉपी में पहले लिखा—'इस नोटबुक में उल्टी तरफ से लिख रहा हूँ—ऋचा के लिए था यह सब...लेकिन उसने कोई दिलचस्पी नहीं ली, तो मैं ही इसे भरने की कोशिश करूँगा...27 जुलाई, 1996'

अगले दिन नागार्जुन ने लिखा, 'शोभाकान्त अब दिल्ली पहुँचे होंगे...रात में मैंने खाना नहीं लिया—सिर्फ दो बार कॉम्प्लान लेकर लेटे रहे...'

28 जुलाई को फिर लिखा, 'आज ढेर सारे पोस्टकार्ड लिखेंगे—उन्हें शायद पटना जाके पोस्ट करना होगा—बाढ़ के कारण यहाँ दरभंगा के इर्द-गिर्द युग को मानो ग्रहण लग गया है...

आप पटना कब जा रहे हो? शायद 30 को जाएँगे...पटना में खगेन्दर बाबू के डेरे में रहना है—वो जगह जानी-पहचानी है...ऐसे मदन कश्यप कई बार उलाहना

दे चुके हैं और फिर मोहन भारद्वाज भी बड़े ही स्नेही, पूरे परिवार को अभी तक 'मैथिलाम' बना रखा है...कुलानन्द मिश्र (भालचन्द्र मिश्र) गर्दनीबाग में रहते हैं... लेकिन यह सब डिपेंड करता है कि मैं कब तक पटना रहूँगा—इस बात पर...

महामहोपाध्याय श्री गोपीनाथ कविराज के दो महाग्रंथ (तंत्र और शाक्त सम्बन्धी) हिन्दी में 'बिहार राष्ट्रभाषा परिषद' द्वारा प्रकाशित हुए थे...अगर वे दोनों ग्रंथ हासिल हो गए, तो अहोभाग्य!'

बिहार रिसर्च सोसाइटी और जायसवाल इंस्टीट्यूट द्वारा प्रकाशित कई ग्रंथ हमें चाहिए...श्री गोपीरमण चौधरी (छोटी तरौनी यानी डीह तरौनी निवासी) सपरिवार संस्था के निकट ही रहते हैं...राकेश गोपीबाबू का दामाद है—अब दरभंगा ही रहने लगा है...

विश्वेश जॉर्ज फर्नांडीस के साथ (राजनीति में) हैं इन दिनों...और व्यासजी (उपेन्द्र झा व्यास) तो जलकल-मल विभाग के चीफ इंजीनियर रह चुके हैं—बड़े ही स्नेही और मिलनसार—अपने 'श्री भवन' में रह रहे हैं...

एवं श्री रामचन्द्र खान और उषाकिरण सरकारी मकान (डीआईजी) में रहते हैं—हमारे गोत्र जगदीश मिश्र—जयचन्द्र मिश्र—हरिश्चन्द्र मिश्र...सभी पाटलीपुत्र कॉलोनी में रहते हैं। जगदीश भाई और उनकी पत्नी, दोनों ही दिवंगत हो चुके हैं... जगदीश भाई की पुत्रवधू एमबीबीएस है, वो दो बार मुझे पटना सिटी तक ले गई, उसे सरकारी क्वार्टर मिला हुआ है—मगर रोज आती-जाती है, अपने पारिवारिक माहौल में रहती है...'

दरभंगा वाले नए आवास में आकर नागार्जुन भी नए ढंग से अपने यात्रीपन पर सोचने लगे। उन्हें यह तो लगता ही रहा सदा कि 'आलसी नहीं होगा मेरा मन/ भरपूर सोचेगा/चिन्तन को ताजगी देगा...।' यों दरभंगा का साहित्यिक परिवेश उन्हें कभी रास नहीं आया, मगर यहाँ की चिकित्सकीय सुविधा और पारिवारिक माहौल का विकल्प उन्हें दूर-दूर तक नजर नहीं आता।

29-07-96 की तिथि डालकर 30-07-96 को लिखा था, 'रात जब मैं सो चुका था, तब मुझे जगाकर रेखा ने खास सूचना दी—बौआ झा (यानी श्यामाकांत जी) को पुत्री लाभ हुआ है...शोभाकान्त को भी प्रथम सन्तान पुत्री ही हुई—ऋचा जो अब 19 वर्ष की बड़ी सुन्दर तरुणी के तौर पर विकसित हुई है—सो श्यामाकांत भी पहली बार पुत्री के ही पिता हुए हैं...और उसी समय कुनू बोला—'मिठाई खिलाइए'...अभी सौ रुपया ले गया है, मिठाई लाएगा—स्वीट होम वाली बंगाली

दुकान से ले आएगा...और फिर कुनू बतला गया है, रात में ही साढ़े दस बजे दादी को भी बौआ झा के पिता बनने की सूचना दे दी गई...

अब आगे, आज आठ बजे समाचार सुनेंगे...तब फिर इस नोटबुक में लिखेंगे...'

नियमित रूप से समाचार सुनने के लिए वह अपना छोटा पॉकेट ट्रांजिस्टर तकिये के बगल में रखते हैं। बाहर बरामदे पर सवेरे जब बैठते हैं, तो वहाँ घर वाला बड़ा ट्रांजिस्टर आ जाता। समाचार सुनने के बाद हॉर्लिक्स, फिर एक-दो दवा। बरामदे पर बैठे-बैठे एकाध पत्र-पत्रिका और एक-दो जने आ ही जाते। उस समय उन सबके संग बिताकर लेटने के लिए कमरे में चल देते। शोभाकान्त यहाँ दरभंगा में अपने आवास पर मास-दो मास में कुछ स्थानीय रचनाकारों के संग मधुबनी-समस्तीपुर-मुजफ्फरपुर के एकाध रचनाकार को बुलाकर गोष्ठी करवाता रहता है।

नोटबुक और कलम (स्केच पेन) पड़ी थी—'30-07-96, कल डॉक्टर साहब (गणपति मिश्र) आए—बतला गए—'इसी बार आपका मोतियाबिन्द का भी ऑपरेशन करा देंगे...'

5-6 को अगस्त में जब शोभाकान्त दरभंगा आएँगे...तभी वो भी होगा...

आशा मिश्र कलकत्ते में बीमार पड़ गईं, तब फिर बोकारो होते हुए दरभंगा पहुँची हैं...अपने मामा जी को पंडासराय वाला यह मकान देखने भेजा, और खुद आशा जी अपने मामा के साथ इस मकान तक पहुँचेंगी...देखें, कब तक आती हैं। डॉक्टर साहेब तो खुद आ चुके हैं।'

शाम में किसी बच्चे या रेखा को साथ लेकर अगल-बगल की गलियों में छड़ी के सहारे धीरे-धीरे टहला करते। यहाँ सादतपुर की तरह किसी के घर जाकर बैठना नहीं होता, क्योंकि यहाँ यात्री-नागार्जुन 'बड़े लोग' हैं। समाचार पत्रों में नाम छपता है। टीवी में दिखते रहते हैं। रेडियो के समाचारों में नाम सुनाई देता है। इससे ज्यादा बड़े लोग होने के लिए और क्या चाहिए!

1-8-96 को ऋचा की कॉपी में लिखा, 'अगस्त महीने की पहली तारीख—आज सवेरे खयाल में आया कि आज मखान (ताल मखाने) की खीर बननी चाहिए—कुनू ने कहा—'यहाँ भी अब 90 रुपये के जी (किलोग्राम) रेट हो गया है।'

—कम से कम 250 ग्राम अवश्य ले आओ...आज तो मखाने की खीर से ही सन्तोष करो!

अभी साढ़े छह बजे हैं—साढ़े सात बजे नाश्ता करेंगे—दलिया, दही, चीनी... और आठ बजे का समाचार सुनकर सो जाएँगे...

रिचा कल शाम गुदड़ी जाकर मेरे लिए 'मंकी कैप' ले आई—मेरे कुरते के

कलर वाला...और उज्ज्वल सेन के यहाँ से बांग्ला 'देश' पत्रिका-पाक्षिक के दो अंक भी लेती आई...

'रिचा बेहद समझदार है...मेरी सेवा तो वही करती है न..."

शोभाकान्त दिल्ली में हैं। तब भी यहाँ रेखा के परम प्रिय बाबूजी और बच्चों के प्यारे बाबा की तीमारदारी में शायद ही फर्क पड़ा! सब कुछ पूर्ववत ही रहा। मिठाई-खीर-मछली-फल, सब। हाँ, सामने यह सब परोसे जाते ही पिता को बड़े पुत्र और बच्चों को पापा अवश्य याद आते। ससुर का इशारा ही पर्याप्त था रेखा के लिए, फिर चाहे जैसे हो, व्यवस्था हो जाती। बातचीत, हँसी-चुहलबाजी में घर में कोई पीछे नहीं रहता। यों भी मैथिल गप्पबाजी में तेज होते ही हैं! रेखा ने अपने गुरु वैद्यनाथ मिश्र के कविरूप को काफी करीब से देखा है, तो बात-बात पर मिथिला के प्रचलित फकरा बोल-बोलकर सबका मनोरंजन करती रहती। नागार्जुन भी हँस पड़ते। कभी-कभी उन फकरों की मनोरंजक व्याख्या भी करते, तो बच्चों को खूब मजा आता। आने-जाने वालों की भी जमकर आवभगत होती। छुट्टी के दिन बच्चे लूडो या शतरंज या कैरम में जमते, तो बूढ़े बाबा लेटे-लेटे सब देखते रहते।

3-8-96 को नागार्जुन ने नोटबुक में कलम चलाई—'रात्रि-शेष में मुझे अपने आपको बार-बार फिर से लेटने को बाध्य करना पड़ता है—आज तो हीनू तक ने टोका...

हीनू मेरी टॉर्च की तेज रोशनी में आँखें मिचमिचाता हुआ बोला—'अभी तो पाँच नहीं बजे हैं...यह आपको क्या हो गया है? जरा देर और आराम कर लीजिए...'

'अच्छा भाई, जो हुकुम! और मैं सचमुच ही फिर से लेट गया...'

अहे किस्मत!

15 मिनट बाद 'कम्प्लान' आ गया!

गरमागरम कम्प्लान भरा गिलास नीचे गमछा की गेंहुली बनाकर अपने हाथों में थाम ली और चुस्कियाँ में शिप करने लगा...सारा गिलास खाली कर डाला!

परसों शाम शोभाकान्त आ जाएँगे...'वैशाली' अक्सर वक्त पर ही आ जाती है...'

उस दिन दोपहर के बाद नोटबुक फिर खुली—'सामाजिक प्रीति भोज'। इसे अंडरलाइन किया। आगे कलम चली—'लोग इतने प्यासे हैं, अपनी जानकारी को बढ़ाने के लिए—इस बात का पता पहली बार हमें राजगंगपुर में चला...

वहाँ उन लोगों (उर्मिला का परिवार) ने बड़े आकार का रंगीन टीवी सेट लगवा रखा था...

प्रत्येक शनिवार की शाम को 20-25 लड़के-सयाने, औरतें-बूढ़ियाँ-जवान दस बजे रात तक टीवी देखने के लिए डटे रहते, फिर उन घरवालियों के और-और काम भी तो हुआ करते थे—बच्चे लेकिन जमे रहते थे...

मेरा रात वाला खाना कमरे के अन्दर ही आ जाता था...मुन्नी बोल जाती—'नानाजी, आप खाकर आराम कीजिएगा... "

इस प्रसंग पर 13 अगस्त, 1996 को उन्होंने फिर लिखा, 'लेकिन पिछले दो-ढाई वर्षों से हम राजगंगपुर नहीं जा पाए हैं, इस वर्ष उम्मीद है, 15 रोज के लिए जाऊँगा—वहाँ काफी बदलाव आ गया है—

'उर्मिला की पुत्रवधू घर में विराजमान है—उसकी घरेलू ट्रेनिंग चल रही है—मुन्नी को अच्छी-भली 'सखी' मिल गई है...'

उर्मिला नागार्जुन की चौथी सन्तान है। उसे ढंग से पढ़ा तक नहीं पाए। जब वह पढ़ने-लिखने की उम्र में आई, तो गाँव के प्राइमरी स्कूल में भेजा जाने लगा। सोचा था उसे वनस्थली में पढ़ाएँगे। इलाहाबाद रखा, मात्र चार-एक मास तक। फिर गाँव-पटना-गाँव! पाँच-छह कक्षा तक की पढ़ाई क्या पढ़ाई होती है! साक्षर मात्र ही कहेंगे न! रामचरितमानस का वाचन, भाइयों-बहनों, माँ-बाप को पत्र लिखना, कभी-कभी रंगीन पत्र-पत्रिकाओं को तस्वीर देखने के लिए उलटना, लोकगीत या संस्कार गीत को यदा-कदा पढ़ना...अपने पिता को खूब मानती है वह। चार-पाँच जगहें हैं, जहाँ नागार्जुन जा-जाकर रहना चाहते हैं—वाचस्पति का घर, विजय बहादुर का ठौर-ठिकाना, उषा किरण का आवास, उर्मिला का राजगंगपुर वाला निवास और शोभाकान्त का परिवार। 'मन की रुझान तन के स्वास्थ्य की पहली शर्त' है उनके अनुसार। वार्धक्य वाली उम्र में भी उनका यायावर मन इन जगहों में रहकर स्नेह सुधा से ऊर्जावान होकर यात्री वाला अपना रास्ता पकड़ लेना चाहता है। लेकिन अब तन में 'घुन' तेजी से फैलता जा रहा है...तो यात्री यायावरी के लिए सिर्फ सोच ही सकते हैं!

4-8-96 को लिखा—'अभी-अभी नौ बजे पटना से शिवानन्द तिवारी और विश्वेश चौधरी पधारने वाले हैं—दोनों ही जोर-शोर से 'समता पार्टी' के कॉमरेड हैं इन दिनों...यह 'समता पार्टी' जार्ज फर्नांडीज वाली नई पार्टी है—मगर मुझसे क्यों मिलने आ रहे हैं?

अच्छा साहबान, आइए! हमने रेखा से कह दिया—'मीठा हलुवा तैयार कर लेना...'

'हाँ बाबूजी' रेखा बोली...'

विभिन्न राजनीतिक दलों के वैसे लोग, जो जनता से जुड़े रहना चाहते, पर सत्ता उन्हें अपने से दूर किए रहती और मुट्ठी भर भी घास नहीं देती, यदा-कदा नागार्जुन के पास आकर थोड़ी देर अवश्य बैठना चाहते। हाँ, इनमें खुर्राट लोग नहीं ही दिखते।

उस दिन शाम में चार बजे के बाद टावर चौक तक जाने की इच्छा हुई। रिचा और हीनू को साथ लिया। सबसे पहले कन्हैयालाल कृष्णादास की दुकान पर जाकर कुछ पुरानी संस्कृत की पुस्तकें खरीदीं। खादी भंडार जाकर दो गमछा लिया। कुछ ही आगे बंगाली मिठाई की दुकान थी। उम्र बढ़ने पर जीभ का स्वाद बढ़ ही गया है। उसे शान्त करने के लिए कुछ मिठाई खरीदी। वापसी में पत्र-पत्रिकाएँ...रिक्शा पर से ही रिचा की नजर एक होर्डिंग पर गई। उसने बाबा को उधर दिखाते हुए कहा, 'एकलव्य शिशु मन्दिर!' बाबा क्षण भर के बाद बोले, 'अँगूठा नहीं कटा, पर कमर टूट गई! दर्जनों बच्चों की!' इस टिप्पणी पर बीए में पढ़ रही पोती और स्कूली छात्र पोता आँखें फाड़-फाड़कर बाबा को देखते रहे।

शाम में नोटबुक में लिखा—'शोभा मिसर 'वैशाली' से समस्तीपुर आने वाले हैं—

अब मेरे सभी प्रोग्राम शोभाकान्त के आने पर ही नए सिरे से बनेंगे—काफी परिवर्तन की सूचना शोभा मिसर ने दी थी—28 जुलाई की रात में...अब तदनुसार प्रोग्राम तय होंगे...'

'5-8-96—अब प्रातः का साढ़े छह बजेगा। हम कम्प्लान ले चुके हैं और सात बजे समाचार सुनेंगे, पहले संस्कृत में, फिर हिन्दी में—प्रवाचको विश्वनाथ शर्मा—आगे हिदीं में सुधा शर्मा या कोई और...'

इन दिनों अतीत के जंगलों में भटकने में ज्यादा मन लगता। कई चेहरे बार-बार मानस पटल पर झाँक-झाँक जाते...'इन दिनों अपनी लिखावट/आप भी मैं कहाँ पढ़ पाता हूँ/नियोन-रॉड पर उभरती पंक्तियों की/तरह वो अगले ही क्षण/गुम हो जाती है/चेतना के 'की-बोर्ड' पर वो बस/दो-चार सेकंड तक ही/टिकती है...' कान भी काम करना बन्द करता जा रहा था। दमा और खाँसी ज्यादा परेशान करने लगे थे। कभी-कभार बुखार भी आ जाता। पेट की गड़बड़ी तो हफ्ते में तीन-चार दिन रहने ही लगी थी। शारीरिक दुर्बलता अब स्थायी हो चली थी।

अगले दिन दो बार में अति-संक्षिप्त दो बातें, दो ही वाक्य में लिखा—'6-8-96, अब घरेलू या व्यक्तिगत बातें नहीं, समाज और राजनीति वाली विसंगतियों पर प्रकाश डाला जाएगा...', फिर '6-8-96, अति आधुनिक टॉपिक...हम किसी को छोड़ेंगे नहीं—हाँ, अपने को भी नहीं बख्शेंगे...जी, हाँ...नागार्जुन'

उन्हीं दिनों कवि ने 'उपसर्गों का मसीहा', 'कोपभवन से बाहर आइए' और 'फूलन कथा' लिखी।

9 अगस्त को अंकित किया—'शोभाकान्त को कल शाम दिल्ली से लौटना था—लेकिन आए रात को साढ़े दस बजे—मैं तो सो चुका था—सुम्मी ने मुझे जगाया—तब पौने ग्यारह बज रहे थे—शोभाकान्त सामने आए—बोले—'बाबूजी, गोरखपुर से ट्रेन लेट होती आई—छह बजे समस्तीपुर—वहाँ से 'बस'—बस बीच में

ही बिगड़ गई—ठोक-ठाक प्रक्रिया रास्ते में चलती रही...आखिर हम 'हजमा चौक' आए—वहाँ से रिक्शा...' मैं बोला! जाओ, खाना-वाना लो...बातें कल होंगी...'

9-8—'आज बातें हुईं—होती रहेंगी...'

दिल्ली के मित्रों, परिचितों और प्रकाशकों के बारे में तमाम बातें खंड-खंड में जानकारी लेते रहे अगले दो दिनों तक। मित्रों-परिचितों का हाल-समाचार पूछा, श्रीकांत के धंधे की जानकारी ली और अपनी पुस्तकों को लेकर प्रकाशकों का मन जाना। फिर तीन बार में तीन-चार वाक्य लिखा—'11 अगस्त, 96—रात को कम से कम नींद आती है, इसकी भी चिन्ता नहीं करनी चाहिए...अब छियासी वर्ष की आयु में कभी-कभी ये गड़बड़ियाँ तो होंगी—इससे तू परेशान क्यों होता है?'

'11 अगस्त, 96—जो कुछ नहीं किया, अब कर लूँगा...धन कम है, बैंक में जमा खाता लगभग कम हो गया है, फलाँ-फलाँ जगह अमुक मित्र मेरे 'अति मददगार' हैं...'

'11 अगस्त, 96—अतिवृद्ध हो जाने पर अतियों से बचना चाहिए—अति भोजन, अति पान, अति वार्ता, अति प्रसन्नता, अति राग, अति मोह, अति आसक्ति आदि...'

उनका मन-मिजाज महानगरीय परिवेश से अधिक कस्बाई नगरों में सहज रहता। ताजा साग-भाजियाँ, ग्रामीण स्वाद वाले इलाकाई फल-मिठाइयाँ, दूध-दही और खान-पान उन्हें रुचिकर लगते। 15-8-96 को नोटबुक में लिखा—'अभी सवेरे हम भ्रम के शिकार हुए—4.15 में ही कुनू को मसहरी खींचकर जगाने लगे—जोरों से आवाज दी...रे उठता क्यों नहीं, तो उधर अन्दर से रेखा आईं—बाबूजी, अभी तो सवा चार ही हुए हैं। आपको धोखा हुआ है, सो जाइए। अभी से क्या बैठे ही रहेंगे, तो फिर लेट गए और नींद भी आ गई...

6.15 में उठे, तो प्रात:कालीन समाचार हो चुका था...हाँ, कम्प्लान लेकर बाहर बरामदे पर आ गए...'

इस नोटबुक में लिखना बन्द हो गया उस दिन। 19 अगस्त, 1996 को इतना ही लिखा, 'एक बार इसी वर्ष गुरुकुल कांगड़ी, हरिद्वार जाना है—वहाँ एक सप्ताह रह लेना है'। मगर डॉक्टर गणपति मिश्र जैसा चिकित्सक, उचित परिचर्या, पथ्य-पानी, आहार और निगरानी होते हुए भी जन्मजात कमजोर काठ में घुन लगने की प्रक्रिया तेज होती गई।

कमर तक ऊनी शॉल था। नीचे अस्पताली मोटा गद्दा। उस पर सफेद चादर। कुर्ता पहने थे, जिसका रंग अमरूद पेड़ की छाल की तरह था। दाढ़ी और बाल बड़े और बेतरतीब थे। तरंगित भाव रह-रहकर कपार की लकीरों पर नजर

आ ही जाते और होंठ स्पन्दित हो उठते। देखने में स्वास्थ्य अब टीक-ठाक ही लग रहा था।

सात दिनों तक डॉक्टरों और नर्सों से घिरे रहे, तब जाकर 10 अक्टूबर, 1996 की शाम में डॉक्टर गणपति मिश्र ने अस्पताल से छुट्टी देने की बात कही। साथ ही कहा, "हमारी सघन निगरानी और पथ्य-परहेज-दवाएँ लगातार जारी रहेंगी। यात्री को अपनी यात्राएँ अब बन्द करनी ही पड़ेंगी..." और तय किया गया कि सवेरे एक बार पूरी तरह चेकअप करने के बाद उन्हें घर भेज दिया जाएगा। डॉक्टरों को शंका थी कि नागार्जुन वैसे रोगों की गिरफ्त में न आ जाएँ, जिसमें मस्तिष्क का प्रोग्रेसिव डिजेनरेशन (अवघटित) होने लगता है और यही आगे जाकर पार्किंसन का रूप लेता है। इसीलिए तो सप्ताह भर सघन निगरानी में रखा गया था उन्हें। जब यह साफ हो गया कि बुढ़ापा ही इनके कमजोर होने का कारण है, तभी अस्पताल से छुट्टी देने के सम्बन्ध में सोचा गया। अब तय था कि अगले 24 घंटे में वह अपने चिर-परिचित परिवेश में पहुँच ही जाएँगे। मगर हाँ, यह भी तय था कि जहाँ भी रहेंगे,समुचित देखभाल के अलावा आहार और दवा पर अच्छा-खासा खर्च पड़ेगा अब।

विभिन्न राजनीतिक पार्टियों के स्थानीय नेताओं के अलावा किसी दल का राष्ट्रीय या प्रान्तीय स्तर का राजनेता नहीं आया। यहाँ तक कि वामपंथ के प्रान्तीय नेता भी नहीं दिखे। वे आठ दिनों तक अस्पताल में भर्ती रहे, यह खबर अखबार और रेडियो के माध्यम से प्राय: हर दिन आती ही रही...हाँ, अपने क्षेत्र का विधायक, जो संस्कृति-कला मंत्री भी था, उनके अस्पताल आने के तीसरे दिन अचानक अकेले आ पहुँचा था। सम्भवत: वे अपने क्षेत्र के लिए पटना से आए थे, तो किसी पत्रकार ने नागार्जुन के अस्पताल में भर्ती होने की सूचना उन्हें दी थी। वे नागार्जुन से यदा-कदा मिलते भी रहते। मंत्री महोदय के आने से यह हुआ कि सुधा का दूध और ताजे फल आदि की व्यवस्था अस्पताल ने करनी शुरू कर दी। मंत्री महोदय जिस दिन आए, उसी दिन रात के नौ बजे के करीब डीएम के आदेशानुसार दो अधिकारी आए थे। वे शुरू में ड्यूटी रूम में ही बैठे। एक नर्स आकर शोभाकान्त को वहाँ ले गई। फिर नाक पर रूमाल रखकर वे दोनों आईसीयू के रूम तक आए, जहाँ नागार्जुन सोए पड़े थे। फिर एक दिन सवेरे-सवेरे एक पुलिस अधिकारी, जो संयोग से उर्दू साहित्य के गम्भीर अध्येता थे, आए और आधे घंटे तक नागार्जुन के बगल में बैठकर बातें करते रहे।

दस वर्ष पूर्व (1986 ईस्वी) इसी अस्पताल में डॉक्टरों ने उन्हें पुनर्जीवन दिया था। इस बार खून की जरूरत नहीं पड़ी। मगर सघन निगरानी में रखा गया और 11 अक्टूबर को नवरात्र शुरू होने से एक दिन पूर्व अस्पताल से उन्हें छुट्टी दे दी गई। अपराजिता और रेखा, दोनों इस बात से खुश थे कि वे अपने घर में विधिवत पूजा-पाठ कर पाएँगी।

दिन के एक बजे के आसपास सारा सामान समेटकर कुनू और रिचा आगे बढ़े। फिर अपराजिता और रेखा। खादी के गेरूआ रंग वाला कुर्ता और सफेद पाजामे पहने गले में लाल गमछा लपेटे नागार्जुन ने बायाँ हाथ शोभाकान्त के कन्धे पर रखा और दाएँ हाथ में छड़ी के सहारे आईसीयू के कमरे से बाहर निकले। और फिर पुत्र के कन्धे के बजाय उसका हाथ पकड़कर साथ-साथ अस्पताल के बड़े बरामदा को पार करने लगे। दिमाग ने नसीहत दी—'आत्मा को सबल बनाओ नागा बाबा, देह की फिक्र क्यों करते हो प्यारे।'

छह वर्ष छोटी थी वह

नवरात्रि अर्थात विजयदशमी (1996 ई.) का त्योहार शुरू हो गया था। अस्पताल से आने के बाद एक घुमंतू बुजुर्ग रचनाकार की आँखों से प्रसन्नता प्रकट हो रही थी। अपराजिता इस त्योहार के अवसर पर तरौनी जाना चाह रही थी, पर नागार्जुन उससे अपने अन्दाज में इस बार दरभंगा में रह जाने को कह रहे थे। बड़ी पुत्रवधू ने भी कहा कि श्यामाकांत की पत्नी गाँव में है ही, तो भगवती क्यों भला अपूज रहेंगी? अपराजिता ने भी सोचा कि दरभंगा ही रहा जाए और अपने अनुसार पति की खान-पान की व्यवस्था की जाए। मछली खाने में वह भी अपने पति से उन्नीस तो है नहीं। यों दशहरे में अब लोग मछली-मांस से परहेज करते, पर नागार्जुन ऐसा कुछ मानते नहीं। रेखा सुबह-सुबह छोटी मछली ले आती। बरामदे के फर्श पर अपराजिता मछली को साफ करने बैठ जाती। पॉलीथिन के थैले से चिकने फर्श पर मछलियाँ निकाली जातीं, तो चाँदी-सी चमकती छोटी मछलियाँ नागार्जुन की आँखों को आकर्षित करने लगतीं। तीन-चार दिनों तक सुबह के नित्यकर्म में यह शामिल रहा।

अचानक दशमी के चौथे पूजा के दिन गोतियारी रिश्ते का युवक सुट्टु आ धमका। उसके पिता नागार्जुन के रिश्ते में भतीजा लगते। हजारीबाग के कोडरमा में मास्टरी करता था और वहीं बस गया था। गाँव में नागार्जुन के आँगन से सटकर ही उनका मकान है। सुट्टु को कौलिक मंत्र लेना था। अपराजिता रिश्ते में दादी लगती, तो उन्हीं से यह कर्म करवाना था। इसके लिए वह उन्हें गाँव ले जाने के लिए आया था। बड़ी उलझन में अपराजिता पड़ गई। एक तरफ पति का स्वास्थ्य, तो दूसरी ओर गाँव से भगवती छिन्नमस्ता का अप्रत्यक्ष बुलावा। उसे वह भगवती का आदेश मान रही थी, "भगवती को नहीं रहा गया! भला मैं अपनी कुलदेवी को दशमी में न पूजूँ?..." सामने बैठे पति को देखते हुए शोभाकान्त से बोली, "भगवती ने तुम्हारे पिता को ठीक कर दिया और अब मुझे बुला रही हैं...गाँव जाने दो। इनके

सारे दुख-ग्रह को मैं ले जाकर भगवती की पिंडी पर रख दूँगी..." और उसी दिन शाम की गाड़ी से वह गाँव चली गई।

इस बार डाक्टरों का कहना था कि नागार्जुन को प्रकट या परोक्ष रूप से कोई रोग नहीं है, केवल वार्धक्य है, खान-पान नियंत्रित है, थोड़ी-बहुत ऊँच-नीच उम्रगत बात है। कुछ कीमती दवाएँ उनकी हालत को स्थिर रखने के लिए अब अनिवार्य हैं। एक अलग प्रकार की दिनचर्या तय की गई नागार्जुन के लिए। पूरे परिवार ने खुद को नागार्जुन के अनुकूल ढाल लिया। सुबह साढ़े पाँच बजे के आसपास नागार्जुन की नींद खुलती है। बच्चे अपनी पढ़ाई के कारण नागार्जुन के जगने से पूर्व ही जग जाते। नागार्जुन अब चाय बिल्कुल ही नहीं लेते। महीने-पन्द्रह दिनों के बाद एकाध घूँट ले लें, तो ले लें। सवेरे उठते ही एक गिलास कॉम्प्लान पीकर वे फिर लेट जाते। आधे घंटे के बाद फिर उठते। उनकी चौकी के पैताने से कुछ हटकर लकड़ी वाली कुर्सी को गोलाकार काटकर कमोड बना दिया गया है। कुर्सी के बगल में यूरिन पॉट भी होता। सवेरे के शौचादि, कुल्ला आदि से निपटकर वह दो मसनद के सहारे दीवाल से टेककर पल्थी लगा बैठते। फिर संस्कृत और हिन्दी वाला समाचार रेडियो पर सुनते। तब तक उनके सामने तश्तरी में शहद-शीतोपलादि चूर्ण रख दिया जाता। फिर वे घर की 'केयर टेकर' यानी अपनी बड़ी पुत्रवधू रेखा मिश्र को बुलाते। उसको चौकी पर बगल में बिठाकर पूरे घर के सदस्यों की जानकारी लेते। फिर मुद्दा उठता कि आज क्या सब्जी बने, मछली कब बनेगी, खीर कब से नहीं बनी है, ताल-मखाना घर में है या नहीं, सुधावाला पेड़ा खत्म हो गया है, मक्के का आटा तो अभी होगा ही, मौसमी फल और सब्जी की जानकारी भी लेंगे और देंगे...अपनी दवा और स्वास्थ्य के बारे में चर्चा वह नहीं करते, क्योंकि वे जानते हैं कि यह सोचना और डॉक्टर के कथनानुसार जो कुछ करना है, वह घर के लोगों को ही करना है। फिर कुछ देर तक लेंस के सहारे अखबार के सभी पन्नों को टटोल लेते...इसी बीच बच्चे अपनी पढ़ाई पूरी करके बाबा के पास आकर मुस्की मारते हुए खड़े हो जाते। अपनी तीसरी पीढ़ी से बातें करने में नागार्जुन का मन खूब लगता। हीनू और सुम्मी को खूब सुनते-सुनाते। इन बच्चों से जीभ-स्वाद को लेकर ही ज्यादा बातें होतीं।

फिर दही-चूड़ा या दही-सत्तू अथवा रोटी-दही का नाश्ता और च्यवनप्राश के साथ दूध-हार्लिक्स लेकर नागार्जुन बाहर बरामदे में छड़ी के सहारे आ जाते। वहाँ उनके बगल में अखबार और सामयिक पत्र-पत्रिकाएँ रख दी जातीं। पढ़ने वाला लेंस कुर्ते की ऊपरी जेब में रहता ही, तो अखबारों के मोटे-मोटे शीर्षक खुद पढ़ लिया करते, मगर जब किसी खबर को विस्तार से जानना होता, तो हीनू को उसे पढ़कर सुनाने के लिए कहते। मिलने-जुलने वाले अक्सर सवेरे और शाम में ही आते। आने वाले पर प्रश्नसूचक निगाह डालते। मगर जब वह अपना परिचय देता,

तो नागार्जुन की मुद्रा बदल जाती और आने वाले का हाथ अपने दोनों हाथों के बीच में ले लेते। अपनी उँगलियों से उसके हाथों को स्पन्दित करते। पास बिठाकर कहते, "बहुत दिनों के बाद देख रहा हूँ, याद नहीं कब देखा था..." फिर उसके चेहरे को छू-छूकर जानने की कोशिश करते कि मिलने-जुलने वाला ठीक-ठाक है न! स्पर्श से खुद भी सन्तुष्ट होते और सामने वाला भी भींग जाता।

अस्पताल से आने के बाद हजाम बुलाकर बाल-दाढ़ी साफ करवा दी गई। मूँछें भी। उनको देखकर कुछ अटपटा लगता, क्योंकि दाढ़ी-मूँछ और उलझे बालों में ही नागार्जुन सदा दिखते रहे हैं। घुटे माथा पर हथेली फेरते हुए बोलते—"अब मुक्त होने की इच्छा हो रही है..."

सवेरे में अक्सर तरोताजा रहते और सामने यदि राजनीति और समाज की समझ रखने वाला बैठा होता, तो नागार्जुन कहीं ज्यादा खुलने लगते—"जानते हो, लोग अब बहुत चतुर हो गए हैं...पहले सोलह आने का एक रुपया होता था, उसमें एक आना झूठ मिलाने से काम चल जाता था, अब पूरे पन्द्रह आना झूठ मिलाना पड़ता है। बहुत चालक हो गए हैं लोग..." और कुछ क्षण चुप रहने के बाद हँसते हुए खुद कहते—"सुना है, हमारे लालू जी इधर बहुत चालक हो गए हैं..."

इस पर पास बैठे लोग और घर के बच्चे भी खिलखिला उठते। अपने सफाचट चेहरे पर हाथ फेरते हुए वह पूछ बैठते, "कहो कैसा लग रहा हूँ?"

अब भी दिमाग में समसामयिक विषय ही नाचते रहते, और जो भी मिलने आता, उसे दो-एक ऐसा वाक्य अवश्य ही सुनने को मिलता, जिसे सुनकर वह सोचने लगता कि इस बुढ़ापे और घुन का आहार बन रहे दिलो-दिमाग में अब भी भरपूर ताकत बची है...अस्पताल जाने से पूर्व फूलन देवी और सईद मुफ्ती पर तो लिखा ही, पी.वी. नरसिंहराव के प्यारे मंत्री सुखराम के वर्तमान क्रिया-कलाप पर भी टिप्पणी की थी।

अब अखबार और समसामयिक पत्र-पत्रिकाओं को उलट-पुलटकर मात्र सूँघने वाले नागार्जुन मिलने-जुलने वाले पत्रकारों से कहते, "थेथरई की हद तो आज के राजनीतिज्ञ हैं। अब राजनीति में बेशर्मीवाद आ गया है।" उनकी हँसी भारतीय राजनीति और राजनीतिज्ञों के गिरते स्तर का आभास करा देती। कोई यदि देश और प्रान्तों की राजधानी तथा बड़े-बड़े नगरों में धार्मिक कथा वाचन के प्रचलन और उसके इर्द-गिर्द जुटने वाली भीड़ पर बातें शुरू करता, तो वे गौर से सुनते और कह उठते—"अब तो पोंगापंथ और माला आदि नेताओं के दिल में जगह बनाने लगा है। कथा वाचन और धार्मिक प्रवचन सबसे ज्यादा उपजाऊ धन्धा हो गया है अब।" कभी-कभी ऐसा भी होता कि सामने वाले की बातें सुन उनके होंठ ही नहीं खुलते। तब रेखा या ऋचा को कहना पड़ता—"बाबा, हो गया, बस अब उठिए भी, चलिए अन्दर..." अन्दर आकर रूम में चुपचाप लेट जाते। बाईं करवट पड़े-पड़े

सामने के खुले दरवाजे को टुकुर-टुकुर ताकते रहते। मानो सामने वह सब देखने की प्रतीक्षा हो, जो उनके जैसे रचनाकार ने कभी सोचा और जिसकी कल्पना अपने साहित्य में की हो।

अस्पताल से आने के बाद प्रान्त और देश के विभिन्न नगरों के सभी लेखकीय संगठनों से जुड़े रचनाकार रोज-रोज आने लगे। एक खास बात यह हुई कि शोभाकान्त से बातचीत के आधार पर एक रिपोर्ट कहीं छपी कि पार्टियों को साहित्य से क्या लेना-देना है? किसी ने खोज-खबर नहीं ली नागार्जुन की। 'लेखकों के प्रति आलम यह है कि मरो तो ठीक, जियो तो ठीक...।' हाँ, वैसे लोग जरूर अस्पताल जाकर खोज-खबर लेते रहे, जिनका नागार्जुन या परिवार से व्यक्तिगत सम्बन्ध रहा है। इधर दरभंगा में भी यह प्रवृत्ति पनपी कि स्थानीय रचनाकार अपनी पुस्तक खुद छपवाकर लोकार्पण के बहाने एक कार्यक्रम आयोजित करते और समाचार छपवा लेते। अखबारों के भी स्थानीय संस्करण निकलने लगे हैं, तो उन्हें भी समाचार चाहिए! इन कार्यक्रमों के बहाने दस-बीस रचनाकार और बौद्धिक आ जुटते। नागार्जुन को इस तरह के आयोजन में लोग देखना चाहते। शारीरिक रूप से असमर्थ होने के बावजूद नए लोगों के साथ बैठना और कुछ समय साथ गुजारना नागार्जुन को अच्छा लगता। कुछ आयोजन उनके आवास पर भी होते। यों नागार्जुन स्वयं को 'आशीर्वादी लाल' भी कहा करते।

इस बार स्थानीय पत्रकारों ने नागार्जुन की सेहत और अस्पताल में उनके रहने की खबर को जमकर अपने अखबारों में छापा। अस्पताल से आने के तीन-चार दिनों के बाद से ही राजनीतिक पार्टियों के प्रान्तीय नेताओं ने आ-आकर उनका हालचाल पूछना शुरू किया। इनमें से कइयों का तो उनसे व्यक्तिगत परिचय था। उनके साथ कभी-कभी ऐसे लोग भी आते, जो स्थानीय समस्याओं के समाधान के लिए जमकर संघर्ष करते। साहित्य-ज्ञान के संग समाज दर्शन का भी जनपक्षीय ज्ञान रखने वाले ऐसे लोगों को लगता कि साहित्य, राजनीति और समाज दर्शन के संगम में संघर्ष पथ के दो पथिक ऊब-डूब रहे हैं। लगता, दो आत्मीय मित्र मुद्दत के बाद एक-दूसरे से मिल रहे हैं। फिर तो पुरानी यादें ताजा हो जातीं।

अपराजिता को दरभंगा से गाँव गए लगभग दो माह हो रहे थे। दो-तीन दिन पहले बच्चों ने वह तस्वीर दिखाई थी, जो इसी कमरे में बच्चों ने अपने दादा-दादी की खींची थी। वृद्ध रचनाकार दिन भर में पाँच-सात बार यहाँ परिवार में अपराजिता की चर्चा कर ही लेते हैं।

साल 1997 के प्रथम सप्ताह में शोभाकान्त तरौनी गए अपनी माँ को दरभंगा ले आने के लिए। इधर लगातार पेट की गड़बड़ी से वह परेशान रह रही थी। शोभाकान्त जब

गाँव के अपने आँगन पहुँचे, तो माँ को धूप सेवन करते देखा। चरण स्पर्श किया, तो आशीर्वाद के बदले माँ पूछ बैठी—"ऋचा की शादी तय हुई या नहीं? पटना में जिस लड़के को देखा था, उससे कुछ बात बनी?"

शोभाकान्त ने जवाब दिया, "कुछ भी बात नहीं की है अब तक।"

इस पर अपराजिता खीझकर बोली—"जब मैं नहीं रहूँगी, तो खुद ही कन्यादान करना।"

शोभाकान्त ने कहा, "बड़ी पोती का कन्यादान तो तुम्हें ही करना है!" बड़े पुत्र को माँ काफी अस्वस्थ-सी लगी। गाँव में इलाज चल ही रहा था। दरभंगा चलने के आग्रह पर माँ ने कहा—"मकर संक्राति के बाद आ जाऊँगी। किसी को साथ करके। तुम चिन्ता मत करो।" और शोभाकान्त दिन भर गाँव में रहकर वापस लौट आया।

मकर संक्रान्ति के बाद अपराजिता ने कहलवाया कि फरवरी के शुरू में आऊँगी। गाँव छोड़ने की बात पर उनसे ज्यादा कुछ कहा भी नहीं जा सकता। और फरवरी (1997) के प्रथम सप्ताह में वह पटना चली गई। सुकान्त ने बुलवाया था। पटना पहुँचते ही डॉक्टरों ने अपराजिता को जॉन्डिस की गिरफ्त में बताया। पथ्य-परहेज-दवा आदि के बावजूद उनकी हालत तेजी से गिरने लगी वहाँ। इन सब बातों की विस्तृत जानकारी शोभाकान्त को मंजू से बेगूसराय में मिली। चन्दा (मंजू की बेटी) ने यह बताया था। शोभाकान्त को मंजू ने किसी काम से बुलाया था। जिस दिन शोभाकान्त बेगूसराय से लौटे, उसी दिन दोपहर में सुकान्त पटना से दरभंगा आए। माँ की पूरी स्थिति की जानकारी दी और बाबूजी से कहा, "माँ को चलकर देख लीजिए। वह बहुत ज्यादा बीमार हो गई है।" सुकान्त की ओर नजर उठाकर नागार्जुन ने कहा, "उन्हें यहाँ आ जाना चाहिए। यहीं ले आओ! देख ही रहे हो कि मैं स्वयं एक डेग भी चल नहीं सकता। फिर तुम्हारा आवास ऊपरी मंजिल पर है। मुझ से सीढ़ियाँ भी नहीं चढ़ी जाएँगी। मेरी स्थिति डॉक्टर भले ही ठीक-ठाक कह रहे हैं, पर मैं ठीक नहीं हूँ। प्राय: रोज गणपति बाबू आते हैं। दवाएँ अक्सर बदल देते हैं।"

उसी दिन शाम में रेखा भी सुकान्त के साथ पटना गई सास को देखने। दो दिन रहकर पटना से वापस आई। आते ही डबडबाई आँखों से ससुर का चरण स्पर्श करने के बाद अपने पति की छाती पर सिर रखकर रो पड़ी—"माँ टूटती जा रही हैं...अब वह ज्यादा दिन नहीं चलेंगी।" कुछ क्षण बाद अपने को सँभालते हुए फिर बोली, "वहाँ सब ठीक-ठाक है। पथ्य-दवा-सेवा, इन सबके बाद भी लगता है कि माँ की सेहत लगातार बिगड़ रही है।" शोभाकान्त अपनी माँ को लेकर अत्यधिक परेशान हो उठे। एक तरफ सामने बीमार पिता, तो दूसरी तरफ पटना में मरणासन्न माँ! दरभंगा के डॉक्टर मित्रों से राय-विचार किया, तो कहा गया—"अभी जहाँ हैं, इलाज तो वहीं चलने दीजिए..."

तरौनी में चचेरे भाई के पुत्र का मुंडन 20 फरवरी को होना तय था। शोभाकान्त

और रेखा का उसमें जाना आवश्यक था। 19 फरवरी को दयानाथ बेगूसराय से आए। उन्होंने बताया, "माँ दो-तीन दिनों के भीतर तरौनी आ जाएँगी। अब गाँव में ही इलाज चलेगा। अपने मनलग्गू परिवेश में शायद जल्दी ठीक हो जाएँ।" दरभंगा से शोभाकान्त यह तय करके गए कि मुंडन होते ही गाँव से माँ को दरभंगा लेते आएँगे। छोटा बेटा हीनू अपने माँ-पिता के साथ हो लिया। ऋचा, कुनू और सुम्मी दरभंगा में रह गए। ऋचा बड़ी थी, अपने बाबा को समझती भी और सम्भालती भी थी...

"बाबा..." ऋचा की आवाज में थरथराहट थी। आँखें के किनारे फैल रहे थे आँसू को रोकने में। पोती ने देखा कि बाबा के गिलास में अब भी आधा कॉम्प्लान है ही। बाबा ने पूछा, "किसका फोन था?"

बाबा के दोनों कन्धों पर अपना दोनों हाथ रखते हुए उनकी गोदी में अपना मुँह छिपाती-थरथराती आवाज में ऋचा बोली, "दादी...।" पच्चासी वर्षीय जर्जर काया वाले नागार्जुन को समझते देर न लगी कि फोन कहाँ से और क्यों आया था! बस उनके हाथ का गिलास नीचे फर्श पर गिरा...शरीर पीपल के पत्ते की तरह काँपने लगा! तत्काल अपराजिता का चेहरा आँखों के सामने नाचने लगा। रेखा जबसे सास को देखकर पटना से लौटी थी, उसी समय से अपराजिता दिलो-दिमाग पर छाई थी। बोल पड़े—"क्षमा मत करना..." और आँखें छलछला आईं। गोद में रोती, आँसू बहाती पोती के ऊपर न जाने कितने पानी आँखों से गिरे। लगभग दस मिनट तक पोती बाबा के गोद में रोती रही और सिर पर बाबा के आँसू गिरते रहे। फोन मकान मालिक के घर में था। फोन सुनकर जिस तेजी से ऋचा अपने आवास की ओर भागी थी, यह देखकर मकान मालकिन को कुछ अनहोनी का अन्देशा हो गया था। वह भी अँगनई पार करके बरामदा होते हुए कमरे में आ गई। बाबा और पोती को रोते-बिलखते देख मामला समझते देर नहीं लगी उसे। उसे पता ही था कि ऋचा की दादी बीमार चल रही हैं। उसने ऋचा को बाबा की गोद से अलग किया। तब तक दो-तीन महिलाएँ और आ गईं। "ऋचा चुप हो जाओ। मम्मी भी नहीं हैं। बाबा को तुम्हें ही सँभालना है न!"

अचानक ऋचा को बोध हुआ कि वह इस समय घर में अकेली है और बाबा को उसी के सहारे पापा-मम्मी छोड़ गए हैं। अपनी ओढ़नी से आँख और नाक पोंछ उसने बाबा की ओर देखा। बाबा माथा झुकाए आँसू बहा रहे थे। उसने उनकी आँख पोंछने की कोशिश की, तो बाबा ने अपने हाथ से उसके हाथ को हटा दिया। वहाँ जो भी महिलाएँ थी, सबने कहा—"बाबा को अभी कुछ मत कहो, केवल उनका पूरी तरह ध्यान रखो..."

"मुझे 'गीता' की प्रति निकाल कर दो..." बाबा की धीमी आवाज पोती के

कानों में पड़ी। वह उठी और रोती हुई 'गीता' खोजने लगी। सामने की आलमारी में 'गीता हृदय' रखी थी। बाबा के हाथों में 'गीता' रखते हुए देखा कि उनकी आँखें लगातार छलछला रही हैं और वह स्वयं ही अपनी लाल गमछी से उसे पोंछ लेते। ऋचा बाबा की ओर देखकर सचेत होती हुई मकान मालकिन से बोली—"किसी को भेजकर जिला स्कूल से कुन्नू को बुलवा दीजिए! वह सुम्मी को परीक्षा दिलवाने गया है..."

तरौनी फोन किया गया, तो पता चला कि शोभाकान्त अभी तक गाँव नहीं पहुँचे हैं। लगभग घंटे भर बाद गाँव से शोभाकान्त का फोन आया। उन्हें तो तरौनी पहुँचते ही माँ के देहावसान की सूचना मिल गई थी। यह भी सूचना आ गई थी कि माँ का मृत शरीर रात के नौ बजे तक गाँव पहुँच जाएगा। शोभाकान्त ने ऋचा और कुन्नू को अच्छी तरह समझा दिया कि क्या-क्या दरभंगा से बाबा के साथ लाना है। अपनी तीसरी पीढ़ी के तीन बच्चों ऋचा, कुन्नू और सुम्मी के साथ नागार्जुन अपनी प्रिया के निर्जीव शरीर को अन्तिम बार देखने जा रहे थे। तारीख थी, 19 फरवरी 1997।

ड्राइवर के बगल वाली सीट पर कुन्नू था। पीछे वाली सीट पर एक ओर ऋचा, दूसरी ओर सुम्मी और बीच में नागार्जुन। कम्बल से उनका पूरा शरीर ढँका था। ऋचा का एक हाथ बाबा की गोद में। ड्राइवर को समझा दिया गया था कि गाड़ी को इस रफ्तार में चलाए कि हिचकोले से बाबा को कष्ट न हो। गाड़ी में ऋचा के हाथ पर बाबा के आँसू लगातार टपक रहे थे। सुम्मी बार-बार उनकी आँखें पोंछती। पूरी दाढ़ी भींग गई थी। नथूने फड़क रहे थे। उनकी कमजोर नजर सामने सड़क पर थी, बिना पलक झपके। नागार्जुन के दिलो-दिमाग पर अपराजिता ही छायी थी...

...1934 ई. में अपराजिता पहली बार तरौनी के अपने आँगन में आई थी और कल (20 फरवरी 1997) सवेरे अन्तिम बार वह वहाँ से निकलेगी, तो फिर कभी वापस नहीं होगी। इस यायावर का अपने जन्म-स्थान तरौनी से जो भी लगाव रहा, वह जननी के बाद अपराजिता के कारण ही। जिस ठक्कन को अपराजिता ने घर-खर्ची की व्यवस्था के लिए कलकत्ता भेजा था, वही ठक्कन नागार्जुन-यात्री होकर उसे अन्तिम विदाई देने तरौनी जा रहा है...

...अपराजिता उनसे घर-परिवार के लिए बहुत कुछ करवाना चाहती थी, मगर नागार्जुन उसकी इच्छा पर पूरी तरह कहाँ खरे उतर पाए! तरौनी में एक घर का सपना सपना ही रह गया। अन्त तक कच्ची भीत वाले घर में ही रही वह! हाँ, नागार्जुन जैसे रूढ़िभंजक से उस महिला ने अपनी सीमा और सामर्थ्य के भीतर अपनी सन्तानों के सभी कौलिक व सामाजिक संस्कार करवा ही लिए। मजे की बात यह है कि उन संस्कारी उत्सवों में नागार्जुन शरीक भी होते रहे और आर्थिक भार भी सहते रहे। यह अलग बात है कि अपराजिता की माँग और उसके मनोनुकूल व्यवस्था वह कभी ढंग से नहीं कर पाए...गरीबी में जीते हुए भी तमाम मानवीय

संस्कारों से परिष्कृत थी वह। एक खानदानी मैथिल ब्राह्मणी की तरह गीत-नाद, अरिपन, तकली के महीन जनेऊ, सिकी की चंगेरी, बिरहरा, मिट्टी का सामा-चकेवा, सप्ता-विपता की गाथा, विवाह-जनेऊ के पारम्परिक विधि-विधान में वह पूरी तरह माहिर थीं। दुर्भाग्यवश परिवार की अगली पीढ़ी की किसी महिला को वह इस सबके लिए तैयार नहीं कर पाई, या यों कहें कि राजी नहीं कर पाई। भोजन की शौकीन अपराजिता खाना पकाने की पारम्परिक कला में पूरी तरह निपुण थीं। तिलकोर सहित विभिन्न तरह के तरुआ, तिसिऔड़ी, दनौड़ी, कुम्हरौरी, पटुआ का झोर, ओल-अरिकोंछ के अलावे विभिन्न प्रकार की सब्जियाँ के संग तमाम तरह की मछलियों को बनाने में उसे महारत हासिल थी। खाँटी मैथिल स्वाद नागार्जुन की जीभ को उसने ही तो लगाया।

अपराजिता ने कभी भी अपनी दिनचर्या में नगार्जुन का हस्तक्षेप बर्दाश्त नहीं किया, तो यात्री की अनवरत यात्रा और नागार्जुनी जीवन शैली की ओर उसने ताक-झाँक भी नहीं की। गरीबी के स्थायी आवरण के साथ परिवार को ढंग से सँभाला। शोभाकान्त को छोड़ सभी बच्चों की पढ़ाई-लिखाई जहाँ तक हो सकी, खुद करवाई। हाँ, दोनों बेटियों को वह मिडिल तक भी नहीं पढ़ा पाई, इसका अफसोस उसे हमेशा रहा। उस दिन वह फूली नहीं समाई थी, जिस दिन उसकी बड़ी पोती ने प्रथम श्रेणी से मैट्रिक पास की थी। अपना बड़ा बेटा जब उस जमाने में प्रथम श्रेणी से मैट्रिक पास हुआ था, तब भी वह इतनी खुश नहीं थी। जीवन के आखिरी दिनों में उसे लगने लगा था कि वह यदि किसी नगर में रह लेती, तो बच्चों को शायद 'युगीन' बना लेती। इसमें नागार्जुन खुद को भी दोषी मानते हैं।

1985 के बाद पूरी तरह शारीरिक रूप से अस्वस्थ हो चुके नागार्जुन की तुलना में अपराजिता ज्यादा स्वस्थ रही। उम्र के चौबीसवें-पच्चीसवें वर्ष तक अपने सम्पन्न मायके में दाना-पानी की चिन्ता से मुक्त रही, तो नागार्जुन किशोरावस्था के बाद ही अन्न खोजते रहे जीने के लिए। आजादी के तुरन्त बाद नागार्जुन 'रतिनाथ की चाची' और 'बलचनमा' के भूत और भविष्य में उलझे रहे, अब लगता है कि आखिर मिला क्या—'मात्र कागजी आजादी...।'

शादी, मुंडन, उपनयन आदि 'लगन' के शुभ दिनों में यदि अपराजिता शहर में होती, तो गाँव जाने के लिए छटपटाने लगती—'फलाने की बेटी की शादी में कौन विधि-विधान बताएगा, फलाने के बेटे का जनेऊ कैसे होगा, बेटी की विदाई किस तरह होगी...' सारे गाँव की चिन्ता उसे रहती। शोभाकान्त की शादी पटना में रहकर हुई थी, पर गौना तरौनी में। शेष भाई-बहनों की शादी तरौनी से ही उसने की। जिन्दगी के अधिकांश हिस्से कर्ज में जीने वाली महिला, तरौनी में सम्मानित 'गिरथाइन' थी। तरौनी की तमाम गतिविधियों की 'रनिंग कमेंट्री' सुनाती, जिस तरह संजय ने धृतराष्ट्र को सुनाया होगा।

रास्ते में गाड़ी एक जगह रुकी, जहाँ सड़क के किनारे दो-तीन दुकानें थीं। शायद ड्राइवर को पान वगैरह लेना था। यों आधा रास्ता पार हो चुका था, तारसराय वाली रेलवे गुमटी निकल गई थी। सुम्मी बाबा की मनोदशा मोड़ना चाह रही थी। कुन्नू से आहिस्ते से उसने कुछ कहा। वह गाड़ी से उतरा और कुछ खरीदकर सुम्मी को थमाया। तब तक ड्राइवर भी अपनी सीट पर जम चुका था। सुम्मी ने बाबा से पूछा, "बाबा, टॉफी लीजिए न!" और एक टॉफी उनकी ओर बढ़ाया। नागार्जुन ने बहुत प्रयास के बाद दुलार भरी नजरों से पोती की ओर देखा और उसके हाथ को परे कर दिया। हाल के वर्षों में नागार्जुन टॉफी-बिस्कुट बच्चों की तरह खाने लगे थे। दिल्ली में श्रीकांत ने एक दिन शोभाकान्त से कहा था कि मोहल्ले की दुकान से नागार्जुन टॉफी लाते और बिस्तर पर तकिये के बगल में रखते। चीटियाँ बिस्तर पर घूमती रहतीं...लेकिन अभी तो वे अपराजिता की स्मृति को ही मन-मिजाज में घुलाना चाहते...अपराजिता की बेजान देह गंगा पार से आ रही है। मिथिला पुत्री ने मगध की धरती पर अन्तिम साँस ली...

गाड़ी मुख्य सड़क छ ड़ तरौनी की सीमा में मुड़ी। कुछ कदम के बाद आमों की अमराइयाँ हैं। अब तो अमराई भी हल्के हो गए हैं। नागार्जुन का बचपन इन अमराइयों में गुजरा है। इधर आकर अब भी लगता है कि समय ठहर गया है।

"बाबा, गाँव आ गया अब!" यह ऋचा की आवाज थी। नागार्जुन ने हल्के से सिर हिला दिया।

दालान के सामने खलिहान में गाड़ी रुकी। चारों ओर से गाड़ी को टोल के लोगों ने घेर लिया। कुन्नू उतरकर अपने बाबा को गाड़ी से उतारने लगा। ऋचा और सुम्मी भी उतरी। शोभाकान्त ने आगे बढ़कर पिता के मुलायम और कमजोर हाथों को पकड़ा। उसे लगा कि पिता पूरी तरह टूटकर गिर पड़ेंगे, मानो उनमें कोई दम नहीं हो। श्यामाकांत और रेखा ने नागार्जुन को दोनों ओर से थाम रखा था। लगभग उठाकर उन्हें आँगन की कोठरी में ले आया गया। बिस्तर पहले से तैयार था। 'सेजौट' अर्थात, नीचे पुआल, फिर कम्बल और ऊपर गद्दा पलंग पर बिछा था, ताकि मिट्टी वाले घर में उन्हें ठंड न लगे। इस मौसम में शीत और कुहेस अलग से ही तेजी दिखा रहे थे। एक 'तगाड़ी' में लकड़ी जलाकर अंगारे वाली आग एक कोने में रख दी गई थी, ताकि कमरे में गरमाहट बनी रहे। ओसारा और आँगन में लोग भरे थे। लगभग तीन वर्षों के बाद नागार्जुन गाँव वाले आँगन में आए थे। सुम्मी बाबा का थैला और थर्मस पलंग पर एक किनारे रखकर, छड़ी को दीवार के सहारे लगा बाबा के बगल में बैठ गई। अपनी स्वाभाविक मनोदशा में आने की चेष्टा की नागार्जुन ने। सिरहाने के तकिये के पास हाथ ले गए। सुम्मी समझ गई

कि बाबा टार्च खोज रहे हैं। उसने थैला से लाल रंग का छोटा टार्च उनके हाथ में रखा—"बाबा, यह रहा टॉर्च...।" बाबा ने टॉर्च जलाकर कमरे में खड़े लोगों पर नजर फेंकी। सभी परिचित चेहरे। फिर जेब से घड़ी निकालकर समय देखा। आठ बजकर दस मिनट...।

ऋचा बगल में आकर बाबा के कन्धे पर हाथ रखकर बोली, "खाना खा लीजिए बाबा।" नागार्जुन ने सिर हिलाकर मना कर दिया।

"कॉम्प्लान ही बना दूँ बाबूजी?" यह रेखा की आवाज थी, जो जमीन पर उनके पाँव के पास बैठी थी। सिर हिलाकर हामी भरी नागार्जुन ने। रेखा उठी और कॉम्प्लान बनाकर ले आई। गिलास आगे बढ़ाया कि ससुर ने बड़ी पुत्रवधू के हाथ थाम लिए और सिसक पड़े...रेखा खुद को बीमार ससुर के सामने टूटने से रोक रही थी...गाँव आई थी किस उमंग से। चचेरे देवर के पुत्र का मुंडन होना था। टोल-आँगन में खुशी का माहौल था। फिर दो दिन बाद बीमार सास को दरभंगा ले जाती, इलाज और सेवा के लिए। गाँव प्रवेश करते ही सूचना मिली थी कि सास की निर्जीव काया पटना से आ रही है। छोटा देवर श्यामाकांत अपनी भौजी को देखते ही बिलख-बिलखकर रोने लगा था। यों अपराजिता के देहावसान का समाचार साढ़े सात बजे के प्रादेशिक समाचार में भी आ गया था।

सुम्मी अपनी माँ के हाथ से कॉम्प्लान वाला गिलास लेकर दीवार के सहारे बुत बनकर खड़ी हो गई। रेखा की रुलाई वाली हल्की सिसकी में ओसारे पर बैठी महिलाएँ भी शामिल हो गईं। आँगन से रुलाई के करुण स्वर सुन शोभाकान्त के दो चचेरे भाई काशीनाथ और वीरेंद्र दौड़े आए। शोभाकान्त के कन्धे पर हाथ रखकर कहा, "अपने को सँभालिए शोभा मिसर! काका की दशा देख रहे हैं न! कोई न रोए! कोठरी में ऋचा की माँ और ऋचा के अलावा कोई और न रहे...वही दोनों अब तक काका को सँभालते आए हैं माँ-बेटी की तरह... " वीरेंद्र भाई की कड़कती आवाज तत्काल जरूरी थी, और इसने असर भी किया! लेकिन रुलाई की धीमी आवाज कभी-कभी नागार्जुन के कानों में आ ही जाती।

गर्म और मोटा बिस्तर...थकान ने ठंड का असर गायब कर दिया। नागार्जुन चित्त पड़े थे। आँखें छप्पर पर टिकी थीं। यदि छप्पर न होता, तो माघ के त्रयोदशी का चाँद देख ही लेते। यही वक्त है, जब वे झपकी लेते हैं। मगर आँखें बन्द हों या खुलीं, आज अपराजिता ही नजर आ रही है उन्हें। बड़ी और छोटी पुत्रवधू दरवाजे पर चौखट से सटकर बैठी थी। कमरे में हल्की रोशनी। प्रकाश चौखट लांघकर आँगन में दो हाथ की परिधि में फैला था। सामने पूरब की तरफ तुलसी का चौड़ा और उससे सटी अमरूद की हरी पत्तियों वाली घनी टहनियाँ...इस पेड़ को अपराजिता ने ही लगाया था। दो वर्ष से फलना शुरू हुआ था। फल बड़ा नहीं, पर स्वादिष्ट...

"रेखा, पटना से लोग आ गए क्या?" नागार्जुन की धीमी आवाज पर रेखा पास आ गई।

"नहीं बाबूजी, अभी तक नहीं..." रेखा आँचल से आँख पोंछती हुई बोली। नागार्जुन उसकी ओर देखते रहे। नागार्जुन के ऊपर के कम्बल को उसने ठीक किया और फिर चुपचाप चौखट के पास जा बैठी। नागार्जुन ने करवट लेकर आँखें दीवार की ओर कर लीं...

मृत्यु से कुछ दिन पूर्व अपराजिता मिलना चाहती थी। पर नागार्जुन कहाँ समझ पाए कि वह उनको अन्तिम बार मिलने के लिए बुला रही है। नागार्जुन को इस समय महसूस हो रहा था कि वह बेजान हो गए हैं। गरीबी, उपेक्षा और उत्पीड़न से दोनों पति-पत्नी ने अपने-अपने ढंग से ऊर्जा ग्रहण की। अनुभूति से उत्पन्न अभिव्यक्ति के स्वर में कितनी ताकत होती है, वह नागार्जुन ने अपराजिता में देखा है। अत्यधिक दबाव के बाद भी उनके भीतर पंडित वैद्यनाथ मिश्र या तरौनी के ठक्कन का अस्तित्व बचा रहा, तो मात्र अपराजिता के कारण ही। शायद अन्तिम समय में कुछ कहना चाहती हो...अचानक 'बलचनमा' की आवाज बहुत दिनों के बाद कानों में आई, 'काका, काकी चली गई न! अब मुझे गाहे-बगाहे खैनी के लिए कौन पैसा देगा? कौन मछली बनाकर खिलाएगा? आपको कहाँ-कहाँ खोजता फिरूँगा...आपको काकी कितना याद करती थी पटना में...' चाहकर भी अभी नागार्जुन अपराजिता की स्मृति से अलग नहीं हो पा रहे थे...अपराजिता को बदलने की कोशिश नागार्जुन ने कभी नहीं की। यही क्या कम है कि उन दिनों उनके ही कहने पर अपराजिता चुपचाप शाम के अँधेरे में पंजाब के लिए निकली। सकरी में गुमटी के इस पार नागार्जुन का हमउम्र भतीजा कृष्णकांत दिख गया था, तो अपराजिता भागकर एक दुकान के पीछे जा छिपी थी। पंजाब की उसी यात्रा में नागार्जुन ने पत्नी से एक दिन कहा था, 'सिन्दूर पोंछ लो...' यह सुनते ही वह रोने लगी थी और दिन भर रोती रही। नागार्जुन ने समझाया, 'सिन्दूर में क्या रखा है? जैसे धूल और राख वैसा ही सिन्दूर...' इस पर वह और जोर से रो पड़ी थी। अपराजिता का सिन्दूर-तिलकित भाल उनके सामने सतत एक मशाल की तरह रहा है।

नागार्जुन जहाँ भी रहे, उनके पास हर उम्र के रचनाधर्मी-साहित्यधर्मी-संस्कृतकर्मी बिना किसी संकोच के आते-जाते रहे, उसी तरह तरौनी के अपने टोले में अपराजिता ही एकमात्र ऐसी स्थायी निवासी थी कि कोई भी कहीं से आकर कभी भी दो-चार दिन आराम से रह लेता। दिन भर आवाजाही लगी ही रहती बेरोकटोक। उससे कोई कुछ माँगे और उसके पास रहे, तो वह जरूर दे देती। इसी तरह किसी के यहाँ से कुछ ले आने का सहज अधिकार भी उसे प्राप्त था। रात-बिरात उसकी एक आवाज पर चार-छह लोग उठकर आँगन में आ ही जाते जिज्ञासा में।

पैसा रहे न रहे, खाने-खिलाने और रहन-सहन में कोई कमी नहीं रखती। दूध-

दही के बिना उसका खाना नहीं हो पाता। परिवार की बहुएँ-बेटियाँ भी रहतीं, तब भी दिन का खाना वह स्वयं पकाती। खाना पकाने के बाद वह स्नान करती, फिर कुलदेवता की पिंडी पर फूल-अक्षत-जल देकर ग्यारह बार कौलिक मंत्र जपती। तुलसी में जल डाल ओसारे पर आकर बैठ जाती—यह बैठना इशारा होता कि उसे नाश्ता और भोजन, दोनों चाहिए। यदि पुत्रवधूएँ या बेटी होती, तो सामने थाली आ जाती, क्योंकि उन लोगों के होते अपना खाना खुद नहीं परोसती। फिर दो घंटे की गहरी नींद। सोकर उठने के बाद दिन में बना खाना थोड़ा-सा जरूर खाती। मछली, दही, दूध, आम, हरी सब्जी खासकर साग, उसकी कमजोरी थी। खुद गरीबी झेलती रही, पर पुत्रों पर भार नहीं बनी। अपना उधार-पैंच वह अपने पति की आमदनी से ही वापस करती।

पति-पत्नी की आपसी बातचीत में वह नागार्जुन की आर्थिक हालत पर गुस्साती-खीझती, पर नागार्जुन को कभी समाज में झुकने नहीं देती। नागार्जुन को लगता कि क्या कभी उसने कालिदास के 'मेघदूत' का वह प्रसंग किसी के मुख से सुना हो, जहाँ कहा गया है—कस्यात्यन्तं सुखमुपनतं दुखमेकान्ततो वा/नीचैर्गच्छत्युपरि च दशा चक्रनेमिक्रमेण...या शायद उन्होंने इसका अनुवाद सुनाया हो कभी—'कौन है, जिसको सुख-ही-सुख मिला सदैव?/कौन है, जिसको दुख-ही-दुख मिला सदैव?/नीचे-ऊपर होते ही रहते हैं ये पहिये की धुरी के समान...।' घर की परेशानियों-संकटों से रूबरू कराने की नीयत से वह पति से मिलने दरभंगा, पटना, दिल्ली जा पहुँचती, मगर वैद्यनाथ मिश्र का अता-पता उनके पुत्रों को भी नहीं रहता, जो अब इन नगरों के निवासी हो चुके थे। तीन-चार दिन या हफ्ते-दस दिनों के बाद हाथ में छड़ी और कन्धे पर झोला टाँगे 'भये प्रकट कृपाला दीन दयाला...।' सामने अपराजिता को देख एक आज्ञाकारी पति की तरह गम्भीर और खामोश रहते, पर अपराजिता नागार्जुन के भीतर के वैद्यनाथ को देर तक मौन नहीं रहने देती...फिर नागार्जुन पत्नी की तमाम बातें सुनते और रचनाकार अपनी प्रिया से गप्प लड़ाने के मूड में आ जाता, घंटों दोनों आत्मविभोर होकर बतियाते रहते। अपराजिता गप्प भी करती और पान भी बनाती। नागार्जुन भी उसके हाथों से बना पान बड़े चाव से खाते।

अचानक बड़ी पोती और उन दोनों की लाडली ऋचा की वह कविता याद आ गई, जो उसने अपनी दादी पर लिखी और उन्हें दिखाई थी—'रात के अँधेरे में भी/दादी लगा लेती है पान/जाने कैसे टटोल-टटोलकर/कत्था-चूना जमाती पान के पत्ते पर/सरौता से सुपारी काटते/कहाँ कभी कटा हाथ अँधेरे में/चुटकी भर जर्दा निकालती डब्बे से/पनबट्टा की हल्की खटर-पटर/और एक ध्वनि पीक की—'पिच्च'/पीकदान से रात के अँधेरे में...' अभी वह पोती, जिसका कन्यादान करने की आन्तरिक इच्छा लेकर दादी इस संसार से चली गई, शायद ओसारे पर कहीं उनकी ही तरह दादी की सोच में पड़ी होगी। आज यहाँ सभी के मन-मिजाज में अपराजिता ही होगी...

इस तरह न जाने क्या-क्या सोचते-सोचते नागार्जुन मदहोश हो गए या नींद का झोंका आ गया, यह कौन जाए...

"बाबा कॉम्प्लान!" अधिकांश दिन सवेरे-सवेरे ऋचा की पतली, लेकिन धारदार आवाज सुनने के अभ्यस्त रहे हैं नागार्जुन। आँखें खोली, तो ऋचा ने देखा कि बाबा की आँखें लाल और सूजी-सूजी हैं। घनी दाढ़ी के बावजूद आँसू की टघार साफ-साफ झलक उठी। उनकी भावशून्य मुखाकृति देख ऋचा काँप-सी गई। कॉम्प्लान वाला गिलास खिड़की पर रखा, फिर सहारा दिया और बाबा उठ बैठे। पोती के मुरझाए चेहरे पर आँखें गड़ाईं और झुककर उसकी दोनों हथेलियों पर अपनी आँखें रख दीं। कुछ क्षण तक दोनों एक-दूसरे की आन्तरिक वेदना महसूस करते रहे।

"बाबा कॉम्प्लान पी लीजिए"—ऋचा की भर्राई आवाज ने नागार्जुन को पूरी तरह जगा दिया।

"ऋचा तेरी दादी मुझे क्षमा नहीं करेगी...मृत्यु में वह आगे निकल गई मुझसे!"

ऋचा ने उनके मुँह में कॉम्प्लान वाला गिलास लगाया और गमछा से उनका मुँह पोंछते हुए बोली, "रात साढ़े नौ के आसपास पटना से गाड़ी आई। उर्मिला दीदी और बच्ची दीदी (प्रेमलता मिश्र) भी साथ हैं। मंजू दीदी और मामा बाबा को लाने मुन्नू भाईजी गए हैं। आपको दालान पर चलना है।"

नागार्जुन आज्ञाकारी बच्चे की तरह स्वयं को पोती के हवाले किया। सँभालकर उन्हें खड़ा किया गया। कपड़े ठीक किए गए और एक शॉल उनके बदन पर डाल छड़ी उनके हाथ में थमा दिया गया।

एक हाथ में छड़ी, दूसरे हाथ से ऋचा के कन्धों का सहारा लिये नागार्जुन ने कोठरी का चौखट पार कर ओसारे पर पैर रखा कि बड़ी बेटी उर्मिला की मर्मवेधी चीत्कार कानों में आई। देखा, तीनों पुत्रवधूएँ और उर्मिला एक-दूसरे से लिपटी रो रही थीं। पूरा ओसारा टोल की महिलाओं से भरा हुआ था। नागार्जुन काठ की तरह स्थिर हो गए, तो किसी ने आकर उनकी बाहें थाम लीं। वे आँगन में उतर आए। चिकनी मिट्टी और गोबर से दो-तीन पूर्व ही लिपे-पुते आँगन में पाँव रखा। इसके पूरब और दक्षिण कोने से प्रवेश और निकास का रास्ता था। वहीं जरा हटकर उत्तर की तरफ 'सीमेंटेड' तुलसी-चौड़ा। घर तो सीमेंटेड नहीं बनवा पाए नागार्जुन, पर अपराजिता ने तुलसी का पक्का चबूतरा बनवा ही लिया। चबूतरे के बगल में अपराजिता द्वारा पोषित काला कुत्ता चुपचाप और उदास खड़ा था। इस आँगन में तुलसी चौड़ा के सम्मुख उत्तराभिमुख किसी का मृत्यु शरीर नागार्जुन ने नहीं देखा है। उनकी माँ का देहान्त मायके में हुआ था और पिता का प्राणांत काशी में। परम्परा के अनुसार बाहर से मृत शरीर आँगन में नहीं आता।

ऋचा अपने बाबा का हाथ पकड़े आँगन से निकली। आँख और कान से कमजोर नागार्जुन ने चारों ओर नजर दौड़ाई। उनका डीह खंडहर से थोड़ा विकसित रूप में था। आस-पास अच्छे मकान बन गए थे। सामने पोखर के जल पर सूर्य की लाली फैल रही थी। जर्दालू आम अपनी बुढ़ौती में भी मंजर से लदा था। अपनी अर्धांगिनी का अन्तिम दर्शन करने के लिए बहुत प्रयास के बाद किसी तरह से वह डेग उठा पा रहे थे। पूरा दालान और खलिहान लोगों से भरा पड़ा था। दालान से सटे उत्तर की ओर सिर करके अपराजिता की मृत काया रखी गई थी। सूरज की किरण उनके चरणों को छू रही थी। नागार्जुन को देख भीड़ में स्वत: ही रास्ता बना। अपराजिता का शरीर देखा, तो ऋचा का हाथ मजबूती से थाम लिया और छड़ी पर अपना भार डाल दिया। लोगों ने देखा, 'आँसूओं के गाल गीले/वेदना से, दीनता से नेत्र पीले...।' नागार्जुन को देख पूरे माहौल का कलेजा फटने लगा। किसी ने मृत काया के ठीक सामने कुर्सी रख दी, तो ऋचा ने उन्हें वहाँ बैठा दिया। महिलाओं की रुलाई के करुण स्वर रह-रहकर उठते...नागार्जुन की देह-दशा और उम्र ने लोगों को खुलकर रोने से भी रोक रखा था। सबकी नजरें एक बार अपराजिता की प्राणहीन काया पर जाती, तो पुन: मुड़ती वयोवृद्ध नागार्जुन पर।

नागार्जुन ने देखा, हल्का भूरापन पर काली प्रिंट वाली साड़ी, सिन्दूर से चमकती माँग, कपार पर उसका प्रिय शीशे वाली टिकुली...पानविहीन होंठ, दोनों हाथों में कत्थई रंग वाली काँच की चूड़ियाँ, नाक में कील...जहाँ वह पड़ी थी, ठीक उसके सिराहने में अड़हुल की एक टहनी पाँच-सात फूलों से लदी अपराजिता की ओर झुकी थी, मानो कुलदेवी स्वयं नागार्जुन परिवार की देवी को अड़हुल चढ़ाना चाह रही है। लोगों ने नागार्जुन की भर्राई आवाज सुनी, 'मुहूर्त ज्वलितं श्रेयं न च घूमायितं चिरम्...' कुछ क्षण बाद टूटती आवाज फिर आई, "यह मुझसे छह वर्ष छोटी थी..." और कुछ समय के बाद वह मृत काया अपनी अन्तिम यात्रा की ओर निकल पड़ी।

अपनी माटी की गोद में

26 मई, 1997 की पूरी रात नागार्जुन बरामदे में कुर्सी पर बैठे-बैठे अपनी तीसरी पीढ़ी की पहली शादी देखते रहे। सामने अँगनई में वेदी गड़ी थी। ऋचा की छोटी बुआ मंजू ने बड़ा-सा अरिपन (अल्पना) बनाया था। पूरा आँगन लोगों से भरा था। शाम में आठ-साढ़े आठ बजे के करीब बारात दरवाजे पर लगी। नागार्जुन की स्थिति ऐसी नहीं थी कि आधा घंटा भी बारातियों के पास जाकर बैठ पाते। इस आवास के अलावा मोहल्ले में ही दो अन्य कमरे मेहमानों के लिए व्यवस्था की गई थी।

बारातियों के ठहरने और खाने-पीने की व्यवस्था मकान से जरा हटकर एक निजी स्कूल के अहाते में की गई थी।

बारात आने के बाद से ही नागार्जुन से मिलने और उनसे आशीर्वाद लेने वाले तब तक आते रहे, जब तक शादी की सारी विधि पूरी नहीं हो गई। सवेरे के चार बजे के आसपास नागार्जुन अपने कमरे में गए। उजाले की आहट शुरू हो गई थी। नींद तो आई नहीं। इस शुभ अवसर पर नींद ने भी मानो छुट्टी ले ली थी। सोचने लगे, 'शोभाकान्त आज ससुर बन गया। अच्छा-भला दामाद मिला है।' शादी की शाम में कुछ देर के लिए जब वह पास आकर बैठा था, तो भर्राए गले से बोल पड़ा था, "माँ को उसकी पोती का सिन्दूर तिलकित भाल नहीं दिखा पाया..."

मई के प्रथम सप्ताह में ऋचा की शादी तय होने पर प्रसन्न होने के बजाय रेखा अपने ससुर के पास जाकर गुमसुम खड़ी हो गई थी। नागार्जुन बैठे थे। हाथ में पढ़ने वाला मैग्निफाइंग गिलास था और सामने 'कालीदास ग्रंथावली' पड़ी थी। रेखा की ओर देखा, तो वह उनकी गोद में अपना सिर डालकर चौकी के नीचे धम्म से बैठकर रो पड़ी—"अब कौन मुझे शादी से जुड़े कौलिक रीति-रिवाज बताएगा? एकमात्र माताराम (अपराजिता) ही तो थी, जो गाँव भर के लोगों को सारी पारम्परिक और पारिवारिक रीति-व्यवहार बताया करती थी।" और बुक्का फाड़कर रोने लगी। नागार्जुन ने गमछे से पहले अपनी आँखें पोंछीं, फिर पुत्रवधू की ठुड्डी पकड़ उसका मुँह ऊपर उठाया और चुप कराया। फिर अगले एक हफ्ते तक एक-एक बात विस्तार से बताते रहे—ठक-बक्, चान डाला, हाथी-गौड़, कछुए की पीठ के खप्पर वाला दीप, मटिया सिन्दूर, सांक-सिहुली, ताम्बा, चुमान-परिछन, मातृका पूजा, ओठंगर, होम-काठी, नैना-जोगिन और न जाने क्या-क्या। हर विधि, हर व्यवहार। 'विधकरी' किसे बनाना चाहिए, नैना-जोगिन कौन होगी, लावा किससे भुजवाया जाएगा, कन्यादान का भार किसे दिया जाएगा...जैसी सभी बातें वह बताने लगे। मानो उनकी जीभ पर अपराजिता आकर बैठी हो और अपने पुत्रवधू को सब कुछ विस्तारपूर्वक समझा रही हो।

ऋचा का विवाह एक ऐसा अवसर था, जिसके हँसी-खुशी वाले सहज स्वाभाविक परिवेश के कारण नागार्जुन का मन-मिजाज प्रसन्न रहना चाहिए था। लेकिन उनके सूखते जा रहे शरीर को देखकर ऐसा लगने लगा कि कुछ भी किया जाए, अब उत्साहवर्धक नतीजे नहीं ही मिलेंगे! लगता कि अपराजिता का चला जाना भीतर ही भीतर उन्हें निरर्थक बनाता जा रहा है। कभी-कभी मन में आता कि जो करना था, कर ही लिया। सफलता का प्रश्न उम्र के पच्चीसवें वर्ष में भी नहीं था, तभी तो कहा था, 'जो नहीं हो सके पूर्ण काम/मैं उनको करता हूँ प्रणाम...'

दरभंगा के छोटे-बड़े रचनाकार-बुद्धिजीवी आदि आते-जाते रहते। यदा-कदा पटना, रांची और देश के अन्य भागों से भी कोई न कोई आ टपकता। स्थानीय

लोगों में कुछ अपनी रचना दिखाने या अपनी पुस्तकों का उनके हाथों लोकार्पण करवाने भी आते। अपने आराम के समय वह किसी से भी मिलना नहीं चाहते। घर के लोगों को भी इसके लिए सजग रहना पड़ता। हाँ, कुछ ऐसे भी आते, जो मिलने के लिए जिद पकड़कर बैठ जाते। ऐसा अमूमन शाम में हुआ करता, क्योंकि शाम में छह-साढ़े छह बजे के बाद नागार्जुन अपने बिस्तर पर ही रहना चाहते। एक दिन कॉमरेड भोगेंद्र झा शाम सात बजे के करीब आए। गेट के पास से ही पूछा, "नागार्जुन यहीं रहते हैं क्या?" और बरामदे पर आकर आराम से चौकी पर बैठ गए। रेखा ने कहा, "शाम के सात बज गए हैं, वे आराम कर रहे हैं। आप कल सवेरे आइए।" उन्होंने रेखा को गौर से देखा और फिर मैथिली में बोले, "जा क' कहूँन भोगेंद्र झा आयल छथि" (जाइए और कहिए कि भोगेंद्र झा आए हैं।)। रेखा से उनका तब तक व्यक्तिगत आमना-सामना नहीं हुआ था। बहुत कहने के बाद वह विवश होकर कमरे में गई, और नागार्जुन से पूछा। लेटे नागार्जुन उठ बैठे और क्षण भर के बाद बोले, "एहिठाम कुर्सी लगा दहुन और बजा लहुन" (यहीं कुर्सी लगा दो और उन्हें बुला लाओ)। भोगेंद्र झा भीतर कमरे में आए और कुर्सी पर बैठने के बजाय उनके सामने नीचे ही बैठ गए। करीब घंटे भर दोनों पुराने कॉमरेड न जाने क्या-क्या बतियाते रहे। बिना चीनी वाली चाय चना-फरही के साथ ली। झा जी डायबीटिज के पुराने रोगी थे। जाते समय वह रेखा से बोले, "बेटी, तों जात्री के बड़ सेवा क' रहल छहुन। हमरा सबटा बूझल अछि..." (बेटी, तुम यात्री जी की बड़ी सेवा कर रही हो। हमें सब पता है...) और कमरे से निकलते-निकलते बोले, "एकटा बातक कष्ट अछि जे हमरा सं हिन्दी में बजलह।" (पर एक बात का कष्ट है कि तुम मुझसे हिन्दी में बोली) रेखा ने न जाने कैसे तुरन्त जवाब दिया, "चच्चा, अहूँ त' नागार्जुन के तकैत आयल रहियै, यात्री के नहि। हिन्दीक लोग रोटीओ द दैत अछि, मैथिली मे हमर घरवला भूखे मरि जइतैथ। चारि टा बच्चा आ बीमार ससुर के कोना क' रखितौं" (चाचा, आप भी तो नागार्जुन को ढूँढ़ते आए थे, यात्री को नहीं। हिन्दी के लोग रोटी दे देते हैं, मैथिली में हमारे घरवाले तो भूखे ही मर जाते। चारों बच्चे और बीमार ससुर को भला कैसे रखती...)। भोगेंद्र झा रेखा की ओर गौर से देखने लगे और उसके सिर पर हाथ रखकर कहा, "वाह बेटी, ठीके कहै छह..." (वाह बेटी, ठीक ही कहती हो...)

कभी-कभी ऐसे लोगों के आने से परेशानी बढ़ जाती, जो यह देखकर आते कि नागार्जुन से मिलने-जुलने वाले लोगों के नाम भी अखबार में छपते हैं। ऐसे लोग खुद को राजनीति से जुड़ा या वर्षों पुरानी प्रसंगहीन हो चुकी संस्थाओं के कर्ता-धर्ता बताते। ऐसे लोग नागार्जुन के सामने सारहीन प्रलाप किया करते। नागार्जुन तब चुपचाप सिर झुका लेते और मौन हो जाते। यह स्थिति घर के लोगों के लिए एक इशारा होता कि नागार्जुन अब असहज हो रहे हैं। तब वे यह कहकर वहाँ

से नागार्जुन को उठा लेते कि आज तबीयत ज्यादा खराब है...आज कुछ ज्यादा ही लोग आ गए थे मिलने के लिए...अभी इन्हें आराम की जरूरत है। दरभंगा के जिला मुख्यालय होने के कारण कभी-कभी कुछ उच्च अधिकारियों के आने की मजबूरी भी होती। पहले अधिकारी का कोई सहायक आकर पूछ जाता कि बाबा के आराम का क्या समय होता है और कब उनसे मिला जाए? 1996 के अन्तिम माह में कुछ ज्यादा ही ठंड पड़ी थी, तो बिहार के एक शीर्ष नेता, जो केन्द्र में मंत्री थे, को जब यह पता चला कि नागार्जुन दरभंगा में बीमार रह रहे हैं, तो उसने झट से दरभंगा के जिलाधिकारी को फोन लगाया, "अरे, जाड़े में बाबा नागार्जुन का क्या हाल है? तुरन्त जाओ, और हमें बताओ।" जिलाधिकारी वही थे, जिन्होंने राजेंद्र शिखर सम्मान के लिए नागार्जुन के पटना जाने की व्यवस्था की थी। बीच में वह एकाध बार और मिले थे। दरभंगा में नागार्जुन का स्थायी आवास हो जाए, इसके लिए राज्य सरकार को प्रस्ताव भी उन्होंने भेजा था, मगर सरकार ने उस प्रस्ताव को न जाने किस फाइल में दबा दिया। तो, दिसम्बर के अन्तिम दिनों में सवेरे के आठ बजे ही डीएम का पीए आकर पूछ गया और ठीक समय पर जिलाधिकारी आए। पीछे-पीछे दो अर्दली, एक के हाथों में कम्बल का पैकेट और दूसरे के हाथों में बड़ा-सा गुलदश्ता।

ऋचा की शादी के करीब बीस-पच्चीस दिन बाद ज्येष्ठ पूर्णिमा पड़ा था। प्रगतिशील लेखक संघ ने तरौनी में एक आयोजन करने का निश्चय किया, और उसी अवसर पर मैथिली का प्रतिष्ठित त्रैमासिक आयोजन 'सगर राति दीप जरय' भी वहीं होना तय किया गया। मजेदार बात यह रही कि दरभंगा के जिन दो-चार लोगों ने इन आयोजन के व्यवस्थापन का जिम्मा लिया, वे सब के सब ऐन मौके पर न जाने किधर चले गए। फिर शोभाकान्त से कहा गया कि जैसे भी हो, यह तय कार्यक्रम अब आपको सँभालना ही है। नागार्जुन को तरौनी ले जाना, उनके स्वास्थ्य को देखकर ठीक नहीं लग रहा था, तो सोचा गया कि तरौनी जाने वालों में जो उनसे मिलना चाहेंगे, वे कार्यक्रम के अगले दिन लहेरियासराय आकर बाबा से मिल लेंगे। तरौनी का पूरा कार्यक्रम नागार्जुन के अपने आँगन और दरवाजे पर होना था। शोभाकान्त कार्यक्रम से एक दिन पहले सवेरे-सवेरे अपनी बेटी ऋचा और छोटे पुत्र हेमेन्द्र के साथ तरौनी पहुँचे, बिना नागार्जुन को बताए हुए।

नागार्जुन की एक आदत थी कि जहाँ कहीं रहते थे, उस परिवार के एक-एक सदस्य पर ध्यान रखते। उनकी जानकारी के बिना यदि कोई घर से बाहर रहता, तो उसकी खोज-खबर जरूर पूछते। उस दिन भी कुछ ऐसा ही हुआ। अखबार को उलटने-पलटने से कल (20 जून, 1997) ही तरौनी में आयोजित होने वाले कार्यक्रम की जानकारी मिली, तो सबसे पहले शोभाकान्त को खोजा। पता चला कि अपनी बड़ी और छोटी सन्तान के साथ अहल भोर वह गाँव चले गए हैं। नागार्जुन की

चिन्ता बढ़ गई, क्योंकि शोभाकान्त उन दिनों जॉन्डिस से बड़ी मुश्किल से स्वस्थ हुए थे। फिर कुन्नू ने उन्हें तरौनी वाले कार्यक्रम की पूरी जानकारी दे दी। रेखा को बड़ी डाँट पड़ी कि इस आयोजन को उनसे क्यों छिपाया गया?

19 जून को दिन भर तरौनी की चर्चा दोनों बच्चों और रेखा से करते रहे। संयोग ऐसा कि उस दिन मिलने वालों का ताँता दिन भर लगा रहा। अधिकांश लोग यह जानने आते कि तरौनी में क्या-क्या होने वाला है...बाबा कब तरौनी जाएँगे... बाहर से कौन-कौन आ रहे हैं...जबकि उस दिन के अखबार में तरौनी पहुँचने वाले लगभग दो दर्जन साहित्यकारों से नाम छपे थे।

19 जून की शाम से तरौनी में हिन्दी और मैथिली के महत्त्वपूर्ण रचनाकारों का जुटान शुरू हो गया। गाँव के लोगों के लिए इस तरह का आयोजन पहली बार हुआ था। अपना ही दालान इतना बड़ा था कि डेढ़-दो सौ आदमी आसानी से बैठ सकते थे। उसकी सफाई करवाई गई और कृष्णा घर (सार्वजनिक पूजा स्थल) से चार-छह बड़ी दरी मँगवाई गई। रहिका (मधुबनी) के चुनचुन मिश्र अपने खादी भंडार से बिना धुले-कटे खादी कपड़ों का थान भी ले आए थे। भोजन, नाश्ता, चाय आदि बनाने के लिए गाँव के लोग स्वत: तैयार हो गए। पोखर के पूरब वाले भींडे पर नवनिर्मित पुस्तकालय भवन में लोगों के ठहरने और विश्राम की व्यवस्था कर दी गई। यों तो प्रगतिशील लेखक संघ वाला कार्यक्रम शाम में डेढ़-दो घंटे का था, लेकिन 'सगर राति दीप जरय' रात भर का आयोजन रहता है। सूर्यास्त के बाद कार्यक्रम की शुरुआत दीप जलाकर की जाती है, रात भर कथा-पाठ और उस पठित कहानी पर त्वरित टीका-टिप्पणी का क्रम तब तक चलता रहता, जब तक सूर्योदय न हो। मध्य रात्रि में एक घंटे तक भोजन के लिए गोष्ठी रुकी रहती है। बाहर से आने वाले रात में भला क्यों सोएँगे! बाहर से आने वालों में से कोई भी रात में विश्राम के लिए पुस्तकालय भवन जाने को तैयार नहीं हुआ।

19 जून की शाम और 20 जून की दोपहर तक बाहर से आने वालों में अधिकांश तरौनी गाँव घूम आए और ग्रामीणों से नागार्जुन की याद साझा करते रहे। गाँव में उस दिन एक खुशनुमा माहौल था। 20 जून को दिन के ग्यारह बजे एक जीप दालान के खलिहान में आ लगी। लोगों ने देखा कि नागार्जुन, रेखा, कुणाल और समिधा उसमें हैं। पहले कुणाल उतरा और अपने पिता की खोज की। तब तक कुछ लोग लपककर आगे आए और नागार्जुन को उतारकर उन्हें दालान पर बिठाया। रेखा जीप से उतरकर सीधे आँगन गई। आँगन में उसने अपने पति को देखा, तो बोली, "बाबूजी नहीं माने। बहुत जिद करने लगे, तो कोई उपाय नहीं देखकर जिलाधिकारी से जीप मँगवानी पड़ी।" पति-पत्नी, दोनों दालान पर आए। शोभाकान्त को देखते ही नागार्जुन ने कहा, "इतने ढेर सारे लोग यहाँ आए हैं और आ रहे हैं, तो मैं भला क्यों न आता! मैं भी आ गया।" और भभाकर हँस पड़े। आसपास खड़े लोगों की भी

प्रसन्नता से हँसी फूट पड़ी। नागार्जुन के विश्राम के लिए कमरे में व्यवस्था करवाई गई, तो उन्होंने लोगों के बीच ही दालान पर रहने की इच्छा जाहिर की। हालांकि कुछ गम्भीर लोगों की राय बनी कि यहाँ तो दिन भर लोगों का आना-जाना लगा रहेगा, तो क्यों न बाबा दिन भर आँगन की अपनी कोठरी में विश्राम करें और शाम में कार्यक्रम शुरू होने पर यहाँ आ जाएँ...नागार्जुन इस पर राजी हो गए।

शाम में पाँच बजे से कार्यक्रम शुरू हुआ। प्रगतिशील लेखक संघ (प्रलेस) का 'नागार्जुन महोत्सव' था यह। हिन्दी के करीब दो दर्जन लोग बाहर से आए थे, तो मैथिली के भी दो-ढाई दर्जन लोग थे। महोत्सव के तहत शुरू के आधे घंटे तक नागार्जुन पर चर्चा हुई और उसके बाद कवि सम्मेलन, और फिर 'सगर राति दीप जरय'। 'पेट्रोमैक्स' की रोशनी में पूरा कार्यक्रम चलता रहा। एक किनारे खाट पर लेटे-लेटे आधी निद्रा और आधी सजगता में नागार्जुन सब कुछ देखते-सुनते रहे। आधी रात बीच चुकी, तो नागार्जुन ने ऊपर आसमान की ओर देखा, प्रकृति बिल्कुल नीरव और निस्पन्द लगी। पूर्णिमा की प्रौढ़ चाँदनी समग्र संसार को अपनी बाहुपाश में ले चुकी थी और चन्द्रमा मध्य आकाश के नीले सागर में दमक रहा था। बाहर से आए साहित्यकार नागार्जुन के आँगन में पत्तल लगा बैठ तरौनी की जमीन पर दाना-पानी का स्वाद ले रहे थे। सवेरे कार्यक्रम के समापन के बाद जब लोग जाने लगे, तो नागार्जुन ने कहा "यह कार्यक्रम मुझे बहुत अच्छा लगा। लोगों ने मुक्त कंठ से कविता और कहानियों का पाठ किया। प्रतिक्रियाएँ भी सुनीं...इस उम्र में आकर इस तरह का आयोजन मेरे जैसे लोगों को भी खड़े होने का सामर्थ्य देने लगता है।" सब ने भारी मन से विदा ली। चुनचुन मिश्र दूर के रिश्ते में समधी भी लगते हैं। वह जब तरौनी से जाने लगे, तो नागार्जुन ने भावुक होकर कहा, "आपके गाँव से वापसी में हम बच ही गए थे न!" याद आ गया कि रहिका के त्रिदिवसीय विद्यापति स्मृति समारोह में बहुत आग्रह के बाद कुछ अस्वस्थ होते हुए भी जाना पड़ा था। उस कार्यक्रम में एक ही दिन के लिए गए थे। मंच पर थोड़ी देर बैठने के बाद खादी भंडार में आकर आराम करने लगे। साथ गया था, कुणाल और हेमेन्द्र। सवेरे-सवेरे वापस हुए थे, तो गाड़ी हादसे का शिकार हो गई। यह शायद ड्राइवर के झपकी लेने से हुई थी। गाड़ी दो-तीन लोगों को टक्कर मारती हुई नीचे खेत की ओर लुढ़क गई। अच्छा हुआ कि किसी को गम्भीर चोट नहीं आई। गाड़ी में बैठे वे तीनों लोग भी सुरक्षित थे। गाड़ी को नाराज लोगों ने घेर लिया था। संयोगवश दो-तीन ने नागार्जुन को पहचान लिया और दूसरी गाड़ी की व्यवस्था कर उन्हें सुरक्षित वापस घर की ओर भेज दिया। किसी मैथिली भाषा के बड़े आयोजन में शामिल होने का यह नागार्जुन का आखिरी मौका था।

उसी वर्ष सितम्बर के मध्य आते-आते उनका स्वास्थ्य पुनः तेजी से गिरने लगा। साल भर पहले इन्हीं दिनों उन्हें अस्पताल जाना पड़ा था। इस बार घर पर

ही इलाज की पूरी व्यवस्था की गई, क्योंकि दरभंगा मेडिकल कॉलेज अस्पताल के सघन चिकित्सा केन्द्र के अनुभव को याद कर डॉ. गणपति मिश्र ने यही सलाह दी। नागार्जुन का स्वास्थ्य बिहार के समाचार पत्रों का एक महत्त्वपूर्ण समाचार हुआ करता था। इन्हीं समाचारों को आधार बनाकर पटना के कुछ साहित्यकारों ने राष्ट्रपति तक से इनकी चिकित्सा की व्यवस्था करने की अपील कर दी। मजेदार बात यह कि इनमें से किसी ने डॉ. गणपति मिश्र से न कुछ जानकारी ली थी और न ही घर के लोगों से सम्पर्क किया था। फिर तो अखबारों में न जाने क्या-क्या लिखा जाने लगा...पटना से जो भी आते, उन सबको तो वृद्ध नागार्जुन की परिचर्या और इलाज सन्तोषजनक ही लगता। घर के लोगों ने न सरकार से कुछ कहा था, और न जिला प्रशासन से इनके स्वास्थ्य को लेकर कोई बात की थी। यहाँ तक कि दरभंगा मेडिकल कॉलेज अस्पताल के वरिष्ठ चिकित्सकों का जो दल इलाज में लगा था, उसने भी सन्तुष्टि जाहिर की थी। मगर उम्र नागार्जुन पर हावी होती जा रही थी। दस-पन्द्रह प्रतिशत तबीयत सुधर भी जाती, तो फिर अचानक बिगड़ने लगती।

सितम्बर, 1997 के मध्य में आकर मकान मालिक ने मकान खाली करने को कहा। वह भी मास दिन के भीतर ही। इधर परिवार में यह बात महसूस की जाने लगी थी कि अब कोई मकान मालिक साल भर से ज्यादा अपना आवास नागार्जुन के परिवार को नहीं देता। डाक अत्यधिक आते। बाहर से या नगर का जब कोई मिलने आता, तो 'यात्री का घर' या 'बाबा का मकान' ढूँढ़ता हुआ आता। अखबारी खबरों में भी 'नागार्जुन का आवास' जैसे शब्द होते। सम्भवत: इसीलिए मकान मालिक को लगता कि ये लोग ज्यादा दिन मकान में रह लेंगे, तो कहीं मकान ही न हथिया लें! हाल के वर्षों में शोभाकान्त को अब तीसरा मकान बदलना पड़ा। संयोग ऐसा कि खाजासराय में ही एक ठीक-ठाक घर मिल गया। किराया ज्यादा लगा था, लेकिन पिछले मकान से ज्यादा जगह थी यहाँ। ज्यादा खुला-खुला और हवा-पानी की भी सुविधा थी। 1997 की दीपावली इसी नए आवास में मनाई गई।

किसी भी तरह के सांस्कृतिक और साहित्यिक कार्यक्रम के लिए अन्तिम बार नागार्जुन इसी नए मकान से निकले। मौका था, 'शिखा' के कार्यक्रम का। यह संस्था युवा रचनाकारों द्वारा संचालित होती थी। नौजवान रचनाकारों और संस्कृतिकर्मियों से नागार्जुन का आजीवन जुड़ाव रहा है, तो इस आयोजन में हाँफते-काँपते-थरथराते हुए जा ही पहुँचे। घर के दो बच्चे समिधा और हेमेन्द्र साथ में थे। कार्यक्रम में गए, पर थक जाने के कारण जल्द ही लौट आए। इसी कार्यक्रम के बाद नागार्जुन और अनवरत यात्रा में उत्साह से भरे रहने वाले यात्री अपनी कोठरी में 'दर्शनीय' हो गए।

वर्ष 1997 के अन्तिम माह के मध्य में बिहार में एक ऐसी घटना घटी कि नागार्जुन का मन-मिजाज अत्यधिक उद्वेलित हो उठा। वह यह था कि जहानाबाद में नरसंहार हो गया। याद आ गया कि बेलछी की घटना से वे कई दिनों तक अशान्त

और परेशान रहे थे और उसी मनःस्थिति में 'हरिजन गाथा' जैसी कालजयी रचना उपजी थी। तो भला जहानाबाद के लक्ष्मणपुर बाथे वाली घटना पर कैसे मन स्थिर रहता? नागार्जुन कोई नेता नहीं हैं कि अपना हित देखकर और नाप-तौलकर ही कुछ बोलें। अब तक निर्भीक, निडर और स्पष्टवादी रहे, तो जीवन की ढलान के बिल्कुल अन्तिम कगार पर आकर भला चुप कैसे रहें? बिना विलम्ब किए उठ बैठे, शोभाकान्त को बुलाया और तत्काल लिखवाना शुरू किया, 'लक्ष्मणपुर बाथे सुनियोजित साजिश है! राष्ट्रीय-अन्तरराष्ट्रीय स्तर पर जो फासिस्ट शक्तियाँ सर उठा रही हैं, उसी सन्दर्भ में इसे देखा जाना चाहिए। चुप रहने का समय नहीं है। हम सबको आगे बढ़कर इसका प्रतिकार करना चाहिए, बिहार में भी और बिहार के बाहर भी।

मैं शारीरिक रूप से अब चलने-फिरने लायक नहीं हूँ, अन्यथा खुद वहाँ जाकर जनता की तकलीफों में शामिल होता और शैतानी ताकतों के खिलाफ अभियान में आगे-आगे रहता। लेकिन, मैं देश से बुद्धिजीवियों, प्रगतिशील नागरिकों से अपील करता हूँ कि वे बाथे जाएँ और फासिस्ट शक्तियों के खिलाफ मोर्चा लें...' फिर अपनी मैग्निफाइंग गिलास से उसे दो बार पढ़ा और हस्ताक्षर किया। नीचे तारीख दी—17-12-97।'

नव वर्ष का पहला दिन नागार्जुन तनावरहित और प्रसन्न रहते हैं। साल 97 के आखिरी दिन दोपहर में चारों पोते-पोतियों के साथ नागार्जुन अपने बिस्तर पर ही बैठकर अगले दिन की योजना बनाते रहे। वे अच्छी तरह जानते थे कि रेखा साल के आखिरी दिन कोई न कोई मिठाई मँगवाकर रखती है और रात 12 बजे नव वर्ष शुरू होते ही घर के सभी सदस्यों का मुँह मीठा करवाती है। फिर नव वर्ष के दिन कुछ न कुछ खास तरह का खाना बनाती है। पर इस वर्ष साल का पहला दिन कैसे मनाया जाए, यह उसने अपने ससुर पर छोड़ रखा था। शोभाकान्त से नागार्जुन ने कहा, "सुनो, साल के पहले दिन क्यों न हम यहाँ कुछ परिचितों से मिलें? अपनी हालत तो यह नहीं है कि कहीं आ-जा सकें, तो क्यों न कुछ को यहीं बुला लिया जाए?" यह योजना सबको पसन्द आई। तत्काल शोभाकान्त ने शहर के कुछ पत्रकारों, रचनाकारों, प्राध्यापकों और संस्कृतिकर्मियों को खबर भेजी कि नागार्जुन अगले दिन सवेरे आप सब से मिलना चाहते हैं।

नव वर्ष (1998) को सवेरे अन्य दिनों की अपेक्षा नागार्जुन अधिक प्रसन्न दिख रहे थे। नाश्ता के बाद देह पर चादर डाल वह शोभाकान्त वाले कमरे में आ गए, क्योंकि यही कमरा लोगों के बैठने के लिए माकूल था। 9-9.30 तक ढेर सारे लोग आ गए। उनमें से ज्यादातर उनसे आ-आकर मिलते ही रहते थे। एक सज्जन नागार्जुन के लिए 'सुधा पेड़ा' के दो पैकेट लेते आए और एक पेड़ा बाबा के मुँह में डाल दिया। फिर नागार्जुन शेष पेड़े में से एक-एक सबके मुँह में डालते रहे। यह सब चल ही रहा था कि रेखा भीतर से आई और बोली, "तो सबको नव वर्ष

की मिठाई मिली न! मैं निश्चिन्त हो गई!' तो किसी ने कहा, 'वाह भाभी, माड़े में भात दिया और हिस्से में काट लिया...हमारी लाई हुई मिठाई हमें ही खिला दी...।" रेखा हँसते हुए भीतर गई और सबके लिए दो-दो रसगुल्ला और एक-एक प्याली कॉफी लेती आई। फिर सबके सामने पान रखा गया, और बातचीत शुरू होने लगी। नागार्जुन के कत्थई दाँतों की मुस्कान बेतरतीब दाढ़ी-मूछों के बीच झलक रही थी। इतने सारे दरभंगिया मित्रों-परिचितों और शुभेच्छुओं को देखकर वे प्रफुल्लित थे। प्रसन्न मुद्रा में हँस-हँसकर सभी से बातें कर रहे थे।

लोकसभा का चुनाव सिर पर था। नागार्जुन जैसा बतरस प्रेमी सामने हो, वह भी प्रसन्न मुद्रा में, तो कहना ही क्या...बातचीत कुछ इस तरह चल रही थी कि वह घूमकर आगामी चुनाव पर आ ही गई। एक पत्रकार ने बात उठाई, "भाजपा बढ़ रही है, इस बार केन्द्र के लिए", तो नागार्जुन ने अपनी नजर उस पर गड़ा दी। उस पत्रकार की मुख-मुद्रा से वे बातचीत की चालाकियाँ समझ रहे थे। वे यह भी जानते थे कि उनके द्वारा कही गई बातों का क्या-क्या अर्थ निकाला जा सकता है। फिर उस पर किस तरह का विवाद बढ़ सकता है...नागार्जुन ने व्यंग्य में मुस्कराते हुए कहा, "बढ़ रही है, तो उसे बढ़ने दो...इससे घबराना क्या है?" बात आगे बढ़ी, तो सभी लोग इसमें शामिल होते गए, और "अब उसी का नम्बर है..." "ऐसा नहीं है कि उसमें अन्तर्कलह नहीं है...", "ऐसे तात्कालिक परिवर्तनों से काम चलने वाला नहीं है...", "इस तरह की खींचातानी से देश अस्थिर होता है..." जैसी बातें शुरू हो गईं। फिर, विश्व के विभिन्न देशों के बीच तनाव पर बातों का रुख मुड़ गया, तो नागार्जुन ने मुस्कराकर कहा, "दस लाख रुपये हों, पाँच लोग हों, और उनमें बात-बँटवारे का लोभ भी हो, तो युद्ध और तनाव स्वाभाविक ही है!" इसी तरह की बातचीत काफी देर तक चलती रही। और फिर धीरे-धीरे कमरा खाली होता गया। हालांकि नागार्जुन देर तक बैठे रहे, क्योंकि घर का 'केयर टेकर' (शोभाकान्त) आने वालों को विदा करने के क्रम में फाटक से बाहर निकल गया था।

अगले दिन यानी 2 जनवरी को बिहार के एक दैनिक में जो कुछ छपा, उससे राजनीति का एक गलियारा छोड़ बाकी सभी में फुसफुसाहट शुरू हो गई। बिहार से कई दैनिक प्रकाशित होते हैं, पर केवल एक में नागार्जुन के नव वर्ष मिलन का समाचार छपा था। दो कॉलम की इस खबर का शीर्षक था, "भाजपा को पाँच वर्षों तक देखना चाहिए—नागार्जुन।"

दिल्ली से निकलने वाले एक दैनिक, जिसने सभी खेमों के साथ-साथ साहित्यिक और सांस्कृतिक जगत में स्थान बना रखा था, के बिहार संवाददाता ने इस समाचार की तह तक पहुँचने की कोशिश शुरू की। इसके कई कारण थे। संवाददाता को नागार्जुन से जुड़ाव भी था। वह जान रहा था कि नागार्जुन स्वतंत्र विचार के हैं और जो ठीक समझते हैं, वे बोलते हैं। समय-समय पर वामपंथी पार्टियों को भी उन्होंने

लताड़ा है, पर किसी ने उन्हें वाम-विरोधी कहने का साहस अब तक नहीं किया है। वाम खेमा ने उस संवाददाता से इतना कहा, "इस खबर पर विश्वास नहीं होता है। जरूर कहीं कुछ गड़बड़ है। दरभंगा से ही सच का पता चलेगा।" उस संवाददाता ने बार-बार उस पत्रकार को फोन मिलाया, जिसने यह खबर दी थी। मगर उसका फोन नहीं लग रहा था, और नागार्जुन के घर में फोन था नहीं। उसने दरभंगा के कई अन्य लोगों से पूछताछ की, तो पता चला कि 1 जनवरी को बाबा से लोगों की बातचीत तो हुई है और उन्होंने कहा है कि जनता संयुक्त वाम मोर्चा के साथ है। जिस अखबार में वह खबर छपी थी, उसके पटना ऑफिस ने कहा कि इस खबर पर कोई खंडन नहीं आया है। दिल्ली वाले दैनिक के पत्रकार ने किसी तरह शोभाकान्त से सम्पर्क साधा। फिर जाकर बात साफ हुई कि बाबा ने ऐसा कुछ नहीं कहा है, और उस दिल्ली वाले दैनिक में छपा—"बाबा नागार्जुन ने ऐसा नहीं कहा...।" बाद में इन तमाम घटनाओं की जानकारी शोभाकान्त ने नागार्जुन को दी, तो नागार्जुन सीधे-सीधे कुछ कहने के बजाय बोल उठे—'निकट भविष्य में/या दूर भविष्य में/कहाँ-कहाँ, कब-कब/तेरी इन छवियों का/कैसे-कैसे इस्तेमाल होगा...' और मुस्कराने लगे।

जनवरी के प्रथम हफ्ते के बाद नागार्जुन की सेहत फिर से बिगड़ने लगी। डॉक्टरों के मुताबिक, प्रोटीन की कमी से संक्रमण (इन्फेक्शन) हो गया है। दिन पर दिन कमजोर नजर आने लगे। बिस्तर से उठकर खड़े होने में दिक्कत होने लगी। सहारे के बिना दस कदम भी चल नहीं पाते। कमर के दोनों ओर 'बेडसोर' के लक्षण प्रकट होने लगे। बाँहों पर फोड़ा निकल गया। हड्डियों के जोड़ में प्रोटीन की कमी की वजह से अकड़न आने लगी, खासकर घुटने को मोड़ने और सीधा करने में कष्ट होने लगा। डॉक्टर गणपति मिश्र और उनके अन्य चिकित्सक मित्रों ने मुस्तैदी न दिखाई होती, तो स्थिति भयावह हो सकती थी। घाव व 'बेडसोर' को घर के लोगों की परिचर्या और देखभाल ने बढ़ने नहीं दिया। कुछ खास एंटीबायोटिक्स दी जाने लगीं। इस कारण स्थिति थोड़ी संभल गई।

इन्हीं हालात में अपराजिता को गुजरे एक वर्ष हो गया, तो घर के लोगों का तरौनी जाना अनिवार्य हो गया, क्योंकि वहीं 'बरसी' (वार्षिक श्राद्ध कर्म) होनी थी। उनके स्वास्थ्य को देखते हुए शोभाकान्त और रेखा तरौनी जाने से बचने की कोशिश कर रहे थे। इसी बीच 29 जनवरी, 1998 को रेखा नानी बनी। उस रात नागार्जुन को घर में ऋचा को छोड़ बाकी तीनों बच्चों की देखरेख में रहना पड़ा। सवेरे-सवेरे जब ऋचा नवजात शिशु को लेकर अस्पताल से घर वापस लौटी और बाबा का चरण स्पर्श किया, तो बाबा ने उसे अपनी बगल में बिठा लिया। ऋचा ने नवजात को बाबा के सामने किया और बोली, "रात में आपको बड़ा कष्ट हुआ होगा न!" बाबा ने उस नवजात को अपनी मुलायम उँगलियों से स्पर्श किया—"अरे, इतना

बड़ा सुखद संवाद मुझे अहल सुबह दे रही हो, तो कष्ट कैसा!" फिर उन्होंने कहा, "यह सुख छोटा नहीं है/अपने आप में बहुत बड़ा है/सभी को नसीब नहीं होते ऐसे सुख...सुनो ऋचा, कहा जाता है कि चौथी पीढ़ी के दर्शन होने पर मुक्ति मिल जाती है..." ऋचा ने चट से जवाब दिया, "यह बच्चा तो आपको उँगली पकड़कर घूमाएगा।" उस नवजात के आने के ग्यारह दिन बाद अपराजिता की प्रथम पुण्यतिथि थी, तो पूरा परिवार जीप पर लदकर तरौनी गया और ऋचा व नवजात की देखभाल के लिए खाजासराय में उसकी नानी आ गई।

तरौनी के अपने आँगन में चौकी पर बैठते हुए नागार्जुन ने देखा कि कुछ लोग सामने खड़े हैं। दो-तीन बार नजरें घुमाने के बाद घनी मूँछों वाले सुन्दर राउत पर अपनी नजर गड़ा दी। इशारों से उसे करीब बुलाया, और पूछा, "रामचरन कहाँ है? तुम्हारा पिता कभी मुझे याद करता है?" सुन्दर राउत ने जवाब दिया, "बाबू तो आपकी चर्चा करता ही रहता है। आदेश करें, तो बुला लाऊँ।" नागार्जुन ने ममता भरी आवाज में कहा, "क्यों लाओगे रामचरन को। वे भी तो मेरी उम्र के हैं न।" रामचरन अब तरौनी आकर रहने लगा था। पिछले कुछ वर्षों में वह ससुराल में जाकर बस गया था, छोटा बच्चा साथ में था, मगर शेष तीन बच्चे तरौनी में रहकर यहाँ की टूटती गृहस्थी सँभाल रहे थे! रामचरन का स्वास्थ्य जब गिरने लगा, तो जन्मभूमि का मोह उसे तरौनी खींच लाया।

उसी दिन ठीक दुपहरिया में सुन्दर राउत सहारा देकर रामचरन को ले आया। रामचरन को देखते ही धूप में लेटे पड़े नागार्जुन उठ बैठे और स्नेह से उसे अपने पास बिठाया। वे दोनों देर तक एक-दूसरे को निहारते रहे। एक-दूसरे की हथेलियों को सहलाते रहे। फिर नागार्जुन ने पूछा, "तुम तो मुझसे साल भर छोटे हो न?" रामचरन ने हामी भरी और कहा, "अब कितना जीऊँ ठक्कन बाबू! मैं तो आपकी तरह बड़ा आदमी तो हूँ नहीं, लेकिन हमारे परिवार में जिन्दगी लम्बी मिलती है। हमारे बाबा को तो 105 वर्ष की उम्र मिली। उनके नाम-यश के बारे में आप जानते ही हैं। गोसाईं पोखर पर सल्हेस का मंडप तो उन्होंने ही बनाया था अपने जमाने में।" नागार्जुन को पता था कि उनका खानदानी टहलुआ भी खाँटी मैथिल की तरह खूब गप्पी है। एक बार ठेपी खुल गई, तो खुल गई। रामचरन को भी पता था कि उसके ठक्कन मालिक कवि हैं और कथा-कहानी भी गढ़ते हैं। अब दोनों चलने-फिरने में असमर्थ हैं, पर हैं तो गप्पबाज। रामचरन बात जारी रखते हुए बोला, "मालिक, अब पुराने देवी-देवताओं में हनुमान जी ही सर्वव्याप हैं! सभी जगह अपनी लाल ध्वजा लेकर विराजमान रहते हैं। जहाँ कहीं बट-पीपल का पेड़ होता है, तो नीचे में चबूतरे पर हनुमान जी विराजमान रहते ही हैं। रेडियो भी तो हनुमान चालीसा सुनाता

रहता है। लेकिन मेरे सुन्दर को हनुमान जी पर विश्वास नहीं है। आप तो उसको जानते ही हैं।" रामचरन नागार्जुन का अन्तरंग रहा है, तो सुन्दर की माँ अपराजिता की सखी-बहिनपा की तरह। हर सुख-दुख, आपत-विपत में रामचरन और उसका परिवार साथ खड़ा दिखता। सुन्दर की बात जब आई, तो नागार्जुन भभाकर हँस पड़े, और रेखा को आवाज दी कि अब खाना भी हो जाए।

सामने बरामदे पर रेखा लकड़ी की आँच पर खाना पकाने में जुटी थी। कुछ ही मिनटों के बाद नागार्जुन के सामने थाली आ गई। चावल-दाल, कद्दू की सब्जी, सीम का भुजिया और साथ में थोड़ा-सा अचार। जिस चौकी पर बैठे थे, उसी एक किनारे दरी-कम्बल मोड़कर थाली रखी गई थी। रामचरन उठकर सामने पड़ी कुर्सी पर बैठ गया। उम्र के कारण दोनों के कान कमजोर तो थे ही, तो रामचरन ने कुर्सी बिल्कुल करीब खींच ली। रेखा ने चावल में दाल डालकर अच्छी तरह मिला दिया। नागार्जुन ने उसमें कद्दू वाली सब्जी स्वयं मिलाई, और रेखा से बोले, "रामचरन का खाना?"

"परोस लिया है बाबूजी, बस लाती हूँ...आप खाइए" "

रेखा बरामदे पर जाने के लिए वापस मुड़ गई। नागार्जुन ने कौर उठाया और रामचरन के मुँह में डालने लगे। रामचरन ने झट से अपने दाहिने हाथ से उनका हाथ पकड़ लिया और बचने की कोशिश की, फिर भी नागार्जुन ने कौर को मुँह में डाल ही दिया। रामचरन बोल पड़ा, "कनिया, पनि दिअ। ठक्कन मालिक क' हाथ हमरा सं अंठि भ' गेलैंन..." (दुलहिन पानी दीजिए, ठक्कन मालिक का हाथ मुझसे जूठा हो गया है)। जब तक रेखा पानी लेकर नहीं आई, तब तक रामचरन नागार्जुन का हाथ पकड़े रहा। उसे आशंका थी कि कहीं नागार्जुन उसी हाथ से खाना न खा लें। तरौनी का खानदानी यदुवंशी रामचरन भला कैसे अपना जूठा ठक्कन मालिक को खाने देता! यों वह अपने इस मालिक के बारे में जानता सब कुछ है।

तरौनी की यह नागार्जुन की अन्तिम यात्रा थी।

अप्रैल, 1998 के पूर्वार्द्ध में उनकी स्थिति इतनी बिगड़ गई कि घरवालों को भी लगने लगा कि नागार्जुन जीवन की अन्तिम बेला में आ गए हैं। दरभंगा के सजग चिकित्सक उन्हें सँभालने की लगातार कोशिश कर रहे थे। कभी-कभी लगता कि राहुल, मुक्तिबोध और नवीन की तरह नागार्जुन भी जीवन के अन्तिम महीनों में वाणी विहीन न हो जाएँ! एक तरफ दरभंगा के डॉक्टरों की टीम और परिवार के लोग उनको बचाने में लगे थे, तो दूसरी तरफ पटना के कुछ 'साहित्यजीवी' उनके स्वास्थ्य को लेकर अजीब बयानबाजियों में उलझे थे। इन सबकी सूचना परिवार के लोगों को अखबार के माध्यम से ही मिलती थी। इस तरह की हरकत करने वालों

में से दो-एक को छोड़कर किसी ने भी दरभंगा आकर बीमार नागार्जुन को देखने की चेष्टा कभी नहीं की। बिहार से निकलने वाले एक-दो दैनिक पत्रों ने नागार्जुन की सेहत को लेकर सम्पादकीय टिप्पणी भी लिखी।

नागार्जुन का तन-बदन जबसे स्थायी रूप से दरभंगा जम गया, तो शोभाकान्त से पत्र-व्यवहार करने वालों की संख्या बढ़ गई। देश भर में फैले नागार्जुन के चाहने वाले शोभाकान्त से ही उनका हाल-चाल लेने लगे थे। व्यक्तिगत सम्पर्क स्थापित करने में माहिर नागार्जुन अपने समय के अद्‌भुत पत्र लेखक भी रहे हैं। न जाने किस-किस के यहाँ और किस-किस के पास कैसे-कैसे उनके पत्र पड़े होंगे। शोभाकान्त के पत्रों में नागार्जुन का हाल-चाल, इलाज का स्तर, पथ्य-पानी और दवा आदि की बातें तो होती ही थीं, नागार्जुन की इस अवस्था को लेकर वह और उसका परिवार क्या सोचता है या किस तरह का संकट झेल रहा है, यह भी कुछ खास करीबी के पत्रों में स्वभाविक तौर पर झलकता रहता था।

वृद्धावस्थाजनित बीमारियों के साथ जूझते नागार्जुन को चौबीसों घंटे परिवार देख रहा था। उनकी तमाम सुविधाओं के लिए प्रकाशकों से भी कहा गया। वे कुछ रकम प्रतिमाह देने को तैयार भी हो गए। कभी तीन हजार, तो कभी पाँच हजार, पर चिकित्सकीय व्यय और पथ्य-परहेज के लिए यह रकम बहुत कम पड़ती थी। नागार्जुन वैसे रचनाकार तो हैं नहीं कि पाँच-छह पुस्तकें पाठ्यक्रम में लगी हों, जिनसे अच्छी-खासी रकम साल में आती रहे। उनकी पुस्तकों के संस्करण हजार-दो हजार छपते, जो चार-पाँच वर्ष तक प्रकाशक बेचते रहते। लगभग चालीस वर्ष पहले 'राज्याश्रय और साहित्य जीविका' नामक आलेख लिखते समय नागार्जुन ने सोचा था कि पन्द्रह वर्ष बाद जनता इस तरह शिक्षित और समृद्ध हो जाएगी कि किसी लेखक का मामूली प्रकाशन भी 50,000 प्रतियों में छपेगा और महीने-दो महीने के अन्दर ही रॉयल्टी की पूरी राशि बैंक में जमा हो जाएगी, मगर नागार्जुन इस 'कल' की प्रतीक्षा करते ही रह गए। उम्र के पचहत्तर वर्ष के बाद कुछ पुरस्कार भी मिले, पर उन रकमों को नागार्जुन जैसे फक्कड़ ने मुक्त हाथों से खर्च किए। कुछ अक्षत पत्नी और सन्तानों पर फेंके, तो कुछ अपनी फक्कड़पनी में न जाने कहाँ-कहाँ खर्च किए। कभी यह भी नहीं सोचा कि आपत-विपत में कैसे काम चलेगा? कहा करते, 'था तो क्या था, नहीं है तो क्या है...'

अप्रैल 1998 के अन्त आते-आते उनके स्वास्थ्य को लेकर काफी कुछ छपा बिहार के अखबारों में। उन सबमें सामान्य बातें ही रहा करतीं। उन्हीं दिनों संयोग से शोभाकान्त पटना गए हुए थे। इस दरम्यान भी विभिन्न नगरों से कई तरह के लोग आते-जाते रहे। पति के नहीं रहने पर इन लोगों को सँभालना और नागार्जुन से जुड़ी इन लोगों की जिज्ञासाएँ रेखा और बच्चों को थका देतीं। एक दिन एक दैनिक का संवाददाता रेखा से काफी देर तक बातें करता रहा, और फिर उसने बातचीत

के अंश को बिना सम्पादित किए अपने अखबार में छाप दिया। यहाँ तक कि उसमें नाम भी राखी मिश्रा था। उसके कुछ अंश दैनिक के दिल्ली संस्करण में भी छपे। उस संवाद का सीधा अर्थ निकला कि बाबा के नाम पर परिवार भीख माँग रहा है। इन सबको देखकर शोभाकान्त को अपने पिता की ही पंक्तियाँ याद आती, 'सुना है तुम्हारे नाम पर उगाह रहे हैं लोग चन्दा/बंगाल में, राजस्थान में, दिल्ली में, कलकत्ते में/काश उसमें से थोड़ी रकम/पहुँच पाती यहाँ तक/शायद पहुँच ही जाए/न, नहीं पहुँचेगी शायद...।' फुसफुसाहट यह भी थी कि नागार्जुन की रॉयल्टी और उन्हें दी जा रही चन्द सहायता कहाँ जा रही है? यह स्थिति तब से बनी, जब पिछले दो वर्षों से नागार्जुन दरभंगा आकर तमाम गतिविधियों को छोड़ बिस्तर पर ही रहने लगे। कुछ दिन पूर्व तक बातें भी कर लेते थे, मगर अब तो उन्होंने एक तरह से मौन धारण कर लिया है। यहाँ तक कि बिहार विधान परिषद के सभापति किसी कोष से 20 हजार रुपया लेकर आए, तो नागार्जुन उन्हें चुपचाप निहारते रहे। दो-चार वाक्य बातचीत तक न कर पाए। साहित्य अकादेमी ने एक चेक भेजा, तो चेक के पीछे हस्ताक्षर करने का सामर्थ्य भी नहीं था, तो चेक वापस भेज दिया गया। दरभंगा आकर जो कोई भी एक-दो तीन रहा, उसने शायद ही महसूस किया कि परिवार किसी से सहायता माँग रहा है।

पटना के अखबारों में एक दिन छपा कि नागार्जुन के लिए अच्छी स्वास्थ्य सुविधा की माँग को लेकर कुछ संगठन और लोग सड़कों पर उतर प्रदर्शन करने वाले हैं। फिर शोभाकान्त पटना गए और कुछ मित्रों से सलाह कर एक वक्तव्य जारी किया—"बाबा नागार्जुन के लिए आर्थिक साधन जुटाने के नाम पर पिछले कुछ दिनों से सुनियोजित उछल-कूद की जा रही है। हम इसे नौटंकी से अधिक कुछ नहीं मानते। इस नौटंकी से नागार्जुन महापरिवार दुखी और मर्माहत है। वे (नागार्जुन) 1996 से ही लगातार दरभंगा में अपने परिवार के पास अस्वस्थ अवस्था में रह रहे हैं। वे रक्त अल्पता जनित कई बीमारियों से ग्रस्त हैं, लेकिन उनके इलाज के लिए हमने आज तक किसी साहित्यिक संस्था अथवा सरकार से आर्थिक सहयोग की माँग नहीं की। नागार्जुन के लिए उनके शुभेच्छुओं का चिन्तित होना स्वाभाविक और मुनासिब है। मेरा परिवार इस तरह की हरकत से मर्माहत है। नागार्जुन को दया का पात्र न बनाएँ..." बिहार के सभी अखबारों ने इसे प्रमुखता से छापा था। इसके बाद इलाज के नाम बयानबाजी बन्द हुई, लेकिन विभिन्न नगरों के साहित्यकारों और बुद्धिजीवियों की नजरें दरभंगा के समाचार पर टिकी रहतीं और जहाँ-तहाँ अब यह गम्भीरता से लिखा जाने लगा कि नागार्जुन जैसे बड़े रचनाकारों के अस्वस्थ होने पर, जो आर्थिक रूप से सम्पन्न नहीं हैं, इस तरह की मुहिम क्यों चलाई जाती है? यह भी पूछा जाने लगा कि क्या परिवार ने नागार्जुन की चिकित्सा को लेकर कभी मुँह खोला और कोई संगठन या शासन

की ओर से उसे सहायता भी मिली, क्योंकि इस तरह की सहायता डंके की चोट पर प्रसारित की जाती है।

इसी हालत में 1998 में ज्येष्ठ पूर्णिमा को नागार्जुन ने 87वाँ वर्ष पूरा किया। लहेरियासराय के खाजासराय स्थित उनके आवास पर लगभग डेढ़ दर्जन रचनाकार और संस्कृतिकर्मी आ जुटे। खगेंद्र ठाकुर, मैनेजर पांडेय, शम्भुनाथ, रविभूषण, मदन कश्यप, गोपेश्वर सिंह, नन्द किशोर नन्दन, जगदीश विकल आदि के संग मैथिली के स्थानीय रचनाकार और मूर्तिकार राजेश को नागार्जुन अपने बिस्तर पर लेटे-लेटे निहारते रहे और उन सबकी हथेलियों का स्पर्श-सुख लेते रहे। ऐसी हालत में भी यात्री का मन उन सबसे घर जाकर मिलने की योजना बनाता रहा। उस दिन बार-बार आँखों के कोर में पानी की बूँदें जगमगाती रहीं और छोटा पौत्र हीनू उसे बार-बार गमछे से पोंछता रहा। उस दिन शाम में लहेरियासराय के वीणा पाणि क्लब में एक आयोजन भी था, पर वे वहाँ जा नहीं सके। कार्यक्रम के समाप्त होने के बाद सभी ने चिन्तित और सशंकित आँखों से नागार्जुन का चरण स्पर्श किया और विदा ली।

नागार्जुन की शारीरिक हालत उनके जन्मदिन के बाद तेजी से नीचे की ओर लुढ़कने लगी। यों तो बोतलबन्द 'डायलुटेड प्रोटीन' हर दूसरे दिन उन्हें चढ़ाया जा रहा था, मगर आवाज दिनोंदिन क्षीण होने लगी थी। आँख और कान तो पहले ही साथ देने से पिछड़ने लगे थे। लगता, सरस्वती के दुलरुआ पुत्रों के अवसान से कुछ दिन पूर्व वीणा की देवी भी अपनी शक्ति वापस लेना चाहती है...लेकिन परिवार के लिए जब तक साँस, तब तक आस!!

अल्पाहारी नागार्जुन का आहार जीवन के अन्तिम डेढ़ मास में बढ़ने लगा। वे घर में तो 'जड़द्गव' हो ही गए थे। मछली, सूरन, अड़िकंचन (अरबी के पत्ते) रुचिपूर्वक खाने और मीठा को कम पसन्द करने वाले नागार्जुन अब मीठे भोजन की तरफ आकर्षित होने लगे थे। एक दिन रेखा कहीं अगल-बगल गई थी, तो अपनी बड़ी पोती से उन्होंने कहा, "एक पेड़ा लाओ।" ऋचा ने ढूँढ़ा, पर घर में कहीं पेड़ा नहीं मिला, तो बोली, "बाबा पेड़ा तो खत्म हो गया है।" इस पर नागार्जुन ने कहा, "तुम्हारी माँ मेरे लिए कहीं न कहीं जरूर रखी होगी।" संयोग से तभी रेखा वापस आ गई और किसी डब्बे से एक पेड़ा निकालकर बाबा के सामने रख दिया। उसे मुँह में डालते हुए नागार्जुन ने आदेश के लहजे में कहा, "शाम में भी एक पेड़ा खिलाना।" नागार्जुन दिन का भोजन उन दिनों निश्चित रूप से ग्यारह-साढ़े ग्यारह बजे कर ही लेते। एक दिन रेखा कपड़ों की सफाई में कुछ अधिक लगी रही, तो भोजन में स्वाभाविक तौर पर थोड़ा विलम्ब हो गया। बिना घड़ी देखे समय का पूरा अन्दाज नागार्जुन को रहता था। ठीक खाने के समय रेखा की बुलाहट हुई। पास आकर रेखा ने कहा, "अभी एक कप कॉम्प्लान ले लीजिए बाबूजी, तब तक खाना बन जाएगा..." इस पर नागार्जुन ने कड़े स्वर में कहा, "अन्न की भूख है,

अन्न की...।" भूख में अन्न की महिमा नागार्जुन से बेहतर भला किसने जाना है!

जीवन की साँझ में भी नागार्जुन मौसमी सब्जियों और फलों का स्वाद नहीं भूले। कभी-कभी रेखा से इनकी फरमाइश भी की जाती। दैनिक अखबार और पत्र-पत्रिकाओं को मैग्निफाइंग गिलास से पढ़ने की कोशिश भी करते। कुछ आवश्यक लगता, तो हीनू से ऊँची आवाज में पढ़वाकर सुन भी लेते। सवेरे छह बजे वाला और रात का आकाशवाणी समाचार मृत्यु से सात-आठ दिन पूर्व तक सुनते रहे। हाँ, बीबीसी का सायंकालीन बांग्ला और हिन्दी प्रसारण सुनना बन्द हो गया था। बांग्ला दैनिक 'युगांतर' और 'आज-काल' तो घर में बराबर आता रहा। उस वर्ष के बांग्ला अखबारों के शारदीय अंक शोभाकान्त को पटना से अपने मित्रों द्वारा मँगवाने पड़े।

इस अस्वस्थता वाली स्थिति में भी ऐसे लोगों से नागार्जुन कुछ सुनना चाहते, जो देश-दशा पर उनको कुछ बता पाएँ। ऐसे लोगों में रामचन्द्र खान, खगेंद्र ठाकुर, रामजी राय, हरिनारायण मिश्र, कीर्तिनारायण मिश्र, मदन कश्यप, मोहन भारद्वाज, राजमोहन झा, कुलानन्द मिश्र, अरुण कमल आदि बार-बार उनके पास आकर बैठते। स्थानीय रचनाकार तो आते ही रहते। भारतीय वामपंथ की तीनों धाराओं और अति वाममार्गी में से कोई सामने आता, तो नागार्जुन की आँखों की चमक देखते बनती। उन सबसे मिलने के बाद नागार्जुन क्षीण स्वर में 'भवभूति' की पंक्ति बुदबुदा उठते, 'उत्पत्स्यतेऽस्ति ममकोऽपि समानधर्मा। कालोह्ययं निरवधिर्विपुला च पृथ्वी।।' अर्थात, मेरा भी समान धर्मा मिल जाएगा, क्योंकि काल की कोई सीमा नहीं होती और धरती बहुत विशाल है।

मृत्यु से लगभग मास दिन पूर्व नागार्जुन अक्सर पुरानी स्मृतियों में लौटने लगे। कभी दिन-दिन भर कलकत्ता में घूमते रहते। वहाँ के पार्क स्ट्रीट में इसाइयों के कब्रगाह के पास पहुँचते, फिर 'मेघनाथ वध' की पंक्तियाँ गुनगुनाते, और कुछ क्षणों के बाद रवींद्र के पैतृक आवास 'जोड़ा साँको' जा पहुँचते, फिर अपनी बांग्ला कविताओं की पंक्तियों के साथ कलकत्ता के बारे में खंड-खंड वाक्यों में बताने लगते...कभी-कभी काजी नजरूल इस्लाम, तो कभी निराला को याद करते, फिर कमजोर आवाज में बोल उठते, 'एक ही अभिशाप के दो सीमान्त हैं न!'...एक दिन स्मृति पटल पर 'विद्यालंकार परिवेण' के नायकपाद धम्मानन्द और वहाँ के अन्य भिक्षुगण व भंत्ते आ गए...उसी समय रेखा को आवाज दी और कहा, "इन्हें लंका वाली चाय पिलाओ। देखो न, फिर मुझे लंका ले जाना चाहते हैं। 'बुद्धचरित' और 'माध्यम' पर मुझे काम करना है न! वे एडवांस पैसे के चेक भी लाए हैं। अभी तो पैसे की जरूरत भी है!" रेखा निरीह आँखों से पास बैठकर उन्हें देखती रही और उनकी पीठ सहलाती रही। किसी दिन नागार्जुन कालिदास के 'मेघदूत' और अपनी हिमालय यात्रा में खो जाते...हिमालय और पश्चिमी तिब्बत की ढेर सारी बातें धीमी आवाज में बताते रहते...एक बार दो दिनों तक अपनी एक्कीस

दिवसीय सोवियत यात्रा में रमे रहे, और फिर राहुल व लोला को याद करके अपनी आँखें पोंछने लगे...टोलस्टॉय के मास्को स्थित लकड़ी वाला मकान, चेखव वाला म्यूजियम, गोगोल, मायकोवस्की आदि की समाधियों के बाद आल्मा-अता-झिगा (आल्मा-अता की नदी) और हिमालय से उतरती अलकनन्दा की समानता बताते रहे, और फिर थकान के स्वर में कहा, "अभी रूस से लौटकर आया हूँ। थक गया हूँ। मुझे आराम करने दो..." प्रेमचन्द, बेनीपुरी, दिनकर, बनारसी दास चतुर्वेदी, स्वामी केशवानन्द, कलकत्ता संस्कृत कॉलेज के बाघा प्रिंसपल दास गुप्ता, काशी के पंडित मधुसूदन शास्त्री, पंडित सीताराम झा, डॉ. अमरनाथ झा, फणीश्वरनाथ रेणु के साथ अपने चचेरे भाई शिवनाथ मिश्र, मामा-मामी और हरभजन दास मन्दिर वाली पुजारिन भाभी अक्सर उनके स्मृति पटल पर दौड़ लगाते रहते...

एक दिन यादों में नागार्जुन सिमरिया के गंगा किनारे जा पहुँचे और कहा, "जाओ, शोकहरा गाँव जाकर पंडित दिनेश मिश्र (मैथिली कवि कीर्तिनारायण मिश्र के पिता और संस्कृत विशेषज्ञ) को बुला लाओ, और मेरी माँ का तर्पण करवा दो।" इस पर रेखा ने टोका, "और माताराम के लिए नहीं?"

"वह पंडित (शोभाकान्त) का काम है" और फिर तर्पण की कर्मकांडीय पद्धति पर देर तक कुछ न कुछ बुदबुदाते रहे।

उन्हीं दिनों वाचस्पति आए। जब वह नागार्जुन के पास बैठे, तो बाबा ने पहले उनके गालों को सहलाया और फिर धीमी आवाज में न जाने क्या-क्या कहते रहे। इतना तो साफ था कि शकुन्तला और उनके दोनों बेटों से तुरन्त मिलने की आतुरता दिख रही थी, और फिर तो मन ही मन नागार्जुन ने कई दिनों तक उत्तराखंड-यात्रा की। दो दिनों के बाद जब वाचस्पति विदा होने लगे, तो उन्होंने रेखा से कहा, "पूरी उम्र बाबा की ऐसी सेवा होनी चाहिए थी।"

एक दिन नागार्जुन ने सवेरे-सवेरे कुन्नू को पास बुलाया और कहा, "सात-आठ दिनों के बाद आसाम जाना है, पापा से कहो 'अवध आसाम' से आरक्षण करवा लें समस्तीपुर जाकर।" और उसका हाथ अपने हाथों में लेकर फिर बोले, "इस बार मेरे साथ तुम्हें चलना है..." यायावर यात्री की यात्रा की यह सम्भवतः अन्तिम इच्छा थी।

दो नवम्बर, 1998 को गम्भीर रूप से अस्वस्थ और जर्जर काया वाले नागार्जुन की दिनचर्या शुरू हुई। सुबह कॉम्प्लान, शहद के साथ शीतोपलादि और मात्र तीन चम्मच दही-सत्तू नाश्ते में लिया। कुछ देर लेटे रहने के बाद कमोड पर बैठने का इशारा किया। इसके बाद रेखा ने उनकी तेल-मालिश की, कपड़े बदले और फिर बिस्तर पर लिटा दिया। लेटने के बाद बुदबुदाकर बोले, "मैं तुमको बहुत कष्ट दे

रहा हूँ न? अपराजिता रहती, तो वह कुछ कर देती!" यह सुनकर रेखा बोल उठी, "हमें तो कुछ भी कष्ट नहीं है। आपका स्नेह है हम सब पर, तभी न हमारे पास हैं आप।" और वह वहीं बैठकर उनकी पीठ सहलाने लगी। कुछ क्षण चुप रहकर नागार्जुन ने पूछा, "आज खाने में क्या बना रही हो?"

"क्या बना दूँ," रेखा ने पूछा।

"मछली-भात और भिंडी की भुजिया। आँवले की चटनी जरूर बना लेना।"

रेखा उठी और उनका गंदा कपड़ा उठाने लगी, तो नागार्जुन फिर बोले, "आज मछली छोड़ दो, कल बनाना।" और दीवार की ओर उन्होंने करवट बदल ली। यह किसी के साथ नागार्जुन की अन्तिम बातचीत थी। 'समय चलता जाएगा निर्बाध अपनी चाल/मैं रहूँगा सामने (तस्वीर में) पर मूक'।

शोभाकान्त उस समय अपने कमरे में मन को उलझाने के लिए कोई पुस्तक ढूँढ़ने में लगे थे। इधर रेखा स्नानादि के बाद अगरबत्ती जलाकर तीनों कमरे में घूमने लगी। इसी क्रम में वह नागार्जुन के कमरे में गई। उसने देखा कि ससुर ने आँखें छत की ओर टिका रखी हैं। आदतन उसने पूछा, "बाबूजी कुछ चाहिए?" नागार्जुन ने कोई जवाब नहीं दिया, तो उसने दो-तीन बार और पूछा। नागार्जुन के शरीर में किसी तरह की कोई हरकत या सुगबुगाहट न पाकर वह तेजी से पति को बुलाने बाहर वाले कमरे में भागी और शोभाकान्त को लगभग खींचते हुए ले आई। शोभाकान्त ने गौर से पिता की ओर देखा। कई बार देह हिलाते हुए आवाज दी, "बाबूजी... बाबूजी..." पर शरीर निढाल पड़ा रहा और साँस अपनी स्थिर गति से चल रही थी।

शोभाकान्त कई तरह की दुश्चिन्ताओं को लेकर घर के बाहर टेलीफोन बूथ की ओर निकला। महाकाल नागार्जुन के कमरे तक कैसे प्रवेश कर गया, यह सवाल उसकी समझ से परे था। डॉ. गणपति मिश्र को फोन लगाया, तो पता लगा कि वह शहर से बाहर हैं। तत्क्षण उसे दरभंगा मेडिकल कॉलेज के औषध विभागाध्यक्ष की याद आ गई, जो पिछले माह नागार्जुन के चेकअप के लिए गठित डॉक्टरों की टीम के साथ घर आए थे। हुआ यह था कि नागार्जुन के स्वास्थ्य को लेकर एक सांसद ने बिहार के मुख्यमंत्री से बात की थी। मुख्यमंत्री ने तुरन्त दरभंगा के जिलाधीश को निर्देश दिया, "नागर जी बीमार हैं दरभंगा में, उचित व्यवस्था की जाए।" प्रशासन की ओर से अस्पताल का चप्पा-चप्पा छान लिया गया, शहर के तमाम नर्सिंग होम में खोज की गई, पर कहीं 'नागर जी' नहीं मिले। जिलाधीश का कार्यालय परेशान था, उसी समय जिला जनसम्पर्क पदाधिकारी किसी काम से वहाँ पहुँचे। पूरा वाकया जानकर उन्होंने कहा, "यह किसी नागर जी के बारे में नहीं कहा गया होगा, बल्कि रचनाकार नागार्जुन के बारे में कहा गया हो सकता है।" जिला जनसम्पर्क पदाधिकारी शोभाकान्त के मित्र थे और अच्छी साहित्यिक समझ भी रखते थे। फिर, पटना के सीएम कार्यालय से नाम की पूरी जानकारी ली गई

और जिलाधीश सदल-बल, जिसमें सिविल सर्जन भी थे, घर आए। सिविल सर्जन अपने एक सहायक के साथ नागार्जुन की जाँच करने में लगे थे। संयोग से उसी समय डॉ. गणपति मिश्र के साथ औषध विभागाध्यक्ष भी आ गए। दोनों वरिष्ठ चिकित्सकों को देख सिविल सर्जन उठ खड़े होकर नागार्जुन की सेहत को लेकर उनसे बातें करने लगे। जिलाधीश चाहते थे कि नागार्जुन को तत्काल अस्पताल ले जाया जाए और वहीं इलाज हो। रेखा और शोभाकान्त अस्पताल की दुर्व्यवस्था के कारण वहाँ जाने को तैयार नहीं थे। निजी चिकित्सक के अनुकूल नागार्जुन के इलाज की पूरी व्यवस्था उनके कमरे में मौजूद थी। डॉ. गणपति मिश्र का मानना था कि इससे बेहतर सुविधा नागार्जुन को अस्पताल में नहीं मिलेगी। दोनों चिकित्सकों ने सिविल सर्जन को घर पर ही नागार्जुन को रखने की सलाह दी। जिलाधीश ने अपनी शैली में कहा, "अगर कुछ होता है, तो फिर जिम्मेदारी कौन लेगा?" रेखा ने तुरन्त जवाब दिया, "बाबूजी, हमारी जिम्मेदारी हैं। पिछले दो वर्षों से ये गम्भीर रूप से बीमार चल रहे हैं। दरभंगा से तमाम बड़े डॉक्टरों से हम सम्पर्क में हैं और उनके अनुकूल इनकी पूरी सेवा हो रही है, और आपको आज यह सूझ रहा है कि कुछ होगा, तो जिम्मेदारी कौन लेगा..." वह तैश में आ गई थी।

शोभाकान्त और डॉ. गणपति मिश्र ने उसे शान्त किया। और फिर चिकित्सकों की राय हुई कि परिचर्या की जो व्यवस्था घर में है, वैसी स्थिति में उन्हें अस्पताल ले जाना कतई जरूरी नहीं है। तब सिविल सर्जन ने शोभाकान्त से कहा था, "रात-बिरात जब भी जरूरत पड़े आप सूचना भर कर दें, बाबा के लिए मैं स्वयं दौड़ा-दौड़ा आऊँगा...'

शोभाकान्त ने सिविल सर्जन से बात करने से पहले औषध विभागाध्यक्ष को फोन लगाया। उन्होंने तुरन्त आने की हामी भरी। शोभाकान्त ने कुणाल को उन्हें लिवा आने के लिए भेजा। रास्ते में मिडिल स्कूल के पास जिला जनसम्पर्क पदाधिकारी से भेंट होने पर कुणाल ने उन्हें भी पूरी स्थिति की जानकारी दे दी।

विभागाध्यक्ष एएन सिंह आ गए। जाँच-पड़ताल के बाद जीवनरक्षक दवा स्लाइन वाटर के सहारे शरीर के भीतर पहुँचाया जाने लगा। इस व्यवस्था के लिए मोहल्ले का अपना कंपाउंडर हारून को बुला लिया गया। डॉ. सिंह ने तीन घंटे के बाद फिर आकर नागार्जुन को देख लेने का आश्वासन दिया और कहा, "ऑक्सीजन की व्यवस्था हो जाए, तो बढ़िया रहेगा।" उनके जाने के लगभग पन्द्रह मिनट के बाद सिविल सर्जन भी आए। शायद जनसम्पर्क पदाधिकारी ने उन्हें सूचना दे दी थी। वे एक डॉक्टर को भी साथ ले आए थे। शाम होते-होते जिला प्रशासन के अधिकारी भी आ गए ताजा स्थिति की जानकारी लेने के लिए। अपना कंपाउंडर हारून के अलावा सिविल सर्जन ने एक डॉक्टर और एक कंपाउंडर की तैनाती कर दी। प्रशासकीय स्तर से ऑक्सीजन के साथ दवाएँ भी दो नवम्बर की शाम से उपलब्ध हो गईं।

अगले दिन यानी 3 नवम्बर के अखबारों में नागार्जुन के अचेतावस्था में आ जाने का समाचार छपा। डॉ. गणपति मिश्र नगर लौटते ही सवेरे करीब नौ बजे अपने अनुशासित मरीज को देखने पहुँच गए। उसी समय सिविल सर्जन भी आ गए। नागार्जुन की स्थिति देख-जाँच कर गणपति मिश्र ने कहा, "मैं तो पिछले बारह वर्षों से इनका इलाज कर रहा हूँ, और इस बार हालत वाकई चिन्ताजनक है। यदि 72 घंटे इस स्थिति में भी गुजार लें, तो किसी तरह हम इन्हें बचा लेंगे।" परिवार के सभी लोग मन ही मन भगवान से प्रार्थना करने लगे कि नागार्जुन सुगबुगाकर उठ बैठें... भगवान को कल्पना-पुत्र कहने वाले नागार्जुन ने भ्रम में भी कभी भगवान का नाम नहीं लिया था। परिवार के किसी ने उनके मुँह से किसी देवता का नाम नहीं सुना।

उसी दिन दोपहर में जिलाधीश के साथ प्रमंडलीय आयुक्त भी आए। आयुक्त महोदय कुछ दिन पूर्व भी आकर आधा घंटा नागार्जुन के पास बैठे थे। उस दिन भी वे चुपचाप एकटक नागार्जुन को निहारते रहे और आज भी वे उसी तरह खड़े-खड़े चुपचाप नागार्जुन को देखते रहे। पत्रकार-रचनाकार और विभिन्न क्षेत्रों से जुड़े लोग दिनभर आते रहे। बेगूसराय से छोटी बेटी मंजू और दामाद दयानाथ मिश्र शाम में आ गए। शोभाकान्त की बेटी ऋचा और दामाद सुनील झा तीन-चार दिन पूर्व किसी काम से आए थे, तो नागार्जुन की हालत देख रुक ही गए। नेहरा से दीपक जी दो दिन पहले ही आए थे। मैथिलीसेवी चुनचुन मिश्र किसी कार्यक्रम में दरभंगा आए, तो शोभाकान्त के घर आकर ही टिके थे। 3 नवम्बर की शाम में नागार्जुन को ऑक्सीजन लगा दिया गया।

4 नवम्बर, 1998। स्लाइन वाटर के सहारे प्राणरक्षक दवाएँ शरीर में दी जा रही थीं। नागार्जुन निस्तेज, बिना किसी हरकत के चित्त पड़े थे। उनको लेकर आशा-निराशा के बीच नागार्जुन का महापरिवार झूल रहा था। शोभाकान्त के पास अपना फोन था नहीं, तो मकान मालिक के फोन पर ही लोग हाल-चाल ले रहे थे। चूँकि शोभाकान्त को बार-बार सीढ़ियों पर चढ़ने-उतरने में दिक्कत हो रही थी, तो मकान मालिक ने ही फोन सँभालने का जिम्मा ले लिया। लोग आते, नागार्जुन को दो-तीन मिनट निहारते और परिवार के लोगों से बातचीत करते हुए चिन्तित होकर वापस लौट जाते। शाम होते-होते नागार्जुन की साँस की गति तेज हो गई। डॉ. गणपति मिश्र ने कहा, "यह लक्षण ठीक नहीं...सम्भवत: दमा का दौरा आ गया है।"

उस रात करीब साढ़े दस-ग्यारह बजे तक डॉक्टर गणपति मिश्र नागार्जुन के पास बैठे रहे। जाते समय कुछ सोचकर बोल उठे, "बाबा के शरीर में सरकारी दवा-पानी पड़ गया, तो क्या कहा जाए...हम सब नियति के सामने निरीह ही हैं न!" इतना कहते हुए वह नागार्जुन के कमरे से निकल गए। लेकिन उनके बगल में कुर्सी पर बैठे पुराने साम्यवादी भोगेंद्र झा अपने लम्बे दिनों के कॉमरेड और 1946-47 में दरभंगा जिला किसान सभा के अध्यक्ष रह चुके नागार्जुन को रात के

साढ़े ग्यारह बजे तक निहारते रहे। वे रेखा को बताते रहे कि लगातार हल्दी की पोटली गरम करके नागार्जुन का तलवा सहलाते रहो। मध्य रात्रि में रेखा के काफी जोर देने के बाद वह अपने आवास पार्टी कार्यालय गए। और कलेंडर के मुताबिक पाँच नवम्बर शुरू हो गया था।

कमरे में दो कम्पाउंडर, एक डॉक्टर, शोभाकान्त, रेखा, दयानाथ, मंजू, नवीनजी (सुनील) रह गए। दयानाथ गीता पाठ कर रहे थे और आस-पास बैठे सभी लोग खामोशी के संग मृत्यु के साथ नागार्जुन की जीवनशक्ति की चल रही लड़ाई देख रहे थे। एक बजे के आसपास सेकंड-डेढ़ सेकंड के लिए नागार्जुन की साँस टूटी और फिर चलने लगी। लगा, सार्थक कर्मठ जीवन जीने की अदम्य लालसा रखने वाला रचनाकार हारने को तैयार नहीं है और मृत्यु भी इस बार अपनी जिद पर अड़ी है। साँसों के टूटने और जुड़ने का यह क्रम सुबह पाँच बजे तक चलता रहा। फिर साँस की गति स्थिर हो गई। कुछ देर के बाद रेखा ने डॉक्टर और शोभाकान्त से कहा, "क्यों न रात वाला कपड़ा बदलने के साथ बिस्तर की चादर और गद्दी बदल दी जाए।" डॉक्टर को यह भी चेक करना था कि सिलिंडर में ऑक्सीजन है भी कि नहीं? ऑक्सीजन की पाइप नाक से निकाली गई, तो साँस सामान्य गति में स्थिर रही। डॉक्टर ने राहत की साँस ली। कुणाल और दयानाथ ने एक तरह से नागार्जुन को उठा लिया, मानो वे स्ट्रेचर पर पड़े हों। रेखा नागार्जुन के कपड़े और बिस्तर बदलने लगी। इसमें करीब पन्द्रह मिनट का वक्त लगा। फिर उन्हें बिस्तर पर लिटाया गया, ऑक्सीजन की पाइप फिर से लगा दी गई, साँस की गति सामान्य थी, नाड़ी और रक्तचाप भी सामान्य। रेखा उनके सामने कुर्सी पर बैठ गई। बाकी लोग सामने चौकी पर बैठे थे। सबकी नजरें नागार्जुन के शरीर पर टिकी थीं। मगर कुछ क्षण बाद ही जोर से साँस लेने के लिए शरीर ने दम लगाया और एक हल्की हिचकी के साथ साँस टूट गई। और स्लाइन वाटर वाली पारदर्शी नली से पानी की बूँदें टपकनी बन्द...रेखी चीखी, "बाबूजी नहि रहलाह..." (बाबूजी नहीं रहे) और जोरों से रोने लगी...

समय हुआ था, छह बजकर बीस मिनट।

✪✪✪